JN449566

국제거래 계약의 이해와 기술

영어로 계약서 쓰기 (Contract Drafting in English)

국제거래 계약의 이해와 기술

영어로 계약서 쓰기 (Contract Drafting in English)

조 대 환

유원북스

Preface 서 문

오늘날 인터넷, 스마트폰, 소셜미디어, 클라우드 서비스 등 정보통신기술(ICT)의 고도화로 누구나 자유롭게 언제 어디서든 상호 의사소통을 할 수 있고, 인공지능(AI)과 사물인터넷(IoT) 등 첨단기술을 활용한 온라인 마켓이나 물류산업의 혁신에 따라 시간과 공간의 제약 없이 국내외를 막론하고 기업들 간 거래가 활발하다. 지금까지 국내시장에서의 경쟁에만 국한되었던 기업들조차 전 세계시장을 무대로 치열한 경쟁을 해야 하는 시대를 맞이하게 되었다. 이러한 디지털 시대로의 급속한 변화는 경제주체들 간 거래의 패러다임을 바꾸어 국경 없는 경제시장과 기업거래의 지형을 바꾸어 놓았고 실물경제와 자본시장의 국제적 거래가 확대되어 국제거래 계약을 보다 심도 있게 이해해야 할 필요성이 그만큼 증대되었다.

아무리 좋은 사업기회나 비즈니스 아이템이 있다고 하더라도, 준비없이 거래협상을 하거나 계약체결을 하는 경우 오히려 사업상 큰 손해를 입거나 예상하지 못한 위험에 직면하게 되는 경우를 주위에서 종종 보게 된다. 이제는 국제거래의 협상과 계약을 제대로 이해하지 못한다면 기업의 미래와 성공을 담보할 수 없게 되었다. 국제거래를 하는 기업이나 기관 또는 이를 담당하는 법조인이나 실무자들이 국제거래 계약과 관련해 각종 계약조건들이나 이슈들이 관련 적용법규에 부합되는지를 사전에 확인하고, 거래계약의 유효성과 실행가능성뿐만 아니라 거래의 가치 증진을 하기 위한 다양한 해결책을 마련함으로써 국제거래 과정에서 리스크를 줄이고 더 많은 비즈니스 기회를 확보할 수 있다.

국제거래 계약은 당사자들이 수용할 수 있는 타협점을 찾는 과정인 거래협상의 결과로, 국제거래의 당사자 간 협상이 마무리되면 그 협상의 결과를 계약에 정확하게 반영하는 것이 무엇보다 중요하다. 계약의 내용이나 형식은 자율적으로 정할 수 있으나, 분쟁을 사전에 예방하기 위해 계약서상 당사자의 의사와 법률적 효력을 명확하고 상세하게 나타낼 필요가 있다. 국제거래 계약은 본질적으로 여러 국가의 법률이 적용될 수 있기 때문에 한 국가에서 법적 구속력이 있고 유효한 계약이라 하더라도, 다른 국가에서는 불법이거나 무효일 수 있어 계약에 적용되는 법규범을 검토하는 것은 중요하다. 당사자들은 계약관계를 통해 합의사항을 실제로 유효하게 강제할 수 있는 법적 구속력(legal bond)을 필요로 하며, 당사자 간 구체적 계약의 내용과 파생될 수 있는 효과를 정확히 파악해 개별 조항의 의미를 명확히 기술해야 한다.

국제거래에서 당사자가 의도한 거래의 목적과 내용은 물론 적용되는 법규 등을 파악함으로써 당사자 간 합의내용을 계약서에 적절하게 반영할 수 있다. 국제거래 계약은 대부분 국제공통언어(*lingua franca*)인 영어로 작성되기 때문에 당사자 합의의 유효 적절성을 담보할 수 있는 영미계약법의 원리를 파악하고 영문계약서 작성의 기본적 이론과 구조를 이해하는 것이 필수적이다. 또한, 영문계약을 제대로 파악하기 위해서는 계약과 관련해 발생할 수 있는 실질적 문제나 이슈들에 대한 정확한 이해와 함께 계약의 구성개념(contract concepts)과 사용되는 용례를 충분히 숙지해 계약서의 체계적 구성능력(organization skill)과 쓰기의 기술(writing skill)이 요구된다.

영문계약서 쓰기의 가장 기본적 원칙이 “Say the same thing in the same way.”라는 것을 잊지 않아야 한다. 계약서의 작성(contract drafting)은 당사자들 사이의 관계를 명확히 설정해 그들 간 장래 이행의 약속과 그와 관련된 규칙의 관리나 당사자 간 위험의 배분 등에 관한 사항을 나타내는 것이므로 계약상 표현은 같은 용법으로 일관되게 사용하고 동일한 단어나 문구가 다른 의미로 전달되지 않도록 해야 한다. 계약상 표현은 특히 두 가지 이상의 합리적이지만 모순된 의미를 가질 수 있게 되는 모호성(ambiguity)이 발생하지 않도록 하고 명확(clarity)하게 기술되어야 한다. 이를 위해, 계약의 목적과 거래의 법적 관계를 정확한 용어와 문법 및 표현법을 사용해 계약의 구성개념에 알맞은 문장으로 구성하고, 이를 계약조항으로 조직적으로 체계화할 필요가 있다. 잘 정비된 국제거래 계약은 당사자 간 분쟁발생을 예방하고 분쟁이 발생한 경우에도 효율적으로 문제를 해결할 수 있게 한다.

저자는 다양한 분야의 기업법무 자문과 소송을 진행하면서, 실제 영문계약서에 쓰이는 용어나 개념을 잘못 파악하거나 제대로 된 이해 없이 영문계약을 해석하거나 영문계약서의 형식을 빌어 그 내용을 번역하여 국문계약서를 만들어 사용하는 경우를 종종 보았다. 특히, 우리 기업의 실무자들은 영어로 인한 장벽뿐만 아니라 영미권 원어민들도 잘 모를 수 있는 계약 영어나 생소한 관련 법률을 파악해야 하는 부담으로 인해 국제거래 계약과정에 적절히 대처하지 못하는 경우가 있다. 이에, 저자는 실제 계약서를 검토하고 작성하는 실무자들이 거래협상이나 계약의 체결이나 이행과정에서 부딪히는 각종 이슈들의 법률적 의미를 이해할 수 있도록 도와주고 영문계약과 관련한 다양하고 방대한 지식을 체계적으로 얻을 수 있는 지침을 제공하고자 이 책을 집필하게 되었다. 국제거래 계약의 전반을 아우르는 책을 저술하는 것은 쉬운 작업이 아니다. 개별 거래에 따른 다양한 이론과 이슈들을 파헤치고 관련 사례들을 찾아서 엄선하는 과정은 많은 노력과 시간이 요구되는 작업이다. 이 책은 국제 영문계약의 전반적인 내용의 이해와 관련 이슈들을 최대한 파악하여 정확하게 전달하고자 하였고, 단순히 국제거래 계약의 실무 내용을 평면적으로 서술하기보다는 영미계약법 원리와 연결해 그 계약조항의 의미를 용이하게 이해하게 하고, 가급적 독자 여러분들의 실무적 역량을 강화할 수 있도록 필요한 곳에 다양한 사례들을 실으면서 특히 다음과 같은 점들에 중점을 두었다.

첫째, 국제거래 협상의 합리적인 방안을 모색하기 위해, 관련 이론과 사례를 통해 협상에서 고려해야 할 기본적 요소와 협상의 접근방법을 알아보고, 거래의 최종계약 이외에도 POA(위임장), MOU(양해각서), LOI(의향서), Term Sheet(거래조건명세서) 등 협상과정에서 합의를 위해 교환되는 다양한 문서들의 내용과 법률적 의미를 이해하고, 협상의 결과를 계약 관련 서류에 명확히 반영하기 위한 효율적인 계약체결 프로세스와 계약을 통한 거래의 가치 증진을 위한 방안을 파악한다.

둘째, 영미계약법의 원리와 국제법규범을 바탕으로 계약내용에 따라 파생될 수 있는 여러 쟁점들을 분석하고 주요 계약과 개별 핵심 계약조항의 의미와 활용방안과 함께 당사자 간 합의의 적절성을 유효하게 담보할 수 있는 영문계약서 작성의 기본적 이론과 구조를 알아본다. 당사자 간 합의내용을 계약서에 적절하게 반영하기 하기 위한 영문계약상 계약구성개념(contract concepts)을 이해하고, 계약의 내용상 모호성(ambiguity)을 피하고 정확한 용어를 일관되게 사용하여 간결한 문장으로 계약을 구성하기 위한 계약서의 체계적 구성능력과 쓰기의 기술을 살펴본다.

셋째, 계약조항들은 그 내용에 따라 다양하게 분류할 수 있는데, 여기서는 핵심조항, 일반조항, 계약의 해지 내지 종료조항, 분쟁해결조항 등으로 나누어 설명한다. 당사자의 계약이행과 관련된 조항, 진술 및 보증 관련 조항, 책임제한과 보증책임부인 관련 조항, 면책배상조항 등 해당 계약의 목적이 되는 특정거래와 이행의무에 있어 당사자 상호간 실질적 규정인 핵심조항의 내용과 함께 불가항력조항, 완전합의조항 등 대부분의 국제거래에 적용되는 계약 자체의 효력이나 관리에 관한 일반조항의 특성을 알아본다. 또한, 계약의 해지조항이나 존속조항을 통해 계약해지의 사유와 처리방안을 살펴보고, 당사자 간 분쟁이 발생한 경우 계약의 해석과 분쟁해결을 위한 준거법, 재판관할조항, 중재, 조정 등 대체적 분쟁해결수단을 파악한다.

넷째, 국제거래 계약은 거래의 유형이나 특성에 따라 당사자 간 권리의무나 거래조건이 다양하게 나타날 수 있다. 당사자 간 해당 거래의 최종계약이 이루어지는 과정에서 체결되는 MOU(양해각서)와 NDA(비밀유지계약)를 비롯해, 주요한 국제거래 계약으로 물품매매계약/제조공급계약, 대리점계약과 판매점계약, 라이선스계약과 IT 관련 계약, 인수계약과 합작투자계약, 대출계약, 서비스계약 등이 있다. 이러한 계약들의 핵심적 이슈와 특징을 파악하고 가능한 한 풍부하고 다양한 사례와 예문들을 통해 유의할 계약조건을 이해하고자 한다. 다만, 현실 거래에서는 계약서의 명칭과 상관없이 당사자들 사이에 하고자 하는 거래내용을 계약에 포함하기 때문에 실제 거래계약의 속성을 파악해, 이 책에서 분석한 주요 국제거래 계약상 다양한 계약조건들을 필요에 따라 조합해 사용하면 유용할 것이다.

국제 영문계약의 이해는 작성된 계약서만 검토하는 것을 의미하지는 않는다. 당사자 간 효율적 협상방안을 마련하고, 최종계약을 체결하기 위해 당사자 간에 교환되는 다양한 문서들의 내용과 법률적 의미를 이해하고, 어떠한 계약체결 프로세스가 요구되는지를 파악해야 한다. 계약의 구성개념을 활용해 비즈니스상 거래조건을 당사자의 권리의무나 계약 실행을 위한 규정으로 변환하고, 계약내용의 의미나 내용상 모호성을 유발할 수 있는 표현이나 문구는 가능한 한 피해야 하며 정확한 용어를 일관되게 사용하여 간결한 문장으로 계약을 구성할 필요가 있다. 계약 본문의 다양한 개별조항의 의미와 이슈를 파악해 특정거래에 있어 당사자 상호 간 실질적인 권리의무나 계약내용에 적합한 내용의 계약조항을 기술하는 것이 무엇보다 중요하다. 대표적인 국제거래 계약의 특징과 주요 이슈들과 유의점 및 기재 예문들에 익숙해지는 것은 국제계약의 전반적 조망을 위해 필수적이다. 이 책은 이러한 영문계약의 주요 이슈들을 이해하고 거기에 적합한 기술을 활용할 수 있도록 각 단원별로 다음과 같은 구성을 하였다.

• Chapter 1: 국제거래의 협상과정에서 당사자 간 타협점을 찾기 위한 협상구간을 판단하게 하는 최종 양보점(bottom line), 최선의 대안(BATNA) 등 협상의 주요 주제를 살펴본다. 적대적/경쟁적 접근방식(adversarial/competitive approach), 협력적 접근방식(cooperative approach), 문제해결적 접근방식(problem-solving approach) 등 협상의 접근방법을 비롯해 협상과정에서 당사자들이 외부로 드러낸 입장(position),

내면의 동기(motivation), 창의적 해결책의 모색, 정보에 기초한 협상과 의사소통의 기술 등 협상의 기본적 요소와 함께 협상의 결과를 계약에 반영하고 거래의 가치 증진을 위한 방안을 알아본다.

• Chapter 2: 국제거래에서 당사자 간 합의내용을 계약서에 적절하게 반영하고, 이를 실제 영문계약서에 명확하게 표현하기 위해, (i) Representation(진술), (ii) Warranty(보증), (iii) Condition(조건), (iv) Covenant(이행의무), (v) Right(권리), (vi) Discretionary Authority(자유재량권), (vii) Declaration(사실에 대한 선언) 등 계약의 구성개념들(contract concepts)을 관련 사례와 실무 계약상 예문들을 통해 그 의미를 살펴본다. 계약의 구성개념들은 계약문장을 구성하는 기초적 구성요소로 이들이 적절하게 조합되어 사용되는 때 당사자들의 계약상 비즈니스 관계를 정확하게 나타내고, 계약상 당사자 간 위험배분(risk allocation)을 할 수 있게 한다.

• Chapter 3: 계약내용은 모호성(ambiguity)이 발생하지 않도록 하고 명확(clarity)하게 기술되어야 강제할 수 있는데, 계약의 구성개념을 활용해 비즈니스상 거래조건을 당사자의 권리의무나 계약 실행을 위한 규정으로 변환하는 방법을 알아본다. 계약상 당사자의 의무이행의 내용을 5W 2H(who, when, where, what, why, how, how much)의 원리에 따라 검토하고, 개별 비즈니스 이슈를 계약상 용어와 개념으로 정리해 목록화하고 거래조건들을 계약조항의 순서대로 나타나도록 구성한다. 계약의 목적과 거래의 법적 관계를 정확한 용어와 문법 및 표현법을 사용해 계약의 구성개념에 알맞은 문장으로 구성하고, 이를 계약조항으로 조직적으로 체계화하는 방안을 살펴본다.

• Chapter 4: 국제거래 계약에 사용되는 계약서의 형식을 알아보고, 계약서의 일반적인 구조로 계약의 도입부, 본문부분, 말미부분 등 일반적 계약서 구조를 파악하고, 당사자 간 유사한 거래가 연속적·반복적으로 발생할 때 사용하는 주계약(master agreement)과 관련 작업명세서(SOW)나 구매주문서(purchase order) 등 계약 관련 문서의 실무상 처리를 포함해 필요한 형식, 순서, 표현방식 등을 알아본다. 특히, 계약서 본문규정을 핵심조항, 일반조항, 계약종료조항, 분쟁해결조항 등으로 분류해 관련 조항들의 성격과 특징을 파악해 보고, 계약서에 첨부되는 사양(specification)이나 작업명세서 등을 나타내기 위한 "Exhibit," "Schedule" 등의 의미와 용도를 살펴본다.

• Chapter 5: 국제거래 계약의 핵심조항(core provisions)은 계약을 실행하기 위한 실질적 규정으로, (i) 당사자의 계약이행과 관련된 조항(performance clauses),

(ii) 인수나 금융거래 관련 조항(acquisition or financing clauses), (iii) 진술 및 보증 관련 조항(representations and warranties clause), (iv) 책임제한(limitation of liability)과 보증책임부인(warranty disclaimer) 관련 조항, (v) 면책배상조항(indemnification clause), (vi) 경쟁금지조항(non-competition clause), (vii) 비밀유지조항(confidentiality clause), (viii) 데이터조항(data clause), (ix) 계약기간조항(duration clause) 등이 있는데, 이에 대한 유의점과 관련 주요 사례들을 살펴본다. 인수계약에서 실사(due diligence)나 클로징 조건(closing conditions) 등의 의미를 파악하고, 책임제한조항, 보증책임의 부인조항, 면책배상조항 등에서 파생되는 다양한 개념과 당사자 간 위험배분의 문제에 유의할 필요가 있다.

• Chapter 6: 계약의 일반조항(general provisions)은 계약을 관리하기 위한 지침이나 정책 등 계약상 다양한 일반적 목적을 달성하기 위한 일련의 조항들로, 이에는 (i) 정의조항(definitions clause), (ii) 불가항력조항(force majeure clause), (iii) 권리양도(assignment), 의무위임(delegation), 지배권변경(change of control) 등을 포함한 양도조항(assignment clause), (iv) 완전합의조항(entire agreement clause), (v) 통지조항(notice clause), (vi) 계약변경조항(modification clause), (vii) 계약상 권리포기(waiver)와 권리불포기(non-waiver) 관련 조항, (viii) 분리조항(severability clause), (ix) 세금 및 요금/비용 조항(taxes and charges/expenses clause), (x) 언어선택조항(choice of language clause), 계약해석조항(construction clause), 독립계약자조항(independent contractor clause), 표제 관련 조항(headings clause) 등이 대표적이다. 일반조항들도 관련 거래의 성격, 당사자 간 협상의 결과, 준거법 등에 따라 다양한 사항들이 포함될 수 있으므로 그 목적과 영향을 제대로 이해하는 것이 중요하다.

• Chapter 7: 계약의 종료조항(exit provisions)에는 계약의 취소, 해제 내지 해지 등 계약의 종료와 그 종료로 인해 발생하는 다양한 법적 문제를 처리하는 일련의 규정들이 포함된다. 이와 관련해, 계약당사자의 채무불이행사유(EOD) 등 원인에 의한 계약해지(termination for cause), 편의상 계약해지(termination for convenience) 등 계약종료의 사유, 계약종료를 위한 방법과 절차, 피해당사자의 손해배상청구, 특정이행이나 금지명령과 같은 계약상 구제방법(contractual remedy) 등 계약종료의 효력과 처리방법, 계약종료 이후에도 필요한 당사자의 권리의무나 계약관계의 처리를 다루는 존속조항(survival clause) 등을 살펴본다.

• Chapter 8: 계약상 분쟁해결 프로세스(dispute resolution process)를 명확히 해 계약당사자 간 분쟁이 발생할 경우 불확실성을 제거할 필요가 있다. 국제거래 계

약조항을 해석하고 계약조항에 남아 있는 공백을 메우기 위해 사용될 규칙인 준거법(governing law)을 정하고, 분쟁해결기관으로 재판관할조항(jurisdiction clause)과 함께 중재(arbitration), 조정(mediation) 등 대체적 분쟁해결수단의 방법과 절차를 알아본다. 중재는 뉴욕협약(New York Convention)에 따라 중재판정의 국제적 승인과 집행이 용이해 국제거래 계약에서 선호되며, 조정은 촉진된 협상으로 분쟁당사자들이 중립적 제3자인 조정인의 조력을 받아 스스로 분쟁을 해결하는 절차로 국제조정에 의한 화해합의의 이행과 강제를 위한 싱가포르협약(Singapore Convention on Mediation)이 주목받고 있다.

• Chapter 9: 국제계약은 거래의 유형이나 특성에 따라 계약의 목적과 실행을 위한 당사자 간 권리의무나 거래조건이 다양하게 나타날 수 있다. 국제거래의 협상단계에서부터 필요할 수 있는 MOU(양해각서)나 NDA(비밀유지계약)를 비롯해, 국제거래 계약의 대표적 유형으로, 물품매매계약/제조공급계약(sale and purchase agreement; manufacture and supply agreement), 대리점계약(agency agreement)과 판매점계약(distributorship agreement), 라이선스계약(license agreement), IT 관련 계약, 인수계약(acquisition agreement), 합작투자계약(joint venture agreement), 대출계약(loan agreement), 서비스계약(service agreement) 등의 주요 이슈들과 핵심적 조항들의 유의사항과 주요 사례들을 함께 살펴본다. 다만, 현실 거래에서는 계약서의 명칭과 상관없이 당사자들 사이에 하고자 하는 거래내용을 계약에 포함하기 때문에 실제 거래계약의 속성을 파악해 대표적 계약유형의 관련 규정을 적절하게 활용하는 것이 중요하다.

• Chapter 10: 국제거래 계약에서 당사자 간 합의내용을 명확히 나타내기 위해서는 계약내용상 모호성을 유발할 수 있는 표현이나 문구는 가능한 한 피해야 하며, 정확한 용어를 일관되게 사용하여 간결한 문장으로 계약을 구성할 필요가 있다. 여기서는 영문계약의 올바른 이해를 위해 기본적으로 알아야 할 핵심용어 70개를 정리하고, 계약서의 검토 및 작성 과정에서 영어의 비원어민으로서 특히 유념할 주요한 계약문구의 용법이나 표현방법 등을 살펴본다.

이 책은 저자가 집필했던 "영미계약법 원리"에 이은 두 번째 저서이다. "영미계약법 원리"는 영미법의 오랜 역사 속에서 축적되어 정립된 다양한 사례들을 중심으로 계약법의 전반적인 구조와 원리들을 다룸으로써 영미계약의 체계와 특징을 한눈에 파악할 수 있도록 하였는데, 감사하게도 대한민국학술원의 우수학술도서로 선정되기도 하였다. 저자는 이러한 영미계약법 원리의 전반적인 이해를 바탕으로, 이 책을 통해 국제거래에서 영문계약에 대한 주요한 이슈들을 파악하고 폭넓고 심도 있는 사례들과 예문들을 분석해 독자들이 국제거래 영문계약의 다양한 주제들을 쉽게 이해하고 거래에서 실제 활용할 수 있도록 하였다. 이 책의 제목은 "국제거래 계약의 이해와 기술"이지만 저자가 집필한 "영미계약법 원리"에서 출간 계획을 밝힌 바와 같이, "영어로 계약서 쓰기(Contract Drafting in English)"를 부제로 했다.

저자는 그동안의 많은 자료가 있음에도 불구하고, 책의 전반적인 구상과 집필하는 과정에서 고려해야 할 요소들이 너무나 많아 저자가 집필한 "영미계약법 원리"가 발간된 지 3년이 지나서야 이 책을 출간하게 되었다. "영미계약법 원리"를 발간할 때 이 책도 출간할 것을 밝혀 그동안 기대를 가지고 기다린 독자 여러분들께 이 책을 선보일 수 있게 되어 큰 보람을 느낀다. 저자는 "영미계약법 원리" 못지않게 방대한 자료를 수집하고 영문계약의 보편타당한 이론들을 정리하는 과정에서 예상보다 훨씬 많은 시간과 노력이 들었다. 국제거래는 여러 나라의 상이한 법규와 국제법규범이 관련되어 있어, 저자는 여러 나라의 법규와 국제법규범은 물론 실제 사례나 판례들을 함께 분석하고 수많은 관련 자료들을 검토해야 하는 인고의 시간을 보냈지만, 마침내 이 책이 세상에 빛을 보게 되어 너무나도 고마운 마음이다.

영문계약을 접하면서 실무자들이 겪게 되는 막연한 두려움을 떨쳐버릴 수 있도록, 이 책에서는 영문계약 관련 용어, 문구나 표현의 올바른 용법과 함께 주요 국제거래 계약과 그 관련 규정들의 핵심 쟁점 등 제반 이슈들을 체계적으로 총망라하여 아주 세밀한 문제들에 대한 해답을 찾기 위한 여러 방안을 폭넓게 제시하려고 했다. 독자들이 저자가 집필한 이 두 권의 책을 완전히 익힌다면 영미계약법 원리의 탄탄한 기반 위에 실제 영문계약의 전반적 이론과 실무를 체계적으로 이해함으로써 국제거래 영문계약의 모든 것을 정복하리라 믿는다.

"영미계약법 원리"에 이어 이 책의 출간에도 많은 분들의 지지와 성원을 받았다. 우선, 이 책의 출간과 관련해 책의 다양한 주제의 핵심을 파악해 추천해 주신, 이찬희 전 대한변호사협회장님, 박철영 IHCF(In-House Counsel Forum) 회장님, 박병삼 전 KT 법무실장/부사장님, 이헌영 KDB산업은행 준법감시인님, 신은식 BKL(법무법인 태평양) 캐나다 변호사님 모두에게 깊은 감사의 마음을 전한다. 이 책의 집필과정에서도 항상 응원과 지지를 잊지 않은 아내 강은진, 어엿한 사회의 일꾼으로 성장한 속 깊은 딸 유정, 언제나 성실하고 다정다감한 아들 관우를 비롯한 가족들 모두에게 감사한다. "영미계약법 원리"의 발간에서부터 이 책이 나오기까지 물심양면으로 늘 성원을 보내주신 박성진 선배님께 또한 감사드린다. 이 책의 출판에도 아낌없는 지원과 도움을 주신 유원북스의 이구만 대표님과 편집과 교정에 정성을 다해 주신 출판사 관계자 여러분들 모두에게도 진심으로 감사의 말씀을 드린다. 저자가 꿈꾸어 오던 "영미계약법 원리"에 이어 이 책의 출간 또한 무사히 마칠 수 있도록 하늘에서 언제나 지켜봐 주시고 힘이 되어 주신 부모님의 영전에 이 책을 바친다.

아무쪼록, 이 책이 국제거래의 협상과 계약을 담당하는 실무자들은 물론 영문계약에 관심을 가진 모든 이들에게 관련 거래의 이슈들을 체계적으로 이해하고 여러 상황에서 다양한 비즈니스와 법률적 리스크를 보다 지혜롭게 헤쳐나갈 수 있는 해결책을 찾을 수 있도록 항상 곁에 두고 쓸 수 있는 유용한 지침서가 되고, 나아가 해외진출을 하거나 꿈꾸는 기업들이 국제거래 계약을 보다 효율적으로 체결하고 수행해 사업의 성공과 국가와 사회에 이바지할 수 있는 밑거름이 되길 바란다.

2024년 7월
화창한 여름, 아늑한 개포동 서재에서
조 대 환

Testimonials 추 천 사

오늘날 모든 산업분야에서 기술의 고도화와 글로벌화로 대부분 기업의 경제활동은 국내외를 막론한 시장을 고려하게 되어 국제 비즈니스가 기업거래의 커다란 한 축으로 자리잡게 되었고, 우리나라의 무역규모도 미국, 중국, 일본, 독일 등 유수의 국가들과 어깨를 나란히 할 정도로 커져 국제거래는 어느 때보다 활발하다. 국제거래에서는 거래파트너의 모색과 협상, 서비스나 물품의 인도 등 국가간 거래조건 등을 계약에 포함해야 하는 문제가 있다.

세계화의 진전으로 각 나라 간 실물이나 금융 거래가 자국 내의 거래와 큰 차이가 없어졌지만, 다양한 국가의 상대방과 협상을 하고 계약을 체결하는 과정에서 예상하지 못한 이슈들이 산재할 수 있고, 계약의 이행과정에서 국가간 법률의 차이로 인한 분쟁가능성에도 대비해야 한다. 대한변호사협회 등 전문가단체에서 수시로 해외 수출 실무교육이나 수출정보 등 국제 비즈니스와 관련한 다양한 주제에 대한 정보를 제공하고 있지만, 국제거래의 핵심인 영문계약을 체계적이고 전반적으로 정리한 책을 구하기 힘들었다.

저자가 집필한 “국제거래 계약의 이해와 기술”은 국제거래 영문계약의 내용을 단편적으로 설명하기보다 국제거래 전반에 존재하는 이슈와 문제점을 다양한 예시와 함께 광범위하게 파헤쳤다. 이 책은 국제거래의 주요 법률 이슈, 계약협상과 계약서의 구성, 국제거래 계약의 구조, 주요 계약조항과 함께 주요 계약들의 핵심적 이슈와 관련 예문들을 포함하고 영문계약서에 주로 활용되는 표현기법에 이르기까지 국제거래를 다루는 법조인들뿐만 아니라 국제거래 협상이나 계약을 담당하는 해외 영업 실무자들이 맞닥뜨릴 수 있는 현실적 문제들을 빠짐없이 다루고 있다. 특히, 국제거래의 주요 계약에서 다루어지는 대표적 예문들을 담고 있어 항상 곁에 두고두고 쓸 수 있는 생생하고 유용한 실무서가 되리라 믿는다.

그동안 국내변호사 업계는 그 양적 성장 못지않게 다방면에 진출해 업무영역을 확대하고 질적인 역량의 강화를 모색하고 있는데, 이 책은 국제거래에 관심이 있는 국내변호사들에게도 유용한 지침서가 될 것으로 확신한다. 이 책을 통해 우리나라 기업들이 국제시장에서 성공할 수 있는 더 많은 기회를 가질 수 있고 앞으로 세계 일류의 무역 강국으로 발전해 나가는 데 기여할 수 있기를 바란다.

제50대 대한변호사협회장, 삼성 준법감시위원회 위원장, 법무법인 율촌 고문

이 찬 희

대부분의 회사는 오늘날 글로벌화된 기업환경에서 국제거래를 도외시하고 기업의 미래나 사업영역의 확장을 생각할 수 없게 되었다. 사내변호사는 법무부서에 근무를 하든 다른 비즈니스 부서에 근무하든 판매점계약, 대리점계약, 라이선스계약, IT계약 등 기업에서 접하게 되는 다양한 형태의 무역이나 국제거래의 협상이나 계약 관련 업무에 대한 이해와 기술이 기본적으로 갖추어야 할 업무역량으로 중요성이 커지고 있다.

국제거래 업무는 대부분 영어로 이루어지고 영미계약법 내지 국제법규범의 원리에 따른 영문계약에 대한 전반적 이해 없이는 국제거래에 관한 체계적이고 세밀한 준비를 할 수 없어 영문계약의 주요한 쟁점에 대한 접근방법과 해결책의 분석과 이해는 절실하다. 오랫동안 다국적기업의 사내변호사로서 기업 법무와 비즈니스를 접하면서 이러한 기업법무 실무 현장에서 부닥치게 되는 국제거래에서 협상과 계약 관련 문제들에 대한 명쾌한 도움을 줄 수 있는 책의 필요성을 더욱 절감해왔다.

저자가 집필한 "국제거래 계약의 이해와 기술"에서 다루는 주제와 실무 사례들의 광범위함과 국제거래 관련 실무자들이 겪는 문제들에 대해 저자가 다년간의 국제거래 업무경험에 기초한 핵심적 이슈들에 대한 논리적 분석 및 해결책을 제시하는 것에 놀라움을 금할 수 없다. 지금까지 영문계약과 관련한 서적이 출간되긴 했지만, 이 책처럼 핵심적 계약조항과 주요 계약에 대한 실질적 관련 예문과 사례를 적재적소에 설명하여 복잡하게 흩어져 이해하기 어려울 수 있는 이론을 전체적으로 명확하게 정리한 경우를 거의 접할 수 없었다. 저자가 이전에 집필한 "영미계약법 원리"는 영미계약법상 주요 원리들을 다양한 사례를 바탕으로 깊이 있는 내용과 심도 있는 분석으로 대한민국학술원의 우수학술도서에 선정되기도 했다.

이 책은 국제거래 관련 법률업무를 수행하는 사내변호사들에게 가뭄의 단비와 같은 책이 될 것임을 확신한다. 이 책에서 설명하는 영문계약의 핵심적인 이슈들과 사례들은 우리 기업들이 마주칠 수 있는 복잡한 사건들의 해결방법을 찾는 데도 많은 도움이 되며, 국제거래의 실무적 체계적 이해를 필요로 하는 모든 사내변호사들에게 실무상으로도 주요한 자료가 되리라 믿는다. 늘 성실한 자세로 모든 일에 열심인 저자의 꾸준한 연구에 후배이자 사내변호사단체를 이끄는 변호사로서 마음 깊이 우러나는 존경과 감사의 마음을 이 추천사를 통해 전한다.

IHCF(In-House Counsel Forum) 회장, 보쉬코리아 공동대표이사
박 철 영

글로벌 시대란 말처럼, 지금 기업들은 전세계를 하나의 시장으로 보고 국경을 구분하지 않은 채 세계 곳곳에서 경쟁하고 있다. 특히, 정보통신산업의 급속한 발달은 이러한 글로벌 시대를 더욱 더 가속화하고 있다. 한편, 외국기업들의 국내시장으로의 진출과, 국내기업들의 세계시장 진출이 보편화되면서, 기업들은 이전보다 훨씬 더 많은 기회를 얻게 되었지만, 그에 따른 다양한 불확실성과 리스크도 아울러 증대되고 있다.

치열한 국제 경쟁에서 우리 기업들의 경쟁력 강화와 함께 거래에 따른 위험을 줄이고 관리하는 것은 기업 생존의 문제가 되었다고 할 수 있다. 그럼에도 지난 십수년 간의 판사 생활과 국내 최대의 정보통신회사의 법무임원으로 10년간 기업 법무업무를 담당하면서, 국제거래 계약에 마땅히 참조할 만한 국내 자료가 없어 아쉬움과 안타까움을 느낄 때가 많았다.

그런데, 이 책은 국제거래의 협상과 계약체결 과정에서 발생할 수 있는 대부분의 상황을 망라해 그에 대한 실무적 해결책과 상황에 따른 대안을 제시하고 있어 국제거래 계약을 체계적·입체적으로 이해할 수 있게 한다. 이 책은 저자의 수년간 국제거래의 협상과 계약분야에서의 강의경험과 유수 로펌과 다국적기업에 근무하면서 체득한 실무와 이론에 관한 해박한 지식을 토대로, 실제 국제거래에서 직면하게 되는 다양한 문제들을 분석하고 관련 예시문들을 설명하고 있다.

특히, 이 책은 국제거래 관련 업무담당자들이 비원어민으로서 영문계약을 접할 때 갖게 되는 막연한 두려움을 없애고 자신 있게 영문계약을 이해하고 원하는 내용을 영문계약에 담을 수 있게 하는 든든한 버팀목이 될 것으로 기대한다. 저자가 또한 집필한 "영미계약법 원리"는 대한민국학술원의 우수학술도서로 선정된 바 있는데, 이 책은 저자가 국제 영문계약 관련 두 번째로 집필한 서적으로, 저자의 국제거래에 대한 집념을 엿보게 한다. 이 책은 저자의 영미계약법의 원리와 국제법 규범 관련 풍부한 이론적 배경을 바탕으로 국제거래의 협상과 계약에 관한 현실적 이슈들을 쉽게 풀어내어 국제거래 관련 업무에 종사하는 법조인이나 실무자뿐만 아니라 세계를 무대로 자신의 꿈을 펼쳐보고 싶은 모든 이들에게 필독서로 자리매김할 것이라 믿는다.

성실한 이 책의 저자에게 존경과 감사의 마음을 전한다.

전 KT 법무실장, 부사장

박 병 삼

국제 거래는 국내거래와 달리 상이한 국가 간의 법규체계나 국제법규범에 대한 지식을 필요로 하는 데다가, 당사자 간 협상은 대부분 영어로 이루어지고 그 합의는 영문계약서로 작성되어 영문계약에 대한 보편적 원리나 구조에 대한 체계적 이해는 무엇보다 중요하다. 더군다나 영문계약에 사용되는 용어나 표현의 법적 의미를 정확히 파악하지 못하고 계약을 체결하게 되면 아무리 좋은 비즈니스라 하더라도 오히려 거래로 인한 더 큰 리스크를 떠맡을 수도 있다.

30여 년을 국제 금융 실무 현장에 있으면서, 역외금융, 자본시장 및 구조화 금융사업, 트레이딩 등 관련 영문계약서와 이에 관한 국문 사례집, 실무서들을 접할 기회를 가졌다. 사실 이러한 사례집이나 실무서 대부분이 외국의 관련 서적, 문헌들을 번역, 소개하는 정도에 머물러 우리 입장에서 국제거래 협상이나 영문계약의 실무적 이슈들을 제대로 파악하기 어려웠다. 이러한 점에서 저자가 집필한 "국제거래 계약의 이해와 기술"은 실제 현장에서 업무를 담당하는 실무자들에게는 너무나 필요한 책이라 아니할 수 없다.

국제거래 계약의 여러 주제들을 한꺼번에 다룬다는 것은 쉬운 일이 아닌데, 저자는 영문계약의 규정을 서술하는 데 그치지 않고 국제거래 과정에서 발생할 수 있는 다양한 이슈들에 대한 이론적 근거를 명확히 밝히고, 영문계약의 실무에서 어떻게 반영될 수 있는지에 대한 시사점을 제공하고 있다. 이 책에서 저자가 한국변호사이자 미국변호사로서 유수 로펌과 기업에서 국제거래 업무에 종사하면서 얻은 이론적·실무적 경험을 바탕으로 국제거래 계약분야의 대부분의 이슈들을 정리한 저자의 꼼꼼함과 성실함에 감탄을 하게 된다.

이와 같은 저자의 경험과 노력의 결실인 본서는 국제거래 업무를 수행하는 법조인이나 현장의 실무자뿐만 아니라 법대나 로스쿨 학생들까지도 바로 활용할 수 있는 실용적 교재 내지 지침서가 될 것임을 확신한다.

KDB산업은행 준법감시인

이 헌 영

This book examines various issues encountered throughout the negotiation and drafting of international contracts, seamlessly integrating real-world cases to provide practical solutions. It explains fundamental contractual concepts, structures, and provisions across numerous types of international contracts, supported by concrete examples from practice.

Daehwan (Larry) JO, my friend and former colleague at the law firm of Bae, Kim & Lee LLC, published his first book, "*영미계약법 원리*(*Contract Law: Its History and Principles at Common Law*)," which was selected as one of the "Outstanding Academic Books of 2022" by The National Academy of Sciences, Republic of Korea. Larry's latest work, "*국제거래 계약의 이해와 기술*(*Contract Drafting in English*)," builds upon this foundation. It enriches and supplements its predecessor, providing academic insights and practical solutions related to international transactions and contracts. Drawing from his extensive experience in law firms, corporations, and academia, Larry's expertise enriches the text with invaluable depth.

I believe that this book may well serve as a practical and basic resource for anyone with an interest in international transactions and contracts.

Eun Sik Shin

Senior Foreign Lawyer at Bae, Kim & Lee LLC

Contents **목 차**

CHAPTER 1 국제거래의 협상과 영문계약서

CHAPTER 3 영문계약서 작성(Contract Drafting) 프로세스와 쓰기 원리

CHAPTER 4 국제거래 계약서 양식 및 구조의 이해

CHAPTER 5 국제거래 계약의 핵심조항(Core Provisions)

CHAPTER 6 국제거래 계약의 일반조항(General Provisions)

CHAPTER 7 국제거래 계약의 종료 관련 조항(Exit Provisions)

CHAPTER 8 국제거래 계약의 분쟁해결조항(Dispute Resolution Provisions)

CHAPTER 9 주요 국제거래 계약의 이해와 기술

CHAPTER 10 국제거래 계약의 주요 용어 및 표현 정리

APPENDICES 부 록

CHAPTER 1

국제거래의 협상과 영문계약서

개요

국제거래는 물품을 구매하거나 판매하는 단순한 계약도 있으나, 보유한 라이선스를 거래하고, 정보나 기술을 제공하고, 합작투자를 하는 등 복잡하고 다양한 형태의 거래가 이루어질 수 있다. 이러한 거래는 외국에 소재한 잠재 거래처와의 협상과 그에 따른 결과로 여러 유형의 계약을 체결하게 된다. 국제거래 계약의 당사자들은 계약조건을 강제하는 적용법규가 없는 한 계약자유의 원칙에 따라 거래당사자 간 협상을 통해 자신들의 거래조건을 자유롭게 결정할 수 있다. 당사자 간 계약체결을 위한 거래협상(transactional negotiation)은 당사자들이 수용할 수 있는 타협점을 찾기 위해 협력하면서 각 당사자가 상대방에게 특정한 관점을 설득하기 위해 노력하는 당사자들 사이의 소통과정이라 할 수 있다. 거래협상을 통해 계약을 체결하더라도, 계약의 이행과정에서 분쟁이 발생하는 경우 분쟁의 해결과정(dispute resolution process)에서도 협상이 이루어질 수 있으며, 이는 거래협상에 비해 더 경쟁적일 수 있다.

당사자들은 협상이 되는 사안의 평가를 통해 협상구간(settlement zone)을 판단하게 하는 최종 양보점(bottom line)을 결정할 수 있다. 이때 각 당사자의 협상에 대한 최선의 대안(BATNA)은 그 당사자의 최종 양보점에 영향을 미친다. 한쪽 당사자의 가치를 증가시키면 상대방 당사자의 가치를 감소시키는 제로섬 협상(zero-sum negotiation)이 아닌 복수의 쟁점을 고려하는 포지티브섬 협상(positive-sum negotiation)에서는 당사자들의 최종 양보점은 다양한 방법으로 나타날 수 있어, 폭넓은 협상구간을 통해 당사자들의 합의가능성이 높아질 수 있다. 문제해결적 접근방식(problem-solving approach)을 사용하는 협상자들은 당사자들이 외부로 드러난 입장(position) 이외에 그 요구나 주장 뒤에 숨은 당사자의 내면의 동기나 이해관계(motivation; interests)를 파악해 상호 협력한다. 이를 통해, 창의적 해결책(creative solutions)을 마련할 수 있어, 부가가치를 창출(creating additional value)할 수 있다. 당사자들은 정보에 기초한 협상(information-based negotiation)을 함으로써 올바른 결정을 내릴 수 있으며, 협상과정에서 상대방과의 신뢰와 협력의지를 보여줄 수 있는 의사소통의 기술이 요구된다.

국제거래의 당사자 간 협상이 마무리되면 그 협상의 결과를 계약에 정확하게 반영해야 한다. 국제거래의 당사자들 사이의 혼란을 피할 수 있는 단일한 언어(language)로 계약을 체결할 필요가 있는데, 오늘날 국제공통언어(*lingua franca*)로 자리잡은 영어를 사용해 계약서를 작성하는 것이 일반적이다. 계약서의 내용이나 형식은 자율적으로 정할 수 있지만, 분쟁을 예방하기 위해 당사자의 의사와 합의된 사항의 강제가능성(enforceability) 등 법률적 효력을 명확하고 상세하게 나타내는 것이 중요하다. 이를 위한 효율적 계약체결 프로세스를 수립하고, 거래의 최종계약서(definitive agreement) 이외에도 POA(위임장), MOU(양해각서), LOI(의향서), Term Sheet(거래조건 명세서) 등 협상과정에서 합의를 위해 교환되는 다양한 문서들의 내용과 법률적 의미를 이해해야 한다. 또한, 거래의 가치증진을 위해서는 해당 비즈니스 이슈들과 관련 위험을 분석해 그 해결방안과 관리방안을 마련해 이를 계약 관련 문서에 반영할 필요가 있다.

Ⅰ. 국제거래의 특성과 영문계약의 중요성

1. 세계경제와 국제거래의 특성

오늘날 인터넷이나 소셜미디어를 통해 국적이나 지역과 상관없이 모두가 연결된 사회에 살고 있어 국경을 넘는 국가간 교류와 거래는 어느 때보다 활발하다. 이러한 국가 사이의 울타리가 무너지는 글로벌 시대에 국경을 초월한 기업들 간의 국제거래에 대한 계약의 중요성 또한 점증하고 있다. 세계시장의 글로벌화의 진전으로, 기업이나 개인 간의 비즈니스나 상호연결이 지속적으로 증가함에 따라 상품의 매매뿐만 아니라 자본, 서비스, 기술 등의 국가 간 이전을 수반하는 국제거래가 이루어지고 있다. 국가 간 국제거래뿐만 아니라 사적인 영역에서도 국가나 지역이 다른 경제주체들 간에 영업활동을 하고 개인이나 기업이 외국에서 경제활동을 하는 것은 현대사회에서 당연하고도 필연적인 것이라고 할 수 있다. 국제거래나 해외에서의 경제활동 과정에서 물품을 구매하거나 판매할 수 있으며, 보유한 라이선스를 거래하고, 정보나 기술을 제공하고, 합작투자 등 매우 복잡하고 다양한 형태의 거래가 이루어진다. 이러한 거래는 외국에 소재한 잠재 거래처와의 협상과 그에 따른 결과로 계약을 수반한다.

한편, 국제 상거래 계약을 규율하는 국제규범이나 관련 지역 내지 국가의 법규 등이 연관되어 있어 특히 복잡한데, 오늘날에는 국경을 초월한 비즈니스 관계의 수행을 용이하게 하기 위해 더 높은 수준의 법적 확실성이 요구된다. 국제거래는 물품의 수출입 면허를 취득할 필요성과 같이 국제무역에서 일반적으로 발생하는 문제를 다루기 위한 구체적인 규칙이 요구된다. 국내계약은 해당 국가의 법률에 의해 규율되는 반면, 국제거래 계약은 관련 당사자들이 속한 국가들의 법률과 함께 국제법규범이 동시에 적용될 수 있어, 국내법이나 국제법 수준에서도 특정 법률에 의해 완전히 규율되지 않을 수 있다. 국제거래의 규율은 계약법(contract law), 시장규제(market regulation), 경쟁(competition) 등과 같은 다양한 요인들에 의해 영향을 받을 수 있다. 이에, 통일된 국제 상거래 법규가 없는 한, 국제거래 계약의 협상과 해석과정에서 이용할 수 있는 다양한 법규나 제도를 파악하는 것이 중요하다. 해당 거래와 연관된 각종 규제문제에 대한 지식은 실제로 적용법률에 대한 더 나은 선택을 할 수 있게 해 주며, 이는 기본적으로 계약의 모든 측면에 영향을 미칠 수 있다. 또한, 국제거래에서는 사법시스템이 다른 여러 국가의 법규가 하나의 국제 상거래에 연관될 수 있으므로 해당 거래에 실제로 적용될 수 있는 준거법규가 중요하다. 이는 거래협상 당사자들에 의해 결정되거나 또는 국제사법(private international law)에 의해 확립된 기준을 적용할 수도 있다. 이와 관련해, 거래 당사자 간의 합의를 강제하기 위해 일련의 법률을 적용해야 하기 때문에 그 합의의 올바른 해석이나 실행을 위한 필수적인 과정이 요구되는 것으로 볼 수 있다. 따라서, 국제거래 관계의 법적 규제뿐만 아니라 당사자 간의 거래를 규율하는 상사계약의 조건을 숙지하는 것이 필수적이다. 계약은 둘 이상의 업체나 개인 사이에 상호 의무를 발생하게 하는 자발적, 의도적, 법적 구속력과 강제성이 있는 합의이다. 계약 관련 법규는 계약상 요구되는 필수요건을 규정하거나, 강행법규에 반하는 계약내용의 효력을 인정하지 않거나, 계약에 묵시적인 조건을 부여하여 계약해석의 원리를 결정하는 등 계약의 내용을 규율할 수 있다. 계약법은 또한 계약규정의 위반에 따른 결과를 규율할 수 있기 때문에 계약이 상세하게 작성되더라도 경우에 따라 법규에 따른 제한을 받을 수 있다.

2. 국제거래 관련 법규범과 준거법

국제거래의 당사자들은 계약자유의 원칙에 따라 자신들의 이익을 고려해 관련 거래조건을 자유롭게 결정할 수 있다. 다만, 국제거래 계약의 효과는 적용법에 따라 달라질 수 있는데, 국제거래에서 분쟁이 발생할 경우 어느 나라의 법을 적용할 것인지를 정하는 준거법(governing law)은 계약조건의 강제성을 결정하고 계약내용의 공백을 메워 해석하는 기능을 한다. 즉, 당사자 간 계약내용이 명확하지 않거나 그 내용이 당사자의 실제 의사와 다른 경우 분쟁이 발생할 수 있으며, 그 적용법규에 따라 다른 해석이 있을 수 있다. 준거법은 분쟁에 관한 사항을 규율할 뿐만 아니라 당사자의 의무사항을 정할 수도 있다. 특정국가에서 그 나라의 법률을 강제적으로 적용하거나 외환관리법, 독점금지법, 증권거래법, 세법 등 일정한 사항에 대해서는 관련 국가의 일정한 법률이 강제적으로 적용될 수 있다. 준거법은 당사자들이 자유롭게 정할 수 있으나, 계약의 준거법의 역할이 중요한 만큼 준거법의 선택은 중요하다. 계약당사자는 특정한 국가나 주(州)의 법률을 준거법으로 정할 수 있지만, 특정국가의 국내법을 적용함에 따라 특정 당사자에게 더 유리한 지위를 부여하지 않도록 하기 위해 중립적인 국가의 법규나 국제법규범을 선택할 수도 있다. 예를 들어, 국제거래 계약의 각 당사자가 상대방 당사자 국가의 법률의 적용을 반대한다면, 계약당사자들은 UNIDROIT Principles(UNIDROIT Principles of International Commercial Contracts; 국제상사계약원칙) 등을 준거법규범으로 선택할 수 있다.

특히, 국제거래는 다른 국가들 간의 원격지 거래이므로 물품매매 등에 있어 매매가격이나 인도조건 등을 명확하게 정해둘 필요가 있다. 국제거래는 국가를 달리하는 당사자 간의 거래로 국가별 법규나 법체계가 상이할 수 있고, 원격지 간의 거래이므로 그 거래조건이나 물품의 인도조건 등을 명확히 정해두어야 한다. 이와 관련해, 법규범 체계의 전통적 측면에서 볼 때 영미법(common law)과 대륙법(civil law)에 따른 계약법의 원리를 이해하는 것 또한 중요하다. 영미법은 본질적으로 법규범의 적용에 있어 법원의 두드러진 역할을 특징으로 해, 법원의 판례에 따라 계약법원리가 정립되었으며 기존 판례법은 장래의 사건에 대해 강력한 구속력을 가지며 성문법은 부차적인 기능을 할 수 있다. 반면, 로마법에서 유래한 대륙법은 엄격한 성문법체계로 법원의 판결은 당사자들에게 사법적 구속력이 있으나, 개별 사건에 관해 제한적 효과만을 갖는 특징이 있다. 해당 거래의 관련 국가의 법규나 법원리가 어느 법규범 체계에 속하는지를 파악하는 것은 그 거래에 보다 적합한 적용법규(applicable law)를 선택하는 데 도움이 될 수 있다.[1]

한편, 국제거래에 있어서 통일된 계약법의 필요성은 항상 제기되어 왔는데, 국제물품거래계약을 규율하는 국제법규범들은 당사자의 합의에 따라 직접적 또는 보충적으로 적용될 수 있다.[2] 국제물품거래를 일괄적으로 규율하는 법규는 존재하지

---

1 대륙법체계(civil law system)는 로마-유스티니아법(Roman-Justinian law)에서 유래하는데, 일반적이고 추상적이며 사전에 해석되는 사법모델(abstract and pre-construed judicial model)로 인해 법규를 성문화하고, 법원의 판결은 개별 사건에 관해 제한적 효과만을 갖는 특징이 있다. 반면, 영미법체계(common law system)는 사법규범의 법규화보다는 판례법(case law)를 선호해, 법원의 판결은 유사한 사건의 선례에 의해 판단되며, 이러한 선례들은 오랜 시간에 걸쳐 확립된 판례법 원리로 정립되었다. 계약법의 경우 영미법은 당사자들의 자유에 근거해, 계약의 내용은 당사자 간 합의를 가장 중요한 요소로 보아, 법률은 원칙적으로 당사자들이 그들의 합의의 내용을 선택하게 하는 자유를 보호하는 기능을 하는 데 반해, 대륙법은 당사자들의 계약적 자유는 당사자들이 신의성실에 의해 협상을 해야 할 법적 의무를 부담한다는 점을 보다 강조한다. 계약의 해석에 있어서도, 영미법에서는 Parol Evidence Rule(구두증거배제원리)에 따라 서면계약의 내용을 수정, 설명 또는 보완하기 위한 계약의 외부증거의 인용은 일반적으로 배제되는 반면, 대륙법에서는 이러한 원리를 직접적으로 인정하지 않고 계약체결 전에 당사자들이 작성한 문서는 계약내용의 일부로 간주된다. 대륙법 및 영미법 원리의 유래와 특징에 관한 자세한 내용은 저자 집필 『영미계약법 원리』 (유원북스, 2021), 45-47페이지를 참고하기 바란다.

는 않지만, UN(United Nations; 국제연합), ICC(International Chamber of Commerce; 국제상업회의소), UNIDROIT(International Institute for the Unification of Private Law; *Institut international pour l'unification du droit privé*(French); 국제사법위원회) 등과 같은 국제기구에서는 다양한 법체계와 상이한 문화체계를 가진 국가 간의 거래를 조율하고 통합하기 위한 꾸준한 작업이 이루어져 왔다.[3] 유엔 산하의 국제상거래법위원회(United Nations Commission on International Trade Law; UNCITRAL)에서는 국제협약인 CISG(United Nations Convention on Contracts for the International Sale of Goods; 국제물품매매계약에 관한 유엔협약; 일명 Vienna Convention(비엔나협약))를 제정하였고,[4] ICC(국제상업회의소)는 국제무역의 운송과 물류 등에 관한 정형적인 조건으로 가장 많이 사용하고 있는 Incoterms(International Commercial Terms; 국제무역거래조건)를 공표하였다.[5] 또한, 국가 간의 정식절차에 의해 법적 구속력을 갖는

---

2 국제거래상 관행적으로 적용될 수 있는 "*Lex Mercatoria*(merchant law; 상인법/상관습법)"는 국제 상거래 분야에서 대체로 관습에 의해 개발된 일련의 국제상사법원리를 말한다. 이는 특정 국가가 주도해서 만든 법이라기보다는 과거 중세시절 지중해를 중심으로 해상무역이 발달하는 과정에서 상인들이 만들어낸 거래원칙으로, 국제 상거래상 분쟁이 발생할 경우 나름의 자치규범으로 기능을 했으며, 근대국가에서 상법을 제정하거나 국제 상거래 법규범의 원리를 정립하는 데에도 중요한 역할을 했다. "*Lex Mercatoria*"는 국제 상거래의 주요 법규범으로 통용되는 Incoterms(국제무역거래조건), CISG(국제물품매매계약에 관한 유엔협약), UNIDROIT Principles (국제상사계약원칙) 등의 제정에 이론적 기초를 제공했다.

3 유럽연합(European Union)의 경우 "Lando Commission," "group on the European Civil Code," "Gandolfi Commission on the European Code of Contracts" 등과 같은 다양한 워킹그룹과 연구활동을 바탕으로 "PECL(Principles of European Contract Law; 유럽계약법원리)"이 개발되었다. 최근 유럽연합의 European Commission(유럽위원회)은 계약법의 더 높은 수준의 조화를 촉진할 필요성을 인식해, 유럽연합의 계약 관련 법규범을 보다 일관성 있게 달성하기 위한 행동계획으로, "Communication May 19 2003 (2003) 68 def."를 채택하고, 일련의 통일된 조항뿐만 아니라 유럽의 계약조건, 개념 및 원칙을 포함하는 "Common Frame of Reference(CFR)"를 초안했다.

4 CISG(국제물품매매계약에 관한 유엔협약)는 유엔 산하의 국제상거래법위원회(UNCITRAL)에서 기초한 국제물품매매거래에 관한 국제조약으로, 국제 상거래상 동산물품매매계약의 성립 및 그 계약으로부터 발생하는 매도인과 매수인의 권리와 의무를 규율한다. 다만, 계약이나 그 조항 또는 관습의 유효성이나 매매된 물품의 소유권에 관하여 계약이 미치는 효력과는 관련이 없다. CISG는 CISG의 체약국에 속하는 당사자 간 국제거래에서 그 체약국의 국내법에 우선해 자동적으로 적용될 수 있다. 다만, CISG는 계약자유의 원칙을 수용해, 당사자가 준거법을 선택하면서 CISG의 적용을 배제할 수 있다.

5 Incoterms(국제무역거래조건)는 ICC(국제상업회의소)가 국제무역을 촉진하기 위해 제정 공표한 물품매매에 관한 국제 교역조건으로, 오늘날 거의 모든 국제거래에서 이용되고 있다. ICC는 국제거래에서 오랜 기간 협상이나 관행을 통해 이용되어온 조건들을 정리 체계화하여 1936년 "Incoterms(International Commercial Terms; 국제무역거래조건)"를 제정하였으며, 이후 매 10년

국제조약 등의 형태는 아니지만 국제거래의 법규범 해석과 정립을 지원할 수 있는 연성법(soft law)으로서 UNIDROIT가 제시한 UNIDROIT Principles(국제상사계약원칙)가 있다.[6] 다만, 이러한 국제법규범들은 여전히 그 적용범위에 제한이 있거나 당사자들의 구체적인 계약관계에 따라 그 적용 여부가 달라질 수 있다는 현실적 한계가 있다.[7] 그리고, 당사자들이 계약상 준거법을 정하였다고 하더라도, 그 규정을 실제 적용하는 재판관할(jurisdiction) 법원 등 분쟁해결기관에 따라 개별 적용법규의 해석이나 강제성 여부 등이 결정될 수 있다는 점을 유의해야 한다.

결국, 국제거래는 기본적으로 계약자유의 원칙에 따라 당사자들의 자유로운 의사결정에 따라 체결된 계약에 의하고, 그 계약을 규율할 수 있는 국제규범이나 개별국가의 준거법이 보충적으로 적용될 수 있다. 따라서, 해당 국제거래의 특성에 따른 국제규범이나 개별국가의 법규를 파악하는 것은 물론 당사자 간 구체적인 계약의 내용을 명확히 하여 개별조항의 의미를 제대로 이해하고 그에 따라 파생될

마다 개정되어 Incoterms 1990, 2000, 2010을 거쳐 Incoterms 2020에 이르고 있다. Incoterms는 국제물품거래에서 물품의 운송과정에서 발생할 수 있는 다양한 문제에 관한 거래조건을 규정하고 있는데, 물품이 매도인의 창고를 떠나 매도인 소재 국가의 항구로 운송되어 선박에 선적되고, 선박이 매수인 소재 국가의 목적항에 도착한 후 물품은 하역되고 통관되어, 매수인에게 최종적으로 인도되는 과정에 따라 누가 운송계약과 적하보험을 체결하고 그 비용을 부담하며, 운송 중 화물이 손실 또는 손상된 경우 누가 손해를 부담할 것인지 등을 정하고 있다. Incoterms 2020는 FOB, CIF 등 11개의 무역거래조건을 규정하고 있는데, 거래당사자들은 그들의 목적에 가장 부합하는 조건을 선택할 수 있다. Incoterms는 국제조약도 아니고 특정 국가의 법률도 아닌 단순한 사적 규칙으로, 당사자가 계약상 이를 물품거래조건으로 하기로 하지 않는 한 법적 구속력은 없으며, 당사자 간 별도의 특별한 약정이 있는 경우 그 약정이 우선하지만, 많은 국제물품매매계약에 채용되어 사실상 막대한 영향력을 가지고 있다.

6 UNIDROIT(국제사법위원회)는 통일규범, 국제협약, 모델법규나 원칙 등을 통해 국가들 간의 국제사법(international private law)의 조화를 도모하기 위해, 국제연맹(League of Nations)에 속한 기관이었다가, 국제연맹의 해체 이후 1940년에 국가들 간의 다자간 협약의 형태로 설립된 국제기구이다. UNIDROIT Principles(국제상사계약원칙)는 UNIDROIT에서 제정해 1994년에 공표한 이래 2004년, 2010년, 2016년에 걸쳐 개정된 국제계약법에 관한 공통원칙으로, 정식 명칭은 UNIDROIT Principles of International Commercial Contracts(2016)(PICC; UNIDROIT 국제상사계약에 관한 일반원칙)이다. 일반계약법 분야에서 가장 중요한 "soft law(연성법)"로 널리 알려진 UNIDROIT Principles은 법규제정(legislative enactment)을 위한 것이 아니고, 그 자체로 강제력을 갖지는 않는다. 다만, 국제상사계약에 직접적으로 적용 강제되는 원리는 아니더라도 당사자의 합의나 분쟁해결기관의 해석기준 등으로 활용해 국제계약법으로서 보충적인 법적 기준을 제시하는 기능을 한다.

7 개별 사적 거래에서 국제사법(conflict of laws)을 고려할 수도 있는데, 국제사법은 국제거래 계약과 관련해 발생할 수 있는 당사자 간 분쟁에 관한 해결방법으로 준거법, 재판관할 등의 문제를 다루고 있으나, 특정 개별국가의 국내법으로 규율되고 있어 국적이나 지역을 달리하는 당사자 간의 구체적인 계약관계는 계약 자체의 내용을 어떻게 규정하는지에 따라 달라질 수 있다.

수 있는 효과를 이해하고 기술하는 것이 무엇보다 중요하다.

3. 국제거래와 영문계약 이해의 중요성

국제거래관계(cross-border relationship)를 맺는 국제계약은 법규범적인 문제뿐만 아니라 당사자들이 속한 사회체계나 법체계상의 언어적 차이를 고려할 필요가 있다. 이에, 국제거래의 당사자들 사이의 혼란을 피할 수 있는 보다 일반적인 단일한 언어(language)로 계약을 체결할 필요가 있는데, 오늘날 통상적인 국제공통언어(*lingua franca*)로 자리잡은 영어를 사용해 계약서를 작성하는 것이 일반적이다. 계약당사자들 어느 누구도 영어권 국가에 속하지 않은 경우에도, 공적 문서의 작성이나 자국의 법원에 분쟁을 판단하기 위한 경우 등 특정한 목적을 위해 국제계약을 자국의 언어로 번역할 것이 요구될지라도, 영문계약서를 널리 사용한다. 이처럼 국제거래에 사용되는 계약은 대부분 영문으로 작성되고 있어 그 영문계약서의 작성에 영미계약법상의 용어나 표현을 쓸 수밖에 없다. 즉, 영문계약서를 검토하는데, 영미법과 관련된 법규와 법체계의 올바른 이해와 함께 계약시 당사자 합의의 유효 적절성을 담보할 수 있는 영미계약법의 원리[8]를 이해하고 그 계약서식의 작성에 대한 기본적인 이론과 구조를 정확히 파악하는 것이 필수적이다.

영미법에 바탕을 둔 영문계약서의 경우 그 계약서의 양식이나 내용이 방대하고, 영어를 평소에 쓰더라도 일상생활에서 쓰이지 않거나 알 수 없는 표현이나 용어나 문구가 많이 나와 힘들게 느껴질 수 있다. 이는 성문법규가 있다고 하더라도 기본적으로 당사자 간에 일어날 수 있는 모든 상황은 가능한 한 계약서에 포함시키고자 하는 영미법적 사고방식에 뿌리를 두고 있다고 할 수 있다. 이는 국가의 법률이 다양한 거래에서 일어나는 대부분의 상황을 파악하고 있으므로 일일이 계약서에 모든 내용을 규정할 필요가 없다는 생각을 하는 우리나라와 같은 대륙법계의 나라들에서 작성되는 통상적인 계약서는 영미법계에 근간을 둔 영문계약서에 비해 일반적으로 간단하게 작성되고 있다는 점과 비교된다. 그리고, 영문계약에 사용되는 영어는 그 개념의 역사적 배경이나 법률문화적 사고방식에서 비롯된 것이 많다. 법률적 사고방식을 이해하면 영문계약서를 읽는 경우에 완성된 영문계약서의 의미를 단지 이해한다고 하는 데 그치지 않고, 영문계약을 위한 협상과정에서도

8 영미계약법 원리의 배경과 개별 원리에 대한 상세한 내용은 저자 집필 『영미계약법 원리』(유원북스, 2021), 76-87페이지를 참고하기 바란다.

적극적으로 영문계약서 초안을 작성하거나 작성된 영문계약서의 문제점을 발견하고 수정 보완할 수 있다. 국제거래를 함에, 해당 비즈니스에 대한 이해와 안목, 협상의 기술, 법률에 대한 광범위한 지식 및 경험과 더불어 영문계약서를 제대로 검토하고 작성하기 위해서는 국제계약의 이해와 계약서의 작성을 위한 용례에 대한 풍부하고 정확한 이해와 함께 계약서의 체계적 구성능력(organizational skill)과 쓰기의 기술(writing skill)이 요구된다.

당사자 간의 협상을 통해 이끌어낸 합의사항을 계약서상 내용으로 명료하게 구현하는 작업이 영어로 계약서 쓰기의 기본이 된다. 협상이 잘 되었더라도 당사자들이 계약의 성격이나 내용의 이해가 부족하거나 계약 관련 서류가 제대로 작성되지 않은 경우에는 의도된 대로 계약을 이행할 수 없거나 상대방의 계약위반에 따른 피해를 입을 수 있다. 이 책은 국제거래의 기본인 영문계약의 전반적인 내용의 이해와 관련 이슈들을 최대한 파악하여 정확하고 효율적인 계약서의 검토와 작성을 위한 방안을 마련하는 데 도움을 주고자 한다.

Ⅱ. 협상의 이해와 접근방식

국제거래에서 작성되는 계약서는 거래당사자 간 협상의 결과라 할 수 있다. 일정한 거래의 당사자들이 계약을 체결하기 위해서는 상호 협의를 통해 서로의 목적하는 바를 이루고자 하는 일련의 과정, 즉 협상(negotiation)을 하게 된다.[9] 당사자 간 계약체결을 위한 협상은 그들 간 거래내용에 관한 양보를 통해 그 거래조건을 교환함으로써 일정한 합의를 도출하고 이를 계약서에 반영하는 과정이라 할 수 있다. 국제거래 계약의 협상은 그 거래에 관한 배경지식이나 경험과 함께, 대부분 그 의사전달이 영어를 통해 이루어지고, 그 이루어진 협상의 결과를 영문으로 된 계약서에 작성하게 되므로, 기본적으로는 영어실력과 영문계약서의 이해가 중요하다. 거래당사자는 상대방이나 그 상대방이 거래를 하는 의도에 관해 정확히 이해하고, 기업거래에서 실제 협상자로 나온 사람의 계약협상의 결정권한의 정도나 범

9 "Negotiation(협상)"은 어원적으로, 라틴어 "negotium," 프랑스어 "negociacion"의 의미를 가지는데, 이는 "not leisure(여가활동이 아닌)" 일이나 업무 또는 "dealing with people(사람을 다루거나 사람과의 거래)"를 뜻한다. 협상의 한자어는 화합할 協과 헤아릴 商으로, 협상자들이 상호 화합해 서로의 문제나 동기 등을 헤아려 이해하는 것으로 볼 수 있다. –박노형, 『협상교과서』(랜덤하우스, 2007), 35페이지.

위도 파악할 필요가 있다. 원만한 협상과 그에 따른 만족할 수 있는 계약내용을 도출하기 위해서는 기본적으로 거래당사자 간의 신뢰를 바탕으로 주요 쟁점과 세밀한 문제점에 관해 상호간의 원활한 커뮤니케이션과 효과적인 협상의 전략이 필요하다. 여기서는 거래당사자 간의 협상과정에서 염두에 두어야 할 기본적인 사항과 이를 통해 영문계약서 작성시 어떠한 사항에 유의해야 하는지를 검토한다.

1. 협상의 이해와 맥락

협상은 다양한 상황에서 일어날 수 있는데, 협상(negotiation)은 어떤 문제의 해결에 도달하기 위해 다른 사람과 소통(communication)하거나 상의하는(confer) 것이다.[10] 국제거래에서는 해당 거래의 성사를 위한 거래협상(transactional negotiation)이 기본적이라 할 수 있다. 이는 당사자들이 수용할 수 있는 타협점(acceptable compromise)을 찾기 위해 협력하면서 각 당사자가 상대방에게 특정한 관점을 설득하기 위해 노력하는 당사자들 사이의 소통과정이라 할 수 있다. 이러한 점에서 협상을 한다는 것은 "어떤 문제의 해결에 도달하기 위해 다른 사람과 소통하거나 협의하는 것(communicate or confer with another to arrive at the settlement of some matter)"이라 할 수 있다.[11] 거래협상을 통해 계약을 체결하더라도, 계약의 이행과정에서 분쟁이 발생할 수 있는데, 이 경우 분쟁의 해결과정(dispute resolution process)에서도 협상이 이루어질 수 있으며, 협상은 조정(mediation)과 같은 다른 중요한 분쟁해결과정의 기초가 된다.[12] 분쟁협상(dispute negotiation)은 거래협상보다 한쪽 당사자에게 좋을수록 상대방에게는 더 좋지 않을 수 있는 제로섬(zero-sum)이 될 수 있으며, 협상 이후에도 관계가 지속되기를 원하거나 기대하는 당사자들이 참여할 가능성이 낮아, 거래협상에 비해 더 적대적/경쟁적(adversarial/competitive)이 되는 경향이 있다.[13] 반면, 향후 지속적 거래를 위한 거래협상(transactional negotiation)의 경우 일반적으로 보다 협력적(cooperative)이고 문제해결적(problem-solving)인 경향

10 Webster's Third New International Dictionary 1514 (Merriam-Webster 1971).

11 Webster's Third New International Dictionary 1514 (Merriam-Webster 1971); http://www.merriam-webster.com/dictionary/negotiate 참조.

12 분쟁해결(dispute resolution)과 관련된 협상은 계약의 분쟁해결 방법에 관한 주요 사항으로, "Chapter 8 국제거래 계약의 분쟁해결조항(Dispute Resolution Provisions)"의 단원에서 자세하게 살펴본다.

13 Robert H. Mnookin, Scott R. Peppet & Andrew S. Tulumello, 『Beyond Winning: Negotiating to Create Value in Deals and Disputes』 (Belknap Press, 2000), at 224.

이 있다.

2. 협상이론과 협상의 접근방식

협상이론(negotiation theory)과 관련해, 우선 제로섬 협상(zero-sum negotiation), 포지티브섬 협상(positive-sum negotiation), 최종 양보점(bottom line)과 협상구간(settlement zone) 등과 같은 협상에 사용되는 개념을 이해할 필요가 있다. 그리고, 구체적인 협상과정에서 당사자들이 협상을 어떻게 할 것인지에 대한 협상의 접근방식을 이해하는 것이 중요한데, 이에 관한 통일된 용어나 방식은 없기 때문에, 협상이론에 따라 협상에 대한 유사한 접근법을 설명하기 위해 서로 다른 용어와 방식을 사용할 수 있다. 여기서는 일반적 협상의 분류방식으로, 협상을 (i) 적대적/경쟁적 접근방식(adversarial/competitive approach), (ii) 협력적 접근방식(cooperative approach), (iii) 문제해결적 접근방식(problem-solving approach) 등 세 가지 유형으로 나누어 살펴본다.[14] 적대적/경쟁적 또는 협력적 접근방식은 서로 다르지만 둘 다 제로섬 협상일 수 있다. 반면, 문제해결적 접근방식은 포지티브섬 협상을 지향한다. 이러한 세 가지 유형의 접근방식은 대부분 거래협상(transactional negotiation)에서뿐만 아니라 분쟁협상(dispute negotiation)에서도 사용될 수 있다.

2.1 협상이론

2.1.1 제로섬(zero-sum) 협상과 포지티브섬(positive-sum) 협상

협상의 성격은 제로섬 협상(zero-sum negotiation)과 포지티브섬 협상(positive-sum negotiation)으로 구분할 수 있는데, 이는 은유적으로 파이를 나누는 것(dividing a pie), 파이를 확장하는 것(expanding a pie)으로 대비할 수 있다.[15] 제로섬 협상에서 협상자들은 파이를 나누는 방법만을 논의하며, 포지티브섬 협상에서 협상자들은 파이의 크기를 확장하는 방법을 찾는다. 제로섬 협상은 당사자 간에 지급할 금전의 액수만을 협상의 대상으로 해결하는 경우이다. 이러한 협상은 한쪽 당사자의 가치를 증가시키면 상대방 당사자의 가치를 감소시키는 결과를 초래한다. 즉, 한쪽 당

14 Stephen J. Ware, 『Principles of Alternative Dispute Resolution (Concise Hornbook)』 (West Academic Publishing, 2016), at 311.

15 제로섬 협상은 분배적 협상(distributive bargaining), 포지티브섬 협상은 통합적 협상(integrative bargaining)이라고도 한다.

사자가 더 많은 파이를 얻을수록 상대방 당사자는 더 적은 파이를 갖게 되고, 그 반대의 경우도 마찬가지가 된다. 제로섬 협상에서, 해결방안과 관련한 당사자 간의 이익(interests)은 정반대가 될 수 있으며, 이때 당사자의 선택은 서로 합의하든지 또는 합의를 하지 않기로 하는 것이다. 반면, 포지티브섬 협상은 다른 가능한 해결방안들보다 양쪽 당사자 모두에게 더 나은 가능한 해결책을 찾는다. 예를 들어, 일반적으로 일정한 금액을 지급받는 사람들은 가능한 한 대금을 빠르게 지급받는 것을 선호하는 데 반해, 대금을 지급하는 사람들은 가능한 한 대금지급을 미루는 것을 선호한다. 이를 화폐의 시간가치(time value of money)라 하는데, 이를 분리해서 보면, 지급금액과 지급의 시간 모두 제로섬 협상의 대상이지만, 그것들을 함께 고려한다면 포지티브섬 협상을 만들 수 있다. 즉, 한쪽 당사자는 시간의 문제가 더 중요한 반면, 상대방은 금액의 문제가 더 중요할 수 있기 때문이다. 당사자들의 시간과 돈에 대한 이러한 다른 우선순위들로 인해 그들간에 포지티브섬 협상을 할 수 있게 한다. 양쪽 당사자는 다른 가능한 합의조건보다 그들에게 맞는 일정한 가능한 합의조건을 선호한다는 점에 착안해 협상을 바라보는 것이 포지티브섬 협상의 본질이다.

협상시 당사자들의 추가적 가치를 창출하는 열쇠는 추가적 이슈를 고려하는 것이며, 단지 한 가지 이슈만 고려된다면 포지티브섬 협상(positive-sum negotiation)은 거의 일어나지 않는다. 포지티브섬 협상은 협상에 있어 다양한 문제를 고려해 당사자들의 이해관계가 일치하는 해결책을 찾을 수 있도록 상호 협조하는 "Logrolling(상호원조)"을 할 수 있게 한다. 예를 들어, 한쪽 당사자가 A쟁점에 대해서는 많이 신경을 쓰지만 B쟁점에 대해서는 별로 신경을 쓰지 않는 반면, 다른쪽 당사자는 B쟁점에 대해서는 많이 신경을 쓰지만 A쟁점에 대해서는 별로 신경을 쓰지 않는다고 하면, 한쪽 당사자는 B쟁점을 양보하는 대신 다른쪽 당사자로 하여금 A쟁점을 양보하게 함으로써 가치를 창출(value creation)할 수 있다. 즉, 각 당사자는 자신이 중요하게 여기는 것을 얻기 위해 상대적으로 중요하지 않은 것으로 여기는 것을 포기할 수 있다. 한쪽 당사자가 자신이 중요하게 여기지 않는 시간문제에 대해 양보를 하고, 상대방 당사자는 자신이 중요하게 보지 않는 금액문제를 양보할 수 있다는 것이다. 이러한 Logrolling은 대부분의 포지티브섬 협상의 기본이 된다. 당사자들이 모든 이슈에 대해 서로 의견이 다른 경우에도, 그들이 이슈를 다르게 우선시한다면 양보가 이루어질 수 있다. 예를 들어, 계약대금의 지급과 관련한 협상에서 일련의 분할지급을 추가 옵션으로 고려한다면, 대금을 분할해 지급함으로써 일시지불시 창출되는 가치보다 더 많은 가치를 창출할 수 있다. 대금의 일련의 분할지급에 의한 대금정산은 당사자들에게 필요한 구조적인 정산방식을 만들 수 있으며, 때로는 세금상의 이점이 있을 수도 있다. 당사자 간의 거래협상에서 여러 대상들, 즉 부동산, 상품 또는 무형자산의 양도, 서비스의 이행 등이 포함될 수 있는데, 협상과정에서 이러한 대상들을 다양하게 고려할수록 협상은 포지티브섬 협상을 할 가능성이 높아진다.

다만, 국제거래 당사자들 사이에 다양한 이해관계가 있을 수 있어 포지티브섬 협상이 항상 가치가 있거나 가능하지 않을 수도 있다. 즉, 협상자들은 그들의 협상이 제로섬(zero-sum)인지 포지티브섬(positive-sum)인지에 대한 완전한 통제력을 가지고 있지 않을 뿐만 아니라 당사자들의 이해관계가 너무나 상이하다면, 협상자들이 아무리 진지하게 포지티브섬의 측면을 찾으려 해도 그 협상은 제로섬일 수밖에 없다. 또한, 협상자가 자신의 이익을 발견하지 못한다면 제로섬 협상이 일어날 수 있다. 그리고, 포지티브섬의 기회를 이용해 창출되는 가치가 그것을 찾는 데 소요되는 시간과 노력의 가치보다 낮을 수 있기 때문에, 포지티브섬 상황에서 제로섬 협상이 반드시 실패를 의미하는 것은 아닐 수 있다. 그리고, 일부 협상은 순수한 제로섬이거나 순수한 포지티브섬일 수 있으나, 많은 협상에서 협상자들은 파이를 확장하고 또한 나누는 데 있어 포지티브섬 협상의 성격과 제로섬 협상의 성격을 모두 가지고 있다. 아무리 문제를 창의적으로 해결하기 위해 파이를 확대하더라도, 이는 결국 분할되어야 한다. 즉, 협상을 통해 가치를 창출하고, 그 증대된 가치는 결국 당사자 간에 나누어져야 한다.

2.1.2 최종 양보점(bottom line)과 협상구간(settlement zone)

당사자들은 협상이 되는 사안의 평가를 통해 협상구간(settlement zone)을 판단하게 하는 최종 양보점(bottom line)[16]을 결정할 수 있다. 이때 각 당사자의 협상에 대한 최선의 대안(Best Alternative To a Negotiated Agreement; BATNA)은 그 당사자의 최종 양보점에 영향을 미친다. 즉, 당사자 간의 합의는 각 당사자가 해당 사안에 부여하는 가치보다 자신에게 더 낫다고 믿는 특정한 합의점이 없을 때에는 성립하지 않는다. 예를 들어, 매도인 A가 해당 물품을 8만 달러로 평가하여 8만 달러 미만으로 해결하는 합의를 꺼리는 반면, 매수인 B는 이를 6만 달러로 평가하여

16 “Bottom Line(최종 양보점)”은 협상의 당사자가 수용할 수 있는 최악의 거래조건, 즉 수용가능한 최종 한계점을 의미한다.

6만 달러 이상으로 해결하는 합의를 꺼린다고 하면, 매도인 A의 최종 양보점은 8만 달러이고, 매수인 B의 최종 양보점은 6만 달러이다. 이때는 양쪽 당사자 모두가 수용할 수 있는 가능한 협상구간이 없기 때문에, 한쪽 당사자나 양쪽 당사자가 그의 최종 양보점을 변경하지 않는 한, 어떠한 합의도 이루어질 수 없다. 또 다른 협상에서, 아래 도표와 같이, 당사자 P의 최종 양보점은 20만 달러이고, 상대방 당사자 D의 최종 양보점은 30만 달러라고 하면, 20만 달러에서 30만 달러 사이에서 가능한 합의를 할 수 있는 협상구간이 형성된다. 당사자 간의 합의는 적어도 각 당사자의 최종 양보점 이상이어야 하므로, 이러한 협상구간 밖에서는 협상이 일어날 수 없다.

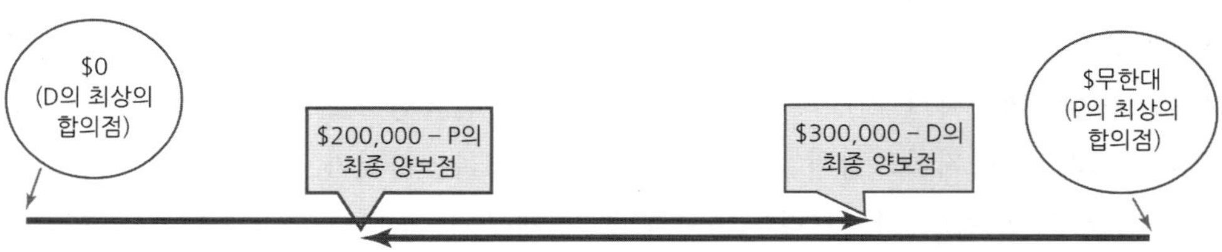

그런데, 협상구간(settlement zone)이 존재한다고 해서 협상자들이 반드시 합의를 하는 것은 아니며, 단지 합의에 도달할 수 있다는 것을 의미한다. 협상자들은 다양한 사유로 협상구간 내에서도 합의에 도달하지 못할 수 있다. 우선, 협상자들은 협상구간이 존재한다는 사실조차 깨닫지 못할 수 있다. 각 협상자가 상대방의 최종 양보점(bottom line)을 추측하는 상황에서, 협상자들은 협상구간의 존재 여부와 그 협상구간의 경계를 정확히 알기는 어렵다. 그리고, 협상자들이 협상구간이 존재한다는 것을 발견하고 그것의 정확한 경계를 알게 되더라도, 여전히 합의에 도달하지 못할 수 있다. 즉, 협상자들은 협상을 통한 가치의 배분(dividing the value)에 실패할 수 있다. 협상자들이 각자의 입장이 너무 단호해 협상과정에서 잠재적 가치(potential value)를 발견하더라도 이를 수용해 합의에 이르지 못할 수 있는 것이다. 결국, 협상자 모두가 양보하지 않는다면, 모두의 합의로 창출될 수 있었던 가치를 얻을 수 없다.

한편, 포지티브섬 협상(positive-sum negotiation)에서는 협상 주제와 관련해 다양한 이슈를 고려하게 되는데, 최종 양보점(bottom line)은 여러 쟁점이 있는 상황에서 더욱 복잡해질 수 있다. 예를 들어, 피고 D로부터 신체상해를 입은 원고 P는 피고에게, (i) 금전배상, (ii) 잘못에 대한 공개사과 보도자료의 발행, (iii) 유사한 종류의 상해의 재발방지를 위한 피고의 내부절차의 정비 등을 요구할 수 있다. 이때 당사자 간의 협상과정에서, 원고는 피고로부터 단순히 손해배상을 받는 것 이외에 앞서 언급한 다양한 사항에 대한 목적을 달성하려 할 수 있다. 포지티브섬 협상에서는 당사자들의 여러 목표를 가치의 단일한 척도로 바꿀 수 있는데, 그 척도는 통상적으로 금전적 문제일 수 있지만, 반드시 그럴 필요는 없다. 포지티브섬 협상은 그러한 협상을 하지 않았다면 존재하지 않았을 협상구간(settlement zone)을 만든다. 예를 들어, 위 상해사건에서, 피고 D의 최종 양보점이 8만 달러, 원고 P의 최종 양보점이 10만 달러이고, 금전배상만이 당사자 간의 유일한 합의가능한 조건이라면, 당사자 간의 이 사건에 대한 협상구간은 존재하지 않는다. 그런데, 이 경우 원고가 피고의 (ii) 보도자료의 발행과 (iii) 내부절차의 정비 등을 4만 달러로 평가한다면, 앞서 언급한 원고의 최종 양보점인 10만 달러는 “6만 달러+피고의 (ii) 보도자료의 발행과 (iii) 내부절차의 정비(4만 달러)”로 볼 수 있다. 그리고, 피고가 자신의 (ii) 보도자료의 발행과 (iii) 내부절차의 정비를 1만 달러 상당의 비용으로 평가한다면, 앞서 언급한 피고의 최종 양보점인 8만 달러는 “7만 달러+피고의 (ii) 보도자료의 발행과 (iii) 내부절차의 정비(1만 달러)”가 될 수 있다. 이러한 상황을 도표화하면 아래와 같다.

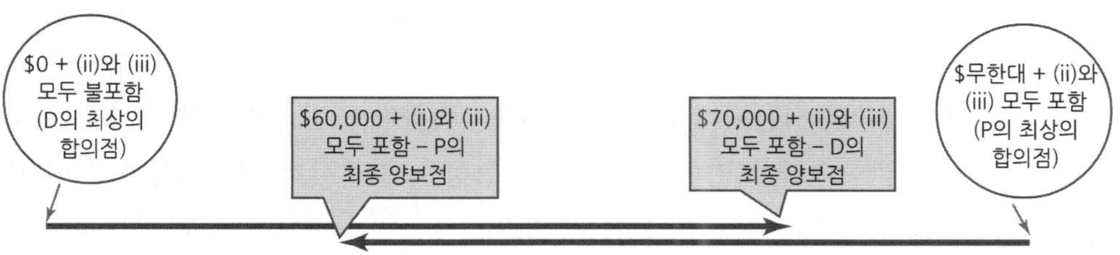

이와 같이 복수의 쟁점을 고려하는 포지티브섬 협상(positive-sum negotiation)에서는 당사자들의 최종 양보점(bottom line)은 다양한 방법으로 나타날 수 있다. 즉, 협상과정에서 더 많은 이슈들을 고려할수록 당사자가 받아들일 수 있는 협상 가능성이 더 많아지고, 더 많은 가능한 협상사항이 있을수록 당사자들은 서로간의 협상에 따라 합의를 할 가능성이 더 높아진다. 이는 협상시에 가능한 협상이슈를 더 많이 고려할수록 폭넓은 협상구간(settlement zone)을 통해 당사자들이 합의를 할 가능성이 높아진다는 것을 의미한다.

2.2 협상의 접근방식

2.2.1 적대적/경쟁적 접근방식(adversarial/competitive approach)

적대적/경쟁적 협상자(adversarial/competitive negotiator)는 협상을 경쟁으로 간주해 상대방을 물리치는 데 초점을 맞춘다. 적대적/경쟁적 접근방식은 대체로 극단적인 오프닝 제안(extreme opening offer)을 하거나, 협상에서 거의 양보를 하지 않고, 자신의 이익이나 수락가능한 최종 양보점(bottom line)과 관련된 정보는 숨기고, 상대방의 이익과 수락가능한 최종 양보점에 대한 정보를 얻으려고 한다. 또한, 해당 사안과 관련한 자신의 강점과 문제해결에 대한 관심부족에 관한 가식적 행동을 하는 등 심리전(psychological warfare) 등의 방식을 사용할 수 있다. 수락가능한 최종 양보점은 적대적/경쟁적 접근방식의 핵심으로, 적대적/경쟁적 협상당사자는 상대방의 수락가능한 최종 양보점에서 상대방과 합의하는 것을 목표로 한다. 적대적/경쟁적 접근방식에서 협상자들은 대체로 다음과 같은 협상방식을 사용할 수 있다는 점을 유의해야 한다.[17]

① 적대적/경쟁적 협상자는 극단적인 오프닝 오퍼(extreme opening offer)를 내놓을 수 있다. 이러한 극단적 오프팅 오퍼 이후에 협상자는 유리한 실제 최종적인 거래조건의 합의에 도달할 때까지 양보를 할 수 있다.[18] 그런데, 극단적인 오프닝 오퍼는 상대방 당사자가 상호간 합의에 도달하기에 너무 큰 간극이 있다고 결론내리게 할 수 있다는 위험이 있다. 이 경우 상대방은 협상에 따른 합의를 포기할 수 있으며, 협상을 지연시켜 당사자들에게 더 많은 비용과 스트레스를 안겨줄 수 있다.

② 협상자가 첫 제안(first offer; anchor)을 하는 경우 그 첫 제안의 내용에 따라 후속협상의 논의의 초점이 정해질 수 있어, 경우에 따라 첫 제안은 그 제안의 방향으로 편향된 최종 결과를 초래할 수 있다.[19] 상대방의 수락가능한 최

---

17 Stephen J. Ware, 『Principles of Alternative Dispute Resolution (Concise Hornbook)』 (West Academic Publishing, 2016), at 313-330.

18 예를 들어, 원고의 3만 달러의 오프닝 오퍼를 듣기까지, 피고는 4만 달러까지 지급하려고 했다고 가정하면, 원고의 3만 달러의 오프닝 오퍼를 들었을 때, 피고의 대금지급에 관한 의사는 즉시 3만 달러 이하로 떨어지게 된다. 이 경우 원고의 오프닝 오퍼는 1만 달러 이상의 대가를 치렀다고 볼 수 있다.

19 Laurie R. Weingart et al., "Tactical Behavior and Negotiation Outcomes," 1 Intl. J. of Conflict Mgt. 7, 9-10 (1990).

종 양보점(bottom line)에 대해 확실성이 있을 때 첫 제안을 하는 것이 유리한 반면, 상대방의 수락가능한 최종 양보점에 대해 상당한 불확실성이 있을 때 첫 제안을 하는 것은 불리할 수 있다.[20]

③ 적대적/경쟁적(adversarial/competitive) 협상인 경우 당사자가 자신이 한 오프닝 오퍼(opening offer)보다 덜 유리한 제안을 한다면 양보(concession)를 한 것이 되어 거래상 이득이 없기 때문에 가능한 한 양보를 적게 하려 하는데, 당사자 간의 적정한 양보 없이는 합의가 이루어질 수 없다는 문제가 있다. 그리고, 적대적/경쟁적 접근방식의 경우 한쪽 당사자가 양보를 하더라도 그 대가로 상대방에게 양보를 요구하게 된다. 예를 들어, 당사자는 상대방이 일정한 요구를 포기하면 자신의 일정한 요구도 포기를 하겠다고 할 수 있다. 이렇게 해서, 하나의 양보는 동시에 다른 양보와 교환이 이루어진다. 당사자들은 순차적으로 양보를 주고받을 수도 있으며, 이러한 "양보교환(taking turns conceding)"의 과정을 통해 합의에 도달하는 것이 일반적이다. 협상자들이 순차적으로 양보를 주고받는다면, 대체로 적대적/경쟁적 협상자들은 서두르지 않고, 상대방의 양보보다 더 천천히 자신들의 양보를 내놓기를 원한다. 또한, 협상자들이 동시 또는 순차적으로 양보를 교환하는 경우 적대적/경쟁적 협상자들은 자신들의 양보가 교환되는 양보의 양보다 적을 것을 원한다.

④ 한편, 적대적/경쟁적인 협상의 경우 당사자가 실제로 크게 가치를 두지 않는 사안을 주된 협상 대상과 함께 끼워 넣어, 중요한 협상대상인 것처럼 가장해 상대방으로부터 주된 협상대상에 더 나은 결과를 얻으면서 가치를 두지 않은 협상대상을 포기하는 식으로 협상을 하는 거짓 양보(false concession)가 이루어질 수 있다. 이러한 협상전술을 양쪽 당사자 모두가 협상과정에서 오랫동안 사용하는 경우 당사자가 정말 원하는 것을 얻을 수 없고, 시간만 끌 수도 있다. 또한, 당사자는 양보를 한 다음 이를 철회하는 전략을 쓸 수 있는데, 이를 "뒷걸음질(backward step)" 전략이라고도 한다.[21]

⑤ 또한, 협상에서 정보가 중요한데, 적대적/경쟁적인 협상에서는 상대방에게

---

20 David A. Lax & James K. Sebenius, 『The Manager as Negotiator: Bargaining for Cooperation and Competitive Gain』 (Free Press, 1986), at 132-134.

21 협상자가 합의시에 나오는 쟁점인 것처럼, 협상의 막바지에 새로운 이슈를 제기하는 것도 양보의 철회와 비슷한 수법이 될 수 있다.

잘못된 정보(misinformation)를 제공하는 정보의 속임수(deception)가 문제될 수 있다. 적대적/경쟁적 접근방식에서 정보(information)는 무기이며, 당사자가 더 양질의 정보를 가지고 있을수록 협상에서 더 강력한 힘을 가질 수 있다. 적대적/경쟁적 협상자는 자신의 이익(interests)과 우선순위(priorities)를 신중하게 고려하고, 상대방의 이익과 우선순위를 공격적으로 질문함으로써 협상을 준비할 필요가 있다.[22]

⑥ 특히, 적대적/경쟁적 협상에서 상대방으로부터 보다 나은 양보를 얻어내기 위해 상대방의 수락가능한 최종 양보점(bottom line)에 대한 정보를 파악하는 것이 중요한 반면, 자신의 수락가능한 최종 양보점에 관한 정보는 상대방이 알지 못하도록 조심하게 된다. 그런데, 협상은 대부분의 사람들에게 스트레스와 불안을 야기할 수 있는데, 특히 적대적/경쟁적 협상의 경우 상대방의 수락가능한 최종 양보점에 관한 정보파악과 자신의 정보를 감추기 위해 이러한 스트레스와 불안을 이용하기 위한 심리전이 펼쳐지게 된다. 이와 관련된 전술은 다양할 수 있는데, 협상자는 상대방의 입장을 누그러뜨려 상대방의 수락가능한 최종 양보점에 대한 정보를 파악하려고 한다. 이러한 심리전은 다양한 형태로 나타날 수 있는데, 이와 관련한 협상전술로 고려할 수 있는 사항은 다음과 같다. 우선, (i) 대면 협상(face-to-face negotiation)의 경우 협상자는 자신의 사무실 등 상대방 당사자보다 더 편안함을 느낄 수 있는 장소에서 협상하거나, 자신이 시간이 있을 때 협상하고 상대방이 시간이 없을 때 협상하는 방법을 쓸 수 있다. (ii) 협상자가 여러 명 있다면, "Good Cop, Bad Cop(좋은 경찰, 나쁜 경찰)"과 같은 전술을 쓸 수도 있는데, 이는 협상자의 일부는 온화하고 협조적(soft and cooperative)인 반면, 다른 일부는 극도로 일방적인 거래(extremely one-sided deal)를 상대방에게 요구하는 것이다. (iii) 협상자가 해당 협상에 관한 권한의 부족을 내세울 수 있다. 즉, 당사자를 대리하는 협상자가 해당 거래에 관한 권한이 부족하다고 하면서 협상을 시작할 때 어떠한 합의도 당사자 본인의 승인을 받아야 한다고 할 수 있다.[23] (iv) 협상자는 비합리성을 가장(feign irrationality)할 수

22 이러한 정보를 파악하는 수단으로는 인터넷 검색, 법원 및 기타 정부 기록 검색 등과 같은 다양한 조사 등 비공식적 방법이나 사법기관의 증거개시제도(discovery) 등의 공식적인 절차를 이용할 수도 있다.

23 상대방과 합의에 도달했을 때에도, 협상자는 당사자 본인과의 연락을 통해 일부 추가양보(concessions)를 하지 않는 한 당사자 본인이 합의계약서에 서명하기를 거부한다는 전술을 쓸

있는데, 자신이 비합리적인 것처럼 하면서, 그의 일방적인 요구를 받아들이도록 상대방을 설득할 수 있다. (v) 실제로는 적대적/경쟁적 협상을 하면서도 협력적(cooperative) 또는 문제해결(problem-solving)을 위한 협상방식을 사용하는 것처럼 해 협상자 자신의 이익(interests)을 증진할 수 있다.[24] (vi) 협상자는 또한 거래에 자신감을 가지고 만족할 때 양보(concession)할 가능성이 더 높아질 수 있기 때문에 협상의 상대방을 칭찬하면서 상대방이 거래에 대한 확신(confidence)을 가지게 할 수 있다.[25]

적대적/경쟁적 접근방식(adversarial/competitive approach)은 대체로 한쪽 당사자가 이익을 보면 다른쪽 당사자는 손해를 보는 제로섬 협상(zero-sum negotiation)이 되기 때문에 이는 가용할 수 있는 포지티브섬의 기회(positive-sum opportunities)를 놓칠 가능성이 높다. 적대적/경쟁적 협상은 또한 제로섬 상황에서조차 교착상황(deadlocks)이 만들어질 수 있어, 당사자들이 합의에 도달하는 데 더 많은 시간과 노력을 들일 수 있다. 그리고, 적대적/경쟁적 협상은 협상과정에서 일방적인 해결을 강요할 수 있기 때문에 상대방과 적대적 관계를 형성할 수 있으며, 이는 장래 그 상대방과 협상이나 관계에 부정적인 요소가 될 수 있다는 점을 염두에 두어야 한다.

2.2.2 협력적 접근방식(cooperative approach)과 죄수의 딜레마(prisoner's dilemma)

협상자들은 자신만의 이익을 극단적으로 추구하는 적대적/경쟁적 접근방식을 벗어나, 일방적 합의가 이루어지는 것을 원하지 않고 객관적으로 공정하고 합리적(objectively fair or reasonable)인 합의를 지향할 수 있는데, 이때 당사자들이 협력적 협상이 그들의 이익을 증진시키는 데 더 적합하다고 믿는다면 협력적 접근방식(cooperative approach)을 선호할 수 있다. 협력적 협상은 협상자들이 그들의 파이를 키워서 서로 협상하기 전에 가진 기대보다 더 큰 이익을 얻게 하여 윈-윈(win-win)을 추구하는 것이다. 이러한 파이 키우기, 가치의 창조를 위해서는 협상의 동기와 그에 따른 옵션과 함께 객관적인 기준 및 최선의 대안(BATNA)을 파악하는 것이 중요하다. 그런데, 협력적 접근방식은 경쟁적 협상이 불가피한 경우도 있으며,

---

수도 있다.

24 적대적/경쟁적 협상에서 협상자는 "양의 탈을 쓴 늑대(wolf in sheep's clothing)"처럼 자신의 본심을 감추고 거짓된 모습으로 유리한 결과를 얻어내려 할 수 있는데 상대방이 이를 깨닫지 못한다면 더 효과적일 수도 있다.

25 이와 반대로, 필요하다면, 상대방의 죄책감이나 수치심(sense of guilt or shame)을 이용해 협상자가 더 적극적으로 협상에 임하도록 할 수도 있다.

적대적/경쟁적 접근방식과 마찬가지로, 제로섬 협상(zero-sum negotiation)을 지향하기 때문에 협력적 접근방식은 포지티브섬 협상(positive-sum negotiation)을 지향하는 문제해결적 협상의 접근방식(problem-solving approach)과는 구분된다.[26] 당사자 간에 협상구간(settlement zone)을 가진 경우라도, 협상자들이 자신들의 진정한 최종 양보점(bottom line)을 숨기거나 치킨게임[27]을 한다면 분쟁이 해결되지 않는다. 이러한 상황은 협력적 협상자들이 해당 사안과 그들의 최종 양보점에 대한 정보를 솔직하게 밝혀 보다 많은 양보를 하려는 의지를 필요로 한다. 협상자들 간에 상호 신뢰를 쌓으면서, 적대적/경쟁적 협상시에 비용이나 시간이 많이 드는 소모적인 전술을 사용하지 않을 수 있다. 협력적 협상의 경우 공정하고 합리적인 객관적 협상 기준이 요구되는데, 이러한 기준으로는, 시장가격(market value), 선례(precedent), 전문가적 기준(professional standards), 확립된 도덕적 기준(established moral standards), 전통(tradition), 동등한 대우(equal treatment), 호혜의 원칙(principles of reciprocity), 과학적 판단과 효율성(scientific judgment and efficiency) 등이 사용될 수 있다.[28] 그런데, 협상자가 협력적 접근방식을 사용하더라도 상대방이 적대적/경쟁적 협상을 하는 경우 협력적 협상자는 최종 양보점에 대한 정보를 솔직하게 상대방에게 밝혀 성급하게 화해를 하고, 상대방에게 일방적으로 유리한 합의를 할 위험이 있을 수 있다.

협상자들의 전체적인 거래관계를 고려하면 당사자 모두가 협력적(cooperative)일 때 양 당사자 모두에게 가장 좋은 결과를 가져올 수 있는 협상이 될 수 있다.[29]

---

26 견해에 따라서는, 협력적 접근방식(cooperative approach)을 "부드러운 입장의 교섭(soft positional bargaining)," 적대적/경쟁적 접근방식(adversarial/competitive approach)을 "강한 입장의 교섭(hard positional bargaining)," 문제해결적 접근방식(problem-solving approach)을 "원칙적 교섭(principled negotiation)"이라고도 한다. –Roger Fisher, William Ury & Bruce Patton, 『Getting to Yes: Negotiating Agreement Without Giving In』 (Penguin Books, 2nd ed., 1991), at 8-14.

27 "치킨게임(chicken game)"은 "겁쟁이 게임(coward game)"이라고도 하는데, 어떤 사안에 대해 대립하는 두 집단이 있을 때 한쪽이 그 사안을 포기하면 상대방에 비해 손해를 보게 되므로, 양쪽 모두 양보하지 않을 경우 극한으로 치닫는 최악의 상황을 의미한다. 1950년대에 미국 젊은이들 사이에서 유행한 자동차 게임의 이름에서 유래한 것으로, 누구든지 먼저 포기하면 겁쟁이(chicken)가 되므로, 양쪽 모두 끝까지 포기하지 않으면 모두에게 피해를 입히는 가장 나쁜 상황이 초래되는 게임이다.

28 Roger Fisher, William Ury & Bruce Patton, 『Getting to Yes: Negotiating Agreement Without Giving In』 (Penguin Books, 2nd ed., 1991), at 85.

29 당사자 간에 단일한 협상(single negotiation)만을 고려한다면 자신이 적대적/경쟁적(adversarial/competitive) 협상자이고 상대방이 협력적(cooperative) 협상자일 때 자신에게 가장 유리할 수

그런데, 협상자 자신이 협력적인데도 불구하고, 상대방이 적대적/경쟁적인 협상태도를 취하고 있다면 그 협상자 자신에게 상당한 불리한 상황이 될 수 있다. 당사자 모두가 협력적(cooperative) 협상이라 할지라도 각 당사자는 상대방의 희생의 대가로 자신의 이득(incentive)을 가져올 수 있는 상황에 처할 수 있다. 이러한 진퇴양난의 상황은 죄수의 딜레마(prisoner's dilemma)로 알려져 있는데, 이는 1950년대에 협상자들 간의 전략적 상호작용을 설명하기 위해 처음 나온 이야기에서 유래한다. 두 명의 범죄자가 체포되었는데, 그들은 둘 다 심각한 범죄를 저질렀지만 검사는 적어도 한 범죄자의 자백을 받아내지 않고는 어느 범죄자도 유죄판결을 내릴 수 없으며, 어느 범죄자의 협조 없이도 두 사람 모두에게 경미한 범죄로는 유죄의 판결을 받아낼 수 있는 상황에서 범죄자 서로간의 상호작용을 설명한다. 검사는 각 범죄자에게 만약 둘 다 자백하지 않으면, 둘 다 경미한 범죄로 유죄판결을 받을 것이라고 말하면서, 각각은 징역 2년을 구형할 것이라고 한다. 그런데, 죄수 중 한 명이 자백함에도 불구하고 다른 한 명이 자백하지 않으면, 전자는 석방되고 후자는 중범죄로 재판을 받고 최고 징역 10년을 구형할 것이라고 한다. 또한, 두 범죄자 모두 자백한다면 검사는 이들을 중범죄로 기소는 하되 최고형을 구형하지는 않을 것이며, 둘 다 징역 6년을 구형할 것이라고 한다. 이 경우 각 범죄자는 자신이 감옥에서 보내는 시간을 최소화하기만을 원할 뿐, 서로가 상대방이 얼마나 많은 시간을 감옥에서 보내는지에 대해서는 무관심하게 되어, 두 범죄자는 서로 합의에 도달할 방법이 없게 된다.[30] 이러한 죄수의 딜레마(prisoner's dilemma)는 협상자들이 서로 의사소통을 할 수 있는 한 상호 협상을 하는 것과 달리, 죄수들은 그럴 수 없다는 것을 나타낸다. 죄수의 딜레마는 적대적/경쟁적 또는 협력적 접근방식을 사용할지 여부에 대한 협상자의 선택과 매우 유사하다고 할 수 있다. 범죄자들이 상호 협력을 한다면, 총체적으로 자신들의 처벌수위를 낮출 수 있어 죄수들에게 최선이겠지만, 각 범죄자는 자신이 가질 수 있는 보상이나 이익(incentive)에만 관심을 가질 뿐 다른 공범자들의 이익에는 관심이 없어, 다른 범죄자들에게 적대적/경쟁적(adversarial/competitive)일 수 있어 결국 그 범죄를 자백하게 된다는 것이다.

협상에 있어, "negotiator's dilemma(협상자의 딜레마)"[31]라고도 불리는, "pri-

있으며, 양측 당사자 모두 협력적일 때 자신에게 그 다음으로 유리할 수 있고, 양측 당사자 모두가 적대적/경쟁적일 경우에는 그 협상의 전술에 따라 다양한 결과를 가져올 수 있어 어느 당사자에게 특별히 유리하다고 하기 어려울 수 있다.

30 Douglas G. Baird, Robert H. Gertner & Randal C. Picker, 『Game Theory and the Law』 (Harvard University Press, 2nd ed., 1998).

soner's dilemma(죄수의 딜레마)"의 해결책은 당사자 간의 협력적 협상에 보상(incentives)을 주는 것이다. 그런데, 협상자가 적대적/경쟁적 협상 또는 협력적 협상을 선택해야 하는 단일한 해당 협상사항에만 신경을 쓴다면 이는 불가능하다. 즉, 당사자 간에 협상을 할 때 해당 협상에 관한 문제만이 아니라 장래에 발생할 수 있는 다른 이슈나 거래관계에 대한 협상이나 당사자 자신들의 평판에도 관심을 갖는다면 당사자들은 상호간의 협력적 협상에 대한 이익을 가질 수 있다. 당사자 간 장래의 관계가 중요할수록 상호간 협력적(cooperative) 협상에 대한 동기나 이익이 커지는 반면, 현재의 협상만이 중요할수록 적대적/경쟁적(adversarial/competitive) 협상을 하려는 동기가 더 커진다. 상대방과 장래의 관계를 고려하는 당사자는 가급적 상대방과 상호 소통하고 협력하려 하며, 상호 협력하지 않으면 당사자의 평판을 떨어뜨려 향후의 협상에서도 성공할 수 있는 확률이 낮아질 수 있기 때문에 상호 협력하게 된다.

2.2.3 문제해결적 접근방식(problem-solving approach)

제로섬 협상(zero-sum negotiation)을 지향하는 적대적/경쟁적(adversarial/competitive) 및 협력적(cooperative) 접근방식과 달리, 협상을 문제해결적으로 접근하는 방식(problem-solving approach)은 협상자들 모두의 전반적 이익을 증진하는 포지티브섬 협상(positive-sum negotiation)을 지향한다. 문제해결적 접근방식을 사용하는 협상자들은 일반적으로 공통의 문제점을 해결하기 위한 협상을 하는데, 포지티브섬 상황을 파악하고 그들이 제시하는 기회를 활용하여 부가가치를 창출(creating additional value)하기 위해 당사자들의 공동의 협력(collaboration)이 필요하다고 본다. 이를 위해서는 다양한 관련 이슈(multiple issues)를 함께 고려하는 것이 중요하다. "Logrolling(상호원조)"은 대부분 포지티브섬 협상의 기초가 되는데, 각 당사자들이 모든 문제에 대해 서로 다른 우선순위를 가지고 있다면 의견이 일치하지 않는 이슈에서도 효과를 발휘할 수 있다. "Logrolling"은 여러 문제들을 별도로 독립적으로 고려하지 않고, 그것들을 함께 고려하는 경우에만 일어날 수 있다. 즉, 협상자들은 해당 협상의 우선순위가 서로 다를 수 있으므로 여러 문제를 동시에 고려해, 개별 협상자의 입장에서 상대방 협상자와 다를 수 있는 협상의 우선순위를 파악해 상호간 우선순위가 낮은 문제(low-priority issues)에 대해서는 서로 양보

31 David A. Lax & James K. Sebenius, 『The Manager as Negotiator: Bargaining for Cooperation and Competitive Gain』 (Free Press, 1986), at 38-41.

(concessions)하고 대신 우선순위가 높은 문제(high-priority issues)에 대해서는 서로 이득(incentives)을 얻을 수 있다. 협상자들은 자신들이 쟁점들을 절충할 수 있는 능력이 있다는 것을 인식한다면 상대방의 양보에 대한 대가로 당사자 자신이 덜 중요하게 생각하는 쟁점에 대해 타협(compromise)할 수 있다. 이러한 문제해결적 협상방식에서 협상자 상호간에 이익을 가져올 수 있는 포지티브섬 기회를 활용하기 위해서 협상자들은, (i) 자신의 "Position(입장)"이 아니라 그들이 가지는 근본적인 이해관계와 우선순위(underlying interests and priorities)에 초점을 맞추며, (ii) 협상과 관련한 다양한 의문을 제기해 보고 상대방의 이야기를 경청(attentive listening)해 상대방의 이해관계와 우선순위를 파악하고, (iii) 공개적으로 자신의 이익과 우선순위를 상대방에게 전달하면서, (iv) 다양한 잠재적 해결책(potential solutions)을 고안할 필요가 있다.

다만, 문제해결적 접근방식을 사용하는 협상자는 상대방이 적대적/경쟁적 협상방식을 사용한다면 위험에 노출될 수 있다. 즉, 당사자가 상대방과의 공동의 이익을 증진하려는 포지티브섬 상황을 만들려 하더라도 상대방이 적대적/경쟁적 협상을 하려 한다면 그 협상과정은 제로섬 협상이 되기 때문이다. 이때 문제해결적 협상자가 상대방이 적대적/경쟁적 협상방식을 사용한다는 점을 간파한다면 문제해결적 협상방식을 중단할 수 있다. 그리고, 문제해결적 협상은 협력적 접근방식(cooperative approach)과 유사한 단점을 가질 수 있는데, 이러한 상황을 피하기 위해, 문제해결적 접근방식을 사용하려는 협상자는 협력적 협상자가 적대적/경쟁적 상대방으로 인해 죄수의 딜레마(prisoner's dilemma)와 같은 상황에 직면할 수 있다는 점을 유의해야 한다. 이때 문제해결적 협상자는 상호 신뢰를 바탕으로 당사자 간의 협력적 또는 문제해결적 협상에 따라 가질 수 있는 보상이나 이익, 즉 해당 사안의 고정된 파이(fixed pie)가 아니라 포지티브섬 협상(positive-sum negotiation)을 통해 파이를 확장(expanding the pie)할 수 있는 기회가 있다는 점 등을 명확히 함으로써 상대방이 적대적/경쟁적 협상자가 되지 않도록 설득할 필요가 있다. 이와 관련해, 문제해결적 협상자는 아래와 같은 협상전략을 고려하는 것이 중요하다.

(1) 당사자의 단순한 입장(position)이 아닌 동기(motivation)의 파악

문제해결적 협상방식(problem-solving approach)의 핵심은 협상당사자들이 가진 근본적인 이해관계와 우선순위(underlying interests and priorities)를 파악하는 것이다. 당사자의 동기나 이익은 그 당사자가 외부로 드러낸 입장과 대조될 수 있다.

협상시 협상당사자의 "Position(입장)"은 외부적으로 나타나는 당사자가 원하는 것(what you want)이고, "Motiviation(interest; 동기/이익)"은 당사자가 왜 그것을 원하는지(why you want them)에 관한 문제이다.[32] 예를 들어, 당사자가 상대방을 상대로 인근 호수에 화학물질의 방류 등 오염에 따른 피해의 배상으로 5만 달러를 요구하는 입장을 취하는 때 당사자의 실제 동기나 이익은 상대방이 화학물질의 방출을 중단하거나 그 당사자에게 제기한 관련 소송 등을 취하하기를 원하는 것일 수 있다. 여러 이슈에 대해 당사자들의 입장(position)만을 알고 있다면 당사자가 실제 개별 이슈를 얼마나 중시하는지, 즉 당사자의 이슈들에 대한 우선순위(priorities)를 판단하기 어렵다. 협상자들 상호간에 이익을 가져올 수 있는 포지티브섬 협상(positive-sum negotiation)에서는 통상적으로 어느 한 당사자가 상대방 당사자보다 더 많은 관심을 갖는 이슈를 확인할 필요가 있다. 이에, 포지티브섬 협상은 일반적으로 협상자들이 각 당사자의 "Position(입장)" 뒤에 숨어있는 "Motiviation(interest; 동기/이익)"이 무엇인지를 파악하는 것이 중요하다. 어떠한 근본적인 동기나 이익으로 인해 당사자가 그러한 입장을 취하게 되는지를 이해한다면 협상해결의 실마리를 찾을 수 있다. 이러한 당사자의 동기나 이익의 파악은 협상에 있어 당사자들의 우선순위, 즉 어떠한 이슈가 당사자에게 더 중요하고 덜 중요한지를 파악할 수 있게 한다. 이러한 당사자들의 근본적인 관심사나 이익을 탐구하는 문제해결적 협상방식은 표준적인 목표를 가진 일반적인 인간관계가 아니라 사람들 간 거래관계의 다양성(diversity)을 인식하는 것에서부터 출발한다.

따라서, 일정 사안에 대한 특정 당사자의 이해관계(interests)와 우선순위(priorities)를 식별하는 것은 문제해결적 협상방식에서 매우 중요하다. 협상을 시작하기 전에 상대방의 관심사(interests)를 확인할 필요가 있으며, 협상을 진행하는 동안에도 이를 파악하기 위해 노력해야 한다. 상대방이 입장(position)을 밝힐 때, 문제해결을 하려는 협상자는 이를 받아들이지도 거부하지도 않으며, 오히려 그 입장의 이면에 있는 동기 내지 관심사를 이해하려고 한다. 문제해결적 협상자는 상대방이 주장하는 것들을 분석해 관련 문제를 해결하기 위해 재구성한다. 이를 위해, 협상자는 관련 이슈에 대한 직접적인 질문을 할 수 있으며 우회적인 질문들을 통해 더 많은

---

32 Stephen J. Ware, 『Principles of Alternative Dispute Resolution (Concise Hornbook)』 (West Academic Publishing, 2016), at 343; Stephen B. Goldberg, Frank E.A. Sander, Nancy H. Rogers & Sarah Rudolph Cole, 『Dispute Resolution: Negotiation, Mediation, and Other Processes』 (Wolters Kluwer, 6th ed., 2012).

정보를 이끌어낼 수도 있는데, 이때 광범위하고 개방적(broad and open-ended)인 직접적인 질문을 하는 것이 더 효과적일 수 있다. 예를 들어, 앞서 언급한 호수 오염 관련 사례에서, "당사자가 왜 호수의 오염을 걱정하는지?" 또는 "당사자가 왜 합의 제안으로, 5만 달러를 요구하는지?" 등과 같은 질문을 할 수 있다. 상대방의 관심사나 동기를 파악할 때 당사자 간의 대화 이외에도, 상대방이 전달하는 비언어적 신호(non-verbal signals), 즉 얼굴표정(facial expressions)이나 몸짓(body language) 등에 대해서도 주의를 기울일 필요가 있다. 이처럼, 협상자는 상대방의 관심사나 이익 내지 동기를 파악하기 위해서 인내심을 가지고 상대방에 대한 정보를 수집하고 파악하는 과정이 요구된다. 그리고, 첫 제안(first offer)이 "take-it-or-leave-it(양자택일/교섭의 여지가 없는 것)"라면 당사자들 상호간의 양보(concessions)에 의해 자신의 자존감을 만족시키고자 하는 협상자에게는 그 제안을 수용하기 힘들 수 있으므로 협상자는 첫 제안 등을 비롯해 전체 협상과정에서 보다 유연하고 개방적인 자세를 가질 필요가 있다.

(2) 당사자의 동기(motivation)의 전달과 다양한 해결책(solutions)의 개발

협상당사자의 어느 쪽도 정보를 숨기거나 상대방을 속이려 하지 않는다면 협상자는 상대방의 근본적인 이해관계나 우선순위를 용이하게 알 수 있으며, 이 경우 상대방과의 이해관계를 일치시킬 수 있는 쟁점을 보다 쉽게 파악할 수 있다. 이러한 상황에서는 당사자 간에 "Logrolling(상호원조)"이 가능할 수 있는데, 이때 당사자는 일정한 이슈에 대한 상대방의 양보의 대가로 다른 이슈에 대해서는 자신이 양보를 할 수 있게 된다. 한편, 문제해결을 원하는 협상자(problem-solving negotiator)는 성급하게 입장(position)을 취하지 않고, 사안의 해결을 위한 당사자 상호간의 제안을 교환한다. 즉, 문제해결적 협상방식에서 협상자들은 자신들의 입장에 관한 논의에 집중하기 전에, 그들의 근본적인 이해관계와 우선순위(underlying interests and priorities)를 철저히 탐구하면서, 당사자 간의 해결책(solutions)을 찾기 위한 시간을 갖는다. 여기서 협상자들은 관련 사안들의 해결책을 구상하기 위한 관점에서 협상을 진행해야 하는데, 이때 단지 하나의 해결책이 아니라 가급적 다양한 해결방안을 도출하려는 노력이 필요하다. 문제해결을 하려는 협상자는 양측 당사자들 모두의 이익을 증진시키는 해결책을 찾고, 브레인스토밍(brainstorming)을 위한 시간을 가지며,[33] 각 당사자들이 해결방안들을 평가하기 이전에 가능한 한 많은 해결

33 Roger Fisher, William Ury & Bruce Patton, 『Getting to Yes: Negotiating Agreement Without

방안을 제시할 수 있도록 노력한다. 가능한 해결책을 평가할 때도, 문제해결을 하려는 협상자들은 그들이 양측 당사자들의 이익을 얼마나 잘 증대시킬 수 있는지에 따라 그 해결책들을 판단한다. 다만, 이와 같이 상대방의 이해관계를 철저히 탐색하고 여러 해결방안(multiple solutions)을 고려하는 문제해결적 협상(problem-solving negotiation)에서는 상대적으로 값은 노력과 시간이 소요될 수 있다는 점을 유의해야 한다.[34]

Ⅲ. 협상의 기본요소

거래 계약체결에 관한 협상은 협상의 목표로서 계약서를 마련하기 위한 협상의 의제인 협상대상과 협상을 수항하는 사람으로 구성된다. 즉, 협상은 협상사안의 해결이라는 객관적 부분과 협상을 수행하는 인간이라는 주관적 부분으로 이루어지기 때문에 협상을 하면서 협상자는 협상대상과 협상의 참여자를 구별할 필요가 있다. 거래협상에서는 거래의 대상이 되는 사안에 대한 정확하고 다양한 정보를 파악하면서 협상을 실제 수행하는 협상당사자에 대한 분석 또한 요구된다.[35] 협상시 상대방이 협상에 임하는 동기(motivation)를 파악하고, 그 동기에 기초해 협상의 내용이

Giving In』 (Penguin Books, 2nd ed., 1991), at 60-65.

34 여성과 남성의 협상을 비교 연구한 메타분석(meta-analysis)에 따르면, 여성이 남성보다 더 협력적으로 협상을 한다는 견해가 있다(Stephen J. Ware, 『Principles of Alternative Dispute Resolution (Concise Hornbook)』 (West Academic Publishing, 2016), at 349). 그러나, 남성과 여성은 매우 다른 관점에서 협상에 접근할 수 있지만, 그 차이가 협상결과(bargaining outcomes)에 눈에 띄는 영향을 미치지는 않는다고 대체로 본다(Russell Korobkin, 『Negotiation Theory and Strategy』 (Aspen Publishing, 3rd ed., 2014), at 298). 그런데, 개별 협상자에 따라 다를 수는 있지만, 다른 문화권의 사람들은 협상에 대한 다른 접근방식을 가지는 경향이 있다. 협상에 있어서 중요한 것은 동양문화권에서의 의사소통의 방식은 서양문화권에서보다 더 맥락적(contextual)인 경향이 있다는 점이다. 예를 들어, 미국과 같은 낮은 맥락의 문화(low-context cultures)에서, 당사자 간의 대화나 의사의 전달은 대체로 직접적이고 명시적으로 이루어지는 반면, 높은 맥락 문화(high-context cultures)를 가진 동양권에서는 직접적인 의사의 전달방식은 바람직하지 않을 수 있으며, 협상자들은 간접적인 의사전달에 보다 의존할 가능성이 높다. 이에, 협상을 준비할 때, 상대방의 문화와 그에 따른 협상의 접근방식에 대한 이해를 필요로 한다. 협상은 또한 인종이나 성별과 상관없이, 일반적으로 협상력이 높은 협상자들은 경쟁하는 경향이 있고, 협상력이 낮은 협상자들은 협력하는 경향이 있다. －Stephen J. Ware, 『Principles of Alternative Dispute Resolution (Concise Hornbook)』 (West Academic Publishing, 2016), at 353.

35 다만, 협상자들 사이의 인간적 문제해결은 역지사지의 자세가 필요하나, 협상자들 사이의 감정적 접근이 지나치면 협상사안을 합리적으로 해결하는 이성적 접근을 방해할 수 있다.

될 수 있는 다양한 옵션의 개발이 필요하다. 그리고, 협상을 통해 합의가 되지 않더라도 취할 수 있는 최선의 대안(best alternative to a negotiated agreement; BATNA)이 있어야 협상력을 키울 수 있다.[36] 또한, 상대방의 협상전략에 따라 자신이 선택할 협상전략도 달라질 수 있는데, 협상자 서로가 서로를 믿지 못하는 상황에서는 협상자의 딜레마(negotiator's dilemma) 내지 죄수의 딜레마(prisoner's dilemma)[37]에 빠질 수밖에 없는 위험이 있으므로, 협상자 상호간의 신뢰를 바탕으로 공정하고 객관적인 기준에 따라 협상의 결과를 도출할 필요가 있다. 한편, 계약협상시 자신의 요구사항을 관철시키기 위해서는 상대방을 설득할 수 있는 능력과 기술이 있어야 한다. 국제계약을 위한 협상에서 당사자는 또한 기본적으로 자신이 이루고자 하는 내용을 충분히 숙지하고 관련자료와 정보수집을 통해 상대방을 이해하고, 협상의 상대방이 계약상 조건을 결정할 권한이 있는지를 파악하는 것이 요구된다.

그리고, 협상목표나 최종 양보점(bottom line) 등 협상의 가능영역을 명확하게 인식하고, 일회성 거래가 아니라면 계약을 통해 당사자들이 서로 만족할 수 있도록 협력적 또는 문제해결적 협상을 통해 가치를 창조(value creation)함으로써 당사자 간의 전체 이익을 확장하고, 그 이후에 경쟁적 협상을 통해 당사자 상호간의 가치를 배분하는 것(value claiming)이 중요하다. 그런데, 협상은 목표를 달성하고 자신과 다른 사람들을 위한 가치의 창출(value creation)에 이바지할 수 있지만, 차선의 결과(suboptimal outcomes)를 초래할 수 있는 위험과 불확실성을 수반한다.[38] 이

---

36 협상의 기본적 주요 용어(terminology)로 BATNA(최선의 대안), Bottom Line(최종 양보점; 이는 "reservation value," "reservation point," "walk-away point," "resistant point"라고도 함), ZOPA(협상타결 가능영역)에 대한 이해가 필요하며, 이러한 용어를 이해하면 협상을 보다 체계적·분석적으로 파악하는 데 도움이 된다.

37 죄수의 딜레마(prisoner's dilemma)란 두 사람이 상호 협력적인 선택을 하는 것이 모두에게 최선의 선택임에도 자신의 이익만을 고려한 선택으로 인해 자신뿐만 아니라 상대방에게도 불리한 결과를 야기하는 상황을 말하며, 당사자 모두에게 최선의 결과를 얻기 위해서는 상호간의 신뢰가 중요하다는 점을 나타낸다.

38 협상에서 승자의 저주(winner's curse)는 거래의 가치를 과대평가해 그 실제가치 이상을 지불하는 경우에 일어난다. 이는 거래의 성사에만 초점을 맞추거나 거래에 따른 이익에 대해 너무 낙관적이거나 또는 상대방의 BATNA(최선의 대안)를 알지 못할 경우에 발생할 수 있다. 이러한 승자의 저주를 피하기 위해서는 협상 대상의 시장가치, 대안들(alternatives), 상대방의 이해관계(interests) 등을 조사하고, 현실적 목표치(target)와 파국/종료지점(walk-away point)을 설정하고, 거래가 기대에 미치지 못할 경우 물러날 준비를 할 필요가 있다. 그리고, 협상에서 패자의 후회(loser's regret)도 있을 수 있다. 이는 거래의 가치를 과소평가해 그 실제가치보다 적게 요구할 때 일어난다. 이는 협상에서 거래에 실패하는 것이 너무 두렵거나, 이익에 대해 너무 비관적이거나, 협상자 자신의 BATNA(최선의 대안)를 알지 못하는 경우 발생할 수 있다. 패자의

러한 위험을 줄이기 위해, 협상자들은 자신과 상대방의 최선의 대안(BATNA)과 협상타결 가능영역(zone of possible agreement; ZOPA)를 이해하고 이를 활용할 필요가 있다. 이하에서 이러한 협상을 보다 생산적이고 효율적으로 이루어질 수 있게 하는 협상의 기본요소를 구체적으로 살펴본다.

1. 이해관계에 기반한 협상(interest-based bargaining)과 다양한 해결책(solutions)의 개발

협상에서 협상자가 드러낸 주장이나 요구사항인 입장(position) 이외에 그 요구나 주장 뒤에 숨은 당사자의 내면의 동기나 이해관계(motivation; interests)를 파악하는 것이 중요하다. 입장 중심의 협상(positional bargaining)에서는 각자 첫 제시한 입장의 중간수준에서 타협을 하는 것만이 공평하다고 생각할 수 있으나, 이해관계에 기반한 협상(interest-based bargaining)에서는 당사자들이 취한 입장의 원인을 파악하고 그에 따라 협상을 하게 되면 당사자들 상호간의 욕구나 목적을 충족할 수 있는 윈-윈(win-win) 협상이 될 수 있다. 협상 상대방의 동기를 파악하기 위해서는 상대방이 왜 그러한 입장(position)을 취하는지에 대한 검토가 필요하며, 그 입장의 이면에 다양한 이해관계나 동기가 있다면 무엇이 더 중요한지 확인할 필요가 있다. 당사자의 이해관계나 동기는 주어진 거래의 쟁점 자체만으로는 발견하기 어려울 수도 있다. 협상자들이 취하는 입장은 그들이 실제 원하는 특정한 사항들에 기반을 둘 수 있기 때문에 협상자의 당해 주장이 무엇(what)인지가 아니라 그러한 주장의 사유나 배경(why)이 어떤 것인지를 파악해야 한다. 당사자들의 진정한 근본적인 이해관계가 다루어지지 않는다면, 당사자들이 요구하는 입장을 해결할 수 있을지는 모르지만, 공통의 문제(common problem)를 해결할 수는 없다. 관련 사안이 발생할 때마다 근본적인 문제는 다른 형태로 재발할 수 있고, 당사자들은 다시 유사한 문제들에 직면할 수 있다. 협상시에 당사자들의 서로 다른 배경이나 동기에 따른 인식 차이를 이해하게 되면 당사자 간의 파이를 키울 수 있는 창의적 해결옵션을 개발하게 되어 협상에서 당사자들의 합의를 도출할 수 있는 더 많은 기회가 제공될 수 있다. 이를 위해 협상과정에서 당사자들의 상호신뢰(mutual trust)가 요구

후회를 피하기 위해서는 협상자 자신의 가치(value), 대안들(alternatives), 이해관계(interests)를 평가하고, 현실적 목표치(target)와 유보가치(reservation value)를 파악해 최종 양보점(bottom line)을 설정하고, 적극적이고 창의적으로 협상을 준비할 필요가 있다.

되는데, 당사자들이 정확하다고 믿는 정보를 사용하여 신뢰관계를 구축할 수 있다. 협상과정에서 당사자들이 더 많은 정보를 가질수록 협상과 관련된 모든 사람들이 관련 데이터를 검증하고 서로가 받아들일 수 있는 해결책을 개발할 수 있다. 입장에 따른 협상(positional bargaining)에서는 자신들의 입장을 유지하기 위해 그 입장의 이유이나 배경을 공개하려 않기 때문에 협상의 다양한 해결책의 개발이 어려울 수 있으므로 이해관계에 기반한 협상(interest-based bargaining)을 통해 효과적으로 다양한 해결책의 개발이 이루어질 수 있다.[39]

이해관계에 기반한 협상(interest-based bargaining)의 목표는 협상의 성공을 극대화하는 것인데, 이는 모든 당사자들이 단지 분쟁을 타결했다는 것이 아니라, 자신이 협상에 성공했다고 느껴야 한다는 것이다. 한쪽 당사자가 상대방 당사자의 이익을 충족시키면서 자신의 이익을 충족시킬 수 있다면, 당사자들은 결과에 만족하며 협상을 마무리할 수 있다. 이러한 접근방법은 당사자들의 관계를 복원하거나 구축하는 데 도움이 될 수 있으며, 단순히 금전적 기반이 아닌 창의적인 해결책(creative solutions)을 제공할 수 있다. 입장 중심의 협상(positional bargaining)에서 이해관계에 기반한 협상(interest-based bargaining)으로 전환하기 위해서는, (i) 당사자들의 실제 관심사 내지 이해관계(interests)와 니즈(needs)를 파악하고, (ii) 당사자들의 공통의 문제(common problems)를 파악하고, (iii) 공동의 해결방안(joint solutions) 등에 관해 논의할 필요가 있다. 즉, 협상당사자들이 자신들의 권리를 정당화하거나 상대방의 희생의 대가로 이익을 얻는 것이 아니라는 점을 이해하고 모든 당사자들에게 적합한 해결책을 마련할 수 있다면 입장 중심의 협상의 문제점은 사라질 수 있다. 이러한 입장 중심 협상(positional negotiation)과 이해관계 중심 협상(interest-based negotiation)의 주요 차이점을 비교하면 아래와 같다.

39 당사자들이 협상 사안의 실체적 내용에 대해서 합의하기 어려운 경우 그 사안의 해결을 위한 공정한 절차를 합의해 당사자 상호간에 유연하고 개방적 태도로 해결책을 마련할 필요가 있다. 이때 당사자들은 상호 동의할 수 있는 객관적 기준(objective standards)을 정해 해결옵션들을 마련할 수 있다.

▌입장 중심 협상과 이해관계 중심 협상의 주요 차이점▐

	입장 중심 협상 (positional negotiation)	이해관계 중심 협상 (interest-based negotiation)
1	협상의 목표는 합의(agreement)이다.	협상의 목표는 현명한 합의(wise agreement)이다.
2	협상은 당사자의 의지를 상대방에게 압박(pressure-contest of will)하는 데 기초한다.	협상은 당사자의 의지를 상대방에게 압박하는 것이 아니라, 독립적 기준과 원칙(independent standards and principles)에 기초해 이루어진다.
3	참가자들은 서로를 적(adversaries)으로 본다.	참가자들은 서로를 문제해결자(problem solvers)로 본다.
4	당사자들의 입장(position)에 근거해, 양보(concessions)를 하거나 요구하는 데 초점을 둔다.	당사자들의 입장(position)이 아니라, 관심사나 이해관계(interests)에 초점을 둔다.
5	당사자들은 그들이 수용할 수 있는 하나의 해답(one answer)을 찾는다.	당사자들은 다양한 해결옵션들(multiple options)을 고려하고, 당사자들 모두의 니즈를 충족시킬 수 있는 최선의 방안을 평가하고 선택한다.

2. 정보에 기초한 협상(information-based negotiation)과 객관적 기준의 적용

협상에서 올바른 결정을 내리기 위한 가장 기본적인 요소는 정확하고 다양한 정보를 파악해 협상에 임하는 정보에 기초한 협상(information-based negotiation)이다. 이러한 정보에는 협상대상의 내용과 유형뿐만 아니라, 상대방의 협상권한, 협상의 대상과 관련된 이해당사자들에 대한 상황 등 연관된 다양하고 광범위한 정보가 포함된다.[40] 이 과정에서 정직함의 딜레마(dilemma of honesty)나 신뢰의 딜레마(dilemma of trust) 등을 겪게 될 수 있는데,[41] 상대방으로 제공되거나 파악한 정보를

40 지피지기면 백전백승이라는 말처럼, 협상 상대방에 관한 가족관계와 취미 등에 관한 정보들조차도 협상에 도움이 될 수 있다.

41 정직함의 딜레마(dilemma of honesty)나 신뢰의 딜레마(dilemma of trust)는 협상자들 간에 관련 정보를 교환하는 과정에서 상호간의 신뢰의 중요성을 강조하기 위해 언급된다. 정직함의 딜레마는 협상과정에서 자신은 상대방에게 모든 정보를 공개하려고 하는데 상대방이 제공하는 정보가 과연 그 상대방이 가진 모든 정보인지에 관한 불신으로 자신이 가진 정보를 공개하기 주저되는 상황을 말한다. 신뢰의 딜레마는 협상과정에서 상대방이 주는 정보를 모두 신뢰할 수

객관적인 시각에서 여러 출처를 토대로 그 정확성과 진실성 여부를 검증해 이를 활용할 필요가 있다. 협상 당사자들은 이러한 정보를 바탕으로 협상 사안들에 대한 해결방안을 마련할 수 있다. 그런데, 문제의 해결방안을 마련하는 과정에서 협상 당사자들이 상호 협력하지 않거나 객관적으로 받아들이기 힘든 기준에 따른 방안이 제시되는 경우 제대로 된 해결책을 개발하기 어려울 수 있다. 이에, 개발되는 문제해결의 옵션들은 당사자들 모두에게 공정하게 적용될 수 있는 객관적 기준(objective standards)이어야 한다.[42] 당사자들에게 적용될 수 있는 공정하고 객관적인 기준은 도덕성, 국내외 법규범, 업계의 관행과 기준, 선례, 전문가의 판단 등 협상자 일방의 의지와 관계없는 독립적인 지표나 기준 또는 원칙이어야 한다. 예를 들어, 신체상해 사건에서 통계적 추정치 관련 자료 등을 바탕으로 기대수명(life expectancy)과 생애소득(lifetime income) 등을 판단할 수 있고, 적용 법규와 함께 기존 관련 판례들을 분석해 당사자 간 합리적인 화해합의의 금액을 판단할 수 있다. 해당 사안과 관련된 판례의 분석은 그 사안에 대해 법원이 어떤 법적 기준을 적용할 것인지를 이해하는 데 도움이 된다.

3. BATNA(최선의 대안) 및 Bottom Line(최종 양보점)의 고려

협상을 할 때 당사자는 상대방과 협상을 통해 합의에 이르지 못할 경우 취할 수 있는 해당 협상 이외의 대안들(alternatives)을 고려해야 한다. "BATNA(best alternative to a negotiated agreement; 최선의 대안)"는 이러한 일련의 대안들 중 당사자에게 가장 유리한 것을 말하며, 당사자는 협상시에 BATNA보다 더 나은 협상결과를 이끌어 낼 필요가 있다.[43] 협상자가 최선의 대안(BATNA)을 보유하고 있다면

있을지에 관한 의구심으로 그 정보를 쉽게 믿을 수 없는 상황을 말한다.－박노형, 『협상교과서』(랜덤하우스, 2007), 133페이지.

42 다만, 당사자는 협상과정에서 제시된 거래조건이 과연 공정한지에 대해 고민하거나 내부적으로 논쟁을 벌일 수도 있는데, 거래의 공정성에 초점을 맞추다 보면 거래 관련 다양한 옵션들이 개발되기 어려울 수 있으므로 계약당사자의 입장에서는 일정한 조건하에서 거래를 하는 것이 이를 하지 않는 것보다 더 이득이 되는지의 관점에서 거래를 살펴보는 것이 더 중요하다.

43 "BATNA"는 "Best Alternative To a Negotiated Agreement(최선의 대안)"의 약자(acronym)로, 당사자가 협상의 상대방과 거래에 합의할 수 없다면 어떻게 할 것인지에 대한 질문에서 출발한다. 이는 Roger Fisher와 William Ury 교수에 의해 창안된 개념으로, 협상을 통한 합의가 이루어지지 못한 상태에서 당사자가 선택할 수 있는 여러 대안 중 가장 선호되는 것을 의미한다.－Roger Fisher, William Ury & Bruce Patton, 『Getting to Yes: Negotiating Agreement Without Giving In』(Penguin Books, 2nd ed., 1991; Your BATNA is the only standard

협상에서 분명한 목표를 설정할 수 있어 협상력(bargaining power)을 강화시킬 수 있다. 즉, 협상자가 자신의 BATNA(최선의 대안)를 안다면 협상에서 현실적인 기대를 설정하고, 불리한 거래조건을 받아들이지 않을 수 있어 협상력을 강화할 수 있다. 최선의 대안(BATNA)을 파악하기 위해서 당사자는 현재 협상이 실패할 경우 실제 사용할 수 있는 모든 대안들(alternatives)의 목록을 작성하고 이를 비교 검토해 그중에서 자신에게 가장 유리한 것을 선택하는 과정이 필요하다.[44]

그리고, 당사자는 해당 협상 사안을 평가(valuation of case)해 자신이 받아들일 수 있는 최악의 거래(the worst deal), 즉 "Bottom Line(최종 양보점)"을 설정할 필요가 있는데, BATNA(최선의 대안)를 아는 경우 Bottom Line을 용이하게 파악할 수 있다.[45] Bottom Line은 "Reservation Value(유보가치)"라고도 하는데, 이는 당사자가 협상된 합의(negotiated agreement)를 받아들일 수 있는 최소한의 유리한 점(the least favorable point)을 말한다. 예를 들면, 물품매매거래에서 물품의 가격과 관련해, 일반적으로 매도인의 최종 양보점(bottom line)은 수용할 수 있는 최저가격이며, 매수인의 최종 양보점은 지불할 수 있는 최고가격이 된다. Reservation Value(유보가치)는 협상 없이 얻을 수 있는 것, 즉 BATNA(최선의 대안)와 같을 수도 다를 수도 있다. 예를 들어, A가 자신의 차량을 팔려고 할 때 A의 지인 B가 이미 1만 달러에 그 차량을 구입하겠다고 한다면, A가 다른 구매자와 차량판매에 대한 협상을 할 경우 A는 그 구매자가 적어도 1만 달러 또는 그 이상인 1만 1천 달러를 지불할 것을 기대할 수 있다. 이 거래협상에서 A의 BATNA(최선의 대안)는 B에게 1만 달러에 파는 것이지만, Reservation Value(유보가치)는 1만 달러 또는 1만 1천 달러일 수

---

which can protect you both from accepting terms that are too unfavorable and from rejecting terms it would be in your interest to accept).

44 당사자 상호간 최선의 대안(BATNA)은 협상수행에 큰 영향을 미칠 수 있으므로 자신의 최선의 대안이 좋지 않다면 상대방이 이를 알지 못하도록 하는 것이 좋다.

45 "Bottom Line(최종 양보점)"은 오늘날 협상이론에서 기본적인 협상개념으로, 협상에서 당사자들이 인정할 수 있는 최소의 수용 수준(minimum acceptable level)이 된다.－G. Richard Shell, 『Bargaining for Advantage: Negotiation Strategies for Reasonable People』 (Penguin Books, 2nd ed., 2006). "Bottom Line(최종 양보점)"은 "Reservation Value(유보가치)," "Reservation Point(유보지점)," "Walk-Away Point(이탈지점)," "Resistant Point(저항지점)"라고도 하는데, 이는 당사자의 협상된 합의에 대한 최선의 대안(BATNA)과 연계될 필요가 있다.－Robert H. Mnookin, Scott R. Peppet & Andrew S. Tulumello, 『Beyond Winning: Negotiating to Create Value in Deals and Disputes』 (Belknap Press, 2000), at 34. 협상시 상대방의 BATNA(최선의 대안)와 Bottom Line(최종 양보점)을 파악하기 위해서는 다양한 소스를 통해 가능한 모든 정보를 수집하고, 수집한 정보를 바탕으로 예비적 가정(preliminary assumptions)을 시각화해 협상 과정에서 그 가정들을 점검하고 조정할 필요가 있다.

있다. 협상을 준비하면서 당사자는 자신과 상대방의 Reservation Value를 파악해 이를 협상에 활용할 필요가 있다.

또한, 소송에서 원고의 최종 양보점은 원고의 해당 사건의 평가에 의해 결정되는데, 원고의 피고와의 화해합의에 관한 협상에 있어 원고의 최선의 대안(BATNA)은 그 사건에 대한 소송을 계속 진행하는 것일 수 있다. 소송에서 당사자들은 통상 분쟁해결을 위한 화해협상(settlement negotiation)을 하는데, 화해합의가 되지 않을 경우 원고의 최선의 대안(BATNA)은 일반적으로 해당 사건의 소송을 계속 진행하는 것이며, 이는 화해협상에 있어 원고의 최종 양보점(bottom line; reservation value)으로 평가될 수 있다.[46] 다만, 합리적인 소송당사자는 추가적 요소를 고려할 수 있는데, 모든 거래가 금전을 수반하는 것은 아니지만, 협상의 개별 이슈들에 대해 금전적 수치로 계산해 볼 수 있다. 예를 들어, 해당 사건에 소요되는 시간(time)과 언론의 관심(publicity) 등을 고려해 타협점을 찾을 수도 있는데, 합리적인 소송당사자라면 이들의 균형을 어떻게 맞출 수 있는지를 고민하게 된다. 즉, 협상당사자는 그 사건에 어느 정도의 시간이 소요되며 세상의 관심꺼리로 자신의 평판에 얼마나 영향을 미칠 수 있는지 등을 스스로 자문해 보아야 한다. 이때 합리적인 당사자라면 이러한 모든 문제들에 대해 자신이 부여할 수 있는 가치를 수량화해 평가하고 이를 바탕으로 최종 양보점(bottom line; reservation value)을 정할 수 있다.

4. ZOPA(협상타결 가능영역)의 설정

협상, 특히 적대적/경쟁적(adversarial/competitive) 협상을 하는 경우 그 협상을 통해 합의가 가능한 영역이 존재해야 한다.[47] “ZOPA(zone of possible agreement; 협상타결 가능영역)”는 당사자가 협상의 결과에 대한 공통점(common ground)을 찾을 수 있는 협상의 타결(compromise)을 가능하게 하는 영역으로, 합의에 대한 각 당사

46 이는 다음과 같은 등식으로 표시될 수 있다: Party’s Valuation of Case(당사자의 사건평가) = Party’s BATNA(당사자의 BATNA) = Party’s Bottom Line(당사자의 최종 양보점). 여기서 당사자의 사건에 대한 평가(valuation of the case)가 바뀌면, 그때는 당사자의 최종 양보점(bottom line)도 달라져야 한다.

47 적대적/경쟁적 협상방식(adversarial/competitive approach)은 한쪽 당사자에게 좋을수록 상대방 당사자에게는 더 좋지 않을 수 있는 제로섬 협상(zero-sum negotiation) 내지 분배적 협상(distributive bargaining)이 될 수 있어, 협상 당사자 상호간의 가치를 배분하는 것이 중요하다. 이러한 적대적/경쟁적 협상이 수행되는 경우에 합의를 이루기 위해서는 ZOPA(협상타결 가능영역)에 대한 이해가 필수적이다.

자의 기대가 중첩되는 부분(overlap area)에서 존재할 수 있다.[48] 협상자들이 ZOPA(협상타결 가능영역)를 확인할 수 있다면 일단 그 협상을 통한 해결의 가능성은 높다고 볼 수 있으며, 이를 발견하지 못하면 그 협상은 어렵게 된다. 즉, 협상타결 가능영역(ZOPA)은 협상과정에서 당사자 모두가 만족할 수 있는 영역, 즉 각 당사자의 유보가치(reservation value)가 있는 범위로서, 각 당사자가 협상에서 지불할 의사가 있는 중첩된 영역(overlap area)이다. 협상 당사자들이 ZOPA(협상타결 가능영역)에 도달할 수 없다면 협상의 모든 당사자들의 기대나 요구가 충족될 수 없기 때문에 합의에 이를 수 없다.[49] 예를 들면, 물품매매거래에서 매수인이 지불하고자 하는 최고가격과 매도인이 판매하고자 하는 최저가격 사이에 중첩되는 영역이 존재해야지만 협상의 타결가능성이 있는데, 이러한 매수인의 최고가격과 매도인의 최저가격 사이의 영역이 가능한 합의영역(ZOPA)이 된다. 이때 당사자들이 제안할 수 있는 가격의 범위가 중첩되지 않는 경우, 즉 물품을 매도인이 매수인이 제안할 수 있는 최고가격 이상으로 팔고자 하거나 매수인이 매도인이 생각하는 최저가격 이하로 구매하고자 하는 경우 가능한 합의영역(ZOPA)은 존재할 수 없게 된다. 당사자가 협상타결 가능영역(ZOPA)를 알면 당사자들 사이의 윈-윈 합의(win-win agreement)의 가능성을 파악해, 당사자 간의 비현실적인 제안에 시간을 낭비하는 것을 피하고, 상호 관심분야에 집중할 수 있다. 당사자의 협상타결 가능영역(ZOPA)을 설정하기 위해서 협상자는 자신과 상대방의 최선의 대안(BATNA), 최종 양보점(bottom line; reservation value), 이해관계(interests) 등을 파악할 필요가 있다.[50]

---

48 "ZOPA(zone of possible agreement; 협상타결 가능영역)"는 "Bargaining Range(교섭범위)"라고도 한다.

49 ZOPA(협상타결 가능영역) 밖의 영역을 "negative bargaining zone(부정적 교섭영역)"이라 한다. ZOPA(협상타결 가능영역)는 협상에서 양측 당사자들이 기꺼이 받아들일 수 있는 가능한 결과의 범위(the range of possible outcomes)이다. 이는 한쪽 당사자가 기꺼이 받아들일 수 있는 가장 낮은 유보가치(reservation value)와 상대방 당사자가 기꺼이 받아들일 수 있는 가장 높은 유보가치의 중첩(overlap)으로 나타난다. 당사자 간에 아무리 협상이 진행되더라도 협상타결 가능영역(ZOPA)을 벗어나는 경우에는 합의에 도달할 수 없기 때문에 협상을 통해 성공적인 합의에 이르기 위해서는 협상 당사자들이 서로의 니즈(needs)와 가치(values), 이해관계(interests)를 알아야 한다.

50 BATNA(최선의 대안)와 ZOPA(협상타결 가능영역)를 효과적으로 활용하기 위해서는, 협상자 자신의 최종 양보점(bottom line: reservation value(유보가치))을 밝히지 않고 BATNA(최선의 대안)를 분명하고 신뢰성 있게 전달할 수 있다. 이는 상대방에게 양보할 것을 설득하면서 협상자 자신이 협상을 종료할 수 있다는 의지와 강점이 있다는 점을 표시하는 데 도움이 된다. 협상자는 상대방의 최선의 대안(BATNA)과 최종 양보점(bottom line)을 확인해 상대방의 동기 내지 이해관계(interests)를 파악하고, 이를 토대로 상대방과의 협상타결 가능영역을 발견할

ZOPA(협상타결 가능영역)는 개시점(starting point), 목표점(target point), 최종 양보점(bottom line)의 세 요소로 구성되며,[51] 가격의 결정과 같이 한 가지 쟁점을 다루는 적대적/경쟁적 협상에서 특히 중요하다. ZOPA(협상타결 가능영역)는 다음과 같이 활용될 수 있다. 즉, (i) 적대적/경쟁적 협상에서 협상타결 가능영역(ZOPA)을 확인하기 위해 협상자는 최종 양보점(bottom line)을 정해야 한다. 최종 양보점의 설정에서 최선의 대안(BATNA)이 특히 중요한 역할을 한다. 예를 들어, 구매하려는 신형 차량을 근처 A대리점에서 50,000달러에 구입하는 것이 최선의 대안(BATNA)이라면 B대리점에서 50,000달러보다 더 비싸게 구입할 필요가 없기 때문에 B대리점에서 그 차량 구매의 최종 양보점(bottom line)은 50,000달러가 된다. 그런데, B대리점이 멀리 다른 지역에 있어 교통비 등 경비로 500달러의 추가 비용이 발생한다면 협상자의 B대리점에서의 최종 양보점은 50,500달러(=50,000달러(차량 가격)+500달러(경비))가 된다. 이와 같이 최선의 대안(BATNA)과 최종 양보점(bottom line)은 서로 연관이 있다. 또한, (ii) ZOPA(협상타결 가능영역)를 확인하기 위해 협상에서의 목표점(target point)은 현실적으로 당사자에게 가장 이익이 될 수 있는 수준에서 정해야 한다. 예를 들면, 위의 사례에서, 협상자가 구매자로서 아무리 낮은 가격으로 구입하고 싶어도 신형 차량의 출고가를 고려할 때 30,000달러로 하는 것이 비현실적이라면 최종 양보점(bottom line)은 최선의 대안(BATNA)보다 10프로 정도 낮은 수준인 45,000달러 정도가 현실적인 협상의 목표점이 될 수 있다.

그리고, (iii) ZOPA(협상타결 가능영역)를 확인하기 위해 협상의 개시점(starting point)을 정하는 것도 중요하다. 협상에서 첫 제안(first offer)은 협상자들에게 협상수행에 있어 심리적으로 의지하게 되는 "Anchor Effect(닻 효과)"의 효과를 주기 때문에 협상결과에 큰 영향을 미칠 수 있다. 그런데, 당사자는 협상에서 상대의 첫 제안(first offer)인 개시점을 대체로 수용하려 하지 않기 때문에 협상이 진행되는 도중에 협상자의 목표점 가까이에서 타협할 수 있도록 개시점에 충분한 여유를 두는 것이 좋다. 다만, 협상자들이 무모하게 높거나 낮은 협상의 개시점을 정하는 것은 협상수행에 대한 협상자의 합리성이나 진정성에 대해 상대방이 의구심을 가져 협상을 중단할 수 있으므로 협상에서 개시점은 자신에게 유리하면서 상대방이 협상

수 있다.

51 목표점(target point)은 협상자가 협상에서 진정으로 바라는 기대수준을, 개시점(starting point)은 상대방이 협상자와 타협할 수 있는 기대를 가지게 하는 출발점을, 최종 양보점(bottom line)은 협상자가 상대방에게 마지막으로 저항할 수 있는 지점으로 협상을 떠나야 하는 한계점인 협상의 이탈지점(walk-away point)을 말한다.

을 중단하지 않도록 균형을 이룰 필요가 있다. 즉, 협상자들의 개시점의 중간지점 정도에서 타협이 이루어지는 경우가 많으므로 상대방과 비교해 다소 높은 수준으로 첫 제안하는 것이 보다 유리한 지점에서 타협이 될 수 있는 방안이 될 수 있으나, 개시점의 설정에는 협상에서 예상하는 양보의 횟수와 내용, 협상의 수행시간, 목표점 등이 현실적으로 고려되어야 한다. (iv) 적대적/경쟁적 협상에서 상대방의 최종 양보점이 완화될수록, 즉 상대방이 조금 더 양보해 협상자의 목표점에 좀 더 다가갈 수 있다면 협상자에게 더 유리하게 할 수 있기 때문에 협상자는 상대방보다 유리한 합의를 이끌어 내기 위해 상대방의 최종 양보점(bottom line)을 완화시키도록 노력할 필요가 있다.

한편, 최선의 대안(BATNA)은 ZOPA(협상타결 가능영역)에서 협상자가 협상에서 물러나는 지점인 최종 양보점(bottom line)의 설정에 중요한 역할을 한다. 협상자는 협상 전에 다음과 같은 단계를 통해 BATNA(최선의 대안)와 ZOPA(협상타결 가능영역)를 추정하고, 협상과정에서 이를 조정할 수 있다.[52] 우선, 현재 협상에서 당사자가 가질 수 있는 모든 가능한 대안들(possible alternatives)을 나열하고, 자신의 기준과 목표에 따라 선호도(preference) 순으로 순위를 매겨, 그중에서 가장 선호하는 대안을 BATNA(최선의 대안)로 선택하고 그 가치를 결정한다. 그런 다음, 상대방이 받아들일 수 있는 모든 가능한 결과(possible outcomes)를 나열하고, 상대방의 기준과 목표에 따라 선호도 순으로 순위를 매겨, 상대방이 받아들일 수 있는 최악의 결과(worst outcome)를 상대방의 BATNA(최선의 대안)로 선택해 가치를 결정한다. 그리고, 당사자의 BATNA의 가치와 상대방의 BATNA의 가치를 비교해 당사자들 상호간의 유보가치들(reservation values)를 찾고, 그들 사이의 중첩(overlap)을 찾아 ZOPA(협상타결 가능영역)를 확인한다. 협상자가 자신과 상대방의 BATNA(최선의 대안)와 ZOPA(협상타결 가능영역)를 알게 되면 협상에서 자신이 원하거나 달성하고자 하는 것, 제공할 수 있는 것에 대한 명확한 이해를 가질 수 있어 협상 준비와 협상 과정에서 자신감의 강화에 도움이 된다. 또한, 협상의 목적과 기대에 부합하는 합

52 협상자의 ZOPA(협상타결 가능영역)의 파악은 BATNA(최선의 대안)에 대한 분석으로부터 시작될 수 있는데, 상대방에 대한 조사나 질문을 통해 상대방의 대안들(alternatives)을 탐색해 BATNA(최선의 대안)를 분석함으로써, 협상으로부터 무엇이 기대되는지에 대한 현실적인 감각을 얻을 수 있다. 다만, 협상 중에 ZOPA(협상타결 가능영역)가 존재하지 않거나 변경될 수 있으므로 상황에 따른 적응과 융통성을 가질 필요가 있다. BATNA(최선의 대안)의 분석은 협상에서 각 당사자의 Bottom Line(최종 양보점; reservation point(유보지점); 이탈지점(walk-away point))을 결정하는 데 도움이 된다.

리적이고 유익한 합의를 이룰 수 있는 가능성을 높일 수 있기 때문에 협상의 성과와 결과를 향상시킬 수 있다. 다만, 현실의 협상에서 적대적/경쟁적 협상자들은 일반적으로 협상이 타결되어도 자신들의 최선의 대안(BATNA)이나 최종 양보점(bottom line)을 알려주지는 않기 때문에 협상자는 상대방의 최종 양보점을 정확하게 알지 못해 협상의 결과가 자신에게 유리하게 이루어졌는지 명확히 확인할 수 없다는 문제가 있다.[53] 따라서, 협상자는 ZOPA(협상타결 가능영역)와 관련해 협상의 진행과정에서 유연한 자세를 가질 필요가 있다.

▌BATNA(최선의 대안), Bottom Line(최종 양보점) 및 ZOPA(협상타결 가능영역) ▌

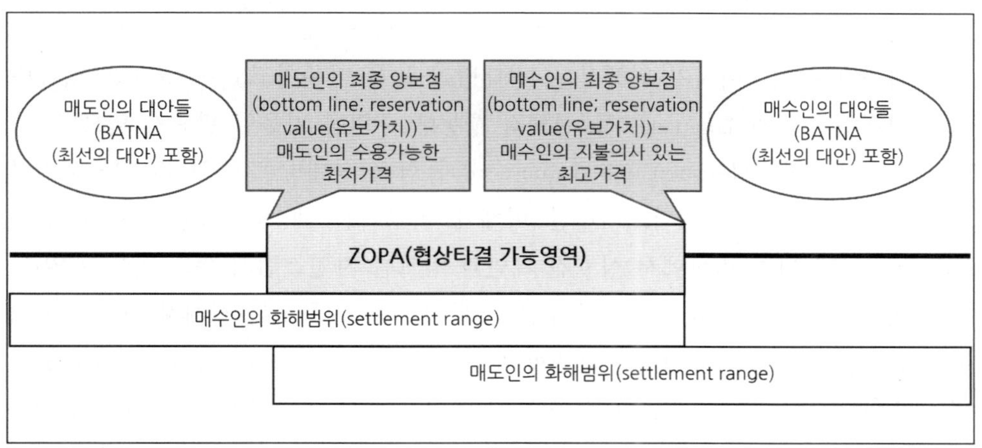

5. 의사소통의 기술(communication skill)

협상전략상 BATNA(최선의 대안)와 ZOPA(협상타결 가능영역)를 통합하면 당사자는 협상에서 상대방과 더욱 밀접한 관계를 형성하고 보다 유리한 결과에 도달할 수 있다. BATNA나 ZOPA를 효율적으로 확인해 이를 활용하기 위해 협상자는 상대방에게 공격적이거나 오만하지 않고 상호 존중과 공감을 통한 신뢰와 협력의지

53 협상자는 ZOPA(협상타결 가능영역)와 관련해 다음과 같은 문제가 있다는 점을 인식해야 한다: (i) ZOPA(협상타결 가능영역)를 구성하는 협상 당사자들의 목표점이나 최종 양보점은, 협상이 수행됨에 따라 최선의 대안(BATNA)이 변할 수 있듯이, 협상이 진행되는 도중에 서로 교환되는 정보에 따라 변경될 수 있다. (ii) 협상자는 또한 상대방의 마음을 완전히 읽을 수는 없기 때문에 상대방에 대해 입수한 정보, 협상경험에서 터득한 직관과 추측에 의존하게 된다. 이 과정에서 상대방의 최선의 대안(BATNA)과 최종 양보점(bottom line)을 추측해야 하므로 그 추측이 옳을 수도 있고 틀릴 수도 있다.

를 보여줄 수 있는 의사소통의 기술(communication skill)이 무엇보다 중요하다. 이는 상대방이 터무니없는 무리한 요구를 하지 않도록 하고, 상대방의 니즈(needs)나 이해관계(interests)를 파악해 상호간의 갈등을 해결하고 가치를 창출할 수 있는 효과적인 협상을 할 수 있도록 한다. 협상자의 이러한 의사소통은 우선 해당 협상과 상대방에 대한 이해(understanding)에서 비롯된다. 적극적 경청(active listening)은 청자(listener)가 상대방의 말을 제대로 듣고, 그가 말하는 것을 이해하고, 그가 말한 것의 긍정적인 면을 볼 수 있는 방식으로 경청하는 것으로, 이는 상대방을 이해할 수 있는 중요한 방법이 된다. 협상에서 협상자는 적극적 경청을 통해 관심을 상대방에게 집중함으로써 상대방이 그들의 말을 협상자가 제대로 듣고 있다는 것을 느끼게 할 수 있으며, 해당 협상을 위한 통찰력(insight)을 얻을 수 있다. 적극적 경청이 효과적으로 이루어지기 위해서는, 상대방과 눈을 마주치고(eye contact), 상대방의 바디랭귀지(body language) 등 신체적 행동에 주의를 기울일 필요가 있으며, 상대방에게 개방형 질문(open-ended question)과 함께 상대방 진술의 의미를 세밀하게 검토해 볼 필요가 있다. 이러한 이해가 이루어진 때 당사자들 사이에 설득(persuading)과 함께 협상에서 상호간 제안과 양보를 자연스럽게 주고받을 수 있다.

개방형 질문(open-ended question)은, "예"나 "아니오" 또는 정해져 있는 선택지 중에서 응답자가 간단히 선택해 답변할 수 있는 폐쇄형 질문(closed-ended question)에 대응하는 것으로, 답변을 할 수 있는 선택지가 미리 준비되어 있지 않고 응답자가 자유롭게 자신의 의견을 나타낼 수 있는 질문이다.[54] 이는 응답자가 질문에 자유롭게 답변을 할 수 있도록 해 그의 적극적인 참여를 유도할 수 있는 질문으로, 응답자로부터 다양한 답변을 얻을 수 있다. 이러한 개방형 질문을 통해, 상대방이 우리에게 말하고 싶어하는 방식으로 정보를 들음으로써 더 많은 유용한 정보를 얻을 수 있다. 이 과정에서 협상자는 상대방의 답변을 충분히 이해하기 위해 관련 사항을 확인해 볼 수 있으며, 이를 바탕으로 상대방의 이해관계를 심사숙고해 볼 수 있다. 이와 관련해, 협상의 주제를 바꾸거나 논의하고 있는 주제에 대한 즉각적인

54 "Open-Ended Question(개방형 질문)"은 "Newspaper Question(신문 질문)" 또는 "Reporter's Question(기자의 질문)"이라고도 불린다. 개방형 질문은 대체로 "what," "when," "where," "why," "how" 등으로 시작하는데, 그 질문의 예로는 (i) 무엇(what)이 이 논쟁(dispute)의 핵심에 있는 이슈인지, (ii) 언제(when) 제안되는 솔루션(suggested solution)이 가장 효과적인지, (iii) 어디서(where) 당사자의 이론을 뒷받침할 증거(evidence)를 찾을 수 있는지, (iv) 왜(why) 상대방이 그런 입장(position)을 취하고 있다고 생각하는지, (v) 어떻게(how) 해당 거래의 클로징이나 대금지급의 시기 등을 고려한 적절한 제안(offer)을 만들 수 있을지 등이 있을 수 있다.

반응을 하기보다는 상대방의 관련 답변을 성찰해 보는 것이 중요하므로 협상자는 협상과정에서 자신의 의견을 표현할 때 적절한 어조를 사용하고 당사자 상호간에 동의한 사항이 무엇인지를 확인해야 한다.

그리고, 협상자는 상대방과의 의사소통에 있어 자신감 있는 태도를 필요로 하는데, 협상자가 자신감(confidence)을 가지기 위해서는 우선 협상을 위한 철저한 준비(preparation)가 요구된다. 이를 위해, 협상 관련 사안과 연관된 통계자료, 시장정보 또는 전문가의 입장 또는 관련 사건들에 관한 선례(precedents) 등을 확인해 보고, 이러한 정보를 상대방에게 어떻게 전달할 것인지를 고민해 보아야 한다. 협상의 상대방을 파악하는 것 또한 중요한데, 상대방이 해당 분야에서 어느 정도의 경험, 교육, 성격, 성향 등을 가지고 있는지를 고려해야 하며, 협상에서 사용하는 언어나 표현방식은 상대방에 따라 달라질 수 있다. 그리고, 협상자는 그 설정한 목표(goal)를 염두에 두고 상대방을 설득하기 위한 대화를 필요로 하는데, 특히, 자신의 주장을 뒷받침할 수 있는 설득력있는 입증자료(demonstrative evidence)를 제시할 필요가 있다. 예를 들어, 당사자 간 의견이 불일치되는 쟁점을 논의할 때 참고할 수 있는 문서, 관련 녹음이나 영상, 도표 등 다양한 자료를 활용할 수 있다. 이 과정에서 당사자 간의 공통점(commonality)을 찾아 상대방에 호응하고, 의견의 불일치가 있는 쟁점에 대해서는 자신의 생각을 말하기 전에 그 생각이 상대방의 니즈에 얼마나 부합할 수 있을지를 파악해 공동의 해결방안을 논의할 필요가 있다.

한편, 협상자는 거래상황을 공정하고 효과적으로 평가할 수 있는 충분한 정보를 보유하고, 상대방에게 적정한 정보를 제공할 필요가 있다. 관련 정보의 부족으로 인해 당사자 간에 잘못된 의사소통(miscommunication)이나 오인(misperception)을 불러일으킬 수 있는 경우 협상자는 상대방에게 이를 해소할 수 있는 정보를 제공해야 한다. 협상시 당사자가 상대방에게 제공할 정보를 결정할 때에는, (i) 상대방이 무슨 정보를 가지고 있는지, (ii) 해당 상황을 효과적으로 평가하기 위해 무엇이 더 필요한지, (iii) 자신이 제공한 정보로 인해 해당 협상에서 유리해질 가능성이 있는지, (iv) 특정한 정보를 공개하는 경우 장기적으로 어떤 효과가 있는지, (v) 일정한 정보를 공개하는 경우 그 대가로 무엇을 얻을 수 있는지 등을 고려할 필요가 있다.[55] 그런데, 협상자는 협상의 시작부터 상대방이 무엇을 알고 있는지, 어떻

55 다만, 협상자 본인의 정보제공의 결정을 내리는 데 정해진 명확한 규칙은 없으며, 개별 사항을 고려해 상황을 신중하게 따져봐야 하는데, 이에 관한 다양한 실무경험은 효과적인 결정에 도움이 된다.

게 생각하는지, 자신의 관점에서 상대방을 설득하기 위해 무엇이 필요할지를 완벽하게 파악할 수는 없다. 이에, 협상자 자신이 가진 정보를 너무 성급하게 제공하게 되면 그 대가로 얻을 수 있는 것을 제대로 얻지 못하는 등 협상력에 상당한 영향을 미칠 수 있다. 이러한 협상의 진행과정에서 다양한 변수들로 인해 협상자는 관련 정보의 공개시기를 협상의 시작부터 정확하게 설정하기는 어려우며 제반 사정을 참작해 이를 신중히 판단해야 한다.

Ⅳ. 효율적 협상 수행을 위한 유의사항

협상(negotiation)은 모든 거래와 분쟁의 해결과정에서 일어난다. 즉, "비즈니스에서, 당사자는 마땅히 받아야 할 것을 얻기보다는 협상한 것을 얻는다(In business, you don't get what you deserve, you get what you negotiate.)"[56]라고 할 수 있으므로, 거래 당사자는 협상의 과정을 정확히 이해하고 이를 효과적으로 수행할 것이 요구된다. 당사자가 아닌 다른 사람이 최종 결정을 내리는 소송(litigation)이나 중재(arbitration) 등 분쟁협상의 경우에도, 어떠한 증거나 증인을 입증자료로 인정할 것인지, 언제 어디서 재판이나 중재가 이뤄질 것인지, 심리(hearing) 전 정보를 어떻게 교환할 것인지 등 다양한 쟁점에 대해 당사자 간의 협상이 필요하다. 이러한 협상에 따른 결정을 적절하게 내리기 위해서는 협상의 기술을 필요로 하는데, 특히 당사자의 니즈(needs)와 우선순위(priorities)가 충족되는지를 확인하는 기술을 갖는 것은 협상결과에 큰 영향을 미칠 수 있다.[57] 아래에서는 앞서 알아본 협상의 기본

56 Chester Karrass, 『The Negotiating Game』 (Harper Business, rev. ed., 1994).

57 분쟁협상에 있어 사건평가(case valuation)와 관련해, 위험회피(risk aversion)와 위험의 다양화(risk diversification) 등을 고려할 수 있다. 위험회피는 해당 사안에 대한 확실성이 증가되는 때 그에 대한 대가를 기꺼이 지불하려는 의지를 말한다. 예를 들어, 당사자가 100만 달러를 받는 것(A옵션) 또는 동전을 던져서 앞면이 나오면 200만 달러를 받고 뒷면이 나오면 아무것도 받지 못하는 것(B옵션) 중 하나를 선택할 수 있다고 하자. 당사자가 만약 A옵션을 선택하면 위험회피(risk-aversion)를 할 수 있다. B옵션의 경우 200만 달러를 받을 확률이 50%이고 아무것도 받지 못할 확률이 50%이기 때문에 각 선택의 기대가치는 100만 달러이다. 따라서, 위험 중립적인 사람은 A옵션이나 B옵션 모두 똑같이 매력적이라고 생각할 수 있다. 그런데, 만약 당사자가 A옵션을 선택할 때 90만 달러만을 받는다면, 위험 중립적인 사람은 100만 달러로 더 높은 기대가치를 가진 B옵션을 선택할 수 있다. 다만, 상당수의 사람들은 200만 달러에 대한 50% 확률보다 받는 것이 확실한 90만 달러를 선택할 가능성이 있는데, 이는 사람들이 더 높은 확실성에 더 많은 가치를 둘 수 있음을 의미할 수 있다. 한편, 위험회피(risk aversion)는 상당히 다른 형

요소를 고려해 협상단계에 따라 효율적으로 협상을 수행하는 방안을 살펴본다.

1. 협상준비의 기술

협상자는 협상장에서 의사소통을 할 수 있는 기본적인 기술과 함께 효율적인 협상을 하기 위한 준비가 필요하다. 이를 위해, 앞서 살펴본 협상의 이론과 접근방식을 비롯해 당사자의 최선의 대안(BATNA), 최종 양보점(bottom line), 이해관계에 기반한 협상(interest-based bargaining)과 다양한 해결책의 개발, 협상의 해결책을 찾기 위한 객관적 기준의 설정 등 협상의 기본요소에 대한 이해를 바탕으로 해당 협상 사안에 대한 연구와 조사를 필요로 한다. 여기서 해당 협상 사안이 어떠한 가치를 가지고 있으며, 그 사안과 유사한 사례들은 서로 어떻게 다르고 어떤 영향을 미칠 수 있는지를 파악한다. 해당 협상의 권한이슈(authority issues), 협상당사자들의 관계를 비롯해 타사나 업계에 미치는 영향 등 관계문제(relationship issues), 협상 또는 해결책에 대한 시간 또는 비용 제약(time or cost constraints) 등을 고려할 때 발생할 수 있는 문제는 무엇인지 등을 검토한다. 이를 위해, 협상자는 해당 협상에서 결정을 내리기에 충분한 정보를 가질 필요가 있다. 즉, 협상의 준비단계에서는 가능한 한 협상의 시뮬레이션을 통해 대상이 되는 주요 항목들을 정해 평가하는 등 협상에서 발생 가능한 문제를 사전에 충분히 검토하는 것이 중요하다.

이를 구체적으로 살펴보면, 협상자는 자신과 상대방이 일정한 입장(positions)을 취하게 된 동기 내지 이해관계(interests; motivations)와 그 이해관계들 사이의 우선

태로 나타날 수 있는데, 어떤 상황에서 위험을 회피하는 사람이 다른 맥락에서는 오히려 위험을 추구(risk-seeking)할 수 있다. 예를 들어, 복권이나 카지노게임 등과 같은 위험을 추구하는 행위는 줄어든 확실성에도 불구하고 더 높은 기대가치에 대가를 지불하려는 의지의 발현으로 볼 수 있다. 이러한 위험회피가 심할수록, 재판(trial)보다는 화해(settlement)를 선택할 가능성이 높아질 수 있다. 한편, 협상에서 위험의 다양화(risk diversification)를 통해 위험을 줄일 수 있다. 예를 들어, 많은 채무 회수활동을 하는 신용카드회사 등과 같이 자주 소송을 하는 당사자와 자동차 사고에 연루된 사람과 같이 처음으로 소송을 접하게 되는 또 다른 당사자 등 두 가지 유형의 소송당사자가 있다면, 그 소송에 영향을 미치는 다른 요소가 없다고 가정할 때, 처음으로 소송을 접하는 당사자는 자주 소송을 하는 당사자에 비해 더 위험회피적(risk-averse)인 경향이 있는데, 이는 위험의 다양화 때문이다. 즉, 이는 일회성 소송당사자는 한 사건에만 막대한 위험을 갖고 있고 다른 사건들에 위험이 분산되지 않는 반면, 자주 소송을 하는 소송당사자는 다양한 투자자가 주식 포트폴리오를 가지고 있는 것과 마찬가지로 다양한 소송에 위험이 분산되어 있다. 따라서, 자주 소송을 하는 당사자는 일회성 소송당사자에 비해 덜 위험회피적(less risk-averse)일 수 있다.

순위(priorities)를 검토해, 각 당사자의 협상의 구체적 목표와 최종 양보점(bottom line)을 파악한다. 협상자는 또한 자신의 최선의 대안(BATNA)를 이해하고, 이를 통해 해당 협상을 이탈할 수 있는 최종 양보점(bottom line; walk-away point)을 확정해, 상대방의 제안이 자신의 최선의 대안(BATNA)보다 좋지 않다면 협상테이블에서 벗어날 준비를 해야 한다. 그리고, 협상자는 상대방의 입장(position)을 확인하고 그러한 입장을 취하는 상대방의 니즈와 이해관계를 파악하고, 상대방의 성향과 함께 그의 최선의 대안(BATNA)과 최종 양보점(bottom line)이 무엇인지 등을 검토한다.[58]

협상자가 관련 주요 정보를 수집했다면 일정한 옵션과 제안사항을 검토한다. 협상자는 당사자들 상호간의 이해관계를 충족시킬 수 있는 다양한 옵션들(options)을 개발하고, 해당 협상이 없이도 자신의 이익을 충족시킬 수 있는 다른 대안들(alternatives)이 있는지를 고려해, 상대방이 동의할 수 있는 적절한 제안(proposals)을 마련한다.[59] 협상자의 가능한 제안을 위한 옵션의 개발은 협상 중에 제한된 제안들로 인한 당사자들의 부담을 덜어줄 수 있다. 다만, 협상자 자신의 제안에 너무 집착하는 것은 당사자들의 이해관계에 근거한 협상(interest-based bargaining)이라기보다는 입장에 따른 협상(position-based bargaining)으로 이어질 수 있다. 그리고, 당사자 간의 협상의 주요 쟁점을 포함한 합의안을 예상해 볼 수 있는데, 이는 당사자들의 이해관계가 제대로 다루어졌는지를 비롯해 해결되어야 할 다른 관련 문제가 있는지 등을 파악하는 데 도움이 된다.[60] 거래에 따라서는 협상에 많은 쟁점과 그 하부쟁점들이 있을 수 있다. 협상자는 가능한 한 개별 쟁점에 대한 자신의 입장

58 상대방의 이해관계(interests)를 파악하기 위해서는, 협상자는 사안을 평가해 스스로에게 이를 자문해 보거나, 분쟁협상의 경우 증인신문이나 문서제출신청과 같은 소송상 증거개시절차(discovery) 등을 활용할 수 있다. 또한, 법원이나 기타 정부 기록 또는 인터넷 등의 검색, 상대방의 지인이나 동료 등에게 상대방에 대한 정보를 얻거나, 필요한 경우 상대방을 파악하기 위한 조사관 등을 통해 비공식적으로 상대방을 파악하는 방안을 검토할 수 있다. 협상 중에도 상대방의 목표(goal), 이해관계(interests), 최종 양보점(bottom line) 등을 확인할 수 있는 추가 정보를 얻어낼 수 있도록 해야 한다.

59 옵션(options)은 당사자의 이해관계를 충족시키는 방법이며, 제안(proposals)은 분쟁해결을 위한 합의안이다. 협상자의 옵션들을 미리 생각해 본다면, 특정 옵션이 자신의 니즈와 이해관계를 어떻게 충족하는지 숙고한 뒤, 이를 상대방의 관점에서 평가할 수도 있어, 협상이 더욱 편안하게 이루어질 수 있다.

60 협상의 잠재적 문제들을 숙고함으로써, 해당 사안을 둘러싼 모든 중요한 문제들에 대해 협상을 할 수 있고, 그 협상의 범위를 넓혀줄 수 있으며, 이는 협상에 있어 당사자들이 고려하는 본질적인 쟁점 이외에도 다양한 사항들에 대한 문제에 대해서도 생각해 볼 수 있게 한다.

(position)을 뒷받침할 수 있는 자료를 만들고 유연한 협상을 위한 다양한 옵션을 발굴하고, 상대방의 동기나 이해관계(interests; motivations)에 따라 가질 수 있는 패를 미리 분석하여 대안적 쟁점들을 정리할 필요가 있다. 협상의 목표에 따라 협상 대상이 되는 사안을 구성하거나, 브레인스토밍(brainstorming)을 통해 다양한 쟁점을 찾아 정리하고, 상대방의 이해관계를 파악해야 한다. 이때 협상의 목표를 고려해 쟁점의 우선순위(priorities)를 정할 필요가 있다. 당사자가 협상을 통해 양보할 수 있는 사항과 대가를 치르더라도 반드시 얻어내야 하는 사항, 상대방이 반드시 얻어내고자 할 것으로 기대되는 사항과 양보할 수 있을 것으로 보이는 사항 등에 대한 목록을 작성하는 것이 우선순위를 정하는 데 유용하다. 협상의 쟁점을 그 중요도에 따라 우선순위를 정하면 그 순위에 따른 협상의 대응전략을 구상할 필요가 있다.[61] 이를 위해, 협상자는 가능한 한 상대방을 비롯해 협상을 둘러싼 다양한 이해관계인들에 대한 정확하고 많은 정보를 입수해, 상대방의 입장(position)과 이해관계(interests), 협상의 진정성 등을 파악하여 상대방과의 협상타결 가능영역(ZOPA)을 검토하고, 상대방과 합의에 도달하지 못할 경우를 대비해 최선의 대안(BATNA)을 마련하는 것이 중요하다.

한편, 협상의 쟁점을 해결하기 위한 기준으로 당사자들이 상호 동의할 수 있는 객관적인 기준(objective standards)을 설정해야 하는데, 이를 위해 관련 법규, 선례(precedents), 시장가격(market value) 등 공정하고 독립적인 측정자료를 확인한다.[62] 예를 들어, 상해 관련 분쟁협상에서 범용적으로 사용되는 통계자료를 사용해 피해자의 기대수명이나 생애소득을 산정할 수 있으며, 기존의 관련 판례를 검토해 당사자 간의 합리적인 화해합의금액을 결정할 수 있다. 그리고, 실제 협상에서 상대방의 협상방식(negotiation approach)을 예측해 당사자 자신이 사용할 협상방식을 결정한다.[63] 실제 협상을 수행하기 위해서는 상대방과 협상을 위한 의제를 교환하

61 쟁점이 다른 사항들을 통합해, 다양한 쟁점들의 상호 교환(trade-off) 등으로 당사자 간 양보의 가능성을 높여 협상자 모두 만족할 수 있는 방안을 모색할 필요도 있다.

62 해당 사안의 적용법규나 관련 판례들은 해당 사안에 대해 법원이 어떤 법적 기준을 적용할 수 있는지를 판단하는 데 도움이 된다.

63 상대방의 최종 양보점(bottom line)과 구체적 목표에 관한 정보를 파악하고, 이를 통해 당사자들의 협상의 접근방법(negotiation approach)을 예상한 후에만, 협상을 위한 보다 구체적인 준비를 할 수 있다. 다만, 이러한 협상준비를 하더라도, 협상과정에서 다양한 상황이 발생할 수 있기 때문에 준비된 계획에만 얽매이는 협상자는 협상이 진전됨에 따라 그에 적응하여 대응하는 협상자보다 협상에 성공할 확률이 낮을 수 있다. – Stephen J. Ware, 『Principles of Alternative Dispute Resolution (Concise Hornbook)』 (West Academic Publishing, 2016), at 354.

고, 중요도에 따라 쟁점을 분류하고, 쟁점들 간의 상호 관련성을 검토하며, 관련 이메일과 회의록 등을 정리하고, 상대방과 교류하는 내용들은 통일된 한 채널로 하는 것이 좋다. 협상의 구체적 의제의 설정 등 협상진행 계획은 협상참가자들, 참가자들의 발언 순서, 개별 의제의 논의 순서, 전체 회의시간, 의제별 시간할당, 협상시 논의가 불필요한 주제 등을 고려해 마련할 필요가 있다.[64]

2. 협상진행의 기술

협상당사자는 협상의 준비단계에서 내부적 조율을 거쳐 실제 협상이 시작되는 때 상대방에게 우호적으로 행동하면서, 진정한 문제해결을 향해 협상을 이끌어낼 필요가 있다. 협상을 시작할 때 감정을 가라앉히고 긍정적인 어조(positive tone)로, 의제(agenda)를 설정하도록 하는데, 우선 무엇을 논의할 것인지, 어떻게 이를 논의할 것인지 등을 결정하는 협의를 거쳐, 협상의 진행을 관리한다. 이러한 협상과정의 관리는 협상당사자들이 그들이 원하는 방향으로 협상을 하도록 하는 데 도움이 되며, 가능한 의제를 검토하고 협상프로세스의 설계 및 실행을 하게 되면 그 결과에 상당한 영향을 미칠 수 있다. 협상의 의제가 정해지면 당사자들은 정보를 교환하게 되는데, 협상은 모든 당사자가 이슈를 이해하고 제안된 해결책이 그 뒤에 어떻게 나올지 평가할 수 있는 충분한 정보를 얻을 수 있다고 확신할 수 있을 때 진행하는 것이 좋다. 협상자는 정보를 단순히 전달하는 것이 아니라, 각각의 정보가 어떻게 자신의 입장(position)을 강화시키는지에 대한 강력한 논리를 제시할 필요가 있다. 정보를 얻을 때는 그 정보에 대한 신뢰성(credibility)의 근거가 되는 정보의 출처, 그 정보가 정확히 무엇을 의미하는지를 파악하는 것이 필요한데, 이는 상대방의 니즈나 이해관계 등을 더 잘 파악할 수 있게 된다. 협상을 실제 진행하면서도 새로운 정보를 지속적으로 입수하여 협상에 지속적으로 반영하고, 모든 정보에 대

64 협상의 진행준비 관련 사항으로는, (i) 무슨 정보를 어떻게 얻을 것인지, (ii) 어떠한 정보를 언제 공개할 것인지, (iii) 당사자의 첫 제안(first offer)과 입장(position)은 무엇이며, 언제 이를 상대방에게 전달할 것인지, (iv) 당사자의 첫 제안(opening offer)과 입장(position)을 어떠한 논거와 자료를 가지고 주장할 것인지, (v) 예상되는 상대방의 반론(counter-arguments)은 무엇인지, (vi) 당사자의 양보(concessions)를 언제 얼마나 할 것인지, (vii) 당사자는 계획된 양보(planned concessions)를 하되 더 이상의 양보를 하지 않을 것인지, (viii) 협상을 할 때, 직접대면, 전화통화, 서면 또는 이메일 교환 등 어떠한 형태의 협상을 이용할 것인지 등에 관한 사항을 파악할 필요가 있다. – Stephen J. Ware, 『Principles of Alternative Dispute Resolution (Concise Hornbook)』 (West Academic Publishing, 2016), at 358.

한 유연한 자세를 가질 필요가 있다.

다음으로, 협상과정을 통해 가능한 최상의 해결책을 얻는 방법을 파악할 필요가 있다. 협상이 제대로 되려면, 협상자는 자신만의 협상스타일을 이해하고 해당 사안에서 어떠한 접근법이 가장 잘 통할지 결정해야 한다. 협상자는 상대방의 협상 접근방식(negotiation approach)에 따라 협상에 대한 자신의 접근방식도 바꾸는 것이 적절할 수 있다. 즉, 협상의 준비과정에서 어떠한 협상 접근방식을 사용할지 결정하게 되지만, 상황에 따라 협상 중에도 이를 적절하게 조정할 수 있는 유연한 자세가 필요하다. 예를 들어, 협상자가 상대방의 협상 접근방식을 예상해 협력적(cooperative) 또는 문제해결적(problem-solving) 접근방식을 사용하기로 계획했더라도, 상대방이 적대적/경쟁적(adversarial/competitive) 협상방식을 사용하고 있다는 것을 알게 된다면, 협상자도 적대적/경쟁적 협상방식으로 신속하게 전환하는 것이 좋다. 또한, 협상 중 당사자의 최종 양보점(bottom line)도 유연하게 조정할 필요가 있다. 협상자가 시간이 지남에 따라 더 많은 정보를 얻게 되면, 협상자는 그에 맞게 최종 양보점을 재고할 수 있는데, 이는 협상자의 약점을 드러내는 새로운 정보에 대한 현명한 대처법이라 할 수 있다. 다만, 협상자가 상대방의 요구에 반응해 바로 그 최종 양보점을 낮추는 것은 신중해야 하며, 상대방의 요구가 있더라도 가급적 그 요구를 생각할 시간적 여유를 가짐으로써 협상의 결과를 자연스럽게 이끌어 낼 수 있다.

그런데, 당사자들은 협상시에 나타낸 입장에 따른 협상(positional bargaining)에 익숙할 수 있다. 입장에 따른 협상에서는, 협상자들은 서로를 적대자 내지 경쟁자로 여기고, 협상결과에서 승자와 패자의 관점에서 승자(winner)가 되기를 추구하기 때문에 그들 자신의 진정한 관심사 내지 이해관계에 대한 정보를 가능한 한 적게 공개하고자 한다. 이러한 점에서, 협상자들 각자는 협상시 일도양단(take it or leave it)의 자세를 취할 수 있다. 이는 당사자들의 입장(position)을 더욱 강화시켜 협상의 문제해결을 더 어렵게 할 수 있다. 이에, 이해관계 중심의 협상(interest-based bargaining)을 통해 당사자들의 다양한 니즈와 이익을 이해하고 공동의 문제를 파악하고, 당사자들이 그 문제의 공통의 해결책을 도출하는 데 어떠한 기여를 할 수 있는지 고민할 필요가 있다. 이때, 다시 당사자들은 입장에 따른 협상(positional bargaining)에 빠져들기 쉬운데, 예를 들어, 우리측이 포괄적인 제안을 내놓는데 상대방은 왜 이를 받아들이지 않는지 이해할 수 없게 되어 협상 상대방에 대한 부정적인 인식을 가질 수 있게 될 수 있다. 여기서 협상의 사안에 대한 다양한 옵션사항들을 고려하는 것이 중요한데, 당사자들이 다양한 옵션들을 고려해 평가하고 결합하는 과정에서,[65] 그들의 니즈를 충족할 수 있는 여러 제안들을 마련하고, 서로에게 중요한 것이 무엇인지에 따라 우선순위(priorities)를 정할 필요가 있다. 협상자가 협상의 쟁점에 대해 먼저 제안해야 하는지와 관련해, 상황에 따라 상대방이 먼저 제안하게 할 수도 있으나, 협상자 자신이 관련 쟁점에 대한 명확한 정보에 따른 확실한 최선의 대안(BATNA)이 있다면 제안을 먼저하는 것이 유리할 수 있다. 이는 "Anchor Effect(닻 효과)"를 고려할 때 첫 제안(first offer)을 한 자가 그 협상을 주도할 가능성이 높을 수 있기 때문이다.[66] 그리고, 옵션들과 제안들을 평가할 때 협상자는 합의의 근거가 될 수 있는 객관적인 기준을 제시함으로써 상대방에게 합리적인 해결책을 마련하기 위해 진정으로 노력한다는 점을 보여줄 수 있다. 공동의 이익(common interests)을 탐구하고 공동의 해결책(joint solutions)을 찾음으로써 당사자들 상호간의 이익을 극대화할 수 있는 윈-윈(win-win) 협상을 할 수 있다.

한편, 협상과정에서 당사자들의 니즈(needs)와 이해관계(interests)를 정확히 파악하기 위해서는 협상의 대상과 협상의 주체인 사람들을 분리할 필요가 있는데, 이는 협상 사안의 실체적 측면(substantive side)과 협상자들의 관계적 측면(relationship side)을 분리해 협상을 진행해야 한다는 것을 의미한다.[67] 즉, 협상의 진행에서 거래와 관련된 객관적 대상에 대한 검토 이외에 협상을 실제 수행하는 상대방과의 소통(communication)을 통한 원활한 관계형성이 중요하다. 협상의 실체적 사안과 당사자 간의 관계적 측면이 뒤섞여서는 안 되며, 이것들이 함께 다루어질 때 협상시에 당사자들의 감정이 개입되어 협상대상에 영향을 미쳐 협상을 어렵게 할 수 있다는 점을 유의해야 한다. 협상과정에서 당사자들의 감정이 다루어지는 경우 이를 해소할 수 있도록 해야 한다.[38] 그런데, 경우에 따라서 당사자들이 그러한 강한

65 당사자들은 옵션들을 평가하지 않고 가능한 모든 해결책에 대해 브레인스토밍(brainstorming)을 할 수 있다. 옵션은 각각 상호 이익을 위해 설계되어야 하며, 각 옵션이 당사자들의 이해관계를 충족시킬 수 있는 거래의 교환이 있어야 한다.

66 "Anchor Effect(닻 효과)"란 협상에서 첫 제안(first offer)의 중요성을 나타내는 것으로, 먼저 제안을 한 자가 그 협상을 주도할 가능성이 높다는 것을 말한다. 이는 배가 일단 닻을 내리게 되면 그 배를 많이 움직이지 못하는 것처럼 대부분의 협상자들은 아무리 협상을 벌여도 정작 협상이 끝나고 계약서를 검토하다 보면 처음 제안되었던 내용에서 크게 벗어나지 않는다는 것을 의미한다.

67 Roger Fisher, William Ury & Bruce Patton, 『Getting to Yes: Negotiating Agreement Without Giving In』 (Penguin Books, 2nd ed., 1991), at 19-41.

68 협상시에 당사자들의 다양한 감정적인 문제들이 있을 수 있는데, 이에는 당사자 간 그동안의 관계, 당사자들이 갖는 정의(justice)나 공정(fairness)의 개념에 대한 생각들이 어떻게 다루어졌

감정을 야기하고 있는 문제를 어떻게 다룰 것인가에 대한 논의를 할 수 있는데, 이때 협상자는 대화나 설득의 기술을 바탕으로 상황에 따른 유연한 자세가 요구된다. 협상자는 상대방에게 효과적이고 개방적인 질문을 하며, 상대방의 진술을 확인하고 격려하며 관련 메모를 작성해 소통할 수 있다. 개방형 질문(open-ended question)을 통해 상대방에 대한 정보와 생각을 더 잘 파악할 수 있게 된다.[69] 대면협상에서는 상대방 말의 패턴, 표정이나 행동 등 다양한 바디랭귀지에 유의하여 상대방을 이해하는 것도 중요하다. 그리고, 협상과정에서 당사자 간의 신뢰관계는 무엇보다 중요한데, 특히 국제거래 계약을 위한 협상에서는 협상자가 상대방의 언어와 문화의 차이 등에 대한 이해를 통해 상호간의 신뢰를 형성할 수 있다. 협상에서 당사자들 상호간 정보의 교환에 있어 먼저 정보를 제공하는 것이 상대방의 정보제공의 유인책이 될 수 있으며, 당사자 간 정보의 순차적 교환은 서로간의 신뢰를 구축하는 데 도움이 된다. 입장에 따른 협상(positional bargaining)에서 당사자 간 신뢰가 부족하더라도 합의가 이루어질 수 있으나, 당사자들 상호간 공유된 정보의 부족으로 서로의 이익에 부합하는 합의결과를 도출하기 힘들다.[70]

는지 등에 관한 것이 될 수 있다. 협상자들이 이러한 문제들을 도외시하거나 그와 관련이 없는 사항들을 고려하게 된다면, 당사자들이 느끼는 감정(emotions)은 대부분의 협상에서 강한 영향력을 갖게 된다. 다만, 당사자들의 감정을 인정(acknowledgement)하고 모든 사람들이 그 감정을 이해한다는 것을 분명히 하는 것으로 충분할 수 있다.

69 개방형 질문으로는, “왜 당신이 그러한 입장을 취하는가(why do you take that position)?” “당신은 무엇에 근거하여 그 요구를 하고 있는가(what do you base that demand on)?” “당신은 오늘 무엇을 성취하길 원하는가(what do you hope to accomplish today)?” “당신은 C에 대한 요청과 비교해 그 중요성을 어떻게 우선시하는가(how do you prioritize its importance compared with your other request for C)?” 등과 같은 것들이 있을 수 있다.

70 분쟁협상(dispute negotiation)에서 소송 개시 후 증거개시절차(discovery) 등이 완료된 후 법원에서 협상이 이루어지는 경우, 당사자들이 그동안 얻게 된 정보로 인해 그 협상의 프로세스가 변경될 수 있다. 실제 재판이 진행되기에 앞서 대략 3분의 2 정도의 사건이 해결 논의가 이루어지고 그 해결비율이 90%를 훌쩍 넘는다고 인식한다면 분쟁의 당사자들은 해당 사건이 막판에 해결될 것이라는 합리적 기대를 가질 수 있다. 이 경우 당사자들은 본격적인 소송절차를 굳이 거치지 않고도, 소송절차 초기에 서로 합의를 함으로써 분쟁을 해결할 수 있다. 다만, 전형적인 상해사건과 같이, 당사자들의 유일한 상호작용이 소송을 통해 이루어질 수 있다고 생각하는 경우 소송에 의해 해결이 되는 경우가 많다. 이 경우 대체로 원고측은 보험사 등 피고측이 마지막 순간까지 합의하지 않을 것이라고 믿을 수 있으며, 피고측은 원고측이 재판기일이 가까워질 때까지 더 나은 제안을 기다리면서 조기 합의에는 관심이 없다고 믿을 수 있다.

3. 협상장벽의 극복

협상을 진행하는 과정에서 다양한 사정으로 협상이 교착상태 등 난국에 빠질 수 있다. 즉, 당사자들이 협상대상에 대한 판단이나 의사결정과정에서 편견(bias)을 갖게 되거나, 당사자들이 협상과 관련해 상이한 자료를 갖거나 같은 자료를 다르게 해석함으로써 상호간의 타협점을 찾지 못하고 협상이 난항을 겪을 수 있다. 이 경우 당사자들은 편견의 원인을 파악하거나 또는 관련 자료를 동일하게 공유하거나 같은 자료에 대한 공통의 이해를 위해 노력함으로써 그 상황을 완화할 수 있다. 협상자들은 감정사, 회계사, 의사, 변호사, 엔지니어 등 다양한 중립적 전문가를 통해 관련 자료 해석의 여러 접근방법을 확인해 의사를 결정할 수 있다. 그리고, 협상자는 상대방이 입장(position)을 고집하는 경우 상대방에게 그 입장(position)보다 관련 이해관계(interests)에 주의를 기울일 수 있도록 하는 질문을 해 볼 수 있다. 이와 관련해, 협상자는 상대방의 공감을 이끌어내기 위해, 우선 "나는 당신의 입장을 이해한다" 또는 "당신이 어떻게 그러한 입장을 취하는지를 이해하려고 한다" 등과 같은 표현을 써서 대화를 시작하는 것이 좋다. 그런 다음, 상대방의 입장(position)에 초점을 두기보다는 실제 상대방의 니즈나 이해관계에 대한 논의를 진행해야 한다. 특히, 상대방이 공격적이고 비협조적일 때는 해당 쟁점의 해결과정에 상대방이 참여할 수 있도록 유도할 필요가 있다. 그리고, 협상의 쟁점을 논의하는 과정에서 상대방이 협상의 전술로 협상자를 공격하거나 협상의 진행을 거부할 수 있다. 이에 대한 대처방안으로, 이를 무시하고 해당 논의사항을 계속 이야기하거나, 상대방의 공격이 생산적일 수 있도록 이를 재구성하거나, 차분하고 긍정적인 방식으로 정면으로 대처하면서 대화를 생산적인 방향으로 전환하는 등 여러 가지를 고려할 수 있다.

한편, 당사자들이 협상이 교착상태 등 난국에 처한 상황을 인식하고 이를 극복하기 위한 다양한 방안을 사용한다면 협상의 장벽을 뛰어넘어 협상을 성사시킬 수 있는 가능성이 높아질 수 있다. 협상자가 이러한 협상의 난국을 극복하기 위해 고려할 수 있는 전술로는, (i) 일정기간 휴식을 취하거나, (ii) 협상주제를 합의사항과 합의되지 않는 영역으로 분류해 검토하거나, (iii) 하나의 이슈를 여러 개의 작은 이슈로 분할해 파악하거나, (iv) 당사자들 상호간 양보를 맞교환하거나, (v) 브레인스토밍(brainstorming)을 하거나, (vi) 개방형 질문을 통해 상대방을 보다 면밀히 파악해 보거나, (vii) 침묵을 통해 협상의 분위기를 바꾸어 볼 수 있다. "좋은 경찰,

나쁜 경찰(good cop, bad cop)"과 같이, 협상자의 내부 인력이 각각 역할을 나누어 맡는 등의 전술을 고려할 수도 있는데, 협상에서 하나의 전술이 어느 경우에나 동일한 결과를 가져오는 것이 아니라 협상의 상황이나 상대방에 따라 다른 효과가 발생할 수 있으므로 협상자는 협상의 난국을 극복하기 위한 전술로 가급적 많은 옵션들을 고려할 수 있다. 협상이 난국에 처할 때 협상자가 어떠한 전술을 사용할 것인지를 판단하기 위해서 상대방이 사용하는 협상의 전술을 분석해 적절한 대응 방안을 마련하고, 필요한 경우 상대방의 협상전술에 바로 반응하기보다는 일단 멈추어 숙고하는 시간을 갖는 것이 좋을 수 있다.

4. 협상과정에서 서신에 의한 의사전달시 유의사항

협상과정에서 당사자들 사이의 커뮤니케이션이 장래 소송 등 분쟁이 발생할 경우 당사자에게 부정적 또는 긍정적 영향을 미칠 수 있다. 특히 당사자 간에 서신에 의한 의사전달이 있으면, 해당 사안에 대해 당사자들 사이에 다툼이 있을 경우 이를 증거자료로 사용될 수 있다. 이에, 당사자는 협상과정에서 요구되는 통지요건(notice requirements)을 성실히 준수하고, 사실을 잘못 진술하거나 추가적인 혼란을 초래할 수 있는 상황을 피해야 한다. 그리고, 당사자 의사표시의 간결성(brevity)의 측면에서, 상대방의 주장이 관련 논점이나 주제에 제대로 맞춰져 있는지 확인하고 분쟁발생시 자신에게 불리하게 작용할 수 있는 사항이 있는지 검토할 필요가 있다. 한편, 실무상 계약의 협상과정에서 당사자 간 계약 관련 문서를 교환하면서 그 문서가 최종적인 계약서가 아니라는 점을 나타내기 위해, "DRAFT PROPOSAL FOR DISCUSSION PURPOSES ONLY" 등과 같이 해당 문서가 단지 논의의 목적으로 제안된 초안에 불과하다는 문구를 대문자나 밑줄 등을 그어 강조해 삽입할 필요가 있다. 협상과정에서 당사자가 화해합의 조건(settlement terms)을 제안하는 경우에도 그 조건이 향후 소송 등 분쟁에서 증거로 사용되어 불리할 수 있다는 점을 고려해, 관련 서신에 "FOR SETTLEMENT PURPOSES ONLY" 등과 같이 단지 화해합의를 위한 것이라는 표현을 대문자나 밑줄 등을 그어 강조해, 그 서신이 당사자 간의 최종 합의사항이 아니라 협상과정에서 합의를 위해 제안된 것이라는 점을 분명히 할 수 있다. 그리고, 당사자가 상대방에게 의사전달의 서신을 전달하면서, 장래 다른 사실이 발견될 수 있거나 향후 다른 주장이 제기될 가능성이 있다면, "in addition to other concerns," "without limiting other claims we may have," "among other issues we are still investigating…" 등과 같은 포괄적인 문구(catchall phrases)를 해당 서신의 필요한 곳에 기재하는 것이 좋다.

Ⅴ. 협상의 마무리와 계약서의 작성

국제거래의 당사자 간 협상이 마무리되면 그 협상의 결과를 계약에 명확하게 반영하는 것이 중요하다. 계약은 당사자 상호간 의사가 합치된 내용에 대해 일정한 법적 효과를 나타내는 사적 법률관계(private law)를 형성해, 계약이 유효하게 성립되면 이를 강제할 수 있다. 계약자유의 원칙에 따라 당사자들이 계약서의 내용이나 형식을 자율적으로 정할 수 있으나, 계약 관련 당사자 간 분쟁을 사전에 예방하기 위해 계약서를 작성하여 당사자의 의사와 법률적 효력을 명확하고 상세하게 나타내야 한다.[71] 당사자 간 분쟁단계에서는 계약법(contract law)은 대체로 가능한 한 당사자 상호간의 의도(mutual intent of the parties)를 판단해 그 효력을 발생시키려고 한다. 계약서를 작성한다는 것은 당사자 간 거래내용을 계약의 구성개념(contract concepts)으로 변환하는 것이기 때문에 명확하고 애매하지 않은 계약조항(clear and unambiguous contract provisions)을 작성해야 한다. 이에, 계약서 작성자는 "같은 내용은 동일한 방식으로 표현되어야 한다(say the same thing in the same way)"는 것을 명심해야 한다. 그리고, 소비자계약(consumer agreement)이나 클릭랩 소프트웨어 계약(click-wrap software agreement) 등 표준계약조건(standard terms and conditions)을 사용하는 경우가 아닌 한, 당사자들은 협상의 결과를 계약서에 반영하는 과정에서 그 계약내용을 제한하거나 수정할 수 있다. 상거래 관련 계약법규는 임의규정인 경우가 많아 상거래의 계약내용은 당사자 간의 합의에 따르는 것이 일반적이므로 그 합의내용을 계약서에 명확하게 나타내는 것이 중요하다.[72] 그리

71 다만, 국제거래의 협상이나 계약체결 과정에서 당사자 간 일정한 사항에 대해 논쟁거리가 있거나 의견 차이로 인해 구체적인 합의에 이를 수 없는 때 당사자 간 계약이행의 과정에서 해결의 여지를 남길 수 있는 다소 추상적이고 불명확한(vague) 용어를 사용하기도 한다. 예를 들어, 계약서상 선적이나 통지시기와 관련해, "즉시(promptly) 선적이나 통지를 하여야 한다" 등으로 "promptly(즉시)"라는 불명확한 표현을 사용한다.

72 다만, 계약내용이 준거법상 강행법규를 위반하는 경우 무효가 될 수 있다는 점을 유의할 필요가 있다. 즉, 계약이 당사자 간에만 유효한 것이라고 하더라도 특정한 국가의 공익에 반하거나 사회나 타인에게 해를 끼치는 것을 내용으로 한다면 계약의 준거법이나 당사자들이 속하는 국가의 법률이나 국제법규에 따라서 계약의 효력을 인정하지 않을 수 있으므로 해당 계약에 적용

고, 계약이 실효성을 갖기 위해서는 법적 구속력 내지 강제력을 가져야 하는데, 이와 관련해 한쪽 당사자가 계약을 위반한 때 상대방 당사자의 피해에 대한 구제방법을 명기할 필요가 있다. 여기서는 당사자 간 거래협상을 통해 도출된 합의를 반영하기 위한 계약의 일반적 체결절차와 고려사항, 계약서 작성시 유의사항, 그리고 국제거래의 가치증진을 위한 효율적 계약서 작성방안을 함께 살펴본다.

1. 계약의 일반적 체결절차와 고려사항

국제거래의 협상과정에서 당사자들 사이에 의견교환이 이루어지고 다양한 문서들이 오고갈 수 있으며, 계약을 체결하는 단계에서도 당사자는 자신이 작성한 계약서 초안을 상대방에게 제시하거나 작성된 계약서 초안에 자신에게 보다 유리한 조항이나 문구를 포함하고자 한다. 이러한 당사자 간의 협상결과를 계약 관련 서류에 명확히 반영하기 위해서는 효율적인 계약체결 프로세스가 필요하다. 계약 관련 서류는 해당 거래의 최종계약서(definitive agreement) 이외에도 POA(power of attorney; 위임장), MOU(memorandum of understanding; 양해각서), LOI(letter of intent; 의향서), Term Sheet(거래조건 명세서) 등 협상과정에서 합의를 위해 교환되는 다양한 문서들이 있는데,[73] 이러한 문서들이 어떠한 의미를 가지며 그 문서들의 작성시 고려사항 등을 이해할 필요가 있다. 해당 거래와 관련해 상대방과 어떠한 대가가 교환되는지, 대가의 교환에 있어 필요한 거래조건들이 무엇인지, 계약내용을 이행하지 않는 경우에 어떻게 대응할 것인지 등에 유의해야 한다. 국제거래의

될 수 있는 법규를 살펴보는 것 또한 중요하다. 우리나라의 경우 당사자 간 자율적으로 체결된 계약이라 하더라도 그 내용이 선량한 풍속 기타 사회질서에 위반한 사항을 내용을 하는 법률행위(민법 제103조)나, 공정거래법, 주택임대차보호법, 근로기준법 등 시장질서나 경제적 약자 등의 보호를 위해 제정한 강행법규에 위반된다면 무효가 될 수 있다. 우리나라는 계약의 관행과 거래종류에 따라 계약의 내용과 형식을 유형화하여 민법상 증여, 매매, 교환, 소비대차, 임대차, 고용, 도급, 위임 등 15종을, 상법에서는 창고계약, 보험계약, 운송계약 등을 별도로 규정하고 있다. 그런데, 이러한 유형의 계약이라 하더라도 그 내용에 따라 당사자 간의 계약이 우선하거나 다양한 법규가 적용될 수 있다. 예를 들어, 프랜차이즈계약을 한다면 민법이나 상법 이외에도 가맹사업거래의 공정화에 관한 법률 등 공정거래법규도 적용될 수 있다.

73 이외에도, 협상의 과정을 기록한 Minutes of Meetings(회의록), 주로 자금차입 관련 계약의 협상과정에서 계약에 이르기 전에 그 자금을 차입하는 자가 채무를 변제할 수 있는 일정한 신용이 있다는 점을 확약받기 위해 작성되는 Letter of Comfort(컴포트 레터/지급확약서), 당사자 간에 어떠한 내용을 인지하고 있음을 설명하는 문서로 상대방이 추후에 협상 배경이나 계약의 일부 내용을 알지 못했음을 주장할 수 없도록 하기 위해 서신형식으로 작성되는 Letter of Awareness(인지서신) 등이 있다.

협상이나 계약체결 과정에서는 특히 해당 거래의 관행이나 당사자 간의 문화 차이에 대한 이해와 함께 자국의 언어가 아닌 영어를 통한 회의록이나 서신, 계약서의 작성이나 교환시 필요한 사항을 숙지할 필요가 있다. 이를 위해, 당사자의 협상의 결과 및 계약 관련 서류들에 포함될 주요 항목들에 관한 체크리스트를 마련하는 것이 좋다.

당사자는 계약을 체결하기에 앞서 상대방에게 어떠한 제안을 할 것인지를 고려해 상대방과 협상의 대상과 결과를 추출하여 계약내용에 포함될 사항을 정리한다. 이때 계약서 작성시 거래나 계약의 협상과정에서 나타난 관련 문서들을 참고하고 당사자 간에 합의된 사항을 검토해 계약서에 정확히 기술해야 한다. 국제거래의 경우 발주서 등을 통해 이루어지는 간단한 물품판매계약을 체결하기도 하지만, 기술 관련 서비스나 제품의 거래, 기업인수거래 등 복잡하거나 대규모의 프로젝트 거래를 하는 때 여러 단계의 계약 진행절차를 거치게 된다. 계약내용이 복잡하거나 계약체결을 바로 할 수 없는 사정이 있는 경우 본격적인 계약을 체결하기 이전에 MOU(양해각서), LOI(의향서), Term Sheet(거래조건 명세서) 등과 같은 문서들이 작성된다. 이러한 문서들은 당사자 간 개략적 협의사항을 정리해 서로의 계약체결 의사를 확인하기 위한 것으로, 대체로 정식 계약체결 이전의 법적 구속력이 없는 문서로 여겨질 수 있으나, 계약으로서 법적 강제성이 있는지 여부는 해당 문서의 구체적 기재내용에 따라 다를 수 있다.[74] 즉, 이러한 문서들은 그 문서의 표제와는 상관없이, 당사자들이 그 내용을 구속력이 있는 것으로 표현하거나 불이행시 권리구제의 방법을 강제하거나 제재할 수 있는 취지의 문구가 있다면 계약으로서 강제력을 가지게 된다. 예를 들어, 당사자들이 협상과정에서 MOU(양해각서)를 체결하면서, 협상의 필요성과 효율성을 제고하기 위해, 협상을 하는 동안 동일한 거래건에 관해 제3자와 협상하지 않는다는 구속력 있는 규정(stand-still clause)을 둔다면 당사자들은 이를 상대방에게 강제할 수 있고 그 위반으로 인한 손해가 발생하는 경우 손해배상청구를 할 수 있다. 이에, 거래협상이나 계약체결 과정에서 관련 문서의 법적 구속력은 단순히 그 표제에 따라 판단하지 말고 그 내용을 검토해 확인해야 한다. 그리고, 당사자들의 거래 협상과정에서 영업비밀(trade secrets)이나 기

74 예를 들어, LOI(letter of intent, 의향서)에는 최종계약이 체결될 때까지 그 제안내용이 구속력이 없다는 점을 분명히 하는 다음과 같은 문구를 포함할 수 있다: "This letter expresses the intent to complete a transaction as outlined herein, but no binding commitment shall be made by either party until a final, written agreement is signed by both parties."

타 비밀정보(confidential information)가 논의되거나 교환될 수 있기 때문에 그 정보의 부당한 사용을 방지하기 위해, 협상의 시작이나 협상과정에서 당사자들은 비밀유지계약(confidentiality agreement; NDA(non-disclosure agreement))을 체결한다. 비밀유지계약의 경우 당사자의 비밀을 전체적으로 보호할 수 있도록 비밀정보를 광범위하고 구체적으로 정의하고, 비밀유지의 예외를 규정하는 경우 이를 남용할 수 있는 여지를 두지 않도록 하면서, 비밀유지의무로 인해 당사자의 비즈니스에 지장을 초래하지 않도록 해야 한다.[75]

거래협상이 마무리되고 계약에 필요한 사항들이 대체로 합의된 경우 당사자들은 계약서 초안을 작성하여 교환하고 검토한다. 일반적으로 당사자들은 계약서 초안에 기초해 계약의 구체적 내용에 대한 협의를 진행하므로 계약서 초안은 계약의 기준과 출발점을 제시하는 역할을 할 수 있다. 따라서, 협상력 있는 당사자일수록 계약서 초안을 직접 작성하려는 경향이 있다. 계약서 작성의 협의과정에서 당사자는 협상에서 합의된 내용과 계약서 작성과정에서 이루어진 계약의 변경내용을 추적해 검토하고 그에 대한 의견을 내거나 필요한 사항을 수정할 수 있다. 그리고, 상대방이 계약서의 변경표시본(marked-up version)을 보낼 때 그 변경사항이 당사자 상호간 합의된 내용을 제대로 반영하지 않을 수도 있기 때문에 계약서 검토시 당사자 간에 합의된 내용과 함께 상대방의 변경사항을 주의깊게 확인해야 한다. 계약내용을 검토하는 과정에서 계약조항들 사이의 상호 연관성이나 오류를 살펴본다. 즉, 계약상 용어나 표현 등이 제대로 기재되었는지, 계약조항의 상호 연관성을 고려할 때 그 내용이나 형식상 오류가 있는지, 기재된 단어나 문장에 오탈자가 있는지, 첨부된 문서나 자료 등이 적절하면서 정확한지 등을 검토한다. 계약 관련 문서나 내용의 우선순위에 관한 사항도 고려해야 하는데, 최종계약(definitive agreement)의 작성 이전에 체결된 양해각서(MOU)나 다른 형태의 합의서가 있는 경우 최종계약과의 우선순위, 계약서상 다양한 조건들이 있는 경우 그 조건들 간의 우선순위를 정하고, 여러 개의 첨부문서가 있다면 그 문서들 간의 우선순위를 정해야 한다. 그리고, 영문계약서 이외에 당사자가 자국어로 된 영문계약서의 번역본을 동시에 작성하는 경우 영문계약서의 효력이 우선한다거나 그 번역본은 영문계약서의 단순

75 예를 들어, 회사가 원래 기획하고 있던 신규 디자인과 제품의 출시가 있었는데, 동시에 그에 관해 다른 디자인 회사와 그 디자인 및 생산에 관해 논의하면서 비밀유지계약의 체결로 인해, 그 이후 회사가 원래 계획에 따른 신제품을 출시할 때 그 디자인 회사와 비밀유지계약을 위반했다고 다투어질 수 있는 경우가 있는지 검토해야 한다.

한 번역에 불과하다는 등 영문계약서 원본과 그 번역본 간의 효력에 관한 사항을 분명히 해야 한다. 계약서의 내용이 최종적으로 마무리된 경우 각 당사자 본인 또는 그 대리인이 서명 또는 날인한 계약서 체결본(execution version)을 작성해 이를 계약당사자들이 상호 교환해 각각 보관한다.

2. 거래협상과 국제거래 계약서 작성시 유의사항

국제거래 계약은 서로 다른 국가의 법 체계에 의해 규제를 받는 주체들 간의 거래관계에 기초를 두고 있기 때문에 관련 국가의 법규에 따라 해당 계약내용의 효력이 인정되기 위해 특정한 요건이 요구될 수 있다. 즉, 국제계약은 관습, 문화, 언어, 사회, 법률제도, 규제환경이 각기 다를 수 있는 국가의 당사자 간 계약이기 때문에, 특히 해당 계약을 실행하기 위한 법적 구속력(legal binding force)이 있는지를 확인할 필요가 있으며,[76] 계약상 합의내용에 관한 다툼이나 위반사항을 어떻게 처리할지에 관한 당사자의 구제방법과 계약의 준거법과 분쟁해결방법 등을 서면으로 명확히 작성할 필요가 있다. 당사자 간의 합의가 가장 중요한 계약의 근거이자 법원(source of law)이 되기 때문에 국제거래에서 분쟁이 발생하는 경우 그 해결을 위한 1차적 근거는 계약문서가 되고, 계약서의 해석에 있어 이견이 있는 경우 계약상 준거법이나 국제조약 등 국제거래규범을 통해 해결될 수 있다.[77]

국제계약의 작성시에 유의할 사항으로, 우선 해당 계약의 강제가능성(enforceability)을 살펴볼 필요가 있다. 당사자들은 계약관계를 통해 합의사항을 실제로 유효하게 강제할 수 있는 법적 구속력(legal bond)을 필요로 하며, 이는 상대방의 계약위반시 피해당사자에게 구제방법을 행사할 수 있게 한다. 계약당사자들이 유효한

76 국제거래 계약의 법적 구속력을 파악하기 위해서는 당사자 간 의사의 합치(agreement), 대가관계(consideration)의 존재, 서명(signature)의 존재, 적법성, 계약의 체결능력, 서면합의(written agreement)의 존재 등 관련 계약법상 요건을 갖추었는지를 검토할 필요가 있다. 또한, 거래의 내용이 국제거래의 법원(source of law)으로 다루어지는 법률의 내용과 양립하는지 확인해야 한다. 국제거래라 하더라도 반사회적 행위, 즉 강행규범을 위반한 행위에 대한 계약은 인정되지 않을 수 있다.

77 국제거래의 당사자를 구속할 수 있는 개별적 국제법규범으로는 UNCITRAL(국제상거래법위원회), ICC(International Chamber of Commerce; 국제상업회의소), UNIDROIT(International Institute for the Unification of Private Law; 국제사법위원회) 등과 같은 국제기구에서 제정한 Incoterms(국제무역거래조건), CISG(국제물품매매계약에 관한 유엔협약), 국제상사계약원칙, 중재규칙 등이 있다.

계약을 체결하기 위해서는 계약체결에 법적 장애가 없는 법적 능력(legal capacity)이 있어야 하는데, 기업의 경우 보통법(common law)과 대륙법(civil law) 체계 모두에서 기업의 법인격 분리(separate legal personality of companies)라는 기업법 원리가 인정될 수 있기 때문에 기업의 계약체결능력과 그 대표자의 권한을 구분할 필요가 있다.[78] 계약은 계약당사자들의 공통된 이해를 바탕으로 한 의사의 합치(meeting of minds)가 있어야 하는데, 대부분의 법체계에서 계약의 성립은 청약과 승낙의 법리(rules of offer and acceptance)에 따라 일반적으로 한 당사자가 특정한 합의를 할 의사가 있음을 보여주는 청약(offer)을 하고, 이에 대해 상대방 당사자가 그 청약으로 동일한 합의에 이를 수 있는 의사를 표시하는 승낙(acceptance)을 함으로써 이루어진다. 다만, 청약과 승낙에 관한 법규는 개별국가의 법체계에 따라 달리 규제될 수 있으며, 준거법에 따라 계약이 성립될 수 없는 사유도 다를 수 있으므로,[79] 해당 거래 계약에 적용되는 법규범을 주의깊게 검토할 필요가 있다.

그리고, 계약서에 명시적으로 언급되지 않은 사항에 대한 분쟁이 발생하는 경우 법원은 계약의 해석을 통해 묵시적 계약조건(implied terms)을 추정해 판단할 수 있는데,[80] 계약조건에 대한 법원의 해석에 필요 이상으로 의존하지 않기 위해 당사

---

78 당사자들의 법적 능력(legal capacity)을 정의하는 법원리는 법률시스템에 따라 다를 수 있으며, 계약의 준거법에 따라 계약을 체결할 수 있는 법률능력의 판단기준도 다를 수 있다. 이러한 계약을 체결할 수 있는 법률능력인 계약능력(contractual capacity)을 판단하기 위한 법률의 식별 방법은 다양한데, the lex domicilii(the law of domicile; 주거지법); the lex patriae(the law of nationality or citizenship; 국적법 또는 시민법); the lex loci contractus(the law of the country where the contract was concluded; 계약체결국법); the lex loci actus(the law of the country of the juristic act; 법정지법); the lex causae(the applicable law; 적용법); the lex loci solutionis(the law of the country of performance; 이행지국법); the lex situs(the law of the country where the property is situated; 재산소재지국법); the lex fori(the law of the country of the forum; 법정지법) 등이 있다.

79 영미계약법상 계약은 불법적 목적(illegal purposes), 당사자의 착오(mistakes), 사기(false)나 허위진술(misrepresentation) 등으로 인해 성립되지 않을 수 있다. 이에 관한 자세한 사항은 저자 집필 『영미계약법 원리』 (유원북스, 2021), 241-261페이지를 참고하기 바란다.

80 묵시적 계약조건(implied terms)의 적용은 대륙법(civil law)계의 경우 법원이 성문법규의 해석을 통해 묵시적 계약조건을 파악하는 경향이 있는 반면, 영미법(common law)계의 경우 묵시적 계약조건의 범위가 법규체계에 따라 다양할 수 있으나 법원이 계약이나 법규범의 해석에 관한 폭넓은 재량으로 묵시적 계약조건을 판단할 수 있다. 이에, 국제계약을 작성할 때 계약 당사자들이 서로 다른 규제환경에 속해 계약의 준거법(governing law)에 따라 적용될 수 있는 묵시적 계약조건에 대한 이해가 중요하다. 영미계약법상 묵시적 계약조건 등 계약의 해석에 관한 상세한 사항은 저자 집필 『영미계약법 원리』 (유원북스, 2021), 630-637페이지를 참고하기 바란다.

자들은 계약내용을 가능한 한 상세하고 정확하게 기술할 필요가 있다.

한편, 국경을 넘어 거래가 이루어지는 국제거래 계약은 본질적으로 여러 국가의 법률이 적용될 수 있기 때문에 한 국가에서 법적 구속력이 있고 유효한 계약이라 하더라도 다른 국가에서는 불법이거나 무효일 수 있다. 계약의 준거법상 금지되는 서비스나 상품의 판매나 당사자에게 불법행위를 하도록 하는 등 강행법규에 위반되는 경우 계약의 효력이 인정되지 않을 수 있으므로 국제계약을 체결하기 전에 계약에 적용되는 법규범을 검토해야 한다. 국제거래 계약서의 내용을 보다 구체적이고 상세하게 작성하면, 해당 계약에 적용되는 법규가 그 계약에 영향을 미칠 수는 있지만, 당사자들이 계약상 명시적으로 규정한 사항에 대해서는 강행규정이 아닌 한 관련 법규나 묵시적 조건의 적용이 제한될 수 있다.

국제계약은 일반적으로 특정한 형식이 요구되지 않으므로 당사자들은 어떤 형태로든 자유롭게 계약을 체결할 수 있다.[81] 그런데, 국제계약을 작성할 때는 법규범적 문제뿐만 아니라 당사자가 속한 나라의 사회체계나 언어적 차이를 고려할 필요가 있다. 통상적인 국제공통언어(*lingua franca* of cross-border affairs)로 영어가 사용되기 때문에 일반적으로 국제계약서는 영어로 작성되며, 계약당사자들 어느 누구도 영어권 국가에 속하지 않을 때에도 영어가 널리 사용된다.[82] 이러한 점을 감안해 당사자들의 협상의 결과에 따라 계약서를 실제로 작성할 때 대체로 다음과 같은 사항을 유념할 필요가 있다.

① 협상의 목적과 의도가 계약서에 제대로 반영이 되었는지 점검한다. 가능한 예상되는 모든 상황에서 계약의 당사자로서 자신의 의도가 계약서의 전반적인 내용으로 구체적으로 쉽고 명료하게 제대로 반영될 수 있도록 한다. 계약의 제반 내용이 준거법상 강제할 수 있는 계약(enforceable contract)의 성립요건을 갖추었는지를 파악한다. 그리고, 국제거래는 대부분 영문계약서로 작성되기 때문에, 영문계약상 약어 등의 표현으로 이해되기 어렵거나 국문과는 다른 의미로 해석되거나 전문적인 법률용어를 사용할 수 있다는 점을 고려해, 계약서에 사용되는 용어나 문구 등에 관한 명확한 정의규정

81 UNIDROIT Principles 2016, Article 1.2 states that: "Nothing in these Principles requires a contract, statement or any other act to be made in or evidenced by a particular form. It may be proved by any means, including witnesses."

82 공적 문서의 작성이나 자국의 법원에 분쟁을 판단하기 위한 경우 등 특정한 목적을 위해 국제계약을 자국의 언어로 번역할 것이 요구될지라도, 일반적으로 자국 언어 이외의 언어를 사용하는 것이 계약의 유효성에 장애를 가져오지는 않는다.

(definitions)을 둘 필요가 있다.

② 계약서는 당사자 간 합의사항을 명확하고 정확하게 포괄할 수 있어야 하고, 이해하기 쉽게 작성하여야 하며, 계약내용의 모호성을 없애 계약관계의 공백을 메우는 계약법이론(principles of contract law)의 적용에 따른 당사자 간의 다툼의 소지를 줄여야 한다.[83] 특히, 당사자들의 이행의무에 관한 사항을 가급적 상세하게 기술한다. "heretofore," "lex loci"[84] 등과 같이 일상에서 잘 쓰지 않는 어려운 용어나 당사자들이 이해하기 힘든 난해한 법률용어(legalese)의 사용은 가급적 지양하고,[85] 일반적으로 사용하지 않는 생소한 용어나 IT계약 등 전문서비스계약에서 기술 관련 전문용어(technical terms) 등을 계약서에 기재할 필요가 있는 경우에는 그 개념을 계약서상 명확히 정의할 필요가 있다.

③ 협상의 핵심내용이나 조건이 계약서에 명확히 반영되었는지 점검한다. 계약의 대상목적물, 대금과 무역조건을 포함한 거래조건 등을 포함한 당사자의 권리와 의무에 관한 사항, 계약기간, 계약의 발효시점과 종료시점, 계약의 종료 이후 비밀유지 등의 의무에 관한 사항을 비롯한 계약종료의 효과, 분쟁해결방법, 준거법 등 협상을 통해 당사자 간의 주된 합의사항을 구체적으로 검토하고 정리한다. 예를 들어, 매매의 경우 매매목적물, 수량, 대금, 목적물의 인도 방법 및 시기, 대금지급 방법 및 시기, 계약기간 등의 각 항목에 대한 협상결과를 계약서상 정확하게 적시한다.

④ 협상결과에 따른 당사자의 진술이나 보증 또는 이행의무가 제대로 이루어지지 않은 경우 피해당사자를 어떻게 구제할 것인지를 계약서에 명시할 필요가 있다.[86] 명확하고 의미있는 구제방법(clear and meaningful remedies)이

83 예측하지 못한 상황의 발생 등 계약과 관련된 모든 경우를 계약서에 반영하기 어렵기 때문에, 신의성실(good faith)이나 공정거래(fair dealing) 등 묵시적 의무(implied covenants)와 같은 계약법상의 이론에 대한 이해가 필요하다.

84 "heretofore"는 이전에는(before now)라는 뜻을, "lex loci"는 장소의 법(the law of a place)을 의미하는 라틴어로, 일반적으로 계약지법 규정(contract's choice-of-law clause)을 가리킨다.

85 실무에서 우리들이 접하게 되는 계약서에 종종 이와 같은 표현이나 용어를 사용하는 경우가 있는데, 이 경우 그 의미를 제대로 이해해 계약서 내용을 파악하는 노력이 요구된다.

86 당사자는 협상의 결과를 계약서에 그대로 반영할 경우 발생할 수 있는 위험도 검토할 필요가 있다. 이는 계약서에서 정한 상황이 실제로 일어나거나 일어나지 않을 경우 어떻게 처리할 것인지에 관한 문제라고 할 수 있는데, 당사자가 계약내용을 불이행하는 경우 그에 따라 예상되는 문제나 손해를 고려해 그 구제방법이나 조치사항들을 알맞게 정리할 필요가 있다. 협상의 결과가 계약조항으로 어떻게 반영되는지, 계약서의 문장을 구성함에 사소한 실수의 파장이 얼

있는 경우 당사자에게 확실한 이행(performance)에 대한 동기를 부여하고, 보다 신속히 불이행을 치유할 수 있게 하며, 소송이나 다른 분쟁해결절차에 따른 결과보다 더 큰 확실성을 주어 분쟁가능성을 감소시킬 수 있다. 당사자의 계약위반 등에 따른 계약상 구제방법은 손해배상청구를 생각할 수 있으나, 계약상 보다 넓은 개념으로 광범위한 권리와 의무를 포함할 수 있다. 즉, 피해당사자의 구제방법은 손해배상[87] 이외에도, (i) 계약의 해지 내지 종결의 권리, (ii) 해당 이행을 강제하거나 대체적 이행의 제공에 관한 권리, (iii) 계약대금의 환급이나 감액을 청구할 권리, (iv) 제3자의 배상청구와 관련된 비용이나 손실에 대한 면책배상청구권 등이 있을 수 있다. 부실하게 작성된 구제방법에 관한 계약조항(remedies clause)으로 인해 피해당사자에게 계약법상 인정될 수 있는 구제방법보다 더 적은 구제책만이 인정될 수 있다.[88] 그리고, 계약상, 보통법(common law)상, 형평법(equity)상 또는 개별 법규상 구제방법이 누적적(cumulative)으로 적용될 수 있는지는 해당 계약의 준거법에 따라 다른 해석이 가능할 수 있다. 이에, 구제방법에 관한 조항(remedies clause)을 계약에 포함할 때 당사자의 계약위반에 따른 다양한 권리구제를 위해 가급적 동일한 사실에 대해 여러 가지 다른 유형의 손해배상 및 기타 구제책이 누적적으로 적용될 수 있다거나 계약서상 기재된 구제방법 이외에 준거법의 계약법규상 인정되는 다른 적절한 구제방법도 추가적으로 인정될 수 있다는 점을 명시하는 것이 좋다.

⑤ 국제거래는 상이한 국가에 소재하는 당사자 간에 계약이 이루어지는 것으로 나라별로 상이한 조세나 법률제도를 가질 수 있으므로, 조세(taxes), 재판관할(jurisdiction), 준거법(governing law) 등 개별국가의 법규에 영향을 받을

마나 클 수 있는지, 그러한 협약들이 기업의 사업영역과 시장 규모에 미치는 영향이 얼마나 큰지 등을 파악한다.

87 손해배상(damages)의 의미는 국가에 따라 상이할 수 있으나, 영미계약법상 손해배상은 계약위반이 발생하지 않은 때와 동일한 경제적 지위에 피해당사자를 두기 위해 요구되는 손해의 배상을 하는 전보배상(compensatory damages)이 원칙이다. 이는 계약상 특별히 책임의 제한(limitation)이나 부인(disclaimer)에 관한 사항이 없는 한, 일반적으로 피해당사자가 입은 손실(losses sustained)과 방지된 이익(gains prevented)에서 합리적으로 줄일 수 있었던 기회의 상실 또는 손실(losses or missed opportunities)을 뺀 금액이다.

88 예를 들어, 자동차장비업체가 자등차제조업체에 결함이 있는 부품을 공급한 경우 그들간 계약에서 특별히 제한하지 않는 한, 자동차제조업체는 그 부품에 대해 지급한 대금을 반환받거나, 관련 비용을 상환받거나 부품을 교체하거나 소비자와 소송에 따른 비용을 보전받거나 결함으로 인한 이익의 손해나 명예손상에 대한 배상을 받을 수 있다.

수 있는 사항을 감안해 계약서를 작성하여야 한다. 국제거래의 분쟁은 비용이 많이 들고 힘들기 때문에 계약서상 잠재적 분쟁가능성을 예방하거나 줄이기 위해 당사자의 권리와 의무, 구제방법 등에 관한 사항을 가능한 한 광범위하면서도 구체적이고 상세하게 명시해야 한다.

3. 국제거래의 가치증진을 위한 효율적 계약서 작성방안

국제거래 당사자는 계약서를 작성하는 과정에서 거래의 협상결과를 계약의 구성개념(contract concepts)이나 계약조항(contract provisions)에 제대로 반영하는 것뿐만 아니라, 관련 비즈니스 이슈를 파악해 문제점을 해결하는 등 거래의 가치증진(adding value to the deal)을 도모하는 것도 중요하다.[89] 계약서 작성과정에서 해당 거래의 가치증진을 하기 위해서는, (i) 금전(money), (ii) 위험(risk), (iii) 위험관리 내지 통제(control), (iv) 기준(standards)의 설정, (v) 계약종료(endgame) 등의 문제를 다음과 같이 살펴볼 필요가 있다.

① 거래관계는 대부분 금전(money)과 연관되어 이루어질 수 있어 해당 거래와 관련된 금전의 흐름에 유의할 필요가 있는데, 이에는 당사자 간 대금의 지급이나 수령에 관한 사항이 주로 문제된다. 구체적으로는 대금지급의 시기나 할부에 관한 사항, 수령대금의 분배에 관한 사항, 일시지급시 대금의 감액문제, 대금지급의 지연시 위험의 분배나 해소방법 등에 관한 이슈들이 있다. 예를 들어, 물품구매에 따른 대금의 지급이나 서비스 제공에 따른 수수료의 지급 등에 관한 사항뿐만 아니라 임대차계약에서 계약이 종료되어 임대보증금을 반환할 때 임차인에게 받을 비용을 공제할 것인지 등과 같이 해

89 당사자에 따라서는 계약상 제안된 계약조건이 공정(fairness)할 것인지에 대해 많은 고민을 하고 논쟁을 벌이기도 하는데, 이러한 논의는 계약서의 작성에 있어 도움이 되지 않을 수 있다. 계약의 협상과정에서 과연 어떤 것이 공정한 것인지를 판단하기 어려울 수 있을 뿐만 아니라, 계약당사자가 공정한 것에 초점을 맞추다 보면 경제적으로 합리적인 거래를 거절하거나 합리적이지 않은 거래를 받아들이게 될 수도 있기 때문이다. 계약당사자의 입장에서는 해당 거래조건하에서 거래를 하는 것이 하지 않는 것보다 더 이득이 되겠는지의 관점에서 거래를 살펴보는 것이 중요할 수 있다. 또한, 거래의 공정성에 초점을 맞추다 보면 계약상 다른 옵션이 개발되기 어려울 수 있다. 즉, 그러한 조건하에서 거래를 하는 것보다 더 나은 옵션을 가지고 있더라도, 상대방의 요청이 공정하게 보인다는 이유로 양보(concessions)를 할 수도 있게 된다. 결국, "공정성(fairness)"의 의미가 어떠한 선택의 상황에서 법규범적 관점에서 옳고 그름에 대한 어떤 객관적인 개념이 아닌 단순히 주관적으로 공정하다는 것은 애매할 수 있다는 점을 염두에 두어야 한다.

당 거래에 따른 금전적 영향을 분석해야 한다. 이와 관련해 계약서 작성시, (i) 대금지급조항(payment clause)에서 전체계약 대금과 연관된 사실관계를 5W 2H(who, what, when, where, why, how, how much)에 따라 분석한다. (ii) 대금지급의 방식(payment formula)과 관련해서는 일정한 공식에 따라 대가(consideration)를 산정하는 경우[90] 그 대금지급 공식에 오류가 있을 수 있으므로 해당 공식이 당사자가 의도한 대로 작동하는지 확인할 필요가 있다.[91] 이를 위해 여러 가지의 가설을 설정해 그 공식에 숫자를 대입해 정확한 금액이 산출되는지 확인해야 한다. (iii) 금전문제는 또한 회계나 세무 이슈와 연관될 수 있으므로 자격을 갖춘 전문가(qualified practitioner)의 도움을 받아 보다 효율적인 해결책을 마련할 필요가 있다.

② 계약당사자는 해당 거래의 위험(risk)을 분석할 필요가 있다. 당사자의 진술과 보증(representations and warranties), 이행의무(covenants), 조건(conditions) 등 계약의 주요 내용은 당사자의 위험분배 메커니즘(risk allocation mechanisms)과 연관이 되어 있기 때문에 당사자 간의 위험분배를 어떻게 할 것인지를 고려해야 한다. 계약조항들은 계약법상 리스크를 초래할 수 있는데, 예를 들어, 해당 계약상 경쟁금지조항(noncompetition provision)이 계약법상 강제될 수 있는지 여부를 확인할 필요가 있다. 그리고, 계약과 관련해 사기행위(fraudulent inducement), 제조물책임(product liability), 불법적 계약방해(tortious interference with contract) 등 불법행위책임(tort liability)이 유발될 수도 있다. 계약은 또한 법정 책임(statutory liability)을 유발할 수도 있는데, 예를 들어, 계약의 내용에 따라 증권법상 책임 등이 발생할 수 있으며, 거래관계 자체에 내재하는 신용위험(credit risk) 등이 있을 수 있다. 이러한 계약의 위험요소들을 확인하기 위해, 위험의 평가(evaluating the risk)를 필요로 하는데, 이에는 위험이 발생할 확률을 평가(assess the probability that the risk will occur)하는 것이 중요하다. 이를 위해 위험을 정량화(quantify the risk)하

90 이러한 경우로는 대체로 (i) 인수계약(acquisition agreements)의 매수가격조정조항(purchase price adjustment provisions), (ii) 고용계약(employment agreements)의 보상조항(compensation provisions), (iii) 라이선스 및 프랜차이즈계약(license and franchise agreements)의 로열티조항(royalty provisions), (iv) 조합계약이나 주주간계약(partnership or shareholders' agreements)의 매수조항(buy-out provisions) 등이 있을 수 있다.

91 해당 공식에 따라 일정한 금액을 확정할 수 있으면 그 확정된 금액을 계약서에 기재하는 것이 공식의 산정방식에 따른 장래 당사자 간의 분쟁을 줄일 수 있다.

고, 위험에 대비한 보상의 분석(risk/reward analysis)이 요구된다. 평가된 위험요소를 줄이는 방법으로는, 당사자에게 연대책임을 지우거나 보증인을 두거나, 에스크로(escrow)[92]를 두어 신용위험을 줄일 수 있다. 또한, 인수계약(acquisition agreement)에서 매도인의 책임제한조항을 두거나 면책배상계약(indemnity agreement)을 체결하거나 신용장(letter of credit), 보험(insurance) 등 관련 거래에서 인정될 수 있는 특정한 방법 등을 마련할 수 있다.

③ 당사자가 거래와 관련된 위험에 노출될 때 그 위험을 줄이거나 관리할 필요가 있는데, 이와 관련해 당사자는 어떻게 계약위험의 관리 내지 통제(control)를 할지 검토해야 한다. 예를 들어, 조합계약(partnership agreement)에 따라 무한책임 조합원(general partners)에 의해 조합이 운영되더라도 유한책임 조합원(limited partners)의 경우 조합운영과 관련된 자신의 위험을 관리하기 위해 무한책임 조합원에 대한 일정한 통제를 필요로 한다. 거래의 협상과정에서, 당사자의 의무사항의 정도를 적절하게 배분하거나 변경해 관련 위험의 노출을 줄이고 자신의 위험을 통제하기 위한 노력이 필요하다.

④ 당사자는 또한 계약상 사용하는 용어나 표현에 기준(standards)을 설정할 필요가 있다. 예를 들어, 당사자의 해당 거래내용이 계약서에 정확히 반영될 수 있도록 계약상 용어의 정의(definitions), 이행의무(covenants), 진술사항(representations), 보증사항(warranties) 등 주요 계약규정에 관한 기준을 설정해 계약서를 작성해야 한다. 어떠한 기준을 사용할 것인지 결정하게 되면 그 기준이 당사자에게 유리한지 파악하고, 유리하지 않다면 이를 어떻게 수정할 것인지 검토한다. 기준의 변경을 위한 협상이 요구되는 때 당사자의 협상력이 제한적이라면 그 기준의 변경 여부에 따른 당사자의 비즈니스 리스크를 면밀히 검토할 필요가 있다.

⑤ 당사자가 계약관계를 종료(endgame)할 때 어떠한 방식으로 할 것인지 고려해야 한다. 계약의 종료는 당사자 상호간에 우호적(friendly)일 수 있으나 당사자 일방의 계약위반이나 거래관계의 악화로 인해 비우호적(unfriendly)으

92 에스크로(escrow)는 인수계약 등 상거래에서 당사자 간 거래나 신용관계가 불확실할 때 이를 원활하게 이루어질 수 있도록 매개해 거래를 보호하는 기능을 한다. 예를 들어, 주식인수계약에서 에스크로계약(escrow agreement)은 주식인수계약의 당사자와 에스크로 간에 인수대금의 일부를 에스크로 계좌에 보관하고 계약상 일정한 조건이 충족되는 경우 상대방에게 이를 지급하도록 하거나, 인수대금의 조정(purchase price adjustment) 또는 면책배상(indemnification) 관련 클레임 등 분쟁해결 메커니즘의 일환으로 활용된다.

로도 이루어질 수 있다는 점을 염두에 두어야 한다. 이러한 계약관계의 종료절차와 그에 따른 당사자 간 거래의 영향(consequences)에 관한 사항을 계약규정에 반영할 필요가 있다.

CHAPTER 2

영문계약상 계약구성개념 (Contract Concepts)의 이해

개요

계약은 당사자들이 상호간 거래의 조건과 규칙에 관한 합의를 규정하는 것으로, 그 조건과 규칙은 법규나 판례에 따른 계약법 원리에 반하지 않는 한 당사자들의 관계를 강제할 수 있는 사인 간 법규범(private law)을 만든다. 국제거래에서 당사자가 의도한 거래의 목적과 내용은 물론 적용되는 법규 등을 파악함으로써 당사자 간 합의내용을 계약서에 적절하게 반영할 수 있는데, 이를 실제 영문계약서에 명확하게 표현하기 위해서는 계약의 구성개념(contract concepts)에 대한 이해를 필요로 한다.

계약의 구성개념은 계약문장을 구성하는 기초적 구성요소로 이들이 적절하게 조합해 사용되는 때 당사자들의 계약상 비즈니스 관계를 효율적이고 정확하게 나타낼 수 있다. 계약상 문장구조의 개념요소들(contract concepts)은 대체로 (i) Representation(진술), (ii) Warranty(보증), (iii) Condition(조건), (iv) Covenant(이행의무), (v) Right(권리), (vi) Discretionary Authority(자유재량권), (vii) Declaration(사실에 대한 선언) 등 7가지 유형으로 분류할 수 있다. 계약의 개념요소들을 계약서에 적절하게 나타내기 위하여는 계약상 문장을 작성하기 전에, 해당 내용이 어떠한 법적 결과를 의도하는지를 생각해, 그 의도하는 법적 결과를 가져올 수 있는 관련 계약의 구성개념이 무엇인지를 파악해 이를 계약문장에 적절하게 반영할 필요가 있다.

Representation과 Warranty는 계약조항에서 대체로 함께 사용되는데, Representation은 과거 또는 현재의 사실에 관한 진술이며, Warranty는 과거나 현재 또는 미래의 사실이 진실임을 약속하는 것으로, Exclusion(예외사항)의 설정이나 Knowledge Qualifier(인식 한정어구) 또는 Materiality Qualifier(중대성 한정어구) 등을 통해 이에 관한 당사자 간 위험을 배분할 수 있다.

Condition은 계약상 당사자에게 일정한 의무나 법률행위의 효력을 발생 또는 소멸시키는 장래의 불확실한 사실의 상태로, 계약상 일정한 사정이나 사실의 발생 또는 불발생이 당사자의 권리의무나 계약의 법률효과에 영향을 미친다. Covenant는 계약의 한쪽 당사자가 상대방 당사자에게 특정한 행위를 하거나 하지 않을 것을 약속하는 것이다. 이는 당사자 간 이행의무의 정도(degree of obligation)에 따라 위험을 배분할 수 있는데, Efforts Provision(노력조항)을 사용해 필요한 노력의 수준을 표현할 수 있다. Right는 Covenant의 이면이다.

Discretionary Authority는 한쪽 당사자에게 일정한 행위를 하는 것을 허용(permission to act)하거나 또는 일정한 행위를 할 수 있는 선택권한(choice to act)을 부여하는 것으로, 권한을 가진 자가 자율적으로 그 권한을 행사할 수 있으며, 권한을 가진 자의 상대방이 그 권한에 대응하는 의무를 부담하게 되는 것은 아니다. Declaration은 당사자들이 계약기간 동안 그들의 행위를 규율하기로 합의한 사실의 진술(statement of fact)이나 정책(policy)을 기술하는 것을 말한다. 이는 계약당사자들이 서로 합의한 사실에 대한 진술 내지 선언을 한 것에 불과하기 때문에, 원칙적으로 계약당사자는 이로 인한 계약상 권리나 구제방법을 가지지 않는다.

Ⅰ. 개 관

계약은 당사자들이 상호간 거래의 조건과 규칙에 관한 합의를 규정하는 것으로, 그 조건과 규칙은 법규나 판례법에 따른 계약법 원리에 반하지 않는 한 당사자들의 관계를 강제할 수 있는 사인 간의 법규범(private law)을 만든다. 국제거래에서 당사자가 의도한 계약의 목적, 해당 거래의 내용, 계약에 적용되는 법규 등을 파악함으로써 당사자 간 합의내용을 계약서에 적절하게 반영할 수 있는데, 이를 실제 영문계약서에 명확하게 표현하기 위해서는 계약의 구성개념에 대한 이해를 필요로 한다. 즉, 영문계약상 문장을 구성하는 개념들의 이해는 영어로 계약서 쓰기의 필수적인 것으로 영문계약서를 보다 명확하고 용이하게 파악할 수 있게 한다. 이를 통해 당사자가 의도하는 계약개념을 나타내는 적절한 용어나 문구를 계약서의 관련 부분에서 사용함으로써 보다 명확하고 간결하고 정확한(clear, concise, and precise) 영문계약서를 작성할 수 있다. 여기서는 영문계약을 구성하는 계약의 개념들(contract concepts)의 개별적 의미와 개념들 상호간의 관계 등을 파악해 그 활용방안을 살펴본다.

Ⅱ. 영문계약상 계약의 주요 구성개념들

1. 계약의 구성개념(contract concepts)의 의미와 유형

영문계약상 문장을 구성하는 개념요소들(contract concepts)은 계약문장을 구성하는 기초적인 구성요소로, 이들이 적절하게 조합되어 사용되는 때 당사자들의 계약상 비즈니스 관계를 효율적이고 정확하게 나타낼 수 있다. 계약의 개념들의 개별적 의미와 활용방법을 정확하게 이해함으로써 계약서상 문장이나 개별 조항의 내용을 모호하지 않고(unambiguously) 명확하게(clearly) 표현할 수 있게 된다. 계약서의 작성자가 해당 비즈니스를 가장 잘 표현할 수 있는 계약의 개념들을 사용할 때 관련 거래관계에 보다 적합한 계약내용을 담을 수 있다. 예를 들어, 영문계약서상 사실의 진술(statement of facts)에 관한 문장을 기술하려고 하는데, 그 문장에 어떠한 표현을 통해 이를 나타내야 할지를 모른다면 당사자의 의도를 계약서에 제대로 반영할 수 없을 뿐만 아니라 그 의도에 따른 계약상 효력이 발생하게 문장을 구성할 수도 없다. 이는 특히, Declaration(사실에 대한 선언), Representation(진술), Warranty(보증) 등 계약상 다른 개념들을 모두 사실의 진술 형태로 문장을 기술하는 때 그 계약상 의미가 명확하지 않을 수 있다. 이와 관련해, 진술 당사자가 상대방이 이를 신뢰해 발생하는 문제가 있는지를 확인해 보는 것이 중요하다. 이때 상대방의 신뢰로 인해 어떤 법적 문제가 발생한다면 Representation(진술) 또는 Warranty(보증)가 될 수 있으며, 그러한 신뢰로 발생하는 문제가 없다면 Declaration(사실에 대한 선언)이 될 수 있다. 또한, 상대방이 그 진술 당사자에게 손해배상 등 구제방법을 행사할 수 있다면 Declaration(사실에 대한 선언)은 될 수 없으며, Representation(진술)이나 Warranty(보증)가 될 수 있다.

영문계약에서 계약상 문장구조의 개념요소들(contract concepts)은 대체로 7가지 유형으로 분류할 수 있는데, 이에는 ① Representation(진술), ② Warranty(보증), ③ Condition(조건), ④ Covenant(이행의무), ⑤ Right(권리), ⑥ Discretionary Authority(자유재량권), ⑦ Declaration(사실에 대한 선언) 등이 있다.[1] 이러한 계약의 개념요소들(contract concepts)을 계약서에 적절하게 반영하기 위해서는 계약서상 문장을 작성하기 전에, 해당 내용이 어떠한 법적 결과(legal consequences)를 의도하는지 생각해, 그 의도하는 법적 결과를 가져올 수 있는 계약의 개별 개념이 무엇인지를 파악해야 한다. 이때 거래의 내용이 계약상 다른 개념요소들에 의해 표현될 수도 있다는 점을 염두에 두어야 한다. 예를 들어, 기업들 간 합병시에 합병에 동의하지 않는 주주에 대한 주당 보상금(per share compensation)은 계약상 기존 주주의 권리(right)로 표현될 수 있지만, 합병 매수인의 의무(duty) 또는 계약의 조건(condition)으로도 표현될 수 있다. 이와 관련해, 거래의 관계나 상황을 계약서에 반영할 때, (i) 관련 거래정황상 당사자에게 어떤 법적 결과(legal consequences)를 가져오는 것이 가장 좋은지를 결정한 다음, (ii) 그러한 결과를 만들기 위해 계약서상 가장 올바른 표현(correct language)을 선택해 기술하고, (iii) 그 법적 결과를 가져오기 위해 그 표현이 계약서의 다른 조항들에서도 통일적으로 일관되게 사용되고 있는지를 확인할 필요가 있다.

---

1 Tina L. Stark, 『Drafting Contracts: How and Why Lawyers Do What They Do』 (Wolters Kluwer Law & Business, 2nd ed., 2014), at 9-10.

영문계약상 계약의 구성개념(contract concepts)의 분류방법

영문계약상 계약의 구성개념들(contract concepts)은 앞서 언급한 7가지 개념요소들로 일반적으로 분류될 수 있지만, 그 개념의 법적 의미나 결과를 보다 세분화해 분류체계를 더 다양화하는 견해도 있다.[2] 이와 관련해, 계약의 개념요소들을 더욱 세분화해, Duty(의무)를 Negating Duty(의무의 부정), Negative Obligation(금지의무), Indirect Duty(간접적 의무) 등으로 각각 나누고, Right(권리)의 개념에 Right(권리) 이외에 Negating Right(권리의 부정)의 개념을 추가하고, Discretionary(자유재량)를 Privilege(특권), Negating Privilege(특권의 부정) 등으로 각각 나누고, Present Action(현재 행위/조치), Policy(정책), Condition(조건) 등의 개념을 별도로 분류하는 경우가 있다. 이에 따라 계약의 개념요소들(contract concepts)을 분류하면, (i) Duty, (ii) Negating Duty, (iii) Negative Obligation, (iv) Indirect Duty, (v) Right, (vi) Negating Right, (vii) Privilege, (viii) Negating Privilege, (ix) Present Action, (x) Policy, (xi) Condition 등으로 나뉘는데, 그 개념들의 의미를 간단하게 살펴보면 아래와 같다.

1. Duty(의무)

Duty(의무)는 직접적인 의무를 나타내는데, "Manufacturer shall comply with applicable environmental laws."와 같이, 계약서상 당사자에게 직접적인 의무(direct obligation)를 부과하기 위해서 "shall"을 사용하여야 한다.

2. Negating Duty(의무의 부정)

Negating Duty(의무의 부정)는 계약당사자가 어떠한 것을 할 의무가 없다는 것을 나타낸다. 이러한 개념을 나타내기 위해서, "Landlord is not required to improve the premises."와 같이, "is not required"라는 문구를 사용한다.

3. Negative Obligation(금지의무)

Negative Obligation(금지의무)은 계약당사자가 어떠한 조치나 행위를 하는 것을 금지하는 것을 나타낸다. 이 경우 "Company shall not assign its rights under this

---

2 Lenné Eidson Espenschied, 『Contract Drafting: Powerful Prose in Transactional Practice』 (American Bar Association, 3rd ed., 2019), at 98-103; Kenneth A. Adams, 『A Manual of Style for Contract Drafting』 (American Bar Association, 4th ed., 2017), at 43-47; Cynthia M. Adams, Peter K. Cramer, 『A Practical Guide to Drafting Contracts: From Concept to Closure』 (Wolters Kluwer, 2nd ed., 2020), at 75-94. 그런데, 영문계약상 개념요소들을 더 세분화하거나 일부 다른 표현을 사용해 나타낸다고 하더라도, 기본적으로 큰 틀에서는 일반적인 계약개념의 분류방법인 7가지 계약의 개념요소들에 따른 의미와 본질적으로는 큰 차이가 없다고 볼 수 있다.

agreement."와 같이, "shall not"의 문구를 사용한다.

4. Indirect Duty(간접적 의무)

계약당사자에게 직접적 의무를 부과하지 않거나 계약상 의무가 존재하지만 계약체결 당시 어느 당사자가 이를 행할지 알 수 없다면 이는 Indirect Duty(간접적 의무)로, "must"를 사용하여 그 개념을 나타낸다. 예를 들면, "Notice must be given within thirty days." 등과 같이 기재할 수 있다.

5. Right(권리)

Right(권리)는 상대방 당사자가 그에 관한 행위를 할 의무(duty to act)가 있다는 것을 의미하는 것으로, 의무(duty)의 반면(flip side)이다. 한쪽 당사자의 권리는 상대방 당사자의 의무의 형태로 대부분 표현되지만, 경우에 따라서 권리를 강조하기 위해 Right(권리)의 형태로 표현된다. 이때는 "Buyer is entitled to be reimbursed for shipping costs of returned goods."와 같이, "is entitled to"를 사용해 나타낸다.

6. Negating Right(권리의 부정)

Right(권리)를 인정하지 않는 것을 Negating Right(권리의 부정)라 하는데, 이는 "Buyer is not entitled to return defective goods to seller without advance notice."와 같이, "is not entitled to"라는 문구를 사용해 나타낸다.

7. Privilege(특권)

Privilege(discretionary authority; 특권/재량권)는 특권을 행사하는 당사자의 선택에 따라 상대방 당사자는 이를 받아들일 의무가 생기지만 특권을 행사하는 당사자는 상대방 당사자에 대해 그에 상응하는 의무는 발생하지 않는다. 이를 나타내기 위해, "Licensee may terminate the license upon 30 days' notice to Licensor."와 같이, "may"라는 조동사를 사용한다.[3]

3 이와 관련해, "may"가 Privilege(discretionary authority; 특권/재량권)를 표현하기 위해 권장되지만, "may"는 또한 구어적으로 무엇인가 일어날 수 있는 가능성(possibility)을 언급하는 데 사용될 수 있다. 이에, "may"의 용법에 따라 특권(privilege)을 나타내는지 또는 가능성(possibility)을 나타내는지에 혼동(ambiguity)을 야기할 수 있다는 점을 유의해야 한다. 예를 들어, "Consultant may receive Proprietary Information regarding the Formula..."라는 계약조항이 있는 때, 관련 문맥이 명확하지 않은 경우 이는 컨설턴트(consultant)가 정보를 받을 특권(privilege)이 있는 것인지 또는 컨설턴트가 그 의무를 이행하는 동안 정보를 받을 가능성(possibility)이 있는지에 대한 혼동이 생길 수 있다. 이러한 모호성(ambiguity)을 방지하기 위해, 가능성(possibility)을 나타낼 때는, "Consultant might receive Proprietary Information regarding the Formula..."와 같이, "may" 대신, "might"를 사용할 수 있다.

8. Negating Privilege(특권의 부정)

특권(privilege)을 부정하기 위해서, Negating Privilege(특권의 부정)이라는 개념을 쓸 수 있는데, 이때 "Company may not exercise the option after 30 November 2023."와 같이, "may not"이라는 문구를 사용한다.[4]

9. Present Action(현재 행위/조치)

현재 이루어지는 행위나 조치를 나타내는 것을 Present Action(현재 행위/조치)이라 하는데, 이는 현재시제 동사(present-tense verb)를 사용해 그 행위나 조치의 실행을 나타낸다. 즉, 계약서상 실제로 해당 행위나 조치(action)가 이루어진 경우 능동태의 현재시제 동사를 사용해 이를 명시한다.[5] 계약서상 단어 자체가 행위나 조치(action)를 표현하는 것을 "speech act(화행/언어행위)"[6]라 하는데, "speech act(화행/언어행위)"가 명확하고 행위를 할 권한과 이행의 능력이 있는 사람이 행위나 조치를 하면서 행위시점(timing of the action)이 명확하다면, "Licensor grants ABC a limited license to use the Software."; "Investor acknowledges that it has received the disclosure statement."; "Buyer assumes the liabilities secured by the assets." 등과 같이, "hereby(이로써/이에 의하여)"라는 용어를 사용할 필요가 없다.[7] 다만, 그 행위시점이 불분명하다면 "hereby"라는 용어를 추가하는 것이 해당 내용을 명확히 하는 데 도움이 된다.[8]

---

4 다만, 이 경우에도 "may not"의 의미가, 특권(privilege)을 나타내는 조동사 "may"와 마찬가지로, 허락(permission)을 나타내는지 또는 가능성(possibility)을 나타내는지 모호(ambiguity)할 수 있다. 이때도 가능성(possibility)을 나타내기 위해, "Company might not exercise the option."와 같이, "may not" 대신, "might not"을 사용할 수 있다.

5 이는, "The license is granted to Licensee..."와 같이, 수동태를 사용해 계약서상 이루어지는 어떠한 행위나 조치를 실행하는 것을 나타내지는 않는다는 의미이다.

6 "speech act(화행/언어행위)"는 "I forgive you"라고 말함으로써 용서를 하는 것처럼, 말을 통해서 하게 되는 행위를 의미한다. 이러한 "speech acts(화행/언어행위)"를 나타내는 동사로는, "acknowledge," "agree," "assume," "certify," "convey," "grant," "nominate," "order," "promise," "transfer," "warn," "sentence" 등의 단어들이 있는데, 이는 "I sentence you to five years of probation."과 같이, 말(speech)에 의해 집행유예의 선고라는 행위(act)를 하는 것이라 할 수 있다.

7 문법적으로, "speech act(화행/언어행위)"를 나타내는 동사들은 그 자체로 어떠한 행위를 하는 것을 나타내기 때문에 "performative(수행적)"인 의미를 가진다. 즉, 동사가 자체적으로 수행적(performative)인 의미를 나타내므로, "Licensor hereby grants..."와 같이, 해당 문장에서 현재시제 동사에 추가해 "hereby(이로써/이에 의하여)"라는 용어를 사용할 필요가 없다.

8 계약서상 "assign," "give," "object," "reinstate," "reserve," "resign," "revoke," "terminate," "withdraw" 등과 같은 동사들이 계약 당시의 행위나 조치(present action)을 나타낼 때에는 계약서상 "hereby"와 함께 사용하는 것이 그 내용을 명확히 하는 데 도움이 된다.

10. Policy(정책)

Policy(정책)는 계약 실행과 관련한 당사자들에 대한 지침을 제공하는 것인데, 이를 나타내기 위해, "This agreement is governed by the laws of the State of Georgia."와 같이, 현재시제 동사를 사용하며, 당사자에게 직접적으로 특정한 의무(specific duty)를 부과하는 경우가 아니라면 정책(policy)을 표현하기 위해, 조동사 "shall"은 사용하지 않는다.

11. Condition(조건)

Condition(조건)은 계약상 특정한 의무(duty), 권리(right) 또는 특권(privilege) 등을 행사하기 전에 발생해야 하는 사건이나 상태(event or status)를 말하며, 이를 나타내기 위해서는 "if/then"구절을 사용한다. 조건(condition)을 나타내는 "if"구절에는 조동사 "shall"을 사용하지 않으며, "then"구절에서는 조건(condition)이 의무(duty)와 관련된 경우 "shall"을 사용하고, 조건이 권리(right)나 특권(privilege)과 관련되었다면 "is entitled to" 또는 "may"를 사용한다. 예를 들어, 조건과 그에 따른 의무(conditional duty)를 나타내는 경우 "If Buyer <u>requests</u> a sample of the Goods, Seller <u>shall</u> provide a sample within ten days."와 같이 표현하고,[9] 조건과 그에 따른 특권(conditional privilege)을 나타내는 경우 "If the LLC <u>receives</u> an opinion of counsel stating that the Transfer will not violate any laws, then Member <u>may</u> sell his or her Membership Interest."와 같이 표현한다. 한편, 계약서상 특정한 문구(language)가 의무를 부과하는 의무조항(covenant)인지 또는 조건(condition)인지 문제될 수 있는데, 이는 아래에서 일반적 계약개념들의 Condition(조건) 및 Covenant(이행의무)에 관한 사항에서 자세히 살펴본다.

2. 계약의 구성개념들(contract concepts) 간의 주요 구별점

계약서 작성의 주된 목적은 당사자 간의 합의에 따른 법적 결과(legal consequences)를 만드는 것인데, 이어는 여러 유형의 법적 결과가 있을 수 있다. 예를 들어, 계약내용에 따라 당사자에게 의무(duties)를 부과하거나 권리(rights)를 부여할 수 있다. 이에, 계약서 작성자는 계약조항(contract provisions)에 해당 거래를 잘 반영하기 위한 가장 적절한 계약의 구성개념들(contract concepts)을 파악해 사용해야

---

9 "If Buyer <u>shall request</u> a sample of the Goods, Seller shall provide a sample within ten days."와 같이, "if"구절에 조동사 "shall"을 사용하는 것은 적절하지 않다.

한다. 계약의 구성개념들의 정확한 이해를 위해서는 어떠한 계약의 개념요소가 구체적인 비즈니스의 조건을 적절하게 반영할 수 있는지 판단해야 하는데, 그 판단을 위해 계약 개념요소들 간의 다음과 같은 주요 구별점에 유의해야 한다.

① Representation(진술)과 Warranty(보증): Representation은 계약체결을 위해 당사자를 유인(induce)하는 과정에서 이루어진 과거 또는 현재의 사실에 대한 진술(statement of a past or present fact)을 말한다. Warranty는 진술 당사자의 약속으로, 그 진술이 사실이 아닌 경우 진술 당사자는 허위진술(false statement)로 인해 손해(damages)를 입은 당사자에게 손해배상책임을 부담한다. Representation 또는 Warranty가 있었는지를 파악하기 위해서는 계약상 한쪽 당사자가 상대방 당사자에게 신뢰하거나 의존할 수 있는 어떠한 것을 진술했는지를 확인할 필요가 있다.

② Covenant(이행의무)와 Right(권리): Covenant는 어떤 것을 하거나 하지 않을 것(to do or not to do something)을 약속하는 것으로, 이는 당사자의 이행의무(duty to perform)를 만든다. Right는 의무의 반면(flipside of a covenant)으로, 한쪽 당사자에게 상대방 당사자의 이행에 대한 권리를 주장할 수 있는 자격을 부여하는 것(entitles a party to the other party's performance)이다. Covenant 또는 Right가 있는지를 파악하기 위해서는 계약상 한쪽 당사자가 상대방 당사자에게 장래에 어떤 것을 할 것을 약속했는지, 즉 당사자의 이행의무(duty to perform; obligation)가 창설되었는지를 확인할 필요가 있다.

③ Condition(조건): Condition은 당사자의 이행의무(covenant)나 재량권한(discretionary authority)의 행사 또는 사실의 선언(declaration)을 하기 이전에 존재해야 하는 사실의 상태(state of facts)를 말한다. Condition과 관련해서는, 거래관계상 한 사항이 다른 사항의 발생 이전에 먼저 일어날 것이 요구되는지, 즉 시간적 순서에 따라 사건(events)이 발생하는지를 검토해야 한다. Condition에는, (i) 사건이 발생하면 당사자가 의무를 부담하게 되는 이행의무의 조건(condition to the obligation),[10] (ii) 사건이 발생하면 당사자가 재량

10 이행의무의 조건에는, (a) 주제대상 이행의무의 이행에 대한 조건이 아닌(not a condition to the performance of a subject matter performance obligation) 진행 중인 조건(ongoing condition), (b) 주제대상 이행의무의 이행에 대한 조건인(condition to the performance of a subject matter performance obligation) 중단조건(walk-away condition)이 있는데, 중단조건(walk-away condition)의 경우 그 조건이 충족되지 않을 때, 피해당사자는 조건불성취를 이유로 자신의 이행의무의 면제를 주장할 수 있다.

권한(discretionary authority)을 행사할 수 있게 되는 재량권한에 대한 조건(condition to the discretionary authority), (iii) 당사자 간 계약관계를 규율하기 위해 계약상 정한 정책(policy)이 실질적 영향을 발휘하기 이전에 일정한 사건이 발생해야 하는 사실의 선언에 대한 조건(condition to the declaration) 등이 있다.

④ Discretionary Authority(재량권한): Discretionary Authority는 한쪽 당사자에게 일정한 행위를 하는 것을 허용(permission to act)하거나 또는 일정한 행위를 할 수 있는 선택권한(choice to act)을 부여하는 것이다. 이는 계약상 일정한 조건이 발생한 때 당사자가 특정한 행위를 할 권한이 있다거나 선택권한이 있다는 등의 형태로 나타날 수 있다.

⑤ Declaration(사실에 대한 선언): Declaration은 계약당사자들이 합의한 사실(a fact as to which both parties agree)로, 일반적으로 해당 계약을 관리하기 위한 정의(definition)나 정책(policy) 등을 나타낸다. Declaration과 관련해서는, 그 내용이 해당 계약에 사용되는 용어의 정의(definition)를 나타내는지 또는 해당 계약조항이 계약과 관련한 당사자의 정책(policy)을 정한 것인지를 파악할 필요가 있다.

영문계약상 어떠한 진술(statement)이 있는 때 그 진술이 Representation(진술), Warranty(보증), Covenant(이행의무), Declaration(사실에 대한 선언) 중 어디에 해당하는지에 따라 그에 따른 법률적 결과가 달라질 수 있다. 즉, 국제거래의 영문계약서에서 사용된 용어나 비즈니스 조건이 위와 같은 다양한 계약의 구성개념들 중 어디에 속하는지를 명확히 이해함으로써 해당 거래관계를 계약서에 정확히 반영할 수 있다. 예를 들어, 한쪽 당사자의 거래조건에 대한 진술이 있는 때 그 진술이 진실하지 않을 경우 상대방이 금전적 손해배상을 원하는지 문제될 수 있다. 이때 당사자가 금전적 손해배상을 원한다면 그 거래조건은 Representation(진술), Warranty(보증), Covenant(이행의무) 중의 하나가 될 수 있으나, 단순한 Declaration(사실에 대한 선언)이 될 수는 없다.

Ⅲ. Representation(진술)과 Warranty(보증)

1. Representation(진술)과 Warranty(보증)의 중요성

Representation(진술)과 Warranty(보증)는 한쪽 당사자가 거래를 개시할 것인지를 결정할 때 상대방 당사자의 사실에 관한 진술(statements of fact)을 신뢰하거나 의존하게 되는 때 이루어질 수 있다. 이는 합병(merger)이나 인수거래(acquisition), 합작투자(joint venture) 등과 같은 기업거래에 가장 흔하게 사용되는 계약상 개념이다. Representation(진술)과 Warranty(보증)는 계약조항에서 대체로 함께 사용되지만, 양 개념은 별개의 법적 개념으로, Representation(진술)은 특정 시점에 사실을 진술하는 것(state a fact)인 반면, Warranty(보증)는 특정한 사실이 진실임을 보장하는 것(assure that the fact is true)이며 이에는 명시적 보증(express warranty)과 묵시적 보증(implied warranty)이 있다.

계약상 Representation(진술)과 Warranty(보증)가 갖는 기능으로, 진술자의 사기적 허위진술(fraudulent misrepresentation)이 있는 경우 그 상대방은 계약을 무효로 하거나 제공된 이익의 반환(restitution)을 청구할 수 있으며, 경우에 따라 징벌적 손해배상(punitive damages)도 청구할 수 있다. 진술자의 허위진술/부실표시(misrepresentation)가 인정되기 위해서는 진술의 상대방이 그 진술에 대한 정당한 신뢰(justifiable reliance)가 있어야 하는데, 이에 관한 입증이 어려운 경우 당사자는 여전히 보증위반(breach of warranty)에 따른 소송을 제기할 수 있다. 그런데, 보증책임위반을 이유로 한 청구(breach of warranty claim)는 사기적 허위진술을 이유로 한 청구(fraudulent misrepresentation claim)보다 입증이 더 용이할 수 있다. 사기적 허위진술이 인정되기 위해서, 원고는 피고가 자신의 진술이 진실하지 않다는 것을 알면서 허위진술을 했다(knowingly made a false representation)고 하는 피고의 "scienter(고의)"가 있다는 점뿐만 아니라, 원고가 그 허위진술에 대한 정당한 신뢰(justifiable reliance)를 가졌다는 점 등을 입증해야 하는 어려움이 있다. 사기적 허위진술을 입증하기 위한 이러한 당사자의 심리상태의 입증은 어려울 수 있으므로, 그러한 요건이 불필요한 보증책임위반(breach of warranty)에 따른 청구가 보다 쉽게 이루어질 수 있다.

한편, 계약서상 진술과 보증(representations and warranties)을 기술할 때, 매도인

이나 공급자의 입장에서는 제공되는 물품이나 서비스와 관련해 진술과 보증의 범위를 좁게 인정하기 위해 진술과 보증을 제한하는 수식어구를 가급적 많이 사용하는 것이 좋다. 반면, 물품이나 서비스를 제공받는 수령인의 입장에서는 매도인이나 공급자의 진술과 보증의 범위가 폭넓게 인정될 수 있도록 가능한 한 수식어구를 적게 사용해 진술과 보증이 이루어지도록 하는 것을 선호할 수 있다.

2. Representation(진술)과 Warranty(보증)의 관계

사실에 관한 진술(representations)과 보증(warranties)은 보통법상 개념으로, Representation(진술)은 과거 또는 현재의 사실에 관한 진술이며, Warranty(보증)는 과거나 현재의 사실이 진실임을 약속하는 것이다. 장래의 사실(future facts)에 대한 보증을 하는 경우가 있는데, 이는 당사자의 Covenant(이행의무)를 보증(warranty)의 형태로 표현하는 것으로 볼 수 있다. 진술과 보증에 관한 문장은 가능한 한 능동태로 기재하며, 예외적으로 그 내용이 행위자보다 행위 자체에 중점을 두는 경우라면 수동태로 기술될 수 있다. 그런데, 국제거래 실무상 대부분의 영문계약서에서 진술과 보증을 특별히 구별하기보다는 대부분 "Representations and Warranties(진술 및 보증)"이라는 통합된 조항에서 함께 규정하는데, 이는 양 개념이 계약과 관련된 기초적인 사실관계와 연관되어 있기 때문이다. 예를 들어, 진술과 보증(representations and warranties) 관련 조항에서, "The Seller represents and warrants to the Buyer as follows: ..."와 같은 문구를 사용해, 개별 진술과 보증에 관한 사항을 열거한다. 중고자동차 매매계약을 체결하면서 매도인이 계약서상 "목적물인 자동차가 사고가 난 적이 없다"라고 하는 것은 매수인에게 중고차의 상태가 정상적이라는 점을 확신시켜 매도하기 위한 의도로 계약체결 당시의 목적물의 상태에 관한 진술(representation)을 한 것으로 볼 수 있다. 이때 매수인이 중고차가 사고가 난 적이 없다는 점을 신뢰해 매매계약을 체결하였다면 매도인에게 허위진술(misrepresentation)에 따른 책임을 물을 수 있다. 그리고, 이러한 매매계약에서 목적물의 사용연한이나 일정한 조건 등에 대해 진실임을 보증(warranty)한다고 진술하였다면 그 보증의 내용이 거짓이고 이로 인해 상대방이 손해를 입은 경우에는 보증책임 위반으로 손해의 배상을 청구할 수 있다.[11]

---

11 계약상 보증(warranty)을 한 당사자는 그 보증이 진실하지 않아 손해를 입게 되면 피해당사자에게 그 발생한 손해를 배상해야 한다. 그런데, 이러한 Warranty(보증)의 개념은 처음에 불법

한편, 당사자의 진술과 보증에 허위진술/부실진술이나 보증위반이 있는지 여부를 판단하는 시점은 진실성(truthfulness)을 판단하는 당시가 아니라, 진술이 이루어진 당시(the moment in time when the statement was made)를 기준으로 하고 이때 진술(statement)과 실제 사실(reality)을 비교해 진술의 진실성을 판단한다. 예를 들어, 건물 매도인이 건물에 페인트칠을 최근 3년 이내에 했다고 진술 및 보증을 한 경우 그 진술을 할 당시에 진술이 실제 사실과 다르다면 매도인이 그 이후에 새로이 페인트칠을 했다고 하더라도, 이는 허위진술/부실표시 및 보증위반을 한 것이 되며 새로이 페인트칠을 한 것이 이미 이루어진 진술과 보증위반 여부에 영향을 미치지는 못한다.

3. Representation(진술)

3.1 Representation(진술)의 의미

Representation(진술)은 당사자가 계약체결을 할 때 등 진술시점에서 과거에서 현재에 이르기까지의 사실을 설명하거나 진술(statement or account of facts)하는 것

행위법(tort law)에서 만들어진 것으로, 초기 Common Law(보통법)에서는 보증(warranty)과 같은 계약위반 상황을 불법행위(tort)로 보았다. 즉, 당시 Common Law(보통법)에서는 원고가 계약상 의무(obligation)를 이행하지 않은 경우에는 상대방에게 소송을 할 수 있는 계약 관련 청구(contract-related writ)가 허용되지 않았기 때문에, 계약의 불이행(nonperformance)을 불법행위(tort)의 일종인 당사자의 신뢰를 요구하는 사기소송(action of deceit)을 통해 문제를 해결했다. 그럼에도, 수세기에 걸쳐, 소송의 원인(cause of action)의 윤곽은 불확실하고 논란의 여지가 있었다. — Tina L. Stark, 『Drafting Contracts: How and Why Lawyers Do What They Do』 (Wolters Kluwer Law & Business, 2nd ed., 2014), at 13-14. 이러한 보통법의 원리는 시간이 지남에 따라 보다 유연해져 계약법상 보증(warranty)의 개념을 받아들여, 보증위반(breach of warranty)에 대한 소송을 계약법상의 소송인 *Assumpsit*소송(action of assumpsit; 인수소송)으로 인정하게 되어 계약소송(contract action)의 일종으로 인정하게 되었다. 그런데, Warranty(보증)와 관련해, 진술자에 대한 피해당사자의 신뢰가 보증위반에 따른 소송의 원인으로 필요한 것인지 문제되었다. 이와 관련해, *CBS Inc. v. Ziff-Davis Publishing Company* 사건에서, 법원은 명백히 보증(warranty)은 계약적(contractual)이며, 진술에 대한 신뢰(reliance)는 보증위반(breach of warranty)에 대한 소송원인(cause of action)의 요소가 되지 않는다고 판단하였다(*CBS Inc. v. Ziff-Davis Publg. Co.,* 554 N.Y.S.2d 449, 452-453 (1990)). 이후 대부분의 법원은 보증에 있어 신뢰의 존재 여부에 관한 문제에 있어 이러한 판례를 수용해, 신뢰는 보증위반에 대한 소송원인의 요건이 되지 않는다고 보고 있다. 이에, 오늘날 Warranty(보증)는 불법행위의 영역에서 벗어나, 계약법상 약속(promise)의 일종으로 보게 되었다. 보증책임 관련 영미계약법상 원리와 발전과정에 대한 자세한 사항은 저자 집필 『영미계약법 원리』 (유원북스, 2021), 614-629페이지를 참고하기 바란다.

을 말한다. 사실의 진술은 말이나 행동에 의해 이루어질 수 있는데, 당사자의 사실의 부실표시나 허위진술(false statement of fact) 등 "Misrepresentation(부실표시/허위진술)"으로 인해 상대방이 계약을 체결하게끔 유인되는 때(inducing that party into the contract) 계약법상 문제가 발생한다.

3.2 Misrepresentation(부실표시/허위진술)의 이해

Representation(진술)이 제대로 이루어지지 않은 때 Misrepresentation(부실표시/허위진술)이 될 수 있는데,[12] 이는 계약의 유효한 성립을 방해하는 항변사유(defense) 중 하나로, Misrepresentation이 인정되는 경우 피해당사자는 계약의 취소(avoidance)나 손해배상의 청구를 할 수 있다.[13] Misrepresentation은 영미계약법상 진술자가 사기적(fraudulent)으로 또는 중요한(material) 사실에 부합하지 않는 표시나 진술을 하고, 그 허위 또는 부실의 표시나 진술로 진술의 상대방이 그 표시나 주장에 대한 동의의 의사표시를 함에 정당한 신뢰(justifiable reliance)를 갖게 되고 이로 인해 계약을 체결하는 경우를 말한다.[14] Misrepresentation이 인정되기 위해서는 부실표시

12 Representation(진술)은 약속(promise)이 아니기 때문에 약속위반(breach)이 될 수 없으며 이를 제대로 하지 않은 때 Misrepresentation(부실표시/허위진술)이 되고, Warranty(보증)은 약속(promise)의 일종이기 때문에 그 위반은 Breach of Warranty(보증위반)가 된다.

13 "Avoidance"는 "Rescission"이라는 용어로도 사용될 수 있는데, 피해당사자가 계약을 취소하거나 해제하는 것을 의미한다. 선의 및 과실의 부실표시(innocent and negligent misrepresentations)의 경우 일반적으로 계약의 취소(avoidance)나 원상회복 내지 이득반환(restitution)을 청구할 수 있다(*Patch v. Arsenault*, 653 A.2d 1079, 1081-1083 (N.H. 1995)). Fraudulent Misrepresentation(사기적 허위진술)의 경우 피해당사자는, 선의 및 과실의 부실표시와 마찬가지로, 계약의 취소나 이득반환 등 손해배상을 청구할 수 있을 뿐만 아니라, 경우에 따라 징벌적 손해배상청구(punitive damages)도 가능할 수 있다. 영미계약법상 "Rescission"과 "Restitution"의 법적 의미와 기능에 대한 자세한 사항은 저자 집필 『영미계약법 원리』(유원북스, 2021), 472-474페이지, 492-507페이지를 각각 참고하기 바란다.

14 Restatement Second of Contracts에 따르면 Misrepresentation(부실표시/허위진술)은 사실과 일치하지 않는 주장(assertion)을 말하며, 타인이 어떤 사실을 알지 못하게 하거나 그러한 의도로 한 행위는 그러한 사실이 존재하지 않는다는 주장과 같은 것으로 본다.

Restatement Second of Contracts § 159(Misrepresentation Defined) A misrepresentation is an assertion that is not in accord with the facts.

Restatement Second of Contracts § 160(When Action Is Equivalent to an Assertion (Concealment)) Action intended or known to be likely to prevent another from learning a fact is equivalent to an assertion that the fact does not exist.

Restatement Second of Contracts § 164(When a Misrepresentation Makes a Contract Voidable)

(1) If a party's manifestation of assent is induced by either a fraudulent or a material

내지 허위진술의 사실이 있고, 그 사실은 사기적이거나 중요사항에 관한 부실표시로 이루어졌으며, 이러한 것을 상대방이 믿고 계약을 했어야 한다.[15] 예를 들어, 매도인에 의한 허위의 진술로 매수인이 그 진술을 믿고 계약을 체결한 경우 매수인이 그 허위진술(misrepresentation)로 인한 계약의 무효를 주장하고 그에 따른 손해배상을 청구할 정도의 정당성을 가질 수 있는지를 파악할 필요가 있다. 상대방 당사자의 진술에 대한 정당한 신뢰(justifiable reliance)는 진술자의 악의적 또는 사기적 허위진술이나 악의적이지는 않더라도 부실한 표시행위로 일어날 수 있으며, 이는 영미계약법뿐만 아니라 불법행위법과 관련된 소송이나 클레임의 주요 원인이 될 수 있다.[16] 또한, Misrepresentation의 상대방이 그 표시를 믿고 계약을 체결하였어야 한다는 점에서 상대방의 신뢰와 계약체결 사이에 인과관계가 필요하다. 이 때 인과관계는 ① 사기적 부실표시에 의한 경우는 실질적인(actual) 인과관계이고, ② 중요한 사실의 부실표시에 의한 경우는 계약당사자의 경험, 계약의 특성, 계약

---

misrepresentation by the other party upon which the recipient is justified in relying, the contract is voidable by the recipient.

(2) If a party's manifestation of assent is induced by either a fraudulent or a material misrepresentation by one who is not a party to the transaction upon which the recipient is justified in relying, the contract is voidable by the recipient, unless the other party to the transaction in good faith and without reason to know of the misrepresentation either gives value or relies materially on the transaction.

Misrepresentation(부실표시/허위진술)에 관한 자세한 사항은 저자 집필『영미계약법 원리』(유원북스, 2021), 250-262페이지를 참고하기 바란다.

15 예를 들어, 휴대폰판매업자가 "이 휴대폰은 세계적으로 정말 믿을 만한 휴대폰이다"이라고 한 경우 이는 사실에 관해 표현을 한 것이 아니라, 단순히 자신의 의견을 말한 것에 불과하여 Misrepresentation(부실표시/허위진술)으로 볼 수 없다.

16 여기서 "정당한 신뢰(justifiable reliance)"란 계약의 일방당사자의 진술에 대해 그 상대방 당사자가 갖게 되는 그 진술에 대한 정당화할 수 있는 신뢰(person's justifiable dependence on another's representations)를 의미한다. Justifiable Reliance(정당한 신뢰)가 있었는지 여부의 판단에는 계약 당사자 간의 교육수준, 지적 능력이나 경험 등에 대한 제반 사정이 고려될 수 있다. 이러한 진술의 부실표시/허위진술(misrepresentation)을 원인으로 하는 소송을 매도인에게 제기하기 위해서는 매수인은 실제로 그 진술을 신뢰했다는 것과 그 신뢰는 정당한 것, 즉 매도인의 진술이 거짓임을 알지 못했어야 한다. 영미계약법상의 부실표시는 우리 민법 제110조상의 사기에 의한 의사표시와 유사하지만, 사기행위뿐 아니라 그 이외의 행위도 포함하는 넓은 개념이라고 할 수 있다.

민법 제110조(사기, 강박에 의한 의사표시)

① 사기나 강박에 의한 의사표시는 취소할 수 있다.

② 상대방있는 의사표시에 관하여 제삼자가 사기나 강박을 행한 경우에는 상대방이 그 사실을 알았거나 알 수 있었을 경우에 한하여 그 의사표시를 취소할 수 있다.

③ 전2항의 의사표시의 취소는 선의의 제삼자에게 대항하지 못한다.

당시의 주변상황 등을 고려하는 합리적인(reasonable) 인과관계라는 점에서 그 정도에 차이가 있다.[17]

Misrepresentation(부실표시/허위진술)은 대체로 Innocent Misrepresentation(선의의 부실표시), Negligent Misrepresentation(과실로 인한 부실표시), Fraudulent Misrepresentation(사기적 허위진술) 등의 유형으로 분류할 수 있다. Innocent Misrepresentation(선의의 부실표시)[18]은 어떤 사실에 대한 거짓의 표시가 악의 내지 과실 없이 선의로 이루어지고 상대방이 합리적인 근거에 의해 이를 진실이라고 믿음을 가짐으로써 손해를 입게 되는 것을 말한다. Negligent Misrepresentation(과실로 인한 부실표시)은 계약 일방당사자의 부실표시가 부주의(carelessly)로 행해져 상대방 당사자에게 손해를 입게 되는 경우이다. Fraudulent Misrepresentation(사기적 허위진술)은 계약의 당사자가 그 진술이 거짓임을 알면서 또는 그 진술이 사실이라는 점에 대한 믿음이 없거나 그 사실이 진실인지 거짓인지에 관해 개의치 않고 부주의하게(recklessly) 거짓의 진술을 하고 이로 인해 진술의 상대방이 손해를 입게 되는 경우이다. 이는 그 진술이 거짓임을 사전에 알면서(scienter)[19], 주요사실을 기

---

17 Restatement Second of Contracts에 따르면, (1) 사기에 의한 부실표시(fraudulent misrepresentation)란 표시자가 자신의 주장이 상대방으로 하여금 동의하도록 유인(induce a party to manifest his assent)할 의도를 가지고 있으면서, 표시자가 (a) 그 주장(assertion)이 사실에 부합하지 않음을 알거나 믿고 있는 경우 또는 (b) 자신 주장의 진실성에 대해 언급하거나 암시함(states or implies in the truth of the assertion)에 있어 신뢰를 갖지 않는 경우, 또는 (c) 자신의 주장을 언급하거나 암시함에 이를 뒷받침할 근거(basis)가 없음을 아는 경우를 말한다. 그리고, (2) 부실표시의 내용이 중대한 경우(material representation)란 합리적인 사람(reasonable person)을 동의하도록(to manifest his assent) 유인할 수 있거나 표시자가 그 표시의 상대방이 그렇게 하는 것을 유인할 수 있다는 것을 안 경우를 의미한다.

Restatement Second of Contracts § 162(When a Misrepresentation Is Fraudulent or Material)

(1) A misrepresentation is fraudulent if the maker intends his assertion to induce a party to manifest his assent and the maker
  (a) knows or believes that the assertion is not in accord with the facts, or
  (b) does not have the confidence that he states or implies in the truth of the assertion, or
  (c) knows that he does not have the basis that he states or implies for the assertion.

(2) A misrepresentation is material if it would be likely to induce a reasonable person to manifest his assent, or if the maker knows that it would be likely to induce the recipient to do so.

18 영국의 Misrepresentation Act 1967에서 negligent misrepresentation과 별도로 innocent misrepresentation의 개념이 새로이 인정되었다.

19 Scienter(사전에 알면서; intentionally)는 기망할 의도로 중요한 사실을 거짓으로 진술하거나 부실하게 표시하는 것을 당사자가 사전에 인지하는 경우를 말한다.

망할 의도로 사실과 다른 허위의 표시나 진술을 하는 것을 말한다. 이러한 사기적 허위진술에는 상대방의 확인서를 계약서인 양 속이거나 실제로는 유언장인데 통상 거래되는 어음인 양 속여 서명하게 하는 것과 같은 사실 자체에 관한 기망행위가 있을 수 있고(fraud in factum; fraud in execution), 계약 자체에 관한 의사표시에는 허위가 없으나 그 수량이나 품질을 속이는 것과 같이 계약에 영향을 미치는 중요사실(material facts)을 속이는 유인상의 기망행위(fraud in inducement)가 있을 수 있다.[20]

4. Warranty(보증)

4.1 Warranty(보증)의 이해

Warranty(보증)의 개념은 보통법(common law)상 주로 물품매매계약과 관련해 발전되었지만 현재 다른 다양한 유형의 계약에서도 사용되고 있다. Warranty(보증)는 매매계약의 대상인 재화나 용역이 계약사양(specifications)에 부합하지 않는 경우 매도인의 의무에 관한 사항과 매수인의 권리에 관한 사항을 정함으로써 계약당사자 사이의 위험을 분배(risk allocation)하는 기능을 한다. 그런데, Warranty(보증) 관련 조항은 대체로 판매자에 의해 작성될 수 있는데, 이때 판매자의 재화나 용역이 계약사양에 부합하지 않는 경우 판매자의 책임을 제한해 위험을 한정하는 경향이 있다. 예를 들어, 물품판매시 물품에 대한 보증에서 판매자가 불량품을 수리하거나 교체하거나 구매대금을 환불해야 할 의무를 한정적으로 명시할 수 있다. Warranty(보증)는 명시적 또는 묵시적 약속(express or implied promise)에 의해 이루어질 수 있다. 상사계약에서 당사자는 물품과 서비스에 대한 명시적인 보증(express warranties)을 할 수 있는데, 보통법(common law)상 Express Warranty(명시적 보증)는 물품판매의 유인책으로, 물품의 품질이나 수량, 소유권 또는 부동산에 대한 제한적 의무와 관련된 매도인의 매수인에 대한 사실의 확약(affirmation)을 말한다.[21] 미국의 UCC(Uniform Commercial Code; 통일상법전)에 따르면, 판매자가 구

---

20 Fraud in factum(fraud in execution)의 경우 피해자는 계약을 체결할 의사가 전혀 없었으므로 이에 의해 성립한 계약은 무효(void)이며, Fraud in inducement의 경우는 사기행위가 동기를 유발하는 과정에서 있었던 경우로 사기행위를 당한 상대방은 계약을 취소할 수 있다(voidable).

21 Black's Law Dictionary에서는 "warrant"를 "to promise or guarantee(약속하거나 보증하는 것)"을 의미한다고 본다. 계약조항이 보증(warranty)에 해당되는지 여부는 그 조항을 "Warranty"라는 명칭을 사용하는지가 아니라, 그 내용이 보증에 관한 사항을 담고 있는지에 따라 파악될

매자에게 상품과 관련된 사실의 확인(affirmation of fact)이나 약속(promise)을 하고 이러한 확인이나 약속이 해당 거래의 기초(basis of the bargain)가 되는 경우 해당 상품이 그 확인이나 약속에 부합해야 한다는 명시적 보증(express warranty)이 발생한다고 본다.[22] 그리고, 묵시적 보증(implied warranties)은 계약서에 보증에 관한 사항을 명시하고 있지 않더라도 보증책임이 발생한다고 보는 것으로 특히 물품의 거래에서 발생할 수 있다. 예를 들어, 미국의 UCC(통일상법전)에서는 상품판매 관련 계약에서 상품성의 묵시적 보증(implied warranty of merchantability)과 특정한 목적에 대한 적합성의 묵시적 보증(implied warranty of fitness for a particular purpose)을 규정하고 있다.[23] 다만, 보증은 불량품으로 인한 결과적 손해(consequential damages)와 같은 일정한 손해배상 책임을 배제함으로써 판매자의 위험을 제한할 수 있다.

4.2 Warranty(보증)의 유형 및 법적 효과

"Warranty"는 당사자가 거래와 관련한 일정한 사실에 대하여 확약(affirmation)이나 약속(promise)을 하고, 그 확약 내지 약속을 위반(breach)하는 경우 상대방에게 책임을 질 것을 보장하는 것이다. 예를 들면, 동산물품계약의 경우 그 판매되는 물품의 조건, 사용연한, 이력에 대해 보증을 할 수 있다. Warranty(보증)는 적용 준거법에 따라 다양하게 분류될 수 있는데, 동산물품매매거래의 표준적 규범으로 제시되는 미국의 UCC(통일상법전)에 따르면, 당사자 간 동산물품매매계약상 보증

수 있다. 즉, 계약서상 보증사항(warranties)은 일반적으로 조항의 제목(heading)을 "Warranty" 또는 "Warranties"라는 용어를 기재한 곳에서 확인할 수 있지만, 그 용어를 쓰지 않더라도 그 계약내용이 사실이나 의무의 진술(statement of fact or obligation)에 해당하는 경우 보증위반(breach of warranty)이 될 수 있다. 영미계약법상 Warranty(보증)의 원리에 관한 자세한 사항은 저자 집필 『영미계약법 원리』 (유원북스, 2021), 614-629페이지를 참고하기 바란다.

22 UCC § 2-313(1)(a): Any affirmation of fact or promise made by the seller to the buyer which relates to the goods and becomes part of the basis of the bargain creates an express warranty that the goods shall conform to the affirmation or promise.

23 UCC § 2-314(Implied Warranty: Merchantability; Usage of Trade) & § 2-315(Implied Warranty: Fitness for Particular Purpose). 다만, 미국의 경우 건설계약, 소비자계약, 컴퓨터정보거래 등과 같은 특정한 거래에서는 일반적 보증책임과 별도의 추가적인 보증 관련 법규가 있을 수 있다. 예를 들어, 물품판매 관련 소비자계약의 경우 UCC(Article 2 of the UCC)와 함께 연방법인 Magnuson-Moss Warranty Act(15 U.S. Code §§ 2301 to 2312)의 적용을 받는다. 그리고, 소프트웨어 라이선스의 개발 등과 같은 컴퓨터정보거래(computer information transactions)의 경우 통일법(uniform model law)의 일종인 UCITA(Uniform Computer Information Transactions Act)가 있으며, 이를 개별 주들이 주법으로 채택할 수 있다.

(warranty)에 관한 사항이 명시되어 있지 않은 경우 UCC의 관련 조항이 적용된다. UCC에서, Warranty(보증)는 명시적으로 또는 묵시적으로도 이루어질 수 있는데, 동산물품매매와 관련해 대체로, (i) Express Warranty(명시적 보증), (ii) Implied Warranty of Merchantability(상품성에 관한 묵시적 보증), (iii) Implied Warranty of Fitness for Particular Purpose(상품의 특정목적에 관한 적합성의 묵시적 보증) 등 세 가지 유형의 보증을 규정하고 있다. 진술자의 보증위반(breach of warranty)이 있는 경우 피해당사자는 그 위반이 계약의 핵심적 요소(heart of the contract)가 되지 않는 한, 일반적으로 계약 자체를 취소할 권리를 갖는다기보다는 계약위반에 따른 손해배상(damages)을 청구할 수 있다. 이러한 손해배상의 청구는 피해당사자가 그 보증이 거짓임을 알았는지 여부와 관계가 없는데, 이런 점에서 면책배상(indemnity)을 하는 것과 같은 역할을 한다.

Express Warranty(명시적 보증)는 구두(oral) 또는 서면(written)으로 할 수 있는데, UCC에 따르면, 상품에 대한 명시적 보증은 삽화(illustration), 브로슈어(brochure), 광고, 상품의 샘플(sample)이나 모형(model) 등과 같은 것들로부터도 발생할 수 있다.[24] 명시적 보증(express warranty)을 위해 특정한 단어나 표현을 반드시 필요로 하지는 않으며, 판매자가 보증을 창설할 의도를 반드시 가질 필요도 없다.[25] 매도인이 매수인에게 상품과 관련되고 계약의 기초가 되는 사실에 관한 확약(affirmation of fact) 내지 약속(promise)을 하는 것은 상품이 그 사실의 확약이나 약속을 따랐다는 명시적 보증(express warranty)이 될 수 있는데,[26] 이러한 사실에 관한 진술은 단순한 상품의 선전(puffing) 이상의 것이어야 하며, 보다 구체적이어야 한다. 예를 들어, 차량의 판매자가 차량이 "연비가 좋다"고 진술을 하였다고 하여 이를 명시적 보증으로 볼 수는 없으며, "This car gets 25 mile per gallon(이 차량은 갤런당 25마일을 달릴 수 있다)." 등과 같이 구체적인 진술을 하는 경우에 명시적 보증을 한 것이 된다. 그리고, 매도인의 진술이 당사자 간 거래의 기초(basis of the bargain)가 된 경우에 한해 명시적 보증이 인정될 수 있는데, 이를 분명히 하기 위해 매도인의 사실에 관한 확약이나 약속에 관한 사항을 해당 계약서에 명시할 필요가 있다. 이

24 UCC § 2-313(1)(b) & (c).

25 UCC § 2-313(2): "It is not necessary to the creation of an express warranty that the seller use formal words such as 'warrant' or 'guarantee' …"

26 "Any affirmation of fact or promise made by the seller to the buyer which relates to the goods and becomes part of the basis of the bargain creates an express warranty that the goods shall conform to the affirmation or promise." – UCC § 2-313(1)(a).

처럼 명시적 보증은 판매하는 물품에 관한 거래의 기초(basis of the bargain)가 되는 사항과 관련해, (i) 매도인이 매수인에게 진술을 통해 관련 거래나 물품에 대한 약속 또는 사실의 확약을 하거나, (ii) 거래 물품에 대한 기술이나 묘사(description)를 하거나 또는 (iii) 매도인이 매수인에게 판매할 물품의 샘플(sample)이나 모형(model) 등을 제공하는 경우에 이루어질 수 있다.

그런데, 보증이 계약상 명시적으로 규정되어 있지 않더라도, 법에 의해 묵시적으로 인정될 수 있다.[27] 이러한 묵시적 보증(implied warranty)으로, UCC에서는 물품의 매도인이 상인(merchant-seller)인 경우 판매된 특정 상품과 관련해 특별히 계약에서 보증을 제외하지 않는 한 "Implied Warranty of Merchantability(상품성에 관한 묵시적 보증)"를 인정한다.[28] 상품성에 관한 묵시적 보증(implied warranty of merchantability)은 해당 상품이 업계 내에서 적어도 평균적인 품질을 가지고 있으며, 그 상품이 사용되는 일반적인 목적에 적합하다(fit for the ordinary purpose)는 것을 의미한다. 즉, 상품은 완벽하거나 결함이 없어야 하는 것이 아니라 일반적인 작업에 적합(suitable for ordinary tasks)해야 한다. 예를 들어, 살충제의 경우 이를 뿌리는 사람이 죽게 된다면 살충제의 의도된 목적에 적합하지 않는 것이다. UCC는 또한 상품의 Implied Warranty of Fitness for Particular Purpose(특정목적에 관한 적합성의 묵시적 보증)을 인정한다.[29] 계약에서 이를 특별히 배제하지 않는 한, (i)

---

27 Express Warranty(명시적 보증)와 Implied Warranty(묵시적 보증)에 관한 자세한 사항은 저자 집필 『영미계약법 원리』 (유원북스, 2021), 615-622페이지를 참고하기 바란다.

28 UCC에서는 판매자가 통상적으로 그러한 종류의 물품을 판매하는 상인(merchant)인 때 그 물품에 대한 상품성의 묵시적 보증책임(implied warranty of merchantability for goods)을 인정한다. — Unless excluded or modified (Section 2-316), a warranty that the goods shall be merchantable is implied in a contract for their sale if the seller is a merchant with respect to good of that kind (UCC § 2-314(1)). 그리고, 무엇이 판매가능한 것으로 간주되는지와 관련해, 물품은 최소한 다음 사항들을 충족해야 한다(UCC § 2-314(2)): (a) pass without objection in the trade under the contract description; (b) in the case of fungible goods, [be] of fair average quality within the description; (c) [be] fit for the ordinary purposes for which such goods are used; (d) run, within the variations permitted by the agreement, of even kind, quality and quantity within each unit and among all units involved; (g) [be] adequately contained, packaged, and labeled as the agreement may require; (f) conform to the promise or affirmations of fact made on the container or label if any.

CISG 제35조도 UCC상 상품성에 관한 묵시적 보증과 유사한 묵시적 보증을 인정한다(Article 35(2) of the United Nations Convention on Contracts for the International Sale of Goods).

29 UCC § 2-315: Where the seller at the time of contracting has reason to know any particular purpose for which the goods are required and that the buyer is relying on the seller's skill or judgment to select or furnish suitable goods, there is unless excluded or modified under

판매자는 구매자가 상품을 구매할 때 그 구매자의 특정목적(particular purpose)을 알고 있으며, (ii) 구매자가 적절한 상품(suitable goods)을 선택하기 위해 판매자의 기술과 판단을 신뢰(reliance)하는 경우 특정목적에 관한 적합성의 묵시적 보증이 인정된다. 이는 구매자가 적합한 상품을 선택하거나 제공하기 위해 판매자의 기술이나 판단에 의존하고 있어야 하기 때문에 판매자는 어느 정도의 전문지식이나 기술을 가지고 있을 필요가 있다. 그런데, 특정목적에 관한 적합성의 묵시적 보증(implied warranty of fitness for particular purpose)은, 상품성에 관한 묵시적 보증(implied warranty for merchantability)과 달리, 매도인이 반드시 상인일 필요는 없다.

한편, 미국의 "Magnuson-Moss Warranty Act"는 소비재 제품의 공급자의 불공정 또는 왜곡된 방법에 의한 보증책임(warranty)의 배제나 제한에 따라 발생하는 문제를 해결하고 소비자를 보호하기 위해 제정된 연방법(federal law)이다. 이는 보증자로 하여금 제품의 보증책임의 범위(warranty coverage)에 대한 상세한 정보를 제공할 것을 요구하고, 서면에 의한 보증(written warranties)과 관련한 소비자의 권리와 보증자의 의무를 보다 명확히 하고 있다.[30]

5. Representation(진술) 및 Warranty(보증) 관련 조항의 유의사항

영문계약상 Representation Clause(진술조항)는 주로 해당 거래와 관련한 당사자의 능력이나 권한의 적합성과 관련이 있다. 예를 들어, 기업인수계약에서 매수인은 해당 기업이 적합한 자격과 평판(good standing)를 가지고 있다는 등의 매도인의 진술에 의존할 수 있다. 그리고, 매도인은 매수인의 재무제표가 구매가격을 지급할 수 있는 지불능력을 정확히 반영하고 있다는 등의 매수인의 진술에 의존할 수 있다. 당사자에게 요구되는 정확한 진술(representations)을 받기 위해서는, 해당 진술이 실제 진실한지를 확인하기 위한 실사(due diligence)가 이루어질 필요가 있다. 진술당사자가 허위진술(false representation)을 하는 경우 피해당사자는 계약취소(rescission) 등 구제방법을 행사할 수 있고, 이에 따라 당사자 간 분쟁이 발생할 수 있다. 국제거래 계약상 진술사항(representations)에는 당사자 간의 관계나 거래

---

the next section an implied warranty that the goods shall be fit for such purpose.

30 UCC상 보증과 Magnuson-Moss Warranty Act상의 보증책임(warranties)에 관한 자세한 사항은 저자 집필 『영미계약법 원리』 (유원북스, 2021), 614-615페이지, 642-645페이지를 각각 참고하기 바란다.

의 성격에 따라 다양한 내용이 포함될 수 있으나, "Fundamental Representations (기본적 진술사항)"의 경우 대부분의 계약에서 일반적으로 언급된다. 진술당사자가 이러한 기본적 진술사항(fundamental representations)을 거부하는 경우 상대방 당사자의 입장에서는 이에 관한 추가적인 조사를 필요로 하는 경고신호(red flag)일 수 있다.[31] 이러한 Fundamental Representations(기본적 진술사항)에는, (i) 거래를 체결할 수 있는 기업의 권한(corporate authority to enter into the transaction), (ii) 기업의 우량한 상태(good standing), (iii) 회사의 자본금(capitalization of the company), (iv) 자산매매의 경우 매도인의 자산에 대한 법적인 하자가 없는 소유권(seller's having good title to assets), (v) 조세(taxes), (vi) 계약의 법규준수(non-contravention of the agreement), (vii) 지식재산(intellectual property) 관련 사항, (viii) 계열회사가 관련되는 경우 자회사(subsidiaries)나 계열회사(affiliates) 등에 관한 사항들이 포함된다. 다만, 어떠한 진술을 기본적(fundamental)인 것으로 볼 것인지, 기본적 진술사항(fundamental representations)을 다른 진술사항과 계약상 어떻게 다르게 다룰 것인지[32] 등은 해당 거래 당사자들의 협상결과에 따라 다를 수 있다.

그런데, 진술당사자의 입장에서 상대방이 요구하는 진술을 제공할 수 없거나 제공할 의사가 없는 경우 그 진술을 거부할 수 있다. 그러나, 당사자의 진술거부에 따른 협상의 결렬 등 거래계약의 체결에 문제가 생길 수 있는 때에는 그 진술 관련 규정을 하면서, 진술당사자의 진술에 따른 위험부담을 줄이기 위해, 다음과 같은 방법을 고려할 수 있다. ① 해당 진술(representation)에 "the best of his/her knowledge," "actual knowledge," "his/her imputed knowledge" 등과 같은 일정한 인식 한정어구(knowledge qualifier)를 부가하거나, ② "<u>Except as disclosed on Schedule 1</u>, the Seller represents that no hazardous materials have been used on the property" 등과 같이 요구되는 사실의 진술에서 진술당사자가 제외하고자 하는 내용을 예외사항(exclusion; exception)으로 별도로 규정해 진술할 수 있다.[33]

---

31 실질적인 문제로, 진술당사자가 특정 사실에 대한 진술을 하기 어려울수록 상대방의 입장에서는 그 사실과 관련된 잠재적 책임(potential liability)을 피하기 위해 진술당사자로 하여금 그 사실을 보다 명확하게 공개하는 진술을 받는 것이 중요할 수 있다.

32 기본적 진술사항(fundamental representations)과 다른 주요 진술사항으로 계약상, (i) 중대성 기준(materiality standards), (ii) 거래종료 후 존속기간(survival period after the transaction has been consummated), (iii) 면책배상의 공제액 및 상한(indemnification deductibles, and caps) 등이 있는데, 이는 당사자 간 거래관계나 거래의 성격에 따라 다르게 규정될 수 있다.

33 그리고, 중대성 한정어구(materiality qualifier)를 통해 진술의 초점을 중대한 사실에 한정함으로써 진술의 범위에 제한을 가해 진술자의 위험을 줄일 수도 있다. 이러한 진술자의 위험

또한, ③ 진술 관련 문장을 수동태가 아닌 능동태로 기술하는 것이 진술당사자에게 유리할 수 있다. 즉, 수동태 문장의 경우 관련 사실의 주체인 당사자를 특정하지 않는 일반적 사실에 관한 진술표현이 되어, 그 진술의 범위가 더 광범위하게 확대되어 진술당사자의 위험이 더 커질 수 있는 반면, 능동태 문장의 경우 관련 사실의 주체인 당사자를 특정해 명시하게 되면 수동태 문장에 비해 진술의 범위가 협소해져 진술당사자의 위험이 줄어들 수 있다. 예를 들어, "Seller has not used hazardous materials on the property"라는 능동태 문장의 경우 매도인이 해당 목적물에 유해물질을 사용하지 않았다는 점만을 진술하지만, "No hazardous materials have been used on the property"라는 수동태 문장의 경우 해당 목적물에 누가 유해물질을 사용하였는지 여부와 상관없이 유해물질이 사용되지 않았다고 함으로써 제3자에 의해 유해물질의 사용도 매도인이 책임을 질 수 있다.

계약상 Express Warranty(명시적 보증)를 어떻게 작성하는지 문제된다. 보증책임에 관한 사항은 계약서의 핵심조항으로 다른 핵심조항(core provision)과 함께 계약서의 중간부분에 배치한다. 계약서에 완전합의조항(entire agreement clause)[34]이 포함되어 있다면, 협상 중 이루어진 명시적 보증(express warranty)이 최종 서면계약에 포함되어 있지 않은 경우 그 내용이 거래의 기초(basis of the bargain)로 간주되지 않을 수 있기 때문에 서면계약에 명시적 보증을 포함하는 것이 중요하다.[35] 명시적 보증(express warranty)을 작성할 때 보증문구(warranty statement)는 당사자가 보증책임을 부담한다면 가능한 한 이를 좁게 명시하고, 보증책임의 상대방이 된다면 가능한 한 이를 넓게 명시하는 것이 좋다. 보증책임 관련 규정은 준거법에

부담을 줄이는 문제, 즉 진술 관련 당사자들 간 위험배분에 관한 문제는 "Chapter 2. Ⅸ. 3. Representation(진술) 및 Warranty(보증)와 위험배분(risk allocation)" 단원에서 자세히 살펴본다.

34 완전합의조항(entire agreement clause; merger clause(완결조항); integration clause(통합조항))은 영미계약법상 Parol Evidence Rule(구두증거배제의 원리)을 계약서상 구현한 것으로, 해당 서면계약이 당사자 간의 완전하고 최종적인(complete and final) 합의로서 당사자 사이에 그 계약체결 당시 또는 그 이전에 있었던 모든 합의, 계약, 진술 등은 더 이상 유효하지 않고 그 체결된 서면계약으로 대체된다는 규정이다. 계약서상 완전합의조항을 두는 경우 협상과정에서 이루어진 명시적 보증이 최종계약서에 포함되지 않았다면 그 보증은 인정되지 않을 수 있다. Parol Evidence Rule(구두증거배제의 원리)에 관한 자세한 내용은 저자 집필 『영미계약법 원리』(유원북스, 2021), 578-592페이지를 참고하기 바란다.

35 보증(warranty)이 거래의 기초(basis of the bargain)가 되었음을 뒷받침하기 위해, 계약서 도입부의 배경사실란(recitals)에 명시적으로 그 거래의 기초가 된 사실관계를 언급하는 것도 고려할 수 있다.

따라 다를 수 있으나, 명시적 보증을 작성할 때 일반적으로 다음 사항을 염두에 두어야 한다. (i) 당사자의 의도를 반영하기 위해 보증되는 물품이나 서비스가 무엇인지 가능한 한 구체적으로 기술하는데, 특히 보증대상의 품질에 관한 사항을 상세하게 서술한다. (ii) 장래 이행이 필요한 보증의 경우 보증기간을 명시하고, 피해당사자가 정해진 기간 내에 보증책임자에 대한 서면통지 등 절차적 요건을 포함할 수 있다. (iii) 피해당사자가 보증책임자에 대해 사용할 수 있는 구제방법을 제한하는 경우에는 이를 명시할 필요가 있다.[36] 예를 들어, 판매자는 상황에 따라 비양심적(unconscionable)이라고 간주되지 않는 한 결과적 손해(consequential damages)를 금지하거나 제한하는 등 손해배상금액을 제한하는 것을 고려할 수 있다. (iv) 보증책임이 인정되지 않는 제외사항(exclusions)이나 보증책임이 부인(disclaimer)되는 사항이 있는 경우 이를 보증조항에 명시해야 한다. 보증책임의 제외사항은 일반적 피해당사자가 상품을 변경하거나 오용하거나 손상한 경우가 포함될 수 있다. Representation(진술) 및 Warranty(보증) 관련 조항은 계약서에 포함되는 중요 사항으로 관련 주요 유의점과 기재례들은 "Chapter 5 국제거래 계약의 핵심조항(Core Provisions)" 단원에서 자세히 살펴본다.

6. Warranty Disclaimer Clause(보증책임의 부인 조항)의 문제

Warranty Disclaimer Clause(보증책임의 부인 조항)의 목적은, 명시적이든 묵시적이든, 보증책임을 제외하거나 변경하는 것이다. 관련 준거법상 보증책임의 부인 조항을 설정하기 위한 특정한 요건을 강제하거나 또는 그 부인의 대상과 범위에 대한 제한을 부과할 수도 있다. 계약서상 명시적 보증책임(express warranty)이 언급된 경우 그러한 보증책임의 전부나 일부를 부인하는 것은 어렵다. UCC에 따르면, 명시적 보증책임(express warranty)과 충돌되는 보증책임의 부인(disclaimer)은

36 보증책임위반(breach of warranty)에 대한 손해는 일반적 손해배상청구와 마찬가지로, 인수한 상품의 가치와 보증된 대로 인수되었더라면 가졌을 가치 사이의 인수시점과 장소에서의 차이에 따라 전보적 배상을 원칙으로 하고, 필요한 경우 부수적(incidental) 및 결과적(consequential) 손해도 배상받을 수 있다. 다만, 구제방법을 제한하는 매도인의 권한은 UCC § 2-719에 의해 제한된다. 일정한 예외사항을 제외하고, UCC § 2-719(1)(a)에서는 부적합 상품의 상환, 수리 또는 교체에 대한 제한적 구제방법을 허용한다. 계약상 상환, 수리 또는 교체에 관한 사항을 규정하는 때 그 관련 절차를 명시할 필요가 있다. 명시적 보증(express warranty)과 묵시적 보증(implied warranty) 모두에 적용되는 UCC § 2-714(2)(3)에서는, 매도인에 의해 달리 제한되지 않는 한, 매수인이 사용할 수 있는 구제방법이 명시되어 있다.

명시적 보증책임과 일치하지 않는 범위 내에서 효력이 없는 것으로 본다.[37]

묵시적 보증책임(implied warranty)은 법에 의해 암묵적으로 인정되는 것이므로 당사자들의 거래의 기초(basis of the bargain)가 될 가능성이 적기 때문에 명시적 보증책임에 비해 부인(disclaimer)하기가 더 용이하다. UCC에 따르면 묵시적 보증책임(implied warranty)은 매수인이 보증의 부인을 인지(aware of the disclaimer)하는 한 명시적으로 부인될 수 있다.[38] UCC에서는 보증책임의 부인(disclaimer)을 하기 위해서는 계약서상 보증책임의 부인에 관한 사항을 눈에 띄게 뚜렷하게(conspicuous) 기재하여야 하고,[39] 상품성에 관한 묵시적 보증(implied warranty of merchantability)의 경우는 매도인이 그 보증책임의 부인(disclaimer)이 물품의 상품성(merchantability)에 관한 것이라는 점을 명시해야 한다. 다만, 매도인은 상품성(merchantability)을 언급하거나 눈에 띄게(conspicuously) 그 보증책임의 부인(disclaim)을 표시할 필요 없이, "as is(현상태로)," "with all faults(하자를 묻지 않고; 매수인의 책임으로)" 등과 같이 매수인이라면 이해할 수 있을 이와 유사한 표현(language)을 써서 모든 묵시적 보증을 부인할 수 있다.[40] Warranty Disclaimer Clause(보증책임의 부인 조항)는 계약서에 포함되는 중요 사항으로 관련 주요 유의점과 기재례들은 "Chapter 5 국제거래 계약의 핵심조항(Core Provisions)" 단원에서 자세히 살펴본다.

---

37 UCC §2-316(1). 당사자 간의 분쟁은 계약서상 명시적 보증책임을 부인할 때 발생할 수 있는데, 구매자는 계약서를 서명하기 이전에 판매자가 상품의 품질에 대해 구두 또는 서면 확약이나 약속을 했다고 다툴 수 있다.

38 UCC §2-316(3).

39 "Conspicuous"란 합리적인 사람(reasonable person)이라면 쉽게 알아볼 수 있도록, 문서의 제목(headings)이나 본문의 글자(language in the body)를 대문자나 다른 문자들보다 크게 표시하는 등 글자의 유형(type), 폰트(font), 색상(color) 등에서 다른 글자들과 구별되게 작성하거나 표시하는 것을 의미한다. 계약에 등장하는 대부분의 보증은 한정보증(limited warranty)으로, 역설적이게도 매도인의 위험을 제한하여 보증책임의 한도를 줄임으로써 UCC나 보통법(common law)에 따라 매수인이 가질 수 있는 권리를 박탈하는 역할을 할 수 있다. 이에, Magnuson-Moss Warranty Act상 소비재 제품에 대한 서면보증에서 보증의 범위 등 보증의 조건은 간단하고 쉽게 이해할 수 있는 표현으로 완전하고 명료하게 고지해야 한다. 그리고, UCC의 경우도 묵시적 보증책임(implied warranty)을 부인(disclaimer)하거나 그에 따른 손해배상을 배제 또는 제한하기 위해서는 그 내용을 뚜렷하게 눈에 잘 띄도록(conspicuous) 표기할 것을 요구한다.

40 UCC §2-316. 매도인이 물품판매과정에서, "as is," "as is, where is" 등의 표현을 사용한 경우 명시적 보증책임까지도 면제될 수 있는지 문제될 수 있는데, 이러한 표현을 사용했다고 하더라도, 묵시적 보증책임(implied warranty)만이 면제되며 명시적 보증책임(express warranty)은 면제되지 않는다.

Ⅳ. Condition(조건)

1. Condition(조건)의 계약상 의미

Condition(조건)은 계약상 당사자에게 일정한 의무나 법률행위의 효력을 발생 또는 소멸시키는 장래의 불확실한(uncertain) 사실의 상태(state of facts)로,[41] 당사자의 합의에 따라 계약내용에 포함될 수 있다.[42] 조건(condition)은 당사자가 자신의 계약상 의무를 이행하기 전에 사건의 발생 여부가 불확실한 일정한 기간 동안의 상태로 계약에서 정한 어떤 사건이나 사실이 발생하지 않을 경우 당사자의 이행의무는 발생하지 않는다. 조건(condition)은 성취 여부가 불확실한 사건에 의해 당사자의 이행의무의 발생 여부가 결정되는 것으로, (i) 당사자 자신의 행위가 이행의무의 조건이 될 수는 없으며, (ii) 시간의 경과에 따라 그 발생이 확실한 경우도 조건(condition)이 될 수 없다. Condition(조건)에서 정한 사건이 발생하거나 발생하지 않는 경우 그에 따른 당사자의 이행의무(performance)가 면제(excuse)되거나 해당 계약이 무효가 되며, 조건의 달성 여부에 따라 계약의 성립 여부가 결정되거나 계약위반의 문제가 생기는 것은 아니다. 예를 들어, 은행으로부터 매수인이 일정한 대출을 받는 것을 조건으로 부동산매매계약을 체결한 경우 매수인에 대한 은행의 대출은 부동산매매계약의 전제조건(condition)이 되므로 그 대출이 실행되지 않을 경우 당사자 간 매매계약상의 의무가 발생하지 않거나 체결된 매매계약 자체가 취소될 수 있다.

2. Condition(조건)의 유형과 법적 효과

Condition(조건)은 그 발생시기에 따라, Condition Precedent(선행조건; 정지조건), Condition Subsequent(후행조건; 해제조건), Concurrent Condition(동시이행의 조건) 등으로 분류될 수 있다.[43] Condition Precedent(정지조건)는 의무이행 이전에

---

41 Restatement Second of Contracts § 224(Condition Defined) A condition is an event, not certain to occur, which must occur, unless its non-occurrence is excused, before performance under a contract becomes due.

42 영미계약법상 "Condition(조건)"의 법적 의미에 관한 자세한 내용은 저자 집필 『영미계약법 원리』 (유원북스, 2021), 287-290페이지를 참고하기 바란다.

존재해야 하는 사실의 상태로, 조건이 성취되어야 법률효과가 발생하는 조건이다. 예를 들어, 부동산매매계약을 체결하면서 부동산 소유권이전에 관한 정부의 인가를 매수인의 잔금지급의 정지조건으로 하는 경우 정부의 인가가 이루어지지 못한다면 매수인의 잔금지급의무는 없게 된다. Condition Subsequent(해제조건)는 이전에 존재하는 이행의무를 없애는 사실의 상태로, 계약상 조건으로 일정한 사건이 발생하지 않을 것 또는 그 사건이 발생하는 경우 계약상 당사자의 권리의무나 법률효과가 소멸되는 경우의 조건이다. 예를 들어, 매수인이 대지에 건물을 짓기 위해 매도인으로부터 그 대지를 매수하면서 그 건물의 건축이 가능한 현재의 대지용도가 변경되지 않을 것을 해제조건으로 잔금을 지급하기로 하였다면 그 대지용도가 변경되어 건물을 짓지 못하게 된 경우 매수인의 잔금지급의무는 소멸된다. Concurrent Condition(동시이행의 조건)은 계약의 양 당사자가 동시에 일정한 이행을 할 것을 내용으로 하는 조건이다. 예를 들어, 부동산매매계약상 매도인의 등기

---

43 Restatement Second of Contracts에서는 Condition(조건)을 당사자가 의무이행을 하기 이전에 존재해야 하는 사실의 상태로 그 사실의 상태가 존재하지 않는다면 이행의무가 발생하지 않는다고 본다. 그리고, Condition Subsequent(해제조건)의 경우는 이행의무의 해소의 일종으로, 일반 Condition(조건)과 구별해 정의함으로써 이를 조건으로 보지 않는다. 다만, 실무적으로는 여전히 Condition Precedent(정지조건)와 함께 Condition Subsequent(해제조건)라는 용어를 사용하고 있다. "Restatement Second of Contracts"는 영미계약법상 판례 원리를 정리한 자료로, 영미계약법의 해석과 논리를 제공하는 설득력있는 법원(persuasive authority)이다. 이에 관한 자세한 내용은 저자 집필 『영미계약법 원리』(유원북스, 2021), 101페이지를 참고하기 바란다.

한편, 계약법상 용어라기보다는 강학상 목적으로 언급되는 조건의 구분으로, Walk-away Condition(탈퇴조건)과 Ongoing Condition(지속조건)이 있다. Walk-away Condition(탈퇴조건)은 당사자가 해당 계약의 주제가 된 이행의무(subject matter performance obligation)를 이행하기 이전에 충족되어야 하는 조건이며, Ongoing Condition(지속조건)은 당사자가 그 계약의 주제가 된 이행의무가 아닌 의무를 이행하기 전에 충족되어야 하는 조건이다. 여기서 Subject Matter Performance Obligation(계약의 주제가 된 이행의무)이란 해당 계약의 주된 대상과 관련된 이행의무를 말하는 것으로, 예를 들어, 임대계약의 경우 대상물을 임대하고 차임을 받는 것이 된다. Walk-away Condition은 해당 계약의 주제가 된 이행의무와 관련된 조건으로 계약을 종결시킬 수 있는 조건인 데 반해, Ongoing Condition은 계약의 주제가 된 이행의무와 직접적인 관련이 없는 조건으로 그 조건의 발생 여부가 관련 내용에만 영향을 미치고 계약상의 효력은 여전히 지속되는 조건이 된다. 예를 들어, 주택구매계약과 관련해, 주택의 지붕수리와 관련해 일정한 수리비를 추가로 지불하기로 한 경우 그 수리비 조건은 주택을 구매하는 의무와 무관하여 그 수리비조건이 발생하지 않은 경우 그 수리비에 관한 사항에만 영향을 미치고 계약 자체의 종결 여부에는 영향을 미치지 않는 Ongoing Condition(지속조건)이 된다. 이에 반해, 담보대출을 받아 주택을 구매하기로 하는 조건의 경우 주택의 구매와 직접적인 연관이 있는 조건으로 그 조건의 발생 여부는 계약의 종결에 직접적인 연관이 있는 Walk-away Condition(탈퇴조건)이 된다.

서류 교부와 매수인의 매매 잔금의 지급이 동시에 이루어지는 것을 조건으로 하는 경우 당사자의 각 이행의무 간에 동시이행조건이 있는 것으로 볼 수 있다.

그리고, 조건(condition)은 그 내용에 따라 Express Condition(명시적 조건), Implied Condition(묵시적 조건), Constructive Condition(의제적 조건) 등으로 분류할 수 있다. Express Condition(명시적 조건)은 계약상 명시적으로 조건을 나타내는 표현을 사용해 조건을 정하는 경우로, 그 명시적인 조건을 표현하기 위해서는 주로 "if," "on condition that," "provided that," "in the event that," "subject to" 등의 문구를 사용한다. Implied Condition(묵시적 조건)은 계약상 명시적인 조건을 규정한 것은 아니지만 관련 정황이나 사정에 비추어 당사자의 의도(intention)로부터 추론되는(implied-in-fact) 암묵적 조건을 말한다. Constructive Condition(의제적 조건)은 법에 의해 추론되는 조건(implied-in-law)으로, 당사자 간의 주관적 의도와 관계없이 법원의 객관적인 해석과정을 통해 판단된다. 예를 들어, 식당에서 밥을 먹거나 미용실에서 머리를 깎는 경우 그 식사대금이나 미용대금을 선불로 지급하기로 하는 특별한 사정이 없는 한 법의 해석이나 작용(operation of law, constructively)을 통해, 손님은 식당의 식사의 제공이나 미용실의 머리손질 이후에 그 대금을 지급하기로 한 것으로 볼 수 있는데, 이러한 법의 해석이나 작용에 의한 조건을 의제적 정지조건(constructive condition precedent)이라 한다.

3. Condition(조건)과 Covenant(구속약정/이행의무)의 관계

보통법(common law)에서 계약당사자의 대가관계(consideration)는 약속(promise) 또는 조건(condition)의 형태를 취할 수 있는데, 이는 계약당사자의 계약 불이행의 결과를 설명하는 데 도움이 된다. Condition(조건)은 성립된 계약상 일정한 사정이나 사실의 발생 또는 불발생으로 인해 계약당사자의 의무나 법률효과가 생기거나 소멸하는 것으로, 계약당사자가 일정한 의무이행을 할 것을 약속하고 그 의무이행을 하지 않을 경우 책임을 부담하는 Covenant(promise; 구속약정/이행의무)와 구별되는 개념이다.[44] 이에, 계약상 일정한 약속이나 제한 또는 조건을 두는 경우 그 내

44 Black's Law Dictionary Definitions에 따르면, Condition(조건)은 "a future and uncertain event upon the happening of which is made to depend the existence of an obligation, or that which subordinates the existence of liability under a contract to a certain future event (의무의 존재에 의존하거나 계약상 책임의 존재를 특정한 장래 사건에 따르도록 하는 장래의 불확실한 사건)"를 말한다. 반면, Promise(약속)는 "a declaration, verbal or written, made by

용이 계약의 구성개념상 Condition(조건)에 해당하는지 또는 Covenant(구속약정/이행의무)에 속하는지 파악하는 것은 중요하다. Condition(조건)이 이루어지지 않은 경우에는 당사자가 조건과 관련된 이행의무에서 벗어날 수 있는 데 반해, Covenant(구속약정/이행의무)가 이행되지 않은 경우 계약위반의 문제가 발생한다. 즉, Condition(조건)은 조건의 발생(occurrence) 또는 불발생(non-occurrence)으로 인해 계약에서 정한 이행의무나 법률효과가 생성되거나 제한 또는 소멸되며 계약위반의 문제가 발생하지는 않는다. 이에 반해, Covenant(구속약정/이행의무)의 경우 계약의 한쪽 당사자가 상대방 당사자에게 특정한 행위를 하거나 하지 않을 것을 약속(promise)하는 것으로, 그 약속에 따른 이행을 하지 않으면 약속을 한 당사자는 계약위반(breach of contract)에 따른 책임을 져야 한다. 예를 들어, 중고자동차 매매계약에서 매도인이 우리나라 축구팀이 월드컵 8강에 진출하면 자신의 차량을 1천 달러에 매수인에게 매도하기로 합의한 경우 계약은 성립되었고, 축구팀이 월드컵 8강에 진출하지 못하는 경우 그 조건의 불발생으로 매매계약상 당사자의 의무는 소멸된다. 반면, 자동차의 매도인이 자동차를 인도하기 전 일정한 자재를 사용해 수리를 하고 매수인에게 이전하기로 한 경우 이는 매도인이 일정한 이행의무를 약속한 Covenant(구속약정/이행의무)가 되며, 매도인이 이를 이행하지 않는다면 계약위반에 따른 책임을 부담할 수 있다.

계약서상 내용이 Condition(조건)인지 또는 Covenant(구속약정/이행의무)인지는 그에 알맞은 문구로 표현되어야 하는데, 문구의 내용이 명확하지 않을 경우 당사자 간 계약 관련 의도를 파악해 이를 판단하게 된다. 이러한 당사자의 의도에 관한 판단에는 당사자 간의 이전의 거래행태(previous practice), 계약서상 문언(words) 등이 고려될 수 있다. 한편, 계약상 일정한 조건(condition)과 당사자의 이행의무(covenant)를 함께 규정할 수 있는데, 이는 조건부 이행의무(condition to an obligation)로, 계약상 일정한 당사자에게 어떤 이행의무를 부과하기 위해서 일정한 사실의 존재나 사정이 발생해야 하는 조건을 붙이는 경우이다.[45] 예를 들어, 건물매매계약

---

one person to another for a good or valuable consideration in the nature of a covenant by which the promisor binds himself to do or forbear some act, and gives to the promisee a legal right to demand and enforce a fulfilment(약속자가 어떤 행위를 하거나 하지 않는 것에 자신을 구속하고, 피약속자에게 이행을 요구하고 강제할 법적 권리를 부여함으로써, 약속/계약(coveant)의 성질상 가치있는 대가(consideration)를 위해 한 사람이 다른 사람에게 하는 구두 또는 서면의 선언/진술)"를 의미한다.

45 Condition(조건)과 Covenant(구속약정/이행의무)를 다음과 같이 함께 규정할 수 있다: Section XX(Obligation of the Seller): The Seller shall renovate the kitchen no later than the

에서 매도인이 파손된 현관문의 수리를 완료하는 것을 조건으로 매수인이 잔금을 지급하기로 한 경우 매도인의 수리에 관한 이행의무(covenant)와 매수인의 잔금지급의 전제조건(condition)을 동시에 설정한 것으로 볼 수 있다. 이 경우 매도인의 수리의무는 약속의 이행(performance of the covenant)으로서 매수인의 이행의무를 발생시키는 거래의 전제조건(condition precedent)이 된다.

4. Condition(조건) 관련 조항의 유의사항

4.1 조건조항(condition article) 구성시 유의사항

계약상 당사자 자신이 조건(condition)을 충족해야 한다면 그 조건을 용이하게 성취할 수 있도록 조건 관련 문구를 작성하는 것이 유리하며, 상대방과 관련된 조건이 충족되어야 한다면 거래의 맥락과 계약의 목적에 비추어 그것이 얼마나 어려울 수 있는지를 고려해야 한다. 조건조항(condition article)을 나타낼 때는 일반적으로, "if/then," "must," "when," "subject to," "provided that," "if," "conditioned on," "on" 등의 용어를 사용한다.[46] 다만, 조건(condition)은 이를 충족하지 못하는 경우 일방 당사자의 권리를 박탈할 수 있으므로, 위와 같은 용어들을 사용한다고 해서 반드시 Condition(조건)으로만 보는 것이 아니라, 경우에 따라서는 Covenant(구속약정/이행의무)로 해석될 수 있다. 이 경우 이행의무를 위반한 당사자는 그 위

Closing Date.

Section YY(Condition to Closing): It is a condition to the Buyer's obligation to buy the House that the Seller must have performed her covenant to renovate the kitchen, as stated in Section XX.

46 조건조항(condition article)은 계약의 체결일(signing date)과 클로징일(closing date)이 분리되어 그 사이의 공백기간(gap period)이 요구되고 그 공백기간 동안 일정한 사실상태의 발생 내지 불발생을 필요로 하는 인수계약(acquisition agreement)이나 파이낸싱계약(financing agreement)에서 그 인수나 파이낸싱을 위한 조건을 표현하기 위해 많이 사용된다. 한편, 계약 당사자의 이행의무와 연관되지 않은 조건은 그 당사자의 리스크를 줄이는 기능을 할 수 있다. 예를 들어, 인수대상 목적물과 관련한 매도인의 변호사의견서의 제출이 매도인의 이행의무(covenant)라면 그 의견서를 제출하지 않으면 매도인은 계약위반에 따른 책임을 지게 되는 반면, 계약의 조건(condition)인 때 그 조건이 충족되지 않으면 매수인의 이행의무가 발생하지 않고 매도인 또한 그 이행의무를 해야 할 책임을 부담하지 않아 그 위험을 줄일 수 있다. 그리고, 조건(condition)이 영업양수도계약 등에서 매도인이 주요직원의 고용계약을 유지해야 한다는 것과 같이 한쪽 당사자만의 의무와 연관되거나 또는 그 영업양수도에 대한 정부의 승인이 있어야 한다는 것과 같이 양쪽 당사자의 의무와도 연관될 수 있다.

반행위로 인한 손해배상책임을 부담하고, 피해당사자는 여전히 자신의 의무를 이행해야 한다. 이에, 계약내용이 조건조항(condition article)으로 명백히 해석되기 위해서는 해당 조항이 Condition(조건)에 관한 것이라는 점을 명시해야 한다. 그리고, 조건(condition)을 표현내기 위한 조동사로 가급적 "must"를 사용하는데,[47] 이는 클로징일에 존재해야 하는 사실(must+be)을 나타내기 위해 쓰이며, 계약의 체결일에서 클로징일까지 사이에 발생해야 하는 것을 나타낼 때에는 "must+have+동사의 과거시제" 또는 "must have been+동사의 과거시제"[48]를 사용한다. 또한, 조건이 성취되지 못하는 경우 그 결과(consequences)를 명시할 필요가 있다. 여러 조건들이 있는 때 개별 조건별로 그 조건의 성취의 시한(deadline)이 다른 경우 그 조건별로 관련 시한을 적시해야 한다. 한편, 당사자의 계약상 약속(promise)을 나타내는 Covenant(이행의무)와 일정한 상태의 가능성(possibility)을 나타내는 Condition(조건)의 의미를 명확히 구별하기 위해, 계약문장상 조동사의 사용에 있어 가능한 한 Covenant(이행의무)의 경우 "shall"을, Condition(조건)의 경우 "must"를 사용하는 것이 좋다.[49]

4.2 조건부 이행의무(condition to an obligation) 규정시 유의사항

조건절은 계약상 이행의무(covenant; obligation), 재량권한(discretion authority), 금지사항(prohibition), 정책(policy) 등과 관련해 기술되는데, 주절의 내용은 조건절에서 적시된 조건성취의 결과를 나타낸다. 조건절상 가장 일반적인 종속접속사는 "if"이고, 다음으로 많이 사용되는 종속접속사는 부정 종속접속사인 "unless"이다.[50] 기타 종속접속사들로는 "where," "when," "as long as," "so long as," "on condition that" 등이 있다.

47 조건을 나타내기 위해 조동사 "must"를 사용하더라도 그 계약내용이 조건을 의미한다는 점을 명백히 하기 위해 필요한 경우 그에 관한 해석조항(interpretive provision)을 포함할 수 있다.

48 이는 "must"의 수동태로, 조항의 초점이 행위자가 아닌 행위일 때 사용한다.

49 그런데, 실무에서는 조건조항을 나타내면서 조동사를 특별히 구별하지 않고, "must" 대신해 이행의무를 나타내는 "shall"을 사용하는 경우도 많다.

50 종속접속사 "if" 또는 "unless"는 당사자가 계약상 어떠한 점을 강조할 것인지에 따라 선택적으로 사용할 수 있다. 예를 들면, "Lingco may sell the Shares only if Dreamco consents."라는 문장은 조건(if clause)에 따른 Lingco의 주식판매 권한에 중점을 두는 반면, "Lingco shall not sell the Shares unless Dreamco consents."라는 문장은 조건(unless clause)에 따른 Lingco의 판매금지의무에 중점을 두고 있는데, 계약당사자들의 의도에 따라 양 문장은 선택적으로 사용될 수 있다. 다만, 계약내용의 효과적인 이해를 위해서는 부정문보다는 긍정문이 더 적절할 수 있으므로, 가능한 한 긍정문 형식의 표현을 사용하는 것이 좋다.

특히, 조건부 이행의무(condition to an obligation)를 나타낼 때 조건과 의무가 반드시 같은 문장 안에 있을 필요는 없지만, 의무에 대한 모든 조건에는 그에 상응하는 짝으로서 계약상 의무를 포함해야 한다. 조건이 계약상 적절한지 여부는 조건이 두 사건들 사이에 존재하고 그 조건이 먼저 일어나는지를 확인해야 한다. 예를 들어, 부동산 매매계약에서 매수인이 은행 담보대출(mortgage)을 받아야 해당 부동산을 구매할 수 있다고 한다면 그 담보대출은 매수인의 부동산 구매의무의 계약상 요구되는 전제조건이 되어, 담보설정이 이루어지는 경우 매수인의 목적물 매수의무가 발생하게 된다.[51] 그리고, 조건이 적절하기 위해서는 일정한 사실의 상태(state of facts)의 기준이 당사자의 의무이행 이전에 존재해야 한다. 여기서 조건에서 정한 사실의 상태의 기준이 얼마나 용이하게 충족될 수 있는지에 따라 계약당사자의 리스크의 정도가 달라질 수 있다는 점을 유의할 필요가 있다.[52]

당사자의 계약상 이행의무(covenant; obligation)에 대한 조건(condition)을 나타내는 경우는 "if/then"의 문장형식을 주로 사용한다. 이 경우 조건절(if clause; conditional clause)은 현재시제(present tense)로 조건이 되는 사실의 상태를 기재하고,[53] 주절(then clause; main clause)에는 반드시 "then"이라는 용어를 사용할 필요는 없다.[54] 이는 어떤 사건이 발생하면 그때 당사자가 의무를 이행해야 한다는 형

51 이에 관한 사항은 계약상, "If the Buyer obtains a mortgage, then the Buyer shall buy the House."와 같은 문장으로 나타낼 수 있다.

52 예를 들면, 조건의 기준에 따른 임대인의 임대목적물의 유지보수(maintenance of the premises) 의무와 관련해, 아래 (Version 2)의 기준이 (Version 1)에 비해 임대인의 위험을 줄일 수 있게 한다:
(Version 1) The Landlord shall maintain the Premises in the ordinary course of business. Despite the preceding sentence, <u>if an unsafe condition exists</u>, the Landlord shall make immediate repairs.
(Version 2) The Landlord shall maintain the Premises in the ordinary course of business. Despite the preceding sentence, <u>if a significant, imminent danger exists</u>, the Landlord shall make immediate repairs.

53 현재시제는 모든 조건절에서 허용되기 때문에 계약내용의 일관성의 관점에서, 계약상 조건(condition)을 나타내기 위해서 현재시제를 사용하는 것이 좋으며, 조건의 충족이 거래의 일부인 경우에는 현재완료시제(present perfect tense)로도 사용할 수 있다.

54 종속접속사로 "if"를 사용할 때, 주절이 곧바로 나오게 되면 "then"이라는 단어로 주절을 시작하는 것은 불필요하다. 다만, 조건절이 복잡하고, 주절 뒤에 조건절을 두기에 충분히 길지 않거나 또는 이해가 되지 않을 경우, "then"으로 주절을 시작하는 것이 관련 계약내용의 혼동을 줄일 수 있다. 예를 들면, "If a Government Body grants to Lingco a compulsory license to sell a Product in a country on terms more favorable than those in this Article XX, <u>then</u> for as long as that compulsory license is in effect the terms of that compulsory license will

식이 되기 때문에 주절에는 조건에 따라 발생하는 이행의무(obligation to perform)를 부담하는 당사자를 주어로 기재한다. 즉, 계약상 조건과 관련해 이행의무의 발생사유와 이행의무 부담주체 등을 분명히 파악할 수 있도록, 조건이 충족되지 않을 때 어떠한 결과를 가져오게 된다는 형식보다는 조건이 충족될 때 누가 권한을 행사할 수 있다거나 이행의무를 부담하는지를 명시하는 것이 좋다. 이에, 조건절(if clause)과 주절(then clause)에서 문장은 가급적 부정문의 형태를 사용하지 않는다.[55] "if/then"의 문장형식은 일반적으로 조건절(if clause)로부터 문장을 시작하고 다음에 주절(then clause)을 기재하는데, 조건절이 길거나 복잡한 경우는 전체 문장의 가독성을 높이기 위해 주절로 문장을 시작하고 다음에 조건절의 내용을 목록화해 열거할 수 있다. 또한, 조건절과 주절이 두 개 이상 있을 경우 두 개의 문장으로 분리해 표현하는 것이 좋다.

한편, 조건절과 주절에 사용하는 조동사와 관련해, 실무에서는 조건절에 "shall"을 많이 사용하는 경향이 있다. 그런데, 계약의 구성개념(contract concepts)에 비추어, "shall"은 기본적으로 이행의무(covenant)를 나타내기 위해 사용되며 미래(futurity)를 표현하기 위해 사용되는 것이 아니기 때문에,[56] 계약서상 구성개념의 성격을 명확히 하기 위해, 조건절에서는 가급적 "shall"의 사용을 자제하는 것이 좋다. 즉, 조건절은 이행의무(covenant)를 나타내는 것이 아니라 이행의무를 발생하게 하는 일정한 사실의 상태를 나타내므로, 조건절에는 이행의무(covenant)를 나타내는 조동사 "shall"을 사용하지 않는 것이 좋으며, 주절에서는 관련 당사자의 이행의무(covenant)를 나타내기 때문에 조동사 "shall"을 사용해 그 당사자의 이행의무를 표현할 필요가 있다.[57] 또한, 조건절에서 조동사 "should"를 사용하게 되는 경

control."과 같이 "then"을 삽입할 수 있다.

55 조건부 이행의무(condition to an obligation)를 기술할 때는, "If X happens, Y is obligated to perform ..."과 같은 형식의 문장을 사용한다. 예를 들면, "If the Buyer obtains a mortgage, the Buyer shall purchase the House on the Closing Date."와 같이 기재하고, "If the Buyer does not obtain a mortgage, the Buyer is not obligated to purchase the House on the Closing Date."와 같이 부정문 형식의 문장은 사용하지 않는다.

56 조동사 "shall"의 용법에 관한 자세한 사항은 "Chapter 2. V. Covenant(구속약정/이행의무)" 단원을 참고하기 바란다.

57 예를 들면, Condition(조건)과 관련된 문장에서 조동사 "shall"의 용법과 관련해, 주절에서는 당사자의 의무를 나타내기 위해 "shall"을 사용한다고 하더라도, 아래 (Version 1)과 같이 조건절에서 "shall"을 사용하기보다는 (Version 2)와 같이 "shall"을 사용하지 않는 것이 좋다:

(Version 1)

If the Owner <u>shall have suffered</u> a loss because of theft or unintentional damages, the

우 불필요한 잠정적인 의미를 갖게 되는데, 이는 당사자 간의 거래내용을 단정적인 조건으로 표시해야 하는 계약문구에는 적절하지 않으므로, 조건절에서 "should"는 사용하지 않는 것이 좋다. 그리고, 계약상의 조건은 명확해야 하므로, 조건을 가정법 형식으로는 기술하지 않아야 한다.[58]

Owner shall give the Insurer written notice of the claim no later than ten days after the loss.

(Version 2)

If the Owner suffers a loss because of theft or unintentional damages, the Owner shall give the Insurer written notice of the claim no later than ten days after the loss.

58 "if-clause(조건절)"이 포함되어 있는 조건문(conditional sentence)은 일정한 조건과 그에 따른 결과나 가정적 상황과 그 결과를 언급하는 진술인데, 동사의 시제에 따라 대체로 4가지 유형으로 나뉠 수 있다. 여기에는 제로 조건문(zero conditional sentence), 1차 조건문(first conditional sentence), 2차 조건문(second conditional sentence), 3차 조건문(third conditional sentence)이 있다. 제로 조건문(zero conditional sentence)은 일반적 사실(general truth)이나 당연한 현상을 표현하는 것으로, 주절(main clause)과 조건절(if clause) 모두 단순현재시제(simple present tense)를 사용하며, 이때 "if"는 "when"으로 상호 교환적으로 사용할 수 있다. 예를 들어, "If you put ice in hot water, it melts." 등과 같이 일정한 조건이 있는 때 특정한 결과가 일어날 것이 보장된 경우에 사용한다. 1차 조건문(first conditional sentence)은 일정한 조건에서 특정한 결과가 미래에 발생한다는 것을 나타낸다. 이는 "If you rest, you will feel better." 등과 같이, 조건절은 단순현재시제(simple present tense)를 사용하고, 결과를 나타내는 주절에서는 단순미래시제(simple future tense)를 사용한다. 2차 조건문(second conditional sentence)은 비현실적이거나 미래에 일어날 가능성이 희박한 결과를 표현하는 데 사용한다. 이는 "If I inherited a billion dollars, I would travel to the moon." 등과 같이, 조건절에서 단순과거시제(simple past tense)를 사용하고, 주절에서는 "could," "should," "would," "might" 등과 같은 법조동사(modal auxiliary verb)를 사용한다. 3차 조건문(third conditional sentence)은 과거에 실제 발생하지 않은 다른 일이 있었다면 현재 상황이 달라졌을 것이라는 것을 표현할 때 사용한다. 이는 "If I had cleaned the house, I could have gone to the movies." 등과 같이, 조건절에서 과거완료(past perfect; had+past participle)를 사용하고, 주절에서는 일어날 수 있었던 이론적 상황을 나타내어 "would," "could," "should" 등과 같은 "법조동사(modal auxiliary verb)+have+past participle(과거분사)"의 형식을 사용한다. 이에, 당사자의 권리와 의무를 명시해야 하는 계약에서는 실제 발생하지 않았거나 일어날 가능성이 없는 상황을 나타내는 2차 조건문(second conditional sentence)이나 3차 조건문(third conditional sentence) 형식의 조건문(가정법 형식)은 사용하지 않는다. 계약상 조건(condition)은 일정한 조건에 따라 당사자의 특정한 의무나 재량권이 발생하는 것을 나타내므로 1차 조건문(first conditional sentence)과 같은 형태로 주로 쓰인다. 즉, 조건절은 단순현재시제(simple present tense)로, 주절에서는 "shall"이나 "may" 등과 같은 법조동사를 사용해 조건에 따른 계약당사자에게 발생하는 결과를 표현한다. 또한, 조건절이 주절 앞에 오는 경우, "If I'd had time, I would have cleaned the house." 등과 같이 조건절 뒤에 쉼표를 찍으며, 주절이 조건절에 선행하는 경우에는 "I would have cleaned the house if I'd had time." 등과 같이 쉼표가 불필요하다.

Ⅴ. Covenant(구속약정/이행의무)

1. Covenant(구속약정/이행의무)의 이해

"Covenant"는 계약의 한쪽 당사자가 상대방 당사자에게 특정한 행위를 하거나 하지 않을 것을 약속(promise to do or not to do something)하는 것으로, 계약이 성립된다면 약속을 한 당사자는 그 약속에 따라 이행을 할 의무(duty to perform; obligation)를 부담하게 된다. Covenant(구속약정/이행의무)를 한 당사자는 그 약속에 따른 이행의무가 발생하게 되는데, 계약상 이를 나타내기 위해서 관련 문장에서 해당 동사와 함께 조동사로 의무를 나타내는 "shall"이라는 용어를 사용한다. 다만, 실무상으로는 "shall"이라는 용어가 Covenant(구속약정/이행의무)를 나타내는 경우뿐만 아니라 Representation(진술), Warranty(보증), Declaration(사실에 대한 선언) 등을 규정할 때에도 불필요하게 사용되는 경우가 많은데,[59] 계약상 조동사 "shall"의 본질적인 의미나 사용 용도에 비추어 Covenant(구속약정/이행의무) 이외에, 불필요하게 "shall"을 많이 사용하는 것은 바람직하지 않다. 당사자가 계약에서 정한 특정한 의무이행 약속을 지키지 못해 Covenant(구속약정/이행의무)를 위반한 경우 당사자는 계약위반을 한 것이 된다. 이 경우, 진술(representation)이나 보증(warranty)의 위반에 따른 구제방법과 별도로, 피해당사자는 Covenant(구속약정/이행의무)를 위반한 당사자에게 손해배상을 청구할 수 있다. 이때의 손해배상액의 산정기준은 대체로 거래에 따라 얻게 될 모든 이익(full benefit of the bargain)이 될 수 있다.[60] 그런데, 계약의 목적물이 특정한 부동산과 같이 유일한(unique) 경우에 해당한다면 금전적 손해배상이 적절하지 않을 수 있으며 형평법상 구제수단인 특정이행(specific performance) 등을 청구할 수도 있다.

한편, 계약의 합리적 해석을 통해 영미계약법상 계약관계에서 선의와 공정한 거래(good faith and fair dealing)에 관한 Implied Covenant(묵시적 이행의무)의 원리

59 예를 들어, 계약의 구조개념상 Declaration(사실에 대한 선언) 관련 규정의 일종인 Governing Law(준거법) 조항에서 "This Agreement shall be governed by and construed in accordance with the laws of Korea." 등과 같이 "shall"을 사용해 당사자가 합의한 정책(policy)을 표현하는 경우가 있다.

60 중대한 이행의무(covenant)의 위반으로 인해 계약 전체의 목적을 달성할 수 없는 정도에 이른다면 피해당사자는 손해배상청구와 함께 계약을 해제할 수 있다.

를 인정하기도 한다.[61] 이러한 묵시적 이행의무(implied covenant)는 일반적으로 당사자들이 상호간 정직하고 공정하게(honestly and fairly) 행동할 것을 요구해, 한쪽 당사자가 상대방 당사자에게 사기나 부정직, 불공정, 강압행위가 있는 경우, 예를 들어, 한쪽 당사자가 의도적으로 상대방에게 중요한 정보를 알려주지 않거나, 고의로 상대방에게 손해를 입히는 행위 등을 한 때에는 이를 묵시적 이행의무를 위반한 것으로 볼 수 있으며, 그 행위가 극단적으로 이루어진 때에 그 행위자는 징벌적 손해배상책임(punitive damages)을 질 수도 있다.

2. Covenant(구속약정/이행의무)와 Gap Period(공백기간)의 문제

일반적 계약에서 계약기간은 계약체결일 또는 합의된 일자에 곧바로 시작되고 정해진 날짜에 종결되어, 특별히 계약체결일(signing date) 이후 클로징일(closing date) 사이의 일정한 시간적 간격인 Gap Period(공백기간)를 필요로 하지 않는다. 이때 계약당사자들은 계약기간 동안 요구되는 자신의 이행의무를 상대방에게 약속(promise; covenant)하면 된다. 예를 들어, 상표 관련 라이선스계약(license agreement)에서 계약기간 동안 라이선스사용자(licensee)는 관련 상표를 사용하여 목적물을 제조해 이에 대한 필요한 승인을 얻고 마케팅을 하며, 로열티를 지급하는 등의 약속을 한다. 이에 대해, 라이선스제공자(licensor)는 계약기간 동안 라이선스사용자에게 그 상표의 사용을 허락하고 상표를 사용한 시제품을 신속하게 검토해 승인 여부를 결정하고, 상표와 관련된 분쟁발생시 이를 방어하는 등의 약속(promise; covenant)을 한다. 다만, Covenant(구속약정/이행의무)는 계약기간 이후의 문제를 다룰 수 있는데, 예를 들면, 라이선스계약에서 계약이 종결된 때 라이선스사용자가 소유한 재고품의 처리와 관련된 계약종결 이후의 당사자들의 의무를 규정할 수 있다.

그런데, 인수계약(acquisition agreement)의 경우는 계약체결일(signing date) 이후 곧바로 계약을 실행하지 않고 클로징일(closing date)까지 일정한 사항이 충족되는 때에 한하여 계약이 완료되기 때문에,[62] 계약체결일과 클로징일 사이의 일정한 시

61 영미계약법상 법규범적 해석원리로, 선의와 공정한 거래(good faith and fair dealing)에 관한 Implied Covenant(묵시적 이행의구) 등에 관한 자세한 사항은 저자 집필 『영미계약법 원리』(유원북스, 2021), 634-638페이지를 참고하기 바란다.

62 클로징(closing)은 계약당사자들이 합의된 이행사항을 교환하고 계약을 완료하는 것을 말한다. 클로징의 문제는 인수계약(acquisition agreement)과 파이낸싱계약(financing agreement)에서 주로 발생한다. 클로징일(closing date)은 예를 들면, 인수계약에서 매도인이 그의 재산을 매수

간적 간격, 즉 Gap Period(공백기간)가 발생한다. 이러한 공백기간 동안 계약당사자가 일정한 해야 할 의무나 조건을 만족시킬 것을 약속하는 Covenant(구속약정/이행의무)를 하게 된다. 이때 Covenant(구속약정/이행의무)는 클로징일 이전의 이행의무(pre-closing covenants)와 클로징일 이후의 이행의무(post-closing covenants)로 나뉠 수 있고, 이를 하나의 조항으로 묶어서 작성하거나 별도의 다른 조항으로 작성할 수도 있다. 예를 들면, 회사의 주식매매계약이나 부동산매매계약의 경우 주주나 이사회의 승인이 필요하거나 정부의 인가나 제3자의 동의가 필요할 수 있는데, 계약당사자가 이러한 필요한 제반 절차나 요건을 충족시킬 것을 약속하는 Covenant를 할 수 있다. 또한, 매도인이 매수인에게 건물을 500만 달러에 매도하기로 계약했고 계약의 체결일로부터 30일이 되는 날을 클로징일로 정한 경우 30일간의 공백기간(gap period)이 발생하고 그 사이에 건물에 손상 등 어떠한 변경이 생기지 않도록 한다는 것을 매수인은 매도인으로부터 약속(covenant)받을 수 있다.[63]

인수계약(acquisition agreement)에서는 계약체결일과 클로징일 사이의 공백기간(gap period)이나 클로징 이후에 당사자들이 이행해야 할 의무들(covenants)이 발생할 수 있다. 이러한 이행의무는 다양한 맥락에서 사용될 수 있는데, 주로 공백기간 동안 인수대상 목적물과 관련한 매도인의 행위를 통제하기 위해서 또는 클로징 때에 인수대금의 지급의무(covenant)나 인수대상 목적물의 이전에 관한 의무 등과 같은 경우가 있다. 계약상 주제의 이행조항(subject matter performance provision)에서는 당사자가 상대방에게 계약의 주요 대상을 이행할 것을 약속(covenant)하는 내용을 명시한다.[64] 다만, 인수계약의 경우에도 공백기간과 관련이 없는 Covenant(구속약정/이행의무)가 있을 수 있다. 예를 들어, 비밀유지조항(confidentiality provision) 등과 같은 Covenant(구속약정/이행의무)는 계약의 클로징 이전이나 이후 모두 적용

인에게 이전하고, 매수인이 매도인에게 그에 대한 대금을 지급하는 날이 되고, 대출계약에서는 은행이 차주에게 대출을 하고 차주가 그에 대한 변제를 약속하는 날이 된다.

63 예를 들면, 매도인의 이행의무(seller's covenants)로, "Seller (i) shall not paint new walls between the signing of this agreement and the closing date; (ii) shall cause the propane gas tank to be at least two-third full with propane gas on the closing date." 등과 같은 규정을 둘 수 있다.

64 예를 들면, 클로징(closing) 또는 공백기간(gap period) 중에 매도인의 구속약정/이행의무(covenants)를 다음과 같이 명시할 수 있다:

Seller's Covenants. The Seller (a) shall not paint the walls between the signing and the Closing; and (b) shall cause the propane gas tank to be at least one-third full with propane gas on the Closing Date. At the Closing, the Seller shall sell the house to the Buyer, and the Buyer shall buy the house from the Seller.

된다. 또한, 배상면책조항(indemnification provision)이나 경쟁금지조항(noncompetition provision) 등과 같이 클로징 이후에만 적용되는 Covenant(구속약정/이행의무)가 있을 수 있다.

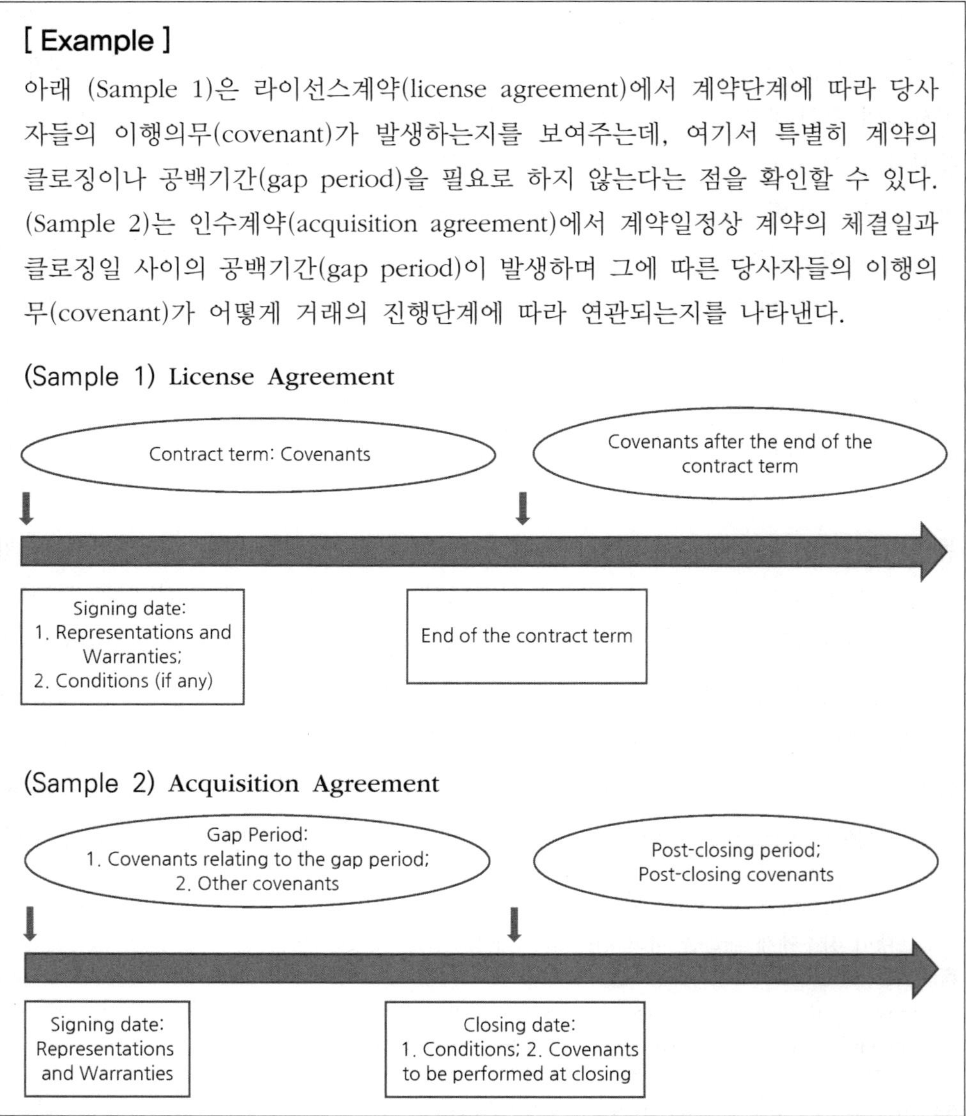

[Example]

아래 (Sample 1)은 라이선스계약(license agreement)에서 계약단계에 따라 당사자들의 이행의무(covenant)가 발생하는지를 보여주는데, 여기서 특별히 계약의 클로징이나 공백기간(gap period)을 필요로 하지 않는다는 점을 확인할 수 있다. (Sample 2)는 인수계약(acquisition agreement)에서 계약일정상 계약의 체결일과 클로징일 사이의 공백기간(gap period)이 발생하며 그에 따른 당사자들의 이행의무(covenant)가 어떻게 거래의 진행단계에 따라 연관되는지를 나타낸다.

(Sample 1) **License Agreement**

(Sample 2) **Acquisition Agreement**

3. Covenant(구속약정/이행의무)와 구제방법(remedies)

진술과 보증(representations and warranties)이 보통법(common law)상 구제방법(remedies)을 갖는 것과 마찬가지로, Covenant(구속약정/이행의무)의 경우도 그에 관한 구제방법이 인정되는데, 피해당사자는 이행의무(covenant) 위반자를 상대로 손해배상(damages)을 청구하거나, 적정한 경우 특정이행(specific performance)을 청구할 수도 있다. 계약위반이 중대해 치유될 수 없는 전체 계약의 위반(material breach)이 되는 경우 피해당사자는 다른 구제방법과 함께 계약을 취소할 수 있다.[65] 그런데, 당사자가 계약상 이행의무를 위반(breach of covenant)하였다고 하여 당사자의 부실표시/허위진술(misrepresentation)이나 보증위반(breach of warranty)이 반드시 인정되는 것은 아니다. 계약상 부실표시/허위진술이나 보증위반이 이행의무의 위반이 된다고 하더라도, 그 진술이나 보증의 진실성은 그에 관한 진술이 이루어진 시점을 기준으로 판단한다. 이에, 진술과 보증이 이루어질 당시에 그 진술이 진실하다면 당사자가 그와 관련된 이행의무를 위반하였다는 이유만으로 당사자의 허위진술이나 보증위반이 되지는 않는다. 예를 들어, 건물매매계약에서 매도인이 계약체결 당시에 사무실벽이 흰색이고 이러한 흰색이라는 점에 진술과 보증(representation and warranty)을 하고, 그 흰색을 계속 유지한다는 점에 구속약정/이행의무(covenant)을 한 경우 그 이후 매도인이 그 벽을 푸른색으로 페인트칠하였다면 매수인은 매도인을 상대로 구속약정/이행의무의 위반(breach of covenant)을 이유로 손해배상 등 구제방법을 청구할 수 있다. 그런데, 진술과 보증의 경우는 그 진술과 보증이 이루어질 당시 사무실벽의 색깔이 흰색이었기 때문에, 매수인은 매도인에 대해 허위진술(misrepresentation) 또는 보증위반(breach of warranty)에 따른 구제방법을 청구할 수는 없다.

4. Covenant(구속약정/이행의무) 관련 규정의 유의사항

4.1 Covenant(구속약정/이행의무)의 유형 및 관련 문장 작성시 유의점

계약상 Covenant(구속약정/이행의무)는 계약의 목적을 달성하기 위해 한쪽 당사

---

65 계약당사자의 계약상 이행의무(covenant)에 대한 구제방법의 자세한 내용은 저자 집필 『영미계약법 원리』 (유원북스, 2021), 411페이지 이하를 참고하기 바란다.

자가 상대방 당사자에게 일정한 의무이행을 약속하는 것이므로 그 의무부담을 지는 당사자가 특정한 행위를 하거나 하지 않는다는 형식으로 작성된다. Covenant(구속약정/이행의무)에는 어떤 것을 할 것(to do something)을 약속하는 Affirmative Covenant(확약조항/적극적 이행의무)와 어떤 것을 하지 않을 것(not to do something)을 약속하는 Negative Covenant(금지조항/소극적 구속약정)가 있다. Covenant(구속약정/이행의무) 관련 규정에서 계약당사자는 자신이 통제할 수 없는 것을 약속하지 않도록 주의해야 한다. 진술 및 보증(representation and warranty)과 마찬가지로, Covenant(구속약정/이행의무)도 당사자 간 책임의 기준을 정하고 위험을 분배(risk allocation)하는 기능을 한다. 계약서상 Covenant(구속약정/이행의무)의 구체적인 내용은 5W 2H(who, what, when, where, why, how, how much)를 통해 결정하고,[66] 적절한 수식어구(qualifiers)를 사용해 그 의무의 정도(degree of obligations)를 나타낸다.

그런데, 인수계약(acquisition agreement)이나 대출계약(loan agreement) 등의 경우 계약당사자들이 계약의 클로징(closing) 이전에도, 즉 계약체결일 이후 클로징일까지 공백기간(gap period)에도 이행해야 할 의무를 약속하게 된다. 이때는 계약상 클로징일 이전에 이루어져야 하는 이행의무(pre-closing covenants)와 클로징 이후에 해야 할 이행의무(post-closing covenants)를 구분해 필요한 이행의무의 내용(covenants)을 기술한다. 계약의 클로징 이후에 당사자가 특별히 의무이행을 약속할 필요가 있는지에 대한 의문이 있을 수 있으나, 해당 거래의 성격이나 당사자들의 관계에 비추어 클로징 이후에도 당사자의 일정한 이행의무가 요구될 수 있다. 예를 들어, 영업양수도계약에서 계약이 종결된 이후에도 양수인이 그 양수받은 영업의 거래선과의 관계를 유지하기 위해서 또는 그 영업과 관련된 소송 등 분쟁에

66 Covenant(구속약정/이행의무)의 내용은 금전적 사항(how much)을 포함해, 누가(who), 무엇을(what), 언제(when), 어디서(where), 어떻게(how) 등에 관한 사항을 파악하는 5W 2H 테스트(who, what, when, where, why, how and how much tests)를 거쳐 의무의 내용을 결정한다. 이와 관련해, 다음 질문사항들에 관해 스스로 답변을 해 보는 것이 해당 의무의 내용을 확정하는 데 도움이 된다.

- **Who** is obligated to whom(누가 누구에게 의무를 부담하는지)?
- **What** is the obligation(의무는 무엇인지)?
- By **when** must the obligation be performed(의무는 언제까지 이행되어야 하는지)?
- **Where** will the performance take place(이행이 일어나는 장소는 어디인지)?
- **Why** must a party perform(왜 당사자가 이행을 해야 하는지)?
- **How** is the obligation performed(의무가 어떻게 이행되어야 하는지)?
- If performance involves money, **how much**(이행의무가 금전과 연관된 경우, 그 금전대금은 얼마인지)?

휘말리게 될 때 양도인의 도움이 필요할 수 있고, 양도인이 영업양수도 이후에 그 양도된 사업의 직원을 유인해 양도한 영업과 동종의 영업을 하는 경우 양수인으로서 영업양수에 따른 목적을 달성할 수 없으므로, 클로징일 이후에도 양수인은 양도인의 일정한 이행의무의 약속(covenants)이 요구된다.

한편, 계약상 Covenant(구속약정/이행의무)는 문장의 주어에게 의무를 부과하는 형태로 기술되는데, "Lingco shall purchase the Shares from Doe."; "Distributor shall give the purchasers of Products appropriate instructions regarding the use of Products in accordance with the specifications." 등과 같이, 의무를 나타내는 조동사 "shall"을 일반적으로 사용한다.[67] 당사자가 어떤 것을 하지 않을 것(not to do something), 즉 계약당사자에게 금지의무를 부과(imposing the prohibition)할 때는, 대체로 "The Customer shall not modify the Equipment without Lingco's prior written consent."; "The Receiving Party shall not use Confidential Information other than as authorized by the Disclosing Party under the SOW." 등과 같이 "shall not"이라는 표현을 사용한다.[68] 다만, "Neither party may assign

---

67 계약의 구조개념(contract concepts)상 문장의 주체에 대한 이행의무의 부과는 조동사 "shall"을 사용해 표현하기 때문에 다른 용어로 계약상 이행의무를 표현하는 것은 혼동을 가져올 수 있다. 즉, 계약의 구조개념에 비추어, 계약상 당사자의 구속약정/이행의무(covenant)를 명확히 나타내기 위해서는, "agree," "will," "must," "promises to," "undertakes," "is bound to," "commits," "is responsible for" 등과 같은 용어를 사용하기보다는 "shall"을 사용하는 것이 적절하다. 예를 들어, "Each Limited Partner agrees to contribute $100,000 to the limited partnership before 10 January 2023." 등과 같이, "agree"라는 용어를 사용해 당사자의 이행의무(covenant)를 나타내지 않는 것이 좋다. 계약 자체가 계약당사자의 합의를 나타내는 것이기 때문에 당사자 간의 합의를 나타내는 "agree"라는 표현을 굳이 사용할 필요가 없다. 또한, "The Performer is responsible for designing and making her own costume." 등과 같이, 계약상 개념으로 명확하지 않은 "is responsible for"이라는 문구를 사용해, 당사자의 이행의무(covenant)를 나타내지 않아야 한다. 한편, 실무상 계약에서 이행의무(covenant) 이외에도 계약문장의 개념상 단순한 사실의 선언(declaration) 등의 의미를 가짐에도 불구하고, "shall"이 사용되는 경우가 있는데, 계약문장의 개념을 명확히 전달하기 위해서는 당사자의 이행의무를 나타내는 경우에만 "shall"을 사용하는 것이 바람직하다. 예를 들어, 당사자 간에 계약상 따르기로 한 정책(policy)을 나타내는 Declaration(사실의 선언)의 일종인 중재조항에서, "The arbitrators shall interpret all controversies arising under or relating to this Agreement, including torts, in accordance with the laws of New York state."라고 하기보다는, "The arbitrators are to interpret all controversies arising under or relating to this Agreement, including torts, in accordance with the laws of New York state."와 같이 표현하는 것이 좋다.

68 계약상 "... 하지 않아야 한다"라는 금지표현(language of prohibition)을 나타내기 위해서는, "has a duty not to"의 의미를 가지는 "shall not" 또는 "is required not to"의 의미를 가지는 "must not"를 주로 사용한다. "is not permitted to"라는 의미를 가지는 "may not"은 그 의미상

any of its rights under this Agreement."와 같이, 문장에서 부정주어(negative subject)[69]를 사용하는 때는 "shall not" 대신 조동사 "may"를 사용할 수 있다. 그리고, 계약상 이행의무조항(covenant clause)의 예외사항(exceptions)으로 당사자의 이행의무를 부정(absence of obligation)하는 경우가 있는데, 이때는 "The Seller shall use commercially reasonable efforts to obtain the Landlord's consent, but in using those efforts, the Seller is not obligated to spend more than $10,000." 등과 같이, "is not obligated to"라는 표현을 쓸 수 있다.[70]

Covenant(구속약정/이행의무)의 문장은 또한 수동태가 아니라 능동태로 나타낸다.[71] 계약상 계약당사자가 어떠한 결과에 대한 책임을 부담하지만 그 결과를 위한 행위를 직접 하지 않고 타인으로 하여금 그 행위를 하게 하는 경우 그 행위자와 결과의 책임자를 명확히 하기 위해, 해당 결과를 주어로 한 수동태 문장으로 나타내기보다는 계약당사자를 주어로 하여 "shall cause," "shall not permit" 등의 동사문구를 사용해 실제 행위자도 같이 나타낼 수 있다. 예를 들어, 건물 신축공사계약에서 공사를 시작하기 위해서는 지하의 가스탱크가 제거되어야 하는데, 이를 해당 토지의 관리업체가 하더라드 그 토지소유자가 결국 책임을 부담하는 것이라면 계약상 가스탱크의 제거를 주어로 한 수동태로 기술하는 경우 그 제거에 대한 책임주체가 불분명할 수 있으므로, 책임을 부담하는 계약당사자를 주어로 "shall cause" 등의 문구와 함께 규정한다. 즉, 당사자의 이행의무를 나타내면서, "The underground gas tank shall be removed from the Land no later than five Business Days before the Start Date."라고 한다면 가스탱크 제거의 책임부담 주체를 파악하기 어렵기 때문에, "The Owner shall cause the underground gas

모호성(ambiguity)으로 인해 금지표현으로는 적절하지 않다. 또한, 계약서상 일반적으로 자유재량의 표현(language of discretion)으로 "can"을 사용하지 않으며, "cannot" 또한 금지표현으로 사용하지 않는다.

69 부정주어(negative subject)로는 예를 들어, "neither party," "no party" 등의 표현이 있을 수 있다.

70 계약상 이행의무의 부정(absence of obligation), 즉 "... 할 필요/의무가 없다"라는 의미를 나타내기 위해서는, "is not required to+동사" 또는 "is not obligated to+동사"의 형태로 사용된다. 다만, "need not"은 구어체적 표현으로, 계약상 이행의무를 부정하기 위해 사용하는 것은 적절하지 않다.

71 예를 들어, Covenant(구속약정/이행의무)를 나타내는 문장은 "The premises shall be painted by the Tenant in the last month of the lease term."과 같은 수동태가 아니라, "The Tenant shall paint the premises in the last month of the lease term."과 같이 능동태를 사용해 표현한다.

tank to be removed from the Land no later than five Business Days before the Start Date."와 같이 행위결과에 대한 책임부담의 주체를 "shall cause"를 사용해 명시한다. 여기서 결과의 책임주체와 실제 행위자를 같이 함께 표현하고자 한다면 "Each Shareholder shall cause the Company to keep its accounting books and records at the head office of the Company for inspection by the Regulators," "The Seller shall cause the Target to maintain its equipment in accordance with industry standards." 등과 같이, "shall cause" 등을 통해 행위를 책임주체와 실제 행위자를 함께 규정할 수 있다.

그리고, Covenant(구속약정/이행의무)의 문장을 Declaration(사실에 대한 선언)처럼 보일 수 있는 형태의 문장으로 표현하지 않아야 한다.[72] 관련 조항이 Declaration(사실에 대한 선언)인지 Covenant(구속약정/이행의무)인지에 의문이 있다면 그 조항을 위반할 경우 계약법상 이행의무 위반에 따른 구제방법이 있을 필요가 있는지를 확인해 보고, 구제방법이 있어야 한다면 Covenant(구속약정/이행의무)에 해당할 수 있고, 구제방법이 불필요하다면 Declaration(사실에 대한 선언)이 된다.[73]

---

72 예를 들어, "The security deposit will be $3,000, due concurrently with the parties' execution and delivery of this Agreement."라는 문장은 계약당사자의 보증금(security deposit)의 지급의무를 나타내기보다는 보증금(security deposit)이 3천 달러라는 점에 중점을 둔 표현으로 Declaration(사실에 대한 선언)을 나타내는 것으로 보일 수 있다. 이를 당사자의 Covenant(구속약정/이행의무)로 명확히 나타내기 위해서는 "The Tenant shall pay the Landlord a $3,000 security deposit by certified check concurrently with the parties' execution and delivery of this Agreement." 등과 같이 표현하는 것이 적절하다.

73 실무상 "shall"은 영문계약서에서 계약의 문장 구성개념과 무관하게 무분별하게 사용되는 경우가 많은데, 이때 "shall"의 일관되지 않은 사용으로 인해 의미가 모호성(semantic ambiguity)이 야기될 수 있다. 이때 "shall"이 Covenant(구속약정/이행의무)를 나타내기 위해 적절하게 사용되었는지를 확인하기 위해서는, "shall"을 "have a duty to …"로 대체하더라도 여전히 그 의미를 이해할 수 있는지를 파악할 필요가 있다. 즉, "shall"을 사용하는 해당 조항에서 그 의미상 "shall"을 "have a duty to …"로 대체할 수 있다면 "shall"은 Covenant(구속약정/이행의무)를 나타내기 위해 적절하게 사용한 것이라 할 수 있다. 예를 들어, 계약상 의미의 모호성을 유발하지 않도록, 조동사 "shall"은 "Company shall appoint a bank or trust company to serve as the paying agent."에서처럼, 계약당사자인 회사(Company)에게 지급대리인의 선임을 해야 할 직접적 의무(direct duty)를 부과하는 경우와 같이 계약당사자에게 직접적인 의무를 부과하는 경우에만 사용하는 것이 적절하다. 그런데, "notice has a duty to be given" 또는 "Defective products have a duty to be examined."라는 문장에서 "notice"나 "defective products"가 계약에 따른 의무를 부담할 수 없기 때문에 계약의 문장 구조개념상 이해하기 어렵게 된다. "Licensor has a duty to be reimbursed for expenses."라는 문장의 경우도 비용을 상환받을 권리는 의무가 아니기 때문에 이해하기 힘들게 된다.

[Example 1]

아래는 Covenant(구속약정/이행의무)의 구체적 사항을 정하기 위한 기재례이다. 이러한 Covenant(구속약정/이행의무)의 내용은 금전적 사항(how much)을 포함한 5W 2H 테스트(who, what, when, where, why, how and how much tests)를 통해 결정될 수 있다.

- No later than 60 days before an Item is to be shipped to the Retail Stores [*when - should it be shorter or longer?*], the Manufacturer [*who*] shall submit a sample of that Item [*what*] to the Licensor [*to whom*] for its approval. The Licensor [*who*] shall approve or reject the sample and notify [*what*] the Manufacturer [*who*] of its decision by telephone [*how*] no later than three business days after the date of its receipt of the Item [*when*] for approval.
- No later than five days after its receipt of the Release Notice [*when - should it be later or sooner?*], the Escrow Agent [*who*] shall deliver [*to whom*] a certified check [*how - would a wire transfer be better?*] in an amount equal to the Disputed Amount [*how much?*], payable to the order of the party set forth in the Release Notice.

[Example 2]

아래는 대출계약(loan agreement)에서 Affirmative Covenant(확약조항/적극적 이행의무)와 Negative Covenant(금지조항/소극적 구속약정)의 기재례이다. 일반적으로 확약조항과 관련해, 차주의 불이행이 있는 경우 대주는 일반적으로 차주에게 그 불이행을 치유할 수 있는 유예기간(grace period)을 부여하고, 금지조항에서는 차주의 일정한 행위를 금지하고 그 불이행이 있는 때 즉시 계약위반이 있는 것으로 본다.

- **Affirmative Covenants** - require a borrower to maintain prudent business practices, including payment of taxes, maintenance of equipment, compliance with laws, and the keeping of proper business and financial records …
- **Negative Covenants** - prohibit mergers, debt, and the granting of security interests …

[Example 3]

아래는 인수계약(acquisition agreement)이나 대출계약(loan agreement) 등에서 클로징과 관련한 당사자들의 구속약정/이행의무(covenants)의 시기에 따른 기재례로, (Sample 1)은 Pre-Closing Covenants(클로징 이전의 이행의무)에 관한 사항, (Sample 2)는 Post-Closing Covenants(클로징 이후의 이행의무)에 관한 사항에 관한 예문이다.

(Sample 1) **Pre-Closing Covenants**

Seller hereby covenants to Purchaser that from the date hereof until the Closing Date, it shall:

(i) not cause or permit the Business to engage in any practice, take any action or enter into any transaction outside the ordinary course of business, without Purchaser's prior written consent;

(ii) keep the Business and its Assets intact, including its present operations, physical facilities, working conditions, and relationships with lessors, licensors, suppliers, customers and Employees;

(iii) maintain its Records in the usual, regular and ordinary manner, on a basis consistent with past practice, comply in all material respects with all laws and contractual obligations applicable to the Business or to the conduct of the Business and perform its obligations relating to the Business on a basis consistent with past practices;

(iv) not enter into any long-term or onerous contracts or commitments or enter into any transactions that are not on an arms-length basis ...

(Sample 2) **Post-Closing Covenants**

- **General.** If at any time after the Closing, any further action is necessary or desirable to carry out the purposes of this Agreement, each Party shall take such further action (including the execution and delivery of such additional instruments and documents) as the other Party may reasonably request
- **Litigation Support.**
- **Business Relations.**
- **Confidentiality After Closing.**
- **Covenant Not to Compete.**
- **Employees.**

4.2 "Shall"과 "Will"의 의미 및 용법의 문제

법조동사(modal auxiliary verb)[74]인 "shall"과 "will"은 미래(futurity)를 나타내기

74 법조동사(modal auxiliary verb)는 거기에 따르는 주동사(main verb)의 가능성(possibility), 능력(capability), 필요성(necessity), 의지(willingness), 허락(permission) 등을 나타내는 보조적 정보를 전달하는 기능을 하며, 이는 단수나 복수의 구분이 없으며, 시제에 따라 변하지 않는다. 법조동사에는 "can," "could," "may," "might," "must," "shall," "should," "will," "would"의 9

위해 사용될 수 있고 이때 상호 교환적으로도 사용될 수 있는데,[75] 일상 영어에서는 "shall"이 다소 형식적이고 전통적 방식의 표현으로 여겨져 "will"이 더 많이 사용된다. 그리고, "shall"은 대화체에서 "Shall we go out for lunch today?"와 같이 당사자의 상대방에 대한 제안(offer; suggestion)을 나타내는 등 문맥에 따라 다양한 의미를 가질 수 있지만, 계약 등 법률 분야에서는 본질적으로 당사자가 어떠한 일이 발생하도록 하는 책임 내지 이행의무(covenant)를 나타내는 의미로 사용된다.[76] "will"은 다양한 표현의 맥락에 따라 당사자의 의지, 성향, 허락, 습관, 추측 등 다양한 뜻을 나타내기 위해 사용될 수 있는데, 근본적으로는 자신이 어떤 것을 할 의지(willingness; intention)를 나타내기 위해 사용된다.[77]

그런데, 계약상 당사자의 의무(obligation)를 나타내기 위해 "shall" 대신에 "will"을 사용할 수도 있는데, "will"은 의무라기보다 주로 미래시제를 나타내기 위해 사용되어, "will"을 사용할 경우 의무를 나타내는 것인지 미래시제를 표현하는 것인지 혼란이 있을 수 있다. 이런 점을 고려하면, 영문계약서상 이행의무(covenant)를 나타내기 위해서는 "shall"을 사용하고, "will"은 주로 미래시제를 표현하기 위해 사용하는 것이 더 적절할 수 있다.[78] 다만, 부정주어(negative subject)를 가진 이

가지가 있으며, 계약에서는 "shall," "may," "will," "must"가 주로 사용된다.

75 "I shall never forget your voice." 또는 "Will Jane be there?" 등과 같이 "shall"과 "will"은 미래(futurity)를 언급할 때 사용할 수 있다.

76 이와 관련해, Collins Dictionary에서 "shall"은 통상 규칙이나 법 때문에 무슨 일이 일어나야만 하는 것(something must happen, usually because of a rule or law)을 표현한다고 하고 있다.

77 이러한 다양한 의미의 맥락에서, Collins Dictionary에서는, "will"은 장래 일어날 일에 대한 약속이나 징조를 나타내기(make promises and threats about what is going to happen or be the case in the future) 위해 사용될 수 있다고 한다.

78 문장의 주체에 의무를 부과하기 위해 "will"을 사용할 때 문장의 주체 이외에 다른 사람에게 의무를 부과하거나 또는 미래시제를 표현하는 것으로 볼 수 있는 문제가 있다. 계약조항에서 문장의 주어가 아닌 다른 사람에게 부과되는 의무를 표현하기 위해서는, "shall"이나 "will" 대신해, "The arbitrator must issue the award no later than 20 days." 등과 같이, "is required to"라는 의미를 갖는 "must"를 사용할 수 있다. 다만, "shall"을 "will"로 대체해 사용하는 경우도 있는데, "will"이 약속과 연관되지 않는 장래의 사건을 지칭하기 위해 사용될 수 있다는 점에서, 약속을 표현하기 위해 "will"을 사용한다면, "will"이 장래 사건을 나타내는 경우 이를 어떻게 표현할 것인지 문제될 수 있다. 그리고, "must"의 사전적 의미는 "is required to"이기 때문에 "shall"을 대신해 "must"를 사용할 수도 있다. 그런데, "shall"을 대체해 "must"를 사용할 때 가장 큰 문제는 거래의 협상과정에서, 계약당사자들은 당사자의 의무를 나타내기 위해, "shall" 대신 보다 강한 요구적 의미를 갖는 "must"를 사용하는 것을 꺼릴 수 있다. 당사자가 계약상 모든 표현을 통제할 수 있다면 당사자의 이행의무로 "must"를 사용할 수도 있으나, 일반적으로 당사자 간 거래 협상의 결과로 계약이 이루어지므로 "shall"을 사용한다. 또한, 계약상 이행의무를 나타내기 위해 "must"를 사용하면 "shall"의 용법과 혼동이 있을 수 있다.

행의무(covenant)의 경우에는 "Neither party may assign any of its rights under this Agreement."와 같이, "shall" 대신 "may"를 사용한다.

결국, 계약의 용법상 조동사 "shall"은 관련 이행의무(covenant)의 주체가 되는 계약당사자를 명시하기 위해 사용되기 때문에 "shall"의 주어는 계약당사자일 필요가 있다. 다만, 이때 "shall"이 be동사와 결합(shall+be)하거나 또는 have동사와 결합(shall+have)해 사용된다면 "shall"의 사용이 적절한지 검토해야 한다.[79] 그리고, 계약상 당사자의 이행의무나 자유재량의 발생에 대한 조건을 나타내는 조건절[80]에서는 당사자의 이행의무나 자유재량 자체를 나타내는 것이 아니라 단순히 그 조건을 나타내는 것이므로 "shall"을 사용하는 것은 적절하지 않다.[81] 한편, 조동사 "will"은 계약상 원칙적으로 당사자의 이행의무(covenant)를 나타내기 위해 사용하지 않는 것이 좋지만, 관련 계약조항에서, (i) 장래에 대한 당사자의 의견이나 판단 또는 믿음을 서술하는 경우,[82] (ii) 계약의 당사자나 당사자가 아닌 자가 장래에 일

---

79 예를 들어, "The outside of the Premises shall be maintained by the Landlord, and the inside of the Premises shall be maintained by the Tenant."와 같이 계약당사자가 아닌 대상이나 사물을 "shall"에 선행하는 주어로 사용하지 않고, "The Landlord shall maintain the outside of the Premises and the Tenant shall maintain the inside of the Premises."와 같이 계약당사자를 "shall"에 선행하는 주어로 사용한다. 그리고, "The Seller shall have obtained the Landlord's consent."와 같이 "shall"이 have동사와 결합(shall+have)해 사용되는 때 계약당사자의 계약상 장래의 이행의무를 나타내기보다는 계약상 일정한 조건이 갖추어져야 한다는 "must"의 의미를 가질 수 있어, "The Seller must have obtained the Landlord's consent."라고 규정하는 것이 적절할 수 있다.

80 조건절(conditional clause)은 대체로 "when," "if," "as," "in the event of," "provided" 등의 용어를 사용해 문구를 구성한다.

81 예를 들어, 당사자의 이행의무의 조건을 나타내면서, "If the Supplier shall be unable to deliver the Products by the agreed upon date as indicated in Article XX of this Agreement, the Supplier shall promptly advise the Company of the likely period of delay and further of the anticipated delivery date."와 같이 조건절에 "shall"을 사용하기보다, "If the Supplier is unable to deliver the Products by the agreed upon date as indicated in Article XX of this Agreement, the Supplier shall promptly advise the Company of the likely period of delay and further of the anticipated delivery date."와 같이 조건절에는 "shall"을 사용하지 않아야 한다. 당사자의 자유재량권 발생의 조건을 언급하는 조건절에서도, "If the Borrower shall fail to pay interest when due, the Bank may declare the Borrower to be in default."와 같이 "shall"을 사용하기보다, "If the Borrower fails to pay interest when due, the Bank may declare the Borrower to be in default."와 같이 "shall"을 사용하지 않아야 한다.

82 예를 들면, "The Contractor shall use its commercially reasonable efforts to find a subcontractor who will paint the House for less than $5,000."와 같이 도급업자(contractor)가 장래 하도급업자(subcontractor)로 하여금 페인트칠을 하도록 노력한다는 점을 나타낸다. Representation(진술)은 장래 사실을 진술하는 형태로 서술할 수 없으므로 장래에 대한 의견의

정한 행위나 조치를 취할 것이고 계약당사자가 아닌 자가 의무를 이행할 것을 약속하거나 재량권이 부여된다는 것을 서술하는 경우,[83] (iii) 현재와 미래를 대비하거나 과거와 미래를 대비하는 경우,[84] (iv) 물품이나 장래 사실의 상태에 대한 보증(warranty)을 하는 경우[85] 등에서 "will"을 사용할 수 있다.[86]

Ⅵ. Right(권리)

계약상 일정한 행위의 이행의무를 약속한 한쪽 당사자에 대하여 상대방 당사자가 그 행위의 이행을 요구할 지위 내지 자격을 갖는데, 이러한 계약상 이행의무(covenant)를 요구할 수 있는 당사자의 자격(entitlement)을 "Right"라 한다. 계약상 한쪽 당사자가 Right(entitlement; 권리)를 갖는다면 상대방 당사자의 이행의무(duty to perform)가 발생하게 되는 상관관계가 있으므로, Right(권리)는 이행의무의 이면(flip side of a covenant)이라 할 수 있다. 예를 들어, 부동산 매매계약을 통해 그 부동산을 적법하게 소유하고 점유할 권리를 갖게 된 자에 대해 계약의 상대방 또는 제3자는 그에 상응하여 당해 부동산의 점유를 방해하거나 무단 침입하지 않을 의무가 발생한다. 따라서, 계약서를 작성할 때 당사자 간 권리의무의 관계를 한쪽 당

경우 "will"을 사용할 수 있다.

83 예를 들면, "The Owner <u>may</u> choose the color that the Contractor <u>will</u> paint the House."와 같이 "will"을 사용할 수 있다. 이 문장은 선택한 색깔로 주택을 페인트칠을 하겠다는 도급업자(contractor)의 약속을 나타낸 것이 아니며, 도급업자(contractor)의 약속(promise)은 별도의 Covenant(구속약정/이행의무) 관련 조항에서 기술할 수 있다.

84 예를 들어, 계약조항에서 "When the Lease terminates, the Landlord has the right to retain the Deposit to pay for expenses that it has incurred or <u>will</u> incur to repair the Tenant's damage to the Premises. The Landlord shall return any retained proceeds that it does not use no later than three days after repairing the damage."와 같이 과거와 미래를 대비해 기술할 때 미래를 나타내기 위해 "will"을 사용할 수 있다.

85 예를 들어, "The Manufacturer <u>warrants</u> to the Retailer [and the eventual consumer] that the Product as packaged and shipped from the Manufacturer's plant <u>will</u> be free from defects in material and workmanship and <u>will</u> function and perform in accordance with Manufacturer's specifications for a period of one year from the date of retail purchase."와 같이 제품에 대한 보증을 하는 경우 "will"을 사용할 수 있다. 이 경우 제품과 관련해 장래 어떠한 이행의 약속을 하는 것이 아니기 때문에 "shall"을 사용하지 않는다.

86 Tina L. Stark, 『Drafting Contracts: How and Why Lawyers Do What They Do』 (Wolters Kluwer Law & Business, 2nd ed., 2014), at 181-186; Kenneth A. Adams, 『A Manual of Style for Contract Drafting』 (American Bar Association, 4th ed., 2017), at 66-69.

사자의 Covenant(구속약정/이행의무)의 문구로 나타내거나 또는 Covenant(구속약정/이행의무)의 이면인 상대방 당사자의 Right(권리)로도 바꾸어 기술할 수 있다. 예를 들면, 부동산 매매계약상 매매대금 지급과 관련해, 매수인의 매매대금의 지급의무(obligation to pay the purchase price)와 같이 Covenant의 형식으로 표현할 수 있으나, 매도인의 매매대금 수령권리(entitled to be paid)라는 Right의 형식으로도 서술할 수 있다. 예를 들면, 매매계약상 매매대금지급과 관련해, 일반적으로 "The Buyer shall pay the Seller USD 500,000 at the Closing Date."와 같이 매수인의 대금지급의무(buyer's obligation)의 형식으로 기재할 수 있으나, "The Seller is entitled to be paid USD 500,000 at the Closing Date."와 같이 매도인의 대금수령권리(seller's right)의 형식으로 기재할 수도 있다. 다만, 계약상 당사자 간 법률관계는 당사자의 이행의무로 기재해야 계약상 책임을 부담하는 자를 분명히 할 수 있으므로 일반적으로 한쪽 당사자의 권리내용을 기재하기보다는 상대방 당사자의 의무내용의 형식으로 규정하는 것이 좋다. 한편, 일반적으로 계약상 이행의무(covenant)를 부담하는 당사자는 그 의무의 정도를 가능한 한 약하게 하고자 하는 반면, 이행을 받을 권리(right)를 갖는 당사자는 상대방의 의무의 정도를 보다 강하게 하고자 한다.

[Example]

아래는 Condition(조건)과 연관된 당사자의 의무 또는 권리의 형태로 기술된 예문들이다. 여기서 조건에 따른 결과는 모두 동일하지만, (Version 1)은 조건충족시 매수인이 추가 대금을 지급해야 하는 의무(covenant)의 형식으로, (Version 2)는 조건충족시 매도인이 대금을 증액받을 수 있는 권리(right)의 형식으로 기술한 것이다. 다만, 계약서상 당사자의 이행의무형식의 서술이 의무이행의 주체를 명확히 할 수 있다는 점에서 권리형식의 서술보다 통상적으로 더 선호된다.

(Version 1)

If the Seller paints the bedroom, the Buyer shall pay an additional USD 5,000 in purchase price.

(Version 2)

If the Seller paints the bedroom, the Seller is entitled to an increase in purchase price of USD 5,000.

Ⅶ. Discretionary Authority(자유재량권)

1. Discretionary Authority(자유재량권)의 계약상 의미와 유형

계약에서 "Discretionary Authority"란 이를 보유한 자에게 (i) 일정한 사항을 선택할 권한을 주거나(gives its holder a choice) 또는 (ii) 일정한 행위를 허락해 그 허락된 사항이나 거래를 재량으로 행사할 권한을 부여(gives its holder permission to act)하는 자유재량권을 말한다. Discretionary Authority(자유재량권)를 가진 당사자는 자신의 재량으로 그 권한을 행사할 수 있지만 반드시 이를 행사해야 하는 것은 아니기 때문에 자유재량권을 가진 당사자는 일종의 특권(privilege)을 가진다고 할 수 있다. 즉, 자유재량권을 가진 당사자는 그 권한을 행사하거나 하지 않거나 자유롭게 선택할 수 있는 권한을 가진다. Discretionary Authority를 가진 당사자가 이를 행사한 경우 상대방 당사자는 그 권한을 가진 당사자의 결정에 구속된다. 예를 들면, 계약해지조항에서 한쪽 당사자가 계약을 위반한 경우 피해당사자에게 합의된 손해배상액의 예정금액을 청구하거나 이행을 강제하거나 또는 계약을 해지할 수 있는 선택권을 부여할 수 있다. 그리고, 대출계약에서 대주는 차주의 구속약정(covenant)으로 대출금으로 다른 곳에 투자를 하지 못하도록 하면서 차주의 계열사에 대한 투자를 허락할 수 있다.

Discretionary Authority는 그 권한을 가진 자가 권한을 행사하는지 여부와는 상관없이, 권한을 가진 자의 상대방 당사자가 그 권한에 대응하는 의무를 부담하게 되는 것은 아니라는 점에서, Covenant(구속약정/이행의무)의 이면(flip side)인 Right(권리)와 구별된다. 즉, Right의 경우, Discretionary Authority와 달리, 그에 대응하는 상대방 당사자의 이행의무(covenant)를 필요로 한다. 다만, 당사자가 자유재량권을 행사하기 위해 일정한 전제조건(condition precedent)이 있어야 하는 것으로 할 수 있다. 예를 들어, 대출계약에서 차주의 채무불이행에 따른 대주의 계약해지권이 권리라면 차주는 그에 상응해 부담해야 하는 의무가 있어야 하지만, 이러한 계약해지권과 관련해 차주의 별도의 의무가 존재하는 것은 아니며 대주의 자유재량에 의해 행사 여부가 결정될 수 있기 때문에 자유재량권에 해당된다. 즉, 대출계약에서 차주의 채무불이행사유 관련 조건이 충족된 경우에 대주는 차주로부터 제공받은 담보를 실행하거나 대출금 변제에 관한 차주의 기한이익을 상실시켜 원리금을 반환받을 수 있는 자유재량권한이 있다. 차주의 채무불이행사유가 발생한 경우 대주가 자동적으로 그 권한을 행사하여야 하는 것은 아니며, 그 권한행사 여부는 대주가 재량으로 결정할 수 있다.

2. Discretionary Authority(자유재량권) 관련 규정의 유의사항

계약상 Discretionary Authority(자유재량권)를 나타내기 위해서는, Right(권리)를 나타내는 "has the right to," "is entitled to" 등의 문구를 사용하기보다 조동사 "may"를 관련 동사와 결합해 사용한다.[87] 계약상 Discretionary Authority(자유재량권)를 나타내는 것임에도 Right(권리)의 의미로 잘못 표현되지 않도록 유의해야 한다. 이에, 당사자가 계약상 구제방법의 선택권(choice)을 가지길 원하는지 또는 상대방의 의무에 대한 권리(right)를 가지고자 하는지를 확인해 계약서 작성시 이를 명확히 할 필요가 있다.[88] 그리고, Discretionary Authority(자유재량권)의 행사를 일

87 법조동사 "may"는 "has discretion to," "is permitted to," "is authorized to" 등의 의미를 가질 수 있는데, 당사자의 선택권이나 특정한 의무로부터 예외의 허락을 나타내기 위해 사용된다. "임의로 할 수 있다"라는 점을 강조하기 위해서는 "may"에 덧붙여서 "at/in one's discretion," "at one's option," "in one's judgement" 등의 문구를 추가할 수 있다. 그런데, "may"는 어법상 재량권한(discretion)을 나타낼 뿐만 아니라 어떤 것이 일어날 가능성(possibility)을 표현하기 위해서도 사용될 수 있다. 이러한 의미의 차이는 문맥상 파악할 수 있지만, 계약내용의 명확성과 일관성을 위해 일반적으로 계약에서는 "may"를 가능성을 나타내는 용법으로 잘 사용하지 않는다. 이에, "may"는 재량권한(discretion)의 표현을 위해 일관되게 사용하고, 가능성(possibility)을 나타내기 위해서는 가능한 한 사용하지 않는 것이 좋다. 예를 들어, "The investigator may provide the Sponsor with confidential information."라는 문장은, Investigator가 Sponsor에게 기밀 정보를 제공할 권한이 있다는 의미일 수도 있지만, Investigator가 그렇게 할 가능성이 있다는 의미로도 읽힐 수 있다. 이 경우 해당 문장의 의미를 문맥을 통해 파악할 수도 있으나, 계약내용의 혼란을 피하기 위해, 당사자가 가능성을 나타내고자 한다면 "may"를 생략하고, 조건절로 가능성을 나타내고 그에 따른 결과를 함께 기술하는 형식으로 재구성할 수 있다: "If the Investigator provides the Sponsor with confidential information, then..." 한편, 계약상 자유재량권(discretionary authority)을 나타낼 때 일반적으로 조동사 "may"를 사용하지만, "may"를 사용하지 않고 묵시적으로 당사자에게 자유재량권을 부여할 수도 있다. 예를 들어, "The Tenant shall not assign its rights under this Lease, <u>without the prior written consent of the Landlord</u>."와 같은 규정에서 임대인은 임차인의 임대차 권리의 양도에 대한 동의 여부에 대한 재량권을 가질 수 있다.

88 예를 들어, 대출계약에서 차주의 채무불이행사유(event of default)가 발생한 때 대주는 차주에게 대출금의 조기상환(acceleration) 등 그 구제방법의 선택권(choice of remedies)을 행사할 수 있는 자유재량권(discretionary authority)을 가지게 되므로 계약상, "If the Borrower makes a material misrepresentation, the Bank <u>has the right (is entitled) to</u> accelerate the Loan or

정한 조건(condition)에 따르게 할 수 있는데,[89] 이때는 "if/then" 구절(clause)의 형식을 사용하고, 조건절(if clause)은 현재시제(present tense)로 기술한다. 자유재량권(discretionary authority)과 조건(condition)의 상호작용의 전형적 예는 대출계약에서 나타난다. 예를 들어, 부동산구매와 관련해 금융기관으로부터 대출을 받는 경우 일반적으로 매수인은 금융기관으로부터 그 관련 부동산을 담보로 대출을 받으며 대출계약상 채무불이행사유(event of default)를 나열해 목록화하고 그 목록화된 사유가 발생하는 때 금융기관은 계약상 구제방법의 결정에 관한 선택권(choice)을 가진다. 즉, 금융기관은 차주에 대해 대출금의 조기상환(acceleration)과 담보권의 실행(foreclose), 필요한 경우 소송의 제기, 또는 대출계약상 의무를 따를 수 있는 추가적인 시간을 주거나 채무불이행을 면제해 줄 수도 있다. 자유재량권(discretionary authority)은 또한 계약상 금지조항의 예외사항(an exception to a prohibition)으로 나타날 수 있다. 재량권을 행사하는 당사자는 특정한 행위가 금지되는 당사자이거나 또는 그 상대방일 수도 있으며, 자유재량권의 행사에 관한 사항은 당사자 간의 위험배분(risk allocation)에 따라 달라질 수 있다. 그리고, 계약상 Discretionary Authority(자유재량권)를 나타낼 때, Covenant(구속약정/이행의무)와 마찬가지로, 당사자의 계약상 구제방법과 무관한 Declaration(사실에 대한 선언)의 형식으로 표현되지 않도록 유의해야 한다.[90]

[Example]

아래는 당사자의 계약상 자유재량권(discretionary authority)에 관한 기재례이다. Discretionary Authority(자유재량권)의 행사를 일정한 조건에 따르게 할 수 있는

---

to take any other action that law or this Agreement permits."라고 기술하지 않고, "If the Borrower makes a material misrepresentation, the Bank <u>may</u> accelerate the Loan or to take any other action that law or this Agreement permits."라고 규정해야 한다.

89 당사자의 Discretionary Authority(자유재량권)의 행사를 계약상 일정한 사실이 발생한 때 하도록 할 수 있다. 이러한 자유재량권의 조건(condition to discretionary authority)은 계약당사자가 그 자유재량권을 행사하기 이전에 존재해야 하는 사실의 상태(state of facts)로, 이행의무의 조건(condition to an obligation)에서와 같이, "if/then"에 따른 시간의 연속적 순서는 자유재량권의 행사를 위한 조건의 특징이다.

90 예를 들어, 계약 부본에 따른 당사자 간 계약체결을 나타낼 때, "Execution of this Agreement in counterparts is permissible."과 같이 단순한 사실의 선언(declaration)처럼 표기하기보다는 "The parties may execute this Agreement in counterparts."와 같이 당사자가 계약체결에 대한 자유재량권을 행사한다는 취지로 표현하는 것이 적절하다.

데, 이때는 첫번째 및 두번째 예문과 같이, 조건절(if clause)은 현재시제로 기술하고, 주절(main clause)은 자유재량권을 나타내는 조동사 "may"를 사용한다. 첫번째 예문은 대출계약상 차주의 채무불이행사유 발생시 은행이 그 구제방법의 실행 또는 포기를 할 수 있는 선택권(choice)을 규정한다. 두번째 예문은 일정한 금액을 넘는 책 판매수익이 있는 때 출판사의 페이퍼백판(paperback edition) 발행을 허용(permission)하는 경우이고, 세번째 예문은 대출계약상 차주의 자본지출을 원칙적으로 금지하면서 특별 프로젝트(special project)에 대한 자본지출을 예외적으로 허용(permission)하는 경우이다.

- **Event of Default.** If an Event of Default occurs and is continuing, the Bank may waive the Event of Default or exercise its remedies.
- **Publication of Paperback Edition.** If the Book earns net sales in excess of USD 30 million, the Publisher may publish the paperback edition of the Book at any time afterwards.
- **Capital Expenditures.** The Borrower shall not make any capital expenditures, except that it may make capital expenditures in connection with the Special Project.

Ⅷ. Declaration(사실에 대한 선언)

1. Declaration(사실에 대한 선언)의 계약상 의미

계약상 Declaration(사실에 대한 선언)은 당사자들이 계약기간 동안 그들의 행위를 규율하기로 합의한 사실의 진술(statement of fact)이나 정책(policy)을 기술하는 것을 말한다. 이는 계약당사자들이 서로 합의한 사실에 대한 진술 내지 선언을 한 것에 불과하기 때문에, 원칙적으로 계약당사자는 이로 인한 계약상 권리나 구제방법을 가지지 않는다. 즉, Declaration(사실에 대한 선언)은 어느 계약당사자도 상대방으로 하여금 어떠한 행위를 할 것을 유인하기 위해 해당 사실을 진술하는 것이 아니므로 계약상 어떠한 권리나 손해배상 등 구제방법과 관련이 없다. 이에, 계약당사자 일방이 Declaration(사실에 대한 선언)에 기해 상대방 당사자에게 소송을 제기할 수 없고, 이에 따른 권리의 요구나 손해배상의 청구를 할 수는 없다. Declaration(사실에 대한 선언)은 다른 조항에 삽입되는 경우를 제외하고는 실질적인 계약적 효과가 없다. 예를 들어, "'Purchase Price' means USD 200,000."와 같이 매수대금

(purchase price)이라는 용어를 정의하는 규정은 Declaration(사실에 대한 선언)으로, 이러한 정의규정은 그 자체로 실질적인 계약적 효과를 가지지 않는다. 계약상 정의조항(definitions)에서는 어느 당사자도 진술(representation)이나 보증(warranty) 또는 무엇을 할 것을 약속(covenant)하는 것이 아니므로 계약위반이라는 결과가 발생할 수 없다. 다만, 정의조항이 다른 조항에 포함된다면 그 다른 계약조항상 요구되는 사항이나 행위의 위반의 문제가 발생할 수 있다. 예를 들어, 부동산 매매계약에서, "The Buyer shall pay the Seller the Purchase Price at the Closing."과 같이 정의된 매수대금을 매수인이 클로징에 매도인에게 지급하기로 하는 규정을 두면 이는 매수인의 이행의무(covenant)가 되어 계약상 매수대금의 지급에 대한 책임을 부담하게 된다.

2. Declaration(사실에 대한 선언)의 유형 및 법적 효과

Declaration(사실에 대한 선언)은 (i) 계약에 사용되는 특정한 용어에 대한 의미를 나타내는 정의규정(definitions)이나, (ii) 당사자들이 계약관계를 맺는 동안 준수하기로 하는 일정한 방침이나 정책의 진술(statement of policy)을 표현하기 위해 사용된다. 우선, 정의규정(definitions)의 경우 특정한 단어나 용어가 당해 계약상 어떠한 의미를 갖는지에 대해 당사자 간에 합의한 사항을 단순히 기재한 것으로 그 자체로 실체적 효과를 갖지 않는다. 다만, 그 합의사항에 다른 내용이 추가되는 경우에 그 자체로도 법적·실체적 효과를 발휘할 수 있다. 예를 들어, 앞서 "Declaration(사실에 대한 선언)의 계약상 의미" 항목에서 언급한 바와 같이, 매매계약상 매매대금을 정의하는 경우 그 정의 자체만으로는 권리구제 등을 청구할 수 없으나, 매수인이 매도인에게 정의된 매매대금을 잔금지급일에 지급하지 않는다면 매도인은 매수인을 상대로 매매대금을 지급할 법적 청구권을 가지게 된다.

그리고, Declaration(사실에 대한 선언)은 계약관계를 맺는 동안 당사자 간에 준수하기로 하는 일정한 방침이나 정책을 진술(statement of policy)하기 위해서도 사용되는데, 이는 그 자체로 실질적 효과를 가진다.[91] 즉, 계약상 다른 내용이 추가되

91 계약상 당사자의 방침이나 정책(policy)을 나타내는 표현(language)에는 두 가지 종류가 있을 수 있는데, 이에는, (i) 사물, 사건 또는 상황을 규율하는 규칙(rules governing a thing, event, or circumstance)을 명시하는 경우, (ii) 계약의 범위, 의미, 기간(scope, meaning, or duration of a contract) 등 계약내용을 다루는 경우가 있다.

는 경우에만 실질적 효과가 발생하게 되는 정의조항과 달리, 준거법조항은 일정한 준수사항을 정하는 계약의 정책을 나타내기 때문에 단지 계약에 포함되는 것만으로도 실질적 효과를 가진다. 다만, 정의조항(definitions)과 마찬가지로, 계약의 정책(policy)을 나타내는 준거법조항(governing law provision)은 그와 연관된 권리나 구제방법이 없기 때문에 그 자체로 계약위반의 문제는 발생하지는 않는다.

계약규정에 그 의미나 법적 결과가 특별히 명시되어 있지 않은 때 그 규정이 Declaration(사실에 대한 선언)에 해당하는지 여부를 검토하려면, 계약당사자가 해당 계약규정을 통해 손해배상 등 구제방법을 행사할 수 있는지를 확인해 볼 필요가 있다. 즉, 계약의 구조개념상 해당 규정의 위반시에 진술(representation), 보증(warranty), 이행의무(covenant)와 관련해 손해배상 등 계약상 구제방법이 있을 수 있으며 사실의 선언(declaration)의 경우 이러한 계약상 구제방법이 인정되지 않는다. 이에, 해당 규정의 위반시 계약당사자가 손해배상 등 구제방법을 행사할 수 있다면 그 규정은 Representation(진술), Warranty(보증), Covenant(구속약정/이행의무) 중의 하나가 되며, 계약당사자가 관련 규정을 통해 손해배상 등 구제방법을 행사할 수 없다면 그 규정은 손해배상 등 구제방법을 요구하지 않는 Declaration(사실에 대한 선언)에 해당한다.

3. Declaration(사실에 대한 선언) 관련 규정의 유의사항

계약상 Declaration(사실에 대한 선언)은 계약기간에 걸쳐 그 효력이 지속적으로 발생하는 것으로, 해당 사실이 계약기간 동안 언제 발생하든 그 사실이 발생한 현재 상황(current situation)에서 언제나 적용되기 때문에 현재시제(present tense)를 사용한다. 즉, Declaration(사실에 대한 선언)은 관련 상황이 발생한 당시에 적용되므로 Declaration의 문구를 기재할 때 동사는 미래시제(future tense)가 아닌 현재시제를 사용한다. 당사자를 규율하는 계약상 정책(policy)의 경우 그 유효기간(time of effectiveness)이나 유효기간의 경과(lapsing of effectiveness)를 규정할 때, 정책이 장래에 적용되더라도, 현재시제로 표현한다. 다만, 정책이 발생하지 않을 수 있는 장래 사건이나 불확실한 시기와 관련이 있는 경우에는 "will"을 사용할 수 있다. 그리고, 정책의 표현은 의무를 부과하는 것이 아니기 때문에 "shall"을 사용하지 않는 것이 좋다. 한편, 계약상 정책(policy)을 기술하는 Declaration(사실에 대한 선언)의 경우, 이행의무(covenant)나 자유재량권(discretionary authority)과 같이, 조건

(condition)과 결합할 수 있다. 사실에 대한 선언의 조건(condition to a declaration)은 정책(policy)이 실질적인 결과를 가져오기 전에 반드시 존재해야 하는 사실의 상태로, 현재시제로 기술되어야 한다. 그리고, 정책을 나타낼 때 해당 사항의 행위자가 명확하다면 발생하는 행위에 초점을 맞추어 관련 문장을 수동태로 기술해 행위자가 나타나지 않게 표현(buried-actor policies)할 수 있다. 다만, 계약상 정책 형식의 표현을 사용하더라도 해당 사항에 대한 이행의무자나 자유재량권자를 확인해야 한다면 수동태 문장은 그 행위의 주체를 불분명하게 하여 혼란을 가져올 수 있으므로 이행의무(covenant), 자유재량(discretion) 등을 나타내는 형식의 표현을 사용해 문장을 재구성할 필요가 있다.[92]

[Example 1]

아래는 Declaration(사실에 더한 선언)의 기재례들이다. 첫번째 및 두번째 예문은 계약에 사용되는 특정한 용어에 대한 의미를 나타내는 정의규정(definitions)이고, 세번째 예문은 계약상 적용되는 사실의 진술로 "work made for hire" 또는 "Developer Programming"에 관해 당사자 간 합의된 사실을 정하는 규정이며, 네번째 및 다섯번째 예문은 당사자들이 계약관계를 맺는 동안 준수하기로 하는 일정한 정책(policy)을 나타내는 준거법(governing law)에 관한 규정이다.

- "GAAP" means generally accepted accounting principles, consistently applied.
- The Purchase Price means USD 500,000 (the "Purchase Price").
- The Website is a work made for hire and all rights in it vest in the Client. Despite the preceding sentence, the Developer retains all rights to all Developer Programming.
- The laws of the State of New York govern all matters arising out of this agreement.

92 계약상 정책(policy)을 표현할 때 관련 행위자를 나타내지 않고 행위만을 기술할 수 있으나, 그 내용상 행위나 의무의 주체 또는 의미를 분명하게 전달하기 위해 이행의무나 자유재량권을 나타내는 형식의 문장으로 고쳐 쓸 필요가 있다. 예를 들어, "The First Installment is due by 1 March 2023."라는 문장은 계약상 정책(policy)를 나타내는 형식으로 기재되어 있으나 "due"는 의무의 의미를 가지는 것으로 이행의무를 나타내는 조동사 "shall"을 사용해, "The Purchaser shall pay the First Installment by 1 March 2023."라고 고쳐 쓸 수 있다. 또한, "The Employee's position and assignments are subject to change."라는 문장에서, "are subject to"는 관련 행위자의 재량에 의존하는 의미를 가지는 것으로 행위자의 재량권한을 나타내는 표현인 조동사 "may"를 사용해, "The Company may change the Employee's position and assignments."라고 고쳐 쓸 수 있다.

- This Agreement is governed by, construed, and enforced according to the laws of the State of Delaware, without regard to any choice or conflict of law provision or rule of any jurisdiction that would apply the laws of any other jurisdiction.

[Example 2]

아래는 사실에 대한 선언의 조건(condition to a declaration)을 나타내는 기재례이다. 이는 일정한 조건(condition)이 충족될 때에만 Declaration(사실에 대한 선언)이 실질적 결과를 가져올 수 있는 경우에 사용하며, 여기서 조건(condition)과 사실에 대한 선언(declaration)은 현재시제(present tense)로 기술한다.

Anti-assignment. Neither party may assign its rights under this Agreement. If either party purports to assign its rights under this Agreement, that purported assignment is void.
Consequences of Assignment. If any party assigns its rights under this Agreement in violation of this Section, that assignment is void.

Ⅸ. 영문계약의 구성개념(contract concepts)과 위험배분(risk allocation)의 문제

1. 계약상 위험배분(risk allocation)의 의미와 중요성

당사자들은 거래협상을 하는 동안 계약을 통해 그들이 떠맡게 될 수 있는 위험을 식별할 수 있으며 상호간의 거래 위험을 배분할 수 있다. 거래되는 물품이나 서비스와 관련해 당사자들 사이에 일정한 범위에서 위험이 분배될 수 있는데, 각 당사자는 자신이 부담할 수 있는 위험을 가능한 한 경미하게 하려 한다. 한쪽 당사자의 위험부담을 줄이면 일반적으로 그 위험부담은 상대방 당사자에게 전가되는데, 이러한 상충되는 이해관계로 인해 계약조건의 협상시에 당사자 간 위험부담의 범위나 전가는 중요한 쟁점이 될 수 있다. 계약상 위험부담의 주체나 정도는 계약조항이 작성되는 방법 또는 관련 용어나 문구에 따라 달라질 수 있는데, 심지어 계약상 하나의 단어나 문구가 관련 당사자에게 상당한 영향을 미칠 수 있다. 예를 들어, 면책배상조항(indemnification clause)에서 배상자의 책임을 일정한 원인에 따른다는 취지에서 "to the extent that"라는 문구를 사용하는 경우 배상자의 책임부담의 위험이 일정한 한도 내로 제한될 수 있다. 다만, 해당 계약에 적용되는 준거법에 따라 위험배분의 범위나 방식이 제한될 수 있다.

2. 위험배분(risk allocation)에 따른 계약조항 작성의 문제

영문계약서에는 계약의 적용범위와 관련 당사자들의 진술과 보증, 이행의무 등 당사자들이 수행하기로 합의한 내용을 기술한다. 여기서 당사자의 이행의무의 정도와 책임의 범위를 제한하거나 상대방에게 일정한 책임을 이전하는 등 당사자들 사이에 계약과 관련된 위험을 배분하게 된다.[93] 예를 들어, 물품판매계약에서 매도인이 판매하는 물품의 품질보증과 관련해 제한된 보증(limited warranty)이나 보증책임의 부인(disclaimer of warranties) 등을 포함할 수 있다. 또한, 당사자가 계약상 의무를 이행할 때 문제가 발생하는 경우 한쪽 당사자에서 상대방 당사자에게로 책임이 이전되는 규정을 두거나 계약에 따라서는 특정한 사건이 발생한 경우 한쪽 당사자가 상대방 당사자에게 정해진 손해배상금액을 지급하기로 하는 손해배상액의 예정조항(liquidated damage clause) 등을 둘 수 있다. 계약서의 검토나 작성과정에서 이와 같은 계약규정들을 제대로 이해하기 위해서는 계약서상 용어나 조건이 어떠한 의미를 가지고, 당사자가 가질 수 있는 권리의무나 위험에 어떠한 영향을 미치는지를 파악하는 것이 중요하다. 이에, 해당 거래의 맥락에서 관련 계약조항들이 당사자들에게 어떠한 영향을 미칠 것인지를 고려하지 않고, 기존의 계약서상 내용을 단순히 현재의 다른 계약서에 그대로 사용하는 오류를 범하지 않아야 한다.

계약상 당사자들의 이행의무를 규정할 때 위험배분(risk allocation)의 문제는 약속이 얼마나 절대적인지를 정하는 기능을 하며, 기본적인 의무는 그대로 유지되더라도 관련 단어나 문구에 따라 한쪽 당사자의 위험을 상대방 당사자에게 상당부분 이전시킬 수 있다. 당사자의 계약 관련 위험이 적절한지는 거래마다 당사자의 선호정도에 따라 달라질 수 있으므로 계약서 작성과정에서 해당 거래의 맥락에서 당사자들은 개별 이행의무 정도의 적정성을 판단할 필요가 있다.[94] 그리고, 당사자가

93 계약당사자들의 이행의무를 명시할 때 당사자들이 합의한 사항을 기초로, 5W 2H(who, what, when, where, why, how, how much)에 따라 기본적 사실관계를 정리해 기술한다. 계약상 이행의무의 기재는 당사자의 이행의무에 대한 권리의 형태가 아닌 이행의무를 부담하는 당사자의 의무의 형태로 기술해, 이행의무의 문장은 능동태로 작성하고 조동사 "shall"을 사용해 의무부담의 주체를 명백히 한다.

94 예를 들어, 컨설팅계약에서, 저작권 있는 자료의 사용과 관련해, "Consultant shall obtain

통제할 수 없는 의무를 부과하는 계약조항에도 유의해야 한다. 예를 들어, 컨설팅 계약에서 컨설턴트에게 일정한 사항에 대해 제3자의 동의를 얻을 것을 요구한다면 컨설턴트는 제3자의 동의 여부에 따른 책임을 부담하게 될 수 있다.

한편, 당사자의 계약상 진술과 관련해 부담하게 되는 위험의 정도는 진술내용이 얼마나 넓게 또는 좁게 기술되어 있는지에 따라 달라진다. 진술은 위험의 정도와 관련해 다음과 같은 개념이 있다. 당사자가 아무런 한정적 수식어구를 사용하지 않고 단도직입적으로 진술하는 "Flat Representation(단순 진술)"이 있다. 이는 진술자의 입장에서 그 진술에 따른 고위험을 부담하게 되는데, 해당 진술에 조그마한 잘못이나 오류가 있어도 그 진술의 상대방은 이를 부실표시나 허위진술 또는 보증위반을 원인으로 소송을 제기할 수 있게 된다. 그리고, "Qualified Representation(제한적 진술)"은 당사자가 진술내용에 일정한 한정문구 내지 수식어구를 붙여 진술하는 것을 말한다. 이는 진술자의 입장에서 부정확한 진술에 따른 위험부담을 줄여주고 진술자의 상대방에게 일부 위험을 전가하는 기능을 한다. 예를 들어, 진술자가 "The tank is half-filled."와 같이 아무런 한정 수식어구 없이 단도직입적으로 Flat Representation(단순 진술)을 할 때는 탱크의 절반이 채워져 있지 않으면 곧바로 부실표시나 허위진술 또는 보증위반의 문제가 생길 수 있다. 반면, 위 진술에서 "approximately"라는 한정 수식어를 붙여 "The tank is approximately half-filled."라는 Qualified Representation(제한적 진술)을 하는 경우에는 탱크가 정확히 절반이 채워져 있지 않더라도, 진술자에게 부실표시나 허위진술 내지 보증위반의 문제가 생기지 않으며, "approximately"의 의미에 대해 진술자의 상대방이 오히려 이를 다투어야 하는 위험부담이 있을 수 있다. 이처럼 계약상 위험배분(risk allocation)의 문제는 계약의 구성개념들(contract concepts)에 따라 또는 사용되는 단어나 문구에 따라 다양한 형태와 의미로 나타날 수 있으며,[95] 그 위험배분의 방법에 따라 당사

---

consent from the Buyer to use the copyrighted materials."라고 규정해 서비스구매자의 입장에서 서비스구매자의 동의에 중점을 두거나 또는 "Consultant shall request permission from Owner to use the copyrighted materials."라고 규정해 컨설턴트가 서비스구매자에게 허락을 요청해야 하는 컨설턴트의 행위에 중점을 두어 작성될 수 있다. 여기서 동의를 얻는 것과 허락을 요청하는 것 사이에 당사자 간의 위험의 차이가 있을 수 있다.

95 영문계약상 당사자 간 위험배분 내지 위험의 이전을 위해 주로 사용되는 단어나 문구로는, "absolute," "adequate," "approximate," "best efforts," "commercially reasonable efforts," "convenient," "due care," "immediate," "industry standards," "material," "practicable," "prompt," "reasonable," "reasonable efforts," "satisfactory," "significant," "substantial," "to the extent that," "undue" 등이 있다.

자 간의 위험부담의 정도가 달라질 수 있다. 이에, 이하에서는 계약의 개별 구성개념들과 위험배분의 관계를 자세히 살펴본다.

3. Representation(진술) 및 Warranty(보증)와 위험배분(risk allocation)

3.1 Representation(진술) 및 Warranty(보증) 관련 위험배분의 이해

진술(representation)과 보증(warranty)은 각 당사자가 거래를 시작할 때 의존하는 사실을 설정함으로써 당사자 간의 위험을 배분하는데, 거래계약에 관한 협상 및 계약서 작성과정에서 진술과 보증에 관한 위험배분(risk allocation)은 중요하다. 예를 들어, 부동산 매매계약에서 목적물인 부동산 관련 사실에 대한 매도인의 진술과 보증의 내용은 계약상 목적물과 관련된 정보를 매수인에게 제공하는 한편, 계약체결 후 계약종결 전에 발생할 수 있는 매도인과 매수인 사이의 책임의 기준과 정도 등 당사자 간의 위험을 배분하는 역할을 한다. 이때 매도인은 진술 및 보증의 범위를 최대한 좁히고, 반면 매수인은 그 범위를 최대한 넓히는 것이 각 당사자에게 유리할 수 있다. 따라서, 실제 당사자 간 계약 협상단계에서부터 진술 및 보증의 범위와 그 내용을 어떻게 정할 것인지가 중요한 쟁점이 된다. 당사자의 진술내용이 허위이거나 실제와 다른 내용이라면 진술자는 상대방의 그 진술에 대한 신뢰를 해한 것으로 그에 따른 계약상 책임을 지고, 상대방은 진술자에 대해 손해배상 등 계약상 구제방법을 행사할 수 있다. 이처럼 당사자의 사실에 관한 진술과 보증의 내용은 당사자의 책임에 관한 기준을 설정하고 당사자의 거래목적과도 관련이 될 수 있어 계약상 당사자 간 위험배분의 메커니즘으로 작용할 수 있다.

계약상 진술 및 보증(representation and warranty)에 있어 진술의 사항이나 범위를 넓게 또는 좁게 규정하여 계약당사자가 부담하는 위험의 정도(degree of risk)를 정할 수 있다. 이와 관련하여, 진술과 보증의 내용에 한정적 수식어구를 삽입해 당사자 간의 위험부담의 한도를 정하거나 한쪽 당사자의 위험부담을 상대방 당사자에게 이전하는 결과를 가져오게 할 수 있다. 예를 들어, 건물매매계약에서 매도인이 건물 온수시설의 가스량과 관련해, "the gas tank is exactly one-half full"이라는 진술 및 보증 규정을 두는 경우 그 내용상 달리 해석될 여지가 없는 단순 진술(flat representation)에 해당되어 가스탱크의 가스량이 절반이 되지 않고 조금이라도 부족하다면 매수인은 매도인을 상대로 Misrepresentation(부실표시/허위진술) 내지

Breach of Warranty(보증책임위반)를 원인으로 소송을 제기할 수 있기 때문에 매도인의 입장에서는 높은 위험을 부담하게 된다. 그런데, 위 규정을 "the gas tank is approximately one-half full"과 같이, "approximately"라는 수식어를 사용해 진술(qualified representation)하게 되면 가스탱크의 가스량이 절반에 다소 미치지 못하더라도 매도인은 그 진술이 진실하다는 점을 여전히 주장할 수 있게 되어 매도인의 입장에서 자신의 위험부담의 정도를 다소 낮출 수 있다. 반면, 이때 매수인은 가스탱크의 가스량에 관한 매도인의 Misrepresentation(부실표시/허위진술) 내지 Breach of Warranty(보증책임위반)를 원인으로 매도인을 상대로 소송을 제기하기 위해서는 해당 문장의 수식어인 "approximately"가 어떠한 의미인지를 주장입증해야 하는 부담을 갖게 되므로 가스량에 관한 매도인의 진술에 대해 보다 큰 위험을 부담하게 된다.

또한, 주식인수계약(stock purchase agreement)에서, 매도인이 보유하는 해당 회사의 주식 전부를 매수인에게 매도함에 있어 매도인이 소송 등 분쟁에 관한 사항에 대해 일정한 진술과 보증을 할 수 있다. 매도인의 이러한 진술과 보증이 사실이 아니거나 부정확하다면 매수인은 매도인을 상대로 Misrepresentation(부실표시/허위진술) 내지 Breach of Warranty(보증책임위반)를 사유로 면책배상(indemnification)을 청구할 수 있다.[96] 매도인의 입장에서는 이러한 진술과 보증의 내용을 한정 수식어구를 포함한 다소 느슨한 제한적 진술(qualified representation)을 함으로써 그 위험부담의 정도를 낮추는 것이 유리하다. 일반적으로 계약서상 진술과 보증에 관한 사항을 적시할 때 진술자의 입장에서는 가능한 한 그 진술사항을 줄이고 그 범위를 한정적으로 하길 원하는 반면, 상대방의 입장에서는 가급적 진술사항이나 범위에 제한이 없이 광범위하게 이루어지도록 해 그 진술이 잘못 적시되는 경우 부실표시/허위진술(misrepresentation) 또는 보증책임위반(breach of warranty)을 근거로 소송 등 클레임의 가능성을 용이하게 하고자 한다.

3.2 Representation(진술) 및 Warranty(보증) 관련 위험배분의 방법

계약상 당사자의 위험배분은 당사자가 부담할 책임의 기준(standard of liability)

96 이러한 매도인의 사실에 관한 진술과 보증은 계약의 체결시(signing date)뿐만 아니라 클로징시(closing date) 기준으로도 인정되도록 하여, 클로징의 선행조건으로 할 수 있으며, 이를 위반한 경우 매수인이 계약해제/취소 등을 통해 계약의 구속력에서 벗어날 수 있도록 하는 규정을 둘 수 있다.

을 정해 분배하는 것이 중요한데, 그 책임의 기준은 당사자가 한 사실의 진술(statement of facts)을 기초로 그 진술이 진실하지 않을 경우 진술자는 책임을 부담하게 된다. 이에, 진술내용을 기재할 때는 그에 사용된 개별 용어나 문구를 면밀히 검토해 적절한 기준에 따라 쓰였는지를 확인할 필요가 있다. 당사자가 진술(representation)을 하는 때 그의 잠재적 책임부담을 줄이기 위해서는 가급적 진술사항을 최소화하고 진술의 범위를 축소할 수 있도록 한정적으로 할 필요가 있다. 당사자의 진술 및 보증과 관련된 위험을 이전하거나 진술의 범위를 제한하는 등 위험을 배분하기 위해서 다음과 같은 방법을 고려할 수 있다. (i) "Exclusion(exception; 제외/예외사항)"을 설정해 진술과 보증의 대상에서 일정한 사항을 제외할 수 있는데, 그 제외사항은 일반적으로 계약서의 별첨목록 등에서 나열할 수 있다. (ii) "Knowledge Qualifier(인식 한정어구)"을 통해 한정적 수식어구로 진술자의 인식(knowledge)의 정도를 제한할 스 있다. Knowledge Qualifier(인식 한정어구)을 두는 경우 "knowledge(인식)"의 의미와 관련해, 진술자가 진술과 관련된 사실을 실제 알고 있었는지(actual knowledge; 사실상 인식), 그 사실을 알았거나 알 수 있었는지(constructive knowledge; 의제적 인식) 등 당사자 자신의 인식의 정도와 함께, 당사자가 기업이라면 그 기업의 경영진 등 실제 누구의 인식이 필요한지 등 인식이 요구되는 주체의 범위가 문제될 수 있다. 이러한 인식 한정어구(knowledge qualifier)의 포함 여부나 정도 등에 관한 사항을 당사자들이 판단하기 위해서는 해당 거래와 연관된 업계의 구조나 관행 등을 고려해 관련 위험을 분석할 필요가 있다. 그리고, (iii) "Materiality Qualifier(중대성 한정어구)"을 통해 진술의 초점을 중대한 사실(material facts)에 한정함으로써 진술과 보증의 범위에 제한을 가해 진술자의 위험을 줄일 수 있다.[97] 진술 및 보증 규정에서 Materiality Qualifier(중대성 한정어구)을 두는 경우는 관련 진술의 모든 내용이 아니라 중요한 부분에서 진실과 부합한다고 함으로써 진술자의 위험부담을 감소시킨다. 이때 "materiality(중대성)"의 의미에 대해 논란의 소지가 있을 수 있으므로 계약상 그 정의를 명확히 할 필요가 있다.[98]

97 당사자의 진술 및 보증과 관련된 위험배분의 또 다른 방법으로는 진술되는 사실에 대해 일정한 시간적 제한(time limitation)을 두어 당사자의 책임을 한정하는 것을 고려할 수 있다.

98 예를 들어, 중요하지 않은 계약이나 소송 등과 관련해 발생한 문제는 Misrepresentation(부실표시/허위진술)으로 인정되지 않을 수 있다는 점에서 기본적으로 당사자의 계약과 관련한 의사결정에 영향을 미칠 수 있는 사항이라 할 수 있다.

3.2.1 Exclusion(제외사항)의 설정

계약상 진술자의 위험부담을 배분하는 방법으로 Exclusion(exception; 제외/예외사항)은 당사자가 진술한 내용에 포함되길 원하지 않는 사항을 제외 내지 예외사항으로 분리해 별도로 기재함으로써 진술의 범위를 제한하는 것이다. 이러한 Exclusion(제외사항)은 "except," "except as otherwise provided," "other than," "unless," "provided," "provided, however" 등의 용어를 사용해 만들 수 있다. 예를 들어, "In the case of late delivery, the Seller shall pay and the Buyer has the right to claim the Liquidated Damages of 0.1% of total value for each calendar day." 라는 문장에서, "except the amount arisen during the Grace Period"라는 문구를 문장의 말미에 삽입한다면, 유예기간(grace period) 동안 발생한 지연배상을 예외로 할 수 있어, 매수인은 매도인을 상대로 유예기간 동안에는 손해배상액의 예정금액(liquidated damages)을 청구할 수 없기 때문에, 유예기간에 관한 예외문구는 손해의 위험을 매도인으로부터 매수인에게 이전하는 효과를 가지게 된다. 그리고, Exclusion(제외사항)을 언급할 때는 계약서 내용의 명확한 이해를 위해, 대체로 일반원칙(general rule)을 먼저 기재한 다음 예외사항(exception)을 쓰며, 예외사항이 여러 개인 경우 이를 나누어 열거한다.[99] 다만, Exclusion(제외사항)이 짧거나, 그 예외사항을 빠르게 인지하도록 할 필요가 있거나 계약서 해당 조항의 전체 문맥을 이해하는 데 도움이 된다면 해당 조항에서 Exclusion(제외사항)을 먼저 기재한 다음 원칙사항을 기재할 수 있다. 그런데, 해당 사안의 일반원칙과 예외사항에 관한 문장이 다른 조항에 있는 경우에는 그 둘 사이의 관계를 원용해 명기할 필요가 있다. 이 경우는 "Despite the previous [sentence] [subsection], [state the exception]" 또는 "Exception as set forth in the next [sentence] [subsection], [state the general rule]" 등과 같이, 해당 일반원칙과 예외사항에 관한 문장이나 조항을 특정해 언급한 다음 그에 대한 예외사항이나 원칙사항을 구체적으로 기술한다. 한편, Exclusion(제외사항)의 범위는 진술의 성격과 당사자 간 협상결과에 따라 달라질 수 있다. Exclusion은 계약서 본문의 진술내용 중에 포함할 수도 있으나, 제외사항(exclusion; exception)이 많을 경우 관련 진술내용이 예외적으로 적용되지 않는다는 점을 명확히 하기 위해 대부분 별첨(attachment)으로 빼내어 목록화한다.[100]

---

99 해당 계약조건의 내용이 원칙과 예외라는 점을 분명히 하고자 하는 경우, 관련 조항의 제목을 "General Rule and Exception"이라고 명기할 수 있다.

100 별첨(attachment)의 구성과 작성방법에 대해서는 "Chapter 4. II. 2.6 계약서의 별첨 문서" 단

[Example 1]

아래는 Exclusion(exception: 제외/예외사항)의 기재순서에 관한 기재례들이다. (Version 1)과 같이 대체로 일반원칙(general rule)을 먼저 기재한 다음 예외사항을 기술하며, 예외사항이 여러 개인 경우 두번째 예문과 같이 예외사항을 나누어 열거한다. 그런데, 예외사항의 내용이 짧고, 독자로 하여금 그 예외에 관한 사항을 빠르게 인지할 수 있게 하거나, 계약서 해당 조항의 전체 문맥을 이해하는 데 도움이 되는 경우에는 (Version 2)에서와 같이 예외사항을 먼저 기재한 다음 원칙사항을 기재할 수 있다. 그리고, 계약서상 일반원칙과 예외사항의 문장이 다른 조항에서 언급되는 경우에는 (Version 3)와 같이 "Despite subsection (a)" 등의 표현을 사용해 그 둘 사이의 관계를 원용해 구분하여 명기할 필요가 있다.[101]

(Version 1)

- The Borrower shall not make any investments, except for a USD 400,000 investment in a subsidiary.
- The Tenant shall not assign its rights under this Lease or sublet the Apartment, except that it may do either in each of the following circumstances: (a) as permitted by Section XX, or (b) with the Landlord's prior written consent.

(Version 2)

- Except for a $400,000 investment in a subsidiary, the Borrower shall not make any investments.
- Except as stated in **Schedule 3.15**, the Seller is not a party to any pending or, to its knowledge, threatened litigation.

(Version 3)

Duty of Nondisclosure

(a) General Rule. The Executive shall not disclose any item of Confidential Information in any form to any Person.

(b) Exception. Despite subsection (a), the Executive may disclose Confidential Information to any one or more of the following Persons:

  (i) A member, manager, or agent of the LLC.

  (ii) A person to whom the LLC has authorized the Executive to make disclosure.

원을 참고하기 바란다.

101 다른 관련 계약조항의 내용을 용이하게 파악하기 위해, "foregoing(앞서 언급한 것)"이라는 막연한 단어를 쓰지 말고, 가급적 구체적인 해당 조항이나 문장을 언급하는 것이 좋다.

[Example 2]

아래는 Exclusion(exception; 제외/예외사항)의 기재례로, 당사자의 진술내용에 포함되지 않는 사항을 "Schedule," "Exhibit" 등으로 표기하여 계약서에 별첨한다는 내용이다.

- Seller represents that the Assets are not subject to any lien, encumbrance, impairment, or charge, except for the liabilities listed in **Schedule 4.**
- Seller represents that it is not a party to an oral or written contract cancelable with penalty upon less than thirty days notice except for the equipment lease with ABC Rentals, Inc., dated 30 March 2023, attached as **Exhibit D.**

3.2.2 Knowledge Qualifier(인식 한정어구)의 삽입

Knowledge Qualifier(인식 한정어구)에 의한 진술 및 보증의 위험배분은 진술내용에 다양한 한정적 수식어구를 붙여 당사자 간 위험부담을 조정하는 것이다. Knowledge Qualifier(인식 한정어구)을 통해 해당 사실에 대한 진술자의 인식 여부나 정도에 제한을 두는 것으로, 동일한 기초적인 사실이 진술자 등의 인식 여부나 정도에 따라 진술과 보증의 범위가 정해질 수 있어 해당 사실에 관한 위험이 진술자로부터 상대방에게 이전될 수 있다. 예를 들어, "To the Seller's knowledge, the Seller is not in violation of any Environmental Laws."와 같이, 매도인의 진술에 그의 "knowledge(인식)"에 의한 수식어구를 기재할 수 있다. 이러한 수식어구는 진술자가 해당 진술이 정확하지 않을 수도 있다는 의미, 즉 그 진술이 부정확하다는 것을 알고 있지 않다는 의미를 나타내는 효과를 갖는다. 이에, 진술자의 인식을 한정하는 어구(knowledge qualifier)가 많이 부가될수록 진술내용이 제한되어 진술자의 위험부담이 줄어들 수 있다. 반면, 이러한 한정어구가 부가되지 않을수록 진술자의 사실의 진술에 따른 위험부담을 증가시키고, 진술자의 상대방은 진술자의 부실표시/허위진술(misrepresentation)이나 보증책임위반(breach of warranty)에 따른 책임을 용이하게 물을 수 있다. 진술자의 상대방의 입장에서는 진술자가 진술을 제한하는 한정된 수식어구(qualifier) 없이 가급적 광범위하게 진술을 하는 것이 좋다. 예를 들어, 인수계약에서 인수목적물과 관련된 소송에 대한 진술에 있어 매도인은 다양한 인식 한정어구(knowledge qualifier)를 부가해 자신의 진술에 따른 위험부담을 완화시킬 수 있는데, 이때 매수인의 상응하는 위험부담은 증가할 수 있다.

관련 진술이나 보증에서 Knowledge Qualifier(인식 한정어구)을 포함할지, 이를 포함하는 경우 그 인식의 정도를 어떻게 할지는 결국 당사자들의 협상력에 따라 다를 수 있다.[102] 다만, 당사자의 진술이 "environmental contamination(환경오염)" 등과 같이 숨겨져 있을지도 모르는 문제에 관한 것이거나 또는 "threatened litigation(위협이 되는 소송)" 등과 같이 다른 사람의 통제하에 있는 사항에 관한 것이기 때문에 당사자가 그 진술이 정확한지를 판단할 입장에 있지 않다면 "Knowledge Qualifier(인식 한정어구)을 사용해 가능한 한 진술을 제한할 필요가 있다.[103] 그리고, "knowledge(인식)"의 의미를 명확히 하기 위해서는 정의규정(defined term)을 두어, 해당 사항에 대해 누구의 인식(knowledge)이 필요하며, 인식 여부의 확인이 필요하다면 누가 이를 할 것인지 등을 기술할 수 있다.[104]

[Example 1]

아래는 판매업자(distributor)의 진술(representation) 관련 인식 한정어구(knowledge qualifier)에 의한 위험배분의 예문이다. 여기서 판매유통과 관련한 소송의 존재에 관한 진술과 관련해, 인식 한정어구를 사용해 판매업자가 실제 알고 있는 한 소송이 존재하지 않는다고 하여 관련 위험을 판매업자로부터 물품의 공급자에게로 전가하고 있다. 이 경우 진술 이후 관련 소송의 존재가 밝혀지더라도, 공급자가 판매업자에게 위 진술에 따른 책임을 묻기 위해서는 판매업자가 진술 당시에 소송에 대해 실제 알고 있었다는 점을 입증해야 한다.

Distributor represents that to the best of its knowledge there are no legal actions that could jeopardize its licenses or permits to distribute the Product in the Territory. For purposes of the previous sentence, "knowledge" means the facts and circumstances actually known by the Distributor.

102 해당 진술이나 보증에 Knowledge Qualifier(인식 한정어구)을 포함하는 것이 관련 거래의 일반관행이 아니라면 상대방이 이를 수용하게 하기 위해서는 진술자는 거래에서 우월적 협상력을 가지거나 계약의 다른 협상조건에 관해 양보할 것이 요구될 수 있다.

103 회사의 자본금에 대한 진술과 같이 진술자 자신이 통제할 수 있는 사항에 관한 것이라면 "knowledge(인식)"에 관한 제한을 포함하지 않는다.

104 예를 들면, "Knowledge" means facts and circumstances Company (i) actually knows, and (ii) would be expected to know after an investigation using reasonable care and diligence." 또는 "Knowledge" means (a) each executive officer's actual knowledge; and (b) the knowledge that each executive officer should have had after diligent investigation." 등과 같은 정의규정을 둘 수 있다.

[Example 2]

아래는 진술 및 보증에서 Knowledge Qualifier(인식 한정어구)에 의한 당사자 간 위험배분 관련 기재례들이다. 여기서 진술자인 매도인의 위험은 (Version 1)이 가장 높고, 아래 버전으로 갈수록 위험이 줄어들어 (Version 5)에서 가장 낮다. 반면, 진술자의 상대방인 매수인의 위험은 (Version 1)이 가장 낮고, 아래 버전으로 갈수록 위험이 커져 (Version 5)에서 가장 높다. 이를 구체적으로 살펴보면, (Version 1)은 매도인이 아무런 수식어 없이 단도직입적으로 아무런 소송이 없다는 진술과 보증(flat representation and warranty)을 하여 해석상 다른 재량이 개입할 여지가 없어, 그 내용이 진실하지 않다면 매도인은 부실표시/허위진술(misrepresentation) 또는 보증책임위반(breach of warranty)으로 책임을 부담하게 되어 그 위험부담은 매우 크다. (Version 2)는 진술 및 보증의 내용 중 계류 중인 관련 소송사건을 별도로 별첨목록(disclosure schedule)에서 열거해 제외(exclusion)하고, "to the knowledge of the Seller(매도인이 아는 한)"라는 Knowledge Qualifier(인식 한정어구)을 삽입해, 매도인의 인식(knowledge) 여부에 따라 그 진술 및 보증의 범위를 추가적으로 제한하고 있다. (Version 3)는, (Version 2)와 마찬가지로, 별첨목록으로 계류 중인 소송사건을 별도로 열거하여 제외할 뿐만 아니라, 단순히 매도인이 아는 경우가 아니라 "to the knowledge of any of the Seller's officers(매도인의 임원이 아는 한)"라는 Knowledge Qualifier(인식 한정어구)을 통해, 매도인 내부의 임원들의 인식 여부에 따라 그 진술 및 보증의 범위를 더 세밀하게 제한하고 있다. (Version 4)는, (Version 3)에서 더 나아가, Knowledge Qualifier(인식 한정어구)을 매도인의 세 명의 경영진의 인식에 한정하고 있고, 그 경영진의 인식(knowledge)의 의미를 일정한 경우로 정의하고 있어 진술 및 보증의 범위가 더 협소해진다. (Version 5)는 별첨목록(disclosure schedule) 이외에는 매도인이 어떠한 청구나 책임에 대한 주장의 근거도 알지 못하고 알 만한 합리적인 근거도 없다고 해 그 진술과 보증의 범위가 매우 제한적이어서 위험부담은 현저히 줄어드는 반면, 매수인의 위험부담은 현격하게 증가하게 된다.

(Version 1)

No litigation is pending or threatened against the Seller.

(Version 2)

Except as set forth in Schedule 1, no litigation is pending or, to the knowledge of the Seller, threatened against the Seller.

(Version 3)

Except as set forth in Schedule 1, no litigation is pending or, to the knowledge of any of the Seller's officers, threatened against the Seller.

(Version 4)

Except as set forth in Schedule 1, no litigation is pending or, to the knowledge of any of the Seller's three executive officers, threatened against the Seller. For the purposes of this provision, "knowledge" means (a) each executive officer's actual knowledge; and (b) the knowledge that each executive officer should have had after diligent investigation.

(Version 5)

Except as set forth in Schedule 1, the Seller does not know, and has no reasonable grounds to know, of any basis for assertion against it of any claim or liability.

[Example 3]

아래는 진술 및 보증에서 Knowledge Qualifier(인식 한정어구)에 의한 당사자 간 위험배분 관련 또 다른 기재례들이다. 여기서 진술자의 위험은 (Version 1)이 가장 높고, 아래 버전으로 갈수록 위험이 줄어들어 (Version 4)에서 가장 낮다. 반면, 진술자의 상대방의 위험은 (Version 1)이 가장 낮고, 아래 버전으로 갈수록 위험이 커져 (Version 4)에서 가장 높다.

(Version 1)

Company represents that there are no legal actions that could jeopardize its licenses or permits to distribute the Product in the Territory.

(Version 2)

Company represents that to its knowledge there are no legal actions that could jeopardize its licenses or permits to distribute the Product in the Territory. For purposes of the previous sentence, "knowledge" means facts and circumstances Company

(i) actually knows, and
(ii) would be expected to know after an investigation using reasonable care and diligence.

(Version 3)

Company represents that to its knowledge there are no legal actions that could jeopardize its licenses or permits to distribute the Product in the Territory. For purposes of the previous sentence, "knowledge" means the facts and circumstances actually known by Company.

(Version 4)

Company represents that to the knowledge of its officers and directors there are no legal actions that could jeopardize its licenses or permits to distribute the Product in the Territory. For purposes of the previous sentence, "knowledge" means the facts and circumstances actually known by the officers and directors of Company.

[Example 4]

아래의 예문들도 진술 및 보증에서 Knowledge Qualifier(인식 한정어구)에 의한 당사자 간 위험배분에 관한 다양한 버전이다. 이 경우에도, 진술자인 매도인의 위험은 (Version 1)이 가장 높고, 아래 버전으로 갈수록 위험이 줄어들어 (Version 5)에서 가장 낮다.[105] 반대로, 진술자의 상대방인 매수인의 위험은 (Version 1)이 가장 낮고, 아래 버전으로 갈수록 위험이 커져 (Version 5)에서 가장 높다.

(Version 1)

No hazardous materials have been used upon the premises.

(Version 2)

Except as disclosed on Schedule 1, no hazardous materials have been used upon the premises.

(Version 3)

Except as disclosed on Schedule 1, Seller has not used hazardous materials upon the premises.

---

105 진술자인 매도인의 위험이 (Version 1)에서 (Version 5)로 갈수록 줄어드는 것은, 공개정보를 목록화한 별첨목록(disclosure statement; Schedule 1)과 더불어, 매도인이나 그 대표자에 의한 인식(knowledge)의 정도를 나타내는 한정 수식어구들이 추가적으로 포함되었기 때문이다. 그리고, 진술이 능동태 또는 수동태로 기재되어 있는지에 따라 위험이 어떻게 이전되는지도 유의할 필요가 있다. 즉, "No hazardous materials have been used on the property(대상물에 유해물질이 사용되지 않았다)."라는 수동태 문장의 경우 관련 사실의 주체인 당사자를 특정하지 않는 일반적 사실에 관한 진술표현이 되어, 그 진술의 범위가 진술자인 매도인뿐만 아니라 제3자에 의한 유해물질의 사용에도 적용될 수 있어 그 진술의 범위가 더 광범위하게 인정되어 진술자의 위험이 더 커질 수 있다. 반면, "Seller has not used hazardous materials on the property(매도인은 대상물에 유해물질을 사용하지 않았다)."라는 능동태 문장의 경우는 관련 사실의 주체인 당사자를 특정해 진술자인 매도인의 유해물질 사용에만 한정적으로 적용되므로, 수동태 문장에 비해, 그 진술의 범위가 협소해져 진술자의 위험이 줄어든다.

(Version 4)

Except as disclosed on Schedule 1, Seller has no knowledge that hazardous materials have been used upon the premises.

(Version 5)

Except as disclosed on Schedule 1, the President of Seller has no actual knowledge that Seller has used hazardous materials upon the premises.

3.2.3 Materiality Qualifier(중대성 한정어구)의 삽입

(1) "Material"의 의미와 위험배분의 문제

Materiality Qualifier(중대성 한정어구)은 진술 관련 사항의 모든 부분이 아니라 중대한 사실(material facts)에 한정해 진술함으로써 진술자의 위험을 줄이는 기능을 한다. 해당 사실의 중대성(materiality)을 나타내기 위해서 관련 진술이나 보증내용에서 "material"이라는 용어를 형용사 형태로 사용할 수 있다. 예를 들어, "License Owner represents that its performance under this agreement will not conflict with any <u>material</u> agreement to which it is a party." 등과 같이 "material"이라는 수식어를 사용해 해당 계약상 의무이행이 당사자의 다른 모든 계약이 아니라 중대한 계약에 한해 상충되지 않는다고 진술하여 당사자의 진술에 따른 위험부담을 줄여준다.

이때 "material"이라는 용어가 구체적으로 어떠한 의미를 갖는지 문제될 수 있다. 영미계약법상 계약상 정의되지 않은 용어가 있고 그 의미에 관해 당사자 간 다툼이 발생한 경우 법원은 계약해석의 원리(canon of contract interpretation)에 따라 의미를 해석할 수 있다.[106] 이때 (i) 당사자 간 계약의 목적, (ii) 해당 용어나 관련 문구의 계약서상 사용방법, (iii) 당사자 간 협상의 결과 등에 따라 그 의미가 달리

106 "material"의 의미와 관련해, *TSC Industries, Inc. v. Northway, Inc.* 사건에서, 미국 연방대법원은 증권사기사건에서 합리적인 주주가 투표방법을 결정하는 데 중요하다고 생각할 상당한 가능성이 있다면 생략된 사실은 "material" 하다고 보았다(*TSC Industries, Inc. v. Northway, Inc.*, 426 U.S. 438 (1976) – An omitted fact is material if there is a substantial likelihood that a reasonable shareholder would consider it important in deciding how to vote). Black's Law Dictionary에서는 해당 항목에 대한 지식이 개인의 의사결정에 영향을 미칠 수 있는 특성(such a nature that knowledge of the item would affect a person's decision-making)이라고 하거나 주의를 기울일 가치가 있을 만큼 충분히 중요한 것(important enough to merit attention)으로 본다.

해석될 수 있다. 따라서, 계약상 특정한 용어를 사용하는 경우 당사자들이 그 용어를 당사자들이 의도한 의미대로 명확하고 일관되게 사용하고자 한다면 용어에 대한 정의규정을 두는데, 계약서상 "material"이라는 용어를 사용하는 경우에도 그 정의규정을 둘 필요가 있다. 즉, "material"의 의미는 추상적이어서 당사자의 관계나 거래의 성격에 따라 다른 뜻을 가질 수 있으므로 계약서상 "material" 또는 "materially" 등의 단어를 사용하는 때 이를 명확히 하기 위해 정의규정을 두어야 한다. "material"을 어떻게 정의할지는 계약서상 해당 문구의 맥락과 이를 정의하는 당사자에 따라 달라질 수 있으므로, "material"의 정의를 할 때 누구의 관점에서, 즉 중대성(materiality)을 어느 한쪽 당사자의 입장에서 판단할지 또는 양쪽 당사자 모두의 입장에서 판단할지를 정하는 것이 좋다.[107]

한편, 보증책임(warranties)의 위험배분의 경우 Materiality Qualifier(중대성 한정어구) 이외에, 보증책임의 부인(disclaimer)에 의해 해당 사항에 대한 보증인(warrantor)의 책임을 배제할 수 있다. 예를 들면, 물품판매계약에서 매도인은 물품에 대한 일정한 보증을 부인함으로써 자신의 보증책임에 따른 위험을 줄일 수 있고, 이때 매수인의 이에 상응하는 위험은 상대적으로 늘어난다.

[Example 1]

아래는 Materiality Qualifier(중대성 한정어구)을 사용한 경우와 그렇지 않은 경우를 대비한 기재례이다. (Version 1)은 Materiality Qualifier(중대성 한정어구)을 사용하지 않아 모든 계약에서 채무불이행이 없음을 진술하는 데 반해, (Version 2)는 Materiality Qualifier(중대성 한정어구)을 사용해 진술자인 차주가 중대한 계약(material agreement)상 채무불이행이 있어야만 부실표시/허위진술(misrepresentation)이 문제될 수 있어, (Version 1)에 비해, 차주의 진술에 따른 위험부담을 감소시킨다.

(Version 1)

The Borrower is not in default under any agreement.

(Version 2)

The Borrower is not in default under any <u>material</u> agreement.

107 "material"의 정의가 양쪽 당사자 모두의 입장에서 판단되는 경우에는 각 당사자와 관련된 조항에 "material"의 기준을 포함할 필요가 있다.

[Example 2]

아래는 "material" 또는 "materially"의 정의규정에 관한 예문들이다.[108] 이러한 정의규정에서 중대성(materiality)을 누구의 관점에서 판단할 것인지를 정할 수 있다. "material" 또는 "materially"의 의미를 (Version 1)은 당사자 모두의 관점에서 판단하며, (Version 2)는 매수인의 입장에서 판단하고 있다.

(Version 1)

"**Material**" and "**Materially**" refer, regarding a given Person, to a level of significance that would have affected any decision of a reasonable person in that Person's position regarding whether to enter into this agreement or would affect any decision of a reasonable person in that Person's position regarding whether to consummate the transaction contemplated by this agreement.

(Version 2)

"**Material**" and "**Materially**" refer to a level of significance that would have affected any decision of a reasonable person in the Buyer's position regarding whether to enter into this agreement or would affect any decision of a reasonable person in the Buyer's position regarding whether to consummate the transaction contemplated by this agreement.

[Example 3]

아래는 Bring Down Condition(브링다운 조건)에서 진술(representation)의 중대성(materiality)에 관한 수식어구의 기재례이다. Bring Down Condition(브링다운 조건)을 두는 경우 계약체결시 관련 진술이 "material" 또는 "materially"에 의해 수식되는 때 클로징시에도 그 진술은 "material" 또는 "materially"에 의해 수식될 필요가 있다.[109]

The Buyer's obligation to consummate the transaction contemplated by this agreement is subject to satisfaction of the following conditions: ... that individually and in the aggregate, the statements of fact made by the Seller in Article 2 were materially accurate on the date of this agreement and are

---

108 실무상으로는 "material"이라는 단어가 사용된다고 해서 그에 관한 정의규정을 반드시 별도로 두는 것은 아니지만, 정의규정을 두는 것이 그 의미의 해석에서 당사자 간의 분쟁을 줄일 수 있다.

109 Bring Down Condition(브링다운 조건) 관련 조항은 주식매수, 자산매입, 합병 등 인수계약(acquisition agreement) 관련 거래에서 주로 사용되는데, 계약체결시에 한 진술과 보증을 클로징시에도 하도록 요구하는 조건이다. 이는 계약의 클로징 조건(closing condition)으로, 당사자의 진술과 보증의 정확성을 계약의 서명시뿐만 아니라 클로징시에도 재확인하는 조건이다.

materially accurate at Closing; …

[Example 4]

아래는 보증책임(warranties) 관련 위험배분의 기재례인데, 아래 기재례상 일부 문구의 변경에 의해 당사자 간의 위험이 어떻게 전환되는지를 유의해야 한다. 여기서 진술자인 매도인의 위험은 (Version 1)이 가장 높고, 아래 버전으로 갈수록 위험이 줄어들어 (Version 5)에서 가장 낮다. 반면, 진술자의 상대방인 매수인의 위험은 (Version 1)이 가장 낮고, 아래 버전으로 갈수록 위험이 커져 (Version 5)에서 가장 높다. 이를 구체적으로 살펴보면, (Version 1)에서 매도인은 제한이 없는 완전한 보증(full warranty with no limitations)을 하고 있어 해당 물품의 모든 세부적인 면에서도 매수인의 사양을 따라야 하기 때문에 매도인의 입장에서 가장 큰 위험을 부담한다. (Version 2)는 중대성 한정어(materiality qualifier)인 "material"이 삽입되어, 물품이 매수인 사양의 중요한 부분에서 문제가 없으면 되기 때문에 (Version 1)에 비해 매도인의 위험이 감소되었고 매수인의 위험은 상대적으로 증가되었다. (Version 3)에서는 매도인이 특정 목적에 대한 적합성(fitness for particular purpose)에 관한 UCC상 보증을 부인(disclaim)하는 등 더 이상 완전한 보증을 부담하지 않는다. (Version 4)에서는 매도인이 계약조건을 준수하기 위한 상업적으로 합리적인 노력(commercially reasonable efforts)만을 보증하고, 물품의 상품성에 관한 보증(warranty of merchantability)이나 특정 목적의 적합성에 관한 보증(warranty of fitness for particular purpose) 등을 포함한 모든 다른 보증을 부인(disclaims all other warranties)하고 있어, 매도인의 위험은 현저히 낮아지고, 매수인의 위험은 상대적으로 상당히 높아진다. (Version 5)에서는 매도인이 물품의 상품성에 관한 보증이나 특정 목적의 적합성에 관한 보증 등을 포함한 계약상 모든 보증을 부인하고 있어 매도인의 위험은 가장 낮고 매수인의 위험은 가장 높다.

(Version 1)

Seller warrants that the goods will conform to Buyer's specifications.

(Version 2)

Seller warrants that the goods will conform in all material ways to Buyer's specifications.

(Version 3)

Seller warrants that the goods are merchantable. Seller specifically disclaims the warranty of fitness for particular purpose.

(Version 4)

Seller warrants that it will use commercially reasonable efforts to comply with the terms of this Agreement. Seller specifically disclaims all other warranties, including the warranty of merchantability and the warranty of fitness for particular purpose.

(Version 5)

Seller disclaims all warranties under this Agreement, including the warranty of merchantability and the warranty of fitness for particular purpose.

(2) "Material Adverse Change(MAC)"의 의미와 위험배분

Materiality Qualifier(중대성 한정어구)의 일종으로 계약상 "Material Adverse Change(MAC)"라는 문구를 사용하는 경우가 많은데, "Material Adverse Effect(MAE)"라고도 한다. 이는 진술한 사실에 "중대한 부정적 변경이나 영향"이라는 의미로, 인수계약이나 대출계약 등의 진술과 보증 규정에서 진술된 사실이나 상태에 중대한 부정적 영향이나 변경이 있는 경우 진술자에게 일정한 의무나 책임을 부과하기 위해 주로 사용된다.[110] 예를 들어, 계약상 진술규정(representations)에서, (i) "Since 31 December 2022, no Material Adverse Change has occurred."와 같이 당사자가 정해진 날짜 이후 특정한 사실의 중대한 불리한 변경이 발생하지 않았다거나 또는 (ii) "Lingco's financial records contain no inaccuracies except for inaccuracies that would not reasonably be expected to result in a Material Adverse Change."와 같이 일정한 사항에 중대한 불리한 변경이 없다는 등의 형태로 사용된다.

그런데, Material Adverse Change(중대한 불리한 변경)의 의미는, 앞서 살펴본 "material"의 의미와 마찬가지로, 당사자의 관점에 따라 다르게 판단될 수 있기 때

110 "Material Adverse Change(중대한 불리한 변경)" 문구는 사실의 진술(representation) 이외에도, 계약상 중대한 불리한 변경(material adverse change)의 발생시 통지의무를 부과할 때도 사용할 수 있다. 예를 들면, "a contract might impose on Lingco an obligation to promptly notify Widgetco of any Material Adverse Change"와 같이 사용할 수 있다. 그리고, 당사자의 사실의 진술과 관련해 중대한 불리한 변경(material adverse change)이 발생하거나 또는 중대한 불리한 변경(material adverse change)이 있음에도 통지의무 등을 이행하지 않은 경우 상대방은 계약을 해지하거나 피해발생에 따른 손해배상을 청구하도록 할 수 있다.

문에 계약서상 그 개념을 정의할 필요가 있다. 중대한 불리한 변경(material adverse change)의 정의규정에서 이를 어느 한쪽 당사자의 입장에서만 판단할지 또는 양쪽 당사자 모두의 입장에서 판단할지를 정하고, 그 판단의 구체적 기준을 명시하는 것이 좋다.[111] 다만, Material Adverse Change(중대한 불리한 변경)의 개념정의에서 일정한 경우에는 불리하거나 부정적인 변경이 있더라도 중대한 불리한 변경으로 보지 않는 예외사항(carve-outs)을 둘 수 있다. 이 경우 "MAC means any material adverse change in ... <u>other than [or except for or but does not include] any of the following, either alone or in combination</u> ..."과 같은 표현을 사용해, MAC(material adverse change)의 예외사항을 열거할 수 있다. MAC(material adverse change) 조항의 예외사항은 당사자의 합의에 따라 다양할 수 있는데, 주로 당사자가 통제할 수 없는 사정이 있는 경우가 많다. 이러한 예외사항으로, (i) 국제적 또는 국가적 차원에서 경제적 또는 재정적 상황에 전반적으로 영향을 미치는 변화가 있는 경우, (ii) 당사자의 산업 전반에 영향을 미치는 변화가 있는 경우,[112] (iii) 파업, 노동쟁의, 직원의 급격한 감소 등 기업운영에 상당한 문제가 있는 경우, (iv) 계약에 의해 고려되거나 상대방의 요구에 의해 취해진 조치가 있는 경우, (v) 법률상 요구되는 경우 등을 고려할 수 있다.

[Example 1]

아래는 Materiality Qualifier(중대성 한정어구)의 한 형태인 "Material Adverse Change(MAC)," "Material Adverse Effect(MAE)" 등의 문구를 사용한 기재례들이다. 계약상 당사자가 진술을 하면서, "Material Adverse Effect"를 포함하는 경우 해당 주제와 관련해 "Material Adverse Effect"를 충족하는 경우에만 진술의 부실표시나 허위진술(misrepresentation)이 문제될 수 있어, 이를 포함하지 않을 때보다 진술당사자의 위험부담을 낮출 수 있다.

- Lingco's financial records contain no inaccuracies except for inaccuracies

---

111 예를 들면, "For purposes of this agreement, **"Material Adverse Effect"** means any unfavorable change affecting the affairs of Company's business, operations, property, prospects, or financial condition and which is likely to hinder Company's performance of its obligations under this agreement."와 같이, 해당 계약에 사용되는 "Material Adverse Effect"의 판단기준을 정의할 수 있다.

112 다만, 이때 해당 조건이 당사자에게 불균형적으로 영향(disproportionately affect the party in question)을 미치는 경우 이러한 예외사항이 적용되지 않는다고 규정할 수 있다.

that would not reasonably be expected to result in a Material Adverse Change.

- Seller represents that there have been no material changes in the financial condition of the Business since Buyer's inspection of the financial records.
- Company represents that there are no outstanding judgments, orders, or injunctions of any court, government agency, or arbitration panel against Company that are likely to have a Material Adverse Effect.

[Example 2]

아래는 Material Adverse Change(MAC; 중대한 불리한 변경)의 개념을 정의하는 기재례들이다. 당사자의 관점에 따라 Material Adverse Change(MAC; 중대한 불리한 변경)가 다를 수 있기 때문에 정의규정을 두어 그 의미를 명확히 할 필요가 있다. (Version 1)은 계약당사자 모두의 입장에서 "MAC"의 의미를 판단하며, (Version 2)는 계약당사자 모두의 입장에서 "MAC"의 의미를 판단하면서 "Material"을 정의된 용어(defined term)로 사용해 중대성(materiality)에 관한 별도의 정의를 필요로 한다. (Version 3)는 매수인의 관점에서 "MAC"의 의미를 판단한다. (Version 4)는 매수인의 관점에서 "MAC"의 의미를 판단하면서 "MAC"에 일정한 금액한도를 정해, "MAC"는 매도인이 5백만 달러 이상의 운영, 자산, 부채나 재무상태의 변경이 있어야 하는데, 이 경우 "MAC"의 의미가 좀 더 명확해질 수 있다. 다만, (Version 5)와 같이 "MAC"를 어느 당사자의 입장에서 판단할지 언급하지 않고 일정한 사유만을 들어 개념정의를 할 수도 있다.

(Version 1)

"Material Adverse Change" means, regarding any Person, any material adverse change in the business, results of operations, assets, liabilities, or financial condition of that Person, as determined by a reasonable person in the position of any party having the benefit of that provision.

(Version 2)

"Material Adverse Change" means, regarding any Person, any Material adverse change in the business, results of operations, assets, liabilities, or financial condition of that Person.

(Version 3)

"Material Adverse Change" means any material adverse change in the business, results of operations, assets, liabilities, or financial condition of the Seller, as determined from the perspective of a reasonable person in the Buyer's position.

(Version 4)

"**Material Adverse Change**" means, from the perspective of the Buyer, any material adverse change in the business, results of operations, assets, liabilities, or financial condition of the Seller in an amount equal to $5 million or more.

(Version 5)

For purposes of this agreement, "**Material Adverse Change**" means any unfavorable change affecting the affairs of the Company's business, operations, property, prospects, or financial condition and which is likely to hinder the Company's performance of its obligations under this agreement.

4. Condition(조건)과 위험배분(risk allocation)

4.1 Condition(조건) 관련 위험배분의 이해

Condition(조건)은 계약상 당사자에게 일정한 의무나 법률행위의 효력을 발생 또는 소멸시키는 장래의 불확실한 사실의 상태로, 계약에서 정한 사건이나 사실이 발생하지 않을 경우 당사자의 이행의무는 발생하지 않는다. 이에, 계약상 Condition (조건)은 그 조건의 발생이나 미발생 또는 조건의 제한 정도에 따라 어느 당사자가 어떠한 범위에서 위험을 부담할 것인지 정해질 수 있으므로 당사자 간 위험배분 (risk allocation)이 문제되며, 이에 관한 다양한 방식을 고려할 수 있다. 우선, 일정한 조건이 계약 자체의 효력을 없애는 경우 계약당사자는 계약 자체의 소멸로 인한 위험을 부담하게 된다. 예를 들면, 부동산 매매계약에서 은행의 대출을 매수인의 잔금지급 조건으로 하는 경우 그 대출이 되지 않으면 부동산 매매계약 자체가 취소될 수 있어 계약당사자는 이에 따른 위험을 부담하게 된다. 다음으로, 계약당사자는 어떤 특정 사안에 대해 조건을 부가해 당사자의 일방 또는 쌍방이 위험을 부담하게 할 수 있다. 예를 들어, 주택매매계약상 매수인이 매수 이전에 주택에 있는 수돗물이 음용수로 적합하다는 것을 조건으로 한 경우 매도인만이 그 조건을 만족시켜야 할 위험을 부담하게 된다. 또한, 당사자의 이행의 전제가 되는 조건의 경우 조건의 만족정도를 달리한다면 그에 따른 관련 당사자의 위험부담의 정도도 달라질 수 있다. 예를 들어, 부동산 매매계약에서 매도인의 해당 부동산의 환경 관련 진술과 보증에 있어 매도인의 변호사가 제시하는 의견서에 대해 매수인이 만족하는 것을 조건으로 매수인이 잔금지급의무를 이행한다고 규정한다면, 매수인의 만족정도를 어떻게 정하는지에 따라 매도인과 매수인 간 위험부담의 정도가 달라질 수 있다.

4.2 Condition(조건) 관련 위험배분의 방법

Condition(조건)과 관련한 당사자 간의 위험배분(risk allocation)은 다음과 같은 다양한 형태로 나타날 수 있다. 우선, (i) 당사자들이 계약상 조건을 설정하는 경우 조건이 충족되지 않는다면 당사자가 이행의무를 부담하지 않게 되기 때문에 조건이 포함된 계약은 그 자체로 위험배분이 이루어진다. 즉, 조건충족시 이행에 대한 권리를 가질 수 있었던 당사자가 조건을 충족하지 못할 경우의 위험을 부담하게 된다. 예를 들어, 건물의 매수인이 그 건물에 담보대출을 받는 것을 자신의 이행의무로 하지 않고 계약의 조건으로만 한다면 그 조건이 충족되지 않아서 계약이 취소될 수 있는 위험을 매도인이 부담하게 된다. (ii) 당사자들은 또한 사업상 문제를 개별 당사자의 이행의무(covenant)가 아닌 조건(condition)으로 계약에 규정함으로써 당사자 간 위험을 배분할 수 있다. 이와 관련해, 보험계약에서 피보험자의 피해사실에 관한 보험회사에 대한 통지를 피보험자의 이행의무로 할 것인지 또는 보험지급의 조건으로 할 것인지 문제될 수 있다. 예를 들어, 손해보험을 든 건물에 도둑이 침입해 손해를 입었을 때 건물주는 그 침입이 있은 날로부터 10일 이내에 보험회사에 그에 관한 통지를 해야 하는 것으로 보험계약상 규정되어 있는데, 건물주가 도둑이 침입한 이후 12일이 지난 때 보험회사에 통지를 했다면 이를 어떻게 처리할 것인지 문제된다. 만약 통지조항(notice clause)이 건물주의 이행의무(covenant)에 해당된다면 건물주는 계약위반(breach of the contract)을 한 것이 된다. 이 경우 보험회사는 건물주에게 도둑의 침입으로 인한 손해에 대한 보험계약상의 배상책임을 여전히 부담하고, 다만 건물주의 통지의무위반에 따라 발생한 손해, 즉 지체된 통지에 따른 추가 손실이나 비용 등을 청구할 수 있을 뿐이다. 그런데, 통지조항(notice clause)이 조건(condition)에 해당한다면 건물주의 지체된 통지는 보험회사의 이행의무의 조건을 충족하지 못한 것이 된다. 이 경우 조건의 불충족으로 인해 보험회사의 건물주에 대한 보험금 지급의무가 발생하지 않게 되므로 건물주는 보험금을 지급받을 권리를 상실하게 된다. 이처럼 통지조항이 건물주의 이행의무가 아니라 계약의 조건에 해당된다면 건물주는 통지의 지체로 인해 더 큰 위험을 부담하게 된다.[113]

그리고, (iii) 당사자들은 이행의무가 발생하기 이전에 반드시 존재해야 하는 사실의 상태의 기준을 설정해 위험을 배분할 수 있다. 예를 들어, 부동산 매매계약에서 매수인의 대금지급 등 이행의무의 조건(condition)으로, 매도인이 해당 부동산의 환경문제에 이상이 없다는 내용에 관해 매수인이 만족할 만한 매도인 변호사의 의견서(counsel's opinion)를 매수인에게 제공하기로 한 경우 그 조건의 내용에 따라 당사자 간 위험부담의 정도가 달라질 수 있다. (iv) 계약상 각 당사자의 의무가 어떤 조건의 충족에 영향을 받는지에 따라 당사자 간 위험이 배분될 수 있는데, 조건이 한쪽 당사자의 의무이행에 대한 것이거나 또는 양쪽 당사자 모두의 의무이행에 대한 것일 수 있다. 예를 들어, 인수계약에서 일정한 정부의 승인을 인수의 조건으로 하는 경우 그 조건은 양쪽 당사자들의 이행을 위한 조건이 된다. 그리고, 주택매매계약에서 주택 내 용수의 안전과 관련해, "The Buyer must have received test results that conclude that the House's water is safe to use for all residential purposes."와 같은 계약조항이 있다면 이는 주택의 물이 주거용 목적으로 사용하기에 적합해야 한다는 조건으로, 매수인의 이익만을 위한 매수인의 의무이행에 대한 조건이 되는데, 이러한 조건이 충족되지 않으면 매수인은 자신의 이행의무를 부담하지 않는다.

[Example]

아래는 부동산 매매계약에서 매수인의 대금지급 등 이행의무의 조건(condition)으로, 매도인이 해당 부동산의 환경문제에 이상이 없다는 내용에 관한 매도인 변호사의 의견서(counsel's opinion)를 매수인에게 제공하기로 한 때 당사자 간 위험배분 관련 다양한 조건의 기재례들이다. 매도인의 위험은 (Version 1)에서 가장 높으며, (Version 2)에서 좀 더 낮아지고, (Version 3)에서 가장 낮을 수 있다. (Version 1)은 "satisfactory to the Buyer(매수인에게 만족스러운)"한 경우에 조건이 충족되므로 조건의 충족 여부가 매수인에게 전적으로 달려 있어 매도인은 매우 높은 위험을 부담하게 된다. (Version 2)는 "reasonably satisfactory to the Buyer(매수인에게 상당히 만족스러운)"한 때에 조건이 충족되는데, 이는 매수인

---

113 다만, 법원은 대체로 당사자의 권리상실(forfeiture)에 호의적이지 않기 때문에, 해당 계약조항상 표현이 조건(condition)으로 보일지라도, 가급적 이행의무(covenant)로 해석하려는 경향이 있다. 이와 같은 계약당사자의 권리상실의 문제에 관한 자세한 내용은 저자 집필 『영미계약법원리』(유원북스, 2021), 332페이지를 참고하기 바란다.

의 만족 정도가 합리적 일반인을 기준으로 하는 제한을 두고 있으므로 매도인의 위험부담이 (Version 1)에 비해 상대적으로 낮을 수 있다. (Version 3)는 "substantially in the form of Exhibit A(실질적으로 별첨목록 A의 형식으로)"인 때에 조건이 충족되는데, 이 경우 해당 별첨목록의 내용이 명확한 경우 매도인은 별첨목록 서식에 따라 그 변호사의 의견서를 제공하면 되므로 매도인의 위험부담은 그만큼 더 줄어들 수 있다.

(Version 1)

The Seller's lawyers must have delivered to the Buyer an opinion of counsel satisfactory to the Buyer.

(Version 2)

The Seller's lawyers must have delivered to the Buyer an opinion of counsel reasonably satisfactory to the Buyer.

(Version 3)

The Seller's lawyers must have delivered to the Buyer an opinion of counsel substantially in the form of Exhibit A.

5. Covenant(구속약정/이행의무)와 위험배분(risk allocation)

5.1 Covenant(구속약정/이행의무) 관련 위험배분의 이해

당사자의 위험부담의 문제는 이행의무(covenant)에서도 발생할 수 있다. Covenant(구속약정/이행의무)는 당사자가 상대방에게 특정한 행위를 하거나 하지 않을 것을 약속하는 것으로, 약속을 한 당사자는 그 약속에 따라 이행을 할 의무(duty to perform; obligation)를 부담하게 된다. 당사자가 약속한 대로 이행을 하지 않을 경우 상대방은 손해배상 등 구제방법을 행사할 수 있다. Covenant(구속약정/이행의무)는 그 이행의무의 정도에 따라 당사자 간 위험부담을 달리할 수 있어 이행수준과 관련된 의무의 표현은 약속자의 의무를 증가시키거나 감소시킬 수 있다. 계약상 각 당사자의 이행의무를 명시하는데, 그 이행의무의 정도는 당사자 간 거래관계나 거래의 성격에 따라 상이할 수 있기 때문에 Covenant(구속약정/이행의무)에서 당사자 간 위험배분(risk allocation)은 계약당사자들 사이의 이행의무의 정도(degree of obligation)와 관련되어 있다. 이와 같은 Covenant(구속약정/이행의무)의 위험배분 문제는 진술 및 보증(representation and warranty)에 있어 당사자 간 위험부담을 어느 정도로 할 것인지에 관한 이슈와 같은 맥락에서 파악될 수 있다. 즉, Covenant(구속약정/이행의무)에 있어 당사자 간 위험배분은 당사자의 약속이 얼마나 절대적인지, 즉 이행의무의 정도에 따라 계약상 다르게 나타날 수 있는데, 이는 진술과 보증에서 위험배분의 메커니즘과 유사하다.

5.2 Covenant(구속약정/이행의무) 관련 위험배분의 방법

당사자의 계약상 Covenant(구속약정/이행의무)를 규정할 경우 그 의무를 이행해야 하는 수준을 정해 당사자 간의 위험을 배분할 수 있다. 예를 들어, 영업양수도계약에서 매도인이 임차하여 사용하고 있는 사무실을 매수인이 그대로 사용하기를 원하고 이를 위해서는 그 사무실의 임대차계약상 임대인의 동의를 필요로 하는 경우 매수인은 매도인으로 하여금 임대인으로부터 동의를 받는 것을 요구할 수 있고, 매도인은 이를 약속(covenant)할 수 있다. 이러한 매도인의 약속(covenant)에 따른 위험부담은 그 의무이행의 정도에 따라 달라질 수 있는데, 이때 매도인과 매수인 간 위험배분(risk allocation)의 문제가 발생한다. 또한, 부동산 매매계약에서 매수인의 계약상 권리양도에 대해 매도인의 사전 서면동의를 요구하는 경우 그 동의에 관해 아무런 제한 없이 매도인이 자유롭게 할 수 있는 것으로 한다면 매도인에 비해 매수인의 위험부담이 크다. 이때 매도인이 그 동의를 불합리하게 유보(unreasonably withhold)할 수 없다고 하는 등 매도인의 동의권 행사에 제한이 가해진다면 매수인의 계약상 권리양도에 관한 위험부담은 상대적으로 감소될 수 있다.

Efforts 조항(efforts provision)의 문제

계약상 당사자의 이행의무와 관련해, "Efforts"라는 용어를 사용해 "Best Efforts," "Reasonable Efforts," "Commercially Reasonable Efforts" 등의 수식어구를 쓰는 경우가 많다. 이러한 Efforts 조항(efforts provision)은 일반적으로 해당 이행의무(covenant)를 이행하기 위해 필요한 노력의 수준을 나타내기 위해 사용된다. 당사자가 계약상 이행해야 할 사항이 당사자의 통제 밖의 사건이나 제3자의 행위에 의존해 당사자의 능력만으로는 달성하기 부적합하거나 그 이행의무를 당사자가 완전히 수용할 수 없는 상황에서 주로 Efforts 조항(efforts provision)을 활용한다. 예를 들어, 인수계약에서 당사자의 클로징 관련 이행의무를 최선의 노력(best efforts)를 다해 수행할 것을 요구하기 위해, "Seller shall use its best efforts to cause the conditions in Article XX to be satisfied."라는 규정을 둘 수 있다. Efforts 조항(efforts provision)은 당사자의 거래관계나 계약의 성격에 따라 그 의미가 다양할 수 있는데, 계약상 그에 관한 정의가 명시되어 있지 않은 경우 일반적으로 다음과 같은 의미를 갖는다.[114]

- Best Efforts: 최고 수준의 기준으로, 당사자가 그의 권한에서 자신의 의무를 이행하기 위해 본질적으로 모든 것(essentially everything)을 하는 것으로, 예를 들면, 당사자가 계약상 필요한 동의를 얻기 위해 상당한 비용과 시간을 사용하는 것이다.
- Reasonable Efforts: "Best Efforts"보다 조금 낮은 기준으로, 당사자가 합리적인 사람이라면 그 상황에서 적절한 노력을 한다고 생각하는 것(what the proverbial person would consider an appropriate effort under the circumstances)을 하는 것으로 해당 상황에서 통상적인 조치 이상의 행위를 요구하지는 않는다.
- Commercially Reasonable Efforts: "Reasonable Efforts"보다 낮은 기준으로, 당사자가 재정적으로 적절한 노력하는 것(obligated to make fiscally appropriate efforts)인데, 당사자가 예상치 못한 상당한 비용이나 시간의 소요를 포함해 당사자에게 상업적으로 해로울 수 있는 조치나 행동을 할 것을 요구하지는 않는다.
- Good Faith Efforts: 가장 낮은 단계의 기준으로, 이는 실제 정직함(honesty in fact)과 공정한 거래의 합리적인 상업적 기준의 준수(observance of reasonable commercial standards cf fair dealing)를 요구한다.[115]

한편, "Good Faith Efforts"는 신의성실의 기준(good-faith standard)을 사용하며, "Reasonable Efforts"는 합리성의 기준(reasonableness standard)을 사용한다. 신의성실의 기준은 주관적(subjective) 관점으로, 합리적 사람의 관점에서 그것이 합리적인지 여부와는 상관없이, 계약당사자가 합리적으로 행동한다고 생각했는지에 따라 판단하는 반면, 합리성의 기준은 객관적(objective) 관점으로, 합리적인 사람이라면 그 상황에서 어떻게 행동했는지에 따라 판단한다.[116] 당사자가 상대방에게 비합리적(unreasonably)이지만

114 다만, 이러한 표현들에 대해 법원에 따라 다른 해석기준을 적용할 수 있어 계약상 하나의 표현만을 사용하는 경우 이행의무에 뚜렷한 차이를 실제 파악하기는 힘들 수 있다.

115 Good Faith Efforts(신의성실의 노력)은 법의 문제로 해석될 수 있다(Restatement Second of Contracts § 205).

116 "Reasonable"은 해당 상황에서 공정하고 적절하고 적정하다("fair, proper, or moderate under the circumstances"－Black's Law Dictionary (8th ed., 2004))는 의미로. 누군가가 "reasonably(합리적으로)" 행동했는지는 관련 상황을 고려해 객관적으로 판단할 필요가 있다. "reasonably requests" 또는 "reasonably determines"와 같이, "reasonably"가 동사를 수식할 때, "reasonably"라는 단어는 "in a reasonable manner(합리적인 방법으로)"라는 다른 말로 바꾸어 표현될 수 있다.

선의로(in good faith) 행동할 수 있는 여지를 주는 것은 계약상 혼란을 줄 수 있기 때문에, 당사자의 이행의무와 관련해 "Good Faith Efforts(신의성실의 노력)"보다는 "Reasonable Efforts(합리적 노력)"를 언급하는 것이 더 적절할 수 있다.[117] 다만, 부과된 세금에 대해 당사자가 선의로(in good faith) 다투는 경우 등과 같이, 어떤 사항에 이의를 제기하거나, 어떤 일이 발생했다고 주장하거나, 소송을 제기하는 등 당사자가 일정한 입장을 취하고 있을 때,[118] 신의성실의 기준(good-faith standard)을 고려할 수 있다. 그리고, 계약의 협상과정에서 당사자들은 신의성실(good faith)을 다하여 협상에 임할 필요가 있으나, 단지 당사자의 입장에 있는 합리적인 사람이 그렇게 했을 것이라고 해서, 어떠한 협상사항에 동의할 것을 강요할 수는 없다.

그런데, Efforts 조항에 따른 당사자의 의무의 정도는 당사자의 입장이나 거래의 상황에 따를 수 있을 뿐만 아니라 법원 등 분쟁해결기관에 따라서도 그 해석을 달리할 수 있어 혼란이 발생할 수 있다. 이러한 불확실성을 피할 수 있는 안전한 방법은 계약서상 해당 용어의 기준을 정하는 정의규정(definitions)을 두는 것이다. 즉, 계약상 Efforts 조항과 관련해 당사자들이 어떠한 조치가 요구되거나 요구되지 않는지를 명시해 당사자들의 노력의 기대수준을 명백히 표현하는 것이 바람직하다. 이와 관련해, 계약상 당사자의 노력의 정도를 측정할 수 있는 일정한 금액이나 수치의 설정 등 구체적인 가이드라인을 설정하는 방법을 고려할 수 있다. 그리고, 당사자가 계약조항별로 서로 다른 기준을 적용할 의도가 없는 한, 한가지 용어를 일관되게 사용할 필요가 있다. 아래는 "Reasonable Efforts," "Commercially reasonable efforts" 등의 정의 관련 예문들이다.

[Samples]

- "**Reasonable Efforts**" means, regarding conduct by a party, the efforts that a reasonable person in the position of that party would use to engage in that conduct competently and promptly.

---

117 당사자의 실제 심리상태(actual state of mind)를 언급하면서, "good faith"라는 표현은 불필요할 수 있다. 예를 들어, "good-faith belief"라는 문구는 어색할 수 있는데, 당사자가 무언가를 믿는다면 이는 선의로(in good faith) 그것을 믿는다고 할 수 있기 때문이다. 특히, 계약상 신의성실의 묵시적 의무(implied duty of good faith)가 인정된다면 당사자들은 기본적으로 신의성실(good-faith)로 행동할 필요가 있기 때문에 계약에서 "good-faith standard(신의성실의 기준)"가 적용된다는 점을 명시할 필요는 없다. 그런데, "reasonableness standard(합리성 기준)"이 "believe," "satisfactory" 등 사람의 일반적 심리상태와 연관된 다른 단어들과 함께 사용될 때, 이는 당사자 자신의 심리상태가 아니라, 그러한 당사자의 입장에 있는 합리적인 사람의 심리상태를 말한다고 할 수 있다. 계약당사자가 어떠한 행위를 하면서 무슨 생각을 하고 있었는지를 판단하는 것은 불가능할 수 있는데, 이에 다른 사람들이 유사한 상황에서 어떻게 행동했었는지를 고려해 당사자가 신의성실(good faith)로 행동했는지를 판단할 수 있다.

118 여기서 "good-faith standard(신의성실/선의의 기준)"은 그 당사자의 공적인 입장(public position)이 그의 실제 심리상태(actual state of mind)와 일치한다고 할 수 있다.

- For purposes of this Agreement, "**commercially reasonable efforts**" will not be deemed to require a Person to undertake extraordinary or unreasonable measures, including the payment of amounts in excess of USD ________, or other payments with respect to any Contract that are significant in the context of such Contract (or significant on an aggregate basis as to all Contracts).

[Example 1]

아래는 영업양수도계약에서 매도인이 매수인을 위해 영업양수도의 대상인 자신이 임차하고 있는 목적물에 대해 임대인으로부터 임대차계약의 양도에 대한 동의(consent)를 얻을 의무(covenant)를 그 의무이행의 정도에 따라 나타낸 기재례들이다. (Version 1)은 매도인이 임대인의 동의를 얻는 데 절대적인 약속(absolute promise)을 하고 있는데, 이는 단순 진술(flat representation)과 같은 단순 이행의무(flat covenant)라 할 수 있어 매도인의 이행의무에 따른 위험이 가장 높으며, 아래 버전으로 갈수록 매도인의 노력의 정도(degree of effort), 즉 의무이행의 정도(degree of the seller's obligation)가 낮아져 (Version 4)에서 그 의무이행의 정도가 가장 낮아 그 위험 또한 가장 낮다. 반대로, 매수인의 위험은 (Version 1)이 가장 낮고, 아래 버전으로 갈수록 위험이 높아져 (Version 4)에서 그 위험이 가장 높다. 이를 구체적으로 살펴보면, (Version 1)의 경우 매도인은 임대인으로부터 임대차계약의 양도에 대해 동의를 얻는 것에 관해 재량의 여지가 없이 절대적인 약속을 하고 있다(flat covenant). 매도인이 통제할 수 없는 상황에서 그 동의의 요구가 임대인으로부터 거절당할 수 있다는 점에서 그 의무를 위반할 가능성이 높다. 매수인의 입장에서는 매도인이 동의를 얻지 못할 경우 곧바로 매도인의 이행의무위반을 이유로 손해배상 등을 청구할 수 있다. (Version 2)의 경우 매도인은 임대차계약의 양도를 위한 임대인의 동의를 얻기 위해 최선의 노력(best efforts)[119]을 다하였다면, 비록 그 동의를 얻지 못하였다고 하더라도, 매수인은 매도인의 이행의무위반을 이유로 소송을 제기할 수 없다. 이에, 임대인의 동의와 관련된 일부 위험이 매도인으로부터 매수인에게 이전된다. (Version 3)의 경우 매도인이 임

119 "Best Efforts(최선의 노력)"의 의미를 분명히 하기 위해, 다음과 같은 정의문구(definition)를 고려할 수 있다: "For purposes of this Agreement, "best efforts" means that Seller will obtain the goods on the open market and absorb any additional costs incurred to fulfil its delivery obligations on a timely basis." 이 경우 매도인의 의무가 일정한 범위로 더 제한될 수 있어 매도인의 위험정도가 상대적으로 줄어든다.

대차계약의 양도를 위한 임대인의 동의를 얻기 위해 상업적으로 합리적인 노력(commercially reasonable efforts)[120]을 다하는 한, 그 동의를 얻지 못한 경우에도 매도인은 이행의무위반에 따른 책임을 부담하지 않게 되어, 매도인의 위험은 줄어들고 매수인의 위험은 상대적으로 높아진다. (Version 4)의 경우 매도인은 임대차계약의 양도를 위해 임대인에게 그 임대차계약의 양도에 동의해 줄 것을 요청할 의무만을 부담하며, 임대인으로부터 그 동의를 얻어야 할 어떤 의무도 부담하지 않는다. 즉, 매도인은 임대인에게 동의해 줄 것을 요청만 하면 되기 때문에 매도인의 의무이행 정도는 미미한 것으로 그 위험은 가장 낮으며, 반면 매수인은 그 동의를 얻지 못하는 것에 대한 거의 모든 위험을 떠맡게 되어 위험부담의 정도가 가장 높다.

(Version 1)

The Seller shall obtain the consent of Landlord to the Seller's assignment of the Lease to the Buyer.

(Version 2)

The Seller shall use its <u>best efforts</u> to obtain the consent of Landlord to the Seller's assignment of the Lease to the Buyer.

(Version 3)

The Seller shall use <u>commercially reasonable efforts</u> to obtain the consent of Landlord to the Seller's assignment of the Lease to the Buyer.

(Version 4)

The Seller shall <u>request</u> that Landlord consent to the Seller's assignment of the Lease to the Buyer.

[Example 2]

아래는 계약상 면책배상규정(indemnification clause)과 관련한 당사자 간 위험배

120 상업적으로 합리적인 노력(commercially reasonable efforts)의 의미를 보다 명확히 하기 위해, 그 노력의 정도를 수치화해서 규정하는 것을 고려할 수 있다. 즉, 매도인의 노력의 정도를 그 이행의무(covenant)를 준수하기 위해 사용할 수 있는 금액(the amount that the Seller needs to spend to comply with the covenant)의 한도 등을 설정할 수 있다. 이 경우 매도인의 의무가 일정한 범위로 더 제한될 수 있기 때문에 매도인의 위험이 상대적으로 줄어들 수 있다. 이를 위해, 예를 들어, (Version 3)에 다음과 같은 문구를 추가할 수 있다: "For purposes of this provision, the Seller is deemed to have used its commercially reasonable efforts if it offers Landlord Corp. at least USD 10,000 as an inducement to consent to the assignment."

분의 기재례들이다. 여기서 매도인의 면책배상 관련 위험은 (Version 1)에서 가장 높고, 아래 버전으로 갈수록 위험이 줄어들어 (Version 5)에서 가장 낮다. 반대로, 매수인의 면책배상 관련 위험은 (Version 1)이 가장 낮고, 아래 버전으로 갈수록 위험이 높아져 (Version 5)에서 가장 높다. 즉, 아래 버전들은 매수인에게 가장 유리한 규정에서 시작해, 당사자 간 위험이 중립적일 수 있는 규정이 되고, 매도인에게 가장 유리한 규정으로 끝을 맺는다.

(Version 1)

Seller shall indemnify Buyer against all claims arising under this Agreement.

(Version 2)

Seller shall indemnify Buyer against all claims arising under this Agreement to the extent caused by Seller's actions.

(Version 3)

Seller shall indemnify Buyer against all claims arising under this Agreement to the extent caused by Seller's actions. Buyer shall indemnify Seller against all claims arising under this Agreement to the extent caused by Buyer's actions.

(Version 4)

Buyer shall indemnify Seller against all claims arising under this Agreement to the extent caused by Buyer's actions.

(Version 5)

Buyer shall indemnify Seller against all claims arising under this Agreement.

[Example 3]

아래는 매매계약에서 매수인의 계약상 권리양도에 대해 매도인의 사전 서면동의를 요구하는 때 당사자 간 위험배분의 기재례이다. (Version 1)의 경우 매도인의 사전 서면동의의 행사에 아무런 제한이 없어 그 동의를 얻어야 하는 매수인의 입장에서는 권리양도와 관련한 위험부담이 크다. (Version 2)에서는 매도인의 동의권 행사에 일정한 제한을 두어 매도인이 동의를 불합리하게 유보하지 않아야 한다고 함으로써 매수인의 위험부담은 감소되고, 매도인의 위험부담은 상대적으로 증가된다.

(Version 1)

The Buyer shall not assign any of his rights under this Agreement <u>without the Seller's prior written consent</u>.

(Version 2)

The Buyer shall not assign any of his rights under this Agreement without the Seller's prior written consent, which consent the Seller shall not unreasonably withhold.

5.3 Covenant(구속약정/이행의무)와 Condition(조건) 간 위험배분의 문제

계약상 당사자 간 위험배분(risk allocation)의 문제는 Condition(조건) 또는 Covenant(구속약정/이행의무)에서 각각 별개로만 일어날 수 있는 것이 아니라, Condition(조건)과 Covenant(구속약정/이행의무) 상호간에도 발생할 수 있다. 당사자가 계약과 관련해 발생할 수 있는 일정한 사건이나 사실을 조건(condition)으로 할 것인지 또는 계약당사자의 이행의무(covenant)의 일종으로 할 것인지에 따라 당사자 간 위험부담이 달라질 수 있다. 즉, 계약상 일정한 사건이나 사실을 Covenant(구속약정/이행의무)로 하는 경우 그 약속(covenant)을 한 당사자만이 위험을 부담하게 되는 반면, Condition(조건)으로 하는 경우 그 사건이나 사실이 발생하지 않는 경우 당사자들의 이행의무 자체가 면제될 수 있다. Condition(조건)의 경우 관련 사건이나 사실이 발생하지 않는 때 당사자들의 계약상 이행의무가 면제되어 계약위반에 따라 책임을 부담하지 않으나, Covenant(구속약정/이행의무)의 경우 당사자가 그 사건이나 사실에 관한 약속을 이행하지 않는다면 계약위반에 따른 책임을 져야 하는 위험을 부담하게 된다. 이러한 차이로 인해, 계약서를 작성할 때 Condition(조건)과 Covenant(구속약정/이행의무) 중 어떠한 방법을 이용해 당사자 간 계약상 위험을 배분하는 것이 적정한 것인지를 판단해야 하다.

Condition(조건) 또는 Covenant(구속약정/이행의무) 중 어떠한 방법으로 당사자 간의 위험배분을 할 것인지는 개별 계약당사자가 처한 사업상 입장, 당사자 상호 간의 거래관계, 해당 계약의 목적이나 배경 등 다양한 요소를 고려할 수 있다. 일반적으로 해당 사항이 관련 거래관계의 사업상 쟁점(business issue)이 되거나, 사업의 수행에 불확실성이 있거나, 계약당사자의 의지만으로는 해결할 수 없는 영역의 사안이거나 또는 당사자 일방에게만 책임을 묻기 어려운 사정에 관한 경우에는 Covenant(구속약정/이행의무)보다는 Condition(조건)의 형식으로 당사자 간 위험배분을 할 필요가 있다. 다만, 일방 당사자의 지위가 상대방 당사자보다 우월하거나 또는 한쪽 당사자만이 특정한 업무나 사항을 실제 이행할 수 있는 경우에는

Condition(조건) 대신 Covenant(구속약정/이행의무)의 형식으로 당사자 일방에게 위험을 부담시킬 수 있다.

그런데, 당사자 간 거래관계나 거래의 사정 또는 계약의 목적 등에 비추어, 계약당사자가 Covenant(구속약정/이행의무)를 부담하는 것이 Condition(조건)보다 반드시 불리한 것만은 아닐 수 있다. 예를 들어, 보험계약에서 정해진 사고발생시에 피보험자가 보험회사에게 그 사고내용을 일정한 기간 내에 통지해야 하는 규정이 있음에도 피보험자가 실제 사고를 당하고도 그 기간 내에 보험회사에 통지를 하지 않고 지체하여 통지를 한 경우 그 사고통지에 관한 규정이 보험회사의 피보험자에 대한 보험금지급채무의 Condition(조건)이라면 피보험자가 그 사고통지를 하지 않은 사실로 인해 보험회사의 피보험자에 대한 보험금지급채무는 면제되어, 피보험자는 이러한 사고통지규정에 따른 위험을 전적으로 부담하게 된다. 그런데, 위 사고통지규정을 Covenant(구속약정/이행의무)로 본다면 피보험자는 그 사고통지의 지체로 인한 배상책임 등 계약위반에 따른 위험을 부담하지만, 보험회사도 여전히 피보험자에 대한 보험금지급채무를 부담하는 위험이 있다. 한편, 계약당사자들은 협상과정에서 일정한 조건(condition)을 전제로 개별 당사자에게 이행의무(covenant)를 부과하는 이행의무의 조건(condition to an obligation)의 형식으로 관련 위험을 상호 분산할 수 있다. 실무상 계약서를 효율적으로 작성하기 위해서는, 당사자 상호간 이슈가 되는 사안들을 모두 나열하고 정리한 다음 전략적 분석을 통해, 조건(condition)으로 할 사항, 일방 당사자의 이행의무(covenant)로 할 사항, 이행의무의 경우 그 조건이 필요한 사항 등으로 구분해 당사자 간 위험배분이 적절하게 이루어질 수 있도록 할 필요가 있다.

6. Discretionary Authority(자유재량권)와 위험배분(risk allocation)

영문계약상 Discretionary Authority(자유재량권)가 부여되는 경우에도 다른 계약의 구조개념들(contract concepts)처럼 위험을 배분하는 기능을 한다. 즉, 계약상 재량권한을 갖고 있지 않는 당사자는 재량권한(discretionary authority)이 있는 당사자의 결정에 의존하게 되므로 재량권한의 행사를 인정하는 조항을 어떻게 작성하는지에 따라 당사자의 위험부담도 달라질 수 있다. Discretionary Authority(자유재량권)를 규정할 때 재량권자의 입장에서는 재량권을 넓게 인정할수록 위험부담이 적으며, 상대방의 입장에서는 재량권을 좁게 인정할수록 위험부담이 줄어든다. 예를 들어, “During the period between this Agreement’s signing and the Closing, the Seller may rent the Building to one or more third parties.”와 같이 계약체결과 클로징 사이 기간 동안 매도인에게 제3자에게 빌딩을 임대할 재량권을 제한 없이 부여한다면 매수인은 매도인의 재량권 행사에 따라 발생할 수 있는 상당한 위험을 떠맡는다. 그런데, “A party sending notice shall use one of the following methods of delivery, but may choose which method: registered mail, personal delivery, or overnight courier.”와 같이 당사자에게 통지방법에 재량권을 부여하면서 그 방법을 일정한 경우로 한정한다면 통지방법과 관련된 상대방의 위험부담은 줄어들 수 있다.

자유재량권이 일정한 전제조건과 결부(condition to discretionary authority)되어 있는 경우 재량권자가 자신의 재량권한을 행사하려면 그 행사 전에 먼저 그 전제조건인 어떠한 사건이나 사실이 발생하거나 존재해야 한다.[121] 이때 그러한 조건의 충족이 얼마나 어려운지에 따라 당사자의 위험부담이 달라질 수 있다. 예를 들어, 대출계약에서 차주가 대출원리금을 상환하지 못하는 때 대주는 전체 대출금의 지불기한이 도래한 것처럼 관련 담보를 실행하거나 대출금 전액의 상환을 청구할 수 있는 재량권을 가지는 조기상환조항(acceleration clause)을 둘 수 있다.[122]

한편, Discretionary Authority(자유재량권)의 부여는 당사자에게 일정한 금지규정을 두고 그에 대한 예외(exception to prohibition)를 허락(permission)하는 형식으로 나타날 수 있는데, 당사자는 그러한 예외적인 사항에서 어떠한 행위를 할 수 있는 자유재량권을 갖게 되고 상대방은 그에 따른 위험을 부담하게 된다. 예를 들어, 대출계약에서 차주에게 원칙적으로 투자를 금지하는 이행의무(covenant)를 부과하고, 예외적으로 차주의 자회사에 대해서는 투자를 허용하는 재량권한(discretionary authority)을 행사할 수 있도록 할 수 있는데, 이러한 차주의 예외적인 투자 재량권한에 한해 대주는 그에 따른 위험을 부담하게 된다. 또한, 매매계약에서 원칙적으로 매수인의 계약상 권리양도를 금지하는 구속약정(covenant)을 규정하고 예외적으로 매수인의 배우자에게 권리를 양도할 수 있도록 한다면 매수인은 그의 배우자에

121 당사자의 자유재량권(discretionary authority)에 조건(condition)이 없다면 당사자는 제한 없이 이를 행사할 수 있어 상대방의 위험부담이 커지고, 일정한 조건이 있다면 그 행사에 제한이 있어 자유재량권자의 위험이 커지고 상대방은 상대적으로 위험이 줄어든다.

122 조기상환조항(acceleration clause)에서 조기상환을 청구할 수 있는 당사자는 계약상 Discretionary Authority(자유재량권)를 가지는데, 이에 관한 자세한 내용은 저자 집필 『영미계약법원리』 (유원북스, 2021), 400페이지를 참고하기 바란다.

게 권리양도를 할 수 있는 재량권한을 갖게 되고, 매도인은 그에 따른 위험을 부담하게 된다.

[Example 1]

아래는 Discretionary Authcrity(자유재량권)의 위험배분에 관한 기재례들이다. (Sample 1)은 대출계약에서 차주의 채무불이행이 발생한 때 대주의 구제방법의 행사에 자유재량권이 부여된다(condition to discretionary authority). (Sample 2)는 계약상 금지규정에 대한 예외(exception to prohibition)를 허락(permission)하는 자유재량권으로, 첫번째 예문은 대출계약에서 차주에게 투자를 금지하면서 예외적으로 그 자회사에 대한 투자를 허용하는 재량권한을 부여하는 예문으로 대주는 차주의 이러한 재량권에 따른 위험을 부담한다. 두번째 예문은 매매계약에서 매수인의 계약상 권리양도를 금지하면서 예외적으로 자신의 처에게 양도할 재량권한을 부여하는 예문으로 매도인은 매수인의 이러한 재량권에 따른 위험을 부담한다.

(Sample 1)

If an Event of Default occurs and is continuing, then the Bank may accelerate the Loan, foreclose upon its security …

(Sample 2)

- The Borrower shall not invest in any Person, except the Borrower may invest in any wholly-owned subsidiary of the Borrower.
- The Buyer shall not assign any of his rights under this Agreement, except that he may assign his rights to his wife.

[Example 2]

아래는 자유재량권(discretionary authority)의 행사와 위험배분에 관한 기재례이다. 자유재량권의 행사에 제한을 많이 가할수록 재량권자의 위험은 늘어나고 상대방의 위험은 상대적으로 줄어든다. (Version 1)은 재량권자인 임대인에게 임차인의 권리양도에 대한 동의권한을 무제한적으로 행사할 수 있도록 하여 임차인의 위험이 커지는 반면, (Version 2)에서는 임대인의 그 동의권한의 행사에 합리성을 요구하는 제한을 가해 임차인의 위험은 상대적으로 줄어든다.

(Version 1)

The Tenant shall not assign its rights under this Lease, without the prior written consent of the Landlord, and the Landlord may give or withhold that consent in its sole discretion.

(Version 2)

The Tenant shall not assign its rights under this Lease, without the prior written consent of the Landlord, and the Landlord shall not unreasonably withhold that consent.

[Example 3]

아래는 자유재량권(discretionary authority)의 행사와 위험배분에 관한 또 다른 기재례이다. 여기서 매도인의 재량권한과 관련해, (Version 1)은 매도인에게 매수인의 계약상 권리양도에 대한 동의권한을 무제한적으로 부여해 매수인의 위험은 높으며, (Version 2)는 매도인의 동의권한에 합리성에 따른 제한을 가함으로써 매수인의 위험의 정도가 상대적으로 완화되었다. (Version 3)에서는 매수인의 계약상 권리의 양도가 원칙적으로 금지되어 있으나, 예외적으로 그의 딸에게 제한없이 권리양도를 할 수 있는 재량권이 허용(permission)되어 매도인은 매수인의 이러한 재량권에 따른 위험을 부담하게 된다.

(Version 1)

The Buyer shall not assign any of his rights under this Agreement without the Seller's prior written consent.

(Version 2)

The Buyer shall not assign any of his rights under this Agreement without the Seller's prior written consent, which consent the Seller shall not unreasonably withhold.

(Version 3)

The Buyer shall not assign any of his rights under this Agreement, except that he may assign his rights to his daughter, Annie Kim.

Ⅹ. 영문계약상 구성개념(contract concepts)의 요약

국제거래 계약에서 거래의 목적이나 조건, 적용되는 법규 등 당사자 간 합의내용을 실제 계약서에 적절하게 반영하기 위해서는 영문계약상 문장구성의 개념요소들(contract concepts)의 이해가 필수적이다. 계약의 개념요소들은 영문계약상 문장을 구성하는 기초적인 요소로 이들이 적절하게 조합되어 사용되는 때 당사자들의 비즈니스 관계나 거래조건을 효율적이고 정확하게 계약서에 나타낼 수 있다. 앞서 살펴본 계약의 개별 구성개념의 의미와 개념들 상호간의 관계 등의 이해를 바탕으로 해당 계약에 사용해야 할 용어나 표현의 범주를 파악해 관련 거래관계를 계약 내용으로 표현할 수 있는 것이다. 이를 통해 계약내용이 당사자들이 의도한 대로 법적 의미와 효력을 발휘할 수 있도록 하고 해당 거래에서 제기되는 이슈들을 계약의 언어로 정확히 풀어낼 수 있다. 이와 같은 계약의 구성개념들에 대한 이해는 영어로 계약서 쓰기(contract drafting in English)의 기본적 · 필수적인 것으로, 이는 계약서상 명확하고 간결하며 정확한(clear, concise, and precise) 문장이나 규정을 작성할 수 있도록 한다. 앞서 살펴본 (i) Representation(진술), (ii) Warranty(보증), (iii) Condition(조건), (iv) Covenant(구속약정/이행의무), (v) Right(권리), (vi) Discretionary Authority(자유재량권), (vii) Declaration(사실에 대한 선언) 등 7가지 계약의 구성개념들의 법적 의미와 구제방법 등 주요 내용을 간단히 도식해 보면 다음과 같다.[123]

123 영문계약상 문장을 구성하는 개념들은 일반적으로 7가지 계약의 구성개념들(seven contract concepts)로 분류할 수 있는데, 앞서 살펴본 것처럼 견해에 따라서는 이를 보다 세분화하거나 달리 정의하는 경우도 있다. 예를 들어, Covenant를 Duty(의무), Negating Duty(의무의 부정), Negative Obligation(금지의무), Indirect Duty(간접적 의무) 등으로 나누거나, Right를 Right(권리) 이외에 Negating Right(권리의 부정)으로 구분하기도 한다. 또한, Discretionary Authority를 Privilege(특권), Negating Privilege(특권의 부정) 등으로 나누고, Present Action(현재조치), Policy, Condition 등의 개념으로 분류하는 경우도 있다. 이 경우 계약의 구성개념들은, (i) duty, (ii) negating cuty, (iii) negative obligation, (iv) indirect duty, (v) right, (vi) negating right, (vii) privilege, (viii) negating privilege, (ix) present action, (x) policy, (xi) condition 등으로 보다 세분화될 수 있다.

▌영문계약 구성개념(contract concepts)의 주요 내용▐

계약상 구성개념	주요 요소	기 능	계약상 구제방법
Representation (진술)	• 진술상대방의 신뢰를 유발할 수 있는 사실의 진술(statement of fact) • 진술상대방의 진술내용에 대한 정당한 신뢰(justifiable reliance)	• 책임기준(standards of liability)의 설정 • 위험배분(risk allocation)	• 선의 또는 과실의 부실표시(innocent or negligent misrepresentation)의 경우 피해당사자는 계약취소(avoidance)/손해배상청구(damages) • 사기적 허위진술(fraudulent misrepresentation)의 경우 피해당사자는 계약취소/손해배상청구(경우에 따라 징벌적 손해배상청구(punitive damages))
Warranty (보증)	• 사실에 대한 진술 내지 약속(promise) • 진술상대방의 진술의 허위성에 대한 인식 불필요 • 일반적으로 진술(representation)과 함께 규정됨	• 진술 내지 약속이 진실하지 않을 경우 진술자의 배상책임(indemnity) • 위험배분	• 피해당사자는 손해배상청구(damages)
Condition (조건)	Condition to the Obligation(이행의무의 조건)		
	• 당사자의 의무이행(covenant) 이전에 존재해야 하는 불확실한 사실의 상태(state of facts)	• 조건(condition)에 따른 당사자의 이행의무의 발생시기를 정함 • 위험배분	• 이행의무의 조건은 계약위반이 될 수 없음 • 조건의 불성취시 당사자의 이행의무 발생하지 않음
	Condition to the Discretionary Authority(자유재량권의 조건)		
	• 당사자의 자유재량권(discretionary authority) 행사 이전에 존재해야 하는 불확실한 사실의 상태	• 조건(condition)에 따른 자유재량권의 행사시기를 정함 • 위험배분	해당사항 없음

(계속)

계약상 구성개념	주요 요소	기 능	계약상 구제방법
	Condition to the Declaration(사실에 대한 선언의 조건)		
Condition (조건)	• 계약상 정책(policy)이 실질적인 효과를 발휘하기 이전에 존재해야 하는 불확실한 사실의 상태	• 계약상 정책이 적용될 수 있는 시기를 정함	해당사항 없음
Covenant (구속약정/이행의무)	• 당사자가 어떤 것을 할 것 또는 하지 않을 것에 대한 약속(promise) • 이행의무(duty; obligation to perform)의 설정	• 당사자의 일정한 행위나 조치를 요구하거나 금지함 • 책임기준의 설정 • 위험배분	• 피해당사자는 계약위반에 따른 손해배상청구(damages) 내지 특정이행청구(specific performance) • 중대한 계약위반(material breach)으로 치유될 수 없는 때 계약취소
Right (권리)	• 상대방의 의무이행(covenant)을 청구할 당사자의 자격(entitlement) • Covenant(구속약정/이행의무)의 이면(flip side)	• 당사자의 일정한 행위나 조치를 요구하거나 금지할 자격의 부여 • 책임기준의 설정 • 위험배분	• Covenant(구속약정/이행의무)와 동일
Discretionary Authority (자유재량권)	• 어떠한 행위나 조치를 할 수 있는 선택권(choice) 또는 일정한 행위의 허락(permission)	• 당사자에게 선택권 또는 허락에 따른 권한의 제공 • 위험배분	해당사항 없음
Declaration (사실에 대한 선언)	• 계약상 정의(definition) 또는 정책(policy)의 설정	• 계약상 용어의 정의나 당사자들을 규율하는 정책의 수립	해당사항 없음

CHAPTER 3

영문계약서 작성(Contract Drafting) 프로세스와 쓰기 원리

개요

국제거래 계약은 본질적으로 여러 국가의 법률이 적용될 수 있기 때문에 한 국가에서 법적 구속력이 있고 유효한 계약이라 하더라도 다른 국가에서는 불법이거나 무효일 수 있어, 계약에 적용되는 법규범을 검토해야 한다. 당사자들은 계약관계를 통해 합의사항을 실제로 유효하게 강제할 수 있는 법적 구속력(legal bond)을 필요로 하며, 이는 상대방의 계약위반시 피해당사자에게 구제방법을 행사할 수 있게 한다. 계약서에는 당사자들이 목적하는 특정 거래를 위해 그들간의 권리의무와 계약에 따라 파생될 수 있는 제반 효과를 정확히 파악해 개별 조항에서 그 의미를 명확히 기술해야 한다.

그런데, 국제거래 계약은 대부분 국제긍통언어인 영어로 작성되기 때문에 당사자 합의의 유효적절성을 담보할 수 있는 영미계약법의 원리를 파악하고 영문계약서 작성의 기본적 이론과 구조를 이해하는 것이 필수적이다. 영문계약서를 제대로 검토하고 작성하기 위해서는 계약서 작성을 위한 용례에 대한 풍부하고 실무적 이해와 함께 계약서의 체계적 구성능력(organization skill)과 쓰기의 기술(writing skill)이 요구된다.

국제거래의 협상과정에서 당사자들은 계약 관련 문서들이 해당 거래의 준거법(governing law)상 어떻게 해석될 수 있는지를 파악하고, 계약의 구성개념(contract concepts)을 활용해 비즈니스상 거래조건을 당사자의 권리의무나 계약 실행을 위한 규정으로 변환할 필요가 있다. 계약상 당사자의 의무이행의 내용은 5W 2H(who, when, where, what, why, how, how much)의 원리에 따라 검토하고, 개별 비즈니스 이슈를 계약상 용어와 개념으로 정리해 목록화한 후 거래조건들이 계약조항의 순서대로 나타나도록 구성한다.

영문계약서 쓰기의 가장 기본적 원칙이 "Say the same thing in the same way."라는 것을 잊지 않아야 한다. 계약서의 작성(contract drafting)은 당사자들 사이의 관계를 명확히 설정해 그들 간 장래 이행의 약속과 그와 관련된 규칙의 관리나 당사자 간 위험의 배분 등에 관한 사항을 나타내는 것이므로, 계약상 표현은 같은 용법으로 일관되게 사용하고 동일한 단어나 문구가 다른 의미로 전달되지 않도록 해야 한다. 계약상 표현은 특히 두 가지 이상의 합리적이지만 모순된 의미를 가질 수 있게 하는 모호성(ambiguity)이 발생하지 않도록 하고 명확(clarity)하게 기술되어야 한다. 이를 위해, 계약의 목적과 거래의 법적 관계를 정확한 용어와 문법 및 표현법을 사용해 계약의 구성개념에 알맞은 문장으로 구성하고, 이를 계약조항으로 조직적으로 체계화할 필요가 있다.

영문계약서 작성시 유의할 문법사항 및 표현법으로, 관사의 사용 및 가산명사와 불가산명사, 대명사의 사용, 계약서 문장의 관점 내지 인칭의 문제, 관계대명사의 사용 등이 있다. 계약내용은 계약의 서식 체계를 정비해 명료성을 높일 수 있는데, 관련 항목들을 열거목록(enumeration)이나 표목록(tabulation)을 통해 나타내면 보다 명확하게 관련 내용을 전달할 수 있다. 계약의 해석원리(canons of construction)를 이해해 분쟁발생시 법원 등 분쟁해결기관이 계약조항을 어떻게 해석할 것인지를 분석하는 것도 중요하다.

Ⅰ. 개 관

국가나 지역의 울타리를 넘어 일어나는 국제거래에서 당사자 간 협상이나 의사소통은 대부분 영어로 이루어지고 거래의 조건이나 합의내용을 담은 계약은 거의 영문으로 작성되고 있어 영문계약서의 작성원리를 파악하는 것은 국제거래에서 무엇보다 중요하다. 국제거래 관련 영문계약서는 기본적으로 계약자유의 원칙에 따라 당사자들의 자유로운 의사결정에 따라 정해질 수 있고 당사자의 의사나 거래의 유형에 따라 다양한 조건이나 내용이 포함될 수 있지만, 계약상 사용되는 용어나 표현은 역사적 배경이나 법률문화적 사고방식에서 비롯된 것이 많다. 이에, 영문계약서의 경우 그 형식이나 내용에서 영어를 평소에 쓰더라도 일상생활에서 쓰지 않거나 알 수 없는 용어나 표현 등이 많아 이에 대한 이해가 필수적이다.

그리고, 계약서는 문학작품이 아니므로 문장의 유려함보다는 용어의 명확성과 내용의 정확성을 통해 혼란이나 분쟁을 예방하는 것을 목적으로 한다. 즉, 계약서에는 목적하는 특정 거래를 위해 당사자 간 관련 권리의무에 관한 사항을 명확히 구체적으로 규정해야 한다. 예를 들어, 매매계약에서 매도인의 물건인도의무와 매수인의 대금지급의무 등을 규정하는 경우 혼란이 발생하지 않도록 행위자, 행위, 목적물 및 행위의 대상, 시간과 장소 및 방법을 일일이 구체적으로 명시할 필요가 있다. 또한, 계약서상 여러 규정들이 상호 모순되거나 충돌되지 않도록 유의해야 하며, 용어의 표현방식뿐만 아니라 기재 순서도 일관성이 있도록 하여야 한다. 특히, 계약서에 포함될 내용의 정도와 관련해, 국가의 법률이 다양한 거래에서 일어나는 대부분의 상황을 파악하고 있으므로 일일이 계약서에 모든 내용을 규정할 필요가 없다는 사고를 하는 우리나라와 같은 대륙법(civil law)계의 국가들의 계약서는 상대적으로 간단할 수 있는 반면, 영미법(common law)에서는 성문법규가 있다고 하더라도 기본적으로 당사자 간에 일어날 수 있는 모든 상황은 가능한 한 계약서에 포함시켜 계약서의 내용이 방대하다.

한편, 계약상 구체적으로 명시되지 않은 당사자 간 거래조건이나 분쟁의 처리와 관련해서는 계약상 준거법이나 분쟁해결기관을 어떻게 정하는지에 따라 다를 수 있다. 이와 같은 계약의 해석이나 분쟁해결과 관련한 적용 법규범으로 개별국가의 법률이나 국제규범이 보충적으로 적용될 수 있으므로 해당 계약의 준거법과 분쟁해결기관을 파악하는 것 또한 중요하다. 국제거래 계약을 규율하기 위한 국제규범으로, ICC(International Chamber of Commerce; 국제상업회의소)가 제정한 상사거래의 조건인 Incoterms(International Commercial Terms; 국제무역거래조건), UNCITRAL (United Nations Commission on International Trade Law; 유엔 국제상거래법위원회)에서 기초한 국제물품매매계약에 관한 협약으로 CISG(Convention on Contracts for the International Sale of Goods; 국제물품판매계약에 관한 유엔협약) 등이 있다.[1]

결국 영문계약서의 초안을 작성하거나 작성된 방대한 양의 계약서의 문제점을 발견하고 수정 보완할 수 있기 위해서는 영미계약법상의 용어나 원리 또는 영어식 표현의 명확한 이해와 적절한 사용이 근간이 된다고 할 수 있다. 따라서, 국제거래를 함에, 해당 비즈니스에 대한 이해와 안목, 관련 적용법률에 대한 광범위한 지식과 경험과 함께, 관련 영문계약서의 작성의 체계적 구성능력과 글쓰기에 대한 명확한 이해와 기술이 요구된다.

Ⅱ. 영문계약서 작성 프로세스

1. 국제거래 관련 계약서 작성시 고려사항

계약서 작성절차는 당사자들의 협상결과에 따라 한쪽 당사자가 계약서 초안을 작성하는 것으로 시작한다. 당사자 간에 사전에 거래조건이 명확히 결정되지 않은 경우 계약서 초안을 작성하는 당사자가 일반적으로 계약내용에 더 많은 통제권한을 가질 수 있으므로 유리할 수 있다. 즉, 계약서의 첫 초안은 그 수정과 추가적 협상을 위한 근간을 이룰 수 있으므로, 당사자는 그 초안을 마련하는 데 시간이 더 걸릴 수 있을지라도, 초안작성으로 얻는 이익이 비용보다 더 클 수 있다. 상대방은 계약서 초안을 검토하고 제안 또는 변경할 수 있는 기회를 갖게 되는 반면, 그 초

---

1 연방국가로서 광범위한 지역에서 거래가 이루어지는 미국에서는 각 주가 계약과 관련된 자체적인 법률을 가지고 있지만, 많은 주들의 계약법은 모델법규(model rules)에 기초하고 있다. 미국의 대부분의 주들이 UCC(Uniform Commercial Code)를 채택하였는데, UCC 제2조는 물품 판매와 관련된 거래에 대한 규칙에 초점을 맞추고 있다. 또한, 영미계약법상 법원을 직접적으로 구속하지는 않지만 보통법(common law)의 설득력있는 원리를 규정한 Restatement Second of Contracts가 있는데, 이러한 계약법의 주요 원리는 대부분의 주 법원이 계약법의 일반원리로 널리 활용하고 있다. 이와 같은 영미계약법상 적용 법규범으로 UCC와 Restatement Second of Contracts 등에 관한 자세한 내용은 저자 집필 『영미계약법 원리』(유원북스, 2021), 101-104페이지를 참고하기 바란다.

안을 작성한 당사자는 문서의 모든 내용과 다양한 조항들의 상호 연관관계를 보다 잘 알 수 있다. 또한, 계약서 초안이 제대로 작성되지 않은 경우 상대방은 그 초안을 협상하고 수정하는 데 상대적으로 더 많은 시간을 소모해야만 하기 때문에 자신이 계약서 초안을 작성할 기회가 있다면 초안을 마련하는 것이 좋다.

한편, 계약서 초안이 누구에 의해 작성되더라도, 계약서 초안의 작성자는 협상된 합의조건을 계약서상 공정하고 정확하게 명시해야 한다. 당사자들의 합의된 조건을 정확하게 반영하지 못하거나 의도적으로 모호성(ambiguity)을 일으키는 계약서 초안이 마련되면 심각한 문제가 생길 수 있다. 즉, 당사자들이 결함이 있는 조항으로 계약문서에 서명하더라도 향후에 분쟁이 발생할 수 있으며, 이를 해결하기 위해 더 많은 비용이 드는 절차로 이어질 수 있으며, 궁극적으로 강제할 수 없는 조항(unenforceable provision)이 될 수도 있다.

계약서의 작성 프로세스는 복잡하고 시간 소모가 많은 작업인데, 효율적인 작성을 위해서는 해당 비즈니스에 대한 이해와 지식을 필요로 하며, 법규와 작문기술(writing skills) 등이 요구된다. 계약의 협상과정에서 당사자들은 양해각서(memorandum of understanding; letter of intent)나 조건명세서(term sheet) 등을 작성할지 결정할 필요가 있으며, 이 경우 이러한 문서들로 인한 분쟁가능성을 예방하기 위해 그 문서의 목적을 명확히 할 필요가 있다.[2] 해당 거래계약과 관련해 명확하고 간결하며 정확한 계약서(clear, concise, and precise contract)를 마련하기 위해서는, (i) 관련 거래에 대한 이해, (ii) 준거법(governing law)의 이해, (iii) 계약서의 독자(audience)에 대한 인식이 필요한데, 이를 구체적으로 살펴보면 아래와 같다.

① 우선, 계약서를 작성하기 위해서는 당사자의 합의된 거래, 특히 합의된 거래조건에 대한 충분한 이해가 있어야 하다. 이를 위해, 계약당사자는 내부적으로, (i) 확인할 사항에 대한 체크리스트, (ii) 준비해야 할 문서목록, (iii) 실사(due diligence) 관련 프로세스,[3] (iii) 해당 계약에 클로징이 필요한 경우 클로징 이전 및 이후에 수행될 이행의 일정 등을 검토할 필요가 있다. 이 과정에서 당사자들은 해당 거래에 대한 기본적 이해를 통해 관련 문제점을

2 당사자들이 최종계약(definitive agreement)을 체결하기 이전에 작성된 양해각서나 메모 등의 문서의 내용을 구속력이 없는 것으로 하려면, 당사자들이 실질적 비즈니스 이슈들에 대한 협상이 필요하며, 거래가 확정되어 종국적인 서면합의가 이루어지기 이전까지 이루어진 양해각서 등의 문서는 구속력이 없다는 점을 관련 문서와 최종계약서에 명시해야 한다.

3 실사(due diligence)를 통해, 특히 인수거래 등에서 대상기업, 재산, 유가증권 등에 대한 조사를 실시해 해당 거래의 진행 여부나 거래금액 등을 평가할 수 있다.

파악하거나 당사자 간 합의에 있어 이해관계의 차이점을 발견하도록 노력해야 한다. 예를 들어, 당사자가 쇼핑센터를 건설할 땅을 구입하려는 경우 이러한 종류의 거래가 허용되는지를 확인하기 위해, 해당 토지에 대한 구역지정 문제(zoning issue)를 숙지해야 하고, 해당 토지가 이러한 거래의 사용을 위한 구역지정이 되지 않는 경우 해당 부동산에 대한 구역의 재조정 프로세스가 가능한지를 파악할 필요가 있다. 즉, 토지가 해당 용도로 구역지정이 되지 않은 경우 쇼핑센터 건설을 위해 성공적인 구역의 재조정을 거래의 클로징 조건(closing condition)으로 하는 부동산 구매계약서를 작성할 수 있다. 해당 거래와 관련해 준비하거나 확인해야 할 사항을 파악하고 그에 따라 상대방과의 회의를 원활하게 준비하기 위해 거래 관련 당사자 간의 관계를 다이어그램(diagram) 등으로 구성해 보는 것이 도움이 될 수 있다.[4]

② 또한, 계약을 통해 당사자들은 상호간의 사적 권리와 의무(private set of obligations and rights)를 만든다. 그럼에도, 당사자들이 계약의 이행시 발생할 수 있는 상황을 다루지 못했거나, 계약규정과 관련한 구체적인 이행이나 해석에 당사자 간 상호 동의가 이루어지지 않는 경우 분쟁이 발생할 수 있으며, 이때 계약상 준거법(governing law)에 따라 규율될 수 있다. 준거법에 따라 (i) 해당 계약상 정해 두지 않은 사항을 계약법상 기본원리로 메우고(fill gaps in the contract with default rules), (ii) 계약조항을 해석하기 위한 기준(standards for interpreting contract provisions)을 제공하며, (iii) 경우에 따라서는 불합리한 계약조항을 무효로 할 수 있다. 이처럼 계약의 준거법은 계약의 강제와 해석(contract enforcement and interpretation)에 중요한 역할을 하기 때문에 거래의 협상이나 계약서 작성과정에서 당사자들은 계약과 관련된 분쟁을 해결하기 위해 적용할 준거법(governing law)을 면밀히 검토해 계약서에 명시해야 한다.

③ 그리고, 계약서 작성시에 계약서의 독자(audience)를 고려해야 한다. 계약서의 직접적인 독자는 계약당사자들이기 때문에 계약당사자의 의도와 목적을 효과적으로 수행할 수 있는 계약조항을 작성해야 한다. 그런데, 계약의 직

4 복잡한 거래일수록 도표를 작성해 계약의 쟁점을 조망할 필요가 있는데, 거래의 일반적 논의를 시작할 때, (i) 거래의 배경, (ii) 당사자들의 비즈니스 목표(goal)와 기대(expectation), (iii) 거래 관련 가격조건 등 주요 이슈들, (iv) 거래의 이행시기에 관한 사항, (v) 해당 거래에 영향을 미칠 수 있는 당사자들의 다른 거래관계, (vi) 당사자 간 협상력의 문제, (vii) 거래 관련 당사자들의 위험감수의 정도 등을 고려할 수 있다.

접적 당사자가 아니라도, 계약당사자의 종업원이나 대리인 또는 제3자 등도 계약에 대한 이해관계를 가질 수 있다. 예를 들어, 계약당사자가 차입금으로 사업상 자산을 매입하는 경우 그 매입대금에 대한 대출자(lender)는 매입 자산에 대한 자신의 이익이 보호되는지를 확인하기 위해 그 매입과 관련된 다른 중요한 문서와 함께 해당 자산매입계약서를 검토할 필요가 있다. 또한, 계약의 이행과정에서 당사자 간 향후 분쟁이 발생할 경우 분쟁해결기관으로서 중재인이나 판사는 해당 계약의 검토해석과 관련한 독자가 될 수 있다. 이처럼 계약서의 독자는 계약당사자뿐만 아니라 다른 다양한 이해관계인이 될 수 있다는 점을 고려해 계약서는 세밀하고 정확하게 작성되어야 한다.

한편, 새로운 계약서를 작성할 때 해당 거래와 유사한 거래에 대한 종전에 체결된 선례계약서(precedent)를 참조할 수 있다. 특히, 국제거래 계약의 경우 관련 선례계약서를 검토한다면 당사자들이 진행 중인 거래계약에서 다루어질 수 있는 중요한 쟁점들과 주요 계약조항들에 대한 이슈들을 보다 용이하게 파악하거나, 계약서 작성프로세스를 신속하게 진행하여 시간과 비용을 절약하는 데 도움이 될 수 있다. 다만, 종전 거래나 계약관계에 대한 적절한 검토없이 단순히 선례계약서의 내용을 오려 붙이는 식으로 하는 경우 선례계약서에 오류가 있거나 해당 계약의 실제 성격과 내용에 부합하지 않는 경우 오히려 해당 거래계약에 상당한 문제가 발생할 수 있다.[5] 이에, 해당 계약서 작성에 도움이 될 수 있는 올바른 선례계약서를 찾는 것이 중요하며, 그렇지 못한 경우 선례계약서로 인해 오히려 해당 거래에 관한 계약서에 문제를 일으킬 수 있다. 이러한 점에서, 선례계약서를 선택할 때는 (i) 동일한 거래유형의 선례계약서인지 확인하고, (ii) 당사자의 입장에서 더 유리할 수 있는 선례계약서, 예를 들어, 임대인의 입장에서는 임대인 친화적 선례계약서를 참고하고, (iii) 체결된 계약서보다는 그 이전의 계약서 초안들의 같은 조항의 여러 버전을 분석해 조항 내용의 변경에 따른 아이디어를 얻는 것을 고려할 수 있다. 또한, 선례계약서를 참조할 때 해당 거래와 관련될 수 있는 여러 가지 다른 유

5 계약서 작성자들이 저지르는 큰 실수 중의 하나는 준거법이 해당 계약의 해석에 어떠한 영향을 미칠지 생각하지 않고 선례계약서의 단어나 문구 또는 계약서 형식을 그대로 사용하는 것이다. 거래당사자 간의 분쟁과 관련되어 해당 계약서에 아무런 언급이 없어 그 공백을 메우거나 또는 그 계약에 적용되는 법규에 저촉되는지 문제가 발생하는 경우 계약서상 준거법(governing law)이 개입해 그 거래계약을 규율하게 된다. 이러한 상황을 피하기 위해 해당 거래 관련 계약내용을 계약서상 가능한 한 자세하고 명확하게 기술하고, 해당 거래계약내용이 준거법과 상충될 수 있는 부분이 있는지는 사전에 검토할 필요가 있다.

형의 자료들을 꼼꼼히 살펴서, 선례계약들간의 유사점과 차이점을 면밀히 검토해 해당 거래의 특유한 상황에 맞게 당사자의 이익을 보호할 수 있는지를 확인할 필요가 있다. 이때 새롭게 작성되는 계약서의 관점에서 선례계약서가 (i) 당사자의 의도를 명확하게 표현하고, (ii) 당사자의 이익을 적정하게 보호하며, (iii) 준거법을 준수하도록 수정될 수 있는지를 파악해야 한다. 이를 위해, 계약서 작성의 유의점이나 작성실무에 관한 정확한 원리에 대한 충분한 이해가 요구된다.

그리고, 계약서 초안을 작성하는 과정에서, 확인할 사항들의 체크리스트를 만들어 당사자 내부적으로 또는 상대방과의 소통을 통해 필요한 사항을 빠뜨리지 않도록 한다. 계약이 체결되면 향후 있을 수 있는 추가적 프로젝트를 대비해 작성된 확인사항이나 체크리스트 등 군서들을 체계적으로 보관해야 한다. 이러한 문서들을 업데이트하고 세분화하게 되면 향후 프로젝트를 위한 계약서 초안 작성 프로세스를 보다 원활하고 신속하게 진행할 수 있게 된다.

2. 계약서 초안 작성시 유의사항

국제거래 계약서를 작성하는 과정은 다양할 수 있으나, 해당 거래계약의 목적과 배경을 검토하고, 계약서의 독자와 누구를 위한 계약인지를 확인할 필요가 있다. 그리고, 해당 거래의 주요 비즈니스 이슈를 분석해 계약조항을 작성한 다음, 전체 계약내용과 조항을 기술한다. 계약서 초안이 대략적으로 작성되면 계약서를 새롭게 작성한다는 마음으로 발생가능한 상황들에 대한 처리방법이 반영되어 있는지를 다시금 검증한다. 계약서 초안이 완성되면 수정이나 편집될 부분을 최종적으로 검토해 수정 편집한다. 이러한 계약서 작성 프로세스를 대략적으로 분류해 보면 다음과 같다.

2.1 계약서 초안 작성의 준비

계약서의 본격적인 작성 이전에, 해당 거래관계가 계약으로서 의미를 가질 수 있는지를 확인하기 위해, (i) 계약이 유효(valid)하고 법적으로 강제(legally enforceable)할 수 있는지, (ii) 계약상 의무이행(performance)의 시기는 적절한지, (iii) 계약상 의무이행의 지체가 이행의무를 면제(excuse)하는 경우가 있는지 등을 파악할 필요가 있다. 그리고, 계약의 구체적인 내용과 관련해, 해당 거래 관련 메모나 의향서 등 관련서류를 검토해 계약서 초안에 포함될 구체적인 조항들을 나열하고, 선례계약서 등 부가적 자료가 있는 때 이를 검토한다. 한편, 계약서의 어느 부분부터 작성을 시작할지는 당사자나 계약의 성격에 따라 다를 수 있어 일률적으로 말하기는 어렵지만, 특별한 아이디어가 없다면 계약서의 도입부부터 순서대로 작성하고, 당사자 간의 상호 거래관계에 중점을 두어 비즈니스 쟁점을 우선 검토한다.

2.2 비즈니스 조항의 검토 및 작성

비즈니스상 거래조건을 당사자의 권리의무나 계약을 실행하기 위한 규정으로 나타내기 위해서는 그 거래조건을 계약의 구성개념(contract concepts)으로 변환해야 하는데, 이를 위해 계약의 전반적인 흐름을 도식화해 보는 것이 도움이 된다. 여기서 계약상 당사자의 의무이행의 내용을 "5W 2H(who, when, where, what, why, how, how much)의 원리"에 따라 파악하고,[6] 비즈니스 이슈들을 계약의 개념으로 해석해 목록화한 후 그 거래조건들이 계약조항의 순서대로 나타나도록 구성한다. 또한, 계약은 거래의 내용이나 분쟁방지를 위해 장래 발생할 수 있는 상황을 어떻게 대처할지를 규정하게 되므로, "가정적 상황에 대한 질문"을 통해 계약의 수행과정에서 발생할 수 있는 문제에 대한 처리방안을 미리 정해 두는 것이 중요하다. 이러한 "5W 2H의 원리"와 "가정적 상황에 대한 질문"은 계약서의 조문을 분석적으로 여러 각도에서 검토할 수 있는 유용한 도구가 될 수 있으며, 이를 통해 주요 비즈니스 조건들이 계약서에 올바르게 반영되도록 해야 한다.

한편, 비즈니스 이슈들은 대체로 다음과 같은 5가지 항목을 통해 분석할 수 있는데, 여기에는 (i) 금전(money; 거래 관련 대금의 흐름이 계약상 제대로 반영되었는지), (ii) 위험(risk; 계약상 위험이 적절히 배분되어 있는지),[7] (iii) 통제(control; 해당 거래 관련 의사결정자는 누구이며, 의사결정권이 확대되거나 제한될 수 있는지, 당사자는 어떻게 위험을 통제할 수 있는지), (iv) 기준(standards; 계약에 적용되는 기준이 구체적이고 명확한지 또는 당사자에게 보다 친화적으로 정할 수 있는지), (v) 계약의 종료(endgame; 당사

6 예를 들어, "who will do what to whom and when(누가, 언제, 누구에게 무엇을 하는 것인가)?"이라는 질문을 통해, 누가(who), 언제(when), 어디서(where), 무엇을(what), 왜(why), 어떻게(how) 계약당사자의 이행의무를 파악한다. 다만, 계약상 "why"라는 질문의 경우 대체로 계약의 배경이나 목적에 관한 사항으로 계약서 본문의 내용으로 기술할 필요성은 상대적으로 낮다.

7 영문계약상 구성개념(contract concepts)과 당사자 간 위험배분(risk allocation)의 문제와 관련해, 당사자는 가능한 범위에서 계약서상 문구나 표현상 상대방에 비해 권리나 의무 등에 따른 위험부담을 줄이도록 하는 것이 좋다.

자의 채무불이행 내지 계약위반의 사유나 구제방법 등이 적절한지) 등이 있다. 그리고, 개별 비즈니스 조항의 경우 ① 당사자의 비즈니스 목표를 달성하고 있는지, ② 당사자 간 합의된 거래조건에 부합하는지, ③ 당사자의 이익을 증진하거나 보호하는지, ④ 관련 산업이나 실무상 이슈가 있는지, ⑤ 법적 이슈가 있는지 등을 확인할 필요가 있다. 또한, 비즈니스 관련 조항을 작성할 때는 당사자의 의사가 정확히 반영될 수 있도록 명확히 기술하고,[8] 계약의 해석원리(canons of construction/interpretation)를 파악해 분쟁발생시 법원 등 분쟁해결기관이 계약조항을 어떻게 해석할 것인지를 분석해 본다.

2.3 계약서의 전체적 내용 및 형식의 검토

비즈니스 조항들을 검토한 후 전체 계약서의 구체적 윤곽을 검토해 작성한다. 이때는 계약조항들의 순서에 얽매이지 않고 전체 계약내용을 살피면서, 기술된 계약 내용뿐만 아니라, 계약서에 누락된 사항을 점검한다. 이에는 계약의 제목과 목적, 계약상 용어의 정의, 개별 계약조항, 계약서의 서명, 공증의 필요성 등 제반 사항이 포함될 수 있다. 이때 선례계약서가 있다면 이를 참조할 수 있으나, 개별 계약의 배경이나 구체적인 사정이 사안마다 다를 수 있으므로 선례계약서는 단지 계약의 전체적 형식이나 내용의 흐름을 이해하기 위해 참고한다. 개별 계약조항은 주제별로 정리하고, 주제별로 정리되면 논리적인 순서대로 배열하여 조문의 골격을 만들고, 특수한 사정은 예외조항으로 하거나 독립된 조문으로 한다.

계약서의 전반적인 내용과 형식을 검토하기 위해 다음의 사항에 유의한다. (i) 계약서 서문(preamble)에서 해당 계약과 당사자를 명확히 특정하고, 전문(recitals) 내용의 정확성을 확인하고 강제성이 있을 실질적 내용이 포함되지 않도록 한다. (ii) 계약상 사용되는 용어의 의미를 명확히 하기 위해 정의규정(definitions)을 두고 같은 표현을 일관되게 사용(say the same thing in the same way)해야 한다.[9] (iii) 금전(money) 관련 조항을 비롯한 계약의 행위 내지 조치 관련 조항들(action sections)의 정확성은 5W 2H(who, what, when, where, why, how, how much)에 따라 검토

8 이때 계약의 구성개념(contract concepts)상 이행의무(covenant), 자유재량권(discretionary authority), 사실에 대한 선언(declaration) 등은 계약상 조건(condition)에 따를 수 있다는 점을 고려해 발생가능한 여러 상황에 따른 결과와 그에 대한 대처방안을 생각해 볼 필요가 있다.

9 예를 들어, 비밀준수계약상 비밀을 지켜야 할 대상에 대해 어떤 곳에서는 "information", 다른 곳에서는 "material" 또는 "confidential information" 등으로 제각기 표현하게 되면 동일한 의미를 갖는지 의문이 생길 수 있다.

하고, 적정한 위험배분(risk allocation)이 이루어지도록 한다. (iv) 특히, 비즈니스 조항의 경우 각 비즈니스의 쟁점이 통합되어 있는지, 계약상 당사자가 논의한 모든 시나리오를 다루고 있는지, 계약상 당사자들에게 적용될 기준(standards)이 적정한지, 해당 조항들을 법적으로 강제할 수 있는지, 정부 승인이나 관련 이해당사자들의 동의가 필요한지, 해당 거래와 관련된 업계에 대한 이해가 반영되어 있는지, 관련 상황의 변경시 이를 대처할 수 있는 유연성이 있는지 등을 확인한다. (v) 당사자의 진술 및 보증(representations and warranties)의 적절성과 정확성을 확인하고, (vi) 당사자의 이행의무의 정도(degree of obligation)와 그 의무이행의 결과에 대한 통제권(control)을 확인하고, 이행의무의 예외(exceptions)나 관련 조건(conditions)이 포함되는지를 분석한다.

그리고, (vii) 계약의 효력발생일을 포함한 계약기간(contract term)을 확인하고, 계약종료 조항(endgame provisions)과 관련해, 계약의 조기해지(early termination)의 사유 및 결과, 계약의 갱신(renewal) 여부, 계약의 종료 이후에도 유효한 존속조항(survival clause) 등을 검토한다. (viii) 계약의 해석이나 당사자 간 분쟁발생시 해결방법과 관련해, 준거법과 분쟁해결기관 등 해당 계약에 적합한 일반조항들(general provisions)이 포함되어 있는지를 파악하고, 서명란(signature block)이 적절하게 설정되어 있는지 확인한다. (ix) 계약서 조항들이 같은 사항을 같은 방식(say the same thing in the same way)으로 규정하는지, 계약상 불필요한 난해한 전문법률용어(legalese)가 있는지,[10] 계약상 일정한 서식을 사용하는지, 각 문장의 구조가 명확한지를 확인한다. (x) 모호한 조항(ambiguous provision)이나 둘 이상의 계약조항들을 함께 읽을 때 상호간에 모순성이 있는지, 계약서상 언급된 수리적 공식(mathematical formula)이 있다면 공식의 적정성을 파악하기 위해 가설적 상황을 만들어 점검한다.

2.4 가정적 상황에 따른 계약상 누락사항의 점검

계약서 초안이 일차적으로 작성되면 그 작성된 계약서에 따라 거래가 이루진다고 가정했을 때 거래내용상 빠진 부분이 있는지를 확인하고, 그 내용이나 문구상

10 "witnesseth," "whereas" 등과 같은 난해한 법률용어(legalese)나 고어(archaic words)의 사용을 자제하고 가능한 한 보다 알기 쉬운 현대적 표현을 사용하며, "know all men by these presents," 또는 "in witness whereof, Contractor has hereunto set his hand and seal." 등과 같은 난해한 법률적 표현의 사용은 가급적 자제하는 것이 좋다.

이상이 있다면 부족한 부분을 보완해 초안을 정리한다. 이때 당사자들의 관계가 증진될 수 있는 여러 방법을 검토하고, "What if?"라는 질문을 통해 개별적 이슈를 다루는 방법을 결정했는지를 다시 한번 확인한다. 작성된 계약서 초안상 빠뜨리거나 모르는 내용이 있는지, 전체 내용상 모순이 있는지, 계약상 내용이 정말로 가능한지 파악한다. 그리고, 생소한 조문의 경우 그 이면에 어떠한 영향이 있을 수 있는지, 가정적 상황의 발생시 문제점, 거래 당사자의 사업방침, 계약의 배경, 향후 정책적 판단, 상대방의 중요성 등을 종합적으로 고려하여 가능한 범위 내에서 자신의 권리를 많이 다양하게 명확하게 확보하고, 자신의 의무에 있어 지나친 면이 없도록 세심한 주의를 기울일 필요가 있다.

2.5 작성된 계약서 초안의 수정 편집 및 송부

계약서 초안이 정리되면 영문계약상 용어나 표현의 적절성과 정확성을 확인하고 필요한 범위 내에서 수정 편집해 완성한다. 여기서는 특히 영문 용어나 표현이 읽기 쉽고 오해를 가져오지 않는 문장으로 명확(clarity)하게 기술되었는지와 전체 계약내용이 수미일관(coherence)되어 있는지가 중요하다. 이와 관련해, 계약상 행위의 주체나 문장의 의미를 명확히 하기 위해 수동태 문장을 지양하고 능동태 문장으로 작성되었는지, 예외에 앞서 원칙이 먼저 기재되었는지 등을 확인한다. 그리고, 계약서를 천천히 숙독해 읽고 자신이 생각한 것이 제대로 계약서에 반영되었는지 확인하면서, 계약서상 철자를 체크하고 오탈자를 수정한다. 계약서 초안의 효과적인 수정 편집을 위해, 실질적(substantive), 기계적(mechanical), 의미론적(semantic), 구문론적(syntactic)인 면을 고려할 수 있다.[11] 즉, 계약서 초안의 편집의 목적은 기본적으로 계약이 실질적으로 완료되었는지를 검증하는 것인데, (i) 실질적 편집(substantive edit)은 개별 계약조항의 모호성을 파악해 수정 편집하는 것으로,[12] 중

---

11 계약서 작성과정에서 제3자가 새로운 시선(fresh eyes)으로 계약서를 다시 검토하게 되면 기존 계약서 검토시에는 확인하지 못했던 실수나 문제점을 더 명확하고 새롭게 발견할 수 있기 때문에 가능하면 계약서초안 작성에 관여하지 않은 사람도 수정 편집에는 관여하게 하거나 또는 수정 편집에 충분한 시간을 갖는 것이 효과적이다. 한편, 편집전략(editing strategy)은 계약서 초안을 자신이 작성할 때 주로 요구되는 것으로, 상대방이 작성한 계약서 초안을 검토하는 때는 계약서상 모호성(ambiguity)을 제거하는 데 초점을 맞추고 계약의 형식이나 스타일의 문제와 관련된 편집은 당사자 간의 관계를 고려해 가급적 피하는 것이 좋다.

12 이때 유사한 거래에 사용된 계약조건들을 비교해 모든 중요한 이슈들이 다루어졌는지를 확인해 보거나, 계약내용을 확인하지 않은 상태에서 브레인스토밍(brainstorming)을 하고 주요 조항들의 대략적인 개요를 기재하는 것도 도움이 된다.

요한 정보나 우려사항이 누락되었는지, 계약서상 해당 거래와 관련한 세부사항이 5W 2H(who, what, when, where, why, how, how much)의 문제를 제대로 다루고 있는지, 당사자 간 위험과 책임이 적절히 배분되었는지, 계약의 조건이 내부적으로 일관되게 적시되어 있는지 등을 검토 수정한다.

(ii) 기계적 편집(mechanical edit)의 경우 계약서의 시각적 형식이 일관되는지를 확인한다. 계약서 문장의 맞춤법(spelling)을 검사하고 계약조항의 배치, 표제와 단락이 볼드체, 이탤릭체, 들여쓰기, 밑줄, 폰트, 스타일, 단락의 여백 및 배치, 상호참조(cross reference) 등의 일관성과 정확성을 점검해 필요한 부분에서 교정한다. 그리고, 계약서 내용이 문법적으로 올바른지 점검할 필요가 있는데, 주어와 동사의 일치, 문장의 구성, 인칭과 숫자, 대명사 등의 용법이 올바른지를 확인한다. 또한, 계약서상 세부사항은 계약내용의 혼동을 줄이기 위해 계약서에 첨부된 별첨(attachment)으로 포함되는 경우가 많은데, 계약서에 하나 이상의 별첨이 있는 경우 그 우선순위나 누락 여부를 확인한다.[13] (iii) 의미론적 편집(semantic edit)에서는 계약서에 사용된 특정 단어들에 초점을 맞추어, 난해한 법률적 문구를 평이하고 간단한 문구로 바꾸고, 부정확한 단어와 난해한 법률용어를 고쳐쓴다. 조동사 "shall"을 모두 검색해 "shall"이 계약당사자에 대한 의무를 부과하는 데 사용되었는지를 확인한다.[14] (iv) 구문론적 편집(syntactic edit)은 문장의 구조를 개선하는 데 초점을 맞춘다. 이를 위해, 계약상 의도하는 법적 결과(legal consequence)를 가져올 수 있도록 올바른 표현이 사용되었는지 검증하고, 이행의무 관련 규정은 수동태 문장을 능동태 문장으로 바꾸고, 계약서상 개별 문장을 검토해 그 의미의 전달에 있어 논리적 구성이 이루어졌는지를 확인해 문장상 혼란을 줄 수 있는 내용은 별도의 문장으로 재정렬한다.[15]

---

13 예를 들어, 소프트웨어 라이선스계약에서 소프트웨어의 사양이나 성능 등은 별첨으로 "Schedule" 또는 "Exhibit" 등으로 표기해 참조할 수 있다. 참조된 정보는 실물 계약서에 첨부되거나, 가상 첨부파일(virtual attachment)의 경우 그 표시된 웹사이트에서 이를 찾을 수 있어야 한다.

14 예를 들어, 단어 "only"를 모두 검색해 "only"가 의도된 의미를 나타내기 위해 문장의 올바른 위치에 나오는지를 확인한다. 고어(archaic words)나 "herein"이나 "therein" 등과 같은 "here-," "there-" 등의 까다로운 표현을 비롯해, "and/or," "provisos," "notwithstanding" 등과 같이 혼동을 야기할 수 있는 문구의 의미를 분명히 하고, 모호한 단어들(ambiguous words)을 체크해 분명한 단어들로 대체하거나 정의하고, 반복되는 단어와 문구의 변형된 표현을 제거하고 일관성 있게 사용되도록 한다.

15 예를 들어, 여러 항목을 나열해 목록으로 할 경우 그 항목을 병렬구조로 열거하고, 필요한 경우 도표작성(tabulation)을 하고, 조건문장 등 복잡한 계약조항은 구문론적 모호성(syntactic ambiguity)을 제거하기 위한 계약서 글쓰기의 원리에 따라 재정리한다.

계약서 초안의 정리가 완료된 이후에도 필요하다면 내부 이해당사자들의 코멘트를 받아 관련 부분을 수정할 수 있고, 그 초안의 최종본이 완성되면 이를 상대방에게 송부한다. 계약서 초안을 상대방에게 배포할 때는 표지메모(cover memo)와 함께 발송할 수 있다. 표지메모는 (i) 계약서의 독자들에게 계약의 주요 쟁점과 관련 조항들을 환기시키고, (ii) 이전에 논의되지 않았던 사항이 있다면 이에 관한 요지를 설명하고, (iii) 논쟁되는 이슈들을 설명하고 해결방법에 관한 의견을 제시하는 기능을 한다.

3. 계약서 초안 검토시 유의사항

계약상 상대방이 계약서 초안을 작성하는 경우 당사자는 그 초안을 제공받아 이를 분석하고 관련 이슈를 특정해 의견을 제시하거나 수정할 필요가 있다. 이때 계약서의 검토를 위한 준비작업을 거쳐, 주요 비즈니스 조항들을 먼저 읽고 분석한 다음, 계약서 전체를 읽고 검토한다. 계약서를 검토할 때는 전체내용을 대충 훑어보면서, 전체 계약의 내용을 조망하고 이슈를 점검하는데, 이를 통해 어디에 주요 조항들이 있고 문제가 있는지를 확인한다. 계약서 검토 이후 내부적 또는 외부적 이해관계인들과 논의를 거쳐, 상대방측의 계약내용에 대한 의견을 제시하면서 관련 사항을 수정할 수 있다. 이를 위해, 당사자는 전화통화나 회의시에 구두로 의견제시를 할 수도 있으나, 의견의 명확한 전달을 위해서는 서면으로 하는 것이 적절하다.

한편, 계약서 초안을 검토 분석하기 전에 계약서의 사본을 만들어 그 사본에 계약서의 분석과 수정을 하는 것이 좋다. 상대방이 제공한 계약서 초안의 검토는 당사자 자신이 직접 계약서 초안을 작성할 때와 같은 방식으로 이루어질 수 있다.[16] 우선, 제공받은 계약서 초안에 어떠한 규정이 어디에 있는지 파악해야 한다. 계약서에 어떤 유형의 조항이 포함되어 있는지를 알면 관련 조항을 검색하거나 계약서 본문에 이미 나와 있는 조항을 참조해 신속하고 효율적으로 계약서를 검토할 수 있다. 주요 비즈니스 조건들(business terms)을 검색해 그 내용이 당사자의 거래

16 이때 해당 거래와 유사한 거래의 선례계약서나 계약양식, 특히 당사자에게 유리하거나 불리한 계약서 양식이 있는지를 확인할 수 있다. 예를 들어, 물품구매거래에서 구매자에게 유리한 계약서를 검토한 다음 판매자에게 유리한 다른 계약서를 검토하고, 유사한 조항이 한쪽 당사자에게 유리한 경우나 또는 반대로 상대방 당사자쪽에 유리한 경우에 각각 어떻게 작성되는지를 비교한다.

내용과 부합하는지를 확인한다. 주요 비즈니스 조건들에는 일반적으로 누가 무엇을 하고(who does what), 어떻게 대금을 지불하며(how payment is made), 누가 최종 결과에 대한 책임을 부담하는지(who owns the end result) 등에 관한 사항이 포함된다. 일상적 거래의 경우 주요 비즈니스 조건에 불일치가 있을 때 당사자는 상대방과 그에 따른 문제를 해결하기 위한 충분한 설명과 논의가 요구될 수 있으므로 당사자의 이에 관한 의견제시를 위한 메모나 계약서 변경시 그 변경사유를 적절하게 기재할 필요가 있다.

그리고, 제공받은 계약서 초안상 법적 문제를 파악하기 위해 전체 계약서를 처음부터 끝까지 읽고 개별적 또는 전체적 맥락에서 법적 검토를 한다. 필요한 이슈를 식별할 수 있도록 계약서의 여백이나, 해당 계약조항에 밑줄, 별표, 물음표, 체크표시 등 표식을 하고 해당 이슈내용을 부기하는 등 적합한 방법으로 법률 쟁점을 파악한다. 당사자 간 계약상 위험배분과 관련해, 위험의 전환이 될 수 있는 일방적 조항들은 모두 유의할 필요가 있다. 진술 및 보증(representations and warranties), 면책배상(indemnification), 책임의 제한(limitations of liability), 계약해지(termination) 등과 같은 당사자의 책임과 구제에 영향을 미칠 수 있는 규정들을 점검한다. 또한, 정의규정(definitions)을 참조해 계약문맥상 그 정의의 의미를 파악해 볼 필요가 있는데, 정의된 용어에 관한 용어집(glossary)이 있는 경우 그 용어집 해당 페이지를 별도로 떼어 전체 계약서를 점검할 때 사용할 수 있다. 계약서상 규정을 검토하는 것 이외에도, 계약서를 다른 양식과 비교해 전형적인 조항이 누락되었는지도 점검한다. 계약서의 단순한 스타일의 문제가 아닌 모호한 표현(ambiguous language)을 식별해 계약내용이 불분명하거나 두 가지 이상의 의미로 해석될 수 있는 조항, 특히 당사자의 위험과 책임에 잠재적으로 영향을 미칠 수 있는 모호성이 있는 조항에 대해 점검한다.

상대방이 제공한 계약서 초안을 수정할 때, (i) 상대방이 한글이나 워드 프로그램 등 전자적 형식으로 계약서를 제공하는 경우 변경사항을 추적해 파일에 직접 수정을 할 수 있다. (ii) 상대방이 계약서를 실제 문서로 제공하는 경우 문서 자체에 수정을 할 수 있으며, (iii) 상대방이 계약서를 수정할 수 없는 다른 전자적 형식으로 제공할 경우 상대방에게 수정할 수 있는 파일을 요청하거나 인쇄된 사본에 직접 수정하거나 별도의 문서에 수정할 수 있다. 계약서 초안의 수정이 모두 이루어진 이후에도 계약서를 꼼꼼히 다시 검토해 추가적 교정이 필요한지를 확인한다. 또한, 계약이 변경될 때마다 합의된 모든 사항이 변경내용에 적절하게 반영되었는지, 다른 조항이 변경되었거나 영향이 있는지 확인이 필요한데, 이때 계약서에 자신이 제안하는 변경사항을 표시한 수정표시본(marked-up version)을 마련하여 상대방에게 제공한다. 그리고, 계약서 수정에 대한 의견표시가 필요한 경우 수정표시본에 필요한 의견을 달 수도 있으나, 당사자 간에 추가로 논의되어야 할 주요 쟁점이 상당하고 복잡한 경우 당사자의 명확한 의사표시를 전달하기 위해 관련 핵심내용을 기재한 별도의 메모를 작성해 위 수정표시본과 함께 동봉하는 것이 좋다.

Ⅲ. 영문계약서 쓰기의 원리

1. 계약서 쓰기의 특징

시, 소설 등 문학작품이나 기사 등 창작물을 쓰는 경우 다양한 문장구조를 통해 그 형식이 다양할 수 있으며, 그 내용에 있어서도 함축적인 언어로 화려한 수식어를 사용해 다의적이고 은유적인 표현을 하는 것이 허용되고 독자들에게 이목을 끌고 글의 내용을 더욱 흥미롭게 만들기 위해 오히려 그러한 언어나 문장이 더 필요할 수 있다. 그런데, 계약서는 창작물의 일종이라 하더라도 그 작성의 목적이 당사자 간 합의사항을 명확히 하고 향후 분쟁의 가능성을 최소화하기 위한 것이라는 점에서 다의적이거나 은유적인 용어나 표현은 용인될 수 없다. 즉, 계약은 이의가 제기되거나 재미를 주어서는 안 되며 간단한 문장구조를 이용해 정보를 쉽게 전달해 논쟁의 여지없이 독자들이 명확히 이해할 수 있도록 해야 한다.

계약서의 작성(contract drafting)은 당사자 간 장래 이행의 약속과 그와 관련된 사건이나 규칙을 관리하고자 하는 내용을 담은 법률문서의 작성(legal writing)이기 때문에 다른 사람을 설득하거나 즐거움을 주는 것을 목적으로 하는 일반적인 창의적 글쓰기와 다르다.[17] 그런데, 계약은 당사자들의 의무이행이나 계약의 관리에 관한 사항 등 객관적인 사항을 정하는 것이므로 소송 등 분쟁해결과정에서 당사자의 입장을 설득하고 주장하기 위한 주관적 법률문서의 작성과도 차이가 있다. 소송 등 분쟁과정에서 작성되는 준비서면(brief)이나 변론문서(pleadings) 등과 같은 법률문서는 일반적으로 발생한 특정 사건 및 알려진 결과를 기술하고, 그 형식은 관련

17 영미계약법상 합의(agreement)나 계약(contract)의 의미에 관한 자세한 내용은 저자 집필『영미계약법 원리』(유원북스, 2021), 88-90페이지를 참고하기 바란다.

법규에 따라 해당 서류의 접수기간, 스타일, 페이지 수, 활자 크기, 여백, 용지크기 등이 정해질 수 있다. 이에 반해, 계약서는 당사자들의 관계를 규율하고 미래지향적으로 장래의 상황전개에 따라 계약기간 동안 발생할 수 있는 위험과 상황을 다룰 수 있으며, 그 형식은 법규 등에 의해 거의 규제되지 않는다. 또한, 준비서면과 변론문서 등은 일반적으로 관련 법규나 판례를 인용 또는 참조하거나 논증하는 데 반해, 계약서는 법규나 판례를 인용하기도 하지만 이를 참조하거나 논증하지는 않는다. 그리고, 변론문서에서 당사자의 실수나 오류는 상대적으로 덜 심각할 수 있는데, 이를 바로잡기 위한 수정내용은 상대방의 승인없이도 제출될 수 있다. 그런데, 계약서의 경우 그 실수나 오류는 상대적으로 더 중요할 수 있다.[18] 예를 들어, "one month"나 "30 days" 또는 "no later than"이나 "within" 등과 같이 개별 단어들의 미묘한 의미의 차이가 상당히 중요한 문제가 될 수 있다. 계약서상 실수나 오류는 계약의 변경(amendment)으로 치유될 수 있지만, 상대방 당사자로부터 그 변경에 대한 동의를 얻어야 한다.

한편, 영문계약서 쓰기의 가장 기본적인 원칙은 "Say the same thing in the same way(같은 사항은 같은 방법으로 말하라)."라는 것이다. 계약내용이 용법을 달리해 사용되는 때 문맥에 따라 그 의미에 혼란을 가져올 수 있으므로 계약상 표현(contract language)은 같은 용법을 일관되게 사용하고 동일한 단어나 문구로 다른 의미를 전달하지 않아야 한다. 그리고, 영문계약서를 쓴다는 것은 단지 한글로 된 내용을 영어로 번역하는 국문계약서의 번역본을 작성하는 것을 의미하지 않으며, 이를 위해서는 해당 거래의 조건뿐만 아니라 영문계약서에 사용되는 용어나 문구의 정확한 의미를 파악하고 영미계약법의 해석원리를 이해해야 한다. 또한, 실제 영문계약서를 작성하는 데 있어서 사람들마다 자신에 맞는 나름의 기술을 가지고 있어 다양한 형태로 계약서를 작성할 수 있지만, 계약서 쓰기는 다른 글쓰기와 달리 복잡하고 다양한 요구사항을 고려해야 한다. 이와 관련해, 계약의 목적과 거래의 법적 관계를 파악하고, 정확한 용어와 문법 및 표현법을 사용하고, 계약의 구성

18 준비서면의 경우 상대방이 준비서면에 사용된 문구를 일일이 분석하거나 검토하지는 않는 반면, 계약서의 경우 계약서상 사용된 특정한 표현에 대해 당사자들은 민감하게 이의를 제기할 수 있다. 다만, 계약 관련 소송에서 당사자들은 계약상 다툼이 있는 조항이 자신들에게 불리하게 해석되는 것을 막기 위해 그 조항의 문구들을 세밀하게 분석해야 할 수 있다. 문서의 독자의 경우에도 준비서면이나 변론문서는 일반적으로 처음부터 끝까지 판사와 상대방 당사자 또는 관련 변호사들이 읽을 수 있도록 작성되지만, 대부분의 계약서는 그 계약과 관련한 당사자들이나 이를 참조하는 비즈니스 관련 사람들을 위해 작성된다.

개념에 알맞은 문장을 구성하고, 이를 계약조항으로 조직적으로 체계화해야 한다.

2. 계약서의 명확성(clarity) 제고와 모호성(ambiguity) 제거의 필요성

계약은 장래의 행위나 사실을 관리하거나 규율하기 위한 것인데, 계약서상 당사자들의 거래관계에 영향을 미칠 수 있는 모든 상황을 예상하여 다루기는 어려워 당사자가 계약과 관련해 발생할 수 있는 어느 정도의 위험을 감수하게 된다. 다만, 당사자들은 계약과 관련한 위험을 줄이기 위해 상호간 합의내용을 그들이 의도한 대로 명확하게 계약서에 나타낼 수 있어야 한다. 당사자들이 계약의 목적을 달성하기 위해서는 강제할 수 있는 계약(enforceable contract)이 필요하다. 계약은 그 내용이 명확하고 간결하며 정확하고(clear, concise, and precise), 모호성(ambiguity)이 없도록 작성되어야 당사자들의 의도에 따라 분명한 의미로 해석되고 강제될 수 있다. 예를 들어, 당사자는 계약서상 단지 쉼표(comma) 하나를 잘못 찍어 수백만 달러의 손해를 볼 수도 있는데, 계약기간과 관련해, "This agreement shall be effective from the date it is made and shall continue in force for a period of five (5) years from the date it is made, and thereafter for successive five (5) year terms, unless and until terminated by one year prior notice in writing by either party."라는 계약조항에서 당사자가 계약해지 1년 전의 통지("one-year termination notice")를 언제든지 행사할 수 있는지, 아니면 두 번째 5년 기간 동안에만 행사할 수 있는지에 대한 의문이 있다. 이와 관련해, 분쟁해결기관인 정부당국은 두 번째 쉼표가 "and thereafter for successive five (5) year terms"를 해석하는 데 사용된다고 판단했고, 이에 첫 번째 5년 기간과 두 번째 5년 기간 모두에 1년 전 해지통지에 관한 사항이 적용된다고 보았다. 그런데, 이 조항에서 두 번째 쉼표가 없었더라면 1년 전 해지통지는 단지 두 번째 5년 기간에만 적용되는 것으로 볼 여지가 있다.[19]

계약은 당사자의 행위를 규제하고, 사실을 진술하고, 위험을 배분하는 기능을 하기 때문에 계약서는 설명적, 서술적, 설득적 산문과 연관된 단어들을 사용하기보다는 계약당사자뿐만 아니라 제3자 누구라도 그 내용을 쉽게 파악할 수 있도록 명

19 이에 관해서는 Ian Austen, "The Comma That Costs 1 Million Dollars (Canadian)," N.Y. Times (Oct. 26, 2006); https://www.nytimes.com/2006/10/25/business/worldbusiness/25comma.html를 참조하기 바란다.

확성(clarity)을 필요로 한다.[20] 계약서상 용어나 문장 또한 사람에 따라 여러 가지로 해석되지 않도록 하고 계약서의 전체내용이 유기적인 일체를 이루어 서로 모순되지 않도록 일체성을 갖추고 계약상 규정들이 전체적으로 논리적이고 통일적으로 일관성이 있어야 한다. 계약서는 결국 명확한 용어나 문장을 사용하여 전체적 내용에 모순이 없이 일관되어야 하기 때문에 계약서 작성시 명확한 표현과 문장 및 전체 내용의 일관성이 중요하다.

특히, 계약조항이나 문장이 복잡한 경우 그 내용의 혼동과 불명확성을 없애기 위해, 조항이나 문장을 재구성하여 명확하고 간결하게 그 내용을 기술할 필요가 있다. 이를 위해, 계약조항을 명확히 설명하고, 계약조항의 구성방식과 문장구조에서 명확성을 제고하며, 난해한 법률용어의 사용을 자제하고 계약내용의 모호성을 제거할 필요가 있다. 계약조항을 명확히 설명하기 위해서는 조항상 구성부분을 분리해 문장구성이나 수식어구들이 어떻게 상호 연관이 되어 있는지를 검토한다. 문장구조나 내용이 복잡하다면 개별 문장을 분리해 별도 항목으로 하거나, 번호를 매겨 구분하고, 구분된 항목들간의 상호 연관성을 나타내고, 필요한 경우 관련 내용을 단서(proviso)나 예외(exception)로 분리해 기술한다. 계약조항의 내용을 기술한 다음 그 조항의 구성방식을 어떻게 할지 검토할 필요가 있다. 여기서 개별 문장을 검토하고 다른 문장의 주제와 충분히 연관되어 있으면 서로 합쳐 동일한 조항이나 한 문장으로 표현할 수 있는지를 파악한다. 개별 조항에 하위항목들이 있어 하위조항이 필요한지, 개별 문장의 위치, 문장 내 수식어가 모호성이 있는지도 검토한다. 조항의 내용이 문장구조에 따라 모호성과 불명확성이 생길 수 있으므로, 단어의 명사화(nominalization)를 지양하고, 일반원칙을 기재한 후 예외사항을 기재하고, 수동태보다는 능동태를 사용하는 등 문장구성에 관한 일반적인 원리들을 고려해 문장을 구성할 필요가 있다. 그리고, 개별 용어나 내용의 개념이 일반적으로 쓰이는 법률용어가 아닌 한, 계약상 표현에 난해한 법률용어가 있다면 이를 가급적 보다 쉬운 표현을 사용해 수정할 필요가 있다.

그리고, 계약서의 구성이 부실하거나 일관성이 부족하거나 계약상 표현의 중복 등으로 인해 모호성(ambiguity)이 발생할 수 있다. 계약내용이 한 가지 이상의 합리

---

20 단지 강조를 위한 수사적 표현은 계약서상으로 불필요한 것으로 다른 표현으로 대체되거나 삭제되어야 한다. 예를 들어, "The Lessee must absolutely refrain from performing actions involving cooking and/or frying in the Leased Property..."에서 "absolutely" 등과 같은 수사적 강조문구는 삭제하는 것이 좋다.

적인 해석이 가능하거나 또는 너무 불분명하여 합리적인 사람이 부정확한 단어, 문장, 누락된 용어나 표면적 결함으로 인해 그 의미를 확정할 수 없다면 계약내용은 모호해질 수 있다. 계약서에 사용되는 용어나 문구상 모호하거나 문구나 문장상 상호 일치하지 않는 내용이 있다면 이를 명확히 해 다시 정리할 필요가 있다. 또한, 계약서상 아무리 완벽한 표현을 사용하더라도, 계약서가 전문적 체계를 갖추지 못하면 독자들이 그 내용에 의심을 가질 수 있다. 이에, 계약서의 체계는 읽기 쉬운 글꼴 및 폰트 크기, 일관되고 충분한 페이지의 여백과 문단 사이의 공백, 효과적인 번호매기기 체계, 신뢰할 수 있는 표제, 필요한 목록을 잘 정리한 도표, 일관된 포맷, 올바른 철자법과 문법 및 상호참조 등을 필요로 한다. 계약내용이 모호하다면 법원은 계약서상 표현으로 당사자의 의도를 판단할 수 없기 때문에 계약서상 조건들에 따라 계약을 강제할 수 없다.[21]

이처럼 계약의 명확성(clarity)을 높이고 모호성(ambiguity)을 없애는 것이 계약서 글쓰기의 핵심이라 할 수 있는데, 이와 관련한 계약서 작성의 기본적 원리와 기술을 아래에서 살펴본다.[22]

3. 계약서의 명확성(clarity) 제고

계약서상 문장을 정확하고 간결하게 작성하고, 계약서의 서식체계를 정비해 계약의 명확성을 높일 수 있다. 하나의 문장에서 별개의 문장으로 기술할 수 있는 문장들을 함께 묶거나 또는 복잡하거나 다양한 요건사항, 예외사항, 조건사항 등이

21 계약서상 표현이 모호할 경우 법원은 당사자들이 의도한 바를 판단하기 위해 계약체결 전 당사자 간 의사소통, 이전에 작성된 계약서 초안, 당사자 간 관계, 업계관행, 주변 정황 등과 같은 외부증거를 고려할 수 있으며, 계약의 해석을 위해 논쟁의 여지가 있는 표현에만 초점을 맞추지 않는다. 계약내용은 전체적으로 고려되며, 각 조항과 단어에 효과를 부여하기 때문에 계약의 전반적인 내용과 계약서에 사용된 용어, 문구, 조항 등을 함께 고려할 수 있다. 이러한 점에서 영미계약법상 계약의 해석에서, 계약내용이 모호한지 여부는 법의 문제로 법원이 결정할 수 있는데, 법원이 계약상 표현이 모호하다고 판단될 경우 외부 증거를 이용하거나 계약의 해석원리를 적용해 당사자의 의도를 판단할 수 있다. 법원의 계약의 법규범적 해석방법 등을 비롯한 계약의 해석원리에 관한 상세한 사항은 저자 집필 『영미계약법 원리』 (유원북스, 2021), 573페이지 이하를 참고하기 바란다.

22 이 Chapter에서는 계약내용의 명확성 문제를 편의상 "Clarity(계약내용의 명확성)의 항목"과 "Aviod Ambiguity(모호성 피하기)의 항목"으로 분류해 별도 항목으로 살펴본다. 이러한 항목분류는 계약서 작성시 계약내용의 명확성을 높이는 다양한 방법을 보다 체계적으로 파악하고 독자들의 이해를 증진하기 위한 단순한 편의상 편제로, 그 분류된 항목이 엄격히 구별되는 것은 아니다.

포함되어 길어지면 그 내용을 이해하기 어렵게 된다. 이 경우 문장의 구성요소들로 나누고 그 요소들이 서로 어떻게 연관되어 있는지를 명확히 하고 계약의 요지를 파악할 수 있도록 문장을 효율적으로 서술할 수 있다면 그 내용을 더욱 용이하게 파악할 수 있다. 또한, 계약서상 클로징시에 전달자료나 채무불이행사유와 같이 여러가지 항목들이 나열되는 경우 일람표 등을 작성하면 관련 사항을 더 명확히 이해할 수 있다. 계약서의 가독성(readability)이란 계약서를 읽는 것이 얼마나 쉬운지 또는 어려운지를 나타내는 것인데, 계약서 작성자는 독자가 계약서를 용이하게 이해할 수 있도록 계약서에 사용되는 단어나 문구 등을 조정해 적정한 가독성 수준이 되도록 하는 것이 좋다.[23] 가독성을 평가할 때, "a," "the," "as" 등과 같은 간단한 단어들도 모두 계산되는데, 상사계약에서도, 문장이 짧을수록 모호할 가능성이 적기 때문에 문장을 가능한 한 더 적은 수의 단어들로 나타내는 것이 좋다. 상사계약에서 문장은 대부분 평균 25에서 30 정도의 단어들로 구성되는데,[24] 일반인들에게 보다 쉽게 계약내용을 전달하기 위해서 소비자계약의 경우 문장은 평균 대략 20단어 이하인 것이 좋다.[25] 그리고, 계약조항이 동일한 단어 수와 단어당 평균 음절을 가졌더라도, 여러 항목들이 열거되는 때 표목록 등으로 분리해 표시함으로써 해당 조항의 가독성을 향상시킬 수 있다.

3.1 문장구조(sentence structure)를 통한 명확성(clairty)의 제고

계약서상 문장은 불필요한 문구를 제거하고 간결하면서도 정확하게 기술할 필요가 있다. 예를 들어, "This Agreement shall be automatically renewed for

---

23 언어학자들은 일반적으로 (i) 단어의 총 수, (ii) 단어의 음절 수, (iii) 문장의 총 수 등을 바탕으로 수학적 공식을 사용해 가독성을 평가한다. 가장 널리 사용되는 가독성 지수(readability index)는 1951년에 Rudolph Flesch 박사에 의해 개발된 "Flesch Reading Ease Scale"이다. Flesch Reading Ease Scale에 따르면, 가독성을 0(very difficult)~100(very esay)의 척도로 측정하는데, 65점을 평이한 영어(plain English)로 보았는데, 이는 단어당 평균 1.5 음절을 가진 대략 15단어 정도이다.

24 Lenné Eidson Espenschied, 『Contract Drafting: Powerful Prose in Transactional Practice』 (American Bar Association, 3rd ed., 2019), at 103-109.

25 미국에서는 30개 이상의 주에서, 보험 및 소비자 금융과 같은 특정한 유형의 계약들에 대해 일정한 수준의 가독성을 요구하는 법규를 제정했다. 대부분의 가독성 법규(readability statutes)는 가독성 용이성 척도인 "Flesch Readability Ease Scale"상에 특정한 점수를 명시한다. 예를 들어, 코네티컷주, 플로리다주, 뉴욕주 등에서는 소비자 보험계약(consumer insurance contracts)에 대해 "Flesch Readability Ease Scale"에서 최소 45점을 요구한다. – Connecticut - 38a-297; Florida - 627.401; New York - 3102 (c)(1)(D).

CHAPTER 3

another three year period, unless either party gives written notice to the other of non-renewal three months prior to the expiration."에서처럼 계약의 갱신에 관한 사항을 "another three year period"와 같이 단수로 기재한 경우 그 단수로 기재한 기간 이후 당사자 간의 법률관계를 어떻게 처리할 것인지가 문제된다. 당사자의 의사가 계속적인 갱신을 원한다면 이를 명확히 하기 위해, "This Agreement shall be automatically renewed for successive periods of three years each, unless either party gives written notice of non-renewal to the other three months prior to the expiration of the then effective period."와 같이 "successive periods of three years each"라는 복수형 문구로 그 갱신기간을 표현해야 한다. 그리고, 문장을 논리적으로 구조화하기 위해서는 당사자가 이행할 의무가 있는 경우에는 능동태로 문장을 작성하여 행위자를 문장의 문법적 주어로 해야 한다. 계약서 문장에서 동사는 당사자가 의도하는 계약내용을 나타낼 수 있는 명확한 동사를 사용하고, 형용사나 명사의 경우 동일한 의미를 갖는 동사(buried verb)가 있다면 그 동사를 직접 사용하는 것이 좋다. 예를 들어, 계약상 통지할 의무를 나타내는 경우 가능한 한 명사 "notice"라는 표현을 사용하기보다는 통지한다는 의미를 갖는 동사인 "notify"를 사용하는 것이 낫다. 이에, "Jones shall promptly give notice to the other parties ..."라고 하기보다는 "Jones shall promptly notify the other parties ..."라고 한다.[26] 또한, 독자가 문장을 더 빨리 이해할 수 있도록 하기 위해, 주어, 동사, 목적어를 문장의 시작 부분에 서로 가까이 배치하고, "shall automatically and without any action on the part of the holder thereof, fully vest"와 같이, 동사의 구절을 여러가지 부수적인 정보를 끼어넣어 나누지 않아야 한다. 독자가 문장에 제시된 정보를 쉽게 읽고 이해할 수 있도록, 한 문장에 너무 많은 정보를 담지 않아야 하며, 수식어는 수식을 받는 단어나 문구 옆에 두고, 필요한 경우 세부사항과 지엽적인 내용은 별도의 문장으로 정리하는 것이 좋다. 이하에서는 이러한 계약서의 명확성을 높이기 위한 다양한 방법을 구체적으로 살펴본다.

3.1.1 간결한 문장(simple and concise sentence)의 작성

연설문이나 토론 등에서는 중요한 주제나 청중을 설득하기 위해 긴 문장이나

---

26 동일한 의미를 갖는 명사 대신 동사를 사용하는 또 다른 예로, "Upon the failure of Smith to timely make the payment of the Purchase Price, ..."라고 하기보다는 "If Smith fails to timely pay the Purchase Price, ..."라고 하고, "If there is a merger or consolidation of Lingco ..."라고 하기보다는 "If Lingco merges or consolidates ..."라고 한다.

표현을 사용할 수 있으나, 계약서의 경우 가급적 간단하고 핵심적인 문장을 사용해 서술할 필요가 있다. 법률문서는 가독성(readability)과 이해력(comprehension)을 높이기 위해 간결하고 간단한 문장(concise and brief sentence)을 작성하도록 권장된다. 계약서 작성의 핵심은 간결하게 핵심적인 내용을 기재하는 것이다. 짧은 문장은 독자들이 이해하기 더 쉽기 때문에 가능하면 계약조항은 짧은 문장을 사용하는 것이 좋다.

[Example 1]

아래는 장황한 문장과 간결한 문장의 기재례이다. 계약서상 문장은 (Version 1)과 같이 불필요한 단어나 표현을 많이 사용해 장황하게 서술하지 말고, (Version 2)와 같이 간결한 문장으로 나타낼 필요가 있다.

(Version 1)

Should you fail to receive a billing notice within 5 days of a premium date, you should nevertheless make a conditional payment to the C.B.I.A. within the Days of Grace not less than the amount of premium that you were billed on the preceding premium due date.

(Version 2)

You must send your premium payment within 31 days of its due date. If you do not receive your bill within 5 days of the due date, you must send us a conditional payment equal to the last premium paid.

[Example 2]

계약문장 내에서 여러 조건들이 한꺼번에 서술되는 경우 (Version 1)과 같이 장황하게 조건을 서술하기보다는 (Version 2)와 같이 조건절을 목록화해 일목요연하게 기술하는 것이 바람직하다.

(Version 1)

If the insured submits to Beaver Insurance Company a written proposal which it is hereby agreed shall be the basis of this contract, and if particulars therein set forth are accurate, and if the insured pays to the company the premium of the insurance, the Company will indemnify the insured.

(Version 2)

The Beaver Insurance Company will insure you if:

a) you send us a completed agreement form;
b) all your statements in the argument are accurate; and
c) you pay the premium for the insurance.

[Example 3]

계약은 당사자들의 합의내용의 핵심사항을 나타내는 것으로, 아래 예문들과 같이, "actually," "certain factors," "basically," "any particular" 등과 같이 법률상 특별한 의미가 없는 불필요한 군더더기 단어나 표현을 사용하는 것은 바람직하지 않다.[27]

- Productivity actually depends on certain factors that basically involve psychology more than any particular technology.
- The Company shall pay or reimburse all Expenses actually and reasonably incurred by indemnitee in connection with that subrogation.

3.1.2 문장의 중심 단어들과 삽입어구의 적절한 배치

계약서 문장들을 일관된 형태로 작성하기 위해서는 가급적 문장의 도입부에 길고 장황한 구절이나 문구를 두지 않아야 하며, 여러 구절이나 문구가 있다면 짧은 구절이나 문구를 긴 구절이나 문구 앞에 두어야 그 내용을 이해하기 쉽다. 그리고, 주어, 동사, 목적어와 같은 문장의 중심 단어들은 서로 가까이 함께 붙여 써야 해석상 문장내용의 혼란을 방지할 수 있다. 즉, 주어와 동사 사이에 또는 동사와 목적어 사이에 불필요하게 삽입되는 문구가 있을 경우 문장의 논리적 순서를 방해할 수 있으므로 이는 명확성이 요구되는 계약서의 문장구조로는 적합하지 않다. 이때 해당 계약조항의 본래 의미가 변경되지 않는 범위 내에서, 가급적 삽입될 문구를 문장의 처음이나 끝에 배치하거나 삽입될 문구를 삭제하고 그 정보를 별도 문장으로 기술하는 것이 좋다.

[Example 1]

계약서상 문장의 도입부나 중간에 긴 구절이나 문구가 삽입되는 경우 독자들의 문

27 계약서의 간결성을 위해, "full and complete," "hope and trust," "any and all," "true and accurate," "each and every," "basic and fundamental," "hope and desire," "first and foremost" 등과 같이 의미를 갖는 단어를 중복적으로 사용하기보다는 내용을 명확히 전달할 수 있는 하나의 단어만을 사용하는 것이 좋다.

장에 대한 이해가 떨어질 수 있으므로 그 삽입어구를 문장의 처음이나 끝으로 배치하거나 또는 별도의 문장으로 작성해 전체 문장의 명확성을 높일 수 있다. (Version 1)의 개별 문장들은 주어, 동사, 목적어 등 문장의 중심 단어들 사이에 일정한 문구를 삽입해 혼란을 가져올 수 있는 예문들이다. 이때 문장의 원래 의미가 변경되지 않는 한도에서, (Version 2)에서와 같이 전체 문장의 의미를 보다 이해하기 쉽도록, 삽입된 문구를 전후 맥락에 비추어 문장의 처음이나 마지막에 배치하거나 또는 별도의 문장으로 분리해 서술하는 것이 좋다.

(Version 1)

- Distributor shall deliver to Supplier, no later than the fifteenth day of each calendar month, a complete and accurate financial statement showing Distributor's sales of the Products during the preceding month.
- Supplier, upon written notice to Distributor, may change prices of the Products.
- Lingco shall not without the prior written consent of Excelsior, which Excelsior shall not unreasonably withhold, transfer the Shares to any Person.
- Some scientists, because they write in a style that is impersonal and objective, do not easily communicate with laypeople.
- Lingco shall deliver to Dreamco, no later than 15 days after each Quarterly Period, unless the Gross Revenue for that Quarterly Period is less than $1,000,000, a stock certificate representing those shares of Lingco common stock that Lingco is required to issue with respect to that Quarterly Period.
- The Architect shall, if the Owner agrees to pay the Architect's additional fee in accordance with Section XX, revise the Final Plans for the house.

(Version 2)

- No later than the fifteenth day of each calendar month, Distributor shall deliver to Supplier a complete and accurate financial statement showing Distributor's sales of the Products during the preceding month.
- Supplier may change prices of the Products upon written notice to Distributor.
- Lingco shall not transfer the Shares to any Person without the prior written consent of Excelsior, which Excelsior shall not unreasonably withhold.
- Some scientists do not easily communicate with laypeople because they write in a style that is impersonal and objective.
- No later than 15 days after each Quarterly Period, unless the Gross Revenue for that Quarterly Period is less than $1,000,000, Lingco shall deliver to Dreamco a stock certificate representing those shares of Lingco common stock that Lingco is required to issue with respect to that Quarterly Period.

- If the Owner agrees to pay the Architect's additional fee in accordance with Section XX, the Architect shall revise the Final Plans for the house.

[Example 2]

계약조항은 가능한 한 문장의 도입부에 길고 장황한 구절이나 문구를 두지 않아야 하고, 문장의 주어, 동사, 목적어 등 중심 단어들은 가급적 문장의 처음에 서로 가깝게 배치하고, 여러 구절이나 문구가 있는 경우 짧은 구절이나 문구를 긴 구절이나 문구 앞에 두는 것이 좋다. 아래 (Version 1)의 첫째 문장은 도입부에 내용이 장황한 조건절을 배치해 그 내용에 혼란을 가져올 수 있기 때문에 바람직하지 않으며, 둘째 문장과 같이 주절을 문장의 도입부에 배치하고 조건절의 내용을 항목화해 나열하는 것이 적절하다. (Version 2)의 첫째 문장은 주어가 너무 길어 그 내용이 혼동을 가져올 수 있으므로, 둘째 문장과 같이 긴 주어의 경우 주어를 간단히 하고 주어를 수식하는 문구를 종속절로 바꾸어 기술하는 것이 문장의 명확성을 높일 수 있다.

(Version 1)

- If a party makes a general assignment of all or substantially all of its assets for the benefit of creditors, or applies for, consents to, or acquiesces in, the appointment of a receiver, trustee, custodian, or liquidator for its business or all or substantially all of its assets, the other party may immediately terminate this Agreement by sending written notice.
- A party may immediately terminate this Agreement on written notice if the other party (a) makes a general assignment of all or substantially all of its assets for the benefit of creditors; or (b) applies for, consents to, or acquiesces in, the appointment of a receiver, trustee, custodian, or liquidator for its business or all or substantially all of its assets.

(Version 2)

- A company that focuses on hiring the best personnel and then trains them not just for the work they are hired to do but for higher-level jobs is likely to earn the loyalty of its employees.
- When a company focuses on hiring the best personnel and then trains them not just for the work they are hired to do but for higher-level jobs later, it is likely to earn the loyalty of its employees.

3.1.3 능동태 문장 사용의 원칙 및 수동태 문장의 예외적 사용

능동태(active voice) 문장은 주어가 무언가를 하는 것을, 수동태(passive voice) 문장은 문장의 주어가 어떤 것을 하게 된 것으로 나타낸다. 계약서상 문장은 기본적으로 일정한 행위를 하거나 하지 않도록 하는 이행의무를 당사자에게 부과하는 것을 나타내는 것이므로 능동태 문장과 보다 친하다고 할 수 있다. 그리고, 수동태 문장은 예를 들어, "Mistakes were made." 또는 "Payment will be made to Vendor."와 같이, 주체를 특별히 명시하지 않고, 단지 어떤 일이 수행되었다거나 향후에 해야 할 것에 중점을 두고 있으며, 수동태 문장을 만들기 위해 불필요한 전치사 등 단어들이 추가되어, 능동태 문장에 비해 이해가 어려울 수 있다.[28] 이에, 능동태 문장은 수동태 문장보다 더 명확하고 간결해 이해하기 쉬우며, 특히 계약상 당사자의 이행을 나타내는 표현(language of performance)은 그 이행의 주체를 명확히 할 필요가 있으므로 이행 관련 계약조항(performance provisions)은 능동태를 사용해야 한다.[29] 능동태 문장에서는 동사의 동작을 수행하는 사람이 문장의 주어가 되어 계약상 의무이행의 주체가 명백히 드러나는 반면, 수동태 문장에서는 행위의 대상이 주어가 되고 행위자 또한 생략되는 경우 그 의무이행의 주체를 파악하기 어렵다. 예를 들어, 계약상 "The Products will be delivered every Friday before 5 p.m. to Distributor's warehouse."와 같은 수동태 문장에서는 이행의무의 주체를 파악하기 힘든 반면, 이를 "Supplier shall deliver the Products to Distributor's warehouse every Friday before 5 p.m."과 같이 능동태 문장으로 하는 때 이행의무의 주체를 명확히 파악할 수 있다. 따라서, 계약상 문장은 수동태를 사용할 특별한 이유가 없다면, 능동태로 서술해야 한다. 한편, "it is," "there is," "there are" 등으로 시작하는 문장이 있을 수 있는데, 이는 주어와 술부가 뒤바뀌고 불필요한 필러(filler) 형태의 문구로 문장의 초점에 혼동을 가져올 수 있으므로 계약문장으로는 적절하지 않다. 이 경우 능동태를 사용해 문장을 재작성해, 문장의 주어, 즉 행위의 주체를 명백히 할 필요가 있다.[30]

28 능동태 문장은 주어-동사-목적어로 이어지는 문장의 일반적인 순서로 누가 누구에게 무엇을 하는지(who does what to whom)를 직접적으로 간결하게 나타낼 수 있다. 이에 반해, 문장을 수동태로 쓰는 경우 일반적으로 "is," "was," 등과 같은 "be동사"와 함께 주로 "-ed"로 끝나는 형태의 주동사를 사용하고, "by" 등 전치사나 관사를 추가해 불필요한 단어들을 통해 동작의 주체를 나타내어야 하고, 누가 동작의 주체인지 혼란을 가져올 수 있다.

29 계약상 의무이행의 언어/표현(language of performance)에는 전개되는 사건(event that is unfolding)을 표현하기 위해 사용되는 현재진행형(present continuous)은 사용되지 않는다.

[Example]

계약상 행위자가 중요한 경우 능동태 문장으로 행위자를 명백히 해야 한다. 특히, 계약상 의무이행 관련 조항의 문장은 수동태로 기재하면서 행위자까지 생략하는 경우 해당 의무이행의 주체를 파악할 수 없는 계약내용의 모호성이 유발될 수 있기 때문에 대체로 능동태로 기술해야 한다. 아래 (Version 1)과 같은 수동태 문장은 동작의 주체가 불명확할 수 있어, 문장의 명확성을 위해 (Version 2)와 같은 능동태 문장으로 바꾸어 기술하는 것이 적절하다.

(Version 1)

- If this contract is terminated, a termination fee shall be paid.
- The premises will be occupied until March 31.
- Except when applicants have failed to submit applications without complete documentation, benefits will not be denied.
- The Products will be promoted by Distributor.
- Goods or services may at any time be rejected for defects or defaults revealed by inspection, analysis or by manufacturing operations or use after delivery even though such goods or services may have previously been inspected and accepted.

(Version 2)

- If Licensee terminates this contract, Licensee shall pay a termination fee.
- Tenant will occupy the premises until March 31.
- You will receive benefits only if you submit all your documents; To receive benefits, submit all your documents.
- Distributor shall promote the Products.
- Buyer may reject defective goods and services at any time even if Buyer has previously inspected and accepted the goods or services.

다만, 능동태 문장이 계약서 작성시에 일반적으로 선호되지만, 수동태 문장이 선호되는 경우가 있다. 수동태 문장은 주로 (i) 계약내용이 행위의 대상에 초점을 맞추거나 또는 행위자가 명백하거나 중요하지 않거나 알려지지 않은 경우, (ii) 당사자들의 권리의무에 관한 사항이 아니라, 준거법(governing law)과 같이 계약상 당

30 예를 들어, "There is a requirement ...," "It is necessary that ..." 등으로 시작하는 문장은 계약서상 "The Parties shall ..." 등과 같이 행위의 주체를 파악할 수 있는 능동태 문장으로 고쳐 쓴다. 다만, "there is" 또는 "there are"가 동사 "exist"의 의미로 대체될 수 있는 때, 예를 들어, "There are three categories of damages."와 같은 경우에는 단순한 필러(filler) 형식의 표현이 아니기 때문에 그대로 사용할 수 있다.

사자들이 따르기로 합의한 정책을 기술한 정책조항(policy provision)에서 사용된다. 또한, (iii) 문장의 전체적 맥락에서 수동태를 쓰는 것이 해당 주제와 관련해 일관성이 있는 경우, (iv) 수동태의 문장으로 전체 내용을 더 간결하게 표현할 수 있는 경우에는 능동태 대신 수동태 문장을 사용할 수 있다. 그리고, (v) 계약상 진술 및 보증(representations and warranties)에서 문장을 능동태로 표현하는 경우 진술과 보증의 범위가 진술자로 한정되지만 수동태로 표현하는 경우 진술과 보증의 대상에 중점을 두기 때문에 진술자를 포함한 더 넓은 범위에서 진술과 보증이 이루어질 수 있다. 이에, 수동태 문장의 사용으로 유리한 입장이 되는 당사자의 경우 진술과 보증의 진술에서 수동태 문장을 선호할 수 있다.

[Example 1]

아래는 계약상 문장에서 능동태보다 수동태의 사용이 더 선호되는 경우의 기재례들이다. 첫째 예문은 행위자가 명백하고 행위자보다는 행위에 초점을 두는 경우이고, 둘째 및 셋째 예문은 당사자가 합의한 계약의 준거법과 분쟁해결에 관한 사항을 규정한 경우이며, 넷째 예문은 능동태보다 수동태 문장으로 전체 내용을 더 간결하게 표현할 수 있는 경우이다.

- Notices required under this agreement will be in writing and mailed by registered or certified mail, postage prepaid, to the last known address of the other party.
- This agreement is governed and construed according to the laws of the State of Delaware.
- All disputes arising out of or relating to this agreement are to be settled by binding arbitration under the Commercial Arbitration Rules of the American Arbitration Association.
- The testimony is contradicted by John's absolute and unconditional guarantee of Smith's mortgage and John's express promises to Chris.[31]

[Example 2]

아래는 진술 및 보증 관련 문장에서 능동태 또는 수동태에 따라 진술자인 매도인의 위험의 범위가 달라질 수 있다는 점을 보여주는 예문들이다. 여기서 유해물질(hazardous materials)의 사용과 관련해, 첫째 예문과 같이 능동태 문장을 사용하

31 이 문장을 능동태로 기술하면, "John's absolute and unconditional guarantee of Smith's mortgage and John's express promises to Chris contradict this testimony."의 형태가 되는데, 이 경우 문장의 주어부분이 너무 길어져 전체 문장이 간결하지 않게 된다.

면 매도인은 단지 자신의 해당 목적물의 사용에 대한 진술과 보증만을 하는 데 반해, 둘째 예문과 같이 수동태 문장을 사용하면 매도인은 자신뿐만 아니라 그 이전의 소유자들에 의한 해당 목적물의 사용에 대해서도 잠재적인 책임을 부담하게 된다.

- Seller has not used hazardous materials upon the Premises.
- No hazardous materials have been used upon the Premises.

3.1.4 명사화(nominalization)의 문제

동사, 형용사, 부사는 접미사를 붙여 명사를 만들 수 있다. 즉, 동사는 "-ure," "-ment," "-ence," "-al," "-ance," "-ity," "-tion," "-sion" 등과 같은 접미사를 추가해 명사로 변환할 수 있다.[32] 그런데, 계약서는 기본적으로 당사자가 가지는 권리와 의무를 나타내는 것이므로 동일한 의미를 가진 동사와 명사가 존재한다면 가급적 추상적인 명사 대신 명확한 행위를 나타낼 수 있는 동사를 사용할 필요가 있다. 특히, 당사자가 의도하는 의미의 동사가 존재하는 경우 동사를 명사화하지 말고, 동사 자체를 사용하는 것이 문장을 간결하고 명료하게 할 수 있다. 즉, 단어를 동사에서 명사로 바꾸는 경우 동사가 가진 활동적인 성격을 잃고 사물이나 대상으로 이해하게 할 수 있고, 불필요하게 동사를 명사화(nominalization)해 사용하는 것은 문장을 장황하고 복잡하게 하여 독자의 이해를 방해할 수 있다.

그리고, 명사를 동사로 변환해 문장을 만들면 해당 문장의 의미를 더 강하고, 간결하고, 효과적으로 나타낼 수 있다. 영어의 경우 문장 내에서 단어를 명사로 기재할 경우 "a," "the" 등 관사와 이를 수식하기 위한 "of," "by," "in" 등 전치사를 함께 추가해야 명확한 의미를 전달할 수 있고 이에 따라 문장이 길어질 수 있다. 이에 반해, 동사를 사용하는 경우 대체로 이러한 관사나 전치사를 함께 사용할 필요가 없이 명확한 의미를 전달할 수 있다. 즉, 문장 내에서 명사화된 단어를 사용할 때 동사-명사의 조합으로 기재하게 되는데, 이때 동사는 전체적인 의미를 더하지 않는 단지 메우는 단어(filler word)이거나 빈 동사(empty verb)일 수 있다. 명사화에 자주 사용되는 빈 동사로는 "make," "have," "do," "provide," "give" 등이 있다. 예를 들면, "make a statement," "have an assessment," "provide an

32 예를 들어, "administer," "alter," "notify," "pay," "submit" 등의 동사는 "administration," "alteration," "notification," "payment," "submission" 등의 명사로 각각 변환할 수 있다.

explanation," "be in agreement," "give an evaluation" 등과 같이 사용된다. 빈 동사는 대부분 단지 문장의 구성을 채우기 위한 것이기 때문에 빈 동사를 없애고 명사화된 단어를 그 기본 형태의 동사로 대체할 수 있다. 예를 들어, 명사 "decision"은 "to decide"라는 동사의 의미를 내포하고 있다. 이에, "decision," "response," "application," "acceptance," "occurrence," "violation," "cessation," "failure," "performance" 등과 같은 명사들은 그 문장의 표현을 강화하기 위해, 가능한 한 "decide," "respond," "apply," "accept," "occur," "violate," "cease," "fail," "perform" 등 그 명사들의 동사형태로 대체해 사용하는 것이 좋다. 예를 들어, "Notice must be given by Licensee ...," "An application will be submitted ..." 등의 명사형을 대신해 "Licensee shall notify ...," "Seller shall apply ..." 등과 같은 동사를 사용한다.

다만, 동사-명사 조합에서 동사가 단순히 문장을 만들고 명사를 보조하기 위한 필러(filler)용 빈 동사(empty verb)가 아닌 일정한 의미를 가지고 있을 때에는 명사화(nominalization)된 단어를 단순히 그 기본 형태의 동사로 축소해 사용할 수 없다.[33] 그리고, 용어 자체가 통상적으로 명사화되어 있거나 또는 해당 내용을 명사화하여 사용하는 것이 그 의미의 전달에 유용하고 명확한 경우에는, 명사형을 동사형으로 고쳐 쓸 필요없이 명사화된 용어 자체를 바로 사용하는 것이 더 적절할 수 있다.

한편, 형용사나 부사의 형태로 더 간결하게 같은 의미를 나타낼 수 있는 명사형과 같은 표현들(nominalization-like expression)이 있다면 명사형 단어를 대신해 형용사나 부사형의 표현을 사용해 계약문장을 더 간명하게 나타낼 수 있다. 예를 들어, "goods of merchantable quality," "in a professional manner," "in a reasonable fashion" 등의 표현은 "merchantable goods," "professionally," "reasonably" 등의 단어들로 각각 간명하게 고쳐쓸 수 있다.

33 예를 들어, "In order to induce Distributor to agree and to purchase the Securities, the Company hereby represents to Distributor..."라는 문장은 문법적으로는 문제가 없지만, "agree"라는 단어는 회사(the Company)가 판매상(Distributor)에게 무엇을 하기를 원하는지 설명하지는 않는다. 그런데, "In order to induce Distributor to enter into this agreement and to purchase the Securities, the Company hereby represents to Distributor..."의 "enter into this agreement"의 문구상 "enter" 동사는 당사자들이 단순히 동의하는 것(agree)만이 아니라 협상을 해 마침내 정식 문서인 계약서에 서명을 한다는 의미를 포함하는 것으로 단순한 빈 동사(empty verb)가 아니다.

[Example 1]

계약상 당사자가 의도하는 동일한 의미를 가진 동사와 명사가 존재하는 경우 아래 (Version 1)과 같은 동사의 명사형을 사용하기보다는 (Version 2)와 같이 동사를 직접 사용하는 것이 계약 문장의 명료성을 높일 수 있다.

(Version 1)

- Shipment of Product shall be done by designated Shipping Company.
- Please make a statement of why you are interposing an objection.

(Version 2)

- A designated Shipment Company shall ship Product.
- Please state why you object.

[Example 2]

아래는 문장에서 명사화된 단어들을 관련 동사들로 변환하는 기재례들인데, 계약상 문장의 의미를 강화하기 위해서는 문장 내에 존재하는 명사형에 내포되어 있는 동사형을 찾아 명사형태를 동사형태로 변환해 기재한다.

- A revision of the program will result in increases in our efficiency in the serving of clients. → If we revise the program, we can serve clients more efficiently.
- Our more effective presentation of our study resulted in our success, despite an earlier start by others. → Although others started earlier, we succeeded because we presented our study more effectively.
- Distributor shall make a comparison of similar products in the Territory. → Distributor shall compare similar products in the Territory.
- Indemnitee shall be entitled to indemnification of Expenses, and shall receive payment thereof, from the Company in accordance with this Agreement as soon as practicable after Indemnitee has made written demand on the Company for indemnification, unless the Indemnitee is not entitled to indemnification under the applicable law. → Company shall indemnify Indemnitee against Expenses. Upon written notice from Indemnitee, Company shall promptly reimburse Expenses according to this Agreement unless [Company] determines that Indemnitee is not entitled to be indemnified under applicable law.

[Example 3]

아래는 명사형을 동사형으로 고쳐 쓸 필요없이 명사화된 용어 자체를 계약상 바로 사용하는 것이 적절할 수 있는 기재례들(useful nominalization)이다. 첫째 예문은 앞 문장을 언급할 때 주어에 명사화된 단어를 사용할 수 있는 경우이고, 둘째 예문은 명사화된 단어(nominalization)가 동사의 목적어(the object of the verb)가 된 것을 명명하는 경우이며, 셋째 및 넷째 예문은 명사화된 단어가 특정한 사항을 직접적으로 나타낼 수 있는 친숙한 개념인 경우이다.

- These arguments all depend on a single unproven claim.
- I accepted her request.
- The Equal Rights Amendment was an issue in past elections.
- Taxation without representation did not spark the American Revolution.

3.2 계약의 서식을 통한 명확성의 제고

계약내용은 계약의 서식 체계를 정비해 명료성을 높일 수 있다. 계약상 열거되는 다양한 항목들이 존재하는 때 그 항목들을 열거목록(enumeration)이나 표목록(tabulation)을 통해 나타내면 관련 내용을 보다 명확하게 알 수 있다. 다만, 계약사항을 과도하게 열거하거나 도표로 작성하는 것은 오히려 계약내용의 명확성과 가독성을 저해할 수 있기 때문에 해당 문장이 복잡하거나 관련 수식어구가 모든 항목에 적용되는지 아니면 일정한 항목에만 적용되는지 혼동이 있어 그 내용을 명확히 할 필요가 있는 때에만 열거목록이나 도표목록을 사용할 필요가 있다.[34] 그리고, 제대로 정리되지 않은 계약서의 형식으로 인해 계약내용의 혼동을 가져올 수 있으므로 계약내용을 읽기 쉽게 항목별로 계약조항을 나누고 개별 조항에 목차를 달아 구분해 계약서의 구성을 체계화한다. 이와 관련해, 계약조항의 목차, 번호매기기, 글꼴, 여백 등 계약서의 체계적 작성을 통해 그 명료성을 높이는 것이 중요하다.

3.2.1 Enumeration(열거목록)

Enumeration(열거목록)은 섹션(section)과 하위섹션(subsection) 등으로 구분해 번호를 매겨 계약조항을 구성하고, 일련의 항목을 문장으로 정리해 번호를 매겨 나열하는 것을 말한다. 일련의 긴 구절이나 여러 사항이 언급되는 복잡하거나 모호할 수 있는 계약문장은 열거목록을 통해 보다 체계적이고 가독성을 높일 수 있다. 열거목록의 패턴은 다음의 하나일 수 있다.

① 아라비아 숫자: 1, 2, 3 …

34 "The balls will be painted blue, white, and green."과 같이 관련 문장이 명확하고 간단할 때에는 열거목록이나 도표목록을 작성하지 않는 것이 좋다.

② 영문철자: A, B, C ...; a, b, c ...

③ 로마숫자: I, II, III ...; i, ii, iii ...

개별 열거되는 사항을 정할 때, "(1), (2), (3)" 또는 "(a), (b), (c)" 등과 같이 숫자나 문자를 괄호 안에 두거나, "1., 2., 3." 또는 "a., b., c." 등과 같이 각 숫자나 문자 뒤에 마침표를 두어 표기할 수 있다. 예를 들어, 구절을 열거할 때, "Schedule 3.3 lists (1) the name of each financial institution in which Lingco has an account or safe-deposit box, (2) the one or more names in which each account or box is held, (3) the type of account, and (4) the name of each Person authorized to draw on or have access to each account or box."와 같이, 괄호 안에 숫자나 문자를 정해 순서대로 기재하고, "and" 또는 "or"를 마지막 열거구절 앞에 둔다.[35] 다만, 글머리 기호(bullet points)나 일반 기호(generic symbols)는 나열되는 항목들의 정확한 순서를 정하기 어렵고 공식적인 형식이 아니므로 계약서상 열거패턴으로는 사용하지 않는 것이 좋다.

[Example]

아래는 열거목록(enumeration)을 통해 문장의 의미를 명확히 한다는 점을 보여주는 기재례이다. (Version 1)은 열거목록을 사용하지 않아 "polarized"라는 단어가 선글라스(sunglasses)에만 적용되는지 아니면 선글라스와 고글(sunglasses and goggles) 모두에 적용되는지 불명확하다. 이에 반해, (Version 2)는 열거목록을 사용해 그 의미를 분명하게 하고 있는데, 첫째 예문은 "polarized"가 선글라스에만 적용되는 점을, 둘째 예문은 "polarized"가 선글라스와 고글 모두에 적용된다는 점을 명확히 한다.

(Version 1)

Distributor shall market and distribute polarized sunglasses and goggles in the Territory.

(Version 2)

- Distributor shall market and distribute (1) polarized sunglasses and (2) goggles in the Territory.
- Distributor shall market and distribute polarized (1) sunglasses and (2) goggles in the Territory.

35 열거목록의 경우 "Section 2.1(3)"와 같이 목록상 항목을 보다 정확하게 참조할 수 있다.

3.2.2 Tabulation(표목록)

계약내용의 시각적 명료성을 높이기 위해 열거된 항목(enumerated items)을 표목록(tabulation)으로 작성할 수 있다. 즉, 계약조항상 열거항목들이 많은 경우 그 내용을 용이하게 파악할 수 있도록 통합된 열거항목(integrated enumerated clause)[36]으로 하기보다는 표목록화된 열거항목(tabulated enumerated clause)[37]을 작성하는 것이 좋다. 표목록은 열거항목을 별도의 들여쓰기 블록에 배치하여 주변 텍스트와 구분하는 서식을 말한다. 표목록(tabulation)은 (i) 해당 항목들이 긴 문구나 구절로 되어 있는 경우, (ii) 둘 이상의 문장이 밀접하게 관련되어 있는 경우, (iii) 여러 항목들 중 수식어가 일정한 항목에만 적용되는지 또는 모든 항목에 전부 적용되는지 불명확한 경우 등에서 주로 사용된다. 표목록은 문장형식이나 목록형식으로 작성될 수 있다. <u>문장형식의 표목록(sentence format tabulation)</u>은 열거항목을 소개하는 단어와 나열되는 항목들이 같은 문장의 일부가 되는데, 다음과 같은 사항들을 유의해야 한다.

① 항목들을 나열하기 위한 도입문구로 문장을 시작하며, 도입문구는 이후 나열되는 항목들과 결합해 완전한 문장을 만든다. 도입문구에는 가능한 한 각 표목록화된 하위섹션에 공통된 모든 단어들을 포함한다.[38]

② 각 항목의 첫번째 단어의 첫 글자는 소문자로 시작하며, 각 항목은 병렬형

---

36 통합된 열거항목(integrated enumerated clause)은 다음과 같다:
At the Effective Time, by virtue of the Merger and without any action on the part of Holdings, Sub, or PMG, the following will occur: (1) all shares of PMG common stock outstanding …; (2) …; and (3) …

37 목록화된 열거항목(tabulated enumerated clause)은 다음과 같다:
At the Effective Time, by virtue of the Merger and without any action on the part of Holdings, Sub, or PMG, the following will occur:
(1) all shares of PMG common stock outstanding …;
(2) …; and
(3) …

38 다만, 예외적으로, 계약내용의 보다 명확한 이해를 위해, (i) 명사 앞에 있는 관사(article; "the," "a," 또는 "an")를 명사와 분리하지 않아야 하고, (ii) 해당 조항의 내용을 파악해 볼 때, 도입문구/표현(introductory language)에 공통된 모든 단어들을 두는 것이 하위섹션의 실질적인 의미(subsection's substantive meaning)에 영향을 미치는 경우에는 각 섹션에서 관련 단어들을 반복해 사용할 필요가 있으며, (iii) 계약작성자의 취향에 따라 다를 수는 있으나, 표로 작성된 하위섹션(tabulated subsections)이 "shall not"으로 시작되는 일련의 부정적인 이행의무(negative covenants)인 경우 도입문구/표현(introductory language)에서보다 각 하위섹션(each subsection)에서 "shall not" 문구를 기재하는 것이 금지규정을 명확히 할 수 있다.

CHAPTER 3

문장구조를 가지고 동일한 문법형식을 갖는다.[39]

③ 목록의 마지막 항목을 제외한, 각 항목은 쉼표(comma) 또는 세미콜론(semicolon)으로 끝내고,[40] 나열된 마지막 항목 앞에는 "and" 또는 "or"로 연결하는데, 목록상 열거된 항목들이 누적적(cumulative)인 경우는 "and"를, 대체적(alternative)인 경우는 "or"를 사용한다. 목록의 마지막 항목은 그 항목으로 문장의 끝을 맺는다면 마침표를 찍는다.

한편, 계약조항에서 열거할 항목이 많거나 복잡하거나 일정한 조건들이 포함되는 경우 일람표 형식 목록(list format tabulation)으로 작성할 수 있다. 이러한 일람표 형식 목록에서는 도입문구가 완전한 문장이어야 하고, 그 이후에 목록표 형식의 하부섹션은 열거항목들이 나타난다. 이 경우 계약조항의 도입문구에 "the following," "as follows" 등의 용어를 포함하고, 언급되는 개별 항목들이 유사하다면 가급적 이를 병렬적으로 나열하고 동일한 문법형식을 사용한다. 그리고, 간단한 조건이 있는 경우 조건을 먼저 기재하고, 여러 조건들이 있는 경우 조건의 결과를 먼저 기재한 다음 관련 조건들이나 조건의 예외사항들을 목록화해서 기재한다. 일람표 형식 목록작성(list format tabulation)을 할 경우 다음과 같은 사항에 유의한다.

① 도입문구에서는 해당 계약조항이 이행의무(covenant; "shall"), 자유재량권(discretionary power; "may"), 진술과 보증(representation and warranty; "represents and warrants") 등 어떠한 계약의 구조개념(contract concepts)을 갖는지를 나타낸다.

② 도입문구에서 이후에 나열되는 항목들이 누적적인지, 대체적인지, 선택적인지를 언급할 수 있는데, 누적적이라면 "all," 대체적이라면 "one," 선택적이라면 "one or more" 등의 단어를 "the following," "as follows" 등과 함께 사용할 수 있다.[41] 이 경우는 도입문구에서 이미 나열되는 항목들이 누적적

---

39 표목록상 열거되는 항목들은 병렬형 문장구조를 가질 필요가 있으므로, 아래 (b) 항목의 경우 "has the right to" 문구는 일관된 병렬형 문장을 위해 다음과 같이 제거할 필요가 있다.
If this Lease terminates because of a default by the Tenant, the Landlord may
(a) immediately enter the Premises by any legal proceeding; and
(b) ~~has the right to~~ evict any person on the Premises.

40 이를 통해, 각 항목들이 도입문구와 결합해 완전한 문장의 일부가 될 수 있다. 열거되는 항목의 내용이 길고 복잡한 경우 쉼표보다는 세미콜론이 선호된다.

41 이행의무(obligation)와 누적적 목록(cumulative list)의 도입문구의 경우 "Supplier shall provide to Distributor all of the following: ...," "During the Term, the Executive shall perform all of the following duties: ..." 등과 같이 표현하며, 자유재량권한(discretionary power)과 대체

인지, 대체적인지, 선택적인지를 정하기 때문에 나열된 마지막 항목 앞에 사용되는 "and"나 "or"를 생략한다.

③ 도입문구는 콜론[42]이나 마침표로 끝나는 완전한 문장을 만든다.

④ 도입문구 이후에 나열되는 각 항목의 첫번째 단어의 첫 글자는 대문자로 시작하며, 각 항목은 동일한 문법적 구조를 사용하고, 각 항목은 마침표로 끝을 맺는다.

복잡한 내용이나 나열되는 항목들에 단계가 있는 경우는 그 내용의 명확성과 용이한 참조를 위해 한 단계 이상의 별도의 하위목록(sub-tabulation)을 두어 다단계 표목록(multilevel tabulation)를 만드는 것이 좋다. 하위목록의 항목들은 상위목록에서 나열된 항목들과 시각적으로 구분하기 위해 추가 들여쓰기를 하며, 다른 형식의 번호를 매겨 따로 구분하는 것이 좋다.

[Example 1]

Tabulation(표목록)은 계약내용에 따라 문장형식(sentence format) 또는 일람표 형식(list format)으로 작성할 수 있으며, 복잡한 내용이나 항목들이 단계를 달리해 나열되는 때에는 다단계 표목록(multilevel tabulation)을 둘 수 있다. 아래 (Version 1)은 문장형식의 표목록, (Version 2)는 일람표 형식의 표목록, (Version 3)는 다단계 표목록에 관한 예문들이다.

(Version 1)

Each time an Employee

적 목록(alternative list)의 도입문구의 경우 "Supplier may provide to Distributor one of the following: ..."과 같이 표현하고, 자유재량권한과 선택적 목록(choice list)의 도입문구는 "Supplier may provide to Distributor one or more of the following: ...," "The Company may terminate the Executive for any one or more of the following reasons: ..." 등과 같이 나타낸다. 절차적 진술(procedural statement)과 누적적 목록(cumulative list)의 도입문구는 "Seller's obligations to make its Deliveries at Closing are subject to the satisfaction or waiver by Seller of each of the following conditions." 등과 같이 표현한다. 그리고, "the following" 또는 "as follows"는 일반적으로 콜론(colon) 앞의 도입텍스트의 끝에 위치하지만, "Lingco shall transfer to Dreamco each of the following, with its certificate of title attached: ..." 등과 같이 단일한 독립구절이나 복합문장의 마지막 독립절에서 나오면, 콜론 앞의 도입부 텍스트 끝에 둘 필요는 없다.

42 콜론은 독자들이 열거항목들을 읽기 전에 숨을 돌릴 수 있게 해주는데, 대체로 세 줄 이상의 열거항목들의 집합을 소개할 때 사용한다. 콜론 앞에는 주어, 동사와 함께 "the following," "as follows" 등을 포함해 독립적 문장, 즉 완전한 독립절이 온다.

(a) is absent from work for an unexcused reason,
(b) takes a coffee break longer than 15 minutes, or
(c) smokes a cigarette in a designated no smoking area,
that Employee loses one vacation day.

(Version 2)

An Employee loses one vacation day each time the Employee does any one of the following:
(a) The Employee is absent from work for an unexcused reason.
(b) The Employee takes a coffee break longer than 15 minutes.
(c) The Employee smokes a cigarette in a designated no smoking area.

(Version 3)

To use Supplier's Trademarks, Distributor
(a) must comply with Supplier's quality control standards
(i) by complying with all relevant laws and regulations, and
(ii) by not using any Trademarks on or in connection with any goods or services other than Supplier's Products, and
(b) must permit Supplier's representatives to inspect Distributor's facilities without notice and during normal business hours to confirm that Distributor is using Supplier's Trademarks as required in this agreement.

[Example 2]

계약내용에 여러 항목들이 나열되는 경우 시각적 명료성을 높이기 위해 그 나열된 항목들을 표목록(tabulation) 형식으로 작성할 수 있다. 아래 (Version 1)은 계약 문장상 열거형식이나 표목록 형식을 사용하지 않은 예문들이다. (Version 2)는 항목들을 열거하면서 문장형식의 표목록(sentence format tabulation) 형식으로 작성된 예문들인데, 나열되는 항목들은 동일한 문법적 병렬형 구조를 가진다.

(Version 1)

- Distributor represents to Supplier that it is a corporation organized and existing under the laws of Delaware. Distributor also represents to Supplier that it is fully licensed in all States where it will sell and distribute the Products.
- Before December 31 of each year this agreement remains in effect, Distributor shall provide Supplier with a written marketing plan for the sale of each Product that includes a marketing timetable, an advertising strategy, a sales projection, and a method of distribution covering the calendar year immediately succeeding its submission.

(Version 2)

- Distributor represents to Supplier that Distributor
  (1) is a corporation organized and existing under the laws of Delaware, and
  (2) is fully licensed in all States where it will sell and distribute the Products.
- Before December 31 of each year this agreement remains in effect, Distributor shall provide Supplier with a written marketing plan for the sale of each Product that includes
  (1) a marketing timetable,
  (2) an advertising strategy,
  (3) a sales projection, and
  (4) a method of distribution
  covering the calendar year immediately succeeding its submission.

[Example 3]

아래는 일람표 형식 목록(list format tabulation)의 기재례를 나타내기 위한 것으로, 계약내용에 열거할 항목이 많거나 복잡하거나 일정한 조건들이 있다면 일람표 형식 목록으로 계약조항을 기술할 필요가 있다. (Version 1)은 언급되는 항목들을 별다른 형식이 없이 언급만 하고 있어 이해하기 어려울 수 있는 데 반해, (Version 2)는 열거되는 항목들을 일람표 형식 목록으로 기술해 그 내용을 보다 명확하게 이해할 수 있게 한다. 그리고, 계약내용상 간단한 조건만이 있는 경우 조건을 먼저 기재하지만, 여러 조건들이 있는 때에는 (Version 3)와 같이 조건에 따른 결과를 먼저 기재한 이후 조건들을 나열한다.

(Version 1)

Supplier shall provide Distributor with samples of the Products, promotional literature, and price lists; make available to Distributor special purchase offers and quantity discounts of the Products; and make available to Distributor consultation services with Supplier's marketing representatives.

(Version 2)

Supplier shall provide to Distributor <u>all of the following</u>:
(1) Samples of the Products, promotional literature, and price lists.
(2) Special purchase offers and quantity discounts of the Products.
(3) Consultation services with Supplier's marketing representatives.

(Version 3)

Sign block 23 of Form 2139 if:

(a) you make over USD20,000 a year, are a resident of the city, and are under age 65; or
(b) you are self-employed in the city.

[Example 4]

계약조항을 표목록으로 나타낼 때 문장형식의 표목록(sentence format tabulation)이든 일람표 형식 목록(list format tabulation)이든 병렬구조를 사용한다. 병렬구조(parallel structure)는 관련 단어나 문구 등이 유사한 문법형식으로 작성되는 것을 말하는데, 문장을 병렬구조로 나타내면 부분적 내용이나 전체 단락이 서로 어떻게 연관되어 있는지를 알 수 있으며 독자가 내용을 더 용이하게 파악할 수 있다. 아래 (Version 1)의 예문들은 언급되는 항목들이 동사나 명사 등으로 동일한 문법형태를 사용하지 않는 비병렬적 구조인 데 반해, (Version 2)의 예문들은 언급되는 항목들이 모두 동사들로 동일한 문법형태를 사용하는 병렬구조로 되어 있어 그 내용을 더욱 용이하게 파악할 수 있다.

(Version 1)

1. The partnership has the following options:
   (1) require an additional capital contribution;
   (2) liquidation of partnership assets; and
   (3) the right to dissolve the partnership.
2. Confidential Information may be disclosed to any government, judicial, or regulatory authority requiring such Confidential Information, provided that: (i) such Confidential Information is submitted under applicable provisions, if any, for confidential treatment by such governmental, judicial, or regulatory authority; (ii) prior to such disclosure, the Owner is given notice of the disclosure requirement so that it may take whatever action it deems appropriate to prohibit such disclosure; and (iii) the Contractor shall endeavor to protect the confidentiality of any Confidential Information to the extent reasonable under the circumstances and use its good faith efforts to prevent the further disclosure of any Confidential Information provided to any government judicial or regulatory authority.

(Version 2)

1. The partnership may exercise <u>any one or more of the following options</u>:
   (1) require an additional capital contribution;
   (2) liquidate partnership assets; or
   (3) dissolve the partnership.
2. Contractor may disclose Confidential Information when requested to do so by any governmental, judicial, or regulatory authority if Contractor:

(a) requests confidential treatment of the Confidential Information;
(b) notifies Owner in advance of the request so Owner may take any action it deems appropriate to prevent the disclosure;
(c) endeavors to protect the Confidential Information to the extent reasonable under the circumstances; and
(d) uses its good faith efforts to prevent any further disclosure of the Confidential Information.

[Example 5]

아래 (Version 1)과 같이 계약내용상 열거할 항목들이 복잡하다면 이를 구조적으로 용이하게 파악할 수 있도록, (Version 2)와 같이 항목들을 단계별로 구분해 열거하는 다단계 표목록화된 문장(multilevel tabulated sentence)을 작성할 수 있는데, 이때 동일한 단계의 항목은 병렬적으로 기술한다.

(Version 1)

Either party may terminate this Agreement if the other party breaches any covenants in this Agreement, but only if that breach remains uncured for 30 days after written notice of it to the breaching party, and as a result of that breach, the nonbreaching party cannot substantially realize the benefits that it would have realized form this Agreement absent that breach, or if the other party files a petition for bankruptcy in any court pursuant to any statute of the United States or any state.

(Version 2)

Either party may terminate this Agreement if the other party
(a) breaches any covenants in this Agreement, but only if
  (i) that breach remains uncured for 30 days after written notice of it to the breaching party, and
  (ii) as a result of that breach, the nonbreaching party cannot substantially realize the benefits that it would have realized form this Agreement absent that breach; or
(b) files a petition for bankruptcy in any court pursuant to any statute of the United States or any state.

3.2.3 계약서의 서식상 기타 고려사항

계약서의 도입문구상 당사자의 명칭, 계약조항의 표제, 서명란의 당사자 명칭 등은 다른 내용과 구별해 강조하기 위해, 대문자 또는 볼드체 등으로 표기한다.[43]

43 계약조항의 표제(headings)는 계약서를 체계적으로 구성해 정리하기 위한 목적으로 표시되는

그리고, 계약조항들(articles; sections)의 배열순서는 계약서의 독자가 계약의 내용을 보다 용이하게 파악할 수 있도록, 더 중요한 조항은 덜 중요한 조항보다 우선하고, 더 자주 협의되는 조항은 덜 자주 협의되는 조항보다 우선할 필요가 있다.[44]

계약서상 내용을 용이하게 파악하기 위해서는 읽기 쉬운 글꼴(font)을 사용하는 것이 좋으며, 글꼴의 크기나 형태가 무리 없이 읽을 수 있도록 충분히 큰지 확인할 필요가 있다.[45] 또한, "Warranty Disclaimer" 등과 같이 계약서상 특정 단어나 문구 또는 단락 등을 눈에 띄게 뚜렷하게(conspicuously) 표시해야 하거나,[46] 계약서상 정의된 용어(defined terms) 등과 같이 계약상 강조할 필요가 있는 때는 볼드체, 이탤릭체, 굵은 이탤릭체, 대문자, 밑줄, 글꼴색상 등 구별될 수 있는 글꼴 형식을 사용하거나 또는 텍스트 주위에 박스를 만들어 표시할 수 있다. 다만, 이러한 표시는 계약서 내에서 제한적으로 활용되어야 효과를 높일 수 있다. 글꼴크기(font size)는 계약서의 작성자가 즐겨쓰는 글꼴에 따라 다를 수 있으나, 일반적으로 "Times New Roman"의 경우 11이나 12포인트, "Arial"의 경우 10이나 11포인트, "Calibri"의 경우 11이나 12포인트 등을 주로 사용한다.

계약서 텍스트의 한 줄당 문자 수는 계약서 작성자의 선호에 따라 다를 수 있으나, 한 줄당 더 많은 문자가 있을수록 문장의 중간 라인에서 또는 한 줄에서 다음 줄로 이동할 때 독자가 혼선을 일으킬 위험이 커질 수 있으므로 유의할 필요가 있다. 그리고, 문단과 조항들 사이뿐만 아니라 각 페이지의 가장자리 주변의 충분한 여백(white space)도 가독성을 높이고 문서를 세련되게 하고 전문적 외관을 갖도록 하는 데 도움이 된다.[47]

계약서 내용의 용이한 참조와 검색을 위해, 별첨자료(attachments)를 제외한 계

것으로 계약내용의 실질적 의미를 가지지는 않는데, 해당 계약조항이 모호하다면 법원은 그 조항을 해석할 때 표제를 고려할 수 있기 때문에 주의를 요한다. 이에, 계약조항의 표제를 정할 때는 그 조항의 주제를 정확하게 나타낼 수 있는 표현을 사용하되, 가능한 한 간결하게 기재한다. 계약조항의 표제의 길이는 가급적 4단어를 넘지 않도록 하고, 표제라는 점을 강조하기 위해 볼드체(bold typeface)를 표시하는 것이 좋다.

44 예를 들어, 인수계약서의 본문에서 대체로 해당 거래의 조건 관련 조항, 진술 및 보증 관련 조항, 권리의무 관련 조항, 계약해지조항, 면책배상조항, 기타 조항 등의 순서로 배열한다.

45 "Serif fonts," "Times New Roman" 등은 상대적으로 읽기 편한 글꼴로 인식되어 전통적으로 계약서 작성에 많이 사용되고 있다.

46 계약상 "Warranty Disclaimer" 등의 표기와 관련해 "눈에 띄게 뚜렷한(conspicuous)"의 자세한 의미에 관해서는 저자 집필 『영미계약법 원리』 (유원북스, 2021), 625페이지를 참고하기 바란다.

47 텍스트의 밀도가 높은 긴 단락을 읽을 때, 계약서 텍스트 본문의 줄 간격을 눈에 무리를 줄 수 있는 한 줄 간격(single-spaced line)보다는 넓은 간격을 사용하며, 각 페이지의 모든 면에 최소 1인치의 여백(one-inch margin)을 사용하는 것이 좋다.

약서의 모든 페이지에 번호를 매기는데, 페이지 번호는 일반적으로 각 페이지의 하단 중앙에 나타나도록 한다. 개별 계약조항들도 차례대로 번호를 매겨 나열하고, 계약조항 내에서는 단락에 번호를 매기고 다양한 열거 패턴을 사용할 수 있다.

문장과 문장 사이에 마침표 또는 문장의 일부에 콜론, 세미콜론 등 구두점(punctuation marks)이 있는 경우 그 구두점 이후에 두 칸(two space)을 띄는 경우도 있으나, 한 칸(one space)만을 띄는 것이 더 일반적이다. 따옴표(quotation marks)는 곧은 따옴표(straight quotation mark)와 컬리 따옴표(curly quotation mark)의 양식이 있는데, 계약서 양식이 체계적으로 정리되어야 한다는 관점에서 한 계약서 내에 두 따옴표 양식을 섞어서 사용하는 것은 적절하지 않으며, 일반적으로 컬리 따옴표를 많이 사용한다.

계약서상 다른 조항을 상호참조(cross-reference)하는 때 해당 조항을 간명하게 지칭할 필요가 있는데, 이를 확인하기 위해 다음 사항에 유의해야 한다. (i) 계약서 내부의 조항을 상호참조(internal cross-reference)를 할 때 상호참조 조항의 표기 이후에 “of this agreement,” “hereof,” “above,” “below” 등의 표현은 문장을 복잡하게 만들고 그 의미전달에 도움이 되지 않으므로 이러한 표현들을 추가할 필요는 없으며, 참조되는 조항은 “this Section 4” 등과 같이 그 자체를 바로 지칭하는 것이 좋다. (ii) 두 개 이상의 조항을 언급할 때 “section” 등 조항을 나타내는 단어를 반복 사용하지 않는데, 예를 들어, “Section 5 and Section 6”라고 쓰기보다는 “Sections 5 and 6”라고 기재한다. (iii) 하위조항을 언급할 때 계약서의 표기내용을 보다 간단하게 해 혼란을 방지할 필요가 있는데, 예를 들어, “subsection”이라는 단어를 사용하기보다는, “this Section 4(c)”와 같이, 해당 조항(section)을 명기하고 하위조항은 간단하게 그 항목표시를 한다. (iv) 두 개 이상의 하위조항들을 언급할 때는 언급되는 조항의 혼동을 피하기 위해, “Section 6(b) or (c)”라고 하위조항의 항목만을 별도로 표기하기보다는 “Section 6(b) or 6(c)”와 같이 상위조항의 항목을 병행해 같이 표기할 필요가 있다.

계약서의 페이지 번호(page numbers)는 해당 거래계약과 관련된 표기상 관행이 있는 때 이를 따를 수 있으나, 페이지 번호는 독자가 계약서의 분량을 짐작할 수 있도록 하고 계약문서의 순서나 몰래 추가서류가 끼워지는 것을 방지할 수 있다는 점에서 일반적으로 다음과 같은 사항을 유의할 필요가 있다. ① 계약서의 각 페이지는 아라비아 숫자를 사용해 번호를 매기는데 첫번째 페이지는 대체로 번호를 매기지 않는다. 다만, 계약서에 목차(table of contents)나 정의색인(index of definitions)

등 표지가 있는 경우 그 표지의 페이지 번호는 로마숫자 소문자를 주로 사용한다. ② 페이지 번호는 푸터(footer)의 중앙에 배치하는데, 푸터(footer)에 추가적인 정보가 있는 경우 페이지 번호를 오른쪽으로 옮기고, "Page"라는 단어를 페이지 번호 앞에 삽입해 해당 번호가 페이지를 나타낸다는 점을 명확히 할 수 있으며, "Page X of Y" 또는 "X/Y"와 같은 표기로 연속적으로 페이지 번호를 매기면 독자들이 계약문서 세트가 완전하게 존재하는지를 쉽고 빠르게 확인할 수 있다.

한편, 계약을 비밀로 하고자 하는 경우 "Confidential"이라는 단어를 계약서 각 페이지의 헤더(header)에 기재하는데, 필요시 푸터(footer)에 기재할 수도 있다. "Privileged and Confidential"이라는 문구는 변호사와 의뢰인 사이에 "attorney-client privilege(변호사와 의뢰인 간 비밀유지특권)"로 사후의 소송 등 분쟁이 있을 경우 증거개시(discovery)로부터 계약서 작성에 관한 사항을 보호하고자 할 때 사용할 수 있다. 또한, 당사자 간 계약서 초안을 주고받을 때 해당 문서가 계약서의 초안이라는 점을 명백히 하기 위해, 계약서 각 페이지의 헤더(header) 또는 푸터(footer)에, "Draft for Discussion Purposes Only"라는 문구를 기재하기도 한다.

4. 모호성(ambiguity)의 제거

4.1 계약상 Ambiguity(모호성)의 의미

계약내용이 명확하기 위해서는 계약서의 독자들이 계약조건들을 명백히 이해할 수 있고 계약에 사용된 용어나 문구가 하나의 타당한 해석이 가능해야 한다. 계약의 내용이 둘 이상 상호 배타적인 방식으로 해석될 수 있을 때 Ambiguity(모호성)가 발생할 수 있는데,[48] 계약표현(contract language)이 두 가지 이상의 합리적이지만 모순된 의미(two or more reasonable but contradictory meanings)를 가질 수 있게 되면 그 의미가 모호해진다. 이러한 계약상 모호성(ambiguity)은 계약의 명확성을 위해 발생하지 않도록 해야 한다. 즉, Ambiguity(모호성)는 계약내용의 해석상 오류나 당사자 간 분쟁을 야기할 수 있기 때문에 이를 최대한 피해야 한다.

그런데, 계약내용이 두 가지 이상의 합리적이지만 상충되는 의미를 가질 수 있는 "Ambiguity(모호성)"는 계약내용이 단지 불확실성을 가질 수 있는 "Vagueness

48 "Ambiguity(모호성)"에 대한 대표적 판례로 유명한 "*Raffles v. Wichelhaus*" 사건이 있는데, 이에 관한 자세한 내용과 계약해석의 문제는 저자 집필 『영미계약법 원리』 (유원북스, 2021), 593 페이지를 참고하기 바란다.

(불명확성)"와 구별된다.[49] 계약상 단어나 문구에 대한 매개변수(parameters)가 분명하게 설명되어 있지 않거나 문맥에 따라 의미가 달라질 수 있다면 Vagueness(불명확; 막연함)하게 될 수 있다. 예를 들어, "reasonable," "reasonable efforts," "best efforts," "materially" 등과 같은 용어들은 그것들이 특정한 거래의 사실에 어떻게 적용되는지에 따라 그 의미를 명확히 알 수 없지만 모호하지는 않다. "red," "blue" 등의 단어들 또한 그 색감이 다양할 수 있어 의미가 불분명할 수 있다. 여기서 불명확한 단어와 문구는 불확실성(uncertainty)이 있긴 하지만, 불확실성이 "둘 중 하나"라는 문제(either-or question)를 야기하지는 않는다. 예를 들어, "red"는 오렌지-빨간색(orange-red)에서 진홍색(crimson), 밤색(maroon)까지 다양한 색조를 포함할 수 있어 불명확한 단어(vague word)가 될 수 있지만, 양자택일의 상황을 만들지는 않는다.

한편, 계약서 작성자는 Ambiguity(모호성)를 피하기 위해 노력해야 하는 반면, 일정한 정도의 Vagueness(불명확성)는 때로는 피할 수 없으며, 경우에 따라서는 필요할 수도 있다. 당사자들의 선호나 거래관계에 따라 계약상 세부사항을 일일이 언급할 필요가 없을 경우 계약조항을 Vagueness(불명확성)하게 표현할 수 있다. 즉, 당사자들은 협상과정에서 중요하지 않거나 거래의 필요성이나 논의의 여지가 있는 사항 또는 당사자들의 선호에 따라 계약서상 불명확한 단어나 문구를 사용하기도 한다. 예를 들어, 계약이행의 기준을 불명확한 조건으로 표현할 수 있는데, "Distributor shall sell the Product."라는 규정이 있을 때 판매업자(distributor)는 상품을 판매할 의무를 나타내지만, 그 상품판매를 위해 어느 정도의 노력을 기울여야 하는지에 대해서는 설명하지 않는다. 이때 "Distributor shall use <u>reasonable efforts</u> to sell the Product."와 같이 "reasonable efforts"라는 다소 불명확한 문구를 추가할 수 있다.[50] 또한, 고객이 비즈니스를 위해 "red" 트럭 여러 대를 구입하려 할 때 그 구매계약서에 단순히 트럭 색상에 대해 "red"라고만 명시되어 있을 경우 대부분의 트럭이 밝은 붉은색으로 칠해져 있고, 고객이 트럭의 색상을 특정

49 계약상 표현(language)은 불명확(vagueness)하지 않으면서 모호(ambiguity)할 수 있는데, 예를 들어, 담보권을 설명하는 조항에서 단순히 "he"라고만 기재되어 있다면 "he"가 mortgagor(담보권자)인지 또는 mortgagee(담보설정자)인지를 파악할 수 없어 모호할 수 있다. 이에 반해, 계약상 표현은 모호하지 않으면서 불명확할 수 있는데, 예를 들어, "red"라는 단어는 어느 정도의 붉은 색감인지 불분명할 수 있다.

50 이 경우에도 "Reasonable Efforts"에 대한 정의규정을 두어 그 의미를 명백히 할 수 있는데, "Efforts 조항"에 관한 자세한 내용은 "Chapter 2. IX. 5.2 Covenant(구속약정/이행의무) 관련 위험배분의 방법" 단원을 참고하기 바란다.

한 색조의 붉은색으로 정하는 것이 중요하다고 생각하지 않을 수 있다. 그런데, 고객이 진홍색(crimson)이 자신의 비즈니스의 특징적인 색상으로 이를 원하는 경우 고객은 해당 계약서에 트럭에 붉은색 중 진홍색을 칠하도록 명시할 필요가 있다. 불명확한 계약상 용어가 정의되지 않은 상태에서 그 용어의 의미에 관한 분쟁이 발생하는 경우 법원은 그 분쟁의 해결을 위해 계약에 적용되는 준거법에 따라 판단할 수 있으므로, 당사자들의 원하는 의미가 분명하다면 가급적 불명확할 수 있는 용어 등에 관한 기준을 계약서에 명시할 필요가 있다.

4.2 계약상 Ambiguity(모호성)의 유형

Ambiguity(모호성)는 계약을 해석할 때 의미론상(semantic), 구문론상(syntactic), 문맥상(contextual) 발생할 수 있다. 이는 계약상 특정 단어, 문구나 문장, 단락, 조항 또는 기타 계약 관련문서 등과 상충되어 일어날 수 있다. (i) 의미상 모호성(semantic ambiguity)은 계약상 기호, 부호, 심볼 또는 단어 등이 상충되는 의미를 가질 때 발생한다. 예를 들어, 통화기호(currency symbol) "$"는 미국달러(US dollar), 캐나다달러(Canadian dollar), 싱가포르달러(Singapore dollar) 등 다른 의미로 해석될 수 있다. 이러한 모호성은 특히 계약의 한쪽 당사자가 관련되거나 또는 양쪽 당사자 모두가 관련되는 경우에 발생할 수 있다. (ii) 구문적 모호성(syntactic ambiguity)은 한 문장 내에서 단어나 문구 간의 관계가 상충되는 해석을 낳을 때 발생한다. 문장 내에서 어디에 나타나는지와 상관없이 기호나 단어의 의미에서 상충이 발생하는 의미적 모호성과 달리, 구문적 모호성은 문장에서 단어나 문구의 배치에 따라 발생할 수 있다. (iii) 문맥상 모호성(contextual ambiguity)은 계약문서상 두 개 이상의 조항이 서로 상충될 때, 즉 둘 이상의 조항이 일관되지 않는 때 발생한다. 예를 들어, 임차인이 건물을 유지보수한다는 조항이 있고, 다른 조항에서는 건물의 로비는 임대인이 유지보수한다라고 규정하는 경우 문맥상 모호성이 발생하게 된다. 이하에서는 이러한 계약상 Ambiguity(모호성)의 유형에 따른 발생원인을 파악하고 이를 제거할 수 있는 방법을 구체적으로 살펴본다.

4.3 의미상 모호성(semantic ambiguity)의 발생원인과 해결방법

의미상 모호성(semantic ambiguity)은 여러가지 의미를 가지는 단어나 문구 또는 기호 등을 사용할 때 주로 발생한다.[51] 단어가 둘 이상의 다른 의미를 가지는 것이

51 하나의 단어라도 일반적으로 영어사전에서조차 몇 가지 의미들을 가질 수 있으며, 시간이 지남

명백한 경우에 의미상 모호성이 일어날 가능성이 높다. 영어에서 한 단어가 갖는 의미들은 대체로 유사하지만 때로는 하나의 단어가 서로 상반되는 의미들을 함께 가지는 경우가 있는데, 이러한 모순적인 의미를 동시에 갖는 단어를 "contronym (모순어/자체대립어)"[52]이라 한다. 예를 들어, "sanction"은 승인을 한다(approve)는 의미를 갖기도 하고 제재를 부과한다(penalize)는 의미를 가지기도 한다. "oversight"라는 단어는 놓치다(miss) 또는 놓치지 않도록 감독하다(supervise)라는 상반된 의미를 가질 수 있다. 또한, "leased"라는 단어는 임대인이 목적물을 임대하는 것과 임차인이 목적물을 임차하는 것을 동시에 나타낼 수 있으며, "left"라는 단어는 남아있던 사람일 수도 있고, 떠난 사람일 수도 있다.[53] 그리고, 모순어(contronym)가 아닌 일반적인 단어들도 그 의미가 모호할 수 있다. 예를 들어, 계약상 "residence"라는 용어를 사용한 때 "abode(거주지)"를 의미하는지, 아니면 "domicile(법률적 주소/거주지)"를 의미하는지 모호할 수 있다. 또한, "doctor"라는 단어는 의학박사(M.D.)뿐 아니라 일반 박사(Ph.D.)를 의미할 수 있고, 의사라 하더라도 치과의사(dentist), 검안사(optometrist), 수의사(veterinarian) 등을 지칭할 수도 있다. 이와 같은 의미상 모호성을 피하기 위해서는, 계약서 작성시에 "contronym(모순어)"를 파악해,[54] 가능한 한 모순어(contronym)의 사용을 자제하고, 이를 사용해야 할 경우에는 그 문맥 등을 통해 의미가 명확하게 드러나게 하거나 또는 그에 관한 설명이나 정의(definition)를 해야 한다. 그리고, 모순어가 아니더라도, 의미상 혼란을 야기할 수 있는 경우가 있다면 당사자들의 의도를 명백히 전달할 수 있는 보다 정확한 단어나 기호 등을 사용하거나 관련 정의를 할 필요가 있다. 특히, 영어는 유사하거나 중복된 의미를 가진 많은 단어들이 있어 그 변형이 쉽게 발생한다. 예를 들어, "postpone"과 유사한 단어들로, "wait," "put off," "suspend," "defer," "reschedule," "delay," "shelve," "put on the back burner," "table" 등이 있으며,

---

에 따라 단어의 원래 의미가 바뀔 수도 있기 때문에 해당 단어의 의미해석이 더 복잡해질 수 있다. 이때 계약상 문맥을 살펴보면 해당 단어나 문구가 가능한 여러가지 해석들 중 당사자들이 어떤 것을 의도했는지를 판단하는 데 도움이 될 수 있다.

52 "contronym(모순어/자체대립어)"은 두 단어가 같은 철자인데 반대 뜻을 갖거나 한 단어인데 반대의 뜻이 있는 어휘로 동철이의어나 반의어를 뜻한다.

53 또한, "off"의 경우 조명스위치가 "turn off"라고 하면 조명이 꺼지는 것을 말하지만, 경보기가 "go off"라고 하면 경보기가 켜지는 것을 의미한다. "associate"라는 단어는 동등하거나 거의 동등한 지위를 가진 사람 또는 단지 부분적인 지위나 특권만을 부여받은 사람을 의미할 수 있다.

54 구글검색(Google search)을 통해 "lists of contronyms"이라고 검색하면 유용한 "contronym(모순어)"의 목록과 그 단어들이 어떻게 거의 반대되는 의미로 해석될 수 있는지에 대한 설명을 확인할 수 있다.

"attorney"의 경우도 "legal representative," "trial lawyer," "defense lawyer," "counsel" 등 수많은 비슷한 단어들이 있다.

한편, 계약상 용어가 계약 밖의 정보가 주어질 때만 모호해진다면 잠재적 모호성(latent ambiguity)이 발생한다. 이러한 잠재적 모호성과 관련해, 영국의 유명한 판례인 *Raffles v. Wichelhaus*사건이 있는데, 이는 "Peerless"라 불리는 배를 통해 물품을 인도하기로 한 계약에서 당사자들이 같은 항구에서 "Peerless"라고 불리는 두 척의 배가 있었다는 것을 알게 된 때 잠재적 모호성(latent ambiguity)이 발생한 것으로 보았다. 법원은 이 사건에서 어느 당사자도 상대방의 뜻(the other party's meaning)을 알 수 없어 상호 동의(mutual assent)가 있었다고 볼 수 없어 계약이 성립되지 않았다고 판단했다.[55] 도한, 계약상 언급된 치킨(chicken)이나 달러(dollar)가 어떠한 치킨이나 달러를 포함하는지 등과 같이, 명백하게 불명확하거나 모호한 단어들이 아닌 경우에도 일정한 상황에서 당사자 간 의사소통의 문제 등에 따라 모호해질 수 있다. 예를 들어, 치킨매매계약에서 "chicken"이라는 단어를 사용했다고 하더라도, "chicken"이라는 단어의 의미와 관련해, 구매자는 "young chicken, suitable for broiling and frying(구워서 튀기기에 적합한 어린 닭)"이라고 생각한 데 반해, 판매자는 "older chickens, best suited for stewing(찜에 가장 적합한 나이 든 닭)"을 포함한다고 믿은 경우와 같이, 치킨의 의미를 계약당사자가 각자 다르게 생각할 수 있다.[56] 이와 관련해, 계약상 특정한 단어가 일정한 상황에서 모호하게 여겨질 수 있는지를 계약서 작성시에 검토할 필요가 있다. 계약에서 잠재된 의미적 모호성(latent semantic ambiguity)을 제거하는 것은 불가능하지만, 검토과정을 거쳐

---

55 *Raffles v. Wichelhaus*, 159 Eng. Rep. 375(Ex. 1864). *Raffles v. Wichelhaus* 사건에 관한 자세한 내용은 저자 집필 『영미계약법 원리』(유원북스, 2021), 593페이지를 참고하기 바란다.

56 *Frigaliment Importing Co. v. B.N.S. International Sales Corp.* 사건에서, 미국 수출업자와 스위스 수입업자 사이의 치킨판매계약에서 치킨(chicken)의 의미(meaning)가 문제되었다. 매도인이 찌개용 스튜치킨(stewing chicken)을 선적했는데, 매수인은 이를 인수한 이후 소송을 제기했는데, 치킨의 의미가 프라이(frying)나 구이(broiling)용에 알맞은 영계(young chicken)를 의미했다고 다투었다. 이에 대해, 매도인은 치킨의 의미는 더 넓은 개념으로 찌개용 치킨(stewers)을 포함한다고 주장했다. 이는 계약상 용어의 의미가 Vagueness(불명확)하여 발생하는 문제로, 법원은 매도인에게 유리하게 그 의미를 판단했다. 즉, 매수인이 치킨이라는 단어의 의미를 좁게 부여하였을지라도, 매도인이 이를 알 수 있는 것으로 보이지 않으므로(not appear that the seller had reason to know this), 매수인이 치킨의 의미를 좁게 사용했다는 점에 대한 입증책임(burden of showing that chicken was used in the narrower)을 부담한다고 보았다(*Frigaliment Importing Co. v. B.N.S. International Sales Corp.*, 190 F. Supp. 116, 121 (S.D.N.Y. 1960)). 이러한 치킨(chicken)의 의미와 관련한 영미계약법상 판례의 자세한 내용은 저자 집필 『영미계약법 원리』(유원북스, 2021), 597페이지를 참고하기 바란다.

명백히 모호한 단어들을 피함으로써, 계약상 표현의 모호성이나 오류로 인한 분쟁을 줄일 수 있다.

그리고, 계약서상 용어가 그 자체로는 모호하지 않지만 계약서상 일관성 없이(inconsistently) 사용됨으로써 의미론적 모호성(semantic ambiguity)이 유발될 수 있다. 동일한 사항을 지칭하기 위해 다른 변형된 단어들을 사용하는 것은 창의적이거나 저널리즘적인 글쓰기에는 도움이 될지 모르지만, 계약서 작성시에는 다른 단어(different word)를 사용한다는 것은 당사자들이 다른 의미(different meaning)를 의도한 것으로 해석될 수 있기 때문에 동일한 의미를 나타낼 때는 같은 단어를 사용해야 하며 변형된 단어의 사용은 피해야 한다. 또한, 계약상 여러 다른 의미들을 나타내기 위해 동일한 단어를 사용하는 경우 독자들이 어떠한 의미가 주어진 용법에 적용되는지 혼동을 가져올 수 있으므로, 이러한 비일관성(inconsistency)으로 인한 모호성(ambiguity)을 피하기 위해서는 계약서상 의미가 다른 경우 다른 단어나 표현을 사용할 필요가 있다. 따라서, 계약상 용어를 일관되게 사용하는 것은 의미상 모호성을 피하기 위한 가장 간단한 방법 중의 하나이다. 계약서에 쓰여지는 단어는 정확하게 사용하고, 같은 사항에 대해 다른 단어나 명칭을 사용하지 않도록 주의해야 한다.[57] 계약상 단어는 가급적 한 가지 의미만을 갖는 단어를 선택하고, 계약서를 작성할 때 동일한 단어를 다른 의미를 나타내기 사용하거나 하나의 의미를 나타내기 위해 여러 단어를 바꿔서 사용하면 계약의 모호성이 유발될 수 있기 때문에 계약서상 단어들은 구분해 일관되게 사용해야 한다.

4.4 구문론적 모호성(syntactic ambiguity)의 발생원인과 해결방법

계약서 작성시 당사자의 의사를 분명하고 간결하고 정확하게 표현할 수 있는 단어들을 선택하는 것도 중요하지만, 잘 고른 단어일지라도 부실하게 구성된 문장에서 그 의미가 모호해질 수 있다. 구문론적 모호성(syntactic ambiguity)은 일반적으로 제대로 정리되지 않은 문장들로 인해 발생할 수 있다. 계약에서 구문적 모호성(syntactic ambiguity)을 피하는 가장 간단하고 효과적인 방법은 잡다하고 불필요한 표현을 걸러냄으로써 계약서를 구성하는 문장의 평균 길이를 줄이는 것이다. 하나의 문장에 너무 많은 아이디어가 채워지면 그 내용에 모호성이 발생할 수 있어 계

57 계약상 특정한 단어의 의미를 명확히 하고 이를 일관되게 사용하기 위해, 단어를 정의된 용어(defined term)로 할 수 있는데, 정의된 용어의 올바른 사용법에 대해서는 "Chapter 6. II. Definitions Clause(정의조항)" 단원에서 자세히 살펴본다.

약에서 가장 중요한 조항들은 가급적 짧은 문장으로 기술하는 것이 좋다. 주어와 동사를 포함한 완전한 절은 다른 주어와 동사를 포함하는 복잡한 절의 일부일 때 분사구문(participial construction)으로 축소할 수 있다.[58] 그런데, 분사구문의 주어가 주절의 주어도 아니면서 독립 분사구문도 아닌 현수분사(dangling participle)[59]의 경우 그 해석에 혼란을 가져올 수 있기 때문에 계약서상 문장으로는 적절하지 않다.

4.4.1 사시 수식어(squinting modifier)

수식어구는 문법적으로 관련이 있는 단어나 문구의 의미를 변경하는 단어나 문구인데, 다양한 방식으로 모호함을 유발할 수 있다. 특히, 단어나 문구나 문장들 사이에 있는 수식어의 경우 그 수식어가 앞뒤의 어느 단어나 문구 등을 수식하는지 애매할 수 있는데, 이러한 수식어를 사시(斜視) 수식어(squinting modifier)라 한다. 사시 수식어는 연속된 표현의 전후에 나와 그 전후의 단어나 문구 중 어느 것을 수식하는지 혼동이 생길 수 있다.[60] 예를 들어, "When distributions are made frequently no compensation is paid to the partners."이라는 문장에서, "frequently"는 "When distributions are made" 또는 "no compensation is paid to the partners"를 수식하는 것으로 해석될 수 있다. 또한, "charitable organizations or institutions performing educational functions"라는 문구에서, "charitable"이라는 단어가 "organizations"와 "institutions"를 모두 수식하는지, "charitable organizations"는 "educational functions"을 수행해야 하는지 등에 대한 혼동이 있을 수 있다.

이러한 수식어구로 인한 모호성(ambiguity)을 피하기 위해서는, (i) 해당 수식어

58 예를 들어, "When the Contractor submits a proposal, the Contractor shall send three copies to the local Zoning Board."와 같은 긴 문장에서 부사절인 첫째 문장의 주어와 주절인 둘째 문장의 주어가 동일한 때 부사절의 주어를 삭제하고 동사를 분사형태로 만들어 부사절의 문장을 축소해, "When submitting a proposal, the Contractor shall send three copies to the local Zoning Board." 또는 "The Contractor shall send three copies to the local Zoning Board when submitting a proposal."과 같이 축약된 분사구문의 형태의 문장으로 쓸 수 있다.

59 "dangling"이라는 단어는 무언가가 완전히 연결되어 있지 않다는 것을 의미하며, "participle"은 "-ing" 또는 "-ed"로 끝나는 동사구조이다.

60 전치사구의 긴 문자열은 모호성(ambiguity)을 유발할 수 있다. 즉, 연속적인 전치사 구문이 문장 내에서 그 수식하고자 하는 대상에서 더 멀리 떨어져 있게 되면 그 구문이 어떤 단어를 수식하는지 불분명해질 수 있다. 이러한 모호성을 방지하기 위해, 이때에도 전치사 구문을 수식하는 단어 옆에 두고, 문장 내에서 가급적 여러 개의 연속적인 전치사 구문을 사용하지 않는 것이 좋다.

를 수식을 받는 단어나 문구 바로 옆에 재배치하거나, (ii) 필요한 경우 수식하려는 각 단어 바로 옆에 수식어를 반복해 기재하거나, (iii) 표목록(tabulation) 등을 사용해 수식어가 목록상 모든 항목을 수식하는지 또는 일부 항목만을 수식하는지를 명시하는 등의 방법을 고려할 필요가 있다. 예를 들어, "Supplier will request Distributor immediately to assign its rights in the property."라는 문장의 경우 "immediately"가 "request"를 꾸미는지 "assign"을 꾸미는지 모호할 수 있다. 이 경우 "immediately"를 수식을 받는 단어 옆에 재배치해 그 의미를 분명히 할 수 있다. 즉, "Supplier will immediately request Distributor to assign its rights in the property." 또는 "Supplier will request Distributor to assign immediately its rights in the property."와 같이 수식어 "immediately"를 수식하고자 하는 단어 옆에 배치해 그 의미를 명확히 할 수 있다.

그리고, "Lingco may sell in the Stores only children's apparel, accessories, and footwear."라는 문장에서 선행 수식어인 "children's"가 "apparel"만 수식하는지, "accessories," "footwear"도 모두 수식하는지 모호하다. 이를 명확히 하기 위해서, "children's"가 "apparel"만을 수식한다면 "Lingco may sell in the Stores only (1) children's apparel, (2) accessories, and (3) footwear." 또는 "Lingco may sell in the Stores only the following: children's apparel; accessories; and footwear."라고, "children's"가 모든 품목을 수식한다면 "Lingco may sell in the Stores only the following items for children: apparel, accessories, and footwear."라고 각각 고쳐쓸 수 있다. 또한, "Dreamco shall sell to Lingco the Roe Assets, excluding the Smith Assets, the Jones Assets, and the Doe Assets." 라는 문장에서, "excluding the Smith Assets"라는 수식어구가 그 이전의 명사뿐만 아니라 그 이후의 명사도 수식하는지 모호할 수 있다. 이 경우 문장 내에서 수식어구와 관련된 명사나 문구들을 구분하거나 재배치하여 수식어구가 수식하는 명사들의 범위를 명확히 할 수 있다. 예를 들어, "Dreamco shall sell to Lingco (1) the Roe Assets, excluding the Smith Assets, (2) the Jones Assets, and (3) the Doe Assets."; "Dreamco shall sell to Lingco the Roe Assets (excluding the Smith Assets), the Jones Assets, and the Doe Assets."; Dreamco shall sell to Lingco the Roe Assets (excluding the Smith Assets, the Jones Assets, and the Doe Assets). 등과 같이 수식어구의 수식의 범위를 분명히 할 수 있다.[61]

61 수식어가 합성어나 연속된 문구 뒤에 올 때 수식어가 전체 합성어의 개별사항을 수식하는지,

4.4.2 현수 수식어(dangling modifier)

계약서 문장의 작성시 각 문장이 각 수식하는 단어나 구문에 의해 수식된 내용을 나타낼 수 있도록 주의를 기울일 필요가 있다. 현수 수식어(dangling modifier)는 문장에는 나타나지 않는 대상을 수식하는 것으로, 수동태 문장에서 수식어구가 수식해야 하는 주어가 생략되고 대신 다른 주어가 나타나게 되어 계약상 혼동을 가져올 수 있다. 현수분사의 경우 분사구문의 주어와 주절의 주어가 일치하지 않아 해석상 혼란을 가져올 수 있으므로 계약서상 사용하기 적합하지 않은 문장의 형태이다. 예를 들어, "After the Zoning Board replies, the Contractor has three weeks to comment on the notes of the Zoning Board."라는 문장에서 부사절인 첫째 문장의 주어인 "Zoning Board"는 주절인 둘째 문장의 주어인 "the Contractor"와 일치하지 않음에도, "After replying, the Contractor has three weeks to comment on the notes of the Zoning Board."와 같이 부사절을 분사구문으로 축소하는 경우 계약자(Contractor)가 답변기관인 구역위원회(Zoning Board)라는 잘못된 해석을 초래할 수 있는 현수분사가 되어 이는 계약서상 문장으로는 적절하지 않다. 이러한 현수 수식어의 문제는 주절의 주어를 수식어구가 수식해야 하는 주어로 바꾸거나 또는 수식어구에 주어를 포함시키고 주절을 그대로 두어 해결할 수 있다. 예를 들어, "Reasoning that the evidence supported an alternative conclusion, the motion was denied."라는 문장에서, 신청(motion)이 추론(reasoning)을 하는 것은 아니고, 법원(court)이 추론을 하는데, 이 문장에서 "the court"라는 표현이 없다. 여기서 주절을 능동태로 고쳐 써 주절의 주어를 수식어구가 수식하는 주어(the court)로 바꾸면, "Reasoning that the evidence supported an alternative conclusion, the court denied the motion."이라고 기술되어, 현수 수식어가 없어질 수 있다.

바로 앞에 있는 단어나 문구만을 수식하는지 모호할 수 있다. 예를 들어, "The Trust may donate funds only to charitable and educational institutions."와 같이 "charitable and educational"이라는 복수의 형용사가 명사를 수식할 때 복수의 형용사 간의 관계가 명사에 어떻게 연관이 되어 있는지 모호할 수 있는데, 이를 분명히 하기 위해, 다음과 같이 고쳐 쓸 수 있다.

The only institutions to which the Trust may donate funds are the following:

(a) Institutions that are charitable only or educational only.

(b) Institutions that are both charitable and educational.

4.4.3 불확실한 대명사 참조의 문제

대명사는 독자가 대명사에 의해 대체된 단어, 즉 선행사를 판단할 수 없을 때 모호성(ambiguity)이 발생할 수 있다. 예를 들어, "The Beneficiary and the Trustee disagree as to whether she is entitled to payment."라는 문장에서, "she"가 "Beneficiary" 또는 "Trustee" 중 누구를 말하는지 또는 다른 사람을 지칭하는지 혼동이 있을 수 있다. 이러한 모호한 대명사의 참조(ambiguous pronoun references)는 단수형 선행사를 지칭하면서 복수형 대명사를 사용하거나 또는 그 반대의 경우에도 발생할 수 있다.[62] 법원은 계약문장의 의미를 해석함에 있어 원칙적으로 문법규칙을 적용하기 때문에 부정확한 대명사를 사용하면 법원은 당사자가 의도한 것과 다른 선행사를 지칭하는 것으로 해석할 수 있다. 예를 들어, 계약서에서 "corporation"을 "their"로 지칭할 경우 "their"라는 대명사가 단수인 선행사 "corporation"을 가리키는지 불분명하기 때문에 법원은 "their"가 회사(corporation)가 아니라 다른 사람들을 지칭하는 것으로 판단할 수 있다. 특히, 집합명사(collective noun)[63]의 경우 부정확한 대명사 참조의 문제가 자주 발생한다. 영문법상 집합명사는 일반적으로 단수로 보아 원칙적으로 단수형 대명사와 단수형 동사가 필요하다. 다만, 예외적으로 문맥상 필요할 경우 집합명사를 복수로 보기도 한다. 그리고, 영국과 일부 영어권 국가에서는 집합명사가 복수로 간주되기도 한다. 이러한 점에서 집합명사를 언급할 때 단수형이든 복수형이든 그 지칭에 있어 일관성(consistency)이 중요하며, 집합명사는 동일한 문장에서 단수와 복수 둘 모두로 다루어서는 안 된다.[64] 예를 들어, "The committee <u>is</u> meeting to consider <u>its</u> options regarding executive compensation." 또는 "The committee <u>are</u> meeting

---

62 명사를 언급할 때 단수인지 복수인지에 혼동이 있을 수 있는데, 단수의 참조가 복수에도 적용되는지 불분명할 수 있다. 이때 어떤 물건이나 이름을 밝히지 않은 사람을 가리키는 조항을 작성할 때는, 해당 조항을 물건이나 사람의 수에 관계없이, 한 가지 물건이나 사람에 대해서만 또는 둘 이상의 물건이나 사람에 대해서도 적용하기를 원하는지를 고려해 관련 대명사를 언급해야 한다.

63 집합명사(collective noun)는 "audience," "board," "cabinet," "cast," "committee," "company," "council," "department," "firm," "government," "jury," "majority," "panel," "society," "staff," "team" 등과 같이 사람, 동물, 사물 등의 집단을 나타내는 단어를 말한다.

64 집합명사가 단수인지 복수인지 여전히 불분명하다면, "<u>Members of Congress are</u> in session and <u>they</u> are meeting at the Capitol."과 같이 집합명사를 "members"와 같은 복수형이 확실한 단어 등을 이에 추가해 표시할 수 있다. 그리고, 집합명사의 동사형태가 단수이면 그 동사의 주어에 해당하는 대명사도 단수이어야 한다.

to consider their options regarding executive compensation."로 기재할 수 있으나, "The committee is meeting to consider their options regarding executive compensation."과 같이 쓰는 것은 적절하지 않다.

4.4.4 성 중립적 표현의 사용

영문법상 성별에 따라 다른 대명사를 쓰기 때문에 영문계약서 작성시 성별의 표기로 인한 문제가 있을 수 있다. 즉, 계약상 성별에 따른 표현(gender-specific language)은 계약서를 읽는 독자들에게 혼란을 야기하거나 계약내용을 오도하거나 때로는 당사자의 기분을 상하게 할 수도 있다.[65] 1960년대와 1970년대를 거치는 동안 법률전문가들은 계약에 숨어 있는 잠재적 성차별주의에 대한 비판에 직면하게 되었으며, 성별에 따른 표기는 구식 표현으로 여겨진다. 예를 들어, "fireman," "policeman," "chairman," "salesman" 등과 같은 성별에 따른 표현을 자제하고, "firefighter," "police officer," "chairperson," "salesperson" 등의 성 중립적 용어(gender-neutral language)를 계약서상 사용한다. 계약서상 성별에 따른 표현을 지양하고 성 중립적 표현을 사용하기 위해서는, 남성 대명사만을 사용하는 대신, (i) 성 중립적인 복수 대명사 "they," "their," "them" 등을 사용하는 방법,[66] (ii) 해당 명사를 반복해 사용하는 방법, (iii) 남성 대명사 이외에 여성 대명사나 중성 대명사 또는 둘 모두를 사용하는 방법 등이 있다. 계약서에서는 위 방법들 중 문장의 맥락에 따라 그에 가장 잘 맞는 것을 선택해 사용할 수 있다. 예를 들어, "Each Stockholder must surrender his stock certificates ..."라고 하기보다는 "The Stockholders must surrender their stock certificates ..." 또는 "Each Stockholder must surrender that Stockholder's stock certificate ..."라는 성 중립적 표현을 사용한다. 그리고, "To be eligible to vote for the members of the Board of Directors, a Shareholder shall submit his, her, or its proxy no later than 5:00 p.m., 30 May 2023."처럼 단수형 대명사인 "he," "she," "it" 등으로 기재하기보다는 "To be eligible to vote for the members of the Board of Directors, a Shareholder shall submit that Shareholder's proxy no later than 5:00 p.m., 30 May 2023."와 같이 해당 명사를 반복해 성 중립적 표현을 사용한다.

---

65 그룹의 구성원을 일반적으로 지칭할 때 성별에 따른 대명사를 사용한다면 그룹이 하나 이상의 사업체를 포함하고 있을 때 구성원들에게 불쾌감을 주거나 어색한 표현이 될 수 있다.

66 다만, 단수명사를 지칭하면서 복수형 대명사인 "they," "their," "them" 등을 사용하는 경우 대명사의 참조가 모호해질 수 있으므로 이는 피하는 것이 좋다.

4.4.5 접속사 "and"와 "or"의 의미에 관한 문제

구문론적 모호성은 문장이 여러 가지로 해석될 수 있는 경우 발생하게 되는데, "and"나 "or"와 같은 간단한 접속사도 계약상 모호성이 유발될 수 있다. 이는 두 단어 모두 "both" 또는 "either"의 의미를 가질 수 있기 때문이다.[67] 예를 들어, "Retired and disabled people may apply for assistance."라는 문장에서, 지원자의 자격요건이 은퇴자(retired)이면서 장애인(disabled)인 사람이어야 하는지 또는 은퇴자와 장애인이 모두 지원을 할 수 있는지 혼란이 있을 수 있다.

계약서 작성시 "or"의 경우 "or"이 배타적이거나 또는 포괄적 내지 누적적인 것을 나타낼 수 있다.[68] 즉, "A or B"에서 "or"가 꾸미는 내용 중 배타적으로 하나만을 선택하는 의미로 "A or B, but not both"를 나타내거나 또는 그 내용을 모두 포함한다는 의미로 "A or B or both"를 나타내기 위해 사용될 수 있다. 예를 들어, "If borrower fails to make a payment when due, lender may sell the collateral or assess a late fee of 5% against the past due amount."라는 문장에서, 차주가 만기일에 지불을 하지 않는 경우 구제방법과 관련하여, 차주의 입장에서는 담보물의 매각(sell the collateral)이나 연체료의 부과(assess a late fee of 5% against the past due amount) 중 하나의 구제방법을 대주가 선택해야 한다고 주장할 수 있고, 대주의 입장에서는 "or"이 포괄적 의미를 가져 담보물의 매각과 연체료의 부과의 양 구제방법 모두를 행사할 수 있다고 다툴 수 있다. "and"의 경우도 "or"와 같은 문제가 있을 수 있는데, "and"로 쓰여 있지만 양자택일 내지 양자 모두를 할 수 있는 것으로 읽힐 수 있으므로 주의를 요한다.[69] 예를 들어, "The Contractor may use its employees <u>and</u> subcontractors to paint the House."라고 하는 경우 "employees, subcontractors, or both employees and subcontractors"를 의미하기 위해 "and"를 사용했다면 혼동이 있을 수 있으며, 위 예문에서, "or"를 사용하더라도 위와 같은 "and"와 같은 의미로 읽힐 수 있으므로, 이때 당사자의 의도를 확인

---

67 문법적으로 "and"는 결합접속사(conjunctive)이고, "or"은 분리접속사(disjunctive)로 이해되는데, "and"는 이로 연결된 내용을 모두 필요로 하고, "or"는 이로 연결된 내용 중 하나를 선택, 즉 양자택일의 의미를 가진다. 그런데, 계약서상 "and"와 "or"를 기재할 때 두 단어가 모두 언급되는 모든 것을 포함하거나 또는 어느 것 중 하나를 선택한다는 의미를 가질 수 있어 혼동이 생길 수 있다.

68 "or"은 종종 연결된 내용을 포괄하는(inclusive) 의미로도 읽힐 수 있는데, 그 내용을 선택적 내지 배타적(exclusive) 의미로 명확히 쓰기 위해서는 "either"와 함께 "or"를 쓸 필요가 있다.

69 "and"의 의미와 관련하여, "A, B, and C"로 연결되면 A, B, C의 모든 요건을 만족해야 하는 것으로 이해될 수 있으므로, 그렇지 않을 경우 "and" 대신에 "or"를 사용해야 한다.

해 그 내용을 분명히 해야 한다.

접속사와 관련된 이러한 모호성을 해결하기 위해, "lender may either A or B …," "lender may exercise one or more of the following options …," "all of the following …," "together," "people who are both A and B …," "… or both" 등과 같은 추가적인 설명문구들 중 적절한 것을 해당 문장의 필요한 곳에 삽입할 필요가 있다. 예를 들어, "Lingco shall dissolve Subsidiary A or Subsidiary B."에서 "or"의 의미가 모호할 수 있다면 이를 보다 명확하게 하기 위해, "Subsidiary A"나 "Subsidiary B" 중 하나만을 의미한다면 "Lingco shall dissolve Subsidiary A or Subsidiary B but not both."와 같이 표현하고, "Subsidiary A"와 "Subsidiary B" 모두를 포함할 수 있다면 "Lingco shall dissolve Subsidiary A or Subsidiary B or both."와 같이 고쳐 쓸 수 있다.

그리고, "and"와 "or"가 같은 문장에 함께 나오는 경우 언제나 혼동이 있을 수 있는데, 이러한 혼동을 막기 위해 이를 명확히 할 필요가 있다. 예를 들어, "A student may register for the Litigation Clinic only if that student has taken Evidence (A) or Advanced Civil Procedure (B) and is a third-year student (C)."라고 하는 경우 "(A or B) and C"인지, "A or (B and C)"인지 모호하고 혼동이 생길 수 있다. 이러한 모호함을 없애기 위해, 당사자의 의도를 파악해 "and"와 "or"를 구분해 그 내용을 명확히 기재할 필요가 있는데, 예를 들어, A와 B가 한 묶음인 경우 "A student may register for the Litigation Clinic only if that student (a) has taken either Evidence or Advanced Civil Procedure and (b) is a third-year student."와 같이, B와 C가 한 묶음인 경우 "A student may register for the Litigation Clinic only if that student (a) has taken Evidence or (b) has taken Advanced Civil Procedure and is a third-year student."와 같이 각각 기술한다.

한편, 계약서상 "and/or"라는 용어를 사용하는 경우가 종종 있는데, "and/or"라고 쓰는 때 해당 목록에 있는 모든 항목들이 요구되는지("and"의 기본적 의미), 아니면 그 목록들 중의 하나의 항목만으로 충분한지("or"의 기본적 의미)를 알기 어려울 수 있으며, 여기서 "or"이 포괄적(inclusive) 의미인지, 배타적(exclusive) 의미인지도 혼란이 생길 수 있다. 이에, "and/or"라는 용어를 사용하기보다는 당사자가 의도하는 바를 구체적으로 명시하는 것이 바람직하다. 예를 들어, 관련 항목이 두 개이고 두 항목 중 하나 또는 모두를 언급하고자 하는 경우 "A and/or B"를 "A or B or both"로 고쳐 쓸 수 있으며,[70] 관련 항목이 세 개 이상인 경우 "any combination of one or more of the following: …”과 같은 문구를 써서, 해당 문제가 되는 목록의 항목 앞에서 그 항목들의 조합에 관한 사항을 다루는 것이 좋다.

4.5 문맥상 모호성(contextual ambiguity)의 발생원인과 해결방법

계약에서 문맥상 모호성(contextual ambiguity)은 주로 계약서 조항들이나 내용이 누락(omission)되거나 불일치(inconsistency)하여 발생한다. 계약서가 제대로 구성되어 있지 않으면 계약내용의 누락이나 불일치 등을 발견하기 더욱 어려워진다. 계약조항들 간 불일치는 일반적으로 다른 출처에서 용어나 표현이 해당 계약서에 삽입되거나 또는 한 조항이 수정되었지만 관련된 다른 조항이 수정되지 않은 경우에 일어날 수 있으며, 두 조항 이상이 중복될 때 중복된 표현이 동일하지 않으면 문맥상 모호성이 발생한다. 겉보기에는 사소한 불일치라도, 예를 들어, 한 조항이 “one month”라고 하고, 다른 조항이 “30 days”라고 하면서, 두 조항을 같은 기간이라고 언급한다면, 문맥상 모호성이 유발될 수 있다. 그리고, 계약상 정보의 누락은 계약서에 언급된 내용이나 첨부가 빠졌을 때 일어날 수 있으며, 다른 출처에서 떼어서 붙인 내용이나 표현에서 발생할 수 있다. 예를 들어, 계약상 정의된 용어를 정의규정에 포함하지 않았다면 누락된 정보로 인한 문맥상 모호성이 일어나게 된다.

계약서를 작성할 때는 물품의 인도일자와 같은 해당 거래의 사실관계적 요소들뿐만 아니라 관련 법규적 요소들을 고려해야 한다. 계약상 표현(contract language)은 판례를 비롯한 관련 준거법규에 따라 해석될 수 있기 때문에 계약을 둘러싼 법적 프레임을 분석하고 이해하지 않은 상태에서 계약서를 작성하지 않아야 한다. 예를 들어, 특정한 거래계약의 경우 관련 법규에서 서면으로 일정한 사항을 공개할 것을 요구하는 경우가 있는데,[71] 계약서 등 계약 관련 서류를 제대로 작성하기

---

70 예를 들어, “Supplier may inspect Distributor’s sales records and/or its place of business.”에서 “and/or”라는 용어로는 공급자가 판매업자의 판매기록이나 사업장 중 하나를 검사할 권한을 가지는지, 아니면 판매업자의 판매기록과 사업장 모두를 검사할 권한을 가지는지 불분명할 수 있다. 공급자가 위 둘 중 하나를 검사할 수도 있고 둘 모두를 검사할 수 있다고 한다면, 이에 관한 명확성을 위해, “and/or”라는 용어를 “… or …, or both”라는 표현을 사용해, “Supplier may inspect Distributor’s sales records or its place of business, or both.”와 같이 고쳐 쓸 수 있다.

71 미국의 경우 개별 주의 기업법률에 따라 소수주주권의 보호를 위해 기업 관련 문서 등 일정한 자료에 대한 공개를 요구하거나 소수주주에게 기업자료에 대한 접근권한을 인정한다. 그리고, 미국 연방법의 경우 소프트웨어 라이선스의 수출제한과 관련해 일정한 사항의 공시를 요구하거

위해서는 법규상 공개사항을 비롯해 관련 법규에서 사용되는 표현을 알고 있어야 하며 필요한 경우 이를 계약서에 포함해야 한다. 법원의 판례는 당사자 간 계약의 강제가능성(enforceability)이나 계약조항의 해석에 대한 지침을 제공할 수 있으며,[72] 계약서를 해석할 때 관련 단어나 문장 등의 문법규칙을 적용해 맥락을 파악하기 때문에 문법에 결함이 있는 경우 법원은 당사자들이 의도한 것과는 다른 해석을 할 수 있다. 이에, 계약서를 작성하기 전에 해당 계약에 관한 관할권을 갖는 국가의 법원이 계약의 이행의무조항, 계약위반에 따른 손해배상액의 예정 등 손해배상조항, 계약상 책임제한조항, 계약의 해지조항, 분쟁해결조항 등 계약의 주요 조항들을 어떻게 해석하는지 파악하는 것이 중요하며, 관련 판례상 특정한 표현을 포함할 필요가 있는지를 판단해 더 이상 필요하지 않은 표현은 생략할 수 있다.

또한, 계약내용 이외에 외부적 요소들이 계약에 영향을 미치거나 또는 추가적인 법적 요건을 부과할 수 있으므로 계약서를 작성하기 전에 항상 법적 맥락을 검토하고 이해할 필요가 있다. 미국의 UCC(Uniform Commercial Code)에 따르면, 계약당사자 간 관계의 맥락에서 계약서에 언급된 표현을 해석할 수 있다.[73] 계약은 우선 당사자 간 계약서상 조건에 따라 해석을 하고, 이를 보완하기 위해 당사자의 이행과정(course of performance), 거래과정(course of dealing), 거래관행(usage of trade) 등이 활용되고, UCC상 규정들이 계약서상 표현(contract language)의 공백을 메울 수 있다.[74] 예를 들어, UCC 제2조는 물품매매계약이 어떻게 이행될지에 관한

나, 대부와 관련해 일정한 사항을 공시하도록 하는 대부진실법(Truth in Lending Act) 등과 같이 소비자와 관련된 특정한 금융거래에 있어 일정한 공시규정을 두고 있다.

72 계약의 강제가능성이나 해석에 대한 영미계약법상 원리에 대한 자세한 내용은 저자 집필 『영미계약법 원리』 (유원북스, 2021), 573페이지 이하를 참고하기 바란다.

73 이러한 UCC상 계약의 해석도구의 단계는 UCC § 1-303에서 규정되어 있으며, 일반적 계약해석의 원리로 널리 활용되고 있다.

74 계약내용에도 불구하고, 당사자들이 실제로 계약을 이행하는 방식은 계약서의 변경없이 서면 계약조건을 변경할 수 있다. 일정한 기간에 걸쳐 이행되는 계약인 할부계약(installment contract)상 내용을 해석함에 있어, 법원은 분쟁이 발생하기 전에 당사자 간 이행의 과정(course of performance)을 고려할 수 있다. 예를 들어, 할부계약상 매월 1일에 석회석 1톤을 인도하는 조건을 규정하더라도 구매자가 이의 없이 10개월 연속 매달 15일에 이를 인수한 경우 법원은 당사자 간 이행의 과정(course of performance)이 계약서상 인도조건을 변경했다고 판단할 수 있다. 그리고, 당사자들 상호간 이전의 계약상 이행이 어떻게 이루어졌는지에 관한 거래과정(course of dealing)에 의해서도 변경될 수 있다. 즉, 당사자 간 이전의 거래는 당사자 간 현재 계약서에 기재되지 않은 사항들의 공백을 메우는 데 사용될 수 있으므로 계약서를 작성하기 전에 당사자들의 과거의 거래관계가 어떠했는지를 파악해 볼 필요가 있다. 여기서, 문제가 될 수 있는 이전의 거래과정(course of dealing)으로 인해 현재 해당 계약의 해석에 영향을 미칠 수 있는 소지를 없애고자 한다면, "Although in prior contracts Buyer has accepted delivery of

일반적 법규체계를 제공하는데, 당사자들이 물품매매계약상 특별히 규정하지 않은 조건들에 대해서는 UCC상 규정들이 적용될 수 있다. 즉, 물품의 보증조건과 관련해 당사자 간 계약상 아무런 규정이 없는 때 판매자가 협상 중에 한 명시적 보증(express warranty)과 상품성 및 특정목적에 관한 적합성의 묵시적 보증(implied warranties of merchantability and fitness for particular purpose)은 자동적으로 포함된다. 이에, 당사자들이 이러한 보증책임을 없애기를 원하는 경우 계약서상 명시적으로 UCC상 보증책임을 부인(disclaimer)해야 한다. 그리고, 계약당사자가 관련 업계의 확립된 거래관행(trade custom)이 해당 계약조건에 영향을 주는 것을 방지하고자 한다면, 계약상 "Although it is customary in the construction industry that Sub's payment is not conditioned upon Contractor's receipt of payment from Owner, for purposes of this Agreement, the parties agree that Sub's payment is conditioned upon Contractor's receipt of payment from Owner. Contractor shall remit payment to Sub no later than 30 days after receiving payment from Owner."와 같이 관련 거래관행을 언급하고 이를 해당 계약에는 적용되지 않는다는 점을 명백히 하는 것을 고려할 수 있다. 특히, 계약에 쓰인 표현을 해석할 때 관련 업계의 전문용어(industry jargon)를 고려하는데, 당사자들은 계약에서 사용되는 용어(terminology)가 해당 거래의 업계에서 어떻게 사용되는지를 잘 알고 있어야 한다. 예를 들어, 일반 계약에서 관련 계약금액의 최종적 계산에 있어 "absent <u>manifest</u> error(<u>분명한</u> 오류가 없는)"라는 표현을 쓸 수 있는데, 물류업계(logistics industry)에서는 "manifest"라는 단어가 운송에 포함된 화물목록(list of the items)을 뜻해 일반적 의미와 다를 수 있다. 이에, 물류회사와 관련된 계약조항을 해석할 때, "manifest"라는 단어는 특별히 관련 화물목록의 오류를 뜻하는 것으로 해석될 수 있다는 점을 고려해야 한다.

한편, 해당 계약의 관련 적용법규를 고려하는 것 이외에도, 당사자 한쪽이 제3자와 체결한 계약에 따라 당사자 간에 체결되는 현재의 거래계약에 영향을 미치는

---

the goods on the 15th day of the calendar month, for purposes of this Agreement Seller shall deliver the goods on the first day of each calendar month during the Term."과 같은 규정을 통해, 계약상 현재 거래의 인도일자가 과거 거래과정에서 이루어진 것과 다르다는 점을 명백히 할 필요가 있다. 또한, 계약내용을 해석할 때 거래관행(trade customs)을 고려해야 한다. 예를 들어, 시추 관련 계약서상 토양을 채취하는 데 사용되는 탐사선의 손실위험에 대해 아무런 내용이 없다면, 법원은 탐사선의 소유자가 아닌 시추회사에 탐사선의 손실위험을 부과하는 시추산업의 거래관행(drilling industry custom)을 참작해 계약을 해석할 수 있다(*Threadgill v. Peabody Coal Co.,* 526 P.2d 676 (1974)).

지 여부를 확인해 볼 필요가 있다. 예를 들어, 주주간계약에서 주주가 차입계약에서 주식을 매도하거나 주식을 담보로 하는 것을 금지할 수 있다. 또한, 회사는 정관이나 내규상 주주에 대한 신주인수권을 규정하는 경우 회사가 신주발생시 기존 주주에게 먼저 주식의 매수를 제안하지 않고 제3자에게 신주를 발행할 수 없도록 할 수 있다. 계약을 체결할 때 당사자는 상대방이 제3자와의 계약으로 인해 현재 거래계약을 체결하는 데 일정한 장애가 있는지 여부를 확인할 필요가 있다. 이와 관련해, 당사자는 상대방의 거래나 사업현황 관련 자료에 대한 실사를 하고, 상대방으로부터 자신의 권리에 영향을 미칠 수 있는 다른 계약의 당사자가 아니라는 점 등에 대한 진술과 보증(representation and warranty)을 계약서에 포함할 필요가 있다.

문맥상 모호성(contextual ambiguity)은 계약서의 체계적 구성을 통해 막을 수 있다. 계약상 정의사항을 산재하여 두기보다는 정의규정이나 용어집(glossary) 등에 그룹화하여, 계약서의 독자가 원하는 계약내용의 정보를 검색할 수 있도록 정렬해야 하며, 계약조항들 간의 상호 작용에 주의를 기울여 불일치되는 사항을 해소함으로써 문맥상 모호성을 피할 수 있다. 예를 들어, 계약서의 제1항에서 "Company shall pay all taxes incurred by Employee for residing and doing business in Singapore."라고 규정해 회사가 싱가포르에서 비즈니스와 주거 관련 직원에게 발생하는 모든 세금을 지급하기로 했는데, 제2항에서 "Employee shall pay for residential taxes for his residence in Singapore."라고 규정해 싱가포르에서 주민세를 부담하는 것으로 되어 있다면 관련 조항들 간의 불일치로 문맥상 모호성이 발생한다. 그런데, 회사가 직원의 주민세를 실제 부담하지 않는다면, 제1항에 "Despite the previous sentence, Company will not pay Employee's residential taxes on his residence in Singapore."라는 규정을 추가함으로써 제1항과 제2항 사이의 문맥상의 불일치를 해결할 수 있다. 그리고, 문맥상 모호성을 줄이기 위해 계약내용을 체계적으로 정리할 필요가 있는데, 일반적으로 해당 거래의 중요한 사항부터 배열하여 이를 조항으로 정리한 다음, 각 조항 내의 내용 또한 중요한 것부터 논리적인 순서로 정리한다. 이러한 계약내용의 정리에 있어 관련 사건들은 연대기순으로 정렬하는데, 대체로 다음과 같은 점들에 유의한다. (i) 일반적 정보를 구체적 정보 앞에 두고, (ii) 원칙규정을 예외규정 앞에 두며, (iii) 계약의 대상에 관한 사항을 방법에 관한 사항 앞에 두고, (iv) 많이 사용되는 조항들을 보다 덜 사용되는 조항들 앞에 두며, (v) 계약의 해석, 분쟁해결조항 등과 같은 일반조항들은 가급적 마지막에 둔다.

그리고, 계약조건은 하나 이상의 계약조항에 관련될 수 있는데, 예를 들어, 해당 거래에 해지수수료가 있다면 계약서에는 논리적으로 계약의 해지조항뿐만 아니라 대금지급조항에 이러한 정보를 포함할 수 있다. 이 경우 둘 이상의 조항에서 동일한 정보를 기술할 때 그 정보가 한 조항에서는 수정되었지만 다른 조항에서는 수정되지 않아 계약내용의 불일치 등 문맥상 모호성이 발생할 수 있다는 점에 각별히 유의할 필요가 있다. 이때는 한 조항을 선택해 관련 계약조건을 삽입하고, 다른 조항에는 그 계약조건을 삽입한 조항을 상호 참조(cross reference)하는 것이 좋다.[75] 또한, 여러 개의 다른 계약 관련 문서가 모두 동일한 거래의 일부가 될 수 있다. 예를 들어, 회사가 신입사원을 고용하고 그에게 스톡옵션을 부여하는 경우 회사와 신입사원 간에는 고용계약, 스톡옵션계약 등을 체결할 수 있다. 이때 일정한 조항들이 둘 이상의 계약문서에서 다루어지는 경우 해당 조항들이 동일한지를 확인해야 한다. 중복된 조항들이 동일하지 않을 경우 그 차이점이 문맥상 모호성을 일으킬 수 있다. 실제로 해당 거래 관련 계약서들은 별도로 편집, 검토 및 협상될 수 있기 때문에 이러한 조항들을 모두 동일하게 유지하는 것이 어려울 수 있으므로 해당 조항들이 다른 계약서상 동일하게 규정되어 있는지를 확인할 필요가 있다.

한편, 계약서의 본문은 조항(section; article), 하위조항(subsection), 열거조항(enumerated clause) 등으로 세분화하면 독자가 읽기 쉽고 상호 참조를 통해 관련 내용을 용이하게 찾을 수 있다. 그런데, 각주(footnote)는 계약서를 읽기 어렵게 만들고 독자들이 각주 텍스트의 중요성이 낮다고 생각하게 할 수 있기 때문에 계약서에는 각주를 가급적 사용하지 않는 것이 좋다. 계약조항은 특정한 주제에 따라 분류해, 주로 "Article," "Section" 등이라고 표기하는데, 영국식 계약서 작성에서는 "Clause"라고도 한다.[76] 다만, 계약조항의 표시방법에 따라 계약내용의 법률적 효

75 기존 계약서에 다른 계약의 내용이나 상대방으로부터 추가 내용이 삽입되는 경우 유의해 검토하지 않으면 계약상 혼동을 가져올 수 있다. 삽입되는 내용이 기존의 계약내용과 상충되지 않도록 해야 하며, 특히 정의된 용어 등 계약상 용어가 기존 계약서와 삽입된 내용에서 일관되게 사용되어야 한다. 즉, 이러한 기존 계약서에 추가 내용을 삽입해 통합하는 때, (i) 삽입내용은 기존 계약서의 정의된 용어나 여백 또는 번호 형식 등과 일관되게 사용되어야 하며, (ii) 삽입내용에 대문자로 표시된 단어는 정의규정 등에서 정의되어야 하며, 기존 계약서상 정의된 용어는 삽입내용에서 정의되지 않아야 하며, (iii) 삽입내용은 기존 계약서의 조항과 상충되지 않아야 하고, (iv) 삽입내용과 관련해 어떤 조항이 다른 조항으로 대체되거나 삭제된 경우 원래 조항이 계약서의 다른 곳에서 참조로 언급되지 않도록 주의해야 한다.

과가 달라지는 것은 아니다. 한편, “Article”은 일반적으로 여러 “Section”을 포함하는 상위 그룹의 조항을 나타낼 때에도 쓰이는데, “Article”이라는 용어를 사용할지 여부는 계약내용이 얼마나 긴지에 따라 다를 수 있다. 대체로 20여개 이상의 “Section”이 있을 때 관련 “Section” 그룹을 모아, “Article 1,” “Article 2” 등과 같이 “Article”이라는 표기를 사용할 수 있다.[77] 그리고, 계약 관련 주제를 논리적 순서로 배열한 후 추적하기 용이한 간단한 번호체계를 만드는 것이 좋다.[78] 하나의 계약조항에서 개념상 나뉠 수 있는 계약조건이 있는 때에는 하위조항(subsection)으로 분류하고, 표제나 들여쓰기 등을 사용해 계약서의 구조를 보다 명확하게 나타내는 것이 좋다.[79]

5. 영문계약 해석원리의 이해

5.1 영문계약의 법규범적 해석원리(canon of construction)의 문제

당사자 간 거래문서나 계약서의 내용이 불명확하거나 모호한 경우 법원은 그 모호한 표현(ambiguous language)을 해석하기 위해 계약의 법규범적 해석원리(canon of construction)를 사용한다. 이러한 계약의 법규범적 해석은 전통적인 보통법(common law)의 원리로, 법률문서(written legal instruments)가 어떻게 해석되는지를 판단하는 원리이다. 계약의 해석원리에 따라 계약서상 언어나 표현(language)을

76 “Clause”는 “계약조항”이라는 의미 이외에도, 문법상 주어와 동사가 갖춰진 문장의 구성부분을 나타내는 “절”을 의미하기도 한다.

77 “Section”의 경우 일반적으로 순서에 따라 번호를 매기고, 각 섹션 번호 앞에는 “Section”이라는 표기를 할 필요는 없으며, “Article”의 하위 그룹으로 나타낼 때는 “1.1,” “1.2,” “1.3” 등과 같이 복수의 번호로 표기할 수 있다. 다만, “Section”을 상호 참조(cross reference)를 할 때에는 “Section 5.1”과 같이 “Section”이라는 표기를 한다.

78 계약서 작성자의 선호에 따라 다를 수는 있으나, 소수점 기반 번호체계(decimal-based numbering system)를 사용하더라도, “1.1.1.1.2”와 같이 너무 많은 소수점번호 또는 문자 수가 다양하고 줄 바꿈이 잘 맞지 않는 로마 숫자 등의 사용은 가급적 자제하는 것이 좋다.

79 예를 들면, 아래와 같이 하나의 계약조항에서 개념에 따라 하위조항(subsection)으로 분류하고, 표제나 들여쓰기 등을 통해 계약서 구조를 명확히 할 수 있다.

1.1 Section
    (A) Paragraph
        (1) Subparagraph
        (2) Subparagraph
    (B) Paragraph
1.2 Section

제한하거나 확장하기도 하는데, 대부분의 계약의 법규범적 해석원리는 판례법(case law)을 통해 발전되어 왔지만, 영미법계 국가에서 이러한 원리들이 성문화되기도 했다. 법원은 계약을 해석할 때, 다른 특별한 정황이 없는 한, 당사자들이 계약상 (i) 정상적인 의미(normal sense)에서 단어를 사용하고, (ii) 언급된 대로 의미를 가지며, (iii) 모순된 것을 의도하지 않았으며, (iv) 합리적인 결과(reasonable result)를 도출하려는 의도를 가졌다는 기본적 가정(basic presumptions)을 한다.[80] 다만, 관련 증거자료에 의해 당사자가 계약서에 표현한 것을 의도하지 않았다는 것이 명백하다면 법원은 계약의 법규범적 해석원리(canon of construction)에 따라 계약서상 문구를 해석하지 않을 수 있다. 따라서, 계약법상 법규범적 해석원리가 존재한다는 것을 이해하는 것도 중요하지만, 그러한 법규범적 해석원리에 의존하기보다는 계약서를 작성할 때 당사자의 의도가 명백하다면 법규범적 해석의 여지를 남기지 않도록 하는 표현을 사용하는 것이 더욱 중요하다. 한편, 계약의 해석에 사용할 수 있는 다양한 법규범적 해석원리들은 법원이 계약상 모호한 표현의 의미를 해석할 때 사용할 수 있는 설득력 있는 지침이나 원리가 되며, 이는 관련 사정에 따라 원리들 간에 서로 상충이 될 수도 있다. 그리고, 당사자들은 계약상 그들의 의도에 대한 지침을 법원에 제공해 분쟁이 발생할 경우 법원이 그 지침을 적용할 수 있도록 선호하는 해석원리를 계약서에 포함할 수 있다. 다만, 계약당사자들이 그러한 해석원리를 계약서에 규정한다고 하더라도, 법원이 법규범적 해석원리를 적용할지는 법원이 결정하게 된다. 여기서는 광범위하게 사용되는 일반적 계약의 법규범적 해석원리들(canons of construction)을 살펴본다.[81]

80 계약서상 용어나 표현들은 달리 특별히 정의되지 않는 한, 통상적이고 일반적인 의미를 가진다. 예를 들어, "product"라는 단어는 일반적으로 다양한 비즈니스에 의해 산출되는 모든 종류의 물품을 지칭할 수 있다. 그런데, 계약서상 "product"의 의미를 계약당사자 중 한쪽 당사자가 생산한 특정 물품으로 명시해 그 의미를 제한할 수 있다. 그리고, 계약조항들은 그 의미가 계약의 다른 조항들과 일치하도록 읽혀져야 한다. 이에, 계약서상 한 조항이 "The term of this agreement is for two years(이 계약의 기간은 2년 동안이다)"라고 되어 있고, 다른 조항이 "Either party may terminate this contract at any time in the event of the other party's failure to perform as promised(상대방이 약속한 대로 이행하지 아니하는 경우 어느 한 당사자라도 언제든지 이 계약을 해지할 수 있다)"라고 되어 있다면, 계약기간은 일반적으로 한쪽 당사자가 약속된 대로 계약상 이행을 하지 못해 계약이 조기에 종료되지 않는 한 계약기간이 2년임을 의미하는 것으로 해석된다.

81 계약의 법규범적 해석원리들에 사용되는 용어들은 대부분 라틴어 표현에서 유래하는데, 여기서 언급되는 해석원리의 용어들은 모두 라틴어 용어이다.

5.2 계약의 주요 법규범적 해석원리

5.2.1 *Contra proferentem*

"*Contra proferentem*"은 "against the offerer(제안자에게 불리하게/반하여)"라는 뜻으로, 계약서 작성자는 일반적으로 자신에게 유리하게 계약서를 작성한다고 보아 계약상 모호한 문구나 표현은 이를 작성한 당사자에게 불리하게 해석되어야 한다는 의미를 갖는다.[82] 이는 대체로 계약당사자가 동등한 협상력을 가지지 못할 때 인정되는데, 당사자들이 대등한 지위를 가지는 전문적 상인들 간에는 적용될 수 없다. 이러한 해석원리가 적용된다면 계약서를 작성하는 것이 유리하지 않다고 생각할 수 있지만, 법원은, 계약내용이 터무니없이 불합리하거나 불공정한 결과를 초래하지 않는 한, 해당 계약에 당사자들이 다른 결과를 의도했다는 것이 입증된다면 "*Contra proferentem*"의 원리를 적용하지 않을 수 있다. 이에, 당사자들이 계약과 관련해, "*Contra proferentem*" 원리의 적용을 배제하기를 원하는 경우 그 적용배제에 관한 사항을 계약서에 명시하거나[83] 계약상 이러한 해석원리가 적용될 여지를 남기지 않도록 가급적 명확하고 간결하게 계약내용을 작성할 필요가 있다.

5.2.2 *Ejusdem generis*

"*Ejusdem generis*"는 "of the same class, kind, or nature(동일한 부류, 종류 또는 성질의)"라는 뜻으로, 해당 사항이 그 단어가 가진 일반적인 의미로 해석되기보다는 계약상 관련되어 나열된 목록상의 다른 항목들과 같은 종류나 부류의 것들에만 적용된다고 보는 해석원리이다. 즉, 계약서에서 어떠한 사항들을 나열하는 때 계약상 이미 열거된 사항들을 참고해 그와 유사한 사항들을 포함할 수 있다는 의미를 갖는다.[84] 이러한 계약해석의 원리에 따라 구체적으로 열거된 단어들 뒤에 나

---

82 "*it is incumbent on the dominant party to make terms clear.*" – *Penn Mut. Life Ins. Co. v. Oglesby*, 695 A.2d 1146, 1150 (Del. 1997).

83 계약서상 계약의 해석 관련 조항(construction of contract)에서 "*contra proferentem*" 원리의 적용을 배제하기 위해, "Each party acknowledges that it (a) is a sophisticated commercial party and that it participated in negotiating this Agreement, and (b) has been represented by counsel of its choice who either participated in the drafting of this Agreement or had ample opportunity to review and comment on it. Accordingly, neither party is presumptively entitled to have the contract construed against the other party in accordance with the canon of construction known as *contra proferentem*. It does not apply to this Agreement." 등과 같은 규정을 둘 수 있다.

오는 일반적인 단어들은 그 열거된 단어들과 성격이 유사한 항목들이 포함된다고 본다.[85] 예를 들어, 계약상 "pines, firs, spruce, or other kinds of vegetation"라는 문구가 있을 때 "other kinds of vegetation"의 의미가 일반적 식물을 말하는지 또는 일반 나무나 특정한 종류의 나무에 국한되는지 문제될 수 있다. 여기서 "*Ejusdem generis*" 원리를 적용하면 해당 문구에서 이미 언급된 "pines, firs, and spruce"는 나무의 일종이기 때문에 "other kinds of vegetation"에서 채소의 일종인 당근은 포함되지 않는다. 다만, "other kinds of vegetation"이 일반적 나무인지 또는 상록수(evergreen trees)나 침엽수(conifers) 등 특정한 종류의 나무에 한정하는지 여부는 판단하기 어려울 수 있다.[86] 이 경우에는 당사자가 원하는 관련 부류의 전체를 나타낼 수 있는 더 일반적인 단어를 선택하는 것이 좋다. 또한, 계약상 "produce"라는 용어와 관련해 "corn, melon, beans, and peas" 등의 판매유통에 관해 언급하고 있다면 여기서 "produce"는 식물성 생산물을 표현하는 것으로 보아 식물이 아닌 동물에 의해 산출되는 계란 등과 같은 종류의 생산품은 포함되지 않는 것으로 해석될 수 있다. 계약서상 "*Ejusdem generis*"의 원리가 작동할 수 있는 전형적인 예로는 "Force Majeure(불가항력)"에 관한 정의규정에서 나타난다. 예를 들어, "Force Majeure Event" means storm, flood, washout, tsunami, lightning, drought, earthquake, volcanic eruption, landslide, cyclone, typhoon, tornado, or <u>any other event beyond a party's control</u>."과 같은 문장에서 "any other event beyond a party's control"의 의미와 관련해, 계약당사자들의 명확한 의도를 파악할 수 없다면 "*Ejusdem generis*"의 원리에 따라 그 문구 앞에 언급된 부류의 사건들이 모두 자연재해이므로 "hurricane"은 이에 해당할 수 있지만, "war" 등은 해당하지 않을 수 있다.

5.2.3 *Noscitur a sociis*

"*Noscitur a sociis*"는 "the thing is known by its companions(동료들이 아는 것)"라는 뜻으로, 의심스러운 단어의 의미는 그 단어에 수반되는 다른 단어나 표

---

84 계약해석의 원칙과 관련된 주요 라틴어 표현에 관한 자세한 사항은 저자 집필 『영미계약법 원리』 (유원북스, 2021), 600-602페이지를 참고하기 바란다.

85 이는 "*Noscitur a sociis*"와 비슷할 수 있지만, "*Ejusdem generis*"는 일반적인 표현이 그러한 부류의 항목의 목록을 따르는 상황에 적용된다는 점에서 미묘한 차이가 있다.

86 "*Ejusdem generis*"는 "any other person"과 "other kinds of vegetation" 등과 같이 일반적인 문구들을 어떻게 해석할지에 관한 지침을 줄 수는 있지만, 계약내용의 모든 불확실성을 해결하지는 못한다.

현에 의해 판단된다는 해석원리이다. 이러한 해석원리에 따라 계약상 특정되지 않은 단어나 문구의 의미는 그것을 둘러싼 단어들로부터 알 수 있다. 예를 들어, "Crown Victoria, Camry, Accord, and Impala"라는 문구에서, "impala"라는 단어는 수반되는 단어들의 의미로 인해 작은 영양과 같은 동물(gazelle-like creature)이 아닌 자동차(automobile)를 가리키는 것으로 해석될 수 있다. 그리고, 사무실 임대차계약에서 임대인이 임차인에게 건물의 "all floors, stairs, and hallways(모든 층, 계단, 복도)"를 방해받지 않고 사용할 수 있도록 하겠다고 약속했다면 계단이나 복도(stairs and hallways) 등은 통로(passageway)를 의미하기 때문에 창고전용층(a floor used exclusively for storage)은 포함되지 않는 것으로 해석될 수 있다.

5.2.4 *Expressio unius est exclusio alterius*

"*Expressio unius est exclusio alterius*"는 "the enumeration of particular things excludes the idea of something else not mentioned(특정한 것들의 열거는 언급되지 않은 다른 것에 대한 생각을 제외한다)" 또는 "the expression of one thing excludes the other(한 가지 표현은 다른 것을 제외한다)"이라는 뜻으로, 관련 계약조항에 어떤 사항이 명시된 때 그 명시된 사항에만 한정되어 적용된다는 의미이다. 예를 들어, 일정한 사람들이 유언(will)에 따른 수익자(beneficiaries)로 언급된다면 언급되지 않은 다른 사람들은 그 수익자에서 배제하려는 의도임을 유추할 수 있다. 또한, 임대계약상 임차인이 자신이 임대건물에서 수리할 항목으로 천정, 벽, 파이프 등을 열거하면서 지붕(roof)을 언급하지 않았다면 지붕은 그 수리할 항목이 포함되지 않아 임차인의 수리의무가 없다고 해석될 수 있다.[87] 다만, 이러한 해석원리는 법원이 일관되게 적용하지 않기 때문에 경우에 따라 이 원리를 적용하지 않고, 열거된 항목들이 당사자가 언급하고자 하는 전부임을 나타내는 것이 아니라고 보아 열거된 항목들을 단순한 예시로 볼 수도 있다.

5.2.5 *Reddendo singula singulis*

"*Reddendo singula singulis*"는 "by referring each to each(각각 서로 참조해)"라는 뜻으로, 계약상 언급된 일련의 항목들 중 개별 항목은 그 일치하는 열의 해당

---

87 "*Ejusdem generis*," "*Noscitur a sociis*," "*Expressio unius est exclusio alterius*" 등과 같은 계약해석의 원리의 적용을 피하기 위해, "including, but not limited to"라는 문구를 사용해 당사자의 의도를 나타낼 수 있다. 다만, 이러한 문구가 있는 경우에도 법원은 계약서상 표현의 의미를 제한하는 위와 같은 계약해석의 원리를 적용할 수 있다.

항목을 참조한다는 의미를 갖는다. 예를 들어, "My children, Stacy, Macy, and Casey, are 7, 9, and 13."이라는 문장에서, "*Reddendo singula singulis*"의 원리를 적용하면 위 문장의 마지막에 "respectively(각각)"라는 단어를 포함하지 않더라도, "Stacy is 7, Macy is 9, and Casey is 13."이라는 의미를 추론할 수 있다.

5.2.6 *In pari materia*

"*In pari materia*"는 "on the same subject or matter(동일한 주제나 문제에 대해)"라는 뜻으로, 이는 계약조항을 해석할 때 가능한 한 같은 주제나 동일한 일반적 목적과 관련된 모든 조항들은 서로 관련해서 읽혀져야 한다는 것을 의미한다.

Ⅳ. 영문계약서 작성시 유의할 문법사항 및 표현법

계약의 본질적 기능인 당사자의 행위의 규제, 사실의 진술, 위험의 배분 등에 관한 사항은 계약서상 용어나 표현과 밀접한 관련이 있다. 국제거래 계약서는 영어로 작성되기 때문에 영어를 모국어로 사용하지 않는 사람들이 계약서를 검토하거나 작성할 때 그 의미나 용법, 문법적인 정확성 등에 대해 어려움을 겪게 된다. 일반적인 단어나 문구의 의미는 법률상 또는 계약상 다른 의미를 가질 수 있다. 예를 들어, "inure"라는 단어의 경우 통상적 의미는 "익히다" 또는 "단련하다" 등의 의미를 가지나, 법률상으로는 "효력을 발생하다"는 뜻이 될 수 있다.[88] 이하에서는 계약서 작성시 비원어민(non-native speaker)으로서 유의해야 할 문법사항 및 표현용법을 살펴본다.

1. 계약서 작성시 유의할 문법사항

1.1 관사의 사용 및 가산명사와 불가산명사

"The car should have a 2021 Brand A audio system, a hardwood instrument panel, and a Brand B anti-theft system."과 같은 부정관사 "a/an"이

88 계약서에 사용되는 단어나 문구들의 정확한 의미를 알기 위해서는, "Black's Law Dictionary" 또는 온라인 법률사전(online legal dictionary) 등과 같은 법률사전을 참고할 필요가 있다.

나 부정관사 없이 "-s," "-es" 등 일반적 복수형은 대상을 일반적으로 지칭한다.[89] 그런데, 부정관사를 붙인 단수명사 또는 관사 없는 복수명사를 사용하는 것은 대상의 특정성(specificity)과 당사자 간 공유된 인식의 정도를 낮출 수 있으므로 정관사 "the"를 사용하는 것이 대상을 식별해 특정할 수 있게 한다. 이에, 계약상 대상을 구체적으로 특정하기 위하서는 정관사 "the"를 사용하거나 대상에 대한 추가적 정보를 기술할 필요가 있다. 그리고, 계약상 정의된 용어(defined term)를 언급할 때 관사를 어떻게 사용할 것인지 문제될 수 있는데, "the Product(s)," "Product(s)" 등과 같이 정관사 "the"를 붙일 수도 있고 붙이지 않을 수도 있다. 다만, 계약서 작성의 핵심은 계약조건의 식별과 내용의 특정성에 있으므로 관사를 사용할 경우 정관사를 사용한다.

한편, 가산명사(count noun)는 셀 수 있는 명사로, 일반적으로 정관사 "the" 또는 부정관사 "a/an"를 취할 수 있고, "-s," "-es" 등과 같은 복수어미를 가질 수 있다. 반면, 불가산명사(non-count noun)는 "negligence"와 같이 추상적인 것이나 "water"와 같이 셀 수 없는 것을 나타내는 명사로, 일반적으로 정관사 또는 부정관사를 취하지 않고 복수어미도 갖지 않는다. 이러한 불가산명사를 수량화하거나 셀 수 있게 하기 위해서는, "much," "no," "some," "little," "all" 등과 같은 형용사 수식어나 "ounces," "liters," "kilograms," "pieces," "slices" 등과 같은 측정단위를 함께 써야 한다. 다만, 불가산명사의 경우도 "Distributor shall collaborate with consumer advocacy groups to gain <u>the support</u> of the Target Population."과 같이 특정한 참조를 위해 사용될 때 정관사와 함께 쓸 수 있다.

1.2 대명사의 사용

대명사는 일반적으로, (i) "I," "you," "he," "she," "it," "we," "you," "they" 등과 같은 인칭대명사, (ii) "my," "your," "his," "her," "its," "our," "your," "their" 등과 같은 소유대명사, (iii) "which," "that," "who," "when," "where," "what," "how" 등과 같은 관계대명사가 있다. 계약서 작성시 사람을 구체적으로 지칭하는 경우를 제외한 대부분의 단어들은 대명사 "it"을 사용하고, "Manufacturer

89 다만, "The client wants to purchase <u>a car</u>."와 같이 명사가 부정관사와 함께 처음 언급되더라도, 동일한 명사를 두번째로 언급하는 경우 "<u>The car</u> should be a luxury car."와 같이 정관사 "the"를 사용하는데, 여기서 정관사는 언급되는 대상을 독자가 구체적으로 식별할 수 있도록 한다.

will have ownership rights to all of its advertising."에서 "manufacturer"와 같이 자연인이 아닌 법인격체(legal entity)를 나타낼 때에도 대명사 "it"을 사용한다. 그리고, 대명사가 무엇을 가리키는지 또는 누구를 가리키는지는 대명사를 원래 명사로 바꾸어 보면 용이하게 파악할 수 있다. 예를 들어, "Distributor promises that it will not (and will not permit any other person under its control to) change or modify the Products in any manner."라고 하는 경우, "it," "its"를 "Distributor promises that Distributor will not (and will not permit any other person under Distributor's control to) change or modify the Products in any manner."와 같이 원래 명사로 바꾸어 보면 대명사가 지칭하는 것을 확인할 수 있다.

한편, "which," "who," "that" 등과 같은 관계대명사는 명사나 명사구 뒤에서 앞서 나온 내용을 한정하는 제한적 용법(restrictive use) 또는 단지 추가적인 정보만을 제공하기 위한 비제한적 용법(non-restrictive use)으로 사용할 수 있다. 관계대명사의 제한적 용법은 추가 정보가 해당 범주의 모든 사항이 아닌 특정한 사항에만 적용되어 이를 식별하기 위한 것인 때 사용된다. 관계대명사를 제한적 용법으로 사용할 때는 "which" 대신 주로 "that"을 사용하며, 일반적으로 "that"이나 "which" 등이 이끄는 관계대명사절의 앞뒤로 쉼표를 두지 않는다. 예를 들어, "Participants who are included in the list will be notified."라고 관계대명사절에 쉼표를 두지 않고 제한적 용법으로 사용하는 경우 관계대명사절의 정보는 제한적이거나 필수적인 정보가 된다. 여기서 관계대명사는 참가자의 범주를 큰 그룹에서 일정한 참가자로 한정하는데, 더 큰 그룹의 여러 참가자들 중에서 목록에 포함된 참가들에게만 통지될 것이라는 점을 의미한다. 반면, 문장에 포함된 추가 정보가 해당 범주의 모든 사항에 적용되거나 또는 문장의 기본적 의미를 변경하지 않고 추가 정보를 삭제할 수 있다면 비제한적 사용(non-restrictive use)이 된다. 이때 관계대명사는 명사나 명사구 뒤에 오는 문장에서 추가적이지만 필수적이지 않은 정보 또는 명사나 명사구를 보다 상세하게 정의하는 데 요구되는 정보를 제공하기 위해 사용된다. 예를 들어, "Participants, who are included in the list, will be notified."라고 쉼표를 관계대명사절의 앞뒤로 삽입하는 경우 관계대명사 "who" 이하 절의 내용은 참가자들(participants)에 대한 추가 정보를 제공하기 위한 필수적이지 않은 정보라 할 수 있다. 여기서는, 계약상 참가자들을 특별히 구분하고 있지 않는 한, 모든 참가자들에게 통지될 것이라는 점에 중점이 있으며 그 참가자들이 목록에 포함되어 있다는 것은 보충적인 설명에 불과하기 때문에 관계대명사절의 내용은 생략될 수 있다.

1.3 계약서 문장의 관점(perspective) 내지 인칭(person)의 문제

한글과 같이 당사자의 인칭의 중요성이 덜한 언어와 달리, 영문의 경우 당사자의 관점(perspective)이 중요하다. 특히, 영문계약서를 작성할 때는 문장을 쓰는 관점을 고려해야 하는데, 이는 동사의 행위를 받는 사람이나 사물의 인칭(person)으로 나타난다. 여기서, (i) “I” 또는 “we”와 같은 1인칭(the first person)은 의사소통자가 자신 또는 자신을 포함한 집단에 대해 언급하는 때, (ii) “you”와 같은 2인칭(the second person)은 의사소통자가 단수이거나 복수일 수 있는 상대방을 언급하는 때, (iii) “he,” “she,” “it,” “they” 등과 같은 3인칭(the third person)은 의사소통자가 제3의 사람이나 사항을 언급할 때 각각 사용된다. 소비자계약(consumer contract)과 같이 쉽게 읽히고 이해되어야 하는 계약서의 경우 일반적으로 1인칭과 2인칭의 조합을 사용해 작성된다. 예를 들어, “We will loan you $10,000. You will repay the loan by making payments of $100 per month for the next 120 months.” 등과 같이 기술한다. 서신계약서(letter agreement)의 경우도 친근하고 개인적이고 지속적인 관계에서 주로 사용되기 때문에 대체로 1인칭과 2인칭의 조합으로 작성된다. 예를 들어, “During the course of our negotiations, we may provide you with certain Proprietary Information.” 등과 같이 계약내용을 기재한다. 다만, 1인칭과 2인칭의 조합을 사용할 경우 양 당사자들을 동시에 언급할 때 주의해야 한다. 즉, “we”가 당사자들 중 한쪽 당사자를 언급하는 경우 한쪽 당사자가 양쪽 당사자를 어떻게 지칭하는지 문제된다. 이때는 양쪽 당사자를 지칭하기 위해서는, “we and you together” 또는 “both we and you” 등과 같이 표현해야 당사자의 혼동을 막을 수 있다.

한편, 문장에서 당사자나 행위의 주체가 변경이 있는 경우, 예를 들어, “If AT&T wants to win this case, you must follow the advice of counsel.”와 같이 문장의 주체가 3인칭인 “AT&T”에서 2인칭인 “you”로 변경 내지 전환될 때 누구를 지칭하는지 혼동이 있을 수 있다. 특히, 계약의 경우 당사자 간 권리의무의 주체를 명백히 해야 하므로 문장상 주체의 인칭이 변경되면 혼란이 있을 수 있기 때문에 문장상 인칭을 변경해야 할 상황이 있다면 가능한 한 관련 당사자나 행위자에 대한 정의규정 등을 두고 동일한 용어나 표현을 계약서상 일관되게 사용할 필요가 있다. 그리고, “When the lawyer calls, tell them I’m not available.”에서처럼 문장에서 3인칭 단수인 "lawyer"에서 3인칭 복수인 "them"으로 전환하는 것과 같이 동일 인물을 지칭하면서 단수에서 복수로 전환하는 것도 혼동을 가져올 수 있으므로,[90] 계약서에서는 그 내용을 명확히 하기 위해 가능한 한 문법적으로 알맞은 단수나 복수를 일관되게 사용해야 한다.

1.4 관계대명사의 사용

계약내용의 혼란을 없애고 명확한 의미를 전달하기 위해, "that," "which" 등 관계대명사의 용법을 정확히 파악할 필요가 있다. 문법규칙상, 관계대명사 "that"은 제한적 용법으로 사용되는 반면, "which"는 제한적 용법으로 사용되지 않는다. 즉, 관계대명사 "that" 이하의 문구는 선행사를 정의하거나 제한해, 그 선행사에 대한 필요한 정보를 제공한다. 예를 들어, "the copier <u>that</u> is down the hall is jammed."라는 문장에서, "that" 이하의 문구는 어떠한 복사기가 작동되지 않는지를 나타내는데, 다른 곳에 있는 복사기가 아니라 복도 아래에 있는 복사기라는 것을 나타낸다. 반면, 관계대명사 "which" 이하의 문구는 선행사를 제한하거나 정의하지는 않기 때문에 문법적으로 반드시 필요하지는 않으나, 선행사에 대한 유용한 정보를 제공할 때 사용한다. 이에, "which" 이하의 문구상 정보는 해당 문장의 의미를 실질적으로 변경하지는 않기 때문에, 그 정보를 괄호 안에 포함하거나 생략할 수도 있다. 예를 들어, 위에서 언급한 예문이 "the copier, <u>which</u> is down the hall, is jammed."라고 한다면 "which" 이하의 문구는 복사기가 어디에 있는지에 관한 정보를 단순히 제공하고, 복사기는 "the copier"라고 해 한 대밖에 없는 것으로 볼 수 있다.

이러한 관계대명사 "that"과 "which"의 다음과 같은 주요 차이점을 이해할 필요가 있다. (i) "which" 앞에는 쉼표를 붙이고, "that" 앞에는 쉼표를 붙이지 않는다. (ii) 문장의 의미를 바꾸지 않고 "which"로 시작하는 문구를 제거할 수 있다면 "which"가 맞으며, 그렇지 않으면 "that"을 사용한다. (iii) "which" 또는 "that" 구절이 없이, 어떤 것이 논의되고 있는지를 식별할 수 있다면, "which"를 사용하고, 그렇지 않으면 "that"를 사용한다. (iv) 위 사항들을 통해서도 어느 것을 사용할지 명확하지 않다면 "which"보다 "that"을 사용하는 것이 좋다. 예를 들면, 이러한 관

90 다만, "they"를 단수형 대명사로 사용하는 것이 성별에 따른 문제(gender issues)를 해결할 수 있다는 점에서 이러한 문법적 일탈을 인정하는 견해도 있으나, 계약의 명확성의 관점에서 여전히 문제가 있을 수 있다.

계대명사 "that" 또는 "which"의 용법에 따라 아래 예문을 수정하면 다음과 같다: "The Company may elect to purchase the Membership Interest or Economic Interest which(→ that) is the subject of the proposed Transfer for the same price and on the same terms and conditions as described in the Transfer notice."

2. 영문계약서 작성시 유의할 표현법

2.1 단어선택의 중요성 및 난해한 법률용어 사용의 자제

영문계약서의 명확성과 정확성을 높이기 위해 가능한 한 어법상 간결한 단어와 문구를 사용할 필요가 있다.[91] 즉, 간결한 단어나 문구로 해당 계약내용을 충분히 표현할 수 있다면 난해한 법률용어(legalese) 등의 법률적 언어를 사용하지 않는 것이 좋으며, 중복되거나 불필요하게 복잡한 장황한 표현을 쓰지 않아야 한다. 영문계약서를 잘 작성하기 위한 첫걸음은 가급적 간결한 단어와 문구를 사용해 계약문장을 완성하는 것이다.[92] 다만, 간결한 단어나 문구를 사용한다고 하더라도, 계약서는 공식적 문서이기 때문에 "it is"를 "it's"로, "do not"을 "don't"로, "they had"를 "they'd"로, 연도를 나타낼 때 "2024"를 "'24" 등과 같은 축약형 표현의 사용은 피해야 한다. 그리고, 어떤 영어 단어들은 같거나 유사하게 들리지만, 다른 의미와 철자를 가지고 있는데, 계약서를 작성할 때는 유사하게 발음되는 단어라 하더라도 이를 혼동하지 말고 적합한 의미를 가지는 단어를 확인해 사용해야 한다.[93]

한편, 계약서를 작성할 때 난해한 법률용어(legalese)나 고어(archaic words)를 사

---

91 미국에서는, 2010년 10월 13일, 오바마 대통령은 Plain Writing Act of 2010 (Pub. L. No. 111-274) (2010년 평이한 글쓰기 법)에 서명했다. 이 연방법(federal law)은 "federal agencies use clear government communication that the public can understand and use(연방기관은 대중이 이해하고 사용할 수 있는 명확한 정부 커뮤니케이션을 사용해야 한다)"는 점을 규정하고 있다. 관련 웹사이트는 다음을 참조하기 바란다: https://plainlanguage.gov/law/

한편, 세계적으로 평이한 언어 사용과 명확한 의사소통을 지원하고 촉진하기 위한 비영리기관으로 국제평문협회(Plain Language Association International(PLAIN))가 있는데, 이에 관한 사항은 다음의 웹사이트를 참고하기 바란다: https://plainlanguagenetwork.org/

92 간결한 단어들을 사용한 영문계약서의 작성을 "Plain English drafting"이라고도 부르는데, 간결함은 잘 작성된 영문계약서의 특징이기도 하다.

93 예를 들면, "affect"와 "effect"; "insure," "ensure"과 "assure"; "guarantee"와 "guaranty"; "principal"과 "principle"; "warrantee"와 "warranty" 등과 같은 단어들은 계약서 작성시 혼동할 수 있는 유사한 발음의 단어들로 그 의미가 다를 수 있기 때문에 주의를 요한다.

용하면 독자들이 계약내용을 파악하기 어려울 수 있으나, 전체적으로 평이한 영어(plain English)를 쓰는 경우 표현상의 혼란을 줄여 독자들의 계약내용에 대한 이해도를 높여 계약 관련 시간과 비용을 절약할 수 있게 한다. 이러한 난해한 법률용어나 고어에는, "aforementioned," "foregoing," "forthwith," "witnesseth," "whereas" "know all men by these presents" 등을 비롯해, "here-" 또는 "there-"을 사용한 "hereby," "hereof," "hereinafter," "hereto," "hereunder," "thereby," "thereof," "therein," "thereon" 등과 같은 용어가 있다.[94] 영문계약서에는 라틴어나 프랑스어 등 오랜 역사를 거치면서 종래 전통적으로 사용하던 고어(archaic words)나 통상적으로 사용되지 않는 외래어(foreign words)를 관행적으로 그대로 사용하는 경우가 있다. 그런데, 이러한 용어들은 어느 시점에서 어떤 목적을 위해 사용되었지만 그러한 목적은 오늘날 더 이상 유효하지 않아 이를 사용하는 것이 적절하지 않을 수 있다. 예를 들어, 계약서의 배경사실을 언급하면서, "witnesseth"라는 단어를 종종 사용하는데, 이는 계약상 특별한 기능을 하지는 않는다. 그리고, 외래어의 경우 "*pro rata*," "*status quo*," "*vice versa*" 등과 같은 일부 라틴어들은 일상적 영어표현으로 받아들여져 널리 사용되는 경우도 있지만, "*ad hoc*," "*caveat emptor*," "*de facto*," "*et al*," "*ex post facto*," "*id*," "*in personam*," "*inter alia*," "*res gestae*," "*res judicata*," "*supra*" 등과 같은 용어는 현대 영어로 잘 사용되지 않는 고어나 외래어로 일반인들이 그 개념에 익숙하지 않아 이해가 어렵기 때문에 계약내용의 이해도를 높이기 위해 가급적 계약서에 사용하지 않는 것이 좋다. 즉, 계약서상 문장이나 표현은 간결하게 당사자의 의도를 명기해야 하는 점에 비추어, 일반인들의 언어로 통상 사용되지 않는 용어는 가능한 한 그 사용을 자제하는 것이 바람직하다.

[Example 1]

계약내용은 간결한 표현을 사용할 필요가 있으므로, 아래 왼쪽의 장황한 표현을

94 예를 들어, "The Escrow Fund shall be held by the Escrow Agent under the Escrow Agreement pursuant to the terms thereof."와 같은 문장에서, "thereof"가 무엇을 가리키는지 불분명할 수 있다. 이를 보다 명확히 하기 위해서, "The Escrow Agent shall hold the Escrow Funds under the Escrow Agreement pursuant to its terms." 또는 "The Escrow Agent shall hold the Escrow Funds under the Escrow Agreement pursuant to the terms of the Escrow Agreement."와 같이 "thereof"를 "its"로 바꾸거나 해당 사항을 구체적으로 언급하고, 문장구성도 수동태에서 능동태의 문장으로 고쳐 쓸 필요가 있다.

사용하기보다는 오른쪽의 간결한 표현을 사용하여 문장을 만드는 것이 좋다.

장황한 표현	간결한 표현
- a large number of	- many
- along the lines of	- like
- at the time at which	- when
- by means of	- by
- pursuant to the provisions of	- under
- at that point in time	- then
- at this point in time	- now
- notwithstanding the fact that	- even though, although
- prior to	- before
- subsequent to	- after
- by reason of the fact that; for the reason that; due to the fact that	- because
- give rise to	- cause
- with the result that	- so that
- at the time	- when
- during such time as; in the course of; for the duration of	- while; during
- despite the fact that	- although
- in order for; in order that	- so
- in the event of; in the event that	- if
- period of time	- period; time
- until such time as	- until
- with the exception of	- except for
- attains the age of 21	- turns 21
- sufficient number of	- enough
- excessive number of	- too many
- pink in color	- pink
- shiny in appearance	- shiny
- the majority of	- most

[Example 2]

아래 첫째 예문들과 같이 문장 내에 장황한 문구가 있다면 화살표 예문들과 같이 그 문구를 대신해 동일한 의미를 갖는 단어나 구절로 나타내는 것이 더 간명하다.

- We must explain the reason for the delay in the meeting.
  → We must explain why the meeting is delayed.
- Despite the fact that the data were checked, errors occurred.
  → Even though the data were checked, errors occurred.
- In the event that the information is ready early, contact this office.
  → If the information is ready early, contact this office.
- In a situation in which a class is closed, you may petition for admission.
  → When a class is closed, you may petition for admission.
- There is a need for more careful inspection of welds.
  → You must inspect all welds more carefully.

[Example 3]

계약서상 "the fact that ..."이라는 장황한 문구를 사용하는 경우가 있는데, 이는 해당 상황에 맞는 더 적절한 표현으로 대체하는 것이 명확한 의미를 전달할 수 있다. 아래 (Poor) 예문들의 "by virtue of the fact that," "The fact that there may be no Loans outstanding," "notwithstanding the fact that" 등의 표현은, (Better) 예문들과 같이, 그 의미를 더 정확하게 전달할 수 있는 표현인, "because," "whether any Loans are outstanding," "even though" 등의 문구로 대체해 사용하는 것이 좋다.

(Poor)

- Executive acknowledges that Lingco's Confidential Information would be valuable to the Company's competitors by virtue of the fact that it is not generally known to the public or in the industry."
- The fact that there may be no Loans outstanding at any given time will not affect the continuing validity of this agreement."
- Doe will be entitled to receive the stock dividend on the shares of Common Stock acquired upon that Option exercise, notwithstanding the fact that those shares were not outstanding on the record date for the stock dividend.

(Better)

- Executive acknowledges that Lingco's Confidential Information would be valuable to the Company's competitors because it is not generally known to the public or in the industry."
- Whether any Loans are outstanding at any given time will not affect the continuing validity of this agreement."
- Doe will be entitled to receive the stock dividend on the shares of Common Stock acquired upon that Option exercise, even though those shares were not outstanding on the record date for the stock dividend.

[Example 4]

계약서 작성시, 아래 왼쪽의 라틴어 등 통상적으로 사용하지 않는 난해한 법률용어 내지 고어를 사용하기보다는 가능한 한 오른쪽과 같은 평이한 영어 표현을 사용하는 것이 좋다.

Don't Use	Use
ceteris paribus	other things being equal
ex post facto	after the event, in retrospect
henceforth	from now on, from today
heretofore	until now
herewith	with this
inter alia	among other things
in toto	completely, as a whole, entirely
ipso facto	by the fact itself, therefore
mutatis mutandis	with necessary changes made
post hoc	after this
pro tem	for the time being, temporarily
whereas	since
whilst	while
witnesseth	sign

2.2 결합 동의어(coupled synonyms)

영어의 특색 가운데 하나로 동의어의 반복을 들 수 있는데, 영문계약서에서 특히 이러한 두 단어나 세 단어의 동의어의 병기(couplets/doublets and triplets)하는 결합 동의어(coupled synonyms)의 사용이 두드러진다. 이러한 영어에서 동의어의 반복이 많은 것은 잉글랜드의 역사와 영어의 변천사와 깊은 연관이 있는데, 고대 브리튼 섬(Britain)을 정복한 로마인들의 라틴어와 앵글로색슨족이 사용하던 영어와 이후 잉글랜드를 차지한 노르만인들의 프랑스어 등이 뒤섞이게 되면서 동일한 의미의 다른 단어를 반복해 사용하게 되었다고 알려져 있다. 잉글랜드 역사의 다양한 시기에 이러한 언어들은 법의 주요 언어로 이용되었으며,[95] 특히, 1066년 노르

95 David Mellinkoff, 『The language of the Law』 (Little, Brown & Co., 1983); Richard C. Wydick, 『Plain English for Lawyers』 (Carolina Academic Press, 5th ed., 2005); Bryan A. Garner, 『The Redbook: A Manual on Legal Style』 (West Academic Publishings, 3rd ed., 2013).

만왕조(Norman dynasty)가 브리튼 섬(Britain)을 정복한 이후 프랑스어는 잉글랜드의 법정과 계약에 널리 퍼져, 13세기 중반부터 15세기 중반까지 지배적으로 사용되었다.[96] 그런데, 영국은 프랑스와 사이에 백년전쟁 등 오랫동안의 갈등을 겪으면서, 영국인들은 프랑스어의 사용 대신 영어를 애용하게 되었고, 법률용어도 영어를 더 널리 사용하기 시작했다. 이처럼 프랑스어 법률용어의 사용이 줄어들기 시작하면서, 법률가들은 프랑스어 법률용어를 영어 법률용어로 번역할 때 해당 영어 법률용어가 관련 프랑스어 법률용어와 같은 의미를 가지는지를 확신하기 어려운 상황에서, 동일한 의미의 영어식 단어와 프랑스어식 단어를 동시에 중복적으로 사용해 이러한 문제를 해결하려 하였다.[97] 이러한 라틴어, 프랑스어, 영어 단어들의 혼합물인 결합 동의어(coupled synonyms)는 다국어 사회로 발전한 잉글랜드 언어의 의미를 명확히 하기 위한 것이기도 하였다. 동일한 의미를 가진 영어와 라틴어나 프랑스어를 병기함으로써 사람들 간 의사소통이 자연스러워지면서 영어와 프랑스어 등의 동의어를 나란히 병기하는 방법이 흔적으로 남아 있게 되었다.

그런데, 이전 시대에 법률용어로 사용되던 두 단어나 세 단어의 동의어를 병기(couplets/doublets and triplets)하는 결합 동의어(coupled synonyms) 또한 오늘날에도 여전히 계약서에 자주 사용된다. 예를 들어, "void"라는 단어만으로 그 의미를 충분한 나타낼 수 있는데도, "null and void"라는 중첩적 단어를 사용한다. 이러한 두 단어나 세 단어의 동의어의 병기(couplets and triplets)는 그 병기되는 단어들이 법적 차이를 갖는다기보다는 언어학상의 역사적 유물에 따른 합성어로, 그 법률적 의미에 특별히 본질적 차이가 있지 않는 한, 그 단어들을 병기하지 않고 한 단어로 줄여서 사용하는 것이 더 간명할 수 있다. 따라서, 계약서상 문장이나 표현은 간결하게 당사자의 의도를 명기한다는 점에서 비추어, 동일한 의미의 추가 단어를 포함해야 할 필요성이 없다면 습관적으로 사용되는 불필요한 중첩적 표현을 없애는 것이 좋다. 따라서, 결합 동의어들은 불필요하게 동일한 의미의 단어가 반복되기 때문에 결합 동의어들 중 하나를 선택하고 다른 단어들은 생략할 수 있다. 다만,

---

96 잉글랜드와 영미계약법의 역사에 대한 자세한 사항은 저자 집필 『영미계약법 원리』 (유원북스, 2021), 76-87페이지를 참고하기 바란다.

97 법조인들은 하나의 아이디어를 설명하기 위해, 영어, 프랑스어, 라틴어 등을 혼합해 사용하게 되었다. 예를 들어, "free and clear"은 고대 영어인 "free"와 고대 프랑스어인 "clair"의 합성어이다. 이와 유사한 것들로는, "acknowledge(old English) and confess(old French)," "breaking (old English) and entering(old French)," "goods(old English) and chattel(old French)" 등이 있다.

CHAPTER 3

법률용어로 사용되는 결합 등의어가 법규나 판례에서 나와 이를 인용하는 경우와 같이, 결합 동의어를 그대로 사용해야 할 필요성이 있는 경우에는 이를 동일한 형태로 사용해야 한다.

[Example]

계약상 아래 왼쪽과 같이 동일한 의미를 가진 단어를 병기한 결합 동의어(coupled synonyms)를 사용하는 경우가 많은데, 가급적 오른쪽과 같이 동일한 의미를 가지는 하나의 단어로 표기하는 것이 보다 간결하고 쉽게 당사자의 의도를 전달할 수 있다.

Don't Use	Use
authorize and empower	authorize
covenant and agree	agree
deem and consider	consider
due and payable	payable
final and conclusive	final
give, devise and bequeath	give
good and sufficient	good
just and reasonable	reasonable
null and void	void
part and parcel	part
release and discharge	release
save and except	except
unless and until	unless
void and of no effect	void

2.3 시간 기준(time standard) 관련 표현

계약당사자들이 서로 다른 시간대(time zone)에 거주하거나 비즈니스가 서로 다른 시간대에 발생할 경우 관련 시간의 기준을 어떻게 정하고 계약상 이를 어떻게 표현할 것인지가 중요하다.

2.3.1 하루 시간의 표기

계약상 하루의 시간을 나타낼 때 12시간제(12-hour time system)를 사용할 것인지 또는 24시간제(24-hour time system)를 사용할 것인지는 계약당사자의 선호에 따라 다를 수 있다. 다만, 일반적으로 계약서에서 하루 시간은 12시간제(12-hour time system)를 사용해, 자정(midnight; 12:00 a.m.) 이후 12시간은 접미사 "a.m."을, 정오(noon; 12:00 p.m.) 이후 12시간은 접미사 "p.m."을 각각 붙여 표기한다. 이 경우 1:00 a.m.은 12:00 a.m. 다음에 오고, 1:00 p.m.은 12:00 p.m. 다음에 오기 때문에 혼동이 있을 수 있다. 이에, 12시간제를 사용할 때는 "12:00 p.m."는 "noon"이라고 표기해 더 명확성을 높일 수 있다. 다만, "12:00 a.m."을 "midnight"라고 표기하는 것은 혼란스러울 수 있는데, 이는 하루를 끝맺는 자정과 하루를 시작하는 자정을 동시에 나타내는 것으로 해석될 수 있기 때문이다. 24시간제(24-hour time system)를 사용하면 "a.m."이나 "p.m."과 같은 접미사를 필요로 하지 않기 때문에 계약서에서 하루의 시간을 정할 때 24시간제를 사용한다면 "a.m." 또는 "p.m."의 사용에 따른 혼동을 줄일 수 있다.

12-hour clock	1	2	3	4	5	6	7	8	9	10	11	12(AM)	1	2	3	4	5	6	7	8	9	10	11	12(PM)
24-hour clock	1	2	3	4	5	6	7	8	9	10	11	12	13	14	15	16	17	18	19	20	21	22	23	24

국가별로 또는 국가 내에서도 다른 시간대(time zone)를 가진 도시가 있다면 해당 시간대의 국가나 도시를 언급한 시간대로 나타낸다. 예를 들어, 중국은 하나의 시간대만을 사용하는 반면, 미국은 9개의 다른 시간대를 가지고 있다. 그리고, 지역별로 시간대를 달리할 수 있고 일광절약시간(daylight saving time)을 채택한 지역도 다를 수 있으므로 지역별 시간대보다는 그 시간대가 적용되는 해당 도시를 직접 명시할 필요가 있다. 예를 들어, "1:00 p.m. MST"[98]라고 하기보다는 "1:00 p.m. Phoenix, Arizona time," "6:00 p.m. New York time" 등으로 표기한다.

2.3.2 기간의 산정과 표기

계약서에서 기간(duration; period of time)을 나타낼 때 날짜를 명확히 기재하지 않으면 모호성이 발생한다. 이를 방지하는 가장 간단한 방법은 기간의 시작일과 종료일을 명확히 하고, 필요한 경우 그 일자에 시간을 명시하는 것이다. 시간대가

98 "MST"는 "Mountain Standard Time"의 약어이다.

다른 지역에 위치한 당사자 간에 계약이 이행되는 경우 계약상 사용할 시간대(time zone)를 명시할 필요가 있다. "Smith may exercise the Option during the ten days from his receipt of [or following his receipt of or after he receives] the Option Notice."와 같이, 장래의 기간의 경우 일반적으로 "from," "following," "after" 등의 전치사를 사용해 나타낸다. 이러한 전치사 중 어느 하나를 사용해 장래의 기간의 종료일을 정하기 위해서는, 계약서상 달리 특별한 규정을 두고 있지 않는 한, 일반적으로 기간의 산정을 시작하는 날짜를 제외하고 지정된 기간의 마지막 날짜를 포함한다. 그리고, "Lingco may exercise the Option during the ten days before the Exclusivity Period expires."와 같이, 이전의 기간의 경우 일반적으로 "before," "prior to" 등의 전치사를 사용해 표기한다. 이전의 기간이 언제 시작하는지를 정할 때는 통상 만기일 내지 말일을 제외하고 그 전날을 첫날로 해 이를 기준으로 소급해 기간을 산정한다. 예를 들어, 위 예문에서 "Exclusivity Period"의 만기일이 12월 31일이라면 12월 30일이 만기일 기준 첫날이고, 12월 21일이 만기일 10일 전이므로, 12월 21일부터 Option을 행사할 수 있다.

한편, 계약상 주(week), 월(month), 연(year)의 일정한 주기를 나타내는 용어와 관련해 아래 사항을 유의해야 한다. 다만, 아래와 같은 주, 월, 연 관련 주기의 표기와 관련해 계약상 혼동을 피하기 위해서는, 해당 계약상 필요한 정확한 주기를 확인해 아래의 용어를 사용하기보다는, "twice a week/month/year" 또는 "every two weeks/months/years" 등과 같은 보다 정확한 표현을 쓰는 것이 적절하다.

- "biweekly"는 격주(fortnightly; occurring every two weeks) 또는 한 주에 두 번(occurring twice a week)을 의미하며, "semiweekly"는 한 주에 두 번(occurring twice a week)를 뜻한다.
- "bimonthly"는 두 달에 한 번(occurring every two months) 또는 한 달에 두 번(occurring twice a month)을 의미하며, "semimonthly"는 한 달에 두 번(occurring twice a month)을 뜻한다.
- "biannual"은 대체로 "semiannual"과 마찬가지로, "반년마다/한 해에 두 번(occurring twice a year)"을 뜻하며, "biennial"은 "2년에 한 번(occurring every two years)"을 의미한다. 다만, 일부 사전에 따라서는 "biannual"을 "biennial"과 같은 의미, 즉 2년에 한 번씩 발생(occurring every two years)하는 의미가 있다고 보기도 한다.

그리고, 계약상 기간을 정확히 표기하는 것도 중요한데, 일반적으로 일, 월, 연의 표기는 전 세계적으로 비즈니스에 사용되는 그레고리력(Gregorian calendar)을 사용한다.[99] 또한, 일(day), 월(month)과 연(year)은 당사자들의 선호에 따라 여러가지 방식으로 나타낼 수 있으나, 일-월-연(day-month-year)의 형식으로 표기하는 것이 일반적이다. 예를 들어, 2022년 10월 15일이라면 "15 October 2022"와 같이 표기한다.[100] 다만, 미국에서는 "October 15, 2022"와 같이 월-일-연(month-day-year)의 형식으로 기재하는 경우가 많지만, 미국에서도 군대나 여권에서는 일-월-연(day-month-year)의 형식을 사용한다. 그런데, 계약상 기간이나 통지날짜 등을 산정할 때 정확한 일자나 시간을 명시하는 것이 중요하다. 이때 계약상 기간의 산정과 관련해, 계약의 시기나 이행에 영향을 미칠 수 있는 종교적 또는 공인된 휴일을 확인해 계약상 일자 산정에 고려해야 한다.

(1) 일자의 산정과 표기

시간이 일 단위로 표시되는 경우 일자(days)가, (i) 평일, 주말, 공휴일 등을 모두 포함한 한 주(a week)를 7일(seven days)로 보는 역일(calendar day)를 의미하는지, 아니면 (ii) 당사자가 비즈니스를 하는 날만을 포함하는 영업일(business day)을 의미하는지에 대한 의문이 있을 수 있다. 계약서에서 "days"라는 용어가 특별히 정의되지 않는 한, 일반적으로 역일(calendar day)을 의미하는 것으로 해석될 수 있기 때문에 당사자가 날짜(days)를 영업일로 제한하려고 하는 경우 날짜 계산의 혼란을 줄이기 위해 일자(days)를 "business day"로 표기하고, "business day"에 관한 정의규정을 둘 필요가 있다.[101] 일자를 정확히 산정하기 위해서는, 시작일(the

---

99 그레고리력(Gregorian calendar)은 태양의 위치를 기반으로 하여 정해진 역법체계인 태양력(solar calendar)의 하나이다. 현재 전 세계에서 가장 보편적으로 사용하는 표준 달력이라고 할 수 있다. 1582년 10월에 당시 사용되던 율리우스력(Julian calendar)을 개정하여 새로운 달력을 제안한 교황 그레고리 13세의 이름을 따라 그레고리력이라고 부른다. 1582년 10월 4일 교황 그레고리 13세(Pop Gregory XIII)는 태양이 실제로 춘분점에 오는 날과 당시 사용되던 율리우스력의 춘분날의 불일치를 해결하기 위해 달력상의 날짜 10일을 삭제하고, 4년마다 있던 윤년체계를 개정하여 400년의 배수는 윤년으로 하되 100년 단위의 해는 평년으로 정하여 400년 동안 윤년이 97회가 되도록 만들었다.

100 "The Option will expire on 9 May 2022."와 같이, 특정한 날짜를 나타낼 때는 전치사 "on"을 사용한다. 특정한 날짜가 포함되는지 여부에 혼동을 피하기 위해, "The Option expires at 2:00 p.m. on 25 September 2022."와 같이 해당 날짜의 시간을 언급하거나, "The Party may exercise the Option any time from 1 February 2020, inclusive, to 30 April 2020, exclusive ...."와 같이, "inclusive" 또는 "exclusive"라는 단어를 덧붙일 수 있다.

101 국제상사계약에서 일자를 계산할 때, 당사자 간의 다른 특별한 합의가 없는 한, 주말이나 공

first day; beginning date)과 종료일(the last day; ending date)을 명시하고, 해당 일에 일정한 시간이 정해져 있다면 그 특정된 시간을 명기한다.

(2) 주의 산정과 표기

기간이 주(week) 단위로 산정될 때 한 주가 언제 시작하고 언제 끝나게 되는지, 당사자들이 한 주를 비즈니스 위크(business week)를 의미하는지에 대한 의문이 있을 수 있다. 비즈니스 위크는 일반적으로 월요일에 시작해 이어지는 금요일까지인 것으로 이해되지만, 당사자들은 한 주를 다른 날에 시작한다면 그 산정방법이 모호해질 수 있다. 이에, 계약서의 문맥상 명백하지 않는 한, "week"라는 용어를 구체적으로 정의해야 한다. 그리고, 주간을 산정(measuring weeks)할 때에는 공휴일을 고려하고, 몇 주 며칠인지를 명확히 표기할 필요가 있다. 이와 관련해, 계약당사자들은 (i) 일요일에 시작해 토요일에 끝나는 7일 기간(seven-day period), (ii) 수요일에 시작해서 그 다음 주 화요일에 끝나는 것처럼 특정한 요일에 시작해 그 다음 주의 같은 요일의 하루 전에 끝나는 7일 기간, (iii) 월요일에 시작해 금요일에 끝나는 5일 기간(five-day period) 등의 방법 중에서 하나를 주간 단위로 선택해 사용할 수 있다.

(3) 월의 산정과 표기

월(month)은 일반적으로 역월(calendar month)을 의미하는데, 월이 역월의 첫날에 시작하는지, 아니면 해당 계약과 관련된 다른 날에 시작하는지 의문이 있을 수 있다. 그리고, 월이 기간(duration)을 표현하기 위해 사용되는 때 한 달(a month)이 30일인지, 아니면 더 적거나 또는 더 많을 수 있는지 등 얼마나 오랜 기간인지에 대해서도 문제가 될 수 있다. 이러한 모호성을 없애기 위해, 계약서의 문맥상 명확하지 않는 한, "month"라는 용어가 사용되는 경우 이에 관한 정의규정을 둘 필요가 있다. 그리고, 월간을 산정(measuring months)할 때 (i) 역월은 지정된 달의 첫날부터 마지막 날까지를 의미하며, (ii) 월을 30일 기간으로 정한다면 30일의 기간은 임의로 정한 날부터 시작할 수 있으며, (iii) 특정 일자에 시작해 다음 달의 그

휴일을 제외한 날인 "business days" 또는 일반 은행이나 지정된 은행이 영업 중인 날인 "banking days"로 일자를 산정하는 것이 대부분이다. 이는 계약상 정해진 일자의 마지막 날이 계약과 관련해 업무를 볼 수 있는 영업일(business day)일 것을 보장한다는 점에서 의미가 있다. 다만, 일자 산정의 모호성을 없애기 위해서는 계약서상 일자 산정을 영업일(business day)을 기준으로 한다는 점을 명시해야 한다.

일자에 끝나는 기간으로 월 단위를 정하는 때 시작한 달의 해당 일자에서 하루를 뺀 날짜(예를 들면, 20 November 2023을 시작일로 한 달을 산정하는 경우 19 December 2023에 한 달이 된다)가 된다는 점을 유의할 필요가 있다.

(4) 연의 산정과 표기

연(year) 단위로 산정한 기간과 관련해, 연이 언제 시작하고 끝나는지, 1월 1일에 시작하는지, 아니면 계약상 요구되는 다른 날이 시작일인지 등에 관한 의문이 있을 수 있다. 계약당사자들은 연의 산정을 회계연도(fiscal year)로 할 수 있다. 회계연도는 기업의 재무상태를 보고하는 데 사용되는 12개월의 기간으로, 역일(calendar day)의 어느 시점에서든 시작할 수 있다. 예를 들어, 사업의 회계연도(fiscal year of a business)는 7월 1일에 시작해 다음해 6월 30일에 끝나는 것으로 할 수 있다. 연 단위의 산정의 경우도 다른 기간의 산정과 마찬가지로, 계약서의 맥락상 명확하지 않는 한, 계약서에 사용된 연(year)의 의미를 정의할 필요가 있다. 그리고, 연을 산정(measuring years)할 때는 (i) 기념일(anniversary date)의 개념이 필요한지 확인하고,[102] (ii) 역년(calendar year)[103]은 같은 해 1월 1일부터 12월 31일까지의 기간을 언급하는 데 한하여 사용하고, (iii) 윤년(leap year)[104]의 영향을 확인하며, (iv) 만세력(perpetual calendar)을 사용해 정해진 일자가 영업일(business day)에 해당되는지를 확인해 실제 업무가 이행될 수 있는지를 검토한다.

[Example]

아래는 일, 주, 월, 연의 산정과 표기와 관련한 기재례들이다. (Sample 1)은 일자 산정(measuring days) 관련 예문으로, 첫째 예문은 영업일(business day)의 정의규정이다. (Sample 2)는 주의 산정(measuring weeks)에 관한 예문으로 시작일과 종료일, 휴일 등이 포함되는지를 명시하고 있으며, (Sample 3)는 월의 산정(measuring months)에 관한 예문으로 월의 시작과 기간을 명확히 하고 있고,

102 기간이 1년 이상 지속되는 때 기간 첫날의 관련 기념일 전날까지 계속된다.

103 역년의 분기(calendar quarter)의 경우 첫 번째 분기는 1월, 2월과 3월로 구성되며, 나머지 세 분기도 마찬가지로 연속되는 3개월의 역월(calendar months)로 이루어진다.

104 현재 전 세계적으로 사용되고 있는 태양력인 그레고리력(Gregorian calendar)은 1년을 365.2422일을 기준으로 해 대략 4년에 한 번의 비율로 2월 28일 다음에 29일을 추가하고 있는데, 이 여분의 하루가 들어가는 해를 윤년(leap year)이라 한다. 이것은 달력의 1년을 실제의 1년의 길이에 접근시켜 오랜 기간에 계절이 달력의 날짜와 어긋나지 않게 하기 위한 것이다. 윤년(leap year) 이외의 해를 평년(common year)이라 한다.

(Sample 4)는 연의 산정(measuring years)에 관한 예문으로 연도의 산정기준을 명시하고 있다.

(Sample 1)

- "**Business Day**" means a day other than a Saturday, Sunday, or other day on which commercial banks in [insert location] are authorized or required by law to close.
- If a party gives the other party a Notice of Arbitration, the other party shall respond no later than five Business Days after the date of its receipt of the Notice of Arbitration.
- If a party receives a notice on a day that is not a Business Day or after 5:00 p.m. on a Business Day, it is deemed received at 9:00 a.m. on the next Business Day.

(Sample 2)

- The Manufacturer shall begin production of the Item no later than two weeks after the Retailer approves the Item. The two-week period begins on the day after the Manufacturer's receipt of the Retailer's approval and ends at 5:00 p.m. on the last day of the two-week period.
- The Manufacturer shall begin production of the Item no later than 9:00 a.m. on the 14th day after the Manufacturer's receipt of the Retailer's approval. The 14-day period includes weekends and holidays.

(Sample 3)

- The term of this Lease is six months. The first day of the term is that date that the parties sign this Lease. If that date is
  (a) the first day of a calendar month, the term ends at 5:00 p.m. on the last day of the sixth calendar month of the term; and
  (b) not the first day of a calendar month, the term ends at 5:00 p.m. in the sixth calendar month following the month in which the parties signed this Lease, on the day of the month numerically corresponding to the day on which the parties signed this Lease, minus one.
- The term of this Lease is 180 days, beginning on the date that the parties sign this Lease and ending at 5:00 p.m. on the 180th day.
- The term of this Lease begins on March 14, 2022 and ends on September 13, 2022.

(Sample 4)

The Note is due on the day immediately preceding the fifth anniversary of its issuance, except if that day is not a Business Day, then it is due on the next Business Day.

2.3.3 기간 관련 유의할 단어들

기간(duration; period of time)을 나타낼 때, 특정한 날짜를 사용하는 경우에도, 그 표기되는 단어나 문구에 따라 기간의 산정이나 해석상 혼란이 발생할 수 있다. 이와 관련해, 기간을 나타낼 때 특히 유의해야 할 단어들을 아래에서 살펴본다.

(1) "after," "before," "starting"

기간과 관련된 일자를 기재하면서, "after," "before," "starting" 등의 단어들을 사용하는 경우 그 단어들 뒤에 기재된 일자가 해당 기간에 포함되는지에 대한 혼란이 있을 수 있다. 이때 그 단어들 뒤에 기재된 일자가 기간에 포함된다면 "on," "on or" 등의 표현을 추가할 수 있다. 예를 들어, "The closing must be held after 10 May 2023."; "The closing must be held before 20 November 2023."; "The closing may take place at any mutually convenient time starting December 10, 2023." 등의 예문들에서 "after," "before," "starting" 단어들의 뒤에 나오는 일자의 포함 여부에 대한 모호성을 줄이기 위해, 그 일자가 해당 기간에 포함되는 경우 "on" 또는 "on or"라는 표현을 추가해, "The closing must be held on or after 10 May 2023."; "The closing must be held on or before 20 November 2023."; "The closing may take place at any mutually convenient time starting on December 10, 2023." 등과 같이 나타낼 수 있다.

(2) "between ... and ..."

기간을 나타낼 때 "between ... and ..."의 표현을 사용하는 경우 "between ... and ..."의 문구에 기재된 날짜들도 해당 기간에 포함되는지, 아니면 그 날짜들 사이의 일자만을 말하는지가 모호할 수 있다. 이러한 문제는 "between ... and ..." 이라는 문구 대신에, 기간의 시작일을 나타내는 "beginning on"과 종료일을 나타내는 "ending on"이라는 문구를 사용해, 그 의미를 보다 명확히 할 수 있다. 예를 들면, "Supplier shall ship the Product between 20 January 2023 and 10 June 2023."라는 문장은 "Supplier shall ship the Product beginning on 20 January 2023 and ending on 10 June 2023."와 같이 고쳐쓸 수 있다.

(3) "by ..."

기간을 나타낼 때 "by"라는 단어를 쓰면, "by" 이하의 일자가 해당 기간에 포함되는지 여부가 모호할 수 있는데, 이는 기간의 산정시 마지막 날을 언제로 볼 것인지 혼란을 일으킨다. 이때 "by" 대신에, "no later than" 또는 "on or before" 등의 표현을 사용하거나, "by" 이하에 기재되는 일자에 정해진 시간이 있는 경우 그 시간을 명기함으로써 해석상 혼란을 줄일 수 있다. 예를 들면, "The Manufacturer shall submit a sample by 15 October 2023."라는 문장은 "The Manufacturer shall submit a sample no later than 15 October 2023." 또는 "The Manufacturer shall submit a sample on or before 15 October 2023."와 같이 고쳐 쓸 수 있다.

(4) "from ... to/until ..."

계약상 기간의 시작과 끝을 나타내면서, "from ... to ..." 또는 "from ... until ..."의 표현을 쓰는 경우 "from," "to" 또는 "until" 이하의 일자들이 해당 기간에 포함이 되는지 모호할 수 있다. 해석에 따라서 관련 일자들을 모두 제외하거나 모두 포함하거나 또는 "from" 이하의 일자는 포함하면서, "to" 또는 "until" 이하의 일자는 포함하지 않거나 그 반대일 수도 있다. 이러한 혼란을 줄이기 위해, "from," "to" 또는 "until" 이하의 일자들이 해당 기간에 포함되는 경우 "(during the time period) beginning on ... and ending on ..." 등과 같은 문구로 기재하거나 또는 각 일자에 정해진 시간이 있다면 그 일자와 시간을 함께 기재함으로써, 그 의미를 보다 명확하게 전달할 수 있다. 예를 들면, "Supplier shall ship the Product from 20 January 2023 to 20 June 2023."라는 문장은 "Supplier shall ship the Product during the time period beginning on 20 January 2023 and ending on 20 June 2023."라고 고쳐 써 그 의미를 보다 명확히 할 수 있다.

(5) "through ..." 또는 "until ..."

기간을 나타낼 때 "through ..." 또는 "until ..."의 전치사를 사용하는 경우 일반적으로 그 전치사 뒤에 나타나는 일자가 해당 기간에 포함되는 것으로 보지만, 견해에 따라서는 그 일자가 포함되지 않는 것으로 해석될 여지도 있다. 이에, "through" 또는 "until" 이하에 나오는 일자가 해당 기간에 포함된다면, "... and including" 또는 "on" 등의 단어들을 추가하거나 또는 그 일자에 정해진 시간이 있는 경우 그 일자와 시간을 함께 명기해, 그 의미를 명확히 할 수 있다. 예를 들면, "Supplier shall ship the Product through 20 June 2023." 또는 "The offer will remain open until 31 December 2023."라는 문장은 "Supplier shall ship the Product through and including 20 June 2023." 또는 "The offer will remain open until noon, eastern standard time, on 31 December 2023."라고 각각 고쳐 써 그 의미를 명확히 할 수 있다.

(6) "within"

"within"이라는 전치사를 사용해 기간을 표기하면서, "within 21 days," "within 30 days" 등과 같이 "within" 이후에 일정한 기간만을 기재하고 그 기간의 시작일을 정하고 있지 않으면 기간을 특정할 수 없는 문제가 생길 수 있다. 그리고, "within 30 days of the Closing," "within seven days of receiving a Sale Notice" 등과 같이 해당 기간의 시작일을 특정할 수 있는 사건이 기재되어 있더라도, 그 기간이 그 사건의 이전인지 또는 이후인지, 또한 그 사건이 발생한 날이 그 기간에 포함되는지도 모호할 수 있다. 이에, 계약상 기간을 나타낼 때는 가급적 "within"이라는 단어를 사용하지 않는 것이 좋으며, 대신 "no later than 30 days before/after the Closing," "no later than seven days after it receives a Sale Notice," 등과 같이 특정일을 기간의 시작일로 명시하고 "no later than" 등의 문구를 사용해 해당 기간이 그 특정일의 이전인지 이후인지를 명확히 할 필요가 있다. 예를 들면, "The Buyer shall notify the Environmental Protection Agency of the sale within 30 days of the Closing." 또는 "To validly exercise the Option, Lingco must submit an Option Notice to Dreamco within seven days of receiving a Sale Notice."라는 문장은 "The Buyer shall notify the Environmental Protection Agency of the sale no later than 30 days before the Closing." 또는 "To validly exercise the Option, Lingco must submit an Option Notice to Dreamco no later than seven days after it receives a Sale Notice."라고 각각 고쳐 써 그 의미를 명확히 할 수 있다.

2.4 수와 관련된 표기

2.4.1 수리적 공식(mathematical formula)의 표기

수리적 공식(mathematical formula)의 모호성은 일반적으로, 특정한 연산을 나타내기 위해 사용되는 불분명하거나 부정확한 단어나 연산의 순서와 관련된 불확실성 등에 의해 유발된다. 해당 숫자의 계산방식을 설명하기 위해 정확한 수학용어(mathematical term)를 사용해야 하고, 그 중요성을 강조하기 위해 적용되는 수학용어는 볼드체나 이탤릭체 등 구별될 수 있는 글씨체로 표시하는 것이 좋다. 계약서에 수학적 용어에 따른 분쟁을 줄이기 위해, 기본적 수학의 사칙연산, 분수, 백분율 등을 명확히 기재할 필요가 있다. 예를 들어, 기본적 수학의 사칙연산은 다음과 같이 표기할 수 있다.

- 덧셈(addition): the *sum* of X *plus* Y (X+Y의 합)
- 뺄셈(subtraction): the *difference* of X *minus* Y (X−Y의 차이)
- 곱셈(multiplication): the *product* of X *times* Y (X 곱하기 Y의 결과값)
- 나눗셈(division): the *quotient* of X *divided* by Y (X를 Y로 나눈 몫)

그리고, 분수(fraction)는 "the numerator of which is X and the denominator of which is Y(분자는 X이고 분모는 Y)"라는 식으로 나타낸다. 또한, 수학적 공식을 쓸 때는 "The Buyer shall pay the Seller the Purchase Price which is **the sum of** (a) $100,000 *plus* (b) the Adjusted Net Worth."와 같이 수학용어를 볼드체나 이탤릭체 등으로 강조하면 계약서의 독자들이 수리적 작용을 용이하게 파악할 수 있다.

계약은 장래에 발생할 사건과 관련해 당사자들의 현재 합의를 기록하는 것이기 때문에 계약서를 작성할 때 관련 금액이 정해져 있지 않은 경우 그 금액을 계산하는 방법을 기술할 필요가 있다. 이와 관련해, (i) 기본수수료에 대한 조정에 관한 사항, (ii) 금리변동, (iii) 손익배분, (iv) 판매유통량, (v) 근로계약상 상여금 및 수수료 금액, (vi) 신주인수권부 주식의 수, (vii) 합병시 예상하지 못한 책임의 정도, (viii) 로열티의 산정 등 계약상 다양한 경우에 수리적 공식을 사용할 수 있다. 일반적으로 복잡한 수리적 공식은 글로써 설명을 하기보다는 수리적 방정식으로 더 잘 표기될 수 있다.[105] 또한, 수리적 공식에 의한 결과 금액 등의 정확성을 검증하기 위해, 계약서의 별첨 등에서 해당 공식을 사용해 계산한 몇 가지 예시를 보여주는 것도 좋다. 수리적 공식은 문자와 숫자의 조합을 사용해, ① 대수방정식(algebraic equation)에 의한 방법,[106] ② 서술(description)에 의한 방법,[107] ③ 단계적 설명(step

105 필요한 경우 회계사 등 전문가들이 관련 공식의 수립과 검증과정에 참여하는 것이 좋다.

106 예를 들어, 추가 임대료의 산정 등과 같은 경우 "A=[T−B(1+(.05×C))]×L" (A=추가 임대료; T=해당 연도의 부동산세; B=기준 연도의 부동산세; C=기준 연도가 종료된 이후의 역년 수; L=임차인의 점유비율) 등과 같이 대수방정식을 사용한 공식으로 표기할 수 있다.

107 계약상 수리적 공식을 나타낼 때 그 내용을 설명하는 방식으로도 할 수 있다. 예를 들어, 은퇴시점이 10년 이상 15년 미만이고 55세 이후 및 57세 이전에 은퇴하는 액티브 파티의 각 12개월 기간에 대한 조기 퇴직 소득(early retirement income)은 다음과 같이 결정된다고 하면서, 아래와 같은 설명을 할 수 있다: (i) multiplying the Party's Retirement Base Income by that Party's Retirement Income Percentage; (ii) multiplying the product determined by in (i)

by step instruction)에 의한 방법[108] 중 하나로 표기할 수 있다.

2.4.2 계약상 숫자 표기 시 유의사항

계약서에 수를 표시할 때 그에 해당하는 단어와 아라비아 숫자를 함께 조합해 기재하는 경우가 있다. 예를 들면, “on the fifteenth (15th) day of the month,” “three (3) copies of the report,” “one-half (1/2) of the original sales price,” “fifteen percent (15%) of the royalties” 등과 같이 표기할 수 있다. 그런데, 이 경우는 해당 단어와 아라비아 숫자의 표기가 다르게 표기된 때 혼란을 야기할 수 있다. 이에, 거래상 특별히 필요한 경우가 아니라면, 계약상 숫자와 문자를 병기하기 보다는 가급적 숫자나 단어 중 하나를 선택해 표시하고, 이를 계약서 전체에서 일관되게 사용하는 것이 좋다. 그리고, 계약상 구매가격, 이자율, 이행기간 등 일정한 수를 표기할 때 숫자가 여러 개 있다면 개별 숫자에 대한 번호를 일관되게 매길 필요가 있다.[109] 계약상 일관된 번호매기기(numbering)를 위해 다음과 같은 사항을 고려할 필요가 있다.

① 계약서에서 문장은 일반적으로 숫자로 시작하지 않기 때문에 문장을 숫자로 시작해야 한다면 숫자가 아닌 문자로 표기한다. 예를 들면, “Three copies of the report ...,” “One-half of the Original Sales Price ...,” “Fifteen percent of the Royalties ...” 등과 같이 문장이 숫자로 시작하는 때 이를 문자로 표기한다.

② 목록에서 하나의 항목이 숫자로 표시되어야 하는 경우 해당 목록 내의 모든 항목에 숫자를 사용하며 문자를 따로 사용하지 않는다. 예를 들면, “sections 4, 15, and 21”와 같이 표기하고, “four, 15, and 21”와 같이 표기하지 않는다.

---

by 80%; and then (iii) reducing on an actuarial basis the product determined in (ii) from age 57 to the age of the Party at the effective date of retirement.

108 수리적 공식은 단계적 설명으로, 다음과 같이 풀어서 서술할 수도 있다: 1. Enter the amount of any early distributions. Included in income. ________; 2. Enter the amount of any early distributions included on line 1 that are not subject to the additional tax. ________; 3. Subtract line 2 from line. ________; 4. Include this amount on Form 1040, line 58, or Form 1040NR, line 56 ________.

109 계약서상 철자(spell)와 숫자(numeral) 모두를 함께 혼합해 사용하는 것은 그 내용이 중복되거나 모호성이 발생할 수 있어 가급적 자제하는 것이 좋다. 다만, 1부터 10까지는 철자로, 11 이상은 숫자로 각각 표시하는 것이 좋다는 견해도 있다.

③ 동일한 종류의 것의 수를 표시할 때는 모두 숫자로 표기한다. 예를 들면, "In 1960 there were 5 lawyers in this country; now there are 125."와 같이 관련 수를 모두 숫자로 표기한다. 다만, 동일한 종류가 아닌 두 개의 숫자가 서로 바로 옆에 나타나는 경우 "There are 4 five-star hotels in Illinois."와 같이 하나는 문자를 사용해 표기하면 혼란을 피할 수 있다.

④ 인용(citation), 법령, 일시(date and time), 금전, 소수(decimal), 백분율(percent), 분수(fraction), 비율(ratio), 측정단위, 주소 등 "nominal number(공칭/명칭 숫자)"[110] 등을 나타낼 때는 문자보다는 숫자를 사용한다. 예를 들면, "248 N.E. 2d 515"; "§ 2-618 of the UCC"; "1500 Wall Street"; "November 15, 2012 at 6:30 p.m."; "$1,523,717.25"; "51 percent (or 51%)"; "a ratio of 5 of 1"; "23 tons" 등과 같이 표기한다. 또한, "134 Main Street" 등과 같은 우편주소에서 지번(street number)이나 "82-10-1234-5678" 등과 같은 전화번호는 숫자로 표기한다.[111]

⑤ 큰 수는 숫자를 3개씩 그룹으로 나누어 쉼표를 찍어 표시한다. 백만 이상의 숫자는, 정확한 숫자가 필요하지 않으면 소수점 한자리로 반올림하고, "million," "billion," "trillion" 등 문자로 표기할 수 있다. 예를 들면, "$32.6 million"과 같이 표기한다. 또한, 특별히 다른 표현법과 근접해 일치시킬 필요가 없는 한, ".00 cents" 또는 "00 minutes" 등으로는 사용하지 않는다. 예를 들면, "$1,000,000.00"라고 하지 않고, "$1,000,000"라고 한다.

⑥ "o'clock"이라는 단어가 하루의 시간을 나타낼 때, 시간은 문자로 표현하는 것이 좋다. 예를 들면, "3 o'clock"이라고 하기보다 "three o'clock"이라고 한다. 특정한 페이지를 참조할 때는 문자로 쓰기보다 숫자를 사용하는데, 예를 들면, "page two hundred thirty-four"라고 하기보다 "page 234"라고 한다.

2.5 화폐액(monetary amount) 관련 표기

화폐액(monetary amount)을 계약상 표기할 때 문자와 숫자를 조합해 사용하는

110 "nominal number(공칭/명칭 숫자)"란 어떤 것을 식별하기 위해 사용되는 숫자를 말한다.

111 10 미만의 기수(cardinal numbers; one, two, three, four … 등)나 서수(ordinal numbers; first, tenth, hundredth … 등)는 단어로 표기해야 한다거나, 하이픈으로 연결된 서수(hyphenated ordinal numbers; 42nd, 75th, 201st 등)는 숫자로 표기해야 한다는 견해도 있다.

경우도 있으나, 금액의 수치는 숫자가 문자보다 읽기 쉽기 때문에 일반적으로 숫자만을 사용해 나타낸다. 숫자를 기재할 때는 수치가 올바른지 확인하고, 십진법 구분자(decimal separator)에 의해 표기되는 경우 쉼표나 마침표가 올바르게 배치되었는지 확인한다.[112] 소수 구분기호인 마침표 뒤에 "0(zero)"만 있다면, "0"을 생략하는 것이 좋다. 예를 들어, 금액이 "$25,525.00"라면 "$25,525"라고 기재한다. 또한, 단위가 아주 큰 금액을 나타낼 때는 가독성을 높이기 위해, 일반적으로 여러 개의 "0"을 단어로 대체할 수 있다. 예를 들어, 금액이 "$1,000,000"이라면 "$1 million"으로, "$1,300,000"이라면 "$1.3 million"으로, "$1,000,000,000"이라면 "$1 billion"으로, "$1,500,000,000"이라면 "$1.5 billion" 등으로 기재할 수 있다. 한편, 국제계약에서는 가급적 통화에 적합한 기호인 ISO 통화코드(currency code)를 사용해 화폐액을 표시한다. ISO 통화코드 이외의 통화기호는 두 개 이상의 국가, 즉 둘 이상의 통화에서 공유될 수 있기 때문에 "2,000 USD," "2,000 EUR," "2,000 GBP" 등과 같은 ISO 통화코드를 사용하면 표시된 화폐액이 어느 나라의 통화를 의미하는지를 명확히 알 수 있다. 예를 들어, 통화기호 "$"는 "US dollar," "Canadian dollar," "Singapore dollar," "Mexican peso" 등 다양한 통화를 표시하는 데 사용될 수 있기 때문에 거래 통화에 대한 혼란을 가져올 수 있다. 이에, 계약서 작성시 통화표시는 가능한 한 ISO 통화코드를 사용해 혼란을 줄일 필요가 있다.[113]

ISO 통화코드(currency code)

ISO 통화코드(currency code)는 각국의 통화를 ISO(International Organization for Standardization: 국제표준화기구)가 만든 세 글자의 약어로 표기한 것으로, 통화선물(currency future)과 같은 통화시장에서 주로 사용된다. ISO 4217은 국가별 통화의 명칭을 정의하기 위한 세 글자의 부호인 Currency Code(통화코드)를 기술하는 ISO(국제표준화기구)가 정의한 국제기준이다. 1973년에 ISO 기술위원회(Technical Committee)는

112 화폐액을 표시할 때 십진법 구분자(decimal separator)는 쉼표나 마침표 등을 통해 숫자를 읽기 쉽도록 구분하는 것으로, 숫자를 3자리나 4자리 단위로 그룹화해 배치하는데, 일반적으로 "1,234.56"와 같이 마침표를 사용해 마침표 왼쪽에 있는 숫자는 세 자리로 그룹화해 쉼표로 구분하고 오른쪽에는 소수를 표기한다.

113 일반 통화표시(예를 들면, "$")와 ISO 통화코드(예를 들면, "USD")를 함께 병기해 사용하는 것도 적절하지 않다.

무역, 상업, 은행업에 적용하기 위한 통화를 대표할 코드를 개발하기로 결정해, 1978년에 통화 및 펀드 표현 코드(codes for the representation of currencies and funds)에 사용하기 위한 세 글자의 알파벳 코드(three-letter alphabetic codes)인 ISO 4217가 처음 발표된 이후 업데이트되고 있다. 주요 ISO 통화코드는 다음과 같다.

- KRW: Korean won
- USD: US dollar
- EUR: Euro
- GBP: Great British pound (sterling)
- CNY: China yuan renminbi
- HKD: Hong Kong dollar
- JPY: Japanese yen
- SGD: Singapore dollar
- AUD: Australian dollar
- CAD: Canadian dollar
- NZD: New Zealand dollar
- CHF: Swiss franc
- SEK: Swedish krona
- INR: Indian rupee
- BRL: Brazilian real
- ZAR: South African rand

2.6 계약상 문장부호(punctuation marks)의 표기

문장부호(punctuation marks)는 문장이나 문구의 이해도를 높여 그 의미를 명확하고 효과적으로 전달하기 위해 사용하는 부호를 말한다. 계약서에 주로 사용되는 문장부호로는, 마침표(period; full stop), 쉼표(comma), 콜론(colon), 세미콜론(semicolon), 인용부호(quotation marks), 괄호(parentheses), 대시(dash) 등이 있다. 계약상 이러한 문장부호들이 올바르게 사용되지 않은 경우 문장이나 표현 자체 못지 않게 그 의미에 혼동을 가져올 수 있어, 문장부호의 사용에 관한 이해가 필요하다. 예를 들어, "The tenant must pay to the landlord USD 1,000 for the use of the premises <u>on 1 June 2023</u>."라는 문장의 경우 "on 1 June 2023"라는 문구가 문장의 마지막에 배치되어 어느 문구를 수식하는지가 불분명해, 2023년 6월 1일이 목적물의 사용(use of the premises) 일자인지, 아니면 1,000달러 대금의 지급일자인지 혼동이 있다. 이때 "On 1 June 2023, the tenant must pay USD 1,000 to the landlord for the use of the premises."와 같이 "on 1 June 2023"라는 문구를 문장의 앞에 배치해 쉼표를 찍으면 이 문구가 1,000달러의 대금지급시기라는 점을 명확히 할 수 있다. 이하에서는 이러한 문장부호(punctuation marks) 중 계약서 작성시 특별히 유의해야 할 부호의 표기법에 관해 살펴본다.

2.6.1 마침표(period; full stop) 및 쉼표(comma)

일반적으로 마침표(period; full stop)는 문장을 끝낼 때 사용하는 반면, 쉼표(comma)는 문장에서 일정한 구분을 할 때 주로 사용한다.

(1) 마침표

마침표(period; full stop)는 문장의 끝에 사용되는 작은 점 모양의 가장 일반적인 문장부호이다. 마침표(.)는 또한 단축용어나 일부 정보가 제거되었다는 것을 보여주거나, 수학이나 기술 관련 공식이나 원리에 사용되기도 한다. 마침표의 가장 일반적인 용도는 "I want pizza for dinner tonight."처럼 서술형 문장에서 문장 끝에 사용하는 것으로, 마침표로 문장을 끝낸 후 다음 문장을 시작하기 전에 일반적으로 한 칸을 띄운다. 그리고, 마침표는 "Washington, D.C." "p.m." "U.S.A." "Jan." "i.e." "etc." 등과 같이 축약어(abbreviation)와 함께 사용되기도 하는데, "NATO," "RADAR," "SCUBA" 등과 같은 두문자어(acronym)의 경우는 축약어의 일종이지만 일반적으로 문자 사이에 마침표를 삽입하지 않는다. 그런데, "etc."와 같은 축약어로 문장이 끝나는 때, "It is all about apples, oranges, bananas, etc." 처럼 축약어의 마침표를 찍은 후 문장의 마침표를 또 다시 찍지 않으며 축약어의 마침표로 문장을 끝낸다.

한편, 문장에서 괄호(parentheses)를 사용할 때 마침표를 어디에 두어야 하는지 혼란이 있을 수 있다. 이 경우는 "I swear the dog thinks she is human. (She sleeps with her head on the pillow and sits with only her butt in the chair.) She makes us laugh daily with her antics."와 같이 괄호 안의 삽입어구가 완전한 문장이라면 마침표는 괄호 안에 넣으며, "I swear the dog thinks she is human and makes us laugh daily at her antics (especially when she sits her butt in a chair)."와 같이 괄호 안의 삽입어구가 완전한 문장이 아니라면 마침표는 괄호 밖에 둔다.

그리고, My mother always used to warn us, "be careful what you wish for; it might not be what you thought."와 같이 문장의 마지막에 따옴표(quotation mark)가 있는 경우 마침표는 문장의 끝에 있는 따옴표 안에 둔다.

(2) 쉼 표

쉼표(comma)는 문장의 내용을 더 작게 구분할 때 주로 사용된다. (i) 쉼표를 사용해 독립된 절을 분리할 수 있는데, 두 개의 독립된 절들이 결합할 때, "and," "but," "so" 등과 같은 접속사 앞에 쉼표를 사용한다. 예를 들면, "He walked down the street, and then he turned the corner." 또는 "You can go shopping with me, or you can go to a movie alone." 등과 같이 독립된 절을 연결하면서 쉼표를 사용한다. 그리고, (ii) 쉼표는 도입문구 뒤에 사용되어 도입문구가 끝나고 문장의 주요 부분이 곧 시작될 것임을 알려주는 기능을 할 수 있다. 예를 들면, "When Evan was ready to iron, his cat tripped on the cord."와 같이 도입문구 뒤에 쉼표를 사용한다. 또한, 열거되는 일련의 항목들 사이에 쉼표를 사용한다. 예를 들면, "We bought apples, peaches, and bananas today."와 같이 쉼표를 사용해 열거되는 세 가지 이상의 일련의 각 항목을 구분한다. 한편, (iii) 쉼표는 문장의 내용상 필수적이지는 않으며 단지 그 의미를 보충하는 비제한적인 구절(nonrestrictive clause)을 나타낼 때 사용될 수 있다. 예를 들면, "John, who spent the last three days fishing, is back on the job again."과 같이 문장의 비제한적 구절에 쉼표를 사용해 문장의 내용을 보충할 수 있다.[114] (iv) 쉼표는 날짜, 주소, 제목, 숫자 등을 표시할 때도 사용된다. "On December 12, 1890, orders were sent out for the arrest of Sitting Bull."과 같이 날짜표기 다음에 쉼표를 쓸 수 있고, "100,000" 또는 "6,000,000" 등과 같이 숫자가 네 자리 수 이상인 때 쉼표를 사용한다. 또한, (v) "Mary said, 'I dislike concerts because the music is too loud.'"와 같이 당사

114 "The gentleman who is standing by the fireplace is a well-known composer."과 같이 문장의 의미에 필수적인 제한적 구절(restrictive clause)에는 쉼표가 사용되지 않는다. 제한적 구절(restrictive clause)이든 비제한적 구절(nonrestrictive clause)이든, 구절은 "who," "that," "which" 등과 같은 관계대명사로 시작할 수 있으며 관계대명사는 그 앞에 나오는 선행사를 지칭한다. 또한, 의미상 유사하거나 동일한 명칭의 단어나 문구인 동격어구(appositive)를 나타낼 때도 문장의 의미상 필수적이지 않은 비제한적 동격어구(nonrestrictive appositive)에는 쉼표를 사용하고, 제한적 동격어구(restrictive appositive)는 쉼표를 사용하지 않는다. 예를 들면, "Alexander Pope, the Restoration poet, is famous for his monologues."과 같이 비제한적 동격어구에는 쉼표를 사용한다.

자들의 대화내용을 직접적으로 인용하는 직접 인용문(direct quotation)을 나타낼 때도 쉼표를 사용한다.

2.6.2 콜론(colon)과 세미콜론(semicolon)

콜론(colon)과 세미콜론(semicolon)은 계약서에서 자주 사용된다.[115] 그런데, 콜론과 세미콜론은 다른 목적으로 사용된다. 콜론(:)은 앞선 구절과 관련된 인용문(quotation), 예제(example) 또는 목록(list) 등 뒤따르는 정보를 소개할 때 주로 사용되는 반면, 세미콜론(;)은 두 개의 독립된 구절 또는 독립된 두 개의 완전한 문장이나 아이디어를 조합할 때 사용된다. 그리고, 세미콜론은 하위 접속사를 대체하는데 사용될 수 있지만, 콜론은 일반적으로 그렇지 않다.

(1) 콜 론

콜론(colon)은 계약상 일반적으로 다음과 같은 경우에 주로 사용된다. (i) 콜론은 앞 문장에 대한 요약이나 부연 설명을 덧붙이는 경우에 사용되는데, 이는 콜론 앞의 구절에서 다룬 정보를 구체적으로 소개해, 앞 문장에 대한 추가 설명을 통해 그 의미를 명확히 한다. 즉, 콜론은 밀접하게 연관되어 있는 두 내용을 연결해, 콜론 이후에 나오는 내용이 콜론 이전에 나오는 문장을 요약하거나 추가적으로 설명할 수 있도록 한다. 예를 들면, "Maria only wanted the best from life: a beautiful home, a loving family and a glittering career." 또는 "She was feeling really down last week: she had failed her exam and lost her job." 등과 같이 콜론을 사용할 수 있다. (ii) 콜론은 그 앞의 문장이 나타내려는 일정한 항목이나 인용 등 목록을 콜론 이하에서 나열할 때 사용할 수 있다. 이때 콜론에 뒤따르는 항목들은 그 자체적으로 기능할 수 없기 때문에, 특별히 강조하거나 대문자를 사용해야 되는 경우가 아닌 한, 일반적으로 대문자로 시작하지 않는다. 예를 들면, "I need three things from the store: milk, eggs, and cheese."와 같이 콜론을 사용할 수 있다.

그리고, (iii) 별개의 생각을 나타내는 두 개의 독립절을 연결해 완성하고자 하는 때 콜론은 두 개의 독립절을 연결하는 기능을 한다. 여기서 개별 독립절은 별도의 생각을 나타내는 완전한 문장으로, 콜론을 사용해 두 개의 독립절을 연결해, 그 자체로 작동할 수 있는 두 가지의 아이디어를 결합해 완성할 수 있다. 예를 들면,

115 콜론(colon)의 표기는 ":"이고, 세미콜론(semicolon)의 표기는 ";"이다.

"You can come pick me up now: I am feeling much better." 또는 "Never forget this point: think before you speak." 등과 같이 콜론을 사용할 수 있다. (iv) 콜론은 다른 사람의 말이나 일정한 사항의 인용문구를 나타낼 때 사용한다. 인용문구를 나타낼 때 쉼표를 주로 사용하지만, 콜론을 사용할 수도 있다. 예를 들면, "This was first said by Shakespeare: 'To thine own self be true.'"; "Mrs. Morris preaches this concept: 'Second place is first loser.'" 등과 같이 콜론을 사용할 수 있다. 그리고, 콜론은 숫자와 함께 쓰여, 시간 단위, 비율 등을 나타내기 위해 사용할 수 있는데, 예를 들어, 4시간 45분 0초를 "4:45:00"로, 2 대 1의 비율은 "2:1"로 표기할 수 있다. 또한, "To Whom It May Concern:"과 같이 공식적인 비즈니스 서신에서 인사말을 한 직후에 콜론을 사용한다.[116]

한편, 콜론으로 연결되는 문장의 문법적 구조가 문제될 수 있는데, 콜론은 전체적으로 주어-동사-목적어의 구조를 갖는 문법적으로 완전한 문장 뒤에 사용해야 한다. 즉, 하나의 구절을 두 부분으로 분리해 완전하지 않게 된 문장 뒤에 콜론을 중간에 끼어 넣어 사용해서는 안 된다. 콜론이 제대로 쓰였는지를 확인하려면 콜론 앞에 나오는 내용이 그 자체로 독립적으로 쓰일 수 있는지를 파악해, 콜론 앞에 나오는 내용이 완전한 생각을 이루는 완전한 문장이 아니라면 콜론은 올바르게 사용된 것이 아니다.[117] 예를 들어, "Genetic counseling requires: a knowledge of statistical genetics, an awareness of choices open to parents, and ..."에서 콜론 앞의 문장은 주어-동사-목적어의 구조를 갖는 문법적으로 완전한 문장이 아니어서 올바르지 않기 때문에, "Genetic counseling requires the following: a thorough knowledge of statistical genetics, an awareness of choices open to parents, and ..."와 같이 콜론 앞의 문장에 "the following"이라는 문구를 추가해 완전한 형태의 문장으로 고쳐 쓸 필요가 있다.

그리고, 콜론 바로 뒤에 나오는 첫 글자를 소문자로 쓸지, 대문자로 쓸지 문제되는데, 일반적으로 콜론 뒤에 완전한 문장이 아닌 종속절이라면 그 종속절의 첫 글자는 소문자로 쓴다. 예를 들어, "There are three perfect times to smile: when I'm with friends, when I'm alone, and when I'm with my dog."와 같은 문장에

116 다만, 비공식 서신에서는 쉼표를 주로 사용한다.

117 콜론 앞에 나오는 내용은 완전한 문장(complete sentence)이어야 하기 때문에, "There are many different types of paper, including: college ruled, wide ruled, and plain copy paper."와 같이, "including"이나 "such as," "especially," 등과 같은 용어 뒤에 콜론을 사용하는 것은 적절하지 않기 때문에, 이 문장에서는 콜론을 없앨 필요가 있다.

서 콜론 뒤 종속절의 첫 글자는 소문자로 쓴다. 다만, 콜론 뒤에 완전한 독립절인 경우는 소문자이든 대문자이든 상관없이 쓸 수 있는데,[118] 당사자의 선택에 따라 콜론 뒤에 나오는 내용이 중요하거나 강조하고 싶다면 첫 글자를 대문자로 쓸 수 있다. 어떤 경우이든 계약서상 이를 일관되게 사용하는 것이 중요하다.

(2) 세미콜론

세미콜론(semicolon)은 두 개의 독립된 문장을 연결해, 하나의 연결되고 상세한 문장을 만드는 기능을 한다.[119] 세미콜론은 일정한 항목을 나열할 때 쓰이는데, 세미콜론의 이전이나 이후의 단어나 문구는 서로 연관성을 가지거나 동등한 지위를 가진다. 그리고, 세미콜론은 항목들을 구분하기 위해 쉼표를 이미 사용하고 있는 복잡한 목록에서, 쉼표를 대신해 내용의 혼란을 줄일 수 있다. 즉, 쉼표가 이미 포함된 여러 항목들이 있는 목록에서 쉼표의 사용만으로는 혼동이 있을 때, "You can order a sandwich with bacon, egg, and cheese; ham, egg, tomato, and cheese; or tomato, lettuce, and avocado."와 같이 세미콜론을 사용해 항목들을 범주별로 구분할 수 있다. 이와 같은 세미콜론은 목록상 열거되는 여러 항목들을 나누거나 그 항목들을 더 크게 구성해 명확성을 높이는 역할을 한다.

세미콜론은 또한 밀접하게 연관된 둘 이상의 문장을 연결하는데, 이때 세미콜론은 접속사로 대체될 수 있다. 즉, "She calls it a rubber; I call it an eraser."와 같이 세미콜론은 종속접속사를 사용하지 않고 밀접하게 연관된 두 개의 독립된 문장을 서로 연결시키는 데 사용되는데, 이때 세미콜론은 두 개의 독립된 문장 간의 원활한 연결과 강한 연관성을 나타낸다. 그런데, 계약서에서 하나의 문장을 끝내고, "however"를 사용해 다른 문장을 시작할 때, "Taxpayers have supported public education<u>, however,</u> they now object because taxes have risen so steeply."와 같이 "however" 앞에 쉼표를 찍을 경우 "however" 이하의 내용이 바로 앞 문장의 반대사항을 말하는 것인지, 아니면 그 바로 앞 문장 이전에 있는 문장의 반대사항을 나타내는지 불분명할 수 있다. 이때 "however"가 바로 앞 문장의 반대사항을 나타내기 위한 것이라면, "Taxpayers have supported public education<u>; however,</u> they now object because taxes have risen so steeply."와 같이 "however" 앞에

118 예를 들어, "The commercials had one message: The geeks shall inherit the earth." 또는 "The commercials had one message: the geeks shall inherit the earth."와 같이 콜론 뒤에 독립절의 첫 글자를 대문자 또는 소문자로 쓸 수 있다.

119 세미콜론은 그 사이에 표현되는 생각들 간의 간격이 쉼표보다는 넓지만, 마침표보다는 좁다.

쉼표 대신 세미콜론이나 마침표을 사용해 "however"가 바로 앞의 문장에 대한 것이라는 점을 명확히 할 수 있다.

[Example]

아래 예문은 콜론(colon)과 세미콜론(semicolon)을 동시에 사용하는 문장으로, 앞서 언급한 두 문장부호 간의 다른 활용법을 명확히 확인할 수 있다.

ABC hereby grants to Reseller a limited, non-transferable, and non-exclusive license (as expressly permitted herein) within the Territory to:
- (a) submit Orders to ABC for the Products for its own use;
- (b) promote and market the Products within the Distribution Territory; and
- (c) use the Marks and the Official Mark solely:
  - i. in connection with the activities permitted pursuant to applicable clauses
  - ii. during the Term and within the Distribution Territory;
  - iii. with the prior written approval of ABC.

2.6.3 큰 따옴표(double quotation marks)와 작은 따옴표(single quotation marks)

일반적으로 큰 따옴표는 작은 따옴표보다 더 자주 사용된다. 미국 영어에서는 대부분 큰 따옴표(" ")를 사용하며, 작은 따옴표(' ')는 큰 따옴표를 한 인용문 내에 있는 인용문구나 제목 등에서 사용된다.[120] 큰 따옴표(double quotation marks)는 출처, 대화, 연설 등을 인용하거나, 예문, 단어 또는 작품의 제목 등을 참조하거나 또는 문장 내에서 특정한 단어나 문구 등을 강조하기 위해 사용한다.[121] 예를 들어, The US and Canada call it "soccer," but the rest of the world calls it "football."; Women achieved "equality" when they were granted the right to vote in 1920. 등과 같이 큰 따옴표를 사용할 수 있다.

작은 따옴표(single quotation marks)는 일반적으로 큰 따옴표로 묶은 인용문 안에서 큰 따옴표를 대신하는 용도로 쓴다. 큰 따옴표와 구별해 큰 따옴표 안에 작은

120 영국 영어에서는, 큰 따옴표와 작은 따옴표는 반대로 표시될 수 있다. 일반적으로 미국 영어에서는 큰 따옴표가 표준인 반면, 영국 영어에서는 작은 따옴표가 표준이 되어, 영국 영어에서 큰 따옴표는 인용문 내에서 작은 따옴표를 대신하기 위해 사용한다.

121 문장 내에서 특정한 단어나 문구 등의 강조는 큰 따옴표를 대신해, 해당 단어나 문구를 볼드체나 이탤릭체로 표기하거나 밑줄을 그어 표시할 수 있다.

따옴표를 사용함으로써 독자들이 해당 문구나 문장을 보다 쉽게 읽을 수 있도록 한다. 작은 따옴표는 인용문 안에서 다른 인용문을 언급하거나 특정한 표현을 강조할 때 사용하는데, 인용문의 바깥쪽에는 큰 따옴표가 오고, 그 안쪽에 작은 따옴표가 온다. 큰 따옴표로 작품의 제목을 나타낼 때도 그 작품의 제목 안에 또 다른 작품의 제목이 언급될 경우에도 작은 따옴표를 쓸 수 있다. 예를 들어, "A Retrospective on 'The Road Not Taken' and Its Themes"와 같이 큰 따옴표와 작은 따옴표를 사용할 수 있다.

한편, 문장에서 마침표나 쉼표는 마지막 따옴표(closing quotation mark) 안에 있어야 하며, 콜론이나 세미콜론도 인용문의 일부라면 따옴표의 안쪽에 배치한다. 예를 들면, The speaker told us, "Whenever I'm feeling down, I remember what the poet Rumi said: 'You are not one drop in the ocean. You are the ocean in one drop.'"와 같이 큰 따옴표와 작은 따옴표를 표시하고, 문장의 마침표는 마지막 따옴표 안에 배치한다.

2.6.4 괄호(parentheses; brackets) 및 대시(dash)

괄호(parentheses; brackets)나 대시(dash)는 계약상 구문론적 모호성(syntactic ambiguity)을 제거하는 하나의 방법으로 활용될 수 있다. 즉, 두 가지의 서로 다른 배열이 서로 다른 상황에서 적용된다는 것을 표현해야 한다면, 이러한 서로 다른 상황을 표현하는 가장 편리한 방법은 각 경우에 개별적으로 괄호 등을 사용해 그 내용을 분명히 할 수 있다.

(1) 괄 호

괄호(parentheses; brackets)는 특정한 단어와 문장을 구분하는 데 사용하는 문장부호인데, 괄호의 영어 표현으로 "parentheses(round brackets; ( ))"[122] 이외에, "brackets(square brackets; [ ])"이 있는데, 이는 사각형 모서리를 갖는 괄호를 대체로 말한다.[123] 계약서에서 괄호는 해당 주제를 명확히 하기 위해, 필수적이지는 않

122 단수형인 "parenthesis"는 괄호의 한쪽만(( )을, 복수형인 "parentheses"는 괄호의 양쪽 모두 (( ))를 나타낸다.

123 일반적으로"parentheses"는 해당 텍스트에 추가 정보를 삽입하는 데 사용되는 반면, "brackets"는 주로 원문의 인용문구에는 없던 추가 정보를 삽입할 때 쓴다. 즉, "parentheses"는 필요하지는 않지만 해당 주제와 관련된 도움이 되는 정보를 따로 두어 언급할 때 사용되는 문장부호이다. 이에, "parentheses" 안의 정보를 제거하더라도 문장이 여전히 문법적으로 올바르다. 한편, "brackets"는 인용문구를 나타낼 때에만 주로 쓰이는데, 원래 내용을 명확히 설명하기 위

지만 주제와 관련된 추가적 또는 보충적 정보를 따로 분리해 설명하는 데 사용된다.[124] 즉, 괄호는 해당 주제에 주석을 달거나 보충설명을 위해 사용할 수 있으며, 주제의 개요나 목록을 기술하면서 관련된 일정한 항목들을 열거하거나, 축약어나 두문자어, 정의된 용어 등을 나타내기 위해 괄호를 사용할 수 있다. 또한, 단어가 계약상 단수이거나 복수일 수 있는 상황에서, 단어의 끝에 복수가 될 수도 있다는 점을 나타내기 위해 괄호를 간들어 그 안에 "s"를 추가할 수도 있다.

한편, 괄호를 사용할 때 쉼표나 마침표 등 문장부호를 어디에 배치할지 문제된다. 관련 문장에 괄호를 써서 추가 문구를 삽입할 때는 괄호가 끝난 이후에 전체 문장의 마침표를 찍는다. 예를 들어, "Stonehenge is a wonder (only a genius could have conceived it)." 또는 "There was political pushback during the initial proposal of NAFTA (North American Free Trade Agreement)."와 같이 괄호를 사용하고 마침표를 찍는다. 그리고, 괄호를 쉼표와 함께 사용할 때, 괄호 안의 정보는 대체로 바로 앞에 있는 문구와 관련이 있으므로 일반적으로 쉼표는 공백 없이 괄호 뒤에 배치한다. 예를 들어, "My dog seemed sick, (his nose was dry) so I took him to the vet."와 같이 괄호를 쉼표 뒤에 두지 않고, "My dog seemed sick (his nose was dry), so I took him to the vet."와 같이 쉼표를 공백 없이 괄호 뒤에 배치한다.

(2) 대 시

대시(dash)는 문장 중에 사용하는 긴 연결선(—)으로, 대시의 앞뒤로 공백없이 글을 붙여쓴다. 이는 하이픈(hyphen)과 구별되는데, 하이픈은 짧은 연결선(-)으로, "well-intentioned"와 같이, 하나의 단위로 작동하는 단어들 사이의 연결을 보여주거나, "e-mail"과 같이 특정 단어의 철자를 쓰는 데 사용된다. 대시(dash)는 해당 내용을 강조하기 위해 사용될 수 있다. 즉, 괄호(parentheses)의 경우 괄호 안의 내용을 덜 강조하기 위해 사용되는 반면, 대시(dash)는 대시 사이의 정보에 대해 더 많은 주의를 기울일 필요가 있다. 예를 들면, "Everything I saw in my new neighborhood—from the graceful elm trees to the stately brick buildings—reminded me of my alma mater."와 같이 전체 문장에서 두 개의 대시를 사용해

해 인용문구를 추가할 때 사용된다. "brackets"는 대체로 저자와 편집자가 원래 내용에서 추가된 정보를 분리해 표현하기 위해 인용문구에 텍스트를 추가하는 데 주로 사용되므로, 인용문구가 아닌 항목에 정보를 추가하는 경우에는 "parentheses"를 사용한다.

124 이에, 괄호 안의 정보를 없애더라도, 해당 문장은 여전히 완전하고 정확해야 한다.

그 대시 사이에 묶인 내용을 강조할 수 있다.[125]

대시는 또한 특정 단어가 문장의 서론이나 결론으로 의미가 있다는 것을 나타내기 위해, "Books, paper, pencils—many students lacked even the simplest tools for learning in nineteenth-century America."와 같이 사용할 수 있다. 그리고, "Stonehenge is a wonder—only a genius could have conceived it."와 같이 대시는 문장에서 추가 정보를 삽입하거나 나중에 생각한 내용을 덧붙이기 위해 사용할 수도 있다.[126] 계약서에서 이러한 대시를 많이 사용하면 그 내용이 비공식적으로 보일 수 있으며, 전체 글의 흐름이 끊어져 그 내용을 이해하기 어려울 수 있다.

125 문장의 처음이나 끝에 있는 한 개의 대시(single dash)는 그 문장의 처음이나 끝에 있는 내용을 강조하기 위해 사용한다.

126 문장에서 추가 정보를 삽입하기 위해 여러 개의 쉼표를 포함하는 경우 "Even the simplest tasks, washing, dressing, and going to work, were nearly impossible after I broke my leg."와 같이 쉼표만을 사용하기보다는, "Even the simplest tasks—washing, dressing, and going to work—were nearly impossible after I broke my leg."와 같이 쉼표와 대시를 함께 사용하면 문장의 내용을 이해하는 데 도움이 될 수 있다.

CHAPTER 4

국제거래 계약서 양식 및 구조의 이해

개요

국제거래의 전형적 계약구조를 이해한다면 계약서에서 주요 이슈를 어떻게 다룰 것인지를 용이하게 파악할 수 있다. 국제거래에서 사용되는 계약서는 당사자들의 합의내용을 서신의 형태로 기술한 서신형식의 계약서(letter agreement)나 본질적으로 유사한 일련의 거래를 표준적 계약양식으로 작성한 목록형식의 계약서(schedule agreement)도 있지만, 일반적으로 계약상 문장의 구성개념을 개별 조항에 따라 정리해 나열한 전통적 형식의 계약서(traditional form agreement)를 주로 사용한다. 그리고, 당사자 간 유사한 거래가 연속적·반복적으로 발생하는 경우는 주계약(master agreement)에 일반적 거래 계약조건을 명시하고 관련 작업명세서(SOW)나 구매주문서(purchase order) 등을 통해 개별 거래나 프로젝트를 진행할 수 있다.

계약서의 구성방식에 정답은 없지만, 계약서는 개별 계약조항이나 각 조항 간의 관계를 쉽게 파악하고 읽기 쉽게 구조화할 필요가 있다. 국제거래 계약서는 그 형식, 순서, 표현방식, 사용되는 문장과 용어 등에 있어 어느 정도 정형화된 구조를 갖추고 있는데, 이는 크게 도입부, 본문부분, 말미부분으로 나눌 수 있다. 계약서의 도입부는 대체로 제목, 계약당사자 및 계약일자를 특정하는 도입문구, 계약의 배경 등을 기술한 전문(recitals), 합의문구 등으로 구성된다. 계약서 본문에는 계약의 목적이 되는 특정한 거래에 있어 당사자들 상호간 실질적 권리의무에 관한 사항을 비롯해 해당 계약서에 사용할 특정 용어들을 정의하거나 당사자들 간 계약을 관리하거나 규율하기 위해 합의한 정책 등을 규정한다.

계약서 본문은 그 내용에 따라 다양하게 분류할 수 있는데, 여기서는 편의상 크게, (i) 핵심조항(core provisions), (ii) 일반조항(general provisions), (iii) 계약의 해지 내지 종료조항(exit provisions), (iv) 분쟁해결조항(dispute resolution provisions) 등으로 나누어 설명한다. 핵심조항은 해당 계약체결의 목적이 되는 특정거래에 있어 당사자 상호간 실질적인 권리의무에 관한 규정이라 할 수 있으며, 일반조항은 계약의 유형과 크게 상관없이 대부분의 계약에 적용되는 계약 자체의 효력이나 관리에 관한 일반적인 조항들이라 할 수 있다. 개별 계약조항은 동일하거나 유사한 내용을 가능한 한 모아서 기술하는데, 각 조항의 배열은 대체로 원칙규정 또는 당사자 간 특별한 합의사항을 예외규정이나 계약의 일반적 조건이나 정책보다 앞에 배치한다.

계약서 말미에는 당사자의 서명과 함께 적법한 당사자에 의해 계약이 체결되었다는 점을 명시하고, 물품공급계약 등에서 견적서나 서비스계약에서 사양(specification)이나 작업명세서 등 계약 관련 문서들은 계약서에 별첨하는 것이 효과적이다. 별첨문서는 “Exhibit” 또는 “Schedule”로 주로 표기하지만, “Appendix,” “Annex,” “Attachment” 등 다양하게 나타낼 수 있다. 계약이 체결된 이후 관련 계약내용을 추가하거나 변경하는 때 원래 계약서에 “Addendum” 또는 “Amendment” 등으로 기존 계약서에 첨부할 수 있다. 체결된 계약서가 원본문서라는 점을 증명하기 위해 공증(notarization)을 할 수 있으며, 문서의 국외사용을 위한 아포스티유(apostille)와 같은 문서의 공인절차를 거칠 수 있다.

Ⅰ. 국제거래 계약서 양식의 이해

국제거래의 전형적 계약구조를 이해한다면 계약서에서 주요 이슈를 어떻게 다룰 것인지를 용이하게 파악할 수 있다. 일반적 계약구조상 계약의 목적, 당사자의 권리의무, 계약의 종료와 효력, 분쟁해결 등이 포함되는데, 당사자의 이행의무 조항의 명확성이나 계약위반 등에 따른 구제방법들 간의 연관성 등은 당사자 간의 실제 분쟁이 발생하기 전까지 쉽게 알아내기 어려울 수 있다. 계약서 작성시에 이러한 문제점을 용이하게 파악하기 위해, 당사자들 상호간 계약상 권리의무나 구제방법 등을 다양한 방식에 따라 입체적으로 이해하는 것이 중요하다. 계약상 당사자들 상호간의 의무는 명확하고 정확하며 포괄적이어야 하는데, 이를 구체적으로 검토하기 위해, 예를 들어, "The Parties' Obligations"라는 표제하에, 개별 당사자를 구분해, "Party A's Obligations"와 "Party B's Obligations"와 같은 하위표제를 만들어, 각각의 경우에 개별 당사자의 의무를 기술해 볼 수 있다. 그리고, 계약의 대상이나 당사자의 이행의무를 명확히 하기 위해, 당사자들은 상호간 의무이행의 완료시간표 등을 포함한 사양(specification)의 개발과정을 거치는 것이 좋다. 또한, 결과이행의 세부사항이 당사자들을 강제할 수 있는 합의사항이 된다는 점을 이해하고, 당사자들이 의무이행의 세부사항에 대해 적시에 합의할 수 없는 경우에는 계약을 종결하는 방안을 고려해야 한다. 이와 같은 여러 고려사항들을 계약서에 반영하기 위해, 해당 거래에 가장 적합한 계약서 양식(contract format)을 정해야 한다. 국제거래의 관행에서 사용되는 계약서의 유형으로는, 전통적 일반 형식의 계약서(traditional form agreement), 서신형식의 계약서(letter agreement), 목록형식의 계약서(schedule agreement) 등이 있다. 다만, 이러한 계약서 양식의 종류와 상관없이, 당사자들이 합의된 내용을 명기하여 서명한 때는 준거법상 계약법의 원리에 위반되지 않는 한 그 합의는 강제할 수 있는 계약(enforceable contract)이 될 수 있다는 점을 유의해야 한다

1. 전통적 일반 형식의 계약서(traditional form agreement)

국제거래에서 전통적이고 일반적인 계약서 양식은 계약상 문장의 구성개념을 개별 조항에 따라 정리해 나열한 형식의 계약서이다. 계약서의 말미에 서명을 하

고, 부속서류가 있는 경우 이는 서명페이지 이후 별첨자료(attachments)로 첨부하는 방식으로 계약서의 서식이나 조항들이 정형화되어 있다. 이 책에서는 이러한 전통적 일반 형식의 계약서(traditional form contract)를 기본으로 국제거래 계약의 일반적 구조와 내용을 상세하게 살펴본다.

2. 서신형식의 계약서(letter agreement)

계약당사자들은 일반적인 계약서 양식과 달리, 그들간의 합의내용을 서신의 형태로 기술한 서신형식의 계약서(letter agreement)를 사용할 수 있다. 이는 계약의 당사자들이 발신인(sender)과 수신인(recipient)이 되어 해당 서신에 서명하게 되는데, 대체로 상대적으로 당사자 간 짧은 합의내용에 사용되는 경우가 많다. 서신형식의 계약서는 일반적으로 발신인의 주소, 날짜, 수신인의 주소, 인사말(salutation), 도입문구(introductory sentence), 계약의 내용(substantive terms), 마무리 문장(closing sentence) 등으로 이루어지고, 하단에 발신인 및 수신인이 각 서명하도록 한다. 서신의 상단에는 대체로 주제란(subject line)이 있는데, 이는 반드시 계약의 제목을 의미하지는 않는다. 서신형식의 계약서 작성시 유의할 주요 사항은 다음과 같다.

① 수신인의 주소(recipient's address)의 경우 수신인이 기업이면 일반적으로 수신인의 대표자의 성명(representative's name)을 참조항목(attention line)에 기재한다.

② 인사말(salutation)의 경우 수신인이 개인이라면 인사말로 "Dear"를 쓴 다음 개인의 이름을 인사말로 사용하는데, 이는 개인과의 서신에서 표준적 표현이다. 수신인이 기업이라면 전통적으로 "Dear Sirs"를 사용하기도 하지만, 성 중립적인 표현으로 "Dear Sirs and Madams (or Mesdames)" 또는 "Ladies and Gentlemen"이라고 표기하는 것이 적절하다. "To whom it may concern"이라고 표기하는 경우도 있는데, 이는 서신의 수신인을 제대로 알지 못한다는 인상을 줄 수 있어 피하는 것이 좋다.

③ 도입문구(introductory sentence)로는 통상 "The purpose of this letter agreement is to state the terms of [the transaction]" 등의 표현을 사용한다.

④ 계약의 실질적 내용(substantive terms)은 일반적 계약서에서 적시되는 내용과 같은 문장이나 표현을 사용하는데, 서신형식의 계약서에서도 계약사항별

로 개별 조항번호(section numbers)와 제목(headings)을 나누어 표기하는 것이 도움이 된다. 서신형식 계약서에는 당사자 간의 합의사실을 명확히 하기 위해, 일반적으로 당사자 간 합의한 서신을 상호 교환할 것을 요청하는 다음과 같은 표현을 포함한다: "If the terms outlined above are acceptable to you, please sign below and return to me."

⑤ 서신형식 계약서에서도 일반적 계약서와 마찬가지로, 당사자의 서명란(signature block)이 포함되는데, 발신인의 서명란 아래쪽에 수신인의 서명란을 둔다. 그리고, 수신인의 서명란의 앞에 "agreed to ..." 등과 같은 문구를 사용해 수신인이 서신형식 계약의 내용에 동의한다는 것을 나타낸다. 또한, 일반적 계약서와 같이, 계약의 체결일 내지 효력발생일을 구체적으로 기재하는 것이 좋은데, 그에 관한 날짜가 없는 경우 서신의 도입부에 기재된 날짜를 계약체결일로 볼 수 있다.

[Example]

아래는 서신형식 계약서(letter agreement)의 기재례이다.

Dynamix Corporation
123 West Jefferson Street
Shorewood, IL 60431

10 November 2023

Excelsior, Inc.
456 Lexington Avenue
New York, NY 10022
Attention: Ms. Jane Doe, President

The purpose of this letter agreement is to state the terms under which Dynamix Corporation, a Delaware corporation ("Dynamix"), is to retain Excelsior, Inc., a New York corporation ("Excelsior"), as a consultant.

[*Insert substantive provisions*]

If this letter agreement accurately reflects the terms agreed to by Dynamix and Excelsior, please have it signed in the space provided below and send a copy by email to jroe123@dynamix.com.

DYNAMIX CORPORATION

By: ____________________
John Roe
Chief Executive Officer

Agreed to on 10 November 2023:

EXCELSIOR, INC.

By: ____________________
Name:
Title:

3. 목록형식의 계약서(schedule agreement)

목록형식의 계약서(schedule agreement)는 본질적으로 유사한 일련의 거래에 대한 표준적 계약양식을 작성할 때 대체로 사용된다. 예를 들어, 전기, 수도, 가스 등 공익 서비스를 제공하는 공익기업(utility company)이 현지의 다양한 고객들과 계약을 체결하는 때에 이러한 형식의 계약서를 주로 사용한다. 목록형식의 계약서의 경우 계약서의 서명란(signatures)이 대체로 첫 페이지에 나오고, 계약상 물품이나 서비스에 대한 구체적 사양(specification) 등 계약의 주요 조건은 별도 목록으로 기재한다. 계약의 일반조항들(general/miscellaneous provisions)은 일반적으로 "General Terms and Conditions" 또는 이와 유사한 표제로 기재해 다른 문서들과 함께 통합된 별첨문서로 계약서의 첫 페이지에 열거되어 참조로 계약에 통합되어 첨부된다.

Term Sheet / Letter of Commitment

Term Sheet(거래조건 명세서)는 계약의 주요 조건에 관한 당사자 간 쟁점사항 내지 합의사항을 나열한 문서이다.[1] 일반적으로 정식 계약체결 이전에 계약의 주요 쟁점이 되는 사항들만을 나열해 그 주요사항에 대해 당사자 간에 일목요연하게 논의하기 위해 작성된다. Term Sheet는 대부분의 경우 형식적 요소들을 무시하고 가능한 한 협상 대상이 되는 조건들을 항목으로 명시해 장래 계약서 작성에 활용할 수 있으나, Term Sheet 자

1 당사자 간 주요 조건을 명시한 서식을 반드시 "Term Sheet"라고 할 필요는 없으며, "Mandate Letter," "Engagement Letter" 등 다양한 표제로 작성된다.

체로 당사자 서명을 거쳐 바로 계약화하는 방법도 있을 수 있다. Term Sheet는 어떤 거래에서도 사용될 수 있으나, 주로 프로젝트 파이낸싱 등 복잡한 국제간 거래에서 작성되는 경향이 있다. Term Sheet와 유사한 서식으로 Letter of Commitment(LOC; 확약서)가 있는데, 이는 당사자 간 일정한 내용의 합의를 할 의사가 있음을 표현하는 문서로, 계약의 일방 당사자가 그동안 당사자 간 합의사항을 정리해 상대방에게 전달하는 편지형식의 서식으로 주로 작성한다.

Term Sheet나 Letter of Commitment는 당사자 간 장래 체결될 계약의 주요 조건을 상대방에게 전달하는 예비적 합의로, 특별한 사정이 없는 한 그대로 계약의 내용으로 편입되는 것이 일반적이다. 이들 문서의 작성시에는 확정되지 않았거나 애매한 사항은 가급적 배제하고, 가능한 한 합의된 사항은 모두 포함시키되, 정식 계약체결 이전에 별도로 교환된 구두나 서면의 정보나 자료가 이들 문서와 모순되거나 충돌될 수 있는 사항이 있는 경우를 대비하여 완전합의조항(entire agreement)을 포함시킬 수 있다. 또한, Term Sheet나 Letter of Commitment는 일반적으로 MOU(Memorandum of Understanding; 양해각서)나 LOI(Letter of Intent; 의향서)에 비해 당사자 간 계약에 관한 협의가 어느 정도 진전되고 합의의 형태로 구체화된 경우에 작성되기 때문에 그 문서의 법적 구속력이 있는 것으로 해석될 여지가 있으므로 그 내용의 법적 강제력을 원하지 않는 경우 법적 구속력이 없다는 점을 명확히 해야 한다.

[Example 1]

아래는 Term Sheet(거래조건 명세서)의 기재례들이다.

(Version 1)

We the undersigned, confirm on behalf of buyer that, by signature below verify that we have the financial capability, including the necessary import permits, to complete the purchase of:

1. Product and Specification of the Product
2. INCOTERMS
3. Destination & Product Discharge …

Above articles are to be agreed on or before (date) of (year), the Effective Date of Contract, and the terms and conditions stipulated in this Term Sheet shall be null and void unless above waivers are cleared until the Effective Date of Contract.

(Version 2)

DATE: date/month/year

Buyer's full company name:

CHAPTER 4

Address:
Phone/FAX/E-mail:
Represented by: Mr. (Signatory name)

<u>Description</u>

We the undersigned, confirm on behalf of buyer that, by signature below verify that we have the financial capability, including the necessary import permits, to complete the purchase of:

1. Product and Specification of the Product
2. INCOTERMS
3. Destination & Product Discharge ...

Above articles are to be agreed on or before (date) of (year), the Effective Date of Contract, and the terms and conditions stipulated in this Term Sheet shall be null and void unless above waivers are cleared until the Effective Date of Contract.

The parties have familiarized with conditions of the Contract and completely accept the terms above

SINGATURE
Name and Title

[Example 2]

아래는 Letter of Commitment(확약서)의 기재례이다.

To: [Supplier]
Date:

Dear Sirs,

In consideration of the execution by you of [Supply Agreement] for [ ] (hereinafter called "Plant") with [ ] incorporated and under the laws of [ ] (hereinafter called "Purchaser"),

We hereby unconditionally and irrevocably undertake that we will immediately prior to and as a condition precedent to the delivery of the Plant execute and deliver to you one (1) irrevocable, unconditional and transferable Letter of Guarantee exactly in the form of Exhibit B in the said Supply Agreement, whereby we will guarantee to you the obligations of the Purchaser under a series of [ ] promissory notes in the total aggregate principal sum of [ ] United States Dollars (USD) and interest thereon. All of the said promissory notes are to be issued to you by the Purchaser pursuant to the said Supply Agreement in respect of [ ] percent (%) of the Contract Price of the Plant.

Your faithfully,

[Guarantor]
By:
Name:
Title:

Ⅱ. 국제거래 계약서 구조의 이해

1. 국제거래 계약서의 일반적 구조

계약서의 구성방식에 정답은 없지만, 계약서는 개별 계약조항이나 각 조항 간의 관계를 쉽게 파악하고 읽기 쉽게 구조화할 필요가 있다. 그런데, 국제거래 계약은 대부분 영문으로 작성되고 있으며, 이러한 영문계약서는 다른 언어로 이루어진 계약서의 내용보다 오랜 기간에 걸쳐 계약서 작성의 관행을 통해 실무적으로 발전하고 활용되어 일정한 형식과 구조를 대체로 갖추고 있다. 이러한 계약서의 체계적인 형태는 영미법체계의 경우 전통적으로 당사자 간의 약속이 있으면 이를 될 수 있으면 서류나 문자로 정리해 명확히 하려는 경향이 강하다는 점에 기인하는 것으로 볼 수 있다. 요즈음은 국문계약서도 영문계약서의 구조와 유사하게 작성하는 경우도 많다. 이에, 영문계약서의 기본적 구조와 다양한 영문계약서에 일반적으로 포함되는 조항에 대한 이해는 국제거래 계약의 검토와 작성에 무엇보다 중요하다. 영문계약서는 그 형식, 순서, 표현방식, 사용되는 문장과 용어 등에 있어 어느 정도 정형화된 구조를 갖추고 있는데, 이는 크게 도입부(beginning), 본문부분(body), 말미부분(ending)으로 나눌 수 있다.

계약서의 도입부는 대체로 ① 제목(title), ② 계약당사자(contracting parties) 및 계약일자를 특정하는 도입문구(introductory statement), ③ 계약의 목적 내지 배경(background) 등을 기재하는 배경사실에 관한 전문진술(recitals; whereas clause),[2] ④ 합의문구(words of agreement) 등 계약서의 도입부에서 계약서의 본문을 연결하

2 당사자의 권리(rights)나 의무(obligations), 조건(conditions) 등 계약의 실질적인 내용은 전문(recitals)에는 포함되지 않고, 계약서의 본문(middle part of the contract)에 기재를 하여야 한다.

기 위해 서술하는 도입연결표현(transactional clause, lead-in)으로 구성된다.

계약서의 본문은 특정한 거래나 계약상 목적을 달성하기 위한 당사자 상호간의 실질적인 권리의무 등을 규정한 핵심조항(core provisions)과 계약의 종류에 상관없이 전반적으로 유사하게 사용되는 계약상 정의규정이나 계약 자체의 성립, 효력과 처리 또는 관리방법 등에 관한 일반조항(general/miscellaneous provisions)으로 구분할 수 있다.[3] 다만, 계약의 종료조항(exit provisions), 분쟁해결조항(dispute resolution provisions) 등은 일반조항의 일종으로 볼 수 있지만, 계약상 중요성에 비추어 이 책에서는 별도로 분류해 주요 쟁점을 따로 검토하기로 한다. 계약의 핵심조항(core provisions)은 당사자가 비즈니스상 요구되는 규정들(business provisions)을 비롯한 금전 관련 이행규정(monetary provisions), 기타 이행의무의 내용과 절차에 관한 규정, 클로징 관련 규정 등 계약이행을 위한 제반 조항들(action sections)을 포함한다. 비즈니스 조항들은 중요도에 따라 당사자, 주제, 의무이행 등 사실관계를 연대기 순서로 당사자별로 정리해 계약의 구성개념들(contract concepts)에 따라 계약 문장과 조항들을 구성한다. 예를 들어, 물품매매계약에서 매도인과 매수인별로 당사자들의 진술과 보증에 관한 사항(representations and warranties), 계약의 체결일과 클로징일 사이의 공백기간(gap period)의 이행의무를 포함해 각 당사자의 이행의무에 관한 사항(covenants), 클로징에 관한 조건들(closing conditions), 면책배상(indemnities), 경쟁금지(noncompete) 등 계약상 당사자들의 책임 관련 사항 등을 연대기 순서로 나열해 계약의 구성개념들에 따라 계약조항을 작성한다. 이와 함께, 당사자의 계약위반과 구제방법, 계약의 종결 및 분쟁해결에 관한 사항 등을 비롯해 불가항력, 세금, 양도, 통지, 완전합의 등 일반조항(general provisions)을 포함한다. 이러한 계약당사자의 권리의무에 관한 규정에 관한 핵심적 내용과 함께 계약의 효력이나 관리방법 등에 관한 일반규정의 의미를 이해하고 그 표현방식을 익히는 것은 영문계약서 작성실무의 기초라 할 수 있다.[4] 그리고, 계약서의 말미부분에는 결어

3 계약의 해제, 불가항력, 세금, 양도, 통지, 완전합의, 준거법, 재판관할 등 계약의 효력이나 관리방법 등은 전형적인 일반규정이다. 실질규정의 경우, 예를 들면, 매매계약의 경우 제품의 판매, 수량, 규격, 가격, 지급, 선적, 소유권 및 위험부담의 이전, 선적준비, 해상보험, 검사, 보증, 특허권침해 등의 매매계약을 실현하기 위한 구체적인 당사자 간의 실질적인 권리의무에 관한 규정을 말한다. 예를 들어, 대출계약(loan agreement)에서 대주의 금전대여의무와 차주의 대여금상환의무 및 이자지급의무 등은 금전의 대여라는 특정 거래의 목적을 달성하기 위한 권리의무에 관한 규정이지만, 계약기간이나 계약의 해지 등에 관한 규정은 해당 계약의 효력 및 처리 내지 관리방법에 관한 일반적인 관리규정이라 할 수 있다.

4 물품매매계약, 대리점계약, 총판계약, 라이선스계약, 인수계약 등 특정한 거래나 계약의 목적을

(concluding statement)를 쓰고 서명란(signature blocks)을 두고, 필요한 경우 별첨문서(attachments) 등을 계약서에 첨부한다.

한편, 계약서의 내용이 길거나 복잡한 경우 계약서의 개별 조항의 제목과 그 조항의 페이지 및 계약의 첨부서류를 목록화한 목차(table of contents)를 계약의 도입부 앞에 별도로 둘 수 있다. 계약서의 목차 다음에 표제(cover sheet)를 두는 경우도 있는데, 여기서는 계약의 간단한 소개조항(introductory clause)과 문서공유에 대한 비밀유지(confidentiality)에 관한 경고문구 등을 포함할 수 있다. 계약서에 사용된 정의 관련 색인(index of definitions)을 포함하는 때 이를 계약서의 목차 바로 다음에 둘 수도 있다.[5] 그런데, 계약을 체결하는 과정에서 시기를 달리해 작성된 여러 문서가 하나의 계약을 구성하거나, 하나의 주계약서(master agreement)에 부수하는 여러 개별계약이나 서류들이 있을 수 있다.[6] 이런 경우 관련 문서들간 내용이 상충되어 분쟁이 발생할 수 있으므로, 계약서에 이러한 문서들을 나열하고 상호간의 효력 순위에 관한 사항을 명확히 규정할 필요가 있다.

계약서 본문내용의 배치와 관련해, 프론트로딩(frontloading) 또는 백엔딩(backending)의 형식이 있다. 프론트로딩(frontloading)은 계약의 주요 조건을 계약서의 앞부분에 배치하는 것이고, 백엔딩(backending)은 이를 계약서의 뒷부분에 배치하는 것이다. 회사는 거래상 같은 내용의 계약을 반복해서 체결하는 경우가 많은데, 개별 거래에서 변경되는 관련 주요 내용만을 따로 목록을 만들어서 계약서의 앞에 기재해 둘 수 있다. 예를 들면, 회사가 여러 개의 라이선스계약을 체결한 경우 계약체결일, 고객명, 제품, 계약기간, 수수료, 기타 계약의 식별번호(identification number) 등을 개별 계약서의 앞부분에 기록하는 프론트로딩(frontloading)을 통해 회사 내 관련자들이 체결된 개별 계약의 주요 조건을 용이하게 파악할 수 있게 하고 장래 유사한 계약체결시 효율적인 협상이 이루어질 수 있도록 할 수 있다. 다

달성하기 위한 필요한 각 당사자의 특유한 권리의무 등 실질적 규정은 다양할 수 있는데, 주요 국제거래 계약의 유형별 유의사항과 기재례들에 대해서는 "Chapter 9 주요 국제거래 계약의 이해와 기술"에서 별도로 상세히 살펴본다.

5 "frontloading"(상사계약에서 본문 중 주요사항을 뽑아 본문계약 앞에 둠)하는 경우가 있다.

6 예를 들어, 개별 계약에 정하지 않은 사항은 주계약(master agreement)의 내용으로 한다거나, 관련 문서나 계약서간의 내용이 충돌하는 경우 어느 계약이 우선한다는 등의 내용을 명확히 규정하여야 한다. 예를 들면, 해외 장기물품공급계약의 수출 시마다 계약을 체결하기 번거롭거나 어려울 수 있어 주계약을 체결하여 전체 계약기간, 손해배상, 준거법과 분쟁해결방법, 거래 총 수출물량 등 기본적 계약사항을 정하고, 개별 수출 시에 당해 물량이나 가격, 운송방법 등 별도 계약을 체결할 수 있다.

만, 이는 회사의 거래계약의 관리목적상 이루어지는 것이기 때문에 프론트로딩(frontloading)에 기재된 내용이 반드시 다른 계약내용보다 더 중요하다고 할 수 없으며 다른 계약내용이 무시되어서도 안 된다. 반면, 백엔딩(backending)의 형식은 계약서 본문에 포함될 개별 거래에 관한 상세한 정보를 별첨(schedule)에 기술하는 것인데, 이는 프론트로딩(frontloading)과 비교할 때, 계약서 본문의 주요한 정보를 계약서의 뒷면에 둔다는 단점이 있지만, 거래별 정보의 양이 많은 경우 유용하다.

그런데, 당사자 간 유사한 거래가 연속적·반복적으로 발생하는 경우에는 "Master Agreement(주계약)"를 작성하고 개별 거래에 따른 조건을 별도 문서에 명시할 수 있다. 이는 백엔딩(backending)과 유사한 계약구조로, 당사자들은 Master Agreement(주계약)에 그들 사이의 일반적 거래 계약조건을 규정한 다음, 통상 "SOW(statement of work; 작업명세서)" 또는 "Purchase Order(구매주문서)"라고 불리는 별도의 문서에 특정 거래나 프로젝트와 관련된 추가적인 조건을 명시한다. 다만, Master Agreement(주계약)의 형식은 당사자가 동일한 계약상대방과 사이에 거래의 연속성이 있는 경우에 주로 사용되는 반면, 프론트로딩(frontloading) 또는 백엔딩(backending)의 형식은 당사자가 상이한 상대방들과 동일한 계약서 형식을 반복적으로 사용할 때 대체로 이용된다.

2. 국제거래 계약서 구조상 구체적 내용

계약의 유형에 따라 계약서 양식을 달리할 수 있으나, 국제거래 계약서의 구조는 통상적으로 크게, (i) 도입부, (ii) 본문, (iii) 말미, (iv) 별첨 등으로 분류할 수 있다.

2.1 계약서 도입부

계약서 도입부(beginning of the contract)에서는 해당 계약의 성격과 계약당사자들을 기술하는데, ① 계약의 제목(title), ② 서문(preamble; introductory clause/statement), ③ 계약의 배경설명 내지 전문(recitals; whereas clause),[7] ④ 도입연결표현(transactional clause; lead-in) 등으로 구성된다.[8] 다만, 길고 복잡한 계약서는 서문

7 당사자의 권리(rights)나 의무(obligations), 조건(conditions) 등 계약의 실질적인 내용은 전문(recitals)에 포함하지 않고, 계약서의 본문에 기재한다.

8 계약서의 도입부(introduction)나 계약의 배경사실에 관한 계약서 전문(recitals)은 계약을 용이

(preamble) 앞에 별도의 표지(cover page), 목차(table of contents),[9] 정의된 용어의 목록(list of defined terms) 등을 둘 수 있다. 표지(cover page)에는 일반적으로 계약명, 계약당사자, 계약일자를 표기하고, 그 표기는 표지의 중앙에 배치하고 글자폰트는 계약의 다른 일반 글자폰트보다 크게 한다(예를 들면, 일반 글자폰트가 11이나 12라면, 표지의 글자폰트는 20 정도). 목차(table of contents)는 표지 다음 페이지에 배치하는데, 이에는 개별조항과 별첨자료의 제목과 관련 페이지를 표기한다. 한편, 계약서의 도입부에 당사자의 권리의무 또는 계약의 정책(policy)에 관한 불필요한 정보를 포함하는 경우 계약서의 본문내용과 혼동을 가져올 수 있기 때문에 이러한 정보는 계약서 본문의 관련 조항에서 언급하고 도입부에 포함하지 않는다.

[Example]

아래는 계약서에 표지(cover page)를 두는 경우 표지의 기재례이다.

(Version 1)

Revolving Credit Agreement between
Printing and Graphics Inc.
and
Tribeca Banking N.A.
April 10, 20XX

(Version 2)

Distribution Agreement
Between Samar Corp. and Lieber Brothers & Co., Inc.
Dated: 20 May 2023

2.1.1 계약의 제목(title)

계약서 도입부의 맨 위에 일반적으로 계약서의 제목(title of the contract)을 표기한다. 계약서의 제목은 간결하면서 계약의 목적과 주요내용을 포괄할 수 있는 개념적 표현을 사용하는 것이 좋다. 계약서 제목은 그 자체로서 법률적인 강제력이

하게 이해하기 위한 것으로 계약서에서 절대적으로 필요한 것은 아니다.

9 계약서의 목차는 장문의 계약에서 독자가 특정 조항을 신속하게 찾을 수 있도록 하는데, 여기에는 해당 계약조항의 제목과 관련 페이지 번호를 기재해 나열하고, 계약서에 첨부되는 별첨이 있는 경우 그 별첨목록도 함께 열거한다.

있는 것은 아니나, 계약내용을 한눈에 짐작할 수 있도록 하는 것이므로 해당 계약의 목적을 가장 잘 나타낼 수 있는 용어를 사용한다.[10] 계약서 제목은 일반적으로 계약서의 첫 페이지 맨 위의 중앙에 위치시키고, 대문자로 크고 볼드체로 간결하게 표시한다. 계약의 본문글씨에 사용된 글꼴보다 큰 글꼴을 사용하며, "the," "a," "an" 등과 같은 관사, 계약당사자의 명칭 등과 같은 불필요한 정보를 포함하지 않고 간략하게 기술해야 한다. 계약서의 제목은 또한 "Agreement"와 같이 아무 내용을 알 수 없고 동일한 이름으로 명명된 관련계약이 많을 수 있어 혼란을 초래할 수 있는 표기는 피하고, "Merger Agreement," "Employment Agreement," "Shareholders' Agreement," "Sale and Purchase Agreement," "Agency Agreement," "Distributorship Agreement," "License Agreement," "Loan Agreement" 등과 같이 가능한 한 명확하고 간결하게 해당 거래의 성격을 식별할 수 있는 명칭을 사용할 필요가 있다.[11]

한편, 동일한 종류의 계약을 여러 개 체결하여 별도의 제목을 붙일 필요가 있을 경우에는 부속제목에 추가적인 정보를 괄호로 그 계약의 제목 아래에서 기재하는 것이 좋다. 서면형식의 계약서(letter agreement)에서는 계약서의 제목에 관한 정보는 대체로 "Re: Preliminary Merger Terms" 등과 같이 주제 참조(subject reference)의 형식으로 기술한다. 그리고, 이전 계약의 일부를 변경해 재작성(amend and restate a prior contract)하는 경우 그 문서의 제목은 "Amendment to Equipment Lease," "Amended and Restated Loan Agreement" 등과 같이 표기할 수 있다. 또

10 계약서의 표제만으로 그 구체적인 계약내용을 단정할 수는 없으나, 내용을 가장 함축할 수 있는 표현을 써서 제명만으로 그 대강의 내용을 떠올릴 수 있게 하면 좋다.

11 계약서의 제목을 나타낼 때 "계약"이란 영어표현으로 "Contract"와 "Agreement"는 상호교환적으로 사용되어 "Contract" 또는 "Agreement"을 모두 사용할 수 있으나, 실무상 "Contract"보다는 "Agreement"라는 용어를 대체로 더 많이 사용한다. 예를 들면, "Distribution Contract"라고 기재하기보다는 "Distribution Agreement"로 기재한다. 영미계약법상 단순히 당사자의 합의를 나타내는 "Agreement"는 계약법상 강제할 수 있는 계약을 나타내는 "Contract"보다 넓은 의미를 갖는다. 즉, Agreement와 Contract는 관례적으로 두 단어 모두 계약을 나타내는 것으로 쓰이고 있어, 계약서상 제목 내지 표제로 사용할 때 그 의미상의 차이는 없다. 당사자의 합의가 Contract의 요건을 갖추었다면 표제가 Agreement이거나 다른 표현이라 할지라도 계약서로 기능할 수 있다. 그러나, 엄격히 말하면, Agreement는 계약당사자 간 합의된 사항을 기재한 문서라는 의미로 해석될 수 있지만, Contract의 경우 계약당사자의 합의에 권리의무의 상호성 등 대가관계(consideration)의 존재 등 계약법 원리에 따른 계약의 성립 및 법적 강제력(legal enforceability)을 포함하는 의미를 갖는다는 점에서 구별될 수 있다. 다만, 일부 계약에서는 계약서의 제목으로 "Agreement" 또는 "Contract"라는 용어를 사용하지 않을 수 있는데, 예를 들면, 보증계약을 "Guaranty" 리스양도계약을 "Assignment of Lease" 등으로 표기할 수도 있다.

한, 현재 작성되는 변경문서 이전의 또 다른 변경문서가 있는 경우 변경문서에 순서를 나타내는 번호를 붙여, "Third Amendment to Equipment Lease," "Second Amended and Restated Loan Agreement" 등과 같이 표기하는 것이 좋다.

2.1.2 서문(preamble)

계약서의 서문(preamble; introductory clause/statement)은 계약과 계약당사자들을 특정하는데, 한 문장의 소개문구로 시작한다. 해당 계약을 특정하기 위해, (i) 계약의 명칭, (ii) 계약당사자, (iii) 계약일자 등을 명시한다. 여기서의 문장은 계약 자체에 대한 일반적인 언급으로 시작해, 예를 들면, "This agreement …," "This contract …," 또는 계약의 제목을 재진술하여, 예를 들면, "This Distribution Agreement …" 등으로 기재한다.[12] 이러한 문구 다음에는 계약당사자를 특정하고, 계약일자를 포함할 수 있다.

계약당사자를 특정할 때는 해당 계약이 누구에게 대해서 효력을 갖는지, 분쟁이 일어난 경우 누구를 상대로 재판을 해야 하는지 등 계약당사자의 동일성을 파악하고, 당사자들이 계약에 따른 이행의무와 책임을 부담하기에 적합한 사람인지를 확인해야 한다. 계약당사자가 법인(corporation)인지, 조합(partnership)인지, 개인(individual)인지 등에 따라 적용되는 법률이 달라질 수 있으므로, 계약당사자의 특정을 위해 법적으로 인정된 명칭을 정확히 언급해야 한다. 즉, 당사자의 표기는 개인인지 기업 등 업체인지 등을 분명히 하고, 당사자의 명칭이나 상호, 국적, 주소 등을 명시할 필요가 있다.[13] 당사자가 개인인 경우 출생증명서(birth certificate)나 운전면허증(driver's license) 등 신분증명서에 기재된 성명과 함께 국적과 주소 등을 병기해 당사자를 특정을 한다.[14] 당사자가 회사인 경우 공문서상 회사의 상호와 설립유형(예를 들면, corporation, limited liability company, general partnership, limited

---

12 계약을 구체적으로 특정할 필요가 있는 경우 "the merger agreement dated October 10, 2020 between XXX and YYY"와 같이 기재할 수 있다.

13 당사자의 명칭을 기재할 때 개인의 경우 신분증명서, 업체인 경우 사업자등록증 내지 법인설립 등기부 등과 같은 공문서를 확보해 그 명칭을 확인할 필요가 있다. 당사자의 주소의 경우 그 주소가 배경설명(recitals)이나 통지조항(notice provision) 등의 다른 계약조항에 명시되어 있다면 계약서의 서문(introductory paragraph)에 주소의 기재는 필수적이지는 않다. 당사자의 특정 시 공식명칭 이외에 일반적으로 달리 알려진 다른 명칭이 있을 경우 이를 병기할 수 있다.

14 개인의 신분증명서상의 정식 성명은 아니지만 통상적으로 불리는 이름이 있을 경우 이를 병기할 수 있으며, 개인의 명확한 특정을 위해 필요하다면 신분증명서상 표기된 식별번호 등을 함께 병기할 수도 있다.

partnership, sole proprietorship),[15] 회사의 설립준거법, 주된 사무소의 소재지 또는 주소, 회사를 대표하는 자의 직위 및 대표자의 명칭을 당사자의 특정을 위해 기재하여야 한다.[16] 회사가 계약을 체결하는 경우 계약상 의무이행을 그 회사의 일정 부서에서 주로 관리 이행한다고 하더라도, 계약의 당사자는 회사이므로 계약의 당사자를 회사로 기재해야 하며, 회사의 부서명칭으로는 기재하지 않는다.[17]

한편, 당사자의 명확한 특정을 위해 당사자 명칭의 첫 글자는 대문자로 표기한다. 당사자의 명칭은 통상 처음 언급할 때는 공식적인 전체 명칭(full name)을 사용하지만, 그 다음부터는 전체 명칭을 반복하기보다는 정의된 용어(defined term)로 약칭(short name)을 만들어 사용한다.[18] 당사자의 명칭을 정의된 용어로 만들기 위해서는 당사자 명칭 뒤에 괄호를 하여 정의하고(integrated definition), 정의된 용어는 강조를 위해 인용따옴표로 묶고 볼드체로 하는데, 인용따옴표는 볼드체로 하지 않는다. 당사자가 회사인 경우 회사의 설립준거법을 언급한 뒤에 괄호를 붙이는데, 예를 들어, "Excelsior Corporation, a Delaware corporation ("**Excelsior**")"과

CHAPTER 4

15 회사의 설립유형의 경우 우리나라는 상법상 주식회사, 유한회사, 합명회사, 합자회사 등이 있으나, 미국은 Corporation, Incorporated/Inc., General Partnership, Limited Partnership, Limited Liability Partnership, Private Corporation, Public Corporation, Statutory Company 등 다양할 수 있고 그에 따른 회사의 운영형태가 달라질 수 있다는 점을 염두에 두어야 한다.

16 예를 들어, "ABC, Inc., a California corporation"이라고 하면, ABC가 캘리포니아 주의 법률에 따라 설립된 법인임을 의미하는데, 이는 법인등기부 등 공적 기관에 정식으로 등록된 현존하는 명칭을 사용한다. 회사의 주소는 재판관할, 통지나 송달시 장소나 준거법의 자료가 될 수 있으므로 반드시 기재하도록 한다.

17 계약이행의 주체를 반드시 명시할 필요가 있는 경우 계약서의 전문(recitals) 등에서, "LINGCO CORPORATION, a Delaware corporation acting through its Widgets division ("Lingco")" 등과 같이 언급할 수 있다. 다만, 이 경우에도 계약의 당사자는 회사 자체이고 회사의 부서는 회사를 위해 계약업무를 단순히 수행하는 것에 불과하므로, 계약서 서명란의 당사자는 회사가 되어야 한다.

18 당사자를 약칭(short name)함에 국문계약서에서 "갑" 또는 "을"로 통칭하는 경우가 많지만, 영문계약서의 경우 계약에 상관없이 일률적으로 통칭하기보다는 계약의 성격이나 종류에 따라 다양한 용어를 사용한다. 예를 들어, 매매계약이나 물품공급계약은 Seller, Buyer/Purchaser, Customer/Client, Manufacturer/Supplier, 대리점 또는 판매점/총판계약(Agency Agreement; Distributorship Agreement)의 경우 Principal/Manufacturer/Supplier, Distributor/Agent/Agency/Dealer/Representative, 기술이전계약(License Agreement)에서는 Licensor, Licensee 등의 용어를 쓴다. 또한, 계약내용이 특정한 당사자 일방만을 지칭하는 것이 아니라 양 당사자에게 모두 적용될 수 있는 일정한 상황을 가정해 규정되는 경우에는 그 법률행위나 효과의 당사자를 칭하는 일반적 표현을 쓸 수 있다. 그 예로는 계약위반상황인 경우 Breaching Party/Defaulting Party, Non-breaching Party/Non-defaulting Party/The Other Party, 손해배상의 상황인 때는 Injuring Party, Injured Party, 계약양도와 관련해서는 Assignor, Assignee, 불가항력의 상황인 때는 Affecting Party, The Other Party 등이 있다.

같이 한다. 당사자의 명칭의 정의된 용어는 당사자의 고유한 명칭을 사용하거나, "Company," "Shareholder," "Seller" 등과 같이 당사자의 법적 실체나 당사자가 거래에서 수행하는 역할을 나타내는 일반 명사를 사용할 수 있다. 그리고, 당사자 명칭을 두문자어, 즉 머리글자로 된 약어(initialism, acronym)로 쓸 수 있다. 예를 들면, North Atlantic Treaty Organization(북대서양조약기구)을 "NATO"로 표기하는 것과 같다. 다만, 동일한 당사자에 대해 정의된 용어를 둘 이상 사용하는 것(예를 들어, 동일한 당사자를 두 가지 용어로, "Dreamco" 또는 "Company"와 같이 사용하는 것)은 당사자의 특정에 혼란을 줄 수 있어 가급적 피하는 것이 좋다. 또한, 마지막 음절에서만 달리 표기되는 상호 대칭되는 정의된 용어, 예를 들면, "Acquiror"와 "Acquiree," "Assignor"와 "Assignee," "Employer"와 "Employee," "Lessor"와 "Lessee," "Licensor"와 "Licensee" 등과 같은 용어를 사용하는 것은 당사자의 특정에 혼동을 가져올 수 있어 가능한 한 피하는 것이 좋다. 그리고, 계약당사자들 사이의 관계를 언급할 때는 "between" 또는 "by and between"를 사용한다.[19]

[Example]

아래는 계약서 서문(preamble; introductory clause/statement) 관련 기재례들이다.

(Version 1)

This Supply Agreement, dated March 3, 20XX, is between Carpetmakers, Inc., an Indiana corporation (the "**Manufacturer**"), and Big Retail Corp., a Florida corporation (the "**Retailer**").

(Version 2)

Supply Agreement, dated March 3, 20XX, between Carpetmakers, Inc., an Indiana corporation (the "**Manufacturer**"), and Big Retail Corp., a Florida corporation (the "**Retailer**")...

(Version 3)

This Software License and Customization Agreement (this "Agreement") is entered into as of ________, 2022 (the "Effective Date") by and between [ ], a [ ] ("Customer"), and [ ], a [ ] ("Provider").

19 2명이 넘는 당사자를 언급할 때에는 "among"을 사용할 수도 있으나 대체로 "between"을 여전히 사용할 수 있다.

(Version 4)

Employment Agreement
THIS EMPLOYMENT AGREEMENT is made this ________ day of December, 2021, between Quantum Consulting, Inc., a Delaware corporation (the "**Company**") and ________, a resident of the State of ________ ("**Employee**").

(Version 5)

This agreement is made between Samar Corp., a Florida corporation ("**Supplier**"), and Lieber Brother & Co., Inc., a Georgia corporation ("**Distributor**").

2.1.3 계약일자(date of the contract)

계약서에는 계약일자(date of the contract)를 기재하는데, 이는 계약의 의무이행 기간의 문제뿐만 아니라 조세부담이나 민사나 형사상 당사자의 책임 등 법적인 문제도 있을 수 있어 특별한 주의를 요한다. 계약일자는 용이하게 참조할 수 있도록 계약서의 서문(preamble) 또는 말미(concluding language)의 서명페이지에 주로 기재하는데, 계약서의 서문에 일자를 기재하는 것이 더 일반적이다.[20] 계약일자를 기재할 때에는 계약서 내에 다른 곳에서 사용하는 날짜의 형식과 동일한 형식을 사용한다.[21] 계약의 체결일자는 당사자가 계약서를 그 날짜에 서명하기로 결정한 날로, 반드시 실제 계약서에 서명한 날짜가 아니라도 상관이 없다. 그런데, 계약의 체결일 내지 서명일(signing date)은 일반적으로 계약의 효력발생일(effective date)로 추정될 수 있으므로 계약의 서명일과 계약의 효력발생일이 다른 경우 혼란을 방지하기 위해 계약의 효력발생일을 따로 명기할 필요가 있다. 보통법(common law)상 계약은 모든 당사자들에 의해 서명이 되어야 효력이 있는데, 당사자들이 계약을 나중에 발효되길 원한다면 계약서의 서문 또는 본문의 별도 조항에서 계약의 효력발생일이나 효력발생일의 결정방법을 명시해야 한다.[22]

20 계약의 체결일은 대체로 계약서의 서문(preamble)에, "Settlement Agreement, dated as of 10 January 2023, between... and..." 등과 같이 나타낼 수 있다. 다만, 계약일자는 계약서의 서문이든 계약서의 서명페이지이든 한군데만 기재를 하고 양쪽에 다 기재하는 것은 계약일자에 혼동을 일으킬 수 있으므로 피하는 것이 좋다.

21 예를 들어, 계약서상 날짜의 표기를 "10 May 2023"와 같이 일-월-연의 순서로 했다면, 계약일자도 동일한 순서로 기재한다.

22 계약의 효력발생일을 계약체결일 이후로 하는 것은 계약의 효력발생일을 소급하는 것보다는 상대적으로 덜 문제된다. 계약의 효력발생일을 소급하는 경우 계약과 관련해 여러 파급효과가 있

[Example]

아래는 계약의 체결일과 효력발생일의 기재방법과 관련한 예문들이다. 계약의 체결일이 효력발생일과 동일한 때 (Version 1)과 같이 계약서의 서문에 나오는 계약일자에 "Effective Date"라고 정의된 용어를 삽입하거나 또는 계약일자 앞에 "effective"라는 단어를 삽입할 수 있다. (Version 2)는, 계약의 체결일과 효력발생일의 혼동을 없애기 위해, 계약의 효력발생일 관련 "Effective Date"라는 별도 규정을 두는 경우의 예문들이다.

(Version 1)

This Purchase and Supply Agreement ("Agreement"), dated 10 March 2023 (the "Effective Date"), is made between Washington Art, Inc. ("Washington Art"), incorporated in the state of Washington, and headquartered at 100 State Route 200, Moclips, WA, 98562, and Googly Eyes, Inc. ("Googly Eyes"), incorporated in the state of New Jersey, and headquartered at 300 Industrial Way, Benson, NJ, 87625.

(Version 2)

- The provisions of this Agreement are effective on 20 June 2023.
- This Agreement is effective as of the date of the signing of this Agreement by both Parties.

2.1.4 계약서 전문(recitals) 및 계약서 본문과의 연결문구(transactional clause; lead-in)

계약서 전문(recitals; witnesseth; whereas clause; background; statement of purpose)은 계약서 서문(preamble) 다음에 나오는데, 여기서는 계약과 관련된 당사자들의 거래관계 등 계약을 체결하게 된 경위나 배경 또는 계약의 목적을 설명한다.[23] 이를 통해, 당사자들의 계약의 의도를 명백히 하고 당사자들이 이해관계있는

을 수 있다. 즉, 이는 일정한 시기에 부과되는 세금의 경우 계약의 소급으로 인해 당사자 간 누가 세금을 부담할 것인지에 관한 문제를 초래할 수 있으며, 해당 계약이 다른 계약과 연관되어 있다면 제3자의 권리에 영향을 미칠 수도 있다. 이에, 계약의 효력발생일을 계약체결일 이전으로 소급하길 원하는 경우 그 계약을 둘러싼 법규나 정황 등을 면밀히 검토해 그 소급에 따른 문제가 없는지를 파악하는 것이 중요하다.

23 계약서 전문(recitals)의 유형은 대체로, (i) 계약당사자 상호간 이전의 거래나 관계 등 당사자들이 해당 계약을 체결하게 된 경위나 거래의 맥락을 나타내는 전문(context recitals), (ii) 계약당사자들이 달성하고자 하는 목적을 나타내는 전문(purpose recitals), (iii) 해당 계약이 광범위한

제3자에게 계약의 배경이나 목적을 알릴 수 있다. 계약 관련 분쟁의 발생시 법원 등 분쟁해결기관은 계약서 전문을 통해 계약을 체결하게 된 당사자들의 의도나 거래관계를 파악할 수 있다. 다만, 계약서 전문에서 계약의 목적을 기술하더라도 계약으로 달성하고자 하는 것보다 더 광범위한 내용을 포함해서는 안 되며, 계약의 상세한 내용이나 조건을 다루지 않아야 한다.[24] 계약서 전문은 계약서에 포함된다는 점에서 계약의 일부이지만, 이는 당사자가 특별히 달리 정하지 않는 한 구속력있는 계약내용의 일부는 아니기 때문에 당사자들이 명시적으로 이에 관해 강제성을 인정하지 않는 한 강제할 수 있는 계약내용이 되지 않는다. 이에, 계약상 진술 및 보증(representation and warranty), 이행의무(covenant), 조건(condition), 해지(termination) 등과 같은 계약의 실행기능을 하는 실질적 계약규정(substantive provisions; operative clauses)은 계약에 따라 강제되어야 하기 때문에 계약서 전문에 포함하지 않아야 하며, 계약서의 본문에 규정되어야 한다. 이에, 계약서 전문과 관련해, 다음과 같은 사항을 유의해야 한다: (i) 당사자 간의 합의내용에 추가적으로 언급할 사항이 있는 경우에만 사용하며, 가능한 한 간단한 문장으로 기재한다. (ii) 계약의 독자가 당사자만 있으면 그 계약의 배경을 길게 쓸 필요는 없으며, 독자가 광범위하다면 계약의 배경이나 당사자들의 의도를 설명하기에 충분하도록 포괄적으로 기재한다. (iii) 계약서 전문에서 당사자들의 과거 관계나 연관된 사실을 설명할 때는 그 사실들의 정확성을 확인해야 한다. (iv) 계약을 둘러싼 배경이 복잡하다면 연대기적 순서(chronological order)로 사실을 기술하는 것이 좋다. (v) 계약서의 본문에서 계약서 전문을 인용해서 언급하는 경우 계약서 전문에 있는 사실이 증거가 될 수 있고, 그 내용이 부정확한 경우 분쟁의 소지가 될 수 있기 때문에 계약서 전문에서 언급한 사실을 계약서의 본문에 통합하지 않아야 한다.

계약서 전문의 표제는 해당 계약이 당사자 합의의 증거라는 의미를 나타내기 위해 전통적으로 "WITNESSETH"라는 용어를 많이 사용해 왔으나, "RECITALS" 또는 "BACKGROUND"라는 용어로도 표기한다. 그리고, 계약서 전문을 기술할 때는

거래의 일부인 경우 그 계약의 체결과 동시에 일어나는 관련 다른 거래의 구성요소가 된다는 것을 설명하는 동시 거래를 나타내는 전문(simultaneous-transaction recitals) 등이 있으며, 이러한 전문의 유형은 필요한 경우 혼합해 사용할 수 있다.

24 법원은 애매한 실체적 계약조항에 대해 분쟁이 발생할 경우 해당 계약의 체결 경위나 목적을 파악하거나 계약 관련 당사자들의 의도를 파악하거나 해석하기 위해 계약서 전문을 검토할 수 있으므로, 계약서 전문의 내용은 사실을 정확하게 반영하여야 하고 계약서 본문의 실질적 조항과 충돌하지 않아야 한다.

보통 각 문장은 "WHEREAS"로 시작하고, 개별 문장들은 세미콜론(semicolon)으로 끝나는 절을 가진 문장으로 기술하는 것이 일반적이다. 다만, 계약서 전문의 형식을 어떻게 할지에 대한 것보다 그 내용이 어떤지에 따라 법적 효과를 달리하기 때문에 전문의 표제나 형식은 크게 중요하지 않다.[25] 계약서 전문의 내용을 기술할 때는, "the Business," "the Merger," "the Services" 등과 같이 분명한 의미를 가지지 않는 정의된 용어(defined term)가 언급되는 경우 계약서의 본문내용을 통해 그 정의된 용어의 의미를 독자들이 파악할 수 있다고 하더라도, 전문단계에서 독자들이 그 개념을 파악하기 힘들기 때문에 정의된 용어는 전문에서는 가능한 한 언급하지 않는다.[26]

한편, 계약서 전문을 기술한 이후에는 계약서 본문에 들어가기 위한 연결문구(transactional clause; lead-in)를 기재하는데, 이는 계약의 도입부와 계약의 본문을 연결하는 문장으로 계약서 전문 바로 다음 계약의 본문이 나오기 이전에 배치한다. 연결문구는 "NOW, THEREFORE," "Accordingly" 등의 문구로 시작해, 계약서 전문 다음에 당사자들이 이후에 기술되는 계약의 조건들에 상호 합의한다는 점을 확인할 수 있도록 간단히 기재한다. 그리고, 영미계약법상 계약의 성립요건으로 필요한 당사자 간 거래의 대가관계(consideration)가 있다는 점을 나타내기 위해, "in consideration of" 또는 "as consideration"이라는 문구를 대체로 기재하는데, 대부분의 상사계약은 당사자들 상호간 대가의 교환이 전제된다는 점에서 이를 생략하기도 한다.[27] 다만, 이와 같이 대가관계가 있다는 점을 명시하더라도, 당사자의 매

CHAPTER 4

25 "Witnesseth"는 "이하의 내용을 보증한다"는 취지로, "Whereas"는 "in view of the fact that; seeing that(...이므로; ...이다)"라는 의미로 볼 수 있다. 다만, "Witnesseth," "Whereas" 등의 용어가 법률상 특별한 효력을 가지는 것은 아니기 때문에, 현대적 계약서 작성에서는 이를 생략하고, 이해하기 쉬운 용어로 "Background" 또는 "Statement of Purpose" 등의 제목을 쓰고 평이한 문장으로 관련 사실관계를 기술하는 경우도 많다.

26 계약서 전문에서 용어를 정의할 필요가 있는 경우에는, 일반적 정의된 용어의 작성방법과 마찬가지로, (the "**Company**") 등과 같이, 괄호로 둘러싸인 따옴표 안의 정의된 용어를 볼드체로 표기한다.

27 영미계약법상 대가관계(consideration)가 없는 당사자 간 합의는 원칙적으로 강제할 수 없기 때문에 계약법상 계약으로 보지 않는다. 이에, 당사자 간의 대가관계를 계약서상 명백히 한다는 취지에서 계약서 전문(recitals)에 해당 거래가 대가관계가 있다는 점을 대체로 명시한다. 한편, 영미계약법상 대가관계(consideration)는 당사자의 대가관계의 주장이 있다고 하여 반드시 인정되는 것은 아니고, 실제 거래상 대가관계가 존재하는지에 따라 판단될 수 있다. 즉, 당사자 간의 대가관계의 충족 여부는 계약상 "consideration"이라는 표기를 했는지 여부와 상관없이 실제로 계약상 당사자들의 대가의 교환이 있었는지에 따라 결정되기 때문에 "consideration"이라는 용어의 사용에 큰 의미를 부여하지 않을 수도 있다. 대가관계(consideration)에 관한 자세

수가격 등 구체적인 대가관계에 대한 정보는 계약서의 도입부에서 기재하지 않아야 하며, 그 정보는 계약서의 본문에서 기술한다.

[Example 1]

아래는 계약서 전문(recitals)에 포함되는 예문들인데, 전문은 당사자의 계약의 의도나 목적을 나타내기 때문에 동사는 "wants to," "desires to," "wishes to," "intends to," "seeks to," "would like to" 등과 같은 표현을 주로 사용한다.

- The Company wants the Executive to serve the Company as its chief executive officer.
- The Company intends that the Executive serve the Company as its chief executive officer.
- The Company wishes for the Executive to serve the Company as its chief officer.

[Example 2]

아래는 계약서 전문을 "whereas"로 연결해 언급하는 예문인데, "whereas"로 시작해, "NOW, THEREFORE" 등의 표현으로 끝을 맺고, 계약서 본문과 연결하는 경우가 많다.

"**WHEREAS**, Provider provides copyediting software that makes modern writing read like a Victorian treaty; and WHEREAS Customer wishes to add some flair to its otherwise dull online content; **NOW, THEREFORE**, in consideration for the promises below, the parties hereto agree as follows ..."

[Example 3]

아래는 계약서의 도입부와 본문의 연결문구(transactional clause; lead-in) 관련 예문들인데, 이는 "NOW, THEREFORE," "Accordingly" 등의 표현으로 시작해, 대가관계를 나타내는 "consideration"이라는 용어를 포함하는 것이 일반적이다.

- NOW, THEREFORE, in consideration of the premises and of the mutual

한 내용은 저자 집필 『영미계약법 원리』 (유원북스, 2021), 163페이지 이하를 참고하기 바란다. 한편, 계약서의 도입부에서 "Whereas," "Witnesseth," "in consideration of" 등과 같은 계약서상 난해한 표현이나 용어들은 그 의미의 특이성이나 사용배경을 가지고 있으나, 법률문서나 용어를 가능한 한 쉽게 일반인들이 이해할 수 있는 간결한 용어나 문장을 사용하는 경향(Plain English Movement)이 나타나, 최근 계약서에는 이러한 용어나 문구를 사용하지 않거나 더 쉬운 표현을 쓰는 경향이 있다.

agreements and covenants hereinafter set forth, the Owner and the Contractor hereby agree as follows: ...

- NOW, THEREFORE, in consideration of the mutual representations, warranties, covenants, and agreements, and on the terms and conditions hereinafter set forth, the parties hereto do hereby agree as follows:
- Accordingly, in consideration of the mutual promises stated in this Agreement, the parties agree as follows: ...
- NOW, THEREFORE, in consideration of the premises and the mutual covenants set forth herein and for other good and valuable consideration, the receipt and sufficiency of which are hereby acknowledged, the parties hereto covenant and agree as follows: ...
- Accordingly in consideration of the mutual promises stated in this Agreement, the parties agree as follows: ...
- Accordingly, the parties agree: ...
- Therefore, the parties agree as follows: ...

CHAPTER 4

[Example 4]

아래는 계약서 전문(recitals) 및 계약서 전문과 본문의 연결문구(transactional clause; lead-in)를 포함한 기재례들이다.

(Version 1)

RECITALS

Provider provides a software application known as ________ (the "Base Application"), and the parties have agreed that Provider will modify the Base Application to fit certain needs of Customer and license the modified software to Customer. The parties have also agreed that Provider will provide maintenance and support services related to such modified software. Therefore, in consideration of the mutual covenants, terms, and conditions below, including those outlined on Attachments ________ through ________ (which are incorporated into this Agreement by this reference), the adequacy of which consideration is hereby accepted and acknowledged, the parties agree as follows.

(Version 2)

WITNESSETH

Whereas, Alpha Services Corporation ("Alpha") is in the business of managing business intelligence and call center operations;

Whereas, Presto Appliance, Inc. ("Presto") is in the business of designing, manufacturing, and distributing small household appliances; and

Whereas, Presto desires to engage Alpha to provide call center services with respect to warranty claims.

Now, therefore, Alpha and Presto, intending to be legally bound, agree as follows.

(Versioin 3)

WITNESSETH

WHEREAS, Seller owns and operates a business of manufacturing, [*developing, distributing, marketing, supplying and selling*] ABC using certain facilities in [address] (such business hereinafter referred to as "Business"); and

WHEREAS, Seller desires to sell to Buyer, and Buyer desires to purchase from Seller, the Assets (as defined below) which are used or held for use in, or necessary for, the Business pursuant to the terms of this Agreement.

NOW, THEREFORE, in consideration of the mutual agreements set forth herein, the Parties hereto agree as follows: ...

(Version 4)

RECITALS

WHEREAS, BuyFromMe.com ("BFM") operates and maintains a web site, located at www.buyfromme.com (the "BFM Website"), through which it offers online retail marketing and sales fulfilment of consumer products;

WHEREAS, Magic Hairbrush Co. ("MH") is a manufacturer of popular, sparkly hairbrushes that wishes to establish a means of online distribution in the United States; and

WHEREAS, the Parties wish to advertise and sell MH's line of sparkly hairbrushes to customers who visit the BFM Website.

NOW, THEREFORE, in consideration of the promises and mutual agreements contained herein, and for other good and valuable consideration, the receipt and sufficiency of which is hereby acknowledged, the parties agree as follows: ...

[Example 5]

아래는 계약서 도입부(beginning of the contract)의 전반적인 내용을 다룬 기재례들인데, (Version 1)은 법률 전문용어를 사용해 길게 작성한 전통적 방식이고, (Version 2)는 간편한 용어나 문구를 사용하는 현대적 방식이다.

(Version 1)

THIS NONCOMPETITION AGREEMENT, made the 11th day of May, 20XX, by and between ATTORNEY STAFFING ACQUISITION CO., a corporation organized under the laws of Delaware (hereinafter, the "**Company**"), and MARIA RODRIGUEZ, residing at 21 Melmartin Road, Chicago, Illinois 60606 (hereinafter, the "**Executive**").

WITNESSETH:

WHEREAS, Attorney Staffing Inc., a Delaware corporation (hereinafter, the "Seller"), provides temporary lawyers to law firms in the greater Chicago area;

WHEREAS, the Seller is selling substantially all of its assets to the Company in accordance with the Asset Acquisition Agreement, dated the first day of February 20XX (hereinafter, the "Acquisition Agreement");

WHEREAS, the Executive is the sole stockholder of the Seller and its President;

WHEREAS, the Executive has extensive knowledge of the Seller's business, including its client base and pool of temporary lawyers; and

WHEREAS, it is a condition to the consummation of the Acquisition Agreement that the Executive enter into this Noncompetition Agreement.

NOW, THEREFORE, in consideration of the mutual promises herein contained and other good and valuable consideration, the receipt of which is hereby acknowledged, the parties hereto hereby agree: ...

(Version 2)

This Noncompetition Agreement, dated March 16, 20XX, is between Attorney Staffing Acquisition Co., a Delaware corporation (the "**Company**") and Maria Rodriguez (the "**Executive**").

Background

1. Attorney Staffing Inc., a Delaware corporation (the "Seller"), provides temporary lawyers to law firms in the greater Chicago area.
2. The Seller is selling substantially all of its assets to the Company in accordance with the Asset Acquisition Agreement, dated February 1, 20XX (the "Acquisition Agreement").
3. The Executive is the Seller's sole stockholder and its President.
4. The Executive has extensive knowledge of the Seller's business, including its client base and pool of temporary lawyers.
5. It is a condition to the consummation of the Acquisition Agreement that the Executive enter into this Noncompetition Agreement.

Accordingly, in consideration of the mutual promises stated in this Agreement, the parties agree as follows: ...

2.2 계약서 본문(body of the contract)

계약서의 본문(body of the contract)에는 계약의 목적이 되는 특정한 거래에 있어 당사자들 상호간 실질적인 권리의무에 관한 사항들을 비롯해 해당 계약서에 사용할 특정 용어들을 정의하거나 당사자들이 계약을 규율하기 위해 합의한 정책 등을 규정한다. 계약서의 본문부분은 당사자 간 계약의 목적이나 대상 또는 계약의 종류와 내용 등 실제 거래에 따라 다양한 규정이 있을 수 있다. 계약서 본문은 그 내용에 따라 다양하게 분류할 수 있는데, 여기서는 편의상 크게, (i) 핵심조항(core provisions), (ii) 일반조항(general/miscellaneous/boilerplate/housekeeping provisions),[28] (iii) 계약의 해지 내지 종료조항(exit/endgame provisions), (iv) 분쟁해결조항(dispute resolution provisions) 등으로 나누어 설명한다.[29] 핵심조항은 해당 계약체결의 목적이 되는 특정거래에 있어 당사자 상호간 실질적인 권리의무에 관한 규정이라 할 수 있으며, 일반조항은 계약의 유형과 크게 상관없이 대부분의 계약에 적용되는 계약 자체의 효력이나 관리에 관한 일반적인 조항들이라 할 수 있다. 즉, 핵심조항(core provisions)은 주로 해당 거래의 여러 상황에 따른 계약당사자 상호간 권리의무 관계를 어떻게 처리할 것인지에 관한 사항들로, 예를 들어 매매계약의 경우 제품의 판매와 관련허, 수량, 규격, 가격, 지급, 선적, 소유권 및 위험부담의 이전, 특허권침해의 구제방법, 물품의 인도, 검사, 보증 등에 관한 사항 등을 핵심조항으로 규정할 수 있다. 이에 반해, 일반조항(general provisions)은 계약의 유형

---

28 계약서의 정의조항(definitions) 등 일반조항(general provisions)의 일부 조항을 계약서의 도입부분(introductory material) 및 말미부분(end of the contract)과 함께 따로 묶어 "Boilerplate Provisions(기본/표준조항)"라 부르고, 이를 일반조항과 분리해 별개의 범주로 분류하는 견해도 있다. 이는 어느 계약에나 포함되는 가장 기본적인 조항들을 "Boilerplate Provisions(표준조항)"로 분류하고, "General Provisions(일반조항)"나 "Prime Provisions(주요조항)"와 구별하고 있다.−David W. Tollen, 『The Tech Contracts Handbook』 (American Bar Association, 3rd ed., 2021).

29 계약서의 전체내용이나 본문부분의 범주별 분류는 법규상 정해져 있는 것은 아니며, 계약서의 내용을 용이하게 이해하기 위한 편의상 구분으로, 그 범주에 따라 법적인 효과를 달리하는 것은 아니다. 다만, 그 범주의 분류는 계약서 개별 조항의 성격을 이해하는 데 상당한 도움이 될 수 있다. 저자는 국제거래 계약서에 포함될 수 있는 주요 조항들을 전체적인 시각에서 효율적으로 이해할 수 있도록, 가장 보편적 범주에 따라 계약조항들을 핵심조항(core provisions)과 일반조항(general provisions)으로 분류해 편제하였으며, 다만, 당사자의 계약위반과 계약해지 또는 손해배상이나 강제이행 등 구제방법 등 계약의 종료조항(exit/endgame provisions)과 당사자 간 분쟁발생시 처리방법 등을 다루는 분쟁해결조항(dispute resolution provisions) 등은 일반조항의 일종으로 볼 수도 있으나, 계약상 중요성에 비추어 여기서는 별도 단원에서 따로 살펴본다.

이 다양하더라도 그 유형에 관계없이 대부분의 계약에 공통적 · 정형적으로 적용되는 사항으로, 예를 들면, 불가항력에 관한 사항, 당사자 간 세금이나 비용부담, 계약의 변경이나 양도, 통지, 완전합의 등에 관한 사항이 있을 수 있다. 일반조항은 정형적인 내용을 담고 있어 큰 의미가 없다고 볼 수도 있으나, 구체적 계약내용에 따라 다양하게 변형된 형태로 기술되어 그 적용범위나 법률효과가 다를 수 있고, 원칙적 내용 이외에 예외사항을 두는 경우도 있으며, 적용 준거법에 따라 관련 규정이 무효가 되거나 효력이 제한될 수도 있어 일반조항에 해당하는 규정이라 하더라도 그에 관한 충분한 이해와 검토를 필요로 한다. 이와 같은 계약의 핵심조항, 일반조항, 종료조항, 분쟁해결조항 등 계약서 본문에 속하는 다양한 규정들의 자세한 내용은 아래의 별도 단원에서 개별적 · 구체적으로 살펴본다.

한편, 계약서 본문의 개별 조항은 아라비아 숫자, 영문자 또는 로마숫자만을 사용해 표기할 수도 있으나, 대체로 “Article,” “Clause,” “Section,” “Subsection” 등의 용어를 먼저 쓴 다음 아라비아 숫자, 영문자, 로마숫자 등을 순차적으로 나열해 각 조항을 기재한다. 각 조항에 제목(headings; titles)을 붙일 경우 해당되는 조항의 내용을 함축적으로 나타낼 수 있는 단어를 선택하여 제목과 조항의 내용이 어울리도록 간명하게 기재한다. 각 조항의 제목 자체가 법률적인 의미를 가지지 않는데, 이에 관한 다툼의 여지를 없애기 위해 계약서 조항에 있는 제목이 특별한 의미를 갖지 않는다는 점을 별도로 명시한다. 예를 들면, “The headings of the provisions in this Agreement are for convenience only and have no influence on the interpretation of the provisions.”와 같은 규정을 둔다.

동일하거나 유사한 내용은 가능한 한 모아서 계약조항으로 기술하는데, 각 조항의 배열은 대체로 원칙규정을 예외규정보다 앞에, 거래와 관련한 당사자의 특별한 합의사항을 계약의 일반적 조건이나 정책에 관한 사항보다 앞에 배치한다. 또한, 계약과 관련해 시간적으로 먼저 발생하거나 발생할 사항, 당사자의 입장에서 보다 중요하거나 유의할 사항 등을 앞에 둔다. 그리고, 계약 목적물의 사양, 일정표, 업무내역서 등 기술적이거나 복잡한 사항 또는 많은 항목들이 단순히 나열되는 경우와 같이 계약의 본문내용에 해당하지만 개별 조항에 포함시키기에 복잡하거나 분량이 많은 때에는 “Attachment,” “Exhibit,” “Schedule,” “Annex,” “Appendix” 등의 필요한 표제를 써서 그 내용을 계약서의 첨부문서로 별첨하는 것이 효율적이다. 이 경우 계약서의 말미(end of the contract)에 별첨 서류들을 순서대로 명시하고, 그 내용이 상호 충돌할 가능성이 있다면 계약서의 본문에 별첨 서류들 간의 효력순위를 정하는 규정을 둘 필요가 있다.

2.3 계약서 말미(end of the contract)

계약서 말미부분(end of the contract)에는 적법한 당사자에 의해 계약이 체결되어 완료되었다는 점을 기술한다. 이는 대체로, (i) 계약서의 본문내용을 공식적으로 종료한다는 취지의 계약서 종결문구(concluding statement/clause), (ii) 필요한 경우 계약서 부본문구(counterparts clause), (iii) 당사자 서명란(signature block)을 두고, (iv) 필요시 계약의 별첨문서(attachments) 등을 포함한다.[30] 한편, 당사자들의 모든 서명들을 같은 페이지에 그룹화하기 위해, 계약서의 본문내용이 끝나고 계약서의 말미부분을 시작하기 이전에, 일정한 여백(blank space)을 두고, 그 다음 별도의 페이지에 계약의 말미부분을 기재하는 경우가 있다. 이때에는 그 여백에 "[SIGNATURE PAGE FOLLOWS]" 또는 "[SIGNATURES ON FOLLOWING PAGE]"라는 문구를 삽입하고, 서명란을 다음 페이지에 둘 수 있다.[31] 계약서상 별도의 서명페이지(stand-alone signature pages)를 두는 경우 그 서명페이지만을 바꿔치기 하는 사기적 행위가 우려될 수 있는데, 이를 대비해 계약서의 모든 개별 페이지의 하단에 당사자 명칭의 첫 글자(initial)를 적는 등 당사자가 계약서의 모든 페이지의 내용을 읽고 이해하였음을 나타내는 것이 좋다.

2.3.1 계약서 종결문구(concluding statement/clause)

계약서 말미에 계약을 종료한다는 종결문구(concluding statement/clause)를 기재하지 않을 수도 있으나, 계약서의 본문에 이어 바로 당사자의 서명란을 표기하기보다는 계약의 순조로운 완결성을 위해 종결문구를 포함하는 것이 좋다. 계약서 종결문구는 계약서 본문상 계약조항들을 끝내고, 당사자의 서명란을 표시하기 이전에 배치한다. 종결문구는 "Agreed" 등과 같이 간단한 서술로 충분할 수 있다. 다만, 계약일자(date of the contract)는 계약서의 도입부에 기재하거나 또는 계약서의 말미에 기재할 수 있는데, 그 일자가 계약의 체결일인지 또는 효력발생일인지에

30 계약서 말미부분(end of the contract)에 필요시 계약서의 별첨 문서(attachments) 등을 언급하고, 계약서에 첨부할 수 있는데, 별첨 문서와 관련된 문제는 "Chapter 4. II. 2.6 계약서의 별첨 문서" 단원에서 자세히 알아본다.

31 계약서 서명페이지를 따로 두는 경우 계약서 본문내용을 마치는 부분 이후에, 몇 줄 띄어서 볼드체로 "**INTENTIONALLY LEFT BLANK**"라고 기재하고, 아래 빈 공간에는 "X"표시 등을 하는 경우도 있다.

관한 혼동을 가져올 수 있다면, 종결문구에서 이에 관한 상황을 명확히 할 수 있다. 당사자가 각기 다른 날짜에 서명하는 경우는 계약서의 본문에 효력발생일을 별도로 명시하는 것이 좋다. 그렇지 않으면 계약의 효력발생과 관련해 계약서의 종결문구에서, "the date that the last party executes and delivers the agreement" 또는 "on delivery of one executed counterpart from each other to the other parties" 등과 같은 표현을 사용해, 계약의 효력발생일을 명확히 할 필요가 있다.

[Example]

아래는 계약서 종결문구(concluding clause)에 대한 예문들이다. 특히, 계약일자와 관련해 종결문구에서 상황에 따라 다양하게 기술할 수 있는데, (Version 1)은 계약일자가 계약서의 도입부에 기재되어 있고 그 날짜에 당사자들이 서명해 계약을 체결하는 경우, (Version 2)는 각 당사자의 서명일이 다르며 마지막 당사자가 서명한 때 계약의 효력이 발생하는 경우, (Version 3)는 계약일자가 계약서의 도입부에 기재된 날짜이거나 또는 마지막 당사자가 계약서에 서명한 때이며, 계약의 효력발생일이 계약서의 본문에 별도 조항으로 명시되어 있는 경우이다.

(Version 1)

- Agreed and signed by the parties on the date stated in the introduction.
- The parties are signing this agreement on the date stated in the introductory clause.
- The parties have signed this agreement on the date stated in the introductory statement.
- To evidence the parties' agreement to this Agreement, they have executed and delivered it on the date set forth in the preamble.

(Version 2)

- This agreement will become effective when all parties have signed it. The date of this agreement will be the date this agreement is signed by the last party to sign it (as indicated by the date associated with that party's signature).
- The date of this agreement and the effective date of this agreement are the date the last party signed, as designated by the date adjacent to that party's signature.

(Version 3)

- The parties have signed this agreement on the date stated in the introductory statement, but the effective date of this agreement is the date stated in Section XX.

- The effective date of this agreement is the date stated in Section XX, and the date of this agreement is the date the last party signed, as designated by the date adjacent to that party's signature.

2.3.2 계약서 부본문구(counterparts clause)

계약서를 작성할 때 당사자들이 계약을 체결했다는 사실을 증명하기 위해 계약서의 원본을 당사자의 수만큼 만들어 각 당사자가 한 부씩 가지는데, 이때 계약서 부본문구(counterparts clause)를 통해 계약당사자가 개별적으로 보유할 계약서 원본의 숫자를 언급하고 각 당사자가 완전하게 체결된 계약서의 동일한 정본이라는 점을 명확히 한다.[32] 계약서 부본문구는 주로 계약서 말미에 언급하지만, 계약서 본문의 뒷부분에 "Counterparts"라는 표제하에 별도 조항을 두기도 한다.[33] 계약서 부본문구는 주로 당사자들이 서로 다른 시간이나 장소에서 계약에 서명할 때 기재되는데, 여기서 당사자들이 계약서 모든 원본의 서명란에 필요한 서명을 하고 작성된 별개의 원본 부본들이 단일한 계약의 체결본을 이룬다는 것을 나타낸다. 계약서 부본문구(counterparts clause)의 내용은, (i) 상대방이 서명한 각 계약서 부본은 완성되어 체결된 원본(completed executed original)으로 제공된다는 점, (ii) 모든 원본은 동일한 문서로 당사자들은 단지 하나의 합의에만 구속된다는 데 의문이 없다는 점 등을 명기한다. 그런데, 오늘날 많이 사용되는 "DocuSign" 등과 같은 전자적 계약체결 시스템을 이용하는 경우 모든 당사자들이 동일한 온라인 문서에 접근해 계약을 체결할 수 있기 때문에 계약서의 원본 부본과 관련된 우려는 없으나,

32 우리에게는 계약체결시 도장을 날인하는 것이 더 익숙할 수 있으나, 영문계약서에는 날인을 하기보다는 각 당사자가 직접 서명하는 것이 일반적이다. 서명 또는 날인이 진정한 당사자의 것임을 명확히 하기 위해 공증인으로부터 받은 서명공증서 또는 인감증명서를 계약서에 첨부할 수 있다.

33 "Counterpart"는 당사자가 서명한 원본 부본(duplicate original that parties sign)이라는 의미를 갖는다. 역사적으로, 복수의 원본(multiple counterparts)은 계약에 대한 사기를 방지하기 위해, 영미계약법상 계약증서(indenture; deed)는 잉글랜드에서 부동산의 매매나 임대 등 부동산 양도(real property conveyance)의 징표로 사용되었다. 계약증서를 양피지 문서(parchment)에 작성해 이를 들쭉날쭉한(indented) 톱니모양이나 물결모양(wavy line)으로 잘라내어 당사자들이 각자 그 잘라낸 부분을 가져가 계약서의 원본성을 확인할 수 있도록 하는 관행에서 유래된 것으로 볼 수 있다. 당사자가 계약체결 이후에 분쟁이 발생할 경우 당사자들은 물리적으로 자신들이 가진 문서와 상대방의 상응하는 문서(counterparts)와 함께 맞추어 이들이 같은 양피지 문서에서 나온 것임을 확인할 수 있었다.

필요하다면 계약 체결과정에서 발생할 수 있는 다양한 상황에 대비해 부본문구(counterparts clause)를 둘 수 있다.[34]

[Example]

아래는 계약서 부본문구(counterparts clause)의 기재례들인데, 이는 계약서 말미 부분에 기재하거나 또는 첫째 및 둘째 예문과 같이 계약서 본문 하단에 "Counterparts"라는 제목의 조항으로 기술할 수 있다.

- **Counterparts.** The parties may execute this Agreement in one or more counterparts, each of which is an original, and all of which constitute only one agreement between the parties.
- **Counterparts.** This Operating Agreement may be executed in counterparts, each of which may be deemed an original but all of which constitute one and the same instrument.
- This Agreement may be executed in one or more counterparts. Each counterpart will be an original, but all such counterparts will constitute a single instrument.
- The parties may sign this agreement in [state the number or state "any number of"] counterparts, each of which when signed and delivered to the other party will be deemed a duplicate original. All executed counterparts taken together will constitute a single agreement.
- This Agreement may be executed in one or more counterparts, each of which shall be deemed an original and all of which together shall constitute one and the same instrument.

2.3.3 당사자 서명란(signature block)

계약상 당사자의 서명(signature)은 당사자 간 합의로 계약서가 작성되어 계약이 체결되었다는 점을 표시하는 행위이므로 서명의 당사자는 계약내용에 따라 권리의무를 부담하는 당사자와 일치하여야 한다. 계약의 강제가능성(enforceability)과 기

34 당사자들이 대면으로 모이지 못할 때에는 각 당사자가 계약서 원본의 부분에 서명하고 그 서명된 계약서를 상대방 당사자에게 팩스, 우편, 이메일 첨부 등을 통해 전달하는 상황에서, 부본문구(counterparts clause)를 포함하는데, 이는 계약체결시에 당사자들이 서로 다른 장소에 있으면서 동시에 계약서에 서명하고자 할 때 특히 유용하다. 각 당사자가 실제 서명을 정확하게 했다는 것을 확인하기 위해, 동일한 계약서의 체결본을 당사자가 모두 보관하도록 한다. 다만, 당사자들이 같은 시간과 장소에서 대면하여 함께 계약서에 서명하거나, 전자적(electronically)으로 서명할 때 또는 마지막 당사자가 서명하는 때 계약이 발효되는 경우에는 불필요할 수 있다.

타 중요한 법적 이슈들은 계약서상 당사자들의 적절한 서명이 되었는지에 의해 영향을 받을 수 있으므로 서명란(signature block)에 대한 세심한 주의가 필요하다. 당사자 서명란은 전통적 일반 형식의 계약서(traditional form agreement)에서 마지막 페이지에 표기하는데, 목록형식의 계약서(schedule agreement)에서는 첫 페이지에 나타난다. 서명란에는 당사자 각자의 명칭과 계약서에 서명할 수 있는 자격을 표시하고 서명을 할 수 있는 서명표시선(signature line)[35]으로 구성되어 있다. 서명자(signatory)가 자연인(natural person)인지 또는 법인(entity)인지에 따라 서명표시선의 형식이 달라질 수 있다.[36] 자연인인 경우 개인의 성명을 서명표시선 아래에 표기한다. 서명자가 회사(corporation), 유한책임회사(limited liability entity) 등 법인인 경우 법인의 전체 명칭을 서명표시선의 윗 줄에 대체로 전부 대문자로 표기하고, 서명표시선 아래에는 법인의 대표자격으로 서명하는 사람의 성명(name)과 직위(title)를 첫 글자를 대문자로, 나머지 글자는 소문자로 기재한다.[37] 그런데, 법인 자체가 아닌 법인 내부의 개별 부서는 특별히 위임을 받지 않는 한, 법인격이 없기 때문에 당사자가 될 수 없어 부서명칭을 당사자로 기재해서는 안 된다. 당사자의 명칭을 정확히 기재하기 위해서는 당사자에 관해 정부나 공공기관이 발행한 등기부 등 공적 서류를 확인해 명칭, 대표자 등을 확인하며, 서명하는 사람의 대표권한과 관련해서는 서명자가 단독대표자인지 공동대표자인지 등을 확인할 필요가 있다. 회사의 대표자가 공식적으로 대표권한을 위임하지 않는 한 회사의 대표자만이 계약서에 회사를 대표해 서명을 할 권한을 가지며, 그러한 권한은 준거법과 해당 기업의 내부규정에 의해 결정된다.[38] 대리인에 의한 계약체결의 경우에는 당사자 본인이

---

35 서명표시선(signature line)의 경우 그 길이가 모두 동일한지를 확인하고, 당사자들이 서명할 수 있도록 서명표시선 사이에 충분한 공간을 확보할 필요가 있다.

36 다만, 계약당사자의 명확한 특정을 위해, 개인이든 업체이든 서명란에 표기되는 명칭은 계약서 도입문구(introductory statement)에 사용된 전체 명칭과 동일해야 하며, 계약서상 편의로 정한 당사자에 관한 정의된 명칭(defined term)을 당사자의 명칭으로 사용해서는 안 된다.

37 법인을 대표한 서명자의 정보를 사전에 기재하지 않는 경우는 서명자가 서명을 할 때 그 정보를 기재할 수 있도록 빈칸으로 남겨둔다. 그리고, 법인을 대표한 서명자는 개인적 자격(personal capacity)이 아니라 법인의 공식적 대표자(representative)의 자격으로서 계약서에 서명한다는 것을 나타내기 위해, 서명표시선의 앞에 "By"라는 단어를 붙인다. 법인이 당사자인 경우 계약당사자는 법인 자체이며 그 법인의 대표자의 개인적 법률행위가 아니므로 법인의 명칭과 대표자의 대표자격과 성명을 기재한다. 이때 통상 대표이사나 지배인 등이 외형상 대표권을 갖는다고 볼 수 있지만, 실제로 법인의 정관 등을 검토하여 회사의 권리능력과 대표권의 범위를 확인하거나 공증을 할 필요가 있다. 외국회사의 경우 서명을 하는 자가 대표권을 갖는지는 우리나라와 같은 등기부등본 제도가 없을 수 있으므로, 공증인의 증명서나 변호사 의견서 등을 통해 확인하는 방법을 고려할 수 있다.

대리인에게 계약체결권한을 위임하였다는 점을 표시하고,[39] 대리인의 명칭을 쓰고 서명한다. 이때 대리인은 대리인임을 증명하기 위한 위임장(Power of Attorney; POA)을 계약서에 첨부할 필요가 있다. 그리고, 계약실무에서는 계약서 말미의 당사자 서명란상 서명 이외에도, 계약서 자체가 원본문서이라는 점을 명확히 하기 위해, 각 페이지마다 계약당사자들이 각 페이지의 아래 여백에 간이서명(initial)을 쓰기도 한다.[40]

그런데, 영미법계에서는 전통적으로는 인장(seal)으로 녹인 왁스에 당사자의 심볼이나 표식을 자국(impression)내어 표시하는 방식으로 계약을 체결하였다. 중세 잉글랜드(medieval England)에서는, 서면에 덧붙인 왁스(wax)에 인장의 자국을 새겨 이루어진 직인이 계약당사자를 특정하는 표시로 사용되었고, 이러한 직인은 구속력있는 계약(binding contract)을 위해 필요한 하나의 형식(formality)이었다. 기업인장(corporate seal)의 경우 왁스직인(sealing wax)이 양각된 직인(embossed impression)으로 바뀌었으며, 사람들의 문맹률이 낮아지면서 당사자들의 서명(signature)이 점차 인장을 대체해 계약당사자를 식별하는 것으로 사용되었다. 19세기에는 종이에 부착된 호일모양(foil-like)의 웨이퍼(wafer)에 기계장치를 눌러서 도장을 찍었으나, 오늘날 인장(seal)이라는 단어가 문서에 나타나는 것만으로 인장을 붙일 수 있게 되었다. 즉, 법규나 판례에 의해 인장(seal)이라는 단어의 존재는 서명(signature)과 유사한 것이 되었고, 이는 사전에 인쇄된 형식으로도 사용되었고, 인장날인으로 계약이 체결된 것으로 보게 되었으며, *locus sigilli*(L.S.; the place of the seal; 인장날인 장소)라는 문구를 사용하는 데 동일하게 적용되었다.[41] 이처럼 인장에 관한 요건이

CHAPTER 4

38 한 사람이 법인을 대표해 서명을 하면서 동시에 계약서상 개별적 의무를 부담하는 당사자인 경우에는 법인의 대표자의 자격으로서 서명과 자신의 개인적 자격으로서의 서명을 각각 별개의 서명란에 표기할 필요가 있다.

39 예를 들면, "for [the principal's name]," "on behalf of [the principal's name]" 등의 표기를 한다.

40 한글계약서상 날인을 하는 경우 계약서의 원본성을 증명하기 위해 계인이나 간인의 방법을 주로 사용한다. 계인은 원본계약서의 첫 장을 나란히 놓고 맞닿는 부위의 양쪽에 걸쳐 각자 하나의 날인을 하는 것이고, 간인은 계약서가 여러 장으로 연결되어 있는 경우 앞장을 접거나 위쪽으로 밀어 뒷장에 걸치는 부분에 하나의 날인을 하는 것이다.

41 계약이 인장에 의해 체결되는 경우 이를 명확히 하기 위해 서명란 페이지에 인장에 의한 계약체결에 대한 간단한 설명이 필요할 수 있다. 일부 법원은 인장(seal)이 존재하지 않아도, 당사자들이 문서가 인장날인된 것으로 인정하길 원하는 때 그 문서에 날인된 효과를 인정하였고, 이 경우 형식상, 서명(signature) 바로 전에 "seal recital(인장설명)"을 포함시켜 기재하는데, 과거에는 "IN WITNESS WHEREOF, I hereunto put my hand and seal"이라는 문구를 쓰기도 했으나, 오늘날은 대체로 "<u>Signed, sealed and delivered</u> on [20 December 2023]" 등과 같이 기

느슨해지면서 공적으로 유효한 계약을 표시하기 위한 장치로서 인장의 가치는 차츰 줄어들게 되었다. 오늘날 인장날인의 징표는 여전히 사용되지만, 인장날인된 계약의 요건이나 기준은 준거법에 따라 다를 수 있다.[42]

오늘날 거래당사자들은 전자적 프로세스를 이용해 전자적으로 계약을 서명하는 경우가 늘고 있는데, 계약을 전자서명(electronic signature; E-Sign)으로 할 것인지는 계약당사자들의 선택의 문제이다.[43] 전자서명을 규율하는 법률로, 미국의 경우 연방법으로 "Electronic Signatures in Global and National Commerce Act(E-Sign, 15 U.S.C.A. §§7001-7031)"와 대부분의 주에서 채택된 "Uniform Electronic Transactions Act (UETA)"[44] 등이 있으며, 이를 통해 전자서명에 의한 계약체결을 효과적으로 강제할 수 있다.[45] 한편, 계약서에 서명한 당사자는 서명한 원본계약을 적절하게 보관하는 것(filing)이 중요하다. 계약당사자들은 계약서를 실제 서명하든 전자서명으로 하든 최종적인 완전한 서명본 계약문서를 첨부문서와 함께 빠르게 찾아볼 수 있는 곳에 보관할 필요가 있다. 계약을 체결한 이후 계약자료를 보관하고 추적할 수 있는 데이터베이스를 구축(contract tracking system)할 수 있다.[46]

CHAPTER 4

술한다.

42 보통법(common law)상 인장날인되어 체결된 계약은 부착된 인장날인과 연관된 분명한 형식과 권한으로 인해 특별한 취급을 받아, 인장날인되어 봉인된 계약은 계약당사자 간 반박할 수 없는 대가관계(consideration)가 추정되는 것으로 보았다. 미국에서는 인장날인의 요건은 광범위하게 폐지되었으며, 그 형식은 특정한 거래에 제한적으로 인정된다. 미국에서 인장날인을 여전히 인정하는 일부 주들의 경우 인장날인으로 체결된 계약문서(document signed under seal)가 인장날인 없이 체결된 계약(contract signed without a seal)에 비해 더 긴 소멸시효(statute of limitations)를 가질 수 있다; *State ex rel. Sec. of Dept. of Transp. v. Regency Group, Inc.*, 598 A.2d 1123 (Del. Super. 1991) (court found that contracts under seal are not controlled by a 3-year statute of limitations mandated by state statute but are subject to the common law 20-year statute of limitations).

43 디지털서명(digital signature)은 암호화되어 위조, 복사, 변조, 변경 등을 할 수 없는 전자서명의 일종이다. 전자서명이나 디지털서명은 "DocuSign," "HelloSign" 등과 같은 업체들이 제공한다.

44 뉴욕주, 워싱턴주, 일리노이주는 UETA를 채택하지 않았지만, 자체적인 전자서명법률을 제정하고 있다.

45 UETA상 전자서명(electronic signature; E-Sign)은 "기록에 첨부되거나 논리적으로 연관되고, 기록에 서명하려는 의도를 가진 사람에 의해 실행되거나 채택되는 전자적 소리, 기호 또는 과정(an electronic sound, symbol, or process attached to or logically associated with a record and executed or adopted by a person with the intent to sign the record)"으로 정의되는데, 이는 서명이 "I accept"버튼을 클릭하든, 복사되어 파일에 붙여진 서명을 스캔하든 또는 태블릿이나 스마트폰에 직접 손가락으로 서명하든 모두 전자적 프로세스로 충분한 것을 의미한다. 우리나라의 경우도 전자서명과 관련해, 전자서명법을 두어 전자서명의 이용과 효력에 관한 사항을 정하고 있다.

[Example 1]

아래는 당사자 서명란(signature block)의 기재례들인데, 당사자가 (Version 1)은 회사, (Version 2)는 유한책임회사, (Version 3)는 조합인 경우의 예문들이다.

(Version 1)

ABC Corporation, Inc.
By: ____________________
　　Name:
　　Title:

(Version 2)

Hand Allied Services, LLC
By: ____________________
　　Name:
　　Title:

(Version 3)

Black & White, a [general or limited] partnership
By: ____________________
　　Name:
　　Title:

[Example 2]

아래는 각 당사자의 서명일을 별도로 표기하는 경우 당사자 서명란의 기재례인데, 이 경우 서명표시선(signature line) 옆에 서명일의 표시를 위한 빈줄을 둔다.

ABC Corporation, Inc.
By: ____________________　　　　　　______________
　　James Smith　　　　　　　　　　　　Date
　　President

Hand Allied Services, LLC
By: ____________________　　　　　　______________
　　Marie Hand　　　　　　　　　　　　Date
　　Managing Member

46 계약서 트랙킹시스템(contract tracking system)은 필요한 용도로 계약을 그룹별로 쉽고 빠르게 식별할 수 있도록 하는 것이 좋은데, 이러한 그룹별 계약서는, (i) Counterparty Name, (ii) Contract Title/Name, (iii) Type of Agreement, (iv) Effective Date, (v) Expiration Date, (vi) Contract Amounts, (vii) Internal Department 등을 고려해 분류할 수 있다.

CHAPTER 4

[Example 3]

아래는 계약서 종결문구(concluding clause)와 그 다음에 이어지는 당사자 서명란을 같이 보여주는 기재례이다.

(Version 1)

The parties are signing this agreement on the date stated in the introductory clause.

HASTINGS WASTE MANAGEMENT, INC.

By: ______________________________

Name:

Title:

JORVIK RECYCLING SYSTEM, LTD.

By: ______________________________

Name:

Title:

(Version 2)

Each party is signing this agreement on the date stated opposite that party's signature.

MICKELGATE SYSTEM, INC.

Date: _______________ 2020 By: ______________________________

Benjamin Green

Chief Executive Officer

WHARRAM CORPORATION

Date: _______________ 2020 By: ______________________________

Laura Black

President

(Version 3)

To evidence the parties' agreement to this Agreement, each party has executed and delivered it on the date indicated under that party's signature.

ABC Corporation, Inc.

By: _______________

(Name)

(Title)

Dated: _______________

XYZ Co., Ltd.

By: ______________________________

(Name)

(Title)

Dated: ______________________________

[Example 4]

아래는 계약서의 종결문구, 계약서 부본문구, 당사자 서명란을 포함한 계약서 말미부분(end of the contract)의 전체적 기재례이다.

Counterparts. This Agreement may be executed in one or more identical counterparts, each of which shall be deemed an original but all of which together will constitute one and the same instrument.

IN WITNESS WHEREOF, the parties hereto have caused their duly authorized representatives to execute this Agreement.

[ABC] Co., Ltd.
By ____________________
 Name:
 Title: [Representative Director]

[XYZ] Co., Ltd.
By ____________________
 Name:
 Title: [Representative Director]

"Clickwrap," "Browsewrap" 등 표준계약의 문제

계약의 강제가능성(enforceability)과 관련해, "Clickwrap(클릭랩)," "Browsewrap(브라우즈랩)" 등과 같이 제품이나 서비스 또는 웹사이트의 공급자가 준비한 협상 불가능한 표준계약(non-negotiable standard agreement)으로 실제 잉크로 문서에 서명되지 않는 계약이 문제된다. 전통적으로 계약은 잉크서명(ink signature)을 통해 당사자 간 통지와 동의를 확인하는 방식으로 체결되는데, 당사자의 서명은 상호간 합의로 계약서가 작성되어 계약이 체결되었다는 점을 표시하는 행위로, 법원은 서명된 계약의 강제성을 인정한다. "DocuSign"이나 "Adobe Sign" 등과 같은 전자서명 시스템(electronic signature system)의 경우도 당사자는 전자 버전 잉크서명을 사용하는 계약(contract with electronic versions of ink signatures)이라 할 수 있다. 그런데, 클릭랩(clickwrap)이나 브라우즈랩(browsewrap) 등 표준화된 온라인 서비스약관의 경우 실제 잉크서명이나 전자서명을 사용하지 않고 계약이 체결되어 계약의 강제성을 인정할 것인지 문제될 수 있다.[47] 클릭랩(clickwrap)은 온라인이나 소프트웨어 제품의 시작 화면에 게시되는 전자

47 이러한 용어들은 "Shrinkwrap"이라는 오래된 개념을 기반으로 해 "wrap"이라는 명칭을 사용한다. "shrinkwrap"은 투명 플라스틱 랩으로 감싸진 제품 박스의 외부에 인쇄된 계약으로, 이에

계약서(electronic contract)이다. 대체로 "By clicking 'I agree' below, you agree to the following terms."와 같은 문구가 나와 고객이 "동의함"이라는 버튼을 클릭함으로써 계약조건에 동의하는 것으로 보는데, "I agree" 버튼을 클릭할 때까지 고객은 서비스를 이용하거나 소프트웨어를 설치할 수 없다. 이처럼 클릭랩(clickwrap)은 계약당사자의 서명 없이 표준계약을 클릭을 통해 계약을 체결해 강제할 수 있는 계약을 생성한다고 할 수 있다. 이러한 계약체결 과정을 보다 명확히 하기 위해, 고객이 계약조건들을 스크롤해 확인하여 클릭을 한 다음에, "I agree" 버튼으로 이동해 클릭을 하도록 하는 두 단계의 클릭랩 시스템도 있다. 이는 첫번째 클릭으로 계약조건을 승낙한 다음, 두번째 클릭으로 해당 서비스의 가입이나 소프트웨어의 설치 프로세스의 페이지로 고객을 안내한다. 이때 첫번째 클릭시에 "I acknowledge that use of the System requires acceptance of the Terms of Service."와 같이 시스템 사용 시 서비스약관에 동의해야 한다는 점을 인정한 다음, 두번째 클릭시에 "I agree to the Terms of Service."와 같이 서비스 약관에 동의한다는 버튼을 클릭하도록 할 수 있다. 이와 같은 두 단계 절차를 거치는 것이 클릭랩에 의한 계약체결의 논란에서 더 안전할 수 있다. 한편, 고객이 회사이거나 대리인을 통해 클릭랩을 하는 데 대비해, "I agree" 버튼 근처 등 계약조건의 동의와 관련해 눈에 잘 띄는 곳에, "THE PERSON EXECUTING THIS AGREEMENT ON CUSTOMER'S BEHALF WARRANTS THAT HE OR SHE HAS THE AUTHORITY TO BIND CUSTOMER TO THESE TERMS AND CONDITIONS."와 같은 표기를 해 고객을 대신해 계약을 체결하는 사람이 고객을 해당 계약조건에 구속하게 할 권한이 있다는 점을 보증하는 문구를 포함한다.

한편, 브라우즈랩(browsewrap)은 클릭을 해 동의하는 기능이 없는 온라인상의 계약이다. 예를 들면, 웹사이트가 각 페이지의 하단에 서비스조건(terms of service)에 관한 링크를 제공하는데, 고객은 제공된 제품이나 서비스 또는 사이트를 이용하기 위해 "I agree"와 같은 버튼의 클릭이 요구되지 않는다. 다만, 브라우즈랩을 사용하는 고객에게 해당 웹사이트를 이용함으로써 게시된 약관에 동의한다는 점을 명확히 나타낼 필요가 있는데, 이는 대체로 각 페이지의 맨 위에 눈에 띄는 뚜렷한 글씨로, "BY USING THIS WEBSITE, YOU CONSENT TO THE TERMS AND CONDITIONS POSTED HERE."와 같은 문구를 둔다. 다만, 많은 웹사이트들은 그들의 유료 고객들에게는 온라인으로 등록하도록 하고, 그 과정에서 계약조건에 "I agree" 버튼을 클릭하는 클릭랩(clickwrap)을 통한 계약체결 절차를 거치도록 한다.

그 박스를 개봉하면 고객이 계약을 승낙한다는 계약조건을 붙이는 것이다. "Shrinkwrap," "Clickwrap," "Browsewrap" 등의 계약법적 의미에 관한 자세한 사항은 저자 집필 『영미계약법 원리』(유원북스, 2021), 646페이지를 참고하기 바란다.

2.4 계약체결 관련 증명서(certificate)와 위임장(POA)의 문제

회사가 계약체결을 하는 과정에서 계약 관련 담당임원은 계약서상 특정한 사실이 진실하다는 것을 진술하는 증명서(certificate)에 서명을 하는 경우가 있다. 이러한 증명서로는, (i) 담당임원이 계약서에 서명을 하는 경우 그 서명이 적절하게 임명된 임원의 서명이라는 사실을 증명하는 담당임원의 재직증명서(certificate of incumbency), (ii) 해당 계약체결을 승인하는 회사의 주주총회나 이사회의 결의가 유효하게 있었다는 점을 증명하는 주주총회나 이사회의 결의에 관한 증명서(certificate as to shareholders' and directors' resolutions), (iii) 계약당사자인 회사가 유효하게 설립되어 유효하게 존재한다는 것을 증명하는 회사설립증명서(certificate of incorporation) 등이 있다. 한편, 인수계약(acquisition agreement)이나 파이낸싱 계약(financing agreement)에서는 "브링다운인증서(bring-down certificate)"가 요구될 수 있는데, 이는 ① 계약체결시에 한 진술과 보증(representations and warranties)이 클로징시에도 진실하다는 점, ② 클로징 때까지 이행하기로 한 모든 의무가 이행되었다는 점 등을 증명하는 용도로 사용된다.

그리고, 계약협상을 진행하면서 최종적으로 계약서에 서명하게 될 때에는 서명자가 누구인지, 그 서명자가 적절한 계약체결의 권한을 가지고 있는지 등에 대한 확인을 필요로 한다. 이때 서명자가 해당 회사나 기관의 대표자가 아닌 경우 서명자의 계약체결의 대리권한을 위임하는 위임장(Power of Attorney; POA)을 확인하는 것이 중요하다. 위임장은 계약을 체결하는 등 어떤 법률행위를 수행할 권한을 위임했음을 나타내는 문서로, 이에는 대리인에 대한 권한의 위임을 포괄적으로 하는 포괄위임장(general power of attorney)과 일정한 범위에서만 권한을 위임하는 한정위임장(limited/special power of attorney)이 있다. 수임자의 위임권한의 남용을 막고 위임범위를 명확하게 하고자 하는 경우 한정위임장이 보다 안전할 수 있다.[48] 위임

48 위임장(Power of Attorney; POA)상 대리권한의 범위나 내용이 명확하지 않은 경우 대리행위에 따른 분쟁이 발생할 수 있으며, 이 경우 준거법에 따라 법률적 효과를 달리할 수 있다. 국제규범으로 UNIDROIT Principles의 Section 2에서는 "대리인의 권한(authority of agents)"이라는 제목 아래, 대리인의 법률관계, 대리권의 수여방식, 무권대리나 표현대리의 법률문제, 복대리, 대리권의 종료 등에 관한 사항을 규정하고 있다. 우리 상법에서는 표현되는 직책과 직무가 법률행위와 연관성이 현저하게 나타난 경우에는 그 묵시적 대리권을 인정하고 있고(상법 제15조), 민법에서도 법률행위의 의사표시 및 대리권 관련 조항에서 대리행위 및 표현대리행위에 대한 법률요건과 효력에 관한 사항을 두고 있다(민법 제107조-제136조).

장에는 위임자가 수임자를 특정해 위임한다는 취지와 위임되는 사항을 명시해 위임자가 서명을 한다. 위임장의 신뢰성을 높이고자 한다면 공증(notarization) 등의 절차를 거칠 필요가 있다.

[Example]

아래는 위임장(Power of Attorney; POA) 관련 기재례들이다.

(Version 1)

[ABC], a corporation existing under and by virtue of the laws of the Republic of Korea and having its office at (address), Korea, hereby constitutes and appoints [Mr. XYZ], one of its directors, its true and lawful attorney, to act in its name and place, and for its use and benefit:
To sign the Contract for (   ) between [   ] and [   ].

- To …
- Granting to its attorney full power and authority to do every act and thing necessary or appropriate to carry out the foregoing powers, hereby ratifying and approving all that its attorney shall lawfully do by virtue of this Power of Attorney.
- Notary Public

(Version 2)

KNOW ALL MEN BY THESE PRESENTS: ABC, a corporation existing under and by virtue of the laws of the Republic of Korea and having its office at (address), Korea, hereby constitutes and appoints [Mr. Gildong Hong], one of its directors, its true and lawful attorney, to act in its name and place, and for its use and benefit:

- To sign the Contract for the Procurement of EFT systems between ABC and XYZ.
- To …

granting to its attorney full power and authority to do every act and thing necessary or appropriate to carry out the foregoing powers, hereby ratifying and approving all that its attorney shall lawfully do by virtue of this Power of Attorney.

(Date) / (Delegating party's name) / (Signature)

2.5 계약 관련 공증(notarization) 및 아포스티유(apostille) 문제

계약서 자체가 원본문서라는 점을 증명하기 위해, 계약서상 당사자의 서명 이외에도, 서명자의 지위와 서명행위를 확인하는 문언(acknowledgement)을 넣고 계약서를 공증(notarization)할 수 있다. 계약서의 공증에는 공증에 관한 설명(notary recital), 공증인 서명(notary signature), 공증인 인장(notary seal) 등이 포함된다. 관련 준거법규에 따라서는 일정한 계약에 대해 계약서상 서명(signature)에 대해 공증을 받아야 하는 경우가 있으며, 서명공증(signature notarized)과 관련된 형식은 준거법에 따라 다를 수 있다.[49]

한편, 국제거래 계약의 체결과정에서 외국에서 전달되는 문서를 사용해 관련 기관이나 당국에 등기나 등록 등의 절차를 거쳐야 할 수 있다. 이때 한 국가의 문서가 다른 국가에서 인정받기 위해서는 문서의 국외 사용을 위한 공인절차(legalization)을 필요로 한다. 즉, 많은 국가에서는 외국문서나 외국문서를 발행하는 기관을 그대로 신뢰할 수 없기 때문에 외국문서는 합법적으로 인증될 것을 요구하는데, 이러한 합법화 절차(legalization procedure)는 대체로 문서가 발급된 국가와 문서가 전달되는 국가의 관할당국에 의한 일련의 인증에 의해 이루어진다. 일반적으로 문서가 사용될 국가의 해외공관에서 "영사확인(consular confirmation; legalization)"의 방식으로 공관이 소재하고 있는 국가의 발행 문서의 신뢰성을 확인하게 되는데, 이 과정에서 많은 시간과 비용이 소요될 수 있어, 이를 해소하기 위해 국가간 아포스티유 협약(Apostille Convention; Hague Convention Abolishing the Requirement of Legalisation for Foreign Public Documents(외국공문서에 대한 인증의 요구를 폐지하는 협약))이 체결되었다.[50] 아포스티유 협약(Apostille Convention)은 문서가 발급된 국가

---

49 미국의 경우 일반적으로 계약서명(contract signature)의 공증은 서명을 한 당사자가 자유롭게 계약에 서명을 했다는 사실을 인정(acknowledgment)하는 진술을 공증인에게 하고, 공증인은 이에 대해 당사자의 서명 옆에 당사자가 서명사실을 인정했다는 것을 확인하는 내용의 증명서인 "certificate of acknowledgment"을 덧붙인다. 미국의 루이지애나 주(Louisiana)나 우리나라와 같은 대륙법계 나라(civil law countries)에서는 공증인(notary public)의 업무수행을 위한 의무사항이 미국 등 영미법계 국가에 비해 보다 광범위한 경향이 있다.

50 Apostille Convention(아포스티유 협약)은 1961년 헤이그 국제사법회의(Hague Conference on Private International Law; HCCH)가 제정한 국제조약이다. 이는 협약의 체약국에서 발행된 문서가 다른 모든 협약체약국에서 법적으로 인증될 수 있는 절차를 단순화하기 위한 것이다. 협약에 따른 인증(certification)을 아포스티유(apostille) 또는 헤이그 아포스티유(Hague apostille)라 한다. 이는 공증과 유사한 국제 인증이며, 문서의 현지 공증을 보완할 수 있다. 협약의 체약국 사이에서는 한 국가에서 발급된 아포스티유(apostille)는 문서를 인증하기에 충분하며, 그 문

에서 지정한 기관이 발급하는 아포스티유(apostille)라 불리는 인증(certification)으로 합법화 절차(legalization procedure)가 간소화되어 문서가 전달되는 국가에서 별도의 인증이 필요하지 않다. 이 협약은 문서발행국의 관할당국이 자국의 문서를 확인하면 아포스티유 협약 가입국들은 자국의 해외공관이 현지 국가가 발행한 문서에 대한 추가적 확인 없이 자국에서 직접 사용할 수 있도록 인정하는 것이다. 아포스티유 체약국에서 지정한 기관이 아포스티유 협약 규정에 따라 문서의 관인 또는 서명을 대조하는 확인절차를 거쳐 "아포스티유 확인서(Apostille Certificate)"를 발급한다.[51] 예를 들어, 국내지점의 해외본사의 새로운 대표이사 선임 등 주요 등기사항의 변경으로 국내지점의 법인등기의 변경을 필요로 하는 경우 해외본사로부터 이사회결의서 등 필요한 문서를 발급받아 국내법원에 제출해야 국내지점의 법인등기의 변경이 가능하다. 이때 해외본사가 아포스티유 협약의 체약국에 속한다면 해외본사의 문서를 우리나라의 해외공관에서 영사확인(consular confirmation) 등의 공인절차 없이 아포스티유 확인서(Apostille Certificate)를 통해 용이하게 공인받을 수 있다.

2.6 계약서의 별첨 문서

2.6.1 계약서 별첨 문서의 이해

계약서상 언급된 사항이나 문서가 계약서의 본문 내에 포함하기보다 별도 문서로 정리하는 것이 관련 계약내용을 보다 명확히 나타낼 수 있는 경우 이를 계약서의 별첨 문서로 정리하는 것이 효율적이다. 이에, 계약서 본문의 개별 조항에서 언급된 문서들은 대체로 계약서의 말미 이후에 별도로 계약서에 첨부된다. 예를 들어, 물품매매 또는 상품공급계약 등에서 견적서(quotation), 서비스계약이나 라이선

서를 전달받는 다른 국가가 추가로 인증할 필요가 없다. 2022년 7월 기준으로, 124개국이 아포스티유 협약(Apostille Convention)의 체약국이다. 각 체약국은 아포스티유 인증을 할 기관을 지정하는데, 그 인증기관은 정부기관이나 부처, 법원, 지방정부, 공증사무소, 대사관, 영사관 등이 있을 수 있다. 대체로 공무원이 발급한 문서는 아포스티유로 직접 인증될 수 있고, 다른 일반문서는 공증인의 공증과 아포스티유 인증을 받아야 한다. Apostille Convention(아포스티유 협약)에 관한 자세한 정보는 다음을 참고하기 바란다: https://www.hcch.net/en/instruments/conventions/specialised-sections/apostille.

51 우리나라에서는 외교부와 법무부가 아포스티유 권한기관으로 지정돼 있는데, 외교부와 법무부에서 아포스티유 협약 규정에 따라 문서의 관인 또는 서명을 대조해 아포스티유 확인서를 발급할 수 있다. 아포스티유 확인서를 받은 우리나라 공문서는 한국에 있는 외국공관의 영사확인 없이 협약가입국에서 공문서의 효력을 인정받을 수 있다.

스계약 등에서 사양(specification)이나 작업명세서(SOW(Statement of Work; Scope of Work))와 같은 문서들은 계약서에 별도 서류로 첨부하는 것이 일반적이다. 또한, 계약 관련 기술적 세부사항은 가독성을 높이기 위해 대체로 계약문서의 말미에 첨부된 별첨 문서에서 주로 다루어진다. 별첨의 내용에 따라, "Specifications," "Technical Specifications," "Schematics," "Deliverables," "Work Order" 등 다양한 표제를 붙일 수 있다. 이러한 기술적 세부사항을 검토할 때는 계약담당자는 물론 해당 주제에 대한 전문지식을 가진 사람들이 참여해 그 세부사항이 그 자체로 이해되는지를 확인해야 한다.

한편, 별첨 문서를 나타낼 때 "Exhibit" 또는 "Schedule"의 용어를 주로 사용하지만, "Appendix," "Annex," "Attachment" 등의 다양한 용어로도 표기될 수 있다. 가장 흔히 사용되는 별첨 문서의 표기인 "Schedule"이나 "Exhibit"은 상호 교환적으로 사용될 수 있으나, 동일한 개념은 아니며 그 사용목적에 차이가 있다. 일반적으로 별첨 문서로서 계약서 본문에 포함될 부가적 정보사항에 관해서는 "Schedule"이라고 하고, 독립적 문서를 구성하는 별첨 문서에 관해서는 "Exhibit"라고 한다. "Schedule"은 대체로 계약서의 본문에 포함될 수도 있지만 계약서의 서명란 이후에 별도로 분리해 언급되는 자료로, 계약상 합의된 조건의 일부로 볼 수 있는 정보를 포함한다. "Schedule"상에는 계약서 본문에서 언급하기에 내용이 많거나 복잡한 거래의 세부정보를 기술하는데, 이를 통해 계약서 본문의 내용을 간결하게 하고 세부정보를 알기 쉽게 정리할 수 있어 계약서의 가독성을 높이는 기능을 한다.[52] "Schedule"에 포함되는 내용은 주로, (i) 물품의 가격표와 같이 빈번하게 변경될 수 있는 정보, (ii) 제품의 모델이나 재고번호 등 긴 물품목록과 같은 길고 기술적인 정보, (iii) 진행 중인 소송의 내역이나 계약서 목록과 같은 계약당사자 간 내부적 공개목록(disclosure schedule) 등 당사자들 이외에 다른 사람들과 공유하길 원하지 않는 비밀정보[53] 등이 있다.

특히, "Disclosure Schedule(공개목록)"은 계약서의 본문에 모두 언급하기에 정보가 많은 경우 그 정보를 떼내서 "Schedule"에서 따로 언급하는 것을 말한다. 일반적으로 계약당사자들은 진술과 보증(representations and warranties)에 포함될 수

52 예를 들어, 인수계약에서 매도주주의 명단이나, 소프트웨어 개발계약에서 개발일정표나 관련 기능의 사양에 대한 세부정보는 일반적으로 "Schedule"에 포함된다.

53 "Schedule"은 계약서가 작성될 때 파악할 수 없는 정보가 있는 상황에서 유용할 수 있는데, 계약서 자체는 대외적으로 공개되어야 하지만, "Schedule"상 세부정보는 비밀로 하고자 하는 경우에 도움이 된다.

있는 정보를 공개하기 위해 이를 사용한다. 이러한 공개목록(disclosure schedule)에는 당사자의 진술과 보증을 보충하는 추가적인 정보 또는 일정한 예외사항 등을 나열할 수 있다. 예를 들어, 계약당사자가 계약상 관련 정보를 진술하면서 "Schedule"상 언급된 경우를 제외하고 다른 경우가 없다는 등의 진술을 하게 되면 공개목록상의 정보는 당사자의 계약상 책임에 직접적 영향을 미칠 수 있다. 진술자가 공개목록상 언급된 사실에 반하는 진술을 한다면 이는 진술자의 부실표시 내지 허위진술(misrepresentation) 등이 되어 그에 따른 책임을 부담할 수 있다. 이는 공개되는 정보에 대한 진술의 정도에 따라 당사자 간 계약상 위험을 일정한 범위에서 제한하거나 분배하는 위험배분(risk allocation)의 기능할 수 있으므로 공개목록의 내용은 신중하게 검토되어야 한다.

"Exhibit"는 주로 해당 거래와 연관된 별도의 독립적 문서로 당사자들이 해당 계약서의 일부로 처리하기를 원하는 다른 문서나 계약서 등을 첨부할 때 사용한다. "Exhibit"상 문서는 서명된 계약서, 서명되지 않은 계약서, 계약서에 명시된 요구사항을 준수하기 위해 사용되는 양식 또는 현재 거래와 관련이 있지만 그 거래의 일부가 아닌 다른 문서일 수 있다. 이는 해당 계약과 관련한 정보[54]를 포함해 다른 부수적 계약[55] 등 관련 문서에 관한 정보를 명확히 해 분쟁을 예방하는 기능을 한다. 예를 들어, 인수계약에서 인수대상 회사의 회사조직 관련 문서 또는 클로징 시에 매수인이 회사와 사이에 그 계약의 전제조건으로 회사의 근로자들과 체결할 고용계약(employment agreement), 에스크로계약(escrow agreement),[56] 법률의견서(legal opinion),[57] 기타 부수문서(ancillary documents) 등 인수계약과 연관되어 실행

54 해당 계약과 관련된 기술적 정보나 산출공식 등이 어떻게 작동하는지를 보여주기 위해 "Exhibit"를 사용한다.

55 다른 계약서의 경우 당사자들이 해당 계약을 체결할 때 이미 서명했을 수도 있고 그렇지 않을 수도 있다.

56 주식매수계약에서 에스크로계약(escrow agreement)은 주식매매계약의 당사자와 에스크로 간에 매수대금의 일부를 에스크로 계좌에 보관해, 매수대금의 조정이나 면책배상(indemnification) 관련 클레임 등 분쟁해결의 메커니즘의 일환으로 활용된다.

57 인수계약(acquisition agreement)의 경우 클로징 조건으로 계약상 당사자의 진술이나 보증사항의 진실성을 담보하기 위해 당사자의 변호인이 작성한 법률의견서(legal opinion)를 상대방에게 제공하도록 할 수 있다. 법률의견서는 주로 인수거래의 매도인측이 매수인에게 제공하며, 매수인이 매도인에게 법률의견서를 제공하는 경우는 드물다. 법률의견서에는 대체로, (i) 대상기업이나 사업의 존재와 그 거래를 할 수 있는 매도인의 권한이 유효하다는 점, (ii) 해당 거래서류의 적정한 승인과 교부가 이르어진다는 점, (iii) 거래 대상기업이 회사의 내규를 위반하지 않았다거나 필요한 계약상 계약위반이나 채무불이행의 사실이 없다는 점, (iv) 해당 거래에 대한 정부의 동의나 신청절차 등이 완료되었다는 점, (v) 해당 거래 관련 문서상 당사자의 의무는

될 수 있는 다양한 계약이나 문서 또는 인수계약체결 이후에 효력이 발생하는 서류들을 "Exhibit"로 해 별첨할 수 있다. 또한, "Exhibit"로 별첨할 수 있는 문서로는, 건설계약에서 제안요청서나 컨설팅계약에서 비밀유지계약서(confidentiality agreement) 등이 있으며, 대출계약을 체결할 때 약속어음(promissory note), 질권담보계약서(pledge agreement) 등이 있는데, "Exhibit"로 별첨된 부수계약 등 서류양식이 그 서류의 표준양식이 된다.[58]

그런데, 별첨 문서의 표기에 따라 계약서상 법적 효과가 달라지는 것은 아니지만, 당사자 간의 분쟁을 예방하기 위해, 계약서의 별첨에 첨부된 문서에서 사용하는 용어나 표현은 계약서 본문에서 사용되는 것과 동일하고 일관되게 기술되어야 한다. 그리고, 별첨 문서의 내용과 계약서 본문내용 간의 관계를 명확히 할 필요가 있는데, 계약서의 본문내용과 별첨 문서 간의 법률적 관계나 효력의 우선순위 등에 관한 규정을 둘 필요가 있다. 즉, 별첨 문서가 계약서 본문내용과 동등한 효력을 갖는지, 아니면 계약서 본문내용에 보조적인 자료로서의 의미만 있는 것인지를 명기한다.

2.6.2 계약서 별첨 문서 작성시 유의사항 및 기재례

영문계약서상 별첨 문서는 대체로 계약서의 서명란(signature block) 이후에 배치한다. 그런데, 계약서 본문에서 첨부문서에 대한 아무런 언급없이 단지 계약서에 첨부만 되어 있는 문서는 계약서의 일부인지 여부에 대한 다툼이 있을 수 있으므로 계약서 본문에서 별첨 문서에 관한 참조 내지 언급을 할 필요가 있다. 계약서에 "Exhibit"와 "Schedule"을 함께 포함하는 때에는 일반적으로 "Schedule"을 "Exhibit" 앞에 둔다. 이는 "Schedule"은 계약서의 본문과 함께 계약의 단일한 내용의 두 부분을 구성하므로 해당 계약서와 연관된 독립적 문서를 나타내는 "Exhibit"보다는 "Schedule"상의 정보를 더 많이 볼 수 있기 때문이다. 그리고, 복수의 별첨 문서들이 있을 경우 계약서의 독자들이 필요한 별첨 문서를 검토하고 이와 관련된 계약조항을 용이하게 찾아볼 수 있도록 해야 하는데, 여러 별첨 문서들을 나열할 때 다음과 같은 사항을 유의할 필요가 있다.

① 여러 별첨 문서들 중 해당 문서를 특정하기 위해, "Exhibit," "Schedule" 등

유효하고, 구속력있고, 강제할 수 있다는 점, (vi) 대상기업의 자본 및 발행되어 현존하는 주식의 특성 등에 관한 사항을 포함한다.

58 "Exhibit"에 첨부된 계약서 양식으로 향후 계약을 체결할 때는 "Exhibit"라는 제목을 없애고 그 계약서에 날짜를 기입하고, 당사자들이 서명하면 된다.

별첨 문서를 나타내기 위한 번호나 문자를 붙여 독자들이 그 문서를 효율적으로 확인할 수 있도록 하고, 계약서의 본문조항에서는 관련 별첨 문서를 참조 표기한다.

② 별첨 문서의 특정방식에 따라 법률적 효과가 달라지는 것은 아니지만, "Schedule," "Exhibit" 등과 같이 다른 별첨 표기와 관련된 여러 문서들이 있을 경우 가독성을 높이기 위해 별첨별로 특정한다. 예를 들어, 계약서상 2개의 "Schedule"이 있고, 3개의 "Exhibit"가 있다면, 관련 계약조항에서 별첨에 번호를 각각 매겨, "Schedule"은 "Schedule 1," "Schedule 2" 등으로, "Exhibit"는 "Exhibit 1," "Exhibit 2" 등으로 하거나 또는 알파벳순으로 표기해, "Schedule A," "Schedule B" 등으로, "Exhibit A," "Exhibit B" 등으로 각각 표기할 수 있다. 다만, 이때 다른 종류의 별첨 문서를 동일한 방식으로 나열해 발생할 수 있는 혼동을 줄이기 위해 다른 종류의 별첨 문서에서 숫자나 문자 등 다른 열거방식을 사용하는 것이 더 일반적이다. 즉, 복수의 "Schedule"과 "Exhibit"가 있는 때 "Schedule"과 "Exhibit"의 열거방식을 달리하여 "Schedule"은 관련 계약조항을 사용하고, "Exhibit"는 연속되는 숫자나 문자를 사용한다.[59] 예를 들어, 인수계약에서 "Section 4.12"에서 매도인으로 하여금 그의 모든 소송사항을 공개하도록 요구하고 그 소송목록을 "Schedule"로 첨부하는 경우 첨부되는 소송목록의 표제를 "Schedule 4.12"로 표기[60]하는 반면, "Exhibit"의 경우 "Exhibit A," "Exhibit B," "Exhibit C" 또는 "Exhibit 1," "Exhibit 2," "Exhibit 3" 등으로 표기한다. 이때 계약조항이 명확히 구분되지 않는다면 별첨 문서의 종류에 따라 다른 열거 표기방식을 사용할 수 있다. 예를 들어, "Schedule"에는 연속되는 숫자로, "Exhibit"에는 연속되는 문자로 각각 표기할 수 있다.

③ 계약서 본문에서 "Schedule," "Exhibit" 등 별첨 문서를 언급할 때에는 별첨

---

59 계약서와 연관된 독립적 문서를 나타내기 위해 주로 사용하는 "Exhibit"의 성격상 계약조항의 번호로 열거하는 것은 적합하지 않을 수 있다. 이에, Exhibit"는 일반적으로 A, B, C, 또는 1, 2, 3 등과 같이 연속적인 숫자나 문자를 사용한다.

60 한 조항에 둘 이상의 "Schedule"이 사용되는 경우는 "Schedule 4.12A," "Schedule 4.12B"와 같이 계약조항의 번호 다음에 문자를 추가해 구별할 수 있다. 한편, "Schedule"을 나타낼 때 전치사는 주로 "on"이 아니라 "in"을 사용해, "on Schedule XX"이 아니라 "in Schedule XX"의 형태(예를 들면, "the informaticn stated in Schedule 5.2")로 쓰는 데 반해, 특정한 페이지를 표기할 때 전치사는 "on"을 사용해 "on page"의 형태(예를 들면, "the information stated on page 10")로 사용한다.

문서가 요구되는 부분을 쉽게 파악할 수 있도록, "Schedule 1" 또는 "**Exhibit A**" 등과 같이 볼드체 또는 밑줄을 그어 이를 강조할 수 있다.

한편, 오늘날 계약서에 개인정보보호정책(privacy policy), 가격리스트(price list), 근로규칙(employment handbook) 등과 같은 부수문서를 물리적으로 첨부하지 않고 단순히 그 부수문서를 계약서에서 언급해 계약서의 일부로 참조하도록 하는 계약서 작성방식이 보편화되고 있다. 계약서에 물리적으로 첨부되지 않는 부수문서를 가상 첨부문서(virtual attachment)라 하는데, 이러한 가상 첨부문서는 일반적으로 그 문서를 작성한 당사자가 온라인상에 게시하고 이를 해당 계약서의 일부로 참조한다. 예를 들어, 고용계약에서 해당 회사의 근로규칙이나 상사계약에서 일반계약조건 등을 당사자가 웹사이트에 게시하고, 이를 해당 계약서의 가상 첨부문서로 원용해 계약서의 일부로 참조한다. 계약서의 별첨 문서가 물리적으로 계약서에 첨부되지 않는 가상 첨부문서인 경우, 그 첨부되는 문서의 내용을 파악할 수 있도록, 계약서상 해당 문서의 게시장소와 그 문서의 내용이 계약서에 통합되어 참조된다는 점을 명시하는 것이 중요하다.

그런데, 이러한 가상 첨부문서는 물리적으로 계약서에 첨부되지 않아 관련 첨부문서를 관리하는 당사자가 일방적으로 그 첨부문서를 변경할 수 있고 상대방이 이를 제대로 알 수 없다는 문제가 있다. 즉, 가상 첨부문서가 관련 웹사이트 등 온라인상에 게시되는 때 이를 관리하는 당사자는 해당 첨부문서에 포함된 계약내용이나 조건을 일방적으로 변경함으로써 상대방 당사자는 예측하지 못한 불이익이나 책임을 부담하게 될 가능성을 배제할 수 없다. 이때 상대방 당사자는 계약서상 가상 첨부문서가 게시된 웹사이트를 통제할 수 없으므로 계약체결일 또는 당사자 간 합의한 일정한 날짜에 게시된 가상 첨부문서를 특정해 해당 계약서의 별첨 문서로 하고 이를 따로 보관할 것을 요구하는 것을 고려할 수 있다. 또한, 가상 첨부문서를 관리하는 당사자가 그 문서를 변경한 때 상대방 당사자에게 변경사실을 통지하도록 하는 규정을 두어 상대방 당사자가 그 변경사실을 확인할 수 있도록 할 필요가 있다.

그리고, 계약서에 작업명세서(SOW; statement of work)나 주문서(purchase order) 등 여러 별첨 문서가 포함되어 있을 경우 문서들 상호간 또는 관련 계약서 본문의 내용과 상충되는 문제가 발생할 수 있다. 계약법의 일반적 해석원리상 거래당사자 간 특별히 작성되거나 설정된 조건들은 일반적 계약조건보다 우선한다. 예를 들어, 기본계약(master agreement)이 체결된 이후 나중에 당사자 간에 서명된 문서나 특정한 거래의 작업명세서나 주문서의 조건이 기본계약과 상충되는 경우 일반적으로 작업명세서나 주문서의 내용이 기본계약보다 우선적으로 적용될 수 있다. 다만, 이러한 계약해석의 원칙은 구체적인 거래관계에 따라 달리 이해되어 당사자 간 분쟁의 원인이 될 수 있으므로, 이를 방지하기 위해 계약서상 관련 문서들의 내용이 상충되는 경우 우선순위를 계약서에 명시할 필요가 있다.

[Example 1]

아래는 계약서의 별첨 문서의 성격을 명확히 하기 위해 그 문서가 계약의 일부라는 점을 언급하는 예문들이다.

- Schedule A constitutes a part of this agreement.
- All exhibits referenced in this agreement are made a part of this agreement.
- All exhibits and schedules annexed hereto are expressly made a part of this agreement as though fully set forth herein.
- This agreement (including any exhibits and schedules hereto) constitutes the entire agreement among the parties hereto.

[Example 2]

아래는 "Schedule," "Exhibit" 등 별첨을 계약서 본문에서 언급하는 기재례들이다. 별첨을 계약서 본문에서 언급할 때는 별첨 문서가 요구되는 부분을 용이하게 파악할 수 있도록, 별첨의 표기를 볼드체나 밑줄을 그어 강조할 수 있다.

- Distributor shall notify Manufacturer of orders of the Product by completing a written purchase order in the form attached as **Exhibit 3**.
- The current prices and minimum order quantities for each model of the Product is shown in the attached <u>Schedule 5</u>.

[Example 3]

아래는 계약서에 별첨되는 "Disclosure Schedule" 관련 사항을 언급하는 계약조항의 기재례이다. "Disclosure Schedule"은 당사자들의 진술과 보증(representations and warranties) 등과 같은 계약서 본문조항에서 언급할 정보의 양이 많거나 복잡한 경우 일반적으로 그 정보를 떼내어 공개목록(disclosure schedule)으로 계약서에 별첨한다.

- **Defaults.** Except as stated in **Schedule 3.18**, the Borrower is not in default under any agreement.

- Seller represents and warrants that no hazardous materials have been used on the Premises, except as noted on **Schedule** 4.7.

[Example 4]

아래는 계약서 본문내용과 별첨 문서 또는 별첨 문서들 상호간의 내용이 상충되는 때 그 우선순위를 명시하는 기재례들이다. 첫번째 및 두번째 예문들과 같이, 일반적으로 계약서 본문이 별첨 문서에 우선한다. 다만, 세번째 및 네번째 예문들과 같이, 계약서의 본문과 개별 별첨 문서들 간의 상충시 우선순위를 구체적인 상황에 따라 다르게 정할 수 있는데, 특히 네번째 예문은 개별 별첨 문서들 상호간의 우선순위 또한 상세하게 정하고 있다.

- In case of conflict with an attachment to this Agreement, this main body of this Agreement will govern.
- The Terms and Conditions shall prevail over the Annexes of this Agreement. The Annexes have no order of precedence between them.
- In case of conflict with the main body of this Agreement, a Statement of Work or Addendum will govern, but only with respect to the subject matter of such Statement of Work or Addendum.
- In case of a conflict among the attachments to this Agreement and this main body, the following order of precedence will govern, with lower numbers governing over higher ones: (1) this main body of this Agreement; (2) Attachment A; (3) Attachment B; and (4) any Statement of Work, with more recent Statements of Work taking precedence over later ones. No Statement of Work or other attachment incorporated into this Agreement, including without limitation those executed after this main body, will be construed to amend this main body or any earlier attachment.

[Example 5]

아래는 계약서의 본문에서 가상 첨부문서(virtual attachment)에 관한 사항을 언급하는 기재례이다. 별첨 문서가 물리적으로 계약서에 첨부되지 않는 가상 첨부문서의 경우 첨부되는 문서의 내용을 파악할 수 있도록 해당 문서의 게시장소와 그 문서의 내용이 계약서에 통합되어 참조된다는 점을 명시할 필요가 있다.

"Contractor shall comply with Owner's billing instructions posted at http://www.hereareoutterms.com/billinginstructions, which billing instructions are incorporated by reference."

3. Addendum과 Amendment

3.1 Addendum과 Amendment의 이해

계약이 체결된 이후 해당 계약서를 수정하거나 그 내용을 추가하는 경우 별도의 변경계약서를 작성할 수도 있으나, 원래 계약서에 "Addendum" 또는 "Amendment" 등의 제목을 붙여 그 변경내용을 기존 계약서에 첨부할 수 있는데, 통상 "Addendum"은 계약서 부록, "Amendment"는 변경계약서라고 번역한다. "Addendum"과 "Amendment"[61]은 유사한 유형의 문서이지만, 엄격히 말하면 "Addendum"은 기존의 계약내용에 단지 새로운 계약내용을 추가한다는 의미이며, "Amendment"는 기존의 계약내용에 새로운 계약내용을 추가하는 것뿐 만 아니라 기존 계약내용을 변경한다는 의미를 포함한다. 한편, "Addendum"이라는 용어가 계약서의 별첨 문서를 표시하는 "Attachment," "Schedule," "Exhibit" 등을 대체하는 표현으로 사용되기도 한다. 그런데, "Addendum"이나 "Amendment"와 달리, "Attachment," "Schedule," "Exhibit" 등 별첨 문서들은 그와 관련된 서명된 계약서에 적절하게 참조로 통합되어 있다면 당사자들이 그 별첨 문서상에 별도로 서명을 할 필요는 없지만, "Addendum"과 "Amendment"는 당사자들의 계약내용의 추가나 변경 등에 관한 합의사항을 규정하는 것이므로 당사자 모두가 그 문서에 서명할 필요가 있다.[62]

3.2 Addendum과 Amendment 작성시 유의사항

당사자 간 계약체결 이후라도 관련 상황이나 거래관계가 변경되어 원래 계약을 수정하거나 추가할 필요가 있을 때 "Addendum" 또는 "Amendment"를 작성하는데, "Rider," "Supplement" 등의 표제로 작성되기도 한다.[63] 이는 원래 계약의 내용

61 변경계약을 "Modification"이라고도 한다.

62 "Addendum"이나 "Amendment"에 부속해 첨부되는 문서를 "Attachment," "Schedule," "Exhibit" 등으로 표기할 수 있다. 그리고, 원래 계약의 체결 이후 새로이 당사자 간 합의 관련 문서들을 체계적으로 정리하는 것도 중요한데, 원래 계약서와 연관된 "Addendum," "Amendment" 등 문서들이 있다면 그 문서들을 용이하게 파악할 수 있도록 연대기적으로 번호를 매겨 보관할 필요가 있다.

63 계약의 변경과 관련해, 통상 원래 계약서의 일반조항에서 계약변경에 관한 조항(amendment/modification clause)을 두는데, 여기서 당사자의 서면합의에 의해서만 변경계약을 체결할 수 있도록 대체로 규정한다. 당사자 간에 계약의 변경을 논의할 때는 단순히 개별 조항에 얽매이기보다는 전체 비즈니스목표에 중점을 두고, 전체 조항을 검토해 필요한 조항을 함께 변경할

을 변경하기 위한 목적에서 이루어진다는 점에서 통칭해 계약서 부록 내지 변경계약서라 할 수 있다. 다만, 문서의 표제에 따라 법적 효력에 차이가 있는 것은 아니며, 그 문서내용이 원래 계약을 어떻게 변경하는지가 중요하다. 원래 계약의 일부만을 변경하는 경우 일반적으로 원래 계약에서 변경되는 부분만을 떼어내 변경계약서를 작성한다. 이때 원래 계약서에서 변경되는 부분을 정확히 특정해 작성해야 하며, 관련 단어나 문구가 수정, 삽입, 삭제 또는 대체되는지 등을 명기해야 한다. 원래 계약서에 여러 개의 변경계약서들이 있다면 그 변경계약서들 간에 일관된 구조와 형식에 따라 작성하고 상호간의 관계를 명확히 할 필요가 있다. 그런데, 원래 계약서에 변경할 내용이 광범위하거나 계약내용의 실질적인 부분이 수정되는 때 변경내용을 계약서 본문에 직접적으로 통합해 원래 계약서 전체를 전면적으로 변경해 재진술(amendment and restatement)한 새로운 계약서를 작성할 수 있다.

3.2.1 변경계약서의 도입부

변경계약서를 작성하는 때 표제는 대체로 "Amendment," "Amending Agreement," "Addendum" 등으로 표기하며, 원래 계약서를 변경해 재진술하는 경우에는 "Amended and Restated Merger Agreement"와 같이 "Amended and Restated"라는 용어와 함께 원래 계약서의 제목을 병기하는 것이 일반적이다. 계약변경이 수차례 걸쳐 이루어지는 경우 개별 변경계약서를 식별하고 혼동을 방지하기 위해 개별 변경계약서의 제목에 번호를 매기는 것이 좋다. 예를 들어, "AMENDMENT NO. 4 TO CREDIT AGREEMENT," "Fourth Amendment," "First Amendment to the Agreement Dated..." 등과 같이, 각 변경계약서에 순번을 붙일 수 있다. 이때 서수(ordinal numbers; 예를 들면, "First Amendment," "Second Amendement" 등)가 주로 사용되지만, 기수(cardinal numbers; 예를 들면, "Amendment No. 1," "Amendment No. 2" 등)도 사용할 수 있다. 그리고, 계약서의 제목에는 간결성을 위해 대체로 계약당사자의 명칭은 포함하지 않는다. 변경계약서의 서문(preamble)에서는 변경계약서의 명칭, 계약당사자, 원래 계약서의 서명일, 계약변경일자 등을 기술한다.

변경계약서에서는 전문(recitals)을 생략할 수도 있는데, 필요한 경우 원래 계약서를 변경하거나 재진술하는 사유를 간략하게 언급할 수 있다. 변경계약서에서 계약서 도입부와 계약서 본문조항을 연결하는 문구(lead-in)는 대체로 계약의 일

필요가 있다.

반적 도입문구와 동일한데, 변경계약서라는 점을 명백히 하기 위해, "The parties therefore amend the [Employment Agreement] by deleting section XX in its entirety."와 같은 문장을 추가해 도입부를 시작할 수 있다. 원래 계약을 변경해 재진술하는 계약(amended and restated contract)의 경우에는 "The parties therefore amend and restate the [contract being amended] to read in its entirety as follows: ..."라는 문장을 계약서의 도입부에 기재할 수 있다. 당사자들이 계약변경과 관련해 대가(consideration)를 교환하지 않는다면 그에 관한 사항을 명시할 필요는 없으며, 다만 "Accordingly, the parties agree as follows:" 등과 같은 간단한 합의를 나타내는 문구를 기재할 수 있다.

[Example 1]

아래는 변경계약서의 서문(preamble)의 기재례인데, 이에는 계약서의 명칭, 당사자, 원래 계약의 체결일, 계약의 변경일자 등을 기재한다.

This Third Amendment, dated 10 January 2023, amends the Employment Agreement, dated 20 February 2022, as amended, between ABC Pharmaceuticals Inc., an Ohio corporation (the "**Company**"), and James Kim (the "**Executive**").

[Example 2]

아래는 변경계약서의 전문(recitals)의 예문인데, 전문(recitals)은 생략할 수도 있으나, 필요한 경우 원래 계약서를 변경하거나 재진술하는 사유를 간략하게 언급한다.

1. The Company has employed the Executive as Executive Vice President of Research for approximately two years and now desires to promote him to President.
2. The parties desire to amend the Employment Agreement, dated 20 February 2022, as amended to the date of this Amendment (the "**Existing Agreement**"), to reflect the Executive's new duties, compensation, and other matters.

[Example 3]

아래는 변경계약서의 제목, 서문, 도입문구 등을 망라하는 기재례들인데, (Version 2)는 전문(recitals; background)도 포함하고 있다.

(Version 1)

First Amendment to GENERAL SERVICES AGREEMENT

This First Amendment to the General Services Agreement is entered into between Company and Contractor pursuant to Section 12.5 of the GSA. The parties desire to amend the terms of the GSA as indicated below. The parties, intending to be legally bound, agree as follows: ...

(Version 2)

Second Amendment

Second Amendment, dated 10 January 2023, to the Employment Agreement, dated 20 February 2022, as amended, between XXX Inc., an Ohio corporation (the "**Company**"), and YYY (the "**Executive**").

Background

The Company has employed the Executive as Executive Vice President of Research for approximately two years and now desires to promote him to President. The parties desire to amend the Employment Agreement, dated 20 February 2022, as amended (the "**Existing Agreement**"), to reflect the Executive's new duties, compensation, and other matters.

Accordingly, the parties agree as follows: ...

3.2.2 변경계약서의 본문내용

변경계약서는 대체로 원래 계약서에서 추가, 삭제, 대체되는 부분을 특정해 작성하거나 그 변경내용이 전면적인 때 원래 계약본문 전체를 변경해 재작성할 수 있다. 그런데, 원래 계약서에 사용된 정의된 용어(defined term)는, 특별한 사정이 없는 한, 변경계약서에서도 그대로 사용하는 것이 좋다. 그리고, 변경계약서에 원래 계약서 본문의 내용을 변경하는 상황에 따라 변경내용을 명확히 하기 위해 다음 사항을 고려해야 한다.

① 원래 계약서에 없는 새로운 조항을 추가할 경우 다음과 같은 문구를 포함할 수 있다: "The Agreement is hereby amended by adding after section 10 the following new section 11: ..."

② 원래 계약조항이 있는데 새로운 내용을 추가하는 경우 다음과 같은 문구를 포함할 수 있다: "The Agreement is hereby amended as follows: (1) by adding after section 10 the following new section 11 and (2) by renumbering sections 11 through 19 as sections 12 through 20."

③ 원래 계약조항에 추가되는 내용이 원래 계약서상 내용을 변경하는 경우 다음과 같은 문구를 포함할 수 있다: "Section 9 is hereby amended as follows: (1) by deleting the word "or" at the end of clause (4); (2) by deleting the period at the end of clause (5) and replacing it with "; or"; and (3) by inserting the following as a new clause (6): ..."

④ 원래 계약서의 특정 조항이나 항목 자체를 삭제하는 경우 다음과 같은 문구를 포함할 수 있다: "The Agreement is hereby amended by deleting section 10 in its entirety."

⑤ 원래 계약조항의 일부 내용을 삭제하고 변경하는 경우에는 다음과 같은 문구를 포함할 수 있다: "The Agreement is hereby amended as follows: (1) by deleting section 10 in its entirety; and (2) by renumbering sections 11 through 19 as sections 10 through 18." 또는 "Section 9 is hereby amended as follows: (1) by adding the word "or" at the end of clause (3); (2) deleting the "; or" at the end of clause (4) and replacing it with a period; and (3) deleting in its entirety clause (5)."

변경계약서에 필요한 경우 진술과 보증(representations and warranties)을 포함할 수 있는데, 이에는 대체로, (i) 당사자가 회사인 경우 계약변경 관련 필요한 이사회 등 회사의 내부적 승인절차를 거쳤다는 점, (ii) 계약변경이 적법하게 체결되어 전달되었다는 점, (iii) 변경계약이 그 조건들에 따라 강제될 수 있다는 점, (iv) 원래 계약의 체결시 진술 및 보증사항은 변경계약의 체결시에도 유효하다는 점 등이 있다. 그리고, 일정한 조건(condition)의 충족시까지 변경계약의 효력이 발생하지 않는 경우 그 조건을 명시할 필요가 있다. 특히, 원래 계약서를 변경해 재진술한 계약서(amended and restated contract)를 작성하고자 하는 경우 계약서를 재진술하기 위한 비용과 시간, 원래 계약서와 관계에서 오류 발생 가능성, 계약서의 재진술 과정에서 상대방 당사자가 원래 계약체결 과정에서 양보한 사항에 대해 재협상을 요구할 위험이 있는지 등을 고려해야 한다. 또한, 재진술된 계약서에서 진술과 보증을 하는 경우 재진술된 계약의 서명일과 원래 계약의 서명일이 다르기 때문에 그 진술과 보증의 시점이 달라져, 진술과 보증사항에 관한 분쟁이 발생할 가능성이 있으므로, 재진술된 계약서에는 원래 계약의 서명일과 재진술된 계약의 서명일에 모두 그 진술과 보증이 진실하다는 점을 명시할 필요가 있다. 예를 들어, "The

Borrower represents and warrants to the Bank that the following statements were true as of [*insert date of original signing of the contract*] and are true on the date of this Restated Agreement: ...” 등과 같은 문구를 재진술된 계약서에 포함할 수 있다.

변경계약서에 일반조항(general provisions)을 어느 정도 기재해야 하는지는 계약작성자에 따라 다를 수 있는데, 대체로 준거법(governing law), 분쟁해결기관(choice of forum), 가분성(severability), 완전합의(entire agreement), 계약서부본(counterparts) 등에 관한 사항을 규정한다. 이러한 조항들의 모든 표현은 원래 계약의 표현을 그대로 사용해야 하며, 특히 준거법과 분쟁해결기관은 원래 계약과 동일한 것으로 할 필요가 있다. 다만, 변경계약서가 체결되면 원래 계약서와 변경계약서가 모두 최종적이고 완전한 것이므로, 완전합의조항(entire agreement clause)은 원래 계약이 아니라 변경계약에 따른 합의가 있었다는 취지로 기재할 필요가 있다.

[Example 1]

아래는 변경계약서에서 원래 계약서상 정의된 용어를 수정하는 기재례이다. (Original Clause)상 계약종료일(termination date)을 2개월 연기하기로 하는 변경계약서를 작성할 때, (Version 1)과 같이 계약해지일이 2개월 연기된 날짜로 대체된다는 점을 기술하거나 또는 (Version 2)와 같이 원래 계약서상 계약해지일 관련 정의조항 전체를 재진술할 수 있다.

(Original Clause)

“Termination Date” means 11:00 a.m., Houston, Texas, time, on 28 February 2023 or any earlier data on which the Commitment terminates under this agreement.

(Version 1)

The definition of “Termination Date” is hereby revised by replacing “28 February 2023” with “30 April 2023.

(Version 2)

The definition of “Termination Date” is hereby amended to read in its entirety as follows: ...

[Example 2]

아래는 기존 계약서(existing agreement)의 본문내용을 수정하는 변경계약서의 기재례들이다. 이때 변경계약서에는 기존 계약서의 내용 중 변경되는 사항을 언급하고 그 변경내용을 명시한다.

(Version 1)

1. Section 2.2 (a) of the Existing Agreement is amended by deleting "Executive Vice President for Research" and inserting in its place "President".

...

5. Section 2.5 is amended to read as follows:
   2.5 Salary
   (a) **March 1, 20XX, through December 31, 20XX.** The Company shall pay the Executive at a rate of $140,000 a year during the Employment Term. ...

...

7. The Existing Agreement is amended by inserting the following provision as Section 6 after the end of the Existing Agreement's Section 5:
   6. The Company's Location. The Company shall not locate....
8. The Existing Agreement is amended to change the section numbers of Sections 6, 7, 8, 9 and 10 to Section 7, 8, 9, 10, and 11, respectively.

(Version 2)

(a) Section 2.2 (a) of the Existing Agreement is amended by deleting "Executive Vice President for Research" and inserting in its place "President".

(b) Section 2.2 (b) of the Existing Agreement is amended by deleting the period at the end of the sentence and inserting in its place the following: ________, except if the Company consents, and the Company shall not unreasonably withhold its consent.

...

(d) Section 2.4 of the Existing Agreement is amended by deleting that section and inserting in its place the following:
2.4 Term. The term of employment under this Agreement is from March 1, 20X5 through December 31, 20X9 (the **"Employment Term"**)

(The employment term of the existing agreement was from March 1, 20X5 through December 31, 20X6.)

...

(g) The Existing Agreement is amended by inserting the following provision as Section 6 after the end of the Existing Agreement's Section 5:
6. The Company's Location. The Company shall not locate ...

CHAPTER 4

(h) The Existing Agreement is amended to change the section numbers of Sections 6, 7, 8, 9 and 10 to Section 7, 8, 9, 10, and 11, respectively.

[Example 3]

아래는 일정한 조건(condition)의 충족시에 변경내용의 효력이 발생하도록 하는 변경계약서의 기재례이다.

Amendments' Effectiveness. The amendments in this Amendment are effective on the satisfaction of the following condition: The Borrower's counsel must have delivered to the Bank an opinion that the Borrower's board of directors has duly authorized this Second Amendment and the amendments set forth in it. If this condition is not satisfied before June 1, 2023, this Second Amendment terminates, and the Existing Agreement continues unchanged and in full force.

[Example 4]

아래는 변경계약서상 변경내용을 제외하고는 기존 계약서상의 모든 내용이 그대로 효력을 갖는다는 내용의 기재례들이다. 특히, 세번째 예문은 기존 계약서의 내용과 변경계약의 내용이 상충하는 경우 변경계약이 우선한다는 점도 규정하고 있으며, 마지막 예문은 변경계약서에 사용된 정의된 용어(defined terms)가 기존 계약서상의 정의를 그대로 따른다는 점을 명시한다.

- Except as amended by the amendments in this Amendment, the Existing Agreement continues unchanged and in full force.
- Except for the amendments made in this Amendment, the Existing Agreement remains unchanged and in full effect.
- Except as specifically modified in this First Amendment, all other provisions of the Existing Agreement remain the same. Defined terms used in this Amendment have the meanings ascribed to them in the Existing Agreement. If any of the terms of this Amendment conflict with the Existing Agreement, the terms of this Amendment control.
- Capitalized terms used in this Amendment without definition have the meanings assigned to them in the Existing Agreement.

[Example 5]

아래는 첫번째 예문은 변경계약서상 완전합의조항(entire agreement clause)으로 변경내용에 관한 최종적이고 완전한 합의가 있었다는 점을 나타내고 있으며, 두번째 및 세번째 예문들은 변경계약서의 말미문구로 계약의 체결 및 효력발생일에 관한 사항을 명시하고 있다.

- **Entire Agreement.** This Second Amendment constitutes the final and exclusive agreement between the parties on the matters contained in this Second Amendment. All earlier and contemporaneous negotiations and agreements between the parties on the matters contained in this Second Amendment are expressly merged into and superseded by this Second Amendment.
- To evidence their agreement to this Amendment's terms, the parties have executed and delivered this Amendment on the date set forth in the preamble.
- The duly authorized representatives of the parties have executed this Amendment to be effective on the date indicated below.

CHAPTER 5

국제거래 계약의 핵심조항(Core Provisions)

개요

국제거래 계약의 본문에 포함되는 핵심조항(core provisions)은 계약을 실행하기 위한 실질적 규정(substantive provisions)으로, 당사자들의 비즈니스 이슈, 이행의무나 이를 담보하기 위한 진술과 보증 등 해당 계약의 목적을 달성하기 위한 주요 계약조항들이 포함된다. 이는 관련 거래를 위한 당사자들의 권리의무 등 직접적으로 해당 계약의 법적 작용을 할 수 있게 하는 규정(operative provisions)으로, 계약을 관리하기 위한 정책규정 등을 기술하는 일반조항(general provisions)과 구별될 수 있다. 여기서는 계약의 핵심조항으로, (i) 당사자의 계약이행과 관련된 조항(performance clauses), (ii) 인수나 금융거래 관련 조항(acquisition or financing clauses), (iii) 진술 및 보증 관련 조항(representations and warranties clause), (iv) 책임제한(limitation of liability)과 보증책임부인(warranty disclaimer) 관련 조항, (v) 면책배상조항(indemnification clause), (vi) 경쟁금지조항(non-competition clause), (vii) 비밀유지조항(confidentiality clause), (viii) 데이터조항(data clause), (ix) 계약기간조항(duration clause) 등을 살펴본다. 계약의 이행조항은 계약당사자 간 거래협상의 핵심 쟁점으로, 계약의 성격이나 거래관계에 따라 다를 수 있는데, 특히 대금지급의 경우 관련 대금의 흐름을 파악하는 것이 중요하다. 인수계약은 대상물을 파악하기 위한 실사(due diligence)를 하고, 계약체결 이후 거래를 완결짓는 클로징(closing)을 한다는 특징을 갖는데, 클로징을 위한 조건을 명확히 하고, 계약 체결일뿐 아니라 클로징일을 기준으로 진술과 보증을 한다. 대부분 국제계약에서는 계약과 관련해 당사자들이 제시된 기본적 사실관계의 진술이나 일정한 사항이 진실임을 진술하거나 약속하는 진술 및 보증에 관한 조항을 두는데, 이는 당사자가 거래의 핵심적 사실을 밝히고 확인해 줌으로써 특정한 합의를 도출할 수 있게 하는 기능을 한다.

책임제한이나 보증책임부인 관련 규정은 당사자의 권리를 제한하거나 포기하는 것으로 다른 조항에 비해 눈에 잘 띄도록 뚜렷하게 나타낼 필요가 있다. 면책배상조항은 한쪽 당사자가 상대방 당사자에게 발생하는 손해를 배상하거나 경감하게 함으로써 상대방 당사자를 면책시킬 것을 약속하는 규정으로, 배상자의 피배상자에 대한 면책배상의무와 함께 방어의무를 포함하며, 당사자 간 거래관계와 위험배분을 비롯해 면책배상한도(indemnification cap), 배상문턱치(indemnity threshold), 배상바스켓조항(basket clause) 등 배상 관련 다양한 개념을 이해할 필요가 있다. 경쟁금지조항은 계약당사자의 비즈니스와 경쟁을 하지 못하도록 하거나 제한하는 규정으로, 준거법에 따라 그 인정범위가 제한될 수 있다는 점을 유의해야 한다. 비밀유지조항은 중요한 기술 또는 기업정보나 영업비밀 등을 보호하기 위해 인정된다. 데이터조항은 거래관계에서 개인정보나 데이터의 제공이나 처리를 필요로 하는 때 개인정보보호 및 보안 관련 법률(privacy and security laws)의 준수에 관한 사항을 다룬다. 계약기간의 경우 계약의 효력발생일을 명확히 하고, 계약의 조기종료 사유나 방법을 검토하고, 계약갱신에 있어 자동갱신조항(evergreen clause)의 메커니즘을 이해할 필요가 있다.

Ⅰ. 개 관

계약서의 본문부분은 당사자 간 계약의 목적이나 대상 또는 계약의 종류와 내용 등 실제 거래에 따라 여러 규정이 있을 수 있으며, 그 내용에 따라 다양하게 분류할 수 있다. 계약서 본문의 핵심조항(core provisions)은 계약의 유형이나 성격에 따라 계약을 실행하기 위한 실질적 규정(substantive provisions)으로, 계약상 대금지급, 계약의 목적을 달성하기 위한 당사자의 이행의무나 계약의 이행을 담보하기 위한 당사자의 진술과 보증 등 주요 비즈니스 또는 계약의 주제를 달성하기 위한 당사자의 주요 이행의무와 관련된 조항들이 주로 포함된다. 계약의 핵심조항들은 당사자들의 직접적 의무사항들을 법적인 작용을 할 수 있게 하는 규정(operative provisions)으로, 계약이 어떻게 시행되는지에 관한 정책규정(policies) 등을 기술하는 일반조항(general/miscellaneous provisions)과 구별된다. 당사자의 계약상 책임과 관련해서는, 책임을 일정한 범위에서 제한하거나 면책할 수 있도록 하는 책임의 제한(limitation of liability)이나 보증책임의 부인(warranty disclaimer) 또는 면책배상(indemnification) 관련 사항 등 당사자의 책임에 관한 사항도 핵심조항으로서 중요하다. 또한, 당사자에게 제한적 의무를 설정하는 경쟁금지조항(non-competition clause)이나 계약상 제공되는 정보를 보호하기 위한 개인정보보호 관련 조항(privacy/data protection clause) 등도 핵심조항에 속한다. 그리고, 인수(acquisition)나 파이낸싱(financing) 거래 관련 계약에서는 계약을 종결하기 위한 클로징(closing)에 관한 사항이 중요하다. 계약체결 과정에서 클로징이 필요한 경우 클로징의 일시, 장소, 클로징시 상대방에게 전달할 자료 등에 관한 규정을 둔다.[1] 다만, 앞서 "Chapter 4 국제거래 계약서 양식 및 구조의 이해" 단원에서 살펴본 것처럼, 계약상 일정한 조항들을 핵심조항(core provisions)의 범주로 분류하는 것은 관련 계약규정의 속성을 용이하게 파악하기 위한 편의상 구분으로, 법규상 정해져 있는 것은 아니며, 그 범주에 따라 법적인 효과를 달리하는 것도 아니라는 점을 유의할 필요가 있다.

1 클로징은 주로 인수계약이나 파이낸싱계약에서 거래계약의 종결을 위해 이루어지는데, 인수계약의 경우 매도인의 매각자산에 대한 소유권이전 관련 자료의 제공과 매수인의 대금지급을 위해, 파이낸싱계약의 경우 은행 등 대주의 대출금지급과 차주의 필요서류의 이전을 위해 각각 인정된다. 예를 들어, 부동산매매거래에서 클로징시에 매수인은 매도인에게 매수대금을 지급하고, 이에 대한 대가로 매도인으로부터 부동산의 소유권을 이전받기 위한 서류를 제공받아 매매거래를 종결하게 된다.

여기서는 계약의 주요 핵심조항으로, (i) 계약상 대금지급 관련 규정(monetary provisions)을 비롯한 당사자의 계약이행과 관련된 조항(performance clauses), (ii) 인수나 금융거래 관련 조항(acquisition or financing clause), (iii) 진술 및 보증 관련 조항(representations and warranties clause), (iv) 책임제한(limitation of liability)과 보증책임부인(warranty disclaimer) 관련 조항, (v) 면책배상조항(indemnification clause), (vi) 경쟁금지조항(non-competition clause), (vii) 비밀유지조항(confidentiality clause), (viii) 데이터 관련 조항(data clause), (ix) 계약기간 관련 조항(term of agreement clause) 등을 살펴본다.

Ⅱ. 당사자의 계약 이행 관련 조항

1. 계약 주제의 이행 문제

계약은 당사자 간 장래 이행에 관한 약속의 교환(executory exchanges of promises)이기 때문에[2] 장래 사건을 예측해 그 이행의 방향을 제시할 필요가 있다. 당사자들은 계약의 주제와 관련된 의무이행이나 금전적 대가의 지급 등의 약속과 관련해, 계약의 실행 내지 이행을 위한 조항들(action sections; performance provisions)을 둔다. 계약의 이행조항(performance provisions)은 당사자의 계약상 이행의무를 규정하고 강제할 수 있는 계약(enforceable contract)을 위한 계약의 대가관계(consideration)를 설정하는 기능을 한다.[3] 계약의 이행조항에서는 일반적으로, (i) 각 당사자가 무엇을 할 의무가 있는지, (ii) 이러한 의무를 언제 이행할 것인지, (iii) 대금지급관련 이행의무의 경우 어떻게 해당 대금을 산정하고 지급할 것인지, (iv) 당사자가 계약에 따른 의무를 이행하지 않을 경우 어떠한 구제방법이 있는지 등이

2 계약(contract)의 의미 관련 자세한 내용은 저자 집필 『영미계약법 원리』 (유원북스, 2021), 88페이지를 참고하기 바란다.

3 영미계약법상 Consideration(대가관계)은 약속이나 이행의 교환이며, 약속(promise)이나 이행(performance)에는 법적인 가치가 있어야 한다는 것을 의미한다. 다만, 당사자 간 대가관계는 계약서상 "in consideration of the mutual promises in this agreement ..."와 같이, Consideration(대가관계)이라는 용어의 단순한 사용이나 인장날인에 의한 계약의 체결과 같은 형식적인 수단을 통해 발생하지는 않으며, 실질적인 대가관계가 있는지에 따라 판단된다. 영미계약법상 Consideration(대가관계)의 원리에 관한 자세한 내용은 저자 집필 『영미계약법 원리』 (유원북스, 2021), 163페이지 이하를 참고하기 바란다.

문제된다. 계약의 이행조항은 계약당사자 간 거래협상의 주요 쟁점이 되는 조건들을 다루는데, 계약의 성격이나 거래의 유형에 따라 구체적인 내용이 다를 수 있다. 국제거래 계약의 유형에 따른 계약 이행조항의 주요 이슈들은 "Chapter 9 주요 국제거래 계약의 이해와 기술"의 단원에서 자세히 살펴본다.

2. 계약 이행조항(performance provisions)의 이해 및 유의점

계약의 이행조항(action sections; performance provisions)은 일반적으로 계약의 실행을 위한 대가관계(consideration)를 설정하기 위한 기본적 약속의 교환(exchange of basic promises)으로 시작하는데, 이는 한쪽 당사자가 수행적 조항(performative provision)에 따라 이행을 하는 경우 상대방 당사자의 상응하는 약속이나 이행이 통상 따르게 된다. 예를 들어, 동산물품매매계약의 경우 이행조항에서 대상물품의 인도 및 그에 따른 대금의 지급에 관한 사항을 규정한다. 또한, 회사와 임원이 경쟁금지 및 퇴직 조건에 합의하는 경우 이행조항에는 임원이 회사를 퇴사하는 때 회사가 임원에게 지급할 대금과 특정한 혜택을 회사의 의무로 명시하고, 이에 대한 대가로 임원은 회사에 대하여 회사의 사업과 경쟁을 하지 않는다거나 회사의 기밀을 누설하지 않겠다고 약속한다. 그리고, 제품의 제조, 사용 및 마케팅 라이선스를 받게 되는 당사자는 이에 대한 수수료나 로열티를 지불하거나 지불할 것을 약속한다. 이처럼 이행조항(performance provisions)은 대체로 당사자 간 상호적인 약속을 규정하기 때문에, "subject to the provisions of this agreement" 등과 같은, 당사자 간 약속의 교환(exchange of promises) 내지 합의를 나타내는 적절한 표현으로 그 내용을 시작할 수 있다. 예를 들어, "Subject to the provisions of this agreement, Seller shall sell and Buyer shall purchase the Motorcycle." 또는 "Subject to the provisions of this agreement, Company shall engage Contractor and Contractor shall provide the work described in **Schedule A.**" 등과 같이 이행조항을 기술할 수 있다.

다만, 제품의 특허권이나 상표권의 소유자가 다른 사람에게 그 특허나 상표에 대한 독점적 사용 권한을 부여하는 라이선스계약 등과 같이 특정한 이행(particular performance)이 당사자의 대가관계(consideration)의 핵심으로 계약이 서명 내지 체결됨으로써 즉시 시행되어 자동발효(self-executing)되는 경우에는 계약체결에 따른 이행의 실행을 나타내는 "by signing this agreement" 또는 "hereby" 등과 같은 수행적 표현(performative language)[4]을 사용해 계약의 서명 내지 체결에 따라 이행이 이루어진다는 점을 이행조항에 포함하는 것이 좋다. 예를 들어, "By signing this agreement, License Owner grants the Company an exclusive license to manufacture, use, and market the Licensed Product in the Territory subject to the provisions of this agreement."; "By signing this Security Agreement, the Borrower grants the Lender a security interest in the Borrower's assets."; "License Owner hereby grants the Company an exclusive license to manufacture, use, and market the Licensed Product in the Territory subject to the provisions of this agreement." 등과 같이 수행적 표현을 사용할 수 있다.

3. 금전 관련 조항(monetary provisions)의 이해 및 유의점

3.1 금전거래 흐름 파악의 중요성

당사자 간 거래되는 물품이나 서비스 등이 있는 경우 계약서에는 그에 상응하는 대가를 지급하기 위한 대금의 지급(payment of money)에 관한 조항을 두게 된다. 그런데, 계약서상 관련 금전거래의 경로가 제대로 파악되지 않거나 그에 따라 있을 수 있는 결과에 관한 사항이 명확하지 않을 경우 맥락적 모호성(contextual ambiguity)이 발생할 수 있다. 예를 들어, 임대기간이 20년인 임대차계약에서 5년, 10년, 15년 각각 임대료를 인상하기로 한 때 5년차에만 임대료 인상에 대한 계산방법을 명시하고, 10년차와 15년차에서 그 인상분에 대해 아무런 산정방법을 규정하고 있지 않다면 해당 기간의 임대료 인상의 산정에 관한 모호성(ambiguity)이 발생하게 된다. 이에, 계약서의 작성과정에서 금전거래의 흐름(money trail)이 완전하게 이해되는지 검토할 필요가 있으며, 대금지급이 있는 경우 그 지급의 원인이나 조건이 정확히 명시되었는지를 확인해야 한다. 이를 위해, 계약상 금전거래의 흐름의 논리적 간극을 파악하기 위한 금전의 흐름도(flow chart)를 작성해 보는 것은 도움이 될 수 있다. 금전의 흐름도는 계약과 관련된 금전의 흐름이 기본적으로 계약서상 특정 조항이나 전체 조항을 통해 어떻게 작동되고 있는지를 보여주는 도표(diagram)이다.[5] 계약서상 개별 조항을 반영한 금전의 흐름도와 계약과 관련해 수

4 "I promise," "I apologize"처럼 표현 자체가 이행을 나타내는 것을 말한다.

5 이러한 도표에는 계약서상 개별 실체적 조항(substantive provision)을 금전의 흐름도에서 단순하고 연속된 "예 또는 아니오 질문(yes or no questions)"을 통해, "예" 또는 "아니오"의 대답

집한 관련 사실들을 비교한다면 개별 조항이 사실관계를 실질적으로 정확하고 완전하게 반영하고 있는지를 파악할 수 있다.

3.2 계약상 대금지급 관련 문제

계약상 대금지급조건(payment terms)은, 대부분의 상사거래나 국제거래에서는 계약당사자 간에 금전의 지급이 이루어지기 때문에, 계약의 핵심적 사항일 뿐만 아니라 당사자의 가장 중대한 관심사이기도 하다. 국제거래에서 대금지급의 조건[6]의 경우 국가 간의 통화가 다를 수 있으므로 환율에 따른 문제를 고려해야 한다. 즉, 서로 다른 나라의 통화의 교환비율이 다를 수 있어 어느 시점의 어디서 발표하는 어떤 종류의 환율에 의해 대금지급을 할 것인지를 명확히 정할 필요가 있다.[7] 특히, 국제계약에서 결제통화를 현지 통화로 하거나, 국제통화인 "US Dollar," "Euro" 등으로 하는 때 다른 국가에 속하는 기업들은 환율의 등락에 따라 희비가 엇갈릴 수 있으므로, 환율변동에 따른 통화가치의 보전을 위한 조항을 삽입해 환율에 따른 불확실성을 최소화할 필요가 있다. 또한, 국제거래 계약의 경우 은행의 송금시기나 격지간의 시차 등을 고려해야 하는데, 계약당사자 사이에 시차가 있는 경우 어느 국가나 지역의 시간에 따를 것인지에 관한 사항도 중요하다.

대금지급의 시기와 관련해, 대금지급이 일정한 기간 경과 이후에 이루어지는 경우 그 기간의 일자 산정에 혼란이 없도록 해야 한다.[8] 당사자의 대금지급시기를

에 따라 다른 결과의 다음 단계로 이행되는 경로를 나타내도록 한다. 금전의 흐름도는 개별 조항에서 다루어져야 하는 금전 또는 그 대체물의 경로를 보여주며, 금전거래상 오류와 간극을 더 용이하게 식별할 수 있도록 한다.

6 대금지급의 조건에는 계약의 내용에 따라 확정적으로 지급할 대금을 정해 두는 고정가격계약(FFP(firm fixed price) contract)과 수급가격에 변동이 잦거나 심할 수 있는 대규모 건설공사나 엔지니어링 공사 또는 연구개발계약 등에서 활용되는 것으로 추산금액과 상한금액을 설정하고 사정에 따라 그 대금을 변동할 수 있는 비용변상계약(cost-reimbursement contract)이 있을 수 있다. 고정가격계약은 대금지불의 시기에 따라 선불(prepayment), 후불(deferred payment), 또는 분할급(progressive payment; payment against milestone) 등이 있을 수 있으며, 대금의 지불은 신용장, 전신환 등으로 이루어질 수 있다.

7 이에는, 거래당사자에 의한 분류로, 대고객시세(customer rate), 은행간시세(inter-bank rate, market rate); 외화를 주고받는 시기에 의한 분류로, 현물시세(spot rate), 선물시세(forward rate); 매매대상에 의한 분류로, 전신율(TT(telegraphic transfer) rate), 일람불 수입어음 결제율(acceptance rate), 일람불 어음 매입률(at sight buying rate), 기한부 어음 매입률(usance buying rate); 파는 경우와 사는 경우에 의한 분류로, 매도율(selling rate), 매입률(buying rate) 등이 있을 수 있다. 이를 조합해서, 현물 전신 매도율(TT spot selling rate) 등으로도 사용할 수 있다. 지급의 방법으로 현금수수, 수표, 어음, 은행계좌 등의 방법이 있을 수 있다.

관련 이행 이전에 선불로, 이행 이후에 후불로, 또는 이행을 여러 단계(milestones)로 나누어 단계별 이행이 완료된 때로 정할 수 있다. 다만, 대금을 선불로 지급하는 경우 계약상 이행의무자가 파산이나 지급불능이 된 때 대금의 회수가 어렵고, 대금을 지급하기 이전에 이행의무자가 수행한 이행결과가 기대에 미치지 못할 때 대금지급을 해야 하는 당사자의 입장에서 그 하자의 치유나 대금의 감액을 요구하는 것이 더 용이할 수 있기 때문에, 일반적으로 선불금의 지급을 피하거나 제한하도록 하는 것이 좋다. 다만, 이행의무자의 입장에서 계약의 이행을 위해 값비싼 재료를 미리 구입해야 하는 경우 대금의 일부나 전부를 선불금으로 요구할 수 있다. 이 경우 대금지급을 해야 하는 당사자의 입장에서는 이행단계별 대금지급(milestone payments)의 방안을 고려할 수 있는데, 관련 재료의 구입비용만을 선불로 지급하거나, 주요 일정 단계별 이행의 진척에 따라 대금을 지급하거나, 산출물의 인수시에 잔금을 지급하는 등 특정한 이행단계에 따라 대금을 지급하는 것이 유리하다.

한편, 당사자 간 일정한 작업이나 서비스의 이행에 대응해 수수료의 지급이 이루어지는 경우 이행과 대가지급 간의 분쟁을 예방하기 위해, 개별 수수료의 지급에 상응해 수행되는 작업이나 서비스의 명세를 계약서나 계약에 따라 발행되는 개별 송장(invoice)에 기재할 수 있다. 변동성이 있는 대금지급의 경우 당사자 간 책임의 한도를 명확히 하기 위해, 대금지급의 한도(cap)를 정할 수 있다. 계약서의 대금지급조항(payment clause)에는 이와 같은 대금지급의 시기와 방법과 함께, 대금지급이 지체된 때 지연이자(interest for arrears) 등 대금지급의 지체에 따른 처리 방법을 규정한다.

[Example 1]

아래는 국제거래 계약상 대금의 지급방법과 시기 및 통화 내지 환율(exchange rate)에 관한 기재례들이다. 국제거래는 당사자들의 소재 장소가 다를 수 있어, 대금지급에 관한 혼란을 방지하기 위해, 거래대금의 지급의 시기, 방법, 통화, 환율의 변동에 따른 조정에 관한 사항을 명확히 할 필요가 있다.

- ABC Company shall pay the amounts due on or before the date indicated

8 기간을 표현할 때 "by" 또는 "before"라는 용어를 쓸 수 있는데, 그 의미의 혼란을 피하기 위해, 예를 들면, 10일을 포함해 10일까지인 경우 "on or before 10, by 10(inclusive), by 11 (exclusive)"로, 10일이 포함되지 않는 의미로 10일까지를 나타낸다면 "on or before 9, by 9 (inclusive), by 10(exclusive)" 등 명확한 표현을 사용할 필요가 있다.

above. All amounts due under this Agreement shall be paid by telegraphic transfer to Supplier's account herein enclosed.

- Manufacturer reserves the rights to adjust pricing if the exchange rate of US Dollar to Korean won alters by more than 5% up or down. In this case, either party is entitled to request an adjustment to the above prices equal to one half of the move or ±2.5%.

[Example 2]

아래는 대금지급조항(payment clause)의 기재례로, 대금지급조항에는 일반적으로 대금지급의 시기와 방법과 함께 대금지급이 지체된 때 지연이자의 지급 등 대금지급의 지체에 따른 처리방법을 규정한다.

Client agrees to pay all of the Professional Services Fees described in Schedule B to this Agreement. All invoices for fees charged by Company in connection with the Services shall be due and payable within 30 days from receipt. Interest will accrue at a rate of 15% per annum (or the maximum rate permitted by applicable law, whichever is lower) on all amounts that are overdue and shall be payable by Client to Company upon demand. No payment shall be deemed overdue if received net 30 of the invoice date. Client agrees to pay all fees and costs of collection, including all attorney fees.

3.3 대금지급조항 작성시 유의사항

대금지급조항(payment provision)을 작성할 때는 다음과 같은 사항을 유의해야 한다. 우선, 대금지급과 관련한 현금의 흐름을 확인해 볼 필요가 있는데, 이를 위해 거래관계에서 발생하는 금전의 흐름을 추적하는 흐름도를 만든다. 이때 대금지급과 관련해, (i) 대금지급 의무자, (ii) 대금지급 청구권자, (iii) 대금지급의 명목, (iv) 지불해야 할 금액, (v) 대금지급의 시기, (vi) 예치금(deposit)이 있는지, (vii) 예치금이 있다면 계약이 종료된 때 누가 그 잔존금액을 받을 자격이 있는지, (viii) 복수의 당사자에게 다수의 대금지급(multiple payments)이 있는지[9] 등을 확인해, 이를 관련 대금지급조항(payment provision)에 명시한다.

계약당사자의 대금지급의무(obligation to pay)는 능동태 문장으로 기술하며, "The Producer <u>is responsible for paying</u> the Screenwriter USD 10,000 for the

9 복수의 당사자에게 대금지급이 필요한 경우 개별 대금지급과 관련해, (i)에서 (vii)의 각 항목들을 확인해 이를 대금지급조항에 기술한다.

script."와 같이 완곡어법을 사용하기보다는, 계약상 법적 이행의무를 명확히 나타낼 수 있는 조동사 "shall"을 사용해, "The Producer shall pay the Screenwriter USD 10,000 for the script."와 같이 기술해야 한다.

지급할 대금의 산정과 관련해, 수식(mathematical formula)을 통해 산출되는 금액이 명확하다면 계약서에 수식을 기술하기보다는 산출된 금액 자체를 직접 기재하는 것이 좋다. 즉, 계약서에 금액산정을 위한 수식을 규정할 수 있으나, 계약 관련 대금의 분쟁을 줄이기 위해, 가급적 금전의 산출식보다는 명확히 산정된 금액을 계약서에 기재할 필요가 있다. 다만, 대금지급이 일정한 수식에 따라 이루어져야만 하는 경우에는 그 수식을 검증해 정확하게 명시한다. 그런데, 대금산출의 수식과 수식에 따라 산출된 금액을 동시에 계약서에 기재하는 것은 수식과 수식에 따른 산출금액이 일치하지 않으면 계약내용이 모호해질 수 있기 때문에 적절하지 않다. 또한, 한쪽 당사자가 두 명 이상의 당사자에게 두 가지 이상의 대금지급을 할 경우, 그 지급내용의 혼동을 줄이기 위해, 도표(chart)를 만들어 각 당사자에게 지급해야 하는 대금지급의 유형과 금액을 각각 명시하는 것이 좋다. 그리고, 대금지급시기가 계약조건에 따라 세분화되어 있는 경우, 지급시기에 관한 혼동을 줄이기 위해, 개별 지급시기를 구체적으로 적시해야 한다.[10]

대금지급의 방법이나 절차가 있는 경우 이를 명시할 필요가 있는데, 특히 국제거래 계약에서 당사자나 거래대상이 여러 나라에 속해 있어 대금지급에 사용되는 통화가 다른 경우 무슨 통화를 어떠한 방법에 따라 지급할지를 명확히 해야 한다. 대금지급은 또한 현금(cash), 개인수표(personal check), 회사수표(company check), 자기앞수표(cashier's check), 지불보증수표(certified check), 즉시 지불가능 자금(immediately available funds), 전신송금(wire transfer) 등의 다양한 방법으로 이루어질 수 있으므로 이에 관한 사항을 명기한다.[11]

---

10 대금지급시기는 "With respect to each month of the Term, the Tenant shall pay the Rent to the Landlord no later than the fifth day of that month."와 같이 명확히 특정해야 한다. 대금지급시기가 세분화되어 있다면, "...at the end of every three months based on a term beginning on March 15 (i.e., June 14, September 14, December 14, and March 14)."과 같이 개별 일자를 구체적으로 특정할 수 있도록 기술해야 한다.

11 예를 들면, 국제거래에서 대금지급시 통화나 지급방법과 관련해, 다음과 같은 규정을 둘 수 있다:

Payment of Purchase Price. The Buyer shall pay the Seller the Purchase Price by wire transfer of [immediately available funds] [funds immediately available in Chicago] [immediately available funds in pound sterling]. The Seller shall notify the Buyer of the

Ⅲ. 인수 또는 금융 거래 관련 계약조항

1. 인수(acquisition) 또는 금융(financing) 거래 계약의 특징

소프트웨어개발계약, 라이선스계약, 리스계약 등과 같이 당사자들이 거래 관련 문서를 마련하고 계약서를 작성해 서명하면 계약체결의 완료절차 없이 계약에 따라 이행이 이루어지는 일반적 거래계약과 달리, 합병(merge), 주식매수(stock purchase), 자산매수(asset purchase), 영업양수도(business transfer) 등 인수거래(acquisition transaction)나 자금을 조달하는 금융거래(financing transaction)의 경우 대체로 상당한 금전거래가 있고 다양하고 복잡한 여러 서류들을 마련하고 일정한 절차를 거칠 필요가 있다. 특히, 인수거래 계약의 경우 일반적으로 당사자들이 바로 최종계약(definitive agreement)을 체결하는 것이 아니라, MOU(memorandum of understanding; 양해각서) 등을 먼저 체결하고 인수 대상물을 파악하기 위한 실사(due diligence)를 실시한다. 또한, 거래과정에서 계약대상에 대한 실사나 당사자들 사이에 교환되는 정보의 비밀을 유지하기 위한 비밀유지계약(confidentiality agreement)을 체결한다. 계약당사자는 실사의 결과를 바탕으로 당사자 간 협상을 진행해 거래되는 인수대금 등을 포함한 주요 계약조건을 정한다. 최종계약의 체결 이후에도 필요한 사항에 대해 추가적 실사를 실시할 수 있으며, 이를 거쳐 거래를 완결짓는 클로징(closing)을 한다는 특징을 가지고 있다. 인수 대상물의 소유권이 변경된 이후에도 문제가 발생하지 않도록 하기 위해 인수 대상 목적물의 거래관계나 상태를 확인하는 후속조치가 요구될 수 있다. 이러한 실사결과를 토대로 인수계약상 매도인은 인수대상 사업이나 자산 또는 주식의 사실관계나 현황 등에 대해 진술 및 보증을 하고, 필요한 경우 인수대상 기업의 재무제표나 자산보유상태 등 주요 정보를 상세하게 나타내기 위해 계약서에 공개목록(disclosure schedule) 등을 별첨할 수 있다. 이를 통해, 매수인은 이러한 진술 및 보증을 비롯한 공개목록 등의 정보가 정확하고 중요한 부분에 있어 누락이 없으며, 공개된 것을 제외하고는 거래에 영향을 미칠 중대한 사항이 없다는 점을 확인한다.

인수계약은 일반적으로 계약의 체결일로부터 인수대상의 소유권 이전 관련 자

---

bank account into which the funds are to be transferred no later than two business days before the Closing Date.

료가 인도되는 클로징(closing; 거래완결)일까지 공백기간(gap period)을 두는데, 이 기간 동안 매도인은 인수대상의 매도에 필요한 정부승인, 이사회승인 등 절차를 거치고, 매수인은 인수에 필요한 내부승인이나 인수잔금 등을 마련한다. 인수계약의 클로징(closing)은 대체로 당사자들의 이와 같은 준비행위가 완결되는 것을 조건으로 하며, 이를 클로징 조건(closing condition)이라 한다. 또한, 매도인은 계약 체결일(signing date)뿐만 아니라 클로징일(closing date)을 기준으로, 대상 자산이나 주식 및 회사의 현황에 관한 진술 및 보증을 하고, 진술 및 보증한 내용이 사실과 다르거나 부정확할 경우 인수인은 매도인을 상대로 계약위반에 따른 책임을 물을 수 있다. 계약과 관련해 발생하는 손해에 대해 책임을 지는 당사자는 손해배상책임을 부담하게 되는 당사자의 책임을 면하게 하는 면책배상(indemnification)에 관한 규정을 둔다.[12] 다만, 계약의 클로징(closing)이 이루어지고 소유권이 공식적으로 매도인으로부터 매수인에게 변경된 후에도, 당사자들은 상호 협조를 필요로 하는 사항들이 있을 수 있다. 클로징 이후에 대상 기업의 기존의 영업활동으로 발생하는 세무적 또는 행정적 후속조치가 남아있는 경우 매수인은 매도인측으로부터 이러한 후속조치를 수행하기 위한 협조를 받을 필요가 있다. 그리고, 인수대상 기업이 소송을 진행 중이라면 그 소송의 처리에 관해 인수인은 매도인으로부터 도움이 요구될 수 있다. 또한, 매수인이 인수기업의 기존의 고객관리를 위해 그동안 고객관계를 맺어 왔던 매도인의 지원이 필요할 수 있으며, 인수인은 인수기업의 기존 상호를 사용하거나 새로운 상호를 등록할 때 매도인의 협조가 요구될 수 있다. 또한, 매수인이 매도인으로부터 매도인측이 운영하는 기업이나 사업을 인수하게 되는 경우 매수인의 입장에서는 경쟁금지합의(non-competition agreement) 등을 통해 인수대상 기업이나 사업의 안정적인 활동이 요구된다. 다만, 이러한 경쟁금지합의는 일반적으로 그 기간과 지리적 위치(time and geographical location)가 합리적(reasonable)이어야 강제할 수 있다.

한편, 인수계약에서 인수대금의 지급이 언아웃(earnout; 차후정산)을 통해 이루어지는 경우가 있다. 언아웃(earnout)은 인수대금(purchase price)의 일부분이 클로징 이후 특정 기간 동안 당사자 간 협상된 일정한 재무적 또는 비재무적 측정기준의 달성 여부에 따라 지급이 이루어지는 것을 말한다. 이러한 조건부 대금(contingent

12 다만, 원상회복의 복잡성을 고려하여 계약해제는 클로징/거래완결일 전까지만 할 수 있도록 하고, 진술과 보증이 진실과 불일치한다는 사실을 거래완결일 후에 발견한 경우에는 매도인이 인수인으로부터 인수 대상주식을 환매하도록 하는 경우도 있다.

amount)의 지급은 대체로 인수한 사업이 일정한 측정기준(measurement standards)을 충족할 때 이루어지는데, 측정기준이 완전히 충족되지 않은 경우에는 언아웃의 지급이 없을 수 있고, 기준을 충족한 정도에 따라서 부분지급(partial payment)이 있을 수 있다. 인수한 사업이 인수인의 비즈니스에 완전히 통합되거나 또는 인수인과 대상회사의 제품라인이 본질적으로 동일한 경우에는 인수한 비즈니스의 재무성과를 정확하게 측정하기 어렵기 때문에 언아웃을 정하기 힘들 수 있다. 언아웃으로 표시되는 인수가격의 비율은 당사자 간 합의에 따라 다양할 수 있다.[13] 다만, 언아웃(earnout)은 인수가격조정(purchase price adjustment)의 문제와 구별되는데, 인수가격조정은 인수가격을 증가시키거나 감소시키는 것이지만, 언아웃(earnout)은 측정기준을 충족하는 한도에서 매도인이 받는 인수가격(purchase price)의 금액을 단지 증가시킨다는 점에서 차이가 있다. 언아웃(earnout; 차후정산)은 모든 거래에 적합한 것은 아니며, 당사자 간의 인수가격 협상에서 극복해야 할 특정 장애물이 있을 때 주로 사용된다. 이는 인수대상 사업의 가치에 대한 매도인의 인식과 사업에 대한 과도한 지불 위험을 줄이려는 인수인의 욕구 사이의 간극을 메우는 기능을 할 수 있다.[14]

2. 인수(acquisition) 또는 금융(financing) 거래시 실사(due diligence)의 문제

인수거래나 금융거래시 매수인이나 대주는 매도인이나 차주의 회사나 자산 상

13 언아웃거래(earnout transaction)의 경우 회계처리나 세무문제는 그 적용되는 준거법에 따라 다양하게 나타날 수 있어, 이에 관한 사항은 인수계약서의 작성에 필수적으로 검토될 필요가 있다. 예를 들어, 미국의 경우 Statement of Financial Accounting Standards No. 141, "Business Combinations" (SFAS 141(R)) (FASB(Financial Accounting Standards Board) Accounting Standards Codification 805)에서는 매수인이 인수일 현재의 공정가치(fair value as of the acquisition date)로 언아웃(earnout)을 기록하고, 이를 인수가격(purchase price)의 일부로 기록하도록 하고 있다. 과세대상거래(taxable transaction)에서 매도인은 일반적으로 언아웃(earnout)이 이연매입가지급(deferred purchase price payments)과 유사하게 처리되어 수취시점의 양도차익률로 과세(tax at the capital gains rate at the time of receipt)될 것으로 예상한다. 그리고, 언아웃(earnout)에 관한 연방세법(federal tax law)의 적용은 더 복잡할 수 있다. 이러한 세무문제는 언아웃조항(earnout provision)의 구조와 내용에 상당한 영향을 미칠 수 있다는 점을 유의해야 한다.

14 언아웃(earnout)에 관한 자세한 내용은 "Chapter 5. III. 4. 언아웃조항(earnout provision)의 문제" 단원에서 살펴본다.

태 등에 대해 실사를 실시하는데, 그 실사의 범위나 대상은 해당 사업이나 자산의 성격이나 거래구조에 따라 다를 수 있다. 인수계약에서 실사대상이 되는 일반적 사항들로는, (i) 대상 회사나 자산의 조직이나 소유권 등 관련 자료(corporate organization and ownership documents), (ii) 대상 목적물의 재무정보 관련 사항(financial information), (iii) 인수대상 회사의 고객정보 관련 사항(customer information), (iv) 인수대상 목적물과 관련한 계약 관련 자료(documents related to contracts), (v) 계류 중이거나 예상되는 소송 관련 사항(pending or threatened litigation), (vi) 정부의 규제 및 신고 관련 사항(governmental regulations and filings), (vii) 지식재산 관련 사항(intellectual property), (viii) 노무 관련 사항(labor matters), (ix) 세금 관련 자료(documents related to tax), (x) 인수대상 사업이나 자산의 성격이나 거래관계에 따라 관련 환경문제(environmental matters)나 공정거래(monopoly and fair trade) 관련 문제 등이 있다. 이러한 실사항목들의 주요 내용에 관해서는 "Chapter 9. VIII. Acquisition Agreement(인수계약)"의 단원에서 자세히 살펴본다.

3. 인수(acquisition) 또는 금융(financing) 거래시 클로징(closing) 문제

3.1 클로징(closing)에 대한 이해

주식매수, 자산매수 등 인수계약이나 자금조달을 위한 금융계약의 특성상 계약의 서명 이후 거래관계를 완료하거나 확인하기 위한 절차인 클로징(closing)이 필요하다. 예를 들어, 대출거래의 경우 계약당사자는 자금조달을 승인받거나 담보목적물에 대한 조사 등 필요한 조치나 관련 서류를 준비할 시간이 요구된다. 이때 당사자들은 일정한 계약조건이 충족된 때에 거래를 완결하기 위한 당사자의 의도를 계약서에 명시하여 계약을 체결한다. 그리고, 클로징이 필요한 거래의 경우 계약서에 클로징의 장소(place), 날짜와 시간(date and time)을 비롯해 클로징시에 상대방 당사자에게 전달할 자료나 서류 등을 기재한 클로징 조항(closing provision)을 두게 된다. 클로징 일자(closing date)는 특정한 일자로 정하거나 또는 일정한 사건의 발생(예를 들어, 당사자의 동의가 있을 때 등)에 따라 정해지도록 할 수 있으며, 클로징 시간의 경우 당사자가 다른 시간대(time zone)에 있을 수 있다는 점을 고려해 정해야 한다. 이러한 클로징 관련 규정은 당사자들의 정책(policy)을 반영하는 것으로 계약의 구조개념상 사실의 선언(declaration)의 일종이기 때문에 현재시제(present tense)를 사용한다.

그리고, 클로징(closing)이 반드시 특정한 날에 일어나야 하는 경우에는 "time-is-of-the-essence clause(필수적 이행시기 조항)"에 관한 문구를 포함하는 것이 좋다.[15] 단계적으로 클로징일(rolling closing date)을 두거나 또는 클로징의 일자나 기간이 필수적이지 않아 당사자들의 합의로 클로징을 연기할 수 있는 경우에는 클로징을 더 이상 미룰 수 없는 일자인 "Drop-Dead Date(최종마감일)"[16]를 계약서에 포함하는 것이 좋다. 예를 들어, 매매계약 등 인수계약에서 한쪽 당사자가 계약의 클로징 시기를 계속 연장할 수 있다면 상대방은 해당 거래의 미성사로 인해 다른 사람과도 관련 거래를 할 수 없는 불안정한 상태가 지속될 수 있기 때문에 그 상태를 끝내고 다른 사람과 자유롭게 거래할 필요가 있다. 계약서에 Drop-Dead Date(최종마감일)를 포함하는 경우 최종마감일(drop-dead date)에도 클로징을 하지 못하는 경우 계약의 해제 내지 종결 등 클로징의 불발생에 따른 결과를 계약종결조항(endgame provisions)에 함께 규정할 필요가 있다.

한편, 계약의 클로징시에 당사자들은 서로 클로징 전달자료(closing deliveries)를 교환한다. 예를 들어, 인수계약(acquisition agreement)의 경우 클로징시에 매도인은 매도자산 관련 서류를 매수인에게 제공하고, 매수인은 그 자산에 대한 잔대금을 매도인에게 지급한다. 즉, 매도인의 경우 전달자료로 목적물에 대한 소유증서나 책임부담이 있다면 그에 관한 문서, 매수인의 경우 잔대금의 지급이나 그와 관련한 약속어음 등 증서를 각각 제공한다. 이외에도, 당사자들은 브링다운인증서(bring-down certificate),[17] 재직증명서(incumbency certificates), 인증결의서(certified resolutions), 의견서(opinion letters) 등 관련 거래를 확인하고 완결하기 위해 필요한 자료들을 상호 교환한다. 이와 같은 클로징시 전달자료(closing deliveries)는 계약서에

---

15 "time-is-of-the-essence clause"의 배경과 의미에 관한 자세한 내용은 저자 집필 『영미계약법원리』 (유원북스, 2021), 394페이지를 참고하기 바란다.

16 "Drop-Dead Date"는 최종마감일의 의미를 가지는데, 이는 어떤 일이 완료되어야 하는 가능한 마지막 날짜이며, 기간의 준수가 중요한 계약에는 일반적으로 이를 포함한다. 이 일자를 지키지 못하는 데 책임이 있는 당사자가 계약상 책임을 부담하게 할 수 있다.

17 주식매수, 자산매입, 합병 등 인수계약(acquisition agreement) 관련 거래에서 일반적으로 브링다운조항(bring-down clause)을 두는데, 브링다운조항은 매도인의 진술의 정확성을 판단하기 위해, 계약체결일 당시의 매도인의 진술을 마치 클로징일에도 이루어진 것처럼 가져온다(bring down)는 의미를 갖는다. 브링다운인증서(bring-down certificate)는 인수계약에서 매도인의 진술사항의 정확성이 인수계약 체결일(signing date) 당시뿐만 아니라 클로징일(closing date) 현재에도 인정된다는 점을 증명하는 서류이다.

가급적 상세히 기재함으로써 당사자 간 계약 관련 위험과 분쟁을 줄일 수 있다. 클로징시 전달자료는 클로징시 당사자의 관련서류 전달의무(covenants to deliver the documents)를 명확히 하기 위해 당사자의 이행조항(performance section)에 주로 나열된다. 당사자가 이러한 인도의무를 불이행하는 경우 피해당사자는 불이행당사자에게 손해배상 등 계약위반에 따른 권리구제를 행사할 수 있다. 그런데, 당사자가 클로징시 전달자료를 직접 통제할 수 없다면 그 전달자료에 관한 사항을 클로징의 조건(condition to closing)으로 열거할 수 있는데, 이 경우 피해당사자의 유일한 구제책은 계약을 그만두는 것(walk-away right)일 수 있다. 즉, 클로징시 전달자료가 단지 조건조항(conditions article)에만 나열되어 있다면 계약당사자의 유일한 구제방법은 계약을 그만두는 것이다. 이때 그 자료를 인도해야 하는 당사자에게는 계약상 의무위반에 따른 책임이 발생하지 않게 된다.[18]

3.2 클로징조항(closing clause) 작성시 유의점 및 기재례

클로징조항(closing clause)에는 클로징이 일어나는 장소(place), 일자와 시간(date and time)이 포함된다. 예를 들어, 대출기관으로부터 자금을 빌리는 거래의 경우 일방 당사자가 다른 장소에서 원격으로 관련 서류를 전달한다고 하더라도 클로징이 일어나는 장소는 대출기관의 소재지 등 일정한 장소로 특정해야 한다. 그리고, 클로징시에 각 당사자가 상대방에게 전달해야 할 자료들(closing deliveries)을 목록화하고, 이를 특별히 계약의 조건으로 하지 않는 한, 목록화된 자료들의 마련이 당사자의 의무라는 점을 경기한다. 한편, 클로징이 일어나기 이전에 마무리할 상당한 업무들이 있어 클로징의 시기나 장소를 특정하기 힘든 경우 클로징조항 작성시 다음 사항을 유의한다: (i) 클로징의 일자가 계약상 일정한 조건의 충족과 연관되는 등 클로징의 시기가 유동적이라면 클로징 시기에 기한(deadline)을 둔다. (ii) 당사자들이 클로징을 못하는 경우 불합리하게 클로징이 지체되는 것을 막기 위해 해당 거래를 종료하게 되는 때, 즉 "Drop-Dead Date(최종마감일)"을 정한다. (iii) 당사자들에게 클로징의 기한(deadline)이나 최종마감일(drop-dead date)을 변경할 수 있는 옵션을 부여하는 경우 그에 관한 요건을 명시한다.

18 클로징 전달자료(closing deliveries)를 나열할 때, 관련 당사자 자신이 그 전달자료을 마련하는 것을 통제할 수 있다면 그 전달자료는 이행조항(action sections)에 규정하고, 그렇지 못할 경우 그 전달자료의 마련에 관한 사항을 조건(condition)으로 분류해 관련 당사자의 불이행에 따른 계약위반의 위험부담을 줄이는 대신 계약 자체를 취소해 계약의 구속에서 벗어나는 방안을 고려할 수 있다.

[Example 1]

아래는 클로징의 장소와 일시 등 관련 기재례들이다. 클로징에 관한 사항은 당사자들의 정책결정(policy decision)에 관한 사실의 선언(declaration)으로 관련 문장은 현재시제로 기술한다. 첫째 및 둘째 예문은 클로징(closing)이나 클로징 일자(closing date)를 정의된 용어(defined term)로 해 그 의미를 명확히 하는 것이며, 셋째와 넷째 예문은 클로징의 장소와 일시를 명시한다.

- **"Closing"** means the consummation of the transactions that this Agreement contemplates.
- **"Closing Date"** means the date stated as such in Section XX.
- The closing of the transaction contemplated by this agreement will take place at the offices of ABC Abstract & Title Co. in Lawrence, Kansas, on 10 August 2023, at 1:00 p.m. local time.
- The Closing is to occur on December 20, 2023, beginning at 9:00 a.m. local time (the date and time, the **"Closing Date"**). It is to take place at the offices of ABD LLP, 1100 Avenue of the Americas, New York, New York.

[Example 2]

아래는 Drop-Dead Date(최종마감일)를 둔 클로징의 기재례들이다. 첫째 예문은 클로징일이 유동적인(open-ended) 경우, 둘째 예문은 단계적 클로징 일자(rolling closing date)를 둔 경우 각각 최종마감일을 규정하고 있다.

- The closing of the transaction contemplated by this agreement will take place on the first business day occurring ten days after the date on which all of the conditions precedent stated in paragraphs 5 and 6 of this agreement have been satisfied (the **"Closing"**). Notwithstanding the preceding sentence, the Closing will take place no later than three months after the date Seller signs this agreement, unless extended by mutual agreement of Seller and Buyer. The Closing will take place at 10:00 a.m. Chicago time at the offices of Henry & James, Chicago, Illinois, unless otherwise agreed in writing by the parties.
- The Closing is to take place on 15 June 2023 at 10:00 a.m. local time or on another date and time as to which the parties agree, but in no event later than 30 June 2023 (the date and time of the Closing, the **"Closing Date"**). It is to be held at the offices of Jack & Michael LLP, 2000 Peachtree Street, Atlanta, Georgia.

[Example 3]

아래는 당사자들의 클로징시 전달자료(closing deliveries) 관련 기재례들이다. 인수계약에서 클로징시, (Version 1)은 매도인의 전달자료, (Version 2)는 매수인의 전달자료 관련 각각의 예문이다.

(Version 1)

At the Closing Seller shall deliver or cause to be delivered to the Buyer all of the following items (all documents will be duly executed and acknowledged where required):

(a) A warranty deed in substantially the form of Exhibit 2.
(b) The Easement Agreement described in Section 9.2.
(c) Additional documents reasonably required by Buyer to consummate the sale of the Property to Buyer.

(Version 2)

At the Closing Buyer shall deliver or cause to be delivered to Seller all of the following items and all documents will be duly executed and acknowledged where required:

(a) The cash payment described in Section 2.2.
(b) The Note and Mortgage described in Section 2.3.
(c) The Easement Agreement described in Section 9.2.
(d) Such other documents reasonably required by the Seller to consummate the sale of the Property to the Buyer.

3.3 클로징 조건(closing conditions)의 문제

인수계약에서 클로징일 이전에 당사자는 인수대상을 매도인으로부터 매수인에게 이전할 의무를 이행하기 위해 충족해야 할 선행조건들(closing conditions; conditions precedent to the parties' obligations to close)을 설정한다.[19] 클로징의 선행조건이 충족되지 않는다면 계약당사자들은 인수계약의 클로징을 거부하고 계약을 종결할 수 있다(walk-away right). 예를 들어, 주식매수계약에서 매도인이 그의 주식을 매수인에게 매각해야 하는 의무의 선행조건을 규정하고 있는데, 그 조건이 충족되지 못한다면 매도인이나 매수인은 계약을 종결할 수 있다. 이러한 클로징 조건(closing

19 금융거래 계약에서도 일반적으로 대주가 차주에게 대출을 하기 이전에 충족되어야 할 클로징 조건(closing condition)을 규정하고, 브링다운조항(bring-down clause)을 통해 차주의 진술이 계약 체결일뿐만 아니라 클로징일에도 정확할 것을 요구한다.

condition)은 진술(representation)이나 이행의무(covenant)와 법적 개념을 달리한다. 당사자들의 진술의 정확성과 의무의 이행은 클로징의 조건이 될 수 있으나, 클로징 조건은 진술이나 이행의무와 무관하게 규정될 수 있다. 그리고, 매도인이 클로징 조건을 충족하지 못하는 경우 매수인은 인수를 클로징하지 않고 계약을 종결할 권리를 가질 수 있지만,[20] 매도인은 허위진술(misrepresentation)이나 이행의무의 위반(breach of a covenant)을 하지 않는 한, 매수인에게 클로징 조건을 충족하지 못한 것에 대한 책임을 부담하지는 않는다.

한편, 인수계약에서는 "Bring-Down Clause(브링다운조항; 재진술조항)"을 두는 것이 일반적인데, 이는 매도인의 진술의 정확성이 인수계약 체결일 당시뿐만 아니라 클로징일 현재에도 인정될 것을 요구한다.[21] 브링다운조항(bring-down clause)은 인수회사의 비즈니스에 중대한 변경으로 인해 발생할 수 있는 매수인의 피해를 방지하기 위한 것으로, 계약체결일에 이루어진 매도인의 진술이 클로징일에 정확하지 않은 경우 매수인은 계약의 클로징을 거부하거나 매도인에게 피해에 대한 면책배상을 요구할 권리를 가질 수 있다. 그리고, 매수인은 클로징 조건으로, 매도인이 클로징시에 계약일 및 클로징일 현재 매도인 자신의 진술의 정확성과 클로징일 또는 그 이전에 이행되거나 준수되어야 할 모든 의무의 이행을 확인하는 브링다운 인증서(bring-down certificate)를 매수인에게 전달하도록 할 수 있다.[22]

이러한 클로징 조건은 당사자의 거래관계나 성격에 따라 다양할 수 있는데, 주요한 클로징 조건으로는, (i) 당사자가 만족할 수 있는 필요한 중대한 동의(consent)

---

20 매도인의 진술이 거래의 근본적인 것인 때 그 진술의 부정확하다면 매수인의 입장에서는 인수를 종결할 권리를 보유할 필요가 있다. 예를 들어, 주식매매계약에서, 매도인이 인수대상 회사의 발행되어 현존하는 주식 수와 매도인 보유의 주식 수 등을 포함한 자본에 관한 사항을 진술하였는데, 클로징 이전에 매도인의 보유주식 수의 일부를 제3자가 보유하고 있다는 사실이 밝혀지면 매수인의 입장에서는 제3자의 보유 지분이 미미하더라도 해당 계약을 취소하는 것을 고려할 수 있다.

21 "Bring-Down"은 인수계약에서 매도인의 진술의 정확성을 판단하기 위해, 인수계약 체결일 당시의 매도인의 진술을 마치 클로징일에 이루어진 것처럼 가져온다(bring down)는 의미를 갖는다.

22 예를 들어, 매수인은 다음과 같은 브링다운 인증서(bring-down certificate)를 클로징 조건으로 할 수 있다:

Buyer will have received a certificate executed by each Seller confirming (a) the accuracy of its representations and warranties as of the date of this Agreement and as of the Closing Date in accordance with Section XX and (b) the performance of and compliance with its covenants and obligations to be performed or complied with at or prior to the Closing in accordance with Section XX.

CHAPTER 5

나[23] 정부의 승인(governmental authorization)을 받는다는 점, (ii) 인수거래를 완결하기 위한 일정한 자료나 문서를 제공한다는 점, (iii) 해당 계약에 영향을 미칠 수 있는 소송 등 클레임이 없다는 점,[24] (iv) 해당 거래와 관련한 법규위반이나 이행충돌 등으로 인한 피해없이 클로징을 할 수 있다는 점, (v) 당사자, 특히 매수인 등이 해당 거래를 완결할 수 있는 자금을 조달할 수 있다는 점, (vi) 거래 대상 목적물에 부동산이 포함되는 때 그 목적물에 환경법규위반 등 환경 관련 문제가 없다는 점, (vii) 거래계약 체결일 이후 클로징일 사이에 대상 목적물이나 사업 등에 중대한 부정적 변화(material adverse change)가 없다는 점 등이 있다. 그런데, 진술자의 진술의 정확성이 클로징 조건이라면, 진술당사자의 진술이 부정확한 경우 상대방이 클로징 거부권(walk-away right)을 행사할 수 있으므로, 진술자는 중대성 수식어구(materiality qualification) 등을 사용해 위험부담을 낮출 수 있다. 클로징 조건(closing condition) 관련 주요 유의사항과 기재례들은 "Chapter 9. VIII. Acquisition Agreement(인수계약)" 단원에서 보다 자세히 살펴본다.

3.4 당사자의 클로징 이전 이행의무(pre-closing covenants)의 문제

인수거래 등에서, 계약의 체결일(signing date) 이후 클로징일(closing date) 사이 기간 동안에는 인수대상 사업이나 목적물의 소유권이 매도인으로부터 매수인에게 완전히 이전된 상태가 아니기 때문에 클로징시 조건을 충족시키기 위해 클로징 이전에 당사자들이 일정한 이행의무를 부담하게 된다.[25] 특히, 계약체결시에 당사자들이 확인한 인수대상 사업이나 목적물에 예측하지 못한 변경이 생기지 않도록, 특히 매수인은 매도인이 통상적인 과정에서 목적물을 사용하거나 업무를 수행할 것을 요구할 수 있다. 여기서 이행의무의 성격상 당사자의 이행능력이 그 당사자의 통제 밖의 사건이나 제3자의 행위에 의존하는 등 당사자에게 절대적인 의무를 설정하는 것이 적절하지 않거나 또는 당사자가 그 이행의무를 수용할 수 없는 경

23 예를 들어, "Each of the Consents identified in Exhibit 8.4 (the "Material Consents") will have been obtained in form and substance satisfactory to Buyer and will be in full force and effect. Copies of the Material Consents will have been delivered to Buyer."와 같이 매수인이 만족할 수 있는 중대한 동의를 클로징 조건으로 할 수 있다.

24 매수인은 일정한 영향을 미치는 소송절차(proceedings)가 시작되거나 위협을 받을 경우 클로징 거부권(walk-away right)을 갖도록 할 수 있는데, 이는 "litigation out"라고 한다.

25 다만, 매도인의 입장에서는 매도인의 이러한 클로징 이전 이행의무가 자신의 정상적인 업무수행에 지장을 가져오지 않도록 그 부담하는 의무의 범위가 합리적인 범위를 벗어나 과도하지 않도록 요구할 필요가 있다.

우 일반적으로, 최선의 노력(best efforts) 등 "노력조항(efforts provision)"을 두어, 당사자가 클로징 이전에 해당 의무를 이행하기 위해 필요한 노력을 할 것을 규정할 수 있다.[26]

매수인의 경우 기본적인 진술대상이 더 제한적이기 때문에 매도인의 이행의무보다는 부담이 적을 수 있지만, 클로징일 이전에 일정한 이행의무(pre-closing covenants)를 부담할 수 있다. 예를 들면, 매수인은 예상된 거래를 종료하고 거래대상 목적물의 인수 등을 위한 자금을 조달해야 하며, 적용 준거법에 따라 다를 수는 있지만 인수를 완료하는 데 필요한 각종 신고나 통지(filings and notifications)가 요구될 수 있으며, 자신의 진술이나 의무에 대한 변동이나 위반사항이 있다면 매도인에게 통지를 해야 하는 등의 의무가 있을 수 있다. 그리고, 매도인의 노력의무(efforts covenant)와 달리, 매수인의 노력의무는 정부기관 또는 제3자가 필요한 동의 또는 승인 부여에 대한 조건을 부과할 때 대체로 발생하는 것이므로, 매수인의 입장에서는 관련 당국이나 담당자를 설득해 승인을 받는 합법적인 노력(lawful efforts)에 한정된다는 단서(proviso)를 다는 것이 좋다.[27]

3.5 당사자의 클로징 이후 이행의무(post-closing covenants)의 문제

인수거래에서 클로징 이후에도 매수인은 인수받은 대상 사업 등의 원활한 업무수행을 위해서 매도인으로부터 일정한 협조가 필수적일 수 있다. 매수인의 이러한 필요성은 고객 등 비즈니스 관계의 유지, 소송 등 분쟁절차의 지원, 비밀유지나 경쟁금지 등이 주로 클로징 이후에 일어날 수 있으므로 이에 대한 매도인의 클로징 이후 이행의무(post-closing covenants)가 요구된다. 예를 들어, 인수 대상회사의 소송이 클로징 이후에도 진행 중이라면 매수인은 클로징 이후에도 소송과 관련된 이슈들에 대한 매도인의 지원이 필요할 수 있으며, 인수 대상회사의 지속적인 비즈니스를 위한 원재료나 필요물품 등을 확보하거나 고객관계를 유지하기 위해 클로

---

26 예를 들어, "Seller shall use its <u>best efforts</u> to cause the conditions in Article XX to be satisfied."와 같이 표현할 수 있는데, "노력조항(efforts provision)"의 자세한 내용은 "Chapter 2. IX. 5.2 Covenant(구속약정/이행의무) 관련 위험배분의 방법" 단원을 참고하기 바란다.

27 예를 들면, 매수인의 최선의 노력조항의 경우 다음과 같이 규정할 수 있다:
Buyer shall use its best efforts to cause the conditions in Article 9 to be satisfied; provided, however, that Buyer shall not be required to dispose of or make any change to its business, expend any material funds, or incur any other material obligation in order to comply with this Section 6.3.

징 이후에도 일정기간 공급계약이나 거래계약의 유지를 위한 매도인의 협조가 요구될 수 있다. 또한, 매수인은 매도인과 사이에 경쟁금지계약 및 비밀유지계약을 체결해 매도인측이 인수회사의 매각 이후 경쟁업체를 설립하거나 운영하는 것을 제한할 필요가 있다.[28] 이러한 매도인의 클로징 이후 의무들을 통해, 매수인은 인수대상회사의 영업권을 확보하고, 매도인이 매도되는 비즈니스의 가치를 감소시키거나 손상시키는 행위를 하지 않을 것을 보장받을 수 있다. 이러한 이행의무들은 인수계약상 이행의무조항에 포함되거나 또는 클로징시에 체결되어 제공되는 별도의 계약으로 할 수 있다.[29] 반면, 매도인의 입장에서는 가능하면 자신의 클로징 이후 의무의 범위를 줄일 필요가 있다.

4. 언아웃조항(earnout provision)의 문제

4.1 언아웃조항(earnout provision)의 이해

"Earnout Provision(언아웃조항)"은 기업이나 사업을 합병 등 인수를 할 때 장래 발생할 이익이나 손실을 매수인과 매도인 간에 배분해 해당 기업이나 대상 목적물의 인수가격을 정하는 규정이다. 이는 매각되는 사업의 장래 영업활동(future performance of the business sold)을 기초로 당사자 간에 인수대금을 정산하는 금융거래이다. 인수거래에서 당사자들은 매수대금의 상당 부분을 대상 사업의 성공적인 완료, 특정한 승인프로세스, 장래의 사건 등에 따라 장래에 대금을 지급할 것을 합의할 수 있다. 언아웃조항(earnout provision)은 인수합병 등의 거래시에 대상업체나 목적물과 관련한 상업적 가치가 있는 핵심적인 제품, 기술, 의약품 등이 개발중인 때 대상 업체나 목적물의 현재의 공정시장가치(current fair market value)와 장래의 시장가치(future market value) 사이의 간격을 메우는 기능을 한다.

언아웃조항(earnout provision)을 통해, 당사자들은 인수대금의 일부를 인수계약시에 합의한 사항이 발생할 때까지 이연, 즉 언아웃(earnout; 차후정산, 이익연계지불)해 그 사항이 발생한 때 그 일부 대금을 지급하기로 한다. 이때 대상업체 등의

28 매수인은 매도인뿐만 아니라 인수 대상회사 등 매도인측의 주주나 임직원 등이 인수 대상사업과 경쟁하는 것을 방지하기 위해 그 주요 주주나 임직원들로부터 해당 사업에 대한 경쟁금지의무를 필요로 할 수 있다.

29 매도인의 클로징 이후 이행의무를 별도 계약으로 체결하는 경우 관련 계약서의 체결과 제공을 클로징시 인도자료(closing deliverables)로 할 수 있으며, 매도인 이외의 자가 관여되는 때는 이를 클로징 조건(closing conditicn)으로 할 수 있다.

인수가격은 대상업체의 향후 실제 영업의 결과와 연계될 수 있어, 매수인은 대상 업체나 제품의 기대에 못 미치는 비즈니스 결과에 대해 계약체결시에 과다한 매수 대금을 지불하지 않을 수 있으며, 매도인은 대상 업체나 제품의 가치가 높아지면 추가적인 보상을 받을 수 있는 기회를 가질 수 있다. 다만, 이러한 언아웃조항의 이점에도 불구하고, 장래 대상물의 가치평가가 불명확하거나 유동적인 가치변동에 따라 당사자 간 의견이 불일치하는 경우 분쟁발생 가능성의 여지가 있다는 문제가 있다.[30] 또한, 언아웃조항(earnout provision)의 경우 일반적으로 매수인은 인수된 비즈니스의 활동에 대한 최대한의 통제권을 유지해 장래 대금지급을 최소화하는 데 관심이 있는 반면, 매도인은 매수인이 대상사업이나 목적물의 개발을 성공적으로 추진해 장래 매수인의 대금지급액을 극대화하는 데 관심이 있기 때문에 언아웃조항의 협상은 쉽지 않다. 당사자 간 이러한 언아웃조항을 둘러싼 이해관계의 대립은 전체 매매금액에서 언아웃이 차지하는 비율이 증가함에 따라 커질 수 있으며, 이 경우 언아웃조항의 협상은 더욱 어려워질 수 있다.

4.2 언아웃조항(earnout provision) 관련 유의점

언아웃(earnout; 차후정산, 이익연계지불)이 가질 수 있는 불명확성으로 인해 언아웃조항(earnout provision)을 작성할 때는 언아웃 관련 조건들을 보다 명확하게 규정해 장래 매매대금의 정산과 관련한 분쟁의 위험을 줄여야 한다. 장래 단계적 대금정산 지급시기(milestones; 마일스톤)을 정하는 때에는 마일스톤의 내용은 모호하지 않아야 하므로 적합한 용어로 가급적 명확하고 간결한 문장을 사용해 마일스톤의 조건과 그에 따른 정산대금의 지급에 관한 사항을 표현해야 하며, 필요한 경우 예시를 들어 언아웃(earnout)에 적합한 경우인지를 나타낼 수 있다. Earnout Provision(언아웃조항)에는 추후 정산대금의 정확한 산출과 검증에 관한 내용들이 주로 포함된다. 언아웃조항의 주요 내용으로, (i) 언아웃 기간(earnout period)을 정

---

30 언아웃(earnouts)은 인수가격에 대한 당사자들의 오늘의 의견불일치를 인수대상물의 불확실한 비즈니스 결과로 해결해 장래 소송의 원인이 될 수 있으며, 언아웃 관련 소송에서는 결국 신의성실(good faith)과 공정거래(fair dealing), 예기치 못한 상황(unforeseen circumstances), 달성되지 않은 기대(unfulfilled expectations)의 묵시적 의무(implied covenants) 등 추상적인 개념을 통해 판단이 이루어질 수 있다는 문제점이 있다. 다만, 산정가능한 척도에 의한 실사의 기준이 더 구체적일수록, 법원은 계약당사자들의 Earnout Provision(언아웃 조항)과 관련해 신의성실과 공정거래(good faith and fair dealing)의 묵시적 이행의무(implied covenants)를 준수했는지를 판단함에 있어 당사자들이 정한 기준을 신뢰할 수 있다.

하는데, 이는 당사자 간의 합의에 따라 다를 수 있으나, 대체로 1년에서 5년 사이의 기간으로 하며, (ii) 언아웃 기간 동안 누가 대상 사업의 수행이나 제품의 개발 등을 통제할 것인지, (iii) 언아웃의 지급금액 및 그 지급방법, (iv) 단계별 언아웃의 지급이 있는 경우 관련 마일스톤의 설정, (v) 매수인이 대상 사업 등을 매각할 경우 그 처리방법, (vi) 언아웃조건들의 준수를 확인하기 위한 당사자의 대상 업체의 운영이나 영업활동에 대한 모니터링에 관한 사항, (vii) 추후 정산대금의 정확한 산정을 위한 재무상태의 검증에 관한 사항 등이 있다.

그리고, 언아웃(earnout)과 관련해, 인수계약상 당사자들의 클로징 이후 의무사항(post-closing obligations)을 둘 수 있다. 예를 들어, 매도인의 입장에서는 매수인이 부담할 클로징 이후 주요 의무사항으로, ① 기존 고객계정이나 비즈니스를 보존하거나 증가시키기 위해 성실히 업무를 수행하고, ② 기존 고객기반에 부합하는 새로운 계약을 적극적으로 유치하고, ③ 인수 대상업체나 제품의 개발의 성공을 위해 정부기관 등으로부터 인허가의 취득을 성실히 추진하고, ④ 차후 정산대금의 지급을 위한 충분한 자금을 보유하며, ⑤ 언아웃 기간 동안 대상 업체나 제품의 개발을 위한 수행할 수 있는 충분한 직원을 확보하고, ⑥ 대상 업체나 제품에 대한 잠재 고객을 확보하기 위해서 광고나 마케팅에 일정한 투자를 할 것 등이 있다. 반면, 매수인의 입장에서는 자신이 인수한 기업의 향후 활동에 대해 매도인의 통제를 가급적 제한하고, 대신 매수인이 선택한 방식으로 사업을 수행하려 할 수 있다. 이때 매도인은 매수인이 차후 정산대금의 지급액(earnout payment)을 줄이거나 제한할 의도로 대상업체에 대해 어떤 조치를 취하는 것을 금지할 것을 요구할 수 있다.

한편, 언아웃과 관련해 신의성실(good faith) 등과 같은 추상적·묵시적 이행의무를 두는 경우 분쟁발생의 소지가 커질 수 있기 때문에 언아웃의 조건들은 보다 구체적이고 산정가능한 측정지표(specific measurable metrics)를 사용할 필요가 있다. 즉, 차후 정산금액의 산정지표로, 특정 직원수나 계정수 또는 제품개발에 소요될 일정한 금액과 같은 구체적으로 산정가능한 측정기준을 정할 필요가 있다. 또한, 신의성실이나 공정거래 등과 같은 묵시적 의무(implied duties)를 부인(disclaimer)한다거나 또는 계약상 명시된 조항이 묵시적 의무보다 우선한다는 점을 명시할 수 있다. 언아웃(earnout) 관련 계약의 구체적 기재례는 “Chapter 9. VIII. Acquisition Agreement(인수계약)” 단원의 “인수대금의 지급” 항목에서 자세히 살펴본다.

Ⅳ. Representations & Warranties Clause(진술 및 보증 조항)

1. Representation(진술)과 Warranty(보증)의 이해

대부분의 국제영문계약에는 계약체결과 관련해 당사자들이 제시된 기본적인 사실관계의 진술이나 일정한 사항이 진실임을 진술하거나 약속하는 내용의 진술과 보증에 관한 조항(representations and warranties clause)을 두고 있다.[31] 이는 계약당사자 상호간 일정한 기초적인 사실을 밝히고 확인해 줌으로써 특정한 합의를 도출할 수 있게 하는 기능을 한다. 예를 들어, 물품매매계약에서 당사자 간 거래를 성공적으로 이루기 위해 매수인은 매도인으로부터 과거로부터 현재 또는 장래에 판매조건에 따라 물품을 제대로 공급할 수 있는 능력이나 여건이 된다는 내용을, 매도인은 매수인으로부터 물품대금을 그 지급조건에 따라 지급할 능력이나 사정이 된다는 사항 등을 확인받고 보증받기를 원하게 된다. 이를 바탕으로 당사자는 상대방이 실제 계약을 체결하거나 이행하는 데 있어 문제가 없다는 믿음을 가지고 계약을 체결하게 된다. 진술과 보증(representation and warranty)은 당사자 간의 기대를 명확하게 하고, 이행요건을 확장하거나 제한할 수 있는 기준을 세워서 계약의 불이행에 대한 잠재적 구제방법을 확장하거나 제한한다. 계약상 Representation(진술)은 한쪽 당사자가 상대방 당사자로 하여금 계약을 체결하도록 유인하기 위해 하는 과거나 현재의 사실(past or present facts)에 대한 진술(statement)이다. 계약상 진술자(representing party)는 진술에 따른 리스크를 줄이기 위해 진술을 가능한 한 좁게 서술할 것을 원하는 반면, 진술의 상대방(the party receiving the representations)은 진술이 가능한 한 광범위하게 서술될 것을 원한다. 이에, 계약상 진술내용(representations)은 당사자 간에 집중적으로 협상되는 사항이다. 한편, Warranty(보증)는 법률상 인정되는 묵시적 보증(implied warranty)도 있으나, 과거나 현재 또는 미래에 대한 당사자의 상대방에게 하는 약속(promise)이나 사실의 확약(affirmation of fact)을 나타내는 명시적 보증(express warranty)이 계약서 작성과정에서 주로 문제된다.

31 소규모 거래에서는 양 당사자의 진술과 보증(representation and warranty) 모두를 단일한 조항에 묶어서 나타낼 수 있으나, 대규모의 거래에서는 각 당사자의 진술과 보증은 일반적으로 별도의 개별 조항으로 분류해 기술한다.

CHAPTER 5

2. 진술(representation)의 시기(timing)에 관한 문제

계약상 진술자(representing party)는 자신의 진술내용이 진술 당시에 올바르다는 점을 보장해야 한다. 인수계약 등 클로징이 요구되는 대부분의 국제거래 계약에서는 진술자가 계약체결시에 한 진술을 클로징시에 또 다시 진술하는 "Bring-Down Clause(브링다운조항; 재진술조항)"를 포함한다. 그리고, 거래에 따라서 클로징(closing) 이후에도 진술의 존속(survival of representations)을 요구할 수 있다. 이러한 진술(representation)의 시기(timing)에 관한 사항은 계약상 위험배분(risk allocation)과 관련된 중요한 문제가 된다.[32]

2.1 진술 정확성의 판단시기

진술(representation)은 그 진술이 이루어질 당시에 정확해야 하며, 계약에 따라서는 계약의 효력발생시나 클로징시 또는 그 이후에도 진술의 정확성이 보장될 필요가 있는데, 이는 보증(warranty)의 경우에도 동일하게 적용된다. 이러한 진술의 시기에 관한 사항은 진술과 보증 관련 조항의 도입부(introductory clause)에 명시된다. 예를 들어, 진술조항의 도입부에서, "Seller represents as of the Effective Date …"에서처럼 계약의 효력발생일에 매도인이 진술을 한다고 명시하거나, "Company represents as of its signing date of this Agreement and as of the Effective Date …"와 같이 진술자가 계약체결일뿐만 아니라 계약의 효력발생일에도 모두 진술한다고 규정할 수 있다.

2.2 Bring-Down Clause(브링다운조항)의 문제

"Bring-Down Clause(브링다운조항)"는 계약의 체결일(signing date) 내지 효력발생일(effective date)에 이루어진 진술(representation)이 클로징(closing) 때에도 여전히 진실할 것을 요구하는 조항을 말한다. 그리고, 계약의 체결일 내지 효력발생일에 이루어진 진술이 클로징 당시에도 여전히 진실하다는 것을 재확인하는 확인서를 "Bring-Down Certificate(브링다운 인증서)"라 한다.[33] 이러한 브링다운조항(bring-

32 위험배분(risk allocation)의 문제는 계약과 관련해 발생하는 위험을 당사자 간에 어떻게 분배할 것인지에 관한 문제로 이에 관한 구체적인 이슈들은 "Chapter 2. IX. 영문계약의 구성개념(contract concepts)과 위험배분(risk allocation)의 문제" 단원에서 자세히 살펴본다.

33 예를 들어, 투자계약에서 당사자들의 진술 및 보증(representations and warranties)은 투자와 관련된 사실의 진술과 약속으로, 이에 대한 부실진술이나 거짓이 있다면 그 보증에 의존해 투

down clause)은 클로징을 필요로 하는 인수계약이나 대출계약 등에 포함된다. 예를 들어, 영업양수도계약의 양도인이 해당 영업자산에 책임이나 담보 등이 없다는 점에 관해 계약체결일에 진술을 한 이후 한 달 뒤에 클로징이 이루어진다면 그 한 달의 공백기간(gap period) 이후의 클로징 일자(closing date)에도 그 진술이 진실하다는 것을 확인한다. 당사자가 이러한 진술을 위반한 경우 상대방은 계약상 면책조항(indemnification provision)에 따라 손해배상을 청구할 수 있으며, 클로징 조건(closing condition)의 불충족을 원인으로 거래를 중단할 수 있다.

클로징(closing)이 있는 거래에서 진술(representations)의 시간(timing)에 관한 이슈

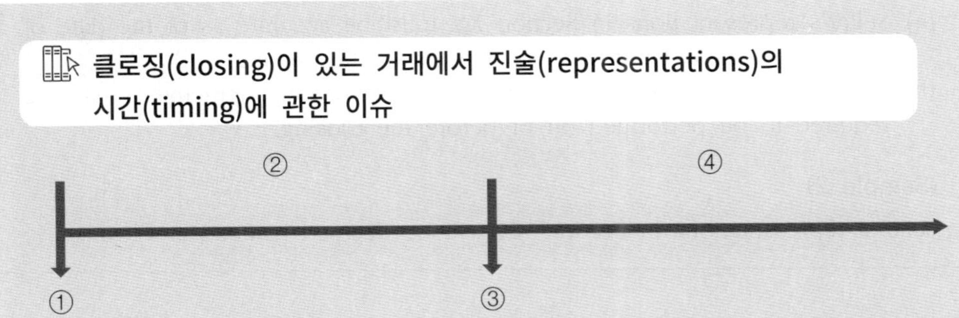

① 계약의 체결일(signing date): 계약상 진술(representations)은 다른 특별한 규정이 없는 한 계약체결 당시에 정확해야 한다.

② 공백기간(gap period): 당사자들이 진술한 사실이 정확하다는 것을 보장할 계약상 의무가 요구된다.

③ 거래의 클로징: (i) 클로징 조건(closing condition)으로 계약체결 당시에 언급한 진술이 정확성을 유지하고 있으며, (ii) 계약서상 이루어진 진술이 클로징시에도 정확하다고 볼 수 있거나 또는 클로징 당시에 진술자의 진술이 여전히 정확하다는 것을 재확인하는 브링다운 인증서(bring-down certificate)를 제공한다.

④ 클로징 이후(post-closing): 클로징 이후에는 해당 진술의 존속에 관한 다른 특별한 규정이 없는 한 더 이상 존속하지 않는다.

자를 한 당사자는, 계약의 취소나 손해배상청구 등 진술 및 보증 관련 일반적 구제방법을 행사할 수 있다. 계약의 체결시 보증과 함께 계약의 클로징 시에도 다시 보증을 받을 필요가 있으며, 자금의 분할지급(tranches)이 이루어지는 경우에는 각 분할지급시마다 사전에 보증을 반복해서 받는 것이 좋다. 이는 투자자의 입장에서 투자자금을 제공할 때 보증이 정확하다는 것을 의미하기 때문에 추가적인 보호장치를 마련하는 것이다. 또한, 투자자는 회사의 경영여건에 중대한 불리한 변화(material adverse change)가 있을 경우 계약을 해지할 수 있는 조항(exit clause)를 둘 필요가 있다. 회사의 입장에서는 투자자가 제기할 수 있는 보증청구금액의 상한선(cap)을 두고, 이사나 경영진 개인의 책임에 대한 추가적인 상한선을 두는 것이 좋다.

[Example]

아래는 브링다운조항(bring-down clause)과 관련해, 매수인의 이익을 보호하기 위한 기재례들이다. 아래 (Sample 1)은 매도인의 진술이 계약 체결일 및 클로징일에 모두 정확해야 한다는 클로징 조건(closing condition)이며, (Sample 2)는 매도인의 진술이 클로징 때에 재진술되는 것으로 본다.

(Sample 1)

Buyer's obligation to make the deliveries required at Closing is subject to the satisfaction or waiver by Buyer of each of the following conditions:

(a) Seller's representations in Section XX must be accurate as of the date of this agreement and must be accurate as of the Closing.

(b) Seller must have performed all obligations of this agreement that are required to be performed on or before the Closing.

(Sample 2)

Seller's representations in Section XX will be deemed restated at Closing.

2.3 Survival Clause(존속조항)의 문제

당사자의 진술(representation)이 클로징 이후 법률적으로 존속하지 못하게 되는 경우를 대비해 진술의 상대방은 Survival Clause(존속조항)를 둘 수 있다. 존속조항(survival clause)은 클로징 이후 일정한 기간 동안 발견된 부실표시 내지 허위진술(misrepresentation)에 대해 진술자가 상대방에게 손해배상책임을 부담하게 되는 규정이다. 이는 클로징 이후 진술의 존속을 다루는 조항으로 당사자 간 위험을 배분하는 기능을 한다. 예를 들어, 물품매매계약에서 매수인의 입장에서는 매도인의 진술사항이 클로징 이후에도 무제한적으로 계속 존속해 그 진술의 부실이 있을 경우 매도인에 대해 손해배상책임을 믈을 수 있는 존속조항(survival clause)을 선호할 수 있지만, 매도인의 입장에서는 이에 따른 상당한 위험을 부담하게 되어 이를 원하지 않을 수 있다. 이때 양 당사자는 상호간의 위험을 적정하게 분배할 수 있도록, 진술사항의 일부 내지 전부를 일정기간 동안에만 존속하는 것으로 할 수 있다. 그리고, 존속조항을 두는 경우에도 진술의 성격이나 당사자 간 협상결과에 따라 부실표시 내지 허위진술(misrepresentation)에 따른 손해배상을 청구할 수 있는 존속기간을 달리할 수 있다. 당사자들은 협상결과에 따라 해당 진술(representation)과 관련된 법률상 소멸시효(statute of limitations)보다 짧은 존속조항을 둘 수 있는데, 이는 적용법규상 소멸시효 이전에 진술과 관련된 권리의 행사를 소멸시키는 것이기 때문에 그 권리를 갖는 당사자에게 불리하게 작용할 수 있으므로 당사자 간 위험분배(risk allocation)의 기능을 한다. 당사자들은 또한 진술사항을 분류해 일부 진술에 대해서는 클로징이나 법률상 소멸시효를 이후까지 존속하도록 하거나, 다른 진술에 대해서는 무제한적 존속기간을 두거나 또는 법률상 소멸시효에 따르도록 할 수 있다. 다만, 법률상 인정되는 소멸시효를 단축하거나 연장하는 당사자 간 합의는 준거법(governing law)에 의해 제한될 수 있다. 이에, 존속조항의 경우 관련 적용 법규상 요건이나 제한이 있는지를 확인하기 위해 해당 계약과 관련된 준거법을 파악하는 것이 중요하다.

[Example]

아래는 존속조항(survival clause)의 기재례들이다. (Version 1)은 일부 진술에 대해서는 일정기간 동안의 존속기간을, 다른 진술(Section XX (Corporate Authority))에 대해서는 무제한적 존속기간을 두는 예문이다.[34] (Version 2)는 진술이 클로징시에 종료되는 것으로 하고, 적용 법규상 소멸시효 기간을 제한하는 예문이다. (Version 3)는 진술이 클로징 이후에도 일정기간 존속하고, 적용 법규상 소멸시효 기간을 제한하는 예문이다. (Version 4)는 진술사항을 나누어, 일부 진술의 경우 무제한적 존속기간 또는 법률상 소멸시효에 따르도록 하고, 다른 진술의 경우 클로징일 이후 일정 기간까지 존속하도록 하는 예문이다.

(Version 1)

The parties' representations will survive the Closing until the day immediately preceding the eighteen-month anniversary of the Closing Date, except that representations made in Section XX (Corporate Authority) will indefinitely survive the Closing.

(Version 2)

The parties' representations in Section XX and YY will terminate at Closing

34 존속조항(survival clause)에서 관련 법률상 소멸시효(statute of limitations) 기간을 보다 긴 기간 동안 청구권을 행사할 수 있도록 하는 경우에는 다음과 같은 문구를 추가할 수 있다: "This clause is intended to lengthen the period to bring a claim otherwise provided under applicable statutes of limitations." 다만, 이러한 문구를 삽입한다고 하더라도, 관련 준거법(governing law)상 법률상 소멸시효기간보다 더 긴 계약상 존속기간을 허용하지 않을 수 있다.

and representing party's liability for its representations in these sections will cease at that time. This clause is intended to limit the period to bring a claim otherwise provided under applicable statutes of limitations.

(Version 3)

The parties' representations will survive the Closing until the day immediately preceding the twelve-month anniversary of the Closing Date. This clause is intended to limit the period to bring a claim otherwise provided under applicable statutes of limitations.

(Version 4)

Seller's representations will survive the Closing until the day immediately preceding the twelve-month anniversary of the Closing Date, except

(a) representations made in Section XX (Corporate Authority) will indefinitely survive the Closing, and

(b) representations in Section XX (Employees and Employee Benefits) and Section XX (Payment of Taxes) will survive until the expiration of the applicable statutes of limitations.

Buyer's representations in Section XX will terminate at Closing and any liability for its representations in this section will cease at that time.

3. 장래(future) 보증(warranty)의 문제

계약상 Warranty(보증)는 Representation(진술)과 결합해 함께 기술되는 경우가 많은데, 이때 보증을 하는 당사자는 과거에 존재했던 사실이나 현재에 존재하는 사실의 상태와 관련해 상대방을 면책할 것을 약속한다. 그런데, 당사자는 장래(future) 있을 수 있는 사실의 상태(state of facts)를 보증(warranty)하는 경우도 있는데, 이때 보증의 상대방이 보증에 대한 정당한 믿음(justifiable reliance)이 있다고 보기 어려울 수 있다. 즉, 장래의 보증은 보증의 상대방이 장래 사실의 상태를 믿는다기보다는 장래에 그 보증 내지 약속한 것이 존재하지 않는다면 보증한 자가 이에 대한 책임을 부담한다는 의미로 이해할 수 있다. 예를 들어, "The Manufacturer warrants to the Retailer that the Product as packaged and shipped from the Manufacturer's plant will be free from defects in material and workmanship and will function and perform in accordance with Manufacturer's specifications for a period of one year from the date of retail purchase."와 같은 문장을 통해

소매업자는 장래 사실(future facts)에 대한 기초적인 진술의 진실성에 대한 믿음을 가지는 것은 아니지만, 대신에 그러한 사실의 상태가 장래에 존재하지 않는다면 그에 대한 손해배상책임을 부담한다는 제조업자의 약속(Manufacturer's promise)을 신뢰하는 것이라 할 수 있다.

4. 진술 및 보증 조항 관련 일반적 유의사항 및 주요 작성례

4.1 진술 및 보증 조항 관련 일반적 유의사항

앞서 "Chapter 2 영문계약상 계약구성개념(Contract Concepts)의 이해"에서 살펴본 바와 같이, Representation(진술)은 한쪽 당사자가 상대방 당사자에게 진술한 시점에서 과거에서 현재에 이르기까지(from its past to its current status)의 사실의 설명이나 진술(statement or account of facts)을 하는 것을 말한다. Representation(진술)은 장래의 사실에 대해 이루어질 수 없는데, 장래의 사실에 대한 진술은 당사자의 단순한 의견이나 추측에 불과한 것으로 볼 수 있다. 다만, 장래의 사실에 대한 당사자의 진술(representation)이 이행의무(covenant)를 나타내기 위해 사용되는 경우에는 가장된 이행의무(disguised covenant)로 볼 수 있으므로, 이 경우에는 이행의무(covenant)의 개념으로 그 진술내용을 기술하는 것이 적절하다.[35] Warranty(보증)는 한쪽 당사자가 상대방 당사자에게 과거나 현재 사실의 사실상태의 진실성뿐만 아니라 장래의 사실상태에 대해서도 진실하다는 것을 약속(promise)하는 것이라 할 수 있다.[36] 실무에서 계약상 Representation(진술)과 Warranty(보증)를 별도로 규정

CHAPTER 5

35 장래사실에 대한 진술(representation)의 상대방은 일반적으로 그 진술에 대한 정당한 신뢰(justifiable reliance)가 있다고 볼 수 없다. 다만, 장래사실을 진술하는 자가 알 수 없거나 정확하지 않은 장래의 상태를 현재 사실처럼 허위진술(misrepresentation)을 하는 사기적 약속을 하는 경우 약속에 의한 사기(promissory fraud)가 될 수 있다. 예를 들어, 계약서상 진술조항에서, "The Seller will have obtained before Closing all consents required in connection with the consummation of the transactions that this Agreement contemplates."와 같이 장래사실에 대한 진술(representation)을 하는 경우 이는 진술자의 의견이나 추측에 불과해 성격상 진술(representation)의 의미를 가지기 어렵기 때문에 당사자의 의도에 따라 이를 명확히 할 필요가 있다. 이를 진술조항(representation clause)에서 언급한다면, "The Seller has obtained all consents required in connection with the execution and delivery of this Agreement."와 같이 규정하거나 또는 당사자의 이행의무를 의도하였다면 이행의무(covenant clause)에서, "The Seller shall obtain all the consents listed in Schedule 3.8 before the Closing."과 같이 규정할 수 있다.

36 계약당사자가 보증사항(warranties)을 지키지 못하는 경우 계약위반(breach)의 책임을 부담할

하기보다는 이를 통합해 동일한 조항에서 "Representations and Warranties"라는 제목하에 당사자의 계약과 관련한 사실에 대한 진술과 그 사실의 진실성을 보증하는 내용을 함께 규정한다. 이러한 사실에 관한 설명이나 상태는 계약의 적법한 체결사실 등과 같은 계약체결과 관련된 기본적인 사실 이외에, 계약의 목적이나 성격상 당사자 상호간에 계약체결을 위해 요구되는 사항이 다를 수 있으므로 거래계약의 유형에 따라 필요한 내용이 포함될 수 있다. 예를 들어, 인수계약에서 진술은 인수 대상사업의 성격, 당사자들의 상대적 교섭력, 비즈니스의 맥락, 거래의 규모 등의 요인에 따라 달라질 수 있다. 그리고, 계약서상 기술되지 않았더라도, 물품매매계약에서 특정목적에 관한 적합성(fitness for a particular purpose)의 묵시적 보증 등 묵시적 보증(implied warranty)의 경우 당사자 간에 이를 특별히 부인(disclaim)하지 않는 한 법률상 인정될 수 있으며, 법규상 소비재 제품에 대한 서면보증(written warranties) 등에서 명시적 또는 한정적 보증을 인정하는 경우도 있다.[37]

4.2 진술 및 보증 조항 관련 주요 작성례

"Representations and Warranties" 조항에서는 한쪽 당사자가 상대방 당사자에게 일정한 사실의 진술(statement of facts)을 "represent(s) and warrant(s)(진술하고 보증한다)"라고 서두에 기재하는 것으로 충분하며, 이러한 진술과 보증이라는 표현 이외에 다른 용어를 쓸 필요는 없으며, 개별 사실에 관한 진술사항과 보증사항을 서술하면서 진술과 보증이라는 표현을 반복해 기재할 필요도 없다. 진술과 보증이 이루어지는 시기는 특별한 언급이 없다면 계약서상 기재된 계약체결일 당시를 기준으로 하지만, 당사자 간 합의로 다른 날짜나 추가적인 날짜로 진술과 보증을 할 수 있다. 예를 들어, 금융기관과 대출계약을 체결하면서 별도로 대출자의 신용계약(credit agreement)을 작성하는 경우 신용계약에도 대출계약과 동일한 진술과 보증을 요구한다면 신용계약상 일자를 기준으로 진술과 보증의 일자를 정할 수 있다.

진술 및 보증 조항은 행위자를 명확히 하고 문장을 짧게 해 가독성을 높이기 위해 일반적으로 수동태보다는 능동태로 기술한다. 다만, 관련 이슈가 행위자보다 행위 자체에 중점을 두는 경우에는 수동태 문장을 사용할 수 있다. 그리고, 진술과

수 있는데, 이때 피해당사자는 계약대금의 환급, 감액, 이행의 교정, 계약해지, 면책배상 등 계약위반에 따른 여러 구제방법을 행사할 수 있다.

37 Magnuson-Moss Warranty Act에 의한 보증책임 제한 등 소비재 제품 관련 보증의 문제는 저자 집필 『영미계약법 원리』 (유원북스, 2021), 642-645페이지를 참고하기 바란다.

보증은 현재 존재하는 사실을 언급한다면 현재시제를, 과거에 일어난 사실을 말한다면 과거시제를 각각 사용한다.[38] 진술내용이 계약 체결일뿐만 아니라 클로징일에도 그 사실이 진실해야 한다면, 이를 명확히 하기 위해, 계약 체결일과 함께 클로징일에도 해당 진술과 보증이 진실하다는 점을 명시(bring down clause)해야 한다.

국제거래에서 대부분의 계약에서 진술과 보증(representations and warranties) 조항을 두고 있는데, 해당 거래의 성격이나 내용에 필요한 다양한 주제에 관한 당사자들의 진술과 보증이 이루어질 수 있다. 다만, 대부분의 상거래에서 계약의 체결이나 목적물과 관련한 다음과 같은 기본적인 진술과 보증사항(representations and warranties)을 계약에 포함한다. 이러한 사항들은 합리적인 당사자라면 특별한 반대없이 받아들일 수 있는 기본적 진술과 보증사항이므로 상대방이 이를 반대한다면 해당 거래의 위험신호(red flag)일 수 있다.

- 당사자의 조직과 지위의 적정성(organization and good standing), 계약체결에 관한 적법한 권한과 계약의 강제성(authorization and enforceability)에 문제가 없다는 점
- 해당 계약과 관련한 이해충돌이 없으며(no conflict), 당사자의 자산(assets)에 소송(litigation) 등 분쟁으로 인한 문제가 없다는 점
- 제품이나 산출물은 계약서상 언급된 관련 설명이나 사양(specification)에 부합한다는 점
- 제품이나 서비스는 모든 적용법규를 준수한다는 점
- 계약상 수행된 작업은 상업적으로 합당한 수준(commercially reasonable level)의 기술과 관리 또는 적정한 기준에 따라 상업적으로 합리적인 방법(commercially reasonable manner)에 의해 업계의 모범규준이나 최상의 기준에 부합하는 장인의 솜씨(workmanlike manner)로 이행된다는 점
- 제품이나 서비스가 제3자의 지식재산권을 침해하지 않는다는 점
- 소프트웨어 또는 소프트웨어와 연관된 제품이나 서비스의 경우 바이러스, 악성 프로그램, 기타 유사한 문제가 없다는 것을 보장한다는 점

38 예를 들어, "The Parent and each Subsidiary have duly filed all federal, state, and local tax returns and reports required to be filed."와 같이 과거에 존재한 사실을 언급할 때는 과거시제를 사용한다. 진술의 시점을 나타내면서 "currently" 또는 "presently"라는 표현을 특별히 사용할 필요는 없는데, 이러한 표현을 사용하는 경우 조건(condition)을 나타내는 것으로 보일 수 있고 그 해석에 혼동이 있을 수 있다.

CHAPTER 5

[Example 1]

아래는 진술 및 보증 조항(representations and warranties clause)의 서두의 기재례들인데, 여기서 대체로 "represent(s) and warrant(s)"라는 표현을 사용하고, 이후에 관련 진술 및 보증사항을 구체적으로 기술한다.

- Party A represents and warrants to Party B as follows:
- The parties represent and warrant the following as of the date of this Restated Agreement and as of the Restated Agreement and as of the date of the Original Agreement:
- Each party represents and warrants to the other party as follows: [Seller] represents and warrants to [Buyer] that the following statements shall be true, complete and accurate as of the date hereof and as of the Closing Date:

[Example 2]

아래는 국제거래 계약에서 기본적 진술과 보증사항(representations and warranties)에 관한 기재례들이다.

Party A represents and warrants to Party B as of the Effective Date and the Closing Date as follows:

- Incorporation. The Borrower is a corporation duly organized and validly existing under the laws of its jurisdiction of organization.
- Power and Authority. The Borrower has full legal right, power and authority to carry on its present business, to own its properties and assets, to incur the indebtedness and other obligations provided for in this Agreement, to execute and deliver this Agreement ...
- Due Organization. The Company is a "chusik hoesa" duly organized, validly existing and in good standing under the laws of Korea, and has all necessary power ...
- Compliance with Law. The Borrower is in full compliance with all applicable laws, regulations and orders.
- Validity of Agreements. The Company has all necessary power and authority to enter into this Agreement and to perform its obligations hereunder ...
- Binding Effect; Compliance with Law and Other Agreements. This Agreement constitutes the legal, valid and binding obligation of the Borrower enforceable in accordance with its terms. The execution, delivery and performance of this Agreement, the payment by the Borrower of all amounts due on the dates and in the currency provided for herein (i) will not violate or contravene any provision of law or regulation which is

applicable to the Borrower; (ii) will not constitute a default …
- Litigation. No litigation, administrative proceeding or arbitration is presently pending or threatened against the Borrower or its assets or revenues which could have a material effect on the ability of the Borrower …
- No Conflict. The execution, delivery and performance by the Company of this Agreement and the other Transaction Documents to which the Company is a party will not (i) violate or conflict with the Articles of Incorporation or other organizational documents of the Company, (ii) violate or conflict with any Law …

[Example 3]

아래는 주요 계약유형에 따른 진술 및 보증사항의 기재례들이다. (Sample 1)은 서비스계약에서 전문서비스에 대한 품질을 보증(professional services quality warranties)하는 것이다. 첫째 예문은 서비스가 "professional and workmanlike"라는 점을 보증하는데, 이는 일반적으로 서비스업체의 직원이 해당 산업에 대한 통상적인 기술과 지식을 가지고 업무를 수행한다는 점을 명시한다. 둘째 예문은 제3자 기준으로 최소한의 경험을 가진 전문직원이 업무를 하는 것을 보증하는데, 이는 제3의 인증기관이 관련 작업에 대해 제공자의 각 직원을 인증한다는 것을 확약한다. (Sample 2)는 대출계약(loan agreement)에서 차주의 진술과 보증사항의 예문으로, 차주는 일반적으로 단순히 해당 대여금의 원리금 변제를 위한 사실에 국한되지 않고 대여금을 변제할 능력에 영향을 미칠 수 있는 모든 사실을 진술하고 보증한다.

(Sample 1)

- Provider warrants that it will perform Professional Services in a professional and workmanlike manner.
- Provider warrants that all its staff members providing Maintenance (a) have received a certification from ________ for operation and maintenance of ________ ("Included Systems") and (b) have no fewer than ___ years' full-time work experience operating or maintaining Included Systems.

(Sample 2)

The Borrower represents and warrants to the Lender as of the Effective Date and the Closing Date as follows:
- Authorization of Borrowing. The Borrower has taken all appropriate and necessary corporate and legal actions and obtained all appropriate and necessary consents, approvals or authorizations of any third party to authorize the execution and delivery of this Agreement …
- No Event of Default. The Borrower is not in default under any agreement

or obligations applicable to it or its assets or revenues, the consequences of which default could materially and adversely affect its business or financial condition or its ability to perform its obligations under this Agreement ...

- Ranking of Loan. This Agreement is the direct and unconditional obligation of the Borrower. The Borrower's obligations rank and will rank in priority of payment ...
- Legal/Government Actions and Requirements. All registrations, recordings, or filings required as a condition to the legality, validity or enforceability of this Agreement to be executed and delivered pursuant to the terms of this Agreement have been made by the Borrower, ...
- Encumbrances. No Encumbrance exists over all or any part of the property, assets or revenues of the Borrower.

Ⅴ. Limitation of Liability(책임제한)와 Warranty Disclaimer (보증책임부인)

1. 계약상 당사자의 책임제한의 문제

계약상 Limitation of Liability(책임제한) 관련 조항은 거래관계에 따라 당사자 간 합의로 임의로 또는 특정한 책임발생시에 당사자의 책임을 일정한 한도로 제한하는 규정이다. 계약위반에 따른 손해배상은 그 위반을 직접적인 원인으로 해 발생하는 피해당사자의 모든 손히를 배상하여야 하나, 이를 그대로 인정할 경우 계약위반자에게 지나칠 수 있다. 예를 들어, 물품운송계약에서 운송업자가 5천 달러의 운송요금을 받고 50만 달러 상당의 운송물품에 대해 운송과정에서 발생한 물품의 손상이나 분실에 관한 손해를 전부 배상해야 한다면, 운송보험의 가입 여부는 별론으로 하고, 운송업자에게 가혹한 결과를 가져올 수 있다. 또한, 당사자는 의무의 불이행이나 이행과정에서 상대방에게 야기된 이익의 손실(loss of profit) 등의 예측가능성 등에 따라 간접적 또는 결과적 손해배상의 책임을 부담할 수 있다. 이러한 당사자의 책임부담의 위험을 배제하기 위해 계약상 책임의 제한(limitation of liability)이 필요할 수 있다. 한편, 물품의 보증책임(warranties)과 관련해, 당사자의 계약상 목적물의 하자 등으로 인한 보증책임[39]을 부담하길 원하지 않는 경우에는

39 계약당사자는 목적물의 하자 등으로 인한 보증책임의 대상을 원료나 생산공정, 기술요건의 충

보증책임의 부인(disclaimer)이나 배제(exclusion)에 관한 조항을 두어 보증책임 자체를 부인하거나 배제할 수 있다.[40] 예를 들어, 상품을 판매하면서 해당 상품을 "as is(판매 당시의 상태)"로 제공하고 특별한 사정이 없는 한 상품의 하자에 따른 보증책임을 지지 않는다는 취지의 규정을 두는 것을 생각할 수 있다.[41] 또한, 물품의 매매나 공급계약에 있어, 구매자가 판매된 제품이 시장성이 떨어진다거나 자신의 목적에 부합하지 않는 제품이라는 식으로 주장하는 것을 배제하기 위해, 계약서상 제품 자체의 하자에 대한 담보책임 이외에 제품의 상품성(merchantability)이나 특정목적에 대한 적합성(fitness for particular purpose) 등의 묵시적 보증(implied warranties)을 부인(disclaimer)하는 규정을 둘 수 있다.

2. 책임제한(limitation of liability)의 이해

상거래 과정에서 계약상 책임은 허위진술(misrepresentation), 권리침해(infringement), 계약위반(breach) 등 다양한 상황에서 발생할 수 있다. 진술과 보증 등을 포함해 계약상 약속이나 책무를 이행하지 않은 당사자는 때로는 계약에 따라 자신이 얻게 되는 수수료 등 이익보다 훨씬 많은 잠재적 책임을 부담하게 될 수 있다. 이러한 잠재적 책임의 위험을 줄이기 위해, 당사자는 잠재적 책임의 유형과 범위를 파악해, 그 책임의 한도를 제한할 수 있는지, 제한되는 경우 어떠한 방법으로 제한할 것인지를 검토할 필요가 있다. 즉, 당사자가 계약에 결부되어 있는 책임에 따른 위험부담을 관리하기 위해서는 자신이 부담할 수 있는 손해배상의 한도를 설정하는 책임제한조항(limitation of liability clause)이 필요한데, 이는 결국 당사자 간 위험배분(risk allocation)의 문제로 계약서 작성시 고려되어야 할 주요 이슈가 되며, 계약의 협상과정에서 주된 쟁점이 될 수 있다. 계약상 책임의 제한(limitation of liability)은 일반적으로 계약위반이 있을 때 발생하는 직접적 손해(direct damages)에 대해 한쪽 또는 양쪽 당사자의 책임을 제한하기 위해 주로 인정되지만, 계약의 이행과 관련해 발생하게 될 이익의 손실 등 간접적 또는 결과적 손해배상(indirect or consequential damages)의 전부나 일부를 제한하고자 할 때도 인정된다. 계약위반에 따

족, 신제품 등과 같이 자신이 통제할 수 있는 범위로 한정하는 것이 좋다.

40 보증책임의 부인(disclaimer of warranties)에 관한 상세한 내용은 저자 집필 『영미계약법 원리』(유원북스, 2021), 624페이지 이하를 참고하기 바란다.

41 온라인상에서 일정한 정보를 제공하거나 상품을 판매하면서 그 웹사이트의 하단에 "Disclaimer(책임부인)"에 관한 사항을 명시하기도 한다.

른 책임의 제한의 효력은 준거법에 따라 다를 수 있으나, 일반적으로 책임의 제한이 비양심적(unconscionable)이거나 상업적으로 불합리(commercially unreasonable)하거나 또는 당사자가 관련 계약규정을 거절할 능력이 없다는 등의 특별한 사정이 없는 한 대부분의 국가에서 이를 강제할 수 있다.[42] 책임제한조항(limitation of liability clause)의 핵심은 발생할 수 있는 모든 책임에 대한 한도를 규정해, 당사자들이 계약을 체결할 때 책임에 노출될 수 있는 최대한도가 어느 정도인지를 알 수 있도록 하는 것이다. 이는 특히 계약상 문제가 발생한 때 당사자가 부담하는 잠재적 책임(potential liability)에 비해 그 지급받은 수수료 등 대가가 상대적으로 적은 상황에서 중요할 수 있다. 책임의 한도는 당사자의 책임이 발생한 시점에서 이용가능한 정보에 기초해 계산할 수 있는 합계금액으로 표시될 수 있다. 책임제한조항에서는 금전적 손해배상을 배제하고, 이를 대신해 다른 구체책을 규정할 수도 있다.[43]

3. 보증책임부인(warranty disclaimer)의 이해

계약상 보증조항(warranty clause)에는 보증의 내용과 함께 보증책임의 부인

42 이처럼 책임제한조항(limitation of liability clause)의 유효성을 대체로 인정하는 사법적 관용은 기본적으로 당사자들이 그들이 원하는 대로 비즈니스관계를 관리할 수 있어야 한다는 자유방임주의적 태도(laissez-faire attitude)를 반영하는 것이라 할 수 있는데, 당사자들은 상대방이 계약을 위반한 때, 공공정책(public policy)상 이익과 무관하다면, 자신이 가진 손해배상청구권을 포함한 구제권리를 포기할 자유가 있다고 본다. 책임제한(limitation of liability)은 공공정책(public policy)에 반하는 경우에 예외적으로 강제할 수 없다. 공공정책에 반하는 것으로 해당 계약조항을 무효로 하는 경우로는, 법규상 공공정책에 반하는 사항을 명시하거나, 불법적 행위를 할 목적으로 계약을 체결하거나 또는 계약의 대가가 공서양속이나 법률에 위반되는 때 공공정책에 반하는 것으로 볼 수 있다.

43 예를 들어, "I understand that liability for accurate test materials and adequate administration conditions will be limited to score correction or test retake at no additional fee."와 같이 추가요금 없이 점수의 수정이나 재시험 등으로 책임을 제한할 수 있다. "The total amount of Vendor's liability for breach of contract and negligence is $50,000."와 같이 당사자의 계약위반뿐만 아니라 과실에 의한 책임에 대해서도 일정한 제한을 가할 수 있다. 다만, 영미계약법상 책임제한은 대체로 당사자의 과실(negligence)이 있는 때 유효하고 구속력이 있지만, 중대한 과실(gross negligence)이나 고의행위(willful; wanton conduct)에 대해서는 구속력이 없는 것으로 본다. 이에, "Vendor's liability for damages to the Customer whether in contract or in tort, including negligence, gross negligence, or willful and wanton conduct, is limited to $50,000."와 같은 책임제한조항은 "gross negligence(중대한 과실)" 또는 "willful and wanton conduct(고의적 행위)"에 따른 손해도 포함하고 있기 때문에 강제하기 어려울 수 있다.

(warranty disclaimer)을 포함하는 경우가 많다. 물품 등 판매계약에서 "as is(있는 그대로)" 또는 "with all faults(있는 결함 그대로)" 등의 문구를 사용해 묵시적 보증책임(implied warranties)을 부인할 수 있다.[44] 이때 어떠한 묵시적 보증이 부인되는지를 명확히 하기 위해, 가급적 부인하고자 하는 묵시적 보증책임을 열거할 필요가 있다. 예를 들어, IT계약에서 "implied warranty of merchantability(상품성에 관한 묵시적 보증)," "implied warranty of fitness for a particular purpose(특정목적에 관한 적합성의 묵시적 보증)," "implied warranty of noninfringement(불침해의 묵시적 보증)" 등과 같이 묵시적 보증을 구체적으로 명시할 필요가 있다. 램프나 토스트기 등과 같은 일상용품은 사람들이 통상적으로 사용하는 것으로 그 상품이 어떻게 기능을 하는지를 쉽게 알 수 있지만, 소프트웨어 등 공급계약의 경우 제공되는 기능이 복잡할 수 있으며 그 사용목적 또한 사람에 따라 다를 수 있으므로 제공자는 대체로 상품성에 관한 묵시적 보증책임(implied warranty of merchantability)을 부인한다.

특정목적에 관한 적합성의 묵시적 보증책임(implied warranty of fitness for a particular purpose)은 상품이 고객의 특정한 필요에 적합하다는 것을 보증하는 것인데, IT비즈니스에서 제공자는 고객의 특정한 니즈를 완전히 이해하지 못하거나 전혀 알 수 없는 경우도 있어, 제공자는 대부분 특정목적에 관한 적합성의 묵시적 보증책임을 부인한다. 그리고, 불침해의 묵시적 보증(implied warranty of noninfringement)은 상품이 제3자의 지식재산권을 침해하지 않는다는 점을 보증하는 것으로, 미국 대부분의 주들이 채택한 UCC(Uniform Commercial Code; 통일상법전)에는 묵시적 지식재산의 보증(implied intellectual property warranty)이 포함되어 있다.[45] 다만, 소비자계약에서 거래가 관련 법규나 법원에 의해 불공정한 것으로 여겨진다면, 계약서

CHAPTER 5

44 계약상 보증책임의 부인과 관련해, "exclusion of warranties," "disclaimer of warranties" 등의 표현을 사용하는데, "exclusion(책임배제)" 또는 "disclaimer(책임부인)"이라는 용어는 보증책임의 부인조항에서 상호 교환적으로 사용되기도 한다. 다만, 그 용어들 사이에 미묘한 법적인 의미의 차이가 있을 수 있는데, 묵시적 보증(implied warranties)이 "exclusion" 또는 "excluded" 되었다고 하면 법률상 묵시적으로 인정되는 보증이 계약에서 애초에 배제되어 계약의 일부가 아니라는 것을 의미하는 반면, 묵시적 보증(implied warranties)이 "disclaimed"되었다면 묵시적 보증이 처음에는 계약의 일부이었지만 어떤 이유로 부인되거나 거부되었다는 의미를 갖는다.

45 UCC § 2-312(3): "Unless otherwise agreed a seller who is a merchant regularly dealing in goods of the kind warrants that the goods shall be delivered free of the rightful claim of any third person by way of infringement or the like …"

상 "as is"라는 등 보증책임을 부인(warranty disclaimer)하는 문구가 있다고 하더라도 그 효력이 발생하지 않을 수 있다.[46]

Unfair Contract Terms Act (UCTA) 1977

Unfair Contract Terms Act (UCTA) 1977은 계약을 규율하는 영국의 법률로, 일정한 계약조건의 작용과 적법성을 제한한다. 이는 비즈니스 관계에서 작성되는 상사계약에 적용되고, 개인 간의 사적 거래관계에 따른 계약, 고용계약, 부동산의 이익과 관련된 계약, 지식재산권과 관련된 계약 등에는 적용되지 않는다. 이 법률은 계약상 당사자의 책임부인(disclaimers of liability)이나 책임배제조항(exclusion terms)에 일정한 제한을 가해 당사자가 계약상 부담하는 책임을 회피하는 것을 제한한다. 계약상 책임의 배제나 제한을 하거나 또는 피해당사자의 구제방법이나 권리를 제한한다면 책임배제조항(exclusion clause)으로 볼 수 있는데, 소비자를 상대로 비즈니스에서 업체의 책임을 제한하거나 배제하는 경우 제한되거나 배제되는 책임의 성격에 따라, 합리성(reasonableness)을 조건으로 하거나 또는 책임의 제한 내지 배제조항의 유효성을 인정하지 않을 수 있다. 예를 들어, 인터넷 서비스제공 관련 소비자계약에서, 소비자가 그 서비스에 대한 불만을 제기

46 미국의 경우 계약상 보증책임의 부인에 관한 문제와 관련해, 법규에 따라 당사자들이 보증책임을 계약서로 작성하지 않았더라도, 물품판매계약에 일정한 보증책임을 부과하고 있기 때문에 단지 모든 묵시적 보증책임(all implied warranties)을 부인(disclaimer)하는 것만으로는 효과가 없을 수 있다. 다만, 고객이 업계표준(industry standards) 등 특별한 보증을 원한다면 불명확할 수 있는 묵시적 보증(implied warranty)에 의존하지 말고 계약서상 명시적 보증(express warranty)를 통해 물품의 공급자나 서비스제공자로부터 이를 보장받을 필요가 있다. 한편, 소비재 제품으로 인한 피해로부터 소비자보호를 위해 제정된 미국 연방법인 Magnuson-Moss Warranty Act(Federal Product Warranties Law of 1975; 15 U.S.C. Ch. 50 §§ 2301-2312)는 소비재 제품에 대한 서면보증(written warranties)에 적용되는데, 서면에 의해 소비재 제품을 보증하는 자는 제품의 내역, 보증자나 보증의 범위 등을 포함한 보증의 조건을 간단하고 바로 이해할 수 있는 표현으로 완전하고 경료하게(fully and conspicuously) 고지해야 하도록 하고, 소비재 제품에 대한 상품성의 묵시적 보증책임(implied warranty of merchantability) 등 묵시적 보증책임의 부인이나 변경의 금지를 규정하고 있다. 한편, IT계약에서 제조물책임(product liability)이나 지식재산권 침해와 관련해 제공자는 고객에 대한 모든 법규상 발생할 수 있는 묵시적 보증책임을 부인하는 규정을 둘 수 있는데, 국가에 따라서 법률상 이러한 배상책임에 관한 묵시적 배상의무(implied indemnity obligations)를 부과한다(IP 관련 면책배상(indemnity)과 관련해, UCC § 2-312(3)는 "... a buyer who furnishes specifications to the seller must hold the seller harmless against any such claim which arises out of compliance with the specifications."라고 규정하고 있다). 묵시적 보증책임(implied warranties)의 종류와 내용, Magnuson-Moss Warranty Act 등에 관한 자세한 사항은 저자 집필 『영미계약법 원리』 (유원북스, 2021), 619-622페이지, 642-645페이지를 각각 참고하기 바란다.

할 수 있는 방법을 일정한 시간대에 전화통화로만 할 수 있도록 한다면 이러한 내용은 강제될 수 없다고 본다. UCTA에 따르면, 소비자계약의 경우 계약상 책임제한규정을 무효로 하거나 합리적인 범위 내에서만 강제할 수 있도록 하는데, (i) 과실(negligence)에 의한 신체상해(personal injury)나 사망(death), (ii) 계약위반(breach)과 허위진술(misrepresentation), (iii) 법률상 묵시적 계약조건의 위반(breach of terms implied by the law) 등의 경우 책임제한조항(limitation of liability clause)은 효력이 없는 것으로 본다. 그리고, 당사자의 책임의 제한(limitation of liability)이 과도하게 광범위하거나 모호한 표현을 사용(ambiguous wording)하는 경우에는 강제할 수 없다. 계약상 책임배제조항(exclusion of liability term)을 주장하는 당사자는 해당 책임배제조항의 "합리성(reasonableness)"에 관한 입증책임을 부담한다. 계약의 조건이, ① 명확하고 정확한 경우; ② 당사자 간 계약체결 당시에 당사자들이 동등한 협상권(equal bargaining power)을 갖는 경우; ③ 물품이 소비자를 위한 특별한 주문(special order for the customer)에 의해 제작되는 경우; ④ 소비자에게 특별한 조건의 승낙에 대한 인센티브(incentive to accept the specific term)가 주어지는 경우; ⑤ 해당 조건이 유사한 유형의 계약에 일반적으로 사용되는 경우 등은 합리적인 것으로 볼 수 있다.

4. 책임제한 또는 보증책임부인 관련 문제 및 작성례

4.1 책임제한 또는 보증책임부인 조항의 작성시 유의점

계약상 당사자의 책임제한(limitation of liability)이나 보증책임부인(warranty disclaimer)은 피해당사자가 자신의 실질적 권리를 포기하거나 권리구제를 부인하는 것이므로 다른 조항과 혼란을 가져오지 않고 당사자 간의 명확한 합의가 있었다는 점을 분명히 하기 위해, 이러한 사항을 계약서상 규정할 때는 명확한 표현을 사용해 다른 조항에 비해 눈에 잘 띄도록 뚜렷하게(conspicuously) 나타낼 필요가 있다. 즉, 계약상 책임제한이나 보증책임의 부인조항은 "conspicuous"하게 나타낼 필요가 있는데, "conspicuous"란 합리적인 사람이라면 그 내용을 쉽게 알아볼 수 있도록, 문서의 제목이나 본문의 글자를 대문자로 다른 글자들에 비해 크게 표시하거나 볼드체(bold) 등으로 글자의 유형, 폰트, 색상 등에 있어 다른 문자들과 구별되게 작성하거나 표시하는 것을 의미한다.[47] 보증책임의 부인(warranty disclaimer)은

47 특히, 미국의 UCC(통일상법전)나 보통법(common law)에서는 보증책임의 부인(warranty disclaimer)을 나타내기 위한 기준으로 "conspicuous" 요건을 충족할 것을 요구하고 있다;

물품의 상품성의 묵시적 보증(implied warranty of merchantability)이나 특정목적에 관한 적합성의 묵시적 보증(implied warranty of fitness for a particular purpose) 등과 같은 묵시적 보증을 부인한다. 상품성의 묵시적 보증책임을 부인하기 위해서는, 매도인은 그 보증책임의 부인이 물품의 상품성(merchantability)에 관한 것이라는 점을 명시해야 한다. 그런데, 상품의 특정목적에 관한 적합성의 묵시적 보증의 경우는 해당 상품의 특정목적에 적합하다(fitness for a particular purpose)는 표현을 반드시 사용할 필요는 없다. 예를 들어, “There are no warranties which extend beyond the description on the face hereof.”라는 포괄적 표현으로 충분할 수 있다.

한편, 매도인은 상품성(merchantability)을 언급하거나 눈에 띄게(conspicuously) 그 보증책임의 부인(disclaim)을 표시할 필요없이, “as is(현상태로)” 또는 “with all faults(하자를 묻지 않고/매수인의 책임으로)”와 같은 문구나 이와 유사한 표현을 써서 당사자의 보증책임이 없다는 점을 명확히 나타내어 보증책임을 부인할 수 있다.[48] 다만, 매도인이 물품판매과정에서, “as is,” “with all faults” 등의 표현을 사용한 경우 명시적 보증책임(express warranty)까지도 면제될 수 있는지 문제될 수 있는데, 이러한 표현을 사용했다고 하더라도 면제되는 것은 묵시적 보증책임이며 명시적 보증책임은 일반적으로 면제되지 않는 것으로 본다.[49] 그리고, 소비자계약

UCC §2-316(Exclusion or Modification of Warranties); UCC §1-201(General Definitions) (10) “Conspicuous”, with reference to a term, means so written, displayed, or presented that a reasonable person against which it is to operate ought to have noticed it. Whether a term is “conspicuous” or not is a decision for the court. Conspicuous terms include the following: (A) a heading in capitals equal to or greater in size than the surrounding text, or in contrasting type, font, or color to the surrounding text of the same or lesser size; and (B) language in the body of a record or display in larger type than the surrounding text, or in contrasting type, font, or color to the surrounding text of the same size, or set off from surrounding text of the same size by symbols or other marks that call attention to the language.

48 매수인이 계약을 체결하기 이전에 해당 물품이나 샘플(sample) 또는 모형(model) 등을 통해 상품의 하자 여부에 대해 원하는 만큼 충분한 검사를 한 경우나 검사를 할 수 있음에도 이를 거절한 경우에는 매도인의 보증책임은 인정되지 않는다. 또한, 당사자 간의 이행의 과정(course of performance)이나 거래의 과정(course of dealing) 또는 관련 거래의 관행(usage of trade) 등에 따라 묵시적 보증책임은 배제되거나 변경될 수 있다. 예를 들어, 매도인과 매수인 사이에 매도인이 물품을 “as is”로 매수인에게 인도한다는 양해하에, 지난 수년간 계약을 체결해 온 경우, 당사자들이 이러한 이전의 거래의 과정(course of dealing)을 명시적으로 부정하지 않는 한, 이후의 거래도 “as is(현상태)”로 이행하는 것으로 볼 수 있다.

49 매도인이 상품에 대한 일정한 약속이나 사실의 확약을 하는 명시적 보증(express warranty)을 하면서 물품에 대한 계약상 보증책임을 지지 않겠다는 모순되거나 불일치될 수 있는 보증책임

(consumer contract)에 있어서 일반 매수인이 보증책임 부인조항을 실제 이해했는지가 문제될 수 있으며, 법원은 일반적으로 소비자고객이 그 중요성을 이해하지 못했다고 판단하면 그 조항의 구속력을 인정하지 않을 수 있으므로, 소비자계약의 경우 특히 보증책임부인 관련 사항들을 눈에 띄게 뚜렷하게 표기할 필요가 있다.

[Example 1]

아래 샘플들은 계약상 당사자의 책임제한(limitation of liability) 관련 조항의 기재례들인데, 이러한 조항은 당사자에게 책임을 물을 수 있는 상대방의 권한을 제약하는 것으로 상대방이 해당 조항을 알아차리지 못했거나 중요도를 인식하지 못한 경우 그 조항의 구속력을 인정하지 않을 수 있으므로 대체로 대문자나 볼드체 등으로 "conspicuous(눈에 띄게 뚜렷한)"하게 표시할 필요가 있다.

(Sample 1)

LIMITATION OF LIABILITY

EXCEPT FOR CLAIMS FOR PERSONAL INJURY CAUSED BY ITEMS FURNISHED HEREUNDER, CONTRACTOR SHALL NOT BE LIABLE TO PURCHASER OR ANY OTHER PERON OR ENTITY FOR INDIRECT, SPECIAL, INCIDENTAL CONSEQUENTIAL, PUNITIVE, OR EXEMPLARY DAMAGES ARISING OUT OF OR IN CONNETION WITH THIS TRANSACTION OR ANY ACTS OR OMISSIONS ASSOCIATED THEREWITH OR RELATING TO THE SALE OR USE OF ANY ITEMS OR SERVICES FURNISHED, WHETHER SUCH CLAIM IS BASED ON BREACH OF WARRANTY, CONTRACT, TORT OR OTHER LEGAL THEORY AND REGARDLESS OF THE CLAUSES OF SUCH LOSS OR DAMAGES OR WHETHER ANY OTHER REMEDY PROVIDED HEREIN FAILS. IN NO EVENT SHALL CONTRACTOR'S TOTAL LIABILITY UNDER THIS CONTRACT EXCEED AN AMOUNT EQUAL TO THE TOTAL AMOUNT PAID FOR ITEMS PURCHASED HEREUNDER.

(Sample 2)

LIMITATION OF LIABILITY

Under no circumstances shall "ABC" be liable for any indirect, incidental,

부인의 조항을 두는 경우가 있다. 이에 대해, UCC는 이러한 불일치할 수 있는 진술들을 가능한 한 합리적으로 상호 일치할 수 있도록 해석하되, 보증책임을 부인하는 조항이 불합리하게 해석될 수 있는 한도에서 그 보증책임부인 조항의 효력은 없는 것으로 본다(UCC §2-316(Exclusion or Modification of Warranties) (1) Words or conduct relevant to the creation of an express warranty and words or conduct tending to negate or limit warranty shall be construed wherever reasonable as consistent with each other; but subject to the provisions of this Article on parol or extrinsic evidence (Section 2-202) negation or limitation is inoperative to the extent that such construction is unreasonable.).

consequential or special damages, including lost profits sustained or incurred in connection with the Program, regardless of the form of action, whether in contract, tort, including negligence and strict liability, or otherwise, and whether or not such damages were foreseen or unforeseen.

(Sample 3)

Limitation of Liability. EXCEPT IIN THE CASE OF GROSS NEGLIGENCE OR WILFUL MISCONDUCT, IN NO EVENT SHALL EITHER PARTY BE LIABLE TO THE OTHER PARTY OR ANY THIRD PARTY FOR ANY SPECIAL, EXEMPLARY, PUNITIVE, CONSEQUENTIAL, INCIDENTAL OR OTHER INDIRECT DAMAGES, INCLUDING WITHOUT LIMITATION, LOST PROFITS, EVEN IF ADVISED OF THE POSSIBILITY OF SUCH DAMAGES, IN ANY MANNER ARISING OUT OF OR IN CONNECTION WITH THIS AGREEMENT OR THE BREACH OF ANY TERM, COVENANT, REPRESENTATION, WARRANTY OR OBLIGATION CONTAINED HEREON. EXCEPT IN THE CASE OF GROSS NEGLIGENCE OR WILFUL MISCONDUCT, AND EXCEPT FOR EACH PARTY'S INDEMNITY OBLIGATIONS SET FORTH ELSEWHERE HEREIN, IN NO EVENT SHALL EITHER PARTY'S LIABILITY TO THE OTHER OR ANY THIRD PARTY EXCEED THE FEES PAID BY PARTY A TO PARTY B FOR THE THREE MONTH PERIOD PRECEEDING THE DATE THE CLAIM AROSE.

[Example 2]

아래 샘플들은 보증책임부인(warranty disclaimer) 관련 조항의 기재례들인데, 책임제한(limitation of liability)과 마찬가지로, 대문자나 볼드체 등으로 "conspicuous (눈에 띄게 뚜렷한)"하게 표시할 필요가 있다. (Sample 1)과 (Sample 2)의 경우 조항을 눈에 띄게 뚜렷하게 표기하면서, "as is"와 같은 문구를 같이 사용해 보증책임의 부인을 강조하고 있다. (Sample 1)과 (Sample 3)는 "implied warranty of merchantability(상품성에 관한 묵시적 보증)," "implied warranty of fitness for a particular purpose(특정목적에 관한 적합성의 묵시적 보증)," "implied warranty of noninfringement(불침해에 대한 묵시적 보증)" 이외에도, "course of performance(이행의 과정)," "course of dealing(거래의 과정)," "usage of trade(거래관행)" 등을 통해 서비스제공자(provider)가 통상적 또는 업계 구성원들의 일반적 방식의 이행을 하는 것에 대한 묵시적 보증 또한 부인하고 있다.

(Sample 1)

DISCLAIMER OF WARRANTY

CUSTOMER ACCEPTS THE SERVICE "AS IS," WITH NO REPRESENTATION OR WARRANTY OF ANY KIND, EXPRESS OR IMPLIED, INCLUDING WITHOUT LIMITATION IMPLIED WARRANTIES OF MERCHANTABILITY, FITNESS FOR A PARTICULAR PURPOSE, OR NONINFRINGEMENT OF INTELLECTUAL PROPERTY

RIGHTS OR ANY IMPLIED WARRANTY ARISING FROM STATUTE COURSE OF DEALING, COURSE OF PERFORMANCE, OR USAGE OF TRADE. WITHOUT LIMITING THE GENERALITY OF THE FOREGOING, PROVIDER HAS NO OBLIGATION TO INDEMNITY, DEFEND, OR HOLD HARMLESS CUSTOMER, INCLUDING WITHOUT LIMITATION AGAINST CLAIMS RELATED TO PRODUCT LIABILITY OR INFRINGEMENT OF INTELLECTUAL PROPERTY RIGHTS.

(Sample 2)

DISCLAIMER OF WARRANTY
LESSOR HAS NOT MADE AND DOES NOT MAKE ANY REPRESENTATION, WARRANTY OR COVENANT OF ANY KIND, EXPRESS OR IMPLIED, WITH RESPECT TO THE LEASED PROPERTIES, THEIR DESIGN, CONDITION, OPERATION, DURABILITY, SUITABILITY OR FITNESS FOR USE FOR ANY PURPOSE, OR MERCHANTABILITY. LESSEE IS FULLY FAMILIAR WITH THE LEASED PROPERTIES AND ACCEPTS THE LEASED PROPERTIES "AS IS" WITH ANY AND ALL FAULTS. NO DEFECT IN OR UNFITNESS OF THE LEASED PROPERTIES AND NO LOSS OR DAMAGE THERETO AND NO OTHER CONDITION OR CIRCUMSTANCE WHATSOEVER, INCLUDING, WITHOUT LIMITATION, THE UNAVAILABILITY THEREOF FOR ANY REASON WHATSOEVER, SHALL RELIEVE LESSEE OF ITS OBLIGATIONS UNDER THIS AGREEMENT OR RESULT IN THE ABATEMENT OR SUSPENSION OF ANY SUCH OBLIGATIONS, WHICH ARE ABSOLUTE AND UNCONDITIONAL. TO THE MAXIMUM EXTENT PERMITTED BY LAW, LESSOR SHALL INCUR NO LIABILITY WHATSOEVER TO LESSEE ARISING OUT OF OR IN CONNECTION WITH ANY DEFECT IN OR CONDITION OF THE LEASED PROPERTIES OR THE USE, OPERATION OR FUNCTIONING OF THE LEASED PROPERTIES.

(Sample 3)

Disclaimer of Warranty. EXCEPT FOR THE EXPRESS WARRANTIES SPECIFIED ABOVE IN THIS SECTION XX, PROVIDER MAKES NO WARRANTIES, EITHER EXPRESS OR IMPLIED, INCLUDING WITHOUT LIMITATION ANY IMPLIED WARRANTY OF MERCHANTABILITY, FITNESS FOR A PARTICUALR PURPOSE, OR NONINFRINGEMENT OF INTELLECTUAL PROPERTY RIGHTS OR ANY IMPLIED WARRANTY ARISING FROM STATUTE, COURSE OF DEALING, COURSE OF PERFORMANCE, OR USAGE OF TRADE. WITHOUT LIMITING THE GENERALITY OF THE FOREGOING, PROVIDER HAS NO OBLIGATION TO INDEMNITY, DEFEND, OR HOLD HARMLESS CUSTOMER, INCLUDING WITHOUT LIMITATION AGAINST CLAIMS RELATED TO PRODUCT LIABILITY OR INFRINGEMENT OF INTELLECTUAL PROPERTY RIGHTS, UNLESS THIS AGREEMENT SPECIFICALLY PROVIDES FOR SUCH INDEMNITY.

[Example 3]

아래는 IT계약상 보증책임(warranty) 또는 면책배상(indemnity)을 부인(disclaimer)하는 기재례이다. (Sample 1)은 소프트웨어 제공자가 그 제공한 소프트웨어에 사

CHAPTER 5

소한 버그의 발생이나 온프레미스 소프트웨어(on-premise software)의 무단 변경이나 승인되지 않은 타사 제품과 함께 사용하는 것에 대한 보증책임을 부인한다. (Sample 2)는 IT계약에서 제품의 상품성, 특정목적을 위한 적합성이나 법령, 거래과정 등에 따라 발생하는 지식재산권의 침해 등 당사자의 묵시적 보증을 부인하고, 고객은 자신이 제공한 사양을 준수함으로써 발생하는 소송 등과 관련해서는 제공자에 대한 면책배상을 부인한다(하위섹션 (b)).

(Sample 1)

Provider does not warrant that the Software will perform without error or that it will run without immaterial interruption. Provider gives no warranty regarding, and will have no responsibility or liability for, any loss arising out of: (a) a modification of the Software made by anyone other than Provider, unless Provider approves such modification in writing; or (b) use of the Software in combination with any operating system not authorized in the Documentation or with hardware or software the Documentation describes as unsuitable (or words to the effect).

(Sample 2)

EXCEPT FOR THE EXPRESS WARRANTIES SPECIFIED ABOVE IN THIS SECTION ________, NEITHER PARTY MAKES ANY WARRANTIES, EITHER EXPRESS OR IMPLIED, INCLUDING WITHOUT LIMITATION ANY IMPLIED WARRANTY OF MERCHANTABILITY, FITNESS FOR A PARTICULAR PURPOSE, OR NONINFRINGEMENT OF INTELLECTUAL PROPERTY RIGHTS OR ANY IMPLIED WARRANTY ARISING FROM STATUTE, COURSE OF DEALING, COURSE OF PERFORMANCE, OR USAGE OF TRADE. WITHOUT LIMITING THE GENERALITY OF THE FOREGOING: (a) PROVIDER HAS NO OBLIGATION TO INDEMNIFY, DEFEND, OR HOLD HARMLESS CUSTOMER AGAINST CLAIMES RELATED TO PRODUCT LIABILITY OR INFRINGEMENT OF INTELLECTUAL PROPERTY RIGHTS; AND (b) CUSTOMER HAS NO OBLIGATION TO INDEMNIFY, DEFEND, OR HOLD HARMLESS PROVIDER AGAINST ANY CLAIM, SUIT, OR PROCEEDING WHICH ARISES OUT OF COMPLIANCE WITH SPECIFICATIONS FURNISHED BY CUSTOMER.

4.2 책임제한 또는 보증책임부인 관련 사유의 제한과 책임한도의 설정 문제

(1) 책임제한(limitation of liability) 또는 보증책임부인(warranty disclaimer) 조항의 적용범위와 관련해, 당사자의 책임을 제한하거나 보증책임을 부인하는 사유들을 검토해야 한다. 다만, 당사자들은 이러한 사유들의 예외사항으로 책임제한조항이 특정한 유형의 책임을 제한하지는 않는다고 합의할 수 있다.[50] 예를 들어, 라이

선스계약에서 라이선스제공자는 일정한 예외사항을 고려할 수 있다. 라이선스계약상 고객이 소프트웨어의 복사본을 두 개만 만들 수 있도록 규정하고, 책임제한조항(limit of liability clause)이 계약대금(contract price)을 손해의 상한금액(liability cap)으로 정하고 있다면 고객이 수천 개의 복사본을 만들 경우 고객은 복사본 두 개의 가격으로 수천 개의 복사본에 따른 이익을 얻을 수 있다. 이러한 위험을 소프트웨어 제공자가 감수하기는 어렵기 때문에 제공자가 수용할 수 없는 위험상황을 충분히 인식해 그러한 위험상황에 대해서는 책임제한조항의 예외로 규정할 필요가 있다. 그리고, 손해배상액의 예정조항(liquidated damages clause)은 당사자들이 다른 조항에서 분리해 손해배상책임을 일정한 금액으로 할 것을 미리 합의한 규정이기 때문에 이에 대한 책임의 제한은 인정되지 않는다. 또한, 영업비밀 등 비밀사항의 유출로 인한 피해당사자의 손해의 경우 직접 손해(direct damages)를 산정하기 어려우면서도 상당한 결과적 손해(consequential damages)를 초래할 수 있기 때문에 계약상 비밀유지의무조항(nondisclosure clause)을 위반해 발생한 결과적 손해를 배제하는 책임제한조항이 적용된다면 피해당사자는 심각한 위험에 처할 수 있다. 이에, 비밀유지의무조항의 위반에 따른 손해배상의 책임을 배제하는 책임제한이 인정되지 않도록 할 필요가 있다.

(2) 그리고, 계약상 책임제한(limitation of liability) 또는 보증책임부인(warranty disclaimer)에 관한 규정을 두는 경우 관련 당사자가 어느 한도에서 책임(liability cap)을 부담하는지 문제된다. 예를 들어, 정보기술은 다양하게 확장될 수 있는 도구일 수 있기 때문에 정보기술의 제공자의 책임이 무한정 확대될 수 있는 위험부담이 있어, 대부분의 IT계약에서 제공자의 책임제한조항(limitation of liability clause)을 두고 있다. 1만 달러짜리 소프트웨어 프로그램을 사용해 5억 달러짜리 다리를 설계하거나 10억 달러짜리 자산 포트폴리오를 관리할 수 있다. 이때 소프트웨어 프로그램이 작동하지 않으면 5억 달러짜리 다리나 10억 달러짜리 자산 포트폴리오를 망칠 수도 있는데, 소프트웨어의 제공자가 1만 달러 소프트웨어를 팔 때마다 5억 또는 10억 달러 상당의 엄청난 금액의 책임이 발생한다면 그 사업을 더 이상 영위할 수 없다. 이런 점에서, 제공자는 계약상 책임의 한도를 필요로 한다. 당사

---

50 당사자의 중대한 과실(gross negligence)이나 고의적 위법행위(willful misconduct)에 대해 책임제한규정을 배제해 무한책임(unlimited liability)을 부담하게 할 수도 있다. "willful misconduct(고의적 위법행위)"는 일반적으로 사기 또는 고의적 위법행위를 알면서 행위를 하는 경우이며, "gross negligence(중대한 과실)"는 타인의 권리에 대한 무모한 무관심(reckless indifference)에 따라 행위를 하는 경우이다.

자의 계약상 책임한도를 파악할 때는 계약에 따라 지불된 대금과 계약으로 인해 발생할 수 있는 손실을 비교해 어느 정도의 차이가 있는지를 확인해야 한다. 즉, 당사자가 계약을 통해 지급받는 수수료나 얻는 이익을 고려할 때 자신의 책임부담의 정도는 합리적일 필요가 있다. 당사자 간의 적정한 책임한도를 정할 때는 계약위반의 유형에 따른 손해액을 산정하고 관련 보험에 의해 일정한 손해를 보전할 수 있으면 이를 그 책임한도액에 반영할 수 있다. 예를 들면, 매수인의 입장에서 매도인의 책임한도를 정할 때 매도인의 계약위반에 따라 산정가능한 최대치의 손해금액으로 책임한도를 정할 수 있다. 이때 매도인에게 계약 관련 보험이 있다면 그 보험에 따라 보상될 수 있는 금액을 매도인의 책임한도에 감안할 수 있으며, 매도인이 적정한 보험에 가입하지 않은 경우에는 계약상 매도인에게 일정한 보험가입의무를 부과해 그 보험의 가입금액을 책임한도와 연계할 수 있다.

(3) 당사자의 계약상 책임한도를 정하는 규정을 작성할 때는 일정한 사항에 대한 책임의 한도를 정하는 것이 전체계약상 당사자의 권리의무에 어떠한 영향을 미칠 수 있는지를 검토해야 한다. 즉, 계약상 이행의무, 진술과 보증, 보증책임의 부인, 책임의 제한, 면책배상 등에 관한 사항들은 서로 연관되어 상호작용을 할 수 있기 때문에 계약에서 위 사항들 중 일부가 당사자의 권리나 의무를 확장하는 식으로 규정되더라도 다른 사항이 동일한 취지에서 일관되게 규정되지 않는다면 그 당사자의 권리나 의무가 모호해지거나 오히려 축소될 수도 있다. 이에, 매수인의 입장에서는, (i) 매도인의 의무조항(obligations clause)이 제대로 명시되어 있는지, (ii) 매도인이 진술 및 보증(representations and warranties)과 관련해, 해당 업계에서 상업적으로 합리적인 방법 등과 같은 적절한 기준에 따라 그의 의무를 이행하겠다고 약속하는지를 확인할 필요가 있다. 또한, (iii) 책임제한(limitation of liability)이나 보증책임부인(warranty disclaimer) 조항에 따라 매도인의 이행의무를 불합리하게 제한하거나 부인하지 않도록 해야 한다. 이와 관련해, 매도인의 핵심적 이행보증을 보증책임의 부인에 의해 제거하는 것을 방지하도록 예외사항 등을 설정해 핵심 이행보증을 준수하도록 하고, 매도인의 면책조항이 과도하거나 명백히 불합리하다면 이를 삭제할 필요가 있다. (iv) 책임제한조항에서 "gross" 또는 "willful" 등과 같은 용어들을 사용해 매도인의 책임의 발생을 불합리하게 낮추는지를 검토하고, (v) 매도인의 면책배상의무(indemnification obligations)에 부주의하게 한도가 설정되지 않도록 전체계약상 손해배상과 관련된 사항들의 제한이나 한도들이 일관되게 기술되어 있는지를 확인한다.

(4) 당사자의 책임한도는 대체로 상대방과 상호 합의된 일정한 금액상한선을 규정해 설정된다. 이러한 책임의 금액상한선은 계약 전체의 누적 상한금액(cumulative cap)을 설정하는 기능을 한다. 그런데, 일반적 책임의 상한금액과 함께 특별한 유형의 책임에 대해서는 별도의 상한금액을 정해 두 가지 이상의 상한금액을 설정하는 경우도 있다. 예를 들어, 계약에서 대부분의 책임에 대해서는 금액상한선을 1년치 수수료로 설정하지만, 피해당사자가 특히 우려하거나 데이터 관리조건의 위반 등과 같이 피해가 클 수 있는 위반사항에 대해서는 상한금액을 그 수수료의 3배 내지 5배로 높이는 슈퍼캡(super-cap)을 설정할 수 있다.[51] 그리고, 계약에 따라서는 상한금액을 정하지 않고 일정한 공식을 통해 그 금액을 계산하도록 할 수 있다. 예를 들어, 소프트웨어 서비스계약에서 일정 기간 동안 매수인이 계약상 지불해야 하는 수수료 총액을 서비스 제공업체의 책임의 상한금액으로 정할 수 있는데, 이 경우 대체로 1년치 수수료를 책임한도로 하지만, 당사자 간의 합의나 제공업체에 따라 1년 수수료의 일부나 배수 등 다양하게 정할 수 있다.[52]

(5) 계약상 책임의 제한(limitation of liability)은 그 내용에 따라 금액상한의 설정뿐만 아니라 결과적 손해를 비롯한 간접적 손해(indirect damages)의 배제(exclusion) 등을 통해 이루어질 수 있다.[53] 이때 배제되는 손해는 당사자 간 합의에 따라 달라질

---

51 슈퍼캡(super-cap)은 책임한도에 관한 당사자 간 협상의 과정에서 적절한 타협안을 제시하는 용도로 사용될 수 있다. 예를 들어, IT계약에서 고객이 특히 염려하는 어떠한 종류의 위반에 대해 책임에 한도를 두지 않으려는 고객과 일정한 한도 내에서만 책임을 부담하려는 제공자 사이의 절충안으로 제시될 수 있다. 그리고, 계약에 누적 금액상한선(cumulative dollar cap)과 함께 슈퍼캡(super-cap)을 정할 경우에는 일반적 계약위반에 대한 것과 슈퍼캡(super-cap)이 있는 특별한 계약위반에 대한 것을 별도로 계약상 두 가지의 누적 상한금액을 정한 것인지 또는 슈퍼캡(super-cap) 자체가 제공자의 누적 최대 책임상한금액의 역할을 하는지를 명확히 할 필요가 있다.

52 그런데, 해당 서비스작업이 시작된 지 1년이 채 지나지 않은 경우 또는 계약이 최대 피해액을 계산하기 위해 사용하는 기간이 끝나기 전에 손해가 발생하는 경우가 문제된다. 이때는 계약상 연간수수료 등 정기수수료가 명확하다면 그 수수료를 바탕으로 발생한 기간에 비례해 계산하는 등의 산정방법을 정할 수 있다. 예를 들어, 서비스제공자의 책임한도를 연간 라이선스 수수료(annual license fee)라고 규정하고, 서비스를 제공하는 첫 해에 손해가 발생하는 때 책임한도를 "12 times the average monthly fees … for products and services provided before the last event giving rise to the liability"와 같이 연간 수수료를 손해가 발생한 기간에 비례해 산정하도록 할 수 있다.

53 대부분의 계약은 책임에 대한 금액상한의 설정과 함께 결과적 손해 등 간접적 손해의 배제를 중첩적으로 규정한다. 다만, 이 경우에도 예외적으로 제한되지 않는 책임의 유형을 정할 수 있다. 그리고, 이러한 책임제한은 양 당사자 모두에게 적용되는 것으로 할 수 있는데, 예를 들어, IT계약에서 제공자의 책임만을 제한하는 것이 아니라 고객의 책임도 제한할 수 있다. 고객의

수 있으나, 대체로 직접적 손해(direct damages)가 아닌 결과적 손해(consequential damages), 부수적 손해(incidental damages) 등 간접적 손해(indirect damages)이다.[54] 여기서 특히 문제되는 손해는 결과적 손해(consequential damages)인데, 이는 계약위반 당사자가 계약체결 당시에 계약위반의 가능한 결과로서 합리적으로 예견할 수 있었던 손실이다.[55] 예를 들어, 소프트웨어계약에서 소프트웨어상 중대한 오류가 발생해 고객의 작업이 중단된 경우 그 결과 고객이 계약상 기한을 지키지 못하여 계약을 위반하게 되고 이로 인해 해당 고객의 신용등급의 하락을 초래해 발생할 수 있는 손해이다. 이는 소프트웨어계약상 약속된 이행에 따른 편익이 아니기 때문에, 그 계약상 직접적 손해는 아니며, 결과적 손해가 문제된다. 이러한 결과적 손해는 직접적 손해에 비해 예견가능성이 낮고, 피해당사자는 예측하지 못한 다양한 형태의 부수적인 문제와 비용부담으로 이어질 수 있어, 소프트웨어나 서비스를 제공하는 당사자들의 입장에서는 이러한 손해를 배제할 필요가 있다. 또한, 당사자의 수익이나 사업상 손실은 대체로 결과적 손해의 일종으로 보고 있지만, 당사자

책임을 제한하기 위해서는, 해당 조항에서 제공자만의 책임을 제한하는 문구 대신 양 당사자 모두의 책임을 제한한다는 취지의 문구, 즉 "Provider's liability will not exceed …,"라는 문구 대신에 "Neither party's liability will exceed …"라는 표현으로 양 당사자의 책임을 제한할 수 있다.

54 직접적 손해(direct damages)는 당사자가 계약위반을 하지 않았더라면, 피해당사자가 받았을 이익을 의미하는데, 이는 계약위반으로 인해 당사자에게 자연스럽게 통상적으로 발생하는 손실(losses that naturally and normally flow from a breach of contract)이라 할 수 있다. 직접적 손해(direct damages)나 결과적 손해(consequential damages)를 비롯한 간접적 손해(indirect damages) 등 손해의 유형과 내용에 관한 자세한 사항은 저자 집필 『영미계약법 원리』(유원북스, 2021), 413페이지 이하를 참고하기 바란다.

55 Restatement Second of Contracts § 351(Unforeseeability and Related Limitations on Damages)

(1) Damages are not recoverable for loss that the party in breach did not have reason to foresee as a probable result of the breach when the contract was made.

(2) Loss may be foreseeable as a probable result of a breach because it follows from the breach

(a) in the ordinary course of events, or

(b) as a result of special circumstances, beyond the ordinary course of events, that the party in breach had reason to know.

(3) A court may limit damages for foreseeable loss by excluding recovery for loss of profits, by allowing recovery only for loss incurred in reliance, or otherwise if it concludes that in the circumstances justice so requires in order to avoid disproportionate compensation.

한편, 부수적 손해(incidental damages)는 피해당사자가 계약위반을 처리하기 위해 소요된 비용이다(costs for dealing with breach; Restatement Second of Contracts § 347).

들에 따라 그 견해를 달리해 다툼의 소지가 있으므로 이러한 당사자의 책임을 배제하고자 하는 경우 계약서상 이를 명시할 필요가 있다. 책임제한조항은 또한 징벌적 손해(punitive damages)를 대체로 배제하는데, 징벌적 손해는 전보적 보상(compensatory damages)을 넘어 제재(penalty)의 성격을 가지고 있어 영미계약법상 일반적으로 인정될 수 없다.[56]

(6) 한편, 소비자계약이나 계약에서 한쪽 당사자가 거래상 우월한 지위를 남용할 수 있는 지위에 있는 경우 물품이나 서비스의 제공자나 우월적 지위에 있는 거래당사자에 대한 책임제한조항이 비정상적으로 불공정하다면 법원은 비양심성의 원리(doctrine of unconscionability)를 통해 해당 조항이 비양심적(unconscionable)이라거나 공서양속(public policy)에 반한다고 보아 구속력을 인정하지 않을 수 있다는 점을 유의할 필요가 있다.[57] 일반적으로 법원은 결과적 손해의 배제를 용인하므로 강제가능성(enforceability)에 대한 이슈는 주로 책임에 대한 상한금액의 설정에 집중되는데, 계약상 서비스의 제공자가 자신의 잘못에 대한 의미 있는 책임을 회피할 정도로 금액상한선이 낮다면 문제가 될 수 있다.[58] 또한, 법원은 책임제한조항이 고객에게 의미 있는 구제방법(meaningful remedy)을 남기지 않는 경우 그 조항의 구속력을 인정하지 않을 수 있으므로 제공자의 중대한 책임에 대해서는 피해당사자에게 의미 있는 구제책을 허용할 필요가 있다.

56 영미계약법상 "징벌적 손해배상(punitive damages)"의 의미와 그 인정 여부에 관한 상세한 사항은 저자 집필 『영미계약법 원리』(유원북스, 2021), 439-440페이지를 참고하기 바란다.

57 비양심성의 원리(doctrine of unconscionability)는 계약체결에 이르게 된 상황이 과도하게 당사자 일방에게 불리하거나 당사자 간 협상력에 불균형(imbalance)이 있어 일방의 자유의사에 의한 계약조건의 선택이 어려웠던 사정이 있는 경우(unfair surprise and oppressive terms) 계약이 비양심적으로 이루어진 것으로 보고, 그 비양심성을 계약성립의 항변사유(defense)나 취소사유로 해 계약의 구속력을 부인하는 원리이다. 이러한 형평법(equity)상 비양심성(unconscionability)의 개념은 UCC상 비양심적인 계약조건을 다루고 있는데, 이는 비양심성의 원리(doctrine of unconscionability)를 형평법에 제한하지 않고 불공정 거래를 제한하는 일반적인 원리로 받아들이고 있다(UCC § 2-302(Unconscionable Contract or Clause)). 영미계약법상 "비양심성의 원리(doctrine of unconscionability)"에 관한 자세한 내용은 저자 집필 『영미계약법 원리』(유원북스, 2021), 269-274페이지를 참고하기 바란다.

58 계약상 결과적 손해(consequential damages)의 제한이나 배제에 관한 내용이 비양심적(unconscionable)이라면 그 제한이나 배제에 관한 사항을 강제할 수 없다. 특히, 소비재 상품으로 인해 입은 신체의 상해(personal injury)에 대해 결과적 손해를 제한하는 것은 일응 비양심적(*prima facie* unconscionable)인 것으로 볼 수 있다(UCC § 2-719(3)).

[Example 1]

아래는 책임제한(limitation of liability) 내지 보증책임부인(warranty disclaimer)의 사유 또는 적용범위에 관한 기재례들이다. (Sample 1)은 서비스계약에서 서비스제공자가 책임제한조항을 두는 경우 서비스구매자의 입장에서 그 적용범위를 제한하는 경우의 예문이고, (Sample 2)는 보증책임의 부인을 계약상 구체적으로 명시한 보증책임에는 적용되지 않도록 하는 경우의 예문이다. (Sample 3)는 결과적 손해(consequential damages)을 비롯해 이와 유사한 수익이나 사업상 손실 등 모든 간접적 손해(indirect damages)에 대해 제공자의 고객에 대한 책임을 배제하는 책임제한조항이다.

(Sample 1)

The limitations in this section do not apply to:

(a) claims arising out of a breach of warranty;
(b) any infringements of third-party intellectual property rights; and
(c) any claims for attorney's fees and other litigation costs either party is otherwise entitled to recover pursuant to this Agreement.

(Sample 2)

Warranty Disclaimer. EXCEPT FOR THE WARRANTIES SPECIFICALLY PROVIDED HEREIN, EACH PARTY EXPRESSLY DISCLAIMERS ALL OTHER WARRANTIES, EXPRESS OR IMPLIED, INCLUDING, BUT NOT LIMITED TO, THE IMPLIED WARRANTIES OF MERCHANTABILITY AND FITNESS FOR A PARTICULAR PURPOSE, AND ANY IMPLIED WARRANTIES ARISING FROM STATUTE, COURSE OF DEALING, COURSE OF PERFORMANCE OR USAGE OF TRADE AS CONTEMPLATED BY THIS AGREEMENT.[59]

(Sample 3)

IN NO EVENT WILL PROVIDER BE LIABLE FOR LOST PROFITS OR LOSS OF

---

59 이 예문에서, 계약상 명시적 보증책임(express warranty)과 함께 "Merchantability(상품성)"와 "Fitness for a Particular Purpose(특정목적에 관한 적합성)" 등의 묵시적 보증책임(implied warranty)도 부인을 하고 있다. 명시적 보증책임의 부인은 계약상 명시적 보증을 하면서 이를 부인하는 경우로 그 보증사항과 보증부인사항을 가능한 한 합리적으로 상호 일치할 수 있도록 해석하되, 보증책임을 부인하는 조항이 불합리하게 해석될 수 있는 한도에서 그 보증책임부인 조항의 효력은 없는 것으로 본다(UCC §2-316(Exclusion or Modification of Warranties)(1)). 묵시적 보증의 경우 "Merchantability(상품성)"의 보증은 소비자거래에서 일반적으로 부인될 수 없는 보증으로, 물품이나 서비스가 상품으로 요구되는 바에 따라 매수인의 통상적인 기대에 합리적으로 부합해야 한다는 묵시적 보증이다. "Fitness for a Particular Purpose(특정목적에 관한 적합성)"의 보증은 매수인이 물품구매시 염두에 둔 목적을 매도인이 알고, 매수인이 적정한 상품을 자신에게 판매한다는 매도인의 전문성에 의존했을 때, 발생할 수 있는 묵시적 보증이다.

BUSINESS OR FOR ANY INDIRECT, CONSEQUENTIAL, INCIDENTAL, OR PUNITIVE DAMAGES ARISING OUT OF OR RELATED TO THIS AGREEMENT.

[Example 2]

아래는 책임제한조항에서 제한되는 책임의 상한을 정한 규정의 기재례들이다. (Sample 1)은 책임이 일정한 금액을 넘지 못하도록 하는 규정인데, 여기서 상한금액이 누적금액(cumulative amount)인지 여부에 관한 기재가 없어 피해가 발생할 때마다 상한금액의 한도에서 배상을 해야 한다는 의미로 해석될 수 있으므로 당사자가 누적 상한금액으로 하고자 하는 경우 "CUMULATIVE LIABILITY"라는 점을 명시할 필요가 있다.[60] (Sample 2)는 당사자의 책임의 상한금액을 일정 기간 동안 계약상 지불해야 하는 수수료 총액 등을 기준으로 하고 있으며, 그 금액상한이 개별 피해당 각각 적용되는 것이 아니라 전체적으로 누적되어 적용된다는 점을 명시하고 있다.

(Sample 1)

PROVIDER'S LIABILITY ARISING OUT OF OR RELATED TO THIS AGREEMENT WILL NOT EXCEED $________.

(Sample 2)

PROVIDER'S CUMULATIVE LIABILITY ARISING OUT OF OR RELATED TO A STATEMENT OF WORK WILL NOT EXCEED THE FEES PAYABLE TO PROVIDER PURSUANT TO SUCH STATEMENT OF WORK FOR PRODUCTS AND SERVICES PROVIDED DURING THE YEAR BEFORE THE LAST EVENT GIVING RISE TO THE LIABILITY.

[Example 3]

아래는 책임제한조항의 예외사항에 대한 기재례들이다. (Sample 1)은 (a)에서 결과적 또는 간접적 손해로 볼 수 있는 손해배상액의 예정조항(liquidated damages clause)이나 법률비용, (b)에서 계약상 개인정보 등 비밀유지와 관련된 조항의 위반에 따른 손해, (c)에서 면책배상(indemnity), (d)에서 중대한 과실(gross negligence)과 고의적 위법행위(willful misconduct) 등을 책임제한의 예외사유로 해 무제한적 책임을 인정하고 있다. (Sample 2)는 (a)에서 지식재산권 침해, (b)에서

60 개별 피해건당 상한금액이 적용되도록 하는 계약조건은 드물기는 하지만, 계약상 이를 명확히 하고자 책임의 한도가 누적되지 않으며 개별 건당 발생한다는 취지의 다음과 같은 문구를 추가할 수 있다: "The limit of liability in the preceding sentence is per incident and not cumulative."

수수료에 대한 책임에 대해 책임제한의 적용을 받지 않는 것으로 한다.[61]

(Sample 1)

Section ________ (*Dollar Cap*) and ________ (*Exclusion of Consequential Damages*) do not apply to: (a) breach of any provision of this Agreement calling for liquidated damages or reimbursement of attorneys' fees or litigation costs; (b) breach of Section ________ (*Non-disclosure*), except to the extent that such damages relate to personal information or other private data within Customer Data; (c) breach of Section ________ (*Indemnity*); or (d) losses caused gross negligence or willful misconduct.

(Sample 2)

Section ________ (*Dollar Cap*) and ________ (*Exclusion of Consequential Damages*) do not apply to: (a) infringement of intellectual property rights, including without limitation copyrights in the Software; or (b) breach of Customer's obligation to pay fees.

4.3 면책배상의무(indemnity obligation)에 대한 제한 문제

당사자의 책임제한(limit of liability)이 면책배상의무(indemnity obligations)까지 제한한다고 보기 어려울 수 있기 때문에, 계약상 책임제한조항이 있다고 하더라도, 그 책임제한조항이 배상자가 소송을 방어하거나 제3자에게 배상시 소요되는 비용을 제한할 수 있는지 문제된다. 이에 관한 사항이 명확하지 않은 경우 제3자 소송을 방어하고 합의금과 판결금을 지불해야 하는 면책배상자의 의무가 무제한으로 남을 수 있다. 이에, 배상자(indemnitor)가 면책배상의무(indemnity obligation)를 제한하길 원한다면 그 배상책임에 상한금액을 명시할 필요가 있다. 피배상자(indemnitee)가 면책배상의무의 제한을 수용하는 경우 책임제한조항에서 면책배상의 제한에 관한 사항을 명확히 한다. 다만, 특정한 배상책임에 대해서는 책임제한규정을 배제해 배상자로 하여금 무제한적인 책임을 부담하게 할 수 있다.

61 고객의 책임한도를 자신의 1년치 수수료로 정한 때 당사자가 수수료를 미납하고 자신의 유일한 책임은 미납수수료뿐이라고 하면서 추가적인 제재없이 해당 계약의 다른 조건들을 위반하는 문제를 방지하기 위해 고객의 수수료지급에 대한 의무(Customer's obligation to pay fees)를 책임제한의 예외로 할 수 있다.

[Example]

아래 예문은 면책배상자의 계약위반에 대한 책임이 아니라, 면책배상자의 이행의무(indemnitor's performance obligations)에 대한 제한을 별도로 규정한 것이다.

Indemnitor is not required to spend more than USD ________ pursuant to Subsection ________ (*Data Indemnity*), including without limitation on attorneys' fees, court costs, settlements, judgements, and reimbursement of costs.

Ⅵ. Indemnification Clause(면책배상조항)

1. 면책배상조항(indemnification clause)의 이해

Indemnification Clause(면책배상조항)는 한쪽 당사자가 상대방 당사자에게 발생하는 손해를 배상하거나 경감하게 함으로써 상대방 당사자를 면책시킬 것을 약속하는 규정이다. 계약당사자는 상대방과의 다양한 거래과정에서 자신에게 발생할 수 있는 피해를 보상받고자 한다. 예를 들어, 영업양수도거래를 할 때 그 영업의 인수인은 취득하는 영업자산이 어떤 식으로든 훼손되지 않고 온전하게 이전될 것을 원하고, 물품이나 서비스를 공급받을 때 그 수령인은 그 물품이나 서비스의 결함에 따른 피해로부터 보호받기를 원하며, 임대차계약에서 임대인은 임차인이 부동산을 점유하는 동안 발생하는 모든 책임으로부터 보호받기를 원한다. 소프트웨어 라이선스계약에서, 라이선스사용자(licensee)는 제3자의 그 소프트웨어와 관련해 지식재산권침해 관련 클레임 등으로부터 보호를 받길 원한다. 면책배상(indemnification)은 계약의 한쪽 당사자가 상대방 당사자가 겪게 되는 손실이나 클레임에 대한 지급의무를 부담하거나 또는 제3자에 의해 제기된 특정한 쟁송으로부터 상대방 당사자를 방어할 의무를 떠맡음으로써 그 상대방의 손실의 위험을 이전받아 상대방을 보호하는 역할을 한다.[62] 면책배상조항(indemnification clause)은 당사자 간

62 관련 클레임이나 쟁송에 따른 손해를 떠맡는 당사자를 "indemnitor(면책배상자)"라 하고, 이에 의해 보호되는 당사자를 "indemnitee(피면책배상자)"라 한다. "indemnify"는 제3자의 청구로 인해 피면책배상자(indemnitee)가 입은 손해를 면책배상자(indemnitor)가 변상한다는 의미를 갖는다.

의 거래의 복잡성이나 협상결과에 따라 다양할 수 있어 계약당사자 간의 분쟁에 적용될 수도 있지만, 일반적으로 정부의 조치나 계약 외부의 제3자의 클레임으로부터 계약당사자를 재정적으로 보호하기 위해 인정된다.[63] 즉, 배상자(indemnitor; indemnifying party)는 자신 또는 제3자의 행위로 피배상자(indemnitee)에게 발생한 손실을 보전할 계약상 의무를 부담하게 된다. 예를 들어, 라이선스계약에서 라이선스사용자(licensee)가 계약 대상인 특허의 사용과 관련해 제3자로부터 특허권침해소송을 당한 경우 계약상대방인 라이선스제공자(licensor)에 대해 그 소송으로 인해 발생하는 비용이나 손실을 보상받기 위해 면책배상조항을 둔다.

계약당사자들은 자신들이 처한 상황이나 거래의 성격 등 계약상 필요에 따라 면책배상의 대상과 범위를 달리 정할 수 있다.[64] 배상자(indemnitor)가 피배상자(indemnitee)를 면책시킬 의무를 일정한 시기까지로 제한하거나 면책배상의 범위를 한정하는 경우 배상자의 배상책임에 따른 위험을 완화시킬 수 있다. 예를 들어, 면책배상의 사항을 특정한 제3자의 청구에 한정하거나, 소송상 최종판결이 내려진 경우에 한해 그 면책배상의무를 발생하도록 하거나 또는 면책배상청구권을 행사하기 위해서는 그 권리행사자의 상대방에 대한 일정한 통지를 요건으로 하는 것 등을 고려할 수 있다. 한쪽 당사자만이 상대방 당사자에게 면책배상을 하는 경우도 있으나, 대부분의 상사계약에서는 계약당사자 상호간의 면책배상(mutual indemnifications)을 인정한다.[65] 면책배상(indemnifications)은 또한 계약당사자 간 별도의 독립적 합의에 따른 것일 수 있으나, 통상적으로 당사자 간 거래계약의 일부로 포함한다.

한편, 면책배상조항(indemnification clause)은 다소 복잡한 개념으로, 당사자들은 신중하게 협상을 해야 하며, 계약상 해당 목적에 알맞게 기술되어야 한다. 면책배

63 계약에 따라 손실을 입은 당사자는 그 손실을 발생시킨 자를 상대로 계약위반 등 다른 법률적 근거를 통해서도 손실을 보전 받을 수 있으므로 실무상으로는 피배상자(indemnitee)가 배상자(indemnitor)와 관련해 발생하는 소송 등 클레임으로 인해 발생하는 비용을 배상자에게 용이하게 전가시킬 수 있는 기능을 한다.

64 면책배상조항의 범위는 당사자 간 상대적인 협상력에 의존할 수 있는데, 배상자가 협상에서 우월적 지위를 가진다면 배상자가 열위적 지위에 있을 때보다 면책배상의 범위가 더 좁을 수 있다. 이에, 당사자는 계약체결과정에서 해당 거래상 상대적인 협상의 지위를 고려해 배상책임 관련 위험관리전략을 세우고 관련 산업에 내재된 위험에 기초한 포괄적인 배상정책을 마련할 필요가 있다. 관련 위험수준에 따라 면책배상의 정도를 달리할 수 있으며, 잠재적 배상책임이 과중하다면 해당 거래를 거절하는 것이 바람직할 수 있다.

65 면책배상조항(indemnification clause)은 매도인이 제공한 물품이나 서비스에서 책임이 주로 발생하기 때문에 일반적으로 매수인보다는 매도인이 면책배상 관련 클레임에 더 취약하다.

상의 효력이 발생하기 위한 표현 등 필수적 요건을 결정하기 위해서는 계약상 준거법을 검토하고 당사자들의 의도를 파악할 필요가 있다. 계약의 만족스럽지 않은 이행에 대한 당사자 간의 책임을 해결하기 위한 보증책임(warranty)과 달리, 면책배상(indemnification)은 전통적으로 배상자와 직접적인 견련관계(privity)가 있는 것이 아니라 피배상자와 일반적으로 견련관계를 가지는 제3자로부터 발생하는 책임과 관련이 있다.

2. 면책배상조항(indemnification clause)의 기능 및 특징

면책배상(indemnification)의 전통적 목적은 책임을 부담하게 된 당사자가 책임의 원인을 제공한 당사자에게 책임을 전가하는 것으로, 이러한 개념은 점차 배상자가 피배상자의 행위나 부작위에 대한 책임을 떠맡는 것으로 발전되었다. 배상자(indemnitor)는 면책배상의무(indemnification obligation)의 범위를 줄이고 피배상자의 배상청구권 행사에 제한을 두어 자신의 위험을 줄이려 하는 반면, 피배상자(indemnitee)는 면책배상의 보호(indemnification protection)를 받는 범위를 확대하고 가급적 제한없이 배상청구권을 행사할 수 있도록 하여 그 위험을 관리하려고 한다. 이와 같이 면책배상조항(indemnification clause)은 피배상자가 배상자에게 계약상 위험을 이전하거나 분배하는 기능을 하기 때문에, 비슷한 협상력을 가진 당사자들 사이의 거래협상에서 가장 치열하게 다투어지는 문제이다.

그런데, 면책배상(indemnification)은 계약의 한쪽 당사자가 책임의 발생을 통제하거나 방지할 수 있는 지위나 능력을 가진 상황에서 특히 유용하다. 예를 들어, 소프트웨어 라이선스계약에서, 소프트웨어를 제공하는 라이선스제공자가 라이선스사용자보다 해당 소프트웨어가 제3자의 지식재산권을 침해하지 않는다는 것을 보장할 수 있는 더 나은 지위에 있다. 반면, 라이선스사용자가 그 소프트웨어를 사용해 파생저작물을 만들려고 한다면 그 라이선스사용자가 파생저작물이 다른 이들의 지식재산권을 침해하지 않는다는 것을 보장할 수 있는 더 나은 지위에 있다. 이에, 면책배상의 문제는 상호적(reciprocal)으로 발생할 수 있으며, 이때 각 당사자는 자신이 통제하는 위험요소에 대해 상대방에게 면책배상책임을 부담할 수 있다. 그리고, 면책배상(indemnification)은 기본적으로 일방 또는 쌍방 당사자가 상대방 당사자의 제3자에 대한 손해배상 등 책임을 떠맡는 기능을 하지만, 거래의 유형이나 관련 준거법에 따라 면책배상이 제3자의 클레임이 아닌 계약당사자의 직접적인 책임을 다루기 위해 사용될 수 있다.[66] 예를 들어, 인수계약에서, 매도인은 자신의 진술과 보증의 위반으로 인해 매수인에게 발생하는 손해나 책임을 면책배상하는 것으로 할 수 있다. 다만, 이 경우 해당 계약의 준거법이나 관할 법원이 제3자의 클레임이 아닌 계약당사자의 직접적인 클레임과 관련한 면책배상을 어떻게 규정하거나 해석하는지를 확인해 이를 관련 계약에 반영할 필요가 있다.

3. 면책배상(indemnification)의 유형

면책배상조항(indemnification clause)을 검토하기 위해서는 계약상 면책배상의 유형을 이해할 필요가 있는데, 이는 상호 배타적이지 않는 범위 내에서 필요에 따라 면책배상조항에서 다양하게 함께 규정될 수 있다. 면책배상의 주요 유형으로는, (i) 한쪽 당사자가 특정 사건 또는 상황과 관련해 발생한 제3자에 대한 클레임과 관련해 상대방 당사자를 배상하는 일방적 면책배상(unilateral indemnification)이 있으며,[67] (ii) 각 당사자가 자신의 계약위반으로 인한 제3자의 클레임에 대해 상대방 당사자를 배상하는 상호적 면책배상(reciprocal indemnification)이 있다.[68] 상호적 면

66 준거법에 따라서는 계약조항의 통상적 표현이 다른 상황에서 전통적인 개념 이상으로 배상의무(indemnification obligation)를 확장할 수도 있다. 예를 들어, 캘리포니아 퍼시픽 가스(California Pacific Gas) 사건에서, 제3자의 클레임이 관련되지 않았음에도, 법원은 관련 계약에 사용된 면책배상조항의 통상적인 표현(specific indemnification language: a provision requiring the defendant to indemnify the plaintiff against all loss, damage, expense and liability resulting from injury to property, arising out of or in any way connected with the performance of the contract)을 근거로 피고가 원고 건물의 보수 관련 비용에 대한 면책배상책임을 부담한다고 보았다(*Pacific Gas & Elec. Co. v. G. W. Thomas Drayage & Rigging Co.*, 442 P.2d 641, 69 Cal.2d 33 (1968)).—Lenné Eidson Espenschied, 『Contract Drafting: Powerful Prose in Transactional Practice』 (American Bar Association, 3rd ed., 2019), at 233.

67 예를 들면, "Party A shall indemnify and defend Party B, its officers, directors, employees and agents, from and against any claims, actions, demands, judgments or liabilities, fines, penalties, and expenses, including attorneys' fees and expenses resulting from, or alleged to result from, Party A's breach of this Agreement."와 같이 Party A가 Party B를 면책배상하는 경우이다.

68 예를 들면, "Each party to this agreement shall indemnify, defend, protect, and release the other party, its officers, directors, employees and agents, from and against any and all claims, losses, proceedings, damages, causes of action, liability, costs, or expenses, including attorneys' fees and expenses, arising from, or in connection with, or caused by, any act, failure to act, or negligence of the indemnifying party."와 같이 각 당사자가 상대방 당사자에게 면책배상을 하는 경우이다.

책배상의 경우 면책배상조항상 양 당사자들에 대한 면책배상의 문구가 사소한 차이가 있더라도 당사자의 책임에 상당한 영향을 미칠 수 있기 때문에 그 문구의 편차에 주의할 필요가 있다. 예를 들어, 면책배상 대상에서 한쪽 당사자는 계열사(affiliates)가 포함되어 있지만 상대방 당사자는 이를 포함하고 있지 않다면 계열사를 포함한 당사자의 면책범위가 이를 포함하지 않은 당사자의 면책범위보다 훨씬 넓게 된다. 상호적 면책배상의무를 하나의 조항에서 통합해 기술하는 것도 가능하지만, 각 당사자의 면책배상의 범위가 다르거나 그 내용을 명확히 하기 위해서는 각 당사자별로 별도로 면책배상규정을 두는 것이 적절하다.

또한, (iii) 한쪽 당사자가 상대방 당사자의 행위나 잘못으로 인해 발생한 경우를 제외하고 제3자의 클레임에 대해 상대방 당사자를 배상하는 등 면책배상이 발생한 원인에 따라 일부에 대해서만 면책배상을 인정하는 부분적 면책배상(partial indemnification)이 있다.[69] 그리고, (iv) 한쪽 당사자가 상대방이 금전적 의무를 이행할 수 없는 때 발생된 손실에 대해 상대방을 면책배상하는 금전적 면책배상(financial indemnification)이 있으며,[70] (v) 제3자의 연관성 여부와 상관없이, 한쪽 당사자가 자신에 대한 상대방 당사자의 클레임에 대해 상대방 당사자를 면책배상하는 직접적 면책배상(direct indemnification)이 있다.[71]

CHAPTER 5

---

69 예를 들면, "Consultant shall indemnify and defend Company against all losses and liabilities, including attorneys' fees and expenses, arising out of Consultant's performance of this contract, except to the extent the losses or liabilities are caused by Company's negligence."와 같이 배상자(Consultant)의 면책배상책임에서 피배상자(Company)의 과실에 의한 손실이나 책임을 제외한 부분적 면책배상을 규정할 수 있다.

70 예를 들면, "Indemnitor shall indemnify Guarantor from and against costs, losses, damages, claims and expenses (including but not limited to reasonable attorneys' fees and other third-party expenses) incurred by Guarantor under the Guaranty from and after the date of the Master Agreement, including without limitation any of the foregoing incurred in connection with enforcing this Agreement. If any sums are paid by the Guarantor under or on account of the Guaranty, the Indemnitor shall immediately reimburse Guarantor for those sums. Any amount so due the Guarantor, if not paid within five days after demand of it, will bear interest at an annual rate equal to the prime rate as published from time to time by The Wall Street Journal (or if The Wall Street Journal ceases to publish a prime rate, then the 14-day moving average closing trading price of 90-day Treasury bills), plus 2% per annum, accruing daily and compounding monthly."와 같이 배상자가 피배상자의 금전적 책임을 면책배상하는 경우이다.

71 예를 들면, "Seller shall indemnify Buyer from and against Losses over USD 1 million, whether relating to third parties or not, arising out of or relating to any breach of a representation or warranty of Seller contained in this Agreement."와 같이 제3자와 관련되는

4. 면책배상조항(indemnification clause) 작성시 유의점 및 작성례

면책배상조항(indemnification clause)은 계약협상의 핵심사항의 하나로, 각 당사자는 거래상황, 당사자 간 위험배분 또는 면책배상의 다양한 개념이나 구성요소 등을 고려해 자신에게 적합한 면책배상규정을 둘 필요가 있다. 면책배상조항을 작성하기 위해서는 해당 계약의 준거법상 요건과 함께 당사자 간 거래관계와 위험배분을 비롯해 배상에스크로(indemnity escrow), 배상한도(indemnification cap) 등과 같은 부차적인 배상 관련 개념 등도 이해할 필요가 있는데, 이에 관한 사항들은 아래 "5. 면책배상(indemnification) 관련 기타 주요 이슈"의 단원에서 별도로 알아본다. 면책배상조항의 내용은 거래관계의 특성이나 당사자들의 관계에 따라 달라질 수 있으나, 일반적으로 (i) 배상자(indemnitor) 및 피배상자(indemnitee), (ii) 면책배상의 대상, (iii) 면책배상의 사유, (iv) 면책배상의 방법 및 절차, (v) 면책배상의 예외사항 등을 포함하는데,[72] 이하에서는 이러한 면책배상조항의 구성요소들을 개별적으로 살펴본다.

[Example]

아래는 일반적 면책배상조항의 다양한 기재례들이다.

- Each party agrees to indemnify, defend, and hold harmless the other party from and against any loss, cost, or damage of any kind (including reasonable outside attorneys' fees) to the extent arising out of its breach of this Agreement, and/or its negligence or willful misconduct.
- Each party shall defend, indemnify, and hold harmless the other party against any and all claims, demands and actions based on or arising out of any activities performed by the party and its employees and agents under this Agreement and shall, at the request of the party, defend any and all actions brought against the party based upon any such claims or demands.
- "ABC" shall indemnify and hold harmless "XYZ" and its directors, officers, agents and employees (collectively "XYZ Indemnitee") from and against any and all claims, actions, suits, costs, liabilities, judgments, losses and

지 여부와 상관없이, 매도인의 매수인에 대한 일정한 면책배상을 인정하는 경우이다.

72 면책배상조항의 문장은 배상자를 주어로 능동태로 기술하는데, 면책배상조항을 구성하는 개념 요소들을 분해하면 대체로 다음과 같다: "The Corporation + shall indemnify and defend + each officer or director who is involved in any Proceeding + against all liabilities, losses, and expenses, including attorney's fees and expenses, + incurred."

damages incurred by or asserted against "XYZ Indemnitee", arising out of any actions of "ABC", or any actual or alleged breach by "ABC" of any of its representations, warranties, covenants or obligations set forth in this Agreement.

- You agree to defend, indemnify, and hold harmless ABC, its officers, directors, employees and agents, from and against any claims, actions, demands, judgments or liabilities, fines, penalties, and expenses, including but not limited to reasonable legal and accounting fees, resulting from, or alleged to result from, your use of any Materials. ABC will provide notice to you promptly of any such claim, suit, or proceeding, and will assist you at your expense, in defending any such claim, suit, or proceeding.

4.1 배상자(indemnitor) 및 피배상자(indemnitee)

면책배상자(indemnitor)는 일방적 면책배상(unilateral indemnification)일 경우 계약의 한쪽 당사자이며, 상호적 면책배상(reciprocal indemnification)일 경우 양 당사자 모두가 면책배상자가 될 수 있다. 상호적 면책배상의 경우 각 당사자의 개별적 배상의무를 명확히 하기 위해 당사자별로 배상의무를 별도로 각각 기술할 수 있다.[73] 피면책배상자(indemnitee)는 일반적으로 계약의 당사자이지만, 해당 거래의 내용이나 당사자의 성격에 따라 더 큰 그룹이 될 수 있는데, 당사자가 회사인 경우 그 회사의 대표자나 경영진, 직원 또는 대리인, 회사의 자회사 등 다양하게 피배상자의 범위가 확장될 수 있다.

[Example]

아래는 면책배상자(indemnitor) 및 피배상자(indemnitee) 관련 예문들인데, 피배상자의 경우 계약당사자 이외에 그 당사자와 연관된 더 큰 그룹을 포함할 수 있다.

- Party A shall indemnify and defend Party B.
- Party A and Party B, jointly and severally, shall indemnify and defend Party C.
- Party A shall indemnify and defend Party B and its officers and directors.

73 계약의 양 당사자가 모두 면책배상자가 되는 경우는 각 당사자의 면책배상의무를 각각 별도로 다음과 같이 기술할 수 있다: "Party A will indemnify Party B against any liabilities or losses that arise because of Party A's breach of this agreement. Party B will indemnify Party A against any liabilities or losses that arise because of Party B's breach of this agreement."

CHAPTER 5

- Party A shall indemnify and defend Party B and past, present and future agents, officers, directors, shareholders, members, partners, partnerships, employees, representatives, attorneys, parents, subsidiaries, affiliates, successors and assigns.

4.2 면책배상의 대상

면책배상조항은 면책배상이 적용되는 대상, 즉 피배상자가 무엇으로부터 보호받는지를 규정한다. 대부분의 면책배상조항이 유사한 문구를 사용한다고 하더라도, 면책배상이 될 수 있는 개별 사항들은 당사자 간의 협상결과에 따라 다를 수 있다. 면책배상이 적용되는 대상은 “threats of claims,” “lawsuits,” “legal actions” 등과 같이 다양할 수 있는데, 그 대상이 불명확한 경우 당사자 간에 면책배상의 책임범위에 관한 분쟁이 발생할 위험이 있으므로 대상은 가능한 한 구체적이고 상세하게 열거한다. 또한, 면책배상자가 부담해야 할 비용이나 손해(예를 들면, “damages,” “losses,” “liabilities,” “costs of defending” 등)로 언급되지 않은 사항에 대해 당사자 간에 누가 그 위험을 부담할 것인지에 관해 다툼이 있을 수 있으므로 비용이나 손해의 종류를 상세하게 기재한다.

면책배상의 대상과 관련해 제3자의 사소한 클레임(frivolous third party claims)에 대해서도 배상자가 이를 방어하거나 관련 변호사비용 등 각종 비용을 배상해야 하는지가 문제될 수 있다. 이는 해당 클레임의 쟁점요소(merits of a claim)의 판단과는 상관없이, 당사자 간 위험분배(risk allocation)의 문제로, 해당 분쟁의 쟁점요소과 무관하게, 당사자들은 그들의 물품이나 서비스의 제공, 의무이행, 계약위반 등과 관련해 발생하는 분쟁에 따른 위험에 대해 일정한 조건을 부가해 당사자 간 면책배상에 관한 위험을 분배할 수 있다.

그리고, 면책배상조항에서 계약당사자 상호간의 소송 등 클레임(first party claim)이 있는 경우도 포함할 수 있는지 문제될 수 있다. 면책배상(indemnification)은 기본적으로 계약의 한쪽 당사자가 상대방 당사자가 제3자로부터 제기된 특정한 쟁송으로부터 겪게 되는 손실이나 클레임에 대해 배상하는 것으로, 계약당사자 간 쟁송은 포함되지 않는 것으로 볼 여지도 있다. 이에, 계약당사자 간 클레임이 면책배상에 포함되는지 여부에 관한 당사자 간 다툼의 여지를 없애기 위해 계약서상 이에 관한 사항을 명확히 할 필요가 있다. 계약당사자 간 클레임(first party claim)의 경우도 면책배상조항(indemnification clause)의 적용대상으로 하고자 한다면 면책배상의 대상인 클레임에 "first party claim(계약당사자 간 클레임)"이라는 문구를 추가해, "first party or third party"라는 등의 표현을 사용할 수 있다.

[Example 1]

아래 예문들은 다양한 면책배상의 대상, 즉 피배상자가 보호를 받을 수 있는 대상을 나타내는 것으로 당사자 간의 거래관계에 따라 적절한 표현을 사용할 수 있다.

- against any losses, liabilities, and claims
- from and against any claims, actions, demands, judgments or liabilities, fines, penalties, and expenses, including but not limited to reasonable legal fees
- against all loss, damage, expense, and liability
- from any claim or loss, including reasonable attorneys' fees, court costs, and litigation expenses
- from and against any and all claims, causes of action, costs or damages, including reasonable attorneys' fees and attorneys' fees incurred by Party B in enforcing the covenants and agreements of this agreement
- from and against any and all claims, causes of action, costs or damages, including without limitation any attorneys' fees and expenses incurred in connection with enforcing this Agreement

[Example 2]

아래는 면책배상의 대상 관련 기재례들이다. (Sample 1)은 면책배상이 될 수 있는 피배상자의 손해의 범위가 상당부분 망라되어 있다. (Sample 2)는 면책배상에 관한 쟁점요소를 수정해 당사자 간의 면책배상에 관한 위험을 분배하는 것을 보여주는 예문인데, 밑줄친 새로운 문구를 추가함으로써, 당사자의 면책배상책임이 물품이나 서비스 또는 진술과 보증의 위반과 관련된 재판 등이 이루어진 이후에 발생하는 것으로 제한하고 있다.

(Sample 1)

Each party shall defend, indemnify and hold harmless the other party and its affiliates, directors, officers and employees from and against any and all suits, actions, penalties, damages, losses, liabilities, costs (including without limitation, reasonable attorney's fees), and judgments arising as a result of or in connection with any claim relating to the products and services of the indemnifying party or as a result of or in connection with any breach by the indemnifying party of any of its representations and warranties set forth in this Agreement.

(Sample 2)

Each party shall defend, indemnify and hold harmless the other party and its affiliates, directors, officers and employees from and against any and all suits, actions, penalties, damages, losses, liabilities, costs (including without limitation, reasonable attorney's fees), and judgments arising as a result of or in connection with any successfully adjudicated claim relating to the products and services of the indemnifying party or as a result of or in connection with any breach by the indemnifying party of any of its representations and warranties set forth in this Agreement.

4.3 면책배상의 사유

면책배상조항에는 당사자의 부실표시/허위진술(misrepresentations), 보증위반(breach of warranties), 의무위반(breach of obligations) 등 면책배상이 발생하게 되는 사유를 특정해야 한다. 이러한 면책배상이 허용되는 범위는 준거법의 제한을 받을 수 있는데, 예를 들어, 피배상자의 과실이 있는 경우에도 면책배상을 인정할 것인지는 준거법상 적용 법규에 따라 달라질 수 있기 때문에 계약의 준거법을 검토할 필요가 있다. 그리고, 면책배상의 사유는 해당 계약과 면책배상의 연관관계를 나타내는 용어를 포함해야 하는데, 이를 위해 "arising out of," "related to," "in any way connected with" 등과 같이 연관성을 나타내는 표현을 쓴다. "계약과 관련되었다"는 점을 나타내는 "related to," "in any way connected with" 등의 표현이 "계약에서 발생한다"는 뜻을 가지는 "arising out of"라는 표현보다는 대체로 더 폭넓은 의미를 가진다.[74]

74 "related to"라는 문구를 사용하는 경우 배상자는 간접적으로 연관된 클레임(indirectly connected claim)을 배상해야 할 수 있으므로 배상자의 입장에서는 "related to"라는 문구를 제외하는 것을 고려할 수 있다. 또한, 면책배상의 사유와 관련해, "alleging," "claiming," "asserting" 등의 용어를 사용하는 경우 배상자는 실제로 해당 사건을 발생시켰는지 여부와 상관없이 그 사건을 야기했다고 주장하는 제3자 소송에 대해서도 배상해야 한다는 의미를 가질 수 있기 때문에 면책배상자의 입장에서는 이러한 용어들을 사용하지 않는 것이 좋다.

[Example]

아래는 계약상 일정한 사유를 면책배상의 발생사유와 연관시키는 여러 문구들인데, 계약당사자 간 협상결과에 따라 면책배상의 발생사유는 다양할 수 있다.

- arising out of or in any way connected with the performance of this contract
- arising from any breach by Party A of any of its covenants or representations in the agreement
- arising out of or in any way related to this agreement
- arising out of any breach of this agreement
- in connection with any matter in any way relating to the agreement or arising out of the matters contemplated under the agreement
- arising out of or relating in any way to this Escrow Agreement or any transaction to which this Escrow Agreement relates
- resulting from, or alleged to result from, your use of any Materials
- resulting from injury to property
- to the extent the claim arises solely as a result of
- by reason of being or having been a director or officer of the Corporation or serving or having served at the request of the Corporation as a director, trustee, officer, employee, or agent of another corporation;
- incurred or paid by Party B in enforcing this contract
- in connection with claims asserted by Party B against Party A relating to the services to be performed pursuant to this agreement
- incurred by Party B in connection with the defense or settlement of the action, suit, or proceeding
- arising from Agent's performance of its duties and obligations under this Agreement, or when acting upon the express authority of the Association and its Board of Directors, or when Agent within the course and scope of duties enforces the Association's governing documents against violators
- arising out of a claim, loss, or liability brought by a third-party based on any action or failure to act by Party A
- caused by a breach or non-fulfillment of a covenant or obligation in this Agreement or in any Transaction Document by Party A, or by an Acquired Company prior to the Closing, or resulting from a breach of or inaccuracy in a representation or warranty made by Party A in Article 3

CHAPTER 5

4.4 면책배상의 방법 및 절차

면책배상의 방법과 관련해, 배상자가 관련 피해에 대한 배상의무(obligation to

indemnify)만 부담하는지 또는 배상과 방어의무(obligation to indemnify and defend) 모두를 부담하는지를 명백히 할 필요가 있다. 일반적으로 면책배상조항(indemnification clause)에서는 배상자의 피배상자에 대한 면책배상의무(duty to indemnify)와 함께 방어의무(duty to defend)를 포함한다. 방어의무란 소송 등 클레임이 발생하는 경우 피배상자를 보호하기 위해 소송 등 클레임의 시작부터 즉시 적극적으로 피배상자를 방어하고 관련 방어비용을 지급할 의무를 말한다. 면책배상의무(obligation to indemnify)에는 대체로 소송을 방어할 의무(obligation to defend)를 포함하는데, 이를 "duty-to-defend law(방어의무법률)"라 한다.[75]

그런데, 제3자의 소송 등 클레임에 대한 방어의무(duty to defend)는 배상의무와 완전히 동일한 의미를 가지지는 않기 때문에 계약당사자들의 상황에 따라 포함하거나 포함하지 않을 수 있다.[76] 면책배상조항상 방어의무가 포함되어 있지 않다면 해당 계약과 관련해 피배상자에게 소송이나 클레임 등 분쟁이 발생한 때 배상자는 그 분쟁을 방어할 의무가 없다거나 분쟁이 종결된 이후에야 그 관련 비용이나 손실을 배상하겠다고 다툴 수 있다. 또한, 배상자가 소송판결에 따른 배상금을 피배상자에게 지급한다면 피배상자는 소송을 소홀히 관리할 수 있기 때문에 면책배상자의 입장에서는 그 소송에 관여할 필요가 있으며, 피배상자가 관련 소송의 방어를 제대로 하지 못해 발생하는 손해에 대해 당사자 간 분쟁의 여지가 있을 수 있다.[77] 따라서, 준거법상 방어의무법률(duty-to-defend law)이 있다고 하더라도 방어의무와 관련해 당사자 간 분쟁의 여지가 여전히 있으므로 계약상 명시적 규정을 두어 당사자들 사이에 배상에 따른 분쟁을 예방할 필요가 있다. 방어의무가 포함되는 경우 어느 당사자가 클레임의 방어에 관한 통제권을 가지는지를 포함하는 것이 좋은데, 면책배상자(indemnitor)가 단독으로 그 방어에 대한 통제권을 가지는 것

75 면책배상에서 "defend"한다는 것은 면책배상되는 클레임을 방어하기 위해 변호인을 고용하고 그 비용을 지급하는 것을 의미하는 것으로, 면책배상의무(obligation to indemnify)는 일반적으로 소송방어의무(obligation to defend)를 포함한다고 본다. 방어의무법률(duty-to-defend law)이 적용되는 경우 배상자는 해당 소송이 종결될 때까지 또는 재판 종료 이후에도 법원이 해당 사건의 책임자를 결정할 때까지는 관련 사건의 방어의무로부터 자유로울 수는 없다.－CAL. CIV. CODE § 2778.4; OKLA. STAT. ANN. tit. 15, § 427(4).

76 다만, 면책배상의무(duty to indemnify)는 손실을 보상하는 것(compensate for losses)을 의미하는데, 손실에는 제3자로부터의 소송 등 클레임에서 책임을 부담하거나 합의금을 지급할 의무를 포함할 수 있다.

77 예를 들어, 영세소매업체에 대해 면책배상자가 방어를 할 의무가 없어 영세소매업체가 직접 소송을 하게 되는 경우 그 방어를 제대로 하지 못해 소송비용이 많이 들 수 있기 때문에 클레임을 제대로 방어하는 것은 당사자들에게 중요할 수 있다.

이 일반적이며, 피배상자(indemnitee)가 그 방어에 참여할지는 당사자 간 협상결과에 따라 다를 수 있다. 다만, 면책배상자가 제3자로부터의 클레임을 더 잘 관리하거나 해결할 수 있는 경우 면책배상자에게 클레임에 관한 통제권을 부여하는 것이 좋다. 예를 들어, 상대적으로 규모가 큰 기업은 면책배상과 관련해 대체로 계약상대방의 제3자로부터의 클레임을 직접 관리할 수 있도록 해 그 기업이 가진 분쟁에 대한 전문성을 활용하고 관련 법률비용을 줄일 수 있다.

한편, 면책배상조항에서 "Indemnitor shall defend, indemnify, and hold harmless Indemnified Party..."와 같이 "indemnify" 이외에, "hold harmless"라는 문구를 함께 사용하는 경우가 많은데, "hold harmless"의 의미와 관련해 그 문구의 사용이 필요한지에 관한 논란이 있다. "hold harmless"라는 문구는 "indemnify"와 같은 의미를 가지는 것으로 어느 용어를 사용하더라도 충분하다거나 또는 "indemnify"는 "hold harmless"의 의미를 포함하므로 "hold harmless"라는 문구를 사용하는 것은 불필요하다는 견해가 있다.[78] 다만, 면책배상조항에서 "hold harmless"라는 문구를 포함하는 것은 면책배상에 관한 다양한 표현으로 인해 면책배상자(indemnitor)의 입장에서는 잠재적으로 불리할 수 있지만, 피배상자(indemnitee)에게는 불이익이 없기 때문에 면책배상과 관련해 이러한 용어를 포함할지 여부는 결국 당사자의 협상결과에 따른다.[79] 그리고, 계약에 따라 면책배상조항에서 배상자가 단지 제3자의 클레임을 방어하고 관련 판결대금을 지급하겠다고만 약속하면서 "indemnify"라는 용어를 사용하지 않고 "pay any judgment"라는 문구를 사용하는 경우가 있다.[80] 이러한 "defend-and-pay" 조건이 일반적 면책배상과 어떻게 다른

CHAPTER 5

78 상당수 영어사전에서는 "indemnify"의 의미를 "save harmless" 또는 "hold harmless"로 정의하고 있으며, 이러한 용어들은 라틴어와 앵글로색슨어가 융합된 중세시대부터 전해진 것으로 본다(Bryan A. Garner, 15 Green Bag 2d 17, 18 (Autumn 2011)); http://www.greenbag.org/v15n1/v15n1_articles_garner.pdf).

79 "hold harmless"는 단지 실제 손실(actual losses)에 대한 것이 아니라 손실의 위험(risk of losses)에 대해 배상자가 피배상자를 배상해야 한다거나 또는 배상자가 면책청구와 관련된 피배상자에 대한 모든 청구를 포기한다는 의미로 볼 수 있다. 피배상자의 입장에서는 "hold harmless"라는 문구를 추가한다고 하더라도 아무런 피해가 없으며, 오히려 피배상자의 권리를 확장할 수도 있다. 즉, 피배상자의 입장에서는 배상자와 장래 소송 등 분쟁에서 창의적인 주장에 대한 다양한 선택권을 가질 수 있으므로 면책배상조항에 "hold harmless"의 문구를 포함하는 것이 오히려 도움이 될 수 있다.

80 예를 들면, 면책배상조항을 "Indemnitor shall defend Indemnified Party and its Indemnified Associates against any Indemnified Claim and shall pay any judgment finally awarded by a court of competent jurisdiction against Indemnified Party or an Indemnified Associate pursuant to such Indemnified Claim."과 같이 규정할 수 있다.

지는 명확하지 않지만, "indemnify"라는 용어가 없는 경우 면책배상자가 방어를 위한 법률비용을 변상을 해야 하는지에 대해 다툼이 있을 수 있다. 방어를 위한 법률비용을 명확히 변상받을 수 있다는 점에서 피배상자의 입장에서는 가급적 "indemnify"라는 용어를 사용하는 것이 좋지만, 배상자의 입장에서는 "indemnify" 라는 표현을 사용하지 않는 것이 자신의 책임을 좁힐 수 있어 유리할 수 있다.

그리고, 면책배상조항에는 면책배상을 실행하기 위한 통지 등 절차가 요구된다. 면책배상 관련 사건이 발생한 경우 피배상자의 배상자에 대한 적시의 통지(notice)가 중요한데, 이와 관련해 통지의 시기, 방법 등 프로세스를 명시할 필요가 있다. 면책배상의 기간(duration)이 있다면 그 기간에 관한 사항, 계약의 종료 이후 존속기간이 필요한 경우 존속기간에 관한 사항 등을 기술한다.

[Example 1]

아래는 면책배상조항에서 배상자의 피배상자에 대한 방어의무를 규정한 기재례들이다. (Sample 1)은 당사자 상호간의 방어의무(duty to defend)를 인정하는 예문이다. (Sample 2)는 배상자의 피배상자에 대한 면책배상의무와 방어의무를 함께 규정하고 있으며, 피배상자(indemnitee)의 범위를 계약당사자(Indemnified Party) 뿐만 아니라 "Indemnified Associates"로 확대하고 그에 관한 정의규정을 포함하고 있다. (Sample 3)는 배상자가 면책배상이 적용되지 않는다는 확실한 논거가 있다면 방어의무에서 벗어날 수 있으며, 악의(bad faith)가 있다면 그 방어의무를 거부할 수 없도록 하는 조건부 방어(conditional defense)에 관한 규정이다. 다만, 이러한 조항은 법원이 피배상자를 보호하기 위해 방어의무법률(duty-to-defend law) 등 공공정책(public policy)에 위반한다고 보아 구속력을 인정하지 않을 수 있다.

(Sample 1)

Each party shall <u>defend and indemnify</u> the other party against any third party claim related to a Data Incident caused by Indemnitor's act or omission.

(Sample 2)

Indemnitor shall <u>defend and indemnify</u> Indemnified Party and Indemnified Party's Indemnified Associates (as defined below) against any third party claim, suit, or proceeding arising out of, related to, or alleging ________ (an "Indemnified Claim"). Indemnified Claims includes, without limitation, government enforcement actions. Indemnitor's obligations above in this

Subsection XX (a) include, without limitation: (i) settlement at Indemnitor's expense and payment of judgments finally awarded by a court of competent jurisdiction, as well as payment of court costs and other reasonable expenses; and (ii) reimbursement of reasonable attorney's fees incurred before Indemnitor's assumption of the defense (but not attorney's fees incurred thereafter). (The "Indemnified Associates" are Indemnified Party's subcontractors and the Indemnified Party's and such subcontractors' officers, directors, employees, shareholders, parents, subsidiaries, agents, successors, and assigns.)

(Sample 3)

If Indemnitor asserts a *bona fide* argument that a potential Indemnified Claim is not subject to Section XX (the "Indemnity"), including without limitation based on the underlying facts, it will have no obligation to retain or pay attorneys or otherwise to defend such potential Indemnified Claim, unless and until a court of competent jurisdiction rules that the potential Indemnified Claim is subject to the Indemnity. Indemnitor will have no obligation to reimburse Indemnified Party's attorneys' fees or other expenses related to the defense from before such a ruling, unless Indemnitor refused the defense in bad faith.

[Example 2]

아래는 면책배상절차 관련 기재례들이다. (Sample 1)은 피배상자의 배상자에 대한 면책배상청구를 위한 통지 등 절차를 언급하는 간단한 예문들이다. (Sample 2)는 면책배상이나 클레임의 방어를 위한 통지 등 면책배상절차와 분쟁시 화해합의에 관한 통제권에 관한 사항을 포함한 규정이다. (Sample 3)에서는 면책배상자의 소송통제권과 그 제한사항 및 피배상자의 협력에 관한 사항을 규정하고 있다.

(Sample 1)

- To obtain indemnification under this provision, Party B must notify Party A in writing within 10 days of any potential Claim.
- Party A's obligation to indemnify under this section is null if Party B makes any admissions against Party A's interests, unless made pursuant to a judicial request or order.
- Party B shall not agree to settle any Claim without prior written consent of Party A.
- Party A shall select and retain legal counsel, in its sole discretion, and shall control the litigation or the settlement of each Claim.

(Sample 2)

The party to be indemnified hereunder shall (i) promptly notify the indemnifying party in writing of any indemnifiable claim and give such party the opportunity to defend or negotiate a settlement of the claim at the indemnifying party's expense, and (ii) cooperate fully with the indemnifying party, at the indemnifying, at the indemnifying party's expense, in defending or settling the claim. Notwithstanding the foregoing sentence, the party being indemnified hereunder may participate, at its own expense, in any proceedings or negotiations related to such defense or settlement with its own counsel, provided that such counsel does not interfere with the defense of any claim.

(Sample 3)

Indemnified Party shall provide prompt notice of any Indemnified Claim and reasonably cooperate with Indemnitor's defense. Indemnitor will control the defense of any Indemnified Claim, including appeals, negotiations, and any settlement or compromise thereof; provided: (i) if Indemnitor fails to assume the defense on time to avoid prejudicing the defense, Indemnified Party may defend the Indemnified Claim, without loss of rights pursuant to this Section XX, until Indemnitor assumes the defense; and (ii) Indemnified Party will have the right, not to be exercised unreasonably, to reject any settlement or compromise that requires that it or an Indemnified Associate admit wrongdoing or liability or subjects either of them to any ongoing affirmative obligation. Indemnitor's obligations above in Subsection XX (a) (*Defend & Indemnify*) will be excused if either of the following materially prejudices the defense: (A) Indemnified Party's failure to provide prompt notice of the Indemnified Claim; or (B) Indemnified Party's or an Indemnified Associate's failure reasonably to cooperate in the defense.

4.5 면책배상의 예외사항

면책배상조항에서 불법행위나 법에 의해 허용되지 않는 사항 또는 당사자 간 합의를 통해 면책배상이 허용되지 않는 예외사항(exceptions)을 규정할 수 있다. 여기서 면책배상의무를 인정하기 위한 조건이나 그 의무가 인정되지 않는 예외적 사항을 기술한다. 예를 들어, 면책배상조항에 피배상자의 비위행위나 중과실(gross negligence)이나 고의적 위법행위(willful misconduct) 등으로 인해 발생한 손해는 면책배상에서 제외할 수 있다.

[Example]

아래는 면책배상의 예외사항 관련 기재례들이다. (Sample 1)은 면책배상을 인정하기 위한 일정한 조건이나 이를 인정하지 않는 예외사항을 언급하는 간단한 예문들이다. (Sample 2)는 면책배상의 일반적 요건을 규정하면서 피배상자의 과실(negligence)이나 위법행위(misconduct)를 배상자의 면책배상의무에서 제외하는 예문이다.

(Sample 1)

- if Party B acted in good faith and in a manner reasonably believed by such Indemnitee to be in the best interests of the Company
- if Party A is given notice and an opportunity to defend the claims
- Party A retains the right to defend or conduct or control any action or suit through counsel of its choosing
- including liabilities or losses incurred as a result of Party B's own negligence
- if the alleged infringement was not caused by: (a) Licensee's failure to incorporate a Software update or upgrade that would have avoided the alleged infringement; (b) modification of the software by any party other than Party A; (c) the combination or use of the Software with software, hardware, firmware, data, or technology not licensed to Licensee by Party A or approved by Party A in writing; or (d) unlicensed activities of the Licensee
- except liabilities and losses incurred because of Party B's own negligence
- unless such loss, liability, cost, damage, or expense is finally adjudicated to have been directly caused by the willful misconduct or gross negligence of the Escrow Agent
- this indemnification provision is conditioned upon Party B's providing all reasonable assistance requested by Party A

(Sample 2)

Each party shall defend, indemnify and hold harmless the other party and its affiliates, directors, officers and employees from and against any and all suits, actions, penalties, damages, losses, liabilities, costs (including without limitation, reasonable attorney's fees), and judgments arising as a result of or in connection with any claim relating to the products and services of the indemnifying party, <u>except where caused by an indemnified party's own negligence or misconduct,</u> or as a result of or in connection with any breach by the indemnifying party of any of its representations and warranties set forth in this Agreement.

5. 면책배상(indemnification) 관련 기타 주요 이슈

면책배상규정은 대부분 매매계약이나 인수합병계약에서 당사자 간의 첨예한 이해관계를 조율하고 위험을 배분(risk allocation)하는 주요 수단이 된다.[81] 당사자는 면책배상조항에 포함되는 기본적 구성요소를 협상한 후, 해당 거래와 관련해 발생할 수 있는 구체적인 이슈들을 파악해 면책배상의 내용으로 협상할 수 있다. 예를 들어, 피배상자에게 면책배상과 관련 소송이 발생하는 경우 배상자가 피배상자에게 그 소송비용을 선불로 지급해야 하는지, 즉 배상자의 선급금 지급의무(advancement obligation)가 문제될 수 있다. 배상자에게 선급금 지급의무가 없다면 배상자는 피배상자에게 손해나 책임이 발생한 이후에만 배상할 책임이 있게 된다. 그런데, 표면상으로 배상받을 수 있는 사건으로 소송에 이르게 된 피배상자에 따라서는 소송비용의 선급 없이는 소송을 진행할 자금이 부족할 수 있다. 경우에 따라서는, 피배상자가 소송을 방어(defend an action)할 필요한 자금이 부족해 그 소송을 제대로 방어하지 못하는 경우 면책배상자는 원래 배상금보다 더 큰 배상의무를 부담하게 될 수 있기 때문에, 선급금(advancement)은 피배상자뿐만 아니라 면책배상자에게도 이익이 될 수 있다. 이에, 계약당사자는 필요한 경우 배상자의 선급금 지급의무(advancement obligation)를 고려할 수 있다.[82] 그리고, 면책배상과 관련해, 계약상 "The indemnified Party hereby agrees that the remedies described herein shall be the sole and exclusive remedies to which such Party shall be entitled under this Agreement."와 같이, 면책배상을 유일하고 독점적 구제방법(sole and exclusive remedy)으로 규정하는 경우 형평법상 구제방법(equitable remedies)이 요구되거나 면책배상만으로는 계약과 관련해 발생할 수 있는 피해를 전부 보상받을 수 없을 경우 피배상자에게 불리할 수 있기 때문에 피배상자의 입장에서 이러한 규정을 두는 것은 바람직하지 않다. 이하에서는 면책배상 관련 주요 이슈들로, (i) 면책배상한도(indemnification cap)의 설정과 책임제한조항과의 관계, (ii) 배상문턱치

---

81 인수합병거래에서, 면책배상규정(indemnification clause)은 당사자 사이의 직접적 또는 제3자로부터의 클레임에 따른 당사자 간의 위험을 배분한다. 매도인은 잠재적인 장래 책임이 없이 거래를 완료하는 데 관심이 있는 반면, 매수인은 실제 취득한 자산의 가치가 계약상 진술된 자산의 가치보다 낮을 경우 이를 보호받는 데 관심을 갖는다.

82 예를 들어, "The Corporation shall advance the expenses (including attorneys' fees) incurred by an Indemnitee in defending a Proceeding [by the 20th of each month] as the expenses and attorney's fees are incurred."와 같이 배상자의 피배상자에 대한 면책배상 관련 선급금(advancement)의 지급의무를 규정할 수 있다.

(indemnity threshold)의 설정과 배상바스켓조항(basket clause)의 사용, (iii) 배상에스크로계약(indemnity escrow agreement) 또는 면책배상 관련 보험의 문제, (iv) IT계약에서 면책배상의 문제 등에 대해 자세히 살펴본다.

5.1 면책배상한도(indemnification cap)와 책임제한조항(limitation of liability clause)

면책배상조항(indemnification clause)에서 배상자가 부담해야 할 배상금액의 한도를 정할 수 있는데, 이를 면책배상한도(indemnification cap)라 한다. 예를 들어, 면책배상의 한도금액이 10만 달러로 정해져 있다면 피배상자에게 15만 달러의 손해가 발생했다고 하더라도, 배상자는 피배상자에게 10만 달러까지의 손해배상금만을 지급할 책임을 부담하게 된다. 피배상자의 입장에서는 이러한 면책배상한도를 없애거나 높이는 것이 좋다. 면책배상한도는 거래의 성격이나 당사자 간 합의에 따라 달라질 수 있으나, 대체로 관련 거래금액에 기초해 일정한 한도를 정할 수 있으며, 배상에스크로(indemnification escrow)가 있는 경우 이를 고려할 수 있다. 예를 들어, 매도인의 잠재적 책임이 거래금액보다 크다면 매도인의 거래위험이 대상물품의 판매이익보다 더 크다고 할 수 있기 때문에 매도인의 입장에서 거래금액보다 더 큰 면책배상한도에 동의하는 것은 적절하지 않을 수 있다.

한편, 당사자의 계약상 책임을 제한하는 책임제한조항(limitation of liability clause)에서 책임의 상한금액을 정할 경우 이러한 책임제한조항에서 정한 책임의 한도금액이 면책배상에도 적용되는지 문제될 수 있다. 예를 들어, 책임제한조항에서 책임한도를 정하면서 그 책임한도가 면책배상의무에도 적용된다고 직접적으로 명시하지 않더라도, 책임한도의 대상을 나타내면서 "in no event," "any third party" 등 계약상의 모든 책임을 포괄할 수 있는 문구를 사용하는 경우에는 면책배상도 그 책임제한조항의 책임한도 내에서만 인정되는 것으로 해석될 수 있다. 이에, 책임제한조항이 면책배상의무에도 적용되는지에 대한 다툼의 여지를 없애기 위해서는 책임제한조항상 책임한도(liability cap)가 면책배상책임에도 적용되는지 여부를 명시하는 것이 좋다. 예를 들어, "EXCEPT IN THE CASE OF GROSS NEGLIGENCE OR WILLFUL MISCONDUCT, <u>IN NO EVENT</u> SHALL EITHER PARTY'S LIABILITY HEREUNDER TO THE OTHER OR <u>ANY THIRD PARTY</u> EXCEED THE FEES PAID BY PARTY A TO PARTY B FOR THE THREE MONTH PERIOD PRECEEDING THE DATE THE CLAIM AROSE."와 같은 책임제한조항(limitation of liability clause)에서

CHAPTER 5

"indemnification"이라는 용어를 직접적으로 사용하지 않더라도, "any third party"라는 문구를 사용하고 있어 책임제한조항상 책임한도는 제3자의 클레임과 관련한 면책배상(indemnification)에도 적용되는 것으로 해석될 수 있다. 이러한 책임제한조항상 책임한도의 면책배상의 적용 여부에 관한 해석상 혼란을 피하고, 면책배상에 관해서는 책임제한조항상의 책임의 한도를 적용하지 않으려면, "in no event" 문구 앞에, 면책배상의무(indemnity obligations)는 제외된다는 다음과 같은 표현을 삽입할 필요가 있다: "AND EXCEPT FOR EACH PARTY'S INDEMNITY OBLIGATIONS SET FORTH ELSEWHERE HEREIN"

그리고, 당사자 간에 면책배상책임(indemnification liability)에 대해서 별도의 배상한도(special cap)를 정할 수 있는데, 면책배상책임의 한도는 책임제한에 따른 일반 책임한도보다는 일반적으로 더 높게 설정되며, 매도인 등 면책배상자가 그 배상책임을 보상하는 보험에 가입(insurance coverages)하는 경우에는 그 보험의 가입한도를 참작해 면책배상한도를 정할 수 있다.

5.2 배상문턱치(indemnity threshold)와 배상바스켓조항(basket clause)

배상문턱치(indemnity threshold)는 당사자가 배상의무를 부담하기 이전에 도달해야 하는 특정 유형의 손실의 최소금액(minimum dollar amount)을 설정하는 것이다. 배상문턱치(indemnity threshold)는 매매계약이나 인수합병계약에 주로 포함되는데, 이는 현재 수행 중인 대상 사업에 대한 당사자의 진술(representation)이 절대적으로 정확할 수는 없다는 점에서 인정된다. 이러한 배상문턱치는 사소한 이슈나 미미한 금액에 대한 분쟁을 예방하는 기능을 한다. 예를 들어, 물품매매계약상 매도인의 진술과 보증의 부정확성과 관련해, 면책배상자인 매도인(seller/indemnitor)은 그 진술과 보증의 부정확성으로 인해 배상해야 할 총 손해액이 20만 달러를 초과하지 않는 한, 피배상자인 매수인(buyer/indemnitee)에게 배상할 필요가 없다고 하는 면책배상의 최소금액기준인 배상문턱치를 둘 수 있다. 다만, 손해가 배상문턱치(indemnity threshold)를 넘는 경우 면책배상자인 매도인이 손해의 전액을 배상할지 또는 배상문턱치를 넘는 금액에 대해서만 배상책임을 부담할지는 당사자의 별도 합의가 필요하다.

한편, 계약당사자들은 배상문턱치(indemnity threshold)와 함께 배상바스켓조항(basket clause)을 둘 수 있다. 배상바스켓은 특정 유형들의 계약위반에 대한 배상문턱치를 모아서 관련 그룹의 문턱치(group thresholds)를 설정하는 데 사용된다. 예를 들어, 합병계약에서 당사자들은 열거된 진술들 중에서 기본적 진술사항(fundamental representations)[83]에 대해 중대성 한정어구(materiality qualifier)를 사용하고 "materiality(중대성)"의 기준을 설정해 당사자 간 사소한 배상금액에 대한 분쟁을 예방할 수 있다. 예를 들어, 배상바스켓조항(basket clause)에서 매도인의 부실표시/허위진술(misrepresentation)이나 보증위반(breach of warranty) 등으로 인해 매수인에게 개별적으로 또는 총액에서 일정한 금액 이상의 손해를 야기하는 경우에만 중대한(material) 것으로 규정할 수 있다. 이는 매수인이 매도인의 경미한 보증위반이나 부실표시를 계약의 클로징을 거부하는 구실로 사용하는 것을 방지할 수 있게 한다. 또한, 매도인의 개별적 부실표시나 보증위반만으로는 중대성(materiality)의 관점에서 정해진 손해금액에 도달하지 않는다고 하더라도, 여러가지 보증위반이나 부실표시 등에 따른 누적적 효과(cumulative effect)에 따른 총액이 중대성(materiality)의 요건을 충족하는 것으로 보아 매도인의 면책배상책임을 인정하여 매수인을 보호할 수 있다. 배상바스켓에는 티핑바스켓(tipping basket; first dollar basket)과 공제바스켓(deductible basket)이 있다. "티핑바스켓(tipping basket; first dollar basket)"은 정해진 손해액한도(basket amount)까지는 배상자가 피배상자에게 배상책임을 부담하지 않지만, 손해금액이 그 정해진 한도를 초과하는 경우 배상자는 전체 바스켓, 즉 모든 손해에 대해 책임을 부담하는 것이다. 예를 들어, 티핑바스켓이 10만 달러인데 피배상자가 15만 달러의 손해를 입었다면 면책배상자는 피배상자의 전체 손해액인 15만 달러에 대한 책임을 부담한다. 반면, "공제바스켓(deductible basket)"은 정해진 손해액한도, 즉 바스켓금액을 초과하는 때 배상자는 합의된 공제금액을 초과하는 금액에 대해서만 책임을 부담한다.[84] 예를 들어, 바스켓금액이 10만 달러이고 피배상자가 15만 달러의 손실을 입었다면 면책배상자는 5만 달러의 지급에 대한 책임만을 부담한다.

한편, 계약당사자들이 배상문턱치(indemnity threshold)에 합의한다면 이는 배상자의 일부 계약위반이 피배상자에게 아무런 보상 없이 일어날 수 있다는 것을 의미한다. 이에, 배상문턱치(indemnity threshold)가 충족되는 때 피배상자는 배상자의 중요하지 않은 계약위반을 포함한 모든 계약위반에 대해 보상을 받길 원할 수 있

83 기본적 진술사항(fundamental representations)으로는, (i) authority/good standing, (ii) capitalization, (iii) title, (iv) taxes, (v) non-contravention, (vi) sufficiency of assets, (vii) intellectual property 등과 같은 관련 거래를 보장하기 위한 기본적인 진술내용이다.

84 바스켓금액(basket amount)은 통상적으로 거래금액(transaction value)의 0.5%에서 1%까지 다양할 수 있다.

다. 이때 피배상자를 위해, "중대성 스크레이프(materiality scrape)" 조항을 둘 수 있는데, 이는 "material," "significant," "materiality," "substantial" 등과 같은 중대성(materiality)을 표현하는 용어들을 피배상자의 배상청구권 행사요건에서 제거해 피배상자의 면책배상청구를 용이하게 하는 것이다.[85] 예를 들어, "For purposes of this Article XX, the Parties will <u>ignore words like "Material Adverse Effect," "material," "materially," "in all material respects" or similar materiality qualifier</u> contained in any representation or warranty in determining whether there has been a breach of or inaccuracy in a representation or warranty and in measuring the corresponding damages."와 같이 "material adverse effect," "material" 등 중대성(materiality) 관련 수식어를 무시하는 것으로 해 중대성 관련 사항을 제거할 수 있다. 이 경우 계약상 진술이나 보증의 위반 또는 면책배상이 청구된 손해금액과 관련해 기재된 중대성의 한정어구(materiality qualifier)는 무시되기 때문에 중대성에 관한 판단을 할 필요 없이 피배상자는 배상자를 상대로 면책배상청구를 할 수 있다. 이를 통하 손해금액이 정해진 배상문턱치에 도달하면 매수인은 모든 손해를 회복할 수 있게 된다. 이에, 피배상자는 일반적으로 중대성 스크레이프(materiality scrape)를 원하는 반면, 배상자는 절대적으로 정확한 진술을 하기는 사실상 어렵다는 점에서 스크레이프(scrape) 없이 중대성 한정어구(materiality qualifier)를 사용하길 원한다. 피배상자의 이익과 배상자의 이익 사이의 이러한 긴장관계로 인해 중대성 스크레이프(materiality scrape)는 인수합병계약 등에서 가장 심각하게 협상되는 사항 중의 하나이다.

[Example]

아래는 티핑바스켓(tipping basket; first dollar basket) 관련 기재례이다.

Claim Basket. Notwithstanding any provision hereof to the contrary, an Indemnified Party shall only be entitled to indemnification pursuant to Section 8.2(a) or Section 8.3(a) for breach of representation or warranty to the extent the aggregate amount of all Damages incurred by such indemnified Party for which such Indemnified Party is entitled to indemnification pursuant to such section exceeds $100,000 (the "Basket Amount"), at which point an Indem-

85 이러한 점에서 중요성 스크레이프(materiality scrape)는 계약상 "중요성(materiality)" 관련 수식어구(qualifiers)가 있을 경우 그 의미에 대한 당사자 간의 분쟁을 예방하는 이점이 있다고 할 수 있다.

nified Party shall be entitled to indemnification for all Damages (including all Damages incurred prior to exceeding the Basket Amount); provided that no such limitation shall apply in respect of Damages as a result of, arising out of or relating to breaches or misrepresentations of the Fundamental Representation or Damages for which indemnification is provided in Section 7.1.

5.3 배상에스크로계약(indemnity escrow agreement) 또는 면책배상 관련 보험

계약체결 당시 또는 장래에 배상자의 재정상태에 대한 의문이 제기되는 경우 피배상자는 면책배상자에게 (i) 발생할 수 있는 손해의 배상을 보장하기 위해 에스크로(escrow)[86]에 일정한 금전을 예치하거나 또는 (ii) 배상자의 의무이행을 담보하기 위해 피배상자를 피보험자로 하는 보험가입을 요구할 수 있다.

배상자가 그의 의무이행을 보장하기 위해 에스크로에 금전을 예치하는 경우 면책배상조항에 이에 관한 사항을 규정하고 배상에스크로계약을 체결해야 한다. 배상에스크로계약(indemnity escrow agreement)에서는 대체로 매도인 등 면책배상자의 진술과 보증의 위반이나 그 밖의 특정한 책임과 연관된 후속적 손해를 보전하는 배상에스크로계정(general indemnity escrow account)을 만들어 해당 거래의 수익의 일부를 적립한다. 배상에스크로계약에서 매수인 등 피배상자가 에스크로에 예치된 금액(escrow fund)에서 그 손해에 대한 배상을 요구할 수 있는 메커니즘을 규정한다.[87]

배상자가 에스크로에 금전의 예치를 원하지 않는 경우 그의 의무를 담보할 수 있는 보험에 가입할 수 있다. 면책배상 보험조항(indemnity insurance clause)은 특히 배상자의 배상의무가 그의 능력 이상으로 과도하거나 또는 배상자가 지급불능이나 파산할 수 있는 경우에 필요하다. 이러한 보험에 가입하는 경우 계약상 보험 관련 조항을 둘 필요가 있다. 면책배상 보험조항(indemnity insurance clause)에는 (i) 피

---

86 에스크로(escrow)는 매매나 인수합병 등 계약에서 거래의 안전성을 확보하기 위해 계약 대상인 금전, 서류나 자산 등을 신뢰할 수 있는 제3자에게 예치하고 해당 계약상 조건이 충족되거나 또는 일정한 사건이 발생한 때 그 예치된 대상물을 지정된 당사자에게 인도하는 서비스를 말한다.

87 일반적으로 매수인 등 피배상자는 클레임 증서(claim certificate)의 양식으로 계약위반이나 손해금액을 매도인 등 면책배상자의 대리인에게 서면으로 통지하며, 매도인측은 정해진 기간 내에 클레임의 유효성에 대한 이의를 제기할 수 있다.
배상에스크로계약서(indemnity escrow agreement) 관련 샘플은 다음 링크를 참고하기 바란다: https://www.sec.gov/Archives/edgar/data/1411906/000119312511003133/dex23.htm.

배상자를 피보험자로 해 보험을 유지해야 할 배상자의 의무, (ii) 면책배상의 대상에 따른 보험의 유형과 보험가입한도 등 관련 보상금액, (iii) 보험의 유지기간, (iv) 배상자의 면책배상의무를 제한하는 경우 그에 관한 사항, (v) 피배상자에 대한 보험한도를 감축하는 사유가 있는 경우 그에 관한 사항 등이 포함된다. 그리고, 당사자의 진술과 보증사항(representations and warranties)과 관련해 진술 및 보증보험(R&W(representation and warranty) insurance)을 들 수 있는데, 이는 진술자가 계약 당시에 계약대상물에 대해 제대로 알 수 없는 사항에 대해 진술과 보증을 함으로써 발생할 수 있는 위험, 즉 진술 및 보증의 위반에 따른 위험을 예방하기 위해 드는 보험이다.[88] 매매나 인수계약에서 매수인에 비해 상세하고 많은 진술과 보증을 하게 되는 매도인의 경우 진술 및 보증 보험(R&W insurance)을 선호하는데, 이러한 보험을 통해 거래에서 수익을 극대화하고 클로징 이후 위험(post-closing risks)을 줄일 수 있기 때문이다. 매수인 또한 진술 및 보증 보험(R&W insurance)을 선호할 수 있는데, 이러한 보험에 따라 매도인이 배상에스크로계약(indemnity escrow arrangement)을 수용하는 것보다 높은 배상금액 한도 내에서 더 긴 보상기간을 매수인에게 제공해 줄 수 있기 때문이다. 이러한 보험은 매도인의 면책배상책임을 대신하거나 보충하기 위해 사용될 수 있다.[89] 다만, 진술 및 보증 보험(R&W insurance)

CHAPTER 5

88 인수거래에서 매도인은 일반적으로 매수인이 해당 자산을 이전받아 관리하게 된 이후의 자산가치의 악화에 대한 위험을 부담하길 원하지 않기 때문에 매수인의 경우 매도인으로부터 해당 자산을 인수한 이후 그 자산의 운영이 중단된다면 어려움에 직면할 수 있다. 인수계약상 이러한 문제점을 보완하기 위해 진술 및 보증 보험(representation and warranty insurance)이 많이 이용된다.

89 진술 및 보증 보험(R&W insurance/policy)은 대체로 매매나 인수합병계약의 서명 이후 클로징 이전에 가입하게 된다. 이때 당사자 간 상호협조를 필요로 하는데, 이와 관련해, 계약상 다음과 같은 조항을 둘 수 있다: "The parties shall cooperate to obtain a buyer-side R&W Policy issued by an insurer or insurers reasonably acceptable to Buyer and the Shareholders' Representative for the benefit of Buyer and any additional insured named by Buyer. The R&W Policy must include terms and conditions that are reasonably acceptable to Buyer and the Shareholders' Representative, substantially in the form attached to this Agreement as Schedule XX. Buyer may not terminate or materially amend the R&W Policy or waive any rights and remedies under it after the Closing without the Shareholders' Representative prior written consent, which consent may not be unreasonably withheld, conditioned, or delayed. Buyer shall use commercially reasonable efforts to recover from the R&W Policy any Damages that can reasonably be expected to be covered under it." —Lenné Eidson Espenschied, 『Contract Drafting: Powerful Prose in Transactional Practice』 (American Bar Association, 3rd ed., 2019), at 273; Joseph Verdesca and Paul Ferrillo, "M&A Representations and Warranties Insurance: Tips for Buyers and Sellers," Harvard Law School Forum

은 매매나 인수합병거래에서 진술과 보증의 위반에 대한 책임만을 커버하고, 계약상 다른 이행의무위반, 구매가격의 조정, 수익금의 지급(earnout payments) 등 다른 유형의 위험을 다루지는 않는다. 그리고, 진술 및 보증 보험 비용을 매도인 또는 매수인 중 누가 부담할 것인지 또는 그 비용을 어떻게 분담할 것인지는 인수합병거래 등의 협상의 변수가 될 수 있다.

[Example]

아래는 면책배상 보험조항(indemnity insurance clause) 관련 기재례이다.

Insurance. For the duration of the indemnification obligation provided in Section XX, ABC shall obtain and keep in force, at its expense, commercial general liability insurance (a) from a recognized, creditworthy insurance company, (b) on an occurrence basis, (c) that includes contractual liability, completed operation, and products liability, and (d) with coverage limits of at least $1 million per occurrence and $2 million annual aggregate. This insurance does not limit ABC's indemnification obligations under this Article XX. Within thirty days after the effective date of this agreement, ABC shall submit to Jason Enterprises a certificate of insurance naming Indemnitees as additional insureds. Thereafter, ABC shall submit to Jason Enterprises a certificate of extension ten days prior to the effective date of each extension. Each certificate will include an endorsement stating that the insurance company will give Jason Enterprises at least ten days prior written notice in the event of a cancellation, non-extension, or material change that reduces coverage or any benefits accruing to Indemnitees.

5.4 IT계약에서 면책배상의 문제

IT(information technology) 관련 대부분 계약에서 면책배상규정을 두는데, 통상적으로 제3자의 클레임과 관련해 제3자가 피배상자를 상대로 소송을 제기할 경우 배상자는 그 소송에 따른 판결금액을 지급하거나 제3자와의 합의금을 지불하고, 변호사비용 등을 부담하는 등 사건을 방어하는 데 동의한다. IT계약에서 면책배상은 지식재산권 관련 청구(intellectual property rights claim)나 데이터 침해(data breach) 등과 관련해 주로 발생한다. IT계약에서는 고객의 비즈니스가 제3자의 클레임의 위험을 유발하지 않는 한, 대체로 제공자는 면책배상자의 지위를, 고객은 피배상자

on Corporate Governance and Financial Regulation (May 1, 2013).

의 지위를 갖는다.[90] 예를 들어, 제공자는 자신이 제공한 소프트웨어와 연관된 지식재산권 관련 클레임이나 클라우드 서비스와 관련된 데이터 침해청구에 대해 고객을 면책배상한다. 면책배상은 또한 제3자의 클레임을 수반하지 않는 경우에도 적용될 수 있는데, 예를 들어, 기술제공업체는, 제3자가 고객에게 소송을 제기하지 않더라도, 보안 컨설턴트의 고용 등 데이터침해에 대응하는 데 소요되는 비용을 고객에게 보상하게 된다.

지식재산권 클레임(intellectual property rights claim; IP claim)의 경우 제공자가 판매한 소프트웨어 등 제품의 판매업자(distributor)나 재판매업자(reseller)가 그 제품을 판매하는 과정에서 또는 고객이 제공자의 기술을 사용하는 과정에서 제3자의 특허권, 저작권 등 기타 지식재산권을 침해했다는 등의 클레임을 당할 위험에 처할 수 있기 때문에 이와 관련해 일반적으로 제공자는 면책배상책임을 부담한다. 이때 제공자의 입장에서는 피배상자가 제3자에게 지식재산권을 침해하도록 유발하거나 부추겨 발생하는 간접적 권리침해청구는 제외하는 것이 좋다. 즉, 제공자의 입장에서 고객의 계약위반이나 지식재산권 클레임을 회피할 수 있는 소프트웨어의 업데이트를 거부한다거나 무단 소프트웨어 변경에 의해 야기된 지식재산권 관련 소송 등 고객이 스스로 초래한 지식재산권 클레임에 대해서는 면책배상을 하지 않는다는 점을 명백히 할 필요가 있다.

그리고, 많은 IT계약은 데이터 배상(data indemnity) 관련 규정을 두는데, 이는 한쪽 당사자가 프라이버시나 보안 관련 법률(privacy and security laws)을 시행하는 정부기관의 조치를 포함해 데이터 침해(data breach) 등 데이터 사고와 관련된 소송에 대해 상대방을 면책배상하는 것이다. 데이터 배상은 클라우드 서비스계약(cloud services agreement)에서 주로 나타나는데, 제공자는 고객이 보호해야 할 제3자의 개인정보(personal information)를 포함해 고객의 데이터를 보유한다. 이때 시스템 제공업체가 보유하는 데이터의 유출 등 계약위반이 있는 경우 고객에게 심각한 문제나 소송이 발생할 수 있는데, 이는 고객이 클라우드 제공업체를 상대로 데이터 배상(data indemnity)을 청구하는 원인이 된다. 그런데, 제공자 또한 고객이 제공자 시스템에 액세스하는 암호나 컴퓨터를 보호하지 못하는 등 고객의 데이터 관련 활

90 IT제공자는 고객이 제공자의 기술을 단지 사용함으로써 제3자가 권리침해를 이유로 소송을 할 위험, 즉 IP소송(intellectual property lawsuit)의 위험에 처할 수 있기 때문에 고객에게 지식재산권에 관한 면책배상청구권을 부여한다. 당사자들은 그러한 위험을 고객의 것이 아니라, 제공자의 비즈니스의 특성으로 보기 때문에 제공자가 그 위험을 부담한다.

동에 의해 야기되는 데이터 사고로 인해 피해를 입을 수 있으며, 이러한 사고들로 인해 제공자는 제3자로부터 소송에 연루될 수 있는데, 이 경우 제공자들은 고객에게 데이터 배상(data indemnity)을 요구할 수 있다.[91]

이외에도, IT서비스나 제품의 제공자는 이를 제공하는 과정에서 발생할 수 있는 다양한 피해와 관련해 면책배상의 문제가 발생할 수 있다. 예를 들어, IT전문서비스(professional services)를 제공할 때 서비스제공자의 직원의 부주의나 태만으로 인한 상대방에게 발생한 손해를 배상해야 할 수 있다. 또한, OEM(Original Equipment Manufacturing; 주문자상표부착방식 생산) 거래에서 그 제품이 제공자의 소프트웨어를 포함하는 경우 그 제품으로 인해 신체상해를 입은 제3자는 제공자를 상대로 소송을 제기할 수도 있다. 반면, IT제공자의 입장에서는 그의 판매업자(distributor)나 재판매업자(reseller) 또는 고위험산업(high risk industry)과 관련된 고객으로부터 입을 수 있는 피해에 대한 면책배상을 원할 수 있다. 즉, 판매업자나 재판매업자는 제공자의 소프트웨어 등 제품에 대해 무모한 클레임을 제기하거나 고객의 신체상해를 초래하는 방식으로 그 제품을 변경해 관련 소송을 유발할 수 있다. 또한, 제공자의 소프트웨어를 고객이 위험산업에 사용하는 때, 예를 들면, 제공자가 고객의 트럭을 추적하는 소프트웨어를 제공하였는데 고객이 트럭으로 유독성 화학물질을 운반한다면 화학물질의 유출로 부상을 입은 사람들은 그 고객과 함께 소프트웨어 제공자를 트럭을 관리하는 데 원격으로 관여하는 자로서 모두를 상대로 소송을 제기할 수 있다. 이때 제공자는 이러한 위험산업(risky industry)과 관련된 광범위한 배상을 받을 필요가 있는데, 이를 "위험산업배상(risky industry indemnity)"이라 한다.

CHAPTER 5

[Example 1]

아래는 지식재산 면책배상조항(IP indemnity clause)의 기재례이다. 제공자는 자신이 제공한 IT제품과 관련한 제3자의 지식재산권 침해(infringement)로부터 고객

91 데이터 배상(data indemnity)의 문제는 온프레미스 소프트웨어 계약(on-premise software agreement)에서는 자주 나타나지는 않지만, 제공자가 고객시스템의 방화벽 뒤에서 액세스(behind-the-firewall access)를 할 수 있는 유지관리조건(maintenance terms)을 갖춘 온프레미스 소프트웨어 계약에서 이슈가 될 수 있다. 그리고, 데이터 배상은 고객시스템에 대한 접근성이 유사한 IT전문서비스 계약관계에서도 나타날 수 있으며, 클라우드 재판매계약(cloud resale agreement)과 소프트웨어 총판계약(software distribution agreement) 등에서도 한쪽 당사자가 상대방 당사자의 데이터에 접근하는 경우에 나타날 수 있다.

을 면책배상하도록 하고 있는데, 예외적으로 (i) - (v)에서 고객의 행위 등으로 인해 침해행위가 유발되는 경우를 면책배상에서 제외하고 있다. 특히, (v)와 같이 제공자의 입장에서는 고객이 다른 사람의 기술과 결합한 소프트웨어의 사용에 의해 촉발된 지식재산권 관련 소송에 대한 책임을 제한하거나 회피해야 할 필요가 있다.

Provider shall defend and indemnify Customer and Customer's Indemnified Associates against any third party claim, suit, or proceeding arising out of, related to, or alleging infringement or misappropriation of a third party's patent, copyright, trade secret, or other intellectual property right as a result of Customer's authorized use of the Software (an "Indemnified Claim"). However, Indemnified Claims do not include, and Provider's obligations in the preceding sentence do not apply to, any claim, suit, or proceeding to the extent that it arises out of, relates to, or alleges:

(i) Customer's breach of this Agreement, including without limitation its failure to cease use of the Software after Provider's direction pursuant to Section XX (*IP Infringement Remedies*);
(ii) Revisions to the Software made without Provider's written consent;
(iii) Customer's failure to incorporate Software updates or upgrades that would have avoided the alleged infringement or misappropriation, provided such updates and upgrades do not materially reduce the Software's compliance with the Specifications and Provider offered them without compensation not otherwise required by this Agreement;
(iv) Provider's creation or modification of the Software in compliance with Specifications furnished by Customer; or
(v) use of the Software in combination with hardware, software, or other products or services not provided by Provider.

[Example 2]

아래는 프라이버시나 보안 관련 법률(privacy and security laws)이나 데이터 침해(data breach) 등을 포함한 데이터 사고(data incident)에 따른 IT제공자의 데이터 배상(data indemnity) 관련 기재례들이다. (Sample 1)은 IT계약상 면책배상으로 "privacy and security laws(프라이버시 및 보안 관련 법률)" 또는 "applicable law related to Customer Data(고객 데이터와 관련된 적용법률)"의 위반을 포함하는데, 그 위반이 광범위할 수 있어 관련 법률의 목록을 빈칸에 명시할 필요가 있다. "데이터 사고(data incident)" 정의규정에서는 데이터 사고를 제공자측이 관리하거나 처리하는 고객데이터의 무단 사용이나 접근 등에 한정함으로써 제공자에게 유리할 수 있다. (Sample 2)는 제공자가 계약위반이나 프라이버시나 보안 관련 법률 등을 위반하지 않더라도 제공자측에서 데이터 사고를 야기하는 한 면책배상 책임을 부담하도록 규정해 고객을 보다 광범위하게 보호하고 있다. (Sample 3)는 당사자 간 상호배상(mutual indemnity)을 인정하는데, 데이터 사고(data incident)를 일으킨 당사자는 그에 따른 소송에 대해 상대방을 면책배상(data indemnity)해야 하므로 면책배상자는 당사자 어느 쪽이든 될 수 있다.

(Sample 1)

Provider shall defend and indemnify Customer and Customer's Indemnified Associates against any "Indemnified Claim," meaning any third party claim, suit, or proceeding arising out of a Data Incident (as defined below) resulting primarily from Provider's breach of Section XX (*Data Management & Security*) or Provider's violation of Privacy/Security Law (as defined below), including without limitation breaches and violations committed by or through Provider's agents or subcontractors. Indemnified Claims include, without limitation, government enforcement actions. (A "Data Incident" is any unauthorized disclosure of, access to, or use of Customer Data processed or otherwise stored on computers or other media operated or otherwise controlled by Provider or its agents or subcontractors. "Privacy/Security Law" means applicable law governing the protection, security, or management of personal information, including without limitation the following statutes: ________.)

(Sample 2)

Provider shall defend and indemnify Customer and Customer's Indemnified Associates against any third party claim, suit, or proceeding arising out of or related to a Data Incident (as defined below) caused by the act or omission of Provider or any of its agents, subcontractors, or employees (an "Indemnified Claim"). Indemnified Claims include, without limitation, government enforcement actions. (A "Data Incident" is any unauthorized disclosure of, access to, or use of Customer Data.)

(Sample 3)

Each party ("Indemnitor") shall defend and indemnify the other party ("Indemnified Party") and Indemnified Party's Indemnified Associates against any third party claim, suit, or proceeding arising out of or related to a Data Incident (as defined below) caused by the act or omission of Indemnitor or any of its agents, subcontractors, or employees (an "Indemnified Claim"). Indemnified Claims include, without limitation, government enforcement actions. (A "Data Incident" is any unauthorized disclosure of, access to, or use of Customer Data.)

[Example 3]

아래는 IT서비스나 제품의 제공자가 이를 제공하는 과정에서 발생할 수 있는 다양한 피해와 관련한 면책배상 관련 기재례들이다. (Sample 1)은 IT전문서비스(professional services)를 제공하는 계약과 관련해 당사자 간 직원의 부주의나 태만으로 인해 발생한 상대방의 신체상해나 재산피해를 상호배상(mutual indemnity)하도록 하는 예문이다. (Sample 2)는 "위험산업 면책배상(risky industry indemnity)"에 관한 규정으로 위험산업과 관련된 고객에 대하여 제공자의 면책배상청구권을 인정한다. 여기서 피배상자인 제공자의 과실(negligence)과 연관된 소송도 포함하는데, 준거법에 따라서는 피배상자의 과실에 대한 배상을 강제하지 않을 수 있으므로 적용법규상 피배상자의 과실에 대한 면책배상청구가 허용되는지를 검토할 필요가 있다.

(Sample 1)

Each party ("Indemnitor") shall defend and indemnify the other party ("Indemnified Party") and Indemnified Party's Indemnified Associates against any third party claim, suit, or proceeding arising out of or related to the injury to or death of any individual or loss of or damage to real property or tangible personal property caused by the act or omission of Indemnitor or of any of its employees, subcontractors, or other agents (an "Indemnified Claim"). Indemnified Claims include, without limitation, government enforcement actions.

(Sample 2)

Customer shall defend and indemnify Provider and Provider's Indemnified Associates against any "Indemnified Claim," meaning any third party claim, suit, or proceeding arising out of, related to, or alleging injuries connected to Customer's High Risk Operation (as defined in Section XX). INDEMNIFIED CLAIMS INCLUDE, WITHOUT LIMITATION, CLAIMS ARISING OUT OF, RELATED TO, OR ALLEGING PROVIDER'S NEGLIGENCE, as well as government enforcement actions.

CHAPTER 5

Ⅶ. Non-Competition Clause(경쟁금지조항)

1. 경쟁금지조항(non-competition clause)의 이해

경쟁금지조항(non-competition clause; non-compete clause)은 계약상 당사자 일방이나 양 당사자 모두 상대방 당사자의 비즈니스와 경쟁을 하지 못하도록 하거나 제한하는 규정이다. 경쟁금지조항(non-competition clause)에는 상대방이 당사자의 고객에게 물품이나 서비스를 판매하거나 경쟁업체와 협업하는 것을 제한한다. 예를 들어, 공급계약에서 경쟁금지규정을 두어 공급업체의 계약업체는 자신에게 제공하는 것과 동일한 서비스를 그 계약업체의 경쟁업체에게 제공해서는 안 된다는 등 공급업체의 경쟁을 제한할 수 있다. 또한, 경쟁금지조항의 일종으로 상대방이 당사자의 직원을 빼내어 고용하는 것을 금지하는 직원빼가기금지조항(employee no-poaching clause)을 두어 상대방의 고용기회를 제한할 수 있다. 예를 들어, IT업체가 전문서비스계약을 통해 관련 서비스를 고객에게 제공하는 과정에서 고객이 그 IT업체 직원의 업무능력 등을 파악해 그 직원을 자신의 회사에 무단히 채용하지 못하도록 하는 것이다. 이와 같이 경쟁금지조항(non-competition clause)을 통해 한쪽 당사자 또는 양 당사자 모두가 상대방의 경쟁사와 협업하거나 인력을 빼오지 못하도록 하는 등 경쟁을 직접적으로 제한할 수 있다.[92]

다만, 이러한 경쟁금지(non-compete)나 직원빼가기금지(no-poaching)는 시장의 경쟁을 촉진하기 위한 독점규제나 공정거래 관련 법률 또는 근로자의 생계유지권을 보호하려는 노동법 등과 충돌될 우려가 있다. 계약상 경쟁금지는 시장의 자유로운 거래를 제한한다거나, 특히 불공평한 거래협상력(unequal bargaining power)을 가진 당사자 간에 경쟁금지조항을 두는 것은 공정하지 않다는 점에서 논쟁이 있을 수 있다. 준거법에 따라서는 이러한 경쟁금지 등에 관한 계약을 강제하지 않으며, 법규상 제재를 받을 수도 있다. 그리고, 경쟁금지조항(non-competition clause)의 강

---

92 계약당사자는 비밀유지조항(nondisclosure/confidentiality clause)을 통해 계약당사자의 정보를 보호하면서 간접적으로 경쟁금지의 목적을 달성하는 것을 고려할 수 있다. 즉, 비밀유지조항을 통해 당사자 간 보호되기를 원하는 정보를 비밀정보로 함으로써 간접적으로 경쟁금지의 효과를 거둘 수 있다. 예를 들어, 공급계약에서 공급자의 상대방인 계약업체가 자신이 보유한 고객명단이나 비즈니스전략 등의 정보를 공급자에게 제공하고 이러한 정보를 비밀정보(confidential information)로 하는 경우 공급자는 그 계약업체의 고객들에 대한 정보를 사용할 수 없다.

제성(enforceability)에 대한 분쟁이 있는 경우 법원은 당사자 간 상대적인 거래상 지위를 고려해 경쟁금지조항 자체나 그 조항상 불리한 조건을 인정하지 않거나 그 조항의 내용을 변경하는 법규범상 해석을 할 수 있다. 따라서, 법규상 경쟁금지조항의 효력이나 내용이 문제되지 않으려면 경쟁금지조항은 합리적인 내용으로 작성될 필요가 있으며, 그 작성 이전에 해당 계약에 적용되는 준거법을 확인해 어떠한 경우에 준거법상 합리적인 경쟁금지가 될 수 있는지를 파악해야 한다. 경쟁금지에 있어 경쟁자(competitor)의 의미 또한 계약당사자에 따라 달라질 수 있으며, 준거법상 독점금지나 공정거래 관련 법률 등 법규에 따른 제한이 있을 수 있으므로 경쟁금지나 직원빼가기금지 등에 관한 사항을 계약에 포함하는 경우 관련 적용 준거법을 확인해 볼 필요가 있다.

2. 경쟁금지조항(non-competition clause)의 유의점 및 기재례

경쟁금지조항을 작성할 때 독점금지법(antitrust law) 등 경쟁법(pro-competition law) 위반 가능성의 위험을 줄이기 위해서, 일반적으로 거래상 경쟁금지를 해야 하는 사유가 있는 때 정해진 기간 동안 한정된 지역에서 합리적인 범위 내에서만 경쟁을 제한해야 한다. 예를 들어, 인수계약에서 매도인이 사업을 매각하고 그 사업과 동일하거나 유사한 사업을 하는 경우 매수인에게 상당한 피해가 발생할 수 있으므로 계약 종료 후 1년 내지 2년 등 합리적인 일정한 기간 동안 해당 사업이 이루어지는 한정된 지역(예를 들어, 뉴욕주 또는 뉴욕주의 일정지역)에서만 그 사업과 경쟁관계에 있는 사업을 하지 못하도록 해야 한다. 계약상 경쟁금지의 기간이 짧을수록, 지역이 작을수록 경쟁금지의 법률 위반 가능성이 줄어들 수 있다. 또한, 경쟁금지조항에서 경쟁의 제한이 필요한 "경쟁자(competitors)"나 "경쟁할 수 있는 유사한 서비스(comparable services)" 등에 관한 정의를 명확히 할 필요가 있는데, 그 정의에 따라 경쟁금지조항의 적용범위를 보다 넓게 또는 좁게 할 수 있고, 그 범위가 좁을수록 경쟁금지의무를 부담하는 당사자에게 더 유리할 수 있으므로 경쟁법상 계약당사자들에게 발생할 수 있는 위험이 줄어든다.

이러한 점들을 고려할 때, 경쟁금지조항(non-competition clause)을 기술할 때는, 관련 거래의 성격과 경쟁이 제한되는 당사자의 계약상 이행의 범위를 명확히 하고 해당 조항의 적법성과 강제성을 확보하기 위해, (i) 영업비밀(trade secrets)이나 비밀정보(confidential information) 또는 고객관계를 보호할 적법한 비즈니스상 이유 등 경쟁을 제한할 사유가 준거법(governing law)상 인정되는지, (ii) 경쟁이 제한되는 행위나 사업 등 경쟁이 제한되는 비즈니스의 범위(scope of the business), (iii) 경쟁 행위나 사업이 제한되는 지역범위(geographic area), (iv) 경쟁제한의 기간(duration of the restriction) 등에 관한 사항들을 확인해야 한다. 직원빼가기금지조항(employee no-poaching clause) 또한 경쟁금지규정의 일종이므로 이러한 경쟁금지조항의 작성 시 유의사항을 고려해야 한다.

그리고, 경쟁금지규정(non-competition clause) 위반의 경우 피해당사자의 손해를 측정하기 어려울 수 있으므로 손해배상액의 예정(liquidated damages)으로 그 위반에 따른 손해금액을 정해 두는 것이 일반적이다. 직원빼가기금지조항(employee no-poaching clause)의 경우도 직원을 빼가서 피해당사자에게 어느 정도의 손해가 발생한 것인지를 산정하기 어렵기 때문에 대체로 당사자들은 계약체결시에 계약위반에 따른 손해배상액의 예정(liquidated damages) 규정을 둔다.

[Example 1]

아래는 경쟁금지조항(non-competition clause)에 관한 기재례들이다. (Sample 1)은 계약상 당사자뿐만 아니라 당사자의 경쟁업체에 대한 서비스의 제공을 제한하는 예문이다.[93] (Sample 2)는 경쟁금지조항에서 경쟁자(competitor)에 관한 정의규정으로, 이때 경쟁자에 해당하는 업체들을 열거할 수 있으나, 그 열거가 어렵다면 관련 거래의 다양한 사항을 반영한 일반적 정의규정을 둘 수 있다. (Sample 3)는 고용계약상 경쟁금지조항의 예문인데, 여기서 트레이너인 고용인은 고용주인 피트니스(Bella Fitness)의 회원정보와 프로그램 등 영업상 비밀정보를 다룰 수 있어 이에 관한 경쟁금지의무를 부담한다.

(Sample 1)

During the term of this Agreement and for ________ days following termination, Provider shall not provide Comparable Services to a Competitor for use or consumption in ________ [geographic territory]. For breach of this Section ________, Provider shall pay Customer $________ per Competitor, as liquidated damages. ("Comparable Services" refers to ________. "Competitor" refers to ________.)

93 예를 들면, 보험을 판매하는 고객은 소프트웨어를 설계하기 위해 IT 제공자를 고용할 수 있는데, 그 제공자는 그 설계작업을 통해 고객의 영업정보를 알게 되고 이를 고객의 다른 경쟁 보험회사에 서비스를 제공할 우려가 있다.

(Sample 2)

"Competitor" refers to a person or entity that provides products or services that track or otherwise manage livestock waste. A Competitor includes, without limitation, any entity directly or indirectly controlling, controlled by, or under common control with a Competitor, with 'control' referring to the beneficial ownership or control of 50% or more of the equity interest in an entity or the ability to direct or cause the direction of the management or affairs of an entity, whether through the direct or indirect ownership of voting interests, by contract, or otherwise."

(Sample 3)

Employee acknowledges the highly competitive nature of the business conducted by Bella Fitness and the need to protect Bella Fitness's Confidential Information. Therefore, the Employee shall not directly or indirectly (a) own, (b) manage, (c) advise, (c) invest in, (e) be employed by, or (f) perform services for any business that provides services similar to those performed by Bella Fitness's business in the area of Green City during the term of this agreement and for a period of one year after the voluntary or involuntary termination of this agreement.

[Example 2]

아래는 직원빼가기금지조항(employee no-poaching clause)의 기재례들이다. (Sample 1)은 당사자들이 업무를 공동으로 하고 있는 서비스와 관련된 직원들의 유인(solicitation of employees)을 금지하는 예문으로, 이는 계약기간 및 계약기간 이후 일정한 기간 직원의 유인을 금지하고, 피해당사자의 손해입증의 어려움으로 인해 손해배상액의 예정(liquidated damages)을 포함하고 있다. (Sample 2)는 당사자 상호간 직원의 고용 자체를 금지(forbid hiring)하는 예문인데, 이 경우 계약당사자의 시장의 자유로운 거래나 근로자의 직업선택의 자유를 광범위하게 제약할 수 있기 때문에 관련 준거법상 경쟁 및 고용 관련 법률을 위반할 위험이 있으므로 이를 확인할 필요가 있다. (Sample 3)는 직원빼가기금지조항을 당사자의 직원뿐만 아니라 독립계약자(independent contractors)에도 적용하는 예문이다.

(Sample 1)

During the term of this Agreement and for ________ days after termination, neither party shall solicit any of the other's employees involved in the Services to consider alternate employment. For the avoidance of doubt, the preceding sentence does not forbid a solicitation to the general public. For each employee who quits as a result of breach of this Section ________, the soliciting party shall pay the other party $________, as liquidated damages.

(Sample 2)

During the term of this Agreement and for ________ days thereafter, neither party shall hire, as an employee or independent contractor, any of the other's employees involved in the Services.

(Sample 3)

During the term of this Agreement and for ________ days after termination, neither party shall offer employment including without limitation work as an independent contractor, to any contractor providing computer programming related to the Services.

Ⅷ. Confidentiality Clause(비밀유지조항)

1. 비밀유지조항(confidentiality clause)의 이해

비밀유지조항(confidentiality/nondisclosure clause)은 중요한 기업정보나 영업비밀 또는 기술정보나 자료 등이 거래나 계약과정에서 비밀유지의 필요성이 있는 경우 계약상 그 비밀유지에 관한 사항을 정하는 것이다. 계약기간 동안 당사자 간에 공적으로 알려져 있지 않거나 또는 다른 정보나 자료를 통해 얻을 수 없는 정보를 받을 수 있다. 예를 들어, 고용계약, 컨설팅계약, 라이선스계약 또는 판매점이나 대리점계약 등에서, 계약당사자는 상대방의 비밀고객목록(confidential customer lists), 마케팅계획(marketing plans) 또는 연구개발(R&D(research and development)) 정보를 제공받을 수 있다. 또한, 사업의 인수나 합병 또는 합작투자계약 등의 경우 계약당사자는 고객목록, 마케팅이나 연구개발 정보 이외에도 회사의 재무정보(financial information)나 사업계획(business plans) 등 정보에 접근할 수 있다. 이때 정보제공자(discloser; holding party)는 일반적으로 정보수령자(recipient; receiving party)가 다른 사람에게 그 제공한 정보를 공개하는 것을 제한하길 원하는데,[94] 비밀유지조항(confidentiality clause)은 이러한 정보제공자의 정보를 보호하는 역할을

94 비밀유지조항(confidentiality clause)에서는 정보제공자와 정보수령자를 분명히 할 필요가 있는데, 계약상 정보제공자는 "Discloser," "Disclosing Party," "Holding Party" 등으로, 정보수령자는 "Recipient," "Receiving Party" 등으로 표현하는데, "Provider," "Customer," "Reseller" 등 계약상 당사자를 표현하는 다른 용어를 사용하는 경우에는 어느 당사자가 정보제공자인지 또는 정보수령자인지를 명확히 할 필요가 있다.

한다. 그리고, 계약상 특별한 목적을 위해 당사자 간에 제공된 비밀정보가 제3자나 일반에 공개된 경우 그 비밀제공자의 권리침해나 손해에 대한 구제수단을 미리 확보하는 의미도 있다.

거래당사자들은 자신의 정보에 대한 기밀성에 대한 결정을 할 수 있기 때문에 상호 교환되는 정보 중 어떠한 정보를 비밀유지사항으로 할지에 대해 자유롭게 협상할 수 있다. 이에, 정보를 제공한 당사자가 비밀유지조항(confidentiality clause)에서 특히 그 정보를 비밀정보로 정의하지 않는 한, 일반적으로 비밀정보가 아닌 정보로 볼 수 있다. 비밀유지조항은 한쪽 당사자만 또는 양 당사자 모두에게 적용되는 것으로 할 수 있는데, 한쪽 당사자 또는 양 당사자가 상대방에게 비밀정보(confidential information)를 공개하고 상대방은 이를 비밀로 유지하기로 한다. 이때 통상적으로 정보를 공개하는 당사자를 "정보제공자 내지 정보보유자(discloser; disclosing party; holding party)"라 하고, 정보를 수령하는 당사자를 "정보수령자(recipient; receiving party)"라 한다.[95]

비밀유지조항(confidentiality clause)에서는 (i) 비밀정보의 개념과 그 예외사항 등 비밀정보의 범위를 정하고, (ii) 비밀정보가 외부로 누출되거나 달리 가공되어 비밀의 보유자에 대한 손해가 발생하는 것을 방지하기 위한 비밀유지의무의 방법과 수준을 구체적으로 정하고, (iii) 당사자가 회사나 기관인 경우 내부적으로 정보에 접근할 수 있는 임직원 등의 범위를 지정할 필요가 있다. 다만, (iv) 비밀유지의무의 예외로 사법기관의 강제수사나 법령상 정보 제출의무 등 비밀정보를 공개해야 하는 특별한 사정이 있는 경우 정보제공자의 동의 등 절차를 거쳐 비밀정보의 외부 공개를 인정하는 것이 일반적이다. (v) 비밀유지의무기간은 관련 거래나 계약의 성격 또는 당사자 간 협상결과에 따라 달라질 수 있으나, 관련 계약기간 동안 교환된 영업정보나 기술정보 등 비밀정보가 당사자에게 미치는 영향이 커서 계약종료 이후에도 일정기간 보호할 필요성이 있을 때 계약종료 이후에도 비밀유지의무를 일정기간 유지하도록 하는 존속조항(survival clause)을 둘 수 있다. 존속기간

---

95 비밀유지조항(confidentiality clause)은 데이터관리(data management)나 프라이버시(privacy) 또는 보안(security) 관련 데이터 관련 조항들(data clauses)과 구별될 수 있다. 데이터 관련 조항들(data clauses)은 주로 컴퓨터에 의해 사용되는 전자데이터(electronic data)에 관한 사항을 다루는데, 이는 일반적으로 당사자의 데이터에 대한 접근권한에 관한 사항이 문제된다. 비밀유지조항은 정보의 공개나 사람들의 정보접근에 관한 사항이 핵심으로 정보수령자 또는 정보수령자의 직원이 정보를 얻고 그 정보의 기밀을 유지한다는 약속에 중점을 두는 반면, 데이터 관련 조항들(data clauses)은 정보공개나 비밀유지에 관한 조건들보다는 개인정보보호(privacy protection)와 데이터보안(data security)에 관한 사항들에 더 초점을 맞추고 있다.

은 당사자의 협상결과나 거래의 성격에 따라 다를 수 있으나, 대체로 관련 계약의 종료 이후 2년에서 5년 정도 사이에서 설정하는 경우가 많다. 또한, (vi) 비밀유지계약이 계약기간이 종료되거나 계약기간 중 정보제공자의 정당한 요청이 있는 경우 정보수령자는 제공받은 비밀정보의 사용을 즉시 중단하여야 하며, 제공받은 모든 비밀정보를 반환하거나 폐기해야 하는 의무를 부담한다. 한편, 계약당사자 간 비밀유지의무에 관한 사항은 관련 거래 계약서의 비밀유지조항(confidentiality clause)으로 작성되기도 하지만, 경쟁금지(non-competition) 또는 면책배상(indemnification) 등과 마찬가지로, 별도의 독립적 비밀유지계약서(confidentiality agreement; non-disclosure agreement)로 작성될 수 있다.[96]

2. Confidential Information(비밀정보)의 개념 정의

비밀유지조항(confidentiality/nondisclosure clause)에서는 어떠한 정보를 비밀정보(confidential information)로 규정해 이 조항의 적용을 받도록 할 것인지 문제된다. 비밀정보는 해당 거래의 목적이나 관련 비즈니스의 성격 등에 따라 달라질 수 있는데, 비밀정보의 개념에 따라 당사자들의 비밀보호의 책임범위에 상당한 차이가 있을 수 있다. "Confidential Information(비밀정보)"의 개념은 당사자 간 합의에 따라 자유롭게 정의할 수 있다. 계약에 따라서는 "Confidential Information(비밀정보)"를 정보제공자가 "confidential"로 표기한 서면이나 자료로 정의하거나 또는 정보제공자가 제공한 일정한 정보와 관련된 모든 사항을 비밀정보로 보기도 하는데, 이때는 "confidential"로 표기했는지 여부와 상관없이, 제공된 정보를 비밀정보로 보기 때문에 당사자들이 일일이 해당 정보가 비밀정보인지를 확인할 필요가 없다. 또한, 비밀정보의 개념을 정보제공자가 정보수령자에게 제공하는 모든 비공개정보로 하면서, 이 중 일정한 사항을 제외하기도 한다. 다만, 비밀정보의 정의 방식과 상관없이, 일정한 유형의 정보는 비밀정보의 개념에서 제외하는 것이 일반적이다.

96 주된 계약에 포함된 비밀유지조항(confidentiality clause)이든 주된 계약과 별개의 비밀유지계약서(confidentiality agreement; non-disclosure agreement)이든 그 목적이 계약당사자 간 비밀의 준수나 유지를 목적으로 한다는 점에서 비밀유지와 관련된 문구나 내용은 기본적으로 동일한데, 별개의 비밀유지계약서는 그 자체로 독립적 계약서라는 점에서 일반 계약서에 필요한 내용과 형식이 요구될 수 있다. 비밀유지계약서(confidentiality agreement; non-disclosure agreement)에 관해서는 "Chapter 9. Ⅲ. Non-Disclosure Agreement(비밀유지계약)" 단원에서 별도로 살펴본다.

한편, Confidential Information(비밀정보)의 개념에는 당사자가 임의로 정한 비밀정보뿐만 아니라 당사자의 영업비밀(trade secrets)도 포함될 수 있다.[97] "Trade Secrets(영업비밀)"는 대체로 (i) 널리 알려져 있지 않거나 그것을 사용할 수 있는 사람들에 의해 쉽게 발견될 수 없으며, (ii) 비밀을 유지할 합리적 노력을 필요로 하는 가치있는 정보(valuable information)를 말한다.[98] 영업비밀보호 관련 법률(trade secrets law)은 영업비밀의 부정한 사용(misappropriation), 즉 정보의 무단 수집이나 사용이 있는 때에만 적용되며, 정보제공자가 계약에 따라 자신의 정보를 제공하는 때에는 문제되지 않을 수 있다. 이에, 비밀유지조항에 승인된 사용(authorized use)과 승인되지 않은 무단사용(unauthorized use)을 함께 규정해 영업비밀을 보호하도록 할 수 있다. 미국에서는 영업비밀을 주 법률(state statute)이나 보통법(common law)에 의해 보호하는데, 영업비밀로 보호되는 정보의 예로는, 크리스피 크림도넛(Krispy Kreme Doughnuts)이나 코카콜라(Coca-Cola)의 조리법(recipes) 등에 관한 사례가 있다.[99] 준거법상 영업비밀을 인정하는 경우 일반적으로 영업비밀의 누설, 부적절한 취득, 무단 사용이나 공개에 대한 구제방법을 허용한다.

CHAPTER 5

다만, 계약상 비밀정보의 개념에 영업비밀(trade secret)과 기타 비밀정보(non-

97 계약의 준거법(governing law)상 영업비밀(trade secrets)의 정의(definition)에 포함되지 않는 정보(information) 이외에도 해당 정보보유자가 그 정보를 보호하고 싶을 수 있다. 영업비밀은 준거법상 관련 법규에 의해 보호받을 수 있으므로, 계약서상 비밀유지조항(confidentiality clause)을 두는 것은 이러한 영업비밀 이외의 정보(non-trade secret information)의 유용(misappropriation)을 방지하기 위한 것이라 볼 수 있다. 그리고, 개인정보(personal information)나 특정한 민감한 정보(sensitive information)의 경우 당사자 간의 비밀유지조항(nondisclosure clause)이 적용되지 않더라도 대부분 국가의 법률은 일반적으로 그 정보를 보호한다.

98 미국의 경우 영업비밀(trade secrets)의 정의는 주마다 다를 수 있지만, 모델법인 UTSA(Uniform Trade Secrets Act; 통일영업비밀법)는 영업비밀(trade secret)을 다음과 같이 정의한다. "...공식, 패턴, 컴파일, 프로그램, 장치, 방법, 기술 또는 프로세스를 포함하는 정보(...information, including a formula, pattern, compilation, program, device, method, technique, or process, that)는: (i) 공개 또는 사용을 통해 경제적 가치를 얻을 수 있는 다른 사람에게 일반적으로 알려져 있지 않거나 적절한 수단으로 쉽게 확인할 수 없는 것으로부터 실제 또는 잠재된 독립적인 경제적 가치를 얻을 수 있는 것으로(derives independent economic value, actual or potential, from not being generally known to, and not being readily ascertainable by proper means by, other persons who can obtain economic value from its disclosure or use), (ii) 비밀을 유지하기 위한 상황에서 합리적인 노력의 대상(subject of efforts that are reasonable under the circumstances to maintain its secrecy)이 되는 것을 말한다." – UTSA § 1(4) (1985).

99 *Coca-Cola Bottling Co. of Shreveport, Inc. v. Coca-Cola Co.*, 107 F.R.D. 288, 289 (D. Del. 1985).

trade secret-confidential information)를 포함하는 경우 비밀유지의무기간을 어떻게 규정할지에 관해 여러 옵션이 있을 수 있다. 즉, (i) 영업비밀과 기타 비밀정보를 구별하지 않고, 비밀유지의무기간을 명시하지 않을 수 있는데, 이때 대체로 법률상 비밀유지기간을 두고 있는 영업비밀과 달리 기타 비밀정보에 대해서는 비밀유지의무기간을 어떻게 볼 것인지 문제될 수 있다. (ii) 영업비밀과 기타 비밀정보를 구별하지 않고, 비밀유지의무기간을 명시할 수 있는데, 이 경우 계약상 정한 비밀유지의무기간이 준거법상 인정되는 영업비밀에도 적용되어 법률상 영업비밀에 대한 구제방법을 제한할 수 있다는 문제가 있다. (iii) 준거법상 인정되는 영업비밀과 기타 비밀정보를 구별해 각각 별도의 정의규정을 둘 수 있는데, 이 경우 영업비밀에 대하여는 법률상 비밀유지의무기간을 따르고, 기타 비밀정보에 대하여는 당사자 간 거래상황에 따른 합리적인 기간을 명시할 수 있다. 다만, 이 경우는 당사자들의 어떠한 정보가 법률상 영업비밀이고 어떠한 정보가 기타 비밀정보인지에 관한 판단에 어려움이 있을 수 있다.

[Example 1]

아래는 비밀정보(confidential information)의 정의규정에 관한 기재례들이다. (Sample 1)은 비밀정보(confidential information)의 개념을 (a)에서 정보제공자가 비밀(confidential)로 표시한 사항으로, (b)에서 구두 공개(oral disclosure) 정보에 대해서는 이를 서면으로 확인하도록 하고, (c)에서 비밀(confidential)이라는 표시 여부와 상관없이, 보호하고자 하는 일정한 정보를 열거해 비밀정보로 할 수 있으며, (d)에서 비밀정보의 정의를 정보수령인이 영업비밀(trade secret) 또는 기타 비밀로 합리적으로 알아야 하는 모든 비공개정보(non-public information)로 확장해 정보제공자를 보호하고 있다. 다만, (i)부터 (iv)까지는 비밀정보의 예외를 인정해, 정보수령인이 이미 보유한 정보, 독립적으로 개발한 정보, 누군가가 이미 공개한 정보 등 일정한 유형의 정보에 대해서는 비밀정보의 개념에 포함하지 않는다. (Sample 2)는 작업명세서(statement of work)상 구체적으로 비밀정보로 승인되지 않거나 당사자 간 비밀로 하는 서면합의가 없는 경우는 비밀정보에 포함되지 않는 예문으로, 이는 정보수령자의 입장에서 정보제공자가 비밀정보를 일방적으로 결정해 너무 많은 정보가 비밀정보로 될 수 있는 위험을 줄이기 위한 규정이다. (Sample 3)는 비밀정보 개념의 일반적 예외사항들에 대한 예문으로, 이에는 이미 공개되어 알려진 정보나 정보수령자가 다른 출처를 통해 이미 보유하고 있거나 알고 있는 정보 등과 같은 경우가 있다.

(Sample 1)

"Confidential Information" refers to the following items one party to this Agreement ("Discloser") discloses to the other ("Recipient"): (a) any document Discloser marks "confidential"; (b) any information Discloser orally designates as "confidential" at the time of disclosure, provided Discloser confirms such designation in writing within ________ business days; (c) ________, whether or not marked "confidential"; and (d) any other non-public information Recipient should reasonably consider a trade secret or otherwise confidential, whether or not marked "confidential." Notwithstanding the foregoing, Confidential Information does not include information that: (i) is in Recipient's lawful possession at the time of disclosure; (ii) is independently developed by Recipient without use of or reference to Confidential Information; (iii) becomes known publicly, before or after disclosure, other than as a result of Recipient's improper action or inaction; or (iv) is approved for release in writing by Discloser.

(Sample 2)

Notwithstanding Subsection XX (*Confidential Information Defined*), Confidential Information does not include any information incorporated into a Deliverable, unless the Statement of Work specifically authorizes confidential treatment or the parties agree in writing that it will be considered confidential.

(Sample 3)

Despite the preceding sentence, Confidential Information does not include information or data that (i) was or becomes available to the public, except as a result of Employee's action in violation of this Section XX or by unlawful means, (ii) was in Employee's possession at the time she received the information from Company and was not acquired, directly or indirectly, from Company, or (iii) becomes available to Employee on a non-confidential basis from a source other than Company having a legal right to transmit the information or data.

[Example 2]

아래는 비밀정보(confidential information)의 정의규정에서 준거법상 인정되는 영업비밀(trade secrets)과 기타 비밀정보(non-trade secret-confidential information)을 구별해, 각각 별도의 정의규정을 두는 경우의 예문이다.

"Confidential Information" means information, business practices, records, processes, and data of Company or its operations, including but not limited to

information related to employees, suppliers, customers, sales, financial affairs, pricing, product information, and research and development (a) that has been or will be disclosed to Employee, or (b) of which Employee has become or will become aware as a consequence of or through her employment with Company and is not generally known to the public, the industry, or Company's competitors.
Despite the preceding sentence, Confidential Information does not include Trade Secrets. **"Trade Secrets"** means information, including a formula, pattern, compilation, program, device, method, technique, or process of Company or its operations related to employees, suppliers, customers, sales, financial affairs, pricing, product information, and research and development, that (i) derives independent economic value, actual or potential form not being generally known to, and not being readily ascertainable by proper means by, other persons who can obtain economic value from its disclosure or use, and (ii) is the subject of efforts that are reasonable under the circumstances to maintain its secrecy.

CHAPTER 5

[Example 3]

아래는 정보수령자의 비밀유지의무(nondisclosure obligation)에 관한 기재례들인데, (Version 1)은 모든 비밀정보에 대한 비밀유지의무기간을 포함하고 있지 않으며, (Version 2)는 모든 비밀정보에 대한 비밀유지의무기간을 포함하고 있고, (Version 3)는 영업비밀(trade secrets)과 기타 비밀정보(confidential information)의 비밀유지의무기간을 별도로 각각 설정하고 있다.

(Version 1)

Employee acknowledges that during the term of this agreement she will have access to or become aware of Confidential Information. Executive also acknowledges that Company's business depends to a significant degree upon possessing Confidential Information and unauthorized use or disclosure of Confidential Information could place Company at a competitive disadvantage and result in damages or losses to Company. Therefore, Employee shall keep in strictest confidence all Confidential Information and not use, disseminate, or disclose any Confidential Information to any person, firm, corporation, business or other entity.

(Version 2)

Employee acknowledges that during the term of this agreement she will have access to or become aware of Confidential Information. Executive also acknowledges that Company's business depends to a significant degree upon possessing Confidential Information and unauthorized use or disclosure of Confidential Information could place Company at a competitive disadvantage and result in damages or losses to Company. Therefore, during the term of this agreement and for two years after voluntary or involuntary termination of this agreement, Employee shall keep in strictest confidence all Confidential Information and not use, disseminate, or disclose any Confidential Information to any person, firm, corporation, business or other entity.

(Version 3)

Employee acknowledges that during the term of this agreement she will have access to or become aware of Confidential Information and Trade Secrets. Executive also acknowledges that Company's business depends to a significant degree upon possessing Confidential Information and Trade Secrets, and that unauthorized use or disclosure of Confidential Information and Trade Secrets could place Company at a competitive disadvantage and result in damages or losses to Company. Therefore, Employee shall keep in strictest confidence all Confidential Information and Trade Secrets, and Employee shall not use, disseminate, or disclose any Confidential Information and Trade Secrets to any person, firm, corporation, business or other entity.
The obligations under this Section XX for Confidential Information will be performed by Employee during the term of this agreement and for a period of two years after the voluntary or involuntary termination of this agreement. The obligations under this Section XX for Trade Secrets will be performed by Employee (i) during the term of this agreement; and (ii) for a period of two years after the voluntary or involuntary termination of this agreement or until the time when the information is no longer a Trade Secret, whichever period is longer.

3. 정보수령자의 비밀유지의무(confidentiality obligation)와 그 예외사항(exceptions)

정보수령자(receiving party)의 비밀유지의무(confidentiality/nondisclosure obligation)의 내용은 당사자 간 협상 결과에 따라 다를 수 있지만, 일반적으로 정보수령자의 비밀유지의무에 대한 인정(acknowledgement)과 함께 비밀정보의 관리방법과 비밀정보의 관리자로서 금지되는 행위 등이 있다. 즉, 정보수령자는 비밀정보를 보호하기 위한 합리적인 조치(reasonable steps)를 취하고, 정보제공자의 허락 없이 정보를 제3자에게 제공하지 않으며, 계약서에 명시된 거래 외에는 비밀정보를 사용하지 않는 등의 내용이 포함된다.[100] 정보수령자가 회사나 기관인 경우 비밀정보에

100 정보수령자의 비밀정보의 허용되지 않는 공개(impermissible disclosures)나 유용(misappro-

접근하는 직원과 사이에 비밀유지를 위해 비밀유지계약(NDA(non-disclosure agreement))을 별도로 체결할 수 있다. 다만, 이는 반드시 필요한 것은 아니며, 정보제공자는 정보수령자의 직원의 비밀유지와 관련해 정보수령자에 대해 관리감독의무를 부과할 수 있다. 이러한 정보수령자의 비밀유지의무와 함께 일반적으로 비밀정보의 공개가 허용될 수 있는 예외사항(exceptions)을 기술한다. 정보수령자의 비밀유지의무의 예외사항으로는 법률이나 정부 또는 사법기관의 요구 등에 의한 경우가 있다. 비밀정보의 공개시 정보제공자에 대한 통지의무 등 정보공개의 절차도 함께 규정한다.

[Example]

아래는 정보수령자의 비밀유지의무와 그 예외사항 관련 기재례들인데, 정보수령자의 비밀유지의무와 법률이나 정부 또는 사법기관 등의 요구에 의해 비밀정보의 공개가 필요한 경우 등 정보수령자의 비밀정보의 비공개의무의 예외사항을 규정한다. 정보수령자가 비밀정보를 공개하는 때 정보수령자의 정보제공자에 대한 통지의무 등이 부과된다.

(Sample 1)

Recipient shall not use Confidential Information for any purpose other than to facilitate the transactions contemplated by this Agreement (the "Purpose"). Recipient: (a) shall not disclose Confidential Information to any employee or contractor of Recipient unless such person needs access in order to facilitate the Purpose and is subject to a written agreement with Recipient with nondisclosure terms no less restrictive than other those of this Section XX; and (b) shall not disclose Confidential Information to any other third party without Discloser's prior written consent. Without limiting the generality of the foregoing, Recipient shall protect Confidential Information with the same degree of care it uses to protect its own confidential information of similar nature and importance, but with no less than reasonable care. Recipient shall promptly notify Discloser of any misuse or misappropriation of Confidential Information to the extent required by applicable law or by proper legal or governmental authority. Recipient shall give Discloser prompt notice of any such legal or governmental demand and reasonably cooperate with Discloser

priation)을 방지하기 위한 행동기준(standard of conduct)을 기술하면서, 정보수령자의 위험을 완화할 수 있는 "best efforts," "reasonable efforts" 등 위험배분을 위한 수식어구(risk-shifting qualifiers)를 사용할 수 있다. 그리고, 정보수령자가 비밀정보를 공유할 경우 공유자, 공유의 시기 등을 기재할 필요가 있다.

in any effort to seek a protective order or otherwise to contest, limit, or protect such required disclosure, at Discloser's expense.

(Sample 2)

Confidentiality. The parties hereby agree: (i) to hold and maintain in strict confidence all Confidential Information; (ii) not to use or disclose any Confidential Information of the other party except as permitted by this Agreement or as may be necessary to exercise its rights or perform its obligations under this Agreement... The parties will use at least the same degree of care to protect the other party's Confidential Information as it used to protect its own Confidential Information of like importance.

Exceptions. Notwithstanding the foregoing, the parties agree that Confidential Information will not include any information that: (i) is generally known or becomes part of the public domain through no fault of the other party; (ii) is disclosed with the consent of the other party; (iii) is rightfully received from a third party without restriction on disclosure and without breach of this Agreement; or (iv) is disclosed under compulsion of law, judicial or administrative directives by competent authorities.

4. 정보수령자의 비밀유지의무(confidentiality obligation)의 존속기간

비밀유지조항에서 정보수령자의 지속적인 비밀유지의무의 부담을 피하기 위해, 비밀유지의무기간(duration of confidentiality obligation)을 설정한다. 해당 계약의 종료 이후에도 관련 정보를 비밀정보로 할 필요가 있거나 정보수령자의 비밀정보의 유용을 방지하기 위해 계약의 기간만료나 해지 등 종료 이후에도 정보수령자의 비밀유지의무를 존속하게 할 수 있다. 특히, 비밀유지의무의 만료기한을 두는 경우 해당 비밀의 보호를 포기하는 것으로 볼 여지가 있어, 비밀유지의무기간이 경과된 이후 정보제공자가 제3자를 상대로 영업비밀의 유용을 이유로 소송을 하는 때 비밀유지의무기간이 만료가 되었다면 법원은 그 정보가 더 이상 영업비밀로서 자격을 갖지 않는다고 판단할 수 있기 때문에 정보제공자의 법률상 영업비밀권(trade secret rights)을 보호할 필요가 있다. 이를 위해, 계약상 비밀유지의무의 만료 이후에도 예외적으로 영업비밀에 관해서는 정보수령자의 법률상 영업비밀유지의무가 존속한다는 점을 명시할 수 있다.

[Example]

아래는 정보수령자의 비밀유지의무의 존속기간 관련 예문들이다.

- The obligations of Section XX above (*Nondisclosure*) will terminate ________ years after the Effective Date.
- The provisions of this Article shall survive the termination of this Agreement.
- Notwithstanding the foregoing, the obligations of Section XX (*Nondisclosure*) related to Discloser's trade secrets will continue so long as such Confidential Information retains trade secret protection.

5. 정보수령자의 비밀정보의 반환 또는 폐기 의무

비밀유지조항에는 정보수령자의 비밀유지의무가 종료한 때 정보수령자의 정보제공자에 대한 정보의 반환시기 및 방법에 관한 사항을 포함한다. 정보수령자는 정보제공자의 요구시 또는 계약의 종료시에 해당 계약과 관련된 모든 비밀정보를 파기(destroy)하거나 반환(return)해야 할 의무를 부담한다. 이때 정보제공자가 비밀정보 보유의 주체라는 점을 명시해 비밀정보의 반환에 관한 사항을 명확히 할 수 있다.

[Example]

아래는 정보수령자의 정보반환의무(obligation to return information) 관련 예문들이다. 비밀유지조항에서 계약의 종료시에 정보수령자의 정보제공자에 대한 비밀정보의 반환의무를 규정하는데, 여기서 둘째 예문과 같이 정보제공자가 특별히 비밀정보에 대한 라이선스나 소유권을 정보수령자에게 이전하지 않는 한 정보제공자가 비밀정보에 대한 모든 권리를 보유한다는 점을 명확히 할 수 있다.

- Upon termination of this agreement or upon Company's request, Employee shall promptly deliver to Company all property, including Confidential Information [and Trade Secrets] (whether in written, electronic, or other medium format) in Employee's possession or under his control. For purposes of the preceding sentence, "property" includes (A) Computers, software, keys, entry cards, identification badges, and (B) originals and copies, whether created by Employee or provided by Company, of documents, materials, records, notes, client files, prototypes, drawings, computer media, and electronic or non-electronic data.

- Upon termination of this Agreement for any reason, Recipient shall return all copies of Confidential Information to Discloser or certify, in writing, the destruction thereof. This Agreement does not transfer ownership of Confidential Information or grant a license thereto. Discloser retains all right, title, and interest in and to all Confidential Information. However, the provisions above of this Subsection XX (c) do not apply to Confidential Information to the extent incorporated into Software or Deliverables.

6. 정보제공자의 구제방법

정보수령자의 비밀유지의무의 위반에 대한 정보제공자의 구제방법도 비밀유지조항(confidentiality clause)에 포함할 수 있다. 그런데, 관련 구제방법이 비밀유지조항의 위반뿐만 아니라 계약상 다른 이행의무의 위반에도 적용되는 경우라면 대체로 계약종료 관련 조항(exit provision)에서 정보제공자의 계약해지권(right to termination) 등 계약의 일반적 구제사항에 포함해 기술한다. 계약위반에 따른 구제방법은 해당 거래의 성격, 계약당사자 간 협상의 결과에 따라 달라질 수 있지만, 비밀유지의무조항이 정황상 합리적인지 또는 강제할 수 있는지를 확인하기 위해서는 그 계약에 적용되는 준거법을 확인할 필요가 있다. 정보수령자의 비밀유지의무 위반의 경우 정보제공자는 정브수령자에 대해 금전적 손해배상(monetary damages) 이외에 형평법상 구제방법(equitable remedies)도 대체로 행사할 수 있다.[101] 그런데, 영미계약법상 금전적 손해배상의 보충적 성격을 가진 형평법에 따른 구제방법이 인정될 수 있는지에 대한 논란을 피하고 비밀정보의 유출 등에 대비해 정보제공자를 사전적으로 구제하기 위해, 계약상 정보제공자의 구제방법으로 전보적 손해(compensatory damages), 결과적 손해(consequential damages), 소송비용(litigation costs) 등 금전적인 법적 구제방법(remedies at law)뿐만 아니라 금지명령(injunction) 등 형평법상의 구제방법도 인정된다는 점을 명시할 필요가 있다. 이러한 사항을

101 영미계약법상 형평법상 구제방법(equitable remedies)으로는 특정이행(specific performance)이나 금지명령(injunction) 등이 있다. 영미계약법상 계약위반에 따른 형평법상 구제방법에 관한 상세한 내용은 저자 집필 『영미계약법 원리』 (유원북스, 2021), 452페이지 이하를 참고하기 바란다.

계약상 명시하지 않는 경우 정보수령자는 자신의 비밀유지의무가 금지명령의 대상이 아니라거나, 그 정보의 유출이 있다고 하더라도 금전적 손해배상으로 충분하다는 주장을 할 수 있다. 이에, 정보수령자의 비밀정보의 누설이나 유출에 대비해 계약서상 비밀정보의 유출이 있는 때 정보제공자에게 정보수령자의 금전적 손해배상만으로는 적정하지 않으며(inadequate) 회복할 수 없는 피해(irreparable harm)가 발생한다는 점을 언급하고, 정보제공자에게 정보수령자의 비밀유지의무를 강제하기 위한 금지명령(injunction)의 청구가 인정된다고 규정할 수 있다. 그리고, 계약상 비밀유지의무 위반에 따른 손해배상금액은 그 위반의 정도나 규모에 따라 달라질 수 있는데, 이때 피해당사자의 손해를 실제 측정하기 어려울 수 있으므로 손해배상액의 예정(liquidated damages)으로 그 위반에 따른 손해금액을 정해 두는 것이 좋다.

[Example]

아래는 정보수령자의 비밀유지의무 위반시에 정보제공자에게 정보수령자에 대한 형평법상 구제방법인 금지명령(injunction)의 청구를 인정하는 기재례들이다. 마지막 예문은 비밀정보의 무단사용이나 공개 관련 직원의 회사에 대한 통지의무와 관련 피해를 줄이기 위한 직원의 회사에 대한 협조의무를 규정하고 있다.

- Recipient agrees that: (i) no adequate remedy exists at law if it breaches any of its obligations in Section XX (Nondisclosure); (ii) it would be difficult to determine the damages resulting from its breach of Section XX (Nondisclosure), and such breach would cause irreparable harm to Discloser; and (iii) a grant of injunctive relief provides the best remedy for any such breach, without any requirement that Discloser prove actual damage or post a bond or other security. Recipient waives any opposition to such injunctive relief or any right to such proof, bond, or other security. (This Subsection XX (a) does not limit either party's right to injunctive relief for breaches not listed.)
- Employee acknowledges that the remedy at law for any breach of Employee's obligations under this Section XX would be inadequate and would cause Company irreparable harm. Therefore, in the event of any breach or threatened breach of Employee's obligations under this Section XX, Company is entitled to injunctive or other equitable relief (without posting bond or other security) in any proceeding brought to enforce the provisions in this Section XX. Company's resort to equitable relief is not a waiver of any of its other available rights or remedies.
- Employee shall promptly notify Company of any unauthorized use or disclosure of Confidential Information [and Trade Secrets], or any breach

of this Section XX. Employee shall assist Company in retrieving any Confidential Information [and Trade Secrets] and taking any other reasonable action to mitigate the harm caused by the unauthorized use or disclosure. Employee's notification and assistance does not waive any breach or any rights of Company to seek a remedy for a breach of Employee's obligations in this Section XX.

DTSA(Defend Trade Secrets Act)상 비밀유지의무의 면제

준거법에 따라서는 범죄행위 등의 내부고발자(whistleblower)에 대한 비밀유지의무가 면제되는 경우가 있다. 미국의 경우 자국기업의 영업비밀보호를 위해서 연방법인 "Defend Trade Secrets Act(DTSA; 영업비밀보호법)"를 2016년 제정하였는데, 여기서 영업비밀의 범위를 확대하고 민사나 형사적 각종 조치를 강화함과 동시에 내부고발자에 대한 면책을 규정하고 있다. DTSA에 따르면 범죄행위를 신고하는 내부고발자에게 비밀유지의무(confidentiality terms)가 적용되지 않는다고 규정하고 있다.[102] 고용주는 이러한 비밀유지의무의 면제에 관한 사항을 고용인과의 계약시에 안내(notice)하도록 하고 있다. 이러한 안내사항은 고용인과의 비밀유지계약(nondisclosure agreement)이나 비밀유지조항(confidentiality clause)에 나타나도록 해야 하는데, 이러한 DTSA상 안내문구(DTSA notice)는 아래와 같다.[103]

[Example] – DTSA Exception and Immunity

(a) *Exception & Immunity.* Pursuant to the Defend Trade Secrets Act of 2016, 18 USC Section 1833(b), each party is on notice and acknowledges that, notwithstanding the foregoing or any other provision of this Agreement.

(b) *Immunity.* An individual shall not be held criminally or civilly liable under any Federal or State trade secret law for the disclosure of a trade secret that: (i) is made (A) in confidence to a Federal, State, or local government official, either directly or indirectly, or to an attorney and (B) solely for the purpose of reporting or investigating a suspected violation of law; or (ii) is made in a complaint or other document filed in a lawsuit or other

102 이는 의뢰인의 변호인과의 대화나 봉인된 서류를 제출하는 소송인에게는 적용되지 않는다. – 18 U.S. Code § 1833(b)(1) and (b)(2).

103 18 U.S. Code § 1833(b)(3)(4); DTSA에 따르면, "고용인(employee)"에는 하청업체나 컨설턴트로서 개별 업무를 수행하는 모든 개인이 포함된다.

proceeding, if such filing is made under seal.

(c) *Use of Trade Secret Information in Anti-Retaliation Lawsuit.* An individual who files a lawsuit for retaliation by an employer for reporting a suspected violation of law may disclose the trade secret to the attorney of the individual and use the trade secret information in the court proceeding, if the individual: (i) files any document containing the trade secret under seal; and (ii) does not disclose the trade secret, except pursuant to court order.

Ⅸ. Data Clause(데이터조항)

1. 데이터조항(data clause)의 이해

거래관계에서 개인정보 등 데이터의 제공이나 처리를 필요로 하는 경우 계약상 데이터 관련 조항(data clause)을 둔다. 여기서는 당사자들이 컴퓨터나 시스템에 저장 또는 보관하거나 처리하는 개인정보나 자료의 보호와 관리에 관한 사항을 다루는데, 고객데이터를 정의하고 개인정보보호나 보안 관련 법률을 준수하기 위해 당사자가 데이터로 수행할 수 있는 작업과 수행할 수 없는 작업을 규정한다. 데이터 관련 조건은 계약서의 본문에 포함할 수도 있으나, 그 조건의 내용이 많거나 복잡해 대체로 계약서의 별첨(attachments)에서 규정한다.[104] 데이터조항(data clause)은 계약당사자, 특히 서비스제공자의 개인정보보호 및 보안 관련 법률(privacy and security laws)의 준수를 주된 내용으로 하기 때문에 계약조건으로 해당 법률의 세부사항을 대체로 기술한다.

한편, 국제거래에서 개인정보와 보안 관련 법규가 있는 경우 당사자의 데이터 관련 의무를 특정하기 용이한데, EU(European Union; 유럽연합)는 GDPR(General Data Protection Regulation)이라는 포괄적 법규를 마련하고 있다. 미국의 경우 일정한 산업분야에서 개인정보보호와 보안 관련 연방법이 제정되어 있는데, 예를 들어, GLBA(Gramm-Leach-Bliley Act)는 일정한 재무 관련 데이터(financial data)를 규율하

104 이 단원의 대부분의 샘플 계약조건들은 공급자가 고객 데이터를 호스팅하거나 처리하는 클라우드 서비스계약을 다룬다.

고, HIPAA(Health Insurance Portability and Accountability Act)는 건강 관련 정보(health-related information)를 규제한다. 또한, 일정한 데이터 주체(data subject)를 보호하기 위한 연방법이 제정되어 있는데, 이에는 아동보호를 위한 COPPA(Children's Online Privacy Protection Act), 컴퓨터상 정보(information on computers)를 보호하는 CFAA(Computer Fraud and Abuse Act) 등과 같이 특정 유형이나 매체에서의 데이터를 보호하는 법률이 있다. 그리고, 미국의 많은 주들도 개인정보보호와 보안 관련 법률을 제정했는데, 연방법과 마찬가지로, 대부분 산업(industry)부문, 데이터 주체(data subject) 또는 미디어(media)의 유형에 따른 규제를 하고 있다. 다만, 캘리포니아주의 CCPA(California Consumer Privacy Act; 이는 CPRA(California Privacy Rights Act)를 2020년에 개정한 것임)와 같이 개인정보보호와 보안에 관한 포괄적이고 일반적인 법규를 가지고 있는 경우도 있다. 각 주의 법률은 그 주의 거주자들의 정보에만 적용되지만, 관련 법률이 적용되는 범위 내에서 사실상 세계 온라인 상거래를 규율하는 기능을 한다. GDPR과 CCPA를 비롯한 개인정보보호와 보안에 관한 법규는 대체로 고객의 데이터를 처리하는 서비스제공자의 계약서에 법규상 필요한 일정한 조건을 포함시킬 것을 요구하고, 관련 규제기관은 법규의 내용을 문자 그대로 계약서에 반영하지는 않더라도, 그 법규내용을 계약조건으로 포함할 것을 권고하는 경우가 많다. 이와 같이 계약조건에 포함되는 법규내용으로는 대체로 서비스제공자의 (i) 개인정보사용(use of personal information)에 대한 제한, (ii) 합리적 보안조치(reasonable security safeguards) 관련 요건, (iii) 데이터 주체(data subject)의 특정한 요구사항을 준수할 것 등이 있다. 그런데, 데이터조항은 회사나 기관의 개인정보보호정책(privacy policy)과 구별될 수 있다. 개인정보보호정책은 적용 법규를 반영하지만 회사나 기관의 자체적인 정보사용이나 관리에 관한 사항을 공시하는 것으로, 이는 계약에 의한 만들어진 것이 아니기 때문에 반드시 계약의 일부가 될 필요는 없다. 반면, 데이터조항은 당사자 간 계약내용의 일부로서 상대방에게 데이터 처리에 관한 사항을 약속하는 것으로, 준거법상 적용되는 개인정보보호 및 보안 관련 법률(privacy and security laws)의 준수를 주요 내용으로 한다.

2. 데이터의 정의와 사용

데이터조항(data clause)은 보호되거나 관리될 데이터를 정의하는데, 이에는 데이터의 소유자를 파악하는 것이 중요하다. IT계약에서 서비스제공자가 고객으로부터 데이터를 제공받는 경우 개인정보를 포함한 고객데이터(customer data)를 정의할 필요가 있다. 그리고, 대부분의 IT계약에서, 고객은 일반적으로 데이터에 대한 소유권을 보유하는데 그 소유권을 보호하기 위해 데이터 사용 등의 계약조건을 명시한다.[105] 계약상 당사자 간 교환되는 데이터의 내용을 제한할 수 있는데, 이는 계약상 "제외데이터(excluded data)"로 규정할 수 있다.[106] 그리고, 데이터를 사용할 때

105 고객의 데이터 소유권을 확인하고 서비스제공자에게 고객의 데이터를 사용할 수 있는 라이선스를 부여하는 다음과 같은 규정을 둘 수 있다:

Data Ownership and License. Provider recognizes and agrees that Customer possesses and retains all rights, title, and interest in and to Customer Data, and Provider's use and possession thereof is solely on Customer's behalf. Provider further recognizes and agrees that: (1) Customer Data is valuable property of Customer; (2) Customer Data includes Customer's trade secrets; (3) Customer Data is an original compilation pursuant to the copyright law of the United States and other jurisdictions; and (4) Customer has dedicated substantial resources to collecting, managing, and compiling Customer Data. Customer hereby grants Provider a limited license to reproduce and otherwise manage Customer Data during the Term solely as specifically authorized below in this Attachment XX.

106 이는 IT계약에서 고객의 무단 데이터제공으로 인한 서비스제공자의 금융정보보호 관련 법률에 따른 책임으로부터 서비스제공자를 보호하는 기능을 할 수 있는데, 서비스제공자는 법률상 규제되는 데이터를 구체적으로 고객의 "제외데이터(excluded data)"로 계약상 나열하는 것이 좋다. "Excluded Data(제외데이터)"는 일반적으로 개인의 납세나 재무정보 등 민간정보나 개인정보보호 및 보안 관련 법률(privacy and security laws)상 수신해서는 안 되는 정보 등인데, IT계약에서 서비스제공자가 법규상 또는 계약상 고객으로부터 수신하지 않기로 하는 제외데이터(excluded data)와 관련해, 서비스제공자는 고객으로부터 다음과 같은 보증을 받을 수 있다:

Excluded Data. Customer warrants that (1) it has not and will not transmit Excluded Data (as defined below), or permit transmission of Excluded Data, to Provider or its computers or other media and, (2) to the best of its knowledge, Customer Data does not and will not include Excluded Data. Customer shall inform Provider of any Excluded Data within Customer Data promptly after discovery (without limiting Provider's rights or remedies). Customer recognizes and agrees that: (a) the provisions below of this Attachment XX do not apply to Excluded Data; (b) Provider has no liability for any failure to provide protections in the Excluded Data Laws (as defined below) or otherwise to protect Excluded Data; and (c) Provider's systems are not intended for management or protection of Excluded Data and may not provide adequate or legally required security for Excluded Data. Provider is not responsible or liable for any Data Incident (as defined ________) or other loss to the extent that it involves Excluded Data. ("Excluded Data" means ________. "Excluded Data Laws" means any law or regulation governing Excluded Data, including without limitation any law or regulation protecting privacy or security rights of Excluded Data subjects, as well as the following statutes and regulations: ________.)

는 GDPR이나 CCPA 등 개인정보보호 및 보안 관련 법률(privacy and security laws)을 준수할 필요가 있다. 서비스제공자는 관련 법규가 허용하지 않는 한, 개인정보를 제공하는 등 활용하는 것이 제한되기 때문에 개인정보가 포함된 데이터를 관련 산업이나 거래상 가치있는 정보로 사용하길 원하는 경우 데이터상 모든 개인정보를 제거해 익명화(anonymization)해 집계데이터(aggregate data) 등으로 사용할 수 있다. 개인정보의 익명화는 "비식별 데이터(deidentified data)"를 만드는 것으로,[107] 고객의 개인정보의 식별요소를 제거하는 것뿐만 아니라, 재식별(reidentification)을 방지하기 위한 기술적 안전장치(technical safeguards)를 포함하는 등 관련 법규상 추가적인 제한사항을 준수해야 한다. 이때 개인정보의 익명화는 개인정보를 삭제하면서 서비스제공자가 해당 정보를 다시 복원할 수 있는 코드번호 등 정보를 특정할 수 있는 도구를 사용하지 않아야 한다.[108] 그런데, 고객의 입장에서는 서비스제공자가 고객데이터의 사용에 대한 법규상 제한 이외에도 고객과 특별한 합의가 없는 한 제3자와 고객데이터를 무단으로 공유하지 않도록 하고, 서비스제공자가 데이터 관련 조건들을 위반한 때 고객의 손해배상이나 금지명령 등 구제방법을 명시할 필요가 있다.

[Example 1]

아래는 IT계약상 서비스제공자의 고객데이터의 사용과 공개에 관한 기재례인데, 서비스제공자는 고객데이터를 클라우드 서비스의 시스템 또는 계약이 규율하는 기타 제품이나 서비스를 제공하는 것 이외의 다른 목적으로 사용할 수 없다.

107 이때 비식별 데이터(deidentified data)는 개인 및 회사의 명칭이 제거되어 고객을 전혀 식별할 수 없는 데이터를 말하는데, 서비스제공자가 식별된 데이터를 제공자의 다른 고객의 데이터와 통합해 사용할 수 있다. 비식별 데이터의 의미를 명확히 하기 위해 다음과 같은 정의규정을 고려할 수 있다: "Deidentified Data" refers to Customer Data with individual and company names removed. Customer recognizes and agrees that Provider may use, distribute, modify, and otherwise exploit Deidentified Data in any way, including without limitation by aggregating it with Provider's other customers' data and by selling such aggregate data."

108 진정한 익명 데이터(truly anonymized data)는 개인정보를 재생성할 수 있는 메커니즘이 없는 데이터로, 재식별 도구(re-identification tools)를 통해 재생성할 수 없는 데이터를 비식별화 데이터(de-identified data)라 할 수 있다. 예를 들어, 제공자가 고객의 이름을 삭제하면서 일정한 번호나 기호 등 도구로 대체하더라도 그 도구를 사용해 다시 그 이름을 다시 생성할 수 있기 때문에 이를 비식별화 데이터라 할 수 없다.−CAL. CIV. CODE § 1798.104(h).

Use and Disclosure. Provider may access and use Customer Data solely as necessary to provide the System to Customer, and unless it receives Customer's prior written consent, Provider: (1) shall not access or use Customer Data for any purpose other than to provide the System; and (2) shall not give any third party access to Customer Data, except subcontractors subject to Section M (*Employees and Subcontractors*) of this Attachment XX. Notwithstanding the provisions above of this Section C, Provider may disclose Customer Data as required by applicable law or by proper legal or governmental authority. Provider shall give Customer prompt notice of any such legal or governmental demand and reasonably cooperate with Customer in any effort to seek a protective order or otherwise to contest such required disclosure, at Customer's expense. For the avoidance of doubt, no revision of Provider's privacy policy will alter Customer's rights and remedies in this Attachment XX.

[Example 2]

아래는 클라우드 서비스계약에서 서비스제공자가 다른 고객의 데이터와 결합한 집계데이터(aggregate data)를 사용하는 등 개인정보의 익명화와 관련된 기재례인데, 고객데이터의 익명화(anonymization)와 관련해, (a)에서 (d)까지 재식별(reidentification)을 방지하기 위한 기술적 안전장치(technical safeguards) 등을 포함하고 있다.

Aggregate/Anonymized Data. Notwithstanding Section C (*Use and Disclosure of Data*) of this Attachment XX, Customer hereby authorizes Provider: (1) to Anonymize (as defined below) Customer Data and to combine it with data from other customers into a new aggregate dataset; and (2) to use such Anonymized Customer Data as a component of such new aggregate dataset for any legal business purpose, including without limitation for distribution to third parties. Without limiting the generality of the requirements for Anonymized data below, Provider shall: (a) implement technical safeguards that prohibit reversal of Anonymization of Customer Data; (b) implement business processes that specifically prohibit such reversal or recreation; (c) make no attempt to achieve such reversal; and (d) implement reasonable business processes to prevent inadvertent release of Anonymized Customer Data. ("Anonymize" refers to removal of Personal Information and any information reasonably likely to identify a company or other business entity; provided such revised data does not include and is not subject to any key, code, or other mechanism that could be used to restore such information.)

3. 개인정보보호 및 보안 관련 법률의 준수

데이터 관련 조항들은 대부분 서비스제공자가 개인정보보호 및 보안 관련 법률(privacy and security laws)을 준수할 것을 요구하면서, 관련 법률상 주요한 구체적 의무들을 나열한다.[109] 개인정보보호 및 보안 관련 법률의 경우 대체로 고객이 서비스 제공업체로부터 관련 법률 준수의 일반적 약속과 함께 특정한 데이터 관리에 관한 구체적인 약속을 받을 것을 요구한다. 예를 들면, GDPR(General Data Protection Regulation)과 CCPA(California Consumer Privacy Act)는 별도의 데이터보호부록(data protection addendum; DPA)으로 작성된 특정한 조건을 요구하며, HIPAA(Health Insurance Portability and Accountability Act)의 경우도 해당 법규의 적용대상이 되는 고객과 그의 사업제휴사인 제공자 간 업무제휴계약(business associate agreement; BAA)을 필요로 한다. 이러한 법규상 특별조건(statutory special terms)은 모든 고객 데이터에 일반적으로 적용되는 것이 아니라 법규가 적용되는 관련 데이터만을 규제하는데, 이를 계약서에 명시함으로써 계약당사자 간 법적 분쟁을 피할 수 있다. 다만, 이러한 법규상 특별조건은 그 조건 자체를 계약서에 첨부하지 않고, 계약서 본문이나 다른 주요 첨부자료에 짤막한 내용을 추가하는 형식으로 계약서에 포함할 수 있다.

그리고, GDPR과 CCPA 등과 같은 포괄적 개인정보보호 및 보안 관련 법률은 관련 계약당사자들의 법규준수(compliance)뿐만 아니라 고객의 데이터 보호(data protection)에 관한 사항을 다룬다. 이러한 법규상 특별조건은 데이터주체(data subject)에게 데이터 위치(data location), 데이터 삭제(data deletion), 데이터 접근(data access) 등에 관한 다양한 권리를 부여하고 있다. 또한, 데이터주체는 소송 중 "E-discovery(전자증거개시제도)"에 의해 데이터에 대한 접근이 이루어질 수 있는데, 이러한 "E-discovery"와 관련해, 미국 연방법과 일부 주법들에 따르면, 회사는 데이터가 소송과 관련이 있을 수 있다는 것을 알게 되는 즉시 데이터 삭제를 중단해야 한다. 데이터주체가 보관하는 발견가능한 데이터(discoverable data)를 삭제할 경우 데이터주체는 무거운 벌금 등 심각한 결과에 직면할 수 있기 때문에 제공자에게 "E-discovery" 절차에서 "Don't Erase" 통지를 준수할 것이 요구된다.[110] 한

109 이러한 의무들이나 조건들은 대부분 고객 친화적인 내용으로, 서비스제공자는 주의를 기울여 관련 조건을 언급하거나 제한된 데이터조건들을 사용하는 것이 좋다.

110 서비스제공자는 데이터주체의 허락없이 데이터를 무단으로 삭제하지 않아야 하며, 제공자의

편, 개인정보보호 및 보안 관련 법률에 따라서는 데이터를 국외로 이전하는 것을 제한하는데,[111] 이러한 제한이 있는 경우 그 제한사항이나 데이터의 이전이 가능한 지역에 관한 명확한 규정을 둘 필요가 있다. 그리고, 데이터의 이전이 이루어질 때에는 해당 데이터주체에게 그 이전을 통지하는 것이 요구될 수 있다.

[Example]

아래는 계약상 개인정보보호 및 보안 관련 법률의 준수와 관련된 기재례이다. (Sample 1)은 서비스제공자의 고객데이터의 처리를 규율하는 모든 법률의 준수 약속을 규정하고 있다. (Sample 2)는 해당 거래에 요구되는 법규상 특별조건(statutory special terms)이 있는 경우 그 주요 내용들은 계약조항에 명시하거나 계약서의 별첨에 나열할 수 있다. (Sample 3)는 데이터의 삭제와 관련된 예문으로, 서비스제공자가 고객의 허락없이 데이터를 삭제하는 것을 금지하고, 서비스제공자는 서비스가 종료된 후 데이터에 대한 권한을 갖지 못할 경우 해당 데이터를 삭제하며, 적용 개인정보보호 및 보안 관련 법률에서 데이터 삭제요건을 규정한다면 이를 준수한다는 점을 명시한다. (Sample 4)는 개인정보보호 및 보안 관련 법률에 따른 데이터의 국외 이전의 제한에 관한 기재례인데, 국외 이전이 가능한 지역(approved territory)을 구체적으로 명시하고, 서비스제공자는 고객에게 데이터 이전에 대한 통지 등 법규상 요건이 있는 경우 이를 명확히 한다.

(Sample 1)

Privacy and Security Law Compliance. Provider shall comply with all applicable laws and regulations governing Provider's access to, use of, and handling of Customer Data; provided the foregoing does not require that Provider comply with or be aware of any Excluded Data Law.

(Sample 2)

Statutory Special Terms.

(i) The parties recognize and agree that Attachment XX (________): (a) governs the following Customer Data: [list the data governed by the privacy/security law in question]; and (b) applies only to such Customer Data and not to any of the parties' other rights or duties pursuant to this

서비스가 종료되고 그 서비스의 종료 이후 데이터에 대한 권한을 갖지 못하여 제공자가 데이터를 삭제해야 하는 때, 개인정보보호 및 보안 관련 법률(privacy and security laws)에 따라서는 이에 관한 데이터 삭제요건(data deletion requirements)을 두기도 한다.

111 예를 들어, GDPR의 경우 EU 외부로 개인정보를 이전하기 위해서는 데이터 이전 관련 일정한 승인절차를 요구한다.

Attachment XX or this Agreement.

(ii) Provider shall [*insert additional statutory special terms*] ...

(iii) If Provider receives a consumer "right to know," deletion, "right to be forgotten," or similar request related to Personal Information within Customer Data (collectively, "Consumer Requests"), Provider shall not reply without Customer's written authorization and shall, at its own expense, comply with Customer's reasonable written instructions for Consumer Requests (if any), subject to the requirements of applicable law. Notwithstanding the preceding sentence, nothing in this Agreement precludes Provider from asserting defenses or rights it may have under applicable law related to Consumer Requests.

(Sample 3)

Deletion. Except as required by applicable law or authorized pursuant to a data deletion policy accepted in writing by each party, Provider shall not erase Customer Data or any copy thereof without Customer's prior written consent. Further, Provider shall: (1) halt Customer Data deletion promptly if Customer informs Provider that any Customer Data is subject to "e-discovery" or otherwise relevant to potential litigation; (2) at such times as Customer may request (including without limitation as a result of Customer Requests made mandatory by applicable law), promptly erase all Customer Data from all systems under Provider's control and direct and ensure erasure by any and all of its subcontractors that have access to Customer Data; and (3) within ________ days of termination (including without limitation expiration) of this Agreement, erase all Customer Data in Provider's possession or control, including without limitation in the possession or control of its subcontractors, subject to Provider's rights above (if any) in Section D (*Aggregate/Anonymized Data*) of this Attachment XX. In erasing Customer Data as required by this Agreement, Provider shall leave no data readable, decipherable, or recoverable on its computers or other media or those of its subcontractors, using the best erasure methods commercially feasible. Promptly after any erasure of Customer Data or any part of it, Provider shall certify such erasure to Customer in writing.

(Sample 4)

Approved Region and Data Centers. Provider shall not transfer Customer Data (or allow its subcontractors to transfer Customer Data) outside [________] (the "Approved Territory") unless it receives Customer's prior written consent. Further, except as provided in Section XX (Business Continuity) of this Agreement's main body, provider shall not transfer Customer Data to any location other than the data centers listed ________, unless such replacement data center complies with the requirements of this

Attachment XX and unless Provider gives Customer ________ business days' prior written notice.

4. 데이터 보안의 문제

데이터 보안조건(data security terms)은 고객의 데이터를 보호해야 하는 서비스 제공자의 의무를 다루는데, 여기서는 주로 개인정보보호 및 보안 관련 법률(privacy and security laws)에서 요구되는 데이터의 암호화(encryption), 방화벽(firewalls)의 설치 등과 같은 기술적 조치와 함께 관련 임직원들의 신상검사 등과 같은 임직원을 규율하는 절차 등이 포함된다. 특히, IT계약의 서비스제공자는 데이터를 보호하기 위한 정보보안 프로그램(information security program)의 설치 등 데이터 보호의 기술적·물리적 합리적인 조치(reasonable steps)를 취해야 하는 보안의무(security obligation)를 부담한다. 개인정보(personal information)나 민감한 데이터(sensitive data)를 보유한 서비스제공자의 시스템이 해킹되거나 무단접근(unauthorized access)이 이루어질 수 있으며, 데이터를 보유한 노트북이 도난당하는 등 데이터 사고(data incident)가 발생할 수 있다. 데이터 사고가 발생한 경우 당사자들은 정보의 유출을 방지하고, 피해의 확대를 막고, 당국의 조사에 협조하고, 데이터 사고에 따른 여론의 악화를 방지하기 위한 미디어관리 등 비상사태를 효율적으로 관리할 방안이 필요하며, 이러한 관리방안은 사고가 이미 발생한 비상상황에서 그 위험을 관리하고 위험을 경감할 수 있는 방안을 설정하기는 어렵기 때문에, 당사자 간에 사전에 계약의 협상과정에서 마련할 필요가 있다.[112] 고객의 입장에서는 관련 사태를 통보받는 등 비상사태에 따른 대응방안 이외에도 데이터 보안(data security)의 처리에 관한 보증이나 면책배상 규정(warranty or indemnity terms)을 포함하는 것이 좋다. 또한, 회사의 임직원이 데이터 침해(data breach)의 원인이 될 수도 있기 때

112 미국을 비롯한 대부분의 국가들은 데이터위반통지 관련 법규(data breach notification statutes)가 있는데, 이는 관련 고객에 대한 신속한 통지(prompt notification)나 필요한 경우 정부당국에 대한 통보(notification of law enforcement authorities)와 같은 데이터 사고 대응방안(responses)을 마련해야 한다. 이러한 데이터위반통지(data breach notification)와 위험경감업무(mitigation tasks)에는 상당한 비용이 들 수 있다. 이에, 데이터 사고에 대한 조건들은 데이터 관리와 관련된 가장 큰 문제 중의 하나로, 서비스제공자의 입장에서는 비상사태에 따른 대응방안과 관련해 발생할 수 있는 비용을 가장 효율적으로 사용할 수 있는 방안을 고려할 필요가 있다.

CHAPTER 5

문에, 하청업체의 직원 등을 포함해 고객 데이터에 접근할 수 있는 임직원의 데이터에 대한 접근권한을 제한해, 해당 데이터를 필요로 하지 않는 사람이나, 데이터 보호가 요구되는 계약이나 정책의 적용을 받지 않는 사람의 경우 데이터에 접근할 수 없도록 해야 한다. 그리고, 데이터 보안(data security)을 보장하기 위해 서비스제공자의 시스템 보안기능에 대해 고객들이 자체 점검하거나 또는 외부감사(outside audit)를 통해 이를 점검할 수 있다.[113]

[Example 1]

아래는 고객을 위한 서비스제공자의 데이터 보안 관련 기재례들이다. (Sample 1)은 서비스제공자가 데이터를 보호하기 위한 합리적인 조치를 취해야 하는 일반적 보안의무를 규정하고 있다. (Sample 2)는 서비스제공자가 "InfoSec Program"이라는 정보보안 프로그램을 두어 각종 데이터 보호의 기술적·물리적 조치를 하도록 하는 규정이다. (Sample 3)는 하청업체의 직원 등을 포함해 고객 데이터에 접근할 수 있는 직원의 데이터에 대한 접근권한을 제한하는 규정이다. (Sample 4)는 데이터 사고(data incident)의 대응 관련 규정의 기재례이다. 데이터 사고 발생시 서비스제공자는 고객에게 48시간 이내에 통지하는 등 즉각적으로 일정한 조치를 하도록 한다.

(Sample 1)

Without limiting the generality of its obligations elsewhere in this Attachment XX, Provider shall exercise commercially reasonable efforts to prevent unauthorized exposure or disclosure of Customer Data.

(Sample 2)

Provider shall maintain, implement, and comply with a written data and information security program (the "InfoSec Program") that requires administrative, technical, and physical safeguards appropriate: (1) to protect the

113 미국의 경우 IT계약상 회계법인이 미국공인회계사협회(AICPA; American Institute of Certified Public Accountants)의 기준에 따라 실시하는 외부감사를 필요로 할 수 있다. 외부감사에는 미국의 AICPA 또는 유럽이나 아시아에서 널리 알려진 ISO 27001 등에서 공포한 감사기준(audit standard)에 따라 감사나 점검을 수행할 수 있다. 고객에 따라서는 서비스제공자에게 그 제공자의 시스템을 직접 감사하거나 점검할 수 있는 권한을 요구하는데, 제공자는 고객의 자체 감사나 점검보다는 회계법인의 외부감사를 더 쉽게 수락하는 경향이 있다. 고객의 자체 감사나 점검을 허용하는 제공자는 자신의 다른 고객들의 데이터를 보호하는 계약조건들을 고려해야 하며, 특히 그 시스템의 취약점이 드러나는 경우 일반적으로 감사보고서(audit reports)의 기밀취급(confidential treatment)을 원할 수 있다.

security and confidentiality of Customer Data; (2) to protect against anticipated threats or hazards to the security or integrity of Customer Data; and (3) to protect against unauthorized access to or use of Customer Data. Provider shall likewise ensure that the InfoSec Program includes and requires compliance with the following (without limitation): (4) guidelines on the proper disposal of Customer Data after it is no longer needed to carry out the purposes of this Agreement, consistent with the requirements Section J (*Deletion*) of this Attachment XX; (5) access controls on electronic systems used to maintain, access, or transmit Customer Data; (6) access restrictions at physical locations containing Customer Data; (7) encryption of electronic Customer Data consistent with then-current nationally recognized encryption standards; (8) least privilege principles for access to Customer Data, supplemented either by dual control procedures or segregation of duties; (9) regular testing and monitoring of electronic systems accessing or storing Customer Data; and (10) procedures to detect actual and attempted attacks on or instructions into the systems containing or accessing Customer Data. Provider shall review the InfoSec Program and all other Customer Data security precautions regularly, but no less than annually, and update them to comply with applicable laws, regulations, technology changes, and best practices.

(Sample 3)

Provider shall not permit any of its employees, subcontractors, or subcontractor employees to access Customer Data except to the extent that such individual or company needs access to facilitate the System and is subject to a reasonable written agreement with Provider, or in case of employees, a reasonable written employment policy protecting such data, with terms consistent with those of this Attachment XX. Further, Provider shall not allow any individual to access Customer Data except to the extent he or she has received a clean report with regard to each of the following: (1) verifications of education and work history; (2) a 7-year all residence criminal offender record information check; (3) a 7-year federal criminal offender record information check. (A clean report refers to a report with no discrepancies in education or work history and no criminal investigations or convictions related to felonies or to crimes involving identity theft or other misuse of sensitive information.) However, Subsections M(2) and M(3) do not apply to the extent that applicable law forbids the required record information check, provided Provider notifies Customer of such restriction. Without limiting the generality of Provider's obligations related to subcontractors and their employees, Provider shall exercise reasonable efforts to ensure that each subcontractor complies with the terms of this Agreement related to Customer Data. As between Provider and Customer, Provider shall pay any fees or costs related to each subcontractor's compliance with such terms.

(Sample 4)

Provider shall implement and maintain a program for managing unauthorized disclosure of, access to, or use of Customer Data ("Data Incidents"). In case of a Data Incident, or if Provider suspects a Data Incident, Provider shall: (1) promptly, and in any case within 48 hours, notify Customer by telephone, in person, or by other real-time, in-person communication; (2) cooperate with Customer and law enforcement agencies, where applicable, to investigate and resolve the Data Incident, including without limitation by providing reasonable assistance to Customer in notifying injured third parties; and (3) otherwise comply with applicable laws governing data breach notification and response.

5. 데이터 관리 또는 개인정보보호 정책 관련 문제

온라인으로 비즈니스를 하는 기업들은 자신들의 웹사이트에 온라인 비즈니스 관련 규칙과 절차를 설명하기 위한 각종 문서들을 게시할 수 있는데, 개인정보의 관리나 보호에 관한 사항을 다루는 개인정보보호정책(privacy policy)을 포함해 제공자의 사이트나 시스템의 이용시 이용자에게 용인되는 행위와 용인되지 않는 금지행위 등을 설명하는 행동강령(standards of behavior)인 AUP(Acceptable Use Policy; 허용되는 이용정책)를 공지하는 것이 중요하다.[114] 오늘날 웹사이트, 모바일앱을 통한 온라인 서비스를 제공하는 대부분 사업자들은 개인정보(personal information; PI)를 수집하기 때문에 개인정보 관련 법규의 규제를 받으며, 이와 관련해 개인정보보호정책(privacy policy)을 공시할 필요가 있다.[115] 개인정보보호정책에서, 웹사이트 또

114 AUP(Acceptable Use Policy; 허용되는 이용정책)는 인터넷 서비스제공자나 메시징, 게시, 채팅방 및 기타 통신 시스템을 제공하는 SaaS(software-as-a-service provider; 서비스로서 소프트웨어 제공자) 등 클라우드 서비스 제공업체도 고려해야 한다. AUP에서 금지되는 행위는 서비스제공자의 비즈니스의 특성에 따라 달라질 수 있다.

115 개인정보보호의 대상은 개인인 자연인(individual human)과 관련된 정보로, 다양한 개인정보 보호 및 보안 관련 법률(privacy and security laws)에 의해 정의된 법적 개념으로, 개인정보(personal information; PI) 대신 "개인식별정보(personally identifiable information(PII))" 또는 "개인데이터(personal data)"라는 명칭을 사용하기도 한다. 이에는 이용자의 이름(users' names)과 컴퓨터의 인터넷 프로토콜 주소뿐만 아니라 이메일 주소, 우편주소, 전화번호 등과 같이 더 널리 이용 가능한 정보를 포함할 수 있다. 이러한 개인정보에는 법률상의 다양한 정의에 따라 사회보장번호(social security numbers), 은행계좌번호(bank account numbers), 신용데이터(credit data), 의료기록(medical records) 등과 같은 정보주체의 사생활을 침해할 우려가 있는 민감정보(sensitive information)를 별도로 분류해 그 정보보호를 강화한다. 그리고, 오늘날 개인정보(PI)에는 사람의 위치를 나타내는 지리적 위치에 대한 데이터뿐만 아니라 지

는 온라인 서비스의 제공자는 이용자의 개인정보에 대해 무엇을 할지 또는 무엇을 하지 않을지를 설명한다. 개인정보보호정책은 법규나 당국의 지침을 반영해 수시로 변경할 필요가 있고 그 변경에 서비스제공자들이 일일이 고객으로부터 동의를 받기 어렵기 때문에 서비스제공자들은 일반적으로 계약조건으로 이러한 정책을 포함하지는 않는다. 다만, EU(European Union; 유럽연합)의 GDPR(General Data Protection Regulation), 미국 캘리포니아주의 CCPA(California Consumer Privacy Act), 캐나다의 PIPEDA(Personal Information Protection and Electronic Documents Act) 등과 같은 개인정보보호와 보안 관련 법률에서 온라인 사업자들의 개인정보보호정책(privacy policy)의 제정과 공시 등에 관한 사항을 규정하고 있다. 또한, 관련 업계에서도 개인정보보호정책에 관한 업계 자율규제지침(industry self-regulatory guidelines)을 마련하고 사업자들이 이를 준수할 것을 약속하기도 한다. 이에, 사업자의 입장에서 개인정보보호정책에 따라 사업자가 정직하고 완전하게 개인정보의 사용을 공개한다면 개인정보와 관련된 책임이 제한될 수 있으며, 서비스의 이용자나 비즈니스 파트너의 입장에서는 개인정보보호정책에 따른 개인정보의 보호를 인식하게 된다.

개인정보보호정책에 포함되는 내용은 적용 개인정보보호와 보안 관련 법률이나 업계 자율규제지침 등에 따라 다양할 수 있어, 사업자는 관련 법규나 지침을 확인할 필요가 있다. 다만, 개인정보보호정책은 일반인들이 용이하게 이해할 수 있도록 간명하게 작성되어야 하고, 필요한 경우 링크를 이용해 관련 세부정보를 파악할 수 있도록 해야 한다. 개인정보보호정책(privacy policy)에는 대체로, (i) 수집하는 개인정보의 항목과 개인정보를 사용해 수행할 작업을 설명하고, (ii) 개인정보의 제3자에 대한 공개 여부와 공개시 공개의 대상과 범위, (iii) 서비스이용자의 서비스제공자에 대한 데이터 처리의 중지 등 데이터주체의 권리에 관한 사항, (iv) 개인정보보호정책의 변경시 이용자에 대한 통지 관련 사항, (v) 정책의 마지막 수정 날짜를 기재하고, (vi) 개인정보 및 보안 문제 발생시 연락가능한 서비스제공자의 연락정보, (vii) 적용 개인정보보호 및 보안 관련 법률과 업계 지침 및 사업체의 자체적 규제 프레임워크 등에 따라 요구되는 기타 사항 등을 포함한다.

한편, 인터넷 서비스제공자(internet service provider; ISP) 등 온라인 서비스제공자들은 서비스이용자들이 해당 웹사이트에 다른 사람의 글이나 기사, 녹음파일 등

문, 망막스캔, DNA 등 생체인식 등 개인식별에 유용한 기타 정보 등과 같은 새로운 정보가 포함된다.

기타 저작권을 가진 작품을 무단으로 게시할 경우 서비스제공자가 저작권침해에 따른 책임을 질 수 있다. 미국 연방법인 Digital Millennium Copyright Act(DMCA)는 온라인 서비스제공자들을 저작권책임(copyright liability)으로부터 보호하는 역할을 하는데, 서비스제공자가 요구되는 일정한 절차를 준수하는 경우 서비스제공자는 제공자의 시스템에 서비스이용자가 무단 자료(unauthorized copy)를 게시했음에도 저작권침해(copyright infringement)에 따른 책임을 부담하지 않도록 하고 있다.[116] 이와 관련해, 서비스제공자는 일반적으로 저작권 침해를 둘러싼 제공업체의 절차에 대한 온라인상 공지로 "DMCA 정책(policy)"을 마련하는데, 이는 "copyright notice policy(저작권 고지정책)," "intellectual property infringement policy(지식재산 침해 정책)" 등으로 불리기도 한다.[117]

개인정보보호정책을 포함한 AUP(Acceptable Use Policy; 허용되는 이용정책)나 DMCA 정책은 온라인 서비스업체의 고객이나 이용자에 대한 정보의 취급에 관한 공개적 진술의 일종으로 계약조건은 아니기 때문에 서비스계약의 본문에 포함할 필요는 없다.[118] 그런데, 이러한 정책들이 계약상 조건이 되는 경우 상대방의 동의가 필요하는 등 계약조건의 변경이 제한될 수 있기 때문에 서비스제공자의 입장에서는 가급적 이러한 정책들은 계약내용으로 포함하지 않는 것이 좋다. 다만, 이는 법규상 요구되는 서비스 제공 관련 당사자의 책임에 관한 사항을 규정한다는 점에서 서비스제공자의 홈페이지 등 해당 웹사이트상 눈에 띄는 위치에 직접 또는 링크된 페이지를 통해 게시할 필요가 있다.

---

116 Online Copyright Infringement Liability Limitation Act, 17 U.S.C. §512.

117 DMCA 정책은 서비스제공자의 웹사이트 또는 클라우드 서비스를 통한 저작권 침해(copyright infringement)와 관련해 제공자들의 책임으로부터 보호될 수 있는 피난처(safe harbor) 기능을 한다. 이에는 대체로, (i) 네트워크는 저작권자의 저작물을 보호하거나 침해를 식별하기 위한 기술적 조치(technical measures)를 하며, (ii) 저작권 관련 민원사항을 접수할 대리인을 지정하고 해당 대리인의 연락처 정보를 미국 저작권청(US Copyright Office)에 등록하고, (iii) 대리인의 연락처를 온라인에 게시하며, (iv) 반복적으로 저작권을 침해하는 가입자의 해지를 요구하는 정책을 시행하고 가입자에게 해당 정책을 알리며, (v) 저작권 고지나 통지 등 법규상 요구사항과 절차를 준수한다는 점 등을 명시한다.

118 계약에 따라서는 계약서의 본문에 AUP(Acceptable Use Policy; 허용되는 이용정책)를 포함하기도 하는데, 이때 AUP는 고객 자신의 고객이나 다른 사용자에게 허용가능한 행위에 대한 통지의 역할을 할 수 있다. 서비스제공자는 가입자가 게시한 자료에 대해 저작권침해에 대한 적절하고 상세한 통지를 받는 등 민원이 제기되면 즉시 그 신고 통지된 자료를 삭제하는 조치를 취함으로써 제공자는 저작권침해에 대한 책임을 지지 않을 수 있다.

[Example 1]

아래는 온라인 서비스업체의 온라인 정책의 게시 관련 기재례들이다. (Version 1)은 온라인 정책을 계약의 일부로 보지 않고 제공자가 그 정책을 변경할 수 있는 권한을 갖도록 하고 있다. (Version 2)는 서비스제공자의 AUP(Acceptable Use Policy; 허용되는 이용정책)를 계약에 포함하지만, 서비스제공자에게 그 정책의 변경권한과 고객이나 이용자에 대해 이를 강제할 수 있는 권한을 부여하고 있다.

(Version 1)

Customer is on notice of Provider's Privacy Policy and DMCA Policy, and Customer recognizes that such policies are not part of this Agreement and that this Agreement does not restrict Provider's rights to revise them.

(Version 2)

Customer shall comply with Provider's acceptable use policy ("AUP"), posted at ________, as such policy may change from time to time. Customer is on notice that its users are likewise required to comply with the AUP. Neither this Agreement nor the AUP requires that Provider take any action against any customer or user violating the AUP, but Provider is free to take any such action it sees fit.

[Example 2]

아래는 클라우드 서비스의 제공자들이 주로 사용하는 AUP(Acceptable Use Policy; 허용되는 이용정책)의 예문이다. AUP는 서비스이용자들이 서비스를 이용하는 과정에서 서비스제공자나 다른 이용자들에게 피해를 입히거나 책임을 초래할 수 있는 이용자의 행위 등을 제한하는 내용이 포함되는데, 서비스제공자의 비즈니스의 특성에 따라 달라질 수 있다.

Date Posted: ____________

A. Unacceptable Use
Provider requires that all customers and other users of Provider's cloud-based service (the "Service") conduct themselves with respect for others. In particular, observe the following rules in your use of the Service:

(1) *Abusive Behavior*: Do not harass, threaten, or defame any person or entity. Do not contact any person who has requested no further contact. Do not use ethnic or religious slurs against any person or group.

(2) *Privacy*: Do not violate the privacy rights of any person. Do not cooperate in or facilitate identity theft. Do not collect or disclose any Personal Information without the subject's prior consent. "Personal

CHAPTER 5

Information" means information that identifies, relates to, describes, is reasonably capable of being associated with, or could reasonably be linked, directly or indirectly, with an individual person or household. Personal Information includes (without limitation) all of the following: Social Security numbers, other personal tax ID numbers, military identification numbers, student identification numbers, passport numbers, driver's license numbers, other government identification numbers, financial account data, payment card numbers, biometric information, health or medical information, insurance information, usernames, internet protocol addresses, passwords, access codes, and security questions, as well as any information that if compromised could permit a person to assume the identity of another person.

(3) *Intellectual Property*: Do not infringe upon the copyrights, trademarks, trade secrets, or other intellectual property rights of any person or entity. Do not reproduce, publish, or disseminate software, audio recordings, video recordings, photographs, articles, or other works of authorship without the written permission of the copyright holder.

(4) *Hacking, Viruses & Network Attacks*: Do not access any computer or communications system without authorization, including the computers used to provide the Service. Do not attempt to penetrate or disable any security system. Do not intentionally distribute a computer virus, launch a denial of service attack, or in any other way attempt to interfere with the functioning of any computer, communications system, or website. Do not attempt to access or otherwise interfere with the accounts of other users of the Service.

(5) *Spam*: Do not send bulk unsolicited e-mails ("Spam") or sell or market any product or service advertised by or connected with Spam. Do not facilitate or cooperate in the dissemination of Spam in any way. Do not violate the CAN-SPAM Act of 2003.

(6) *Fraud*: Do not issue fraudulent offers to sell or buy products, services, or investments. Do not mislead anyone about the details or nature of a commercial transaction. Do not commit fraud in any other way.

(7) *Violations of Law*: Do not violate any law.

B. Consequences of Violation

Violation of this Acceptable Use Policy (this "AUP") may lead to suspension or termination of the user's account or legal action. In addition, the user may be required to pay for the costs of investigation and remedial action related to AUP violations. Provider reserves the right to take any other remedial action it sees fit. However, Provider is not required to take any action against any customer or user violating this AUP.

C. Reporting Unacceptable Use

Provider requests that anyone with information about a violation of this AUP report it via e-mail to the following address: ________. Please provide the date and time (with time zone) of the violation and any identifying information regarding the violator, including e-mail or IP (Internet Protocol) address if available, as well as details of the violation.

D. Revision of AUP
Provider may change this AUP at any time by posting a new version on this page and sending the user written notice thereof. The new version will become effective on the date of such notice.

X. 계약기간 조항

1. 계약기간 조항의 이해

대부분의 계약은 일정한 계약기간(term of agreement)을 두고 계약상 권리의무를 발생시키는 것으로 하고 있으나, 계약의 구조상 계약기간의 규정이 절대적으로 필요한 것은 아니다. 예를 들어, 1회성 매매계약의 경우 거래가 완료되면 끝나기 때문에 기간을 정하지 않을 수 있으며, 합작투자계약의 경우 양 당사자가 영구적으로 사업을 같이 하기로 하면 굳이 계약기간을 정할 필요가 없다. 다만, 계약기간을 정하지 않은 계약은 당사자 간에 더 이상 계약을 유지하고 싶지 않을 경우나 다툼이나 분쟁이 생겨 계약을 종결하길 원하는 경우 어떻게 할지 문제가 될 수 있다. 계약기간이 정해져 있으면 그 기간의 만료까지 당사자 간 계약관계를 유지할 수 있어 거래관계의 예측이 가능하고 계약의 종료시에 새로운 관계를 모색할 수 있는 기회를 가질 수 있다. 한편, 비밀유지의무(confidentiality), 경업금지의무(noncompetition) 등과 같이 계약기간의 종료 이후에도 계약상 권리의무를 지속시키길 원하는 사항은 관련 조항에서 그 지속기간을 별도로 명시할 필요가 있다. 계약기간이 갱신되더라도 계약조건의 일부 변경이 요구된다면 이에 관한 사항도 명확히 할 필요가 있다. 이하에서는 Term of Agreement Clause(계약기간 조항)[119]와 관련해, (i) 계약의 효력발생일(effective date), (ii) 계약기간(duration; term), (iii) 계약의 연장(extension)이나 갱신(renewal)에 관한 사항을 관련 기재례들과 함께 살펴본다.

119 계약에 사용되는 단어 "term"은 "용어," "조건," "계약기간" 등의 다양한 의미를 가질 수 있다.

2. 계약의 효력발생일(effective date)

계약의 효력발생일(effective date)은 계약조항들이 효력을 발생하게 되는 날을 의미하며, 이는 대체로 당사자들이 계약서에 서명하는 일자(signing date)와 동일할 수 있다. 그런데, 계약의 효력발생일(effective date)과 계약체결일(signing date)이 다를 수 있는데, 이 경우 계약의 효력발생일을 계약서에 별도로 명기해야 한다.[120]

[Example]

계약의 효력발생일이 계약체결일과 다르다면, 아래 예문과 같이, 계약효력발생일에 관한 사항을 별도로 명기해야 한다.

- The effective date of this agreement is 22 June, 2021.
- This Agreement shall be effective as of the date on which the government approval for the Export License is obtained and the relevant document is presented to the Buyer.

3. 계약기간(duration)

계약기간(duration; term)은 계약이 효력을 유지하는 기간으로, 그 기간이 만료되면 당사자 간 별도의 합의가 없는 한 계약은 자동으로 종료된다. 다만, 계약기간이 효력을 유지하는 기간 동안에도 계약상 또는 법률로 정한 사유에 따라 계약기간의 만료 이전에 계약이 조기종료(early termination)될 수 있다. 즉, 계약기간이 정해져 있는 경우에도 그 기간 중 일정한 사유에 의한 계약해지(terminate for cause)나 편의상 계약해지(terminate for convenience) 등에 의해 계약이 종료될 수 있으며, 그렇지 않은 경우 계약기간의 만료(expiration)로 계약은 종료된다. 그리고, 계약기간이 도과된 경우 그 도과된 기간에 계약의 효력이 계속되는지 여부에 대한 명시적 규정이 필요하다. 사무용품이나 목재구입을 위한 단순한 1회성 계약에서는 계약기간이나 계약종료에 관한 사항이 불필요할 수 있으나, 대부분의 계약은 당사자 간의 지속적인 권리나 이행의무가 문제될 수 있기 때문에 계약기간과 함께 계약

120 계약체결 이전에 당사자들의 보증(warranties)이나 의무(obligations)가 이미 시작되었다면 계약효력발생일(effective date)은 그 보증이나 의무의 이행(performance)이 시작된 때로 소급해 기재할 필요가 있다.

종료시의 당사자 간 거래의 처리에 관한 사항을 규정할 필요가 있다. 계약기간(duration; term)[121]은 (i) 계약의 발효일(effective date; beginning date)과 계약의 만료일(expiration date; ending date)을 특정해 기재하거나, (ii) 계약의 발효일과 함께 계약기간을 기재하거나 또는 (iii) 계약효력의 발생시기나 종료시기를 일정한 조건[122]의 성취와 결합시켜 기재할 수 있다.

[Example]

아래는 계약기간의 기재방법과 관련한 기재례들이다. (Version 1)은 계약의 발효일과 종료일을 명시해 계약기간을 특정하고 있다. (Version 2)는 계약의 효력발생일을 계약체결일로 하고, 계약종료일은 연단위 등의 기간으로 정하거나 일정한 시기나 사유가 발생한 때로 하고 있다. (Version 3)는 계약의 시작일과 종료일을 특정하면서 계약의 조기종료에 관한 사항을 명시하고 있다. (Version 4)는 계약을 해지할 때까지 계약기간을 지속하기로 하는 개방형 계약기간(open-ended term)을 정하고 있다.

(Version 1)

- This Agreement's term begins on January 1, 20XX and ends on December 31, 20XX (the "Term").
- This agreement begins on 6 March 2022, and ends on 5 March 2023, subject to earlier termination under the provisions of this agreement.

(Version 2)

- This Agreement shall take effect immediately after signature by the Parties and remain in full force for a period of three (3) years.
- This agreement begins on the date the last party signs the agreement, and ends on the day preceding the second anniversary of the date the last party signs this agreement.

(Version 3)

- The Agreement's term begins on the date that the parties execute and deliver this Agreement and ends at 5:00 p.m. on the day preceding the third anniversary of the day the parties execute and deliver this Agreement (the "Term"), unless sooner terminated in accordance with the provisions

121 계약상 계약기간의 표제로, "Term" 이외에, "Duration," "Period of Contract," "Period of Performance" 등의 표현을 사용할 수 있다.

122 계약의 발효조건으로는 정부의 승인, 양 당사자의 최종확인, 특허나 일정 조건의 획득 등이 있을 수 있다.

CHAPTER 5

of this Agreement.
- This Agreement's term is three years, beginning on [January 1st, 2021] and ending on [December 31st, 2023], unless sooner terminated pursuant to the provisions of this Agreement.

(Version 4)

- This Agreement will continue until terminated by either party as specifically authorized herein.

4. 계약의 연장(extension) 또는 갱신(renewal)

계약의 연장(extension) 또는 갱신(renewal)은 계약이 최초 기간을 초과하여 지속되는 것을 말한다. 엄격히 말하면, 계약의 연장(extension)은 기존 계약을 정해진 기간 동안 추가로 지속하는 것인 반면, 계약의 갱신(renewal)은 기존 계약을 대체하는 새로운 계약을 시작하는 것이라 할 수 있다. 그런데, 계약의 연장은 실무상 계약의 갱신으로 통상 언급되며, 법원은 전체 계약의 맥락에서 해당 용어가 어떻게 사용되었는지에 따라 그 의미를 해석한다.[123] 계약상 원래 정한 계약기간만을 명시하고 그 계약기간 만료 이후 어떻게 할지 전혀 정하지 않을 수 있지만, 어느 당사자가 계약의 갱신을 원하는 경우 그 갱신의 취지를 만료일 전 일정기간 내에 상대방에게 통지를 함으로써 계약을 갱신하도록 할 수 있다. 그런데, 계약기간이 만료될 때까지 또는 그 만료이전 일정기간까지 한쪽 당사자가 상대방에게 계약해지를 통지하지 않는 한 계약기간이 자동적으로 갱신되도록 할 수 있는데, 이를 계약자동갱신조항(evergreen clause)이라 한다.[124]

계약자동갱신조항(evergreen clause)의 경우 한쪽 당사자 또는 양 당사자 모두가 계약해지를 할 권한을 갖는지, 갱신된 계약의 기간이 기존 계약기간과 동일한지 또는 갱신된 계약의 조건이 기존 계약의 조건과 동일한지 등에 관한 사항을 명확히 할 필요가 있다. 또한, 수수료 등 대금의 지급을 수반되는 계약에서 계약자동갱

123 *Camelot LLC v. AMC Showplace Theatres, Inc.*, 665 F.2d 1008, 1012 (8th Cir. 2012) (holding that the "option to extend" read within the context of the entire lease meant "an option to renew that requires new, negotiated terms")

124 미국의 일부 주들은 소비자보호를 위해, 소비자계약(consumer contract)에서 계약자동갱신조항(evergreen clause)과 관련해 그 구속력을 인정하지 않거나 또는 명확하고 눈에 띄는 고지(clear and conspicuous notice) 등과 같은 요건을 부과하기도 한다. – California Automatic Renewal Law (ARL: CAL. BUS. & PROF. CODE §§ 17600)

신조항이 있는 경우 계약갱신시 대금의 인상이 필요하다면 그 대금의 인상액이나 비율을 결정하기 위한 계약상 메커니즘(contractual mechanism)을 분명히 할 필요가 있는데, 예를 들면, 생계비나 물가의 상승 등과 연계되거나 기타 일정한 비율에 의한 인상 등 메커니즘을 정할 수 있다. 또한, 당사자 간에 계약기간의 종료시에 계약 관련 대금의 인상 등 계약조건에 대해 협의하기를 원하는 경우에는 "contract can require the parties to negotiate in good faith" 등의 문구를 기재할 수 있는데, 이 경우는 당사자 간 합의에 이르지 못하면 계약은 강제할 수 없다.

이러한 점들을 고려해, 계약의 연장 내지 갱신 조항을 작성할 때는 (i) 갱신되는 계약의 계약기간을 명확히 하고, (ii) 계약의 연장이나 갱신의 옵션권(option to extend or renew)이 부여되는 경우 옵션의 행사권자, 옵션의 행사시기, 옵션행사의 절차 등을 특정한다. (iii) 계약기간이 자동적으로 갱신되는 계약자동갱신조항(evergreen clause)의 경우 계약 갱신의 거부 내지 해지할 권리를 갖는 당사자, 당사자의 계약 갱신의 거부 내지 해지권을 행사하기 위한 통지 등 절차 및 시기에 관한 사항을 명시해야 한다.[125] 그리고, (iv) 계약이 갱신되는 때 계약조건을 기존 계약과 동일한 조건으로 할 것인지, 아니면 당사자 간 협상된 새로운 조건으로 할 것인지를 명확히 해야 한다.

[Example]

아래는 계약의 연장 내지 갱신 관련 다양한 기재례들이다. 기존 계약기간 이후 각 당사자가 계약의 연장 내지 갱신의 옵션을 가지는 경우 옵션의 행사시기 및 절차에 관한 사항과 이를 행사하지 않는 경우의 효력에 관한 사항을 규정하고, 계약기간이 자동 갱신되는 경우 한쪽 당사자 또는 양 당사자 모두에게 계약 갱신을 거부 내지 해지할 권리를 부여한다.

- This Agreement continues in force for a period of five years from the date it is made. After the initial term, the Agreement continues in force for successive five-year terms, unless and until terminated by one-year prior notice in writing by either party.
- This agreement begins on 1 July 2021, and ends on 30 June 2023. Despite

125 한쪽 당사자의 상대방에 대한 해지통지는 계약의 종료일 이전에 일정기간을 두고 통지하도록 하는데, 이때 계약상 "unless terminated by either party giving [30] days prior written notice of termination," "unless notified in writing by either party to the other of its intention to terminate" 등과 같은 문구를 사용할 수 있다.

the preceding sentence, either party may extend this agreement under the same terms for an additional two years if the party exercising the extension option sends written notice to the other party no later than thirty days before 30 June 2023. Notwithstanding anything in this paragraph to the contrary, the initial term and extended term of this agreement are subject to earlier termination under the provisions of this agreement.

- This Agreement will remain in effect for ________ years from the date of execution by both parties. Thereafter, it will renew for successive 1-year periods (each a "Renewal Term"), unless either party refuses such renewal by written notice 30 or more days before the end of the current term.
- This Agreement's term begins on January 1, 2021 and ends on December 31, 2023. It automatically renews for successive one-year terms, unless either party exercises its option to terminate this Agreement. (The initial three-year period and each successive one-year renewal, a "Term") To exercise its option to terminate the Agreement at the end of the then-existing Term, a party must deliver a written notice of termination to the other party that is received no later than 30 days before the last day of the then-existing Term.
- The term of this Agreement is [three years] from the effective date of this Agreement and shall be automatically extended for further [three years] unless a Party gives the other Party written notice of termination at least [three (3) months] prior to the expiration of the term of this Agreement or prior to the expiration of any extensions thereof.
- This Agreement shall be effective as of the date first written above and shall have an initial term of one (1) year ("the Initial Term") and shall be automatically renewed for successive twelve (12) month terms ("the Successive Period") after the end of the Initial Period, unless terminated by either Party giving written notice at least ninety (90) days before the end of the Initial Term or any Successive Period, or in accordance with the terms of this clause.

CHAPTER 6

국제거래 계약의 일반조항(General Provisions)

개요

계약의 일반조항(general provisions)은 계약의 다양한 일반적인 목적을 달성하기 위한 일련의 조항들로, 계약을 관리하기 위한 지침이나 정책 관련 규정들이 포함된다. 대표적 일반조항으로, (i) 정의조항(definitions clause), (ii) 불가항력조항(force majeure clause), (iii) 권리양도(assignment), 의무위임(delegation), 지배권변경(change of control) 등을 포함한 양도조항(assignment clause), (iv) 완전합의조항(entire agreement clause), (v) 통지조항(notice clause), (vi) 계약변경조항(modification clause), (vii) 계약상 권리포기(waiver)와 권리불포기(non-waiver) 관련 조항, (viii) 분리조항(severability clause), (ix) 세금 및 요금/비용 조항(taxes and charges/expenses clause), (x) 언어선택조항(choice of language clause), 계약해석조항(construction clause), 독립계약자조항(independent contractor clause), 표제 관련 조항(headings clause) 등이 있다. 계약의 일반조항들도 관련 거래의 성격, 당사자 간 협상의 결과, 준거법 등에 따라 다양한 사항들이 포함될 수 있으므로 그 목적과 영향을 제대로 이해하는 것이 중요하다.

계약상 사용되는 주요한 용어의 개념을 정의해 이를 계약 전반에 걸쳐 일관되게 사용하기 위해 정의조항을 두는데, 이는 별도 규정으로 하거나 관련 계약조항의 문맥에서 해당 용어를 통합해 정의(integrated definition)할 수 있다. 불가항력조항은 화재, 홍수 등 자연재해나 전쟁, 소요사태 등 당사자의 합리적인 통제를 벗어난 사건들로 인해 당사자가 계약상 의무를 이행할 수 없게 된 때 이를 처리하기 위한 것으로, 불가항력 사유의 범위와 사후조치 등에 관한 사항을 규정한다.

계약상 권리의 양도는 대금징수나 자산매각 등 다양한 비즈니스 사유로 흔히 일어날 수 있다. 계약당사자가 특정한 권리만을 양도할 수 있도록 하거나 상대방의 사전 서면동의가 있어야만 양도할 수 있도록 하는 등 양도제한규정을 둘 수 있는데, 준거법에 저촉되지 않는 한 그 효력이 발생한다. 기업 지배권의 변경(change of control)이나 기업분할(divestiture)이 일어나는 때 계약상 권리의 양도와 다른 복잡한 이슈가 있을 수 있으므로 관련 사항을 별도로 명시할 필요가 있다. 완전합의조항은 영미계약법상 Parol Evidence Rule(구두증거배제의 원리)에 따라 당사자들의 서면계약이 전체적이고, 완전하고, 최종적인 합의라는 점을 명시해, 그 서면계약 체결 이전 협상과정에서 당사자 간 논의된 내용은 그 서면계약에 기재되지 않는 한 당사자 간 계약내용에 포함되지 않는다는 규정이다.

계약 관련 당사자 간 의사소통을 위해 국제우편을 포함한 통지의 수단과 방법 및 절차, 효력발생시기 등을 정하는 통지조항을 규정하고, 계약변경의 규칙을 정하기 위해 계약변경조항을 둔다. 계약상 당사자의 일정한 권리포기가 다른 권리에 영향을 미치지 않는다는 내용의 권리불포기조항을 두고, 분리조항은 특정한 계약조항이 불법 등으로 무효가 되거나 강제할 수 없더라도 나머지 조항은 유효한 계약조항으로 강제할 수 있다는 점을 명시한다. 또한, 당사자 간 거래과정에서 발생하는 세금이나 비용의 부담에 관한 규정을 비롯해 계약상 사용되는 언어를 특정하고, 계약당사자 간 독립적인 법적 지위를 갖는다는 점을 확인하는 규정을 둘 수 있다.

Ⅰ. 개 관

계약의 일반조항들(general/miscellaneous provisions)은 계약의 다양한 일반적인 목적을 달성하기 위한 일련의 조항들을 통칭하는 것으로, 일반조항에는 대체로 계약이 어떻게 이행될지(how the contract will be implemented)에 대한 지침과 정책(instructions and policies) 등이 포함된다.[1] 이러한 계약의 일반조항들에는 (i) 계약상 사용되는 용어를 정의(definitions)하거나, (ii) 계약내용의 강제성 등 계약의 해석에 사용되는 규칙(interpretation rules), (iii) 계약과 관련된 문제에 대한 당사자 상호간 의사교환(communication)을 하기 위한 절차, (iv) 계약상 권리의 양도(assignment)나 의무의 인수(delegation), 또는 계약조항의 변경(modification) 등에 관한 사항들이 대체로 포함된다. 계약의 일반조항이 핵심조항(core provisions)에 비해 당사자 간 주요한 협상사항이 되지 않는다고 하더라도, 해당 거래와 관련된 잠재적 이슈가 있을 수 있기 때문에 그 내용의 모호성과 예상치 못한 오류가 있는지를 확인해야 한다. 즉, 계약의 일반조항이라고 하더라도, 정형화된 규정만을 두는 것이 아니라 해당 계약의 운영에 중요한 역할을 하며, 관련 거래의 성격, 당사자 간 협상의 결과, 준거법 등에 따라 다양한 사항들이 포함될 수 있으므로 그 내용을 신중히 검토할 필요가 있다. 이에, 계약의 일반조항에 속하는 개별 조항도 그 목적과 영향을 제대로 이해하고 내용을 작성하는 것이 중요하다.

한편, 기존 계약서에 기재된 일반조항들을 활용하는 경우에도, 그 일반조항들은 현재 거래와 다른 협상의 결과에 따라 작성된 것이므로 단순히 기존의 다른 계약이나 표준계약양식에 있는 유사한 조항을 그대로 차용(cut and paste)해 사용하지

---

1 영문표현으로 "General Provisions/Clauses" 또는 "Miscellaneous Provisions/Clauses"라고 부르는 조항들은 대체로 우리말로 "계약의 일반조항"이라 하는데, 실무상 이를 "Administrative Provisions," "Housekeeping Provisions," "Boilerplate Provisions" 등으로도 부른다. "Boilerplate"라는 용어는 원래 보일러(boiler) 엔진에 부착된 금속 식별판(metal identification plates)을 의미하는데, 19세기 후반에 이는 반복적으로 신문을 인쇄하는 데 사용된 문자가 찍혀져 있던 강철판을 뜻하는 것으로 사용되었다. 이와 같은 맥락에서, "Boilerplate"는 흔히 일정한 목적에 적합하게 마련된 표현이나 문서의 의미로 계약의 표준문안이나 표준조항을 모아 놓은 계약부분을 의미하게 되었다. — Black's Law Dictionary (11th ed., 2019); Lenné Eidson Espenschied, 『Contract Drafting: Powerful Prose in Transactional Practice』 (American Bar Association, 3rd ed., 2019), at 295; Bryan A. Garner, 『A Dictionary of Modern Legal Usage』 (Oxford University Press, 2nd ed., 2001).

않아야 한다. 따라서, 기존 계약조항의 내용을 구체적으로 검토해 해당 거래에 적합한지와 관련 당사자의 계약상 의도와 이익을 정확히 반영할 수 있는지를 확인해야 한다. 계약의 일반조항들(general/miscellaneous provisions)은 계약서의 말미부분, 즉 계약의 종료조항(exit clause)과 분쟁해결조항(dispute resolution clause) 이후 계약의 종결진술(concluding statement)이 있기 이전에, "Miscellaneous Provisions/Clauses" 또는 "General Provisions/Clauses"라는 표제하에 배치되는 경우가 많다.[2] 여기서는 영문계약상 사용되는 대표적인 일반조항으로, (i) 정의조항(definitions clause), (ii) 불가항력조항(force majeure clause), (iii) 권리양도(assignment), 의무위임(delegation), 지배권변경(change of control) 등과 관련된 양도조항(assignment clause), (iv) 완전합의조항(entire agreement clause), (v) 통지조항(notice clause), (vi) 계약변경조항(modification clause), (vii) 계약상 권리포기(waiver)와 권리불포기(non-waiver) 관련 조항, (viii) 분리조항(severability clause), (ix) 세금 및 요금/비용 조항(taxes and charges/expenses clause), 그리고 (x) 기타 조항들로, 언어선택조항(choice of language clause), 계약해석조항(construction clause), 독립계약자조항(independent contractor clause), 표제 관련 조항(headings clause) 등을 자세히 살펴본다.

Ⅱ. Definitions Clause(정의조항)

1. 정의조항(definitions clause)의 이해

계약상 정의조항(definitions clause)은 계약서에서 사용되는 용어를 정의하는 규정이다. 계약서에는 거래상 기술적·전문적 용어나 표현을 사용할 수 있고, 관련 거래에서 사용되는 단어나 표현이 확장되거나 제한되어 그 사전적 의미와 다를 수 있으므로 계약서상 용어의 의미를 명확히 할 필요가 있다. 계약서는 또한 당사자 간 분쟁이 발생한 경우 증거의 역할을 할 수 있기 때문에 제3자가 보더라도 누가 무슨 거래를 하는지를 용이하게 파악할 수 있어야 한다. 이에, 계약서상 사용되는 용어를 정의하고 정의된 용어를 일관되게 사용함으로써 계약내용의 혼동을 줄이고

2 계약조항을 계약서상 어디에 배치하는지에 따라 계약상 중요성이 결정되지는 않는다. 이에, 계약의 일반조항들이 계약서의 말미부분에 배치된다고 하더라도, 이는 계약의 일반조항들이 핵심조항 등 다른 조항들에 비해 덜 중요하다는 것을 의미하지는 않는다.

명확성을 높일 수 있다. 당사자들이 계약상 사용하는 일정한 용어가 동일한 의미(same meanings)로 해석(interpretation)되도록 하기 위해, 정의조항(definitions clause)에서 정의된 용어(defined term)는 그 의미를 명확히 하여 계약서 전반에 걸쳐 일관되게(consistently) 사용되어야 한다. 예를 들어, 계약상 의무를 일정한 날로부터 "thirty days" 내에 이행하기로 한 경우 계약에 기재된 날짜 수를 계산함에 있어 "day"의 의미는 나라마다 다를 수 있고, 그 정의에 따라 단순히 달력상 날짜(calendar day)로 할 것인지, 은행영업일(banking day) 내지 영업일(business day)로 해야 하는지 달라질 수도 있어, "day"의 의미 해석에 따라 계약당사자 간 법률의 적용이나 효과에 커다란 차이를 가져올 수 있다. 또한, 계약서상 "Confidential Information"에 관한 정의규정을 두는 경우 단순히 막연한 비밀정보를 뜻하는 것이 아니라 계약상 특정한 대상이나 내용의 정보에 한정할 수 있다. 이와 같은 특정한 용어의 뜻을 계약서에 분명히 정의해 일관되게 사용함으로써 계약과 관련된 분쟁을 예방할 수 있다.

정의조항(definitions clause)에서는 계약상 특유한 의미를 가지는 단어나 문구의 의미를 정의된 용어(defined term)로 기재한다. 이러한 정의된 용어는 대체로, (i) 단어나 문구가 합리적으로 하나 이상의 상충되는 의미(conflicting meaning)를 가질 수 있는 모호성(ambiguity)을 해결하기 위한 경우, (ii) 일상의 표현보다 더 광범위한 의미를 가지는 단어나 문구에 특별한 의미(special meaning)를 부여하기를 원하는 경우,[3] (iii) 계약 전체를 통해 반복적으로 사용되는 문구를 단축하고자 하는 경우,[4] (iv) 계약서상 언급되는 명칭이 긴 때 그 명칭을 완전한 형태로 반복해 언급하기보다 이를 축약한 정의된 용어로 특정하고자 하는 경우[5] 등에서 사용된다. 정의된 용어(defined term)는 효율적으로 사용할 필요가 있는데, 계약서상 단지 한 번만 사용되는 용어의 개념을 규정하기 위해 그 용어를 정의하는 것은 불필요하다. 계약상 용어의 정의는 개념정의가 필요한 용어들을 모아서 별도의 정의조항(definitions clause)을 두는 것이 일반적인데, 관련 계약조항에서 해당 용어가 다른 내용들과 결

3 예를 들면, 일상표현에서 "product"는 다양한 비즈니스에서 생산되는 모든 유형의 물품을 의미할 수 있지만, 판매점계약(distribution agreement)에서 사용되는 "product"라는 용어는 공급자가 판매점에게 공급하는 특정한 물품(specific goods)을 뜻하는 것으로 제한될 수 있다.

4 예를 들면, 판매점계약에서, "sandals, belts, watchbands, and sunglass retainers produced by the Supplier" 등과 같이 공급자에 의해 생산되는 각종 물품이 많고 계약상 이를 매번 반복해 언급하기 번거로운 경우 그 물품들을 "Product"라는 용어로 통칭해 사용할 수 있다.

5 예를 들면, "Samar Corp., the supplier of the products for distribution"으로 길게 표기되는 당사자 표시를 "Samar" 또는 "Supplier"로 줄여 특정할 수 있다.

합되어 그 조항에서 개념정의를 하는 것이 효율적인 경우에는 해당 조항의 문맥에 통합해 정의(integrated definitions)할 수 있다.[6]

2. 정의조항(definitions clause)의 법적 성격 및 배치방법

앞서 계약의 구성개념(contract concepts)에서 살펴본 바와 같이, 정의조항(definitions clause)은 당사자 간 합의사실에 대한 선언으로 계약상 Declaration(사실에 대한 선언)의 성격을 갖기 때문에 그 자체로 실체적 효과가 있는 것은 아니다. 이에, 정의규정에서 당사자에게 이행의무를 부과하거나 책임을 물리는 것은 적절하지 않으며, 용어를 정의하면서 그 의미의 해석에 혼동을 가져올 수 있는 표현은 피해야 한다. 즉, 정의조항의 법적 성격을 명확히 하고 그 의미의 혼동을 피하기 위해, 계약의 조건, 당사자들의 권리의무 등을 나타내는 실질적 계약요건(substantive requirements)을 정의규정에 포함하지 않도록 해야 한다. 예를 들어, "'Territory' means the Territory, where Distributor shall promote, advertise, and distribute the Product."와 같이 "Territory"를 정의하는 문장에서, 밑줄친 부분은 판매점의 의무(distributor's obligation)를 나타내는 것이므로 정의규정에는 적합하지 않으며, 당사자들의 실질적인 계약내용을 다루는 이행의무 관련 조항(covenant clause) 등에서 기술해야 한다.[7] 따라서, 정의조항(definitions clause)은 해당 용어의 정의를 나타내는 데 초점을 맞추어 가급적 협소하게 기술하고 실질적인 추가정보를 포함하지 않고 단순히 정의된 용어(defined term)를 설명해 주는 용도로만 사용해야 한다. 다만, 계약상 다른 실체적 내용이 부가되는 경우에는 그 자체로도 계약당사자의 권리의무에 영향을 미치는 법적인 실체적 효과를 발휘할 수 있다. 즉, 정의조항이 다른 의무 내지 약속규정과 결합한 경우 강행법규에 반하지 않는 한 그대로 효력을 발생할 수 있는데, 이때는 당사자의 권리의무의 범위를 좌우할 수 있다. 소프트웨어 라이선스계약, 기술서비스계약 등과 같이 계약의 대상이나 주제가 복잡하거나

6 일반적으로 계약서에 사용되는 정의된 용어(defined term)가 5개 미만인 경우 별도의 정의조항를 두기보다는 그 용어가 처음 사용되는 조항에서 문맥상 개념정의(integrated definitions)을 하고, 정의된 용어가 5개 이상인 경우 정의규정(definitions clause)에서 정의된 용어들을 모두 모아 한꺼번에 정의하는 것이 편리하다.

7 계약의 구조개념상 Representation(진술), Warranty(보증), Covenant(이행의무) 관련 규정은 소송을 통해 관련 당사자에게 책임을 물을 수 있지만, Declaration(사실에 대한 선언)의 일종인 정의규정(definitions)만으로는 소송을 제기할 수 없다.

정의할 용어가 많은 경우 독자들이 계약서의 여러 군데서 정의된 용어를 일일이 찾기 어려울 수 있으므로 별도의 용어집(glossary)이나 정의조항(definition section; autonomous definition)에서 그 용어들을 목록화해 한꺼번에 기술하는 것이 좋다. 그리고, 정의조항(definitions clause)은 사용될 용어의 의미를 용이하게 파악할 수 있도록 알파벳 순으로 정의된 용어들(defined terms)을 나열하는데, 대부분 계약서 전문 바로 다음 계약서의 본문 시작부분에 별도의 단일 조항으로 배치한다.[8]

3. 정의조항(definitions clause) 관련 유의점 및 기재례

정의조항(definitions clause)의 제목은 "Definitions"라 하고, 정의된 용어들(defined terms)은 알파벳 순서로 정렬해 목록화한다. 계약서에 두 번 이상 사용되지 않는 용어는 정의된 용어로 규정할 필요는 없으며, 계약서의 서문에 정의된 용어를 규정하지 않아야 한다. 용어를 정의한 경우 필요할 때마다 그 정의된 용어(defined term)를 사용해야 하고, 개별 정의내용에 관해서는 하나의 정의된 용어만을 만들어서 오직 그 용어만을 사용해야 하며, 계약서 전체에 걸쳐 정의된 용어는 일관되게 사용해야 한다. 그리고, 계약상 모호한 정의(ambiguous definition)는 그 용어가 사용되는 계약서의 모든 내용을 오염시킬 수 있기 때문에 정의된 용어의 의미는 명료해야 한다.

3.1 정의문장(definition sentence)의 구조 및 유의점

정의조항(definitions clause)에서 기술되는 정의문장(definition sentence)은 크게 세 부분으로 나눌 수 있는데, (i) 문장의 주어는 정의된 용어(defined term)로 하며, (ii) 문장의 동사는 기본적으로 "means"를 사용하고 경우에 따라 "includes," "excludes" 등으로 대체해 표기할 수 있고, (iii) 정의된 용어의 구체적 개념은 동사 이하에서 나타낸다. 특히, 정의문장의 동사와 관련해 다음 사항을 유의할 필요가 있다.

① 정의문장의 동사는 단일한 정의된 용어 자체를 주어로 하기 때문에 일반적

8 정의된 용어들은 정의되는 용어의 개념을 용이하게 파악할 수 있도록 대체로 계약서 본문 시작부분의 정의조항에서 규정하는데, 인수계약 등과 같이 복잡하거나 내용이 많은 계약의 경우 정의된 용어를 모아 놓은 용어집의 형태로 계약서의 마지막 또는 계약서에 별첨된 부수문서로 배치할 수 있다.

으로 복수형태인 "mean"으로 쓰지 않고, 단수형태인 "means"를 사용한다.

② 용어의 정의가 배타적인 목록이나 기술을 나타내는 것이 아니라면, 정의된 용어는 "includes"라는 동사를 사용해 표현할 수도 있는데, 이때는 그 정의에 대한 예외가 있는지 생각해 볼 필요가 있다. 다만, "includes," "does not include" 등은 해당 용어의 전체 개념을 나타낼 수 없어 당사자 간 분쟁 가능성이 있으므로 가급적 사용하지 않는 것이 좋다. "means and includes"와 같이 "means"와 "includes"를 함께 사용하는 경우 해당 정의의 의미가 완전하면서 동시에 불완전한 것으로 유추될 수 있기 때문에 어떠한 해석이 의도되었는지에 대한 모호성을 야기할 수 있어 동시에 두 동사를 한꺼번에 사용하지 않아야 한다.[9] 그런데, "'Territory' means the United States, <u>including</u> its territories and possessions."와 같이 정의규정에 포함되는 사항의 예를 들거나 목록화하는 경우에는 "including"이라는 단어를 사용할 수 있다. 다만, "including"이라는 단어만을 사용하는 경우 목록화된 항목에 제한되는 것으로 해석될 여지가 있는데, 당사자들이 그러한 제한된 의미로 사용하길 의도하지 않았다면 "including without limitation" 또는 "including but not limited to" 등의 문구를 열거목록 앞에 사용하는 것이 좋다.[10]

③ 정의된 용어의 의미에서 일정한 사항을 제외하기 위해서, 정의된 용어의 동사로 "excludes"를 사용할 수 있다. 예를 들면, "'Telephone' means an instrument for reproducing sound at a distance, but <u>excludes</u> cellular telephones that do not take photographs." 그리고, 정의에 포함되지 않는 제외항목을 나타내고자 하는 경우 "'Territory' means the United States, <u>excluding</u> its territories and possessions."와 같이, "excluding"이라는 단어를 쓴 다음 제외항목을 명기할 수 있다.

④ 정의문장은 사실에 대한 선언(declaration)을 나타내기 때문에 문장의 동사는 현재시제를 사용한다. 정의문장의 동사부분을, 예를 들면, "'Mechanical Failure' shall mean ..."과 같이 "shall mean"으로 표시하는 경우도 있는데,

---

9 "means"는 용어의 개념이 정의된 용어와 동등한 것이고, 그 이외의 사항은 포함되지 않는다는 의미인 데 반해, "includes"는 개념문구에 기재된 것뿐 아니라 그 개념 이외의 것도 있을 수 있다는 것을 의미하므로, 두 가지 동사를 함께 쓰는 경우 일관성이 없어진다.

10 다만, 필요 이상으로 긴 예시를 목록화하지 않아야 하는데, 예시목록이 보다 상세할수록, 그 목록의 내용은 더 제한적으로 해석될 수 있기 때문이다. 이와 같은 계약해석의 원리에 관한 자세한 내용은 저자 집필 『영미계약법 원리』 (유원북스, 2021), 573페이지 이하를 참고하기 바란다.

조동사 “shall”은 당사자의 이행의무를 나타낼 때 사용하는 용어로 “shall mean”의 형태로 쓰지 않고 “means”로 기재한다.

⑤ “‘Register,’ ‘Registered,’ and ‘Registration’ refer to a registration effected by preparing and filing a registration statement under the 1933 Act …”와 같이 정의된 용어가 둘 이상의 형태로 사용되어 그 정의된 용어의 품사가 개념정의의 품사와 일치하지 않는 경우 정의문장의 동사는 “refer to”를 사용하는 것이 좋다.

3.2 정의된 용어(defined term)의 기재방법

계약서에 사용된 단어나 문구가 그 자체로 명확한 의미를 가지거나, “litigation”과 같이 정의가 필요없는 일반적인 법률용어에 대해서는 정의된 용어(defined term)를 사용하지 않는다. 앞서 정의조항의 법적 성격에서 살펴본 바와 같이, 실질적인 계약규정(substantive provisions)을 정의조항에 포함해서는 안 되며, “Employer”나 “Employee”와 같이, 몇 개의 문자에 의해서만 구분이 되는 정의된 용어를 사용하는 것은 가급적 피해야 한다. 그리고, 계약서상 정의된 용어를 쓸 때 그 용어가 계약서 전체에서 올바르고 일관되게 사용되었는지, 정의된 용어로 사용된 모든 용어가 실제로 제대로 개념정의가 되었는지 확인하기 위해 면밀한 교정작업(proofreading)도 요구된다. 정의된 용어(defined term)를 기술할 때 유의할 주요 사항은 다음과 같다.

① 정의된 용어가 보통명사인 경우 이를 개념화하는 데 특별히 복수형을 사용하는 것이 더 간편하지 않는 한, 단수형만을 사용하는 것이 좋다. 다만, 정의된 용어의 형태를 단수형과 복수형 모두를 사용해야 되는 경우에는 정의된 용어를 처음 표시할 때 단수형과 복수형이 모두 대체적으로 사용 가능하다는 점을 언급할 필요가 있다.

② 계약내용의 모호함(ambiguity)을 피하고 해당 용어가 정의된 개념이라는 것을 용이하게 파악할 수 있도록, 정의된 용어의 첫 글자는 항상 대문자로 표기한다.[11] 예를 들어, 계약당사자에 의해 공급되는 “product”를 정의하는 경우 첫 글자인 “p”를 대문자로 하여 “Product”라고 기재하는 것과 같다. 정의된 용어를 강조하기 위해, 정의된 용어 전체는 볼드체(bold)나 이탤릭체

11 이때 워드프로그램 Word processing programs 상 “FIND” 또는 “SEARCH” 기능을 통해 계약서상 정의된 용어의 위치를 파악해 필요한 곳에 정의된 용어가 사용되었는지를 확인할 수 있다.

(italics)로 표시하고, 인용부호(quotation marks) 안에 그 정의된 용어를 표기하는데, 이때 인용부호를 볼드체나 이탤릭체로 하지는 않는다. 예를 들면, "**Mechanical Failure**" 등과 같이 정의된 용어를 표기한다. 다만, 인용부호(quotation marks)는 생략할 수 있다. 정의된 용어를 정의한 이후에는 정의된 용어의 첫 글자는 계속 대문자로 표기하며, 그 서체는 대체로 볼드체나 이탤릭체가 아닌 정규 서체를 사용한다.

③ 정관사 "the"는 계약서의 다른 곳에서 정의된 용어와 함께 사용될 수 있는데, 정의문장(definition sentence) 안에서는 일반적으로 정의된 용어 앞에 정관사 "the"를 붙이지 않지만, 계약의 본문에서 사용할 때는 계약상 유사한 다른 단어들과 혼동을 피하기 위해, "the + 대문자"의 형태로 기재한다.[12] 그리고, 정의조항상 개별 정의문장은 해당 용어를 개별적으로 정의하는 것이므로 그 문장의 끝에는 세미콜론(semicolon)을 찍지 않고 마침표(period)를 찍는다.

④ 정의된 용어를 선택할 때, "house," "townhouse," "condominium" 등의 용어보다는 "residence"와 같이, 독자들에게 개념의 본질에 대한 정보를 보다 명확히 전달할 수 있는 정의된 단어를 선택할 필요가 있다. 그런데, 해당 단어나 문구의 개념이 통상적 의미보다 다양해 그 개념을 구체적으로 특정할 필요가 있다면, "book"보다는 "e-book"과 같이 정의된 용어로 보다 구체적인 형태의 단어를 선택하는 것이 좋다. 다만, 사용되는 용어가 개념상 통상적인 의미를 가진다면 별도로 개념을 정의할 필요는 없다.

⑤ 정의된 용어를 만든 경우 계약서의 다른 문맥에서 정의된 용어와 같은 단어를 사용하는 것은 피해야 한다. 예를 들어, "Product"를 대문자 표기해 정의

12 계약서상 정의된 용어(defined term)와 함께 정관사 "the"를 사용해야 하는지, 예를 들어, "the Company" 또는 "Company"와 같이, "the"를 정의된 용어 앞에 붙여야 하는지 문제된다. "the"는 보통명사와 함께 사용되는 정관사이므로, 계약서에서 "the Bank"라고 기재하면 일반적인 아무 은행이나 지칭하는 것이 아니고, 특정한 은행(particular bank)만을 지칭하는 의미를 갖는다. 정의된 용어를 나타낼 때 정관사 "the"를 사용할 수도 있고 생략할 수도 있는데, 이는 정의된 용어를 보통명사로 인식하는지 아니면 계약상의 목적만을 위해 만들어진 임시의 명칭으로 인식하는지 여부에 달려 있다. "Company"를 특정 업체를 식별하는 보통명사로 인식한다면 "the Company"와 같이 "the"를 붙이는 것이 좋다. 그런데, "Company"를 대체적인 임시 명칭으로 인식한다면 특별히 정관사를 사용할 필요가 없다. 결국, 계약서상 용어는 계약 전반에 걸쳐 일관되게 사용하는 것이 중요하기 때문에 해당 용어를 "the Company"로 선택했다면 매번 정관사 "the"를 사용하고, "Company"를 선택했다면 매번 정관사 "the"를 사용하지 않아야 한다.

해 놓고, 다른 문맥에서 소문자 "product"를 따로 계약서 내에 사용하는 경우 혼란을 가져올 수 있으므로 정의된 물품 이외의 물품을 표현하길 원한다면 정의된 용어와 구별하기 위해, "product"를 "merchandise" 등 다른 단어로 사용할 필요가 있다.

⑥ 축약형 표현(abbreviation)[13]을 사용하는 경우 이를 축약되기 이전의 원래 단어나 문구와 함께 대체적 정의된 용어(alternative defined term)로 사용하기보다는 둘 중 하나를 선택해 일관되게 전체 계약상 사용하는 것이 좋다. 예를 들어, "'Customer Service Request' or 'CSR' means ..."와 같이 두 가지 표현을 정의된 용어로 모두 사용하기보다는, "Customer Service Request means ..." 또는 "CSR means ..." 등과 같이 둘 중 하나의 표현으로 정의된 용어를 통일해 사용하는 것이 좋다. 널리 알려진 두음문자(initialism)라 하더라도 그 정의를 명시할 필요가 있다. 예를 들어, 증권업계에서 널리 알려진 "SEC"라는 두음문자를 쓰는 경우에도 "the US Securities and Exchange Commission"이라고 그 전체 용어로 개념정의를 기재하는 것이 혼란을 방지할 수 있다.

⑦ 정의된 용어와 동일한 단어를 사용해 개념을 정의하는 순환정의(circular definitions)는 하지 말아야 한다. 예를 들어, "Liabilities means Distributor's liabilities."라는 문장의 경우 "liabilities"라는 용어를 정의하는 데 같은 용어인 "liabilities"라는 단어를 또 사용하는 것으로, 총판의 책임(distributor's liabilities)이라는 것을 단순히 특정하는 것 이외에 정의된 용어인 "liabilities"가 구체적으로 무엇을 의미하는지에 대한 내용이 없어 해당 용어의 개념을 이해하는 데 아무런 도움이 되지 못한다.

⑧ 정의된 용어를 계약서 내의 다른 문장에서 사용할 때, 그 용어의 간결성과 혼동을 피하기 위해, 정의된 용어의 일부로 사용된 용어나 단어를 별도로 반복할 필요가 없다. 예를 들어, "Shares means the issued and outstanding

13 정의된 용어(defined terms)는 "acronym" 또는 "initialism" 등 두문자어/머리글자를 사용하는 축약문자/약어(abbreviation)형태로 표기할 수 있다. 여기서, "acronym"과 "initialism"을 엄격하게 구별하자면, "The Chicago Manual of Style"에 따르면, "acronym"은 AIDS, laser, NASA, scuba 등과 같이 다양한 요소들의 머릿글자(initial letters)에 기초한 단어로 하나의 단어로 읽히는 용어를 말하는 반면, "initialism"은 IRS, NBA, XML 등과 같이 일련의 문자들로 읽히는 용어를 말한다. 예를 들어, "ERISA"는 계약에서 사용되는 "acronym"이며, "SEC"는 "initialism"의 예라 할 수 있다.

common shares of the Company."와 같이 "Shares"의 정의규정을 두고 있다면, "Party A shall deliver 500 Shares of the Company to B."와 같이 "of the Company"라는 표현을 반복해 사용하지 말고, "Party A shall deliver 500 Shares to B."와 같이 정의된 용어인 "Shares"용어만을 사용한다.

⑨ 정의내용의 명확성을 위해, 통합된 정의(integrated definition)는 독립적 개념정의(autonomous definition)에 포함하지 않는 것이 좋다.[14] 예를 들어, "Effective Date means the date on which the Registration Statement is declared effective by the Securities and Exchange Commission (the "SEC")."와 같이 "Effective Date"라는 용어를 정의하면서 또 다른 정의된 용어인 "SEC"를 포함하게 되면 해당 조항의 내용이 복잡해질 뿐만 아니라 혼동이 생길 수 있으므로 가급적 정의된 용어들은 별도로 분리해 기재한다.

⑩ 정의된 용어로 계약을 정의할 때는 해당 계약서의 서문(preamble)에 기재되어 있는 계약의 명칭, 계약일과 계약당사자들의 정보를 사용해 계약서를 특정해야 한다. 예를 들면, "Credit Agreement means the Credit Agreement, dated April XX, 20XX, between the Borrower and the Lender, as amended from time to time."와 같이 계약서를 특정한다.

⑪ 정의된 용어(defined terms)는 긴 명칭의 반복을 최소화하기 위해 짧은 참조(shorthand reference)로 사용된다. 즉, 회사를 언급할 때마다 "International Business Machines Corporation"이라고 표현하기보다는 "IBM," "Company," "Corporation," "Employer," "Purchaser" 등 맥락에 따른 적절한 단어의 정의된 용어로 기재하는 것이 계약서를 간결하게 만들 수 있다. 예를 들어, "This Agreement is between International Business Machines Corporation, a Delaware corporation ("IBM") and Meritage Partners, LLC, a Georgia limited liability company ("Meritage")."와 같이 당사자들의 명칭을 "IBM"과 "Meritage"로 표기할 수 있다.

⑫ 정의된 용어가 별도의 정의조항(definitions clause)이 아닌 계약서의 본문의 다른 조항에 통합된 정의(integrated definition) 형태로 기재되어 있는 경우 정의조항에서 그 통합된 정의를 언급할 때 그 통합된 정의가 있는 조항을 명시할 필요가 있다. 즉, 독자들이 용이하게 정의규정을 확인할 수 있도록, 정의

14 다만, 다른 개념정의가 해당 정의개념에만 사용되는 경우 함께 기재할 수는 있다.

조항상 정의된 용어를 알파벳 순서에 따라 목록화하고, 그 정의된 조항과 관련된 통합된 정의가 있는 조항을 정의조항에서 상호참조(cross-reference)해 표기한다. 예를 들면, "'Rent' is defined in Section XX.XX."와 같이 나타낼 수 있다.

⑬ 정의조항에서 외부의 문서나 법규 또는 조약 등 출처를 언급할 경우 그 외부출처(outside reference)를 명시할 필요가 있다. 계약체결 이후 정의조항에 언급된 출처내용이 변경된 경우 체결된 계약에 그 변경된 사항도 포함되는지 모호(ambiguity)할 수 있다. 이에, 외부 법규의 출처(outside legal source)가 시간이 지남에 따라 변경될 수 있다면, 그 정의시 해당 법규가 계약체결시의 법규만을 의미하는지 또는 장래 그 법규가 개정되는 경우 그 개정사항도 포함할 것인지를 명확히 해야 한다. 그리고, 계약서를 언급할 때에도 해당 계약서가 그 계약체결 당시의 계약내용으로 할지 또는 장래 그 계약내용의 변경이 있는 경우 그 변경사항도 포함할 것인지를 명시해야 한다. 따라서, 정의조항에서 관련 법규나 자료 등 출처를 언급할 때에는 그 언급된 사항이 변경될 수 있다는 점을 명시할 필요가 있다. 예를 들면, 계약체결시의 법규만을 언급하는 경우 "as of the date of this Agreement"라고만 할 수 있으나, 향후 변경된 법규도 포함하는 경우에는 "as in effect from time to time" 또는 "as amended from time to time" 등의 문구를 삽입해 장래 변경된 법규도 포함될 수 있다는 점을 나타낸다.

[Example 1]

아래는 정의조항(definitions)상 정의된 용어(defined term)의 기재례들인데, 정의된 용어의 표기시 인용부호(quotation marks)를 사용하는 것이 일반적이지만 이를 생략할 수도 있다. 마지막 두 개 예문들은 정의된 조항과 관련된 통합된 정의(integrated definition)가 따로 있는 경우 그 통합된 정의규정을 상호참조(cross-reference)해 표기한 것이다. 정의조항에서 정의된 용어를 언급하기 이전에, 계약상 달리 명시되지 않는 한, 해당 정의된 용어가 계약에서 사용될 때마다 그 정의된 용어의 의미를 갖는다는 점을 명시할 필요가 있다.[15]

15 정의조항(definitions)의 서두에 "The terms defined in this Article have the meanings ascribed to them herein whenever they are used in this Agreement, unless otherwise clearly indicated by the context."와 같은 문구를 기술할 수 있다.

CHAPTER 6

- **"Agreement"** means this International Distribution Agreement and all schedules and exhibits attached to it, as in effect at any given time.
- **"Confidential Information"** means information regarding the manufacture, design, pricing, or marketing of the Products and all other information regarding Supplier's business, excluding information that is, or becomes, public or general industry knowledge through no fault of Distributor.
- **"Dollar"** means the lawful currency of the United States of America.
- **Force Majeure Event** means war, flood, lightning, drought, earthquake, fire, hurricane, cyclone, tornado, explosion, civil disturbance, terrorism, military action, epidemic, government action, or labor strike.
- **"Products"** means semiconductors to be produced and supplied by the Seller in accordance with the Specifications.
- **Subsidiary** means any corporation with respect to which the Borrower owns more than 50% of the issued and outstanding shares.
- **"Order"** means Distributor's request to purchase Product as designated on an Order Form.
- **"Order Form"** has the meaning assigned to it in Section 4.1.
- **Competition** is defined in Section 5.3.

[Example 2]

아래는 정의조항에서 관련 법규나 계약 등 외부출처(outside reference)를 언급할 때 기재례들이다. (Version 1)은 해당 계약의 체결 당시 법규만을 포함하거나 또는 변경된 법규도 포함하는 경우의 예문이다. (Version 2)는 해당 계약의 체결 당시 계약만을 포함하는 경우의 예문이며, (Version 3)는 해당 계약의 체결 당시 계약뿐만 아니라 이후의 변경된 계약도 포함하는 경우의 예문이다.

(Version 1)

- **"CERCLA"** means the federal Comprehensive Environmental Response, Compensation, and Liability Act of 1980, as amended [as of the date of this Agreement] [from time to time].
- **"FDA"** means the Canadian Food and Drugs Act (R.S.C. 1985 c. F-27) in effect at any given time.

(Version 2)

Credit Agreement means the Credit Agreement, dated April XX, 20XX, between the Borrower and the Lender as of the date of its signing.

(Version 3)

- **"Credit Agreement"** means the Credit Agreement, dated April XX, 20XX, between the Borrower and the Lender, as amended from time to time.

- "**Lease**" means the equipment lease agreement, dated 21 January 2021 between Party A and Party B in effect at any given time.

4. 통합된 정의(integrated definition)의 문제와 유의사항

계약상 사용되는 용어를 정의할 때 독립된 정의조항(definitions clause)이 아닌 계약서의 관련 조항이나 문장에서 통합해 정의할 수 있다. 이처럼 계약서상 특정한 용어를 정의조항에서 정의하지 않고, 계약서상 그 용어가 처음으로 사용되는 계약서 본문의 다른 조항이나 문장에서 용어를 정의하는 것을 통합된 정의(integrated/contextual/embedded definition; 문맥상 정의)라 한다. 독립된 정의조항의 경우 정의된 용어를 위한 별도의 문장을 설정하거나 용어집을 만드는 반면, 통합된 정의(integrated definition)는 계약조항의 필요한 곳에서 그 조항에 포함된 문장의 일부를 괄호 등을 사용해 정의된 용어(defined term)를 만든다. 정의된 용어를 일목요연하게 파악하기 위해 별도의 정의조항을 둘 필요가 있는데, 계약서의 구조나 내용에 따라 용어의 개념을 정의조항에서 따로 규정하기보다 해당 용어가 사용되는 조항이나 문장에서 문맥상 정의하는 것이 그 의미를 더 쉽게 이해할 수 있을 때 통합된 정의를 할 수 있다.[16] 통합된 정의(integrated definition)는 해당 용어가 사용되는 조항이나 문장에서 문구상 정의하는 것이 용어의 정의를 별도로 분리했을 때 생길 수 있는 모호성(ambiguity)을 줄일 수 있거나, 복잡한 조항의 가독성(readability)을 높일 수 있을 때 사용한다. 이러한 경우로는, (i) 관련 계약조항의 단어들을 정의조항에서 별도로 정의된 용어로 쉽게 바꾸거나 인용하기 어려울 때, (ii) 정의된 용어가 한 조항에서만 여러 번 사용되는 때, (iii) 금전 관련 조항(monetary provision)에서 정의된 용어를 사용하고, 그 용어를 그 조항의 하위섹션에서 그대로 사용하는 때 등이다. 필요한 경우 정의조항과 함께 계약서 내의 다른 조항이나 문장에 통합된 정의를 병행할 수 있다.

통합된 정의(integrated definition)를 사용할 때는 해당 용어의 정의를 구성하는 표현이 있은 이후 곧바로 정의된 용어(defined term)를 둔다. 즉, 정의된 내용은 정

---

16 다만, 통합된 정의(integrated definitions)의 경우 다른 조항에 통합되어 문맥상 정의규정을 두기 때문에, 독립된 정의조항이 있을 때보다 그 정의내용에 모호성을 가질 가능성이 더 높다는 점을 유의할 필요가 있다. 이에, 계약서상 용어를 정의할 때는 가능한 한 통합된 정의(integrated definition)보다는 독립된 정의조항(autonomous definition)을 사용하는 것이 좋다.

의된 용어(defined term)를 기재하기 바로 전에 언급되어야 한다. 이때 정의된 용어의 표기방법은 강조와 명확성을 위해, 정의된 용어는 인용부호를 해 괄호 안에 표시하는데,[17] 첫 글자는 대문자로 하고 볼드체나 이탤릭체로 표기할 수 있으며, 인용부호 자체는 볼드체로 표시하지 않는다. 또한, 정관사 "the"를 정의된 용어를 언급할 때마다 사용하는 경우[18] 정관사는 정의된 용어와 함께 괄호 안에 표시하지만, 인용부호 안에는 포함하지 않는다.[19] 예를 들어, "(the "Code")"와 같이 정의된 용어를 나타내고, 이를 "The Internal Revenue Code (the "Code") of 1986 is determinative." 또는 "The Internal Revenue Code of 1986 is determinative (the "Code")."와 같이 배치하지 말고, "The Internal Revenue Code of 1986 (the "Code") is determinative."와 같이 해당 정의내용이 모두 언급된 이후 바로 다음에 나타낸다.

[Example 1]

아래는 통합된 정의(integrated definition) 관련 기재례들이다. 정의내용의 혼란을 방지하기 위해, 정의내용의 중간에 정의된 용어(defined term)를 삽입해 배치하지 않도록 해야 하는데, 이는 마지막 예문을 참고하기 바란다.

- Since 1 January 2023, Dynaco has filed with the SEC all reports, proxy statements, forms, and other documents it has been required by law to file with the SEC (those documents, the "**Dynaco SEC Documents**").
- Distributor shall promote, advertise, and distribute sandals, belts, watchbands, and sunglass retainers produced by Supplier (the "**Products**").
- This amendment is effective on the first date ~~(the "Effective Date")~~ on which all the following conditions are satisfied (that date, the "**Effective Date**"): ...

17 통합된 정의(integrated definition)는 괄호에 정의된 용어를 삽입해 문장 중간에 만들어질 수 있는데, 괄호가 잘못 배치되는 경우 너무 많거나 적은 정보가 정의를 나타내기 위해 사용되어 정의개념에 혼란을 가져올 위험이 있기 때문에 괄호는 정의된 용어를 식별하게 하는 정보 바로 뒤에 배치할 필요가 있다.

18 정의된 용어(defined term)가 사람의 성명이 아닌 명사라면 일반적으로 그 용어 앞에 "the"를 붙인다.

19 때로는, "hereinafter"라는 단어를 사용하여 언급하기도 하는데, 예를 들어, "hereinafter referred to as ..." 등과 같이 표기한다.

[Example 2]

아래는 다양한 유형의 통합된 정의의 기재례들이다. 여러 단어나 문구를 한데 모아 포괄적으로 정의할 때는 (Sample 1)과 같이 "collectively"라는 단어를 삽입할 수 있으며, 다른 용어를 추가해 해당 정의내용에 변경이 있는 때에는 (Sample 2)와 같이 "together with"라는 표현을 사용할 수 있다. 계약조항에서 여러 개의 정의된 용어를 함께 기재하는 경우 (Sample 3)와 같이 괄호 안에 개별적으로 정의된 용어를 명확히 기재하고, 세미콜론(semicolon)으로 각 정의된 용어를 분리한다.

(Sample 1)

… relating to the confidential affairs of the Company, the Parent, and their respective subsidiaries and affairs (<u>collectively</u>, the "**Lingco Entities**").

(Sample 2)

… the Companies' officers, directors, financial advisors, accountants, attorneys, and other Affiliates (collectively, <u>together with</u> the Company, the "**Company Group**")

(Sample 3)

Parent, Sub, and Target are party to a merger agreement dated 10 October 2023 providing for acquisition of Target by Parent by means of a merger of Sub into Target (that agreement, the "**Merger Agreement**"; that merger, the "**Merger**").

CHAPTER 6

Ⅲ. Force Majeure Clause(불가항력조항)

1. 불가항력조항(force majeure clause)의 이해

불가항력조항(force majeure clause)은 화재, 홍수 등 자연재해나 전쟁, 소요사태 등 당사자의 합리적인 통제를 벗어난 사건들로 인해 당사자가 계약상 의무를 이행할 수 없게 된 때 이를 처리하기 위한 규정이다. "Force Majeure"는 라틴어로 "superior force(우월한 힘)"를 의미하는데, 불가항력조항(force majeure clause)은 지진, 폭우, 홍수, 가뭄 등 천재지변이나 전쟁, 내란 등 기타 계약당사자의 합리적인 통제권 밖에 있는 사유로 인해 부득이하게 계약을 불이행할 수밖에 없는 상황에서는 계약위반이 되지 않고 당사자의 면책을 인정하는 것이다. 불가항력조항(force majeure clause)은 이례적이고 예측할 수 없는 사건으로 계약이행이 불가능할 수 있는 상황에서 당사자의 계약관계를 해결할 수 있도록 하는 것으로, 계약법상 "*pacta sunt servanda*"의 원칙을 상쇄하기 위한 법원리로도 볼 수 있다.[20] 계약상 불가항력의 문제는 당사자의 귀책사유 없이 계약상 의무를 이행할 수 없게 된 경우 발생한 손실을 당사자 간에 어떻게 배분할 것인지에 관한 위험부담의 문제, 예를 들면, 매매계약의 목적물이 당사자 쌍방의 귀책사유 없이 화재로 소실된 경우 누가 그 위험에 따른 책임을 부담할 것인지에 관한 것과 구별된다.[21] 즉, 위험부담은 당사자 쌍방의 귀책사유 없이 이행이 불가능할 때 발생한 경제적 손실을 누구가 부담할 것인지에 관한 문제인 반면, 불가항력은 당사자의 합리적으로 통제할 수 없는 사유로 인해 계약상 의무를 이행할 수 없을 때 그 당사자의 책임면제에 관한 사항을 다룬다.

그런데, Force Majeure Clause(불가항력조항)는 단순히 계약상 관용적 조항으로 생각할 수 있는데, 계약의 배경이나 목적, 당사자 간 관계나 거래상황 등에 따라 당사자들에게 예상치 못한 다양한 결과나 상당한 부담을 가져올 수 있다. 불가항력조항상 계약당사자의 이행의무를 면제할 수 있는 불가항력사유(force majeure events)에 따라 당사자 간 계약불이행(nonperformance)으로 인한 위험을 배분하는 효과를 가져올 수 있다. 즉, 불가항력사유가 발생하는 때 불가항력의 영향을 받은 당사자의 이행책임이 면제되기 때문에 상대방은 불가항력에 따른 불이행의 결과로 인한 손해의 위험을 부담하게 된다. 불가항력사유의 범위가 좁을수록 계약불이행 당사자의 위험부담은 더 크게 되고, 그 범위가 넓을수록 상대방의 위험부담이 더 커지게 되기 때문에 어떠한 경우를 불가항력사유로 할 것인지가 중요하다. 이에, 불가항력조항(force majeure clause)에서 불가항력으로 보는 경우와 불가항력 기간

20 라틴어 "*pacta sunt servanda*"는 "합의는 준수되어야 한다(agreements must be observed)"는 로마법의 법언(legal maxim)으로, 이는 합의된 사항을 실행할 의무는 계약의 이행을 방해하는 사유가 일시적인 때 인정되며, 계약이행을 방해하는 사유로 당사자가 의무이행을 할 수 없게 되는 이례적인 상황에서는 불가항력의 원리가 적용되어, 이에 관해 지체없이 상대방 당사자와 그 상황의 종료를 위한 협의를 할 필요가 있다.

21 우리 민법은 채무자 위험부담주의를 취하여, 민법 제390조에 채무자의 고의 또는 과실 없이 채무를 이행하지 못한 경우 채무자로 하여금 손해배상 책임을 면하도록 하고, 제537조에서는 "쌍무계약의 당사자 일방의 채무가 당사자 쌍방의 책임 없는 사유로 이행할 수 없게 된 때에는 채무자는 상대방의 이행을 청구하지 못한다"라고 규정하고 있다. 그러나, 이러한 손해배상과 위험부담에 관한 민법규정들은 임의규정이므로 당사자의 합의로 달리 정할 수 있다.

동안 어떠한 효과가 발생하는지에 관한 사항 등을 명확히 해야 한다. 예를 들어, 어떠한 전염병(epidemic)의 유행이 불가항력의 사유가 될 수 있는지, IT계약에서 재해복구의무(disaster recovery obligations)가 있는 경우 어떠한 불가항력사유가 그 의무이행을 면제할 수 있는지 등 해당 거래의 사정에 비추어 있을 수 있는 불가항력사유를 정해야 한다. 그리고, 국제거래 계약에서는 특히 적용되는 법률에 따라 불가항력조항(force majeure clause)의 강제성이나 해석에 상당한 차이가 있을 수 있으므로 관련 거래의 준거법을 검토해, 계약상 표현이 당사자들의 의도에 따른 효과를 실제 발휘할 수 있는지, 당사자들이 예상하지 못한 계약위반의 법리(default rules)가 불가항력조항에 적용될 수 있는지 등을 확인할 필요가 있다.[22]

2. 불가항력사유(force majeure events)의 이해

불가항력(force majeure)의 범위는 계약자유의 원칙상 당사자가 불가항력조항에서 나름의 일정한 경우를 정의해 그러한 경우가 발생하면 불가항력이 되는 것으로 할 수 있지만, 불가항력사유(force majeure events)는 당사자 간 계약위반의 책임을 물을 수 없고 계약상 이행의무를 면제할 수 있다는 점에서 어떠한 사유를 불가항력으로 볼 것인지 신중하게 검토할 필요가 있다. 계약상 의무를 이행하지 못할 가능성이 큰 당사자는 다양하고 폭넓은 상황을 불가항력으로 규정하여 계약상 이행책임을 면하려는 반면, 상대방은 불가항력의 상황을 줄이거나 없애려고 할 것이다. 불가항력에 따라 한쪽 당사자의 불이행책임을 면제하는 것은 그 상대방의 비즈니스에 악영향을 줄 수 있고 예상하지 못한 비용을 발생하게 할 수 있기 때문에 불가항력사유의 정의를 너무 좁거나 광범위하게 하는 것은 문제가 될 수 있다. 그리고, 불가항력조항에서 화재, 지진, 홍수 등 자연재해 관련 사유를 열거하고 막연히

CHAPTER 6

22 예를 들어, 보통법(common law)상 불가항력과 관련된 원칙은 당사자가 계약을 이행할 수 없는 상황에서는 불가항력에 의한 계약당사자의 이행책임을 면제(excuse for nonperformance)한다. *Taylor v. Caldwell* 사건에서, 당사자들은 1861년 여름 동안 Taylor(원고)가 여러 콘서트 공연을 위해 Caldwell(피고)의 뮤직홀을 임차하기로 계약을 체결하였는데, 그 계약체결 이후 첫 콘서트 공연이 열리기 전에 뮤직홀이 화재로 소실되자 원고는 피고를 상대로 콘서트공연을 할 수 없게 되어 발생한 손해배상을 청구하였다. 이에 대해 법원은 뮤직홀의 지속적인 존재가 계약의 묵시적인 조건(implied condition of the contract)이라고 판단해, 원고의 손실에 대한 피고의 책임을 인정하지 않았다(*Taylor v. Caldwell*, 122 Eng. Rep. 309 (K.B. 1863)). 이러한 불가항력과 관련한 당사자의 이행책임의 면제(excuse for nonperformance)에 대한 자세한 내용은 저자 집필 『영미계약법 원리』 (유원북스, 2021), 358페이지 이하를 참고하기 바란다.

"any other cause beyond the reasonable control of the parties"라고 규정할 수 있으나, 이 경우 그 규정내용의 모호성으로 인해 당사자 간 분쟁가능성을 배제할 수 없다. 그런데, 불가항력조항에서 계약당사자의 불이행책임이 면제될 수 있는 모든 가능성을 예측해 일일이 열거하는 것도 사실상 비현실적이다. 또한, 화재, 지진, 홍수 등 자연재해는 일반적으로 불가항력의 사유로 보는데, 당사자의 파업 등 노사문제, 원재료의 부족, 정부당국의 수출입 승인 등이 불가항력으로 인정될 수 있는지에 대해서는 다툼이 있을 수 있다. 이러한 점들을 고려해 불가항력사유(force majeure events)를 규정할 때는 불가항력에 대한 일반적 정의를 하고, 그 정의와 관련한 구체적 예시들을 열거하는 형식으로 그 범위를 한정할 필요가 있다. 이하에서는 불가항력사유에 관한 일반적 정의와 개별적 예시목록을 비롯해 예측하지 못한 불가항력사유의 무분별한 확장을 막기 위한 불가항력사유의 예외사항 등에 대해 살펴본다.

2.1 불가항력사유(force majeure events)의 일반적 정의

불가항력사유(force majeure events)로 인정되기 위해서는 그 사유가 불이행 당사자가 통제할 수 있는 능력의 범위를 벗어나는 경우(beyond the non-performing party's ability to control)이어야 한다. 그런데, 불가항력(force majeure)의 정의에 있어 계약체결 당시에 계약의무의 불이행 당사자가 불가항력의 사유를 예측할 수 없다고 하는 예견불가능성의 요건(unforeseeability requirement)을 포함하는 경우가 있다. 이러한 요건은 계약체결 당시에 예측할 수 있는 만일의 사태(foreseeable contingencies)가 있었다면 계약당사자들이 이를 다루었어야 하며, 그렇지 못한 경우에는 그에 대한 위험을 부담해야 한다는 점을 근거로 한다. 이처럼 불가항력을 예견가능한 사건들(foreseeable events)에 한정하는 경우 법원은 관련 사건이 발생한 때 당사자들의 예견가능성 여부의 해석에 관한 광범위한 재량권을 가질 수 있어 당사자의 계약관계에 불확실성(uncertainty)을 야기할 수 있다. 이러한 불확실성을 피하기 위해서는 불가항력의 일반적 정의(general definition)에서 예견불가능성의 요건(unforeseeability requirement)을 배제할 필요가 있는데, 이를 위해 불가항력의 정의에 "whether foreseen or unforeseen"이라는 문구를 포함하는 것이 좋다. 불가항력의 일반적 정의에서 또한 당사자가 실사(due diligence)를 통해 불가항력사유를 판단할 수 있는지에 관한 사항을 고려할 필요가 있다. 결국, 불가항력사유(force majeure events)는 계약당사자 간 협상결과에 따라 다를 수 있지만, 그 사유에 관한 일반적 정의를 두는 경우 그 사유의 범위를 한정하기 위해 불가항력의 기준(criteria)을 명확히 하는 것이 중요하다.

2.2 불가항력사유(force majeure events)의 개별 예시 목록

불가항력사유(force majeure events)를 나타낼 때 그에 관한 일반적 정의(general definition)를 두지 않고, 단지 개별 사유들만을 열거해 목록화할 수도 있다.[23] 불가항력사유의 일반적 정의가 있다고 하더라도, 실제 발생한 특정한 사건이 불가항력사유에 포함되는지 여부에 대한 의문을 피하기 위해, 그 특정한 사건을 불가항력조항에서 구체적으로 명시할 필요가 있다. 나열되는 불가항력의 사유는 불가항력으로 이행이 면제될 수 있는 사건들(events that should excuse performance)로, 대체로 계약상 의무불이행의 당사자의 통제(control of the non-performing party)를 벗어나는 재난적(disastrous)이거나 당사자의 사업활동에 비정상적으로 지장을 주는(extraordinarily disruptive) 사건이나 상황이어야 한다. 준거법에 따라서 이행이 면제될 수 있는 사건들을 구체적으로 열거하지 않는 한, 불가항력조항(force majeure clause)이 강제되지 않을 수도 있기 때문에 불가항력사유를 단지 "events beyond the performing party's reasonable control(이행당사자의 합리적인 통제를 벗어나는 사건들)"이라고만 적시해 계약상 이행책임을 면제할 수 있도록 한다면 실제 발생한 사건이 불가항력으로서 효력이 있는지가 다투어질 수 있다.

불가항력의 개별 사유는 계약당사자들의 협상결과에 따라 다를 수 있지만, 통상적 불가항력사유로는 자연재해(natural disasters), 무력분쟁(armed conflicts), 정부규제(government action) 등과 관련된 사유들이 있는데, 이는 가능한 한 구체적으로 기재되어야 한다. 예를 들어, "natural causes(자연적 원인)"를 불가항력사유로 언급할 때 단순히 "disasters caused by forces of nature(자연재해)"라는 추상적 표현을 쓰기보다는 화재, 홍수 등 자연재해라고 여겨지는 사유들을 구체적으로 열거할 필요가 있다. 한편, 구체적으로 명시된 자연력(natural forces)의 목록에 추가해, "acts of God"를 열거하기도 하는데, 예를 들어, "hurricanes, tornadoes, and acts of God"와 같이 기재하기도 한다. 이 경우, "acts of God"는 불가항력사유의 목록에 구체적으로 언급되지 않은 모든 자연재해를 포괄적으로 언급하는 포괄규정(catch-all)으로서 역할을 한다.[24]

---

23 다만, 대부분 불가항력사유를 열거한 목록이 유일한 정의로 사용되지는 않고, 일반적 정의의 예시를 제공하기 위해 사용된다.

그런데, "labor disputes(노동쟁의)," "strikes(파업)," "lockouts(사업장 폐쇄)" 등도 불가항력의 개별 사유로 포함하는 경우가 많은데, 당사자의 내부적 노사문제의 경우 당사자 자신이 그러한 상황을 예방하거나 이를 적기에 종료할 수 있는 능력을 갖추어야 한다는 점에서 당사자의 합리적 통제 밖의 외부적 사건이라고 할 수 없다고 보아 불가항력사유에 포함하지 않을 수 있다. 그리고, 당사자의 경제적 실행곤란성을 불가항력사유로 볼 수 있는지도 논란이 있을 수 있다. 즉, 특정한 업계나 분야에서 직면한 시장붕괴(market crash), 경기침체(economic downturn) 또는 기타 경제 또는 금융 혼란(economic or financial disruption) 등을 불가항력사유로 할 것인지 여부는 당사자의 합의에 따라 달라질 수 있지만, 이러한 경제적 실행곤란성만으로는 당사자의 이행책임을 면제시켜줄 만큼의 합리적인 통제권 밖의 외부적 사건으로 볼 수 없다고도 할 수 있다.

그리고, 불가항력사유(force majeure events)를 언급하면서, 불가항력의 일반적 정의(general definition)를 한 다음 그 정의 관련 개별 사유들을 열거하는 때 열거된 사유들의 경우 불가항력의 일반적 정의에 명시된 기준을 충족하는 경우에 한해 그 열거된 사유들이 불가항력사유가 되는지 또는 일반적 정의를 충족하지 못한다 하더라도 불가항력사유가 되는지 문제될 수 있다. 이 경우 당사자의 의도를 명확히 하기 위해서는, 불가항력의 일반적 정의와 불가항력사유로 열거된 항목들의 관계를 명확히 밝히는 단어나 문구를 삽입하는 것이 중요하다.

2.3 불가항력사유(force majeure events)의 예외사항

불가항력적 사정이 있다고 하더라도, 당사자 간 특수한 관계나 거래의 성격에 비추어 적절하지 않거나 예측하지 못한 불가항력사유의 무분별한 확장을 막기 위해, 불가항력조항(force majeure clause)의 적용을 배제하는 예외사항을 둔다. 이 경우 정의에 포함되지 않는 특정한 사정을 고려해, 불가항력의 예외사항들을 열거하는 것이 중요하다. 예를 들면, "Despite the occurrences listed in the previous sentence, a Force Majeure Event <u>excludes hurricanes and floods</u>." 또는 "disasters caused by forces of nature, <u>except for hurricanes or typhoons</u>" 등과

24 "acts of God"는 프랑스어 표현인 "*force majeure*"라는 용어에 영향을 받은 것으로 우세한 물리력(superior force)을 의미하는데, 통상 "floods," "tornadoes," "hurricanes," "typhoons," "tsunamis," "lightning," "earthquakes," "storms" 등과 같은 자연력(natural forces)에 기인한 사건을 말한다. – Black's Law Dictionary (11th ed., 2019).

같이 자연재해를 언급하면서 당사자들이 처한 사정이나 환경을 반영해, "hurricanes," "typhoons" 등을 제외할 수 있다. 한편, 계약상 당사자의 대금지급의무(obligation to pay)는 당사자의 합리적인 통제를 벗어나지 않으므로 불가항력사유에 의해 그 의무이행이 유예되거나 면제될 수 없다는 점에서 일반적으로 불가항력조항의 예외사항으로 하지 않는다.

[Example]

아래는 불가항력사유(force majeure events) 관련 기재례들이다. (Sample 1)은 불가항력사유의 일반적 정의에 관한 예문이다. (Sample 2)는 불가항력사유의 개별 예시 관련 예문들이다. (Sample 3)는 불가항력의 일반적 정의와 개별 예시 목록를 결합한 정의규정으로 불가항력사유의 일반적 정의의 기준을 정하고 불가항력의 개별 예시 사항들이 그 기준을 충족하는 때에만 불가항력의 사유가 될 수 있다고 본다. (Sample 4)는 당사자의 대금지급에 관한 사항을 불가항력의 예외로 하는 예문이다.

(Sample 1)

"Force Majeure Event" means any occurrence after the parties' signing the contract that (a) was foreseeable or unforeseeable by the parties at the time of signing the contract, (b) is beyond the non-performing party's control, (c) is beyond the non-performing party's ability to avert through its exercise of due diligence, and (d) prevents or delays the non-performing party's performance under this agreement.

(Sample 2)

- **"Force Majeure Event"** means any earthquakes, fire, landslides, tsunamis, epidemics, quarantines, acts of war, revolutions, acts of terrorism (whether actual or threatened), strikes, lockouts, explosions, interruption of transportation, action of the government or public authority …
- **Force Majeure.** Neither Company nor Reseller shall be liable for any delay or failure in performance arising out of acts or events beyond its reasonable control, including, but not limited to, fires, labor disputes, embargoes, impacts to or loss of cellular or other wireless coverage, requirements imposed by government regulation, civil or military authorities, judicial decisions, acts of God, or by the public enemy.

(Sample 3)

"Force Majeure Event" means any occurrence after the parties' signing the contract that (a) was foreseeable or unforeseeable by the parties at the time of signing the contract, (b) is beyond the non-performing party's control, (c) is beyond the non-performing party's ability to avert through its exercise of due diligence, and (d) prevents or delays the non-performing party's performance under this agreement. Force Majeure Event includes, but is not limited to, each of the following so long as it satisfies (a) through (d): [list the examples].

(Sample 4)

Force Majeure. No delay, failure, or default, other than a failure to pay fees when due, will constitute a breach of this Agreement to the extent caused by epidemics, acts of war, terrorism, hurricanes, earthquakes, other acts of God or of nature, strikes or other labor disputes, riots or other acts of civil disorder, embargoes, government orders responding to any of the foregoing, or other causes beyond the performing party's reasonable control.

3. 불가항력사유(force majeure event) 발생시 효력 및 처리방법

불가항력사유가 발생한 경우 그 처리와 관련해 불가항력의 상황에 처한 당사자의 통지의무(notice requirement)를 두어, 한쪽 당사자가 불가항력사유로 인해 계약상 의무를 이행할 수 없는 때 그 사정을 상대방에게 통지하도록 한다. 불가항력의 통지는 일정 기간 내로 정할 수 있으나, 불가항력의 영향으로 불이행 당사자가 그 기간을 준수할 수 없는 경우도 고려해 가능한 한 신속하게 통지하는 것으로도 규정할 수 있다. 통지는 구두(oral)나 서면(written)으로 할 수 있는데, 불가항력시 통신장애 등으로 그 통지가 제대로 전달될 수 없다는 점을 고려해 전화나 팩스 등의 특정한 방법에 의한 통지를 요건으로 하기보다는 다양한 통지방법을 허용하는 것이 좋다. 통지내용에는 불가항력사유의 성격과 그 사유의 예상 존속기간 등이 포함될 수 있다. 또한, 불가항력의 상황에 처한 당사자가 적시에 통지(timely notice)를 못하는 등 통지요건을 준수하지 못한 때 처리방법도 문제된다. 이와 관련해, 불가항력의 상황에 처한 계약불이행 당사자가 실제 통지요건을 준수하기 시작하는 때로부터 그 불이행책임이 면제되는 것으로 하거나, 불이행 당사자로 하여금 지체된 통지로 인해 상대방에게 발생한 손해에 대한 배상책임을 부담하게 할 수 있으며, 당사자가 통지요건을 준수하지 않는 경우 그 당사자의 불이행책임이 면제되지 않는 것으로 규정할 수도 있다. 그리고, 불가항력의 통지절차와 함께, 불가항력에 따른 불이행 당사자가 불가항력사유에 관한 증거를 상대방에게 제공하도록 할 수 있는데, 이때 지방자치단체나 국가기관, 국제기관 또는 중립적 제3자기관의 해당 불가항력사유의 발생에 관한 증명서(certification) 제출을 요건으로 할 수 있다. 이러한 절차를 규정하는 경우 그 입증자료를 얻기 위한 불이행 당사자의 추가적인 노력이 필요하며, 그 입증자료의 제출을 위한 추가적인 기간이 요구될 수 있다.

불가항력조항에는 불가항력사유가 발생한 때 그 불가항력사유가 존속하는 기간 동안 불가항력에 처해 계약을 불이행한 당사자의 이행기한이 연장되고, 양 당사자 간 협의를 통해 대책을 마련하며, 그 사유가 소멸되면 신속하게 계약상 의무이행를 하는 등 계약당사자 간 불가항력에 따른 문제를 처리하고 해소할 방안을 규정한다. 우선, 불가항력사유에 따른 적절한 통지 등 처리절차를 거치는 경우 불가항력이 발생한 기간 동안 당사자 상호간 의무이행은 정지(mutual suspension of performance)되며,[25] 불가항력의 상황에 처한 불이행 당사자의 이행책임은 면제된다.

한편, 불가항력사유가 발생한 기간 동안 불가항력의 상황에 처한 불이행 당사자와 그 상대방은 가능한 한 빠른 시간 내에 불가항력의 사유에 따른 피해를 줄이고 이를 극복하기 위한 조사(due diligence) 등 합리적인 노력(reasonable efforts)이 요구된다. 불가항력의 상황에 처하지 않은 당사자는 그 피해를 최소화하기 위해, 불가항력의 상황에 처한 당사자로부터 불가항력사유의 극복과 관련된 상황을 정기적으로 업데이트(periodic updates)를 받을 필요가 있는데, 이러한 업데이트 관련 보고의 빈도와 방법 및 내용 등에 관한 사항을 불가항력조항에 포함할 수 있다. 또한, 불가항력의 상황에 처하지 않은 당사자는 불가항력의 상황에 처한 당사자의 계약불이행에 따른 위험부담을 면밀히 살펴볼 필요가 있으며, 불가항력에 처한 당사자의 계약불이행으로 인해 불가항력의 상황에 처하지 않은 당사자에게 발생할 수 있는 비용이나 손해를 줄일 수 있는 구제방법을 규정할 수 있다. 이는 특히 당사자의 적기 이행(timely performance)이 중요한 때에 필요할 수 있다. 예를 들어, 기계장치의 제조업자와 그 기계장치의 부품 공급업체 간 계약에서, 지진으로 인한 불가항력사유로 공급업체가 제조업자에게 부품을 적기에 인도하지 못해 제조업자

CHAPTER 6

25 불가항력에 따른 당사자 상호간 의무이행의 정지를 나타내는 문구는 다음과 같이 규정할 수 있다: "During any period of delayed or suspended performance hereunder, the other party's performance obligations shall also be suspended and that party shall be entitled to a refund of any fees paid by it covering the period of the other party's non-performance."

가 총판업자에게 기계장치를 적시에 납품할 수 없는 등 심각한 손해를 입을 수 있다. 이때 제조업자가 다른 공급업체로부터 부품을 공급받을 수 있는 권리를 갖는다면 해당 공급업체의 부품 공급의무의 불이행으로 인해 발생하는 손해를 줄일 수 있는데, 이에 관한 사항도 불가항력조항에 포함할 수 있다.

그리고, 불가항력사유가 종료된 때 이에 관한 처리절차를 정할 필요가 있는데, 이에는 당사자의 사유종료의 통지시기와 불이행 당사자가 이행을 재개하는 시기 등에 관한 사항을 포함한다. 그런데, 불가항력사유가 오랫동안 지속된다면 계약불이행으로 인해 계약대상 물품의 확보나 가격 등 당사자의 거래에 악영향을 가져올 수 있으므로 당사자 간에 이러한 거래조건에 대한 재협상(renegotiation)을 하거나 계약관계를 종료(termination)할 수 있도록 하는 방안을 마련해야 한다. 이때 당사자가 계약조건의 재협상이나 계약을 종료할 권한을 실행하기 이전에 일정한 경과기간을 둘 수 있으며, 이러한 권한을 불가항력의 상황에 처하지 않은 당사자만이 가질 것인지 또는 양 당사자 모두가 그 권한을 가질 것인지를 명확히 하고, 계약조건을 재협상하는 경우 그 협상의 방법이나 프로세스를 규정할 수 있다.

4. 불가항력조항(force majeure clause)의 기재례

불가항력조항(force majeure clause)에는 앞서 살펴본 불가항력사유(force majeure events)를 명확히 해야 한다. 특히, 계약과 관련한 법률의 급격한 변경 등으로 인한 규제적 문제가 있다면 법률의 변경(change of legislation)이나 정부조치(government actions) 등을 불가항력사유로 포함할 필요가 있다. 계약당사자들은 "force majeure(불가항력)" 상황으로부터 스스로를 보호하기 위해 계약상 불가항력적 사유를 포함할 수 있다.[26] 이와 함께 불가항력사유가 발생할 경우 그 발생사실의 통지와 함께

26 미국의 연방법은 불가항력의 문제에 대한 특별한 규정을 두고 있지 않지만, 다만 테네시(Tennessee)와 같은 일부 주에서는 주법으로 "force majeure(불가항력)"라는 용어의 정의를 규정하고 있다. 테네시주법은 "acts of God"를 불가항력의 유일한 원인으로 보고 있어, 이러한 상황을 제외하고, 예측할 수 없고 비상한(unforeseeable and extraordinary) 상황일지라도, 사람의 의지에서 비롯된 것으로 본다. 준거법이 테네시주법과 같이 불가항력의 사유로 "acts of God"만을 인정하고 있는 경우 계약당사자들이 특별히 필요로 하는 불가항력적 사유를 불가항력조항(force majeure clause)에 명시할 필요가 있으며, 이때 수행될 이행의 본질과 밀접한 상관관계가 있는 불가항력적 사건들을 포함할 필요가 있다. 한편, 국제규범상으로도 불가항력 관련 규정을 두고 있는 경우가 있다. ICC(International Chamber of Commerce) Force Majeure Clause에서는 장래 채무불이행 당사자의 행위를 정당화할 수 있는 단순한 이행불능(impossibility)

당사자들의 처리방법과 불가항력을 해소하기 위한 사항들을 포함하는 것이 중요하다.

[Example]

아래는 불가항력사유(force majeure events)와 그 처리방법을 포함한 다양한 이슈들을 언급한 불가항력조항(force majeure clause)의 기재례들이다. 여기서 대체로 불가항력사유, 당사자의 불가항력사유 발생의 통지의무, 불가항력의 발생기간 동안 당사자의 이행의무 면제에 관한 사항, 불가항력에 따른 피해를 최소화하기 위한 당사자의 노력의무(Sample 1 - Sample 3)를 비롯해 불가항력사유가 발생한 이후 일정한 기간 이내에 여전히 이행이 이루어질 수 없을 경우 계약을 해지할 수 있도록 하는 사항을 포함(Sample 1 및 Sample 3)할 수 있다. (Sample 2)는 불가항력사유와 불가항력 발생시 처리방안에 대해 별도 제목을 붙여 규정하고 있다.

(Sample 1)

In the event that either party is prevented from performing or is unable to perform any of its obligations under this Agreement (other than a payment obligation) due to any act of God, acts or decrees of governmental or military bodies, fire, casualty, flood, earthquake, war, strike, lockout, epidemic, destruction of product facilities, riot, insurrection, materials unavailability, except to the extent such failure was caused by the party invoking this Section, or any other cause beyond the reasonable control of such party (collectively, a "Force Majeure"), and if such party shall have used its commercially reasonable efforts to mitigate its effects, and if such party shall give prompt written notice to the other party, its performance shall be excused, and the time for the performance shall be excused for the period of delay or inability to perform due to such occurrences. Regardless of the excuse of Force Majeure, if such party is not able to perform within ninety (90) days after such event, the other party may terminate the Agreement.

과 관련해, "beyond his reasonable control(합리적인 통제를 벗어나는)," "it could not have been reasonably avoided(합리적으로 회피할 수 없었다)" 등의 불가항력조항(force majeure clause)의 요건을 제시하고 있다. UNIDROIT Principles에서도 ICC Force Majeure Clause와 유사한 일반원리를 갖는 불가항력규정을 두고 있다(Article 7.1.7 of UNIDROIT Principles). 이러한 원리는 국제상사에 관한 국제통일법으로 CISG(United Nations Covention on Contracts for the International Sale of Goods; 일명 Vienna Convention(비엔나협약))나 유럽 계약법의 원칙(Article 8 of Principles of European Contract Law)에서도 대체로 적용된다.

CHAPTER 6

(Sample 2)

Force Majeure

- In the event that a delay or failure to comply with any obligation, other than payment obligation, created by this Agreement is caused by a force majeure, which includes operation of laws, act of God (fire, flood, earthquake, typhoon, explosion), and any other causes beyond the reasonable control of the parties.
- Neither party shall be liable for delay or failure to perform any of its obligations hereunder if such delay or failure is due to fire, earthquake, flood, strike, labor dispute, war, government order, riot, revolution, or any other cause beyond the reasonable control of the parties.

Consequences of Force Majeure

- If an event of Force Majeure occurs, the contractual obligations of the Party affected by such an event shall be automatically suspended during the period of delay caused by the Force Majeure and the period for performing such obligations shall be extended, without incurring any liability therefrom, for a period equal to such suspension.
- The Party claiming Force Majeure shall promptly inform the other Party in writing and shall furnish within [fifteen (15) days] thereafter sufficient proof of the occurrence and expected duration of such Force Majeure. The Party claiming Force Majeure shall also use all reasonable endeavors to mitigate the negative effects of the Force Majeure on such Party's ability to perform its contractual obligations.

In the event of Force Majeure, the Parties shall immediately consult with each other in order to find an equitable solution and shall use all reasonable endeavors to minimize the consequences of such Force Majeure.

(Sample 3)

Force Majeure. Neither party is liable for failure to perform (except with respect to payment obligations) solely caused by:

- unavoidable casualties,
- delays in delivery of materials not caused or preventable by the affected party,
- embargoes,
- government orders,
- acts of civil or military authorities,
- acts by common carriers,
- emergency conditions (including weather conditions) incompatible with safety or good quality workmanship, or
- any similar unforeseen event that renders performance commercially implausible.

If an event of Force Majeure occurs, the party injured by the other's inability to perform may elect one of the following remedies: (a) to terminate this Agreement in whole or in part; or (b) to suspend the Agreement, in whole or part, for the duration of the Force Majeure circumstances. The party experiencing the Force Majeure circumstances shall cooperate with and assist the injured party in all reasonable ways to minimize the impact of Force Majeure on the injured party, which may include locating and arranging substitute services if necessary.

Ⅳ. Assignment Clause(양도조항)

1. 계약상 권리양도(assignment) 및 의무위임(delegation)의 문제

당사자는 계약체결 후 자신의 계약상 권리나 의무를 제3자에게 이전할 수 있는데, 영미계약법상 계약상 권리의 이전을 "assignment of contractual rights"라 하고, 계약상 이행의무의 위임을 "delegation of contractual duties"라고 해, 원칙적으로 그 법률요건이나 효과를 달리한다.[27] 그리고, "assignment of the contract"란 계약상 당사자로서의 지위, 즉 계약상 권리와 의무 모두를 제3자에게 이전하는 것을 말한다. 권리양도조항(assignment/assignability clause)은 당사자의 계약상 권리나 지위의 제3자에 대한 이전(transfer of rights)과 관련해 일정한 사항을 정하는 규정이다.[28] 이행의무의 위임조항(delegation clause)은 당사자의 계약상 이행의무의 제3자에 대한 이전(transfer of duties)과 관련해 일정한 사항을 정하는 규정이다.[29] 계약

27 "Assignment of Contractual Rights(계약상 권리의 양도)" 및 "Delegation of Contractual Duties (계약상 이행의무의 위임)"에 관한 사항은 영미계약법상 계약의 제3당사자 문제(third party problems)로 다루어지는데, 이에 관한 자세한 내용은 저자 집필 『영미계약법 원리』 (유원북스, 2021), 527페이지 이하를 참고하기 바란다.

28 계약상 양도조항에서 어떠한 양도도 인정할 수는 있으나, 부적절한 제3자와 계약관계를 맺게 될 수 있기 때문에 상대방에게 그렇게 광범위한 권리를 부여하는 것은 적절하지 않다. 이에, 계약상 양도를 원칙적으로 금지하고, 예외적으로 계열회사와 같은 특정한 양수인에게만 양도를 허용할 수 있다.

29 계약상 이행의무의 위임(delegation)은 다른 사람에게 그 의무를 이행할 권한(power to perform the duty)을 부여하는 의사를 표시하는 것으로 볼 수 있다. 이행의무의 수임자(delegate)가 명시적으로 그 위임자(delegating party)에게 그 의무를 이행할 것을 약속한 때 수임자는 위임자의 의무를 인수한 것(assume the duties)으로 볼 수 있다. 이처럼 수임자가 이행의무를 인수한 경우 수임자는 그 위임자에게 의무를 부담하고, 그 인수된 계약의 의도된 수익자(intended beneficiary)에게도 이행의무를 부담하게 된다.

CHAPTER 6

상 양도(assignment)에 관한 사항을 구체적으로 다루지 않으면 당사자는 상대방의 승인 없이도 계약상의 권리의 양도가 일반적으로 허용될 수 있으며, 예외적으로 계약법상 복잡하고 가변적인 원리들에 의한 양도제한의 문제가 발생할 수 있다. 즉, 계약상 양도조항(assignment/assignability clause)이 없는 경우 계약상 지위 양도의 자유로 인해 대부분의 계약상 권리와 의무는 자유롭게 양도될 수 있어 기존의 계약당사자는 불만족스러운 비즈니스 관계를 가졌던 회사나 직접적 경쟁자 등 원하지 않았던 누군가와 거래를 하게 될 수도 있고, 준거법에 따라 계약상 권리양도의 유효성이 다를 수 있어 불확실한 상황에 처할 수 있다. 이러한 양도와 관련된 불확실성(uncertainty)을 없애기 위해, 계약상 양도 관련 사항을 규정할 필요가 있다. 쌍방계약(bilateral contract)에서, 양 당사자는 이행을 할 의무(obligations to perform)와 동시에 상대방 당사자에 대해 이행을 청구할 권리(rights to the other party's performance)가 있는데, 한쪽 당사자 또는 양 당사자가 계약상 권리나 의무를 이전할 수 있는 권한이 있는지를 정할 필요가 있다. 또한, 당사자는 계약상 권리와 의무를 모두 이전하는 계약의 양도(assignment of the contract)의 경우 당사자가 자신의 권리를 양도하면서 그 이행의무의 위임을 함께 한다면 권리의 양수인(assignee)은 동시에 이행의무의 수임인(delegate)이 될 수 있다.

한편, 계약상 권리의 양도(assignment of contractual rights)와 의무의 위임(delegation of contractual duties)에 관한 사항은 별도로 규정하기도 하지만, 동일한 조항에 함께 규정하는 것이 일반적이다. 그리고, 계약의 내용을 양도하면서 그 권리의 양도인지 이행의무의 위임인지를 명확히 밝히지 않을 경우에는 계약상 권리의 양도 이외에 이행의무도 위임하는 묵시적 약속을 하는 계약의 양도(assignment of the contract)로 해석될 수 있다. 즉, 계약상 양도조항(assignment clause)에서 권리의 양도인지 또는 이행의무의 위임인지를 명백히 밝히지 않거나 또는 이를 엄격히 구별하거나 달리 정하지 않는 경우 "assignment"라는 용어는 계약상 권리의 양도와 이행의무의 위임을 함께 나타내는 것으로 볼 수 있다.[30] 예를 들어, 당사자는 계약의 양도를 원하는 경우 계약서상 분명한 문구로 계약의 양도(assignment of the contract)라는 점을 기재할 필요가 있으나, 의무위임(delegation) 내지 의무인수(assumption)라는 표현 없이, "assignment of all rights under the contract"라고 기재되어 있다

30 Restatement Second of Contracts와 UCC도 광범위하고 일반적인 양도문구(broad, general words of assignment)는 권리양도(assignment)뿐만 아니라, 의무위임(delegation)도 구성할 수 있다고 본다(Restatement Second of Contracts §328(1), UCC §2-210(4)).

고 하더라도 계약상 권리의 양도이자 동시에 의무의 위임(assignment and delegation)으로 인정될 수 있다.

2. Assignment Clause(양도조항)의 이해

2.1 계약상 권리 양도가능성(assignability) 제한의 문제

계약상 권리의 양도(assignment of contractual rights)는 자산의 매각, 합병, 대금 징수청구권 등을 포함한 다양한 비즈니스 사유로 상거래과정에서 흔히 볼 수 있는데, 이와 관련해 당사자들의 계약상 권리의 양도를 허용하는 양도조항(assignment clause)을 계약에 포함할 수 있다. 계약상 권리양도를 제한할 수 있는지 여부는 해당 거래의 준거법 및 계약당사자의 거래의 정황과 성격 등에 따라 다를 수 있으나, 계약자유(freedom of contract)의 원칙에 따라 일반적으로 계약당사자는 양도제한조항(anti-assignment clause)을 통해 한쪽 당사자나 양 당사자의 권리양도의 권한을 제한할 수 있다.[31] 양도제한조항에서 양도의 금지문구(language of prohibition)를 사용해 권리양도에 일정한 제한을 하는 경우 양도를 하더라도 양도 자체를 무효로 하는 것은 아니고 계약상대방에 대해 손해배상 등 계약위반에 따른 책임을 부담할 수 있으며, 양도의 무효문구(language of invalidation)를 사용한다면 그 양도를 절대적으로 금지해 양도 자체를 무효로 할 수도 있다.[32]

한편, 계약상 권리의 양도(assignment)는 양도인(assignor)의 채무자의 이행에 대한 권리를 소멸시키고, 양수인(assignee)에게 그 이행에 대한 권리를 현재 이전(present transfer)하는 것이다. 이에, 계약상 권리의 소유자인 양도인은 채무자(obligor)나 양도인에 의한 추가적인 행위 없이 권리를 현재 이전(present transfer of the right)한다는 의사를 명백히 표시할 필요가 있다. 즉, 계약상 권리의 양도는 장

CHAPTER 6

31 Restatement Second of Contracts §317(2).

32 양도제한조항(anti-assignment clause)에 의해 양도를 무효로 하기 위해서는, 양도권리(right to assign)뿐만 아니라 양도권한(power to assign)도 제거를 해야 하는데, 이를 위해 계약상 권리양도를 금지하고(prohibit the assignment of rights), 권리가 양도된 때 이는 무효(void)가 된다는 점을 계약상 명시할 필요가 있다. 즉, 계약상 권리의 양도가 있는 때 "void," "null or of no further force and effect," "not effect" 등과 같이 무효가 된다는 점을 나타내는 무효문구(language of invalidation)를 사용한다. 한편, 양도제한조항에서 "The parties shall not assign this agreement."처럼 당사자 간에 계약 자체의 양도를 금지하는 규정(prohibition of assignment of the contract)을 둔 경우에는, 다른 특별한 사정이 없는 한, 권리의 양도가 아니라, 의무의 위임만을 금지하는 것으로 해석될 수 있다(UCC §2-210; Restatement Second of Contracts §322).

래 이행의 약속에 대한 권리의 양도가 아니라, 현존하는 계약상의 이행에 대한 권리를 양수인에게 현재에 이전(present transfer)하는 것이므로, 양도(assignment)에 관한 계약상 문구는 현재 시제로 현재의 권리를 양도한다는 취지의 표현을 사용해야 한다.[33] 그리고, 양도제한조항(anti-assignment clause)은 구체적이고 명확하게 작성되어야 강제할 수 있다. 또한, 양도금지가 해당 거래의 준거법에 저촉되는 때 그 효력이 인정되지 않을 수 있는데, 예를 들어, UCC(Uniform Commercial Code)에 따르면, UCC에 저촉되는 계약상 권리양도금지조항은 효력을 인정하지 않는데, 관련 거래가 UCC의 적용을 받는다면 계약상 권리양도금지조항이 있다고 하더라도, UCC규정에 위반되는 때 효력이 발생하지 않을 수 있다.[34] 이는 주로 권리의 양도로 인해 계약상대방인 채무자(obligor)에게 불리한 영향을 미치는 경우들로, (i) 채무자의 의무에 중대한 변경(material change)이 생기는 때, (ii) 채무자의 부담이나 위험에 상당한 증가(material increase)를 가져오는 때, (iii) 채무자가 상대방으로부터 상응하는 이행(return performance)을 받을 기회에 중대한 손상(material impairment)이 생기는 때 등이 있다.[35] 그리고, 법규상 공익(public interest)목적으로 근로자의 임금채권에 대한 양도를 금지하거나 공공계약(public contracts)상 대금지급채권의 양도를 제한하는 것과 같이,[36] 권리의 양도(assignment)가 법규 또는 공서양속(public policy)에 위반되는 경우 그 효력이 인정되지 않을 수 있다.

2.2 양도조항(assignment clause) 관련 유의점 및 기재례

Assignment Clause(양도조항)는 한쪽 당사자만 또는 양쪽 당사자 모두가 계약상 권리와 의무를 양도할 수 있는지 여부를 명시한다. 예를 들어, 상대적으로 강력한 협상력을 가진 당사자는 협상력이 약한 상대방에게 그 권리의 양도를 제한하는 양도제한규정을 두는 반면, 자신에 대해서는 무제한적으로 권리양도를 할 수 있길

---

33 권리의 양도를 위해서는 "I will assign" 또는 "I promise to assign"이라는 장래의 양도나 양도의 단순한 약속을 나타내는 형식의 문구를 쓰지 않아야 하며, "I assign(convey; transfer)" 등 현존하는 계약상 권리를 이전한다는 표현을 사용할 필요가 있다. 장래 권리(future right) 또는 사후에 취득된 권리(after-acquired right)의 양도문제에 관한 자세한 내용은 저자 집필 『영미계약법 원리』(유원북스, 2021), 532-533페이지를 참고하기 바란다.

34 UCC §2-210(2); 다만, UCC가 적용되지 않더라도, 법원이 양도제한조항(anti-assignment clause)이 상거래를 부적절하게 제한한다고 판단하는 경우 그 조항의 강제성을 부인할 수 있다.

35 UCC §2-210(Delegation of Performance; Assignment of Rights); Restatement Second of Contracts §317(Assignment of a Right).

36 31 U.S.C.A. §3727; 41 U.S.C.A. §15.

원할 수 있다. 그런데, 영미계약법상 원칙적으로 권리양도의 자유(freedom to make assignments)가 인정되므로 계약상 당사자의 권리양도권한(power to make an assignment)에 일정한 제한을 가하는 경우 그 제한은 협소하게 해석될 수 있기 때문에 가급적 그 제한은 명확하게 기술되어야 한다.

양도제한규정(anti-assignment clause)은 관련 거래의 성격, 당사자 간의 관계나 협상의 결과에 따라 달라질 수 있지만, 대체로 (i) 양 당사자 모두의 양도를 전면적으로 금지하는 경우, (ii) 계약의 한쪽 당사자만이 양도를 할 수 있고 상대방 당사자는 양도를 할 수 없도록 하는 경우, (iii) 당사자들의 양도를 원칙적으로 금지하면서 특정한 권리만을 양도할 수 있도록 하는 경우 등이 있다. 그리고, (iv) 양도인이 계약상대방(non-assigning party)의 사전 서면동의(prior written consent)가 있어야만 계약을 양도할 수 있도록 하여, "prior written approval (or consent) from the other party"(상대방의 서면 승인 내지 동의)"가 없는 경우 계약의 양도를 금지하도록 할 수 있는데, 이는 실무상 가장 많이 사용되는 방법이다. 이때 양도인의 입장에서는 상대방의 자의적인 동의유보(withholding consent)에 따른 피해를 줄이기 위해 상대방이 합리적인 근거 없이(without reasonable ground) 양도의 승인이나 동의를 거부할 수 없도록 하는 제한을 두어 상대방의 무제한적 양도제한의 권한을 견제할 수 있다. 이 경우 "a non-assigning party cannot unreasonably withhold its consent"와 같은 문구를 두어, 양도인의 상대방(non-assigning party)이 불합리하게 그의 동의를 유보할 수 없도록 할 수 있다. 다만, 이러한 동의를 제한하는 문구들(qualifiers)은 해석상 다툼의 여지가 있으므로 관련 거래의 성격과 준거법을 검토해 그에 따라 파생될 수 있는 결과를 신중하게 검토해 볼 필요가 있다. 또한, (v) 당사자는 권리양도와 관련해 단순한 동의 이상의 보다 상세한 조건을 둘 수도 있다. 예를 들어, 당사자의 계열사(affiliate)[37]에 그 권리를 양도할 수 있도록 하는 예외규정을 둘 수 있다. 즉, 당사자의 자회사(subsidiary)나 계열사(affiliate) 등에 대한 양도의 경우 상대방의 동의 없이도 양도할 수 있도록 할 수 있다. 다만 이 경우에도 계열사의 경영이 부진한 때 등 양도에 따른 부작용이 우려되는 경우 그 양도를

CHAPTER 6

37 계열사(affiliate)의 구체적인 개념은 준거법에 따라 달라질 수 있으나, 대표적으로는 모회사와 자회사의 관계와 같이 한 기업이 다른 기업을 통제할 수 있거나, 자매회사와 같이 동일한 모회사에 의해 통제될 수 있는 관계에 있는 두 기업체 등을 의미한다고 할 수 있다.－An affiliate means an entity that (1) controls another entity (e.g., subsidiary); (2) is controlled by another entity (e.g., parent company); or (3) is related to another entity (e.g., sibling) because both are controlled by a parent company.

제한하는 규정을 둘 수 있다. 이러한 다양한 양도제한규정들은 당사자들의 필요에 따라 함께 사용될 수 있다.

그리고, 계약상 양도제한(anti-assignment)을 규정하더라도, 해당 거래에 적용되는 법률에 따라 그 효력이 다를 수 있기 때문에 준거법을 검토할 필요가 있다. 예를 들어, UCC에서는 일정한 경우 대금지급에 대한 권리(assignments for rights to payment)의 양도제한규정(anti-assignment clause)은 강제할 수 없도록 하고 있다.[38] 특히, 기업의 합병(merger), 해산(dissolution), 파산(bankruptcy), 법원의 명령이나 사망 등과 같이 법의 작용(operation of law)에 의해 발생할 수 있는 비자발적 계약이나 권리의 양도(involuntary assignment)가 있는 때 이를 어떻게 처리할 것인지를 명확히 할 필요가 있다.[39]

한편, 계약상 권리의 양도가 있는 경우 양도인의 계약상 권리가 제3자인 양수인에게 이전되기 때문에 일반적으로 권리가 양도되면 양도인은 더 이상 계약상 권리가 없고, 양수인이 그 권리를 가지고, 양도인의 채무자는 양수인을 위해 이행할 의무가 있다. 그런데, 계약상 양도제한조항이 있음에도 당사자가 이를 위반해 권리를 양도하는 경우 당사자 간 법률관계나 처리방안에 관해 다툼이 있을 수 있는데, 이러한 문제를 방지하기 위해 당사자들이 의도하는 결과를 계약서에 명시할 수 있다. 이와 관련해, 양도제한조항(anti-assignment clause)에서 양도를 무효화하거나 당사자 간 계약 자체를 취소하는 등의 방안을 고려할 수 있다. 즉, 당사자가 양도제한규정을 위반해 권리를 양도한 때, (i) 자동적으로 또는 계약상 양도인의 상대방(non-assigning party; obligor; 양도인의 채무자)이 그 양도행위를 무효(void)로 할 수 있는 재량권(discretionary power)을 갖도록 하거나 또는 (ii) 당사자 간 계약이 즉시 종료되도록 하거나 양도인의 상대방이 계약을 해지할 수 있는 재량권을 갖도록 할 수 있다. 다만, 어느 경우든, 양도인의 상대방, 즉 채무자(non-assigning party; obligor)

38 UCC §9-406(d).

39 인수합병거래나 사업양도 등에 의해 당사자의 경영권 내지 지배권의 변경(change of control)이 있는 경우 이를 양도제한조항(anti-assignment clause)에서 양도(assignment)로 보아 상대방의 동의 없이 지배권을 변경할 수 없다고 할 수 있지만, 당사자인 회사의 입장에서는 상대방의 동의를 얻기 위해 많은 노력과 시간이 필요해 상당한 장애요소가 될 수 있다. 또한, 회사에 어느 정도의 지분을 소유하게 되는 때 지배권의 변경이 있는 것으로 할 것인지 등 기업법상 다양한 문제가 발생할 수 있으므로 이를 반드시 계약이나 권리의 양도문제로만 보기 어려울 수 있다. 이에, 당사자의 지배권 변경(change of control)이 문제되는 경우 이를 계약상 별도로 명시할 필요가 있는데, 그 자세한 내용은 "Chapter 6. IV. 4. Change of Control(지배권의 변경) 및 Divestiture(기업분할)의 문제" 단원을 참고하기 바란다.

의 입장에서는 양도인의 계약위반에 대해 가질 수 있는 다른 법적 구제방법도 여전히 인정되는 것으로 하는 것이 좋다.

[Example 1]

아래는 계약 내지 권리의 양도제한조항의 기본적 기재례들이다. 첫째 예문은 양 당사자 모두 계약상 권리양도를 금지하고, 둘째 예문은 한쪽 당사자의 권리양도만 금지하고 상대방 당사자의 권리양도를 허용하고 있다. 셋째부터 마지막 예문까지는 양도인의 상대방(non-assigning party)의 사전 서면동의(prior written consent)를 조건으로 계약이나 권리의 양도를 허용하는 규정들이다.

- Neither party shall assign its rights under this agreement.
- Under-the-Sea shall not assign its rights under this agreement. Golden Properties may assign its rights under this agreement.
- This Agreement and any rights or obligations may not be assigned or delegated by either party without obtaining a prior written consent of the other party.
- The Contract and any right or obligation hereunder shall not be transferable or assignable directly or indirectly by any party to a third party without the prior written consent of the other party.
- The Contract shall not be transferred or assigned, in whole or in part, by the Party to any other individual, firm, partnership, corporation, institution, government agency or any other entity without the prior written consent of the other Party.

[Example 2]

아래는 다양한 상황의 양도와 관련된 양도제한조항의 기재례들이다. (Version 1)은 당사자의 자발적 권리양도(voluntary assignment)뿐만 아니라 합병, 해산, 법의 작용 등 비자발적 권리양도(involuntary assignment)의 경우도 양도를 금지하는 규정이다. (Version 2)는 자발적 양도이든 비자발적 양도이든 상대방의 사전 서면동의(prior written consent)가 있는 때 권리를 양도할 수 있도록 하는 규정이다. (Version 3)는 당사자의 자회사(wholly-owned subsidiary)에게 상대방의 사전 서면동의를 얻어 권리를 양도할 수 있도록 하는 규정이다. (Version 4)는 당사자가 계약을 양도할 때 상대방의 사전 서면승인을 얻도록 하면서도 상대방은 합리적 이유 없이(without reasonable ground) 그러한 승인을 유보할 수 없도록 해, 상대방의 무제한적 양도제한의 권한을 견제하고 있다.

CHAPTER 6

(Version 1)

Neither party shall assign, voluntarily or involuntarily, its rights under this agreement, whether by contract, merger, consolidation, dissolution, by operation of law, or other means.

(Version 2)

Without the prior written consent of the other party, neither party shall assign, voluntarily or involuntarily, its rights under this agreement, whether by contract, merger, consolidation, dissolution, by operation of law, or other means.

(Version 3)

Neither party shall assign, voluntarily or involuntarily, its rights under this agreement, whether by contract, merger, consolidation, dissolution, by operation of law, or other means. Despite the preceding sentence, either party may effect an assignment to a wholly-owned subsidiary of that party upon obtaining the prior written consent of the other party.

(Version 4)

Neither party hereto may assign to any third party this Agreement or any right or obligation under this Agreement, without prior written approval from the other party. The other party shall not withhold such approval without reasonable ground.

[Example 3]

아래는 당사자가 양도제한조항을 위반해 권리를 양도한 경우 그 효력 내지 처리에 관한 기재례들이다. (Version 1)은 양도제한을 위반한 양도를 자동적으로 무효로 하고, (Version 2)는 양도인의 상대방이 양도제한을 위반한 양도를 무효로 할 수 있는 재량권을 갖도록 하고 있다. (Version 3)는 양도제한규정을 위반한 양도가 있는 때 해당 계약이 즉시 종료되는 것으로 하고, 계약의 종료로 인해 양도인의 상대방의 법적 구제방법이 제한되지 않는 것으로 한다. (Version 4)는 양도제한규정을 위반한 양도가 있는 때 양도인의 상대방이 해당 계약을 해지할 수 있는 재량권을 가지고, 계약의 해지로 인해 양도인의 상대방의 법적 구제방법이 제한되지 않는 것으로 한다.

(Version 1)

Neither party shall assign, voluntarily or involuntarily, its rights under this agreement, whether by contract, merger, consolidation, dissolution, by operation of law, or other means. Any attempted assignment in violation of this paragraph will be void for all purposes.

(Version 2)

Neither party shall assign, voluntarily or involuntarily, its rights under this agreement, whether by contract, merger, consolidation, dissolution, by operation of law, or other means. If a party attempts to assign its rights under this agreement in violation of this paragraph, the other party may deem the attempted assignment void for all purposes.

(Version 3)

Neither party shall assign, voluntarily or involuntarily, its rights under this agreement, whether by contract, merger, consolidation, dissolution, by operation of law, or other means. If a party attempts to assign its rights under this agreement in violation of this paragraph, this agreement will terminate. Termination of this agreement does not limit the non-assigning party's right to pursue other legal rights and remedies.

(Version 4)

Neither party shall assign, voluntarily or involuntarily, its rights under this agreement, whether by contract, merger, consolidation, dissolution, by operation of law, or other means. If a party attempts to assign its rights under this agreement in violation of this paragraph, the other party may terminate this agreement. Termination of this agreement does not limit the non-assigning party's right to pursue other legal rights and remedies.

3. Delegation Clause(의무위임조항)의 이해

당사자는 계약상 권리양도에 관한 사항 이외에 이행의무의 위임에 대해서도 규정(delegation clause)할 수 있다. 계약상 의무위임제한(anti-delegation)에 관한 사항은 일반적으로 Assignment Clause(양도조항)에서 함께 규정되는데, 그 의무위임의 제한에 관한 구체적인 내용은 계약당사자 간의 협상결과에 따라 다양할 수 있다. 계약상 이행의무의 위임(delegation)은 계약상 이행의무자(obligor)가 상대방 당사자와 합의 없이 그 부담하는 의무를 제3자에게 이전한다는 점에서 그 의무의 위임이 가능한지(delegable duties)가 문제된다. 계약상 의무의 이전에 관해 아무런 언급이 없으면 당사자들은 대체로 그 의무를 제3자에게 자유롭게 위임할 수 있다(delegable).[40]

40 계약상 의무위임과 관련해, Delegable Duties(위임 가능한 의무)에 관한 자세한 내용은 저자 집필 『영미계약법 원리』(유원북스, 2021), 563-566페이지를 참고하기 바란다.

즉, 계약상 의무는 그 의무의 성질상 사적인 서비스(personal services)와 연관이 되거나 계약상 의무위임(delegation)을 명시적으로 금지하지 않는 한, 일반적으로 자유롭게 위임할 수 있다고 본다. 여기서, 무엇이 사적인 서비스(personal services)인지를 판단하기는 쉽지 않으며, 이에 대한 다양한 이론들이 있을 수 있다. 실제 거래에서 당사자들이 그들의 계약상 의무를 위임할 수 있는지 여부에 대해 명확히 언급하지 않는 경우가 꽤 있다. 고용계약, 컨설팅계약, 유명 연예인이나 스포츠 스타들과 연관된 공연계약 등과 같이 사적 서비스의 제공에 관한 계약이라는 점이 다소 명백한 경우도 있으나, 실무에서는 계약상 의무를 사적 서비스로 보아 의무위임이 불가능한지를 판단하기에 어려움이 있을 수 있다.

따라서, 당사자가 상대방이 그 의무를 제3자에게 위임하기를 원하지 않는다면 계약서에 의무위임제한(anti-delegation)에 관한 사항을 명시하는 것이 좋다. 양도제한조항(anti-assignment clause)과 달리, 의무위임제한조항(anti-delegation clause)은 일반적으로 강제할 수 있으며, “neither party may delegate performance(어느 당사자도 이행을 위임할 수 없다)”라는 간단한 문구를 두어 계약상 의무위임을 금지할 수 있다.[41] 양도제한과 마찬가지로, 의무위임제한에서 계약을 위반한 의무이행의 위임은 무효(void)라는 규정을 둘 수 있다. 그런데, 의무위임제한규정(anti-delegation clause)에서 원칙적으로 의무위임을 금지하면서 일정한 경우 의무위임을 허용하길 원한다면 어떠한 경우에 그 위임이 가능한지와 그 제한규정위반의 효과에 대해서도 명시할 필요가 있다. 한편, 당사자가 계약상 특별히 달리 정하지 않는 한, 영미계약법상 계약상 이행의무의 위임이 있는 경우에도 위임자(obligor; delegator; delegating party)는 채권자(obligee)에 대해 이행의무가 면제되지 않기 때문에, 여전히 계약상 의무를 부담한다. 그리고, 수임자(delegate)가 명시적으로 이행의무를 인수한 경우(assumed the duties of the delegating party)에도 위임자의 이행의무는 여전히 존재하는데, 다만 이때는 수임자(delegate)가 제1차적 책임(primary responsibility)을 지고 위임자(delegating party)는 보증인(surety)과 같은 제2차적 책임(secondary responsibility)을 부담하게 된다. 한편, 위임자인 채무자(obligor; delegating party)의 수임자(delegate)에 대한 위임이 이루어질 때 채권자(obligee)가 명시적으로 위임자를 대신해 수임자가 이행의무를 하는 데 동의하였다면 계약과 관련된 모든 당사자

41 “The parties shall not assign this agreement”처럼 당사자들의 계약양도를 금지하는 경우 권리의 양도가 아니라 의무의 위임만(only the delegation of duties)을 금지하는 것으로 해석될 수 있다(UCC §2-210; Restatement Second of Contracts §322).

들의 동의가 있는 것으로 계약상 원래의 채무자를 새로운 당사자인 수임자로 대체하는 합의가 있다고 볼 수 있어 경개(novation)가 된다.[42]

[Example 1]

아래는 의무위임제한조항(anti-delegation clause)의 기본적 기재례들이다. 첫째 예문은 양 당사자 모두 의무의 위임을 금지하고, 둘째 예문은 한쪽 당사자의 의무위임을 금지하고 상대방 당사자의 의무위임을 허용하고, 셋째 예문은 당사자들의 권리양도와 의무위임을 제한없이 허용하는 규정이다.

- Neither party shall delegate its performance under this agreement.
- Under-the-Sea shall not delegate its performance under this agreement. Golden Properties may delegate its performance under this agreement.
- The parties may assign their respective rights and delegate their respective performance of obligations under this agreement.

[Example 2]

아래는 의무위임제한조항(anti-delegation clause)에서 의무위임을 예외적으로 허용하는 경우의 기재례들이다. (Version 1)은 상대방 당사자의 사전 서면동의(prior written consent)를 조건으로 계약상 권리양도와 함께 의무위임을 허용하는 규정이다. (Version 2)는 당사자들의 권리양도는 자유롭게 허용하지만, 의무위임에 대해서는 상대방 당사자의 사전 서면동의를 필요로 하는 규정이다. (Version 3)는 의무위임을 원칙적으로 금지하면서, 예외적으로 그 의무위임의 대상이 당사자의 자회사이고 상대방의 사전 서면동의를 얻는 경우에 한해 의무위임을 허용하는 규정이다.

(Version 1)

Without the prior written consent of the other party, neither party shall assign, voluntarily or involuntarily, its rights under this agreement, whether by contract, merger, consolidation, dissolution, by operation of law, or other means. Without the prior written consent of the other party, neither party

CHAPTER 6

42 *First Am. Com. Co. v. Wash. Mut. Sav. Bank*, 743 P.2d 1193, 1195 (Utah 1987) - stating that the "essential element of a novation is the discharge of one of the parties to a contract and the acceptance of a new performer by the other party as a substitute for the first original party"; 영미계약법상 "Delegation of Duty(계약상 의무위임)"와 "Novation(경개)"에 관한 자세한 내용은 저자 집필 『영미계약법 원리』 (유원북스, 2021), 560페이지를 참고하기 바란다.

shall delegate its performance under this agreement, whether by contract, merger, consolidation, dissolution, by operation of law, or other means.

(Version 2)

The parties may assign their respective rights under this agreement. Neither party shall delegate its performance under this agreement, without the prior written consent of the other party.

(Version 3)

Neither party shall delegate its performance under this agreement. Despite the preceding sentence, either party may effect a delegation to a wholly-owned subsidiary of that party upon obtaining the prior written consent of the other party.

[Example 3]

아래는 당사자가 의무위임제한(anti-delegation)을 위반한 경우 그 위반의 결과 내지 처리에 관한 기재례들이다. (Version 1)은 의무위임제한을 위반한 위임을 자동적으로 무효로 하고, (Version 2)는 그 위임인의 상대방(non-delegation party)이 그 위임을 무효로 할 수 있는 재량권을 갖도록 한다. (Version 3)는 의무위임제한규정을 위반한 위임이 있는 때 해당 계약이 즉시 종료되도록 하고, 계약의 종료로 인해 위임인의 상대방의 법적 구제방법이 제한받지 않는 것으로 한다. (Version 4)는 의무위임제한규정을 위반한 위임이 있는 때 위임인의 상대방은 해당 계약을 해지할 수 있는 재량권을 가지고, 계약의 종료로 인해 위임인의 상대방의 법적 구제방법이 제한받지 않는 것으로 한다.

(Version 1)

Neither party shall delegate its performance under this agreement. Any attempted delegation in violation of this paragraph will be void for all purposes.

(Version 2)

Neither party shall delegate its performance under this agreement. If a party attempts to delegate its performance under this agreement in violation of this paragraph, the other party may deem the attempted delegation void for all purposes.

(Version 3)

Neither party shall delegate its performance under this agreement. If a party attempts to delegate its performance under this agreement in violation of this paragraph, this agreement will terminate. Termination of this agreement does not limit the non-delegating party's right to pursue other legal rights and remedies.

(Version 4)

Neither party shall delegate its performance under this agreement. If a party attempts to delegate its performance under this agreement in violation of this paragraph, the other party may terminate this agreement. Termination does not limit the non-delegating party's right to pursue other legal rights and remedies.

4. Change of Control(지배권의 변경) 및 Divestiture(기업분할)의 문제

계약 자체나 권리의 양도가 있지 않더라도, 계약관계에서 당사자가 누구인지가 중요할 수 있는데 한쪽 당사자가 원치 않게 상대방 당사자의 경영권 내지 지배권의 변경이 발생할 수 있다. 즉, 계약이 한쪽 당사자가 다른 회사에 매각되거나 합병되거나 새로운 소유자가 당사자의 주식의 대부분을 매입하여 지배권을 갖게 되는 때 회사의 지배권변경(change of control)으로 인해 회사의 기존 계약관계에 영향을 미칠 수 있다. 이에, 합병(merger), 인수(acquisition) 등 기업 지배권의 변경(change of control)이나 기업분할(divestiture)이 있는 경우 계약상 양도(assignment)와 같이 제3자에게 계약 자체나 계약상 권리를 이전하는 것과 같은 상황이 발생할 수 있다. 이와 같은 기업의 지배권의 변경이나 기업분할 등에 따른 기업의 변경(corporate changes)이 있는 경우 대체로 계약을 양도할 권리, 계약해지에 대한 권리 또는 새로운 업체의 협력의무 등이 문제된다.

4.1 Change of Control(지배권의 변경)과 계약상 양도조항

양도조항(assignment clause)에서 그 양도의 의미가 좁게 해석될 수 있으므로 합병이나 법의 작용(operation of law)에 의한 양도 등을 금지하고 싶다면 그 구체적인 내용을 명시해야 한다. 계약상대방의 경영권 내지 지배권의 변경(change of control) 등을 금지하고자 하는 경우 이를 양도금지조항(anti-assignment clause)에서 양도(assignment)로 간주하거나 또는 채무불이행(default)이 되는 것으로 볼 수 있다. 이와 관련해, 회사의 지배권의 변경(change of control)을 양도제한조항(anti-assignment clause)에서 양도(assignment)로 보아 상대방의 동의 없이 지배권을 변경할 수 없으며, 이를 위반한다면 계약위반으로 보아 그에 따른 책임을 물을 수 있다. 다만, 회사가 인수합병 거래를 하거나 그 사업을 양도 또는 매각하는 경우 상대방의 동의를 필요로 한다면 회사의 입장에서는 그 동의를 얻기 위해 많은 노력과 시간이 필요해 상당한 장애요소가 될 수 있기 때문에 당사자들은 회사의 거래 상황에서 상대방의 동의요건을 제거할 수 있다. 이때 한쪽 당사자의 지배권의 변경에 대응해 상대방 당사자에게 해당 계약을 해지할 권리(right to terminate)를 부여할 수 있다. 즉, 당사자는 그가 원하는 대로 지배권을 변경할 수 있는데, 상대방이 새로운 소유자를 원하지 않는다면 계약을 해지할 수 있도록 할 수 있다. 이러한 상대방의 계약해지권은 당사자가 상대방의 경쟁자(competitor)나 그 경쟁자의 지배에 속하게 되거나 그 경쟁자와 공통의 지배하에 있는 업체에게 사업을 매도하는 경우 또는 계약에서 지정한 특정한 기업(acquirer; surviving entity)이 지배권을 인수하게 되는 경우 등 일정한 경우에만 인정할 수 있다. 그리고, 이와 같은 지배권의 변경에 관한 문제를 다루는 경우 "Change of Control"의 개념, 즉 해당 업체의 어느 정도의 지분을 소유하게 되는 때 지배권의 변경이 발생하는지 등에 관한 사항을 명확히 할 필요가 있다. 실제 회사에 대한 지배권은 복잡할 수 있으므로 지배권의 변경이 계약당사자에게 적합한지를 명확히 하기 위해서는, 해당 거래의 준거법상 기업법을 검토해 볼 필요가 있다.[43] 한편, 계약의 한쪽 당사자가 다른 회사와 합병을 하는 경우 계약은 존속하는 기업에 이전될 수 있기 때문에 합병된 계약당사자에게 계약을 존속기업(surviving entity)에 양도할 수 있는 권리(right to assign the contract)를 부여하기도 한다. 이러한 기업의 지배권 변경(change of control)에 관한 다양한 문제들은 엄밀히 말해 반드시 양도(assignment)로 여기지지 않을 수 있으므로 합병을 비롯한 기타 지배권의 변경과 관련된 이슈들은 계약상 별도로 명시하는 것이 좋다.

[Example]

아래는 당사자의 지배권 변경(change of control) 관련 규정의 기재례들이다. (Version 1)은 계약의 양도의 경우 상대방의 동의를 요건으로 하지만, 예외적으로

43 회사의 지배권의 변경은 대체로 합병이나 조직개편을 포함한 회사 주식의 과반수 또는 기타 소유권의 매각 등에 의해 발생할 수 있는데, 당사자 간 계약에 따라 그 정의를 달리할 수 있다.

합병, 조직개편 등 기업 지배권의 변경에 대해서는 상대방의 동의요건을 제거하고 있다. (Version 2)는 지배권의 변경을 계약의 양도(assignment)의 일종으로 보아 상대방의 서면동의를 받도록 하는 양도제한조항의 적용을 받도록 한다. (Version 3)는 한쪽 당사자의 지배권의 변경이 있는 경우 상대방은 계약을 해지할 수 있도록 하는 규정이다. 한편, "Change of Control(지배권의 변경)"의 개념은 계약에 따라 달리 정할 수 있는데, (Version 2)는 지배권의 변경의 의미를 추상적으로 언급한 데 반해, (Version 3)는 지배권의 변경을 합병이나 주식매각 등을 통해 주식의 50% 이상의 지분을 갖게 되는 등으로 기술해 그 개념을 보다 명확히 하고 있다. (Version 4)는 지배권의 변경에 관한 상세한 정의를 별도로 두는 규정이다.

(Version 1)

Neither party may assign this Agreement or any of its rights or obligations hereunder, either voluntarily or by operation of law, without the other's express written consent, except that either party may assign this Agreement to the surviving entity in a merger of that party into another entity or in an acquisition of all or substantially all its assets. No assignment of this Agreement becomes effective unless and until the assignee agrees in writing to be bound by all the assigning party's obligations in this Agreement. Any assignment in violation of this Section XX is void.

(Version 2)

Neither party may assign this Agreement or any of its rights or obligations hereunder, either voluntarily or by operation of law, without the other's express written consent. Any Change of Control (as defined below) will be considered an assignment pursuant to the preceding sentence (and therefore require the other party's prior written consent). ("Change of Control" refers to any change in the persons or entities controlling a party, including without limitation such changes resulting from a merger, consolidation, or stock transfer.)

(Version 3)

If a party undergoes a Change of Control, the other party may terminate this Agreement on ________ days' written notice, provided Customer issues such notice ________ or fewer days after the latter of the Change of Control or Customer's receipt of notice of the Change of Control. ("Change of Control" means a transaction or series of transactions by which more than 50% of the outstanding shares of the target company or beneficial ownership thereof are acquired within a 1-year period, other than by a person or entity that owned or had beneficial ownership of more than 50% of such outstanding shares before the close of such transaction(s). Change of Control includes, without limitation, any such transaction achieved through statutory merger, consolidation, or stock transfer.)

(Version 4)

"Change of Control" means a transaction or a series of related transactions: (i) in which one or more related parties that did not previously own or control at least a fifty percent (50%) equity interest in the Distributor obtains ownership or control of at least a fifty percent (50%) equity interest in the Distributor; or (ii) in which the Distributor sells all or substantially all of its assets.

4.2 Divestiture(기업분할)과 계약상 양도조항

회사가 사업부문(business unit)의 일부를 제3자에게 매각하거나 별도의 회사로 분리(spin off)하는 때 기업분할(divestiture)이 발생한다. 기업분할조항(divestiture clause)에서 회사는 계약을 분리된 업체(divested entity)에게 양도하거나 계약을 공유할 수 있는 권리를 부여할 수 있다. 이러한 기업분할조항은 양도(assignment)나 지배권의 변경(change of control)에 관한 조건들을 보완할 수 있는데, 이와 관련해 당사자 간에 필요한 규정을 둘 수 있다. 즉, 당사자는 관련 계약을 그의 분리된 업체(divested entity)에 양도할 수 있으며, 이를 일정한 경우에 국한해 인정할 수 있다. 이때 계약당사자들은 양도에 따른 당사자의 책임을 명시해 분쟁을 예방할 필요가 있으며, 기업분할을 한 당사자의 상대방은 양도를 승인하는 대신 계약의 수행을 위해 분리된 업체(divested entity)가 일정한 기간 동안 계약관계를 유지하도록 하는 등 협력을 요구할 수 있다. 이때 당사자들은 계약체결 당시 어떠한 종류의 기업분할이 있을지 예측하기 어려울 수 있지만, 가능한 한 "divestiture(기업분할)"의 개념을 명시할 필요가 있다.

[Example]

아래는 계약당사자의 기업분할(divestiture)과 관련된 규정의 기재례들이다. (Version 1)은 제공자(provider)가 계약을 그의 분리된 업체(divested entity)에 양도할 수 있도록 하는데, 이는 고객이 구매한 소프트웨어나 서비스를 제공하는 부서 등 "Responsible Division(책임부서)"의 기업분할(divestiture)에 국한되며, 양도인인 제공자를 보호하기 위해 양도(assignment) 이후 제공자의 책임을 면제하고 있다.

(Version 2)는 고객(customer)이 기업분할을 한 경우 분리된 업체가 관련 소프트웨어나 서비스 등을 이용할 수 있도록 하지만, 고객이 여전히 계약당사자로서 책임을 부담하도록 하고 있다. (Version 3)는 고객이 기업분할을 한 경우 제공자는 분리된 업체와 동일한 조건으로 새로운 계약을 체결할 것을 약속하며, 당사자들 사이에 필요한 기타 조건들은 (a)항과 (b)항에서 별도로 명시하고 있다.

(Version 1)

If Provider divests its Responsible Division (as defined below), Provider may assign this Agreement to the divested Responsible Division (the "Divested Entity") at any time until 30 days after closure of the divestiture transaction. Divestiture pursuant to the preceding sentence includes, without limitation, any transaction that transfers ownership of the Responsible Division to a third party or establishes the Responsible Division as an independent entity. Assignment pursuant to this Section XX releases and discharges Provider of all rights, obligations, and liabilities pursuant to this Agreement related to acts and omissions after assignment. (Provider's "Responsible Division" is ________.)

(Version 2)

If Customer divests one of its business units that receives Software or Services pursuant to this Agreement, such divested business unit ("Divested Entity") will continue to receive Software and Services pursuant to this Agreement, through Customer, for a period of ________ (the "Continuation Period") as set forth below in this Section XX, unless Divested Entity declines in writing. Divestiture pursuant to the preceding sentence includes without limitation any transaction that transfers ownership of the business unit to a third party or establishes the business unit as an independent entity. During the Continuation Period, Customer may sublicense and otherwise confer its rights related to the Software and Services to Divested Entity, including without limitation its rights to acquire new Software and Services pursuant to Section XX (*Future Orders*). Customer will be responsible and liable for Divested Entity's acts and omissions related to this Agreement. For the avoidance of doubt: (a) Software and Services provided collectively to Customer and Divested Entity will not exceed the copies and Seats authorized pursuant to this Agreement unless Provider accepts additional orders pursuant to Section XX; and (b) Divested Entity is not and will not become a party to this Agreement pursuant to this Section XX and will have no rights to enforce this Agreement, as a third party beneficiary or otherwise.

(Version 3)

If Customer divests one of its business units receiving Services pursuant to this Agreement, and such divested unit ("Divested Entity") requests continuation of such Services within ________ days of divestiture, Provider shall promptly enter into a contract (the "New Contract") with such divested business unit ("Divested Entity") that is functionally identical to this Agreement, with a term that ends no sooner than ________. Provider agrees that: (a) the New Contract will call for the products and services provided to Customer for use by such business unit before divestiture (the "Original Services"), at the prices set forth in this Agreement; and (b) on the effective date of the New Contract, Customer's rights and obligations related to the Original Services will cease. Divestiture pursuant to this Section XX includes without limitation any transaction that transfers ownership of the business unit to a third party or establishes the business unit as an independent entity.

5. Successors and Assigns Clause(승계자조항) 관련 문제

Successors and Assigns Clause(승계자조항)는 상속이나 승계에 따른 권리나 의무의 이전을 다루는 것으로 권리양도나 의무위임 조항과 밀접한 관련이 있다. 이는 대체로 양도인의 승계자(transferring party's successors and assigns)를 계약조건에 구속되도록 하고, 양수인(assignee)을 위해 계약상 양도인의 상대방/채무자(non-transferring party)가 그의 의무를 이행할 것을 진술하게 하는 등의 목적이 있다.[44] 이에, 계약상 당사자의 권리의 양도나 의무의 위임이 허용되지 않는다면 승계자조항(successors and assigns clause)을 둘 필요가 없다. 여기서, "Successors(승계자)"란 지분의 인수나 통합(consolidation or assumption of interest)을 통해 계약당사자인 이전의 사업체의 권리를 취득하고 의무를 인수한 사업체를 말하는데, 이는 일반적으로 개인(natural person)을 포함하지 않는데, 개인(natural person)과 업체(entity)가 함께 계약의 당사자라면, 승계자(successors and assigns)의 목록에 "heirs, legal representatives, executors, and administrators" 등과 같이 개인과 기업 모두에 적용될 수 있다는 취지의 문구를 기재할 필요가 있다.

44 Successors and Assigns Clause(승계자조항)는 실제 유용한 목적으로 사용될 수 없으며 오히려 혼동을 가져올 수 있으므로 불필요하다는 견해가 있다. 이에 따르면, 양도인의 승계자(transferring party's successors and assigns)를 포함한 제3자는 계약당사자가 아니기 때문에 제3자로 하여금 계약당사자의 의무이행을 강제할 수 없으며, 양수인(assignee)을 위해 계약상 양도인의 상대방/채무자(non-transferring party)가 그의 의무를 이행할 것을 진술하는 것은 불필요하다고 본다. 이러한 점에서 비추어 보면, 승계자조항(successors and assigns clause)을 반드시 계약상 두어야 할 필요는 없다고도 볼 수 있다.－Kenneth A. Adams, "It's Time to Get Rid of the 'Successors and Assigns' Provision," The Advocate (June/July 2013).

승계자조항(successors and assigns clause)을 두는 경우에도 권리양도금지규정(anti-assignment clause)이나 의무위임금지규정(anti-delegation clause)과 상충되지 않도록 해야 한다. 권리양도나 의무위임 관련 조항이 당사자가 그 권리양도나 의무위임을 하기 이전에 일정한 명시적 조건의 충족을 요구한다면 승계자조항(successors and assigns clause)에도 그 제한조건을 반영할 필요가 있다. 승계자조항(successors and assigns clause)을 두는 경우 아래 기재례들을 참고하기 바란다.

[Example]

아래는 Successors and Assigns Clause(승계자조항) 관련 기재례들이다. (Version 1)은 승계자조항(successors and assigns clause)의 일반적 문구이며, (Version 2)는 승계자조항에서 권리양도나 의무위임을 할 당사자의 권한 범위를 결정하지는 않는다는 점에서 양도조항과 의무위임조항(assignment and delegation clauses)을 상호 참조(cross-reference)하고 있다. (Version 3)는 승계자(successors)의 개념에 "heirs, legal representatives, executors"의 문구를 사용해 개인과 기업 모두에 적용되도록 한 규정이다. (Version 4)는 상대방의 사전 서면동의 등의 권리양도나 의무위임에 관한 요건을 승계자조항에도 제한조건으로 반영한 규정이다.

(Version 1)

This agreement is binding upon, and inures to the benefit of, the parties and their respective successors and assigns.

(Version 2)

This agreement is binding upon and inures to the benefit of the parties and their respective permitted successors and assigns. This provision does not address, directly or indirectly, whether the parties can assign their rights or delegate their obligations under this agreement. Sections XX and XX (assignment and delegation clauses) address these matters.

(Version 3)

This agreement is binding upon and inures to the benefit of the parties and their respective heirs, legal representatives, executors, and [permitted] assigns. This provision does not address, directly or indirectly, whether the parties can assign their rights or delegate their obligations under this agreement. Sections XX and XX (assignment and delegation clauses) address these matters.

(Version 4)

Successors and Assigns. This Agreement is binding upon and inures to the benefit of the parties and their respective successors, legal representatives and permitted assigns. No party to this Agreement may assign any of its rights or delegate any of its obligations under this Agreement, by operation of Law or otherwise, without the prior written consent of the other parties, except that, by written notice to the Company, Merger Sub may assign any and all of its rights under this Agreement to another wholly-owned Subsidiary of Parent. Merger Sub shall not assign its rights under this Agreement if the assignment would, or would reasonably be expected to, prevent or materially delay Parent or Merger Sub from performing their respective obligations under this Agreement or consummating the Merger and the other transactions contemplated by this Agreement. If Merger Sub assigns its rights under this Agreement, Parent is not relieved of any of its obligations pursuant to this Agreement. Any purported assignment in violation of this Agreement is void. This Agreement is binding upon and inures to the benefit of the parties and their respective permitted successors and assigns.

Ⅴ. Entire Agreement Clause(완전합의조항)

1. 완전합의조항(entire agreement clause)의 이해

계약이 체결될 때까지 당사자 사이에 계약의 다양한 조건에 대해 논의를 하거나 계약서 초안 등 관련된 여러 문서나 자료들이 교환되는데, 이러한 논의사항이나 자료들을 최종적으로 합의된 계약서와의 관계에서 어떻게 해석할 것인지 문제된다. 영미계약법상 Parol Evidence Rule(PER; 구두증거배제의 원리)은 계약당사자가 일단 서면계약을 체결하면 그 서면계약의 체결 이전까지 당사자 간에 있었던, 구두든 문서든, 다른 모든 논의, 협의, 합의 등은 명목 여하를 불문하고 전부 그 서면계약에 반영되고 흡수 통합된 것으로 본다. 국제거래 계약의 경우도 대부분 이러한 영미계약법의 원리를 반영해 서면계약이 체결되는 경우 그 계약의 체결 이전에 당사자 간 협의나 합의 등이 있다고 하더라도 그 서면계약의 내용에 반해서 주장할 수 없도록 하는 규정을 두고 있는데, 이를 Entire Agreement Clause(merger clause; integration clause; 완전합의조항/통합조항)라 한다.[45] Entire Agreement Clause

45 "entire agreement," "merger" 또는 "integration"는 "This is the parties' entire agreement(이

(완전합의조항)는 당사자들의 서면계약(written contract)이 전체적이고, 완전하고, 최종적인 합의(entire, complete, and final agreement)라는 점을 명시해, 그 서면계약의 체결 이전 협상과정에서 당사자 간에 구두이든 서면이든 무슨 말이 오갔든 간에, 그 서면계약에 기재되지 않는 한 당사자 간의 계약내용에 포함되지 않는다는 것을 의미한다. 예를 들어, 제안요청서에서 특정 조건이 기재되어 있었지만 이후의 서면계약에서는 그 사항이 기재되어 있지 않다면, 그 조건은 계약으로 인정되지 않는다.

이러한 Entire Agreement Clause(완전합의조항)의 취지에 따라 영문 국제계약을 체결할 때 그 계약서에 기재된 내용들이 당사자 간 합의내용을 기록한 유일한 증거가 될 수 있다는 점에서 가능한 한 당사자 간에 합의된 모든 사항을 빠짐없이 기재하도록 하고 있다. 이에, 당사자 간 계약서를 작성함에 있어 그 합의된 계약내용이나 합의되지 않아 문제가 발생한 부분이 있다면 그 부분의 처리와 관한 사항도 빠짐없이 계약서에 규정할 수 있도록 해야 한다.[46] Entire Agreement Clause(완전합의조항)를 두지 않는 경우 당사자 간 계약이 체결되었음에도 그 협상과정에서 작성된 문서나 회의록 또는 이메일 등에 기재된 내용을 근거로 당사자 간 다툼이 발생할 여지가 있다. Entire Agreement Clause(완전합의조항)를 두게 되면 체결된 서면계약에는 당사자 간 그동안 계약체결을 위해 논의된 모든 협의사항들을 모두 통합하여 최종적으로 반영된 합의사항을 규정된 것으로 보아 원칙적으로 그 내용과 다른 합의나 내용을 주장할 수 없도록 할 수 있다.

CHAPTER 6

2. Entire Agreement Clause(완전합의조항)와 Parol Evidence Rule (구두증거배제의 원리)

Entire Agreement Clause(완전합의조항)는 영미계약법상 Parol Evidence Rule (구두증거배제의 원리)에 의해 인정되고 당사자의 계약체결 이전에 한 구두 또는 서

것이 당사자의 전체약정이다)."라는 의미로, 이는 당사자의 합의사항이 계약서에 통합되었는지 여부에 따라 결정되므로 "merger," "integration" 등의 뜻도 갖는다. 국문계약서의 경우에도 요즈음 완전합의조항(entire agreement clause)을 기본적 일반계약조항의 하나로 포함시키는 경향이 있다.

46 계약의 주요 내용 이외에는 관련 법규로 해결하는 것으로 이해해 계약서상에 당사자 간의 권리의무나 법률관계를 일일이 기재하지 않는 우리나라 등 대륙법계 계약서에 비해, 영미계약법에 따른 영문계약서의 경우 Entire Agreement Clause(완전합의조항)에 따라 당사자 간에 문제될 수 있는 모든 사항을 계약의 내용으로 가급적 모조리 기재하기 때문에 영문계약서가 대체로 일반적인 국문계약서에 비해 훨씬 방대하고 많은 내용을 담게 된다.

면 진술이나 계약 또는 계약체결시에 이루어진 구두 진술 등으로부터 발생할 수 있는 계약의 분쟁을 방지하기 위한 취지에서 인정된다.[47] Parol Evidence Rule(구두증거배제의 원리)의 목적상 구두증거(parol evidence)는 계약체결 이전에 이루어진 구두의 진술이나 서면뿐만 아니라, 계약체결과 동시에 이루어진 구두의 진술도 포함한다. Parol Evidence Rule은 완전하고 배타적이며 최종적인 합의(complete, exclusive, and final agreements)가 있는 경우 적용된다. 즉, 서면계약(written contract)의 당사자들이 그 계약을 완전하고 배타적이며 최종적인 것으로 하기로 하였다면 이는 완전히 통합된 계약(fully integrated agreement)으로, 외부증거(extrinsic evidence)로 그 서면계약의 내용과 상충되거나 보완하거나 설명하는 것은 허용될 수 없다. 다만, 사기(fraud), 강박(duress), 착오(mistake) 등의 사유로 계약 자체의 유효성을 다투는 경우에는 Parol Evidence Rule(구두증거배제의 원리)이 적용되지 않기 때문에 관련 클레임을 입증하기 위해 외부증거가 허용될 수 있다. 한편, 부분적으로 완전하고 최종적인 계약(partially complete and final agreements)의 경우 Parol Evidence Rule이 적용되는지 문제된다. 서면계약이 부분적으로 통합되어 계약상 조건이 모호하거나 불명확한 때 계약상 다른 조건들과 상충되지 않는 범위 내에서 그 불명확한 계약조건을 보충하거나 설명하기 위해 외부증거를 허용할 수 있다.

Parol Evidence Rule(구두증거배제의 원리)은 영미계약법의 원리로, 준거법에 따라 그 인정 여부가 달라질 수 있으므로 해당 거래의 준거법을 확인할 필요가 있다.[48] 다만, Parol Evidence Rule(구두증거배제의 원리)을 계약서상 구현한 Entire Agreement Clause(완전합의조항)는 국제 상거래계약상 관습적으로 이를 포함하는 경향이 있다. 그런데, 계약상 완전합의조항(entire agreement clause)이 있다는 것만으로 해당 서면계약을 완전히 통합된 계약으로 보아 Parol Evidence Rule(구두증거배제의 원리)의 적용이 반드시 보장되는 것은 아니며, 재판관할법원 등이 그 서면계

47 "Parol Evidence Rule(구두증거배제의 원리)"은 구두(oral)와 서면(written)의 증거에 모두 영향을 미치는 원리이지만, "parol"은 "oral(구두의; 구술의)"이라는 의미를 갖는 프랑스 단어에서 유래한다. 이 원리에 "evidence"라는 단어가 포함되어 있다고 하더라도, 이는 증거에 관한 원리(rule of evidence)라기보다는 서면계약(written contract)의 해석에 사용되는 실체법적 원리(substantive rule)이다. Parol Evidence Rule(구두증거배제의 원리)에 관한 자세한 내용은 저자 집필 『영미계약법 원리』 (유원북스, 2021), 575페이지 이하를 참고하기 바란다.

48 예를 들어, CISG는 Parol Evidence Rule(구두증거배제의 원리)을 인정하지 않기 때문에 계약상 준거법으로 CISG가 적용되는지 주의를 할 필요가 있다. CISG가 해당 계약의 준거법이 되는 경우에도 Parol Evidence Rule의 적용을 원하다면 CISG 전체의 적용을 배제하거나, 적어도 Parol Evidence Rule은 해당 계약에 적용된다는 점을 명시할 필요가 있다.

약이 완전하고 배타적이며 최종적인 당사자들의 합의가 이루어진 것으로 인정한 때 Entire Agreement Clause(완전합의 조항)를 강제해 Parol Evidence Rule(구두증거배제의 원리)을 적용할 수 있다.[49]

3. 완전합의조항(entire agreement clause) 관련 유의점 및 기재례

Entire Agreement Clause(완전합의조항)는 당사자 간의 서면계약을 완전히 통합된 계약으로 하기로 했다는 Parol Evidence Rule(구두증거배제의 원리)을 계약서상 나타내기 위한 조항이다. 이에, Parol Evidence Rule(구두증거배제의 원리)의 적용과 관련한 계약상 분쟁을 최소화하기 위해, Entire Agreement Clause(완전합의조항)에서 당사자 간에 해당 서면계약을 완전히 통합된 계약(fully integrated agreement)으로 하기로 했다는 점을 가능한 한 분명하게 나타내야 한다. 즉, (i) 해당 서면계약이 당사자 간에 완전하고 배타적이며 최종적인 합의(complete, exclusive, and final agreement)라는 점, (ii) 그 서면계약 이전의 모든 협상과 합의(all prior negotiations and agreements)는 그 서면계약으로 통합되어(merged) 대체되었다(superseded)는 점을 명시한다. 다만, (iii) 해당 서면계약과 연관된 다른 계약들이 있고 이를 그 서면계약으로 대체해 통합하길 원하지 않는다면 그 다른 계약들을 Entire Agreement Clause(완전합의조항)의 예외사항으로 규정할 필요가 있다.[50] 예를 들어, 대출계약의 체결시에 차주는 대출금액의 변제와 관련해 약속어음에도 서명을 할 수 있는데, 당사자들이 그 약속어음의 발행이 대출계약에 의해 대체되지 않기를 원한다면 대출계약의 Entire Agreement Clause(완전합의조항)에서 해당 약속어음은 그 완전합의조항에 따라 통합되어 대체되는 문서에 해당되지 않는다는 것을 명시해야 한다.

CHAPTER 6

49 계약서상 Entire Agreement Clause(완전합의조항)의 존재는 완전하게 통합된 계약(fully integrated contract)을 하려는 당사자 간의 의도를 뒷받침하는 증거가 되지만, 이러한 조항이 없다고 하더라도 법원은 제반 정황에 비추어 해당 계약이 Parol Evidence Rule(구두증거배제의 원리)의 적용요건을 충족한다고 판단하면 이를 적용할 수 있다. 그리고, 완전합의조항(entire agreement clause)이 있다고 하더라도 계약상 불명확한 조항에 대한 분쟁이 발생한 경우 법원은 관련 협상이나 계약과정에서 당사자 간 교환된 문서나 자료들을 그 계약의 배경이나 불명확한 내용에 대한 해석을 위한 참고자료로 삼을 수 있다. 물품매매계약과 관련해, UCC는 Parol Evidence Rule(구두증거배제의 원리)을 인정(UCC §2-202)하지만, CISG는 이를 인정하지 않는다.

50 동시에 여러 계약들이 한꺼번에 체결되는 경우 그 계약서들을 묶어서 "Transaction Documents"라고 정의해 그 계약서들을 언급할 수 있다.

또한, 해당 서면계약과 관련해 당사자 간에 이미 체결된 비밀유지계약(confidentiality agreement)이 있고 이를 유지하고자 하는 경우 비밀유지계약을 그 서면계약상 Entire Agreement Clause(완전합의조항)의 예외로 규정할 수 있다.

한편, Entire Agreement Clause(완전합의조항)는 계약체결 이전의 당사자 간의 협의나 합의에 관한 사항이 통합되어 체결된 계약에 최종적으로 반영되었다는 내용으로, 그 계약체결 이후에 당사자 간에 이루어진 별도의 합의나 계약에 관해서는 적용되지 않는다. 이에, 당사자 간 해당 계약체결 이후에 이루어진 그 계약내용의 변경이나 별도의 합의서나 계약서가 작성된 경우에는 기존에 체결된 계약서상 완전합의조항(entire agreement clause)과 상관없이 별도의 계약서로 효력이 발생한다. 이러한 별도계약을 체결하는 경우 기존의 계약체결 이후 별도로 체결된 계약이라는 점을 명시하는 것이 좋다.

[Example]

아래는 Entire Agreement Clause(완전합의조항) 관련 다양한 기재례들인데, 여기서는 대체로 해당 서면계약이 완전히 통합된 계약(fully integrated agreement)이라는 점과 그 이전의 모든 협상과 합의 등이 그 서면계약에 통합되고 대체되었다는 점 등을 명시한다.

- **Entire Agreement.** This Purchase Agreement and the specifications attached as Exhibit A to the Company's request for proposal dated [September 15, 2023] constitute the entire agreement between the parties and supersede any prior understanding among them. No representations, arrangements, understandings or agreements relating to the subject matter exist among the parties except as expressed in this Purchase Agreement.
- **Merger.** This Agreement constitutes the final, exclusive agreement between the parties on the matters contained in this Agreement. All earlier and contemporaneous negotiations and agreements between the parties on the matters contained in this Agreement are expressly merged into and superseded by this Agreement.
- This Agreement supersedes all prior agreements, whether written or oral, between the parties with respect to its subject matter (including any letter of intent and, upon the Closing, any confidentiality obligation to which Buyer is subject) and constitutes (along with the Disclosure Letter, the exhibits, and the other documents to be delivered pursuant to this Agreement) a complete and exclusive statement of the terms of the agreement between the parties with respect to the subject matter of this

Agreement.

- This Agreement sets forth the entire agreement of the parties and supersedes all prior or contemporaneous writings, negotiations, and discussions with respect to its subject matter. Neither party has relied upon any such prior or contemporaneous communications.
- This agreement and all attached exhibits and schedules constitute (a) the complete, exclusive, and final agreement between the parties, and (b) supersede all prior proposals, negotiations, representations, warranties, commitments, agreements, or other communications, whether written or oral, between the parties with respect to the subject matter of this agreement.
- This Agreement (including, Annex A, B, C and D and the documents and instruments referred to herein) supersedes all prior representations, arrangements, understandings and agreements between the Parties, (whether written or oral) relating to the subject matter hereof and sets forth the entire complete and exclusive agreement and understanding between the Parties hereto relating to the subject matter hereof.
- This Agreement and all exhibits embody the entire agreement and understanding of the parties hereto and supersede any and all prior agreements, arrangements, and understandings relating to the matters. In the event of a conflict between the terms of this Agreement and any other agreement executed in connection, the terms of this Agreement shall prevail.
- This Agreement constitutes the entire agreement between the parties with respect to the subject matter hereof, and supersedes and replaces all prior understandings or agreements, written or oral, regarding the subject matter of this Agreement.

CHAPTER 6

Ⅵ. Notice Clause(통지조항)

1. 통지조항(notice clause)의 이해

당사자들은 계약기간 동안 계약을 수행하고 운영하는 등 계약과 관련해 당사자 상호간 의사소통(communication)을 위해 상대방에 대한 통지를 필요로 한다. 통지조항(notice clause)에서는 계약상 필요한 사항에 대해 당사자 간 국제배달(international deliveries)을 포함한 통지의 수단과 방법 및 절차, 효력발생시기 등에 관한 사항을 규정한다. 통지에 관한 규정이 계약서에 없는 경우 당사자 간 계약상 의사표시의 전달 유무나 내용에 대한 분쟁이 발생할 수 있다. 당사자 상호간 계약 관련 요구나 청구 또는 포기, 동의나 승인을 하기 위한 통지는 여러 계약조항에 걸쳐 있을 수 있다. 예를 들어, 계약의 종료규정에서 계약위반에 따른 피해당사자(non-breaching party)는 계약위반자(breaching party)에게 계약위반사유를 통지해, 계약위반자에게 계약위반을 치유할 수 있는 일정한 유예기간을 주거나 계약해지를 할 수 있다. 또한, 계약기간의 갱신과 관련해 당사자는 계약기간의 종료 이전 일정한 기간 내에 그 갱신의 의사를 상대방에게 통지해 계약을 갱신하거나 종료할 수 있다. 통지조항(notice clause)은 계약에 따라 통지를 적절하게 주고받는 방법에 대한 기본적인 규칙(ground rules)을 정한다. 예를 들어, 보증조항(warranty provision)은 구매자가 상품에 결함이 있는 경우 10일 이내에 판매자에게 통지(notice)를 해야 하며, 판매자는 그 결함을 통지받은 날로부터 1개월 이내에 이를 수리해야 한다고 명시할 수 있다. 또한, 통지조항에는 당사자가 통지를 받을 주소, 전화번호, 이메일(E-mail) 등 연락처와 함께, 인편(personal delivery), 등기항공우편(registered airmail), 전보(cable, telegram, telegraph), 텔렉스(telex), 팩스(fax) 등 통지의 방법을 정한다.

그리고, 계약상 의무의 불이행, 계약의 해지, 면책배상청구 등 계약상 요구되는 의사표시를 위해 당사자 간 통지가 필요한 때 통지요건이 중요하며, 특히, 통지규정상 정해진 통지기간의 준수는 필수적일 수 있다. 예를 들어, 일정한 주기로 갱신되는 계약에 대해 당사자가 갱신하지 않겠다(non-renewal)는 의사를 상대방에게 표시하기 위해서 통지조항상 우편에 의한 적시의 통지(timely notice)가 필요할 수 있는데, 이때 그 통지를 우편이 아니라 이메일로 통지를 하고 그 통지기간이 지나버렸다면 해당 계약은 자동으로 갱신되어버릴 수 있다. 그리고, 통지조항에서 당사자가 계약해지 등 계약상 필요한 조치와 관련된 통지를 받을 수 있는 법적으로 유효한 주소를 규정하는데, 당사자가 그 주소가 바뀌었음에도 그 변경사항을 상대방에게 알리지 않은 경우 통지와 관련된 법률행위의 효력이 문제될 수 있다. 즉, 적법한 통지가 이루어지지 않으면 계약해지 등 계약상 법률행위의 유효성이 다투어질 수 있다. 통지의 효력발생시기는 당사자가 계약상 특별한 규정을 두지 않는 한, 해당 계약의 준거법에 따라 달라질 수 있다.[51]

---

51 당사자 간 통지의 수령과 관련한 분쟁을 예방하기 위해 계약상 통지의 효력발생시기를 정하는 것이 좋으며, 이때 통지의 효력발생시기를 명확히 하기 위해 발송 이후 일정한 기간이 경과한 때 상대방이 이를 수령한 것으로 간주할 수 있다.

2. 통지조항(notice clause) 관련 유의점 및 기재례

통지조항(notice clause)에서는 당사자 간 의사표시의 명확한 전달과 그 과정에서 발생할 수 있는 분쟁가능성을 최소화하기 위해 다음과 같은 사항에 유의할 필요가 있다.

① 통지는 그 명확성을 위해 서면으로(in writing) 해야 하며, 통지가 요구되는 계약조항이 있다면 이를 통지조항(notice clause)과 상호참조(cross-reference)해 명시할 필요가 있다.

② 통지의 전달방법을 특정해야 한다. 이에는 인편전달(personal delivery), 우편배달(postal services), 특급 또는 익일 배달서비스(express or overnight delivery services), 팩시밀리(facsimile) 등이 있다. 이때 통지의 수령과 관련해, 각 당사자의 적절한 주소나 팩스번호, 당사자와 연관된 사람이나 부서가 있는 경우 이를 참조(attention), 당사자의 대리인에게 통지사본을 전달되길 원한다면 그 대리인의 연락처 등을 기재한다. 또한, 관련 연락정보가 변경되는 경우 그 통지방법도 명기한다.

③ 통지의 효력발생시기를 정해야 하는데, 이는 계약상 통지기간이 요구되거나 통지에 따라 일정한 기간이 산정되는 경우에 중요하다. 이와 관련해, 통지의 효력발생시기를 발신인이 통지우편을 발송한 때로 할 것인지(발신주의; mailbox rule) 또는 수신인이 통지우편을 수령한 때로 할 것인지(도달주의; no mailbox rule)를 명확히 해야 한다. 발신주의의 경우 당사자의 우편발송 이후 예상치 못한 사정으로 통지가 상대방에게 실제 전달되지 않을 수 있으며, 통지에 의해 시작되는 이행의 기간을 단축하게 될 수 있다는 점을 유의해야 한다. 예를 들어, 피해당사자가 통지를 한 때로부터 30일 이내 계약위반자가 그 위반사항을 치유해야 한다고 하면 통지는 발송한 때로부터 효력이 발생하므로 계약위반자가 수일 동안 실제 통지를 못받았다 하더라도, 계약위반사항을 치유하기 위한 기간은 이미 시작되었기 때문에 계약위반자의 입장에서는 계약위반의 실제 치유기간이 줄어들 수 있다. 이에, 통지의 효력발생시기는 대체로 수신인이 통지우편을 수령한 때 또는 그 통지가 수신인에게 전달되었으나 수취인이 그 수령을 거부한 때로 한다.

④ 통지방법에 따른 통지의 수령 문제를 개별적으로 살펴보면 아래와 같다. (i) 인편전달(personal delivery)의 경우 실제 수령을 명확히 할 수 있는 방법인

데, 통지가 직접 수신인에게 전달된 날짜와 시간에 수령된 것으로 볼 수 있다. 이는 수신인이 의도적으로 통지의 수령을 회피해 반복적으로 통지의 전달을 시도해야 한다면 비용이 많이 들 수 있다. (ii) 우편송달(postal service)의 경우 등기우편(certified or registered mail)을 통해 수신인의 수령에 대한 서명을 받을 수 있으며, 그 통지우편의 수령일(delivery date)을 스탬프(stamp)로 찍어 그 통지우편의 발송인에게 전달될 수 있다. 이는 수신인과 그의 지정대리인(designated agent)이 통지우편의 수령에 서명을 해야 한다는 문제가 있다. 즉, 수신인이 의도적으로 우편의 수령에 서명을 회피하거나 그 서명을 할 수 없는 상황이 되는 경우 통지의 전달이 어렵게 된다. 이를 해결하기 위해, 통지의 발송일로부터 일정한 합리적인 기간이 경과된 때 통지가 수령된 것으로 간주할 수 있다. 이러한 기간을 정함에 있어, 수신인이 실제 수령할 수 없는 기간, 즉 수신인이 근무하지 않거나 통지우편에 응답할 수 없는 주말 등 휴일이나 휴무일(non-business day)을 산정되는 기간에 포함하는 것은 불합리할 수 있으므로 "calendar day(역일)"보다는 "business day(영업일)"를 사용하는 것이 적절하다. (iii) 특급 또는 익일 배송서비스(express/overnight delivery services)의 경우 우편전달의 경과를 추적하고 우편물이 수령된 날짜를 기록할 수 있다. 이러한 배송서비스는 신뢰할 수 있는 통지방법인 반면, 예상치 못한 서비스의 장애나 우편물을 분실하는 경우 문제가 생길 수 있다. 이에, 이러한 우편서비스의 경우에도, 통지우편의 발송 이후 합리적인 일정한 영업일(business day)이 경과한 때 통지가 수령된 것으로 볼 수 있다. (iv) 팩시밀리의 경우 수신인이 그 팩스기기의 기술적 결함으로 전송된 문서를 제대로 받지 못한 경우에 문제가 될 수 있으며, 문서가 전송된 이후 일정한 기간이 경과된 때 수신인이 그 문서를 수령한 것으로 정할 수 있다. (v) 이메일(E-mail)의 경우 일상적인 비즈니스 커뮤니케이션에서 사용되는데, 수신인이 이메일의 수신을 확인하지 않는 한, 수신인에게 실제 전달이 되었는지 여부를 확인하기 어려울 수 있기 때문에 일반적으로 공식적인 통지방법으로는 선호되지 않는다.

[Example]

아래는 통지조항(notice clause) 관련 기재례들인데, 이에는 통지의 수단과 방법 및 절차, 효력발생시기 등에 관한 사항을 규정한다.

(Sample 1)

(a) **Notices.** All notices, requests, instructions or other communications or documents to be given or made under this Agreement by any party to the other parties to this Agreement must be in writing and: (a) served by personal delivery upon the party for whom it is intended; (b) delivered by an internationally recognized overnight courier service to the party for whom it is intended; (c) delivered by registered or certified mail, return receipt requested; or (d) sent by facsimile or email (as set forth below) if the facsimile or email is followed by within one Business Day by dispatch pursuant to one of the other methods described above:

If to Parent or Merger Sub:

____

Attention: General Counsel
Facsimile: (200) 201-xxxx

with a copy to:

____

Attention: ____________
Facsimile: (300) 301-yyyy

If to the Company:

____

with a copy to:

____

Attention: ____________
Facsimile: (400) 401-zzzz

or to other Persons or addresses that have been designated in writing by the party to receive notice.

Any notice, request, instruction, communication, or document given as provided above is deemed given to the receiving party (w) upon actual receipt, if delivered personally; (x) on the next Business Day after deposit with an overnight courier, if sent by an overnight courier; (y) three Business Days after deposit in the mail, if sent by registered or certified mail; or (z) upon confirmation of successful transmission if sent by facsimile and followed up within one Business Day by dispatch pursuant to one of the other methods described above. The time period in which a response to notice must be given, or action must be taken with respect to that notice, will begin to run from the date it was received by the addressee.

Copies to outside counsel are for convenience only and do not constitute notice. Failure to provide a copy to outside counsel does not alter the effectiveness of any notice given pursuant to this Section 9.6.

(b) **Change of Address.** Each party may change its address for notice, election, and other communications from time to time by notifying the Company of the new address in the manner provided above for giving notice.

(c) **Calculation of Time Periods.** In calculating time periods for notice, when a period of time measured in days, weeks, months, years, or other measurement of time is prescribed for the exercise of any privilege or the discharge of any duty, the first day will not be counted but the last day will be counted.

(Sample 2)

Notices pursuant to this Agreement shall be sent to the addresses below, or to such others as either party may provide in writing. Such notices will be deemed received at such addresses upon the earlier of (a) actual receipt or (b) delivery in person, by fax with written confirmation of receipt, or by certified mail return receipt requested.
For Provider: ______________________________________.
For Customer: _____________________________________.

(Sample 3)

The parties shall send any notice or other communication required by this agreement in writing and by a nationally recognized express courier. Notices and communications will be sent

(a) to Supplier at the following address:
[insert information], and
(b) to Distributor at the following address:
[insert information].

Notices and communications will be deemed received [insert time period] after the day of dispatch. A party may change its address for notice at any time upon written notice to the other party as provided in this paragraph.

(Sample 4)

All notices to be given under this Agreement shall be given in writing and shall be delivered personally or by registered or certified mail, postage prepaid or by international courier as follows:

- If to Buyer, address to [name and address]; with a copy to [name and address]
- If to Seller, address to [name and address]; with a copy to [name and address]

Ⅶ. Modification Clause(계약변경조항)

1. 계약변경조항(modification clause)의 이해

Modification Clause(amendment clause; 계약변경조항)는 계약내용의 변경을 어떤 방법으로 할 수 있는지 등 계약변경을 위한 규칙(rules for amending the contract)을 정하는 규정이다.[52] 계약의 변경(modification; amendment)은 계약의 한쪽 당사자 또는 양쪽 당사자의 이행의무에 대한 의도적(intentional) 또는 비의도적(unintentional) 변경(changes)을 모두 포함하는 개념이다. 즉, 계약체결된 이후 수정이 필요한 오류가 발견될 수 있고, 당사자들이 거래조건의 변경을 원할 수 있으며, 계약의 이행과정에서 해결해야 할 새로운 상황이 발생할 수도 있는데, 이때 계약에 새로운 조항을 추가하거나 기존 계약내용을 수정할 수 있다. 특정 상황이 발생할 경우 계약당사자는 신의성실(good faith)에 따라 계약변경을 위해 협상할 것을 요구할 수 있지만, 어느 당사자도 원칙적으로 계약변경을 해야 할 의무를 부담하지 않기 때문에 그 합의에 이르지 못하더라도 계약위반이 되는 것은 아니다. 계약의 변경(modification; amendment)은 본질적으로 양 당사자에 의해 체결된 원래 계약조건(original terms)을 변경하는 새로운 계약(new contract)이기 때문에 원래 계약(original contract)만큼 많은 주의를 요한다.

계약의 변경내용이 제대로 작성되지 않으면 계약내용의 맥락적 모호성(contextual ambiguity)이 발생할 수 있고, 그 모호성은 원래 계약에도 악영향을 미칠 수 있으므로 변경계약 작성의 첫 단계는 원래 계약의 내용에 비추어 변경계약의 조건을 검토하는 것이다. 즉, 원래 계약 내용에서 수정이 필요한 부분을 판단하고, 정의된 용어(defined term)를 포함해 변경계약에서 쓰는 용어가 원래 계약상 사용되는 용어와 일치하는지를 확인해야 한다. 그리고, 원래 계약의 다른 조항이 특정 조항의 변경에 따라 영향을 받는지를 고려해야 한다. 예를 들어, 당사자가 이행기한을 30일 연장하는 내용으로 계약을 변경하는 경우, 이러한 이행기한의 연장에 따라 원래 계약상 다른 조항이 영향을 받을 수 있는지를 검토할 필요가 있다. 한편, 계약의 변경은 당사자 간 구두로(orally)도 할 수 있지만, 그 변경내용을 명확히 하고 분쟁

52 계약의 변경은 계약서상 대체로 "Modification," "Amendment," "Addendum"이라는 제목으로 작성된다.

을 예방하기 위해 서면으로(in writing) 할 필요가 있으며, 원래 계약에서 계약변경의 방법 등 요건을 특정하고 있으면 그 요건사항을 충족해야 한다. 또한, 계약법의 일반원칙은 변경계약에도 적용되는데, 예를 들면, 변경계약에서도 보통법(common law)상 계약의 기본적 요소인 대가관계(consideration)가 요구될 수 있다.[53]

2. 계약변경조항(modification clause) 관련 유의점 및 기재례

계약의 변경은 당사자 간 단순한 구두의 약속에 의해서도 이루어질 수 있으나, 이에 따른 분쟁의 위험을 줄이기 위해, 계약변경을 위한 규칙을 정하는 Modification Clause(amendment clause; 계약변경조항)에 의해 이루어진다. 계약변경조항은 대체로 계약의 구두변경을 금지하는데(no oral amendment clause), 이는 당사자들이 서면합의(written and signed amendment)에 의해서만 계약조항을 변경할 수 있도록 명시한다. 이러한 구두에 의한 계약변경금지조항은 전형적 일반조항의 하나로, 대부분의 계약서에 포함되고 거의 협상의 주요 대상이 되지는 않는다.[54] 다만, 구두에 의한 계약변경금지조항(no oral amendment clause)에서 (i) 당사자들은 서면에(in writing) 의해서만 계약을 변경할 수 있다는 점을 명시하고, (ii) 각 당사자의 계약

53 영미계약법상 계약의 변경과 관련하여, 그 변경시에도 약인 내지 대가(consideration)를 필요로 하는지, 구두에 의한 계약의 변경(oral modification)이 유효한지 등에 관해 보통법(common law) 또는 UCC상 그 요건이나 내용을 달리할 수 있다. 변경계약은 원래 계약을 수정하는데, 보통법상 계약변경을 강제하기 위해서는 새로운 대가(consideration)가 원칙적으로 요구된다. 그런데, UCC나 법령에 의해 대가관계(consideration) 없이 변경계약을 강제할 수 있는데, 이때 변경계약의 서면성이 요구된다. 또한, 계약변경시 사기방지법(statute of frauds)상 서면성을 어떻게 충족할 수 있는지 등에 관한 논의도 있다. 국제계약서 작성시 이러한 당사자 간의 계약의 변경을 둘러싼 여러 이슈들에 대한 다툼을 없애고 계약변경 내용을 명확히 하기 위해, 실무상 계약변경시 양 당사자의 서면합의를 필요로 한다. 영미계약법상 계약변경(modification; amendment)에 관한 자세한 내용은 저자 집필 『영미계약법 원리』 (유원북스, 2021), 277-282페이지를 참고하기 바란다.

54 구두에 의한 계약변경금지조항(no oral amendment clause)은 Common Law(보통법)상 일반적으로 강제할 수 없는데(unenforceable), 미국의 일부 주들에서 이를 강제할 수 있도록(enforceable)하는 법규(statutory provisions)를 제정했다. 다만, 법원은 당사자들이 실행된 구두변경, 행위의 경과 또는 금반언(estoppel) 등에 의해 기본 합의를 변경할 수 있다고 보아 이러한 법규(statutory provisions)를 약화시켰다(*Wechsler v. Hunt Health Sys., Ltd.*, 186 F. Supp. 2d 402 (S.D.N.Y. 2002)). 한편, 동산물품매매계약에 적용되는 미국의 UCC의 경우 구두에 의한 계약변경금지조항(no oral amendment clause)의 강제성을 인정하며, 다만 계약상 구두에 의한 계약변경을 금지하더라도, 법원은 금반언의 원리에 의해 구두에 의한 계약변경을 강제할 수 있다(UCC § 2-209).

변경에 서명할 권한을 가진 자를 특정할 수 있으며, 계약변경에 관한 당사자의 내부적 승인절차 등이 필요하다면 이를 규정한다. 예를 들어, 당사자가 회사인 경우 이사회 등과 같이 당사자 내부의 일정한 조직이 승인권한을 갖는 경우 당사자는 계약변경의 효력발생을 위한 전제조건(condition precedent)으로 그 조직이 승인했다는 증명서(certification)를 상대방에게 제공할 것을 명시한다. 그리고, (iii) 준거법상 계약변경의 절차나 구두변경금지조항에 대한 제한이 있는지를 검토한다. 예를 들어, 델라웨어법(Delaware statutory law)은 계약변경이 제공받은 대가(consideration)의 가치나 주주의 이익에 악영향을 미치는 경우 계약당사자의 주주가 원래 합병계약을 승인한 이후 그 합병계약의 변경을 금지한다.[55]

한편, 소비자계약, 특히, 온라인상 표준계약(standard online contracts)에서 소프트웨어나 서비스제공자는 계약변경의 합의를 위해 개별 고객이 "I accept the amended Terms & Conditions" 등의 온라인상 버튼을 클릭하도록 할 수 있다. 그런데, 고객은 계약변경과 관련해 일일이 서비스제공자의 웹사이트를 확인하지 않을 뿐만 아니라 수많은 고객을 상대로 한 그러한 요구사항은 비현실적일 수 있다. 이에, 서비스제공자는 고객의 동의나 적극적인 참여 없이 새로운 계약조건을 부과하는 등 계약을 변경할 수 있는 일방적 계약변경(unilateral amendment)을 원할 수 있다.[56] 이 경우 변경계약의 구속력 등에 대한 고객의 다툼을 줄이기 위해, 제공자는 일정한 계약변경절차(amendment procedures)를 마련할 필요가 있다. 이와 관련해, 제공자는 이메일이나 서신 등을 통한 계약변경의 통지를 하고, 고객에게 일정기간 동안 변경계약을 검토할 수 있는 의미있는 선택권(meaningful choice)을 주고, 그 기간 동안 고객이 아무런 응답이 없는 때 변경계약의 효력이 발생하는 등의 절차적 요건을 규정할 수 있다. 특히, 서비스제공자는 대체로 서비스수준계약(service level agreement; SLA) 또는 개인정보보호정책(privacy policy)이나 저작권정책(copyright policy) 등 AUP(Acceptable Use Policy; 허용되는 이용정책)의 경우 관련 법규나 제공자의 사내규정에 따라 수시로 변경될 수 있으므로 계약변경절차 없이

55 Del. Code tit. 8, §251(d).

56 일방적 계약변경조항(unilateral amendment clause)은 고객이 새로운 소프트웨어 버전의 사용에 별도의 서명을 하지 않거나 온라인상 "I agree" 등의 버튼을 클릭하지 않더라도 제공자에게 계약을 변경할 수 있는 권리가 부여되는 규정을 말한다. 고객이 제공자의 시스템에 지속적으로 액세스할 수 있는 클라우드 서비스거래(cloud services deals)와 같이 지속적인 서비스관계(ongoing service relationships)에서 일방적 계약변경(unilateral amendment)이 이루어질 수 있으나, 고객이 시스템을 이용하거나 웹사이트에 접속할 때마다 온라인상 변경계약에 대해 "I agree" 등의 버튼을 클릭하도록 해야 한다면 제공자는 일방적 계약변경이 필요하지 않다.

CHAPTER 6

관련 문서에 언급된 별도의 절차를 통해 그 내용을 변경할 수 있도록 한다.[57] 다만, 서비스제공자는 SLA나 AUP 등의 변경에 따른 분쟁을 줄이기 위해, 서비스제공자에 의한 SLA나 AUP 등 내용의 변경가능성을 명시하고, 그 내용을 계약문서 자체에 필요 이상으로 포함하지 않도록 하고, 그 내용의 변경시 그 변경내용을 고객에게 알려 고객이 이를 확인하고 이의를 제기할 수 있는 등의 절차적 장치를 마련할 필요가 있다.

[Example 1]

아래는 계약변경에 관한 전형적인 기재례들로, 이는 단순한 구두약속에 의해 계약변경으로 인한 우발적 계약변경의 위험을 줄이기 위해 당사자들의 서면합의에 의한 계약변경(no oral modification clause)을 요구한다.

- The parties may modify this agreement only if the modification is in writing and signed by the presidents of both parties.
- This Agreement may not be modified except in a written agreement executed by authorized representatives of both parties.[58]
- The parties may amend this Agreement only by the parties' written agreement that identifies itself as an amendment to this Agreement.
- This Agreement shall not be amended, altered or modified except by a writing executed by both parties.
- This Agreement may only be amended, supplemented, or otherwise modified by a writing executed by the Buyer and the Sellers' Representative.

57 SLA(Service Level Agreement; 서비스수준계약)는 일반적으로 계약의 일부로 간주되지만, IT 등 서비스제공자의 기술변경(technology change)이 수시로 일어날 수 있으므로 정기적인 업데이트나 변경이 필요할 수 있다. 그리고, 개인정보보호정책(privacy policy)이나 저작권정책(copyright policy) 등 AUP(Acceptable Use Policy; 허용되는 이용정책)는 일반적으로 온라인 서비스업체의 고객이나 이용자에 대한 정보의 취급에 관한 공개적 진술의 일종으로 계약조건은 아니지만, 이러한 정책들이 계약상 조건이 되는 경우 계약내용이 될 수 있다.

58 여기서 "authorized representative(권한위임을 받은 대표자)"에 관한 정의규정을 두지 않는 경우 직함, 역할이나 다른 요인들을 참작해 회사가 직원이 권한 있는 대표자처럼 행동하게 한다면 그 직원을 대표자로 판단할 수 있지만, 이에 관한 불확실성을 제거하기 위해, 다음과 같이 계약상 "authorized representative"의 범위를 지정하는 것을 고려할 수 있다: A party's "Authorized Representative" is any employee of that party with a title of Director or Corporate Counsel, or with a title more senior than either of those."

[Example 2]

아래는 일방적 계약변경조항(unilateral amendment clause) 관련 기재례들이다. (Sample 1)은 서비스제공자는 웹사이트상 새로운 버전을 게시(posting)해 계약을 변경할 수 있고, 그 게시를 한 때 변경계약의 효력이 발생하는 것으로, 이후에 고객이 시스템을 계속 사용하는 경우 그 계약변경에 동의한 것으로 보는데, 이는 주로 클라우드 서비스계약(cloud services contract) 등에 포함된다. (Sample 2)는 서비스제공자는 웹사이트에 변경 버전을 게시하고 고객에게 서면 통지를 해 계약을 수시로 변경할 수 있으며, 고객이 계약을 먼저 해지하지 않는 한, 그 계약변경의 통지 후 30일이 경과하면 그 변경계약의 효력이 발생하도록 하고, 이후 고객이 그 서비스를 계속 사용한다면 그 변경계약의 동의를 확인하는 것으로 본다. (Sample 3)는 서비스제공자가 변경된 버전을 웹사이트에 게시하고 고객에게 서면 통지를 해 계약을 수시로 변경할 수 있으며, 고객이 그 변경사항을 거부하는 서면 통지를 하지 않는 한, 제공자의 고객에 대한 통지 이후 30일이 경과하면 그 변경계약의 효력이 발생하도록 한다. 다만, SLA(Service Level Agreement; 서비스수준계약)와 개인정보보호정책(privacy policy)이나 저작권정책(copyright policy) 등 AUP (Acceptable Use Policy; 허용되는 이용정책)의 경우 제공자는 계약변경절차 없이 자유롭게 변경할 수 있도록 한다. (Sample 4)는 서비스제공자의 표준계약서의 변경이 있는 경우 고객이 시스템을 이용하거나 웹사이트에 접속할 때 그 변경내용을 검토하고 수락하도록 하는 규정이다.

(Sample 1)

Provider may amend this Agreement by posting a new version at the Website, and such amendment will become effective upon posting thereof. Customer shall periodically review the Website for amendments, and Customer's continued use of the System after an amendment will indicate consent thereto.

(Sample 2)

Provider may amend this Agreement from time to time by posting an amended version at the Website and sending Customer written notice thereof. Such amendment will become effective 30 days after such notice (unless Customer first terminates this Agreement pursuant to Section XX, *Term & Termination*). Customer's continued use of the Service after such 30-day notice period will confirm Customer's consent to such amendment. This Agreement may not be amended in any other way except through a written agreement by authorized representatives of each party.

(Sample 3)

Provider may amend this Agreement from time to time by posting an amended version at its Website and sending Customer written notice thereof. Such amendment will be deemed accepted and become effective 30 days after such notice (the "Proposed Amendment Date") unless Customer first gives Provider written notice of rejection of the amendment. In case of such rejection, this Agreement will continue under its original provisions, and the amendment will become effective at the start of Customer's next Term following the Proposed Amendment Date (unless Customer first terminates this Agreement pursuant to Section XX, *Term & Termination*). Customer's continued use of the Service following the effective date of an amendment will confirm Customer's consent thereto. This Agreement may not be amended in any other way except through a written agreement by authorized representatives of each party. Customer recognizes and agrees that: (a) Provider's privacy policy and Copyright Policy (without limitation) are not incorporated into this Agreement, and Provider may revise them at any time in its sole discretion, with or without following the procedures of this Section ________; and (b) Provider may revise the AUP and SLA as set forth therein.

(Sample 4)

THIS AGREEMENT GOVERNS A SINGLE INSTANCE OF ACCESS TO THE SERVICE [or A SINGLE DOWNLOAD OF THE SOFTWARE]. TO ACCESS THE SERVICE AGAIN, CUSTOMER MUST AGREE SEPARATELY TO PROVIDER'S THEN-CURRENT TERMS OF SERVICE, WHICH MAY NOT MATCH THIS AGREEMENT. CUSTOMER IS ON NOTICE THAT THIS AGREEMENT DOES NOT GOVERN FUTURE ACCESS TO THE SERVICE AND THAT CUSTOMER MUST REVIEW AND ACCEPT PROVIDER'S THEN STANDARD TERMS OF SERVICE FOR FUTURE ACCESS.

Ⅷ. Non-Waiver Clause(권리불포기조항) 및 Waiver Clause (권리포기조항)

1. 계약상 권리포기(waiver)와 권리불포기(non-waiver)의 이해

계약당사자는 자신이 가지는 권리(right)나 재량권한(discretionary authority; privilege)을 자발적으로 포기할 수 있다. 예를 들어, 대출계약에서 채무자가 분할 상환금을 변제일에 상환하지 못하는 경우 연체이자를 부담하도록 규정하고 있으나, 채권자가 이러한 계약상의 권리를 포기하고 그 연체이자를 받지 않을 수 있다. 이러한 계약상 권리의 포기(waiver)는 일반적으로 계약상 조건의 불성취, 상대방 당사자의 진술이나 보증의 위반 또는 의무의 불이행 등이 있는 때 이로 인해 피해당사자가 가지게 되는 자신의 구제권리를 포기하는 것으로 나타난다. 그런데, 당사자는 권리포기(waiver)의 의사를 직접 표시할 수도 있지만, 계약체결 이후 그 이행과정에서 상대방이 계약상 의무를 이행하지 않거나 계약조건과 다른 이행을 하는 등 계약위반행위가 있음에도 이를 용인하는 때 계약상 권리의 포기가 있는 것으로 볼 수도 있다. 예를 들어, 계약상 A가 B에게 물품의 배송을 매달 1일에 하기로 규정되어 있음에도, B가 A로부터 물품의 배송을 매달 15일에 오랫동안 받아온 경우 B가 갑자기 A의 배송지연에 대한 계약책임을 주장하는 경우 법원은 B가 A에 대한 매달 1일의 배송에 관한 계약상 권리를 포기한 것으로 볼 수 있다. 다만, Waiver(권리포기)를 한 당사자는 관련 상황이 다시 발생하는 경우 자신의 구제방법(remedy) 또는 계약종결/해지권(walk-away right) 등 권리를 또 다시 포기할 것인지 선택할 수 있다. 예를 들어, 주택매매계약에서 매도인이 매수인에게 해당 주택의 건축계획의 제공의무를 클로징의 조건으로 했는데, 매도인이 그 계획을 매수인에게 제공하지 않는다면 매수인은 계약을 종결하거나 구제방법을 행사할 권리가 있지만, 이러한 자신의 권리를 포기할 수도 있다. 이때 매도인이 계약상 이행의무의 면제를 원한다면 매수인으로부터 그 의무이행의 면제에 관한 동의를 얻거나, 동의를 얻을 수 없다면 매수인의 권리포기를 받을 필요가 있다. Waiver Clause(권리포기조항)에서 이와 같은 권리포기에 관한 사항을 명시한다.

한편, 당사자가 자신의 일정한 권리를 포기하는 의사표시를 하거나 또는 상대방이 계약상 의무를 이행하지 않거나 계약조건과 다른 이행을 하는 등 계약위반행위가 있음에도 이를 용인하거나 알아차리지 못하는 때 당사자가 계약상 인정되는 다른 권리도 포기한 것으로 볼 것인지에 대해 의문이 있을 수 있다. 이와 관련해, Non-Waiver Clause(권리불포기조항)는 당사자가 계약상 인정되는 일정한 권리를 포기하거나 상대방의 계약위반을 간과하였다고 하더라도, 이로 인해 그 당사자의 계약상 다른 권리까지 영향을 받지는 않으며 이를 포기한 것으로 보지 않는다는 규정이다. 이는 계약상 일정한 권리를 포기한 당사자가 의도치 않게 다른 권리까지 포기하는 것으로 해석되거나 또는 계약상 어떠한 의무이행이 면제되거나 간과된 것이 다른 이행의무나 조건에 영향을 미치는 것을 방지하는 기능을 한다. 예를 들어, Non-Waiver Clause(권리불포기조항)는 계약상 채권자가 해당 분할상환금의 연체이자를 지급받을 권리를 포기했다고 하더라도, 계약상 인정되는 다른 분할상환급의 변제기의 상환이나 그 상환의 지연시 연체이자는 포기하지 않는다는 의미를 가진다. 대부분 국제거래 계약에서는 이러한 Non-Waiver Clause(권리불포기조항)을 포함하고 있다. 다만, 당사자들이 계약조건을 변경하지 않고, 그들의 이행과정 등을 통해 계약조건을 지속적으로 무시한다면 계약상 권리의 포기(waiver)로 인정될 수 있다.[59] 이하에서는 영문계약에서 주로 사용되는 Non-Waiver Clause(권리불포기조항)를 먼저 살펴보고, Waiver Clause(권리포기조항)도 간단히 알아본다.

2. Non-Waiver Clause(권리불포기조항) 관련 유의점 및 기재례

Non-Waiver Clause(권리불포기조항)는 한쪽 당사자가 상대방 당사자의 계약위반에 이의를 제기하지 않았더라도 계약위반에 대한 권리를 포기하지 않는다(no waiver)는 것을 규정하는데, 대체로 당사자가 상대방의 어떠한 계약위반에 대응하지 않는 것이 다른 계약위반과 관련된 권리를 포기하지 않는다는 점을 명시한다. 그리고, 당사자나 당사자의 대리인 등의 부주의한 구두진술(oral statement)로 인해 중요한 계약상 권리가 포기되는 일이 없도록, 일반적으로 계약상 권리포기(waiver)는 그 포기를 하는 당사자가 서명한 서면에 의해서만 이루어지도록 하는 구두포기금지조항(no oral waiver clause)을 둔다. 또한, 권리포기가 있다고 하더라도, 이는 현재 발생한 것(present occurrence)에 한정된다는 점과 당사자의 행위(conduct)나 거래과정(course of dealing) 등이 권리의 포기로 해석되지 않는다(non-waiver)는 점을 포함한다. 다만, 계약당사자들은 합의에 따라 권리불포기(non-waiver)의 범위를 좁게 또는 넓게 인정할 수 있다.

[Example]

아래는 Non-Waiver Clause(권리불포기조항) 관련 다양한 기재례들이다. 여기서

59 예를 들어, "*Paris Croissant*" 사건에서, 임대시작일부터 2년 동안, 임대차계약에 규정된 임대료 지급기일보다 늦은 매달 15일 경에 임대인이 임차인으로부터 아무런 이의없이 임대료를 지급받았다. 임대차계약서에는 권리불포기조항(non-waiver clause)이 포함되어 있었는데, 법원은 권리불포기조항(non-waiver clause)에도 불구하고, 임대료 납기일의 엄격한 준수가 요구되지 않기 때문에 임차인의 임대료 납기의 지연에 따른 임대인의 임대차계약을 해지할 수 있는 권리는 포기된 것으로 보았다(*May Centers, Inc. v. Paris Croissant of Enfield Square, Inc., et al.*, 599 A. 2d 407 (1991)). 영미계약법상 권리포기(waiver)의 원리에 관한 자세한 내용은 저자 집필 『영미계약법 원리』 (유원북스, 2021), 323페이지를 참고하기 바란다.

일반적으로 당사자의 일정한 권리의 불행사가 당사자의 권리의 포기를 구성하지 않으며 계약상 다른 권리에도 영향을 미치지 않는다는 점을 명시한다. 첫째 예문은 당사자가 서명한 서면으로 권리포기(waiver)를 할 수 있다는 권리포기에 관한 사항을 먼저 기술한 다음, 권리불포기(non-waiver)에 관한 사항을 규정하고 있다.

- The parties may waive a provision in this agreement only if the waiver is in writing and signed by the president of the party against whom the waiver is sought to be enforced. A waiver on any one occasion is not to be construed as a waiver of any right, remedy, or condition on any future occasion, unless expressly stated in the signed waiver. No failure or delay by any party (i) to exercise any right or remedy, or (ii) to require satisfaction of any condition, and no course of dealing between the parties will operate as a waiver or estoppel of any right, remedy, or condition.
- The failure of any Party to require performance by the other Party of any provision of, or of any right or obligation under, this Agreement, shall not constitute a waiver thereof, nor shall such affect that Party's right to thereafter require performance of such or any other provision, right or obligation.
- No waiver of any right hereunder shall be deemed to be a waiver of the same right on any other occasion.
- No breach of any provision of this Agreement will be waived except with the express written consent of the party not in breach.
- If either party does not seek compensation for breach or insist upon strict performance of any covenant or condition of this Lease Agreement, that party is not prevented from seeking compensation or insisting upon strict performance for a future breach of the same or another provision.

CHAPTER 6

3. Waiver Clause(권리포기조항) 관련 유의점 및 기재례

영문계약서상 주로 포함되는 Waiver Clause(권리포기조항)에는 배심재판의 포기(jury trial waiver)나 집단소송의 포기(class action waiver) 등이 있다. 미국 연방헌법(US Constitution)의 경우 연방법이나 주법을 통해 일정한 민사분쟁에 대해 배심재판을 받을 권리(the right to a jury trial)를 보장한다.[60] 하지만, 배심원의 경우 사건에

60 미국 연방헌법(US Constitution)은 제3조(Article 3)를 비롯해 수정헌법 제5조(Fifth Amendment)에서 사형 등 중범죄에 대한 대배심(grand jury)에 의한 기소를 규정하고, 수정헌법 제6조(Sixth Amendment)에서 형사재판의 배심원 재판을, 수정헌법 제7조(Seventh Amendment)

대한 이성적인 판단보다는 감정적으로 반응하기 쉽고 법리적 이슈를 제대로 파악하지 못하는 등의 문제로 인해 계약당사자들이 배심재판의 포기에 관한 조항을 계약서에 포함하는 경우가 많다. 그리고, 기업과 소비자 간 계약(business-to-consumer contracts)에서 기업의 표준계약양식(standard-form contract)에서 집단소송의 포기(class action waiver)에 관한 규정을 두는 경우도 있는데, 이는 고객들이 집단소송의 "representative capacity(대표자격)"로 공급업체를 상대로 소송을 할 권리를 포기한다.[61] 이러한 배심재판의 포기(jury trial waiver)나 집단소송의 포기(class action waiver)는 법률상 인정될 수 있는 권리를 처분하는 것이기 때문에, 계약서상 이를 눈에 띄게 뚜렷하게 표기하는 것이 좋다.[62] 한편, 계약변경(modification)과 마찬가지로, 권리포기자(waiving party)를 대신해 권리포기를 대리할 권한을 가진 자가 있는 경우 권한위임 여부에 관한 분쟁을 예방하기 위해, 계약상 권한을 위임받은 자(authorized representative)의 개념을 정의하고, 그 권한을 위임받은 자만이 계약상 권리를 포기할 수 있다는 점을 명시할 필요가 있다.

[Example 1]

아래는 권리포기(waiver)의 효력에 관한 사항과 이는 계약상 다른 권리에는 영향을 미치지 않는다는 권리불포기(non-waiver)에 관한 사항을 함께 기술한 규정이다. 첫째 예문은 권리포기자(waiving party)를 대신해 권리포기에 서명할 권한을 가진 자가 있는 때 그 권한을 위임받은 자(authorized representative)만이 계약상 권리를 포기할 수 있다는 점을 밝히고 있다.

- Neither party will be deemed to have waived any of its rights under this Agreement by lapse of time or by any statement other than by an authorized representative in an explicit written waiver. No waiver of a breach of this Agreement will constitute a waiver of any other breach of this Agreement.
- This Waiver is effective only on this occasion and only for the purpose given and is not to be construed as a waiver on any other occasion, for

에서 배심원 재판을 국민의 권리로 보장해 민사사건에서도 배심재판을 받을 권리를 인정하고 있다.

61 집단소송(class action)은 대표소송(representative actions)의 일종으로 사적 법무관소송(private attorney-general actions)과 함께 집단중재(class arbitration) 등을 포함한다.

62 당사자의 권리포기에 관한 사항을 눈에 띄게 뚜렷하게 명시하기 위해, 계약서의 상단줄에 다음과 같은 경고문구를 기재할 수 있다: "Terms of Service: CONTAINS JURY WAIVER [and/or] CLASS ACTION WAIVER."

any other purpose, or against any other Person.

[Example 2]

아래는 배심재판의 포기(jury trial waiver) 관련 기재례들이다. 배심재판(jury trial)은 미국의 헌법상 권리이므로 이를 포기하는 경우 계약상 배심재판의 포기에 관한 규정을 둘 필요가 있다.

- EACH PARTY, KNOWINGLY, VOLUNTARILY, AND INTENTIONALLY, WAIVES ITS RIGHTS TO TRIAL BY JURY IN ANY PROCEEDING ARISING OUT OF OR RELATING TO THIS AGREEMENT OR ANY CONTEMPLATED TRANSACTION, WHETHER SOUNDING IN CONTRACT, TORT, OR OTHERWISE.
- EACH PARTY HEREBY WAIVES ITS RIGHT TO A TRIAL BY JURY FOR DISPUTES ARISING OUT OF OR RELAED TO THIS AGREEMENT, INCLUDING WITHOUT LIMITATION COUNTERCLAIMS REGARDING SUCH DISPUTES, CLAIMS RELATED TO THE PARTIES' NEGOTIATIONS AND INDUCEMENTS TO ENTER INTO THIS AGREEMENT, AND OTHER CHALLENGES TO THE VALIDITY OR ENFORCEABILITY OF THIS AGREEMENT. THE WAIVER IN THE PRECEDING SENTENCE APPLIES REGARDLESS OF THE TYPE OF DISPUTE, WHETHER PROCEEDING UNDER CLAIMS OF CONTRACT OR TORT (INCLUDING NEGLIGENCE) OR ANY OTHER THEORY.

[Example 3]

아래는 집단소송의 포기(class action waiver) 관련 기재례이다.

NEITHER PARTY SHALL BRING OR PARTICIPATE IN ANY CLASS ACTION OR OTHER REPRESENTATIVE PROCEEDING ARISING OUT OF OR RELATED TO THIS AGREEMENT, WHETHER PROCEEDING UNDER CONTRACT OR TORT (INCLUDING NEGLIGENCE) OR ANY OTHER THEORY (collectively, "THIS AGREEMENT'S CLAIMS"). THIS AGREEMENT'S CLAIMS INCLUDE, WITHOUT LIMITATION, COUNTERCLAIMS, CLAIMS RELATED TO THE PARTIES' NEGOTIATIONS AND INDUCEMENTS TO ENTER INTO THIS AGREEMENT, AND OTHER CHALLENGES TO THE VALIDITY OR ENFORCEABILITY OF THIS AGREEMENT. THE PROCEEDINGS EXCLUDED ABOVE IN THIS SECTION ________ INCLUDE, WITHOUT LIMITATION, CLASS-WIDE ARBITRATION AND PRIVATE ATTORNEY-GENERAL ACTIONS.

4. Modification(계약변경)과 Waiver(권리포기)

계약변경(modification)과 권리포기(waiver)는 구별되는 개념이지만, 양자는 원래 계약(original contract)에 어느 정도 변형을 생기게 한다는 측면에서 관련이 있다. 일반적으로 계약변경(modification)은 계약당사자를 보호하기 위해 양 당사자 간 상호 동의(mutual consent)를 필요로 하는 데 반해, 권리포기(waiver)는 계약의 조건을 벗어나게 하는 당사자 일방의 의사표시로 상대방의 동의를 필요로 하지 않는다. 상대방의 계약위반에 대해 피해당사자는 자신의 이익을 위해 필요한 구제방법을 행사할 수 있다. 이때 당사자는 상대방의 계약위반에 대한 구제방법을 행사할 권리를 포기하거나 또는 상대방의 의무이행을 위한 선행조건의 지체나 불발생을 면제하는 등 권리포기를 할 수 있다. 그리고, 계약이 체결된 이후 당사자들은 계약내용의 추가나 삭제 등 변경을 원할 수 있는데, 구두에 의한 계약변경금지조항(no oral modification clause)은 계약의 변경을 반드시 서면(in writing)으로 해야 한다는 것을 나타내는 규정이다. 다만, 계약변경을 구두진술(oral statement)로 한 당사자는 상대방이 그 구두진술을 합리적으로 신뢰(reasonable reliance)하여 한 행위로 인한 불이익(detriment)을 입을 수 있는 때에는 구두에 의한 계약변경금지조항을 원용할 수 없다. 또한, 계약자유의 원칙에 따라 당사자들이 구두에 의한 계약변경금지조항을 계약에 포함했다고 하더라도, 계약체결 이후 당사자 간의 자유로운 의사에 따라 그 조항을 변경할 수 있다.[63] 한편, 권리포기(waiver)와 관련해서도 당사자의 권리포기를 서면으로만 할 수 있도록 하는 구두에 의한 권리포기금지조항(no oral waiver clause)을 둘 수 있다. 구두에 의한 권리포기금지조항의 경우도 구두에 의한 계약변경금지조항(no oral modification clause)과 마찬가지로, 일반적으로 당사자들의 행위나 구두진술을 통해 권리를 포기할 수 있는 것으로 본다.[64] 그리고, 구두에 의한 계약변경금지조항(no oral modification clause)이나 구두에 의한 권리포기금지조항(no oral waiver clause)은 계약당사자를 대신해 계약의 변경이나 계약상 권리의 포기를 할 수 있는 권한자를 특정할 수 있다.[65]

---

63 구두에 의한 계약변경금지조항(no-oral-modification clause)에 관한 자세한 내용은 저자 집필 『영미계약법 원리』 (유원북스, 2021), 234-235페이지를 참고하기 바란다.

64 계약상 구두에 의한 계약변경금지조항(no oral modification clause)이나 구두에 의한 권리포기금지조항(no oral waiver clause)에도 불구하고, 계약당사자들이 자유롭게 계약을 변경하거나 권리를 포기할 수 있다면 왜 이러한 조항들을 두는지에 대한 의문이 있을 수 있다. 이러한 조항들은 계약내용의 변경에 대한 체계적인 프로세스를 명확히 한다고 할 수 있다. 즉, 계약변경 여부에 관한 당사자 간의 다툼을 예방하고, 변경계약의 서면 기록에 의해 그 계약변경내용의 혼란과 불일치를 줄일 수 있다. 이러한 조항에 언급된 절차에 따른 계약변경(modification)이나 권리포기(waiver)를 입증한다면 계약변경이나 권리포기를 다투는 주장을 효율적으로 반박할 수 있다.

[Example]

아래는 구두에 의한 권리포기금지(no oral waiver)와 구두에 의한 계약변경금지(no oral modification)에 관한 사항을 함께 규정한 예문이다.

No failure, delay or other course of conduct on the party of either party in exercising any right, power or remedy under this Agreement shall operate as a waiver of such right, power or remedy, nor shall any single or partial exercise of any such right, power or remedy preclude any other right, power or remedy. Unless otherwise specified, any amendment, supplement or modification of or to any provision of this Agreement, any waiver of any provision of this Agreement and any consent to any departure by the parties from the terms of this Agreement, shall be effective only if it is made or given in writing and signed by authorized signatories from both parties.

Ⅸ. Severability Clause(분리조항)

1. 분리조항(severability clause)의 이해

계약서상 어떤 조항을 강제할 수 없게 된 때 그 강제할 수 없는 조항을 다른 계약조항과 분리할 수 있는지, 즉 그 강제할 수는 없는 조항으로 인해 다른 계약조항들도 강제할 수 없거나 무효로 볼 것인지 또는 그 강제할 수 없는 조항만을 무효로 보고 나머지 조항들은 그대로 유효한 것으로 볼 것인지 문제된다. 당사자가 계약서를 강제할 수 있는 계약(enforceable contract)으로 작성하기 위해 최선의 노력을 다하더라도, 관련 법규나 공공정책(public policy) 등에 의해 강제할 수 없는 계약조항이 생길 수 있다. Severability Clause(Saving Clause; 분리조항)는 이러한 상황을 어떻게 처리할 것인지에 대한 당사자의 의사를 나타내는 것으로, 계약상 어떤 조항이 불법 등으로 무효가 되거나 강제할 수 없더라도, 나머지 조항은 유효한 계약조항으로 강제할 수 있도록 한다는 점을 명시하는 규정이다. 이는 계약 내의 일정한 사항이 무효가 되더라도 계약 전체의 실효를 방지하기 위해 나머지 내용은 강제할 수 있도록 해 계약의 유효성을 보장하는 기능을 한다.[66] 즉, 분리조항

65 이러한 권한자의 지정은 권한없는 자에 의해 주장되는 계약변경이나 권리포기로부터 발생하는 분쟁의 위험을 줄이고 보다 효율적으로 계약을 관리할 수 있게 한다.

(severability clause)은 강제할 수 없는 조건들(unenforceable terms)의 영향을 제한해 당사자들이 가능한 한 계약서면대로 계약을 실행할 의도가 있음을 확인하는 것이다. 예를 들어, 법원이 고용계약에서 고용인의 경쟁금지의무조항(noncompete provision; restrictive covenant)을 무효로 판단하더라도, 분리조항(severability clause)에 따라 계약의 나머지 조항들은 여전히 강제할 수 있다는 점이 보장된다. 이 조항은 계약서상 일부 조항의 무효에 따라 당사자가 합의한 다른 조항에 영향을 미치지 않는다는 점에서 당사자에게 유리할 수 있다. 다만, 일정한 사유로 특정 조항이 무효인 때, 계약의 나머지 내용도 강제할 수 없도록 할 필요성이 있는지를 고려해야 한다.[67] 즉, 계약상 당사자 간 상호적으로 권리가 부여된 경우 한쪽 당사자의 권리가 무효가 된 때 당사자들은 계약상 나머지 내용이 의미가 없을 수 있어 전체계약이 강제되지 않는 것을 원할 수 있다. 이 경우는 특정 조항이 유효하지 않게 된 때 전체계약을 강제할 수 없다고 명시할 수 있다.

2. 분리조항(severability clause) 관련 유의점 및 기재례

Severability Clause(분리조항)에서는 문제된 조항만이 분리되어 삭제되는 것으로 할 것인지 또는 전체계약을 강제할 수 없는 것으로 할 것인지를 명시한다. 일반적으로 전체계약을 강제할 수 없는 것으로 선언하지 않고, 계약 중 문제된 조항만을 삭제하고 나머지 계약내용은 영향이 없는 것으로 규정한다. 그런데, 문제된 조항이 계약의 필수적 내용이라면 이를 어떻게 처리할 것인지 또는 문제된 조항을 대체하는 등의 노력을 필요로 하는지 등의 논란이 있을 수 있다. 이와 관련해, 문제된 조항이 계약의 필수적인 내용이라면 당사자들은 전체계약을 자동적으로 강제할 수 없는 것으로 규정할 수 있는데, 이때는 그 문제된 조항이 계약상 필수적 내용이라는 점을 명확히 입증하기 쉽지 않다는 문제가 있다. 그리고, 당사자들이 문제된 조항을 대체하거나 구제하길 원한다면 당사자들이 스스로 대체조항(replace-

66 계약상 일정한 조항이나 문구가 무효가 되거나 강제할 수 없는 상황의 처리에 관해 계약상 아무런 규정이 없다면 그 공백을 메우기 위해(fill the gap) 계약상 준거법과 관할법원 등에 의한 해석에 의존할 수밖에 없어 당사자의 계약관계가 불명확할 수 있다.

67 계약조항이 실제 분리 가능한지 여부를 판단할 때 법원은 계약에 명시된 당사자의 의도, 계약의 목적, 성격, 조건 등 여러 요소를 종합적으로 참작할 수 있다. 여기서 계약서의 관련 조항이 무효인지 여부를 결정할 권한을 가진 사람을 지정할 수 있는데, 일반적으로는 사법권을 가진 법원이지만, 계약당사자, 계약당사자의 변호인, 당사자에 의해 선택된 독립중재인으로 할 수 있다.

ment provision)을 협의하거나 또는 법원이 그 조항을 구제하거나 대체할 것을 규정할 수 있다.[68] 법원이 강제할 수 없는 조항(unenforceable provision)을 정정(reformation)할 수 있는 권한범위는 관련 법규나 판례에 의해 정해질 수 있는데, 이에는 대체로 다음과 같은 접근방법이 있다. 즉, (i) 해당 조항상 일부 내용이 문제되더라도, 해당 조항 전체를 무효화하는 방법, (ii) 해당 조항의 문제된 문구만을 삭제하고 문법적으로 이해가 되는 한도 내에서 나머지 내용을 강제하는 방법(통상, 이를 "blue pencil doctrine"이라 함), (iii) 문제된 조항이나 문구를 관련 정황상 인정될 수 있는 합리적인 내용으로 대체하는 방법(통상, 이를 "reasonable replacement approach"라 함) 등이 있다. 준거법상 사법기관이 앞서 언급한 "blue pencil doctrine"이나 "reasonable replacement approach"에 따라 문제된 조항이나 문구를 구제하는 것을 허용하는 경우 당사자들은 이러한 법원의 권한을 반영하는 내용을 기재할 수 있다. 이에, 법원의 계약해석의 범위 내지 권한과 관련해 적용 준거법을 확인할 필요가 있다. 법원이 강제할 수 없는 조항을 정정할 수 있는 권한범위와 관련해, 준거법이 "blue pencil doctrine"에 따르도록 되어 있음에도, 당사자들이 분리조항(severability clause)에서 법원이 "reasonable replacement approach"에 따라 문제된 조항을 해석할 것을 규정할 수는 없다.

[Example]

아래는 Severability Clause(분리조항) 관련 기재례들이다. 첫째에서 셋째 예문들의 경우 문제된 조항이 불법적이거나 강제할 수 없는 때 해당 조항이나 조건만이 분리되어 삭제되는 것으로 보고, 나머지 다른 계약내용의 효력에는 영향이 없는 것으로 한다. 넷째와 다섯째 예문들은 문제된 조항이 무효이거나 강제할 수 없더라도 다른 나머지 조항의 유효성에 영향을 미치지 않도록 하면서, 문제된 조항의 경우도 대체하거나 구제하길 원하는 때 계약당사자들이 그 문제된 조항의 원래 목적을 달성할 수 있는 대체 조항을 상호 협상하도록 하거나 또는 법원이 강제할 수 없는 조항을 필요한 최소한의 범위 내에 정정할 수 있도록 한다. 경우에 따라 마지막 두 개 예문과 같이, 당사자들은 계약서상 필수조항(essential provisions)이나 일반 조항이 강제할 수 없는 때 전체계약을 자동적으로 강제할 수 없는 것으로 할

68 계약상 문제된 강제할 수 없는 규정(unenforceable provision)에 대해 사법기관에 의한 문제해결의 대안 내지 그 해결 이전에 당사자들이 상호 그 해결책을 우선 협상하도록 규정하는 것이 일반적이다.

수 있다.

- If any provision in this agreement is declared to be unenforceable by a court of competent jurisdiction, that provision is deemed severed and the other provisions in this agreement will remain in effect.
- If any provision of this Agreement is illegal or unenforceable, that provision is severed from this Agreement and the other provisions remain in force.
- The Parties agree that if for any reason any provision, terms or condition contained herein shall be deemed illegal, invalid, unenforceable, or defective, then in any such case, that provision, term or condition shall be severable from all the other provisions of this Agreement such that this Agreement is interpreted, construed and applied as though such severed provision, term or condition did not form part thereof.
- If any provision in this agreement is held unenforceable or invalid, the validity and enforceability of the remaining provisions will not be affected or impaired in any way. Additionally, the parties shall negotiate in good faith a substitute provision that to the extent possible is (i) valid and enforceable and (ii) accomplishes the original business purpose, as intended by the parties, of the unenforceable or invalid provision.
- If any provision in this agreement is declared to be unenforceable by a court of competent jurisdiction, that provision is deemed severed and the other provisions in this agreement will remain in effect. Notwithstanding the previous sentence, the court can reform the unenforceable provision to the minimum extent necessary to render the provision enforceable according to its original business purpose.
- If any provision in this agreement is declared to be unenforceable by a court of competent jurisdiction, then this entire agreement is unenforceable against either party.
- If the unenforceable provision is of such essential importance to the parties' agreement that the parties would not have contracted this agreement without those provisions, then this entire agreement is unenforceable against either party.

X. Taxes and Charges/Expenses Clause(세금 및 요금/비용 조항)

세금 및 요금/비용(taxes and charges/expenses) 관련 조항은 거래과정에서 원천세나 소비세, 관세, 은행수수료, 법률비용 등 거래에 따라 발생하는 세금이나 요금/비용에 관한 부담의 주체를 명시하는 규정이다. 어느 당사자가 어떤 비용과 세금을 부담할지는 당사자 간의 합의에 따라 달라질 수 있으나, 이를 사전에 계약상 정해 두지 않으면 분쟁이 발생할 수 있으므로 이에 관한 사항을 명백히 할 필요가 있다. 예를 들어, 외국 현지에서 발생 가능한 모든 세금과 비용에 대해서는 현지 기업이 책임을 지고, 국내에서 발생하는 모든 세금과 비용은 우리 기업이 책임을 진다는 등의 내용을 명시할 수 있다. 인수계약에서 인수대상 사업 관련 세금과 요금의 부담을 관련 사업의 인수가 종결되는 시점을 기준으로 그 이전에는 매도인이 그 이후에는 매수인이 각각 부담하는 것으로 할 수 있다. 그리고, 세금 및 요금/비용과 관련해 그 부담의 주체뿐 아니라 어떤 것이 세금 또는 요금/비용이 해당할 수 있는지도 다투어질 수 있으므로 그 정의규정을 함께 둔다.

[Example]

아래는 세금 및 요금/비용(taxes and charges/expenses) 관련 기재례들이다. 첫째 예문은 클로징일 이전까지 납부의무가 발생한 재산에 대한 세금은 매도인이 부담하고 클로징 이후에 납부의무가 발생한 재산에 대한 세금은 매수인이 부담하도록 한다. 둘째 예문은 라이선스제공자(licensor)에게 지급된 로열티에 대한 원천징수세를 제외하고, 계약에 따라 발생하는 모든 세금은 라이선스사용자(licensee)가 부담하는 것으로 한다. 셋째 예문은 “Tax(세금)” 관련 정의규정으로, 이를 통해 세금부담의 주체와 관련한 세금의 의미를 명확히 할 수 있다. 넷째 예문은 각 당사자가 계약과 관련해 발생한 자신의 비용을 각자 부담하는 것으로 하고, 마지막 예문은 각 당사자는 원칙적으로 각자 비용을 부담하지만 예외적으로 채무불이행 당사자는 채무불이행의 결과로 피해당사자에게 발생한 변호사비용 등 모든 비용을 부담하도록 한다.

- Taxes with respect to the Property whose payment obligation arises prior to the Closing Date shall be borne by the Seller, and Taxes with respect to the Property whose payment obligation arises on or after the Closing Date shall be borne by the Purchaser.
- All taxes arising from or in connection with the transaction under this Agreement, except for the withholding tax on the royalties paid to Licensor shall be borne by Licensee. Licensee shall not request any reimbursement or deduction based on such taxes.
- “Tax” means any form of taxation, assessment, levy, duty, charge,

CHAPTER 6

contribution fee or impost of whatever nature (including without limitation all national, provincial, federal, state, local, foreign and other income, sales, value added, franchise, profits, capital gains, capital stock, transfer, acquisition, registration, stamp, use, occupation, property, license, payroll, employment, excise, severance, environmental, customs duties, withholding, social security (or similar), unemployment, disability, etc.), including any interest, penalty or addition thereto, whether disputed or not.

- Except as otherwise provided in this Agreement or the other documents to be delivered pursuant to this Agreement, each party will bear its respective fees and expenses incurred in connection with the preparation, negotiation, execution, and performance of this Agreement and the consummation and performance of the Contemplated Transactions, including all fees and expenses of its Representatives.
- Each party hereto shall bear its own expenses related to the negotiation, preparation, execution and implementation of this Agreement, except as otherwise provided in Article ...; provided, however, that a defaulting party hereunder shall be responsible for all the costs and expenses, including attorneys' fees, incurred by the non-defaulting parties as a result thereof.

XI. 기타 조항들

앞서 살펴본 일반조항들 이외에도 국제거래 계약상 관련 계약서의 구조나 성격상 혼동이 있을 수 있는 사항을 명확히 하기 위해 아래와 같은 여러 일반조항들을 둘 수 있다. 이는 상대적으로 분쟁의 소지가 적거나 중요성이 덜할 수 있지만, 이러한 기타조항들의 경우도 실제 거래상 분쟁이 발생할 수 있고, 상황에 따라 계약당사자에게 상당한 영향이 있을 수 있으므로 그 내용에 관한 세심한 주의가 요구된다.

1. Choice of Language Clause(언어선택조항)

Choice of Language Clause(language clause; 언어선택조항)는 계약에 사용되는 언어(language)를 특정하고, 계약 관련 분쟁이나 계약에 사용된 언어들 간의 불일치(discrepancy)가 있을 때 어떠한 언어(language)에 따라 계약을 해석해야 하는지를 규정한다. 이는 계약당사자들이 서로 다른 언어를 사용할 때 중요한데, 동일한 계약내용이 여러 나라의 언어로 작성된 경우 어느 것이 원본인지를 명백히 할 필요가 있다. 국제거래에 사용되는 계약서는 대부분 영문본으로 작성되지만, 계약시 이러한 영문본과 함께 그 계약 당사자 국가의 언어로 된 계약서가 동시에 작성되는 경우가 있다. 이때 다른 언어들 사이에 사용된 용어나 표현의 미묘한 차이로 인해, 같은 계약내용이라 하더라도, 영문본 계약서와 다른 언어로 작성된 계약서 간에 다른 의미로 해석될 수 있는 문제가 있는데, 언어선택조항은 이를 해결하기 위한 규정이다. 언어선택조항(choice of language clause)에서는 계약에 사용되는 모든 언어(language)를 인정하고, 그 언어들 간에 불일치(discrepancy)나 계약상 분쟁이 발생하는 경우 어떠한 언어를 기준으로 할 것인지를 명시한다. 계약서에 사용되는 언어는 당사자 간 합의로 정할 수 있는데, 언어를 달리하는 당사자 간 이루어지는 국제거래 계약은 일반적으로 영문분 계약서를 원본으로 우선하고, 다른 나라 언어로 작성된 계약은 단순한 번역본으로 본다. 예를 들어, 우리나라 기업이라 하더라도 외국기업과 국제계약을 체결하는 때 당사자 간에 특별히 국문본 계약서를 원본으로 하기로 하지 않는 한, 일반적으로 언어선택조항에서 영문본 계약서를 원본으로 하고, 국문본 계약서는 번역본에 불과하여, 국문본 계약서의 내용이 영문본 계약서와 차이가 있는 경우 영문본 계약서가 우선하는 것으로 규정한다. 그런데, 준거법이 하나 이상의 언어를 사용하고 있는 경우 계약을 규율하는 특정한 하나의 언어버전(language version)을 정할 필요가 있다.[69] 그리고, 언어선택조항(choice of language clause)에서 계약을 해석하고 분쟁을 해결하기 위한 법원, 중재기관 등 분쟁해결기관에서 사용될 언어나 계약의 이행과정에서 당사자 사이에 교환되는 문서나 커뮤니케이션에 관한 언어도 가급적 특정해 두는 것이 좋다.

[Example]

아래는 언어선택조항(choice of language clause) 관련 기재례들이다. 여기서 계약서에 사용되는 언어들과 그 언어들 간의 불일치가 있는 때 어떠한 언어가 원본으로 우선하는지를 명시한다. 마지막 예문은 계약 관련 문서나 커뮤니케이션에 사용되는 언어를 미국영어로 특정하고 있다.

- This Agreement (other than Schedules and Exhibits in Korean attached hereto) is prepared in English. In the event of any discrepancy between

69 예를 들어, UNIDROIT Principles의 경우 영어뿐만 아니라 프랑스어로도 규정되어 있다.

CHAPTER 6

this English version and any translation hereof, the English version (other than Schedules and Exhibits in Korean attached hereto) shall prevail.

- This Agreement shall be prepared in English and in Korean. In case of any difference, the English version shall prevail.
- This agreement is written in American English, which is the official language of this agreement. All communications and documents relating to this agreement will be written in American English. American English will control in any interpretation or dispute arising under this agreement or other writings between the parties.

2. Construction Clause(계약해석조항)

보통법(common law)상 "*contra proferentem*(작성자 불이익의 원칙)"이라 불리는 계약해석의 원칙(canon of construction)은 계약서상 표현(language)이 모호(ambiguity)할 경우 계약서를 작성한 당사자에게 불리하게 해석된다는 원리이다. 이러한 원리는 계약서상 표현을 선택한 당사자가 그 모호함을 야기한 당사자이므로 그 당사자가 그 표현에 대한 책임을 부담해야 한다는 것이다. 이러한 원리는 인터넷상 웹사이트의 이용약관과 같이 이용자가 그 약관내용을 협상할 수 없는 계약(non-negotiable contracts)에 인정될 수 있다.[70] 그러나, 당사자 간 협상결과로 작성된 상사거래계약에 있어 계약서상 표현은 대체로 당사자들의 상호협상에 따라 이루어지는 것으로, 계약의 내용에 모호성이 있는 경우 당사자들 모두가 그에 대한 일정 부분의 책임을 부담한다고 할 수 있다. 그럼에도, 양 당사자 모두의 협상결과에 따라 마련된 계약내용에 대해 그 계약서를 작성했다는 사유만으로 작성된 계약내용이 모호한 경우 이를 계약서 작성자에게 불리하게 해석한다는 것은 불합리할 수 있다. 계약해석조항(construction clause)은 한쪽 당사자가 계약서를 대부분 작성했거나 계약의 주요조건을 결정했다고 하더라도, 작성자 불이익의 원칙(*contra proferentem*)과 같은 계약해석의 원리가 당사자들이 협상한 계약에는 적용되지 않는다는 등 계약의 해석에 관한 원칙을 정하는 규정이다. 이에, 계약해석조항에서는 일

70 일방 당사자가 클릭랩(clickwrap) 등 표준계약서나 당사자 간 개별협상이 이루어지지 않는 형식의 계약서(non-negotiated form)를 작성했다면 법원은 "*contra proferentem*(작성자 불이익의 원칙)"에 따라 계약서 작성자의 상대방에게 유리하게 해석할 가능성이 높다. 영미계약법상 "*contra proferentem*(작성자 불이익의 원칙)" 등 계약해석의 원리에 관한 자세한 내용은 저자 집필 『영미계약법 원리』(유원북스, 2021), 573페이지 이하를 참고하기 바란다.

반적으로 계약작성자에게만 책임을 부담시키는 "*contra proferentem*(작성자 불이익의 원칙)"을 적용하지 않는 등 계약내용이 한쪽 당사자에게만 편파적으로 해석되지 않으며, 양 당사자 모두가 그 계약서 내용에 대한 책임을 부담한다는 점을 명시한다. 다만, 당사자 간에 결함이 있는 문구나 표현이 있는 조항에 대한 협상이 제대로 이루어지지 않는 경우에는 이 조항의 예외가 될 수 있는 경우를 별도로 규정하는 것을 고려할 수 있다.

[Example]

아래는 계약해석조항(construction clause) 관련 기재례들이다.

- The parties agree that the terms of this Agreement result from negotiations between them. This Agreement will not be construed in favor of or against either party by reason of authorship.
- The parties have participated jointly in negotiating and drafting this Agreement. If an ambiguity or a question of intent or interpretation arises, the Agreement must be construed as if drafted jointly by the parties, and no presumption or burden of proof arises favoring or disfavoring any party by virtue of the authorship of any provision of this Agreement.

3. Independent Contractor Clause(독립계약자조항)

Independent Contractor Clause(독립계약자조항; disclaimer of agency clause (대리관계부인조항)라고도 함)는 계약당사자들이 법적인 대리(agency) 내지 동업자(partnership) 관계를 갖지 않는다는 점을 확인하는 규정이다. 즉, 계약당사자들이 본인과 대리인(principal and agent) 또는 고용주와 고용인(employer and employee) 등의 관계가 아니라는 것을 나타낸다. 이는 당사자들이 의존적 관계(dependent relationship)에서 발생할 수 있는 법적 문제나 세무적 이슈 등을 피하고, 어느 당사자도 상대방 당사자를 위해 법적인 약속(legal commitments)을 할 수 없도록 하는 기능을 한다. 예를 들어, 전문적 서비스를 제공하는 계약관계에서, 독립계약자조항(independent contractor clause)은 서비스제공자의 종업원이 고객의 종업원으로 간주되지 않으며, 제공자 자신이 그의 종업원에 대한 혜택과 급여에 관한 독립적 책임을 부담한다는 것을 확인하는 의미를 가진다.

[Example]

아래는 Independent Contractor Clause(독립계약자조항; disclaimer of agency clause(대리관계부인조항)) 관련 기재례들이다.

- This Agreement does not create a partnership nor agency relationship.
- This Agreement shall not be deemed to constitute a party hereto the agent of any one or more of the other parties hereto.
- The parties are independent contractors and will so represent themselves in all regards. Neither party is the agent of the other, and neither may make commitments on the other's behalf. The parties agree that no Provider employee or contractor will be an employee of Customer. Provider shall be responsible for all employment rights and benefits of Provider employees, including without limitation: (a) federal, state, provincial, and local income and employment taxes and social security contributions; (b) workers' compensation, health benefits, vacation pay, holiday pay, profit sharing, retirement, pension, disability benefits, and other health and welfare benefits, plans or programs; and (c) insurance.
- **No Agency or Partnership.** Nothing in this Agreement shall render any Shareholder an agent of any other Shareholder or be deemed to constitute a partnership between the Shareholders, for any purpose whatsoever.

4. Headings Clause(표제조항)

계약서 조항에 일정한 제목이나 목차 또는 표제(headings; titles; captions) 등을 붙일 수 있는데, 이러한 것들이 계약상 특별한 의미를 가지는지에 대한 의문이 있을 수 있다. 때로는 계약조항의 표제(headings)와 그 조항의 실제 내용이 다르게 규정되어 혼동을 일으킬 수 있다. 이러한 혼동으로 인한 분쟁을 방지하기 위해, 표제(headings) 관련 조항에서는 계약서 개별조항의 제목이나 목차 또는 표제 등의 경우 독자들에게 계약서상 관련 정보를 찾는 데 도움을 주기 위한 것으로 계약내용상 특별한 의미를 가지지 않는다는 점을 명시한다.

[Example]

아래는 계약서에 사용된 제목이나 표제(headings; titles; captions)의 의미를 명확히 하는 기재례들이다.

- Headings included herein are for convenience only, do not form a part of this Agreement and shall not be used in any way to construe or interpret this Agreement.
- The headings, titles and captions in this Consulting Agreement are inserted for convenience only and are in no way intended to describe, interpret, define, or limit the scope, extent or intent of this Consulting Agreement or any provision of it.

CHAPTER 7

국제거래 계약의 종료 관련 조항(Exit Provisions)

개요

계약의 종료 관련 조항(exit provisions)은 계약의 취소, 해제 내지 해지 등 계약종료(termination)에 관한 사항과 계약의 종료로 인해 발생하는 문제를 처리하는 일련의 규정들을 말한다. 계약은 당사자 간 합의나 기간만료로 자연적으로 종료되기도 하지만, 당사자의 계약위반이나 허위진술 등과 같이 당사자의 행위로 또는 계약이 불법적이거나 당사자의 사망이나 법적 무능력 등에 의해 조기에 종료(premature ending)될 수 있다. 계약위반(breach of contract)은 당사자가 계약상 의무를 이행하지 않는 계약불이행(nonperformance)을 의미하며, 그 계약위반의 정도가 상당한(material) 경우 피해당사자는 계약상 손해배상 등 구제방법을 행사할 수 있다 계약법상 계약위반의 일종인 채무불이행(default)은 대출계약 등 계약상 또는 법률상 당사자가 부담하는 채무를 지급기일에 변제하지 않은 것을 말하는데, 일반적으로 당사자가 정해진 시점에 대출금을 실제 상환하지 못하는 경우뿐 아니라 지급하지 못할 것으로 예상되는 잠재적 채무불이행 상황도 채무불이행의 사유(EOD)로 규정한다.

계약위반 내지 채무불이행에 따른 구제방법은 전보적 손해배상(compensatory damages)을 근간으로 하며, 계약상 손해배상액의 예정(liquidated damages) 등을 설정할 수 있는데, 준거법에 따라 그 구제방법이 제한될 수 있다. 경쟁금지계약이나 비밀유지계약 등의 경우 그 계약위반에 따른 손해의 산정이 어려울 수 있어 손해배상액의 예정을 두는 것이 일반적이다. 또한, 영미계약법상 이행을 강제하는 특정이행(specific performance)이나 일정한 부작위의무를 부담하도록 하는 금지명령(injunction)은 적정성(adequacy)이 요구되므로 그 적정성 요건이나 피해당사자에게 회복불가능한 피해(irreparable harm) 등에 관한 사항을 계약상 명시할 필요가 있다. 계약상 구제수단은 가급적 배타적으로 정하지 말고 여러 구제수단을 행사할 수 있도록 누적적으로 기술한다.

계약해지조항(termination clause)은 계약의 종료사유와 그에 따른 결과를 명시하는 규정으로, 당사자는 계약법의 원리나 계약상 정한 계약위반 내지 채무불이행사유의 발생 등 특정한 원인에 의한 계약해지(termination for cause)를 할 수 있다. 이에는 일정한 기간 내에 채무불이행을 시정할 기회가 부여되는 잠재적 채무불이행사유(potential event of default)와 즉시 계약을 해지할 수 있도록 하는 즉각적 채무불이행사유(immediate event of default)가 있다. 당사자들은 또한 계약해지를 할 수 있는 특별한 사유가 없더라도 단순히 계약해지의 통지를 함으로써 임의로 계약을 해지할 수 있는 편의상 계약해지(termination for convenience) 규정을 둘 수 있다.

대출계약의 경우 기한이익 상실조항(acceleration clause)을 두어 계약상 채무불이행사유가 발생한 때 피해당사자가 변제기가 도래하지 않은 대출원리금에 대해 즉시 상환을 청구할 수 있게 할 수 있다. 그리고, 계약이 종료되더라도 계약상의 모든 권리의무의 효력이 없어지는 것은 아니며, 비밀유지의무, 경쟁금지의무, 면책배상의무, 준거법이나 분쟁해결방법 등과 같이 계약의 종료 이후에도 그 효력의 존속이 필요한 때 관련 계약내용이 계약의 종료 이후에도 존속해 효력을 발휘할 수 있도록 하는 존속조항(survival clause)을 둔다.

Ⅰ. 개 관

계약의 종료 관련 조항(exit provisions; endgame provisions)은 계약의 취소, 해제 내지 해지 등 계약종료(termination provisions)에 관한 사항과 계약의 종료로 인해 발생하는 문제를 처리하는 일련의 규정들을 말한다.[1] 대부분의 계약들은 당사자들이 원했거나 예상했던 계약기간 등의 만료로 자연스럽게 종료된다. 그런데, 계약은 조기에 종료되거나 때로는 당사자들이 원치 않게 종료되기도 한다. 계약의 조기종료(early termination; premature ending)는 (i) 양 당사자의 상호 동의(mutual consent)가 있거나, (ii) 당사자의 계약위반(breach)이나 허위진술(misrepresentation) 등과 같이 당사자의 행위로 인해 계약이 취소 내지 해지되거나 또는 (iii) 계약이 불법적이거나 당사자의 사망 또는 법적 무능력(legal incapacity) 등으로 인해 법의 작용(operation of law)에 의해 이루어질 수 있다. 계약의 종료 관련 조항(exit provisions)은 이러한 계약의 자연적 종료를 비롯해 계약의 조기종료의 결과를 발생하게 하는 사건 및 그에 따른 적절한 구제방법에 관한 사항들을 다룬다. 계약의 조기종료를 발생케 하는 일정한 사유가 있다면 그러한 사유의 가능성을 고려해 당사자 간의 이해관계를 조정하거나 보호할 필요가 있다. 계약의 종료 관련 조항은 또한 계약위반 당사자에게 계약위반을 치유할 기회를 부여하거나, 계약의 종료 이후 각 당사자들의 권리와 의무에 관한 사항을 다루는데, 계약의 자연적 종료(natural ending) 또는 조기종료(premature ending) 시에도 종료되지 않고 존속되는 조항(survival clause)에 관한 사항이 이에 포함될 수 있다.

이에, 계약의 종료 관련 조항(exit provisions)과 관련해서는, 주로 계약종료의 사유 및 절차, 금전적 또는 비금전적 계약상 구제방법(contractual remedy) 등과 같은 계약종료의 결과, 계약종료 이후 계약상 권리나 조항의 존속에 관한 사항(survival

1 동사 "terminate"나 명사 "termination"은 계약의 자연적인 종료(natural endings)뿐만 아니라 조기종료(premature endings) 모두를 언급하는 것으로 사용될 수 있다. 그러나, "terminate" 또는 "termination"은 좁은 의미에서 조기종료(premature endings)만을 언급하는 것으로 사용될 수 있다. 이때 동사 "expire" 또는 명사 "expiration"이 당사자들이 예상한 계약의 자연적인 종료(natural endings)를 언급하기 위해 사용된다. 이러한 구별은 계약이 자연적으로 종료되었는지, 조기 종료되었는지에 따라 계약종료 후 당사자들의 권리와 의무가 달라지는 경우에 도움이 될 수 있다. 영미계약법상 "Termination(계약의 해지)"의 의미는 "Rescission(계약의 취소/해제)"과 대비되어 논의되는데, 이에 관한 자세한 내용은 저자 집필 『영미계약법 원리』(유원북스, 2021), 349-353페이지를 참고하기 바란다.

clause) 등이 검토된다. 당사자들의 거래에 대한 이해관계에 따라 계약의 종료사유나 결과는 다를 수 있지만, 이를 개념적으로 보면, "If this good (or bad) event happens, then this is the consequence."와 같이 일련의 "if/then"의 형식으로 이루어진다. 이를 계약의 구조개념(contract concepts)의 범주로 분류해 보면, 일반적으로 (i) "The Borrower shall pay default interest." 등과 같은 이행의무(obligation to perform), (ii) "The Bank may foreclose." 등과 같은 재량권(discretionary authority)의 부여, (iii) "The contract terminates on a party's delegation of its performance without the other party's consent." 등과 같은 사실에 대한 선언(declaration) 등의 형태로 규정된다.

여기서는 계약의 종료와 관련된 주요한 문제로 채무불이행(default) 내지 계약위반(breach)과 그에 따른 당사자의 전반적인 구제방법(remedies)을 먼저 알아본 다음, 계약해지조항(termination clause)의 유형과 내용을 알아본다. 계약해지의 경우 원인에 의한 계약해지(termination for cause)와 편의상 계약해지(termination for convenience)가 있는데, 이와 관련된 해지사유와 계약종료 이후 당사자 간 법률관계의 처리 등 관련 문제를 파악할 필요가 있다. 계약의 종료시 당사자의 구제방법으로, 손해배상제한조항(limitation on damage clause)과 손해배상액의 예정조항(liquidated damages clause), 그리고 형평법상의 구제방법으로 특정이행(specific performance)과 금지명령(injunction) 관련 조항 등을 살펴본다.[2]

Ⅱ. Breach of Contract(계약위반)와 Remedies(구제방법)

1. Breach of Contract(계약위반)와 Event of Default(채무불이행사유)의 이해

Breach of Contract(계약위반)는 계약법상 당사자가 계약상 의무를 이행하지 않는 것(failure to perform an obligation), 즉 계약불이행(nonperformance)을 의미한다. 영미계약법상 당사자는 고의적, 우발적 또는 당사자들이 통제할 수 없는 상황으로

2 계약의 종료 관련 조항(exit provisions)이 계약위반 내지 채무불이행과 관련이 없이 당사자 간 우호적으로 계약을 종료하는 경우에는 경쟁금지의무(covenants not to compete) 등과 같은 계약종료 이후에 필요한 비즈니스 이슈들을 규율하는 별도의 계약조항을 둘 수 있다.

인해 당사자 자신의 잘못 없이도 계약상 의무를 위반할 수 있다.[3] 일반적으로 계약당사자의 계약위반(breach)의 정도가 중대한(material) 경우 피해당사자는 계약위반으로서 계약에 따른 구제방법을 행사할 수 있다. 계약위반은 "material breach(중대한 계약위반)" 또는 "minor breach(경미한 계약위반)"으로 설명될 수 있고, 계약위반에 대한 치유(cure)가 가능할 수 있다.[4] 이때 피해당사자(non-breaching party)는 계약조건을 그대로 유지하면서 계약조건을 이행할 것으로 강제하거나 또는 계약종료(termination)를 선언하고 손해배상 등을 청구할 수 있다.

계약법상 Breach of Contract(계약위반)의 일종으로 Default(채무불이행)가 있다. Default(채무불이행)는 계약법상 독립적 개념이라기보다는 담보대출 등 계약상 또는 은행법이나 채무의무 관련 법률상 당사자가 부담하는 채무를 지급기일에 변제하지 않은 것(failure to pay a debt when due)을 나타내는 용어로,[5] 채무불이행상태에 있다(be in default)는 것은 연체금이 있다(be in arrears)는 것을 의미한다. 대출계약상 당사자 간 합의에 따라서는 당사자가 정해진 시점에 대출금을 실제 상환하지 못하는 경우뿐만 아니라 지급하지 못할 것으로 예상되는 잠재적 채무불이행 상황도 채무불이행의 사유에 포함할 수 있는데, 이러한 채무불이행의 사유를 "Event of Default(EOD)"라 한다.

채무불이행사유(event of default)는 당사자 간 협상결과에 따라 달라질 수 있으나, Event of Default Clause(채무불이행사유 조항)를 작성할 때는 그 개별 사유를 구체적으로 적시해야 한다. 대출계약의 경우 대체로, (i) 변제기가 된 원금 내지 이자를 갚지 못하여 실제 채무불이행이 발생한 경우(actual default)뿐만 아니라, (ii)

3 이러한 점에서, 영미계약법상 계약위반(breach of contract)은 결함이 있는 상품에 관한 불법행위법(tort law)상의 "strict liability(엄격책임/무과실책임)"의 개념과 다소 유사할 수 있다.

4 계약위반(breach of contract) 관련 영미계약법상 원리의 상세한 내용은 저자 집필 『영미계약법 원리』 (유원북스, 2021), 390페이지 이하를 참고하기 바란다.

5 민사소송절차에서 소송당사자가 소송상 필요한 시간 내에 답변이나 출석하지 않는 때 이를 "default"라는 용어를 사용할 수도 있다. 즉, 민사소송에서 "default"는 피고가 법정에 출석하지 않거나(nonappearance of a defendant in court) 또는 원고의 청구에 답변을 하지 않는 것(failure to respond to a complaint)을 의미할 수 있는데, 이 경우 재판절차를 "default proceeding"이라 하며, 그 재판을 궐석재판(default judgment; judgment by default)이라 한다. 예를 들어, 미국에서, 변론에서 허용된 기간 내에 피고가 출석하지 않거나 아무런 의미 있는 답변을 하지 않는 경우 원고는 재판부에 "Default Judgment(궐석재판)"를 신청해 자신에게 유리한 판결을 받을 수 있다. Default Judgment(궐석재판)는 대체로 분쟁사건에 내려진 판결과 동일한 효과를 가지며, 준거법에 따라서는 궐석재판(default judgment)을 취소하거나 삭제(vacate or remove)할 수도 있다.

실제 채무불이행이 발생한 것은 아니지만 변제기가 되었을 때 차주가 대출금을 상환하지 못하거나 변제할 의사나 능력이 없다고 보이는 상황인 잠재적 채무불이행(potential default)의 경우도 포함될 수 있다.[6] 이러한 잠재적 채무불이행(potential default)에는 대출계약상 차주의 진술이나 보증 등이 사실이 아니거나 허위(misrepresentation; breach of warranty)인 경우, 차주의 파산, 회생, 합병, 청산 등 차주의 회사 조직이나 경영에 근본적인 변화가 있을 수 있는 사정 등이 있다. 채무불이행사유가 있는 경우 그 사유를 치유할 수 있는 일정한 유예기간(grace period)를 두는 경우가 있는데, 유예기간을 둘 것인지 또는 유예기간을 둘 경우 이를 어느 정도로 할 것인지는 계약당사자의 합의내용에 따라 달라질 수 있다. 채무불이행사유(event of default)는 일반적으로 "즉각적 채무불이행사유(immediate event of default)"와 "잠재적 채무불이행사유(potential event of default)"로 구분된다.

채무불이행사유(event of default)가 발생한 때 피해당사자는 그에 따른 구제방법(remedies)을 행사할 수 있다. Default(채무불이행)는 대체로 담보대출 등과 관련해 가장 자주 발생하는 특정한 유형의 계약위반(specific form of breach)을 말하며, Default(채무불이행)가 있는 경우 해당 대출계약상 대주(lender)는 차주(borrower)에게 대출원리금의 조기상환(acceleration of a loan) 등을 요구할 권리를 갖는 것이 일반적이다. Default(채무불이행)가 있는 경우 특별한 계약조항이나 채무자와 채권자 관련 법률(debtor-creditor law)에 의해 계약상 구제방법을 행사하거나 사법절차를 진행할 수 있다. 예를 들어, 건물소유자는 정해진 담보대출금의 지급(mortgage payments)을 하지 못해 채무불이행(default)의 상태에 빠질 수 있는데, 이때 채권자(creditor)는 담보권실행절차(foreclosure proceedings)를 개시해 담보의 대상이 되는 건물의 경매절차 등을 진행할 수 있다.

따라서, Default(채무불이행)는 대출계약 등에서 채무자의 Breach of Contract(계약위반)의 일종이라 할 수 있으나, 두 용어 모두 당사자가 계약상 의무(contractual obligations)를 이행하지 못하는 것(failure)을 나타낸다는 점에서 그 용어에 따라 실질적인 의미의 차이가 없기 때문에 두 용어를 혼용해서 사용할 수 있다. 다만, 중대한 계약위반(material breach)이나 채무불이행사유(event of default)는 계약

6 대출 등 신용계약(credit agreement)에서 채무불이행사유(event of default)로는, 일반적으로 (i) 이자를 포함한 대출금액의 미납(non-payment), (ii) 금융관련 이행의무의 위반(financial covenant breach), (iii) 중대한 진술사항의 부정확성 또는 보증위반(material representation inaccuracy or warranty breach), 또는 중대한 불리한 변경(material adverse change), (iv) 당사자의 지급불능(insolvency) 관련 사정 등이 포함된다.

자유의 원칙에 의해 당사자들의 합의에 따라 다를 수 있다. 이에, 당사자들은 계약상 두 용어의 개념을 달리하고자 한다면 해당 계약서에 그 용어에 대한 구체적인 정의규정(definitions)을 둘 수 있다.[7]

2. Breach of Contract(계약위반)에 따른 Remedies(구제방법)의 이해

계약위반(breach of contract) 내지 채무불이행(default)에 대한 구제방법(remedies)이란 당사자 일방의 계약위반 내지 채무불이행으로 인해 상대방 당사자(non-defaulting party)의 일정한 권리가 침해당하는 경우 그러한 침해를 방지 또는 시정하거나 보상받는 것을 말한다. 당사자들은 준거법상 인정되는 적절한 구제방법을 법원이 정하도록 남겨둘 수 있으므로 계약서상 채무불이행 내지 계약위반에 따른 구제조항(remedial provisions)을 반드시 규정할 필요는 없다. 그러나, 계약상 의무이행을 담보하기 위해, 전적으로 법원이 계약위반에 대한 적절한 구제책을 마련하도록 남겨두기보다 당사자들은 자신들이 피해당사자(non-defaulting party)가 되었을 때 사용할 수 있는 구제방법을 명확히 할 수 있다. 그리고, 계약상 특정한 구제방법이 모든 계약위반의 경우에 적용되지 않는 경우 관련 계약위반사유에 대한 특정한 구제방법을 규정할 수 있다. 다만, 계약의 준거법에 따라서는 liquidated damages(손해배상액의 예정), specific performance(특정이행), punitive damages(징벌적 손해배상), attorney's fees(변호사 비용) 등과 같은 구제방법을 제한하거나 금지할 수 있

CHAPTER 7

7 계약상 당사자의 계약위반시 당사자의 과실의 정도에 따라 그 구제방법을 달리하는 경우가 있다. 이와 관련해, 계약상 "negligence," "gross negligence" 등의 용어가 사용될 수 있는데, "negligence"와 "gross negligence"의 의미의 차이를 이해할 필요가 있다. Black's Law Dictionary상 정의에 따르면, "negligence"는 유사한 상황에서 합리적으로 세심하고 신중한 사람이 사용할 수 있는 주의를 다하지 않는 것(failure to use such care as a reasonably prudent and careful person would use under similar circumstances)을 의미하며, "gross negligence"는 타인의 생명이나 재산에 영향을 미치는 결과를 무모하게 무시하고 의도적으로 명백한 의무를 수행하지 않은 것(intentional failure to perform a manifest duty in reckless disregard of the consequences as affecting the life or property of another)으로, 이는 단순한 부주의(simple inadvertence)라기보다는 중대한 주의의 부족(materially more want of care)을 말한다. 이런 점에서, "gross negligence"는 "negligence"보다 그 기준이 더 높아, 우리 계약법상 대체로 "negligence"는 과실, "gross negligence"는 중과실로 이해된다. 이에, "gross negligence"에 비해 "negligence"의 적용범위가 더 광범위해, 간접손해(indirect, special, consequential, incidental damages)까지 손해의 범위가 확장될 수 있으므로 당사자가 손해의 범위를 확장하고자 한다면 "gross negligence"보다는 "negligence"라는 용어를 사용하는 것이 좋다.

기 때문에 구제방법과 관련한 준거법 또한 면밀히 검토할 필요가 있다.

국제거래 계약상 계약위반의 구제방법(remedies)은 적용되는 국제규범이나 준거법에 따라 차이가 있을 수 있으나, 일반적으로 계약의 해지와 손해배상의 청구 등이 있다. 보통법(common law)상 계약위반에 대한 당사자의 구제방법은 금전적 손해배상(monetary remedies)을 원칙으로 하고, 예외적으로 특정이행청구(specific performance) 등 형평법상 구제수단(equitable remedies)이 인정된다. 그런데, 계약상 구제방법은 손해배상(damages)보다 넓은 개념으로, 당사자가 계약상 의무(contractual obligations)를 위반한 때 피해당사자가 손해배상의 청구를 포함해 가질 수 있는 광범위한 권리와 의무를 다룬다. 특히, 잠재적인 구제방법에는 (i) 이행강제(compel performance) 또는 대체이행(substituted performance)에 대한 권리, (ii) 원인에 의한 계약해지권(termination for cause), (iii) 수수료 등 대금의 인하(price reduction) 또는 환불(refund)에 대한 권리, (iv) 직접 또는 간접적 손해에 대한 보상청구권, (v) 제3자의 클레임과 관련된 비용이나 손해에 대한 면책배상(indemnification) 청구권 등이 포함될 수 있다. 이는 보통법(common law)상 당사자는 계약상 특별히 제한을 가하지 않는 한, 일반적으로 모든 잠재적 구제방법을 누적적(cumulative)으로 행사할 수 있어, 동일한 사실관계에 대해 계약상(contractual), 형평법상(equitable), 법규상(statutory) 인정되는 여러 다른 유형의 구제방법이 주어질 수 있다는 것을 의미한다.[8]

예를 들어, 미국법상 동산물품의 매매에 적용되는 UCC(Uniform Commercial Code; 통일상법전)의 경우 매도인과 매수인의 구제방법을 별도로 규정하고 있다. 즉, 물품매매계약상 상대방의 계약위반에 대해 금전적 구제수단(monetary remedies)뿐

8 예를 들어, 자동차장비업체가 자동차제조업체에 결함이 있는 부품을 공급한 경우 그들간 계약에서 구제방법에 대해 특별히 제한하지 않는 한, 그 부품에 대한 대금지급을 반환받거나, 관련 비용을 상환받거나 부품을 교체하거나 소비자와 소송에 따른 비용을 보전받거나 결함으로 인한 이익의 손해나 명예손상에 대한 배상을 받을 수 있다. 이러한 점에서, 계약서 작성의 전략상 특정한 구제방법(specific remedies)을 명시하는 대신, 경우에 따라 이에 관한 언급을 하지 않는 것이 더 나은 전략일 수 있다. 예를 들어, 상대방이 어떤 구제수단을 얻는 데 극구 반대하거나 그 구제수단에 대응해 상대방이 자신을 위한 구제수단을 넣자고 할 수 있는데, 이는 단순히 구제수단에 대해 침묵하는 것이 더 나을 수도 있다. 그러나, 명확하고 의미있는 구제방법이 있는 계약은, (i) 장래에 발생할 수 있는 잠재적 소송 등 분쟁을 예방하고 분쟁해결의 결과에 대한 더 큰 확실성을 제공할 수 있고, (ii) 당사자의 이행에 대한 인센티브를 제시할 수 있으며, (iii) 계약상 더 용이하게 불이행에 대한 시정을 강제할 수 있다는 점에서, 가능한 한 당사자가 저지를 수 있는 채무불이행 내지 계약위반행위의 유형을 고려해 더 나은 구제책을 협상하여 이를 계약에 적시하는 것이 필요하다.

만 아니라 비금전적 구제수단(non-monetary remedies)이 인정되는데, 매수인의 경우 물품수령을 거절하거나 계약을 취소하거나 특정물품회수권(replevin) 내지 특정이행청구권(specific performance)[9] 등을 행사할 수 있으며,[10] 매도인의 경우 매수인에 대한 물품대금청구권(action of price)을 비롯해 물품인도의 보류(withhold goods), 물품의 회수(reclamation)나 당해 물품을 재매도(resale)하는 등의 방법이 있다.[11] 이하에서는 계약위반(breach of contract) 내지 채무불이행(default)에 따른 주요 구제방법(remedies)을 살펴본다.

2.1 계약의 해지(termination)

계약의 해지(termination)는 계약위반 내지 채무불이행에 대한 일반적 구제방법으로, 통상적으로 계약이나 준거법상 이용할 수 있는 다른 구제방법에 추가적으로 인정되는 것이다. 당사자가 계약해지권의 행사와 관련해, 채무불이행 내지 계약위반시 즉시(immediately) 행사할 수 있는지 또는 피해당사자가 계약위반당사자에게 통지를 하고 계약위반을 치유하지 않는 등 일정한 조건의 충족(satisfaction of conditions) 이후에 행사할 수 있는지를 검토한다. 그리고, 계약해지 이후의 계약관계의 처리와 관련해 보통법(common law)상 권리나 의무 및 특정 계약조항의 존속(survival)이 문제되는데, 이는 개별 계약별로 판단할 필요가 있다.

2.2 손해배상(money damages)과 손해배상의 제한(limitation on damages)

금전적 구제수단(monetary remedies)에는 그 손해배상의 방법이나 정도에 따라 보상적 손해배상(compensatory damages), 손해배상액의 예정(liquidated damages), 명목적 손해배상(nominal damages), 징벌적 손해배상(punitive damages) 등이 있다.[12] 영미계약법상 계약위반에 따른 손해는 계약위반당사자가 피해당사자에게 그

9 UCC §2-716(Buyer's Right to Specific Performance or Replevin)

10 UCC §2-711(Buyer's Remedies in General; Buyer's Security Interest in Rejected Goods); UCC §2-712("Cover"; Buyer's Procurement of Substitute Goods); UCC §2-713(Buyer's Damages for Non-delivery or Repudiation)

11 UCC §2-702(Seller's Remedies on Discovery of Buyer's Insolvency); UCC §2-705(Seller's Stoppage of Delivery in Transit or Otherwise); UCC §2-709(Action for the Price). 당사자의 계약상 보증위반(breach of warranty)에 대해 피해당사자의 구제방법(remedies)을 명시할 수 있는데, 예를 들면, 물품판매계약에서 판매자가 보증한 제품에 결함이 있다면 이를 보수하거나 교체할 수 있으며, 보수나 교체가 불가능하다면 고객에게 관련 대금을 환불하도록 할 수 있다.

12 영미계약법상 손해배상(money damages)의 원리와 유형 및 그 제한에 관한 상세한 내용은 저

피해나 불이익을 금전으로 보상해 주는 보상적 또는 전보적 손해배상(compensatory damages)을 근간으로 하며, 이러한 전보적 손해배상은 계약위반에 따라 피해당사자에게 발생한 기대이익의 손해(expectation damages)나 신뢰이익의 손해(reliance damages) 또는 원상회복 내지 이득반환(restitution damages) 등을 배상하는 것을 기본적 원리로 한다.

Liquidated Damages(손해배상액의 예정)는 계약당사자 일방이 계약위반시 그 상대방에게 지급해야 할 일정한 손해배상액을 계약체결시에 당사자가 미리 약정해 두는 것을 말한다. 손해배상액의 예정조항(liquidated damages clause)은 피해당사자의 경제적 손실을 단순히 전보하고, 채무불이행당사자를 제재(penalty)하기 위해 과도한 금액이 아닌 한, 일반적으로 강제할 수 있다고 본다. 피해당사자(non-breaching party)는 실제로 금전적 손해(actual money damages)가 없더라도 당사자가 합의한 손해배상액을 받을 수 있으며, 계약위반시에 실제 발생한 손해액이 그 예정된 손해배상액보다 크다고 하더라도 그 초과분의 배상을 받을 수는 없다.[13] 손해배상액의 예정 약정이 유효하기 위해서는 그 예정하는 손해배상액이 계약체결시에 액수가 불확실하거나 입증이 곤란한 것으로, 예정하는 손해배상액은 계약위반시의 배상액으로 합리적으로 예측할 수 있어야 한다. 경쟁금지(noncompetition)나 비밀유지(confidentiality) 등과 같이 계약위반(breach of contract) 내지 채무불이행사유(event of default)가 있는 때 당사자들이 그에 따른 손해를 산정하기 어려울 수 있는 경우 계약상 Liquidated Damages Clause(손해배상액의 예정조항)를 둘 수 있다.

Nominal Damages(명목적 손해배상)는 피해당사자가 실제로 손해를 입지 않았더라도 피해당사자에게 주어지는 소액의 금전적 배상을 말한다. 즉, 당사자 일방이 계약위반을 했어도 그 위반으로 인해 손해가 발생하지 않거나 아주 미미한 경우 그 상대방은 명목상의 아주 적은 액수(nominal sum)를 손해배상으로 받을 수 있는데, 이는 계약위반당사자의 잘못을 입증하고 관련 소송비용 등을 보상받을 수 있다는 점에서 의미가 있다.

Punitive Damages(exemplary damages; 징벌적 손해배상/본보기를 위한 손해배상)는

자 집필 『영미계약법 원리』 (유원북스, 2021), 412페이지 이하를 참고하기 바란다.

13 계약상 손해배상규정이 제재(penalty)로 인정되는 경우 강제할 수 없으며(unenforceable), 손해배상액의 예정(liquidated damages)으로 인정되는 경우에는 양 당사자가 이에 구속되고 계약위반에 대한 통상적인 손해배상의 구제방법을 대체한다. 손해배상액의 예정조항이 유효한지 결정함에 있어 계약위반의 상대방이 실제로 입은 손해(actual harm)도 고려될 수 있다. – UCC § 2-718(Liquidation or Limitation of Damages; Deposits).

피해자의 실제 손해(actual damages)의 전보가 아닌 가해자의 가해행위에 대한 제재나 징벌의 목적으로 인정되는 것으로, 가해자를 징벌함으로써 미래의 유사한 행위를 단념시키고자 하는 것이다. 즉, 징벌적 손해배상(punitive damages)은 무모하거나 고의적인 가해행위(reckless or malicious conduct)를 한 당사자를 제재하고, 장래에 그와 같은 부정한 행위(wrongful conduct)를 하지 못하게 하려는 목적으로 피해당사자에게 주어지는 구제방법이다.[14] 그런데, 보통법(common law)상 손해배상은 당사자의 경제적 손실을 전보하는 것(compensating a party's economic loss)으로, 계약위반당사자의 행위를 제재하기 위한 것(punishing a wrongdoer's conduct)이 아니다. 이에, 징벌적 손해배상은 계약법에만 기초한 클레임에는 인정되지 않으며, 법원이 동일한 사실에 따른 불법행위청구(tort claim)를 인정하는 계약상 분쟁에서 허용될 수 있다. 불법행위청구는 계약상 청구(contract claim)와 독립적으로 발생할 수 있기 때문에 계약상 징벌적 손해배상을 제한하는 조항을 두고 있다고 하더라도, 불법행위청구에 대한 손해배상을 제한하지 않을 수 있다. 즉, 징벌적 손해배상(punitive damages)은 피고의 행위가 무모하거나 고의적(reckless or malicious)인 불법행위청구(tort claims)에 이용될 수 있다.

한편, 소송 등 쟁송에서 발생하는 변호사비용(attorney's fees) 등 법률비용의 경우 미국에서는 계약 관련 소송이나 쟁송절차(legal action or proceeding on a contract)에서 승소한 당사자(prevailing party)라 하더라도, 그 비용의 변상 관련 법규에서 허용하거나 계약서상 명시되어 있지 않는 한, 패소한 당사자로부터 변호사비용 등 법률비용을 변상받지 못할 수 있다. 이에, 당사자가 쟁송에 따라 발생한 변호사비용 등 법률비용을 변상받기 위해서는 그 비용의 지급에 관한 규정을 계약서에 포함할 필요가 있다.

2.3 형평법상 구제방법(equitable remedies)

계약의 대상 목적물이 독특해(unique) 금전적 손해배상이 피해당사자에게 적절한 구제수단이 되지 못하는 경우, 비금전적 구제수단인 형평법상 구제방법(equitable remedies)으로 특정이행(specific performance)이나 금지명령(injunctive relief) 등이 인

14 이러한 징벌적 손해배상(punitive damages)은 기업이 무책임한 또는 사기적으로 제조품을 만들었다고 하는 것이 법원에서 인정되는 경우 그 기업은 시장에서 획득한 이익에 따른 책임을 져야 한다는 생각에서 유래한다.

정될 수 있다.[15] 특정이행(specific performance)의 법리는 손해를 충분히 확실하게 산정할 수 없거나 금전만으로는 계약의 목적인 대체물을 구입할 수 없는 경우 또는 채무자의 파산이나 그 가능성으로 인해 금전적 손해배상이 불가능한 경우와 같이 보통법상 금전적 손해배상(pecuniary damages)이 채권자의 손해에 대한 적절한 구제수단이라고 할 수 없는 경우에 법원이 채무자로 하여금 계약당사자 간 본래의 계약 내용대로 이행하도록 명령하는 형평법상(equitable) 제도이다.[16] 계약의 이행내용이 부작위의무인 경우 계약위반 당사자로 하여금 특정의 행위를 못하게 하는 명령인 금지명령(injunction)의 구제방법이 있을 수 있다. 이외에도, 한쪽 당사자가 사기(fraud) 등을 저지른 경우 당사자는 계약취소(rescission) 등 형평법상 구제방법이 인정될 수 있다.

2.4 기한이익의 상실(acceleration)

기한이익의 상실조항(acceleration clause)은 채무의 변제(payment of debt)와 관련된 계약에서 일반적으로 나타나는 규정이다. 이는 채무불이행사유(event of default)가 있는 때, 계약상 채무불이행당사자(defaulting party)가 지급해야 할 모든 대금의 변제기가 즉시 도래하는 것(immediately due)을 말한다. 일반적으로 기한이익의 상실조항(acceleration clause)은 피해당사자(non-defaulting party)에게 변제기 이전에 대금지급을 청구할 자유재량권(discretionary power)이 주어지는 것이며, 채무불이행사유(event of default)가 있는 때 기한이익의 상실이 자동적으로 선언되는 것은 아니다. 한편, 피해당사자의 채무불이행당사자에 대한 서면통지(written notice)

---

15 형평법상 구제방법(equitable remedies)은 영미계약법상 개념으로, 금전적 손해배상(money damages)을 제외한 구제방법을 의미하는데, 여기에는 계약위반당사자로 하여금, (i) 그의 의무를 이행하게 하거나, (ii) 기밀정보를 반환하게 하거나, (iii) 어떠한 행위를 중단하도록 하는 등의 구제수단들이 포함된다. 예를 들어, 부동산이나 물품매매계약에서 매수인은 매도인의 계약위반에 대해 금전으로 손해배상을 받을 수 있으나, 그보다 계약대상이 된 부동산이나 물품 등 목적물 자체를 받기를 원할 수도 있고, 매도인이 손해배상을 하지 않는 경우 매수인은 매도인의 이행을 강제할 필요도 있다. 이에, 일정한 경우에 한해 손해배상 등 보통법상 구제수단(common law remedies)과 다른 특정이행(specific performance) 등 형평법상의 구제수단(equitable remedies)을 인정한다. 소송에서, 형평법상 구제방법은 "Permanent Injunction(영구적 금지명령)," "Temporary Injunction(일시적 금지명령)" 등의 형태로도 행사될 수 있다. 이러한 형평법상 구제방법(equitable remedies)에 관한 자세한 내용은 저자 집필 『영미계약법 원리』 (유원북스, 2021), 452페이지 이하를 참고하기 바란다.

16 Specific performance(특정이행)은 계약상 약속된 의무이행을 강제하는 법원의 결정에 의한 구제방법(court-ordered remedy)이다.

를 기한이익 상실의 조건(condition to acceleration)으로 할 수 있다.

3. 계약위반(breach of contract)과 구제방법(remedies) 관련 조항의 유의점 및 기재례

국제거래 계약에서는 일반적으로 당사자들이 사전에 합의한 계약위반 내지 채무불이행이 되는 특정한 사유를 열거하는 계약위반 내지 채무불이행 관련 조항을 두는데, 그 사유가 발생하는 때 피해당사자는 채무불이행(default)에 따른 구제방법(remedies)을 행사할 수 있다. 당사자 일방의 Event of Default(채무불이행사유)가 있는 경우 피해당사자(non-defaulting party)가 가지는 구제방법은 계약의 구성개념(contract concepts)상 일정한 선행조건에 따라 발생하는 Discretionary Authority(자유재량권)의 일종이다. 이에, 피해당사자는 이러한 자유재량권(discretionary authority)을 행사할 것인지 여부를 결정할 수 있다.[17] 즉, 채무자에게 채무불이행사유(event of default)가 있는 때 채권자는 계약해지(termination)와 함께 계약상 변제일이 도래하지 않은 미지급 잔액의 전부 상환(full repayment of an outstanding balance)을 요구할 수 있는 조기상환(acceleration) 청구권 등을 행사해 관련 담보(collateral)의 실행을 통해 즉시 대출잔금을 회수할 수 있지만, 이러한 권한을 행사하지 않을 수도 있다.[18] 또한, 피해당사자는 해당 계약에 따라 손해배상액의 예정(liquidated damages), 특정이행(specific performance)이나 금지명령(injunctive relief)의 청구 등을 할 수 있다.

한편, 계약위반에 대한 Remedies(구제방법)라는 용어를 계약조항의 제목으로 사용하기보다는 구제방법의 구체적인 내용에 따라 그 표제를 달리하는 경우가 많다. 즉, 계약위반의 구제방법은 일반적으로 계약상 이행의무, 계약기간과 계약종료, 계약해지의 효과, 책임제한 관련 조항 등 여러 계약조항에 걸쳐 다양하게 다루어진다. 계약조항의 표제를 "Remedies(구제방법)" 또는 "Remedies for Breach(계약

17 계약의 구성개념(contract concepts)에 관한 상세한 내용은 "Chapter 2 영문계약상 계약구성개념(Contract Concepts)의 이해"의 단원을 참고하기 바란다.

18 채권자는 채무불이행사유(event of default)가 발생한 때 법적으로 즉시상환(immediate repayment)을 청구할 수 있지만, 실제로는 거의 상환을 요구하지 않으며 대출계약조건을 차주와 다시 협상하는 것이 일반적이다. 당사자들이 합의하는 경우 대주(lender)는 더 엄격한 조건을 담은 수정 대출계약을 작성하는데, 대체로 대출금리를 인상하고 계약변경에 대한 수수료를 징수한다.

위반에 대한 구제방법)"라고 직접적으로 쓰는 경우는 은행계약, 대출계약, 임대계약 등과 같이 당사자 일방이 작성하여 상대방에게 제시하는 계약의 형태에서 자주 나타난다. 구제방법은 당사자의 선택에 따라, 배타적(exclusive)으로 또는 여러 구제방법을 누적적(cumulative)으로 행사할 수 있다. 다만, 당사자들이 계약상 규정한 구제방법 이외에도 준거법상 추가적인 구제방법이 인정될 수 있기 때문에, 계약상 하나의 구제방법이 다른 구제방법들에 대해 배타적인 것으로 규정할 필요는 없다. 계약상 구제조항(remedies clause)에서 구제방법이 배타적인(exclusive) 것으로 보일 수 있는 문구로 작성되는 경우 피해당사자에게 법률상 가능할 수 있는 구제방법보다 더 적은 구제책만을 허용하게 되는 위험이 있다. 따라서, 계약위반이 있는 때 피해당사자의 다양한 권리와 처리방법을 구체적으로 확보하기 위해서는 계약상 구제수단은 가급적 배타적으로 정하지 말고 여러 구제수단을 행사할 수 있는 누적적 구제방법(cumulative remedies)으로 기술하는 것이 바람직하다. 예를 들어, 물품매매계약에서, 매수인은 매도인에게 하자물품에 대한 손해배상 이외에도 물품의 교체나 수리를 요구할 수 있도록 규정할 필요가 있다. 계약상 누적적 구제방법(cumulative remedies)을 나타내기 위해서는 당사자들이 원하는 특정한 구제방법과 함께 준거법상 구제방법도 이용할 수 있도록 포괄적 문구(catch-all phrase)를 기재한다. 예를 들어, 계약서상 구제조항에 "the remedies described here are in addition to all other appropriate remedies under the Agreement or under law (여기에 서술된 구제방법은 이 계약서 또는 법률에 따른 다른 모든 적절한 구제방법에 추가되는 것이다)"라는 취지의 표현을 추가할 수 있다. 또는, "in addition to other remedies available under law or in equity"와 같이, 계약상 규정한 구제방법 이외에 해당 준거법상 법률이나 형평법상 가능한 다른 구제방법이 추가적으로 인정된다는 취지의 문구를 삽입할 수 있다.

[Example 1]

아래는 채무불이행사유(event of default)와 구제방법(remedies) 관련 규정의 기재례들이다. (Sample 1)은 대출계약에서 채무불이행의 일반적 사유와 그 사유 발생시 처리방법에 관한 예문이다. (Sample 2)는 계약위반에 대한 구제방법(remedies)에 관한 조항을 별도로 규정하는 경우 예문이다.

CHAPTER 7

(Sample 1)

(1) Each of the following events or occurrences shall constitute an Event of Default under this Agreement:

(i) The Borrower fails to pay when due any sum payable under this Agreement, and/or the Promissory Note when due or otherwise in accordance with the provisions of this Agreement.

(ii) Any representation, warranty or statement made or deemed to be made by the Borrower in this Agreement or in any document executed hereunder proves to have been incorrect or misleading in any respect considered by the Lender to be material.

(iii) The Borrower fails duly and punctually to perform or observe any obligation or covenant made by it in this Agreement, the Promissory Note or any other document executed hereunder or thereunder, and as a result thereof, it might reasonably be considered by the Lender that the ability of the Borrower to promptly comply with its respective obligations under this Agreement is materially adversely affected thereby.

(iv) Any change occurs in the financial or other condition of the Borrower which may reasonably be considered by the Lender to materially adversely affect the ability of the Borrower to comply with all or any of their respective obligations under this Agreement.

(v) The Borrower becomes insolvent or commits or permits any act of bankruptcy, which term shall include (i) the filing of a petition in any bankruptcy, reorganization, winding-up or liquidation proceeding or other proceeding analogous in purpose or effect; (ii) the failure by the Borrower to have any such petition filed by another party discharged within 30 days; (iii) the application for or consent to the appointment of a receiver or trustee for the bankruptcy, reorganization, winding-up or liquidation of the Borrower or of a substantial portion of its properties or assets.

(vi) Any governmental authorization granted or required in connection with this Agreement is terminated or revoked or is modified in any manner unacceptable to the Lender.

(2) If an Event of Default shall occur, the Lender may declare the Principal Amount and accrued interest payable hereunder to be, whereupon they shall become, immediately due and payable without demand, notice or other legal formality of any kind, all of which are expressly waived by the Borrower.

(3) The Borrower shall pay interest on such sum from and including the due date to and including the date of actual payment at the rate of [ ] per annum above the Interest Rate.

(4) The Lender may take any action, exercise any other right or pursue any other remedy conferred upon it by this Agreement, the Promissory Note

CHAPTER 7

and/or any applicable law or regulation or otherwise as a consequence of any Event of Default.

(Sample 2)

Remedies. Each of the parties to this Agreement will be entitled to enforce its rights under this Agreement specifically, to recover damages and costs (including attorney's fees) caused by any breach of any provision of this Agreement and to exercise all other rights existing in its favor. The parties hereto agree and acknowledge that money damages may not be an adequate remedy for any breach of the provisions of this Agreement and that any party may in its sole discretion apply to any court of law or equity of competent jurisdiction (without posting any bond or deposit) for specific performance and/or other injunctive relief in order to enforce or prevent any violations of the provisions of this Agreement.

[Example 2]

아래는 계약상 구제방법의 행사와 관련된 기재례들이다. (Sample 1)은 배타적 구제방법(exclusive remedies)을 규정한 것이며, (Sample 2)는 누적적 구제방법(cumulative remedies)을 기술한 다양한 예문들이다.

(Sample 1)

Indemnity as Exclusive Remedy. The remedies of the parties stated in this Article XX are exclusive and preclude either party's assertion of any other rights that party may have under the Purchase Agreement, applicable law, or otherwise.

(Sample 2)

- **Cumulative Remedies.** The rights and remedies of the parties under this Agreement are nonexclusive and in addition to all other remedies available to the parties at law or in equity.
- **Nonexclusive Remedy.** Except as expressly set forth in this Agreement, the exercise by either Party of any of its remedies under this Agreement will be without prejudice to its other remedies under this Agreement or otherwise.
- Any and all rights and remedies of Manufacturing Company upon your breach or other default under this Agreement will be deemed cumulative and not exclusive of any other right or remedy conferred by this Agreement or by law or equity on Manufacturing Company, and the exercise of any one remedy will not preclude the exercise of any other.

Ⅲ. Termination Clause(계약해지조항)

1. 계약해지조항(termination clause)의 이해

계약은 당사자 간의 약속이므로 마음대로 계약을 종료한다면 계약을 체결하는 의미가 없을 수 있으므로 계약의 종료는 법률이나 당사자 간에 사전에 합의하여 정해둔 사유가 있는 때 계약을 종료할 권한을 가진 자만이 할 수 있도록 할 필요가 있다.[19] 계약관계의 종료의 원인으로는 계약기간의 만료(expiration), 계약내용의 완성(completion), 계약의 해제/해지(discharge; avoidance), 계약의 취소(rescission), 계약의 무효(void) 등과 같은 경우가 있으며, 그 효과는 당사자들이 계약상 어떻게 규정하는지에 따라 달라질 수 있다.[20] 즉, 계약은 계약기간의 만료로 종료될 수 있으나, 계약기간 중에는 계약상 또는 법률상 계약의 종료에 관한 근거규정이 없다면 당사자에게 계약을 종료시킬 권리가 자동적으로 주어지지는 않는다. 이러한 점에서 계약상 계약종료에 관한 사항을 명시하는 것은 중요한데, Termination Clause (계약해지조항)는 계약상 특정한 상황에서 계약을 종료시킬 것을 정한 규정이다. 계약해지(termination)의 사유로는 이행기 도래 전 이행거절에 의한 계약위반(anticipatory breach) 등을 포함한 계약위반(breach)의 경우뿐만 아니라 사기(fraud), 허위진술(misrepresentation) 또는 착오(mistake) 등 계약의 성립이나 이행상 하자가 있는 경우도 있을 수 있다. 또한, 계약상 일정한 해지사유를 별도로 규정한 때에는 그 계약해지조항(termination clause)에 따라 계약을 해지할 수 있다. 계약이 해지되면 일반적으로 당사자의 계약상 장래 이행의무는 소멸되지만, 계약이 해지되기 이전에 발생한 계약위반에 따른 당사자의 책임에는 영향을 미치지 않는다. 그리고, 피해당사자는 계약위반자를 상대로 계약위반에 따른 손해배상 등 계약상 또는 법률

CHAPTER 7

19 법률이 정한 사유에 따라 발생하는 법정해제/해지권의 경우 우리 민법은 제544조 내지 제546조에 관련 규정을 두고 있다.

20 보통법(common law)상 계약의 종료와 관련해 일반적으로 사용되는 "Termination"이라는 용어는 그 효력면에서 우리 민법상의 계약해지와 유사한 성격을 가져 "계약해지"로 번역할 수 있으나, 영미계약법은 우리 민법과 같이 계속적 계약 등 계약해지가 인정될 수 있는 계약을 특별히 구별하고 있지는 않으며, "Termination"의 원인이나 당사자의 법률관계 등에 따라 계약의 해제나 종료 또는 취소 등의 의미로도 사용될 수 있으므로 우리 민법상의 계약해지와 반드시 일치하는 개념은 아니다. 영미계약법상 "Termination"의 법률적 의미에 관한 자세한 사항은 저자 집필 『영미계약법 원리』 (유원북스, 2021), 472-474페이지를 참고하기 바란다.

상 구제방법을 행사할 수 있다.

한편, 계약위반시 구제방법으로 Termination(계약해지)과 함께 논의되는 개념으로 Rescission(계약의 취소/해제)이 있다.[21] Rescission은 계약당사자 일방의 의사표시나 당사자 상호간의 합의에 의해 계약을 소멸시켜 당사자의 지위를 계약체결 이전으로 회복시키는 형평법상의 구제수단이다(equitable remedy). Rescission은 기본적으로 계약성립(contract formation)시 필요한 요건에 하자나 문제가 있는 때 이를 구제하여 당사자의 이행책임을 면제하는 면에 주안점이 있다.[22] 그런데, 역사적으로 보면, 계약위반(breach)으로 인한 Termination(계약해지)에 의한 구제를 Rescission (rescission de futuro)으로도 칭하여, Rescission을 보통법(common law)상 Termination(계약해지)과 유사한 개념으로 이해하기도 한다.[23]

그리고, 실무상 계약관계에서 계약해지(termination)를 할 수 있는 일반적 사유로 크게 두 가지가 있는데, 계약위반 등 특정한 사유 내지 원인에 의한 계약해지(termination for cause; termination for default)와 그러한 특정한 사유없이 편의적으로 해지를 할 수 있는 편의상 계약해지(termination for convenience)가 있다. (i) 특정한 사유 내지 원인에 의한 계약해지(termination for cause)는 계약당사자 일방의 계약의 중대한 위반(material breach)이 있는 때[24] 보통법(common law)상 통상적인

---

21 Termination을 계약해지, Rescission을 계약의 취소 내지 해제로 표현했는데, 이는 우리 민법상 계약해소시 그 효력과 관련한 유사성에 비추어 편의상 사용한 용어로, Termination이나 Rescission의 의미를 우리 민법상 계약의 해제나 해지 또는 취소와 그 법률적 개념이나 효과가 동일한 것은 아니라는 점을 유의하기 바란다.

22 Rescission은 사기(fraud), 허위진술(misrepresentation), 착오(mistake), 강박(duress), 또는 부당한 압력(undue influence) 등 계약성립(contract formation)에 있어 문제가 있는 때 이를 철회(revoking) 내지 취소하거나(cancelling) 번복하여(overturning) 계약을 소급적으로(retrospectively) 무효화(void)한다는 점에 중점이 있다. 반면, Termination은 당사자의 계약위반(breach)에 대해 계약을 해지하여 양 당사자의 아직 발생하지 않은(unaccrued) 장래(future) 이행할 의무(obligations to perform)를 소멸시키는 데 주안점이 있다는 점에서 대체로 구별된다. 계약이 해지된 때(terminated) 계약의 해지일로부터(from the date of termination) 계약의 효력이 중단되는(cease) 반면, 계약이 취소된 경우(rescinded) 그 계약이 아예 존재하지 않았던 것(as if the contract never existed)과 같은 효과가 발생한다.

23 이런 점에서 Rescission(계약의 취소/해제)은 계약내용에 따라 계약위반에 따른 보통법상 Termination(termination at law; 계약해지)의 의미로 사용될 수 있어 양자를 동의어로 보는 경우도 있다(*Long v. Lloyd*, [1958] EWCA Civ 3, [1958] 1 WLR 753, Court of Appeal (England and Wales)). 이 경우 Rescission(계약취소)은 계약위반(breach)이 있을 때 그 구제방법으로 계약을 취소하는 의미로 사용될 수 있다. 그러나, 엄격히 말해 Rescission은 계약성립의 하자로 인해 계약을 소급적으로 취소하는 것으로, 성립된 계약의 위반에 대한 Termination(계약해지)과는 다른 의미로 이해될 수 있다.

계약의 종료/해지사유로 인정되며, 계약상 채무불이행사유(event of default)가 발생한 경우에도 피해당사자의 일반적 구제방법으로 계약종료/해지가 인정된다. 또한, 계약당사자 일방의 신용상태가 악화될 경우 상대방의 입장에서 해당 계약의 채무불이행이 단순히 없다고 방치할 수만은 없으며,[25] 이는 해당 계약상 의무를 불이행할 가능성 또한 높다는 것을 나타내는 징표가 될 수 있어 문제가 된다. 이에, 신용악화 등 잠재적 채무불이행사유도 계약해지의 사유로 규정할 필요가 있는데, 이러한 경우로는 파산(bankruptcy), 해산(wind-up, dissolution), 청산(liquidation), 회사갱생(reorganization, rehabilitation), 어음부도(dishonor of bill), 지급불능(insolvency) 등이 있다. 또한, 계약당사자의 채권회수를 확보하는 차원에서 어떤 일방 당사자가 압류(attachment), 가압류(provisional attachment), 가처분(provisional disposition, provisional injunction), 체납처분(attachment for delinquent tax) 등을 받은 경우도 일반적으로 계약해지사유에 포함한다.[26] (ii) 계약당사자가 특정한 사유나 원인이 없이 편의적으로 해지를 할 수 있는 편의상 계약해지(termination for convenience)는 계약위반에 대한 구제수단이라기보다는 당사자 간의 형편이나 편의를 위해 인정되는 계약해지/종료사유이다. 여기에는, 계약체결 당시 예견할 수 없는 사정의 변경으로 계약을 유지하기 적합하지 않은 경우나 당사자 간 합의에 의한 합의해지나 단순 편의를 위한 경우 등이 있다. 예를 들어, IT서비스계약에서 고객이 서비스업체의 서비스조건이 호의적이지 않은 상태에서 더 나은 조건을 제시하는 업체가 나타난 때 해당 서비스업체의 구체적인 계약위반사유가 없더라도 그 서비스계약을 종결시키고 다른 업체와 계약을 체결할 수 있으며, 그 반대로 서비스업체의 입장에서도 같은 상황이 있을 수 있다.

계약의 해지/종료의 방법이나 절차는 계약서에 이를 명시해 당사자 간 불필요한 분쟁을 예방할 필요가 있다. 특히, 계약위반이 발생한 경우 피해당사자가 즉시 계약해지(immediate termination)를 할 수 있는지 또는 계약위반자에게 일정한 치유

24 계약의 위반이 있다고 하여 무조건 계약을 종료시키는 것은 계약의 취지에 맞지 않을 수 있고, 상대방에게 지나치게 가혹할 수 있으며, 보통법(common law)상 일반적으로 계약위반의 구제가 인정되는 계약의 중대한 위반(material breach)을 계약해제의 사유로 볼 수 있으나, 당사자 간 분쟁을 예방하기 위해서는 계약서에 계약종료의 사유를 명시하는 것이 바람직하다.

25 당사자의 신용상태 등을 계약상 당사자의 진술과 보증(representation and warranty)의 사유로 규정한 경우 피해당사자는 그 진술과 보증의 위반으로 계약을 해지할 수 있다.

26 불가항력(force majeure)에 의해 계약실행이 불가능한 경우 계약을 해지할 수 있는데, 이때 불가항력의 원인이 되는 사실을 명확히 하고, 불가항력의 사태가 일정기간 계속되는 경우 계약을 해지할 수 있다.

기간을 두고 그 위반이 치유되지 않았을 때 계약해지를 할 수 있는지를 분명히 해야 한다. 실무상 당사자의 계약위반의 경우 대체로 즉시 계약을 해지하기보다는 일정한 시정기간을 두고 그 위반이 치유되지 않는 때 피해당사자가 계약을 해지할 수 있도록 한다.[27] 계약당사자가 아무런 이유 없이 일정한 유예기간을 둔 통지를 해서 계약을 해제할 수 있도록 하는 경우에는 상대방 당사자도 언제든 그 해지통지를 통해 계약을 종료시킬 수 있다는 점을 염두에 두어야 한다.[28]

2. 계약기간 및 종료 조항(term and termination clause)

계약상 계약기간과 계약종료에 관한 사항을 별도로 규정하거나, 계약에 따라서는 계약기간과 계약종료에 관한 사항을 함께 규정해 계약기간 및 종료 조항(term and termination clause)을 두기도 하는데, 그 내용은 당사자들의 협상결과에 따라 다를 수 있다. 계약기간 및 종료 조항에는 계약기간(duration of the contract), 계약의 종료방법(how the contract can be terminated), 계약종료 이후 각 당사자의 책임(each party's responsibility) 등에 관해 규정하는데, 다음의 사항을 유의할 필요가 있다.

① 계약기간 및 그 기간의 갱신 내지 연장(renewal; extension)과 관련해, 정식 계약기간 이외에 당사자의 이행을 점검하기 위한 별도의 시범기간 내지 초기기간(pilot term; initial duration)을 따로 둘 수 있다. 그리고, 일정한 계약기간을 정하고 당사자에 의해 계약이 종료될 때까지 계약을 자동적으로 갱신

27 우리 민법은 "당사자 일방이 그 채무를 이행하지 아니하는 때에는 상대방은 상당한 기간을 정하여 그 이행을 최고하고 그 기간 내에 이행하지 아니한 때에는 계약을 해제할 수 있다. 그러나 채무자가 미리 이행하지 아니할 의사를 표시한 경우에는 최고를 요하지 아니한다."라고 규정하고 있다(제544조(이행지체와 해제)).

28 UNIDROIT Principles는 계약해지권에 관한 규정을 두고 있다(Article 7.3 of UNIDROIT Principles 2016). 여기서 거래 상대방의 채무불이행(default)이 "fundamental(근본적)"인 경우 당사자의 계약해지권은 배타적(exclusively)으로 발생한다고 본다. 또한, 계약위반의 우려가 있는 당사자가 피해당사자에게 계약의 실행에 대한 적절한 보증(suitable guarantees for the execution of the contract)을 제공하지 않은 때 피해당사자는 계약을 해지할 수 있다. Principles of European Contract Law(PECL; 유럽계약법원리)는 UNIDROIT Principles와 유사한 방식으로 계약해지(termination)를 규제하고 있다. PECL에 따르면, "A party may terminate the contract if the other party's non-performance is fundamental. In the case of delay the aggrieved party may also terminate the contract under Article 8:106(3)."라고 규정하고 있다(Article 9:301).

(automatic renewal)되는 것으로 하거나, 특별한 계약기간을 정하지 않고 당사자가 계약을 종료할 때까지 유효한 것으로 하는 개방형 계약(opening contracts)으로 할 수도 있다.[29]

② 계약의 종료사유(grounds for termination)와 관련해, 계약이 만료되기 이전에 조기종료(premature ending; early termination)될 수 있는지 여부와 조기종료(early termination)를 인정하는 경우 그 시기와 방법을 규정한다. 계약의 조기종료사유로는 Termination for Cause(원인에 의한 계약해지)와 Termination for Convenience(편의상 계약해지)가 있다. 이와 관련해, 당사자의 계약해지를 위한 위한 통지 등 해지절차를 비롯해 원인에 의한 계약해지의 경우 계약위반자가 그 원인되는 문제를 치유할 권리가 있는지 등도 명시한다.

③ 계약의 종료 이후에도 당사자의 권리나 의무 또는 책임이 존속(survival)하는지에 관한 사항을 정한다. 계약종료시 비밀정보의 반환, 파기 등 당사자의 책임을 비롯해 계약종료 이후에도 존속할 필요가 있는 계약조항을 특정한다.

한편, 당사자가 계약상 여러 이행의무나 조건을 협상하는 과정에서 계약기간 및 종료 조항은 다른 계약조건에 대한 양보를 받아내거나 하는 데 이용할 수 있는 조건이 될 수 있다. 예를 들어, 협상에서 상업용 건물의 임차인이 고가의 증축을 요구하는 경우 임대인은 최초의 비용을 회수하기 위해 보다 긴 임대기간을 제안할 수 있다. 제조업체가 특정 구매자와 독점계약을 체결하기 위해서 그 물품의 가격을 인하해야 한다면 제조업체는 다른 잠재적 고객들과 더 수익성 있는 기회를 추구할 수 있도록 보다 짧은 계약기간을 선호할 수 있으며, 유리한 구매가격을 협상하는 구매자는 계약을 장기간으로 하길 원할 수 있다.[30]

[Example]

아래는 계약기간과 종료에 관한 기재례들이다. (Version 1)은 계약기간과 계약종료에 관한 사항을 함께 규정한 계약기간 및 종료 조항(term and termination

29 계약기간과 계약기간의 갱신 내지 연장의 문제에 관한 자세한 사항은 “Chapter 5. X. 계약기간 조항” 단원을 참고하기 바란다.

30 다만, 계약당사자의 니즈는 상황에 따라 바뀔 수 있으므로 한쪽 당사자나 양쪽 당사자 모두 계약을 조기종료할 수 있는 규정을 둘 수 있다. 예를 들어, 유명인사, 고위임원, 프로선수, 코치 등은 계약상 지급해야 할 잔여 보상금의 전부 또는 일부를 지급하면 조기에 계약을 해지할 수 있는 “buy-out provision”을 두는 경우가 많다.

clause)의 예문이다. (Version 2)는 계약의 조기 종료사유가 없는 한 정해진 계약기간의 만료일에 계약이 종료되는 것으로 한다. (Version 3)는 일정한 계약기간을 정하고, 당사자 간 계약연장의 합의 또는 당사자의 계약종료의 통지가 없는 한 계약이 자동갱신(automatic renewal)되도록 하는 규정이다. (Version 4)는 특별한 계약기간을 정하지 않은 개방형 계약기간(open-ended term)의 예문이다.

(Version 1)

Term and Termination. The initial term of this Agreement shall begin on the Effective Date and end one year thereafter, unless extended prior to termination by mutual written agreement of the parties (the "Term"). In addition to termination rights elsewhere set forth in this Agreement, this Agreement may be terminated as follows:

(i) Either party may terminate this Agreement at any time during the Term upon thirty (30) days' prior written notice to the other party, if such other party breaches any term or condition of this Agreement and fails to cure such breach within the thirty (30) day cure period.

(ii) Either party may terminate this Agreement at any time during the Term, immediately upon written notice to the other party, if such other party ceases to conduct business in the normal course (other than through acquisition or merger, if the successor or survivor continues to perform such party's obligations hereunder), makes an assignment for the benefit of creditors, is liquidated or otherwise dissolved, becomes insolvent, or is adjudicated bankruptcy.

(Version 2)

The term of this Lease begins on 6 March 2021 and, unless terminated sooner as provided below, the term expires on 5 March 2030.

(Version 3)

- If the Merger is not consummated pursuant to this Agreement on or before 31 January 2021, this Agreement may be terminated and abandoned by the parties unless their respective Boards of Directors have agreed to an extension of time in which to consummate the Merger.
- Unless earlier terminated as provided below, this Agreement is effective as of the Effective Date and remains in full force and effect until the first anniversary of the Installation Date. After the initial term, this Agreement will be automatically renewed for successive one-year periods (the initial term and all renewal terms are collectively referred to as the "Term"), subject to earlier termination as set forth in Section 9.2 of this Agreement, unless either party notifies the other in writing, on or before 90 days before the end of the then existing Term.

(Version 4)
This Agreement is effective when signed by both parties and remains in full force and effect until terminated by either party.

3. 계약의 조기종료사유(events triggering a premature ending)

계약은 당사자들의 상호 동의(mutual consent)뿐만 아니라 당사자의 계약위반 내지 채무불이행(event of default), 관련 법규의 변경(change in law) 등에 의해서도 조기에 종료(premature ending)될 수 있다. 이러한 계약의 조기종료사유(events triggering a premature ending)는 크게, (i) Termination for Cause(원인에 의한 계약해지)와 (ii) Termination for Convenience(편의상 계약해지)로 나눌 수 있다. Termination for Cause(원인에 의한 계약해지)는 계약법의 원리에 따른 계약위반(breach of contract)[31] 또는 해당 계약상 정해 놓은 채무불이행사유(event of default)의 발생에 따라 계약을 종료하는 것이다. Termination for Convenience(편의상 계약해지)는 계약상 명시적 규정이 있는 때에만(only from the terms of the contract) 할 수 있으며, 이에 관해서는 계약법상 계약종료에 관한 일반적인 원리는 없다.[32] 이러한 계약의 종료사유가 발생한 때 그 처리방법을 비롯해 피해당사자의 구제방법, 당사자의 계약종료 이후 존속의무 등 계약종료 관련 다양한 이슈들이 논의된다.

CHAPTER 7

31 보통법(common law)의 계약법원리로 계약위반에 따른 계약해지는 상대방의 계약위반이 중대한 경우(material breach)에 인정될 수 있는데, 중대한 계약위반이 치유되지 않고 전면적 계약위반(total breach)으로 볼 수 있는 때 피해당사자는 계약을 해지할 수 있다.

32 견해에 따라서는 계약관계의 종료를 우호적(friendly) 또는 비우호적(unfriendly)인 경우로 나누기도 한다. 우호적 계약해지/종료(friendly termination)는 거래완료나 기간만료로 계약이 종결되는 것을 말한다. 이때 보통법(common law)상 권리와 의무는 존속하지 않는 것이 원칙이지만, 인수계약이나 고용계약 등에서 경쟁금지의무(noncompetition obligation), 비밀유지의무(confidentiality obligation) 등 일정한 의무의 경우 계약종료시에도 당사자의 권리의무를 존속하게 할 필요가 있다고 본다. 비우호적 계약해지/종료(unfriendly termination)는 당사자 간의 거래가 성공적이지 못하거나 실패로 돌아가는 상황에서 당사자들의 관계를 종결하는 경우이다. 여기에는 허위진술(misrepresentations), 보증위반(breach of warranties), 이행의무의 위반(breach of covenants) 등 계약위반(breach)뿐만 아니라, 해당 계약의 위반이 아니더라도 당사자의 사망, 파산, 합병, 지배권의 변동(change of control) 등 전체적으로 당사자들의 계약해지나 구제방법을 정당화할 수 있을 만큼 충분히 영향을 미칠 수 있는 경우가 포함될 수 있다.

4. Termination for Cause(원인에 의한 계약해지)

Termination for Cause(원인에 의한 계약해지)는 계약법의 원리에 따른 계약위반(breach of contract)이나 계약상 정해진 채무불이행사유(event of default)가 발생한 때 인정될 수 있다. 보통법(common law)상 계약해지를 정당화하는 사유는 당사자의 중대한 계약위반(material breach)이 있는 경우이다.[33] 계약위반 여부에 대한 판단에 있어 중대한 계약위반에 관한 법리는 영미계약법상 오랜 기간의 판례와 법규를 통해 법규범으로 정립되었다. "Material Breach"의 의미는 다소 불명확할 수 있으나, 사소한 계약위반(minor breach)이 아닌 계약위반이 계약의 목적을 달성할 수 없을 만큼 심각한 경우를 대체로 말한다.[34] 그런데, 계약당사자들은 원인에 의한 계약해지의 사유로 중대한 계약위반(material breach)뿐만 아니라 추가적인 사건들을 채무불이행사유(event of default)로 열거할 수 있다. 이러한 사유들에는 당사자의 파산(bankruptcy), 재정파탄(financial collapse), 해당 업무 관련 주요 직원의 이탈 등 당사자의 의무이행이 힘든 사정들이 포함될 수 있다. 계약위반에 따른 계약해지(termination for breach)의 경우 피해당사자의 계약위반자에 대한 사전 통지(advance notice)가 필요하다. 이러한 통지와 관련한 모호성(ambiguity)을 피하기 위해, 통지시에 (i) 계약해지의 통지 관련 조항, (ii) 5W 2H(who, why, what, when, where, how, how much)에 따른 계약해지사유의 분석, (iii) 통지수령시에 계약이 종료되는

CHAPTER 7

33 계약의 사소한 위반에 대해 계약해지를 인정하는 것은 당사자 간 계약의 안정성을 해칠 수 있어, 보통법(common law)상 계약법원리는 계약상 상당한 이행(substantial performance)을 하지 않은 중대한 계약위반(material breach)이 있는 때 계약해지를 인정하고 있다. 보통법상 계약이행에 있어 상당한 이행의 법리(substantial performance rule)와 계약위반에서 중대한 계약위반(material breach)에 관한 자세한 이론은 저자 집필 『영미계약법 원리』(유원북스, 2021), 391페이지 이하를 참고하기 바란다.

34 계약내용의 상당한 이행(substantial performance)이 이루어지지 않은 경우를 "Material Breach(중대한 위반)"라 하는데, 계약위반의 중대성(materiality)은 ① 피해당사자가 합리적으로 기대했던 이익 박탈(deprived of the benefit)의 정도, ② 피해당사자의 박탈된 이익에 대한 적절한 보상(adequate compensation)의 정도, ③ 계약의 취소에 따른 계약위반자의 권리상실 내지 불이익(forfeiture)의 정도, ④ 계약위반자의 불이행의무의 치유가능성(cures his failure to perform), ⑤ 계약위반자가 선의(good faith)와 공정한 거래(fair dealing)의 기준에 따라 행동을 했는지 등의 사정을 고려해 판단할 수 있다(Restatement Second of Contracts § 241(Circumstances Significant in Determining Whether a Failure Is Material)). 다만, 계약상 "Material Breach"의 의미를 명확히 하기 위해, "Breaches of this Agreement considered material include, without limitation, the following ..." 등과 같이 중대한 계약위반(material breach)에 대한 징표를 나타내는 정의규정을 둘 수 있다.

지, (iv) 계약종료에 일정한 조건이 요구되는 때 그에 관한 사항 및 계약종료일, (v) 계약종료 이후 존속조항 등에 관한 사항을 확인해 필요한 범위에서 이를 통지 내용에 포함할 수 있다.

한편, Termination for Cause(원인에 의한 계약해지)는 채무불이행사유를 치유할 기회(opportunity to cure)를 주고 그 치유가 이루어지지 않는 때 계약을 해지할 수 있는 잠재적 채무불이행사유(potential event of default)와 채무불이행사유가 발생한 즉시 계약을 해지할 수 있는 즉각적 채무불이행사유(immediate event of default)가 있는데, 이하에서 이를 개별적으로 살펴본다.

4.1 잠재적 채무불이행사유(potential event of default)의 경우

잠재적 채무불이행사유(potential event of default)는 특정한 기간 이내 또는 특정한 조건에 따라 그 계약위반이 치유되지 않는 때 실제 채무불이행이 될 수 있는 사정을 말한다. 잠재적 채무불이행사유는 대체로 즉각적 채무불이행사유(immediate event of default)로 볼 정도로 심각하지 않은 경우이다. 이는 일반적으로 채무불이행 당사자에게 부정적인 결과를 가져오기 이전에 특정한 기간 내에 채무불이행을 구제하거나 시정할 기회(opportunity to cure)를 준다. 즉, 피해당사자(non-defaulting party)는 채무불이행 당사자(defaulting party)에게 채무불이행사유를 서면통지(written notice)하고 채무불이행을 치유할 수 있는 일정한 유예기간(grace period; cure period)을 부여한다. 채무불이행 당사자가 이러한 유예기간 내에 계약위반의 문제를 치유하지 못하는 경우 이는 실제 채무불이행사유(actual event of default)가 되어 피해당사자는 계약을 종료하고 관련 구제방법을 행사할 수 있으며, 채무불이행 당사자는 그에 따른 책임을 부담하게 된다. 잠재적 채무불이행사유(potential event of default)를 규정할 때는 다음과 같은 사항을 유의할 필요가 있다.

① 치유할 기회(opportunity to cure)가 주어질 수 있는 잠재적 채무불이행의 개별 사정을 파악해 이를 특정한다. 이러한 사정은 채무불이행 당사자가 그 치유기간(cure period) 동안 위반사유를 시정한다면 계약을 종료할 필요가 없는 경우이어야 한다.

② 피해당사자는 채무불이행 당사자에게 잠재적 채무불이행사유(potential event of default)가 발생한 사정을 명시하여 서면통지(written notice)한다.

③ 채무불이행을 치유할 수 있는 유예기간(grace period)의 경우 이를 통해 그 계약위반을 치유할 수 있는 채무불이행자의 능력범위 내인지를 파악해야

한다. 예를 들어, 당사자가 일시적 사유로 만기일에 대금지급을 못하거나 물품의 인도를 못하는 것과 같이 일정한 유예기간이 주어진다면 이를 치유할 수 있는 경우이어야 한다. 또한, 유예기간이 언제 시작하는지를 기재할 필요가 있는데, 일반적으로 유예기간은 피해당사자가 채무불이행자에게 잠재적 채무불이행을 통지한 때로부터 시작하는 것으로 한다.[35] 유예되는 기간은 대체로 30일 정도로 하는데, 해당 거래의 특성과 당사자들의 사정을 고려해 다양하게 할 수 있다. 다만, 피해당사자의 위험을 상당하게 증가시킬 정도로 길지는 않아야 한다.[36] 유예기간 동안에는 채무불이행 당사자가 문제점을 치유할 수 있으며, 피해당사자는 자신의 구제방법을 행사하지 못한다. 한편, 계약위반이 치유되고도 이후에 또 다시 계약위반이 반복될 수 있다는 점을 고려해 계약위반의 횟수를 제한할 수 있는데, 예를 들면, 그 횟수를 2회로 제한해, 3회째 계약위반이 있을 때 즉시 계약종료(immediate termination)가 되도록 규정할 수 있다.

④ 잠재적 채무불이행사유가 언제 실제 채무불이행사유(actual event of default)가 되는지를 명시한다. 실제 채무불이행사유는 일반적으로 피해당사자의 통지가 있은 이후 채무불이행 당사자가 정해진 유예기간 내에 문제점을 치유하지 못한 때 발생하는 것으로 한다. 즉, 채무불이행을 치유할 수 있는 유예기간을 주는 경우에는 유예기간이 종료된 때 피해당사자의 추가적인 행위 없이, 자동적으로 실제 채무불이행사유가 되는 것으로 한다.

CHAPTER 7

[Example]

아래는 잠재적 채무불이행사유(potential event of default) 관련 기재례들로, 잠재적 채무불이행사유가 발생한 때 계약위반자가 정해진 유예기간 내에 그 위반을 치유하지 못하는 경우 계약이 해지되는 것으로 한다.

---

35 경우에 따라 공식적인 통지 없이 치유기간이 시작되는 것으로도 할 수 있다.

36 대출계약(credit/loan agreement)에서 차주의 채무불이행이 있는 경우 차주가 부주의하게 변제기일을 놓칠 수 있으므로, 유예기간을 부여해 그 불이행을 치유할 수 있도록 하는 것이 일반적이다. 대출계약에서 채무불이행(default)과 채무불이행사유(event of default)는 구별된다. 채무불이행(default)은 치유없이 유예기간이 끝나기 이전에, 채무불이행 당사자에 대한 통지의 이전 또는 이후에 계약을 해지할 수 있는 사유를 말한다. 채무불이행의 치유 없이 유예기간이 끝나면 채무불이행(default)은 채무불이행사유(event of default)가 되어, 이때 피해당사자는 구제방법을 행사할 수 있는 자격을 가지게 된다.

- If Employee breaches any material obligation under this agreement, Company will give written notice of the breach to Employee. If Employee fails to cure the breach on or before 30 days after receiving written notice from Company, then this agreement will terminate.
- In the event that any party breaches the Contract and the other party requests to take measures to remedy such breach in writing, the state of breach continues for more than 30 days after written notice by the other party nor otherwise agreed between the parties, the other party may terminate the Contract without any limitation.
- In the event either party breaches any material obligation, representation or warranty of this Agreement, and the breaching party has not cured the breach within thirty days, the non-breaching party has the right to terminate the Agreement.
- Either party may terminate this agreement upon written notice to the other party if the other party breaches any material obligation of this agreement and fails to cure the breach within thirty days of its receipt of written notice of the breach.
- Either party may terminate this Agreement for the other's material breach by written notice specifying in detail the nature of the breach, effective in 30 days unless the other party first cures such breach. However, termination for breach will become effective immediately upon such notice, without opportunity to cure, if the breach cannot be remedied by performance after notice of termination.
- In the event that either Party materially defaults in the performance of any of its duties or obligations set forth herein this agreement, and such default is not substantially cured within [ ] after writing notice is given to the defaulting Party specifying the default in reasonable detail, then the Party not in default may, by given written notice thereof to the defaulting Party, terminate this agreement as the date specified in such notice of termination.

CHAPTER 7

4.2 즉각적 채무불이행사유(immediate event of default)의 경우

일정한 사건의 발생이 당사자의 이행에 상당한 지장을 초래하거나 피해당사자의 위험을 상당하게 증가시키는 경우는 즉시 계약을 해지할 수 있도록 하는데, 이를 즉각적 채무불이행사유(immediate event of default)라 한다. 즉각적 채무불이행사유가 있는 때 피해당사자는 계약을 자동적으로 종료(automatic termination)하고 계약상 구제방법을 행사할 수 있다. 즉각적 채무불이행사유의 경우, 당사자들의 관계나 거래사정에 따라 통지를 계약해지의 요건으로 할 수도 있고 하지 않을 수도 있으므로 피해당사자는 이러한 채무불이행사유를 상대방 당사자에게 반드시 통지할 필요는 없다. 어떠한 사유가 즉각적 채무불이행사유가 되는지는 해당 계약의 성격과 당사자 간 협상결과에 따라 다를 수 있는데, 일반적으로 당사자의 파산(bankruptcy), 지급불능(insolvency), 사망(death), 법률상 무능력(legal incapacity), 유죄판결(conviction of a crime) 등이 이에 포함된다. 법규의 변경(change in law)으로 인해 계약에 따른 이행이 불법이 되거나 당사자가 의도한 거래에 악영향을 미치는 세금이 부과되는 등 계약상 이행에 실질적으로 또는 불리한 영향(material or adverse impacts on performance)을 가져올 수 있는 경우도 즉각적 채무불이행사유로 할 수 있다. 그리고, 계약 당사자가 기업인 경우 회사의 자산이나 주식의 매각 등으로, 상대방 당사자의 입장에서 잠재적 경쟁자와 같이 거래를 원하지 않는 자에게로 사업이 인수되는 등 지배권의 변경(change of control)이 일어나 피해를 입을 수 있다. 이에, 회사의 지배권 변경(change of control) 또한 즉각적 채무불이행사유로 계약이 자동적으로 종료되도록 할 수 있다.[37]

한편, 계약위반의 성격에 따라 계약위반이 치유될 수 없는 경우가 있다. 이때는 계약조항상 사전통보(advanced notice)나 치유기간(cure period)이 필요하지 않으며, 즉시 계약해지(immediate termination)를 할 수 있도록 규정할 수 있다. 이러한 경우로는 데이터 보안 침해(data security breaches), 비밀유지의무위반(breaches of confidentiality), 법규위반(violations of law or regulation), 제3자의 지식재산권 침해(violation of third party intellectual property rights) 등이 있다. 예를 들어, 당사자의 주된 계약의무가 비밀정보를 유지하는 것인데, 그 비밀정보를 이메일을 통해 수천명에게 유포되었다면 그 계약위반자에게 계약위반을 치유하기 위한 일정한 기간이 주어진다고 하더라도 비밀정보가 유포된 계약위반 자체가 치유될 수는 없다.

[Example]

아래는 즉각적 채무불이행사유(immediate event of default) 관련 기재례들이다. 즉각적 채무불이행사유는 당사자의 지급불능, 파산 등 계약의 이행에 상당한 지장을 초래하거나 피해당사자의 위험을 상당하게 증가시키거나 또는 계약위반의 치유가 불가능한 상황 등의 경우 계약을 즉시 종료할 수 있도록 하는 것이다.

37 회사의 지배권의 변경(change of control)에 관한 사항은 필요에 따라 양도금지조항(anti-assignment clause)에도 반영해 상대방 당사자의 사전 서면동의에 의해 그 변경을 가능하게 할 수 있다.

- Either party may immediately terminate this agreement upon giving written notice to the other party in the event that party makes (i) an assignment for the benefit creditors, or (ii) petitions, applies for, or permits, with or without its consent, the appointment of a custodian, receiver, trustee in bankruptcy, or similar officer for all or substantially all of its business or assets.
- This agreement will automatically terminate in the event either party makes (i) an assignment for the benefit of creditors, or (ii) petitions, applies for, or permits, with or without its consent, the appointment of a custodian, receiver, trustee in bankruptcy, or similar officer for all or substantially all of its business or assets.
- Either party may terminate this Agreement for cause without advanced notice if: (i) the other party commences a voluntary case under Title 11 of the United States Code or the corresponding provisions of any successor or foreign law; (ii) anyone commences an involuntary case against the other party under Title 11 of the United States Code or the corresponding provisions of any successor or foreign law and either the case is not dismissed within 60 days of commencement or the court adjudicating the case issues an order for relief or a similar order approving the case; (iii) a court of competent jurisdiction appoints a custodian (as that term is defined in Title 11 of the United States Code or the corresponding provisions of any successor or foreign law), or the other party makes an assignment of all or substantially all of its assets to a custodian (under the same definition), for the other party or all or substantially all of its assets; (iv) the other party fails generally to pay its debts as they become due (except to the extent that those debts are subject to a good faith dispute as to liability or amount) or acknowledges in writing that it is unable to do so; or (v) the other party makes a general assignment for the benefit of creditors.
- Either Party may immediately terminate this agreement by giving written notice to the other Party in the event of any of the following:
  a. the liquidation or insolvency of the other Party;
  b. the appointment of a receiver or similar officer for the other Party;
  c. an assignment by the other Party for the benefit of all or substantially all of its creditors;
  d. the entry by the other Party into an agreement for the composition, extension or readjustment of all or substantially all of its obligations; or
  e. the filing of a meritorious petition in bankruptcy by or against the other Party under any bankruptcy or debtors law for its relief or reorganization.

5. Termination for Convenience(편의상 계약해지)

Termination for Convenience(편의상 계약해지)는 당사자들이 계약해지의 통지를 함으로써 마음대로(at will) 또는 편의상(for convenience) 계약을 해지/종료할 수 있도록 하는 것이다. 당사자들은 계약자유의 원칙에 따라 상호 동의(mutual consent)하에 계약을 조기에 종료(premature ending)할 선택권을 가질 수 있다. 당사자들은 계약상 명시적 조항을 포함하지 않더라도 합의로써 계약의 조기종료를 할 수 있을지라도, 이러한 효과를 가지는 조항을 계약상 명시적으로 두는 경우 당사자들의 계약종료에 관한 선택권을 명백히 할 수 있다. 이는 당사자들의 계약관계의 탈출구를 제공하는데, 이는 당사자가 어떤 이유로든 계약에서 해방될 수 있게 한다. 당사자가 예측할 수 없는 비즈니스의 변화로 인해 계약이 부담스러울 수 있다면 편의상 계약해지조항(termination for convenience clause)을 고려할 수 있다. 편의상 계약해지조항은 그 해지를 위한 이유가 있든 없든 간에 당사자에게 계약해지를 허용한다. 그리고, 계약에 따라서는, 주요 직원의 이탈과 같은 일정한 사건들에 대응해 계약해지를 허용하도록 할 수 있다. 이는 그 사건들이 반드시 당사자의 어떠한 잘못을 수반하지는 않기 때문에 원인에 의한 계약해지(termination for cause)가 되는 것은 아니다.[38]

Termination for Convenience(편의상 계약해지)는 일부 계약 유형에서는 일반적이지만 어떤 유형에서는 덜 일반적일 수 있으며, 이는 당사자 간 관계의 중요성에 따라 다를 수 있다. 예를 들어, 컨설팅계약이나 광고계약 등과 같이 그 서비스에 따른 대금이 시간단위로 청구되는 전문서비스(professional services) 등의 경우 비교적 쉽게 상호 해지권을 가질 수 있다. 반면, 상품의 공급자와 판매상 간 공급계약의 경우 상품공급을 위해 미리 기계나 시설물을 구매하거나 설치하는 등 상당한 비용을 부담해야 하는 공급자의 입장에서는 편의상 계약해지(termination for convenience)에 따른 계약의 조기 종료를 원하지 않을 수 있다. 공급자가 편의상 계약해지(termination for convenience)에 대한 반감이 심할 경우 판매상은 협상으로 다른 옵션을 생각할 수 있는데, 이에는 판매상이 공급받은 상품의 판매실적이 일정한도 이하에 머무는 경우 계약을 해지할 수 있도록 하는 방안을 고려할 수 있다.[39]

38 이러한 경우를 편의상 계약해지(termination for convenience)라기보다 이유 없는 계약해지(termination without cause)라 부르기도 한다.

39 이러한 해지에 관한 예문은 다음과 같다: Distributor has the right to terminate this Agree-

CHAPTER 7

그리고, 대부분의 편의상 계약해지조항은 계약해지를 위한 통지기간(notice period)을 필요로 하는데, 그 기간은 당사자들의 상호 합의에 따라 다를 수 있다. 당사자들이 상호 계약의 해지권을 다소 용이하게 사용할 수 있는 컨설팅계약 등은 비교적 짧은 통지기간을 둘 수 있는 반면, 계약해지로 인해 관련 여러 상황의 처리에 어려움이 있을 수 있는 공급계약 등은 보다 긴 통지기간이 필요할 수 있다. 다만, 편의상 계약해지(termination for convenience)에서 통지기간은 계약위반시 치유기간으로 주어지는 전형적인 기간인 30일보다는 더 긴 통지기간(예를 들어, 90일 등)을 두는 것이 일반적이다.

편의상 계약해지(termination for convenience)시에는 계약해지를 하는 당사자에게 부담을 부과하는 경우가 많다. 즉, 계약해지를 하는 당사자는 조기해지수수료(early termination fee)를 부담할 수 있는데, 이는 계약해지에 의해 발생하는 상대방 당사자의 손실을 대략적으로 추측해 산정된다. 예를 들어, 전문 서비스계약(professional services contract)에서, 서비스제공자는 상당한 비용으로 고객의 요구에 부응하기 위해 직원을 고용하는 등 시간과 금전 등 비용을 들일 수 있는데, 고객이 계약을 조기에 해지하는 경우 그 비용에 따른 손실을 입게 된다. 이에, 계약해지/종료조항에서 그 소요된 비용에 상응하는 수수료를 요구할 수 있다. 조기해지수수료(early termination fee)의 산정은 미지급되거나 미이행된 서비스의 백분율을 사용할 수 있으나, 고정수수료(fixed fee) 등 다른 방법에 의할 수도 있다. 그런데, 조기해지수수료(early termination fee)는 손해배상액의 예정(liquidated damages)과 혼동하지 않아야 한다. Termination for convenience(편의상 계약해지)는 계약위반(breach)이 아니며, 이는 계약위반과 무관하게 당사자의 합의에 의해 계약상 인정된 계약해지이다. 따라서, 조기해지수수료(early termination fee)의 수수료는 손해액이 아니라, 계약의 조기 해지에 따른 대가이다. 즉, 고객이 조기 계약해지 수수료를 부담하는 경우 그 수수료는 제공자의 소요된 비용 등에 대한 보상이라 할 수 있다. 반면, 손해배상액의 예정(liquidated damages)은 계약위반(breach)에 따른 손해의 배상금(damages)이라 할 수 있다.

CHAPTER 7

---

ment upon thirty (30) days notice to Supplier in the event that Distributor has generated sales of Supplier's products totalling less than [USD 100,000] in each of two successive calendar quarters.

[Example]

아래는 편의상 계약해지(termination for convenience)에 관한 기재례들이다. (Sample 1)은 이유를 불문하고, 각 당사자가 계약해지의 사전 통지를 함으로써 계약을 해지할 수 있도록 하는 편의상 계약해지의 일반적 예문들이다. (Sample 2)는 주요 직원의 이탈과 같은 일정한 사건들에 대응해 계약해지를 허용하는데, 이는 그 사건들이 반드시 당사자의 어떠한 잘못을 수반하지는 않기 때문에 원인에 의한 계약해지(termination for cause)라기보다는 편의상 계약해지 내지 이유 없는 계약해지(termination without cause)라고 할 수 있다. (Sample 3)는 편의상 계약해지시 조기해지 수수료(early termination fee)의 지급에 관한 규정으로, 여기서는 미지급되거나 미이행된 서비스 요금의 백분율에 의해 수수료를 산정한다.

(Sample 1)

- Either party may terminate this Agreement for any reason or no reason on ________ days' advanced written notice.
- Notwithstanding the term of the contract provided in Section XX, the parties may terminate this agreement at any time by mutual written consent.
- Either party hereto may terminate this Agreement for convenience by providing thirty (30) days notice to the other. In the event of termination, Company A shall only be obligated to pay Company B for services actually rendered up to the date of termination.
- Either Party may terminate this agreement with or without cause, upon giving the other Party at least ([ ] days/weeks/months) prior written notice, or immediately by mutual agreement of the Party in writing.

(Sample 2)

Customer may terminate this Agreement for convenience upon ________ days' advance written notice if ________ (the "Key Employee") terminates employment with Provider or otherwise ceases to provide Professional Services; provided Customer issues notice of termination within ________ days of such termination or cessation.

(Sample 3)

Customer may terminate this Agreement for convenience by written notice, effective immediately or on such date as the notice may specify. On the date of such termination, Customer shall pay Provider an early termination fee of ________ % of the fees for Services not yet performed.

6. 계약종료 이후(post-termination) 계약관계의 처리문제

계약이 종료된 이후(post-termination)에는 그 계약관계를 마무리하는 등 처리가 문제된다. 계약이 종료된다고 해서 계약이 사라지는 것을 의미하지는 않으며, 다만 그 효력이 없어지는 것이다. 즉, 계약의 종료는 그 자체만으로는 당사자 간 계약관계의 해소에 관한 완전한 해결책이 될 수 없으며, 계약종료에 따른 당사자의 상실된 이익(lost profits), 시장기회의 상실, 자원낭비 등 당사자의 손해와 상대방의 손해배상책임의 제한 등 제반 문제를 검토할 필요가 있다. 이에, 계약의 종료시 또는 그 이후에, 예를 들어, 당사자는 상대방의 소유물이나 자료를 반환하는 등 당사자 간 다양한 권리의무가 있을 수 있다. 거래관계가 중요하거나 복잡하거나 민감할수록, 계약종료 이후의 권리와 의무(post-termination rights and obligations)에 관한 문제를 숙고할 필요가 있다. 이와 관련해, 계약위반에 따른 계약해지의 경우 계약위반(breach)의 구제방법(remedies)을 함께 규정할 수 있으며, 계약위반을 사유로 하지 않는 계약해지의 경우 당사자 간 협상에 따라 그 처리방법을 달리 정할 수 있다.[40] 특히, 계약상의 비밀유지의무(confidentiality)[41]나 대리점계약 등과 같은 계약에서 경업이나 경쟁금지의무(non-competition) 등의 경우에는 계약종료 이후에도 일정한 기간 그 효력을 유지할 필요가 있다.

그리고, (i) 계약관계에 따라 밀접하게 통합된 서비스나 거래관계를 어떻게 해소할 것인지, (ii) 지식재산권(intellectual property rights)을 어떻게 공유하거나 보호할 것인지, (iii) 당사자들의 공동의 고객(mutual customers)과의 관계는 어떻게 관리할 것인지, (iv) 계약 관련 수수료 등 대금은 면제 또는 환불할 것인지, (v) 원인에 의한 계약해지(termination for cause)의 경우 손해배상액의 예정(liquidated damages)

---

40 물품제조공급계약의 경우 계약이 해지되기 전에 정상적으로 제작과정을 거치고, 해지시점에서 일정부분 이상 제작이 완료되어 가고 있었다면, 해지 이후 그 중간제품의 소유권을 누가 가지는지에 관한 것도 문제될 수 있는데, 이 경우 계약의 종료 시점에 따라 미리 소유권의 귀속주체를 정해두고, 계약의 해지시점별로 해지에 따른 보상 및 배상문제를 규정해 둘 수 있다.

41 예를 들어, 비밀유지조항(nondisclosure clause)에서는 "Upon termination of this Agreement, Recipient shall return all Confidential Information to Discloser."라는 등의 규정을 둘 수 있다. 그리고, 대부분의 계약해지/종료 조항들은 서비스가 종료될 때 제공자는 집계데이터(aggregate data) 등 개인정보가 삭제된 익명화(anonymized)된 고객데이터를 제외한 고객의 데이터를 삭제할 필요가 있다. 준거법에 따라 데이터 삭제에 관한 법을 가지고 있으며, 그것들은 데이터 삭제에 대한 기준을 제시할 수 있으므로, 해당 거래나 국가의 데이터 삭제와 관련된 법규를 확인하는 것이 필요하다.

을 규정할 것인지, (vi) 편의상 계약해지(termination for convenience)시에 계약을 해지한 당사자에게 조기해지수수료(early termination fee)를 지급하도록 할 것인지 등의 문제를 고려할 필요가 있다. 이때 계약종료와 관계없이 당사자에게 이행을 강제하기 위해 관련 계약내용을 존속시킬 것인지를 고려해야 한다. 존속조항(survival clause)을 두는 경우 존속시켜야 할 각각의 조문내용을 신중히 검토하고 어떤 범위에서 존속시킬 것인지를 분경히 할 필요가 있다. 이와 관련해, 별도의 존속조항(survival clause)을 두어 관련 계약조항이 계약종료 이후에도 유효하다고 규정하거나, 별도의 조항을 두지 않고 존속을 원하는 관련 계약조항에서 계약종료 이후에도 그 효력이 존속된다고 기재할 수 있다.

[Example]

아래는 계약의 종료 이후 계약관계의 처리와 관련한 다양한 경우의 기재례들이다. (Sample 1)은 판매점/재판매점 계약에서 계약종료에 따른 계약관계의 처리문제를 다루고 있는데, 판매점 또는 재판업자는 공급자로부터 받은 자료를 반환하거나, 공급자에게 계약의 종료와 관련된 책임을 묻지 않도록 하거나, 관련 제품이나 서비스의 판매와 마케팅 등을 중단하는 등의 조치를 취하도록 하고 있다. (Sample 2)는 소프트웨어사용 등 IT 관련 계약에서 계약종료 이후 처리문제를 다루는데, 계약종료 이후 고객의 소프트웨어의 접근권한을 해제하고 관련 수수료의 정산이나 관련 자료의 반환 등에 관한 사항을 정하거나, 계약관계에 따라 제공된 고객데이터의 익명화 등 삭제에 관한 사항을 규정한다. (Sample 3)는 공동마케팅계약 등 서비스계약에서 계약종료 이후의 계약관계의 처리문제를 다루는데, 계약종료 이후 계약상대방의 정보를 사용하는 것을 제한하고 있다. (Sample 4)는 합작계약에서 계약종료시 법률에 따른 합작법인의 해산 등의 절차를 밟도록 하고 있으며, (Sample 5)는 고용계약의 종료시 회사의 고용인에 대한 대가의 지급이나 경쟁금지의무 등에 관한 사항을 규정하고 있다.

(Sample 1)

- In the event of the termination of this agreement, the Distributor shall promptly return to the Supplier all sales materials, specifications, drawings and other technical documents, including all copies thereof received from the Supplier under this agreement as directed by the Supplier.
- Upon the termination of this agreement, the Supplier shall not be liable or obligated to the Distributor with respect to any payments, future profits, exemplary, special or consequential damages, indemnification or other

CHAPTER 7

compensation regarding such termination, irrespective of whether such obligations or liabilities may be contemplated by the law of the governments or any jurisdiction in which products of the Supplier are sold or promoted by the Distributor and the Distributor hereby waives and relinquishes any right, pursuant to law or otherwise, to any such payments, indemnifications or compensation.

- Upon termination or expiration of this Agreement, Reseller shall discontinue all further promotion, marketing and sales of the Product and Services, provided however, upon such termination or expiration the Reseller will be permitted to sell all Product on hand, provided such sales shall all occur within a period of six (6) months following such termination or expiration.

(Sample 2)

- Upon termination of this Agreement for any reason whatsoever, ABC may immediately disable Client's access to the Software. ABC shall then prepare a final invoice for all fees incurred under Section 4 [payment terms] before the effective date of termination, and Client shall pay the invoice within 5 days of receipt. Within ten days after termination Client shall return to ABC all written information or manuals provided to Client by ABC and a certificate signed by an officer of the Client stating that all written information or manuals have been returned. Upon termination neither party shall disclose to any third party the terms and conditions of this Agreement or the reason it was terminated.
- Promptly after termination of this Agreement, Provider shall erase all Customer Data in Provider's possession or control, including without limitation in the possession or control of its subcontractors, subject to Provider's rights (if any) in Section XX (*Aggregate/Anonymized Data*). In erasing Customer as required by this Agreement, Provider shall leave no date readable, decipherable, or recoverable on its computers or other media or those of its subcontractors, using the best erasure methods commercially feasible. Promptly after any erasure of Customer Data or any part of it, Provider shall certify such erasure to Customer in writing.

(Sample 3)

In the event that this Agreement expires or is terminated for any reason, each party shall immediately (a) cease using all Proprietary Information of the other party received pursuant to this Agreement; (b) cease using or displaying all Marks of the other party from its computer systems, storage media and other files or media, and, at the other party's option and to the extent commercially reasonable and permitted under applicable record retention requirements, destroy or deliver to such other party or its designee all tangible bearing any Marks or containing any Proprietary Information of such other party and all other Proprietary Information within such other party's possession or control; and (c) comply with all other applicable provisions of this Agreement.

(Sample 4)

Upon termination of this agreement for any cause whatever, the joint venture will be wound up and dissolved according to the laws of California.

(Sample 5)

If the Employee's employment is terminated for any reason, the Company shall pay to the Employee the compensation and benefits otherwise payable under Article XX. The Employee hereby waives any rights he may have to any additional compensation upon termination of employment, to the extent permitted by law. The obligations of the Employee under any Non-Disclosure and Non-Competition Agreement signed by the Employee shall survive the termination of this Agreement to the extent provided therein.

7. Survival Clause(존속조항)의 문제

계약이 종료되더라도 계약상의 모든 권리의무의 효력이 없어지는 것은 아니며, 비밀유지의무(confidentiality obligation)나 경쟁금지의무(non-compete) 등과 같이 계약의 종료 이후에도 그 효력의 존속이 필요한 경우가 있다. 이때 관련 계약내용이 계약의 종료 이후에도 존속해 효력을 발휘할 수 있도록 하는 Survival Clause(존속조항)를 둘 수 있다. 예를 들어, 대형 장비의 구입 및 판매 계약은 판매자가 장비를 납품 설치하고 구매자가 비용을 지불했을 때 이행되는데, 계약이 이행되면 종료되지만, 계약종료 이후 일정한 보증기간이 있을 수 있다.[42] 이 경우 존속조항(survival clause)에서 보증조건(warranty terms)이 계약의 종료 이후에도 보증기간(warranty period) 동안 존속한다고 명시할 수 있다. 보증책임 이외에도 면책배상의무(indemnification obligations), 비밀유지 및 제한약정(confidentiality and restrictive covenants) 등 계약종료 이후 의무(post-termination obligations)나 준거법과 분쟁해결방법 등과 같은 조항들의 경우 계약종료 이후 발생하는 문제를 해결하기 위해 계약의 효력을 존속시킬 필요가 있다.[43] 예를 들어, 인수계약에서 당사자들의 특정한 진술, 보증,

42 비밀유지(confidentiality)나 면책배상(indemnification) 등과 같은 일정한 진술 또는 의무의 경우 당사자들이 계약종료 이후에도 존속하길 원한다면 이러한 진술사항이나 의무사항은 계약종료 이후 존속에 관한 사항을 관련 진술이나 의무 조항에서 또는 별도의 존속조항에서 명시할 필요가 있다.

이행의무 등에 대해 클로징 이후에도 일정 기간 존속하도록 하는 규정으로, 이는 피해당사자가 클로징 이후에도 그 위반당사자에 대한 구제방법을 행사할 수 있는 근거를 제공한다.

Survival Clause(존속조항)에 포함되는 계약조항들은 당사자의 합의에 따라 다양할 수 있는데, 계약상 어떠한 조항을 존속조항에 포함할 것인지를 판단하기 위해서는 계약의 해지나 종료의 효력이 발생한 때 관련 조항을 존속시키는 것이 적합한지를 검토한다. 존속조항(survival clause)을 작성하기 전에, 계약해지나 종료 이후 중단해야 할 거래나 업무와 당사자가 해야 할 후속조치 등을 검토해 계약의 종료 이후에도 효력이 유지될 필요가 있는 조항을 파악해야 하며, 존속이 필요한 조항은 이를 존속조항(survival clause)에 일일이 나열할 필요가 있다. 즉, 계약서상 특정한 조항이 존속조항인지 여부에 대한 분쟁을 예방하기 위해, 단순히 존속해야 할 모든 조항들이 존속한다는 식의 포괄적인 서술(blanket statement)을 하기보다는 가능한 한 계약서상 해당 조항이나 내용을 일일이 열거하거나 또는 존속이 필요한 조항을 일일이 열거하면서 잠재적 존속의 필요성이 있는 일정한 계약조건이나 의무 등도 존속된다는 취지의 포괄적 표현(catch-all language)를 둘 수 있다. 존속조항(survival clause)에는 일반적으로, (i) outstanding payment obligations(미지급대금 지급의무), (ii) intellectual property(지식재산), (iii) confidentiality(비밀유지의무), (iv) non-competition restriction(경쟁/경업금지의무), (v) representations and warranties(진술과 보증), (vi) effects of termination(계약해지의 효력), (vii) remedies for breach(계약위반에 대한 구제방법), (viii) disclaimers and limitations of liability (책임의 부인 및 제한사항), (ix) indemnification(면책배상), (x) governing law and jurisdiction(준거법 및 재판관할) 등과 관련된 조항이 포함된다.

[Examples]

아래는 존속조항(survival clause) 관련 다양한 기재례들인데, 계약종료 이후에도 당사자의 일정한 후속조치나 계약상 효력이 유지될 필요가 있는 조항들을 파악해 이를 열거할 필요가 있다.

43 계약종료 이후 당사자들의 의무로는 계약에 따라 교환된 자료의 반환, 재고의 반환, 담보된 물품이나 재산 등과 같은 담보재산의 반환, 저당물의 해제, 홍보물이나 상호, 상표권, 로고 등의 사용중단 등이 있을 수 있다.

- Upon termination or expiration of this Agreement Sections 6.1, 6.2, 7, 8, 9.3, and 10 of this Agreement will continue and survive in full force and effect.
- Product warranty, confidential information, indemnification, arbitration, and general provision shall survive the termination of the contract.[44]
- This clause shall survive and continue in full force and effect for successive (XX) years after the termination or expiration of this Agreement for any reason whatsoever.
- Upon discharge of this Agreement, Sections 6.1, 6.2, 7, 8, 9.3, and 10 of these General Terms continue and survive in full force and effect.
- All representations, warranties, covenants, and obligations in this Agreement, the Disclosure Letter, the supplements to the Disclosure Letter, and any certificate, document, or other writing delivered pursuant to this Agreement will survive the Closing and the consummation and performance of the Contemplated Transactions.
- **Survival.** This Article IX and the agreements of the Company, Parent and Merger Sub contained in Article IV, Section 6.9 (Employee Benefits), Section 6.11 (Indemnification; Directors' and Officers' Insurance), and Section 6.16(d) (Financing) survive the consummation of the Merger. This Article IX and the agreements of the Company, Parent and Merger Sub contained in Section 6.10 (Expenses), Section 6.16(d) (Financing), and Section 8.2 (Effect of Termination and Abandonment) and the Confidentiality Agreement survive the termination of this Agreement. All other representations, warranties, covenants, and agreements in this Agreement do not survive the consummation of the Merger or the termination of this Agreement.
- Notwithstanding the expiration or termination of this Agreement for any reason, (a) any provision of this Agreement that imposes or contemplates continuing obligations on a party shall survive the expiration or termination of this Agreement for any reason, including without limitation, the rights and duties of the parties under Sections 2, 6, 9, 13 and 14; and (b) all undisputed fees due and payable hereunder through the termination date in accordance with Section 4 shall be paid within thirty (30) days of the termination date.[45]

44 "survive" 단어 자체가 "...로부터 살아남다"라는 의미를 가지므로 "survive from..."과 같이 표기하지 않도록 한다.

45 이는 잠재적으로 존속이 필요할 수 있는 일정한 계약조건이나 의무 등도 존속한다는 취지의 포괄적 표현(catch-all language)을 사용한 경우이다.

Ⅳ. Liquidated Damages Clause(손해배상액의 예정조항)

1. 손해배상의 제한과 손해배상액의 예정조항(liquidated damages clause)의 이해

계약법상 손해배상(damages)은 마치 계약위반이 발생하지 않은 것처럼 피해당사자를 동일한 경제적 지위에 놓기 위한, 즉 피해당사자의 손실을 전보하기 위한 배상이다. 보통법(common law)상 계약위반(breach)에 대한 손해배상(damages)은 원칙적으로 계약위반의 직접적 결과로 발생한 피해당사자의 손실(direct damages)을 보상(compensation)하는 것이다. 다만, 이러한 직접적 손해가 아니더라도, 계약위반자가 계약체결 당시에 계약위반의 가능한 결과로서 예견할 수 있는 손해인 결과적 손해(consequential damages)나 계약위반을 처리하는 과정에서 발생하는 비용인 부수적 손해(incidental damages) 등 계약위반의 개연적 결과로 예상할 수 있는 간접적 손해(indirect damages)도 손해배상의 범위에 포함될 수 있다.[46] 그런데, 계약당사자들은 간접적 손해배상을 제한하는 데 합의할 수 있는데, 이러한 손해배상제한규정(limitation on damage clause)은 손해배상의 제한이 회복될 수 있는 손해에 비해 비양심적(unconscionable)으로 손해배상금액이 과소하지 않는 한 대체로 강제할 수 있다.[47] 다만, 준거법상 공공정책상 예외(public policy exception)에 따라 손해배상의 제한조항(limitation on damage clause)이 제한되어 강제되지 않을 수 있다.[48]

직접적 손해(direct damages)나 간접적 손해(indirect damages)의 구체적인 범위는 개별 계약에 따라 다를 수 있다. 예를 들어, 제품이나 서비스의 구매자가 공급자에게 대금지불을 했음에도 제품이나 서비스를 받지 못해 해당 제품 또는 서비스를 교체하는 경우의 손해는 직접적 손해가 될 수 있다. 간접적 손해는 대체로 제품을 판매하지 못함에 따라 발생하는 이익이나 손실 또는 시장에서 또는 경쟁업체

46 UCC § 2-715.

47 계약상 결과적 손해나 부수적 손해 등 간접적 손해배상을 제한하기 위해 다음과 같은 규정을 둘 수 있다: "Notwithstanding anything in this agreement to the contrary, neither party will be liable to the other party for consequential, incidental, or special damages for any claim arising from or related to this agreement."

48 *Global Crossing Telecommunications, Inc. v. CCT Communications, Inc.*, 464 B.R.97 (Bankr. S.D.N.Y. 2011).

를 상대로 한 기회의 상실 내지 기업가치의 상실 등이 될 수 있다. 이익상실(lost profits)이나 사업기회의 상실(lost business opportunities) 등과 같은 결과적 또는 간접적 손해가 오히려 직접적 손해보다 클 수도 있으므로 이러한 간접적 손해를 배제하거나 제한하는 것이 매도인이나 판매자 등 공급자에게 이익이 될 수 있다.[49]

한편, Liquidated Damages Clause(손해배상액의 예정조항)는 계약기간 중 일정한 사건이 발생하면 한쪽 당사자가 상대방 당사자에게 정해진 금액을 지급하도록 하는 규정인데, 이는 계약위반자의 피해당사자에 대한 전보적 손해배상금액(compensatory damages)을 손해배상액의 예정(liquidated damages)으로 사전에 정하는 것이다. 예를 들어, 한쪽 당사자가 계약을 위반한 때 상대방 당사자는 손해배상에 관한 권리, 즉 피해에 대한 금전보상청구권이 생긴다. 그런데, 경우에 따라 당사자들이 손해를 산정하기 어렵다는 점을 사전에 알 수 있다면 계약위반자가 피해당사자에게 지불해야 할 손해배상금액을 Liquidated Damages Clause(손해배상액의 예정조항)에 명시해 둘 수 있다.[50] 보통법(common law)상 손해배상액의 예정은 계약체결시에 합리적 예측으로 할 수 있는 것으로 계약위반이 있는 때 발생할 수 있는 손해배상금액이라면 허용될 수 있는데, 그 손해배상금액이 명백히 과도하고 계약위반으로 인해 실제로 발생할 손해와 관련이 없다면 계약위반자를 제재하기 위한 위약벌(penalty)로 인정되어 강제할 수 없게 될 수 있다.[51] 이러한 손해배상액의 예정이 인정되면 피해당사자는 실제 금전적 손해가 없더라도 당사자가 합의한 손해배상액을 받을 수 있으며, 계약위반시에 실제 발생한 손해액이 그 예정된 손해배상액보다 크다고 하더라도 그 초과분의 배상을 받을 수 없다.

---

49 다만, 이때 매수인이나 구매자의 경우 간접적 손해라는 등의 직접적인 표현을 사용하기보다는 이익손실(lost profits) 등의 완화된 용어를 사용해 매도인 등 공급자와의 협상을 부드럽게 이끌 수 있다. "IN NO EVENT SHALL EITHER PARTY BE LIABLE TO THE OTHER PARTY OR ANY THIRD PARTY FOR ANY EXEMPLARY OR PUNITIVE DAMAGES OR LOST PROFITS ..." 등과 같이 간접적 손해의 표현을 직접 쓰기보다는 간접적 손해에 해당할 수 있는 개별 손해의 용어를 계약서에 기재할 수 있다.

50 다만, 손해배상액의 예정조항의 강제가능성 등 해석과 관련해서는 국가에 따라 다를 수 있으므로, 해당 계약과 관련된 준거법의 검토가 필요하다. 손해배상액의 예정조항(liquidated damages clause)은 특히 상당한 비용을 들여 건설공기에 맞추어 건축을 진행해야 하는 건설업계에서 흔하다. 계약에 따른 건축공정이 제때 이루어지지 않는 경우 건축주나 부동산 개발업자는 엔지니어, 프로젝트 관리자, 하도급업자, 기타 현장에서의 인력 등에 대한 추가적인 비용이 발생하는 것은 물론 공기가 지연될 때 추가자금 조달비용이나 패널티가 발생하는 등 상당한 손해를 볼 수 있다.

51 영미계약법상 손해배상액의 예정(liquidated damages)과 위약벌(penalty)에 관한 상세한 내용은 저자 집필 『영미계약법 원리』 (유원북스, 2021), 434-439페이지를 참고하기 바란다.

2. 손해배상액의 예정조항(liquidated damages clause) 관련 유의점 및 기재례

손해배상액의 예정(liquidated damages)은 손해배상액을 사전에 정해두는 것으로 배타적인 성격이 있으므로, 피해당사자는 문제된 피해에 대해 다른 보상을 받을 수는 없다. 손해배상액의 예정금액은 당사자들이 계약체결 당시에 합리적으로 예상되는 손해배상의 범위 내에서 정할 수 있으며,[52] 설사 그 예측이 잘못되었더라도 상관없다. 손해배상액의 예정조항은 일방 당사자의 불이행에 따른 손해배상이 있는 경우 손해액의 입증이 곤란한 경우를 감안해 편의상 약정된 것으로, 실제 손해액이 이보다 훨씬 크거나 추가적인 손해를 입증하더라도 배상이 불가능하다. 다만, 당사자들의 손해배상액의 예정조항을 일정한 경우에 한정하고자 하는 경우 다른 피해에 대해서는 추가적인 손해배상을 배제하지는 않는다는 점을 명확히 할 필요가 있다. 또한, 특정한 손해배상액의 예정조항(liquidated damage clause)이 강제될 수 있는지 여부는 법의 문제로, 보통법(common law)상 불합리하게 과도한 배상금액으로 당사자의 계약상 의무이행을 강압하기 위해 고안된 손해배상액의 예정조항은 강제할 수 없다.[53] 계약위반에 대한 징벌적 제재(penalty)는 강제할 수 없기 때문에 예정된 손해배상금은 계약위반에 대한 제재가 아니라 피해에 대한 보상(compensation for injuries)이 되어야 한다.

한편, 손해배상액의 예정(liquidated damages)은 계약의 조기종료(early termination)의 상황에서 사용될 수 있지만, 계약의 조기해지수수료(early termination fees)와 법적 의미를 혼동해서는 안 된다. 앞서 "Termination for Convenience"(편의상 계약해지)"의 단원에서 살펴본 바와 같이, 계약에 따라서는 당사자가 상대방에게 일정한 수수료를 지급하고 조기에 계약을 종료할 수 있다. 여기서 당사자의 계약해지권은 계약상 부여받은 권한으로, 조기해지수수료(early termination fees)는 당사자의 계약위반에 따른 손해배상이 아니며 계약의 조기종료(early termination)를 위한 계약상 대가(consideration)인 것이다.[54] 반면, 손해배상액의 예정(liquidated damages)

---

52 손해배상액의 예정금액은 피해당사자에게 발생될 손실을 가능한 한 추산해 이에 근접할수록 좋다.

53 Restatement Second of Contracts §356(Liquidated Damages and Penalties); UCC §2-718 (Liquidation or Limitation of Damages; Deposits); 반면, 우리 민법의 경우에는 위약금도 손해배상액의 예정으로 추정되어 그 효력이 인정된다(민법 제398조). 다만, 그 금액이 과다한 경우 법원에 의해 조정이 가능하다는 제한이 된다.

은 계약위반에 대한 손해배상(damages for breach of contract)의 일종이다. 그리고, 손해배상액의 예정조항은 책임제한조항과도 목적상 구별될 수 있는데, 책임제한조항(limitation of liability clause)은 어떤 이유로든 계약상 당사자가 부담할 수 있는 책임액의 상한(cap on the amount of liability)을 정하기 위한 것인 반면, 손해배상액의 예정조항(liquidated damages clause)은 특정 상황에서 손해배상을 정해진 일정 금액으로 지급(payment of a specific sum)하기로 하는 규정이다.

이러한 점들을 감안해, 손해배상액의 예정조항(liquidated damages clause)과 관련해 다음과 같은 사항을 유의할 필요가 있다. (i) 손해배상액의 예정은 당사자들이 계약을 체결할 때 계약위반으로 예상되는 손해를 산정할 수 없거나 어렵다는 점을 명백히 한다. (ii) 규정된 금액이 발생가능한 손실에 대한 합리적인 예상 추정금액(reasonable preliminary estimate)이라는 점을 명시한다. 손해배상의 예정은 특정한 계약불이행 내지 계약위반의 결과에 따라 예상되는 손해배상금액의 예상치라는 점에서 그 배상액의 산정방법에 관한 구체적 기준을 분명히 할 필요가 있다. 이와 관련해, 손해배상의 산정방법과 손해배상액의 예정규모를 어느 정도로 정할 것인지가 문제된다. 손해배상액의 예정금액의 정도는 당사자 간의 협의에 따라 달라질 수 있으나, 계약의 성격에 따라 매 지체 1일당 일정 비율로 정하는 등 일정한 산정공식(formula for calculation of damages)에 의하거나 또는 특정한 고정금액을 정해 둘 수 있다.[55] 실무상 손해배상액을 일시금 형태로 정하기보다는 지체일수마다 일정한 기준에 의한 금액을 곱하는 등 일정한 산정공식을 통해 손해배상금액을 산출하는 것이 보다 합리적이다.

한편, 손해배상의 예정금액에서 상한을 정할 수 있는데, 이를 어느 정도로 설정

54 계약의 해지수수료(termination fees)라 하더라도, 당사자들이 사전에 잠재적 비용이나 손해를 추산하지 않고 과도하게 산정될 경우 강제할 수 없는 제재금 내지 위약벌(unenforceable penalty)로 볼 가능성도 있다.

55 손해배상의 산정방법과 관련해 준거법상 적용법규를 살펴볼 필요가 있는데, 우리나라 국가계약법의 경우 대체로 이행지체와 관련해 매 지체 1일당 총액의 일정 비율(예를 들어, 0.15~0.25%)을 정해 손해배상액을 산정하고 있다. 실무상 일반 계약의 경우 지체일수마다 계약 총액의 0.1~0.5% 정도 범위 내에서 협의해 결정하는 것이 보통인데, 우리 민법에서는 계약상 지연배상액이 지나치게 높은 경우에 법원이 직권 조정할 수 있도록 하고 있다(민법 제398조 제2항). 한편, 물품의 분할선적 또는 장기계약에서 지연배상률이 합의되더라도 계산방법이 문제될 수 있다. 물품의 일부가 이미 인도된 경우 매도인의 입장에서는 그 부분을 제외하고 미인도된 부분에 대해서만 지연배상률이 적용된다고 주장하는 반면, 매수인의 입장에서 일부만의 인도로는 계약의 목적이 완성되지 않으므로 전체에 대해 배상률을 적용해야 한다는 입장일 수 있다. 이러한 분쟁을 막기 위해 계약서의 검토 및 작성과정에서 관련 내용을 명확히 할 필요가 있다.

할 것인지에 대해 당사자 간 이해관계가 다를 수 있다. 예를 들어, 물품공급계약에서 공급자가 물품공급의무를 불이행한 때 손해배상액의 예정금액의 상한을 공급자의 입장에서는 최소한으로 정하는 것이 유리하고, 구매자의 입장에서는 최대한으로 정함으로써 이행을 담보할 수 있다. 공급자의 계약위반에 따른 구매자의 손해가 손해배상액의 예정금액의 상한을 넘기는 경우 구매자는 어떤 조치를 취할 수 있는지 문제될 수 있다. 이 경우 계약위반이 심각한 것으로 볼 수 있으므로 계약의 이행가능성 여부에 따라 취해야 할 조치를 선택할 수 있도록 하는 것이 좋다. 즉, 구매자의 입장에서 손해가 손해배상액의 예정금액의 상한을 넘는 때 자신의 선택에 따라 계약을 해지할 수 있도록 하는 것이 좋다. 예를 들어, 손해배상액의 예정금액의 상한액에 이른 경우 구매자는 공급자의 계약위반에 따른 계약해지권을 가지면서, 공급자가 공급하거나 제작한 물품부분에 대한 소유권을 구매자에게 이전할 것을 요구할 수 있다. 또한, 계약위반에 따른 손해배상액의 예정과 불법행위에 따라 발생하는 손해의 배상문제는 별개의 청구라는 점을 규정해, 계약상 지연배상금을 지급했다고 하더라도, 별도로 불법행위에 따른 배상청구를 할 수도 있다. 그리고, 구매자가 공급자에게 지급할 대금이 있는 때 구매자는 손해배상액의 예정금액으로 공급자에 대한 대금지급채권을 공제할 수 있도록 규정할 수 있다. 또한, 계약상 피해당사자의 과실 등 책임이 있거나 또는 불가항력의 경우 손해배상의 예외조항을 둘 수 있는데, 이를 손해배상액의 예정의 경우도 적용할 수 있다.

그리고, (iii) 설정된 손해배상액의 예정(liquidated damages)이 당사자에 대한 위약벌 내지 제재가 아니라(not a penalty) 손해배상을 위한 것(intended to provide for damages)이라는 점을 명백히 할 필요가 있는데, 당사자들이 예상되는 손실과 거의 또는 전혀 관계가 없는 높은 금액을 정하였다면 이는 제재로 간주되어 강제되지 않을 수 있다. 즉, 손해배상액의 예정조항은 정당한 보상(fair compensation)이라는 계약법상의 원칙에 기반을 두어 강제되기 때문에 피해당사자의 횡재(windfall)를 위해 사용될 수 없다. 이에, 계약상 해당 손해배상의 예정금액이 위약벌 내지 제재금의 성격이 아니고(not a penalty) 가능한 손실(probable loss)의 합리적인 예측(reasonable forecast)에 따른 것이라는 점을 분명히 하고, 손해배상액의 예정조항을 작성할 때 당사자들이 손해액을 추산하려고 했다(attempted to estimate damages)는 점을 나타내는 것도 좋다. 다만, 손해배상액의 예정조항(liquidated damages clause)의 정당성(justification)을 계약서에 기술한다고 해서 그 정당성이 곧바로 보장되는 것은 아니며, 법원은 자체적으로 그에 대한 판단을 할 수 있다. 그러나, 정당성에 관한 내용을 해당 조항에 명시하는 때 당사자들의 의도를 명확히 할 수 있어 일방 당사자가 그 조항의 목적을 이해하지 못했다고 다투기 어려워 손해배상액의 예정의 강제성을 확보하는 데 도움이 된다.

[Example]

아래는 손해배상액의 예정조항(liquidated damages clause) 관련 다양한 기재례들이다. (Sample 1)은 손해배상액의 예정조항의 정당성(justification)을 구체적으로 언급한 예문들인데, 여기서 계약위반으로 예상되는 손해를 산정할 수 없거나 어려워 손해배상액의 예정이 설정되었으며, 이는 당사자에 대한 위약벌 내지 제재의 성격을 갖지 않는다는 점을 명시한다. (Sample 2)는 손해배상의 산정방법과 손해배상액의 예정규모를 어느 정도로 정할 것인지 등 손해배상액의 예정금액의 상세 내역과 관련된 예문들이다. 손해배상액의 예정금액의 정도는 당사자 간 협의에 따라 달라질 수 있으나, 실무상 일시금 형태로 정하기보다는 지체일수마다 총액의 일정 비율로 정하는 것이 당사자들의 손해액 추산의 노력을 나타내는 데 도움이 되며, 손해배상액의 예정에 대한 상한을 정해 둘 수 있다. 첫째 및 둘째 예문들은 건설업계에서 흔히 사용되는 손해배상액의 예정조항이며, 셋째에서 다섯째까지 예문들은 IT계약에서 주로 사용되는 손해배상액의 예정조항이며, 마지막 두 개의 예문들은 손해배상액의 예정에 대한 상한을 정한 경우이다.

(Sample 1)

- The parties agree that the damages in this Section XX are liquidated damages and not penalties and that they are reasonable in light of the harm that would be caused by breach, the difficulties of proof of loss, and the inconvenience and infeasibility of otherwise obtaining an adequate remedy.
- The Seller shall make payment to the Buyer as Liquidated Damages, not as a penalty, 0.1 percent of the value of any delayed item for each delayed day.
- The Company and the Investor hereto acknowledge and agree that the sums payable under subsection 2(c) above shall constitute liquidated damages and not penalties and are in addition to all other rights of the Investor, including the right to call a default. The parties further acknowledge that (i) the amount of loss or damages likely to be incurred is incapable or is difficult to precisely estimate, (ii) the amounts specified in such subsections bear a reasonable relationship to, and are not plainly or grossly disproportionate to, the probable loss likely to be incurred in

connection with any failure by the Company to obtain or maintain the effectiveness of a Registration Statement, (iii) one of the reasons for the Company and the Investor reaching an agreement as to such amounts was the uncertainty and cost of litigation regarding the question of actual damages, and (iv) the Company and the Investor are sophisticated business parties and have been represented by sophisticated and able legal counsel and negotiated this Agreement at arm's length.

- If Client terminates this Agreement less than 36 months from the Production-Ready Date for any reason other than a material breach by ASP, Client shall immediately pay to ASP as liquidated damages and not as a penalty a termination fee equal to the average of the three preceding months' total fees times the number of months remaining under this Agreement. Client acknowledges and agrees that ASP's pricing for this Agreement is based upon a term of no less than 36 months, and this termination fee is a genuine estimate of ASP's damages for Client's early termination of this Agreement.

(Sample 2)

- If Contractor fails to complete the work within the contract time or fails to achieve any of the contract milestones, the Contractor agrees to pay the owner USD [1,000] per day as liquidated damages to cover losses, expenses and damages of the owner for each and every day which the Contractor fails to achieve completion of the milestone work or the entire project.
- If the Contractor fails to complete Construction on or before 30 June 2023, the Contractor shall pay $1,000 per day to the Apartment Building until the Construction is completed. After 20 July 2023, the sum increases to $2,000 per day, until the Constructor completes Construction, including the last day of Construction.
- Provider shall credit Customer ________ % of the License Fee, as liquidated damages, for each business day between the Due Date and any later date Provider delivers the Software, up to a maximum of 30 business days. Such liquidated damages are Customer's exclusive remedy for any delay of 30 business days or fewer, but they do not preclude other remedies for other injuries, including without limitation for delay in excess of 30 business days.
- If Customer transmits a virus or other harmful code to the SaaS in violation of Section 5 (*Virus Prevention*), Customer shall pay Provider, as liquidated damages, $________ for each hour of resulting Downtime (provided this Section ________ does not limit Provider's obligation to mitigate its damages). The preceding sentence states Provider's exclusive remedy for such breach.
- If the System does not provide the functionality listed in Item ________ of

CHAPTER 7

the Specifications, Provider shall pay Customer $________, as liquidated damages. Such liquidated damages are Customer's exclusive remedy for such breach, but they do not preclude other remedies for other injuries.

- The Liquidated Damages of each delayed product shall in no event exceed 30% of its price.
- The Liquidated Damages shall in no event exceed the value of the Contract.

Ⅴ. Specific Performance/Injunction Clause(특정이행/금지명령 조항)

1. 특정이행(specific performance) 또는 금지명령(injunction)의 이해

손해배상은 계약위반에 대한 통상적인 구제방법인데, 이는 법원이 계약위반당사자로 하여금 피해당사자에게 손해배상금액을 지급할 것을 명령하는 것이다. 그런데, 계약대상인 서비스나 물품이 독특한 경우에는 손해배상금액의 지급만으로는 문제가 해결되지 않을 수 있는데, 보통법(common law)상 금전적 손해배상(monetary damages)이 적정하지 않은 때(inadequate) 보충적이고 예외적인 구제방법으로 특정이행(specific performance)이나 금지명령(injunction) 등 형평법상 구제방법(equitable remedies)이 인정될 수 있다.[56] 즉, 계약위반에 대한 금전적 손해배상으로는 당사자의 피해에 대한 적절한 구제수단이 되지 못하는 때 법원은 계약위반자로 하여금 계약당사자 간의 원래의 계약내용에 따른 이행을 강제하는 특정이행(specific performance)이나 일정한 부작위의무를 부담하도록 하는 금지명령(injunction)을 할 수 있다. 예를 들어, 동산물품매대계약에서 매수인은 계약의 목적물이 특유해 대체물품을 확보하기 어렵거나 또는 경업금지계약이나 비밀유지계약에서 계약위반이 있

56 우리나라는 대륙법계의 영향으로, 영미계약법과 같은 형평법상 구제수단의 예외성이나 제한 등이 특별히 문제되지는 않는다. 우리 민법은 채무자가 임의로 채무를 이행하지 않은 때, 채무의 성질이 강제이행을 하지 못할 것이 아닌 한, 채권자는 그 강제이행을 법원에 청구할 수 있도록 하고, 그 강제이행의 방법으로 직접강제, 간접강제, 대체집행 등을 인정하고 있다(민법 제389조). 영미계약법상 Specific Performance(특정이행)과 Injunction(금지명령) 등 형평법상 구제방법(equitable remedies)에 관한 상세한 내용은 저자 집필 『영미계약법 원리』(유원북스, 2021), 452페이지 이하를 참고하기 바란다.

는 때 금전배상만으로는 피해당사자의 적절한 구제가 되지 않을 때 이러한 형평법상 구제방법이 인정된다. 그리고, 계약위반의 성격에 따라 피해당사자는 즉각적인 보호조치로 계약위반행위를 중단하라는 등의 법원의 금지명령이 필요할 수 있다. 특히, 금지명령(injunction)은 손해배상으로 피해자에 대한 구제가 되지 않는 회복불가능한 손해나 피해(irreparable damage/harm)가 있을 경우에 인정될 수 있다.[57] 계약대상인 서비스나 물품이 독특한지 또는 피해에 관한 즉각적인 보호조치가 필요한지 여부는 법원에 의해 결정되지만, 당사자들은 법원의 특정이행(specific performance)이나 금지명령(injunction)의 판단에 도움을 줄 수 있는 내용을 계약서에 규정함으로써 특정이행 또는 금지명령을 구제방법으로 행사하려는 당사자의 의사를 명백히 할 수 있다.

2. 특정이행/금지명령 조항(specific performance/injunction clause) 관련 유의점 및 기재례

당사자가 계약위반시의 구제방법으로 특정이행이나 금지명령 등 형평법상 구제방법을 행사할 수 있다는 점을 명백히 나타내기 위해, 계약상 특정이행/금지명령 조항(specific performance/injunction clause)을 둘 수 있다. 특정이행/금지명령 조항에서는 계약위반의 피해당사자의 구제방법으로 특정이행이나 금지명령의 필요성 내지 적정성(adequacy)을 명확히 해야 하는데,[58] 손해배상만으로는 당사자의 구제에 충분하지 않거나 적정하지 않아 특정이행이나 금지명령을 필요로 한다는 점을 명시한다. 특히, 금지명령(injunction)을 요구하기 위해서는 피해당사자에게 손해배상으로 구제될 수 없는 회복불가능한 손해나 피해(irreparable damage/harm)가 있다는 점을 나타낼 필요가 있다. 다만, 회복할 수 없는 손해의 원인이나 금지명령의

57 금지명령(injunction)에서, 회복불가능한 손해(irreparable damages)란 그 손해산정을 위해 어떠한 금전상의 기준도 없는 손해(damages for which no certain pecuniary standard exists for measurement)를 말한다. 다만, 최근에는 손해배상이 가능하더라도 이와 관계없이 회복불가능성의 여부를 살펴서 금지명령을 하는 경향이 있다(김차동, "금지(유지)청구권에 관한 비교법적 고찰–대한민국과 미국을 중심으로," 법학논총 제26집 제4호 (한양대학교 법학연구소, 2009), 229-230페이지).

58 영미계약법상 형평법상 구제방법(equitable remedy)은 금전적 손해배상의 법적 구제수단(legal remedy)의 보충적인 예외적 수단(extraordinary remedy)으로 인정되어 형평법상 구제수단에 관한 적정성 검토(adequacy test)를 필요로 한다. 이는 적정한 법적 구제수단이 존재하지 않는 경우 예외적으로 특정이행 등 형평법상 구제방법이 인정될 수 있다는 의미를 가진다.

구체적 집행 등에 관한 사항은 법원이 재량으로 결정할 수 있으므로, 계약서상 금지명령조항은 대체로 당사자의 계약위반이 회복할 수 없는 피해(irreparable harm)를 초래하며, 금지명령(injunction)이 최선의 구제방법(best remedy)이라는 점을 명확히 해야 한다.

[Example]

아래는 특정이행/금지명령 조항(specific performance/injunction clause) 관련 기재례들이다. 특정이행 또는 금지명령의 적정성(adequacy)에 관한 사항과 금지명령의 경우 피해당사자에게 손해배상으로 구제될 수 없는 회복불가능한 손해나 피해(irreparable damage/harm)가 있다는 점을 명시한다.

- **Specific Performance.** In the event of a material breach by one of the parties hereto of their respective representations and obligations, not cured within thirty days after written notice to that effect from another party, such other party shall have the right to bring an action to enforce the terms of this Agreement by decree of specific performance without being required to prove actual damages, post bond or furnish other security, it being agreed that the property to be transferred is unique and not readily available in the open market, and each party further agrees to wave any and all defenses against any such action for specific performance based on the grounds that there is an adequate remedy for money damages available.
- Both parties hereby acknowledge and agree that: the damage to be caused by the breach of the provision in Article A would be irreparable and may readily be capable of calculation; and that the Disclosing party's remedy at law for the breach thereof would be inadequate; and that for any breach of any provision therein the Disclosing Party at law or in equity; to an injunction or any other equitable relief, without the necessity of posting a bond.
- The parties agree that: (a) no adequate remedy exists at law if Provider breaches Section XX; (b) no adequate remedy exists at law if Customer breaches Section XX; (c) it would be difficult to determine the damages resulting from the breaches described above in this Section XX, and any such breach would cause irreparable harm to the non-breaching party; and (d) a grant of injunctive relief provides the best remedy for any such breach. Each party waives any opposition to such injunctive relief, as well as any demand that the injured party prove actual damage or post a bond or other security. (This Section does not limit either party's rights to injunctive relief from breaches not listed.)

- **Injunctive Relief.** Because of the unique nature of the Confidential Information and the Research, the Executive acknowledges that (a) the Company will suffer irreparable harm if the Executive breaches any one or more of his obligations stated in Paragraphs 1 through 5 of this Agreement; (b) monetary damages will be inadequate to compensate the Company for any breach; and (c) the Company is entitled to injunctive relief to enforce the terms of Paragraphs I through 5, in addition to any other remedies available to it at law or in equity.
- The parties agree that the authorized disclosure or use of Confidential Information of the Disclosing Party could cause irreparable harm and significant injury to such party and that money damages may not be a sufficient remedy for any breach of this Agreement.
- Sellers acknowledge and agree that Buyer would be irreparably harmed if any of the provisions of this Agreement are not performed in accordance with their specific terms and that any Breach of this Agreement by Sellers could not be adequately compensated in all cases by monetary damages alone. Accordingly, Sellers agree that, in addition to any other right or remedy to which Buyer may be entitled at law or in equity, Buyer shall be entitled to enforce any provision of this Agreement by a decree of specific performance and to obtain temporary, preliminary, and permanent injunctive relief to prevent Breaches or threatened Breaches, without posting any bond or giving any other undertaking.

CHAPTER 8

국제거래 계약의 분쟁해결조항(Dispute Resolution Provisions)

개요

계약당사자 간 분쟁이 발생할 경우 어느 나라의 법률을 적용할 것인지, 분쟁해결기관을 어디로 할 것인지, 분쟁해결의 판결이나 판정이 있는 때 이를 어떻게 집행할 것인지에 관한 사항 등 분쟁해결 프로세스(dispute resolution process)를 명확히 해 계약상 분쟁에 따른 불확실성을 제거할 필요가 있다. 국제거래 계약 조항을 해석하고 계약 조항에 남아 있는 공백을 메우기 위해 사용될 규칙인 준거법(governing law)을 정하는 것은 중요하다. 국제거래는 계약법, 공정거래법규, 강행법규 등 다양한 요인들에 의해 규제받을 수 있는데, 통일된 국제 상거래법규가 없다면 국제거래 계약의 협상과 해석과정에서 적용될 수 있는 여러 법규나 제도를 파악할 필요가 있다. UNCITRAL(유엔 국제상거래법위원회)이 제정한 CISG(국제물품매매계약에 관한 유엔협약) 등을 비롯해, 법규범의 적용에 있어 법원의 역할이 두드러진 영미법(common law) 체계와 엄격한 성문법체계를 가진 대륙법(civil law) 체계를 이해하는 것 또한 관련 거래계약에 보다 적합한 적용법규(applicable law)를 선택하는 데 도움이 된다.

재판관할조항(jurisdiction clause)은 분쟁해결기관인 법원을 정하는 규정으로, 관할법원은 가능한 한 구체적으로 기재하고, 재판관할조항의 대상이 되는 분쟁의 유형을 명시한다. 재판관할은 가능한 한 준거법이나 분쟁해결기관의 선택에 관한 논쟁을 피하기 위해 지정된 법원에 전속적 재판관할권을 규정한다. 세계경제를 주도하는 미국의 사법체계를 이해하는 것도 중요한데, 미국은 연방제 국가로 연방법원과 주법원이 관할하는 사건이 다르고, 연방의 경우 연방민사소송규칙(FRCP)에 의하고, 주의 경우 각 주에서 제정한 개별 민사소송법에 따른다. 특히, 민사소송에서 디스커버리(discovery)는 정식재판의 심리 이전에 분쟁 관련 사실자료의 수집과 정보의 획득을 위한 중요한 절차이며, 이를 통해 배심원의 심리가 불필요할 경우 판사의 약식판결(summary judgment)로 소송을 종결할 수 있다.

소송 이외의 분쟁해결 프로세스로 중재, 조정 등 대체적 분쟁해결수단이 있으며, 당사자들은 계약에 단계적 협상조항(step negotiation clause)을 두어 자율적으로 우선 분쟁을 해결할 수도 있다. 중재(arbitration)는 당사자 간 분쟁을 중재인의 판정에 의해 최종적으로 해결하기로 하는 중재합의(arbitration agreement)를 필요로 한다. 중재절차는 중재기관의 관리하에 행해지는 기관중재(institutional arbitration)와 계약당사자가 자유롭게 정한 합의에 따라 그 절차를 진행하는 임의중재(ad-hoc arbitration)가 있으며, 뉴욕협약(New York Convention)에 따라 중재판정의 국제적 승인과 집행이 이루어질 수 있다. 조정(mediation)은 촉진된 협상(facilitated negotiation)이라 할 수 있는데, 분쟁당사자들이 중립적 제3자인 조정인의 조력을 받아 스스로 분쟁을 해결하는 절차로, 국제조정에 의한 화해합의의 이행과 강제를 위한 싱가포르협약(Singapore Convention on Mediation)이 주목받고 있다. 소송이나 중재에 따른 판정은 당사자들을 구속하는 반면, 조정 등 협상 프로세스는 당사자들의 분쟁의 원만한 합의를 지원하기 위한 것이지만, 분쟁해결방법에 있어 조정과 중재를 함께 사용하는 "med/arb," "arb/med," "med-then-arb" 등의 다양한 변형들이 나타나고 있다.

Ⅰ. 국제거래 계약과 분쟁해결

1. 국제거래와 분쟁해결의 중요성

국제거래는 국가를 달리하는 당사자 간 원격지 거래이므로 계약을 규율하는 국제규범이나 관련 지역 내지 국가의 법규 등이 복잡하게 얽힐 수 있어 계약의 협상 과정에서, 특히 당사자 간 분쟁이 발생하는 경우 해결방법에 관한 사항(dispute resolution)을 항상 염두에 두어야 한다. 다른 국가에 소재하는 당사자 간에 이루어지는 국제거래는 계약서상 거래 관련 발생할 수 있는 여러 조건이나 권리의무에 관한 사항을 아무리 명확하게 하더라도, 거래를 둘러싼 각국의 규제환경의 변화가 있을 수 있을 뿐만 아니라 정치적·경제적·사회적 상황이 계약체결시와 달라질 수 있어 계약내용에 포함되지 않은 사정이 생길 수 있다.[1] 계약 관련 분쟁은 적어도 둘 이상의 분쟁당사자(disputants)가 연루되는데, 당사자 간 분쟁해결의 수단이나 절차를 사전에 합의하고 이를 계약조항으로 명확히 하는 것이 중요하다. 계약당사자들은 대체로 그의 소재지에 가장 가까운 법원을 선호할 수 있는데, 계약에서 이러한 선택을 하지 않는 경우 누가 먼저 그리고 어디서 소송을 하는지 또는 거래와 가장 가까운 관계가 있는 장소는 어디인지 등 분쟁해결의 방법이나 절차가 불명확할 수 있다. 이에, 계약상 법률선택조항(choice of law clause) 등 분쟁해결 관련 조항에서는 당사자 간 분쟁이 발생할 경우 어느 나라의 법률을 적용할 것인지(governing law), 재판관할 등 분쟁해결기관을 어디로 할 것인지(jurisdiction), 분쟁해결에 관한 판결이나 판정이 있는 때 이를 어떻게 집행할 것인지에 관한 사항 등을 명확히 해 계약상 분쟁에 따른 불확실성을 제거할 필요가 있다.

준거법(applicable law/governing law)과 관련해, 계약해석(interpretation)에 관한 조항을 별도로 두어 해석상 충돌이 발생할 때 우선 적용할 법률이나 문서 간 우선순위를 정할 수 있다. 그리고, 분쟁해결 프로세스(dispute resolution process)의 경우는 소송(litigation)뿐만 아니라 협상(negotiation), 중재(arbitration), 조정(mediation) 등 대체적 분쟁해결수단이 있다. 국내분쟁의 경우 재판관할 법원에 대한 체계적이

1 계약서를 아무리 상세하고 꼼꼼하게 작성하더라도 현실에서는 발생하는 다양한 모든 문제나 상황에 대비하기 어렵고, 실제 국제계약에는 언어와 표현, 관습, 당사자의 이해 차이 등으로 인해 계약으로 인한 분쟁이 발생할 수 있다.

고 통일된 기준으로 민사소송법 등이 존재하는 반면, 국제거래에서는 어느 나라에서 재판을 진행할 것인지의 기준은 분쟁이 발생했을 때 가장 먼저 부딪히는 현실적 문제이다. 개별국가의 국제사법에서는 국제거래의 성격이나 특성에 따른 준거법이나 재판관할에 관한 일반적인 원리들을 규정하고 있으나,[2] 국제거래의 당사자들로서는 복잡한 각종 법규범의 해석의 어려움을 덜고 분쟁발생시 신속한 해결을 위해, 계약상 준거법과 분쟁해결기관에 관한 사항을 명시할 필요가 있다.[3] 한편, 국제거래의 경우 외국에서 재판에 승소했다고 하더라도, 국내 사건에 대한 판결과 달리, 즉시 강제집행(enforcement)을 할 수 있는 것이 아니어서 외국에서 얻은 판결을 집행하기 위한 외국판결의 승인 및 집행 등에 관한 요건을 충족해야 이를 국내에서 집행할 수 있다.[4] 여기서는 국제계약의 일반조항 중 준거법(governing law), 재판관할(jurisdiction)을 비롯한 협상(negotiation), 중재(arbitration), 조정(mediation) 등 주요 분쟁해결의 프로세스와 함께 외국판결이나 중재판정의 집행 등에 관한 사항도 살펴본다.

2. 준거법(governing law)과 분쟁해결 프로세스(dispute resolution process)

계약당사자들이 실제 분쟁으로부터 압력을 받을 때 분쟁해결방법에 관해 서로 동의하는 것은 어려울 수 있기 때문에 분쟁이 발생할 때까지 기다리기보다는 계약체결시에 협상을 통해 분쟁해결 프로세스(dispute resolution process)를 정할 필요가 있다. 준거법조항(governing law clause)은 어떠한 국가의 법률이 해당 계약을 해석하고, 규율하고, 강제하는 데 사용되는지를 규정하는데, 이에 관한 당사자 간 합의가 없다면 계약 관련 소송 등이 제기되었을 때 재판을 하는 장소의 국제사법(conflict of laws)의 원칙에 따라 결정될 수 있다.[5] 그런데, 국제사법에 의하더라도 어느 나

2 우리 국제사법에서는 준거법에 대해 당사자가 특약으로 정하는 것에 따른다고 하는 당사자 자치의 원칙을 채택하고 있으나, 그런 규정이 없는 경우 계약체결 서명지(signing place)가 어디인지, 청약에 대한 승낙이 어디에서 이루어졌나 등의 고려에 따라 결정된다.

3 다만, 국제거래에서 관할합의는 전속관할(exclusive jurisdiction) 또는 비전속관할(non-exclusive jurisdiction)의 형태로 정하는데, 계약당사자들에 의한 전속관할 합의가 효력을 가지기 위해서는 일정한 요건을 충족해야 하며, 실제 우리 법원에서도 불편법정지원칙에 따라 효력을 부인한 사례가 있다(대법원 1997. 9. 9. 선고 96다20093판결).

4 우리나라의 경우도 국내에서 효력을 가지기 위한 승인요건에 대한 민사소송법상 외국재판의 승인절차를 거쳐야 한다(민사소송법 제217조(외국재판의 승인)).

라의 법률을 적용할지 예측하기 어려울 수 있으며, 실무상 현실적으로 어느 나라 법률을 적용하는지에 관한 것에 대한 또 다른 다툼이 생길 수 있다.[6] 또한, 어떤 법률을 적용하는지에 따라 당사자의 권리의무의 내용에 대한 해석이 달라질 수 있다. 이처럼 계약서상 준거법에 관한 사항을 명확히 해 두어야 향후 분쟁과정에서 발생하는 문제점을 완화할 수 있다.

그리고, 당사자 간 계약에 관한 분쟁의 해결은 우선 당사자의 협의에 의해 이루어질 수 있으나, 해결이 되지 않는 경우 강제적 방법으로 해결할 수밖에 없는데, 이와 관련해 어느 나라의 어떤 법원에서 해당 분쟁 관련 소송을 해야 하는지를 당사자 간에 사전에 정해 두는 것이 재판관할조항(forum selection clause; jurisdiction clause)이다.[7] 특히, 계약의 해석과 관련해, 계약체결 당시에 당사자 상호간의 의도를 결정하는 것이 중요하며, 법원은 계약이 사기나 당사자 상호간의 착오 등으로 당사자 상호간의 진정한 의도를 제대로 반영할 수 없었다고 판단하는 경우 계약 자체를 변경하는 법규범적 해석(construction)을 할 수도 있다. 이에, 계약상 다툼이 있는 경우 그 해석과 관련하여 어느 나라 법원의 판단을 받을 것인지는 중요하다. 재판관할에는 정해진 법원 외에는 재판을 할 수 없는 전속관할(exclusive jurisdiction)과 합의한 법원에 더해 법률에 의해 재판권이 인정되는 그 밖의 다른 법원에서도 재판을 할 수 있는 비전속관할(non-exclusive jurisdiction)이 있다.[8] 또한, 재판에서

---

5 우리 국제사법은 원칙적으로 계약의 당사자가 계약에 적용될 준거법에 관하여 합의할 수 있도록 하고(제45조), 당사자 사이에 준거법에 관한 합의가 없으면 가장 밀접한 관련이 있는 국가의 법에 의하는 것으로 규정하고 있다(제46조). 그리고, 계약체결 당시 그의 일상거소가 있는 국가의 법(당사자가 법인 또는 단체인 경우에는 주된 사무소가 있는 국가의 법)이 가장 밀접한 관련이 있는 것으로 추정하고 있다. 예를 들면, 매매계약의 경우 매도인이 소재하는 곳의 법이 그 계약과 가장 밀접한 관련이 있는 것으로 추정될 수 있다.

6 국가를 달리하는 당사자 간의 계약의 경우 각기 다른 나라들의 법률들이 서로 상충되거나 그 나라들의 상이한 국제사법의 원칙(conflict of laws principles)이 적용될 수 있어 혼란이 발생할 수 있다.

7 재판관할조항에는 법원의 선택(forum selection) 및 송달방법(service of process) 등에 관한 사항, 재판장소에 대한 이의의 포기(waiver of venue objections), 배심원재판(jury trial)에 대한 권리포기, 승소 당사자의 변호사비용 등 법률비용에 대한 패소 당사자의 부담에 관한 사항 등을 포함할 수 있다.

8 재판관할을 외국의 법원으로 할 경우 상당한 비용과 시간이 들 수 있으며 재판의 공정성에 대한 의문이 있을 수 있으므로, 계약 상대방국의 재판관할로 하는 경우 향후 분쟁시 자국에서의 재판관할의 가능성을 열어두는 것이 유리하므로 가능한 한 상대국의 비전속관할로 하는 것이 나을 수 있다. 계약상 재판관할권을 상대방 당사자의 국가 법원으로 재판관할권을 정하더라도, 이를 비전속관할로 하는 경우 그 정해진 상대방 국가의 법원뿐 아니라 자국의 법원에 관할권이 인정될 여지가 있다는 점에서 유리할 수 있다. 예를 들어, 계약상 재판관할을 한국기업의 상대

승소를 하더라도, 다른 국가에서 내려진 판결로 해당 국가에서 자동적으로 강제집행을 할 수 있는 것은 아니기 때문에 외국판결을 해당 국가에서 강제집행할 수 있는지는 또 다른 문제가 될 수 있다. 이에, 재판관할권을 정함에 있어 어느 나라의 법원에서 재판을 받을 수 있는 것이 적절한지뿐만 아니라 그 법원의 판결 이후 다른 나라에서 집행이 용이한지도 같이 고려할 필요가 있다. 계약당사자들은 자신들이 속한 나라의 법률을 준거법으로, 그 나라의 법원이 관할권이 인정될 수 있도록 협상하는데, 이는 협상력이 뛰어난 당사자에 의해 결정되는 것이 일반적이다.

한편, 이러한 재판관할 이외에도 중재나 조정과 같은 대체적 분쟁해결방안(alternative dispute resolution; ADR)이 있다. 중재(arbitration)의 경우 계약당사자 간의 분쟁을 판사에 의한 재판절차가 아니라 중재인의 판정에 따라 강제적·종국적으로 분쟁을 해결하는 일종의 민간재판이라 할 수 있다. 즉, 중재는 계약과 관련한 분쟁발생시 법원의 소송절차에 의하지 않고, 제3자인 중재인을 선임해 중재인의 판단에 의해 분쟁을 해결하는 것이다. 중재는 조정절차와 달리 중재인이 중재판정을 하며, 당사자는 그 판정의 결과를 따라야 하고 원칙적으로 중재판정에 불복하거나 법원에 소송을 제기할 수는 없다. 국제거래에서는 준거법상 특정한 재판관할(jurisdiction)에 따라야 하는 경우가 아니라면 당사자 간 합의와 분쟁대상의 타협적 성격을 고려해 중재(arbitration)를 이용하는 경우가 많다. 당사자들이 통상적인 재판관할 대신에 중재를 선호하는 이유로 그 절차의 단순성이나 신속성을 들기도 하지만, 주로 중재절차의 기밀성(confidentiality)과 당사자들이 1958년 뉴욕협약(New York Convention of 1958)의 적용을 받는 경우 중재판정의 국제적 승인(international recognition of the decision)에 기인한다고 볼 수 있다.[9] 당사자들이 분쟁을 중재로

방 당사자국가의 법원에 비전속관할권로 규정한 경우 한국쪽 당사자가 한국의 법원에 제소한 경우 한국 법원에 관할권이 인정될 수 있기 때문이다.

9 통상 중재절차에서 법적 절차와 판단에 관한 사항은 비밀이므로 기밀성(confidentiality)이 유지되는 반면, 일반 민사소송의 경우 당사자들이 법원에 그 재판절차의 공개에 대한 이의를 제기하지 않는 한 그 절차와 판결은 공개된다. 한편, 뉴욕협약(New York Convention)으로 불리는 외국중재판정의 승인 및 집행에 관한 협약(Convention on the Recognition and Enforcement of Foreign Arbitral Awards)은 1958년 6월 10일 유엔 외교회의에서 채택되어 1959년 6월 7일 발효되었고, 유엔에 속하는 대부분의 국가들에 의해 채택되어 적용되고 있다. 이는 거래당사자들이 중재를 선택했을 때 협약체약국의 사법적 절차 없이 필요한 요건에 따라 결정된 중재판정(arbitration award)의 효력을 인정하고, 개별국가에서 내려진 중재판정을 인정하기 위해 설정된 조건보다 더 엄격한 조건을 요구하지는 않는다. 일반적 재판관할의 경우 뉴욕협약과 같은 국가 간 협약이 없어, 재판의 국제적 집행이 훨씬 더 복잡하고 장기간이 소요되어 불확실성이 있는 데 반해, 중재의 경우 중재판정의 국제적 승인 등을 통해 당사자 간의 분쟁을 효과적으로

해결하기로 하는 경우 계약상 분쟁을 중재로 해결하기로 합의한다는 중재조항(arbitration clause)이 필요한데, 이에는 중재기관, 중재지 등을 규정한다.[10] 주요 국가에서는 법원과 같은 국가가 관장하는 기관이기보다는 사적인 분쟁해결기관으로 중재기관이 있으며, 그 개별 중재기관의 국제 중재절차와 규칙에 따라 중재를 실행하고 있다. 그리고, 조정은 제3자인 조정인의 조력을 받아 당사자 간 자율적인 의사소통을 통해 분쟁해결의 합의를 도출해 내는 프로세스이다.[11]

Ⅱ. Governing Law Clause(준거법조항)

1. 준거법조항(governing law clause)의 이해

계약은 사적 자치(private autonomy)의 주요한 표현수단으로, 거래당사자들은 계약을 통해 자신들의 이익을 자유롭게 규율할 수 있고, 자신들의 사법적 맥락을 결정할 수 있다. 그런데, 국제거래 계약의 효과는 적용법에 따라 달라질 수 있어, 계약조항을 해석하고 계약조항에 남아 있는 공백을 메우기 위해 사용될 규칙인 준거법(applicable law/governing law)을 정하는 것은 중요하다. 당사자들은 계약자유의 원칙에 따라 준거법을 자유롭게 정할 수 있다. 국제거래의 관행상 더 큰 협상력을 가진 당사자는 일반적으로 자국법을 적용하고자 하지만, 상대방이 이에 합의하지 않으면 이를 준거법으로 할 수는 없다. 당사자가 서로 자국의 법률을 준거법으로 하기 어려운 때 합리적인 결론이 나올 수 있는 제3국의 법을 준거법으로 고려할 수 있다.[12] 예를 들면, 금융이나 해상보험과 관련한 계약의 경우 전통적으로 일

CHAPTER 8

관리할 수 있는 이점이 있다. 뉴욕협약에 관해서는 다음 사이트를 참고하기 바란다: http://www.uncitral.org/uncitral/en/uncitral_texts/arbitration/NYConvention_status.html

10 중재규정에는 ① 중재인(arbitrator)의 선임이나 자격에 관한 사항, ② 중재지에 관한 사항, ③ 중재언어에 관한 사항, ④ 중재기관 내지 중재절차/중재비용에 관한 사항 등을 포함할 수 있다.

11 다만, 준거법에 따라 특별법으로 조정절차를 거치도록 하는 규정이 있는데, 예를 들어, 우리나라의 경우 가사소송법, 민사조정법 등에 따른 법원의 조정절차를 거쳐야 하는 경우가 있다. 또한, 계약의 유형이나 분쟁의 내용에 따라 공정거래분쟁조정협의회, 가맹점사업거래분쟁조정협의회, 환경분쟁조정위원회, 건설분쟁조정위원회 등과 같은 특별법에 따라 설치된 조정기관을 이용해야 하는 경우가 있다.

12 계약당사자들은 특정국가의 국내법의 적용에 따라 상대방 당사자에게 더 유리한 지위를 부여하지 않기 위해, 주요 법률체계의 전통을 본질적 면에서 비교해 적용법규를 선택할 수도 있다. 예를 들면, 보통법(common law)과 대륙법(civil law)에 따라 계약법체계가 다를 수 있다. 보통법

련의 법규범이 잘 발달되어 국제거래상 중요한 역할을 해온 영국법이나 뉴욕주법 등을 준거법으로 선택할 수 있다. 다만, 이 경우에도 특정국가에서 그 나라의 법률을 강제적으로 적용할 수 있으며, 외환관리법, 독점금지법, 증권거래법, 세법 등 특정한 사항에 대해서는 특정한 국가의 일정한 법률이 강제적으로 적용될 수 있다는 점을 유의해야 한다. 대부분의 준거법조항에서는 특정한 주나 국가의 법률을 준거법으로 규정하지만, 각 당사자가 상대방 당사자 국가의 법률의 적용을 반대한다면 UNIDROIT Principles(국제상사계약원칙) 등 국제계약법 관련 모델원리를 계약의 해석기준으로 사용할 것을 합의할 수도 있다.[13]

(common law)은 본질적으로 법에서 다루는 사항의 규제에서 법원의 두드러진 역할을 특징으로 한다. 법원의 판결은 장래의 사건에 대해 구속력이 있고 성문법은 부차적인 역할을 할 수 있다. 계약의 해석에 있어 당사자들의 자유에 근본적인 중요성을 부여하면서, Parol Evidence Rule(구두증거배제원리) 등에 따라 서면계약의 내용을 수정, 설명 또는 보완하기 위한 계약의 외부증거의 인용은 원칙적으로 배제된다. 반면, 로마법에서 유래한 대륙법(civil law)은 다양한 사례를 분석적으로 관리하는 엄격한 성문법체계로 당사자들의 계약적 자유는 관련 법적 의무에 의해 보다 제약을 받을 수 있으며, 계약체결 이전에 당사자들이 작성한 문서는 일반적으로 계약내용의 일부로 간주된다. 한편, 거래의 내용이 각국의 규제환경에 따라 자국의 법률이 반드시 당사자에게 유리하지만은 않을 수 있으며, 상대방 당사자의 법률이 오히려 불리하지 않을 수 있으므로 지급조건 등 실질적 조건 등을 검토하여 문제가 없을 경우 상대방 국가의 법률을 준거법으로 하는 것도 고려할 수 있다. 또한, 계약내용이 세세한 부분까지 자세하게 잘 합의되어 있는 경우 당사자 간 소송의 가능성이 적을 수 있어 전략상 준거법을 양보하는 것도 고려할 수 있다.

13 UNIDROIT Principles(UNIDROIT Principles of International Commercial Contracts; 국제상사계약원칙)는 UNIDROIT(국제사법위원회)에 의해 국제거래의 법규범의 해석과 정립을 지원할 수 있는 연성법(soft law)으로 개발되었다. 이는 당사자의 합의나 분쟁해결기관의 해석기준 등으로 활용되는 국제계약법규범으로서 보충적인 법적 기준을 제시하는 기능을 하고 있으며, 국제거래 계약의 당사자 간 합의로 이를 적용하기로 할 수 있다. 그리고, 당사자 간 합의가 없더라도, 각국의 법원이나 국제중재에서 국제거래 계약에서 발생하는 분쟁을 해결하기 위한 법적 기준으로서 중재인들이 원용할 수 있는 적정한 법원리로 인정되고 있다. UNIDROIT Principles에 관한 자료는 다음 웹사이트를 참고하기 바란다: https://www.unidroit.org/instruments/commercial-contracts/unidroit-principles-2016.

한편, 국제물품매매계약에서 물품인도를 위한 조건들은 실무상 통상적으로 ICC(International Chamber of Commerce; 국제상업회의소)가 제정한 Incoterms(International Commercial Terms; 무역거래조건)을 사용하고 있다. 이는 1936년 처음 공표한 이래, 몇 차례 개정작업을 거쳐 1980년 이후에는 매 10년마다 그 내용을 개정하여, Incoterms 1990, 2000, 2010을 거쳐 Incoterms 2020에 이르고 있다. Incoterms는 국제물품매매계약상 물품의 인도와 관련한 당사자의 운송 관련 비용부담, 인도시기, 위험부담, 통관, 적하보험 등 물품의 인도조건에 관한 사항을 주요 내용으로 하는데, 이는 국제조약도 아니고 법률도 아닌 단순한 사적 규칙이지만, 오늘날 대부분의 국제물품매매계약의 조건으로 채용되어 사실상 막대한 영향력을 갖고 있다. 다만, Incoterms는 강행법규로 작용하는 것이 아니므로 당사자 간 특별한 약정이 있는 경우 그 약정한편, 국제 동산물품매매거래와 관련해 UNCITRAL(United Nations Commission on International Trade Law; 유엔 국제상거래법위원회)이 제정한 CISG(United Nations Convention on Contracts for the International Sale of Goods; 일명 Vienna Convention(비엔나협약); 국제물품매매계약에 관한 유엔협약)"[14]가 국제 물품거래의 당사자 간 계약에 준거법으로 적용될 수 있는지 문제된다. 국제 물품매매거래의 계약당사자가 모두 CISG의 가입국인 경우 개별국가의 법률에 앞서 CISG가 적용될 수 있다. 이 때는 CISG가 규율하지 않는 사항이 있은 경우 당사자가 합의한 준거법 또는 국제사법에 따라서 결정된 준거법에 따르게 된다. 다만, 계약당사자들이 당사자 중 어느 한 국가의 법이나 제3국가의 법을 준거법으로 선택하면서 CISG의 적용을 배제하는 때 CISG는 적용되지 않는다. 그런데, CISG의 체약국에 속한 계약의 당사자들이 CISG의 적용을 배제하지 않고 개별 준거법을 정하는 경우 CISG상 규정과 당사자가 정한 준거법상 계약법규가 상충되는 경우 당사자 간 분쟁의 해결이 어렵거나 그 다툼을 해소하기 위해 불필요한 절차나 시간을 소모하게 될 수 있다. 이에, 계약당사자가 속한 국가가 CISG에 가입되어 있는 경우 준거법을 결정함에 CISG가 적용될 수 있다는 점을 염두에 두고, CISG를 배제하고 당사자들이 선택한 준거법을 적용하고자 한다면 CISG의 적용을 배제한다는 점을 계약상 명확히 해야 한다.

그리고, 당사자들이 계약상 준거법(governing law)을 규정하더라도, 재판관할(jurisdiction)이 있는 법원이 해당 준거법조항을 강제할지 여부를 결정할 수 있다. 재판관할법원이 계약상 준거법조항을 강제하기보다는 관련 법규나 판례법 등에 비추어 해당 계약의 이행이 재판관할지역에서 대부분 이루어져 재판관할 소재지의 법률을 적용하는 것이 적절하다고 판단하는 때 해당 계약에 규정된 준거법 대신 재판관할지의 법을 적용할 수도 있다.

이 우선 적용된다. Incoterms 2020에 관한 자료는 다음 웹사이트를 참고하기 바란다: http://iccwbo.org/resources-for-business/incoterms-rules/ incoterms-2020/

14 국제물품매매계약에 관한 유엔협약(United Nations Convention on Contracts for the International Sale of Goods; CISG)은 유엔 국제상거래법위원회(United Nations Commission on International Trade Law: UNCITRAL)가 제정한 국제 동산물품매매계약을 규율하는 실체법으로 작용한다. 우리나라는 2004. 2. 17. UN사무총장에게 위 협약의 가입서를 기탁함으로써 63번째로 가입국이 되어, 2005. 3. 1.부터 효력이 발생하고 있다.

2. 준거법조항(governing law clause) 관련 유의점 및 기재례

계약의 준거법의 중요성과 역할이 중요한 만큼 준거법을 선택하는 문구에 신중할 필요가 있다. 준거법조항(governing law clause)에서는 해당 계약이 특정한 국가의 법률에 의해 규율되고 해석된다는 점을 명기해야 한다. 그리고, 해당 계약과 관련해 어느 범위에서 준거법을 적용할지에 관한 준거법조항이 적용되는 분쟁대상의 범위가 문제될 수 있다. 이때 "arising under"라는 문구만을 사용하는 경우 계약 자체 이외에 계약과 관련된 다른 문서나 불법행위(torts) 등과 같은 다른 유형의 분쟁에도 해당 준거법이 적용되는지에 대해 해석상 논란의 소지가 있다.[15] 특히, 영미계약법상 당사자들이 계약 자체로 인한 분쟁 이외에, 계약을 둘러싼 다른 원인이나 불법행위 등 비계약적인 청구(non-contractual claims) 등을 모두 포함해 계약상의 준거법으로 해결하고자 한다면 계약과 관련된 분쟁의 경우에도 해당 준거법으로 해결한다는 의미에서 "relating to this agreement" 등과 같은 문구를 추가해, "arising under or relating to this agreement"와 같이 보다 포괄적인 표현(broad language)으로 적용 분쟁대상을 광범위하게 기술하는 것이 좋다.

그리고, 당사자들은 준거법조항(governing law clause)을 작성하기에 앞서 다음과 같은 사항을 충분히 검토할 필요가 있다. 즉, 당사자는 준거법으로 하고자 하는 국가의 법률을 검토해 해당 준거법이, (i) 관련 계약을 적절하게 해석하고 강제할 수 있는지, (ii) 계약과 관련해 당사자 간에 분쟁이 발생하는 때 분쟁을 효율적으로 해결할 수 있도록 체계적으로 정비되어 있고 예측가능한지, (iii) 당사자의 이익을 보호하고 상대방의 계약위반이 있는 경우 이에 대한 적정한 구제방법을 제공하는지 등을 확인해야 한다. 또한, (iv) 당사자들이 서로 상대방 국가의 법규를 준거법으로 하길 원하지 않는다면 어느 당사자와도 관련이 없는 중립적인 제3국의 법규를 준거법으로 하거나[16] 또는 국제법규범으로 UNIDROIT Principles와 같은 모델원리를 선택하는 것을 고려할 수 있다. 다만, 모델원리 등 국제법규범이 해당 계약과 관련된 문제를 충분히 다루고 있지 않아 이를 적용할 경우 분쟁의 해결에 어려움이 있다면 당사자들은 이를 선택하는 데 신중해야 한다.

15 *Phillips v. Audio Active Ltd.*, 494 F.3d 378, 389 (N.Y. 2007).

16 중립적 제3국의 법률로 해당 분쟁과 관련한 법률이 잘 정비되어 있는 국가나 주의 법률을 따르도록 할 수 있는데, 예를 들어, 기업 관련 문제는 델라웨어주법(Delaware law), 은행이나 금융문제는 뉴욕주법(New York law) 등에 의하도록 할 수 있다.

그런데, 계약당사자들이 속하지 않은 중립적인 제3국가의 법규가 잘 정비되어 있다고 하더라도, 계약당사자들의 주소지(domicile), 계약의 체결(signing of the contract), 계약이행(contract performance) 등 해당 계약을 둘러싼 정황이 그 중립적인 국가와 아무런 연관이 없다면 관할법원은 준거법조항의 강제성을 부인할 수도 있다는 점을 유의해야 한다. 법원은 선택된 주나 국가의 재판관할권에 어떠한 연결점이 없다(no other nexus to the jurisdiction chosen)면 준거법조항을 무시하고, 그 법원이 속한 국가의 국제사법의 원리(conflict of law rules)를 적용할 수 있다.[17] 예를 들어, 계약상 준거법을 뉴욕주법으로 규정하고 있는데, 소송이 캘리포니아 법원에 제기되었다면 캘리포니아 법원은 준거법조항을 강제할 수 있는지 여부를 결정하기 위해 그 자체의 국제사법원리를 적용할 수 있다. 즉, 해당 사안이 뉴욕주법을 적용할 합리적인 근거가 없고, 그 사안의 이행이 캘리포아니주에서 일어나는 등 캘리포니아법을 적용하는 것이 중대하게 더 큰 이해관계(materially greater interests)가 있다고 법원이 판단하는 경우 캘리포니아 법원은 뉴욕주법 대신에 캘리포니아법을 적용할 수 있다.[18] 그리고, 캘리포니아 법원은 계약당사자가 준거법으로 뉴욕주법을 선택했다고 하더라도, 관련 뉴욕주법이 캘리포니아의 기본적 공공정책(fundamental public policy)과 상충된다면 뉴욕주법의 강제를 거부할 수 있다. 즉, 고용계약상 경쟁금지조항(non-competition clause)의 강제성(enforceability)에 관한 분쟁이 있는 때 캘리포니아 법원은 캘리포니아 법규상 경쟁금지조항의 강제를 금지하고 있기 때문에 뉴욕주법이 이러한 조항을 허용한다고 하더라도, 그 경쟁금지조항을 강제하지 않을 수 있다.[19]

---

17 국제사법이 국제적으로 통일되어 있지 않아 재판관할법원의 결정에 따라 준거법이 달라질 수 있어, 법의 충돌(conflict of laws)이 있는 때 소송을 제기하는 당사자가 자신에게 유리한 재판결과를 가져올 수 있는 준거법을 선택할 가능성이 있는 국가의 법원에 소송을 제기하는, 즉 당사자가 재판기관을 쇼핑하듯이 둘러보는 소위 "포럼 쇼핑(forum shopping)"을 방지하기 위해 "Renvoi의 원리(doctrine of *renvoi*)"가 인정되었다. 이는 해당 사건이 실제로 어디에서 처리되든, 동일한 결과를 얻기 위해 동일한 법률을 적용해야 한다는 국제사법상 원리이다. 재판관할법원은 관련 거래가 선택한 재판관할 국가나 지역과 연관이 없을 때 해당 사건을 거부하거나 또는 준거법조항(governing law clause)의 강제성 여부에 대해서 그 법원이 속한 주나 국가의 자체적인 국제사법원리(conflict of law rules)를 적용할 수 있다. "Renvoi"는 반정(send back; return unopened)을 뜻하는 프랑스어이다. 또한, 재판관할과 관련된 보통법(common law)상 원리로 "doctrine of *forum non conveniens*(불편한 법정의 원리)"에 따르면, 지정된 법원이 다른 법원이 더 적절한 재판관할권이 있다고 판단되는 때 해당 사건에 대한 재판관할권의 행사를 거부할 수 있어, 지정된 법원이 계약당사자나 계약상 이행과 어느 정도 연관성(connection to the parties or performance)이 있을 필요가 있다.

18 UCC § 1-301(a); Restatement Second of Conflict of Laws §§ 187 & 188 (1971).

따라서, 국제사법의 원리(conflict of law rules)는 국가나 주마다 다를 수 있으므로 계약당사자들이 준거법(governing law)을 선택할 때 재판관할(forum)을 결정하는 것 또한 중요한데, 선택된 재판관할법원이 계약상 준거법조항을 강제할 것인지 확인할 필요가 있다.[20] 즉, 재판관할법원이 "Renvoi의 원리(doctrine of *renvoi*)"를 적용할 것인지 여부에 대해 의문이 있다면 선택된 국가나 주의 국제사법원리를 적용하지 않고 해당 준거법을 적용한다는 점을 명시할 필요가 있다. 당사자가 국제사법의 원리와 상관없이 선택된 준거법만을 적용하기를 원하는 경우 "without regard to conflict of law principles/rules" 등과 같이 국제사법의 원리와 상관없다는 문구를 준거법조항에 포함해야 한다.

그리고, 국제 동산물품매매계약의 경우 CISG(United Nations Convention on Contracts for the International Sale of Goods)의 적용 여부가 문제된다. 미국이나 한국 등과 같은 CISG의 체약국(signatory countries)에 속한 계약당사자 간의 국제물품매매계약의 경우 CISG가 원칙적으로 우선 적용된다.[21] 따라서, CISG의 체약국에 속한 계약당사자들이 뉴욕주법을 준거법으로 선택했다고 하더라도, 계약이 국제 동산물품매매계약이라면 CISG가 자동적으로 적용된다. 이 경우 계약당사자들이 CISG의 적용을 원하지 않는다면 당사자들의 의사를 명백히 하기 위해, 계약상 CISG의 적용을 배제한다는 점과 대신에 뉴욕주법이 준거법으로 적용된다는 점을 명시할 필요가 있다.[22] 반면, 한쪽 당사자나 양쪽 당사자가 CISG의 체약국이 아닌 경우와 같이 CISG가 자동적으로 적용되지 않는 경우 당사자들은 CISG를 선택할 수 있다. CISG를 선택할 것인지 여부를 결정할 때는 계약당사자들이 적용될 수 있는 다른

---

19 *Frame v. Merrill Lynch, Pierce, Fenner & Smith, Inc.*, 97 Cal. Rptr. 811 (Cal. App. 1st Dist. 1971).

20 미국의 Restatement(리스테이트먼트)는 "Renvoi의 원리(doctrine of *renvoi*)"를 준거법조항(governing law clause)의 강제성(enforceability)에 관한 문제에 적용하지 않고, 계약당사자들이 그렇게 하려는 의도가 있음이 입증된 경우에만 선택된 국가나 주의 국제사법의 원리를 적용하도록 하고 있다. – Restatement Second of Conflict of Laws § 187, cmt. h. Restatement(리스테이트먼트)에 관한 자세한 사항은 저자 집필 『영미계약법 원리』(유원북스, 2021), 100페이지를 참고하기 바란다.

21 예를 들어, 미국연방헌법상 우월조항에 따라(Under the Supremacy Clause of the US Constitution), CISG는 UCC를 채택한 주를 포함해 계약을 지배하는 주법에 우선하여 적용된다. 계약법규범으로 CISG의 적용에 관한 자세한 사항은 저자 집필 『영미계약법 원리』(유원북스, 2021), 647페이지 이하를 참고하기 바란다.

22 그렇지 않으면, CISG의 체약국이 아닌 국가법률을 준거법으로 선택할 수도 있다. 즉, 계약당사자들이 미국과 독일에 각각 속하는 경우 계약의 준거법을 영국법으로 정할 수 있다.

국가의 법규와 비해 CISG를 적용할 경우의 장단점을 비교해 볼 필요가 있다.

한편, 계약서 작성시 분쟁해결과 관련해 중재조항(arbitration clause)을 두는 경우 법원의 선택(choice of court)에 관한 조건들뿐만 아니라 법률의 선택(choice of law)에 관한 조건들까지도 불필요하다는 여기는 경우가 있다. 그러나, 분쟁의 해결기관이나 절차를 정하는 중재조항과 달리, 법률의 선택(choice of law)은 중재 대상인 사건의 실체적 법률판단을 위해 중재인이 어떠한 법률을 적용할 것인지를 정하는 준거법조항(governing law clause)으로, 중재조항으로 준거법조항을 대신할 수는 없다.

[Example]

아래는 준거법조항(governing law clause) 관련 기재례들이다. (Version 1)은 준거법을 나타내는 간단한 예문들로, 해당 계약이 특정한 국가의 법률에 의해 규율된다고 기술하는데, 준거법이 적용되는 분쟁대상의 범위와 관련해, 계약 자체로부터 발생하는 문제뿐만 아니라 당사자들의 관계나 계약과 관련되어 발생할 수 있는 다른 모든 문제를 포함할 경우 "arising under or relating to this agreement" 등과 같은 포괄적인 문구를 사용할 필요가 있다. (Version 2)는 당사자가 국제사법의 원리와 상관없이 자신들이 선택한 준거법만을 계약에 적용하기 위해 "without regard to conflict of law principles/rules" 등과 같은 문구를 삽입한 규정들이다. (Version 3)는 국제사법의 원리와 CISG의 적용을 배제하고 당사자들이 선택한 준거법만을 적용한다는 점을 명백히 한 규정들이다. CISG 체약국에 속하는 계약당사자들이 자신들이 선택한 준거법만을 적용하고자 한다면 준거법조항상 CISG의 적용을 배제한다는 점을 명시할 필요가 있다.

(Version 1)

- New York law governs this agreement and all matters arising under or relating to this agreement.
- The laws of Republic of Korea govern all matters arising under and relating to this Agreement, including torts.
- This Agreement shall be governed by and construed in accordance with the laws of England.

(Version 2)

- This Agreement is governed by, construed, and enforced according to the laws of the State of Delaware, without regard to any choice or conflict of law provision or rule of any jurisdiction that would apply the laws of any other jurisdiction.

- This Agreement shall be governed by and construed by the laws of the State of California, excluding its conflict of law rules.
- This Agreement shall be construed and enforced in accordance with the laws of the Republic of Korea, without regard to conflict of law principles.
- The validity, interpretation, implementation and resolution of disputes of this Agreement shall be governed by the laws of Korea without regard to the conflict of law rules thereof, which would require the application of the laws of another jurisdiction.

(Version 3)

- This Agreement shall be construed and enforced in accordance with the laws of the State of New York, without regard to conflict of law principles. The Parties hereby disclaim the applicability of the Convention for the International Sale of Goods (United Nations Convention on Contracts for the International Sale of Goods (CISG)).
- This Agreement will be governed solely by the internal laws of ________, without reference to: (a) any conflicts of law principle that would apply the substantive laws of another jurisdiction to the parties' rights or duties; (b) the 1980 United Nations Convention on Contracts for the International Sale of Goods; or (c) other international laws.

Ⅲ. Jurisdiction Clause(재판관할조항)

1. 재판관할조항(jurisdiction clause)의 이해

재판관할조항(jurisdiction clause; forum selection clause)은 분쟁해결기관인 법원을 정하는 규정으로, 이는 공정하고 합리적(just and reasonable)이라면 일반적으로 강제할 수 있다.[23] 특히, 소비자계약의 경우 재판관할조항은 소비자들이 알아볼 수 있도록 계약서상 눈에 띄게 뚜렷하게(conspicuously) 표기할 필요가 있으며, 재판관할조항이 법률상 합리적이고 충분히 뚜렷하게 표기되었다 하더라도, 계약상 정해진 법원이 해당 분쟁에 대해 사물관할(subject matter jurisdiction)[24]을 가진다는 것을

23 *The Bremen v. Zapata Off-Shore Co.,* 407 U.S. 1, 12-13 (1972) (holding that "freely negotiated international agreement(s), unaffected by fraud, undue influence, or overweening bargaining power ... should be given full effect").

24 사물관할(subject matter jurisdiction)은 쟁송에 대한 심리와 결정을 하는 법원의 권한을 의미하는데, 이는 쟁송의 성격과 청구된 구제방법의 유형이나 금액에 따라 다를 수 있다.

보장해야 한다. 그리고, 준거법조항(governing law clause)에서 살펴본 바와 같이, 준거법을 실행할 수 있게 하는 재판관할법원(forum)을 선택할 필요가 있다. 이하에서는 재판관할조항(jurisdiction clause) 관련 유의점 및 기재례를 우선 살펴본 다음, 당사자들이 관할국가의 법원에 소송을 제기해 분쟁을 해결하기 위해서는 관할국가의 사법제도, 특히 민사소송절차에 대한 이해를 필요로 하므로 국제거래에서 주된 소송절차로 사용되고 있는 미국의 민사소송절차의 주요 내용을 알아본다.

2. 재판관할조항(jurisdiction clause) 관련 유의점 및 기재례

재판관할조항(jurisdiction clause)과 관련해서는 다음과 같은 사항에 유의할 필요가 있다. (i) 계약당사자들이 선택된 법원의 재판관할에 동의한다는 점과 (ii) 재판관할조항의 대상이 되는 분쟁의 유형을 명시한다. 재판관할의 대상이 되는 분쟁과 관련해, 당사자가 불필요하게 쟁송원인을 다투어 재판관할조항의 적용을 회피하는 것을 방지하기 위해, 재판관할조항의 적용대상에 이행의무 위반에 대한 클레임 등 계약상 발생하는 클레임(claims arising under the contract)뿐만 아니라 해당 계약과 관련해 발생할 수 있는 불법행위청구(tort claims) 등과 같이 계약과 관련된 사항(matters relating to the contract)도 포함할 필요가 있다. 이에, 재판관할의 대상은 가급적 광범위하게, “all disputes arising under or related to this agreement” 등과 같은 문구를 사용해 계약상 발생하거나 계약과 관련해 발생하는 모든 분쟁이 그 대상이 된다고 나타낸다.

또한, (iii) 관할법원은 가능한 한 구체적으로 기재하고, 재판관할이 선택적(permissive)인 것인지 또는 강제적(mandatory)인 것인지도 적시할 필요가 있다. 계약상 재판관할이 선택적(permissive)인 비전속적 재판관할권(non-exclusive jurisdiction)의 경우 지정된 법원에 소송을 제기하는 것에 대해 양쪽 당사자의 동의를 필요하므로 준거법조항(governing law clause)의 강제성을 담보하기 어려울 수 있다. 즉, 당사자는 계약상 지정된 법원 이외에, 관련 국가의 국제사법의 원리(conflict of law rules)에 따라 준거법조항의 강제를 거부할 수 있는 다른 법원에 소송을 제기할 수 있는 문제가 있다. 그런데, 계약상 재판관할에 관해 지정된 법원만이 소송에 대한 강제적(mandatory)인 전속적 재판관할권(exclusive jurisdiction)을 가질 수 있도록 하면 이와 같은 문제를 해소할 수 있다. 이에, 재판관할조항상 가능한 한 지정된 법원이 해당 계약상 분쟁에 대한 전속적 재판관할권(exclusive jurisdiction)을 가진다는 점을 명시할 필요가 있다.

그리고, (iv) 재판관할과 관련된 보통법(common law)상 원리로 "doctrine of *forum non conveniens*(불편한 법정의 원리)"에 의하면 지정된 법원이 계약당사자나 계약상 이행과 어느 정도 연관성(connection to the parties or performance)이 요구된다.[25] 그러한 연관성이 전혀 없을 경우 당사자는 해당 법원의 지정에 관한 불합리성(unreasonableness)이나 소송을 어렵게 한다(discouraging litigation)는 점 등을 근거로 법원의 선택이 문제될 수 있다. 이 원리를 근거로 지정된 법원이 직권으로 또는 해당 사건의 피고가 사건의 기각신청(motion to dismiss the case)이나 이관에 관한 신청(motion to transfer the case)을 하는 등 이의를 제기할 수 있다. 이와 같은 재판관할과 관련된 분쟁을 예방하기 위해, 당사자들은 계약상 "doctrine of *forum non conveniens*"에 근거해 지정된 법원의 재판관할권에 대한 이의를 제기할 권리를 포기(waiver of a jurisdictional challenge)한다는 취지의 내용을 재판관할조항에 포함할 수 있다. 한편, (v) 당사자가 소장에 대한 답변의 요구나 당사자의 출석소환장에 대한 적절한 송달(proper service)에 관한 사항을 명확히 하고자 한다면 재판관할조항에서 그 송달에 대한 절차(the process for service)를 상세히 설명할 필요가 있다. 이에는 송달의 방법(how service will be made)과 당사자를 대신해 송달을 받을 권한이 있는 대리인이 있는 경우 그 대리인의 신원(identity of an agent)에 관한 사항 등이 포함된다.

[Example]

아래는 재판관할조항(jurisdiction clause) 관련 기재례들인데, 여기서 전속적 재판관할권을 갖는 법원을 지정하고, 재판관할의 대상이 되는 분쟁의 유형을 명확히 한다. 마지막 예문은 당사자가 "doctrine of *forum non conveniens*"에 근거해 지정된 법원의 재판관할권에 대한 이의를 제기할 권리를 포기한다는 점을 명시하고 있다.

- In the event that any dispute arises out of the interpretation, application or

25 "doctrine of *forum non conveniens*(불편한 법정의 원리)"에 따르면 지정된 법원이 다른 법원이 더 적절한 재판관할권이 있다고 판단하는 경우 해당 사건에 대한 재판관할권의 행사를 거부할 수 있다는 원리이다. 즉, 소송이 제기된 국가의 법원이 재판관할권을 가지더라도, 해당 소송의 구체적 사정에 비추어 다른 나라의 법원에 의한 분쟁해결이 보다 편리하고 연관이 있다고 판단되는 때 그 소송을 각하할 수 있다는 원리이다.

performance of this Agreement, the Parties shall first attempt to resolve the dispute in an amicable manner. If the Parties fail to resolve the dispute in an amicable manner, the dispute shall be submitted under the exclusive jurisdiction of the Seoul District Court for resolution.

- The court of jurisdiction over any disputes arising in relation to the validity or interpretation of, or other matters relating to, this Agreement shall be the Seoul Central District Court.
- A party shall bring any suit arising out of or relating to this agreement in the United States District Court for the Southern District of Florida, in Miami, Florida, or if that court lacks jurisdiction to hear the claim, then in a state court in Miami-Dade County, Florida. Each party consents to the exclusive jurisdiction and venue of those courts for any suit. Each party waives asserting a claim that any of those courts in which any suit has been brought is an inconvenient forum.

3. 미국의 연방사법제도 및 민사소송

3.1 미국의 연방사법제도 개관

미국은 연방제(federal system) 국가로 연방과 주가 분리되어 있고 이는 사법체계에서도 반영되어 연방법원과 주법원이 관할하는 사건내용이 다르다. 미국의 민사소송절차에서도 연방의 경우 Federal Rules of Civil Procedure(FRCP; 연방민사소송규칙)에 의하고, 주의 경우 주에서 제정한 개별 민사소송법에 따른다. 예를 들어, 뉴욕주의 경우 New York Civil Practice Law and Rules(NYCPLR; 뉴욕민사소송법)가 별도로 존재한다. 법원조직 또한 연방법원과 주법원이 관할하는 사건이나 절차가 각기 다르고, 조직도 일반적으로 서로 독립적으로 구성된다. 연방법원에서만 심리가 이루어져야 하는 연방법원의 전속관할(exclusive jurisdiction)에 속하지 않는 한 연방법원의 관할사항은 주법원에서도 관할할 수 있다. 연방법원 조직에 관한 문제는 미연방의 성립시부터 연방과 주의 권한배분에 있어 핵심이었다. 연방법원은 연방지방법원(U.S. District Court), 연방항소법원(U.S. Courts of Appeals), 연방대법원(U.S. Supreme Court)으로 구분되며, 연방대법원은 미국 최고법원으로서 항소심판결에 대한 상고심을 관장하고, 연방대법원 아래 13개의 항소법원[26]과 94개의 지방

26 연방항소법원(U.S. Courts of Appeals)의 경우 미국지역을 11개 구역(circuit)으로 구분하고, 여기에 District of Columbia Circuit와 Federal Circuit를 포함시켜 미국 연방대법원 아래 총 13개의 구역에 항소법원이 설치되어 있다. 연방항소법원은 법률심으로 법률에 따라 연방지방법원의

법원(district or trial courts)[27]이 있다.[28]

이외에도 특별 1심법원(special trial courts)으로서 국가간의 무역과 관련된 사안을 다루는 국제통상법원(Court of International Trade)과 미국 정부에 대한 금전적 손해배상(money damages) 청구 내용을 다루는 연방청구법원(U.S. Court of Federal Claims)이 있다. 주 법원은 주의 헌법 및 법률에 의해 설치되고 그 법규에서 정한 관련 사안에 대한 관할권을 갖는다. 연방법원의 전속관할에 속하지 않는 한 연방법원의 관할사항은 주 법원에서도 관할할 수 있다는 점에서 관할권은 경합할 수 있다. 주 법원의 경우도 1심법원(trial courts), 항소법원, 대법원인 최고법원(supreme court)의 조직을 갖추고 있는데, 그 명칭은 각 주마다 다를 수 있다.[29] 이외에도 행정조직단위로 자치지역(county) 등에 일정한 범위 내에서만 사건을 다루도록 허용하는 경우가 있는데, 소송을 제기함에 있어 일정한 액수를 기준으로 다루는 소액청구법원(small claims court), 임대인과 임차인 간의 관계를 다루는 주택 관련 법원(housing court), 유언을 입증하여 확정하고 유산관리나 후견인 업무 등과 관련된 사건을 다루는 검인법원(probate court), 가정문제를 다루는 가정법원(family court) 등이 있다.

3.2 미국 민사소송절차(civil procedure)의 이해

3.2.1 관할(jurisdiction)과 변론(pleading)

당사자 사이에 분쟁이 발생한 경우 원고는 해당 분쟁사건에 관할권(jurisdiction)이 있는 법원에 소송을 제기하여야 하며 이를 위반한 경우 부적법 각하사유가 된다. 관할권에는 인적관할(personal jurisdiction)과 사물관할(subject matter jurisdiction)이 있는데, 인적관할은 당사자에 대한 법원의 관할권으로 특정 피고나 재산에 대해 어느 법원이 사법관할을 갖고 있는지에 대한 것이며, 사물관할은 해당 사건을

판결이 제대로 적용되었는지 여부를 결정하는 기능을 하고, 3명의 재판관들로 구성되며 배심원(the jury)을 따로 두지 않는다.

27 연방지방법원의 경우 Washington D.C.와 연방법원의 1심법원으로 각 주에 하나 이상, 94개의 지방법원을 두고 파산법원(U.S. Bankruptcy Court)도 각 지방법원에 포함되어 있다. 연방지방법원은 1심법원(district or trial courts)으로 당사자 간 누가 옳은지를 결정하기 위해 사실과 그 사실의 법 원리들의 적용을 통해 분쟁을 해결하는 기능을 한다.

28 지역별 관할 연방항소법원의 경계(geographic boundaries)에 관한 사항은 저자 집필 『영미계약법 원리』(유원북스, 2021), 41페이지를 참고하기 바란다.

29 뉴욕주의 경우 1심법원을 "Supreme Court"라고 하고, 최고법원은 "Court of Appeals"라 한다.

어느 법원에서 심리하고 판단할 것인지에 대한 것이다.[30] 법원의 심리를 위해서는 인적관할과 사물관할이 모두 인정될 필요가 있다. 또한, 사물관할과 인적관할을 갖고 있는 법원에서 어느 지역을 재판지(venue)로 하여 해당 사건을 재판할 수 있는지를 결정해야 하는데, 이는 소송이 심리되고 배심원이 선발될 수 있는 지역(geographical district)을 말한다.[31] 한편, 우리나라의 법과 달리 미국은 연방제국가로 연방법원과 주 법원이 있고, 특히 각 주마다 정한 법이 다양해 해당 사건이 여러 주의 법 중 어떤 법을 적용해야 하는지에 관한 준거법(governing law)이 중요한 문제가 될 수 있다. 문제된 사건이 주 법원에 제소된 경우 어느 주의 실체법(substantial law)을 적용할 것인지에 관한 충돌법(conflict of laws)을 적용해 준거법이 결정될 수 있다.[32] 특히, 소송의 당사자가 서로 다른 주에 속하는 경우 각자 자신에게 유리한 판결을 받을 수 있는 특정 법원에 소를 제기하려는 소위 "포럼 쇼핑(forum shopping)"이 문제될 수 있다. 이와 관련해, "Erie 원리(*Erie* doctrine)"에 따르면 연방법원에 소송을 제기한 경우 미국 연방법원과 미국 의회의 법률에 의하여 규율되는 경우를 제외하고는 그 연방법원이 소재하는 주의 법원이 적용하는 실체법이 적용된다는 것이다.[33]

민사소송에서 변론절차(pleading)는 일반적으로 원고(plaintiff)가 제출하는 소장(complaint)과 이에 대한 피고(defendant)의 답변서(answer)에 의해 진행되는데, 필요시 추가적으로 원고의 피고에 대한 답변(reply) 등이 이루어질 수 있다.[34] 원고로

30 예를 들면, 연방법원이 주로 다루는 사건은 (i) 서로 다른 주의 주민 간 소송의 관할권(diversity of citizenship jurisdiction), (ii) 소송의 원인이 연방법에 근거하여 발생한 건에 대한 문제, 즉 연방문제(federal question)에 관한 관할권(federal question jurisdiction), (iii) 어떤 주 법원에 제기된 소송을 연방법원이 관할권을 가지고 있는 경우 그 사건의 이송관할권(removal jurisdiction), 그리고, (iv) 위 관할권을 갖추지 못했더라도 그 요건을 충족시킨 다른 사건과 함께 심리하여 다룰 수 있는 관할권이 인정될 수 있는 보충관할권(supplemental jurisdiction) 등이 있다.

31 관할권(jurisdiction)은 지방법원(district court), 순회법원(circuit court) 등과 같이 법원이 관련 사건을 판단하고 결정할 수 있는 적절한 권한이나 능력을 의미하며, 재판지(venue)는 관할권을 가진 법원이 사건을 심리하고 결정할 수 있는 특정한 장소(particular location)를 말한다. 관할권은 포기될 수 없는 반면, 재판지는 당사자의 편의와 관련된 것으로 일반적으로 동의에 의해 포기(venue waiver)할 수 있으나, 불공정한 재판지의 포기는 효력이 인정되지 않을 수 있다.

32 국제사법 내지 충돌법(conflict of laws)은 소송이 계류된 법원이 그 법원이 소재하는 법정지 주의 준거법과 그 소송의 이익과 관련된 다른 사법관할권의 준거법이 상이할 때 어느 법을 적용할 것인지를 결정하는 법원리를 말한다.

33 "Erie 원리(*Erie* doctrine)"는 다양성에 관한 관할권(diversity jurisdiction)을 갖는 연방법원이 연방절차법을 적용하지만, 실체법과 관련해서는 주의 실체법(state substantive law)을 존중해 적용해야 한다는 원리이다. –*Erie Railroad Co. v. Tompkins*, 304 U.S. 64 (1938).

부터 소송을 알리는 소장과 법원에서 발행하는 소환장(writ of summons)이 피고에게 송달된다(service of process).[35] 원고의 소장과 소환장을 받은 피고는 일정한 사유를 들어 원고의 청구는 법적으로 청구로서 인정될 수 없는, 즉 소송원인(cause of action)이 인정될 수 없다는 취지로 소각하 내지 청구기각신청(motion to dismiss)을 구하거나,[36] 원고의 개별 주장사실을 다투는 답변서(answer)를 제출할 수 있다. 이 때 피고는 해당 사건이나 주장이 법규상 권리청구가 인정되는 기간, 즉 소멸시효기간(statute of limitations; SOL)이 지났다는 등의 적극적인 방어권(affirmative defense)을 행사할 수 있다. 그런데, 피고가 송달 이후에도 아무런 조치를 취하지 않는 경우 궐석재판(default judgment)으로 원고 승소판결을 내릴 수 있다. 원고가 제기한 소송에 대해 피고가 답변서를 제출할 경우 원고와 피고는 각자 보유하고 있는 사건에 관한 정보나 증거를 개시(discovery)하고, 재판장과 소송을 제기한 변호인 사이에 정식심리가 시작되기 전 사실심리를 위한 회합(pretrial conference) 등을 통해 서로간의 이해를 확인하고 쟁점을 정리한다. 이 과정에서 당사자 간 화해합의(settlement)가 이루어질 수 있다.

3.2.2 증거개시제도(discovery)

Discovery(증거개시제도; 디스커버리)는 정식재판심리 이전에 당사자 간 정식재판을 준비하는 데 도움이 될 수 있도록 소송상 당사자 일방이 분쟁과 관련된 사실자료의 수집(fact-gathering)과 정보의 획득(obtaining information)을 목적으로 상대방 당사자에게 요구할 수 있는 정식재판 이전의 절차(pretrial procedure)이다.[37] 각 당

34 "Answer"는 피고가 원고가 제기한 소송상 주장을 다투는 답변서(answer)로서, 원고의 개별청구에 대한 적극적 방어 내용이 포함된다. 이에 반해, "Reply"는 신청에 반대하는 당사자(the party opposing the motion)의 답변(response)에 반박(rebuttal)하는 신청 당사자(moving party)의 반박서면으로, 소장에 대한 피고의 답변서상 원고에 대한 반대청구(counterclaim)가 있는 경우 원고는 답변(reply)할 수 있다.

35 항소심에서 항소인은 "Appellant"라 하고, 피항소인은 "Appellee"라 한다. "writ of certiorari (사건이송명령)"가 요구되는 최고법원에 대한 상고심 당사자의 경우 상고인을 "Petitioner"라 하고, 피상고인을 "Respondent"라 한다.

36 "소각하 내지 청구기각신청(motion to dismiss)"의 사유로는 인적관할(personal jurisdiction)이나 사물관할(subject matter jurisdiction)이 없다거나, 재판지(venue)나 송달절차(service of process), 구제방법이나 필요당사자가 부적합하다는 등의 사유가 있다.

37 미국에서 민사 배심재판제도의 이용이 줄어들고 있다. 미국 민사소송절차에 있어서 95% 이상의 사건이 배심원에 의한 정식재판의 변론 이전의 해결(pretrial settlement)인 디스커버리(discovery) 등에서 조정(mediation)이나 화해(conciliation) 등의 대체적 분쟁해결 절차(alternative dispute resolution)에 의하여 처리된다. 변론 이전 단계에서 그와 같이 높은 비율의 사건

사자는 증거개시제도(discovery)를 통해 상대방 당사자로부터 증거를 획득할 수 있고, 배심원의 심리를 준비하거나 그 심리 이전에 분쟁을 해결할 수 있는 방법이 될 수 있다.[38] 이는 소송과 관련된 내용을 사전에 수집하여 공평하고 타당한 판결을 내리기 위해 고안된 영미법의 소송법상 제도로, 영국의 형평법(equity)에서 발전되어 사실상 확립된 것은 1938년 미국 연방민사소송규칙(Federal Rules of Civil Procedure; FRCP)이 제정되면서부터이다. 미국 연방민사소송규칙(FRCP)은 증거개시제도(discovery)의 대상으로 "소송의 청구 또는 방어 방법에 관련성(relevance) 있는" 모든 문제에 대하여, "당사자가 소유(possession), 점유(custody)뿐만 아니라 지배(control)하고 있는 정보"라면 "소송에서의 상대방뿐만 아니라 절차에 참가하지 않은 제3자에게도" 증거개시를 요구할 수 있도록 하고 있다.[39] 이처럼 소송시 상대방 변호인은 증거개시제도(discovery) 관련 규칙에 따라 모든 사용 가능한 물리적 또는 전자적 기록을 검색할 수 있는 광범위한 권한을 가질 수 있다. 즉, 증거개시제도(discovery)의 대상이 되는 서류나 물품은 특별히 예외사유에 해당되거나 보호명령(protective order)[40]에 의한 제한이 있지 않는 한 대부분의 문서나 자료가 될 수 있다. 이러한 디스커버리(discovery) 대상의 예외사유로 "Attorney-Client Privilege(변호사-의뢰인 간 비밀유지특권)"[41]와 "Attorney Work Product Doctrine(변호사 업무산

이 처리될 수 있는 이유는 변론에 의할 경우의 소송비용증가, 소송지연 등을 감안하여 당사자들이 화해나 조정을 수용하는 점도 있지만 소송의 초기단계에서 이루어지는 증거개시제도(discovery) 등에 있다고 할 수 있다. 미국에서는 디스커버리가 점차 강화되어 당사자들이 그 과정에서 파악한 사실관계를 기초로 재판을 진행하는 대신 상당부분 당사자 간 합의로 해결되는 경향이 있다. 국제거래 관련 중재재판 등에서는 미국식의 증거개시제도(discovery)와 유사한 증거조사를 실시한 이후 최종 판정이 내려지고 있다.

38 증거개시제도(discovery)를 통해 증거가 모두 공개되면 당사자들 사이에선 어느 정도 승패가 예측되기 때문에 미국은 정식심리 이전인 디스커버리 절차에서 조정이나 화해를 통해 소송이 마무리되는 비중이 높아 소송의 성패를 가릴 수 있는 가장 중요한 단계로 인식된다. 우리나라의 경우 미국과 같은 증거개시제도(discovery)를 시행하고 있지 않다.

39 FRCP Rule §§ 26(b)(1), 34(a); 기술의 발달로 모든 정보가 디지털 정보의 형태로 존재한다. 이에, 기존에 증거개시의 대상을 종이문서로 제한했던 것을 확대하여 연방민사소송규칙에서 명시하고 있는 전자증거개시의 요구조건들을 효과적으로 준수하기 위한 전자증거개시의 표준절차 모델로 Electronic Discovery Reference Model(EDRM)이 2005년에 제정되었다.

40 재판과정에서 비즈니스 혹은 사생활에 관련된 중요한 정보가 노출되기를 원하지 않는 경우 법원에 "정보 혹은 문서 보호 명령(protective order)"을 신청해 제3자가 그 정보를 볼 수 없도록 할 수 있다.

41 "Attorney-Client Privilege(변호사-의뢰인 간 비밀유지특권)"는 변호사와 의뢰인 간에 비밀리에 법률자문을 위해 이루어진 의사소통의 내용은 의뢰인의 동의가 없는 한 공개되지 않고 비밀로 한다는 원칙이다. – 미국 연방증거규칙(Federal Rules of Evidence) Rule 501, 502.

출물 이론)"[42] 등이 있는데, 이를 통해 의뢰인이 변호사로부터 비밀리에 법률자문을 받은 내용 또는 쟁송이나 자문과 관련해 준비한 변호사의 준비자료는 공개되지 않을 수 있다.[43]

미국 연방민사소송규칙(FRCP)은 디스커버리(discovery)의 방법으로, (i) Deposition(증인신문), (ii) Interrogatories(질문서), (iii) Request for Production of Documents and Things(문서제출요구), (iv) Physical and Mental Examination(신체 및 정신 감정), (v) Request for Admission(자백요구서) 등을 인정하고 있다.[44] Deposition(증인신문)은 선서한 상대방측 증인을 신문하는 것으로, 증인신문의 경우는 소송당사자나 제3자의 구별 없이 가능하며, 질문에 대한 녹취 등이 이루어진다.[45] 이러한 법정 외에서 증인신문은 디스커버리에서 가장 중요한 공격방법으로, 이때 중요한 서증들이 현출될 수 있고 실제 최종재판에서 하게 될 질문도 나올 수 있다. Interrogatories(질문서)는 소송당사자가 상대방에게 답변을 요구하는 서면 질문사항을 기재한 질문서이다.[46] Request for Production of Documents and Things(문서제출요구)는 당사자의 문서나 기타 물적 증거의 제출을 요구하는 것이다.[47] 이는 소송당사자가 아닌 제3자에게도 서류제출 소환장(subpoena)이 송달될 수 있다면 당사자와 같은 방법으로 서류제출의 명령이 내려질 수 있어, 실질적으로 제3자도 서류제출 의무가 부과될 수 있다. 그리고, 당사자는 상대방이 신체적 또는 정신적 검사를 받도록 요구할 수도 있다(physical and mental examinations).[48] 또한, 당사자는 상대방에게 소송과 관련된 사실의 진실성을 인정해 줄 것을 요구할 수도 있는데, 이를 Request for Admission(자백요구서)라 한다.[49] 이는 다툼 없는 사실과 문서의 진정성립 인정 여부를 신청하는 것으로 다툼 없는 사실을 정리하고 서증의 진정성립 여부를 확인하는 절차이다. 상대방이 정해진 기간 내에 답변을 하지 않거

42 "Attorney Work Product Doctrine(변호사 업무산출물 이론)"은 변호사가 법적 쟁송이나 자문에 대비하여 의뢰인을 위해 준비한 업무산출물(work product)에 대하여는 증언 또는 제출을 거부할 수 있는 특권이 부여된다는 이론이다. – 미국 연방민사소송규칙(Federal Rules of Civil Procedure) Rule 26(b)(3).

43 미국 연방헌법상 권리로 본인에게 불리한 진술 거부권(5th amendment privilege)을 행사해서 서류 제출을 거부하거나 답변을 거부할 수도 있다.

44 FRCP Rule 26–36.

45 FRCP Rule 30, 31.

46 FRCP Rule 33.

47 FRCP Rule 34.

48 FRCP Rule 35.

49 FRCP Rule 36.

나 이의를 제기하지 않는 경우 관련 사실이나 서증이 다툼 없는 사실이나 진정 성립된 문서로 인정될 수 있다.

3.2.3 잠정적 보전처분(provisional remedies)

소송계류 중에 피고가 자신의 재산을 은닉하거나 처분하는 등 일단 원고가 승소하더라도 집행할 재산이 없어 결국 소송의 목적을 달성할 수 없는 경우가 발생할 수 있다. 이와 같이 원고가 회복할 수 없는 손해(irreparable injury)를 입는 것을 막을 필요가 있는데, 이를 잠정적 내지 중간보전의 조치 또는 잠정적 구제책(provisional remedies)이라고 하여 소송의 진행 중에 행사할 수 있는 부수적 조치로 허용되고 있다. 이는 주로 당사자 일방의 신청(*ex parte* motion)[50]에 의한 법원의 결정으로 내려진다. 이러한 경우로는, 압류(attachment)[51], 잠정적 유지명령 내지 금지명령(preliminary injunction), 일방적 긴급유지명령(Temporary Restraining Order; TRO),[52] 문제의 재산을 재산관리인의 관리하에 두는 재산관리(temporary receivership), 소송이 계류되어 있음을 알리는 소송계속의 공시(notice of *lis pendens*), 위법하게 점유하고 있는 동산을 회복시키기 위한 동산점유의 회복(seizure of chattel; replevin) 등이 있다.

3.2.4 Summary Judgment(약식판결)

당사자는 디스커버리(discovery) 등 절차를 통해 밝혀진 사실에 근거해 배심원의 심리를 필요로 하는 주요 사실에 관해 다툴 쟁점이 없는 경우(no genuine issue of material fact requiring a trial) Summary Judgment(약식판결; 사실심리생략판결)의 신청을 구할 수 있다(motion for summary judgment).[53] 이는 배심원의 심리에 따른 시간과 비용을 절약하고 재판의 효율성을 기할 수 있는 제도적 장치로, 법원은 해당 소송상 청구의 결정을 뒷받침할 증거가 이미 충분하여 주요 사실에 대한 쟁점

50 "*Ex Parte* Motion(일방당사자 신청)"은 당사자(moving party)의 구제신청에 대해 법원이 상대방 당사자와의 변론을 거치지 않고 바로 결정을 내릴 수 있는 신청을 말한다.

51 "Attachment(압류/가압류)"는 금전적 배상판결의 강제집행을 담보하기 위해 인정된다.

52 "Temporary Restraining Order(TRO; 일방적 긴급유지명령)"은 금지명령결정(preliminary injunction) 전까지 원고에게 급박한 손해가 예상되는 예외적인 상황에서 내려지는 법원의 긴급처분명령이다.

53 "Motion Procedure"는 일정한 예비적 또는 부수적 구제방법에 대한 요구로, 법원의 명령을 구하는 신청절차(application for an order of the court)를 말하는데, 신청인은 "moving party (movant)"라 한다.

CHAPTER 8

에 대한 다툼의 여지가 없다고 판단하는 때 Summary Judgment(약식판결; 사실심리생략판결)를 내릴 수 있으며, 이 경우 배심원의 심리 없이 소송이 종결된다.[54] 다만, 법원은 일정한 사실에 관해서만 판결을 내릴 수 있는데(partial summary judgment), 이 경우는 그 판결이 된 부분 이외의 나머지 부분에 대해서는 배심원의 심리(jury trial)가 이루어질 수 있다. 이러한 민사소송 관련 Summary Judgment(약식판결; 사실심리생략판결)는 미국 연방민사소송규칙(FRCP)[55]과 대부분의 주에서 정식재판 심리 이전 신청(pretrial motion)으로 인정되고 있다.

3.2.5 배심원 재판절차(jury trial process)와 법원의 판결(judgment)

디스커버리(discovery)가 완료되고, 재판절차(trial procedures)가 필요한 때 법원에 의한 당사자 간 사실심리가 이루어지는데, 이에는 배심원에 의한 심리(jury trial)와 배심원이 없는 심리(bench trial)로 구분할 수 있다. 배심원에 의한 심리는 미국 연방헌법과 주 헌법에 의해 소송주체인 당사자의 권리로서 인정되고 있지만,[56] 일정한 경우 당사자들은 포기할 수도 있고 특히 형평법(equity)상 소송에서는 배심심리가 인정되지 않을 수 있고 이 경우 법관이 사실문제와 법률문제를 모두 판단하게 된다. 배심재판(jury trial)이 이루어질 경우 원칙적으로 배심원의 역할은 사실문제(questions of fact)를 판단하는 데 그치며 여기서 확인된 사실에 대한 법의 문제(questions of law)에 대한 결정은 법관의 역할이다. 예를 들어, 계약당사자 일방의 계약위반사실이 인정될 경우 그 위반에 따른 손해금액은 사실의 문제로 보기 때문에 손해배상액을 배심원이 판단하게 된다. 배심원단은 예비 배심원을 상대로 한 선정절차를 거쳐 구성되는데, 그 선정절차는 예비 배심원단은 일정한 요건을 갖춘 시민 중 무작위로 선정되고, 예비심문절차(voir dire) 등을 거쳐 최종 배심원단이 구성이 된다. 각 당사자는 공정한 배심재판을 위해 예비 배심원단의 배심원을 거부

54 Summary Judgment(약식판결; 사실심리생략판결)는 배심원의 심리가 불필요한 경우 배심원 평결 전(pre-verdict judgment)의 종국적 판결로, 소송 진행 중 주요한 쟁점들에 대한 판단을 내리는 Interlocutory Judgment/Decree(중간판결)과 구별된다.

55 FRCP Rule 56.

56 미국의 배심원제도는 9세기 프랑스로 소급되는데, 영국 노르만왕조의 정복자 윌리엄(William the Conqueror)에 의해 영국에 유입된 것으로 보고 있다. 배심원은 초기에 피고의 이웃들의 집단이었는데, 그들은 자신이 알고 있는 것에 대해 질문에 대답하도록 되어 있었고, 사건에 대한 증인이자 심문자로서 기능을 하였다. 미국에서는 배심원에 의한 재판(jury trial)을 받을 권리를 미국 연방수정헌법(U.S. Constitution's Seventh Amendment)과 대부분 주의 헌법에서 민사소송상 권리로도 인정하고 있다.

하거나 제외할 권리가 주어진다. 배심원단의 규모는 대체로 6명에서 12명으로 이루어진다. 사실심의 절차는 증거 등의 제시에 앞서서 당사자의 변호인이 심리 초기에 배심에 대한 진술을 행하는 재판의 모두진술(opening statement), 원고의 주장 및 입증과 이에 대한 피고의 반대주장과 입증, 다시 원고의 반론 및 입증과 피고의 재반박 및 입증 등[57]을 거쳐 최종변론(closing argument or statement)의 순서로 진행된다. 당사자의 최종변론 이후에는, 판사가 배심원에 대해 심리 및 평결의 방법과 절차에 관한 평결지침(jury instruction)을 알려준 후, 배심원단의 심리(deliberation)가 이루어지고, 그 결과에 따라 배심원은 평결(verdict)을 내리게 된다.[58]

▌배심원 재판절차(jury trial process)▐

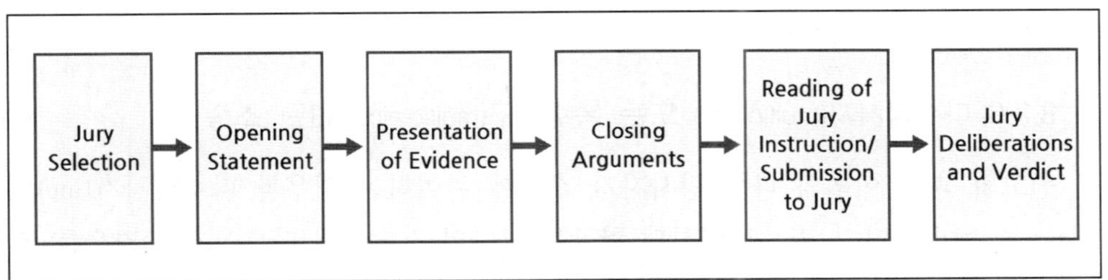

배심재판(jury trial)을 행할 경우라도 판사는 배심원의 심리를 받지 않고 독자적으로 판결할 수 있는 "Directed Verdict(지시평결)"[59]를 내릴 수 있으며, 경우에 따라서는 배심원의 평결(verdict)을 무시하고 다르게 판결하는 "Judgment N.O.V.(Non Obstante Veredicto)(judgment notwithstanding verdict; 평결불복판결)"[60]을 내리거나 새

57 민사소송에서 당사자의 주장에 대한 입증책임(burden of proof)은 일반적으로, "preponderance of evidence(증거의 우월)" 정도를 기준으로 하는 반면, 형사소송상 검사의 범죄에 관한 입증은 "beyond the reasonable doubt(합리적 의심의 여지를 넘어서는)" 정도에 이르러야 한다.

58 배심원 전원일치의 합의로 평결을 해야 하는 사안에서 합의가 이루어질 수 없는 의견불일치로 인한 평결불능인 "Hung Jury"의 상황이 발생할 수 있는데, 이는 미결정심리(mistrial)로 새로운 배심원에 의한 재심리(retrial)가 이루어질 수 있다.

59 "Directed Verdict(지시평결)"는 정식 사실심리(trial)에서 제출된 증거로 보아 소송의 승패가 명확하여 배심에 붙일 진정한 쟁점이 없다고 판단되는 때 당사자의 신청 또는 법원의 직권에 의해 판사의 지시대로 내려지는 평결이다.

60 "Judgment N.O.V.(Non Obstante Veredicto)"는 배심의 평결과 다른 판결(judgment notwithstanding the verdict)을 의미하며, 판사가 배심의 평결(jury verdict)이 사실상 합리적 근거가 없거나(no reasonable support in fact) 법에 어긋난다(contrary to law)고 판단할 경우 배심원의 판단을 뒤엎고 다른 판결을 내리는 것이다.

로운 사실심리를 명하는 "New Trial(재심리)" 등을 결정할 수 있다. 한편, 법원이 민사소송상 내릴 수 있는 판결로는 손해보전적 배상(compensatory damages)이나 징벌적 배상(punitive damages) 등 금전적 배상(money judgments)을 비롯해 Specific Performance(특정이행), Injunction(금지명령) 등 형평법상 구제판결(equitable relief judgments), 당사자 간 권리관계를 확인하는 Declaratory Judgment(확인판결; 선언적 판결) 등이 있을 수 있다. 법원의 판결이 내려진 경우 판결의 원인이 된 동일한 청구원인(cause of action)에 대해 다시 소송을 제기하는 것은 일종의 "Res Judicata (claim preclusion; 기판력)"로 인해 원칙적으로 허용되지 않는다.[61] 일단 최종적인 판결이 내려지면 소송에서 패소한 당사자는 항소(appeal)를 할 수 있다. 1심법원의 판결과 결정에 대한 항소는 항소법원에 제기하고, 항소법원의 판결과 명령은 연방대법원으로 일정한 요건하에 상고할 수 있다.[62]

3.2.6 다수당사자(multiparty) 또는 복수청구(multiclaim) 관련 소송

원고와 피고 이외의 다른 당사자가 소송에 관여하는 경우를 다수당사자(multiparty) 소송이라 하고, 두 개 이상의 청구가 하나의 소송에서 다루어지는 경우를 복수청구(multiclaim) 소송이라고 하는데, 미국 연방민사소송규칙과 다수의 주 법원에서 이를 인정하고 있다.[63] 이에는 (i) 원래의 피고가 원래의 원고를 상대로 제소하는 청구인 Counterclaim(반소),[64] (ii) 공동원고 내지 공동피고 사이에 제기하는 청구인 Cross-claim(공동소송인 간 청구), (iii) 원고가 피고를 상대로 한 여러 청구를 한꺼번에 병합하는 Joinder of Claims(청구병합), (iv) 당사자의 병합으로 당사자들을 하나의 소송에 통합하는 Joinder of Parties(공동소송),[65] (v) 유사한 상황에 있는 대규모 집단의 모든 구성원을 위해 대표자 구성원(named plaintiffs)이 제기하고 그

---

61 "Res Judicata(기판력)"는 실질적 확정력이라고도 하는데, 영미법(common law)과 대륙법(civil law) 체계 모두에 존재하는 개념으로, 원칙적으로 사건에 대한 판결이 확정된 이후에는 동일한 사건으로 다시 판결을 받거나 판결을 번복할 수 없다는 원리이다. 기판력은 당사자에게만 미치고 제3자에게는 미치지 않는 것이 원칙이다. 미국 연방수정헌법(U.S. Constitution's Seventh Amendment)은 배심원 재판의 경우도 원칙적으로 배심원에 의해 확정된 사실에 관한 재심리를 할 수 없도록 하고 있다.

62 다만, 3명의 판사로 구성된 합의부 사건에서 결정된 사항, 예를 들어, 금지명령(injunction) 등을 허가하거나 거부하는 명령에 대한 항소는 연방대법원으로 직접 할 수 있다.

63 FRCP Rule 13-24.

64 이에는 필요적 반소(compulsory counterclaim)와 임의적 반소(permissive counterclaim)가 있다.

65 이에는 필요적(compulsory) 공등소송과 임의적(permissive) 공동소송이 있다.

판결의 효력이 소송에 참가하지 않은 자에게도 미치는 소송형태인 Class Action(집단소송)이 있다. 그리고, (vi) 당초 소송의 당사자가 아닌 사람이 소송에 참가해 자신의 권리를 보호하거나 청구를 제기하기 위해 소송사건에 관여하는 Intervention(소송참가)이 있다. (vii) 청구된 사건과 관련해 제3자가 책임을 질 수 있는 경우 하나의 소송에서 모든 청구를 해결할 수 있도록 제3자를 소송에 끌어들이는 Impleader(third party practice; 제3당사자 절차)가 있는데, 이는 주로 피고가 소송에서 패소해 원고에게 배상을 해야 할 경우 그 배상에 대해 제3자로부터 변상을 받을 수 있도록 하기 위해 이용되는 소송형태이다. 또한, (viii) 주로 이중배상의 위험을 피하기 위해 자신이 책임을 부담해야 할 사람이 누구인지 잘 모르는 경우에 이용하는 소송형태인 Interpleader(경합권리자 확정절차)가 있는데, 이는 특정 물건이나 금전에 대해 동일한 권리를 주장하는 자가 다수이고, 물건 또는 금전의 점유자 내지 관리자가 그중에 어떤 한 사람의 권리를 인정할 경우 다른 사람으로부터 이중의 청구를 받을 우려가 있을 때 점유자 또는 권리자가 권리를 주장하는 자 전원을 상대로 소를 제기하고 피고 상호간에 누가 진정한 권리자인지를 다투는 형평법(equity)상 소송절차이다.

4. 외국판결의 승인 및 집행(recognition and enforcement of foreign judgment)의 문제

외국판결의 승인 및 집행(recognition and enforcement of foreign judgment)의 문제는 국제거래 계약의 분쟁에 관한 재판관할에 따라 외국에서 승소판결을 받아 국내에서 집행을 하거나 그 반대의 경우 그 판결의 효력과 집행을 어떻게 할 수 있는지에 대한 문제이다. 이는 국제거래 계약시에 분쟁발생에 관한 종국적 해결이 될 수 있는지에 대한 이해를 필요로 하는데, 한 나라의 법원의 판결을 다른 나라에서 당사자들이 준수하도록 하기 위해서는 그 다른 나라의 법원이 그 판결을 인정해 집행이 가능하도록 해야 한다. 예를 들어, 미국의 경우 외국법원의 판결을 집행하기 위해서는 우선 미국법원이 해당 판결을 승인해야만 하는데, 미국법원이 승인한 한국판결은 미국에서 내려진 판결과 동등한 효력을 가지는 반면, 미국법원에서 승인되지 않은 한국판결은 미국 내에서 집행할 수 없다. 또한, 외국법원에서 우리나라 국민 또는 회사를 피고로 판결이 내려진 경우 그 판결이 국내에서 당연히 효력을 가지는 것은 아니기 때문에 국내법원이 그 외국판결을 승인해 피고를 상대로 강제집행을 할 수 있어야 한다. 이러한 외국판결의 승인이나 집행의 인정 여부나 요건은 국가별로 다를 수 있으므로 국제거래 계약의 분쟁을 특정한 국가의 법원의 재판관할에 따르기로 한 경우 그 법원의 판결이 계약당사자의 해당 국가에서 승인과 집행이 가능한지를 확인할 필요가 있다.

외국의 중재판결(arbitration award)의 집행에 관해서는 뉴욕협약(New York Convention)이 별도로 마련되어 있는 것과는 달리, 외국법원의 판결의 승인과 집행을 규율하는 별도의 일반적인 국제조약은 존재하지 않는다.[66] 미국의 경우도 중재판정의 집행에 관한 뉴욕협약에는 가입되어 있는 반면, 외국판결의 승인과 집행에 관해서는 국제조약뿐만 아니라 일반적인 연방법도 제정되어 있지 않다. 이에, 외국법원의 판결의 승인과 집행에 관한 사항은 기본적으로 개별 주법(state law)이 적용되어 그 기준이 주별로 다를 수 있다. 다만, 상당수의 주들은 모델법인 Uniform Foreign Money Judgments Recognition Act(UFMJRA; 통일외국금전판결승인법)을 채택하고 있는데, 이는 미국법원이 외국법원의 금전의 지급이나 지급을 거부하는 판결을 승인하고 집행할 수 있는 표준적인 절차를 제시하고 있다. 이러한 통일외국금전판결승인법(UFMJRA)을 채택하지 않은 주들은 보통법(common law)의 원리와 국제예양(international comity)[67]에 따라 외국판결을 인정하기도 한다. 통일외국금전판결승인법(UFMJRA)을 채택한 주에서는 외국법원에서 판단된 최종적이고(final), 확정적이며(conclusive), 강제집행이 가능한(enforceable) 금전의 지급이나 지급을 거부하는 판결에 한하여 승인을 한다. 다만, 외국법원의 판결이 공정(impartial)하지 않았거나, 적법한 절차(due process of law)를 준수하지 않았거나, 또는 피고에 대한 인적 관할권(personal jurisdiction)이 없는 경우 미국법원은 그 외국법원의 판결을 승인하지 않을 수 있다. 한편, 일부 주들은 상호주의(principle of reciprocity)를 채택해 외국법원이 미국 주정부의 판단을 인정하지 않는 경우 미국 주정부 역시 해당 외국법원의 판단을 인정하지 않을 수 있다.

우리나라의 경우 외국판결이 국내에서 효력을 가지려면 민사소송법 제217조(외

66 중재판정의 승인과 집행에 관해서는, "New York Convention(뉴욕협약)"으로 알려진, "UN Convention on the Recognition and Enforcement of Foreign Arbitral Awards(외국중재판정의 승인과 집행에 관한 유엔협약)"로 인해 법원의 판결보다 중재인의 판정을 더 용이하게 강제집행할 수 있다.

67 국제예양(international comity)은 국제법상의 의무로서 요구되는 것은 아니지만 국제사회에서 일반적으로 받아들여지는 예의, 편의, 호의 등에 의하는 관례로, 예를 들면, 국가의 대표자에 대한 관례로 이루어지는 예의나 대우 등과 같은 경우가 있다.

국재판의 승인)에 규정된 요건을 갖추어야 한다.[68] 이와 관련해, (i) 외국법원이 해당 분쟁에 대하여 한국법령 또는 국제재판관할의 원칙상 국제재판관할이 있어야 한다. 또한, (ii) 적법한 송달이 이루어져야 하는데, 피고에 대한 송달의 경우 피고가 원고의 소장을 받지 못하거나 원고가 피고의 답변서를 받지 않고 소송이 진행된다면 당사자는 상대방의 주장에 대하여 방어할 기회를 가질 수 없어 이러한 재판은 공정한 재판이 될 수 없으므로 적법한 방식에 따라 피고의 방어에 필요한 시간적 여유를 두고 송달이 이루어져야 한다. 송달이 적법하기 위해서는 헤이그송달협약(Hague Service Convention; Convention on the Service Abroad of Judicial and Extrajudicial Documents in Civil or Commercial Matters; 민사 또는 상사의 재판상 및 재판외 문서의 해외송달에 관한 협약)[69]과 같은 국제협약에 따르거나 법정지 송달에 관한 규정을 따를 필요가 있다.[70] 그리고, (iii) 외국판결의 승인이 대한민국 국내법질서가 보호하려는 기본적인 도덕적 신념과 사회질서에 미치는 영향을 외국판결이 다룬 사안과 대한민국과의 관련성의 정도에 비추어 우리나라의 선량한 풍속이나

---

68 민사소송법 제217조 (외국재판의 승인)

① 외국법원의 확정판결 또는 이와 동일한 효력이 인정되는 재판(이하 "확정재판등"이라 한다)은 다음 각호의 요건을 모두 갖추어야 승인된다.

1. 대한민국의 법령 또는 조약에 따른 국제재판관할의 원칙상 그 외국법원의 국제재판관할권이 인정될 것
2. 패소한 피고가 소장 또는 이에 준하는 서면 및 기일통지서나 명령을 적법한 방식에 따라 방어에 필요한 시간여유를 두고 송달받았거나(공시송달이나 이와 비슷한 송달에 의한 경우를 제외한다) 송달받지 아니하였더라도 소송에 응하였을 것
3. 그 확정재판등의 내용 및 소송절차에 비추어 그 확정재판등의 승인이 대한민국의 선량한 풍속이나 그 밖의 사회질서에 어긋나지 아니할 것
4. 상호보증이 있거나 대한민국과 그 외국법원이 속하는 국가에 있어 확정재판등의 승인요건이 현저히 균형을 상실하지 아니하고 중요한 점에서 실질적으로 차이가 없을 것

② 법원은 제1항의 요건이 충족되었는지에 관하여 직권으로 조사하여야 한다.

69 헤이그송달협약(Hague Service Convention; Convention on the Service Abroad of Judicial and Extrajudicial Documents in Civil or Commercial Matters; 민사 또는 상사의 재판상 및 재판외 문서의 해외송달에 관한 협약)은 외국 소재 당사자에 대한 송달에 관한 협약으로, 가입국이 정한 중앙당국(central authority)으로 사법공조 요청서를 송부해 송달할 수 있다.

70 대법원은 "미합중국 워싱턴주의 개정법률(Revised Code of Washington) 제4.28.180조 및 민사규칙(Super Court Civil Rules) 제4조 송달규칙에서 정한 60일의 응소기간이 아닌 20일의 응소기간만을 부여한 소환장을 워싱턴주 밖에 주소를 둔 피고에게 송달한 것은 적법한 방식에 의한 송달로 볼 수 없다"고 판시한 바 있다(대법원 2010. 7. 22. 선고 2008다31089 판결). 이는 법정지인 판결국에서 피고에게 방어할 기회를 부여하기 위하여 규정한 송달에 관한 방식, 절차를 따르지 아니한 경우 민사소송법 제217조 제1항 제2호에서 말하는 적법한 방식에 따른 송달이 이루어졌다고 볼 수 없다고 판시한 것이다.

그 밖의 사회질서에 어긋나지 않는다는 점이 그 승인 여부를 판단하는 시점에서 인정되어야 한다. 이때 그 외국판결의 주문뿐만 아니라 이유 및 외국판결을 승인할 경우 발생할 결과까지 종합적으로 검토해야 한다.[71] (iv) 외국판결에 관한 상호보증이 있을 필요가 있는데, 상호보증의 요건은 우리나라 법원의 판결도 그 외국에서 승인될 가능성이 있어야 한다는 것을 의미한다. 우리나라와 외국 사이에 동종 판결의 승인요건이 현저히 균형을 상실하지 않고 외국에서 정한 요건이 우리나라에서 정한 것과 중요한 점에서 실질적으로 거의 차이가 없는 정도라면 상호보증의 요건을 구비된 것으로 볼 수 있다.

그런데, 외국법원의 손해배상에 관한 확정재판 등의 승인과 관련하여서는, 법원은 그 확정재판 등이 우리나라의 법률이나 조약에 현저히 반하는 결과를 초래할 경우에는 그 승인을 제한할 수 있다. 예를 들어, 미국의 경우 징벌적 손해배상(punitive damage)이 인정되어 징벌적으로 상당한 금액의 손해배상을 하는 것으로 판결이 날 수 있으나, 우리나라의 경우 이러한 배상은 인정되지 않는다. 이에, 미국의 법원에서 받은 징벌적 손해배상판결을 국내에서 승인한다면 국내의 전보배상의 원칙을 무시하는 결과를 가져올 수 있고, 외국판결의 전부에 대한 승인을 거절하는 것도 국제예양(comity)에 적합하지 않으므로 징벌적 손해배상과 같이 손해전보의 범위를 초과하는 배상액의 지급을 명한 외국법원의 확정판결을 적정 범위로 제한하여 승인할 수 있도록 허용하고 있다.[72] 다만, 외국판결의 집행절차에서 외국판결의 실체적 내용이 정당한지 판단은 하지 않으며, 국내의 피고는 집행절차에서 원고의 청구와 외국판결의 부당함을 주장할 수는 없다.[73]

71 대법원 2012. 5. 24. 선고 2009다22549 판결.

72 민사소송법 제217조의2 (손해배상에 관한 확정재판등의 승인).
① 법원은 손해배상에 관한 확정재판등이 대한민국의 법률 또는 대한민국이 체결한 국제조약의 기본질서에 현저히 반하는 결과를 초래할 경우에는 해당 확정재판등의 전부 또는 일부를 승인할 수 없다.
② 법원은 제1항의 요건을 심리할 때에는 외국법원이 인정한 손해배상의 범위에 변호사보수를 비롯한 소송과 관련된 비용과 경비가 포함되는지와 그 범위를 고려하여야 한다.

73 집행판결은 재판의 옳고 그름을 조사하지 아니하고 하여야 한다(민사집행법 제27조 제1항).

Ⅳ. 대체적 분쟁해결(ADR)

1. 대체적 분쟁해결(ADR)의 이해

법원 등 사법기관에서 심리결정(adjudication)[74]을 통해 분쟁을 해결하는 프로세스인 소송(litigation)은 분쟁을 법적으로 해결하는 기본 절차로, 소송과정에서 화해합의 등이 이루어질 수 있으나, 법으로 보호되고 법정에서 변호될 수 있는 특정한 권리를 가지고 있다는 것을 전제로 일반적으로 한쪽 당사자가 승소를 하고 상대방은 패소하게 된다.[75] 당사자들은 분쟁에서 자신들의 옳음을 밝히고 정의로운 판단을 받기 위해 소송을 하길 원할 수 있는데, 장기간의 재판절차나 영미법계의 경우 광범위하고 비용이 많이 드는 디스커버리(discovery) 등 입증절차나 배심제도(jury system) 등의 불확실성으로 인해 소송이 항상 만족스러운 해결책을 제공하는 것은 아니다. 이러한 소송의 경직성 등 단점을 보완할 수 있는 대체적 분쟁해결(alternative dispute resolution; ADR)을 고려할 수 있다. 대체적 분쟁해결(ADR)은 소송(litigation) 이외의 분쟁해결을 위한 모든 과정이라 할 수 있는데, 계약당사자들은 대체적 분쟁해결방법을 합의할 수 있다. 이러한 대체적 분쟁해결방법은 비공식적인 형태에서 상당히 형식적인 형태에 이르기까지 다양할 수 있는데, 당사자들은 분쟁의 해결과정을 소송보다 자유롭게 통제할 수 있다. 계약상 분쟁해결조항(dispute resolution clause)에서 분쟁을 해결하기 위해 법원이 아닌 다른 대체적 분쟁해결방법을 규정해, 당사자 간 분쟁을 해결하기 위한 메커니즘을 관리할 수 있다. 예를 들어, 단계적 협상(step negotiation), 조정(mediation), 중재(arbitration), 상임중립인(standing neutral) 등 다양한 방안을 고려할 수 있다.[76] 이러한 대체적 분쟁해결조항은 법원에

74 Adjudication(심판결정/판정)은 협상에서와 같이 분쟁당사자들이 분쟁의 결과에 동의하는 것이 아니라, 분쟁의 결과를 심판자(adjudicator)가 결정하는 프로세스이다.

75 당사자가 분쟁해결을 소송의 방식으로 하더라도, 법원의 판결(court's ruling)이나 배심원의 평결(trial's verdict)이 이루어질 때까지 당사자 간 화해합의(settlement)를 통해 분쟁을 종결할 수 있다. 즉, 원고는 판결이 내려질 때까지 피고가 지급하고자 하는 대가와 교환으로 소송을 취하할 수 있으며 피고는 원고의 동의하에 화해를 할 수 있는데, 소송과정에서도 화해의 가능성은 양 당사자에게 항상 존재하며, 화해제안을 할 것인지 아니면 화해제안을 받아들일 것인지의 문제는 소송 중에도 내내 고려될 수 있다. 소송의 변론(pleadings), 디스커버리(discovery), 법원의 재판 전 결정(court's pre-trial rulings) 등은 가능한 소송 결과에 대한 당사자들의 예측에 영향을 미칠 수 있어 시간의 경과에 따라 당사자들의 분쟁에 대한 입장도 바뀔 수 있다.

76 "Standing Neutral(상임중립인)"은 분쟁해결의 한 가지 방법으로, 계약기간 동안 계약당사자들

서의 공식적인 소송 이외에 비공식적인 분쟁해결을 하기 위한 수단을 제공함으로써 당사자 간 프라이버시를 더 보호할 수 있고, 경우에 따라 법원에서 이루어진 소송에 대비해 시간과 비용을 절약할 수 있는 면이 있다. 특히, 여러 국가에 속한 당사자 간 국제거래의 경우 모든 계약에 동일한 대체적 분쟁해결조항을 자동적으로 포함하기보다는 거래상황이나 잠재적 분쟁의 성격 등을 고려해 분쟁발생시 이용가능한 적절한 대체적 분쟁해결방안을 수립할 필요가 있다. 중재(arbitration)나 조정(mediation) 등과 관련된 기관은 대체로 이를 수행하기 위한 표준계약조항(model contract clause), 표준절차규칙(model procedural rules)을 비롯해 중재인(arbitrator)이나 조정인(mediator)에 대한 등록명부와 관련 시설(facilities) 등을 제공한다.

2. 대체적 분쟁해결(ADR)의 유용성 및 유형

소송의 경우 장기간의 공개적 절차(public process)를 필요로 할 수 있고, 특히, 국제거래 계약당사자들은 익숙하지 못한 법정절차를 가진 외국법원에서 소송을 할 수 있으며, 당사자가 승소를 하였더라도 패소당사자에 대한 인적 관할권(personal jurisdiction)을 가진 외국법원에서 판결의 강제집행에 어려움에 직면할 수 있다. 국제거래의 당사자들은 이러한 국가 간 재판절차와 강제집행에 대한 차이를 극복하기 위해 일반적으로 대체적 분쟁해결(ADR)을 선호한다. 대체적 분쟁해결(ADR)의 목적은 당사자 간 분쟁을 법원의 재판에 의하지 않고 분쟁을 효율적으로 해결하기 위한 것, 즉 소송 이외의 분쟁해결과정으로, 중재(arbitration)나 조정(mediation) 등과 같이 제3자의 관여나 화해협상과 같이 직접 당사자 간에 교섭과 타협으로 이루어진다. 그런데, 소송(litigation)과 중재(arbitration)는 법의 적용에 따른 분쟁해결의 기본적 프로세스인 반면, 조정(mediation)을 포함한 협상(negotiation)을 통한 분쟁해결 프로세스는 소송이나 중재와 같은 법을 직접적으로 적용하는 프로세스는 아닐 수 있다. 소송이나 중재에 따른 판정은 당사자들을 구속하는 반면, 조정 등 협

에 대한 자문역 등의 역할을 할 수 있는 사람으로, 당사자들은 상임중립인(standing neutral)에게 해당 거래의 진행상황을 지속적으로 알려주고, 상임중립인은 당사자의 요청에 따라, 당사자 간에 발생한 분쟁에 대한 해결책을 제시하는 역할을 하게 할 수 있다. 이는 상임중립인이 해당 거래에 정통하다면 당사자의 업무 수행에 도움을 주고, 분쟁이 확대되기 이전에 신속하고 효율적으로 분쟁을 해결할 수 있다는 등의 이점이 있으나, 분쟁의 발생 여부와 상관없이 상임중립인에 대한 자문비용이 들고, 상임중립인의 결정이 당사자들에게 구속력이 없다는 문제점이 있을 수 있다.

상 프로세스는 당사자들의 분쟁의 원만한 합의를 지원하기 위한 것이다. 다만, 조정(mediation)이나 중재(arbitration)와 관련해서도 "med/arb," "arb/med," "med-then-arb" 등과 같은 다양한 변형들이 있을 수 있다. 예를 들어, 당사자들이 간단한 논의로부터 시작해, 공식적인 협상(formal negotiation)을 할 수 있고, 그것이 효과가 없다면 조정이나 중재에 따른 분쟁해결절차를 선택하도록 할 수 있다. 따라서, 대체적 분쟁해결방법을 고려할 때 중재와 같은 보다 공식적인 법적 절차에만 의존할 필요는 없으며, 분쟁해결을 위한 다양한 옵션을 이해하는 것은 개별 분쟁에 대한 최선의 해결책을 찾을 수 있도록 한다.[77]

2.1 당사자 간 분쟁해결 협상 관련 조항(negotiation clause)

분쟁해결에 가장 일반적으로 사용되는 형태는 협상(negotiation)이다. 둘 이상의 사람들 또는 조직 간에 의견충돌이 있을 경우 당사자들은 대체로 결과를 판단하기 위해 보다 공식적이고 비용이 많이 드는 방법에 의존하기 이전에 어떤 형태의 주고받기식 토론(give-and-take discussion)을 통해 상호간의 의견 차이를 해결하려 한다. 당사자 간 협상은 가장 일반적으로 사용되는 분쟁해결의 과정이며 조정(mediation)을 포함한 다른 분쟁해결과정의 중요한 기초가 되므로 대체적 분쟁해결(alternative dispute resolution)이 성공하려면 강력한 협상능력이 필수적이다.[78] 협상(negotiation)은 구속력이 없는 과정(non-binding process)이라고 할 수 있는데, 협상을 통해 법적 구속력이 있는 합의(legally-enforceable agreement)로 이어질 수 있다. 당사자들은 협상을 시작하기 전에 상대방의 최종 양보점(bottom line)을 파악할 필요가 있으며, 최종 양보점(bottom line)을 파악하기 위해, 관련 준거법, 특히 실체법(substantive law)상 해당 분쟁이 재판에 회부된다면 원고가 승소할 가능성과 승소시 법원의 구제방법은 무엇인지 등을 파악할 필요가 있다. 그리고, 소송을 하게 된다면 어느 정도의 비용과 시간이 소요될 것인지, 소송이 당사자의 평판에 어떠한 영

77 대체적 분쟁해결(ADR)은 노동, 고용, 건설 등과 관련된 계약에서 발생하는 분쟁에서 널리 활용되고 있다.—Thomas J. Stipanowich and J. Ryan Lamare, "Living with ADR: Evolving Perceptions and Use of Mediation, Arbitration and Conflict Management in Fortune 1,000 Corporations," HARV. NEGOT. L. REV.; 다음 웹사이트를 참고하기 바란다: https://ssrn.com/abstract=2221471.

78 분쟁협상(dispute negotiation)을 흔히 화해협상(settlement negotiation)이라고도 한다. 분쟁협상이 타결되지 못하는 경우 당사자들은 구속력 있는 심판(adjudication)을 원할 수 있으며, 이때 주로 구속력 있는 심판인 소송이나 중재를 선택한다.

향을 미칠 것인지 등도 검토해야 한다. 분쟁의 적용 준거법은 최종 양보점(bottom line)에 상당한 영향을 미칠 수 있고, 이에 따라 당사자의 협상구간(settlement zone)이 결정될 수 있다. 협상구간(settlement zone)을 정하기 위해서는 소송결과에 대한 예측을 하는 것이 중요하다. 즉, 당사자 간 화해합의(settlement agreement)가 법원의 판결내용과 동일하다면 대부분의 당사자들은 일반적으로 소송보다는 시간과 비용이 덜 소요될 수 있는 사적인 협상을 통해 분쟁을 해결하기를 원할 수 있다.[79]

조정이나 중재와 달리, 비공식 협상은 일반적으로 외부인을 포함하지 않는 내부적 프로세스로, 계약상 비공식 협상조항(informal negotiation clause)을 두는 경우 그 비용이 저렴하고 실행이 용이할 수 있는 분쟁해결수단이 된다. 비공식 협상조항에는 대체로, (i) 비공식 협상의 대상을 기재하는데, 특정한 분쟁만이 협상의 대상인 경우 이에 관한 사항을 명확히 하며, (ii) 당사자들이 신의성실(good faith)에 따라 협상을 하도록 하는 등 협상에 임하는 행동기준을 정하고,[80] (iii) 협상을 할 수 있는 일정한 기간을 정할 수 있으며, (iv) 협상을 통해 분쟁을 해결할 수 없는 경우 다음 단계로 조정(mediation), 중재(arbitration), 소송(litigation) 등 어떠한 분쟁해결방법을 따를 것인지 등을 규정한다. 그리고, (v) 분쟁이 발생했을 때 누가 당사자의 협상자가 될 것인지를 비공식 협상조항에 기재할 수도 있는데, 이때 각 당사자의 최초 협상자들이 상호 합의에 도달할 수 없는 경우 그 협상자의 상급자들을 통해 추가 협상을 할 수 있는 에스컬레이션(escalation) 내지 이의(appeal) 절차도 함께 고려할 수 있다.

계약에 단계적 협상조항(step negotiation clause)을 두는 경우 당사자들은 협상을 통해 자율적이고 효율적으로 분쟁을 해결할 기회를 가질 수 있다. 단계적 협상조

79 다만, 당사자에 따라서는 단순히 소송의 결과에 따른 금전적 배상과 더불어, 화해합의만으로는 제공될 수 없는 것, 즉 어떤 당사자들은 법원의 유리한 평결로부터 나오는 대중의 정당성을 얻으려 하거나, 유리한 선례로 법규범을 만들고 싶어하거나, 치열한 소송당사자로서의 명성을 쌓고 싶어할 수도 있다. 이와 같이 당사자가 화해합의로부터 얻을 수 없는 것을 소송에서 얻고자 하는 예외적인 경우를 제외하고, 협상구간(settlement zone)은 원고가 피고가 기대하는 것보다 소송에서 원고 자신에게 덜 유리한 결과를 기대하는 경우와 양 당사자가 동일한 결과를 기대하는 경우에 협상구간이 존재하게 된다. 협상구간은 당사자들의 믿음의 정확성과 상관없이, 그들의 신념에 의해 만들어질 수 있기 때문에 당사자들의 예상이 틀리더라도 협상구간은 존재할 수 있다.

80 계약에 있어 신의성실(good faith)이란 당사자들이 그들의 거래의 행동기준(standards of their trade)에 따라 그들 자신을 정직하게 행동하고 서로를 공정하게 다루는 것(conduct themselves honestly and deal fairly with each other)을 의미한다.

항은 각 당사자의 관리자부터 최고경영진에 이르기까지 분쟁을 협상을 통해 해결하려고 하는 동기를 부여할 수 있다. 즉, 분쟁이 발생하는 경우 각 당사자측이 분쟁의 협상에 관한 일차적 권한을 가진 관리자로 하여금 분쟁해결을 우선 협상하도록 하고, 일차적 권한을 가진 관리자에 의한 협상이 주어진 기간 내에 타결되지 않는 경우 협상에 따른 분쟁해결을 할 수 없다는 결론을 내릴 때까지 보다 높은 상위 직급자들을 통해 분쟁해결을 위해 노력하도록 할 수 있다. 다만, 단계적 협상(step negotiation)은 당사자인 기업의 규모에 큰 차이가 존재하는 경우에는 효율적 작동이 어려울 수 있다. 예를 들어, 소규모 업체는 대기업에 비해 분쟁해결을 위해 더 높은 수준의 경영진으로 가는 계층적 경영진 조직이 없으며, 자신의 계층적 경영진이 더 이상 없을 때 상대방의 중간 관리자에 의한 결정에 만족하지 않을 수 있다. 한편, 단계적 협상은 다른 형태의 분쟁해결방법과 함께 사용될 수 있다. 예를 들어, 계약상 당사자들이 단계적 협상을 통해 분쟁해결을 우선 시도하고, 그 협상에 따라 해결할 수 없는 분쟁에 대해서는 조정(mediation), 중재(arbitration), 소송(litigation) 등에 따라 해결하도록 할 수 있다.

[Example]

아래는 비공식 협상조항(informal negotiation clause)의 기재례들이다. 비공식 협상조항의 세부사항은 계약의 성격이나 당사자들의 협상결과에 따라 달라질 수 있으며, 각 당사자의 관리자부터 최고경영진에 이르기까지 분쟁협상을 통해 해결하려고 하는 단계적 협상(step negotiation)을 하도록 할 수 있다. 분쟁을 당사자 간의 협상을 통해 해결할 수 없는 때 조정, 중재, 소송 등에 따라 분쟁해결을 하도록 규정할 수 있다.

- (1) In the event of any dispute arising under or related to this agreement, the parties shall initially attempt in good faith to resolve the dispute through informal negotiation. A party shall give written notice to the other party that it seeks to resolve a dispute through the informal negotiation process (the "Request to Negotiate"). The Request to Negotiate will state the nature of the dispute and the requested relief.
  (2) No later than five days after delivery of the Request to Negotiate, each party shall designate a representative to meet as often the parties deem reasonably necessary to resolve the dispute. Notwithstanding the previous sentence, the parties shall submit the dispute to mediation if the parties are unable to resolve 60 days after delivery of the Request

to Negotiate. The parties may shorten or extend the 60-day negotiation period by mutual written consent.

(3) If the parties are unable to reach a settlement of the dispute within the 60-day negotiation period, or as shortened or extended by the parties' mutual written consent, then the matter will be submitted to arbitration as provided in Section XX.

- The parties shall attempt in good faith to resolve any dispute arising out of or relating to this Agreement promptly by negotiation between executives who have authority to settle the controversy and who are at a higher level of management than the persons with direct responsibility for administration of this Agreement. The parties shall elevate the issues to their respective upper management levels as necessary to resolve the disputes. If the parties are unable to resolve within 60 days any dispute arising out of or relating to this Agreement, or the breach thereof, the parties shall submit to final, binding arbitration administered by the American Arbitration Association.
- In case of a dispute, either party may call for escalation by written notice to the other. Within ________ business days of such notice, each party shall designate an executive with authority to make commitments that would resolve the dispute (a "Senior Manager"). The parties' Senior Managers shall meet in person or by video conference ("Dispute Conference") within ________ business days of their designation and shall negotiate in good faith to resolve the dispute. Except to the extent necessary to prevent irreparable harm or to preserve rights or remedies, neither party shall file suit until 10 business days after the Dispute Conference.

2.2 중재(arbitration)

중재(arbitration)는 중립적인 제3자인 중재인(arbitrator)에 의해 절차가 진행되고, 중재인이 분쟁에 대한 판정을 내리며, 중재심리는 재판과 유사하게 이루어진다. 중재는 사적 분쟁해결기관(private forum)에 의해 심리결정(adjudication)을 하는 법적 구속력이 있는 프로세스(legally-binding process)이다.[81] 다만, 중재절차를 진행하

81 국제적 중재기관들로는 ICC(International Chamber of Commerce), LCIA(London Court of International Arbitration), AAA(American Arbitration Association), SIAC(Singapore International Arbitration Centre), HKIAC(Hong Kong International Arbitration Centre) 등이 있다. 우리나라의 경우 중재는 중재법, 조정은 민사조정법에 의한 조정/가사소송법에 의한 조정, 화해는 재판외 화해/재판상 화해(제소전 화해/소송상 화해), 각종 행정기관 산하의 각종 분쟁해결을 위한 위원회제도 등이 있다.

기 위해서는 당사자 간 중재로 분쟁을 해결할 것을 합의하는 중재합의(arbitration agreement)가 필요하며, 중재합의가 있는 때 중재는 분쟁해결을 위한 기본절차로서 소송을 대체하게 된다. 당사자는 중재인과 중재절차를 선택해 진행할 수 있으며, 선택된 중재인은 당사자들로부터 주장과 관련 증거나 증인 등 입증자료를 검토해 당사자들에게 구속력을 가지는 중재판정(arbitral award)을 하게 된다. 중재는 조정과 마찬가지로, 당사자 간 합의에 의해 성립되지만, 중재인은 단지 당사자들의 협상을 촉진하는 역할을 하는 조정인과 달리, 당사자들을 구속하는 판단을 내릴 수 있는 지위에 있다. 중재는 통상 재판절차에 비해 덜 형식적이고, 증거규칙도 보다 자유로울 수 있지만, 중재판정에 대해서는 항소(appeal)하지 못한다. 국제중재결정은 선례(precedent)를 남기지는 않지만, 수집된 시리즈로 출판되고 온라인에서 이용할 수 있는데, 이는 당사자들이 유사한 청구들에 일관된 결과나 절차가 적용되는지 여부를 확인하는 데 도움이 될 수 있다. 중재의 주요 내용과 관련 기재례들에 대해서는 아래 별도의 단원에서 자세히 살펴본다.

2.3 조정(mediation)

조정(mediation)은 공정한 제3자인 조정인(mediator)과의 상호 협력(mutual collaboration)을 통해 당사자들 사이의 분쟁협상을 촉진해 분쟁을 해결하는 것으로, 조정인은 협상의 결과를 결정하지 않지만 당사자들의 의견차이를 점검해 문제해결을 돕는 조력자이다.[82] 조정(mediation)은 당사자 간 합의에 의해 성립되며, 당사자들의 공동의 문제나 분쟁을 해결하기 위한 협상을 돕는 중립적 제3자(neutral third party)인 조정인(mediator)이 당사자들 스스로 상호 수용할 수 있는 해결을 할 수 있도록 이끌어 내는 과정이다. 이에, 협상(negotiation)은 당사자와 그 대리인이 참여하지만, 조정(mediation)은 당사자나 대리인과 함께 조정인이 추가된다. 조정인(mediator)은,

82 Mediation(조정)과 유사한 분쟁해결방법으로, Conciliation(조정)이 있는데, 이는 대륙법계 국가에서 자주 사용되는 대체적 분쟁해결방법이다. Conciliation은 분쟁해결을 위한 구속력이 없는 방법이라는 점에서 Mediation과 유사하지만, Mediation에서 조정인(mediator)의 역할이 당사자 간 논의와 제안을 장려하는 등 당사자들이 분쟁을 해결할 수 있도록 노력하는 데 중점이 있다면, Conciliation은 조정인(conciliator)이 제3의 조력자로서 분쟁해결을 위한 제안을 할 수 있는 등 Mediation보다 덜 구조화될 수 있다. Mediation(조정)에서 조정인(mediator)은 양 당사자가 합의에 이를 수 있도록 논의를 촉진하는 공평한 제3자(facilitator)인 반면, Conciliation(조정)에서 조정인(conciliator)은 자문역할(advisory role)을 수행해 분쟁해결을 돕기 위해 양 당사자들에게 실현가능한 해결책을 제시하기 위해 개입할 수 있다. 다만, Conciliation은 Mediation과 혼동되어 사용되기도 한다.

중재인(arbitrator)과 달리, 당사자 간의 협상을 돕는 촉진자(facilitator)로서 역할을 하며, 당사자 간 분쟁을 판단해 결정을 내리는 역할을 하지는 않는다. 즉, 조정인의 역할은 당사자들의 근본적인 이해관계나 분쟁의 본질을 파악해 당사자 간의 협상을 촉진해 그들 스스로 협상을 통해 문제를 해결할 수 있도록 다양한 선택사항들을 이해하도록 돕는 것이다. 당사자들이 분쟁의 해결과정이나 결과에 대한 통제권을 유지하기를 원하거나 분쟁의 상대방과의 장래의 관계를 염려하는 경우 조정은 이상적인 분쟁해결방안일 수 있다. 다만, 당사자들이 화해합의할 준비가 되어 있지 않다면, 조정이 성공하지 못할 가능성이 높다. 조정의 주요 내용과 관련 기재례들에 대해서는 아래 별도의 단원에서 자세히 살펴본다.

Ⅴ. Arbitration(중재)

1. 국제거래 계약과 중재제도의 활용

Arbitration(중재)은 당사자 간의 합의로 분쟁을 법원의 재판에 의하지 않고 중재인의 판정에 의해 해결하는 사적인 심판(private adjudication)이다.[83] 중재에서는 당사자들에 의해 직접 또는 간접적으로 선정된 중재인(arbitrator)이 심판관(adjudicator)이 되는 반면, 소송에서는 법원에 의한 공적판정으로 판사(judge)나 배심원(juror)이 심판관(adjudicator)이 된다. 법원의 판결(judgment)이나 배심원의 평결(verdict)처럼, 중재는 중재판정(award)을 받게 된다. 중재는 분쟁해결의 원칙적인 수단인 소송을 대체한다는 점에서 대표적인 대체적 분쟁해결수단(ADR)이지만, 당사자가 중재인의 판정에 구속된다는 점에서 구속성이 없는 대체적 분쟁해결수단인 조정(mediation; conciliation)과 구별된다. 당사자들이 분쟁을 중재로 해결하기로 하는 합의가 있을 때에만 중재절차를 진행할 수 있는데, 분쟁이 발생하기 이전에 중재합의(pre-dispute arbitration agreement)를 하는 것이 일반적이다. 즉, 당사자들이 해당 계약 관련 분쟁이 발생하기 이전에 당사자 간 분쟁을 법원이 아니라 중재에 의해 해결한다는 중재조항(arbitration clause)을 계약에 사전에 포함한다. 이러한 중

83 Alan Scott Rau, Edward F. Sherman & Scott R. Peppet, 『Processes of Dispute Resolution: The Role of Lawyers』 (Foundation Press, 4th ed., 2006), at 21; Gary B. Born, 『International Commercial Arbitration』 (Kluwer Law International, 2009), at 1743.

재조항은 국제거래에서 당사자 간에 발생할 수 있는 분쟁을 해결하기 위해 광범위하게 활용되고 있다. 다만, 분쟁이 발생한 이후에도 당사자들이 분쟁을 중재로 해결하기로 합의할 수 있는데, 이러한 분쟁 후 중재합의(post-dispute arbitration agreement; submission agreement)는 흔하지는 않다.

2. 중재제도의 특징 및 효용성

중재(arbitration)는 국제거래에서 가장 널리 사용되는 대체적 분쟁해결수단(ADR)으로, 중재프로세스는 당사자들이 중재와 관련해 체결한 합의에 따라 간단한 것부터 복잡한 것까지 다양할 수 있다. 중재제도와 법원의 재판은 그 절차나 심리진행에 있어 서로 다른 점이 있으며, 이는 각국의 소송제도에 따라 다양할 수 있다. 우리나라의 재판절차와 국제중재를 비교해 보면, 소송은 법원에 소장을 접수하고 피고에게 소송서류를 송달하여 시작되는데, 중재는 중재신청서(request for arbitration)를 중재기관에 제출하고 피신청인에게 송달해 절차를 진행하게 된다. 재판부 또는 판정부의 구성에 있어, 소송의 재판부는 법원의 배당절차에 의해 일방적으로 정해지지만, 중재는 분쟁당사자가 그 중재인의 선정에 직접 관여하게 된다. 절차진행에 있어 소송은 법원이 예정 재판기일을 확정한 일정표에 따라 진행되는 것은 아닌 반면, 중재는 일반적으로 중재판정부가 당사자와 협의해 확정한 일정표(timetable)를 당사자들에게 교부하고 그에 따라 절차를 진행하게 된다. 사건심리(hearing)의 경우 대체로 소송은 수차례 변론기일을 정해 이루어지나, 중재는 심리기일 전 회의(pre-hearing conference)와 집중심리가 이루어진다. 국제거래에서 여러 다른 법률이 관련 문제에 적용될 수 있어, 중재조항(arbitration clause)을 작성하거나 채택할 때, 당사자들은 자신들이 선택한 법률에 대한 충분한 이해가 필요하다.

또한, 사건의 입증자료나 방식과 관련해, 소송은 서증의 비중이 높은 반면, 중재는 증인, 특히 전문가 증인의 증언에 큰 비중을 두고 있으며, 전문가 증인의 경우 소송은 법원이 당사자의 신청 또는 직권으로 지정한 증인을 신문하는데, 중재는 쌍방이 각자 증인을 선임해 절차를 진행하는 것이 일반적이다. 사건심리의 종결 이후 소송은 종합준비서면을, 중재는 심리후 주장서면(post-hearing brief)을 제출할 수 있다. 소송은 법원의 판결선고절차를 거친 후 판결문을 송달하나, 중재는 판정선고의 절차 없이 바로 판정문(award)을 송달한다. 중재절차는 단심으로 종결되고 중재판정은 법원의 판결과 동일한 효력을 가진다. 다만, 소송의 판결에 대해서는 항소절차를 통해 불복할 수 있으나, 중재는 단심제로 별도 불복절차가 인정되지 않는다. 재판부나 판정부의 결정에 따른 당사자의 비용의 부담과 관련해, 소송은 소송비용에 관한 재판을 통해서, 중재는 변호사비용을 포함한 실제 지출내역에 따른 비용을 산정하게 된다.

소송당사자는 법원의 절차규정에 따라야 하는 반면, 중재에서는 당사자들이 자신의 중재절차규정을 수립하거나 또는 해당 중재기관이 제정한 중재규칙을 사용할 수 있어 통상 법원이 제정한 규정보다는 덜 엄격한 증거나 절차규칙을 사용한다. 중재(arbitration)는 당사자 간의 사적 심판절차로 기밀성(confidentiality)이 높을 수 있지만, 법원의 재판은 공공성으로 인해 사건의 진행과 관련하여 기밀성을 지키기 어려울 수 있다. 당사자들이 법원에 강제집행을 신청할 때 법정서류를 제출하거나 중재인의 결정을 공개하지 않는 한, 중재에서 행해진 모든 것들은 기밀성(confidentiality)이 유지될 수 있다. 이에, 중재는 기업 정보의 유출을 막고 다른 유사한 분쟁을 피하면서 기업평판에 영향을 줄일 수 있는 분쟁해결방법일 수 있다. 그리고, 중재는 증인심문이나 관련 문서의 허용 여부 등 중재절차를 당사자들의 필요에 따라 사전에 상호 합의해 진행할 수 있는 등 소송에 비해 훨씬 덜 형식적(informal)이며, 유연성(flexibility)을 가질 수 있다.[84] 당사자들은 필요한 경우 중재조항(arbitration clause)에 신속중재(expedited arbitration)에 관한 규정을 둘 수 있다.[85]

국제거래에서 외국판결의 승인과 집행을 규율하는 별도의 일반적인 국제조약이 존재하지 않기 때문에 다른 국가의 판결을 집행할 수 있는 국제예양(international comity)이나 개별국가간 조약이 없는 한 외국판결의 집행에 어려움이 있을

84 중재는 영미계의 소송에 비해 적절한 디스커버리(discovery)를 위한 충분한 시간이 부족하고 당사자의 보호를 위한 정해진 증거규칙이 적을 수 있으며, 국제중재의 경우 국제소송만큼 비용이 많이 들고 시간이 오래 걸릴 수 있다. 또한, 중재에서 항소절차(appeals process)가 없다는 점이 사건의 항소에 따른 시간과 비용을 줄일 수 있다는 면에서 중재의 장점으로 볼 수도 있지만, 불리한 중재판정이 내려진 경우 당사자는 이를 만회할 여지가 거의 없다는 점이 문제될 수 있다. 그리고, 중재의 구속력은 분쟁 당사자 간의 합의에 따라 이루어지는 것이므로, 중재인은 제3자를 중재에 참여하도록 강제할 권한이 없으며, 집단소송(class actions) 등에 제약이 있다. 그리고, 중재판정은 법원이 아닌 사적인 결정으로, 선례구속의 원칙 등 법원의 판결과 같은 구속력 있는 판례(binding precedents)로 사용하기 어려울 수 있다. 이러한 중재의 단점에도 불구하고, 중재의 유연성, 중재판정의 구속력, 분쟁당사자에게 주어지는 절차에 대한 영향력 등으로 인해 계약상 분쟁의 주요한 해결방법이 되고 있다.

85 신속중재(expedited arbitration) 관련 조항의 예문은 다음과 같다: "The parties shall submit briefs within 3 business days of selection of the arbitrator; the arbitrator shall hold a hearing within 3 business days of submission of briefs; and the arbitrator shall issue the decision within 5 business days of the hearing."

수 있다. 반면, 외국의 중재판정에 대해서는 뉴욕협약(New York Convention; UN Convention on the Recognition and Enforcement of Foreign Arbitral Awards; 외국중재판정의 승인과 집행에 관한 유엔협약)에 따라 그 체약국 사이에서 법원의 판결보다 중재판정을 더 용이하게 강제집행할 수 있다.[86]

한편, 대체적 분쟁해결방법으로, 중재와 조정 두 절차 모두 중립적인 제3자를 사용해 프로세스를 진행하지만, 중재에서는 중립적 제3자인 중재인(arbitrator)이 의사결정자(decision-maker)이지만, 조정에서 중립적 제3자인 조정인(mediator)은 당사자들이 상호 합의에 이를 수 있도록 돕는 조력자(facilitator)이다. 조정인은, 중재인과 달리, 당사자의 협상을 촉진하는 기능을 하며, 당사자 간 분쟁에 대한 결정을 내리는 역할을 하지는 않는다.[87]

중재제도를 이용하기 위해서는 계약당사자 간 분쟁을 중재인의 판정에 의하여 해결하기로 하는 중재합의(arbitration agreement)를 계약서상 명시하여야 하며, 중재의 진행을 위한 중재지나 중재기관의 선정은 당사자 간의 중재합의에 따라 달라질 수 있다.[88] 다만, 중재기관이나 중재지를 일방 당사자 국가로 하는 경우 공정한

---

86 1958년 뉴욕협약(New York Convention; UN Convention on Recognition and Enforcement of Foreign Arbitral Awards of 1958; 외국중재판정의 승인과 집행에 관한 유엔협약)에 따라 조약에 서명한 국가의 법원은 다른 서명국에서 이루어지는 중재판정을 제한적인 예외만을 제외하고 집행해야 한다. 이 협약은 우리나라를 비롯해 미국, 중국, 일본, 인도, 독일, 러시아, 브라질, 영국, 프랑스, 이탈리아, 캐나다, 네덜란드 등 150여개 주요 국가가 체약국(contracting states)으로 비준했으며, 협약을 체결한 국가는 외국중재인의 결정을 승인하고 강제(enforce foreign arbitrators' decisions)할 것을 약속한다.

87 분쟁이 발생한 이후 당사자 간 합의로 그 분쟁의 해결을 위해 사적 재판(private judging; rent-a-judge)을 이용할 수도 있다. 사적 재판(private judging)은 소송과 중재의 사이에 존재하는 것으로, 준정부기관(quasi-government forum)의 심판(adjudication)이라 할 수 있다. 이는 당사자들이 대체로 재판의 시간과 장소뿐만 아니라 재판관도 결정할 수 있다. 사적 재판은 당사자들이 판사를 선정하여 사건을 심판하고 그 비용을 지불하는 것을 제외하고는, 본질적으로는 법원의 일반 판사에 의한 재판(ordinary bench trial)과 큰 차이가 없다고 할 수 있다.－Cal. Const. Art. VI, §21; Cal. Civ. Proc. Code §§638-645. 한편, 분쟁당사자들은 비즈니스 코트(business court)에서 재판을 받을 수도 있는데, 이 경우 일반적으로 비즈니스 코트가 배당한 판사에 의해 해당 사건의 재판을 받아야 하기 때문에, 당사자들에게 심판관의 선택에 더 작은 결정권을 준다는 점에서, 중재(arbitration)나 사적 심판(private judging)과는 다르다. 비즈니스 코트(business court)는 자동적으로 비즈니스 사건을 받는 경우도 있고, 당사자의 요청이나 판사의 추천에 의해 사건을 받기도 한다.－Christopher R. Drahozal, "Business Courts and the Future of Arbitration," 10 Cardozo J. Conflict Resol. 491,492 (2009), at 498.

88 중재지의 경우 아시아 국가에 위치한 회사 간 계약의 경우 싱가포르가 중재지로 많이 활용되고 있고, 중재준거법도 싱가포르로 하는 경우가 많다. 중재지의 선택을 위한 협상은 한국이 중재지로 되는 것이 편리하지만, 한국이 되느냐 상대방이 되느냐의 문제는 그 공정성을 떠나 각각

CHAPTER 8

중재판정에 대한 불신으로 당사자 간의 갈등이 있을 수 있으므로 제3국의 중재기관이나 방식을 택할 수 있는데, 이러한 중재지나 중재기관으로 중재제도가 상대적으로 잘 정비되어 있고 중립적인 곳으로 여겨지는 국제상업회의소 국제중재법원(ICC(International Chamber of Commerce) International Court of Arbitration), 싱가포르 국제중재센터(SIAC; Singapore International Arbitration Centre), 런던국제중재법원(LCIA; London Court of International Arbitration), 미국중재협회(AAA; American Arbitration Association), 홍콩국제중재센터(HKIAC; Hong Kong International Arbitration Centre) 등이 있으며, 우리나라 대한상사중재원(KCAB; Korean Commercial Arbitration Board)의 중재심판도 최근 그 공정성과 전문성을 인정받아, 국제계약에서 활용도가 높아지고 있다.

어떤 분쟁이 중재에 의해 해결될 성질의 분쟁인지 여부와 관련하여 분쟁대상의 중재가능성(arbitrability)이 있는지 다투어질 수 있다.[89] 중재가능성의 문제는 일정한 사건의 경우 법원의 전속관할에 속하는 분쟁으로 이를 중재에 의해 해결할 수 있는지에 대한 논란이 있다. 예를 들어, 헌법이나 행정소송법상 권리와 같이 순수한 공법상의 분쟁과 재산과 무관한 친족법상의 법률관계에 관한 분쟁이 중재합의의 대상이 되는지 문제된다. 또한, 특허권 등 지식재산권의 성립, 소멸과 그 내용은 그 권리를 부여한 국가의 법률에 의해서만 가능하고 그 효력은 부여국의 영토주권이 미치는 범위 내에서만 인정되는데, 지식재산권과 관련된 분쟁은 그 권리를 부여한 국가만이 당해 지식재산권과 관련된 분쟁에 전속적인 재판관할권을 가진다는 것인지 여부도 문제될 수 있다. 이와 관련해, 해당 계약의 준거법을 확인할 필요가 있다.[90]

의 장단점이 있을 수 있다.

89 우리 중재법 제3조 제1호는 중재를 "당사자 간의 합의로 재산권상의 분쟁 및 당사자가 화해에 의하여 해결할 수 있는 비재산권상의 분쟁을 법원의 재판에 의하지 아니하고 중재인의 판정에 의하여 해결하는 절차"로 정의하여 간접적으로 중재가능성의 범위를 밝히고 있다.

90 우리나라의 경우 특허권 양도계약에 포함된 전속적 국제관할의 합의의 효력과 관련하여, 특허권의 성립에 관한 것이거나 그 유효나 무효에 관해 취소 등을 구하는 소는 일반적으로 등록국 또는 등록이 청구된 국가법원의 전속관할에 속하는 것으로 볼 수 있으나, 특허권의 양도계약의 이행을 구하는 소는 등록국이나 등록이 청구된 국가법원의 전속관할에 속하는 것으로 볼 수 없다고 본다(대법원 2011. 4. 28. 선고 2009다19093 판결).

3. 중재의 분류

3.1 국제중재(international arbitration)와 국내중재(domestic arbitration)

중재는 국제중재(international arbitration)와 국내중재(domestic arbitration)로 분류할 수 있다. 국제거래의 분쟁은 중재로 해결하는 경우가 많은데, 국제중재는 일반적으로 국제상사중재(international commercial arbitration)와 국제공법중재(international public law arbitration)[91]로 나뉜다. 국제상사중재를 규율하는 가장 중요한 법규로는 뉴욕협약(New York Convention; UN Convention on the Recognition and Enforcement of Foreign Arbitral Awards; 외국중재판정의 승인과 집행에 관한 유엔협약)이 있는데, 이 협약에 따르면 일부 예외를 제외하고 중재합의(arbitration agreement)와 외국의 중재판정(foreign arbitral award)을 승인하고 집행하도록 하고 있다. 이와 같은 승인과 집행을 규율하는 일반적 국제조약이 존재하지 않는 외국판결보다 외국 중재판정의 집행이 더 용이해 국제거래 계약의 당사자들이 분쟁해결의 방법으로 법원의 소송보다 중재를 더 선호하는 이유 중의 하나이다.[92] 이러한 점에서, 국제계약상 중재조항(arbitration clause)을 고려할 때, 계약당사자들이 뉴욕협약(New York Convention)의 적용을 받을 수 있는 당사자인지를 확인할 필요가 있다. 또한, UNCITRAL(United Nations Commission on International Trade Law; 유엔 국제상거래법위원회)은 국제중재와 관련한 모델법으로, "국제상사중재에 관한 모델법(UNCITRAL Model Law on International Commercial Arbitration)"을 제정하였다.[93]

개별국가에서 뉴욕협약(New York Convention)의 실제적 효과는 그 국가의 협약

91 국제공법중재(international public law arbitration)는 국제투자중재(ISDS)와 관련해 주로 문제되는데, 이에 관한 사항은 별도로 "Chapter 8. Ⅴ. 3.3 국제공법중재(international public law arbitration)와 국제투자중재(ISDS)"의 단원에서 자세히 살펴본다.

92 뉴욕협약은 "This Convention shall apply to the recognition and enforcement of arbitral awards made in the territory of a State other than the State where the recognition and enforcement of such awards are sought."라고 하고, "Each Contracting State shall recognize arbitral awards as binding and enforce them"이라고 규정하고 있다(New York Convention, supra note 3, art. I(1), III). 다만, 중재판정의 승인과 집행이 거부될 수 있는 일부 제한적인 경우를 인정하고 있다(New York Convention, art. V).

93 국제상사중재에 관한 모델법(UNCITRAL Model Law on International Commercial Arbitration)은 1985년 제정되어 2006년에 개정되었는데, 이는 미국의 일부 주와 60여개국이 넘는 나라에서 이를 전부 또는 일부 채택하였다. 우리나라의 중재법도 UNCITRAL의 "국제상사중재에 관한 모델법"을 수용한 것이다. – http://www.uncitral.org/uncitral/en/uncitral_texts/arbitration/NYConvention_status.html.

을 해석하는 판례법이나 이를 시행하는 법률에 따라 달라질 수 있는데, 많은 국가들은 UNCITRAL(유엔 국제상거래법위원회)의 국제상사중재에 관한 모델법(UNCITRAL Model Law on International Commercial Arbitration)을 채택해 뉴욕협약을 실행하는 반면, 미국의 경우 Federal Arbitration Act(FAA; 연방중재법) 제2장을 통해 뉴욕협약을 실행하고,[94] FAA 제3장을 통해 파나마조약(Panama Convention)을 이행하고 있다.[95] 이러한 FAA의 규정들은 국제상사중재에 관한 미국 국내법의 핵심이다. 미국의 경우 노동 등 특정한 분야의 중재를 규율하는 연방법률이 있지만,[96] 중재 관련 광범위한 사항을 다루는 일반적 연방법률로 FAA(연방중재법)가 있다.[97] FAA가 개별 주의 중재법(state arbitration law)과 상충되는 때 FAA는 개별 주의 중재법에 대해 우선적 효력을 갖는다. FAA는 해상거래(maritime transaction) 또는 상사거래(commercial transaction) 관련 계약상 서면중재합의(written arbitration agreement)에 적용된다.[98] FAA에 따르면, 중재합의(arbitration agreement)는 그 합의를 취소할 수 있는 법률이나 형평법상 근거가 존재하는 경우를 제외하고는 유효하고 취소할 수 없으며 집행할 수 있다.[99] 중재와 관련해 대부분의 주들은 1955년에 초안된 Uniform Arbitration Act(UAA; 통일중재법)이나 2000년에 초안된 Revised Uniform Arbitration Act(RUAA; 개정 통일중재법)을 채택하고 있다.[100] UAA와 RUAA는 FAA와 유사하다. 이외에도, 중재합의(arbitration agreement)는 계약의 일종이기 때문에, 보통

---

94 9 U.S.C. §§ 201-208; 다만, 캘리포니아주, 텍사스주 등 몇몇 주에서는 국제상사중재에 관한 모델법(UNCITRAL Model Law on International Commercial Arbitration)을 채택했다.

95 9 U.S.C. §§ 301-307.

96 노동 관련 중재(labor arbitration)를 규율하는 연방법률로는, Labor Management Relations Act (LMRA; 노동관리관계법)이 있으며, 이는 단체교섭협약(collective bargaining agreements)과 그에 관한 중재조항 등 노동관계 중재에 있어 FAA에 우선하여 적용된다. 즉, 선원, 철도직원 또는 외국 또는 주들 간 상거래에 종사하는 다른 종류의 노동자(seamen, railroad employees, or any other class of workers engaged in foreign or interstate commerce) 등 고용계약(employment agreements)과 관련한 중재합의는 FAA의 적용을 받지 않으며, LMRA가 적용된다.

97 9 U.S.C. §§ 1-16, 201-208, 301-307.

98 FAA에 따르면 "상사거래(commerce)"는 주들간 또는 국제간 상사거래(interstate or international commerce)를 의미하는 등 그 적용범위가 광범위해, 중재합의(arbitration agreement)의 대부분이 FAA의 적용범위에 속한다(*Citizens Bank v. Alafabco, Inc.*, 539 U.S. 52, 56-57 (2003)).

99 9 U.S.C. § 2; 국제상사중재에 관한 미국의 법은 판례법을 포함하고, American Law Institute(미국법률협회)는 국제상사중재법(United States Law of International Commercial Arbitration) 관련 Restatement(리스테이트먼트)를 발간했다.

100 Uniform Arbitration Act (1956), 7 U.L.A. 99 (2009); Uniform. Arbitration Act (2000), 7 U.L.A. 1 (2009).

법(common law)상 계약법원리나 개별 주의 다양한 관련 법규가 적용될 수 있다. 한편, 미국은 1970년에 뉴욕협약(New York Convention)을 비준해, 이를 법원에서 시행할 수 있도록 FAA에 반영하였다[101] 이에 따라, 뉴욕협약의 다른 체약국에서 이루어지는 중재판정은 일반적으로 미국 법원에서 집행할 수 있다. 그리고, 미국을 비롯한 아메리카대륙의 상당수 국가들은 그들간의 거래와 관련해, "Inter-American Convention on International Commercial Arbitration of 1975(국제상사중재에 관한 미주협약; Panama Convention(파나마 협약))을 체결하고 있다.[102]

우리나라의 경우 중재법은 중재판정이 내려진 국가를 기준으로 대한민국 내에서 내려진 국내 중재판정(domestic arbitral award)은 국내 중재법에 따라, 대한민국 이외의 국가 영토에서 내려진 외국 중재판정(foreign arbitral award)은 뉴욕협약(New York Convention)에 따라 중재판정이 각각 승인 및 집행된다고 규정하고 있다.[103] 즉, 우리 중재법은 중재지를 기준으로 중재지가 우리나라인 내국중재와 중재지가 외국인 외국중재로 구별하고 있으며, 대한상사중재원은 국내중재규칙과 국제중재규칙을 따로 제정하여 운영하고 있다.

한편, 국제중재의 경우에도 당사자들은 분쟁을 규율하는 특정한 국가의 실체법(substantive law), 즉 준거법을 합의하는 법률선택조항(choice of law clause; governing law clause)을 둔다. 계약상 분쟁에서, 당사자들은 특정 국가의 법률을 준거법으로 정할 수도 있지만, 미국 등 상당수 국가들이 체약국인 CISG(United Nations

101 9 U.S.C. §§ 201-208.

102 9 U.S.C. § 305(1). Inter-American Convention on International Commercial Arbitration, Jan. 30, 1975, 1975 O.A.S.T.S. No.42, 14 I.L.M. 336.－http://www.oas.org/DIL/CIDIPI_convention_arbitration.htm.

103 중재법 제38조(국내 중재판정) 대한민국에서 내려진 중재판정은 다음 각 호의 어느 하나에 해당하는 사유가 없으면 승인되거나 집행되어야 한다.

1. 중재판정의 당사자가 다음 각 목의 어느 하나에 해당하는 사실을 증명한 경우
    가. 제36조 제2항 제1호 각 목의 어느 하나에 해당하는 사실
    나. 다음의 어느 하나에 해당하는 사실
        1) 중재판정의 구속력이 당사자에 대하여 아직 발생하지 아니하였다는 사실
        2) 중재판정이 법원에 의하여 취소되었다는 사실
2. 제36조 제2항 제2호에 해당하는 경우

중재법 제39조(외국 중재판정) ①「외국 중재판정의 승인 및 집행에 관한 협약」을 적용받는 외국 중재판정의 승인 또는 집행은 같은 협약에 따라 한다.
②「외국 중재판정의 승인 및 집행에 관한 협약」을 적용받지 아니하는 외국 중재판정의 승인 또는 집행에 관하여는「민사소송법」제217조,「민사집행법」제26조 제1항 및 제27조를 준용한다.

Convention on Contracts for the International Sale of Goods; 국제물품매매계약에 관한 유엔협약) 또는 UNIDROIT Principles(국제상사계약원칙) 등을 채택하기도 한다.[104]

3.2 기관중재(institutional arbitration)와 임의중재(ad-hoc arbitration)

당사자들이 중재의 절차와 진행을 어떻게 할 것인지와 관련해, Institutional Arbitration(기관중재)과 Ad-hoc Arbitration(비기관중재/임의중재)을 고려할 수 있다. 기관중재(institutional arbitration)란 중재의 절차나 진행을 관리하는 기관의 감독하에서 행하는 중재로, 당사자는 중재절차에 관하여 별도로 합의를 하지 않더라도, 중재기관의 중재규칙이 정한 바에 따른다. 이는 오랜 기간 중재절차를 운영해 오면서 발견한 문제를 해결해 온 중재기관의 전문성과 절차를 이용할 수 있어 중재를 순조롭게 진행할 수 있다는 이점이 있다. 중재기관은 중재인 선정, 중재장소, 중재언어 등의 선택에 당사자 간 이견을 해결하고, 중재절차의 진행 중에 발생할 수 있는 장애요소를 제거하기 위해 중재기관이 개입한다. 또한, 중재기관(arbitration institution)은 중재사건의 관리에 관한 자문(consultation of casework), 당사자 간의 서면 제출이나 교신에 관한 중요한 행정기능(administrative function)을 담당하여 중재절차의 운영과 관리(organization and management)를 한다. 대표적인 중재기관으로는 우리나라의 대한상사중재원(KCAB; Korean Commercial Arbitration Board)을 비롯해 ICC(International Chamber of Commerce; 국제상업회의소)의 국제중재재판소(International Court of Arbitration), 런던국제중재재판소(LCIA; London Court of International Arbitration), 미국중재협회(AAA; American Arbitration Association)와 그 산하기구인 국제분쟁해결센터(ICDR; International Center for Dispute Resolution), 싱가포르국제중재센터(SIAC; Singapore International Arbitration Centre), 홍콩국제중재센터(HKIAC; Hong Kong International Arbitration Centre) 등 세계적으로 대략 70여 개의 중재기관이 있다. 또한, 국제기술 등 지식재산권 분쟁(intellectual property dispute)을 전문적으로 다루는 WIPO(World Intellectual Property Organization; 세계

104 CISG(United Nations Convention on Contracts for the International Sale of Goods; 국제물품매매계약에 관한 유엔협약)의 경우 그 체약국에 속하는 당사자 간 국제물품매매계약에, 당사자들이 그 적용을 배제하기로 하는 특별한 합의가 없는 한, 자동적으로 적용된다는 점을 유의해야 한다. UNIDROIT Principles(국제상사계약원칙)는 "UNIDROIT Principles of International Commercial Contracts"를 의미한다. 국제거래 계약의 법원(sources of law)으로서 CISG 또는 UNIDROIT Principles에 관한 자세한 사항은 저자 집필 『영미계약법 원리』 (유원북스, 2021), 105페이지 이하를 참고하기 바란다.

지식재산기구) 등과 같이 일정한 분야에 특화된 국제중재기관도 있다.

Ad-hoc Arbitration(비기관중재/임의중재)은 특정한 중재기관의 관여 없이 계약당사자의 합의에 따라 자유롭게 정한 중재절차에 따라 진행하는 중재이다. 임의중재(ad-hoc arbitration)는 중재기관을 사용하지 않기 때문에 당사자 간 분쟁이 발생할 경우 당사자들 자신이 분쟁의 해결책을 도출할 수 있는 자율적인 규율(autonomous discipline)을 정할 수 있어, 분쟁해결에 요구되는 사적인 절차(private procedure) 등 필요한 원칙에 관한 합의내용을 규정할 수 있다. 임의중재(ad-hoc arbitration)의 경우 적용할 중재규칙을 정하지 않은 때 중재지 국가의 중재법에 따라 중재를 진행할 수 있다. UNCITRAL중재규칙(UNCITRAL Arbitration Rules)에서는 중재기관을 통해서가 아니라 자체적으로 중재절차를 진행(ad-hoc basis)하고자 하는 당사자들에게 절차의 일관성의 이점을 제공한다. 다만, 임의중재는 일반적으로 그 중재절차를 진행하기 위해 상당히 정교하게 규정될 필요가 있는데, 상세한 사항이 포함되지 않는 경우 중재절차가 불완전하고 부정확할 수 있다. 이는 당사자 간의 협상에 따른 중재절차를 언급하기 때문에 당사자들이 예측할 수 없는 상황이 발생하는 경우 이를 계약서에 반영할 수 없는 문제점이 있을 수 있다. 임의중재는 기관중재에서 발생할 수 있는 기관에 의한 중재절차의 통제에서 벗어나 당사자 간 보다 자유로운 중재진행을 할 수 있어 기관중재(institutional arbitration)에 비해 더 유연하고 경제적일 수는 있으나, 이미 정해지고 검증된 기관의 중재절차를 통해 분쟁을 해결할 수 있다는 점에서 임의중재에 비해 기관중재를 훨씬 더 많이 이용한다.

3.3 국제공법중재(international public law arbitration)와 국제투자중재(ISDS)

국제상사중재(international commercial arbitration)는 당사자들이 자신들의 분쟁을 중재로 해결하기로 합의해 법원시스템 밖에서 사적으로 그들의 분쟁을 해결하기로 하는 데 합의하는 것이다. 반면, 국제공법(international public law)의 맥락에서, "arbitration(중재)"라는 단어는 일반적으로 법원을 대신하는 사적 영역의 대안이라기보다는 국가에 의해 또는 국가를 상대로 하는 클레임과 관련이 있다.[105] 국제공법중재(international public law arbitration)는 국제소송에 대한 대체적 분쟁해결수단이 아니라, 외교나 전쟁과 같은 국가들이 상호 작용하는 다른 방법들에 대한 대체적 분쟁해결수단이다. 즉, 다른 나라의 국민인 사적 당사자가 해당 국가를 상대로 클

105 Andreas F. Lowenfeld, 『International Litigation and Arbitration』 (Thomson/West, 3rd ed., 2006).

레임을 제기하는 경우 일반적으로 국제공법중재가 적용된다. 이러한 공적 국제중재의 합의(public international arbitration agreement)의 대표적인 경우는 조약(treaty)의 적용과 관련된 분쟁을 해결하기 위해 중재조항을 관련 조약에 포함하는 투자중재(investment arbitration)가 있다. 투자중재는 천연자원의 이용이나 저개발국가의 광산개발 등과 같은 해외의 대규모 투자나 다국적 기업의 국제거래를 필요로 할 때 발생할 수 있다. 역사적으로, 투자자들은 투자유치국(host state)의 강제수용 등과 같은 자산 압류나 관련 규제에 취약하고, 주권면제의 원칙(doctrine of sovereign immunity)에 따라 투자자가 투자자 또는 투자유치국의 법원에 투자유치국을 상대로 소송을 제기할 수 없게 되는 문제가 있다. 이에, 투자유치국(host state)은 대체로 투자를 받기 전에 투자와 관련된 분쟁의 중재(arbitration of investment disputes)에 대한 조약에 동의하거나 이와 유사한 법률을 제정함으로써 중재에 동의한다. 국가들은 일반적으로 외국인 투자(foreign investment)를 유치하기 위해 투자중재(investment arbitration)에 동의한다. 이러한 외국인 투자자(foreign investor)와 투자유치국(host state) 정부 사이의 분쟁을 해결하는 수단으로 이용되는 국제투자중재를 투자자-국가 간 분쟁해결(Investor-State Dispute Settlement; ISDS) 절차라고 하는데, 투자유치국 정부의 투자협정상 의무위반 등으로 손해를 입은 투자자가 투자유치국 정부를 상대로 국제중재를 요청할 수 있는 제도이다.

국제투자조약의 조건이나 당사자들은 다양할 수 있는데, 양국간 투자조약(bilateral investment treaty; BIT)뿐만 아니라 미국, 캐나다, 멕시코가 참여하는 NAFTA (North American Free Trade Agreement; 북미자유무역협정) 등 국제무역에 관한 광범위한 조약에서 발생할 수 있다.[106] 투자조약상 투자자의 국적국과 투자유치국 사이에 체결된 국제투자협정(international investment agreements; IIAs)상 중재동의조항에 근거를 두고 진행된다. 가장 대표적 방식은 워싱턴협약(Washington Convention)이라고 불리는 "국가와 타국 국민 간의 투자분쟁해결에 관한 협약(Convention on the

106 국제투자조약의 조건은 다양하며, 국제투자조약의 당사자들의 수 또한 다양한데, 두 나라, 즉 양국가 간 투자조약을 "bilateral investment treaty(BIT)"라 한다. 양국가 간 투자조약에 따라 외국 투자자들의 투자유치국(host state)을 상대로 한 클레임에 관한 중재의 허용범위가 달라질 수 있다. NAFTA(North American Free Trade Agreement; 북미자유무역협정)의 경우 NAFTA 제11장에서 한 체약국의 투자자에게 ICSID 협약, ICSID 추가시설규칙(additional facility rules) 또는 UNCITRAL 규칙에 따른 임의중재(ad hoc arbitration)에 따라 다른 체약국에 대해 구속력 있는 중재를 개시할 수 있는 권리를 부여한다. NAFTA 중재판정은 체약국의 국내 법원에서 집행할 수 있다. – North American Free Trade Agreement, Art. 1120, Jan. 1, 1994.

Settlement of Investment Disputes between States and Nationals of Other States; ICSID 협약)"에 따르는 것인데, 이는 세계은행(World Bank) 내의 국제투자분쟁해결센터(International Centre for Settlement of Investment Disputes; ICSID)가 수행한다.[107] ICSID는 세계은행이 투자분쟁을 해결하기 위해 창설한 것으로, 뉴욕협약(New York Convention)에 따른 중재판정과 달리, ICSID의 판정은 해당 국가의 법원에서 심사하지 않고 체약국(signatory states)을 직접적으로 강제할 수 있다.[108] 다만, 당사자가 ICSID 판정에 대해 이의를 제기하는 경우 ICSID의 행정평의회 의장(chairman of the administrative council)은 특별위원회(ad-hoc committee)를 열어 이를 심사할 수 있으며, 경우에 따라 해당 중재판정을 취소할 수도 있다.

워싱턴협약(Washington Convention)의 체약국이 아닌 경우 국제투자협정 등에 명시된 다른 중재방식을 택할 수 있는데, UNCITRAL 중재규칙 등에 따른 임의중재(ad-hoc arbitration)를 선택할 수 있다. 투자자가 국제중재를 요청할 수 있다는 것은, 예를 들어, 미국의 투자자가 한국에 투자를 하였는데 한미자유무역협정에 규정된 손해를 입었다면 이 투자자는 미국법원이나 한국법원에 소송을 제기할 필요 없이 한미자유무역협정에서 지정한 국제중재기관에 한국정부를 상대로 손해배상청구를 할 수 있다는 의미이다. 한미자유무역협정에는 한국정부의 중재에 관한 사전 동의가 포함되어 있으므로 미국의 투자자는 이에 동의하여 중재절차를 개시하거나 법원에 소를 제기할 수 있는 선택권을 가진다.[109]

한편, 투자중재(investment arbitration) 이외에, 국제공법중재(international public law arbitration)로는 당사자들 사이에 장래 발생할 수 있는 모든 분쟁의 해결과 중재를 위한 방법을 설정하는 것이 유일한 기능을 가진 조약이 있다. 1899년 국제 분쟁의 평화적 해결에 관한 헤이그 협약(1899 Hague Convention for the Pacific Settlement of International Disputes)에 의해 상설중재재판소(Permanent Court of

CHAPTER 8

---

107 관련 국가의 조약에 따라, 투자자는 중재를 ICSID(International Centre for Settlement of Investment Disputes; 국제투자분쟁해결센터) 이외에 UNCITRAL 규칙에 따른 임의중재(ad-hoc arbitration) 또는 ICC 중재(ICC International Court of Arbitration) 등을 선택할 수도 있다.－Susan D. Franck, "The Nature and Enforcement of Investor Rights under Investment Treaties: Do Investment Treaties Have a Bright Future," 12 U.C. Davis J. Int'l L. & Pol'y 47 (2005).

108 Gary B. Born, 『International Commercial Arbitration』 (Kluwer Law International, 2009), at 105-106.

109 우리나라의 경우 우리나라가 가입하여 1966년에 발효된 ICSID 협약을 바탕으로 한미자유무역협정에서 이를 구체화했으며, 다른 자유무역협정에서도 투자자-국가 간 분쟁해결(Investor-State Dispute Settlement; ISDS) 절차를 규정하고 있다.

Arbitration; PCA)가 설립되었는데, 체약국들이 분쟁을 중재에 회부하기를 원하는 때 중재패널에서 중재판정부(arbitral tribunal)의 구성원을 선택할 권리를 가진다. 이러한 상설중재재판소(Permanent Court of Arbitration; PCA)는 실질적으로 중재판정부의 구성을 용이하게 하는 기관이다.[110] 세계의 법원으로 알려진, 국제사법재판소(International Court of Justice; ICJ)는 1945년 유엔의 한 기관으로 설립되었으며, 이 재판소의 판사들은 유엔 안전보장이사회(UN Security Council)와 총회(General Assembly)에서 각각 다수결로 선출된다. 국가만이 국제사법재판소에서 분쟁사건의 당사자가 될 수 있으며, 당사자들은 기존 분쟁을 국제사법재판소에 제출하는 합의를 통해 사건을 접수할 수 있다.[111] 그리고, 분쟁이 발생한 이후 중재합의(post-dispute arbitration agreements)에 의해 구성된 국제중재재판소(international arbitration tribunal)가 있는데, 대표적 경우로는 1981년에 이란 인질사태(Iran Hostage Crisis) 해결의 일환으로 알제리 선언(Algiers Declarations)을 통해 이란-미국 청구권 재판소(Iran-United States Claims Tribunal)가 설립된 경우가 있다.[112]

4. 중재합의(arbitration agreement)

Arbitration Agreement(중재합의)란 당사자 사이에 분쟁이 발생하는 경우 법원의 재판에 의하지 않고 중재인의 판정에 의하여 해결하기로 하는 당사자 간의 합의로, 중재의 유효성과 구속력을 생기게 하는 중재의 가장 핵심적 요소이다. 우리 중재법에서는, 중재합의를 "계약상의 분쟁인지 여부에 관계없이 일정한 법률관계에 관하여 당사자 간에 이미 발생하였거나 앞으로 발생할 수 있는 분쟁의 전부 또는 일부를 중재에 의하여 해결하도록 하는 당사자 간의 합의"라고 정의하고 있다.[113] 이에 따르면, 중재합의의 대상이 되는 분쟁은 계약상의 분쟁에 한정하지 않고 불법행위와 같은 비계약상의 분쟁도 가능하며, 아직 발생되지 않은 분쟁에 대

110 http://www.pca-cpa.org/showpage.asp?pag_id=1027

111 Malcolm N. Shaw, 『International Law』 (Cambridge University Press, 5th ed., 2003), at 254.

112 http://www.iusct.net/Pages/Public/A-About.aspx

113 중재법 제3조 제2호. 이는 유엔 국제상거래법위원회(UNCITRAL: United Nations Commission on International Trade Law) 모델중재법(제7조 제1항 - an agreement by the parties to submit to arbitration all or certain disputes which have arisen or which may arise between them in respect of a defined legal relationship, whether contractual or not)에 정한 내용을 수용한 것이다. 우리 중재법은 UNCITRAL의 국제상사중재에 관한 모델중재법(UNCITRAL Model Law on International Commercial Arbitration)에 따라 제정되었다.

해 사전에 중재합의를 할 수 있을 뿐만 아니라 이미 발생한 분쟁에 대하여도 중재합의를 할 수 있다. 이와 관련하여, 분쟁대상의 중재가능성(arbitrability)이 문제될 수 있는데, 일반적으로 전속관할이 정해져 있는 사건에 대해서는 중재합의를 할 수 없다고 본다. 예를 들어, 특허권의 유효 여부에 관해서는 특허심판원을 거쳐서 특허법원만이 최종적 결정을 할 수 있으므로 이에 관하여는 중재합의를 할 수 없고, 행정법원이나 가정법원의 전속관할인 사건에 관하여는 중재합의를 할 수 없다. 이러한 사건에 관해 중재합의를 하더라도 그 합의는 효력이 없다. 한편, 중재합의(arbitration agreement)는 법원의 재판권을 배제하는 합의이므로 중재합의를 한 후에 일방 당사자가 동일한 분쟁에 관하여 법원에 소를 제기하였다면 법원은 중재합의의 존재를 이유로 소를 각하해야 한다.[114] 다만, 일방 당사자가 소를 제기한 데 대하여 상대방이 아무런 이의를 제기하지 아니하고 응소하였다면 적법한 소가 되어 각하되지 아니한다. 이하에서는 중재합의(arbitration agreement)가 적법하기 위한 요건과 선택적 중재조항의 문제, 중재합의의 내용에 포함되어야 할 사항 등에 대해 살펴본다.

4.1 중재합의(arbitration agreement)의 성립(formation)

중재합의(arbitration agreement)는 일반적으로 서면으로 된 경우에만 강제할 수 있는데, 뉴욕협약(New York Convention)의 경우 각 체약국은 당사자들이 중재에 회부할 것을 약속하는 계약은 서면으로 해야 한다고 해 서면중재합의(written arbitration agreement)만을 강제할 수 있는 것으로 본다.[115] 다만, 뉴욕협약은 당사자들이 중재합의를 체결하였는지 여부를 판단하는 방법에 대한 지침을 제공하지 않고, 중재계약이 "in writing(서면)"으로 이루어질 것을 요구한다.[116] 뉴욕협약(New York

114 중재법 제9조 제1항. 중재합의의 존재 여부에 관한 이의제기는 분쟁의 본안에 관한 최초의 변론을 하기 전에 제출되어야 한다.

115 Each Contracting State shall recognize an agreement in writing under which the parties undertake to submit to arbitration" – New York Convention, Article II(1). 뉴욕협약 제2조 제2항(New York Convention, Article II(2))은 "agreement in writing(서면상 계약)"을 "include an arbitral clause in a contract or an arbitration agreement, signed by the parties or contained in an exchange of letters or telegrams(당사자들이 서명하거나, 편지나 전보를 교환할 때 포함되거나, 계약이나 중재계약에 중재조항을 포함한 것)"라고 정의한다.

116 뉴욕협약은 중재계약에 대한 당사자 간의 상호 동의(mutual assent), 청약과 승낙(offer and acceptance), 대가관계(consideration) 등 당사자들이 중재계약의 체결 여부를 판단할 수 있는 다른 주제에 대한 법원리를 규정하고 있지 않으며, 법률선택원리(choice-of-law rule)에 관한 사항도 규율하고 있지 않다.

Convention)에서 구체적으로 규율하지 않는 중재 관련 주제의 경우 법원은 당사자들이 국제 중재계약을 체결하였는지 여부를 판단하기 위해 관련 국가의 계약성립과 관련된 법률을 적용할 수 있다. 미국 법원의 경우 일반적으로 서명요건(signature requirement)은 관련 계약에서 중재조항을 포함하는 전형적인 분쟁 전 중재합의(pre-dispute arbitration agreement)와 분쟁 이후 대체로 체결하는 독립적 중재합의(arbitration agreement; submission agreement)에 모두 적용되나, 서신이나 전보의 교환(an exchange of letters or telegrams)에 의해 성립된 중재합의(arbitration agreement)에는 적용되지 않는다고 본다.[117]

우리나라의 경우도 중재법상 중재합의는 서면에 의할 것을 요건으로 한다. 중재합의는 계약을 체결하면서 계약서의 한 조항으로 할 수도 있고, 중재합의만을 위한 독립적 합의를 할 수도 있다. 다만, 이러한 중재합의는 법원의 재판권을 배제하는 중요한 합의이므로 서면에 의하여 작성될 필요가 있다. 이러한 서면성의 요건은 당사자가 서명한 문서에 중재합의가 포함된 경우가 아니더라도, 구두에 의한 중재합의가 기록된 경우에도 이를 충족하고, 주된 계약의 본문에는 중재조항이 포함되어 있지 않지만 일반거래약관 등 중재조항이 포함된 다른 문서를 인용한 경우 중재합의의 효력을 인정하고 있다.[118]

한편, 중재합의도 법률행위이므로 중재합의가 유효하기 위해서는 의사표시에 하자가 없어야 하고, 강행법규나 선량한 풍속 기타 사회질서에 반하지 않는 등의 실질적 유효요건을 구비해야 한다. 중재합의가 부존재, 무효, 효력상실, 이행불능인 경우에는 중재인이 중재합의에 근거하여 중재절차를 진행할 수 없으며, 중재판

117 *Standard Bent Glass Corp. v. Glassrobots Oy*, 333 F.3d 440, 449-50 (3d Cir. 2003).

118 중재법 제8조(중재합의의 방식) ① 중재합의는 독립된 합의 또는 계약에 중재조항을 포함하는 형식으로 할 수 있다.

② 중재합의는 서면으로 하여야 한다.

③ 다음 각 호의 어느 하나에 해당하는 경우는 서면에 의한 중재합의로 본다.

1. 구두나 행위, 그 밖의 어떠한 수단에 의하여 이루어진 것인지 여부와 관계없이 중재합의의 내용이 기록된 경우
2. 전보(電報), 전신(電信), 팩스, 전자우편 또는 그 밖의 통신수단에 의하여 교환된 전자적 의사표시에 중재합의가 포함된 경우. 다만, 그 중재합의의 내용을 확인할 수 없는 경우는 제외한다.
3. 어느 한쪽 당사자가 당사자 간에 교환된 신청서 또는 답변서의 내용에 중재합의가 있는 것을 주장하고 상대방 당사자가 이에 대하여 다투지 아니하는 경우

④ 계약이 중재조항을 포함한 문서를 인용하고 있는 경우에는 중재합의가 있는 것으로 본다. 다만, 중재조항을 그 계약의 일부로 하고 있는 경우로 한정한다.

정이 내려지더라도 승인, 집행거부사유 내지 취소사유가 될 수 있다.[119] 실무상 비표준적인 중재조항의 유효성이 문제되는 경우가 있는데, 어떠한 분쟁이 발생한 때 그 분쟁이 당사자 간 해당 중재합의의 범위 내에 속하는 것인지 여부에 대한 다툼이 생기게 된다. 이 경우 당사자들이 해당 분쟁을 중재의 대상으로 삼기로 합의하였는지 여부가 쟁점이 될 수 있다. 이에, 계약서상 중재합의조항을 작성할 때 관련 중재기관의 표준중재조항을 참조할 필요가 있다.[120]

뉴욕협약(New York Convention)은 미이행 중재합의(executory arbitration agreements)를 강제할 수 있도록 하고,[121] 중재합의(arbitration agreement)의 위반에 대한 구제책으로 법원이 금전적 손해배상보다는 당사자들의 중재에 관한 합의를 강제할 수 있도록 해당 사건을 중재에 회부하도록 한다.[122] 예를 들어, 물품매매계약의 당사자들의 국제상사중재합의(international commercial arbitration agreement)에도 불구하고 물품의 구매자가 판매자를 상대로 법원에 소송을 제기한 경우, 판매자는 법

119 중재법 제36조(중재판정 취소의 소) ① 중재판정에 대한 불복은 법원에 중재판정 취소의 소를 제기하는 방법으로만 할 수 있다.

중재합의의 성립 여부가 문제되는 분쟁해결조항을 "비정규적 중재조항(pathological arbitration clause)"이라고 부르기도 하는데, 이는 당사자들이 각 중재기관의 표준중재조항을 사용하지 않고, 부주의하게 중재조항을 작성한 점에서 기인하는 것이 대부분이다.－김갑유 · 임수현 · 김홍중 · 김준우 · 조승우 외, 『중재실무강의』(박영사, 개정판, 2016), 56페이지.

120 다만, 우리 대법원은 당사자 간의 유효한 중재합의가 존재하는 경우 그 중재합의의 범위를 가급적 넓게 해석하여, 중재계약은 중재조항이 명기되어 있는 계약 자체뿐만 아니라, 그 계약의 성립과 이행 및 효력의 존부에 직접 관련되거나 밀접하게 관련된 분쟁에까지 그 효력이 미치는 것으로 보고 있다(대법원 2001. 4. 10. 선고 99다13577 판결).

121 뉴욕협약은 다음과 같이 규정하고 있다(New York Convention, Article II(1)): "Each Contracting State shall recognize an agreement in writing under which the parties undertake to submit to arbitration all or any differences which have arisen or which may arise between them in respect of a defined legal relationship, whether contractual or not, concerning a subject matter capable of settlement by arbitration(각 체약국은 당사자들이 중재에 의해 해결될 수 있는 주제에 관하여, 계약적이든 아니든, 정의된 법적 관계와 관련하여 그들 사이에 발생했거나 발생할 수 있는 모든 차이를 중재에 회부하기로 하는 서면 합의를 인정해야 한다)."

122 뉴욕협약은 다음과 같이 규정하고 있다(New York Convention, Article II(3)): "The court of a Contracting State, when seized of an action in a matter in respect of which the parties have made an agreement within the meaning of this article, shall, at the request of one of the parties, refer the parties to arbitration, unless it finds that the said agreement is null and void, inoperative or incapable of being performed(체약국 법원은, 당사자들이 이 조항의 의미 내에서 합의를 한 사안에 관해 소송이 제기되었을 때, 한 당사자의 요청에 따라, 해당 합의가 무효이거나 이행될 수 없다고 판단되지 않는 한 당사자들이 그 사안을 중재에 회부하도록 해야 한다)."

원에 구매자의 소송을 중지하거나 기각할 것을 요구할 수 있다.

4.2 중재합의(arbitration agreement)에 포함될 사항

중재합의(arbitration agreement)는 중재회부의사(agreement to arbitrate)를 핵심적인 요소로 하고, 중재조항에는 중재회부의사를 명확하게 표시하여야 한다. 예를 들어, 분쟁을 "중재에 회부할 수 있다(may be submitted to arbitration)"는 식의 표현을 사용할 경우 중재회부의사가 명확한지 여부에 관하여 다툼이 발생할 수 있으므로 바람직하지 않고, 분쟁을 중재에 의하여 "해결하여야 한다(shall)"는 표현을 사용할 필요가 있다.[123] 또한, 중재에 회부할 분쟁대상을 협소하게 정할 경우 실제 분쟁이 발생한 때 그것이 중재의 대상이 되는지에 여부에 관해 또 다른 다툼이 일어날 수 있으므로 가급적 폭넓게 그 대상을 규정할 필요가 있다. 즉, 국제변호사협회(International Bar Association; IBA)의 국제중재조항 작성지침(Guidelines for Drafting International Arbitration Clauses)에 따르면, 특별한 사정이 없는 한 "해당 계약으로부터(arising out of the contract)" 발생하는 모든 분쟁뿐만 아니라, "해당 계약과 관련해(in connection with; relating to)" 발생하는 모든 분쟁까지 포함하도록 폭넓게 정의하는 것을 권장하고 있다.[124] 그리고, 중재조항에 중재에 회부할 의사만 있을 경우 당사자 간에 이미 분쟁이 발생한 이후에는 그 구체적인 중재절차를 서로 합의하기가 사실상 어려우므로 이를 계약체결시에 미리 중재합의의 내용으로 정해둘 필요가 있다. 중재합의에는 중재지, 중재기관, 중재규칙, 중재인의 선정, 중재절차에 사용하는 언어, 준거법 등에 관한 사항이 주로 포함된다.[125] 이러한 중재조항에 포함될 수 있는 주요 사항을 아래에서 살펴본다.[126]

123 이와 관련해, IBA 국제중재조항 작성지침(IBA Guidelines for Drafting International Arbitration Clauses)을 참고하기 바란다: https://www.ibanet.org/Publications/publications_IBA_guides_and_free_materials.aspx# drafting

124 IBA 국제중재조항 작성지침(IBA Guidelines for Drafting International Arbitration Clauses) 제14항.

125 다만, 우리 대법원은 "중재법이 적용되는 중재합의란 계약상의 분쟁인지의 여부에 관계없이 일정한 법률관계에 관하여 당사자 간에 이미 발생하였거나 장래 발생할 수 있는 분쟁의 전부 또는 일부를 중재에 의하여 해결하도록 하는 당사자 간의 합의를 말하는 것이므로(중재법 제3조 제2호), 장래 분쟁을 중재에 의하여 해결하겠다는 명시적인 의사표시가 있는 한 비록 중재기관, 준거법이나 중재지가 명시되어 있지 않더라도 유효한 중재합의로서의 요건은 충족하는 것이다"라고 판시하였다(대법원 2007. 5. 31. 선고 2005다74344 판결 등).

126 실무상 중재조항에 중재절차의 비공개성이나, 중재판정부의 임시적 처분권이나 문서제출명령 권한의 범위, 중재 관련 비용부담에 관한 사항 등 구체적 중재절차의 내용을 포함하기도 한다.

4.2.1 중재지(place of arbitration)

중재지(place of arbitration; arbitral seat)는 중재판정이 내려지는 법적 장소, 즉 중재재판의 장소(juridical seat of arbitration)를 의미한다. 중재지는 법적인 개념으로, 실제로 중재절차가 이루어지는 장소, 예를 들면, 증인신문이 이루어지는 장소, 중재판정부가 심리를 한 장소 또는 중재판정부가 중재판정서에 서명을 한 장소 등과는 구별된다.[127] 중재사건에 대해 다른 국가의 실체법(substantive law)이 적용되더라도, 중재 관련 절차나 판정 등 진행은 중재지의 중재법(the seat state's arbitration law)에 따르기 때문에 중재지는 중요한 의미를 가진다. 예를 들어, 해당 계약상 준거법을 뉴욕법으로 하더라도 멕시코에서 중재를 진행할 수 있다. 중재인들은 기초되는 분쟁의 본안(merits of the underlying dispute)에 대해서는 뉴욕의 실체법을 적용할 것이지만, 멕시코 법원은 중재에 관해 멕시코 중재법을 적용한다. 그리고, 중재지는 중재절차나 중재판정의 집행 및 취소절차 전반에 걸쳐 법률적으로 상당한 의의를 갖는다. 즉, 중재판정이 중재지에서 내려진 것으로 간주되기 때문에 중재판정의 취소를 구하려면 중재지의 법원에 제소를 해야 하며, 중재절차에 강제적으로 적용되는 중재지의 법률이 있을 경우 중재절차는 그 법률의 적용을 받게 된다. 이러한 법원의 사법적 관여가 있을 수 있는 사항은 중재인 선정(arbitrator selection), 중재절차(arbitration process), 중재판정(arbitration award)의 집행(enforcement) 또는 중재판정의 보류나 무효(vacatur) 등이 있다.

중재합의의 당사자들은 자유롭게 중재지를 선택할 수 있는데, 당사자 일방의 국가 또는 제3국을 중재지로 정할 수 있다. 중재지에 관한 당사자들의 합의가 없을 경우 당사자들이 선택한 중재기관의 중재규칙에서 정하는 바에 따라 결정될 수 있는데, 당사자들은 ICC(International Chamber of Commerce; 국제상업회의소), AAA(American Arbitration Association; 미국중재협회) 등 중재관리를 위해 선정된 중재기관에 중재지의 선정을 위임해 정할 수 있다.[128] 다만, 중재판정이 내려진 경우 상대

CHAPTER 8

127 중재지가 결정되었다고 하더라도 중재절차가 반드시 해당 중재지에서 이루어져야 하는 것은 아니다. 우리 중재법 제21조 제3항은 중재판정부는 중재지 외의 적절한 장소에서 협의, 신문, 검증 등을 할 수 있다고 규정하고 있다.

128 미국중재협회(American Arbitration Association; AAA)의 중재지 결정시 고려사항으로는, (i) 당사자 및 변호사의 소재지(location of parties and attorneys), (ii) 목격자 및 문서의 소재지(location of witnesses and documents), (iii) 증거의 소재지(where the evidence is located), (iv) 계약의 이행장소(place of performance of the contract), (v) 가장 적절한 중재패널의 장소(location of most appropriate panel), (vi) 기타 중재장소의 결정에 영향을 줄 수 있는 사유 등이 있다(American Arbitration Association, Locale Determinations). 한편, 중재지는 중

방 국가에서의 집행가능성을 고려해야 하기 때문에 외국중재판정의 승인과 집행에 관한 유엔협약인 뉴욕협약(New York Convention; UN Convention on the Recognition and Enforcement of Foreign Arbitral Awards)의 체약국인지를 확인하는 것이 중요하다. 국제변호사협회(International Bar Association; IBA)의 국제중재조항 작성지침(Guidelines for Drafting International Arbitration Clauses)에 따르면, 중재지는 가급적 (i) 뉴욕협약(New York Convention)의 체약국이고, (ii) 해당 국가의 법률이 중재에 우호적이고, 해당 계약에 의한 분쟁의 목적물에 대해 중재를 허용하며, (iii) 중재절차에 우호적인 공정한 판정을 내려온 전력이 있는 법원이 소재한 지역을 중재지로 정할 것을 권장하고 있다.[129]

4.2.2 중재기관(arbitration institution) 및 중재규칙(arbitration rules)

중재절차의 진행과 관련해 어느 중재기관의 중재규칙으로 할지를 정할 필요가 있다. 국제중재기관으로는, 앞서 살펴본 바와 같이, 우리나라 대한상사중재원(KCAB)을 비롯해 ICC의 국제중재재판소(International Court of Arbitration), LCIA(런던국제중재법원), AAA(미국중재협회), SIAC(싱가포르국제중재센터), HKIAC(홍콩국제중재센터), ICSID(국제투자분쟁해결센터) 등 다양한 기관들이 있다. 중재에 특정 중재기관의 중재규칙을 적용하기로 한다면 중재합의조항에서 해당 중재기관이 권고하는 표준중재조항을 이용할 수 있다. 중재규칙의 선택은 그 중재규칙에 포함된 많은 내용들이 당사자 간 합의로 의제된다는 점에서 당사자들에게 상당히 중요한 의미가 있으므로 검증된 중재기관 및 중재규칙을 선택할 필요가 있다. 기관중재의 경우 해당 기관의 중재규칙을 적용하도록 정하는데, 예를 들어, ICC를 중재기관으로 지정하는 경우 ICC중재규칙을 적용하도록 한다는 내용을 중재합의조항에 포함한다. 당사자들은 중재합의에서 중재기관은 정하지 않으면서, UNCITRAL(United Nations Commission on International Trade Law; 유엔 국제상거래법위원회)이 제정한 중재규칙(UNCITRAL Arbitration Rules) 등과 같이 특정한 중재규칙만을 합의할 수 있다. 특히,

---

재기관의 소재지와는 무관한데, 예를 들어, 당사자들이 싱가포르의 싱가포르 국제중재센터(SIAC; Singapore International Arbitration Centre)를 중재기관으로 정하더라도, 중재지를 한국으로 정할 수 있다.

129 IBA 국제중재조항 작성지침(IBA Guidelines for Drafting International Arbitration Clauses) 제22항. 실무상 해당 중재지가 당사자나 증인 등의 입국에 장애가 있는지, 중재를 진행하기에 적절한 시설이나 통역사나 속기사를 확보할 수 있는지 등도 고려해야 할 필요가 있다. 국제중재의 중재지로는 ICC 중재재판소의 본부가 있는 파리를 비롯하여, 런던, 제네바, 취리히, 싱가포르, 홍콩 등이 많이 이용되고 있다.

투자자-국가 간 중재에 있어서는 UNCITRAL중재규칙(UNCITRAL Arbitration Rules)에 의하여 임의중재를 하도록 정하는 경우가 적지 않다.[130]

4.2.3 중재인의 선정(selection of arbitrators)

중재합의(arbitration agreement)에는 중재인의 수나 중재인 선정방식에 대한 내용도 포함될 수 있는데, 중재인의 수는 중재비용 및 중재절차의 기간에 영향을 미칠 수 있다. 중재인의 수나 선정방식은 당사자 간의 합의에 따라 다를 수 있으나, 중재조항에 당사자 간 합의가 없는 경우 당사자들이 합의한 중재규칙 또는 관련 중재법규가 정한 방법에 따라 결정된다. 국제중재절차에서 가장 많이 사용되는 방식은 신청인측에서 중재인 1인, 피신청인측에서 중재인 1인을 각 선정하고, 이렇게 선정된 2인의 중재인들이 합의하여 의장중재인을 정하되, 당사자에 의해 선정된 중재인들이 합의에 이르지 못할 경우 중재규칙에 따라 중재기관이 의장중재인을 선임하도록 하는 것이다.

4.2.4 준거법(governing law)

국제거래에서 당사자들의 계약에 적용되는 준거법(governing law)을 명시한다. 그런데, 중재합의가 중재조항의 형식으로 되어 있을 때에는 중재법상 이론적으로 중재합의가 계약 중 다른 조항과 분리되어 별개의 독립된 것이라는 가분성의 원리(separability doctrine)가 인정된다. 이에 따르면, 중재조항의 유효성은 주된 계약의 유효성에 구속되지 않으므로 원칙적으로 주된 계약에 무효 또는 취소사유가 있다는 주장이 제기되더라도, 중재판정부는 중재조항을 근거로 해당 분쟁에 대하여 판정권한이 있다고 판단할 수 있다.[131] 이처럼 중재조항은 계약 중 다른 조항과 상호 독립적인 것으로 취급되어, 중재조항의 준거법과 계약 전체의 준거법도 구분하여 고려될 수 있다. 국제중재의 경우 중재에 관한 절차법은 중재지법에 의하여야 한다는 법정지법주의(the seat theory)는 실무상 당사자들이 중재합의로 대한상사중재

130 예를 들어, 대한민국 정부와 일본국 정부 간의 투자의 자유화, 증진 및 보호를 위한 협정 제15조 제3항 나목은 UNCITRAL중재규칙에 의한 중재를 규정하고 있다. 임의중재에 합의하더라도, 중재절차의 불필요한 지연을 방지하기 위해, 중재인 선정기관은 미리 정해두는 것이 적절하다.－김갑유·임수현·김홍중·김준우·조승우 외, 『중재실무강의』(박영사, 개정판, 2016), 113페이지.

131 중재법 제17조(중재판정부의 판정 권한에 관한 결정) ① 중재판정부는 자신의 권한 및 이와 관련된 중재합의의 존재 여부 또는 유효성에 대한 이의에 대하여 결정할 수 있다. 이 경우 중재합의가 중재조항의 형식으로 되어 있을 때에는 계약 중 다른 조항의 효력은 중재조항의 효력에 영향을 미치지 아니한다.

원(KCAB), ICC의 국제중재재판소(International Court of Arbitration) 등과 같은 특정 중재기관의 중재규칙이나 UNCITRAL중재규칙(UNCITRAL Arbitration Rules) 등을 중재절차에 적용하기로 하는 때 중재지법은 당사자들이 합의하지 않은 절차적 사항을 보충하거나 당사자들이 달리 합의할 수 없는 강행규정의 범위 내에서 중재절차에 적용될 수 있다.[132] 그리고, 국제중재에서 분쟁의 실체에 적용될 법(substantive law)의 경우 당사자 자치의 원칙이 널리 인정되는데, 우리 중재법은 중재판정부는 당사자들이 지정한 법에 따라 판정을 내려야 하며, 그러한 지정이 없는 경우에는 중재판정부가 분쟁과 가장 밀접한 관련이 있는 국가의 법을 준거법(governing law)으로 적용하도록 하고 있다(중재법 제29조).

4.2.5 중재언어(language)

국제거래의 경우 당사자 간에 사용하는 언어가 다양하기 때문에 중재절차의 진행시 어떠한 언어를 사용할 것인지에 관해 중재합의의 구체적 사항으로 정할 필요가 있다. 실무상 해당 언어능력을 보유한 중재인이나 대리인을 선정하고, 중재언어는 증인의 선정이나 통역사를 구하는 데 영향을 미칠 수 있으므로 중재판정부의 구성과 대리인 선임에 있어 필수적으로 고려되어야 할 사항이다.

4.3 가분성의 원리(separability doctrine) 및 계약법상 항변사유(contract law defense)

미국 연방대법원은 중재조항을 포함한 전체 계약의 유효성에 대한 문제는 중재인이 결정해야 하는 것으로 보고 있는데, 이를 "Separability Doctrine(가분성의 원리)"이라 한다. 이러한 가분성의 원리(separability doctrine)는 분쟁해결의 맥락에서, 당사자 간 전체 합의의 일부를 구성하는 중재합의(arbitration agreement)는 단순히 그 전체 합의가 무효라는 이유만으로 무효화되지 않는다는 의미를 갖는다.[133] 이러한 원칙은 많은 국가의 법률이 채택하고 있기 때문에 국제상사거래 맥락에서도 일반적으로 적용된다.[134] 또한, 많은 국제상사계약은 가분성(separability)을 제공하

132 김갑유 · 임수현 · 김홍중 · 김준우 · 조승우 외, 『중재실무강의』 (박영사, 개정판, 2016), 134페이지.

133 "A challenge to the validity of the contract as a whole, and not specifically to the arbitration clause, must go to the arbitrator." – *Buckeye Check Cashing, Inc. v. Cardegna*, 546 U.S. 440, 449 (2006).

134 Gary B. Born, 『International Commercial Arbitration』 (Kluwer Law International, 2009), at 311 (An international arbitration agreement is almost invariably treated as presumptively

는 중재기관규칙(arbitration-organization rules)을 포함한다. 예를 들어, ICC중재규칙(Arbitration Rules)은 "당사자가 중재계약의 존재, 유효성 또는 범위와 관련하여, 하나 이상의 신청을 제기하는 경우 중재가 진행되며, 관할권에 관한 모든 문제는 중재판정부에 의해 직접 결정되어야 한다"라고 규정하고 있다.[135]

다른 계약과 마찬가지로, 국제중재조항을 포함한 계약의 경우도 계약성립의 일반적 항변사유(defenses)로 다툴 수 있다.[136] 이러한 항변사유로는 "fraud (misrepresentation; 사기/허위진술)," "duress(강박)," "undue influence(부당한 압력)," "mistake(착오)," "impracticability(실행곤란성)," "frustration of purpose(목적의 좌절)," "statute of limitations(소멸시효)," "statute of frauds(사기방지법)," "illegality(불법성)" 등에 관한 사항이 포함될 수 있다.[137] 다만, 국제중재조항을 포함하는 계약의 강제에 대한 이러한 항변사유들은 가분성의 원리(separability doctrine)의 적용을 받는다. 가분성의 원리(separability doctrine)는 중재조항(arbitration clause)이 포함된 계약의 강제가능성에 대한 이의를 법원이 아닌 중재인(arbitrator)이 심문할 수 있다고 본다. 다만, 이러한 이의사항은 중재조항이 포함된 전체 계약이 아닌 중재조항 자체에 직접적으로 연관된 것이 아니어야 하는데,[138] 일반적으로 항변사유가 "중재조항 자체에 직접적으로 연관되는(directed to the arbitration clause itself)" 경우는 드물기 때문에 법원이 아닌 중재인들은 사실상 거의 모든 경우의 항변사유들에 대한 판단을 할 수 있다.[139]

'separable' or 'autonomous' from the underlying contract within which it is found.); UNCITRAL Model Law, art. 16; UNCITRAL Arbitration Rules, art. 21(I) 등을 참고하기 바란다.

135 "If any party … raises one or more pleas concerning the existence, validity or scope of the arbitration agreement, … the arbitration shall proceed and any question of jurisdiction … shall be decided directly by the arbitral tribunal." - ICC Arbitration Rules, art. 6(3).

136 The categories of substantive invalidity of international arbitration agreements contained in the Convention and most developed national arbitration legislation are limited to cases where such agreements are invalid on generally-applicable contract law grounds (e.g., mistake, fraud, unconscionability, impossibility, waiver.). —Gary B. Born, 『International Commercial Arbitration』 (Kluwer Law International, 2009), at 705.

137 영미계약법상 계약성립에 대한 항변사유에 대한 상세한 내용은 저자 집필 『영미계약법 원리』(유원북스, 2021), 200페이지 이하를 참고하기 바란다.

138 *Prima Paint Corp. v. Flood & Conklin Manufacturing Co.*, 388 U.S. 395, 402 (1967).

139 뉴욕협약은 법원이 특정 합의가 "무효이거나, 작동하지 않거나 또는 이행할 수 없다(null and void, inoperative or incapable of being performed)"고 판단되지 않는 한, 중재합의(arbitration agreement)를 강제할 것을 요구한다(New York Convention, Article II(3)); 여기서, 합의가 "null and void, inoperative or incapable of being performed(무효이거나, 작동하

4.4 분쟁대상의 중재가능성(arbitrability)의 문제

국제중재에서 분쟁대상의 중재가능성(arbitrability)은 해당 분쟁이 중재의 대상이 될 수 있는지에 관한 문제로, 당사자 간 협의의 대상이 되는 분쟁의 유형인지는 관련 준거법에 따라 다를 수 있다.[140] 특정한 주제가 해당 국가의 법률에 의해 중재의 대상이 될 수 없는 경우 해당 국가의 법원은 중재조항(arbitration clause)에 구속되지 않으며, 이때 관련 중재판정은 그 판정의 승인이 정당화될 수 없어 인정되지 않는다. 일정한 사항에 대한 비중재성(non-arbitrability)은 대체로 열위적 지위를 가진 계약당사자를 보호하기 위해 인정될 수 있다. 중재합의의 대상이 되는 분쟁은 계약상의 분쟁에 한정되지 않고 불법행위와 같은 비계약상 분쟁도 가능하며, 아직 발생되지 않은 분쟁에 대해 사전에 중재합의를 할 수 있을 뿐만 아니라 이미 발생한 분쟁에 대하여도 중재합의를 할 수 있지만, 관련 준거법상 분쟁대상의 중재가능성(arbitrability)이 문제될 수 있다.[141] 준거법상 전속관할이 정해져 있는 사건에 대해서는 중재합의를 할 수 없다고 일반적으로 본다. 예를 들어, 특허권의 유무효에 관해서는 특허심판원을 거쳐서 특허법원만이 최종적 결정을 할 수 있으므로 이에

지 않거나 또는 이행할 수 없다)"라는 의미와 관련하여, "null and void(무효)"는 "사기, 비양심성, 위법성, 착오 등과 같이 중재합의가 처음부터 결함이 있거나 효력이 없는 경우(cases in which an arbitration agreement was defective or invalid from the outset," such as "fraud ..., unconscionability, illegality and mistake)를 말한다. 그리고, "inoperative(작동하지 않는)"의 의미는 한때 유효했지만, 그 이후 효력을 상실한 경우로 중재합의의 포기, 취소, 거부 또는 종료 또는 중재합의에 의해 규정된 사법적 기한을 준수하지 않은 경우(thereafter ceased to have effect (or to be 'operative'), ... includ[ing] cases of waiver, revocation, repudiation, or termination of the arbitration agreement, or failure to comply with jurisdictional time limits prescribed by the arbitration agreement)를 포함한다. 또한, "incapable of being performed(이행할 수 없는 경우)"란 당사자들이 물리적 또는 법적으로 따를 수 없는 절차에 동의한 경우(cases where the parties have agreed upon a procedure that is physically or legally impossible to follow)를 말한다(Gary B. Born, 『International Commercial Arbitration』 (Kluwer Law International, 2009), at 711-712).

그런데, 뉴욕협약은 법원이 계약의 취소/철회(revocation)에 관한 계약법원리에 근거해 중재합의의 강제집행을 거절하는 것을 허용하고 있어, 국제상사 중재합의의 강제집행가능성을 부인하는 당사자들은 일반적으로 그들의 주장을 계약법의 이론에서 그 근거를 찾을 필요가 있다.—*Ledee v. Ceramiche Ragno*, 684 F.2d 184, 187 (1st Cir. 1982) ("must be interpreted to encompass only those situations - such as fraud, mistake, duress, and waiver - that can be applied neutrally on an international scale.").

140 New York Convention, Article II(1).

141 예를 들어, 총판계약에서 당사자 간 거래상 지위의 차이가 사실상 현저하다면 중재가능성이 문제될 수 있다.

CHAPTER 8

관하여는 중재합의를 할 수 없고, 행정법원이나 가정법원의 전속관할인 사건에 관하여는 중재합의를 할 수 없다. 이러한 사건에 관해 중재합의를 하더라도 그 합의는 효력이 없다.

뉴욕협약(New York Convention)은 중재로 해결할 수 있는 주제(subject matter capable of settlement by arbitration)에 관한 분쟁에 대한 중재합의의 강제를 인정해,[142] 중재할 수 없는 클레임(inarbitrable/non-arbitrable claims)에 관한 중재합의의 강제를 요구하지는 않는다. 그런데, 이러한 뉴욕협약은 일반적 호의 중재(*favor arbitrate*)의 관점에서 볼 수 있으며, 조약이나 국제법은 일반적으로 중재절차와 중재판정의 승인거부의 근거와 관련해 덜 엄격한 기준의 적용을 통해 중재판정의 승인과 집행을 허용하는 한, 뉴욕협약과 같이 중재에 호의적이어서, 국제상사거래의 맥락에서, 대부분의 클레임은 중재할 수 있다. 다만, 미국을 포함한 많은 나라에서는 형사사건(criminal matters), 자녀양육권(child custody), 가족문제(family matters), 파산(bankruptcy), 특허의 유효성(validity of a patent) 등에 관한 사항은 중재할 수 없는데, 이는 이러한 분야에서 분쟁을 중재하려는 것은 관련 국가의 법령이나 공공정책에 위배(against the law or the public policy)될 수 있기 때문이다.[143]

한편, 법원이나 중재인 중 누가 관련 클레임의 계약상 중재가능성(contractual arbitrability) 여부를 판단하는지 문제된다. 국제거래에서 당사자들은 ICC중재규칙(ICC Arbitration Rules)에 따라 중재할 것을 합의할 수 있는데, 중재합의에 따라 중재인이 중재가능성을 판단할 수 있다. ICC중재규칙 제6조 제2항은 "중재판정부의 관할권에 대한 결정은 중재판정부가 스스로 결정한다"고 규정하고 있으며,[144] 중재결정을 위한 중재관할권의 문제에 "중재합의의 범위에 관한 진술(pleas concerning the scope of the arbitration agreement)"을 포함한다.[145] 미국에서는 FAA(Federal Arbitration Act; 연방중재법)에 따른 국내중재에서, 당사자가 특정 클레임의 해결을 중재로 하기보다는 소송을 제기하고자 하는 경우 법원은 당사자들이 해당 클레임을 중재하는 데 동의한 경우에만 해당 클레임을 중재에 회부해, 일단 분쟁의 계약

142 New York Convention, Articles II(1) and V(2).

143 Margaret L. Moses, 『The Principles and Practice of International Commercial Arbitration』 (Cambridge University Press, 3rd ed., 2017), at 31.

144 "any decision as to the jurisdiction of the Arbitral Tribunal shall be taken by the Arbitral Tribunal itself" - ICC Arbitration Rules, Article 6(2).

145 다른 주요 중재기관의 중재규정도 같은 입장을 취하고 있다. - Gary B. Born, 『International Commercial Arbitration』 (Kluwer Law International, 2009), at 932; 뉴욕협약은 체약국들이 해당 중재합의를 승인하고, 당사자들이 그 중재합의를 중재에 회부하도록 요구한다.

상 중재가능성 여부는 중재인이 아닌 법원이 판단하는 것으로 본다. 다만, 당사자들은 계약상의 중재가능성에 관한 분쟁(contractual arbitrability disputes)을 법원이 아닌 중재인이 판단하도록 하는 중재합의(arbitration agreement)를 할 수 있다.

4.5 선택적 중재합의(optional arbitration agreement)의 문제

당사자들이 분쟁해결의 방식을 합의하는 때 계약과 관련된 분쟁을 "중재 또는 선택적으로 법원에 의한 재판"에 의해 해결하도록 합의하는 경우가 있다. 이처럼 중재가 유일한 분쟁해결방법이 아니라 다른 방법과 선택적인 방법으로 지정되는 경우를 "선택적 중재합의(optional arbitration agreement)"라 한다. 선택적 중재합의(optional arbitration agreement)의 경우 계약당사자 간에 분쟁이 발생해 일방 당사자가 먼저 중재를 신청한 때 상대방 당사자가 이에 응하여 반드시 분쟁을 중재에 의해서 해결하여야 하는지, 아니면 상대방 당사자가 이의를 제기하여 분쟁을 소송에 의해 해결할 수 있는지 문제될 수 있다. 이와 관련해, 우리 중재법에서는 어느 한쪽 당사자가 당사자 간에 교환된 신청서 또는 답변서의 내용에 중재합의가 있는 것을 주장하고 상대방 당사자가 이에 대하여 다투지 아니하는 경우에는 서면에 의한 중재합의가 있는 것으로 보고 있다.[146] 한편, 계약상 분쟁해결조항 중에는 중재에 앞선 절차로, 협의, 조정 또는 다른 형태의 대체적 분쟁해결절차를 규정하는 경우가 있는데, 이를 "단계적 분쟁해결조항(multi-tier clause)"이라고 부른다. 예를 들어, 건설도급계약에서 분쟁이 중재에 회부되기 전에 상설 분쟁해결위원회에 회부할 것이 요구될 수 있다. 이러한 단계적 분쟁해결조항의 선행 규정이 충족되었는지 여부에 대한 다툼이 있는 경우 중재판정부가 이에 관하여 판정할 권한이 있다.[147]

146 중재법 제8조 제3항 제3호. 대법원은 분쟁을 법원의 판결 또는 중재에 의하여 해결하기로 하는 조항은 그 자체로는 구속력 있는 중재합의가 아니지만, 일방 당사자가 분쟁을 중재에 회부하고 다른 당사자가 중재신청에 대하여 이의를 제기하지 않는다면 유효한 중재합의가 될 수 있다는 입장을 취하고 있다(대법원 2003. 8. 22. 선고 2003다318 판결). 대법원은 일방 당사자가 선택적 중재조항에 근거해 중재를 신청한 경우 상대방 당사자가 이의를 하여야 하는 시점을 "본안에 관한 답변서를 제출할 때까지"로 보고 있다(대법원 2005. 5. 27. 선고 2005다12452 판결). 따라서, 답변서에서 선택적 중재조항에 대하여 이의를 제기하지 않고 본안에 관하여 답변을 한 다음, 이후의 중재절차에서 선택적 중재조항에 대하여 이의를 제기한 경우는 당사자 간에 유효한 중재합의가 있는 것으로 볼 수 있다.

147 대법원은 분쟁이 발생하면 우선 협의에 의하여 해결하고, 협의가 이루어지지 않을 경우 중재에 의하여 분쟁을 해결하도록 하는 단계적 분쟁해결조항에 대해 당사자 간에 중재 이전에 협의가 이루어졌는지 여부에 관하여 다툼이 있는 경우에는 중재판정부가 이에 대하여 판정을

4.6 중재(arbitration)의 변형

오늘날 국제거래는 상품과 서비스의 판매, 기술과 지식재산의 라이선스, 부동산 개발과 건설, 프랜차이즈, 대출 또는 증권을 통한 자금 조달 등 여러 분야에서 분쟁이 복잡하게 발생할 수 있을 뿐만 아니라 그 분쟁해결을 위한 당사자들의 요구사항도 다양할 수 있다. 이에, 대체적 분쟁해결의 과정(alternative dispute resolution processes)도 변형된 형태로 나타나기도 하는데, 아래와 같이 분쟁해결방식을 중재(arbitration)와 함께 당사자들의 자율적 분쟁해결의 방식인 조정(mediation)을 혼합해 진행하기도 한다. 특히, 계속적 거래를 하는 당사자 간의 분쟁의 경우 다양한 이슈들이 연관된 분쟁이 발생할 가능성이 높아 분쟁해결시 여러 가지 쟁점을 동시에 고려할 수 있다.

4.6.1 Med/Arb

"Med/Arb"는 당사자들이 조정(mediation)을 통해 분쟁을 해결하려고 하지만, 조정을 통한 해결을 할 수 없는 경우 조정인(mediator)이 그의 지위를 바꿔서 중재인으로서 최종적이고 구속력이 있는 결정을 내릴 수 있도록 사전에 합의하는 프로세스이다. 이러한 프로세스가 어떻게 진행되는지는 당사자들의 합의에 따라 다를 수 있다. 조정인/중재인(mediator/arbitrator)은 조정세션이 종료될 때 결정하는 경우도 있으며, 공식적인 증언 또는 증거나 주장의 제시 등이 되고도 조정이 실패한 후에 이루어지기도 한다. 이 프로세스의 장점은 당사자들이 문제가 신속하고 완전하게 해결될 것이라는 것을 알고 있다는 것이다. 또한, 당사자들이 조정에 따른 분쟁해결이 되지 않는다면 조정인이 중재인이 되어 당사자들이 통제할 수 없는 중재인의 판단이 있을 수 있다는 점을 알기 때문에 당사자 간의 화해를 촉진하는 기능을 한다. 그런데, 이러한 프로세스는 당사자들이 조정시에 제출된 정보나 자료가 향후 조정에 의한 분쟁해결이 되지 않는 경우 중립적인 조정인/중재인(mediator/arbitrator)의 최종판단에 영향을 미칠 수 있다는 것을 알기 때문에 당사자들이 조정시에 그들의 사적 정보를 공유하기를 꺼릴 수 있다는 단점이 있다.

4.6.2 Med/then Arb

이 프로세스는 조정인(mediator)이 그의 지위를 바꾸어 중재인(arbitrator)이 갖지

하는 것이 허용된다고 본다(대법원 2005. 5. 27. 선고 2005다12452 판결).

말아야 할 정보를 갖게 되는 잠재적인 문제점을 제거하기 위해 고안되었다. "Med/then Arb"에서는 조정인과 중재인이 다른데, 조정에 의해 분쟁해결이 되지 않는 경우 그 조정절차상 조정인이 아닌 다른 사람이 중재인으로서 중재를 하게 된다. 조정이 이루어진 이후 중재를 진행하기 때문에 중재인은 추가적 논의와 심리를 진행하는 노력을 줄여 신속한 절차진행이 가능해 시간과 비용을 절약할 수 있는 이점이 있다. 그런데, 조정인이 아닌 다른 사람이 중재인으로서 결국 분쟁해결을 할 수 있다는 것을 알고, 당사자들이 자신들의 분쟁해결책을 찾기 위해 열심히 노력하지 않을 수 있으며, 조정인과 중재인에게 모두 비용을 지불해야 하는 부담을 갖게 된다는 단점이 있다.

4.6.3 Arb/Med

"Arb/Med"의 방식은 가능할 수 없는 것으로 보이지만, 다른 프로세스와 연관된 많은 다른 문제를 완화시킬 수 있다. 이 프로세스는 우선 해당 사건이 중재되는데(arbitrated), 중재진행 중에 중재인(arbitrator)이 결정으로 그 사건의 진행을 접어두고, 중재인이나 다른 사람이 그 사건을 조정하게 한다(mediates the dispute). 당사자들은 조정을 통해 화해합의가 되지 않는 경우 중재결정이 내려질 수 있다는 것을 알기 때문에 상호 화해를 할 동기를 부여받는다. 이는 중재를 먼저 하게 되어, 조정에서 당사자들이 자신들의 정보를 언제, 어느 정도 공개할 것인지에 대한 어려움을 줄일 수 있는 장점이 있다. 당사자들은 자신들이 중재에서 얼마나 잘 업무를 수행했는지에 대해 어느 정도 알 수 있게 되어 그들이 어떻게 조정에 접근할 것인지를 결정하는 데 도움이 된다. 다만, 중재인(arbitrator)이 이제 조정인(mediator)이라면 당사자들은 조정인이 당사자들 스스로 화해할 수 있도록 도움을 주는지, 아니면 중재인/조정인이 이미 결정해 놓은 중재판정에 따르도록 유도하는지에 대한 우려가 있을 수 있다.

5. 중재조항(arbitration clause) 관련 유의점 및 기재례

비공식적 협상(informal negotiation)이나 조정(mediation)과 달리, 중재(arbitration)는 본질적으로 대립하는 당사자 간의 공식적인 분쟁해결과정(formal dispute resolution process)이다. 당사자들은 증거나 증인신문을 포함한 각자의 입장을 중재심리에서 중재인 또는 중재패널에게 제시한다. 당사자들이 임의중재(ad-hoc arbitration)

를 원한다면 장래 중재절차 등의 진행에 있어 당사자들의 자율성을 확보하고 잠재적 분쟁을 피할 수 있도록 중재조항(arbitration clause)에 완전하고 상세한 내용을 포함해야 한다. 반면, 기관중재(institutional arbitration)의 경우 선택된 중재기관에서 제시한 중재조항의 문구를 기재하는 것으로 충분할 수 있다. 예를 들어, 국제거래의 당사자들이 국제상업회의소 중재(ICC Arbitration)를 선택하는 경우 ICC(International Chamber of Commerce)가 제공하는 표준중재조항을 자신들의 중재조항으로 합의할 수 있다.[148] 어떤 경우든, 당사자들이 선택한 중재합의의 내용은 서면형식(written form)으로 작성되어야 하며, 그렇지 않으면 중재에 의한 절차진행이 불가능할 수 있다.

그런데, 대부분의 미국 주들 및 기타 국가들이 중재조항(arbitration clause)을 강제할 수 있지만, 일부 국가에서는 특히 공급자의 표준계약(provider's form contract)에 나타나는 중재조항의 경우 소비자 고객(consumer customer)에 대해서 강제하지 않을 수 있다. 국가에 따라 소비자계약(consumer contract)에서 고객에게 뚜렷하게 눈에 띄는 글씨체(highly visible texts)로 중재조항을 알릴 것을 요구한다. 이 경우 표준양식 계약의 맨 윗줄에 "Terms of Service: CONTAINS ARBITRATION CLAUSE" 등과 같은 경고문구(warning)를 적시할 필요가 있다. 더욱이, 일부 온라인 계약의 경우에는 계약서를 볼 수 있는 링크에 중재 관련 경고문구(arbitration warning)가 포함되어 있고, 웹 서퍼(web surfer)에서 계약을 보려면 그 경고문구를 클릭하도록 한다. 중재조항(arbitration clause)에 포함될 내용은 거래의 성격과 당사자의 협상결과에 따라 달라질 수 있으나, 너무 간단한 중재조항은 중재절차의 진행과정에서 여러 논쟁이 있을 수 있으므로 중재조항을 작성할 때는 다음 사항들을 고려할 필요가 있다.

① 중재(arbitration)의 범위: 중재가 일정한 유형의 분쟁에 대해서만 제한적으로 적용되는지 또는 계약에 따라 발생하거나 관련되는 모든 분쟁(all disputes arising under or related to the contract)에 적용되는지를 명시한다.

② 중재지(location of arbitration): 당사자들은 일반적으로 비교적 쉽게 접근할 수 있는 중재지를 선택하길 원하는데, 중재지는 중재기관 소재지 또는 다른

148 ICC가 제공하는 표준중재조항은 다음과 같다: "All the disputes which derive by the present contract or in relation to the same shall be definitely resolved according to the Arbitration Regulation of the International Chamber of Commerce (ICC) by one or more arbitrators nominated in conformity with said regulation."

중립적 장소로 할 수 있다.

③ 중재인 또는 중재인패널의 선정: 중재인의 수를 정한다. 단순한 분쟁의 경우 중재자 한 명이면 충분할 수 있지만, 복잡한 분쟁, 특히 국제분쟁의 경우는 중재인들로 구성된 중재인패널(panel of arbitrators)이 보다 일반적으로 이용된다. 당사자가 중재기관의 등록명부(registration roster)에서 중재인을 선택할 것인지 또는 특정 비즈니스나 법률 전문지식을 가진 다른 사람을 선택할 수 있는지를 명시한다. 그런데, 중재인의 기준을 충족시키기 어렵거나 불가능할 정도로 상세하게 하지 않는 것이 좋다. 예를 들어, "중재인은 한국어와 영어에 능통하고 생명공학 학위를 소지하고 생명정보학 문제를 전문으로 하는 지식재산권 변호사가 되어야 한다"라고 하는 경우 실제 중재인의 선정이 어려울 수 있고 그 선정과정에 다툼이 있을 수 있다. 중재인패널(panel of arbitrators)의 경우 그 선정절차(selection procedure)를 기술하는데, 이러한 절차는 중재기관의 선정규칙을 참조할 수 있다. 그렇지 않으면, 당사자들이 스스로 그 선정절차를 정할 수 있다. 예를 들어, 3인의 중재인패널(three-person arbitration panel)을 선정할 때, 각 당사자가 각자 중재인을 선정하고, 선정된 두 중재인이 나머지 한 명의 중재인을 선정할 수 있다. 중재는 1명 또는 3명의 중재인이 관여하는데, 3인의 중재인패널은 통상 보다 큰 규모의 분쟁사건을 다룬다.[149] 중재기관에서는 일반적으로 중재인의 선정을 비롯한 중재운영 관련 규칙을 제공하기 때문에 당사자들은 이러한 중재규칙 중 활용할 사항을 자신들의 중재조항에 포함할 수 있다.

④ 중재규칙(rules for arbitration): 중재조항에서 중재절차에 사용할 규칙을 정한다. 당사자들은 UNCITRAL중재규칙(Arbitration Rules) 등과 같은 중재기관의 중재규칙을 그대로 사용하거나, 필요한 범위에서 이를 변경하여 자체적인 규칙(ad-hoc rules)을 설정할 수 있다. 다만, 이러한 자체규칙(ad-hoc rules)을 제정하기 위해 장시간이 걸리거나 추가적 비용이 들 수 있고 여러 가지 복잡한 사정도 고려되어야 할 뿐만 아니라 실제 중재의 진행과정에서 예상하지 못한 절차상 문제 등을 간과할 수 있다. 이에, 당사자들은 이미 제정된

149 3인의 중재인패널의 선정과 관련한 중재조항의 예문은 다음과 같다: "Each party shall select an arbitrator who has no financial or family relationship with such party and identify him or her in writing within 10 days of the demand for arbitration. The two arbitrators shall select a third arbitrator within 10 days of written identification of both."

중재기관의 규칙(ready-made rules)을 사용하는 것이 보다 편리하고 안전할 수 있다.

⑤ 실체적 문제(substantive issues)에 대한 준거법(governing law): 해당 사건의 실체적 문제를 다루는 법은 중재조항이 아니라 계약의 일반조항 등에서 명시되어야 한다. 준거법이 중재조항에만 언급되는 경우 준거법의 요건이 중재분쟁에만 적용되는지에 대한 모호성이 생길 수 있다.

⑥ 비밀준수(confidentiality): 당사자 간 중재를 비밀로 하는 것에 대한 우려가 있는 경우 중재조항에 비밀유지에 관한 사항을 언급한다.

⑦ 중재절차의 언어(language): 국제중재(international arbitration)에서는 중재에 사용되는 언어를 명시한다.

⑧ 중재판정(arbitration award)과 그 집행(enforcement): 중재인은 중재판정에서 원칙적으로 판정이유를 반드시 제시할 필요는 없으나, 당사자들이 중재인의 판정에 대한 사유를 필요로 한다면 이를 중재조항에 명시하는 것이 좋다. 중재판정을 집행하기 위해서는 적절한 관할권을 가진 법원에 제출할 수 있도록 해야 한다.

⑨ 중재조항에서 징벌적 손해배상(punitive damages), 특정이행(specific performance), 변호사비용(attorney's fees)이나 기타 비용의 청구 등 구제방법을 규정할 것인지를 고려해야 한다. 중재인이 징벌적 손해배상(punitive damages)을 결정할 수 있는 권한을 갖느냐는 중재에 대한 준거법에 달려 있다. 미국에서는 사기행위(fraud) 등 불법행위소송(tort actions) 또는 법령(statutes)상 구체적으로 규정된 때 징벌적 손해배상이 허용될 수 있다. 비용, 수수료 등 중재 관련 경비를 당사자들이 어떻게 분담할 것인지를 정할 수 있다. 당사자들은 패소한 당사자가 그 경비를 책임지도록 할 수 있다. 또한, 일방 당사자가 중재를 거부할 경우 상대방이 중재조항을 실행하기 위한 변호사비용이나 기타 비용을 부담하도록 요구하는 등의 구제책을 가질 필요가 있는지를 고려한다.

한편, 기관중재(institutional arbitration)를 하는 경우 많은 중재기관들이 해당기관의 중재규칙의 적용에 관한 표준중재조항을 별도로 만들어 두고 있어 계약상 중재조항을 정하는 데 관련 중재기관의 표준중재조항을 활용할 수 있다. 임의중재(ad-hoc arbitration)의 경우에는 필요한 범위에서 이러한 중재기관의 표준중재조항을 참고하거나, IBA 국제중재조항 작성지침 등에 예시된 표준중재조항을 활용할

수 있다.[150]

[Example 1]

아래는 중재기관들이 제시하는 표준중재조항의 기재례들이다. (Sample 1)은 국제상업회의소 중재(ICC Arbitration)의 표준중재조항이며, (Sample 2)는 대한상사중재원(KCAB)의 표준중재조항이다.[151]

(Sample 1)

All disputes arising out of or in connection with the present contract shall be finally settled under the Rules of Arbitration of the International Chamber of Commerce by one or more arbitrators appointed in accordance with the said Rules.

(Sample 2)

Any disputes arising out of or in connection with this contract shall be finally settled by arbitration in accordance with the International Arbitration Rules of the Korean Commercial Arbitration Board. The number of arbitrators shall be [one/three]. The seat, or legal place, of arbitral proceedings shall be [Seoul/South Korea]. The language to be used in the arbitral proceedings shall be [language].

[Example 2]

아래는 중재기관의 표준중재조항을 사용하지 않을 경우 일반적으로 사용될 수 있는 중재조항의 기재례들인데, 앞서 살펴본 중재조항 관련 유의점을 고려해 필요한 사항을 중재조항에 포함할 수 있다. (Sample 1)은 IBA 국제중재조항 작성지침(IBA Guidelines for Drafting International Arbitration Clauses)에서 국제거래 계약상 중재조항으로 권고하는 예문이다.[152]

150 IBA 국제중재조항 작성지침(IBA Guidelines for Drafting International Arbitration Clauses) 제13항: https://www.ibanet.org/Publications/publications_IBA_guides_and_free_materials.aspx#drafting

151 대한상사중재원의 영문 표준중재조항은 국제중재규칙의 적용에 관한 표준중재조항이다. 국내중재규칙의 적용에 관한 대한상사중재원 표준중재조항은 다음과 같다: "이 계약으로부터 발생되는 모든 분쟁은 대한상사중재원에서 국내중재규칙에 따라 중재로 해결한다."

152 중재조항의 용어로 유의해야 하는 것으로, "arising under (arising out of) or in connection with (in relation to) this Agreement"라는 표현을 쓰는데, "본 계약에서 발생하거나 또는 본 계약과 관련해서"라는 의미로 해석된다.

(Sample 1)

This agreement is governed by, and all disputes arising under or in connection with this agreement shall be resolved in accordance with, [selected law or rules of law].

(Sample 2)

The parties shall submit disputes arising under or related to this agreement for settlement by binding arbitration under the American Arbitration Association rules. Arbitration will be held in [Oak Park, Illinois]. The fees and expenses of the arbitrators will be split evenly between the parties, and each party will bear its own costs in any arbitration proceeding.

(Sample 3)

Any claim arising out of or related to this Agreement, including without limitation claims related to the parties' negotiations and inducements to enter into this Agreement, shall be submitted to mandatory, binding arbitration under the auspices of ________ (the "ADR Association"), in ________ [city], with the parties sharing equally the costs of arbitration. Arbitration will proceed according to the commercial rules of the ADR Association. This Section ________ does not limit either party's right to provisional or ancillary remedies from a court of competent jurisdiction before, during, or after arbitration, and the exercise of any such remedy does not waive either party's right to arbitration. Judgment on an arbitration award may be entered by any court with competent jurisdiction. Any requirement in this Agreement to pay or reimburse court costs or attorneys' fees includes, without limitation, a requirement to reimburse costs and fees related to such arbitration. This Agreement is subject to the operation of the 1958 United Nations Convention on the Recognition and Enforcement of Foreign Arbitral Awards.

6. 중재절차(arbitration procedure)

국제상사중재에서 당사자들은 개별국가의 법원에서 적용될 수 있는 형식적이고 기술적인 절차규칙보다, 유연하고 효율적이며 그들의 특정 분쟁의 필요에 맞게 조정될 수 있는 공정하고 중립적인 절차를 원한다. 소송에서 증거제출이나 변론은 법규에 의해 제정된 절차와 증거규칙에 따라 규율되는 반면, 중재는 중재합의(arbitration agreement)를 통해 당사자들이 자신에게 맞는 절차와 증거에 관한 원칙을 정할 수 있는데, 통상적 소송의 절차나 증거규칙보다 더 간소화된 절차나 증거원리를 채택하는 것이 일반적이다. 당사자의 합의가 없다면 준거법상 적용 중재법이나 관련 중재기관의 중재규칙에 따를 수 있다.[153] 중재합의의 당사자들은 중재의 장소, 언어, 준거법 등과 함께 중재절차와 증거의 규칙(rules of procedure and evidence)을 선택할 수 있다. 다만, 국제상사 중재합의는 국제상업회의소(ICC)나 런던국제중재재판소(LCIA) 등과 같은 주요 국제중재기관의 규칙을 따르는 경우가 많다. 한편, 중재의 경우도 재판절차와 같이, 현존하는 권리관계에 끼칠 현저한 손해를 피하거나 급박한 위험을 막거나 목적물의 현상유지를 명하는 법원의 가압류 및 처분금지가처분 등과 같이 당사자들의 재산상태나 법률관계를 유지시킬 수 있는 임시적 처분 내지 보전처분 등이 인정될 수 있으며, 중재판정부가 구성되기 이전에 당사자의 긴급한 임시적 처분신청이 있으면 중재기관이 신속히 긴급중재인을 선임하여 임시적 처분을 내릴 수 있도록 하는 긴급중재인제도(emergency arbitrator)가 인정될 수 있다.[154]

중재의 절차는 다양할 수 있지만, 기본적인 절차로는, (i) 중재신청(demand; request; submission), (ii) 답변(answer), (iii) 사전 중재패널 문제(pre-panel issues), (iv) 중재인패널의 선정(panel selection), (v) 중재준비 및 심리(preparation and pre-hearing conference), (vi) 최종심리(final hearing), (vii) 중재판정(award), (viii) 중재판정 후 절차(post-award) 등이 있다.[155] 아래에서는 이러한 중재절차를 크게 분류해 중재심리 이전의 절차(pre-hearing), 중재심리절차(arbitration hearing), 중재판정(arbitiral award) 등의 순서로 간단히 살펴보고, 다수당사자 분쟁(multi-party disputes) 시의 중재절차에 관한 사항도 알아본다.

153 예를 들어, 우리 중재법의 경우 중재인의 수는 당사자 간의 합의로 정하며, 위와 같은 합의가 없는 경우 중재인의 수를 3명으로 정하고 있다(제11조).

154 우리 중재법은 임시적 처분에 관한 장을 별도로 두어 그 요건, 절차 및 집행에 관하여 상세히 규정하고 있다(제3장의2 임시적 처분, 제18조-제18조의8). 또한, 대한상사중재원은 신속절차(expedited procedure)를 인정하고 있다(International Arbitration Rules, Chapter 6. Expedited Procedure).

155 국제상사 중재절차는 대체로 영미법체계(common law system)와 함께 대륙법체계(civil law system)상 법률절차의 절충한 내용으로 구성되어 있다. 보통법(common law)상 배심원재판이 대륙법절차에는 존재하지 않는다는 차이가 있다. 영미법계, 특히 미국의 재판은 대체로 당사자들, 변호인, 판사, 배심원 등이 참석하는 배심원재판(jury trial)에 의한 집중심리가 이루어지는 반면, 대륙법계에서는 일반적으로 이러한 집중심리방식의 재판절차를 진행하지 않는다. - John Henry Merryman & Rogelio Pérez-Perdomo, 『The Civil Law Tradition』 (Stanford University Press, 4th ed., 2018).

6.1 중재심리 이전의 절차(pre-hearing)

국제중재절차는 대략적으로 중재합의에 따른 중재신청(demand; request; submission)에 의해 개시되는데, 이때 중재기관의 공식적 신청절차와 특정한 신청양식을 요구할 수 있다.[156] 중재의 당사자 중 신청인은 "Claimant"로, 피신청인은 "Respondent"로 지칭한다. 중재합의 내지 중재합의에 따라 정해진 특정한 중재기관의 규칙에 따라 중재신청이 송달되면, 피신청인(respondent)은 신청인의 주장에 답변(answer)하거나 반대신청(counterclaim)을 할 수 있다. 답변을 하지 않은 때 소송과 달리, 청구를 인정(admission)하는 것으로 해석되지는 않는다. 이때 피신청인은 집행가능한 중재합의가 없다거나 관련 중재합의가 해당 분쟁에 적용되지 않는다고 주장하면서, 중재인의 지명이나 분쟁의 심리를 위한 중재인의 관할권에 대한 이의를 제기할 수 있다.

중재심리 이전(pre-hearing)의 절차로 또한 중재인의 선정(selection of arbitrators)이 필요하다. 국제상사중재의 당사자들은 중재인을 1명으로 할 수도 있지만, 분쟁사건의 규모가 큰 경우 대체로 3명의 중재인들로 구성된 중재판정부(arbitral tribunal)를 선호한다. 이러한 중재인선정의 방식은 국제상업회의소(ICC)나 런던국제중재재판소(LCIA) 등 주요 국제중재기구의 규칙에 따른 통상적인 방식이기도 하다.[157] 그리고, 중재인들의 선정에 있어 중재기관 등을 통해 해당 중재인들이 그 결정에 영향을 줄 수 있는 분쟁당사자들과의 관계나 이해관계가 없다는 점을 확인하기 위해 이행충돌 여부의 확인(conflict check)이 이루어진다. 미국변호사협회(American Bar Association) 등 대부분의 중재기관은 이해충돌(conflicts of interest)과 중재인의 윤리적 책임(ethical responsibilities of arbitrators)에 대한 지침을 제공하는 상사중재인의 윤리강령(Code of Ethics for Commercial Arbitrators)을 제정하고 있다.

분쟁사건이 특히 복잡한 경우 중재인은 당사자들과 직접 또는 전화 등 통신을 통한 회의를 열어 중요한 문제를 논의하는 것이 일반적이다. 중재사건이 복잡한

CHAPTER 8

156 중재신청(request for arbitration)에는 통상 기본적인 실질적 청구권(basic substantive claims), 구제청구(relief sought), 중재합의에 따른 중재인의 관할권(jurisdiction of arbitrators) 등을 명시한다. 또한, 중재인의 적정한 수와 선정방법에 대한 신청인의 견해를 포함할 수 있으며, 3인 중재인 중재(tripartite arbitration)의 경우 중재신청에는 청구인의 중재인 지명에 관한 사항을 포함할 수 있다.

157 3명의 중재인의 선정방법은 일반적으로 각 당사자가 1명의 중재인을 선정하고, 그 선정된 2명의 중재인으로 하여금 나머지 1명의 중재인을 선정하게 한다.

경우 당사자들은 관련 증거사항의 개요와 함께 제시될 가능성이 있는 증언과 문서의 목록을 준비한다. 당사자나 그 변호인은 개시진술(opening statement)을 준비하고, 관련 증인들과 협의를 거쳐 증인심문을 대비해, 증언형식(testimony format)에 맞게 증인에 대한 질문사항을 마련한다. 전문가 증인의 진술이 있을 경우 변호인은 사전 중재심리회의(prehearing conference)에서 합의된 날짜까지 전문가 보고서(expert reports)가 교환되는지, 중재심리 전에 전문가 증인진술/신문(deposition)이 가능한지를 확인할 필요가 있다. 국제상사중재에서 당사자들은 중재합의를 통해 자신들의 필요에 따라 디스커버리(discovery)의 범위와 절차를 정할 수 있다.[158]

6.2 중재심리절차(arbitration hearing)

국제상사 중재심리(arbitration hearing)는 당사자들이 주장과 증거제시를 통해 중립적 중재인을 설득하려는 대심적 구조를 가진다는 점에서 재판절차와 유사하다. 중재는 소송과 마찬가지로, 당사자가 자신의 주장을 개진하고, 증거자료를 제출하고, 반대신문을 할 수 있는 기회를 갖도록 한다. 일반적으로 개시진술(opening statements), 신청인의 증인에 대한 직접신문(examination)과 반대신문(cross-examination), 피신청인의 증인에 대한 직접신문과 반대신문, 증거제출 등 이후 종결진술(closing statements)로 마무리된다. 영미법계 국가에서 재판과 심리(trials and hearings)는 일반적으로 당사자들이 증인에 대한 직접신문이나 반대신문을 포함해 자신들의 사건에 대한 상당한 재량이 허용되는 반면, 대륙법계 국가에서는 재판부가

158 광범위하고 개입적인 디스커버리는 영미법계(common law) 국가에서는 일반적이나, 통상적으로 법원이 주로 증거의 수집을 통제하는 대륙법계(civil law)에서 디스커버리는 이질적일 수 있다. 당사자들은 중재기관의 규칙에 따라 중재할 것을 합의할 수 있는데, 중재기관의 규칙은 대체로 중재인에게 디스커버리의 범위와 유형에 대한 광범위한 재량권을 부여한다. 일반적으로 국제상사중재(international commercial arbitration)에서는 영미법계의 통상적 소송보다 디스커버리(discovery)의 범위가 실질적으로 덜 광범위하게 운용되고 있다. 당사자가 중재인의 디스커버리 명령을 따르지 않는 경우 요청된 증인이나 문서의 제출을 거부하는 당사자에 대해 중재인들은 그 당사자의 주장에 관해 불리한 추론(adverse inferences)을 할 수 있다.－Gary B. Born, 『International Commercial Arbitration』 (Kluwer Law International, 2009), at 1879-1919. 국제상사중재절차는 보통법과 대륙법 간의 타협에 의해 이루어져, 국제상사중재에서는 통상적으로 영미법계, 특히 미국에서 소송보다 디스커버리의 범위가 좁아 증인신문(interrogatories or depositions)보다는 주로 문서공개(disclosure of documents) 등에 주로 디스커버리가 이용된다.－Carolyn B. Lamm, “International Arbitration in a Globalized World,” Disp. Resol. Mag., Winter 2014(trend “toward broader document disclosure” but “depositions and interrogatories are not commonly used in international arbitration”).

주로 쟁점을 파악하고 증거를 찾고 기록을 조사하는 등 대체로 재판부의 직권적 절차가 중요할 수 있다.[159] 국제상사중재에서 심리는 대체로 보통법(common law)과 대륙법(civil law)의 전통적 심리방식이 혼합되어 있는데, 구술증거(oral testimony)보다는 서증이나 증인의 서면진술에 더 많이 의존하는 경향이 있다.[160]

증거법칙(rules of evidence)은 뉴욕협약(New York Convention)의 경우 중재 관련 증거법칙을 규정하고 있지 않지만, UNCITRAL의 국제상사중재에 관한 모델법(UNCITRAL Model Law on International Commercial Arbitration)의 경우 중재판정부(arbitral tribunal)가 증거의 허용가능성(admissibility), 관련성(relevance), 중요성(materiality) 및 가중치(weight)에 대한 결정권한을 가지는 것으로 명시하고 있다.[161] 이에, 당사자들은 중재인에게 증거 관련 이슈를 결정할 수 있는 권한을 부여하는 중재기관의 규칙에 따라 중재를 할 것을 합의할 수 있다.[162] 여기서 중재인에게 광범위한 재량권이 부여되는데, 증거에 관한 형식적 규칙은 당사자들이 특별히 그 증거규칙을 사용할 것을 동의하지 않는 한 적용되지 않는다. 중재에서 전문가 증언(expert testimony)은 특히 유용하고 장려되는데, 대체로 양 당사자측 전문가들이 동시에 증언하거나 적어도 상대방측의 전문가 증언을 들을 수 있도록 해 당사자들이 상호 대응할 수 있도록 한다.[163] 관련 이슈를 명확히 하거나 광범위한 중재심리자료를 요약하기 위해, 중재인의 명령이나 당사자들의 합의로 당사자들은 중재심리 후 준비서면(post-hearing briefs)를 제출할 수 있다. 중재심리가 종결될 때 중재

---

159 대륙법계에서는 증인의 구두증언(witness testimony)보다는 문서를 통해 사실을 증명(proof through documents)하는 방식을 선호하며, 증인심문의 경우에도 판사에 의한 증인심문이 중시되어 당사자의 변호인이 서면으로 제출한 질문에 대해서 판사에 의한 직접질문이 이루어지기도 한다.

160 Gary B. Born, 『International Commercial Arbitration』 (Kluwer Law International, 2009), at 1826.

161 UNCITRAL Model Law, Article 19(2); 우리 중재법 제20조.

162 IBA(International Bar Association; 국제변호사협회)는 국제중재의 증거수집에 관한 규칙(IBA Rules on the Taking of Evidence in International Arbitration)을 두고 있는데, 당사자들은 중재합의를 통해 이러한 규칙을 따를 수 있다.－http://www.ibanet.org/Publications/publications_IBA_guides_and_free_materials.aspx.

IBA의 국제중재에서 증거수집에 관한 규칙은 중재인에게 관련성, 특권 및 불합리한 부담 등을 포함한 다양한 사유로 제시된 증거를 배제할 수 있는 권한을 부여하고 있다(IBA Rules on the Taking of Evidence in International Arbitration, Article 9(2)).

163 이러한 방식은 전문가들이 관련 자료를 해석하는 방법에 대해 서로 건설적으로 논쟁할 수 있고, 중재인들은 혼란이 있는 부분에 대해 공동으로 질문할 수 있기 때문에 전문가 증언(expert testimony)을 더 자연스럽고 유익하게 할 수 있다.

인은 모든 것이 제시되었는지를 물어서 확인하고, 모든 것이 제시되었다면 중재심리는 종결되고, 중재인은 중재판정을 위한 검토를 시작한다.

6.3 중재판정(arbitral award)

미국에서 많은 소송은 신청(motion)에 따른 청구기각(dismiss)이나 약식판결(summary judgment)로 종결될 수 있지만, 국제상사중재(international commercial arbitration)에서는 일반적으로 이러한 신청에 따른 중재의 종결이 일어나기 어렵다. 국제상사중재의 심리에서, 당사자들이 특별히 달리 합의하지 않는 한, 구두심리(oral hearing)가 통상적으로 이루어지는데, 당사자의 신청이 있음에도 구두심리가 이루어지지 않으면, 당사자는 구두심리의 기회가 주어지지 않은 점을 근거로 중재판정에 이의를 제기할 수 있다.[164] 국제상사 중재판정(arbitral award)은 법원 판결과 유사한 내용을 담고 있는데, 이에는 중재인이 사건을 종결하는 데 필요하다고 판단하는 당사자들의 입장과 중재판정부의 사실 및 법적 분석에 대한 모든 세부사항을 명시하는 서면으로 이루어진다. 중재인은 중재판정(arbitral award)을 내릴 때 유연성을 가져 당사자들의 중재합의에 의해 부여된 권한범위 내에서 공정하고 공평하다고 여겨지는 모든 구제책을 제시할 수 있다. 당사자의 구제방법(remedies)은 일반적으로 중재합의(arbitration agreement)에 의해 판단되기 때문에 당사자들이 중재인이 고려하기를 원하는 구제책에 대해서는 사전에 합의를 하는 것이 좋다.[165] 대부분의 국제상사 중재판정은 금전적 손해배상(money damages)에 관한 것이지만, 대부분 국가의 법원에서는 계약상 의무의 특정이행(specific performance)이나 금지명령(injunctive relief) 등도 중재인의 결정으로 인정된다.[166] 또한, 국제중재판정부(international arbitration tribunal)는 일반적으로 중재에서 이긴 당사자가 상대방 당사자로부터 법률비용을 포함한 중재비용을 보상받게 하는 권한이 있다.

CHAPTER 8

164 Gary B. Born, 『International Commercial Arbitration』 (Kluwer Law International, 2009), at 1831-1832.

165 Gary B. Born, 『International Commercial Arbitration』 (Kluwer Law International, 2009), at 2478 ("The remedial powers of an international arbitral tribunal are defined in the first instance by the parties' arbitration agreement. ... Under most developed national arbitration regimes, arbitrators have broad discretion in fashioning relief.").

166 다만, 징벌적 손해배상(punitive damage)의 판정은 대륙법계 국가에서 공서양속(public policy)에 반하는 것으로 대체로 인정되기 어렵다.

6.4 다수당사자 분쟁(multi-party disputes)과 중재

특정한 중재합의(arbitration agreement)가 중재합의의 당사자가 아닌 제3자와 관련된 청구를 포함할 수 있는지 문제된다. 국제상사중재에서, 중재합의의 당사자가 아닌 제3자와 관련된 청구문제로, "제3자 이슈(non-party issue)"가 발생할 수 있다.[167] 뉴욕협약(New York Convention)에는 복수중재의 통합(consolidation of multiple arbitration)에 관한 사항을 구체적으로 다루는 조항은 없다. 뉴욕협약은 체약국들(contracting states)이 미이행 중재합의를 강제(enforce executory arbitration agreements)하도록 하는 데 중점이 있으며, 중재합의나 절차 등은 당사자들이 자율적으로 개별국가의 법률에 따를 수 있도록 한다. 소송의 경우 소송절차의 통합과 결합(consolidation and joinder)을 통해 동일한 사실에 대한 여러 소송(multiple litigation)을 피하도록 하여, 관련 당사자들의 시간과 비용을 절약하고 일관성 없는 결과를 피할 수 있다. 즉, 소송의 경우 일반적으로 민사소송규칙 등에 따라 동일한 거래나 사건으로 분쟁이 발생할 경우 이를 통합하거나, 여러 관련 당사자들을 결합해 단일한 소송절차에 참여하게 하여 분쟁을 해결할 수 있다. 중재의 경우에도 중재인들이 관련된 여러 사건을 통합하고 관련 당사자들이 함께 참여할 수 있도록 해야 한다는 견해도 있으나, 중재의 경우 장애물은 중재(arbitration)의 계약적 성격(contractual nature)으로 인해, 중재는 중재를 합의한 당사자 간에 이용될 수 있는 분쟁해결수단이기 때문에 중재에 합의하지 않은 당사자들은 중재보다는 소송할 권리가 있다는 점을 고려해야 한다.[168] 그리고, 뉴욕협약에서는 제3수익자(third-party beneficiary), 금반언(estoppel), 대리(agency), 계약의무의 인수(assumption of contractual duties), 법인격 부인론(corporate veil piercing) 등과 같은 계약법원리에 대한 명확한 규정이 없어 준거법상 관련 국가의 계약에 관한 법규범이나 국제규범이 적용

167 제3자 이슈(non-party issue)는 다양한 절차적 맥락에서 발생할 수 있는데, 다음과 같은 경우가 있다: (i) 중재합의의 당사자는 중재합의의 당사자가 아닌 제3자를 상대로 한 청구에 대해 소송을 하려고 하지만, 제3자가 그 청구의 중재를 강제하려고 하는 경우, (ii) 중재합의의 당사자는 중재합의의 당사자가 아닌 제3자에 대한 청구를 중재하려고 하고, 제3자는 해당 중재인이 그 청구에 대한 관할권을 갖지 않는다고 하면서 중재에 참여하길 거부하는 경우, (iii) 중재합의의 당사자가 아닌 제3자가 중재합의의 당사자에 대한 청구를 중재하려고 하고, 중재합의의 당사자가 해당 중재인이 그 청구에 대한 관할권을 갖지 않는다고 하면서 중재에 참여하기를 거부하는 경우 등이 있다.

168 Gary B. Born, 『International Commercial Arbitration』 (Kluwer Law International, 2009), at 2074.

될 수 있다.[169]

7. 중재판정(arbitral award)의 승인 및 집행(recognition and enforcement)

중재판정이 내려지면 그 집행이 이루어져야 실효성이 있으므로 중재판정의 집행가능성이 문제된다. 중재조항(arbitration clause)에서 당사자들은 대체로 중재인이 그들의 분쟁을 판단하는 데 동의하고 중재판정(arbitral award)이 최종적(final)이고 구속력이 있다(binding)는 점에 합의한다. 국제중재판정의 승인과 집행에 관한 국제조약으로 뉴욕협약(New York Convention; Convention on the Recognition and Enforcement of Foreign Arbitration Awards; 외국중재판정의 승인 및 집행에 관한 협약)은 중재지 국가와 집행지 국가가 체약국인 경우 협약 제5조에 정한 한정된 사유를 제외하고는 다른 협약국 내에서 내려진 외국중재판정(foreign arbitral award)의 승인 및 집행을 보장하고 있다. 중재인이 판정을 내리면 당사자는 그 판정을 법원을 통해 집행(court enforcement)할 수 있다. 우리나라도 뉴욕협약의 체약국으로서,[170] 우리 중재법상 뉴욕협약에 따른 중재판정의 승인 및 집행이 인정되고 있다.[171] 뉴욕협

169 Gary B. Born, 『International Commercial Arbitration』 (Kluwer Law International, 2009), at 1212-1217.

170 가입국 현황은 유엔 국제상거래법위원회(UNCITRAL) 홈페이지(https://uncitral.un.org/) 참조.

171 우리 중재법상 중재판정은 승인거부사유가 없으면 승인되고, 필요한 경우 당사자의 신청에 따라 중재판정을 승인하는 결정을 할 수 있으며, 중재판정에 기초한 집행은 법원이 집행결정으로 허가하도록 규정하고 있다(중재법 제37조). 법원의 결정에 대해서는 즉시항고할 수 있으나, 즉시항고가 집행정지의 효력을 가지지는 않는다.

중재법 제38조(국내 중재판정) 대한민국에서 내려진 중재판정은 다음 각 호의 어느 하나에 해당하는 사유가 없으면 승인되거나 집행되어야 한다.

1. 중재판정의 당사자가 다음 각 목의 어느 하나에 해당하는 사실을 증명한 경우
   가. 제36조 제2항 제1호 각 목의 어느 하나에 해당하는 사실
   나. 다음의 어느 하나에 해당하는 사실
      1) 중재판정의 구속력이 당사자에 대하여 아직 발생하지 아니하였다는 사실
      2) 중재판정이 법원에 의하여 취소되었다는 사실
2. 제36조 제2항 제2호에 해당하는 경우

중재법 제39조(외국 중재판정) ①「외국 중재판정의 승인 및 집행에 관한 협약」을 적용받는 외국 중재판정의 승인 또는 집행은 같은 협약에 따라 한다.

②「외국 중재판정의 승인 및 집행에 관한 협약」을 적용받지 아니하는 외국 중재판정의 승인 또는 집행에 관하여는「민사소송법」제217조,「민사집행법」제26조 제1항 및 제27조를 준용한다.

약에 따른 요건을 갖춘 중재판정의 경우 그 승인과 집행이 용이할 수 있다는 점에서 이와 같은 국제협약이 마련되어 있지 않은 법원의 재판에 비해 이점이 있다. 아래에서는 뉴욕협약상의 중재판정의 승인과 집행에 관한 주요 사항을 살펴본다.

7.1 국제중재판정의 강제(enforcement)

뉴욕협약(New York Convention)의 주된 목적은 한 국가에서 내려진 중재판정(arbitral award)을 다른 국가의 법원에서 승인하고 집행(recognition and enforcement)할 수 있도록 하는 것이다. 이에, 뉴욕협약은 "이 협약은 중재판정의 승인과 집행을 구하는 국가가 아닌 국가의 영토에서 내려진 중재판정의 승인과 집행에 적용된다"라고 규정하고 있다.[172] 뉴욕협약은 "각 체약국은 중재판정을 구속력이 있는 것으로 승인하고 집행해야 한다"[173]라고 명시하고 있으며, 중재판정의 승인과 집행이 거부되는 사유를 제한적으로만 허용하고 있다.[174] 뉴욕협약은 중재판정을 승인하고 집행하기 위한 신속하고 용이한 절차를 규정하는데, 당사자는 다음과 같은 서류를 갖추어 신청절차를 진행할 수 있다.

① 중재판정의 승인과 집행을 위한 신청시점에, (i) 적법하게 인증된 중재판정문(duly authenticated original award or a duly certified copy thereof), (ii) 뉴욕협약 제2조에 명시된 적법한 중재합의서(original agreement referred to in article II or a duly certified copy thereof)

② 해당 중재판정이나 중재합의가 그 중재판정의 승인이나 집행이 이루어져야 할 국가의 공식 언어(official language)로 이루어지지 않는 경우 해당 문서의 인증된 번역문(certified translation)[175]

한편, 뉴욕협약상 중재판정의 승인과 집행은 신청인(claimant) 또는 피신청인(respondent) 중 어느 당사자가 중재에서 이기는지에 따라 그 실행에 차이가 있을 수 있다. 중재에서 이긴 신청인(prevailing claimant)은 통상적으로 중재판정에서 결정된 금전배상이나 기타 구제방법을 실행하기 위해 중재판정의 집행을 구하는 반

172 New York Convention, Article I(1): This Convention shall apply to the recognition and enforcement of arbitral awards made in the territory of a State other than the State where the recognition and enforcement of such awards are sought.

173 Each Contracting State shall recognize arbitral awards as binding and enforce them.

174 New York Convention, Article III and V.

175 New York Convention, Article IV; 번역문은 공무원, 선서 번역가나 외교 또는 영사 대리인에 의해 인증되어야 한다.

면, 중재에서 이긴 피신청인(prevailing respondent)은 일반적으로 중재판정이 최종적이라는 점(the award's finality)을 확인해 해당 중재에서 인정되지 않은 청구를 다른 추가적인 소송이나 중재 등을 통해 제기하는 것을 막고자 한다.

7.2 국제중재판정의 취소(vacatur) 내지 비강제(non-enforcement)

뉴욕협약(New York Convention)은 국제중재판정(international arbitration award)을 일반적으로 승인하고 강제하지만, "중재판정이 내려진 국가의 법 또는 관계당국에 의해 그 중재판정이 중지되거나 무효가 된 경우 그 중재판정의 승인과 집행은 거부될 수 있다"고 규정하고 있다(뉴욕협약 제5조).[176] 이에, 국제중재판정에 불만이 있는 당사자는 중재지(seat of arbitration) 국가의 법원으로 하여금 해당 중재판정을 취소하게 하고(vacate; set aside; annul), 그 취소(vacatur)를 다른 국가에서의 그 중재판정의 집행에 대한 항변사유(defense)로 사용할 수 있다.[177] 즉, 중재판정의 취소에 대한 기준(standards for vacatur)은 뉴욕협약이 아니라, 중재지 국가의 법률에 따르게 된다.[178] 따라서, 이러한 뉴욕협약상 중재판정의 승인과 집행의 거부와 관련해, 국제중재판정에 불만이 있는 당사자는 해당 중재판정의 집행을 막거나 제한하기 위해서 다음과 같은 방법을 고려할 수 있다.

첫째, 당사자는 중재지(seat of arbitration) 법원을 설득해 중재판정을 확인하기보다는 취소(vacatur)하도록 할 필요가 있다. 중재지 법원에 의한 중재판정의 취소(vacatur)에 의해 다른 국가 법원의 해당 중재판정의 집행을 막을 수 있다.

둘째, 중재지 법원이 중재판정을 확인(confirmation)하더라도, 그 확인은 중재지 국가에서 해당 중재판정을 집행하는 것을 허용하는 것이기 때문에 중재판정에 이의가 있는 당사자는 다른 국가의 법원에 해당 중재판정을 승인 및 집행하지 않을 것(non-enforcement)을 요청할 수 있는데, 이에 대해 뉴욕협약은 다음과 같은 사항을 규정하고 있다.

CHAPTER 8

176 Recognition and enforcement of the award may be refused [if the award] has been set aside or suspended by a competent authority of the country in which, or under the law of which, that award was made (New York Convention, Article V(1)(e)).

177 Gary B. Born, 『International Commercial Arbitration』 (Kluwer Law International, 2009), at 2404.

178 "The choice of the seat of arbitration is effectively a choice of law with respect to judicial review of the award."—William Laurence Craig, "Uses and Abuses of Appeal from Awards," 4 Arb. Int'l 174, 178 (1988).

① 당사자의 신청에 의해 중재판정의 승인과 집행이 요청되는 관할당국(competent authority)에 아래와 같은 사항들 중 하나가 제공되는 경우 그 승인 및 집행이 거부될 수 있다.

(a) 뉴욕협약 제2조에 언급된 중재합의가 당사자들에게 적용되는 법률 또는 이에 대한 어떠한 표시도 하지 아니한 채, 중재판정이 내려진 국가의 법률상 유효하지 않은 경우[179]

(b) 중재판정에 의해 책임을 부담하는 당사자에게 중재인의 선임(appointment of the arbitrator) 또는 중재절차(arbitration proceedings)에 대한 적절한 통지(proper notice)가 이루어지지 않은 경우[180]

(c) 중재판정이 중재에 신청제출된 사항이 아니거나 예상되지 않은 사항을 다루거나 또는 중재신청의 범위를 넘는 문제에 대한 결정을 포함한 경우(다만, 중재에 신청된 문제에 대한 결정이 신청되지 않은 문제와 분리될 수 있는 경우에는 중재에 신청된 문제에 대한 결정을 포함한 중재판정부분은 승인되고 집행될 수 있음)[181]

---

179 The said agreement is not valid under the law to which the parties have subjected it or, failing any indication thereon, under the law of the country where the award was made. – New York Convention, Article V(1)(a).

180 The party against whom the award is invoked was not given proper notice of the appointment of the arbitrator or of the arbitration proceedings or was otherwise unable to present his case. – New York Convention, Article V(1)(b). 이러한 뉴욕협약 제5조 제1항(b)는 중재절차의 공정성에 대한 통일된 국제적 기준에 대한 기초를 가장 잘 보여주는 것으로, 대부분의 관계당국은 뉴욕협약의 일반적인 중재판정의 강제집행을 위해 적용된다고 본다. 뉴욕협약 제5조 제1항(b)에 따라 구두심리의 부족, 심리의 부적정한 통지 및 증거제시 기회의 거부 등과 같은 경우에도 중재판정의 강제집행이 부인될 수 있다 - Gary B. Born, 『International Commercial Arbitration』 (Kluwer Law International, 2009), at 2738, 2750.

181 The award deals with a difference not contemplated by not falling within the terms of the submission to arbitration, or it contains decisions on matters beyond the scope of the submission to arbitration, provided that, if the decisions on matters submitted to arbitration can be separated from those not so submitted, that part of the award which contains decisions on matters submitted to arbitration may be recognized and enforced. – New York Convention, Article V(1)(c). 이러한 비강제(non-enforcement)의 사유는 중재인의 권한을 넘어서는 중재판정을 법원이 취소하는 것(vacate)을 허용하는 FAA 제10조 (a)(4)와 유사하다. – 9 U.S.C. § 10(a)(4); 관할권한을 넘는 중재인들에 대해서는 "arbitrators exceeding their power," "arbitrators exceeding their authority," "arbitrators exceeding their jurisdiction" 등 다양한 용어들이 혼용되어 사용된다. 중재인의 권한은 법률에 의한 것이 아니라 중재합의에 의해 부여된 관할권이기 때문에 중재인의 권한은 계약당사자들의 중재합의에 의해 정한 범위를 넘는 사항을 결정한 경우 중재인의 권한초과의 문제가 발생한다. 법원은 당

(d) 중재판정부(arbitral authority)의 구성이나 중재절차(arbitral procedure)가 당사자의 합의를 따르지 않았거나, 그러한 합의에 이르지 못하거나 또는 해당 중재가 발생한 국가의 법률에 따르지 않은 경우[182]

(e) 중재판정이 당사자들에게 구속력이 없거나, 중재판정이 내려진 국가의 법률 또는 관할당국(competent authority)에 의해 취소되거나 중지된 경우[183]

② 중재판정의 승인과 집행이 요청된 국가의 관할당국(competent authority)은 아래 사항들 중의 하나에 해당한다고 판단한 경우 중재판정의 승인과 집행을 거부할 수 있다.

(a) 대상 분쟁(subject matter)이 해당 국가의 법규상 중재에 의해 해결될 수 없는 경우(inarbitrability; non-arbitrability)[184]

사자들이 해당 클레임을 중재하는 데 동의한 경우에만 그 클레임에 대한 중재판정을 강제집행할 수 있는데, 일반적으로 중재인들이 그들의 권한 내에서 행위를 했다고 추정한다. 당사자들은 중재기관의 규칙에 따라 중재하는 데 합의하고, 이를 통해 중재인들에게 특정 청구권이 중재합의의 범위 내에 있는지 여부를 결정할 수 있는 권한을 부여할 수 있다.

182 The composition of the arbitral authority or the arbitral procedure was not in accordance with the agreement of the parties, or, failing such agreement, was not in accordance with the law of the country where the arbitration took place. – New York Convention, Article V(1)(d). 중재절차(arbitral procedure)는 계약의 문제로서, 당사자의 합의에 의해 규율되고, 그 합의에 공백이 있는 경우 중재지(seat of arbitration)의 법률이 그 틈을 메운다는 의미이다. 이러한 뉴욕협약 제5조 제1항(d)의 취지에 따르면, 중재인은, (i) 정해진 기한 내에 중재절차를 진행하고 중재판정을 하는 것, (ii) 합의된 중재지에서 중재를 수행하는 것, (iii) 합리적 중재판정을 내리는 것, (iv) 합의된 중재절차를 적용해 중재를 진행하는 것, (v) 중재의 통합과 관련된 규정을 적용하는 것 등의 업무를 제대로 수행할 필요가 있다. 중재지의 절차법은 당사자들의 합의의 빈틈을 보충하는 역할만 할 수 있으며, 그 합의를 취소하거나 무효화할 수는 없다. 다만, 특정 합의에 특정 주제에 대한 공백이 있는지 여부는 논란의 여지가 있을 수 있다 (Gary B. Born, 『International Commercial Arbitration』 (Kluwer Law International, 2009), at 2765).

183 The award has not yet become binding on the parties, or has been set aside or suspended by a competent authority of the country in which, or under the law of which, that award was made. – New York Convention, Article V(1)(e). 중재지 법원에 의한 중재판정의 확인은 중재판정의 구속력을 위해 필요하지 않다. 중재판정에 만족하지 않는 당사자가 중재지의 법원에 그 중재판정의 취소를 청구하더라도, 뉴욕협약 제6조에 따라 법원은 일반적으로 중재판정이 구속력이 있다고 본다 - Gary B. Born, 『International Commercial Arbitration』 (Kluwer Law International, 2009), at 2818.

184 The subject matter of the difference is not capable of settlement by arbitration under the law of that country. – New York Convention, Article V(2)(a). 뉴욕협약 제2조 제1항은 중재로 해결할 수 있는 주제(subject matter capable of settlement by arbitration)에 관한 분쟁만

(b) 중재판정의 승인이나 집행이 해당 국가의 공서양속(public policy)에 반하는 경우[185]

다만, 위와 같은 중재판정의 승인과 집행이 거부되는 사유는 비교적 자유롭게 인정될 수 있는데, 해당 국가의 법원은 뉴욕협약이 중재판정의 승인과 집행을 할 의무를 부과하고 있지 않은 중재판정을 승인할 수도 있다.[186]

Ⅵ. Mediation(조정)

1. 조정(mediation)의 이해

Mediation(조정)은 촉진된 협상(facilitated negotiation)이라 할 수 있는데, 분쟁당사자들이 중립적 제3자인 조정인(mediator)의 조력을 받아 스스로 분쟁을 해결하는 것이다.[187] 조정에서 조정인(mediator)은 당사자들이 분쟁을 해결하는 합의에 이르도록 지원하는 역할을 하는 조력자(facilitator)로서 당사자 간 협상을 용이하게 한다.[188] 법률에 따라 특정 유형의 사건에 대해 조정을 요구되는 강제조정(mandatory

---

을 중재합의로 집행할 것이 요구된다.

185 The recognition or enforcement of the award would be contrary to the public policy of that country. — New York Convention, Article V(2)(b).

186 Gary B. Born, 『International Commercial Arbitration』 (Kluwer Law International, 2009), at 2725.

187 협상(negotiation)에는 당사자들과 그들의 변호사 등 대리인만이 참여하는 반면, 조정(mediation)에는 어느 일방 당사자의 대리인이 아니며 중립적인 조정인(mediator)이 추가된다. "Mediation is negotiation carried out with the assistance of a third party." — Stephen B. Goldberg, Frank E.A. Sander, Nancy H. Rogers & Sarah Rudolph Cole, 『Dispute Resolution: Negotiation, Mediation, and Other Processes』 (Wolters Kluwer, 6th ed., 2012). "In mediation, an impartial third party helps others negotiate to resolve a dispute or plan a transaction." — Leonard L. Riskin, James E. Westbrook, Chris Guthrie, Timothy J. Heinsz, Richard C. Reuben & Jennifer K. Robbennolt, 『Dispute Resolution and Lawyers』 (West, 3rd ed., 2005).

188 미국의 조정에 관한 모델법인 "Uniform Mediation Act"에 따르면, Mediation(조정)은 당사자가 분쟁에 관한 자발적 합의에 이르도록 조정인이 당사자 간 의사소통 및 협상을 촉진하는 과정이다(Mediation means a process in which a mediator facilitates communication and negotiation between parties to assist them in reaching a voluntary agreement regarding their dispute). 우리나라의 민사소송법 및 민사집행법에 따르면, 조정은 당사자 사이에 합의된 사항을 조서에 기재함으로써 성립하고, 이 경우 재판상의 화해와 같이 그 조서는 확정판결과 동일한 효력을 갖는다(민사소송법 제220조, 민사집행법 제56조).

mediation)의 경우를 제외하고, 조정을 할지 여부는 분쟁당사자들이 정할 수 있다. 당사자 간 협상(negotiation)과 별개로 분쟁을 해결할 수 있는 소송(litigation)과 중재(arbitration)는 심판(adjudication)의 일종으로, 심판관(adjudicator)의 결정이 국가의 공권력에 의해 강제될 수 있는 법적 구속력을 갖는 결과를 도출할 수 있는 프로세스인 반면,[189] 조정(mediation)은 구속력 있는 심판이 아니며, 분쟁당사자들의 화해합의(settlement agreement)가 있어야만 법적 구속력이 있는 결과를 도출할 수 있다. 조정은 그 자체로 분쟁을 해결하지는 않는 과정으로, 당사자들의 분쟁해결을 위한 협상을 돕는 프로세스인 "협상을 돕는 과정(process in aid of negotiation)"이라 할 수 있다. 이에, 분쟁당사자들은 조정인의 진술이나 결정을 무시하고, 자신들의 해결책에 도달하기 위해 소송이나 중재를 자유롭게 추구할 수 있다. 조정인은 분쟁이 어떻게 해결되어야 하는지에 관해 구체적으로 명확하게 발언을 거의 하지 않는다. 다만, 조정인은 해당 분쟁에 대한 평가(evaluation)를 내리기도 하는데, 조정인의 평가는 심판보다 정확하지 않으며, 특정하고 구체적인 결과를 결정하는 데까지 미치지 않는 사건의 쟁점에 대한 평가의견(assessment of the merits of a case) 정도라고 할 수 있다.[190] 이러한 평가적 조정(evaluative mediation)의 경우도 여전히 조정에 해당하므로 비구속적 심판(non-binding adjudication)의 선을 넘지는 않는다.

Mediation(조정)은 엄격히 정해진 규칙에 의하기보다는 자율적인 당사자 중심적인 프로세스(flexible and party-centric process)인 반면, Arbitration(중재)의 절차는 일반적으로 정해진 규칙(specific set of rules)에 따라 이루어진다. 또한, 조정(mediation)에 있어 조정인(mediator)은 당사자 간 분쟁해결의 결정권자가 아니라 분쟁의 해결의 조력자(facilitator)로서 당사자 간 분쟁타결의 합의(settlement agreement)를 이끌어내는 데 중점을 두는 반면, 중재인(arbitrator)은 분쟁해결의 결정권자(decision maker)로서 분쟁해결을 강제할 수 있는 중재판정(enforceable award)을 내릴 수 있다.

조정은 당사자들이 분쟁의 해결이라는 공통의 목표를 향해 함께 소통하고 노력

189 심판(adjudication)은 심판관(adjudicator)이 분쟁의 결과를 결정하는 과정으로, 통상적으로 법적 구속력을 갖는다.

190 예를 들어, 심판관(adjudicator)은 당사자들에게 "피고는 원고에게 25만 달러의 배상책임이 있다"라고 말할 수 있는 반면, 평가자(evaluator)는 "원고는 피고가 계약을 위반했고 그 위반에 따른 배상금액은 6짜리 숫자에 이른다는 대단히 강력한 논거가 있다" 또는 "나는 비슷한 사례의 평결이 대략 20만 달러에서 30만 달러 사이에서 나는 것을 보았다"라는 정도의 언급을 할 수 있다.

하기 위한 것으로, 당사자들이 해당 분쟁의 해결을 넘어 지속적인 비즈니스관계의 유지에 초점을 맞춘다면 조정을 고려할 수 있다. 조정인(mediator)의 역할은 당사자들의 주장을 경청하고, 의사소통 및 협상 기술을 활용해 당사자들이 그들의 분쟁을 해결하는 방법을 알아내도록 돕는 것이다. 또한, 조정인은 분쟁에 대해 심판을 하지 않기 때문에, 당사자들은 스스로 분쟁의 결과에 대해 완전한 통제권을 가질 수 있어, 당사자들 자신의 이익과 요구에 맞는 법적이거나 비법적인 해결책에 합의할 수 있다. 이러한 조정의 비적대적이고 유연한 특성에 따라 당사자들의 언어 및 문화적 차이로 인한 잘못된 의사소통이나 거래상 다른 해석을 할 수 있는 국제계약에서 분쟁에 따른 시간과 비용을 절약하고 원만한 분쟁해결에 도움이 될 수 있다.[191] 그리고, 조정을 통해 합의가 되지 않더라도, 조정프로세스를 거치는 과정에서 분쟁의 범위와 성격에 추가적인 명확성을 가져올 수 있어, 이를 통해 이후의 소송이나 중재절차를 간소화할 수 있다. 다만, 조정에 의해 당사자 간 분쟁해결이 제대로 되지 않는 경우 분쟁은 중재나 소송으로 해결할 수밖에 없는데, 당사자들은 조정절차에서 나중에 중재 또는 법정에서 자신에게 불리하게 사용될 수 있는 민감한 정보를 공개하는 것을 꺼릴 수 있다.[192] 그리고, 조정에 실패하더라도, 당사자들은 조정수수료, 변호사비용이나 관련 경비 등 조정비용을 여전히 지급해야 하며, 조정은 법적 구속력이 없으므로 당사자들이 합의할 것을 강제할 수 없다는 단점이 있다.

한편, 조정에 따른 국제화해합의와 관련하여, "United Nations Convention on International Settlement Agreements Resulting from Mediation(조정에 따른 국제화

191 조정(mediation)은 20세기 후반에 크게 성장하면서 대중화되었다. 1970년대부터 대체적 분쟁해결(ADR) 운동이 시작되었는데, 조정에서 조정인의 역할을 하거나 의뢰인을 대리하는 변호사가 늘고 있으며, 조정은 이제 법 집행의 중요한 부분이 되어가고 있다.

192 당사자는 조정을 시작하기 전에 조정 중에 화해합의를 위해 제공된 정보에 대한 비밀유지를 위해 비밀유지계약(confidentiality agreement)을 체결할 수 있다. 준거법에 따라서는 조정 중에 화해합의를 위해 공개된 특정 정보가 나중에 법원 절차에 인정되지 않도록 보호하는 법률도 있다. 미국의 Uniform Mediation Act에 따르면, 조정 중 공개된 정보와 관련해 조정당사자, 조정인, 조정참가자는 증거공개를 거부할 수 있고 이들은 다른 사람이 조정인, 조정당사자, 조정참가자가 조정을 위해 행한 대화를 증거로 공개하는 것을 막을 수 있다(A mediation party may refuse to disclose, and may prevent any other person from disclosing, a mediation communication. A mediator may refuse to disclose a mediation communication, and may prevent any other person from disclosing a mediation communication of the mediator. A nonparty participant may refuse to disclose, and may prevent any other person from disclosing, a mediation communication of the nonparty participant.).

해합의에 관한 유엔협약; Singapore Convention on Mediation(조정에 관한 싱가포르협약))"에 따라 체약국(signatory jurisdiction) 간에 국제조정에 의한 화해합의(international mediated settlement agreement)를 이행하거나 강제할 수 있다.[193] 다만, 이 협약은 체약국이 협약의 적용을 일정한 한도에서 유보할 수 있도록 하고 있다.[194] 싱가포르는 조정에 관한 싱가포르협약(Singapore Convention on Mediation)을 실행하기 위해, 2020년 SCMA(Singapore Convention on Mediation Act 2020)와 SCMA의 절차적 사항을 담은 싱가포르 최고법원의 규칙(Supreme Court of Judicature Rules 2020)을 제정하었다.[195] 조정에 관한 싱가포르협약은 국제거래에서 조정을 통한 화해합의(settlement agreement)의 이행과 강제에 관한 법적 체계의 확립에 기여하고 있다.[196]

---

193 Singapore Convention on Mediation(조정에 관한 싱가포르협약)은 2018년에 채택되어 2020년 9월 12일 발효되었다.

194 Singapore Convention on Mediation(조정에 관한 싱가포르협약) 제8조. 이 협약은 "UNCITRAL 국제상사조정 및 국제화해합의에 관한 모델법(UNCITRAL Model Law on International Commercial Mediation and International Settlement Agreements Resulting from Mediation (2018))"과 같이, 체약국이 조약, 모델법을 독립문헌(standalone text)으로 채택하거나 조약과 모델법을 조정에 관한 포괄적인 법적 프레임워크의 보완적 문서로 채택할 수 있는 유연성을 제공하고 있다.

195 SCMA(Singapore Convention on Mediation Act 2020)는 국제조정화해합의(international mediated settlement agreement)를 법원의 명령으로 강제할 수 있도록 하고 있다. 화해합의(settlement agreement)는 법원에 신청을 하여 법원의 절차에 따라 실행할 수 있다. 법원에 대한 신청서에는 당사자들이 서명한 화해합의서를 비롯해 조정에 관한 싱가포르협약(Singapore Convention on Mediation)의 준수를 확인하기 위해 법원이 요구하는 서류를 구비해야 한다.

196 조정에 관한 싱가포르협약(Singapore Convention on Mediation)은 상사분쟁의 해결을 위해 당사자들이 서면으로 체결한 조정의 결과에 따른 국제화해합의(international settlement agreements)에 원칙적으로 적용되며, 분쟁당사자들의 권리와 화해합의의 강제집행과 관련된 체약국의 주요 의무를 규정하고 있다. 또한, 당사자가 서명한 화해합의와 조정에 따라 화해합의를 하였다는 증거를 관할당국(competent authority)에 제공하는 등 화해합의의 이행을 위한 형식적인 절차에 관한 내용도 담고 있다. 다만, 개인, 가족, 상속, 고용 관련 법률과 관련해 당사자가 체결한 화해합의는 협약의 범위에서 제외하고, 다른 협약들과 중복을 피하기 위해, 판결이나 중재판정으로 강제가능한 화해합의도 협약의 적용범위에서 제외하였다. 한편, 당사자들은 이 협약에서 규정하지 않은 사항에 대한 절차적 메커니즘을 정할 수 있으며, 법원은 공서양속(public policy)에 반하거나 분쟁대상(subject matter)이 조정에 의해 해결될 수 없는 경우에는 관련 구제방법을 거부할 수 있도록 하고 있다. – Singapore Convention on Mediation (싱가포르조정협약) 제2조–제5조.

2. 조정(mediation)의 유형

조정(mediation)은 거래조정(transactional mediation)과 분쟁조정(dispute mediation)의 두 가지 범주로 나눌 수 있는데, 거래조정은 분쟁조정보다는 덜 일반적이다. 거래조정(transactional mediation)은 거래협상을 촉진하기 위한 것으로, 예를 들어, 노조와 사용자 간 단체교섭의 합의(collective bargaining agreement) 등과 같은 거래에서 조정인이 당사자의 거래 협상을 돕는 것이다. 분쟁조정(dispute mediation)은 당사자 간 관련 분쟁의 해결을 도와 화해합의에 도달하는 것을 주된 목적으로 하지만, 포지티브섬 협상(positive-sum negotiation)을 통한 합의에 도달함으로써 당사자들의 거래관계를 더 발전시킬 수도 있다.[197] 조정의 접근방법과 관련해서는, 촉진적 조정(facilitative mediation)과 평가적 조정(evaluative mediation)이 있다. 당사자 간 분쟁해결을 위한 논의를 돕고 화해를 촉진하는 조정이 기본적인데, 이 과정에서 조정인의 평가적 요소가 포함되는 등 변형적 접근방법이 활용되고 있다. 역사적으로 분쟁은 당사자들의 문제로 당사자들이 그 분쟁을 해결해야 한다고 보아 조정(mediation)은 문제해결을 촉진하거나 돕는 과정이라고 보았다. 당사자들의 협상을 돕는 촉진적 조정(facilitative mediation)에서, 조정인은 자신의 의견을 제시하지 않으며 당사자들에게 분쟁해결의 방법을 알려주어서도 안 된다. 이에, 조정인은 의견을 말하기보다는 당사자들의 협상을 촉진할 수 있는 방법에 집중한다. 예를 들어, 조정인은 당사자들에게, 해당 사안에 대한 재판이나 배심원의 결정은 어떻게 나올 것인지, 당사자들이 어떠한 해결방안을 시도하면 어떠한 결과나 문제에 직면하게 될 것인지 등에 대한 질문을 할 수 있다.

그런데, 변호사나 전직 판사 등 문제해결책이나 결론에 익숙한 법조인들이 조정인으로 나서게 되면 해당 사안을 평가판단하는 요소가 촉진적 조정에 추가될 수 있다. 이러한 평가적 조정(evaluative mediation)은 많은 변형이 있을 수 있기 때문에 하나로 정의하기 어려울 수 있다. 평가적 조정인(evaluative mediator)이 적절하게 그 의견을 잘 제시한다면 당사자들의 협상을 더욱 촉진하게 할 수 있는데, 예를 들어, 당사자들이 완전히 교착상태에 빠져 있어 조정인이 의견을 제시하지 않으면

197 포지티브섬 협상(positive-sum negotiation)은 파이를 단순히 나누는 제로섬 협상(zero-sum negotiation)과 달리 파이를 확장한다. 포지티브섬 협상을 위해, 조정과정에서 조정인은 당사자 간 문제해결적 접근법(problem-solving approach)을 사용해 당사자 모두에게 더 나은 화해조건을 찾을 수 있도록 돕는다. 이러한 분쟁의 조정은 단순한 분쟁의 해결뿐만 아니라 당사자 간의 거래관계를 확장할 수 있게 한다.

당사자들이 절대 움직이지 않을 것이라고 느끼는 때 사건을 평가할 수 있다.[198] 사안에 대한 조정인의 평가가 중립적이고 정확하다면 당사자들은 조정인의 평가를 신뢰하고 그 가치를 인정받을 수 있다. 다만, 조정인이 당사자 간 소송이나 일정한 법적 논쟁의 결과만을 평가한다면 이는 조정인이 당사자들의 주장 내지 권리에 대한 판단을 하는 것으로 중립성이 요구되는 조정인의 지위에서 적절하지 않으므로 조정인의 평가는 당사자들의 입장(positions)이나 권리(rights)보다는 그들의 근본적인 이해관계(interests)에 초점을 맞출 필요가 있다.[199]

3. 조정프로세스(mediation process)

조정의 프로세스(mediation process)는 조정인의 분쟁해결에 대한 접근방법에 따라 다를 수 있으나, 조정의 일관성과 효율성을 위해 일정한 조정프로세스가 요구된다. 분쟁의 당사자들은 최선의 조정인을 선택하고, 조정인은 가능한 이해상충이 있는지를 확인하고, 당사자들이 조정과정을 이해해 상호 합의를 도출할 수 있도록 도울 필요가 있다. 조정은 일반적으로 당사자들이 의견 차이가 있는 각자의 입장을 구두 또는 서면으로 조정인에게 제시하는 것으로부터 시작되며, 이후 조정인(mediator)은 모든 당사자와 함께하는 공동세션(joint session)이나 한쪽 당사자만 있는 비공개 사적 세션(private session)인 코커스(caucus) 등을 통한 일련의 조정과정을 진행한다.[200] 이하에서는 이러한 일련의 조정과정에서 요구되는 조정인의 역할과 개별 조정프로세스의 내용을 살펴본다.

198 분쟁의 쟁송결과에 대한 당사자들의 과도한 기대와 지나친 낙관주의를 줄이는 것이 조정에 의한 화해가능성을 높일 수 있는데, 당사자들이 존중할 수 있는 조정인의 중립적인 판단이 있을 때 당사자들은 그들의 소송에 대한 과도한 기대를 바꿀 수 있다.

199 조정인은 당사자들의 동기 내지 이해관계(interests)에 집중하기 위해, 통상적으로 분쟁의 대상에 대한 자신의 견해를 암시하는 것을 자제할 필요가 있다.

200 조정이 개시된 이후, 조정인은 통상적으로 공동세션을 개최하는데, 이 세션에서 당사자들은 함께 사전 이슈(preliminary issues)를 논의하고 조정인이나 상대방 당사자가 가질 수 있는 질문에 대답을 한다. 공동세션이 더 이상 생산적으로 보이지 않거나, 당사자들이 사적으로 조정인과 대화를 할 필요가 있다는 것이 분명할 때, 조정인은 한쪽 당사자나 여러 당사자들과 사적인 세션인 코커스(caucus)를 소집한다. 코커스(caucus)를 통해 당사자의 이해관계와 우선순위를 명확히 하고, 당사자가 가정하고 있는 것이 얼마나 현실적인지를 검토하며, 상대방에 대한 제안서를 작성해 보거나, 특정한 증거를 언제 공개해야 할지 등 상대편과 논의하기에는 부적절한 이슈들을 공개적으로 논의할 수 있다.

3.1 조정인의 역할

조정인은 조정과정에서 당사자들이 순조롭게 협상을 진행해 그들 스스로 관련 문제의 해결방안을 마련할 수 있도록 돕는 역할을 해 당사자들이 그들의 감정을 관리하고 상호간 정보를 원활하게 교환하도록 지원한다. 이를 위해 조정인은 명확한 의사소통(clear communication)과 공동의 문제해결(joint problem-solving)에 도움이 되는 정서적 분위기(emotional climate)를 조성하는 것이 중요하다. 조정인은 조정 내내 긍정적인 정서적 환경을 촉진해 당사자들이 효과적으로 협상할 수 있는 분위기를 조성할 필요가 있으며, 당사자들이 현재의 문제에 집착하기보다 앞으로 나아가기 위해 무엇이 요구되는지에 초점을 맞추도록 독려해야 한다. 조정인은 또한 당사자들이 조정인을 믿고 그들을 도울 수 있는 능력에 대한 신뢰를 가지게 할 필요가 있으며, 조정을 효과적으로 이끌기 위해서 조정의 프로세스는 통제하지만 조정의 결과는 통제하지 않는 것이 바람직하다. 이를 위해, 조정인은 조정프로세스의 초기에 당사자들이 상대방의 진술을 방해하지 않도록 요청하고 언제 휴식시간을 갖는지 등과 같은 기본적인 원칙을 정한다. 조정인은 또한 당사자들이 그들의 문제를 함께 논의해 스스로 해결방안을 찾도록 지원하고, 당사자들 간 합의나 추가 협상을 위한 계획을 수립할 수 있도록 이끌어야 한다.

3.2 조정의 사전 조율

조정기관의 사건관리인(case coordinator)이나 조정인(mediator)은 조정의 실질적인 측면을 논의하고 당사자들의 질문에 답하는 기회를 갖기 위해 조정 개시 전 상담을 하거나 사전회의(preliminary conference)를 개최한다. 이때 조정인은 각 당사자에게 조정합의서(agreement to mediate)를 제공하고, 기밀유지(confidentiality)의 규칙을 설명하며, 조정 전 증인신문(deposition)이나 문서교환의 필요성 및 조정에서 변호인의 역할 등을 논의한다. 조정인(mediator)이나 조정기관(mediation organization)은 대체로 실제 조정이 개시되기 전에 당사자들과 조정을 위한 조정합의서(agreement to mediate)의 양식을 제공한다.[201] 조정합의서에는 조정인이 그의 개회사(opening

201 조정합의서(agreement to mediate)는 당사자 간에 발생하는 분쟁에 대해 조정을 할 것을 합의하는 것으로, 조정이 언제, 어디서, 어떻게 이루어질 것인지 등 조정의 진행에 대한 각 당사자와 조정인 간의 합의이다. 분쟁 이전에 조정에 관한 합의(pre-dispute agreement to mediate)가 없다면 당사자들은 조정을 위한 분쟁 이후 합의(post-dispute agreement to mediate)를 할

monologue) 등에서 언급할 중요한 사항들이 포함되어 있다. 이에는, 일반적으로 (i) 사건 해결을 하려는 당사자들의 의사의 확인, (ii) 분쟁해결에 필요한 정보공개(disclosure of information)의 요건, (iii) 조정 중에 언급된 내용을 기밀로 할 것인지, 기밀로 하는 경우 기밀유지의 범위 등에 관한 비밀유지(confidentiality)에 관한 사항, (iv) 조정인이 당사자들에게 법률상 또는 기타 전문적인 조언(legal or other professional advice)을 제공하지 않는다는 점, (v) 조정에서 변호인의 선임 및 참여의 장려, (vi) 조정프로세스의 개요 내지 종료 등에 관한 설명을 포함한다. 당사자들은 또한 조정인의 조정업무에 대한 보상에 관한 사항을 조정합의서에 포함하거나 별도로 합의할 수 있다.

3.3 조정의 개시

조정에는 각 당사자측 협상자 및 대리인이 있는 경우 그 대리인, 그리고 조정인이 참가하는데, 다만 당사자들과 조정인의 허락을 받는 경우 누구나 참여할 수 있다. 조정은 조정인의 개회사(opening monologue)에 의해 시작하는데, 이를 통해 조정 참가자들이 조정의 목적과 과정을 이해하고 조정과정에서 당사자들이 원만하게 협상을 지속할 수 있도록 할 필요가 있다.[202] 이때 조정인은 조정 중에 논의되는 사항들에 대한 비밀유지의무(confidentiality)를 언급할 필요가 있는데, 조정인은 사적 코커스(caucus)에서 당사자가 조정인에게 비공개를 요청한 정보가 있다면 코커스에 진술된 모든 정보는 기밀로서 다른 이들에게 공개되지 않을 것이라는 점을 설명한다. 또한, 조정프로세스와 조정인의 역할을 설명하는데, 당사자들은 자발적으로 협상을 진행할 수 있고, 조정인은 당사자 간 중립적인 협상의 촉진자(neutral facilitator) 이외의 어떤 지위에서 행동하지 않는다는 점을 당사자들이 이해할 수 있도록 한다. 그런 다음, 조정인은 당사자들의 질문에 응답하고, 각 당사자는 상대방 당사자가 그 진술을 아무런 방해없이 끝낼 수 있도록 하는 등 조정의 진행에 상호 협조할 것을 요청하게 된다. 조정인의 오프닝은 여유롭고 비공식적일 수도 있지만,

---

수 있다.

202 조정인은 참석자들에게 환영인사 후 자신을 소개하면서 조정을 시작하고, 조정인이 당사자의 성명과 역할을 알아두면 편안하게 발언을 할 수 있고 당사자들이 지속적으로 관여할 수 있도록 할 수 있으며, 같은 형식으로 당사자들을 부르는 것이 조정의 분위기를 조성하는 데 도움이 된다. 조정인은 또한 당사자들이 서명한 조정합의서(agreement to mediate)를 검토해 그 안에 포함되어 있는 중요한 개념들을 서로 논의하도록 하고, 개회사에서 중요한 사항들을 빠뜨리지 않도록 하기 위해 치크리스트를 작성하는 것이 좋다.

전체 조정의 분위기를 잘 조성하기 위해, 적절한 형식으로 신중하게 조정에 관해 설명할 필요가 있다.[203]

조정인의 개회발언이 끝나면 조정인은 각 당사자에게 차례로 분쟁에 대한 설명을 요청하는데, 당사자들의 개시진술(opening statement)에서 당사자들은 해당 사건의 발생배경 및 영향, 그에 따라 야기된 문제, 이에 대해 당사자들이 어떻게 느끼는지 등에 관한 당사자 자신의 의견을 진술하는 기회를 가진다.[204] 당사자들의 개시진술과 관련해, 조정인은 각 당사자의 개시진술의 요지를 통해, 당사자들의 관심사나 니즈 또는 우려사항을 파악하고, 그 진술내용을 재구성하거나 다른 방식으로 다시 설명함으로써 당사자들이 서로의 관점을 이해할 수 있도록 지원할 필요가 있다. 그리고, 조정인은 공통의 이해관계와 이슈를 인식해 당사자들로 하여금 그 이슈에 따른 의제설정을 할 수 있도록 지원한다. 당사자들의 개시진술 이후, 조정인은 당사자들에게 그들 사이의 주요 쟁점들에 대해 서로 의견을 교환하도록 하고, 일반적으로 당사자 간 의견의 대립이 없는 사항들을 우선 정리하고, 참가자들이 적극적으로 참여해 논의할 필요가 있는 실질적인 안건에 대해 상호 합의하도록 한다. 조정의 안건이 설정되면 추가 정보수집이나 추가 참여자가 필요한지 확인한다.

3.4 공동세션(joint session) 및 코커스(caucus)

당사자들의 개시진술(opening statement) 이후, 조정인이 조정프로세스를 수행하는 방법에는 많은 차이가 있다. 조정인은 분쟁의 유형, 당사자들의 요구사항, 제기된 쟁점 등에 따라 곧바로 코커스(caucus)를 진행하거나 간단한 공동세션(joint session)을 한 이후 코커스를 진행할 수도 있다. 조정에서 공동세션은 양측 당사자들과 조정인이 모두 참석하는 회의인데, 공동세션 동안 조정인은 당사자 상호간 원활한 의사소통을 지원할 필요가 있다.[205] 공동세션에서 조정인은 당사자 상호간 어떠한 정보를 교환해야 하고 그 정보의 교환을 촉진하는 방법, 당사자들이 감정적이기보다는 문제해결을 해결하려는 자세를 갖도록 하는 방안 등의 문제를 고려해야 한다. 이때 조정인은 당사자들이 가지는 공통의 문제점과 실제 다툼이 있는

203 Kimberlee K. Kovach, 『Mediation: Principles and Practice』 (West Academic Publishing, 3rd ed., 2004).

204 당사자들은 이러한 의견진술의 기회를 최대한 활용할 필요가 있는데, 이를 통해 분쟁해결에 관한 본인의 생각뿐만 아니라 상대방의 관점에서도 화해합의 가능성을 극대화할 수 있다.

205 공동세션 개최의 목적은 당사자들이 정보를 이해하고 교환하도록 장려하고, 그들의 관계를 개선하거나 생산적인 대화를 계속할 수 있도록 지원하는 것이다.

영역을 파악하기 위해 당사자 간에 논의된 사항들을 재구성해 볼 수 있는데, 다만 조정프로세스를 해칠 만한 사정이 발생하는 때 공동세션을 중단하는 것이 좋다.

그런데, 당사자들이 공개를 꺼리는 정보나 이해관계가 있는 경우 이는 공동세션(joint session)에서보다는 일반적으로 코커스(caucus)에서 주로 논의된다. 코커스는 한쪽 당사자와 조정인 간 사적 세션(private session)이다. 코커스(caucus)는 조정인 또는 당사자의 요청에 의해 언제든지 개최될 수 있는데, 이를 통해 조정인과 각 당사자 사이의 신뢰를 구축하고, 해당 사안의 구체적인 사실관계를 확인해 당사자의 입장(position)뿐만 아니라 드러내지 않은 이해관계(hidden interests)를 파악할 수 있다. 여기서 당사자의 협상과 관련된 쟁점과 우선순위(priorities) 등을 설정하며, 당사자와 조정인만이 알고 있는 정보와 쟁점에 기초해 당사자의 화해를 위한 옵션(settlement options)과 제안사항(settlement proposals)을 명확히 한다. 조정인은 당사자들이 현실검증(reality testing)을 통해 자신들의 현실적 상황과 가능한 해결책들을 도출할 수 있도록 돕는다.[206] 현실검증(reality testing)이 필요한 협상의 가장 공통적인 부분은 당사자들의 제안과 요구사항(offers and demands)인데, 조정인은 당사자들의 니즈와 이해관계를 더 잘 이해하기 위해, 현실검증을 하기 전에 당사자들의 제안과 요구사항을 이해할 필요가 있다.[207]

그리고, 코커스(caucus)를 통해 조정인은 각 당사자와 신뢰관계를 구축해, 당사자가 이슈와 이해관계를 식별하고 명확히 할 수 있도록 지원할 수 있고, 당사자 간 협상이 교착상태에 빠진 경우 이를 타개하고 공동세션에서 우려사항과 의사소통을 더 잘할 수 있는 방법을 모색하는 용도로도 사용할 수 있다. 또한, 조정인은 한쪽 당사자를 편들지 않고 코커스(caucus)에서 각 당사자를 지원해야 한다.[208] 조정인은

---

206 조정인은 당사자의 이해관계(interests)를 제대로 이해한 후에 현실검증(reality testing)을 함으로써 당사자의 잘못된 주장을 파악할 수 있다. 당사자의 니즈, 이해관계, 관련 증거 등을 전반적으로 검토한 이후, 조정인은 당사자가 동일한 결론에 이를 수 있는지에 관한 여러 질문을 해 볼 수 있다.

207 현실검증(reality testing)을 할 때 조정인은 질문을 통해 당사자들이 자신의 입장(position)뿐만 아니라 상대방의 입장(position), 자신의 요구가 얼마나 현실적인지, 현실적인 해결방안이 무엇인지 등을 더 잘 이해할 수 있도록 유도할 수 있다. 조정인은 현실검증을 위해 당사자들이 실행가능한 제안과 요구사항 등 해결책을 만들거나 한쪽 당사자가 상대방의 제안이나 요구를 평가할 수 있도록 다음과 같은 현실적 질문을 할 수 있다: 이러한 제안이 어떻게 상대방의 니즈를 만족시켜줄 수 있는가?; 상대방이 왜 이런 요구를 했다고 생각하는가?; 이 제안은 어떤 방식으로 당신의 니즈를 충족시키는가?

208 조정인은 코커스 전반에 걸쳐, 비즈니스 문제뿐만 아니라, 당사자들의 감정과 우려사항에 주목할 수 있다. 조정인은 당사자들이 조정인이 실제로 그들을 배려하고 어려운 시기를 잘 지나

당사자들 상호간의 이해관계와 니즈(interests and needs)를 파악하기 위해 개방형 질문(open-ended questions)을 하는 것이 좋다. 코커스를 하는 과정에서, 조정인은 양측 당사자를 오가면서 왕복외교(shuttle diplomacy)를 펼칠 수 있는데, 이러한 왕복외교는 당사자 간 감정을 제어할 수 있고, 조정인이 한쪽 당사자의 화해제안(settlement offer)을 상대방 당사자에게 전달하는 기능도 한다. 이는 조정인의 더 부드럽고 정제된 언어나 표현 또는 해석을 통해 한쪽 당사자의 제안을 상대방 당사자에게 전달함으로써, 그 제안을 당사자가 직접 들었을 때 느낄 수 있는 반감을 완화할 수 있게 한다. 조정인은 코커스에 들어가기 전에, 코커스에서 논의되는 내용에 대한 기밀성(confidentiality)과 관련해, 조정 중에 언급된 내용이 기밀로 유지되는지 여부와 어느 정도까지 기밀로 유지되는지에 대한 문제를 다시 언급할 수 있다. 코커스의 기밀성(confidentiality)은 조정의 성공에 필수적일 수 있는데, 코커스의 기밀성으로 인해, 조정인과 당사자는 당사자의 입장과 사건에 대한 약점과 문제점을 자유롭고 솔직하게 논의를 할 수 있게 된다.

3.5 당사자 간 공동의 문제해결과 원활한 의사소통

공동세션(joint session)과 코커스(caucus) 등의 일련의 과정을 거쳐 당사자들이 공동의 문제에 관한 해결책을 수용하기 위해서는, 당사자들은 서로가 얼마나 많은 공통점을 갖고 있는지, 분쟁해결을 위해 서로의 이견을 어떻게 극복해야 할지를 파악할 필요가 있다. 공통의 이해관계(common interests)는 한쪽 당사자가 다른 당사자를 이해할 수 있는 기초를 마련해 상호 수용가능한 합의(mutually acceptable agreement)에 도달하기 위한 노력으로 이어질 수 있다. 조정인은 당사자들이 공통의 이익(common interests)을 찾는 것을 지원하기 위해, (i) 당사자들이 분쟁에 대한 자신의 견해를 밝힐 때 적극적 청취기술(active listening skill)을 활용하고,[209] (ii) 당사자들이 입장(positions)보다는 이해관계(interests)를 논의할 수 있도록 진술을 재구성하며, (iii) 당사자가 스스로 자신의 모든 이해관계를 직접 말하기는 어려울 수 있으므로 당사자에게 이해관계를 밝힐 수 있는 질문이나 논의를 통해 당사자들이 자신들의 이해관계나 관련 이슈의 우선순위를 정할 수 있도록 한다.[210]

도록 돕는다는 것을 느끼도록 할 필요가 있다.

209 조정인의 적극적 청취(active listening)는 조정인이 당사자의 진술을 듣고 그 당사자의 관점을 이해한다는 점을 보여줌으로써, 조정에 있어 조정인이 당사자와의 신뢰를 쌓는 데 중요한 기술이 된다. 조정인은 각 당사자에게 상대방 당사자의 견해를 요약해 달라고 요청할 수 있는데, 이는 각 당사자가 상대방의 말을 듣고 이해했는지 여부를 점검할 수 있게 한다.

조정인의 이러한 역할은 당사자 간 직접적인 의사소통을 용이하게 할 필요가 있는데, 이때 조정인의 의사소통능력(communication skills)이 요구된다. 조정인은 광범위한 개방형 질문(open-ended questions)을 할 수 있다. 예를 들어, 조정인은 해당 분쟁을 특정짓기보다는 각 당사자에게 자신이 어떻게 해당 분쟁을 바라보는지를 설명해 달라고 요청할 수 있다. 이는 당사자 간 상호 직접 의사소통을 촉진할 수 있으며, 이때 당사자들은 다른 참여자들이 보지 못하는 이슈를 보게 될 수 있다.

당사자 간 직접적 의사소통(direct communication) 이외에도, 조정인은 당사자 간 간접적 의사소통(indirect communication)을 촉진할 필요도 있다. 간접적 의사소통은 코커스(caucus)에서 각 당사자의 비밀정보를 얻은 후, 모든 정보를 결합해 당사자들 사이의 협상구간(settlement zone)과 포지티브섬 기회(positive-sum opportunities)를 파악할 수 있다. 당사자 간 협상구간(settlement zone)은, 예를 들어, 한쪽 당사자의 최종 양보점(bottom line)이 15만 달러이고 상대방 당사자의 최종 양보점(bottom line)이 20만 달러라면 15만 달러에서 20만 달러 사이에서 당사자 간 화해합의가 가능한 구간을 말한다. 이때 당사자들이 협상구간(settlement zone) 내의 어느 곳에서든 합의할 가능성이 있는데, 예를 들어, 당사자들이 협상구간 내인 175,000달러로 합의를 하는 경우 합의를 하지 않을 때에 비해 양측에게 이익이 될 수 있다. 그런데, 당사자들은 협상구간이 존재하는지조차 깨닫지 못할 수 있는데, 이는 당사자들이 그들의 진정한 최종 양보점(bottom line)을 각자 숨길 수 있기 때문이기도 하다. 조정(mediation)은 이러한 문제를 극복하는 데 도움이 될 수 있는데, 조정인은 각 당사자와 별도로 코커스(caucus)를 개최해 비밀을 보장한다는 전제하에 각 당사자로부터 최종 양보점(bottom line)을 확인할 수 있다. 이 경우 조정인은 공동세션(joint session)에서 양측 당사자와 만나 협상구간(settlement zone)이 있는지 여부에 대해 조언을 할 수 있다. 협상구간이 없다면 조정인과 당사자들은 새로운 협상구간의 조성을 시도할 수 있다. 이때 조정인은 각 당사자의 최종 양보점(bottom line)

210 이외에도, 조정인은 당사자들의 이해관계와 연관된 현실 상황을 논의할 수 있도록 하고, 다른 문제를 탐색하기 전에 해결해야 할 문제를 비롯해 관련 문제들의 상호 연관성과 논의되어야 할 이슈들을 확인할 필요가 있는데, 이를 위해 공동세션(joint session)이나 사적 코커스(caucus)에서 상황에 의해 영향을 받는 모든 이해관계에 대한 브레인스토밍(brainstorming)을 할 수 있다. 조정인은 또한 환경적 요인들을 고려해 의사소통을 용이하게 하기 위한 방법을 찾을 수 있는데, 예를 들어, 당사자들이 직사각형의 테이블에서 서로 바로 마주보고 앉지 않도록 좌석을 배치할 수 있는데, 이는 일반적으로 원탁에서 서로 옆에 둘러앉는 것이 덜 적대적 환경이 만들어진다고 본다. 조정인은 모든 사람들이 회의장의 실내온도나 음식, 음료 등 각종 편의용품에서 편안함을 느낄 수 있도록 배려할 필요가 있다.

의 기밀성(confidentiality)을 유지하면서, 필요하다면 해당 사건의 핵심사항(merits of the case)을 평가(evaluation)할 수 있다. 이러한 조정인의 평가는 당사자 중 한쪽이나 양쪽이 협상구간(settlement zone)을 조성하는 방식으로 당사자들의 최종 양보점(bottom line)을 움직일 수도 있다.[211]

협상구간(settlement zone)을 정할 수 없거나 명확하지 않은 경우 당사자 간 포지티브섬 기회(positive-sum opportunities)를 찾아볼 수 있다. 포지티브섬 협상은 가능한 한 양 당사자에게 보다 나은 가능한 화해합의를 발견하는 데 도움이 된다. 파이를 단순히 나누는 제로섬 협상(zero-sum negotiation)과 달리, 포지티브섬 협상(positive-sum negotiation)은 파이를 확장할 수 있는데, 이는 문제해결적 접근방식을 사용하는 협상가들에 의해 활용된다.[212] 당사자들의 이해관계가 일치하는 쟁점이 없는 경우에도, 여러 이슈들을 함께 고려한다면 양 당사자들이 합의점을 찾을 수 있는 기회가 생길 수 있는데, 이는 쟁점에 따라 당사자들이 부여하는 중요성의 정도가 다를 수 있기 때문이다. 즉, 당사자들은 자신이 중요하게 여기는 것을 얻기 위해 자신에게 상대적으로 덜 중요한 것을 포기할 수 있다. 예를 들어, 당사자 간 대금지급문제와 관련하여, 원고는 대금지급시기를 양보할 수 있는 반면, 피고는 그 금액문제에 대해 양보할 수 있다. 로그롤링(logrolling)[213]이라 하는 이러한 당사자들 상호간의 거래는 각 이슈가 개별적으로 고려되는 것이 아니라 여러 이슈들이 함께 고려되는 경우에 가능할 수 있으며, 이는 대부분의 포지티브섬 협상(positive-sum negotiation)의 기초가 된다. 이는 당사자들이 모든 이슈에 대해 의견이 일치하지 않더라도, 그 이슈들에 우선순위를 달리할 경우에는 효과가 있을 수 있다. 조정인은 당사자들이 여러 쟁점을 동시에 고려하고 우선순위가 낮은 쟁점에 대해서는 상

211 Jennifer Gerarda Brown & Ian Ayres, "Economic Rationales for Mediation," 80 Va. L. Rev. 323, 335 (1994).

212 포지티브섬 협상(positive-sum negotiation)의 핵심은 여러 쟁점을 고려하는 것으로, 한 가지 쟁점만 고려된다면 포지티브섬 협상은 일어나기 힘들다. 예를 들어, 당사자 간 분쟁의 쟁점이 피고가 원고에게 지불할 금액인 경우 원고는 가능한 한 많이 받기를 원하는 반면 피고는 가능한 한 적게 지불하기를 원할 수 있다. 그런데, 대금지급 이외의 사안을 고려한다면 당사자의 이해관계가 일치하는 사안을 찾거나 로그롤링(logrolling)을 하는 것이 가능할 수 있다. 예를 들어, 당사자 간 지불할 대금을 당장 지급하지 못한다고 하더라도 당사자 상호간에 세금문제를 고려해 당사자들의 이해관계가 일치하는 일정한 시기를 정할 수 있다면 이는 당사자 간의 포지티브섬의 기회를 찾는 것이다. 이러한 협상의 접근방식에 대해서는 "Chapter 1. II. 2. 협상이론과 협상의 접근방식" 단원에서 자세히 살펴본다.

213 "Logrolling(상호원조/로그롤링)"은 협상에 있어 다양한 문제를 고려해 당사자들의 이해관계가 일치하는 해결책을 찾을 수 있도록 당사자들이 상호 협조하는 것을 말한다.

호 양보를 교환해 우선순위가 높은 쟁점에 대한 이익을 얻을 수 있도록 지원할 수 있다.[214] 당사자들은 협상에서 그들의 근본적인 동기와 우선순위(underlying interests and priorities)를 드러내지 않기 위한 강력한 동기를 가질 수 있지만, 조정의 과정을 통해 이를 파악해 해결할 수 있다. 당사자들이 특정 사안에 대해 이해관계가 일치한다는 사실을 깨닫지 못한다면 조정인은 이를 당사자들에게 일깨워 줄 수 있다.

3.6 화해합의(settlement agreement)의 성립

당사자들은 상호간 충분한 정보의 교환이 이루어지고, 서로의 이해관계(interests)를 파악하게 된다면 당면한 문제에 대한 화해합의를 할 수 있다. 조정인은 이러한 화해합의의 프로세스를 시작하기 위해 당사자들이 가능한 옵션들의 장단점을 평가해 분쟁의 해결책을 마련할 수 있도록 지원할 수 있다.[215] 조정인은 당사자의 화해안(settlement proposals)의 설정과 소통에 다양한 역할을 수행할 수 있다. 즉, 당사자들이 잘 협력한다면 조정인은 고려할 수 있는 효과적 해결방안들과 그 해결방안들에 대한 평가(evaluating options)의 지침을 수립하기 위한 객관적인 기준(objective

214 다만, 협상자들이 여러 이슈를 동시에 고려하여 양보를 주고받는다고 하더라도, 잘못된 거래를 할 수 있다. 즉, 협상자들은 서로의 근본적인 동기와 우선순위(underlying interests and priorities)를 드러내지 않으면 가치를 창출할 기회를 놓치고 가치를 파괴하는 잘못된 거래를 할 위험도 있다. 개방적인 협상자는 자신의 이해관계와 우선순위(interests and priorities)와 관련해 협상에서 문제해결적 접근방법(problem-solving approach)을 사용하는 반면, 적대적/경쟁적 협상자(adversarial/competitive negotiator)는 자신의 이해관계나 우선순위를 은폐하려 한다. 문제해결적 협상자(problem-solving negotiator)는 자신의 최종 양보점(bottom line)을 드러낼 수 있는데, 이는 적대적/경쟁적 협상자(adversarial/competitive negotiator)에 이용될 수도 있다. 양 당사자가 모두 자신의 이해관계나 동기를 은폐하려는 적대적/경쟁적 협상을 할 경우 죄수의 딜레마(prisoner's dilemma)에서처럼, 포지티브섬 협상(positive-sum negotiation)의 가능성은 낮아진다. 조정(mediation)에 있어 조정인은 조정인이 아닌 어느 쪽도 완전한 정보를 얻지 못하는 사적 코커스(caucus)를 통해 이러한 딜레마를 극복할 수 있도록 할 필요가 있다. 조정인이 가능한 모든 관련 정보를 수집하면 포지티브섬 로그롤링(positive-sum logrolling)을 할 수 있는 기회를 발견할 수 있다. 즉, 조정인은 양측 당사자로부터 완전한 정보를 얻을 수 있다면 다른 가능한 합의조건보다 양 당사자에게 더 나은 합의조건을 이끌어 낼 수 있다. 이처럼 조정인은 당사자로부터 얻은 관련 정보를 결합하여 당사자의 이해관계를 완벽하게 파악해 분쟁을 해결할 수 있는 실마리를 찾는 중요한 역할을 할 수 있다.

215 조정인의 역할은 당사자들이 옵션을 개발해 해결책을 마련할 수 있도록 돕는 것에 제한되는데, 당사자들이 그 옵션을 마련할 수 없거나 원하지 않을 때 조정인은 "나는 당신이 이러한 이유로 이렇게 해야 한다고 생각한다"라고 하기보다는, 당사자가 스스로의 관점에서 생각해 볼 수 있도록, "당신이 이와 같은 것을 한다면 효과가 있지 않을까요?"라고 식의 질문을 하는 것이 더 적절하다.

CHAPTER 8

criteria)을 검토해 논의를 시작할 수 있는데, 그 기준으로는 업계기준(industry standards)이나 관행 등이 도움이 될 수 있다. 일단 최선의 해결책을 결정하는 방법이 정해지면 조정인은 당사자들이 화해할 수 있는 옵션(settlement options)을 만들 수 있도록 지원하는데, 이때 각 이슈를 개별적으로 다루거나, 당사자들이 일괄적인 해결책을 마련하는 데 도움을 줄 수 있다. 코커스(caucus)를 통해 첫 제안(the first offer)이 마련되고 실효성이 검증되면 조정인은 이를 상대방에게 전달하고, 조정인은 상대방이 그 제안에 대한 응답을 할 수 있도록 지원하는데, 이때 상대방이 그 제안이 마음에 들지 않더라도 가급적이면 거절하기보다는 반대제안(counteroffer)을 할 수 있도록 하는 것이 좋다. 즉, 당사자가 화해합의의 제안을 하면 조정인은 이를 평가할 수 있으며, 그 제안을 상대방이 거부한 경우 조정인은 그 제안내용을 개선해, 양 당사자가 수용할 수 있는 수정된 제안을 찾을 수 있다. 협상은 당사자들이 상호 옵션을 교환하고 가능한 한 그들의 니즈와 이해관계(needs and interests)를 충족시킬 수 있는 해결책을 찾을 때까지 조정인의 재량에 따라 공동으로 또는 별도로 계속될 수 있다.

조정을 통해 당사자 간 합의가 이루어진다면 그 합의사항을 어떻게 작성할 것인지, 누가 그 작성의 책임을 질 것인지를 결정해야 한다. 조정 화해합의서(mediated settlement)를 작성할 때 조정인은 필요하다면 당사자들과 상담하거나 당사자의 변호인을 합의서의 작성을 위해 참여시킬 수 있다. 조정 화해합의서(mediated settlement)의 작성시 다음과 같은 사항을 유념할 필요가 있다.[216] 즉, 조정 화해합의서에는 (i) 합의내용이 대금지급이나 목적물의 거래 등인 때 그 지급이나 거래의 이행을 위한 특정한 일시, 장소 등 구체적 조건, (ii) 당사자 간 합의된 사항들은 서면으로 구속력이 있다는 점, (iii) 해당 합의사항이 당사자 간의 최종적이고 완전한 합의라는 점, (iv) 합의를 준수하지 못할 경우 구제방법 등 결과에 대한 사항, (v) 해당 합의에 관한 분쟁의 처리와 관련된 협상, 조정, 중재 등 분쟁해결방법 등을 명시하고, (vi) 조정 화해합의서상 서명자가 분쟁당사자들을 구속할 수 있는 권한이 있는지

CHAPTER 8

216 서면계약서의 작성은 대체로 당사자들의 변호사들이 맡는데, 당사자들은 조정의 막바지에 그들의 거래에 대한 짧은 메모나 개요를 작성해, 이를 정식으로 서명될 계약서를 작성할 변호사에게 제공할 수 있다. 조정의 당사자들이 협상을 통해 상호 합의를 하는 조정 화해합의서(mediated settlement)도 계약의 일종이므로 준거법상 당사자의 허위진술(misrepresentation), 강박(duress), 비양심성(unconscionability), 착오(mistake) 등 계약법상 일반적 항변사유(contract-law defenses) 등 계약법의 이론이 적용된다. - Stephen J. Ware, 『Principles of Alternative Dispute Resolution (Concise Hornbook)』 (West Academic Publishing, 2016), at 426.

여부의 확인 등을 포함하고, 적절한 당사자가 서명하도록 해야 한다.[217]

4. 조정조항(mediation clause) 관련 유의점 및 기재례

계약상 조정(mediation)을 분쟁해결의 방법으로 규정할 경우 당사자 간 분쟁이 발생한 때 이를 조정인(mediator)에게 회부해 당사자들이 스스로 분쟁을 타협(compromise)할 수 있도록 한다는 점을 주된 내용으로 한다. 다만, 이러한 조정조항(mediation clause)을 계약서에 포함할 때 다음과 같은 사항에 유의할 필요가 있다.

① 국제거래 계약의 경우 조정(mediation)의 의미나 범위는 당사자의 문화적 차이나 해당 국가의 분쟁해결 프로세스에 따라 다르게 이해될 수 있으므로 조정(mediation)의 정의를 명확히 한다.

② 조정(mediation)의 대상과 관련해, 당사자 간 모든 분쟁을 조정의 대상으로 할 것인지 또는 특정한 유형의 분쟁만을 대상으로 할 것인지를 명확히 하고, 조정에 일정한 기간이 필요한 때 그 기간을 명시한다.

③ 조정인(mediator)의 선택에 관한 사항을 규정하는데, 지정된 조정기관에 등록된 조정인의 목록에서 조정인을 선택하는 등 조정인의 지정에 관한 절차를 정한다.

④ 조정절차와 관련해, 특정한 조정기관의 조정절차 관련 규정을 따를 것인지 또는 당사자들이 조정기관의 절차를 수정하거나 독자적 조정절차를 수립할 것인지 등 조정을 위한 규칙(mediation rules)을 명시한다. 당사자가 스스로 독자적인 조정규칙을 수립한다는 것은 어려울 수 있으므로 일반적으로 효과와 공정성이 입증된 조정기관의 조정규칙을 사용한다.

⑤ 당사자들이 신의성실로(in good faith) 조정에 임해야 한다는 등의 조정행위의 기준(standard for mediation conduct)을 설정할 수 있다. 특히, 조정과정에서 당사자들이 제공하는 정보나 의사의 교환을 비밀로 하길 원한다면 비밀유지(confidentiality)에 관한 사항을 명확히 해야 한다. 이와 관련해, 관련 비밀유지계약서(confidentiality agreement)를 조정 관련 합의서에 첨부할 수 있다.

217 당사자 일방이 최종 합의서의 초안을 실제 작성한다면, 조정인은 당사자들의 논의를 장려해 합의된 조건과 관련된 모든 필요한 조항을 다루는 양해메모(memo of understanding)를 작성해 초안을 작성하는 당사자측에게 전달하도록 해 명확한 최종 합의서초안을 작성할 수 있도록 하는 것이 좋다. 한편, 조정인이 조정합의서에 서명을 해야 하는지가 문제될 수 있는데, 이는 개별 조정프로세스에 따라 다를 수 있다.

⑥ 조정과정에 소요되는 각종 수수료나 경비에 대한 당사자의 부담을 명시한다. 조정조항에 따른 조정을 강제하기 위해, 당사자가 조정에 참가하지 않을 경우 상대방에게 관련 변호사비용이나 기타 비용을 변상하게 할 수 있다.

⑦ 조정실패시 분쟁해결을 위한 다음 단계를 정할 필요가 있다. 당사자들이 조정을 통해 분쟁해결에 합의할 수 없을 때 분쟁의 해결방안으로 중재(arbitration) 또는 소송(litigation)에 관한 사항을 명시한다.

[Example]

아래는 조정조항(mediation clause)의 기재례들이다. 조정조항은 당사자 간 계약의 성격이나 협상의 결과에 따라 내용을 달리할 수 있으나, 조정조항의 주요 유의사항을 반영한 일반적 예문들이다.

(Version 1)

(1) In the event of any dispute arising under or related to this agreement, the parties shall first attempt to settle the dispute through mediation as provided in this Section XX. A party shall give written notice to the other party requesting mediation (the "Mediation Request"). The Mediation Request will state the nature of the dispute and the requested relief.

(2) The parties shall designate a mediator from a list of neutrals registered with [ADR institution]. Mediation sessions will be held at Manufacturer's offices in Houston, Texas. Unless otherwise provided in this section, mediation will be conducted according to the rules of [ADR institution]. Each party shall participate in good faith in the mediation sessions. If the dispute is not settled in 60 days after delivery of the Mediation Request, then the parties will submit to arbitration as provided in Section XX. Notwithstanding the previous sentence, the parties may shorten or extend the 60-day mediation period by mutual written consent.

(3) Each party shall bear its own costs and expenses for the mediation and an equal share of the fees for the mediator, except that a party refusing to submit to mediation under this section shall pay the costs and fees, including without limitation attorney's fees, incurred by the other party in an effort to compel compliance with this section.

(Version 2)

The parties submit any dispute or claim in law or equity arising out of this agreement to neutral, non-binding mediation before beginning arbitration, litigation, or any other proceeding before a trier of fact. The parties shall act in good faith to identify a mutually acceptable mediator. If a mediator cannot be agreed upon by the parties, each party shall designate a mediator and those mediators will select a third mediator who will act as the neutral mediator, assisting the parties to mediate in good faith to reach a resolution. The parties to the mediation shall share equally in its cost. If the dispute or claim is resolved successfully through the mediation, the resolution will be documented by a written agreement executed by all parties. If the mediation does not successfully resolve the dispute or claim, the mediator will provide written notice to the parties and the parties may then seek an alternative form of resolution of the dispute or claim, according to the remaining terms of this agreement and other rights and remedies afforded to them by law.

(Version 3)

If the parties cannot themselves resolve a dispute arising out of or related to this Agreement, they shall attempt to resolve such dispute through mediation under the auspices of [ADR association], in [city], with the parties sharing equally the costs of mediation. Except to the extent necessary to prevent irreparable harm or to preserve rights or remedies, neither party shall file suit until 30 days after the first mediation conference, unless the other party has materially breached its obligations in the preceding sentence. Any requirement in this Agreement to pay or reimburse court costs or attorneys' fees includes, without limitation, a requirement to reimburse costs and fees related to such mediation.

CHAPTER 9

주요 국제거래 계약의 이해와 기술

개요

국제거래 관계에서 계약당사자의 구체적인 권리의무나 계약의 조건 등을 다루는 핵심조항의 내용은 당사자의 관계나 거래의 성격이나 특성에 따라 당사자 간 권리의무나 거래조건이 다양하게 나타날 수 있다. MOU(양해각서)나 NDA(비밀유지계약)는 국제거래의 초기부터 요구될 수 있는데, MOU는 당사자들이 정식계약을 체결하기 전에 정보교환이나 협상을 위해 체결되고, 대체로 비밀유지조항이나 배타적 협상조항 등을 제외하고는 법적 구속력을 갖지 않는 것으로 규정된다. NDA는 비밀정보의 범위를 정하고 그 관리와 취급에 관한 비밀유지의무를 정하고 그 의무위반시 손해배상 등 구제방법을 정한다.

국제거래 계약의 대표적 유형으로는 물품매매계약/제조공급계약(sale and purchase agreement; manufacture and supply agreement), 대리점계약(agency agreement)과 판매점계약(distributorship agreement), 라이선스계약(license agreement), IT 관련 계약, 인수계약(acquisition agreement), 합작투자계약(joint venture agreement), 대출계약(loan agreement), 서비스계약(service agreement) 등이 있다. 다만, 현실 거래에서는 계약서의 명칭과 상관없이 당사자들 사이에 하고자 하는 거래내용을 계약에 포함할 수 있기 때문에 계약의 제목을 어떻게 표현할지보다는 당사자 간 거래의 내용이 어떤 것인지를 파악해 주요 계약의 개별 계약조건들을 필요한 범위에서 조합해 복합적으로 사용할 수 있다는 점을 유의해야 한다.

물품매매계약/제조공급계약은 국제거래의 가장 기본적인 형태의 계약으로, CISG(국제물품매매계약에 관한 유엔협약)나 Incoterms(무역거래조건)상 물품인도조건을 이해하고, 물품의 사양, 검수, 대금지급조건 등을 명확히 한다. 대리점계약과 판매점계약의 경우 계속적 공급계약으로 판매점이나 대리점이 독점적 또는 비독점적으로 특정 지역에서 해당 물품을 판매한다는 점에서는 유사한 거래방식이지만, 법률적으로 판매점계약은 공급자와 판매자의 관계이고 대리점계약은 본인과 대리인의 관계라는 점에서 구별될 수 있다. 라이선스계약은 특허권, 상표권, 저작권, 영업비밀 등 개별 지식재산권의 법률적 특성과 그 권리의 사용방식, 실시료의 지급조건, 개량기술의 귀속 등 이슈들을 파악하고, IT계약은 온프레미스 소프트웨어나 클라우드 서비스 등의 개념을 이해하고, 프로젝트의 산출물이나 생성된 업무상저작물(work-for-hire)의 귀속 등 문제에 유의한다.

인수계약은 자산인수와 주식인수의 차이점을 이해하고, 인수대상에 대한 실사(due diligence)와 클로징(closing)에 따른 제반 문제와 인수대금의 지급방법 관련 언아웃(earnout; 차후정산)에 관한 사항도 이해할 필요가 있다. 합작투자계약은 합작회사를 설립 운영하기 위한 계약으로, 우선매수제안권(right of first offer)과 우선매수거절권(right of first refusal), 공동매각권(tag-along right)과 동반매각권(drag-along right) 등 투자자들 간 지분이전제한에 관한 사항을 파악한다. 대출계약은 금융기관을 비롯해 기업이나 정부기관 등 다양한 금융거래가 있을 수 있으나, 대출금의 지급이나 이자, 대출상환, 채무불이행사유 및 조기상환 등 대출거래의 기본 조건들을 정확히 이해하는 것이 중요하다. 서비스계약은 작업명세서(SOW) 등 서비스제공자가 수행할 서비스의 내용과 그에 따른 서비스대가의 결정구조, 산출물(deliverables)의 인도나 검증에 관한 사항 등을 명확히 해야 한다.

Ⅰ. 개 관

국제거래의 협상의 문제와 함께 영문계약서의 쓰기 원리와 계약의 구성개념(contract concepts)을 비롯해 계약의 일반적 형식과 구성 체계를 앞서 알아보았다. 또한, 특정한 거래나 계약상 목적을 달성하기 위한 당사자 상호간 실질적인 권리의무를 규정한 핵심조항(core provisions)의 기본적 내용과 함께 계약의 유형에 상관없이 일반적으로 사용될 수 있는 계약상 정의규정이나 계약 자체의 성립, 효력과 처리 또는 관리방법을 다루는 일반조항(general/miscellaneous provisions)을 비롯해 일반조항의 성격을 가지는 계약종료조항(exit provisions)과 분쟁해결조항(dispute resolution provisions) 등의 주요 내용을 살펴보았다. 계약종료조항, 분쟁해결조항, 일반조항 등의 경우 계약의 일반적인 목적이나 당사자 간의 합의사항이나 분쟁시에 계약상 지침이나 정책 등에 관한 사항을 다루어 계약의 유형과 무관하게 일반적으로 사용될 수 있는 규정들이다.

그런데, 국제거래 관계에서 계약당사자의 구체적인 권리의무나 계약의 조건 등을 다루는 핵심조항의 내용은 당사자의 관계나 거래의 성격이나 형태에 따라 계약서에 포함될 거래조건이나 당사자가 보장받아야 할 권리나 이행해야 할 의무 등에서 특이성을 가질 수 있어 다양할 수 있다. 즉, 거래의 성격과 그에 따른 계약의 조건 및 당사자의 이행의무 등에 관한 사항은 개별 계약에 따라 다를 수 있는데, 이는 계약의 체결이나 이행을 위해 특별히 요구되는 당사자의 진술과 보증, 계약상 대금지급이나 계약상 이행의무를 위한 조건이나 실행방법, 면책배상이나 계약상 책임 등에 관한 사항 등이 포함될 수 있다. 예를 들어, 인수계약(acquisition agreement)이나 대출계약(loan agreement)의 경우 계약의 속성상 계약체결 이후에 별도의 클로징절차를 필요로 하며, 주식인수나 영업양수도계약 등 인수계약에서 인수대금 중 일부를 계약체결 이후 일정한 기간의 영업성과와 연동해 지급하는 언아웃(earnout payment)이 문제될 수 있다. 또한, 합작투자계약(joint venture agreement)에서 투자자 간의 신뢰를 바탕으로 사업을 운영해야 하는 계약의 특성상 우선매수청구권(right of first refusal) 등과 같이 당사자의 지분처분에 대한 각종 제한을 가하는 주주간계약이나 지분매수 관련 합의 등이 이슈가 된다. 서비스계약(service agreement)에서는 제공되는 서비스의 범위나 작업명세서(statement of work)가 중요하다. 이에, 계약서 핵심조항에는 앞서 살펴본 일반적 계약조건들 이외에도 해당 거래의 본질상 요구되는 내용을 계약서에 반영할 필요가 있다. 즉, 다양한 국제거래에서 개별 계약유형에 따른 특성과 이슈에 따라 기본적 핵심조항을 변경하거나 계약의 속성에 따라 요구되는 거래조건들을 해당 계약에 적합한 계약상 언어로 규정해야 한다.

한편, 국제거래 계약은 거래의 관계나 성격에 따라, Sale and Purchase Agreement, Agency Agreement, Distributorship Agreement, License Agreement 등 다양한 유형으로 분류할 수 있는데, 이는 계약의 규범적 성격에 따라 편의상 구분한 것으로, 실제 국제거래에서는 그 계약의 제목에 의해 계약에 포함되어야 할 내용이 정해지는 것은 아니다. 실무상 당사자 간 합의내용에 따라 하나의 계약에 여러 유형의 계약적 요소가 복합적으로 포함될 수 있다는 점을 유의해야 한다. 즉, 일정한 유형의 계약에서 언급된 계약조건이나 기재례라 하더라도, 실제 거래계약이 여러 계약적 속성을 가진다면 당사자들은 관련 계약유형의 계약조건들을 필요한 범위 내에서 사용할 수 있다. 실무상 계약서를 검토하거나 작성할 때 해당 계약의 명칭에 얽매이지 말고 그 계약의 속성을 파악해, 필요한 부분에서 관련 계약유형의 개별 조건들을 관련 계약에 포함할 수 있다. 이에, 당사자 간의 구체적인 거래관계와 상황을 고려해, 여기서 언급한 주요 국제거래 계약의 개별 조건들 중 어떠한 내용이 보다 적합한지를 종합적으로 검토해 해당 계약에 활용할 수 있다. 즉, 계약당사자들이 해당 거래계약의 제목을 "Sale and Purchase Agreement"라 하더라도, "Sale and Purchase Agreement"상 계약의 주요 조건뿐만 아니라 실제 거래관계에서 "Manufacture and Supply Agreement," "Distributorship Agreement," "Agency Agreement," "License Agreement" 등과 같은 다른 유형의 계약적 속성을 갖는다면 그러한 계약유형상 필요한 계약조건들을 선택적 또는 부분적으로 사용할 수 있다. 예를 들어, 실무상 딜러십(dealership) 또는 특약대리점과 같은 용어로 계약서의 명칭을 사용한다고 하더라도, 그 표제만으로는 그 계약의 성격이 대리점계약(agency agreement)의 성격인지 판매점계약(distributorship agreement)의 특성을 갖는지 판단하기 어려울 수 있다. 그리고, 판매점계약(distributorship agreement)의 경우 물품매매계약(sale and purchase agreement)의 성격도 가질 수 있고, 그 구체적인 판매나 거래 형태에 따라 당사자의 특허 등 라이선스의 사용과 관련한 라이선스계약(license agreement)상 법률관계나 계약내용이 또한 고려될 수 있다. 따라서, 국제거래 계약을 검토하거나 작성할 때 계약상 영문 명칭이나 표제가 어떻게 표현되어 있는지보다는 당사자가 하고자 하는 거래의 내용이 어떤 것인지를 파악하는 것이 중요하다. 실제 거래관계나 합의내용이 일정한 계약유형의 조건들과 서로 상충되는 사항이 없는 한 그 거래관계에 부합되는 범위 내에서 다른 유형의 계약상 조건들이라 하더라도 필요한 범위에서 관련 계약에 포함할 수 있다.

여기서는 국제거래의 협상이나 계약의 시작단계에서 요구되는 (i) MOU(Memorandum of Understanding; 양해각서), (ii) NDA(Non-Disclosure Agreement; Confidentiality Agreement; 비밀유지계약)를 비롯해, 주요한 국제거래 계약의 유형으로, (iii) 국제 물품매매계약/제조공급계약(Sale and Purchase Agreement/Manufacture and Supply Agreement), (iv) 대리점계약(Agency Agreement)과 판매점계약(Distributorship Agreement), (v) 라이선스계약(License Agreement), (vi) IT 관련 계약(IT Agreements), (vii) 인수계약(Acquisition Agreement), (viii) 합작투자계약(Joint Venture Agreement), (ix) 대출계약(Loan Agreement), (x) 서비스계약(Service Agreement) 등의 핵심적 유의사항과 주요 계약조건들을 개별적으로 살펴본다.

Ⅱ. Memorandum of Understanding(양해각서)

1. MOU(양해각서)의 유용성

MOU(Memorandum of Understanding; 양해각서)는 당사자 간 정식으로 최종계약이 체결되기 이전에 상대방의 의중을 확인하고 협의를 하는 차원에서 이용되는데, 이를 통해 당사자 간 법적 의무가 부과되는 구속력 있는 계약을 체결하기에 앞서 상호간 정보나 자료를 교환하는 등 협의를 명확히 할 필요가 있을 때 주로 사용된다. 국제거래 계약의 경우 특히 당사자가 원격지에 있고 언어나 법률문화가 달라 어느 정도 시간이 소요될 수 있고, 계약조건의 합의사항이 다양할 수 있어 MOU(양해각서)를 먼저 체결하고 정식계약을 체결하는 경우가 많다. MOU는 당사자들이 특정 활동에 대해 법적인 구속성을 부인하면서도 상호간 의사의 합치를 확인하고 협상의 틀을 마련해 유대를 강화하고 진지한 관계를 형성하고자 할 때 유용하다. 이는 또한 당사자 간에 특정한 활동이 진행 중임을 대중에 홍보하거나 확인함으로써 또 다른 협상에서 유리한 고지를 점하고자 할 경우에도 활용된다. 한편, 실무상 국제거래의 당사자 간에 LOI(Letter of Intent; 의향서)라는 문서를 정식계약 체결 이전에 교환하기도 하는데, 이는 당사자 상호간에 본계약 체결을 위해 예비적으로 양해한 사항을 기재한 서면으로,[1] 본질적으로 MOU와 동일한 법적 성격을 가진다. 한편, 당사자 간 인수거래 등의 첫 단계 협상이 완료된 후 인수가격 등 기타 조건들을 마련하기 위한 추가 협상에 관한 사항 등을 논의하기 위해 LOI나 MOU를 체결할 수 있다. 이는 본계약(definitive agreement)에 관한 협상이나 실사(due diligence)를 수행하기 이전에 당사자 간 일관된 기대를 가질 수 있도록, 미리 일정한 전제조건에 따른 일정표 등 거래의 일정이나 개괄적 조건을 정리하는 의미를 가진다. 또한, 이러한 MOU나 LOI는 인수거래의 초기 단계에서 당사자의 법규상 요구사항을 충족하거나 자금조달의 목적으로 해당 거래를 평가해 관련 대출기관이나 투자자를 설득하는 데 도움이 될 수 있다.[2]

2. MOU(양해각서)의 법적 구속력 문제

MOU(양해각서)는 일반적으로 계약체결시한 등을 정하는 협상시간표의 기능을 하거나, 정식으로 체결할 계약을 위한 본질적 내용과 형식의 조정으로 인한 정식 계약 체결 과정의 효율성을 높이기도 한다.[3] MOU의 주요 내용은 계약체결 이전에 당사자 상호간에 일정한 계약체결의 의사가 있으며 이를 위해 양 당사자가 최선을 다해 협조할 것이라는 것과 어떤 절차로 협력할 것인지 등에 관한 사항이 포함될 수 있으며, 그 형식에는 제한이 없고 당사자 간 합의로 자유롭게 작성할 수 있다.[4] MOU는 주로 당사자 간 일정한 사항에 관한 협조를 위해서 또는 정식계약이 체결되기 이전에 그 계약내용에 관한 협의를 목적으로 한다는 점에서 일반적으로 법적 구속력을 갖지 않는 것으로 볼 수 있다. 그러나, 법적인 구속력 내지 강제력(legally

1 국제거래 실무에서 LOI(의향서)는 당사자 일방의 입장이나 결정, 약속 등을 전달하기 위해서, 본계약의 체결 이전에 수출입허가가 필요할 때 상대국 정부에 제출할 계약의 예비문서로도 활용되고 있다.

2 이 경우 인수에 대한 상세한 조건들은 본계약(definitive agreement)에 포함되는데, MOU나 LOI의 체결단계에서 법적으로 거래를 완료할 의무를 의도하지 않고 당사자들이 향후 본계약의 조건에 상호 동의하지 않을 수 있으므로 일반적으로 법적 구속력을 인정하지 않는다. 다만, MOU나 LOI에 당사자들은 거래성사의 주요 장애요인(deal-breaker)이나 추가적 협상의 진행과 종국적 합의를 위해 법적 구속력을 가질 것을 의도하는 일정한 사항을 포함할 수 있다.

3 상장회사 등의 경우 MOU(양해각서)를 통한 기업의 영업이나 대외활동이 있는 때 일정한 공시가 요구될 수 있다.

4 MOU(양해각서)는 협의할 사항에 대해 당사자가 서로 서명해 작성되지만, 일방 당사자가 상대방에게 서신 형식으로 서류를 송부하고 상대방이 거기에 그 사항을 이해했다는 취지의 서명을 하는 형식으로 이루어지기도 한다.

enforceable or binding)을 갖게 할지는 당사자들의 의도에 따라 달라질 수 있으므로, MOU라 하더라도 그 내용상 당사자 간 법적 구속력이 없다는 점을 명확히 나타낼 필요가 있으며,[5] 그러한 명확한 표현이 없는 경우 MOU의 법적 구속력에 대해 당사자 간 분쟁가능성을 배제할 수 없다. MOU의 유효기간은 당사자 간 합의에 따를 수 있으나, 대체로 관련 본계약의 체결 이전에 비교적 단기간의 일정한 기간으로 정하고, 당사자가 임의로 언제든지 MOU를 취소할 수 있도록 한다. 다만, MOU라 하더라도, 당사자들의 합의사항을 기재하고 계약으로서 효력을 발생시키려고 하면 그 합의사항을 명시하고 당사자 사이에 법률적으로 구속력을 갖는다는 점을 명확히 할 필요가 있다. 결국, MOU가 법적 구속력을 갖는지의 문제는 MOU라는 문서의 표제보다는 그 내용이 법적 구속력을 가지는 것으로 되어 있는지가 중요하므로 당사자들은 MOU상 법적 구속력에 관한 그들의 의도를 명확히 나타낼 필요가 있다.[6]

3. MOU(양해각서) 관련 유의점 및 기재례

MOU(양해각서)는 당사자 간 필요한 본계약을 체결하기 이전에 상호간의 정보나 자료를 교환하고 협의를 명확히 하기 위한 것으로, 당사자는 일반적으로 그 내용이 법적 구속력을 가지지 않는 것으로 하길 원한다. MOU(양해각서)와 유사한 형식의 LOI(의향서) 또한 당사자 간 계약관계를 형성하려는 상호간 단순한 의도를 기

5 당사자 간 합의는 일반적으로 법적 구속력이 부여되는 것이 원칙이므로 MOU(양해각서)상 내용이 법적 구속력이 없다는 점을 명확히 하기 위해, MOU를 "contract," "agreement"라고 하거나 "shall," "will" 등 당사자 간 권리의무를 나타낼 수 있는 용어를 쓰는 대신, "desire," "intend," "expect," "be thinking of" 등의 표현을 사용할 필요가 있다. 예를 들어, MOU의 목적를 기재할 때, "The provisions of this MOU are intended solely to represent a statement of principles for the shared intent of the Parties referenced in Section …"라고 기술한다. 또한, MOU의 구속력을 배제하기 위해 그 내용상 법적 구속력 배제에 관한 조항이나 이사회결의 등 회사의 특별한 절차를 통과해야만 효력이 있다는 등의 내용을 포함할 수 있다.

6 모든 문서의 법적 효력 여부는 문서에서 합의한 내용에 따라 판단해야 하고, 최종적으로는 법원이 결정하게 된다. 문서의 표제(title)를 계약서로 하든 협의서로 하든 양해각서로 하든 간에 구속력은 표제의 명칭으로부터 발생하는 것이 아니라 양 당사자가 실제로 합의한 내용에 따라 결정된다는 점을 반드시 주의해야 한다. MOU/LOI 등 서식들에 법적 구속력 여부에 관한 명확한 문구가 없는 경우 법원은 (i) 서류에 기재된 문구와 내용, (ii) 협상의 맥락, (iii) 당사자의 의무이행 정도, (iv) 당사자들이 핵심조항에 대해 합의에 도달했는지 아니면 주요 쟁점들이 남아 있는지 여부, (v) 계약서와 같은 자세한 거래 내용을 포함하고 있는지 여부 등을 고려하여 판단할 수 있다.

술한 것으로, 대체로 법적 구속력을 갖지 않는 것으로 한다.[7] 이에, MOU의 작성시 그 내용이 구속력이 없다는 점을 명시해야 하며, 만약 구속력이 있는 합의사항이 있다면 이를 분명히 구별해 기술할 필요가 있다. 즉, MOU의 당사자는 법적 효력에 관한 조항을 따로 두어 법적 구속력(legal binding)을 원천적으로 부정할 것인지, 일정한 조항들에 대해서만 법적 구속력을 부여하고 나머지는 구속력이 없는 것으로 할 것인지를 합의할 필요가 있다. 다만, MOU를 통한 당사자 간 해당 거래협상의 효율성을 높이기 위해, (i) MOU와 관련해 당사자 간 교환되는 정보나 자료의 비밀을 유지한다는 점(confidentiality), (ii) MOU 기간 동안 당사자들은 해당 사안과 관련해 배타적으로 상호 협상을 하며 다른 제3자와는 협상을 하지 않는다는 점(exclusive negotiation; standstill),[8] (iii) MOU와 관련해 당사자들이 신의성실에 따라 협조하고 협상을 한다는 점(negotiate and cooperate in good faith) 등에 대해서는 당사자 간 법적 구속력을 갖도록 하는 것이 일반적이다.[9] MOU의 유효기간은 당사자 간 합의에 따라 다를 수 있으나, 대체로 길지 않은 기간을 정하기는 하지만 언제든지 당사자가 임의로 이를 취소할 수 있도록 하거나 또는 정식으로 본계약이 체결되는 시한을 설정해 그 기간을 정할 수 있다.

[Example 1]

아래는 MOU(양해각서)의 목적 내지 당사자 간 상호 양해의 범위 관련 기재례들

7 MOU상 당사자들에 대한 법적 구속력이 명시되어 있지 않은 경우 법원은 당사자들이 문서상 사용한 언어(language), 대상주제(subject matter), 거래의 경위, 협상의 맥락 등을 고려해 법적 구속력이 있는지를 판단할 수 있다.

8 인수거래 등의 경우 MOU의 기간이 종료될 때까지 당사자 간 배타적 협상에 관한 문제는 매수인의 입장에서 MOU 체결의 주된 목적이 될 수 있어 일정한 제재규정을 둘 수 있는데, 배타적 조항(exclusivity provision) 위반시 매수인이 거래에 들인 비용을 상환받도록 하도록 하는 다음과 같은 규정을 고려할 수 있다: 'In the event of Seller's breach of Section XX (Exclusivity), Seller will reimburse Buyer's reasonable out-of-pocket costs and expenses incurred in the course of pursuing the Possible Acquisition (including, without limitation, reasonable legal and financial advisor fees) and incurred up to and including the Termination Date or 90 days after the date of this letter, whichever is earlier."

9 MOU를 통해 당사자 간 향후 또는 별도로 합의하고자 하는 본계약의 주요 조건에 대해서 그 내용을 기재할 수도 있으나, 실제로 이러한 계약의 주요 조건을 MOU에 기재하는 경우는 드물다. 본계약의 주요 조건이란 물품매매계약의 경우라면 물품의 수량이나 품질조건, 물품의 가격이나 대금지급조건, 물품인도조건, 위험부담에 관한 사항, 매매계약상 분쟁해결에 관한 사항 등이 될 수 있다.

인데, 이에는 당사자 간 일정한 본계약의 체결에 관심이 있으며, 이를 위해 당사자들이 상호 협력한다는 점과 그 협력의 구체적 내용이나 절차에 관한 사항 등이 주로 포함된다.

(Sample 1)

The parties wish to set forth their mutual understandings, based on their discussions to date, as follows:

(a) ABC and XYZ are interested in cooperating in consulting engineering and construction activities for the promotion and implementation of Stations, and for bidding on such projects, in Korea and other countries. The parties will enter into such cooperation when they determine it to be in their mutual best interests, on a case-by-case basis. Terms and conditions of any such cooperation, including work details and mode of cooperation, will be determined on a case-by-case basis by mutual agreement.
(b) Each party may from time to time (in its discretion) inform the others of any prospective Station projects and propose cooperation among the parties as described above. Each party will then decide on the feasibility of such cooperation in relation to such project. Such cooperation will in any event be subject to negotiation of definitive terms and conditions.
(c) In the context of any agreed cooperation on a project as described above, a party may cooperate with third parties on such project only by mutual agreement among the parties. The parties may involve third parties in any cooperation among the parties, if the parties find this to be in their mutual best interests.
(d) In principle, each party will bear its own costs incurred in such promotional efforts, preparation of bids/tenders and other related work as may be carried out by mutual agreement in relation to a project, prior to an award of the contract for a project or prior to the parties' commencement of work on such project.

(Sample 2)

(a) The purpose of this MOU is to confirm the mutual intention and understandings of each Party as at the date hereof in relation to the proposed Transaction and willingness to co-operate in the development and implementation of the Transaction.
(b) This MOU outlines the approach to the proposed Transaction and the basic terms and conditions each Party has agreed to proceed upon.

(Sample 3)

The parties wish to commence negotiating a definitive written acquisition agreement providing for the Possible Acquisition (a "Definitive Agreement"). To facilitate the negotiation of a Definitive Agreement, the parties request that

Buyer's counsel prepare an initial draft. The execution of any Definitive Agreement would be subject to the satisfactory completion of Buyer's ongoing investigation of the Acquired Companies' business and would also be subject to approval by Buyer's board of directors. Based upon the information currently known to Buyer, it is proposed that the Definitive Agreement would include the following terms:

(1) Sellers would sell all the Shares to Buyer at the price (the "Purchase Price") set forth in Paragraph XX at the closing of the Possible Transaction (the "Closing"), which is expected to be no later than [________].

(2) The Purchase Price would be USD________ (subject to adjustment as described below) and would be paid in the following manner: (a) at the Closing, Buyer would pay Sellers USD________ in cash; and (b) at the Closing, Buyer would execute and deliver to each Seller an unsecured nonnegotiable promissory note ...

[Example 2]

아래는 MOU(양해각서) 또는 LOI(의향서)상 법적 구속력 관련 기재례들이다. (Sample 1)은 MOU 또는 LOI가 법적 구속력이 없다는 점을 명확히 하는 예문들이다. (Sample 2)는 MOU의 일정한 사항에 대해서는 법적 구속력을 인정하는 예문들이다. 이러한 법적 구속력을 인정하는 경우는 대체로 비밀유지의무(confidentiality; non-disclosure), 배타적 협상의무(exclusivity, standstill), 신의성실에 따른 협상의무(negotiate in good faith) 등이 있다.

(Sample 1)

- This MOU shall not have any binding effect to both parties until [DD/MM/YY] agreement will be executed by both parties hereto.
- The provisions of this MOU are intended solely to represent a statement of principle for the shared intent of the Parties referenced in Section XX.
- The provisions of this MOU shall neither be construed as having any legal effect, nor constitute any rights or obligations for the Parties hereto.
- This MOU is merely an expression of the party's business intent. Thus, it is not binding on either party, and neither party shall have any obligations to each other regarding its subject matter except pursuant to a mutually executed agreement.
- This letter of intent is for discussion purposes only and sets forth certain principal terms of a proposed commercial agreement between XXX and YYY. This letter of intent is not intended to be a binding agreement between the parties regarding the subject matter hereof. A binding agreement will not occur unless and until the parties have agreed upon

the terms of the transaction and such terms are included in the appropriate definitive agreement that has been negotiated, approved, executed and delivered by each party hereto.
- This LOI (Letter of Intent) is not intended to create any legal obligation between the parties hereto and is not binding on either party for any reason.

(Sample 2)

- This MOU constitutes an expression of intent only and is not intended to create any legally binding obligation whatsoever enforceable against either Party, except for the (i) Parties' obligations to negotiate and cooperate in good faith under Article ..., (ii) obligations of exclusivity under Article ..., and (iii) confidentiality obligations under Article ...
- **Confidentiality (Non-disclosure).** Neither Party shall, without the prior written consent of the other Party, disclose to any third party the existence or contents of this MOU or any non-public information received from the other Party in connection herewith, except, with prior notice to the other Party, disclosures necessary to comply with law or rules of any securities exchange. The confidentiality obligations herein shall survive expiration of this MOU and shall remain in effect for a period of [2 years] thereafter.
- **Exclusivity (Stand-still).** During the term of this MOU, ABC will not enter into discussions with, or entertain any offers or inquiries from, any party other than XYZ regarding the sale of all or any part of the Business.

[Example 3]

아래는 MOU의 유효기간에 관한 예문들이다. MOU의 기간은 당사자 간 본계약(definitive agreement)의 체결을 시한으로 해 일정한 기간을 정하거나 또는 일정한 기간을 특별히 정하지 않고 당사자가 언제든지 임의로 MOU를 종료할 수 있도록 할 수 있다.

- This MOU shall take effect on the signing date of this MOU and continue until the expiration of [six (6) months] thereafter, unless (i) the Definitive Agreement is entered into, or (ii) this MOU is terminated earlier in accordance with Article ...
- If a contract to set forth the Parties' final agreements is not executed by the Parties hereto by [date] for any reason, this MOU may be terminated by either Party without obligation, upon ten days' written notice to the other Party.
- Either party may terminate discussions at any time, for any reason or no reason, without liability to the other party.

Ⅲ. Non-Disclosure Agreement(비밀유지계약)

1. NDA(비밀유지계약)의 이해

NDA(Non-Disclosure Agreement; 비밀유지계약)는 당사자 상호간에 제공되는 자료나 정보 등에 관해 비밀을 유지한다는 내용의 계약으로, 거래과정이나 계약의 협상시에 교환되는 자료나 정보 등을 비밀로 유지할 필요성이 있는 경우 체결할 수 있다.[10] 국제거래에서 기술도입이나 개발, 합작투자, 기업의 인수거래, 서비스계약 등을 위한 협상단계에서 당사자들은 서로 필요한 관련 정보를 교환할 수 있다. 예를 들어, 기업인수나 기술개발 관련 거래의 경우 계약을 체결하기에 앞서 협상과정이나 기업실사(due diligence) 등을 통해 상당한 정도의 관련 기업정보나 기술정보가 상대방에게 제공될 수 있고, 합작투자나 금융거래 등을 하는 경우 당사자는 주거래의 협상과 목적달성을 위해 많은 정보와 자료를 주고받게 된다. 이 과정에서 당사자 일방이 상대방으로부터 취득한 기술정보, 노하우, 영업비밀 등 중요한 정보를 주거래와 무관한 목적으로 사용하거나 제3자에게 누설한다면 정보제공자는 손해를 입을 수 있기 때문에 이를 방지할 필요가 있다.[11] NDA(비밀유지계약)는 일반적으로 독립적으로 체결되기보다는 다른 계약의 일부 규정으로 편입되거나 다

10 Non-Disclosure Agreement(NDA)는 당사자 간 비밀유지에 관한 계약으로, Confidential Disclosure Agreement(CDA), Confidentiality Agreement(CA), Secrecy Agreement(SA) 등으로도 불린다. NDA(비밀유지계약)는 일반적으로 잠재적 거래와 관련해 최초로 체결되는 계약으로, 일반적으로 계약조건에 따라 제공되는 광범위한 정보를 비밀정보의 대상으로 하고, 이미 공개된 정보 등 일정한 정보를 비밀정보의 대상에서 제외하거나 계약에 의해 부과되는 비밀유지의 의무의 예외사항으로 한다. 이는 정보제공자(disclosing party)의 중요한 비공개 정보의 기밀성(confidentiality)을 보호하는 것 이외에, 관련 준거법에 따라 보호될 수 있는 "trade secrets(영업비밀)"를 보호하는 데 도움이 될 수 있다. 미국의 Uniform Trade Secrets Act에 따르면, 정보가 영업비밀(trade secret)로 취급되기 위해서는 비밀유지를 하기 위한 상황에서 합리적인 노력을 필요로 한다. – Uniform Trade Secrets Act §1(4), 14 U.L.A. 438. 계약상 비밀정보(confidential information)와 영업비밀(trade secret)의 관계에 대한 자세한 사항은 "Chapter 5. VIII. Confidentiality Clause(비밀유지조항)" 단원을 참고하기 바란다.

11 당사자 사이에 계약체결을 위한 협상을 할 때 그 협상이 진행 중이라는 사실이 외부에 알려짐으로써 문제가 발생할 수 있다면 협상이 진행 중이라는 사실 자체를 외부에 알리지 않도록 할 필요가 있다. 당사자가 거래 협상을 개시하기 위한 사전 단계로서 비밀유지계약을 체결한 사실 자체도 공개를 꺼린다면 Non-Disclosure Agreement(NDA)나 Confidentiality Agreement(CA)의 내용 중에 해당 비밀유지계약의 체결이나 존재 자체에 대해서도 당사자들의 비밀유지의무를 규정할 수 있다.

른 계약의 체결을 전제로 사전에 또는 다른 계약과 함께 부수적으로 체결된다. 거래상 본계약(definitive agreement)에 앞서 당사자 간 협상과정에서 MOU(양해각서)를 체결하는 경우 당사자 간 교환된 정보에 대한 비밀유지를 위해 MOU상 비밀유지조항을 포함할 수 있는데, 이때는 해당 비밀유지조항의 법적 구속력을 인정할 필요가 있다. 또한, 본계약(definitive agreement) 체결 이전에 NDA(비밀유지계약)가 체결된 경우 그 NDA(비밀유지계약)는 본계약의 비밀유지규정(confidentiality clause)에 편입하거나 별도의 계약으로 존속하게 할 수 있다. NDA(비밀유지계약)에서는 비밀정보(confidential information)를 정의해 그 범위를 정하고, 비밀정보의 비공개와 사용 시 준수사항을 비롯해 비밀정보의 관리 내지 취급에 관한 사항을 명확히 하고, 비밀유지의무를 위반한 경우 손해배상 등 구제방법 등을 규정한다.[12] NDA(비밀유지계약)는 거래대상이 되는 주요 상거래를 규율하는 계약서가 아니고 보조적으로 이루어지는 정형화된 계약이라는 점에 비추어 실제 계약체결과정에서 그 내용을 상세히 검토하지 않는 경우도 있으나, 당사자 간 거래 정보의 처리에 관한 분쟁이 있는 경우 그 비밀유지의 대상이나 의무 등이 중요한 의미를 가질 수 있다.

2. NDA(비밀유지계약) 관련 유의점 및 기재례

NDA(비밀유지계약)는 거래협상이나 계약의 체결과정에서 당사자들 사이에 교환되는 기업의 정보나 노하우, 지식재산권 등을 보호하는 기능을 하는데, 해당 거래계약의 당사자들은 그 계약의 체결 이전, 계약기간 중에 비밀유지를 할 것을 요구하는 비밀유지조항을 그 거래계약에 포함하거나 별도의 비밀유지계약을 체결할 수 있다.[13] NDA(비밀유지계약)에서 정보가 교환되는 주체들을 나타낼 때는 대체로 당사자의 명칭을 쓰기보다는 정보의 제공과 수령에 중점을 두어, Disclosing Party(정보제공자/정보보유자)와 Receiving Party(Recipient; 정보수령자)로 구별하여 정의하고 정보의 제공과 수령에 관한 사항을 나열한다. 그리고, 어떠한 정보를 해당 계약상

12 정보제공자의 영업비밀이나 노하우 등이 당사자 간 서면에 의한 약정이 없이 일반에 공개된 경우 그 침해된 비밀에 대한 권리 및 침해내용의 입증이 쉽지 않으므로 제공되는 비밀의 범위나 조건 등을 일정한 서식에 의한 약정으로 확보하고 이를 위반할 경우 이에 따른 손해배상 등 구제수단을 미리 확보하는 것이 중요하다.

13 NDA(비밀유지계약)는 해당 거래의 본계약(definitive agreement)과 별도의 독립적 계약으로 이루어진다는 것을 제외하고, 해당 거래와 관련해 당사자 간에 교환되는 비밀정보의 보호와 유지를 위해 체결되는 계약이라는 점에서 본계약 본문상 핵심조항(core povisions)의 하나인 Confidentiality/Nondisclosure Clause(비밀유지조항)와 기본적으로 동일한 내용을 포함한다.

비밀정보(confidential information; proprietary information)로 할 것인지는 관련 거래관계나 당사자의 입장 또는 해당 거래의 성격에 따라 다를 수 있으므로 NDA에서 이를 명확히 해야 한다. 이러한 비밀정보의 정의에 관한 사항은 계약의 앞부분 조항에 두는데, 여기서 비밀정보에 해당되는 정보와 그렇지 않은 정보를 명시하고, 상대방에게 제공한 비밀정보가 특정되어 있다면 그 정보의 목록을 기재하는 방법 등으로 비밀정보의 범위를 확정할 필요가 있다. 이때 비밀정보는 당사자의 현재나 장래의 거래나 사업에 미치게 될 영향을 고려해 일정한 문서나 자료 등 유형적인 것뿐만 아니라 지식재산권 등과 같은 무형적인 것을 포함할 수 있다. 다만, 관련 정보가 그 내용상 이미 논문이나 잡지 등 일반에게 공지된 사실이거나 정보수령자가 다른 경로를 통해 얻은 정보 등과 같이 당사자 간에 비밀로 취급하기 어려운 경우는 일반적으로 비밀정보의 범위에 포함하지 않는다.

한편, 비밀정보의 관리 내지 취급과 관련해서는, 정보수령자(receiving party)의 비밀유지의무(confidentiality)를 규정하는데, 이에는 정보수령자가 비밀정보를 수령한 목적 이외의 사용을 금지하고 정보제공자(disclosing party)의 동의 없이 비밀정보를 외부에 제공하지 않도록 하는 등 비밀유지를 위한 기본적 의무를 명시한다. 또한, 정보의 기밀성을 유지하기 위해, 비밀정보가 무단으로 복제되거나 제3자에게 유출되지 않도록 하는 등 정보수령자의 비밀정보의 관리·보안에 관한 사항도 명확히 할 필요가 있다. 정보수령자의 비밀정보의 관리수준은 당사자의 내부 비밀유지 관련 규정이나 관련 업계의 관행 등을 종합적으로 고려해 합리적 수준의 주의의무(reasonable degree of care)를 필요로 한다. 또한, 정보수령자가 기업인 경우 비밀정보를 사용하거나 접근할 수 있는 회사의 임직원 등을 구체적으로 지정하고, 본계약의 이행과정에서 필요한 변호사나 회계사 등 외부의 제3자의 조력이 필요하다면 그 제3자에게도 동일한 비밀유지의무를 부담하도록 하는 등의 내용이 포함될 수 있다. 다만, 사법기관의 강제수사 등 공적 제출요구에 따라 비밀정보를 통상적인 방법으로 유지할 수 없는 등 특별한 사정이 있는 경우를 비밀유지의무의 예외사유로 명시해 외부에 비밀정보의 제공을 허용하는 것이 일반적이다. 그런데, 정보수령자(receiving party)의 입장에서는 자신이 가지는 비밀유지의무에 상응해, 정보제공자(disclosing party)가 해당 정보를 제공할 권한이 있다는 등 제공된 정보로 인한 피해발생을 방지하기 위한 진술 및 보증을 받는 것이 중요하다. 이러한 진술과 보증을 통해 정보수령자는 제3자로부터의 권리주장 등에 대해 정보제공자에게 그 책임을 전가시키고 이에 따른 손해배상청구의 근거를 마련할 수 있다.

그리고, NDA(비밀유지계약)의 유효기간은 거래유형이나 당사자 간 협상결과에 따라 다를 수 있는데, 본계약(definitive agreement)과 관련해 비밀유지계약이 체결되는 경우 실무상 비밀유지 의무기간은 일반적으로 본계약의 만료 또는 종료된 이후 일정한 기간으로 한다. 계약이 종료된 이후 비밀유지의무의 기간은 해당 거래의 내용이나 계약의 성격에 따라 다를 수 있으나, 대체로 본계약의 종료 이후 3년이나 5년 이내의 기간으로 하는 경우가 많다. 또한, 본계약의 체결 여부와 관계없이 체결되는 비밀유지계약의 경우도 비밀유지계약상 정보수령자가 비밀을 유지해야 하는 의무기간을 영구적으로 설정하기보다는 적정한 기간을 설정하는 것이 통상적이다.[14] NDA(비밀유지계약)에서 계약기간이 종료되거나 계약기간 중 정보제공자(disclosing party)의 정당한 요청이 있는 경우 정보수령자(receiving party)는 제공받은 비밀정보의 사용을 즉시 중단해야 하며, 제공받은 모든 비밀정보를 반환하거나 폐기해야 하는 등의 의무를 부담한다. 또한, NDA(비밀유지계약)가 연관된 본계약(definitive agreement)과 관련해 체결되었다 하더라도, 이는 본계약에 포함된 계약조항의 일종이 아니고 별개의 독립된 계약이므로 실무상 일반 계약에서 규정되는 완전합의, 준거법, 분쟁해결 등 일반조항들을 필요한 범위 내에서 포함한다.[15]

[Example 1]

아래는 NDA(비밀유지계약)에서 당사자를 언급한 전문(recitals)의 예문이다. NDA의 당사자는 일반적으로 당사자 자체의 직접적 명칭을 쓰기보다 정보를 제공하거나 보유하는 당사자를 "Disclosing Party"라 하고, 정보를 수령하는 당사자를 "Receiving Party(recipient)"라는 용어를 사용한다.

The Receiving Party understands that the Disclosing Party has disclosed or may disclose information relating to each Company's personal and business data, which to the extent previously, presently, or subsequently disclosed to

14 비밀정보의 사용이나 취급에 제한의무를 부담하는 정보수령자의 입장에서는 가능한 한 비밀유지기간을 줄이도록 하는 것이 좋을 수 있는데, 영구적인 금지는 제재적인 성격을 가지게 될 수 있고 자유로운 시장경제를 해치는 등 과도한 경우에는 공정거래법규 위반의 문제가 있을 수 있다.

15 NDA(Non-Disclosure Agreement; 비밀유지계약)는 관련 거래에 관한 본계약(definitive agreement)과 별도로 체결되는 독립적 계약의 형식을 갖는다는 점 이외에는 그 내용상 본계약의 핵심조항 중 하나인 비밀유지조항(confidentiality/nondisclosure clause)과 큰 차이가 없다. 비밀유지조항에 관한 상세한 내용은 "Chapter 5. VIII. Confidentiality Clause(비밀유지조항)" 단원을 참고하기 바란다.

the Receiving Party is hereinafter referred to as "Proprietary Information" of the Disclosing Party. Each Party is the "Receiving Party" and/or the "Disclosing Party" as appropriate.

[Example 2]

아래는 NDA(비밀유지계약)에서 비밀정보(confidential information; proprietary information)의 정의 내지 범위에 관한 기재례들이다. 계약상 보호할 비밀정보를 명확히 하기 위해 비밀정보의 개념 내지 범위에 관한 규정을 두는데, 여기서 일반적으로 제공되는 정보가 이미 공개된 정보이거나 정보수령자가 다른 경로를 통해 얻은 정보와 같이 당사자 간 비밀정보로 보기 어려운 정보의 경우 비밀정보의 예외를 인정한다.

(Version 1)

Confidential Information. Confidential Information shall include all information provided orally, in writing or in any other method. Provided, however, that Confidential Information shall not include any information which is proved by Recipient with objective documentary evidence to (i) have been already obtained by Recipient by a proper means other than from [ABC] prior to the execution of this Agreement, (ii) have been rightfully obtained by Recipient from a third party authorized to make such disclosure without restriction, or (iii) have become publicly known …

(Version 2)

Proprietary Information. For the purpose of this Agreement, "<u>Proprietary Information</u>" means all information, in whatever form transmitted, relating to past, present or future business affairs, including but not limited to, specifications, schematics, drawings, research, development, financials, business plans, customer lists, trade secrets, operations, engineering data, intellectual property, inventive technology, know-how, or systems of the Disclosing Party hereto, which is disclosed by the Disclosing Party to the Receiving Party.
Proprietary Information shall NOT include any information disclosed by the Disclosing Party that: (i) can be established by written documentation to have been known to the Receiving Party prior to receipt from the Disclosing Party; (ii) is or becomes publicly known through no wrongful act of the Receiving Party; (iii) can be established by written documentation to have been independently developed by the Receiving Party or by a person or persons not having access to Proprietary Information received from the Disclosing Party; or (iv) is obtained from a third party in lawful possession of such information who is not restricted by the Disclosing Party from disclosing such

information.

(Version 3)

Confidential Information. All non-public information, including technical data, know-how or trade secrets in whatever form (including written, oral, visual and electronic) relating to a Party and provided to the other Party, its affiliates, service providers, subcontractors or advisers who take part in each of the Services, or of which either Party becomes aware in connection with the Agreement and falls within any of the following categories: (i) that is designated either on the medium on which it is recorded or in the content thereof as 'Confidential Information' or 'Confidential' or any other appropriate wording; (ii) any documents and information prepared or generated from such information, whether or not that information is marked or designated as confidential or proprietary; (iii) whose confidential nature has been made known by the disclosing Party, in writing or orally; or (iv) that due to its character, nature, or method of transmittal, a reasonable person under similar circumstances would treat as confidential.
Confidential Information does not include information for which proof is provided that (i) it was already public knowledge prior to its disclosure by one of the Parties or subsequently became public knowledge other than through a breach of this Agreement by the other Party; (ii) it was lawfully received by the disclosing Party from a third party, or (iii) it is or was developed independently by the disclosing Party or the receiving Party was aware thereof prior to its disclosure by the other disclosing Party.

[Example 3]

아래는 NDA(비밀유지계약)상 정보수령자(receiving party)의 비밀정보의 사용과 비밀유지의무(confidentiality) 관련 기재례들이다. 정보수령자는 비밀정보의 수령목적 이외의 사용이나 복제 등이 제한되고, 제3자에게 비밀정보를 유출하거나 제공하지 않아야 하며, 정보의 비밀성이 유지될 수 있는 방법으로 비밀정보를 관리할 의무를 부담한다. 또한, 정보수령자의 비밀정보의 관리수준은 일반적으로 합리적인 수준의 주의의무(reasonable degree of care)를 필요로 하며, 비밀유지의무가 준수될 수 있도록 정보수령자측의 정보취급자를 일정하게 제한할 수 있다. 다만, 법규나 법원 또는 수사기관 등에 의해 정보의 제출이 요구되는 경우 등은 예외적으로 외부에 비밀정보의 제공이 허용된다는 점을 규정한다.

(Version 1)

Use of Confidential Information. Recipient shall use the Confidential Information provided by [ABC] only for the purposes of performing the Develop-

CHAPTER 9

ment and shall not use the same for any other purposes whatsoever without the prior written consent of [ABC].

Confidentiality Obligations.

(a) Recipient shall keep all Confidential Information confidential, and shall not disclose or release, directly or indirectly, the Confidential Information to any third party under any circumstances...

(b) Recipient may disclose the Confidential Information only to its officers and employees ("Representatives") who need to know such Confidential Information... In the event that a Representative is in breach of any of its confidentiality obligations hereunder, Recipient shall assume, severally and jointly, any and all liability to [ABC] for such breach.

(c) During the period of the Development and for [ ] months thereafter, Recipient shall not engage, for itself or on behalf of any third party, in any development of ...

(Version 2)

Confidentiality.

(a) The parties hereto agree not to disclose any information with regard to this Treaty to any third party. The parties' as well as their affiliated group employees are not considered to be third parties provided that they are made aware of the confidential nature of the information and as far as they are bound to confidentiality to their employer accordingly. Auditors, consultants, retrocessionaires and any other individuals assigned by either party in connection with this Treaty and bound by professional obligation of confidentiality are not considered as third party, either.

(b) Notwithstanding a termination of this Treaty or any other measure which leads to the end of this Treaty, the obligation of confidentiality will continue as long as one of the parties hereto has a claim against the other party arising from this Treaty.

(c) In the event that a party is required by law, a regulatory authority, an ordinary court of justice or an arbitration tribunal to disclose any information, it shall inform the other party in writing, immediately after itself having become aware of this obligation. In the case of inaptitude of prior notice of such obligation, the notification shall be rendered immediately afterwards.

(d) The parties hereto are obliged to comply with the applicable data protection regulations.[16]

16 개인정보를 비밀정보의 하나로 파악해, Confidentiality(비밀유지의무)의 하나로 Privacy/Data Protection(개인정보보호)에 관한 사항을 같이 규정하기도 하는데, Privacy/Data Protection(개인정보보호) 관련 자세한 내용은 "Chapter 5. IX. Data Clause(데이터 조항)" 단원을 참고하기 바란다.

(Version 3)

CONFIDENTIALITY

(a) The Service Provider is subject to the same standards concerning the safety and confidentiality of Confidential Information which are applicable to the Client and vice versa. Each Party is responsible for ensuring that its staff, Affiliates, service providers, subcontractors or advisers who have access to the Confidential Information of the other Party are held to the same standards.

(b) Each Party shall protect any Confidential Information of the other Party, including those involving its policyholders, beneficiaries, employees, contracting parties, subcontractors and all other persons.

(c) Each Party undertakes, as from the date of receipt of Confidential Information from the other Party and until the end of a period of three (3) years following the expiry or termination of this Agreement for whatever reason to ensure that, unless a specific provision to the contrary is set out in the Confidential Information, the latter is: (1) protected, kept strictly confidential and afforded the same level of precaution and protection as the relevant Party affords to its own equally important Data; (2) not disclosed to a third party without the prior, written permission of the other Party and, if such permission is given, that it is only disclosed on the condition that the third party beneficiary enters into a written confidentiality agreement on terms no less onerous than the confidentiality provisions set out in this Agreement.

(d) Notwithstanding the foregoing, either Party may disclose Confidential Information belonging to the other Party: (1) to entities within the [XXX Corporation], as well as its contracting parties and subcontractors that are bound by appropriate security and confidentiality obligations; (2) to its insurers or legal advisers, provided that they are bound by appropriate security and confidentiality obligations; (3) to the extent that such disclosure is requested (i) by a court or tribunal with jurisdiction, (ii) by a government or regulatory authority or (iii) pursuant to a law, duty or legal disclosure requirement, to the said courts, tribunals and authorities or to any other third party referred to in point (iii), provided that, each time, the other Party is given at least two Business Days' written notice where legally and materially possible.

(e) In such event, the Party which is required to disclose such Confidential Information shall immediately inform the other Party, which is the owner of such Confidential Information, so that the Parties agree on which Confidential Information has and must be disclosed.

[Example 4]

아래는 NDA(비밀유지계약)상 정보수령자의 비밀정보의 반환 및 폐기(return and destruction of confidential information) 관련 예문이다. 비밀유지계약 또는 관련 본계약이 종료되거나 계약기간 중에도 정보제공자의 정당한 요청이 있는 경우 정보수령자는 제공받은 비밀정보의 사용을 즉시 중단하여야 하고, 제공받은 모든 비밀정보를 반환하거나 폐기해야 하는 등의 의무를 부담한다.

At any time upon Disclosing Party's request, Receiving Party shall return to Disclosing Party or destroy at Disclosing Party's option all Confidential Information. In the event Receiving Party destroys all materials containing Confidential Information at Disclosing Party's request, Receiving Party shall provide Disclosing Party with appropriate documents proving the destruction of such materials …

[Example 5]

아래는 NDA(비밀유지계약)상 준거법과 관할법원, 구제방법 등 관련 예문이다. NDA도 계약의 일종이므로 일반 계약서에 포함되는 일반조항들을 필요한 범위 내에서 포함한다.

The Parties shall ensure that disclosures under this Agreement are not contrary to the laws and regulations of their respective countries. This Agreement shall be subject to all applicable government security requirements and export regulations binding upon either Party. This Agreement shall be governed by and be construed and take effect in all respects in accordance with the Laws of England, and the Parties hereby submit to the exclusive jurisdiction of the English courts. In case the Receiving Party or its employee uses the Proprietary Information against the purpose and contents of this Agreement, this act shall be recognized as a material breach of this Agreement. The Parties agree that, upon any actual or threatened violation of this Agreement by the other Party, the Disclosing Party shall be entitled to preliminary and permanent injunctive relief against such violation, in addition to any other rights or remedies which such party may have at law or in equity.

Ⅳ. 국제 물품매매계약 또는 제조공급계약

1. 국제물품거래계약의 이해

국제물품거래는 다양한 형식으로 계약을 체결할 수 있는데, 대체로 물품을 매매한다는 의미에서 "Sale and Purchase Agreement"라는 표제로 계약을 체결한다. 물품을 제조하여 공급하는 경우에는 "Manufacture and Supply Agreement"[17]라는 형태로 계약을 체결할 수 있다. 국제 물품매매계약 또는 제조공급계약(Sale and Purchase Agreement; Manufacture and Supply Agreement) 등과 같은 국제거래는 원격지간 거래로 해당 물품의 매매나 제조공급과 관련한 물품의 가격이나 인도조건 등을 명확하게 정하는 것이 중요하다. 국제물품매매계약은 법률적으로는 매매계약의 성격을 가지지만, 국내에서 이루어진 물품매매계약과 달리 계약의 당사자가 동일한 국가에 소재하지 않는다는 점을 유의해야 한다. "Sale and Purchase Agreement (물품매매계약)"는 국제거래의 가장 기본적인 형태의 계약으로, 매도인은 매수인에게 그 매매목적물에 대한 권리를 이전해 주고, 매수인은 매도인에게 그에 대한 대금을 지급하는 것을 내용으로 한다. 거래에 따라서는 매수인이 매매대금을 일정기간마다 분할하여 지급하되 대금을 완납하기 이전이나 이후에 목적물을 인도하는 할부매매로 이루어진다. 이에, 물품매매계약(sale and purchase agreement)은 대상물품에 대한 대금의 지급조건과 목적물의 인도를 기본으로 하는데, 해당 목적물의 사양을 비롯해 판매되는 물품의 수량, 규격, 대금지급, 특허권의 침해 등과 관련된 사항을 명확히 할 필요가 있다.

그런데, 실무상 매도인이 견적서(quotation; offer; proposal)를 제시하고, 매수인이 발주서(purchase order)를 통해 매도인의 견적서를 받아들여 물품매매거래가 이루어지기도 한다. 이러한 매수인의 발주서는 그 이면에 사전에 인쇄된 거래의 필수사항이나 주요 계약조건(terms and conditions)을 미세하게 기재해 두어 그 자체로 계약으로서 효력을 가질 수 있다는 점을 유의할 필요가 있다.[18] 국제물품거래는

CHAPTER 9

17 Manufacture and Supply Agreement는 "Manufacturing Agreement" 또는 "Supply Agreement" 등으로 표기하기도 한다.

18 동산물품거래에서 사전에 인쇄된 구매주문서(purchase order)나 주문승인서(order acknowledgement) 등의 거래와 관련해, 영미계약법상 Battle of the Forms(양식간 다툼)에 따른 계약의 성립 여부, 즉 청약에 따른 승낙이 있었는지가 문제될 수 있다. 이에 관한 자세한 사항은 저

당사자 간 거래가 선박 또는 비행기로 국경을 넘어 이루어져 매매 목적물이 선적부터 도착까지 시간이 걸리기 때문에 어느 시점에서 목적물의 소유권(ownership; title)이 이전되는지 문제된다. 그리고, 목적물의 운송과정에서 물품의 훼손, 부패, 분실 등 손상이 발생한 때 계약당사자 중 누가 어느 시점에서 그에 따른 위험을 부담할 것인지에 관한 위험부담(risk of loss)이 문제된다. 이는 매도인과 매수인의 이해관계가 첨예하게 대립할 수 있어 이를 계약상 미리 정해 둘 필요가 있다. Incoterms(International Commercial Terms; 국제무역거래조건)는 국제물품거래에서 물품의 운송과정에서 발생할 수 있는 운송료, 보험료, 위험부담 등 다양한 문제에 관해 FOB, CIF 등의 거래조건을 규정하고 있는데, 계약당사자는 그 필요에 따라 관련 거래조건을 선택해 계약의 내용으로 할 수 있다.

국제물품매매계약에서 물품이 매도인으로부터 매수인에게로 인도되는 과정을 살펴보면, 물품이 육상운송을 통해 매도인의 창고에서 항구 또는 공항으로 운송되어 선박이나 항공기에 적재되고, 목적지 항구 또는 공항에 도착한 후 통관(customs clearance)을 거쳐서 매수인의 창고로 육상운송으로 운송된다. 국제물품매매계약을 체결할 때 수출자가 수입자에 대한 인보이스(invoice)[19] 발행 등을 통한 물품대금의 청구를 위해서는 물품의 가격이 가장 중요한 요소이지만, 그 가격을 결정하기 위해서는 운송비, 관세뿐만 아니라 물품의 운송과정에서 발생하는 손상 또는 손실을 보전하기 위하여 보험회사와 적하보험(cargo insurance) 등 기타 비용을 고려해야 하고, 수출자와 수입자 중 누가 비용을 부담할 것인지를 결정해야 한다. 예를 들어, 물품이 매도인으로부터 매수인에게 운송 도중에 있고 매수인이 위험을 부담한다면, 운송중 물품이 손상되더라도 매수인은 매도인에게 새로운 물품의 인도를 청구할 수 없고, 매수인은 적하보험에 따라서 보험회사에 보험금을 청구하거나 운송

자 집필 『영미계약법 원리』 (유원북스, 2021), 146-147페이지를 참고하기 바란다.

19 인보이스(invoice)의 사전적 의미는 "송장" 또는 "청구서"로서, 국제거래에서 필수적인 문서이다. 본질적으로 인보이스는 수출자에게는 대금청구서의 역할을 하고, 수입자에게는 매입명세서의 역할을 하여, 재무적 측면에서 매출과 매입 관련 과세의 기준이 된다. 인보이스는 그 용도에 따라 상업송장(Commercial Invoice)인 견적송장(Proforma Invoice)과 선적송장(Shipping Invoice), 그리고 공용송장(Official Invoice)에 속하는 영사송장(Consular Invoice)과 세관송장(Customs Invoice)이 있다. 거래단계에 따라 나누어 보면, 거래가 시작될 때 기본적인 가격조건을 표시한 Proforma Invoice를 발송함으로써 비로소 거래 당사자 간의 협상이 진행된다. 이후 선적에 필요한 Shipping Invoice, 수입국 현지에서 통관에 필요한 Customs Invoice로 구분된다. 대금청구를 위해서는 단순히 Invoice라고만 표기해서 청구하면 된다. 대금결제방법이 신용장과 전신환이 혼합된 경우나 2회 이상의 분할선적이 필요한 경우라면 특히 Shipping Invoice와 Commercial Invoice, Customs Invoice는 각각 그 금액이 다를 수 있다.

인에게 손해배상청구를 할 수 있을 뿐이다. 또한, 매수인의 신용이 불안한 경우 매도인은 매수인에 대해 충분한 담보가치가 있는 내용의 보험에 드는 의무를 지도록 해 둘 필요가 있다. 경우에 따라, 일정한도까지는 매도인이 보험계약을 맺고 보험료를 부담하지만, 그것을 초과하는 보험은 매수인의 지시에 따라 매도인이 계약을 맺고 매수인이 보험료를 부담하는 것으로 할 수 있다. 이러한 국제물품매매거래의 절차상 대체로 매도인은 물품의 선적시 선하증권(Bill of Lading; B/L; 운송인이 발행하여 운송품의 수취를 증명하고 운송품의 인도를 약속하는 증권), 송장(invoice: 매도인이 발행하는 청구서), 보험증권(insurance policy: 보험자가 발행해 목적물이 보험에 들었다는 사실을 증명하는 증권) 등 선적서류(shipping documents)를 준비하는데, 이러한 선적서류를 소지한 사람은 목적물을 현실적으로 수취한 것과 같은 지위를 가질 수 있다. 이와 함께 환어음(bill of exchange)이 발행되는데, 환어음은 발행인(매도인)이 지급인(매수인)에 대해 일정한 금액을 지급시키기 위한 어음으로, 매도인은 선적서류 및 환어음을 은행에 지참하여 매입하도록 하고, 선적서류 및 환어음을 매입한 은행은 매수인에게서 대금의 지급을 받는 동시에 매수인에게 선적서류를 인도한다.[20]

한편, 국제물품매매계약의 또 다른 형태로 "Manufacture and Supply Agreement (물품제조공급계약)"가 있는데, 이는 대체로 하도급 방식의 물품매매계약의 한 형태로 매도인이 물품의 제조자로 발주자인 매수인에게 그 물품을 공급하게 된다는 점을 특징으로 한다. 이에는 물품제조공급계약의 가장 일반적인 거래형태인 OEM (Original Equipment Manufacturing; 주문자상표부착방식 생산)계약과 ODM(Original

---

20 매수인의 매매대금의 지급을 보장하기 위해, 은행으로부터 매도인을 위한 신용장(Letter of Credit; L/C)이 발행되는데, 신용장은 국제거래에서 수출대금에 대한 은행의 지불보증서로 신용으로 수출대금의 확실한 조기회수할 수 있도록 한다. 신용장에는 취소불능신용장(Irrevocable Credit), 취소가능신용장(Revocable Credit), 확인신용장(Confirmed Credit), 무확인신용장(Unconfirmed Credit), 양도가능신용장(Transferable Credit), 회전신용장(Revolving Credit) 등이 있다. 매도인의 입장에서는 수출대금을 확실하게 회수하기 위해 취소불능신용장(Irrevocable Credit)을 확보하는 것이 좋다. 매수인은 매매거래조건에 따라 자신의 거래은행에 신용장의 발행을 의뢰하고, 은행은 신용장을 발행하는데, 이 은행을 발행은행이라 한다. 발행은행에 의해 작성된 신용장은 매도인측의 거래은행에 보내지고 즉각 매도인에게 통지되는데, 이러한 은행을 통지은행이라 한다. 이러한 통지가 이루어지면 매도인은 신용장에 기재된 지불조건에 따라 대금을 지급받을 수 있다. 매도인이 선하증권을 통지은행에 지참하면 환어음(bill of exchange)을 작성하고 이것을 통지은행에서 할인받으면 그 시점에서 매도인은 대금을 받을 수 있다. 통지은행은 선하증권과 환어음을 발행은행에 보내고 대금에 상당하는 금액을 지급받는다. 발행은행은 매수인에게 그 대금지불을 조건으로 선하증권을 건네주고, 선하증권을 받은 매수인은 선하증권을 통해 지정한 항구의 해운회사로부터 매도인이 선적한 물품을 인수한다.

Development(Design) Manufacturing; 제조자 개발(설계) 생산)계약 등이 있다. OEM(주문자상표부착방식 생산)계약은 제조자가 발주자가 제공한 사양이나 설계에 따라 상품을 제작하고 발주자의 상표를 부착하여 공급하는 계약이다. 법률적으로는 물품의 하도급 성격을 갖고 있으나, 기본적으로는 물품매매계약과 유사한 계약이라 할 수 있다. 발주자가 목적물의 원자재를 공급하는 경우 제조사의 부가가치는 그만큼 떨어질 수 있으므로, 제조자의 입장에서는 물품제조를 위한 원자재의 선정과 구매경로, 구매대상업체의 선정에 대한 권리를 확보해 두는 것이 유리할 수 있다. 그리고, ODM(제조자 개발(설계) 생산)계약은 어느 정도 기술력을 갖추게 된 기업이 나름의 제품 개발능력을 확보함으로써 단순한 제조용역의 제공을 넘어 글로벌 유통망을 갖춘 기업에게 기술용역과 제조용역을 함께 제공하는 방식이다. ODM계약도 대체로 상표(trademark)는 대부분 유통업체 또는 상표권을 갖고 있는 대기업에서 독점적으로 사용하게 되므로,[21] OEM계약과 같이 주문자 상표를 부착하는 방식이 되는데, 제조사 자사의 독자적인 브랜드를 활용함으로써 시장을 개척할 능력이 있는 업체의 경우에는 가급적 경업금지조항(non-competition)을 완화하여 일정 기간이 지나면 독자적인 브랜드로 관련 물품을 공급 판매할 수 있는 길을 마련해 놓는 것이 유리할 수 있다.

그리고, OEM계약도 국제물품매매계약(sale and purchase agreement)의 일종이므로, 앞서 살펴본 국제물품매매계약과 관련한 일반적인 계약내용을 고려해야 한다. 또한, 물품의 제조공급과 관련해 발생할 수 있는 문제들이 추가로 고려되어야 한다. 이에는 제조공급자가 따라야 할 발주자의 사양(specification), 디자인, 상표, 제조방식, 기술정보 등의 이용에 관한 사항, 발주자의 라이선스나 지식재산 등 정보를 비롯한 당사자 간의 비밀정보의 유지에 관한 사항,[22] 발주자의 상표, 디자인 등 지식재산권의 보호 및 그 침해시 구제방법, 제조공급자가 물품의 제조와 관련해 새로운 개량기술 등을 생성할 경우 그 개량기술에 관한 지식재산권의 보유에 관한 사항 등을 명확히 해야 한다. 그리고, 발주자가 제3자로부터 동종 제품을 공급받거

21 ODM방식계약의 경우 제조사가 자사의 상표를 병기하는 경우도 있는데 이때는 계약기간과 경쟁조항 이외에도 상표부착 위치와 크기가 협상의 중요한 이슈가 될 수 있다.

22 제조공급자의 입장에서는 향후 회사의 시장개척과 발전 전망을 고려해 주문자의 비밀유지나 보호의 정도와 범위를 검토할 필요가 있다. 예를 들어, 주문자가 요구하는 비밀유지조항에서 받아들이기 힘든 광범위한 정보나 자료까지 비밀정보로 정의하고 보호하려는 경우 비밀정보나 범위에서 제외할 수 있는 사항들을 따로 분류해 제외조항(exclusion; exception; limitation)으로 할 것을 요구할 수 있다.

나 제조자가 제3자를 위하여 경쟁제품을 제조하거나 판매하는 것을 제한하는 경쟁금지에 관한 사항도 검토할 필요가 있다.[23]

2. 국제물품거래 관련 국제법규범

국제거래의 경우도 국내거래와 마찬가지로 당사자 간 계약을 바탕으로 이루어지지만, 계약내용이 명확하지 않거나 그에 포함되지 않은 사항의 경우 분쟁이 발생할 수 있는데, 이러한 분쟁을 해결하기 위해 준거법 등 관련 적용법규를 검토할 필요가 있다. 그런데, 국제거래는 국가를 달리하는 당사자 간의 거래로 국가별 법규나 법체계가 상이할 수 있으므로 국제물품거래를 규율하는 국제법규범들이 당사자의 합의에 따라 직접적 또는 보충적으로 적용될 수 있다. 국제물품거래를 일괄적으로 규율하는 법규는 존재하지 않지만, UN(United Nations; 국제연합/유엔), ICC (International Chamber of Commerce; 국제상업회의소), UNIDROIT(International Institute for the Unification of Private Law; 국제사법위원회) 등과 같은 국제기구에서는 다양한 법체계와 상이한 문화체계를 가진 국가간 거래를 조율하고 통합하기 위한 꾸준한 작업이 이루어져 왔다.[24] 국제상사에 관한 국제통일법으로, 유엔 산하의 국제상거래법위원회(United Nations Commission on International Trade Law; UNCITRAL)에서 기초한 국제협약인 CISG(UN Convention on Contracts for the International Sale of Goods; 국제물품매매계약에 관한 유엔협약; 일명 Vienna Convention(비엔나협약))를 제정하였고, ICC(International Chamber of Commerce; 국제상업회의소)는 국제무역의 운송과 물류 등에 관한 정형적인 조건으로 가장 많이 사용되고 있는 Incoterms (International Commercial Terms; 국제무역거래조건)를 공표하였다. 또한, 국가 간의 정식절차를 필요로 하는 법적 구속력을 갖는 국제조약 등의 형태는 아니지만 국제거래의 법규범의 해석과 정립을 지원할 수 있는 연성법(soft law)으로서 UNIDROIT가 제시한 UNIDROIT Principles(국제상사계약원칙) 등이 있다.[25] 다만, 이러한 국제법

---

23 국제물품제조공급계약의 경우 공급자의 입장에서는 장래에 독자적으로 판매와 매출이 가능한 지역에서 직접 마케팅을 통해 수출과 판매가 가능할 수도 있으므로 계약서상 그 관련 지역을 공급자의 물품공급가능지역으로 명시하는 것이 좋다.

24 유럽연합(European Union)의 경우, 계약법의 통합과 관련해, "PECL(Principles of European Contract Law; 유럽계약법원리)"을 개발한 "Lando Commission," "group on the European Civil Code," "Gandolfi Commission on the European Code of Contracts" 등과 같은 다양한 워킹그룹과 연구활동이 있다.

25 UNIDROIT Principles의 정식 명칭은 UNIDROIT Principles of International Commercial Con-

규범들은 여전히 그 적용범위가 제한되거나 계약당사자들이 이를 활용할 것인지 여부에 따라 달라질 수 있는 현실적인 한계가 있다. 국제물품거래 관련 주요 계약 조건의 의미와 배경을 보다 명확히 파악하기 위해, 이하에서 국제물품매매계약에 적용될 수 있는 주요 국제법규범의 주요 내용과 유의사항을 간단히 살펴본다.

2.1 국제물품거래계약과 CISG

CISG(국제물품매매계약에 관한 유엔협약)는 UNCITRAL(유엔 국제상거래법위원회)에서 기초한 국제물품매매거래에 관한 국제협약이다.[26] 다만, CISG는 국제상사거래상 동산물품매매계약의 성립 및 그 계약으로부터 발생하는 매도인과 매수인의 권리와 의무만을 규율하고, 계약이나 그 계약조항 또는 관습의 유효성이나 계약이 매각된 물품의 소유권에 미치는 효과에 대해서는 적용되지 않는다.[27] CISG는 국제조약의 일종으로, 우리나라와 같은 CISG의 체약국에 속하는 당사자 간의 국제거래에서 그 체약국의 국내법에 우선해 자동적으로 적용될 수 있다. 즉, 매도인과 매수인이 모두 CISG에 가입한 별도의 체약국에 소재한다면 그 물품거래에 관하여는 특정 국가의 법이 아니라 CISG가 우선 적용될 수 있다. 예를 들어, 한국과 중국은 모두 CISG의 체약국이므로 양국에 소재하는 기업간 물품매매계약에 관하여는

---

tracts(2016)(PICC; UNIDROIT 국제상사계약에 관한 일반원칙)이다. UNIDROIT(International Institute for the Unification of Private Law; *Institut international pour l'unification du droit privé* (French); 국제사법위원회)는 통일규범, 국제협약, 모델법규나 원칙 등을 통해 국가들 간의 국제사법의 조화를 도모하기 위해, 국제연맹(League of Nations)에 속한 기관이었다가, 국제연맹의 해체 이후 1940년에 국가들 간 다자간 협약의 형태로 설립된 국제기구로 로마에 근거지를 두고 있다. "Soft Law(연성법)"는 국가간 정식의 절차를 거쳐 법적 구속력(legal binding)을 갖는 국제조약 등의 "Hard Law(경성법)"에 대비되는 용어로, 일반적으로 법적 구속력이 없는 준법률문서(qusai-legal instrument)를 말한다. 이는 국가간의 신사협정이나 국제권고나 선언, 행동강령(codes of conduct) 등과 같이 법적 구속력은 없지만 사실상 국가간 거래나 국제관계에서 사실상 국제법질서의 형성에 영향을 미칠 수 있는 법규범이 될 수 있다.

26 CISG는 미국의 경우 1986년에 비준하여 1988년에 발효되었고, 우리나라의 경우 2004. 2. 17. UN사무총장에게 위 협약의 가입서를 기탁함으로써 63번째로 가입국이 되었고, 2005. 3. 1. 발효되었다.

27 CISG Article 4. CISG는 계약법상 주제에 따라 크게 나누어 보면 대체로, ① 적용범위와 일반규정(Application and General Provisions), ② 계약의 성립(Formation of the Contract), ③ 매도인과 매수인의 의무(Obligations of the Seller and Buyer), ④ 위험부담(Passing of Risk), ⑤ 계약위반에 따른 매도인과 매수인의 구제수단(Breach and Remedies) 등의 이슈를 다루고 있다. CISG에 관한 상세한 내용은 저자 집필 『영미계약법 원리』 (유원북스, 2021), 647페이지 이하를 참고하기 바란다.

CISG가 우선 적용될 수 있다.[28] 그런데, CISG는 계약자유의 원칙을 수용해, 당사자가 준거법을 선택하면서 CISG의 적용을 배제하거나 CISG에 가입하지 아니한 국가의 법을 계약의 준거법으로 정하였다면 CISG가 적용되지 않으며, 당사자 간 합의로 CISG상 일정한 규정의 효력을 변경할 수 있다. 이에, 국제물품매매거래에서 당사자 간 계약의 준거법으로 CISG의 적용을 명시적으로 배제하고 특정한 나라의 법을 준거법으로 한 경우 당사자들이 정한 준거법에 따라 계약은 해석되고 집행될 수 있다.[29] 다만, CISG의 별개 체약국에 소재하는 당사자 간 거래 계약에서 특정한 국가의 법을 준거법으로 정하였다고 하더라도, CISG의 적용을 부인하는 명시적 규정을 두지 않은 때 CISG가 자동적으로 적용될 수 있다는 점을 유의해야 한다.

2.2 국제물품거래조건과 INCOTERMS

국제물품매매는 원격지간 거래이므로 매매가격이나 인도조건 등을 명확하게 정해 둘 필요가 있다. ICC(국제상업회의소)는 국제거래에서 오랜 기간 협상이나 관행을 통해 이용되어온 조건들을 정리 체계화하여 1936년 Incoterms(International Commercial Terms; 국제무역거래조건)를 처음 공표한 이래 몇 차례 개정작업을 거친 뒤 1980년 이후부터 매 10년마다 개정되면서 Incoterms 1990, 2000, 2010을 거쳐 Incoterms 2020에 이르고 있다.[30] 이는 국제물품매매거래에서 물품의 운송과정에

28 다만, 당사자의 국적, 당사자 또는 계약의 민사나 상사의 성격은 CISG의 적용을 결정하는 데 고려되지 않는다. 예를 들어, 매도인은 캐나다국적이고, 매수인은 한국국적인 양 당사자 간 물품매매거래라 하더라도, 양 당사자의 영업소가 모두 한국에 있는 경우에는 CISG를 적용하지 않는다. 또한, 물품매매계약이라 하더라도, 개인용, 가족용 또는 가사용으로 구입되는 물품의 매매, 경매에 의한 매매, 강제집행 또는 그 밖의 법률상 수권에 의한 매매, 주식/지분/투자증권/유통증권 또는 통화의 매매, 선박/부선/수익익선 또는 항공기(ships, vessels, hovercraft or aircraft)의 매매, 전기의 매매 등의 경우는 CISG가 적용되지 않는다(Article 2). 또한, CISG는 완성된 물품의 매매계약 이외에 물품을 제조 또는 생산하여 공급하는 계약에도 적용되나, 물품을 주문한 당사자가 그 제조 또는 생산에 필요한 재료의 중요한 부분을 공급하기로 약정한 경우, 물품을 공급하는 당사자의무의 대부분이 노무 또는 기타 서비스의 공급으로 구성되어 있는 계약의 경우 등에는 CISG가 적용되지 않는다(Article 3).

29 CISG는 당사자가 준거법조항에서 그 적용을 명시적으로 부인할 수 있고 당사자 간에 별도로 정한 방식에 따라 해석되고 집행될 수 있다는 점에서 여느 국제규범과 같이 그 구속력이 강제적이지 않고, 실무적으로는 오히려 명시적으로 부인조항이 삽입되는 경우가 많아 그 실효성은 크지 않다.

30 ICC는 "Incoterms 2010"을 공표하면서 그 부제를 "ICC rules for the use of domestic and international trade terms(국내·국제거래조건의 사용에 관한 ICC규칙)"으로 명명하여, 국제물품거래뿐만 아니라 순수한 국내물품거래 계약에서도 적용될 수 있다는 점을 명시하였다. 이는 EU(European Union; 유럽연합) 등과 같은 자유무역지대가 확대되는 등 물품거래에서 국경의

서 발생할 수 있는 다양한 문제에 관한 거래조건을 규정하고 있는데, 매도인과 매수인 중 누가 운송계약을 체결하여 비용을 부담할 것인지, 누가 통관을 할 것인지, 누가 적하보험을 체결할 것인지, 물품이 언제 매수인에게로 인도된 것으로 볼 것인지, 운송 중 화물이 손실 또는 손상된 경우 누가 손해를 부담할 것인지 등 물품의 인도 관련 사항을 정하고 있다. Incoterms는 조약도 아니고 법률도 아닌 단순한 사적 규칙이지만, 오늘날 사실상 거의 모든 국제거래에 이용되고 있어 막대한 영향력을 갖고 있다. Incoterms는 국제협약이나 특정 국가의 법률이 아니기 때문에 당사자가 계약상 이를 물품거래조건으로 하기로 하지 않는 한, 법적 구속력은 없으며, 당사자 간 별도의 특별한 약정이 있는 경우 그 약정이 우선한다. 그리고, Incoterms는 물품이 수출자로부터 수입자에게로 인도되는 과정에서의 비용이나 위험부담 등에 한정하여 당사자의 권리와 의무만을 규정하고 있을 뿐이며, 계약의 효력, 계약위반의 효과, 소유권의 귀속 등에 관해서는 아무런 규정을 두고 있지 않다. 즉, Incoterms상 무역거래조건은 국가간 이루어지는 물품의 인도과정에서 그 물품의 운송, 운송비, 통관비용, 보험, 인도시기, 위험부담 등 물품의 인도 등과 관계된 사항을 규정하고, 매매계약 전반에 관한 사항을 다루지 않으므로, 국제물품계약상 구체적인 법률문제는 당사자가 별도로 합의해야 한다.[31] 한편, 동산물품거래에 관한 국제적인 법규범은 아니지만, 미국의 동산물품거래에 적용되는 통일상사법인 UCC(Uniform Commercial Code)는 동산물품의 인도조건이나 위험부담 등과 관련한 영미계약법적 주요한 법원리와 규범을 제공하고 있다.[32]

2.3 UNIDROIT Principles(국제상사계약원칙)

UNIDROIT Principles(국제상사계약원칙)는 UNIDROIT(국제사법위원회)에서 마련한 국제계약법에 관한 공통원칙으로, 1994년에 공표된 이후, 2004년, 2010년, 2016년에 걸쳐 개정되었다. UNIDROIT Principles는 국가 간의 정식절차를 필요로 하는 법적 구속력을 갖는 국제조약의 형태가 아닌, 국제거래의 법규범의 해석과 정립을

중요성이 퇴색되어 국제물품거래와 국내물품거래의 차이가 감소하고, 미국에서도 국내거래에서 UCC(Uniform Commercial Code)상 거래조건 대신에 Incoterms를 사용하는 경향이 증가하고 있다는 점을 반영한 것이다.

31 INCOTERMS의 법적 성격에 관한 자세한 내용은 저자 집필 『영미계약법 원리』(유원북스, 2021), 665페이지 이하를 참고하기 바란다.

32 UCC(Uniform Commercial Code)상 물품인도조건에 관한 자세한 사항은 저자 집필 『영미계약법 원리』(유원북스, 2021), 373페이지 이하를 참고하기 바란다.

지원할 수 있는 연성법(soft law)으로 그 자체로 직접적인 강제력을 갖지 않는다. 그런데, UNIDROIT Principles는 법원리 측면에서 대륙법 체계(civil law system)의 계약의 주된 원리와 함께, UCC(Uniform Commercial Code; 미국통일상법전)와 Restatement Seocond of Contracts를 포함한 영미법 체계(common law system)에서 유래한 법원리를 포함하고 있다. 또한, 상이한 법규범 체계를 가지는 개별국가의 법규에서는 잘 다루어지지 않는 국가간의 거래나 결재 등의 주제들을 통해 국제거래에서 발생할 수 있는 다양한 이슈를 중립적인 계약법규범(neutral contractual regime)으로 다루고 있다.[33] 이에, UNIDROIT Principles는 국제상사계약에 관한 각국의 국내법이나 국제법규를 해석함에 있어 보편타당하게 널리 적용되는 보충적인 법적 기준을 제시하는 기능을 하고 있어, 국제거래를 하는 당사자들의 합의나 분쟁해결 기관에 의해 국제거래 계약의 해석기준으로 실제 활용되고 있다.

2.4 국제물품매매계약 관련 국제법규범 적용시 유의점

위와 같은 국제물품거래 관련 국제법규범을 활용할 때는 개별 법규범의 법적 성격과 실제 거래에서 어떻게 이들이 사용되는지를 이해하는 것이 중요하다. ICC(국제상업회의소)에서 제정한 Incoterms(무역거래조건)는 국제협약이나 특정 국가의 법률이 아니며, 물품을 수출자로부터 수입자에게로 인도하는 것에 한정하여 당사자의 권리와 의무만을 규정하고, 계약의 효력, 계약위반의 효과, 소유권의 귀속 등에 관하여는 아무런 규정을 두고 있지 않다. 이에, 국제거래에서 Incoterms가 곧바로 법적 강제력을 가지는 것은 아니며, 계약당사자가 Incoterms상 무역조건을 계

33 UNIDROIT Principles는 전문(Preamble), 일반규정(Chapter 1. General Provisions), 계약의 성립과 대리인의 권한(Chapter 2. Formation and Authority of Agents), 계약의 유효성(Chapter 3. Validity), 계약의 해석(Chapter 4. Interpretations), 계약의 내용과 제3자의 권리(Chapter 5. Content and Third Party Rights), 계약의 이행(Chapter 6. Performance), 계약의무의 불이행(Chapter 7. Non-Performance), 상계(Chapter 8. Set-off), 권리의 양도, 의무의 이전, 계약의 양도(Chapter 9. Assignment of Rights, Transfer of Obligations, Assignment of Contracts), 소멸시효(Chapter 10. Limitation Periods), 다수당사자(Chapter 11. Plurality of Obligors and of Obligees) 등 총 11장 211개 조문으로 구성되어 있다. 그 주요 내용은 국제계약법의 기본원칙으로 계약자유의 원칙, 낙성계약의 원칙, 계약의 구속성 원칙, 선의 및 공정한 거래의 원칙, 관습존중의 원칙 등을 규정하고 있으며, 당사자들이 합의에 의해 배제하지 않는 한 낙성계약의 원칙에서 계약의 서면성을 요구하지는 않는다. 법률행위의 효력발생과 관련하여, 도달주의의 원칙과 예외적으로 발신주의를 채택하고 있다. 또한, UNIDROIT Principles는 면책되지 않는 계약의무의 불이행(nonperformance)의 경우 계약의 해제와 함께 손해배상과 특정이행의 중첩적인 청구를 인정하고 있다.

약에 활용하려면 이용하고자 하는 Incoterms상 무역조건을 해당 계약상 물품의 인도조건 등으로 명시해야 한다. 계약을 체결하기 전에 당사자들은 Incoterms의 규정을 면밀히 검토해 자신이 사용하는 무역조건이 어떠한 의미를 갖고 있으며, 이에 따라 자신과 상대방에게 발생하는 권리나 부담이 무엇인지 파악할 필요가 있다.[34]

이에 반해, CISG(국제물품매매계약에 관한 유엔협약)는 국제조약의 일종으로, 계약당사자가 모두 CISG의 체약국에 속하는 때에 당사자 간 별도의 합의가 없더라도 개별국가의 법률에 앞서, CISG가 우선 적용될 수 있다는 점에서 Incoterms와 구별된다. 그리고, Incoterms는 물품거래의 당사자 간 인도조건 등 거래조건만을 정한 데 비해, CISG는 당사자의 계약위반(breach)과 그에 따른 구제방법(remedies)을 구체적으로 규정하고 있다. 다만, 물품매매계약의 당사자는 계약의 준거법을 정하면서 CISG의 적용을 배제함으로써 그 적용에서 벗어날 수 있다. 즉, 계약당사자가 어느 한 당사자의 국가의 법이나 CISG에 가입하지 않은 국가의 법을 준거법(governing law)으로 선택하면서 CISG의 적용을 배제하였다면 CISG가 적용되지 않고, 그 선택한 국가의 법이 준거법으로 적용된다. 한편, 당사자 간에 계약상 준거법을 정하지 않고 CISG에서도 규율되지 않는 사항이 있다면 국제사법에 따라서 결정된 준거법을 따르게 된다. 우리 국제사법도 준거법의 결정은 당사자의 자치원칙에 따라 계약의 당사자가 그 계약에 적용될 것으로 합의한 국가의 법을 준거법으로 하도록 하고 있다.[35] 다만, 당사자 사이에 준거법에 관한 합의가 없다면 그 계약과 가장 밀접한 관련이 있는 국가의 법에 의하도록 한다.[36]

---

34 Incoterms(무역거래조건)는 1936년 제정된 이래 몇 차례 개정작업을 거쳐 1980년 이후부터 매 10년마다 개정되어 Incoterms 2020 버전에 이르고 있어, 계약상 어느 Incoterms버전을 사용할 것인지 명확히 해야 한다.

35 국제사법 제45조(당사자 자치) ① 계약은 당사자가 명시적 또는 묵시적으로 선택한 법에 따른다. 다만, 묵시적인 선택은 계약내용이나 그 밖의 모든 사정으로부터 합리적으로 인정할 수 있는 경우로 한정한다.

36 국제사법 제46조(준거법 결정 시의 객관적 연결) ① 당사자가 준거법을 선택하지 아니한 경우에 계약은 그 계약과 가장 밀접한 관련이 있는 국가의 법에 따른다.
② 당사자가 계약에 따라 다음 각 호의 어느 하나에 해당하는 이행을 하여야 하는 경우에는 계약체결 당시 그의 일상거소가 있는 국가의 법(당사자가 법인 또는 단체인 경우에는 주된 사무소가 있는 국가의 법을 말한다)이 가장 밀접한 관련이 있는 것으로 추정한다. 다만, 계약이 당사자의 직업 또는 영업활동으로 체결된 경우에는 당사자의 영업소가 있는 국가의 법이 가장 밀접한 관련이 있는 것으로 추정한다.
1. 양도계약의 경우에는 양도인의 이행
2. 이용계약의 경우에는 물건 또는 권리를 이용하도록 하는 당사자의 이행

그리고, CISG는 계약의 당사자가 그 협약의 체약국에 속하는 경우 원칙적으로 적용되는 데 반해, UNIDROIT Principles는, Incoterms와 마찬가지로, 당사자 간에 명시적인 적용합의가 있는 경우에만 적용된다. 또한, CISG가 동산물품매매에 한정된 규범인 데 반해, UNIDROIT Principles는 보다 개념적이고 일반적인 국제계약의 법원칙을 규정한 것이라는 점에서 차이가 있다.

한편, Incoterms상 무역조건과 미국통일상법전인 UCC상 동산물품거래조건은 유사한 용어를 사용하지만, 그 의미가 다를 수 있다는 점을 유의해야 한다. Incoterms에 따른 FOB(Free On Board)조건은 선적지가 기준이 되고 매도인이 한국기업으로 "FOB Incheon"이라면 "FOB at the port of shipment(선적지인도)"를 나타낸다. Incoterms에 따르면, FOB는 본선인도조건이라 할 수 있는데, FOB조건으로 한다면 매도인은 상품을 배에 싣기까지의 비용과 위험을 부담하게 되어 매도인은 선적까지의 비용 및 위험을 부담하고, 매수인은 선적 이후의 비용 및 위험을 부담한다. 즉, Incoterms상 FOB의 경우 매수인이 적하보험과 선박운송계약을 체결하고 수입통관을 할 의무를 부담하며, 매도인은 자신이 소재한 국가의 선적항에서 매수인이 마련한 선박에 물품을 선적함으로써 물품의 인도의무를 다하게 된다. 이때 물품에 대한 위험은 물품이 선적된 때에 매수인에게 이전된다.[37] 그런데, UCC상 물품인도조건은 Incoterms에서와 같이 그 인도조건에 따라 위험부담의 이전시기가 정해져 있는 것이 아니라, 그 인도조건에 부기된 장소가 매도인의 장소인지 매수인의 장소인지에 따라 달라질 수 있다. UCC상 FOB의 경우는 "FOB Connecticut"이라고 하면 "FOB at the port of shipment(선적지인도)조건"뿐만 아니라 "FOB destination(목적지인도)의 조건"으로도 해석될 수 있다. 이처럼 미국과 거래할 때는 국제물품매매계약에서 통상적으로 생각하는 Incoterms의 FOB조건과 같이 선적지인도조건(shipment contract)이 아니라 목적지인도조건(destination contract)이 될 수 있다. 또한, 목적지인도조건의 경우 목적지까지 매도인이 운송비용 등을 부담할 수 있어 운송조건상 운송비용 등을 포함한 거래가격에도 영향을 줄 수 있다.[38] 이

3. 위임·도급계약 및 이와 유사한 용역제공계약의 경우에는 용역의 이행

③ 부동산에 대한 권리를 대상으로 하는 계약의 경우에는 부동산이 있는 국가의 법이 가장 밀접한 관련이 있는 것으로 추정한다.

37 물품에 대한 위험이 이전된다는 의미는 물품이 운송과정에서 손실 또는 손상된 경우 그로 인해 발생하는 손해가 매도인으로부터 매수인에게 이전되므로 매수인은 매도인에게 새로운 물품의 인도를 청구할 수 없다는 의미이다.

38 UCC상 FOB destination(목적지인도)조건은 트럭, 철도 등에 의해 미국내 장소에 도착되어 매수인에게 물품이 인도된 때 위험부담이 매도자로부터 매수인에게 이전되는 조건을 의미한다.

에, UCC가 미국내 상거래상 물품거래조건이라는 점에서, 미국을 근거지로 하는 기업과 거래할 때는 당사자 간 국제물품매매계약에서 통상적으로 생각하는 Incoterms의 FOB조건인지, UCC상의 FOB조건인지를 명확히 할 필요가 있다.

3. 국제물품매매계약상 인도조건 및 위험부담의 문제

3.1 INCOTERMS상 무역조건의 이해

국제물품매매계약의 경우 국내에서 일어나는 매매계약과 달리 계약의 당사자가 다른 국가에 있으므로 물품의 가격결정에 있어 운송비, 보험비, 관세 등 수출입 관련 기타 비용을 고려해야 하고, 수출자와 수입자 중 누가 비용을 부담할지도 중요한 문제일 수 있다. 또한, 국가간 장거리 운송이 필요하고, 운송 도중 물품이 훼손, 부패 또는 도난 등 우려가 있는데, 이러한 상이한 국가간 계약물품의 인도과정에서 발생할 수 있는 사고 위험을 누가 부담할 것인지에 관한 위험부담(risk of loss)의 문제도 주요 이슈가 될 수 있다. 이와 관련해, Incoterms상 무역조건은 국제동산물품거래의 단계별 운송과정에 따라 매도인과 매수인 중 누가 운송계약을 체결하여 비용을 부담할 것인지, 누가 통관을 할 것인지, 누가 적하보험을 체결할 것인지, 운송 중 물품의 손상에 대해 누가 위험을 부담할 것인지, 물품이 언제 매수인에게로 인도된 것으로 볼 것인지 등 물품의 인도에 관한 사항을 주요 내용으로 하고 있다. Incoterms는 각 인도조건별로 매도인과 매수인, 즉 수출자와 수입자 간의 법률관계를 각 당사자의 의무라는 측면에서 각각 규정하고 있는데, 특히 위험부담의 분기점이 어디인지, 비용부담의 분기점이 어디인지, 매도인이 제공해야 할 선적서류의 범위 등에 유의할 필요가 있다.[39]

3.2 INCOTERMS상 무역조건에 따른 인도조건 및 위험부담의 이전

Incoterms 2020은 총 11개의 무역거래조건을 규정하고 있는데, 크게 E조건(E Terms), F조건(F Terms), C조건(C Terms), D조건(D Terms) 등으로 구분해 개별 조건을 규정하고 있다.[40] E조건은 출발지 인도조건으로 "Ex Works(EXW)"가 있으며,

39 국제거래의 운송과정은 대체로 크게, (i) 매도인의 창고, (ii) 매도인 소재 국가의 선적항 내지 공항, (iii) 매수인 소재 국가의 곡적항 내지 공항, (iv) 매수인의 창고의 단계로 나눌 수 있는데, 이러한 운송과정에서 누가 운송계약 및 적하보험을 체결하고 비용을 부담하며, 운송 중 화물이 훼손된 경우 누가 손해를 부담할 것인지 등을 규정한다.

F조건은 운임미지급조건으로 "FCA(Free Carrier)," "FAS(Free Alongside Ship)," "FOB (Free On Board)"가 있다. C조건은 운임지급조건으로 "CFR(Cost and Freight)," "CIF(Cost, Insurance and Freight)," "CPT(Carriage Paid To)," "CIP(Carriage and Insurance Paid To)"가 있으며, D조건은 도착지 인도조건으로 "DAP(Delivered At Place)," "DPU(Delivered at Place Unloaded)," "DDP(Delivered Duty Paid)"가 있다. 컨테이너를 비롯한 무역운송수단이 발달하면서 항공과 철도, 해운이 결합된 복합운송이 등장하고 있는데, 이 경우 CPT, CIP, FCA와 같은 복합운송의 특성에 적합한 조건을 사용하는 것이 좋다. 또한, CIP, CIF 등 C조건에서는 매도인이 운송비와 운송에 관한 보험가입의무를 부담한다고 하더라도, 매도인의 위험부담은 선적과 동시에 매수인에게 이전되기 때문에 운송 중에 발생하는 목적물의 훼손에 관한 위험은 매수인이 부담하게 된다. 출발지 인도조건인 E조건은 매도인인 수출자의 입장에서 의무의 범위가 가장 완화된 것으로, 위험부담과 비용부담은 수출자의 창고를 떠나면서 수입자인 매수인에게 이전되고, 수출통관의 의무가 없으므로 선적서류 부담도 없다. 반면, 매도인의 입장에서 의무의 범위가 가장 넓은 조건은 도착지 인도조건인 D조건으로 수출자는 물품이 수입자의 도착지에 양하된 장소(DPU) 또는 수입자 창고(DDP)에 도착할 때까지 위험과 비용을 부담하는 책임을 지게 되고 수출통관을 위한 선적서류를 부담해야 한다. 아래에서는 이러한 Incoterms 2020상 개별 무역조건의 주요사항을 그룹별로 살펴본다.

3.2.1 E조건(출발지 인도조건)

E조건에는 Ex Works(EXW)가 있으며, 이는 출발지 인도조건으로 영국에서는 "loco" 또는 "on spot"이라는 표현을 쓰고 미국에서는 "point of origin(원산지 인도)" 또는 "FOB factory(공장본선인도)"라고도 한다. 이 조건은 매도인에게 가장 유

40 대한상공회의소, 『Incoterms 2020_인코텀즈 2020』(대한상공회의소, 2019). 그런데, Incoterms상의 무역조건을 면밀하게 검토하지 않고 매매계약을 체결하면서 Incoterms상에는 존재하지 않는 조건을 당사자들이 임의로 비슷한 용어를 사용하여 계약서상 기재하는 경우 Incoterms에 정해진 조건상 내용이 적용되지 않는다. 그 경우 당사자들이 정한 조건은 단순히 그 당사자 간의 임의의 조건이므로 운송이나 위험부담과 관련된 모든 내용을 자세히 따로 기재하지 않는 한 분쟁이 발생할 가능성이 높다. 예를 들어, 당사자 간에 무역조건을 Incoterms에 존재하지 않는 C&F라는 조건을 기재하였다면, Incoterms 2020에는 없는 조건으로 그에 관한 아무런 규정이 없으므로 당사자 간에 운송이나 위험부담에 문제가 생긴 경우 그 해결방안에 대한 구체적인 합의가 없다고 볼 수 있어 분쟁으로 이어질 수 있다. 그리고, 물품을 항공으로 운송하기로 약정하면서 Incoterms상 무역거래조건은 해상운송의 방법에서만 사용하도록 규정되어 있는 CIF조건 등을 사용하는 것은 적절하지 않다.

리한 조건으로, 매도인은 자신의 창고 등 영업장소에서 매수인이 물품을 처분할 수 있도록 놓아 두는 것으로 물품의 인도의무를 다하고, 매수인이 매도인의 작업장 등 물품이 현존하는 장소에서 매수인이 원하는 장소까지 운송하는 모든 책임과 비용을 부담해야 한다. 이에, 매도인은 운송수단을 구하거나 매수인이 섭외한 운송수단에 물품을 상차할 의무조차 부담하지 아니하고, 매수인이 매도인의 장소부터 목적지까지의 모든 운송비용을 부담해야 한다.[41] EXW 뒤에 국가명, 도시명을 쓰기도 하지만, 대체로 매도인의 회사명과 지역을 표기한다. 예를 들면, "Ex Works Samsung Avionics Warehouse, Busan, Korea in accordance with Incoterms 2020, ICC"와 같이 표기한다.

3.2.2 F조건(운임미지급조건)

F조건은 운임미지급조건으로, FAS(Free Alongside Ship), FCA(Free Carrier), FOB (Free On Board) 조건들이 있다. FCA조건은 육상, 항공을 포함한 모든 운송방법에서 사용되는데 컨테이너를 통한 항공 또는 해상 운송수단을 이용한 복합운송이 많고, FOB나 FAS는 해상 또는 하천운송에 사용된다. F조건에서는 매도인이 아니라 매수인이 운송수단을 마련해야 하며, 운송 도중에 물품이 손상될 위험에 대비한 적하보험도 매수인이 부담한다.

(1) FAS 조건

FAS(Free Alongside Ship)조건에서 매도인의 물품인도의무는 물품을 선박에 선적한 때가 아니라 선박의 측면에 놓을 때 다하게 되며, 물품을 선적하는 것은 매수인의 의무가 된다. 물품의 위험 또한 선적된 때가 아니라 매도인이 물품을 선박의 측면에 놓은 때에 매수인에게 이전된다. 이에, 물품을 선적하는 과정에서 물품의 손실 또는 손상이 발생한 경우 매수인이 그 손해를 부담하기 때문에 매수인은 매도인에게 새로운 물품의 제공이나 손해배상을 청구할 수 없고, 단지 선적을 담당한 자에 대하여만 손해배상청구를 할 수 있을 뿐이다.

---

41 다만, 이 경우에도 Invoice 나 Packing List와 같은 선적서류의 제공과 같이 매수인이 수출통관을 진행하는 데 필요한 협조의무라든가 창고에서의 물품 인도일 통지의무 등과 같은 매도인의 기본적인 국제거래를 위해 필요한 의무는 부담한다. 이 조건은 매수인이 운송수단을 강구해야 하기 때문에 은행이 선하증권을 담보로 하여 발행되는 신용장(Letter of Credit)에 의하여 대금을 지불하기 적합한 운송조건이 아니므로 대금은 현금 또는 전신송금(T/T; telegraphic transfer)을 포함한 은행간 송금방식에 의해 물건인도와 동시에 또는 선불로 지급되는 방식을 취한다.

(2) FCA 조건

FCA(Free Carrier)조건은 운송인 인도조건으로, 매도인이 물품을 수출통관하고 지정된 장소에서, 매수인이 지정한 운송인에게 물품을 인도하는 거래조건이다. 이는 목적물을 해상 또는 하천운송뿐만 아니라 항공 또는 육상운송을 통해 인도하는 경우에도 이용된다. FCA조건에서 비용부담과 위험의 분기점은 매도인이 운송인에게 물품을 인도하는 시점과 장소가 된다. 즉, 이 조건에서는 매도인이 자신의 영업장소 등 당사자가 합의한 장소에서 매수인이 지정한 운송인에게 물품을 인도함으로써 물품의 인도의무를 다하게 되고 물품에 대한 위험도 매수인에게 이전된다.

(3) FOB 조건

FOB(Free On Board)조건은 본선인도조건으로, Incoterms 중에 실무적으로 가장 많이 사용되는 조건 중의 하나이다. FOB조건의 경우 매도인은 목적물을 선적하기까지의 비용과 위험을 부담하고, 매수인은 선박을 준비하고 선적 이후의 비용 및 위험을 부담한다. 즉, 매도인은 자신이 소재한 국가의 선적항에서 매수인이 마련한 선박에 물품을 선적함으로써 물품의 인도의무를 다하게 되고, 매수인은 적하보험과 선박운송계약을 체결하고 수입통관을 할 의무를 부담한다.[42] 물품에 대한 위험 또한 물품이 선적된 때에 매도인으로부터 매수인에게 이전된다. 물품에 대한 위험이 이전된다는 것은 물품이 운송과정에서 손실 또는 손상된 경우 그로 인해 발생하는 손해는 매도인으로부터 매수인에게 이전되기 때문에 매수인은 매도인에게 새로운 물품의 인도를 청구할 수 없다는 의미이다. 이처럼 FOB조건은 비용부담의 이전시기와 위험부담의 이전시기가 모두 선적시로 동일하다. 예를 들어, 매도인이 인천항에서 상품을 선적해 미국 뉴욕의 매수인에게 인도하는 경우 매수인은 자기 비용으로 인천항에서 뉴욕항까지 상품을 나르는 본선을 주선해 매도인측에게 선박명칭, 선적일 등을 통지하며, 상품에 대한 보험이 있는 경우 그 보험료도 매수인측이 부담한다. 그리고, 매도인은 인천항에서 선적시까지, 매수인은 인천항에서 선적된 후 뉴욕항까지 수송 중에 상품이 분실되거나 파손되는 경우 각각 위험을 부담하게 된다. FOB조건에서 FOB 이하에 명시된 장소는 선적항(port of shipment)을 나타내는데, "FOB Busan"이라고 표기된 경우 부산항에서 선적한다는 뜻이다.

42 FOB조건은 매수인측이 운임이 낮은 배를 주선할 수 있거나 저렴한 손해보험을 들 수 있는 경우에 주로 이용된다.

3.2.3 C조건(운임지급조건)

C조건은 운임지급조건으로, CFR(Cost and Freight), CIF(Cost, Insurance and Freight), CIP(Carriage and Insurance Paid To), CPT(Carriage Paid To) 조건들이 있다. C그룹의 조건은 F그룹의 조건과 반대로 매도인이 운송계약을 체결하고 운임을 지불해야 한다. CFR과 CIF는 해상 또는 하천운송에서만 사용되며, CIP와 CPT는 운송수단에 관계없이 사용된다.

(1) CFR조건과 CIF조건

CFR(Cost and Freight)조건과 CIF(Cost, Insurance and Freight)조건은 매도인이 매수인 소재 국가의 목적항까지의 운송계약을 체결하고 운임을 지불할 의무를 부담한다는 점에서 동일하지만, CFR조건은 매도인이 적하보험을 체결할 의무를 부담하지 않는 반면, CIF조건은 매도인이 적하보험을 체결할 의무를 부담한다는 점에서 차이가 있다. 그런데, CFR과 CIF에서 매도인이 운송계약을 체결해야 하지만, 물품에 대한 위험부담은 FOB와 마찬가지로, 목적물을 선적한 때에 매도인으로부터 매수인에게 이전된다는 점을 유의해야 한다. 이에, 운송 도중에 물품이 손실 또는 손상되면 이에 대한 손해는 매수인이 부담한다. CIF조건은 FOB와 함께 국제거래에서 가장 많이 사용되는 조건 중의 하나로, 가격(cost), 보험료(insurance) 및 운임(freight)을 포함하는 조건이다. 즉, CIF조건에서는 매도인이 물품의 선적까지의 비용 및 위험을 부담하고 이에 더해 목적지에 도착할 때까지의 보험과 선박을 준비하고 보험료와 운임을 부담한다. 매수인의 경우 CIF조건이 유리할 것 같지만, 보험료와 운임이 대금에 포함되어 대금이 비싸질 수 있어, 반드시 매수인에게 유리한 것은 아니다.[43] CIF조건에 따른 물품가격은 FOB조건에 따른 가격보다 높은 것이 일반적이지만,[44] 매수인측은 선박알선이나 보험수속 등을 매도인측이 전부 책임져 주는 것이 매력적일 수 있다. 한편, CIF조건은 FOB조건과 달리 비용부담의 이

43 물품매매계약 관련 협상에서 상품가격이 중심이 되는데, 매수인의 경우 FOB조건보다 CIF조건이 유리할 것 같지만, 보험료와 운임이 대금에 포함되어 대금이 비싸질 수 있어, 반드시 매수인에게 유리한 것만은 아니다. 결국, 매수인측이 CIF로 하느냐 FOB로 하느냐는 어느 쪽으로 할 때 매입가격이 싸지는지에 따라 달라질 수 있다. CIF조건은 매도인측에서 저렴한 운임의 배를 주선할 수 있든가 저렴한 보험료로 손해보험에 가입할 수 있는 경우에 이용된다.

44 실무적으로 적하보험을 들게 되면 CIF가액×110%를 부담하도록 하고 있고, 세관에서 발행한 수출입 신고필증상 CIF금액과 FOB금액이 다를 수 있다. 계약서에서 CIF조건으로 1만 달러라고 되어 있는 경우 이는 FOB가격에 운송비와 보험료를 포함한 것이므로 FOB가격은 대략 9천 달러 정도가 될 수 있다.

전시기와 위험부담의 이전시기가 일치하지 않는다. CIF조건에서 매도인인 수출자는 운임과 보험료를 부담해야 하므로 비용부담의 분기점은 수입자 항구까지가 되겠지만, 위험부담의 분기점은 수출되는 항구까지이다. 즉, 수출자는 운임과 보험료를 부담하지만, 운송과정에서의 물품에 대한 위험부담의 책임은 수입자에게 있으므로 운송 중 물품에 손상이 발생하는 경우 보험금의 청구는 수입자가 해야 한다.

(2) CIP조건과 CPT조건

CIP(Carriage and Insurance Paid To)조건이나 CPT(Carriage Paid To)조건은 육상 또는 항공운송을 포함한 모든 운송에 사용할 수 있는 조건들로, 매도인은 운송계약을 체결하고 운임을 지급할 의무를 부담한다. CIP조건은 매도인이 적하보험을 체결할 의무를 부담하지만, CPT조건은 매도인이 적하보험을 체결할 의무를 부담하지 않는다는 차이가 있다. CIP조건이나 CPT조건에서는 매도인이 자신과 운송계약을 체결한 운송인에게 물품을 인도한 때 위험이 매수인에게 이전된다. 화물운송이 한 번이 아니라 여러 번의 운송을 거쳐야 한다면 첫 번째 운송인에게 화물이 인도된 때에 위험이 매수인에게 이전된다.

3.2.4 D조건(도착지 인도조건)

D조건은 도착지 인도조건으로, DAP(Delivered At Place), DDP(Delivered Duty Paid), DPU(Delivered at Place Unloaded)[45] 조건들로 구성되어 있다. D그룹 조건의 특징은 매도인이 목적지까지 물품을 운송할 책임을 부담한다는 점이다. D조건은 매도인이 운송계약을 체결한다는 점에서 C조건과 동일하지만, 매도인의 위험부담의 경우 C조건은 물품이 운송인에게 인도된 때에 인도의무를 마치고 물품의 위험이 매수인에게 이전되는 반면, D조건에서는 물품이 목적지에 도착해야 비로소 위험이 매수인에게 이전된다. DAP조건은 물품이 목적지에 도착해 하역할 수 있는 상태에 놓인 때 매수인에게 물품이 인도되고 위험도 이전되는 것으로 보기 때문에 목적지에서 하역하던 도중에 발생한 물품의 하자에 대해서는 매수인이 위험을 부담한다. DDP조건은 DAP조건과 동일하지만 수출통관뿐 아니라 수입통관에 대하여도 매도인이 의무를 부담한다는 점에서 차이가 있다. DAP조건과 DDP조건은 국제운송을 위한 운임을 매도인이 부담하는 점에서는 동일하나, 추가로 관세와 조세

45 DPU(Delivered at Place Unloaded)조건은 목적물의 인도가 터미널뿐만 아니라 어떤 장소든지 목적지가 될 수 있는 현실을 강조하기 위해, Incoterms 2010의 DAT(Delivered At Terminal)조건의 명칭을 변경하여 Incoterms 2020에서 새로이 포함된 것이다.

등 수입통관상 제 비용을 매도인이 부담하느냐 여부가 기준이 된다. 즉, 매도인이 수입통관상 비용의무를 부담하게 되면 DDP조건이 되고, 매수인이 이를 부담하게 되면 DAP조건이 된다. DPU조건은 물품이 터미널 등 지정된 목적지점에 도착해 목적물이 하역되어야 비로소 매수인에게 물품이 인도되고 위험도 이전되는데, 터미널 등 지정목적지에서 하역하던 도중에 발생한 물품의 손상에 대하여도 매도인이 위험을 부담한다.

3.2.5 Incoterms 2020 주요 거래조건 요약표

그룹	유형	운송형태	운송계약 체결+운임부담 의무	적하보험계약 체결의무	통관의무	매수인 위험부담 이전시기
E	EXW (Ex Works; 공장인도)	모든 운송 (항공/육상 포함)	매수인	매도인(매수인)은 매수인(매도인)에 대해 보험계약체결의무 없음	매수인 (수출+수입통관 모두)	물품 지정인도장소에서 매수인의 처분하에 두는 때
F	FCA (Free Carrier; 운송인 인도)	모든 운송 (항공/육상 포함)	매수인	매도인(매수인)은 매수인(매도인)에 대해 보험계약체결의무 없음	매도인 (수출) 매수인 (수입)	• 지정장소가 매도인의 영업구내인 경우 - 물품이 매수인이 마련한 운송수단에 적재된 때 • 지정장소가 그 밖의 장소인 경우 - 매도인의 운송수단에 적재되어서, 지정장소에 도착하고, 매도인의 운송수단에 실린 채 양하준비된 상태로, 매수인이 지정한 운송인이나 제3자의 처분하에 놓인 때
	FAS (Free Alongside Ship; 선측인도)	해상(하천)	매수인	매도인(매수인)은 매수인(매도인)에 대해 보험계약체결의무 없음	매도인 (수출) 매수인 (수입)	지정선적항에서 매수인이 지정한 선박의 선측(예컨대, 부두 또는 바지(barge))에 물품이 놓인 때(또는 이미 그렇게 인도된 물품을 조달한 때)

그룹	유형	운송형태	운송계약 체결+ 운임부담 의무	적하보험계약 체결의무	통관의무	매수인 위험부담 이전시기
	FOB (Free On Board; 본선인도)	해상(하천)	매수인	매도인(매수인)은 매수인(매도인)에 대해 보험계약체결의무 없음	매도인 (수출) 매수인 (수입)	물품선적시 (지정선적항에서 매수인이 지정한 선박에 적재한 때 또는 이미 그렇게 인도된 물품을 조달한 때 인도됨)
C	CFR (Cost and Freight; 운임포함 인도)	해상(하천)	매도인	매도인(매수인)은 매수인(매도인)에 대해 보험계약체결의무 없음	매도인 (수출) 매수인 (수입)	물품선적시 (선박에 적재한 때 또는 이미 그렇게 인도된 물품을 조달한 때 인도됨)
	CIF (Cost, Insurance and Freight; 운임/ 보험료 포함인도)	해상(하천)	매도인	매도인 (매수인은 매도인에 대하여 보험계약체결의무없음)	매도인 (수출) 매수인 (수입)	물품선적시 (선박에 적재한 때 또는 이미 그렇게 인도된 물품을 조달한 때 인도됨)
	CPT (Carriage Paid To; 운송비지급인도)	모든 운송 (항공/육상 포함)	매도인	매도인(매수인)은 매수인(매도인)에 대해 보험계약체결의무 없음	매도인 (수출) 매수인 (수입)	• 매도인과 계약을 체결한 운송인에게 물품을 교부함으로써; 또는 • 그렇게 인도된 물품을 조달함으로써(매도인은 사용되는 운송수단에 적합한 방법으로 그에 적합한 장소에서 운송인에게 물품의 물리적 점유를 이전함으로써 물품을 인도할 수 있음)

CHAPTER 9

그룹	유형	운송형태	운송계약 체결+ 운임부담 의무	적하보험계약 체결의무	통관의무	매수인 위험부담 이전시기
	CIP (Carriage and Insurance Paid To; 운송비/보험료 지급인도)	모든 운송 (항공/육상 포함)	매도인	매도인	매도인 (수출) 매수인 (수입)	• 매도인과 계약을 체결한 운송인에게 물품을 교부함으로써; 또는 • 그렇게 인도된 물품을 조달함으로써(매도인은 사용되는 운송수단에 적합한 방법으로 그에 적합한 장소에서 운송인에게 물품의 물리적 점유를 이전함으로써 물품을 인도할 수 있음)
D	DAP (Delivered At Place; 도착지 인도)	모든 운송 (항공/육상 포함)	매도인	매도인(매수인)은 매수인(매도인)에 대해 보험계약체결의무 없음	매도인 (수출) 매수인 (수입)	물품이 지정목적지에서 또는 지정목적지 내의 어떤 지점이 합의된 경우에는 그 지점에서, 도착운송수단에 실어둔 채 양하준비된 상태로 매수인의 처분하에 놓인 때(매도인은 물품을 지정목적지까지 또는 지정목적지 내의 합의된 지점까지 가져가는 데 수반되는 모든 위험을 부담함)
	DPU (Delivered at Place Unloaded; 도착지 양하인도) (종전DAT: 2020 변경됨)	모든 운송 (항공/육상 포함)	매도인	매도인(매수인)은 매수인(매도인)에 대해 보험계약체결의무 없음	매도인 (수출) 매수인 (수입)	물품이 지정목적지에서 또는 지정목적지 내의 어떤 지점이 합의된 경우에는 그 지점에서 도착운송수단으로부터 양하된 상태로 매수인의 처분하에 놓인 때 인도됨(매도인은 물품을 지정목적지까지 가져가서 그곳에서 물품을 양하하는 데 수반되는 모든 위험을 부담함)

그룹	유형	운송형태	운송계약 체결+ 운임부담 의무	적하보험계약 체결의무	통관의무	매수인 위험부담 이전시기
	DDP (Delivered Duty Paid; 관세지급 인도)	모든 운송 (항공/육상 포함)	매도인	매도인(매수인)은 매수인(매도인)에 대해 보험계약체결의무 없음	매도인 (수출+ 수입통관 모두)	물품이 지정목적지에서 또는 지정목적지 내의 어떤 지점이 합의된 경우에 그러한 지점에서, 수입통관 후 도착운송수단에 실어둔 채, 양하준비된 상태로, 매수인의 처분하에 놓인 때 인도됨 (매도인은 물품을 지정목적지까지 또는 지정목적지 내의 합의된 지점까지 가져가는 데 수반되는 모든 위험을 부담함)

4. 국제 물품매매계약 또는 제조공급계약 관련 유의점 및 주요 기재례

앞서 살펴본 국제물품거래에 관한 일반적인 이해와 국제법규범에 대한 제반 유의사항을 바탕으로, 이하에서는 Sale and Purchase Agreement(물품매매계약), Manufacture and Supply Agreement(물품제조공급계약) 등 국제물품매매계약서 작성시 주요 조항의 유의점 및 기재례를 살펴본다.

4.1 목적물의 사양(specification) 및 매수주문(purchase order)

Sale and Purchase Agreement(물품매매계약)에서 일반 기성품을 매매하는 경우 목적물의 사양은 그 목적물을 특정하는 것으로 족할 수 있지만, Manufacture and Supply Agreement(물품제조공급계약)의 경우 일정한 물품(product)을 만들어 공급해야 하는 과정이 필요하므로 그 목적물의 사양(specification)에 관한 사항은 보다 중요할 수 있다. 목적물의 사양(product specification)에는 물품의 수량, 규격, 단위 등을 기재하는데, Manufacture and Supply Agreement(물품제조공급계약)에서는 물품의 제조와 관련한 구체적인 재료나 디자인 등의 사항이 포함될 수 있다. 이러한 목적물의 사양은 그 내용을 알아보기 쉽고 명확히 하기 위해 계약서에 첨부되는 별첨(schedule; attachment)으로 작성하는 것이 좋다. 목적물의 매수주문(purchase order) 관련 조항에서는 물품의 수량, 품질, 가격, 인도 등을 포함한 주문에 관한 제반 조건을 명시하는데, 판매자나 공급자의 주문승인이나 주문거절의 사유, 구매자의 주문취소사유 등도 함께 규정할 수 있다. 주문에 사용할 주문서는 대체로 계약서에 별첨한다. 목적물 가격의 경우 계약기간 동안의 환율 또는 원자재 가격의 변동이 있을 수 있으므로 계약기간을 1년이 넘는 장기로 정한다면 일정한 기간이 경과된 후에 당사자의 합의로 가격을 변경할 수 있도록 규정하는 것이 좋다. 매도인이 일정기간 또는 정해지지 않은 기간 동안 일정 종류·품질을 가진 목적물을 계속적으로 반복해 매수인에게 공급하는 계속적 공급계약의 경우는 (i) 매도인이 목적물을 계속적·반복적으로 공급한다는 것에 관한 사항, (ii) 이에 대한 매수인의 대금의 지급방법 등이 추가적으로 포함될 수 있다.

한편, OEM(주문자상표부착방식 생산)계약 등 물품제조공급계약에서 발주자가 계약기간 중 의무적으로 구매하여야 할 최소구매의무 내지 최소주문물량(minimum purchase obligation; minimum order quantity)을 정하고, 그 최소구매물량을 지키지 못한 경우 발주자로 하여금 부족한 주문량에 해당하는 대금을 지급하도록 하는 "TOP(Take Or Pay; 미인수물량 대금지급)" 관련 규정을 두는 경우가 있다.[46] 그리고, ODM(제조자 개발(설계) 생산)계약은 OEM방식과 같이 계약내용에 제조나 생산에 관한 사항을 기본적으로 포함한다는 점에서는 유사한데, 다만 기술력을 가진 제조업체와 판매망과 브랜드를 갖춘 유통업체 또는 관련 대기업 간의 제휴관계가 이루어진다는 점에서, 제품의 개발과 설계에 관한 권리는 제조공급자가 갖고 있지만, 발주자측에서는 자신들에게 무상의 사용권을 부여해 줄 것을 요구하는 경우가 있다. 이 경우 제조공급자의 입장에서 그 고유한 설계에 대해서는 발주자라고 하더라도 함부로 침범할 수 없도록 보호장치를 마련해 두는 것이 중요하다.[47]

CHAPTER 9

46 발주자의 최소구매의무/최소주문물량(minimum purchase obligation/minimum order quantity)과 "TOP(Take Or Pay; 미인수물량 대금지급)"의 경우 해당 거래계약의 준거법상 공정거래법 관련 이슈가 있는지를 확인할 필요가 있다. 즉, 물품의 제조공급자가 우월적 지위를 이용해 발주자로 하여금 일정한 물량을 강제적으로 구매할 의무를 부과한 것으로 인정되면 제조공급자가 거래상 우월적 지위의 남용이나 불공정거래행위에 해당되어 독점규제 및 공정거래에 관한 법령 위반으로 처벌될 수 있다는 점을 유의해야 한다. 다만, 발주자의 요구에 의해 일정 규모 이상의 생산을 위해서 특화된 생산라인의 구축이 필요한 경우 제조공급자는 이에 대한 적절한 보상차원에서 최소구매물량을 발주자가 보증해 줄 것을 요구할 수 있다.

47 제조공급자는 자신의 고유한 설계 등을 보호하기 위해, 발주자에게 그에 관한 라이선스료/기술료(licensing fee; license fee)를 요구하거나 일정 수량마다 기술료의 수준과 범위를 달리 정해서 매 회당 주문수량을 늘리도록 유도할 수도 있다.

[Example 1]

아래는 Sale and Purchase Agreement 또는 Manufacture and Supply Agreement에서 관련 매매목적물의 사양(product specification)에 관한 예문들인데, 사양의 구체적 내용은 일반적으로 별첨(schedule; attachment)으로 작성한다. 물품의 사양은 일정한 물품을 제조해 공급해야 하는 Manufacture and Supply Agreement에서 특히 중요한데, 해당 물품의 제조와 관련한 구체적인 재료나 디자인 등이 있는 경우 이를 상세히 포함해야 한다.

- Product will be manufactured in accordance with the Specification.
- "Product Specifications" shall mean the specifications provided from time to time by the Parties, the main particulars of which are stipulated in Schedule XX (as shall be amended from time to time by the Parties), including the manner in which the Supplier shall manufacture, package and ship the Products to the Company.
- The term "Product" or "Products" includes the various printed circuit board assemblies, sub-systems, orderable item kits, and full systems described in Attachment XX, and any additional products that the Parties may in the future agree that Supplier shall manufacture for Company in accordance with the terms and conditions of this Agreement. Products shall be manufactured in accordance with the Specifications identified and incorporated into the applicable Orders and with all applicable Laws.

[Example 2]

아래는 물품의 매수주문(purchase order) 관련 기재례들이다. 매수인은 사전에 물품의 제품, 부품 번호, 수량, 배송일자 등 인도정보를 명시한 구매주문서를 매도인에게 제출하고, 매도인은 구매주문의 승인(acknowledgment/acceptance of purchase order)을 절차에 따라 할 수 있도록 규정하고 있다. 관련 계약상의 조건과 해당 구매주문서 등 주문 관련 서류상의 내용이 상충되는 경우에 당사자 간의 다툼을 방지하기 위해 우선순위를 정할 필요가 있는데, (Sample 1)에서는 매수주문 관련 서류의 내용보다 계약조건을 우선적으로 적용하도록 하고 있다.

(Sample 1)

Purchase Orders. Deliveries of Product hereunder will be initiated by purchase orders ("Purchase Orders") submitted by Party A at least [sixty (60)] days before the delivery date to Party B to specify Product, the part number, quantities, delivery dates and delivery information. The terms and conditions of this Agreement will govern the purchase and delivery of Product under this Agreement. In the event of a conflict between the terms of this Agreement and any Purchase Order, Purchase Order acknowledgment, invoice or other such document issued by either party, the terms and conditions of this Agreement shall prevail.

Acknowledgment of Purchase Order. Party B will acknowledge any Purchase Order in writing as soon as reasonably possible, but in no event later than ten (10) business days after the date of such Purchase Order. All acknowledgments will either accept Party A's requested delivery date, or indicate any adjustments necessary due to capacity restrictions. In the absence of receipt by Party A of an adjustment to Party A's Purchase Order within such ten (10) business day period after Party B's receipt of such Purchase Order, it will be deemed that Party B has accepted such Purchase Order as submitted.

(Sample 2)

Purchase Orders

- All purchase orders shall be in writing and shall specify the Products ordered, the requested delivery date and other information required by Supplier to fill such order. Such purchase orders placed by Distributor shall be subject to a written acceptance by Supplier and Supplier reserves the right to decline any order at its sole discretion. Supplier shall have the right to cancel any acceptance of orders or to refuse, suspend or delay shipment of any orders if Distributor is in breach of any of its payment obligations or fails to comply with any other material obligations under this Agreement.
- If Supplier accepts Distributor's purchase order, it shall provide Distributor with a written notice of acceptance within [ten (10)] days from the date of receipt of the purchase order from Distributor, which notice of acceptance shall specify the price and expected delivery date. Supplier shall use its reasonable efforts to promptly fill and deliver all orders for the Products submitted by Distributor by the requested delivery date.

[Example 3]

아래는 OEM(Original Equipment Manufacturing; 주문자상표부착방식 생산)계약 등 Manufacture and Supply Agreement에서 구매자의 최소주문물량(minimum order quantity) 관련 예문이다. 여기서 구매자가 최소주문물량을 준수하지 못할 경우 TOP(Take Or Pay; 미인수물량 대금지급) 조항에 따라 부족분에 대한 대금(shortfall fee)을 지급하도록 할 수 있는데, 이는 준거법상 공정거래법규에 따라서는 강제 구매의무 부과와 관련한 물품제조공급자의 우월적 지위의 남용 내지 불공정거래행위가 문제될 수 있어 관련 준거법을 확인할 필요가 있다.

(a) Buyer shall order not less than 100 Containers (the "Minimum Number") from Supplier during each Contract Year. In the event that Buyer orders less than the Minimum Number from Supplier during any Contract Year, and Supplier has complied with (a) the supply requirements set forth in Section 4(1), (b) the delivery requirements set forth in Section 4(2) and (c) the Specification and the inspection requirements set forth in Section 4(3), Buyer shall pay to Supplier a Shortfall Fee. In the event that Buyer shall order a number of Containers greater than the Minimum Number in any or both of the two Contract Years following any Contract Year in which a Shortfall Fee is incurred (each, an "Excess Year"), such Shortfall Fee shall be credited against any payments due from Buyer to Supplier in any such Excess Year for Product purchased in excess of the Minimum Number.

(b) "Shortfall Fee" means a dollar amount equal to five percent (5%) of the manufacturer's cost of the Shortfall Containers in any Contract Year.

(c) "Shortfall Containers" means the number of Containers equal to the Minimum Number less the number of Containers ordered by Buyer during such Contract Year.

4.2 목적물의 인도(delivery)

국제물품매매계약에서는 물품의 운송, 선적, 보험 등 매도인의 목적물 인도조건을 규정하는데, ICC(국제상업회의소)가 마련한 Incoterms(무역거래조건) 중에서 해당 거래에 적합한 조건을 선택하는 것이 일반적이므로, 앞서 살펴본 Incoterms상 개별 무역거래조건의 의미를 정확히 파악하는 것이 중요하다.[48] Incoterms상 조건은 국제협약이나 특정 국가의 법률이 아니기 때문에 그 자체로 법적 구속력은 없지만, 당사자가 그 조건을 계약의 내용으로 한 때 당사자들을 구속하게 된다. 계약상 Incoterms상 조건을 적용하고자 하는 경우 그 조건들에 명기된 용어를 사용하여야 하며, 그 용어를 쓰더라도, 필요한 범위에서 그 의미를 명시하는 것이 좋다. 또한, Incoterms는 매매계약 전반에 관한 사항을 규정하고 있는 것이 아니므로 국제계약의 당사자는 Incoterms에서 규정하고 있지 아니한 사항에 대해서는 별도의 합의가 필요하다. 따라서, 계약을 체결하기 전에 당사자들은 Incoterms 2020의 규정을 면밀하게 검토해 자신이 사용하는 무역조건이 어떠한 의미를 갖고 있으며,

48 예를 들어, CIF조건이나 CIP조건으로 계약을 하는 경우 "CIF/CIP+수입자 항구/공항"의 형태로 문구를 작성하게 된다. "CIF Busan"이라는 표현은 부산항으로 배송한다는 의미이고, 우리나라에서 싱가포르로 CIP조건으로 수출된다면 CIP Incheon Airport(수출공항)와 같이 나타내는 것이 아니라 "CIP Singapore"로 목적지를 표기해야 한다.

이에 따라 자신과 상대방에게 발생하는 권리와 의무는 무엇인지 파악할 필요가 있다. 예를 들어, FOB조건의 계약을 체결하면서 운송 중의 화물에 대하여 매도인에게 위험부담이 있다고 하거나 매도인이 매수인의 최종목적지에서 물건을 인도해 주어야 한다는 등의 모순된 기재를 하지 않아야 한다.[49] 한편, Incoterms 2020의 11개 거래조건에서 규정되는 관세의 개념은 수입관세는 물론, 수입통관과 내국 소비세 그리고 수입 관련 절차를 포함하는 넓은 개념이기 때문에 계약서상 세금조항(tax clause)과 Incoterms상 조건을 나타내는 조항 간에 세금부담의 주체가 일치하지 않는 경우 그 관련 조항들의 우선순위를 표시하기 위해, 어느 한 조항에서 "notwithstanding specified in Article XX"와 같은 문구를 두어 그 조항이 다른 조항에 우선한다는 점을 명시할 필요가 있다.

[Example 1]

아래는 국제물품매매계약에서 매매목적물의 인도조건을 명시한 예문들이다. Incoterms상 인도조건을 이용하는 경우 "Incoterms 2020의 FOB조건을 따른다" 등과 같이 해당 거래에 적용되는 Incoterms의 버전과 적용할 무역조건을 명기해야 Incoterms상 관련 조건이 계약내용에 편입되어 당사들을 구속하게 된다.

- The trade term "FOB" shall be interpreted in accordance with INCOTERMS 2020.
- Unless specially stated, the trade term under this Agreement shall be governed and construed under and by the INCOTERMS 2020.
- Any and all delivery terms applicable under this Agreement shall be subject to the terms and conditions under the INCOTERMS 2020 of the International Chamber of Commerce.
- Delivery of the Products shall be on the basis of FOB Incheon, Korea (Incoterms 2020). Accordingly, after delivery of the Products by Supplier to the relevant carrier, Distributor shall be responsible for, and the purchase prices do not include, any freight charges, insurance, customs, storage, taxes and other charges imposed or incurred on or in connection with the Products. After delivery of the Products to the relevant carrier, all of the risk of loss on the Products shall be borne by Distributor.

49 FOB(Free On Board)조건은 본선인도조건으로, 매도인은 선적까지의 비용 및 위험을 부담하고 매수인은 선적 이후의 비용 및 위험을 부담한다. 즉, 매도인은 자신이 소재한 국가의 선적항에서 매수인이 마련한 선박에 물품을 선적함으로써 물품의 인도의무를 다하게 되며, 물품에 대한 위험은 물품이 선적된 때에 매수인에게 이전된다.

[Example 2]

아래는 물품의 구매주문과 포장 및 배송의 방법 등에 관한 기재례이다. 여기서 매도인의 일정에 따른 배송일자의 준수와 배송방법 및 그 인도의무의 위반시 구매주문의 취소 등 매수인의 구제방법을 명시할 수 있으며, 목적물의 포장과 선적에 관한 상세한 사항을 별도로 규정할 수 있다.

Delivery. Time is expressly made of the essence in regard to the performance by Party B herein. Party B shall deliver the goods to the location specified and/or render services, as required, and on the date or dates specified on the face of the Purchase Order(s), unless prior written approval of any change in such delivery date or dates is given by Party A. Party B shall be liable for all excess transportation or other charges or costs resulting from failure or neglect to follow and meet Party A's routing instructions or delivery schedules. Except as otherwise provided in Section XX, in the event that Party B's delivery of any Product with respect to a Purchase Order is delayed by more than [ten (10)] days after the agreed upon delivery date, Party A may terminate the Purchase Order as to the undelivered portion without termination charges or other liability. Party A will have no right to terminate such Purchase Order where the Purchase Order was delayed due to the fault of Party A.
Packing and Shipment. Unless otherwise specified, all Product shall be packed, packaged, marked and otherwise prepared for shipment by Party B in accordance with the packing instructions provided by Party A. Party B shall mark all Containers in accordance with the marking instructions as provided by Party A. An itemized packaging sheet must accompany each shipment unless otherwise specified. No partial or complete delivery shall be made prior to the date or dates shown on the Purchase Order(s) unless Party A has given prior written consent.

4.3 목적물에 대한 위험부담(risk of loss)

국제물품매매계약에서 위험부담(risk of loss)의 문제는 계약상 목적물이 운송과정에서 계약당사자 쌍방의 책임 없는 사유로 멸실, 훼손, 분실, 도난 등 손상에 따른 책임을 매도인과 매수인 중 누가 그 위험을 부담할 것인지에 관한 문제이다.[50] 위험부담의 문제와 관련해서는 해당 물품매매계약에서 당사자 중 누가 물품에 대

50 당사자의 이행의무의 면제와 관련하여, 만약 물품이 인도과정에서 멸실이나 손상이 되고 그 위험부담이 매수인에게 이전되지 않은 때에는 당사자의 이행의무가 불능이 되어 그 이행의무는 면제되고, 반면 매수인에게 위험부담이 이전된 경우에는 당사자의 이행의무는 면제되지 않고 여전히 유효하게 존재하게 된다는 점에서 의미가 있다.

한 위험을 부담할 것인지와 언제 매도인에서 매수인으로 위험부담이 이전되는지를 명시할 필요가 있다.[51] 그런데, Incoterms상 무역거래조건은 목적물의 운송계약이나 적하보험의 체결과 비용브담에 관한 사항뿐만 아니라 운송 중 물품이 손실 또는 손상된 경우 누가 그 손해에 대한 위험을 부담할 것인지와 관련해 매도인과 매수인 간 위험부담의 이전에 관한 사항도 규정하고 있다. 이에, 계약당사자가 Incoterms상 개별 조건을 선택하는 경우 그에 따라 당사자 간의 위험부담도 정해질 수 있다. 그런데, 물품의 위험부담의 이전시기와 달리, 국제규범상 물품에 대한 소유권이전(transfer of title)의 시기에 관해서는 명확한 규정을 두고 있지 않다. 판매된 상품의 소유권의 이전과 관련해, CISG는 이를 그 적용범위에 포함하지 않고 있으며, Incoterms나 UNIDROIT Principles에서도 이를 특별히 규율하고 있지 않다. 이에, 당사자들은 해당 물품매매계약상 물품의 소유권 이전시기에 관해서는 별도의 합의가 필요하다. 매매목적물의 소유권은 일반적으로 계약당사자 간 특별한 합의가 없으면 매도인이 목적물의 이행을 완료한 때, 즉 목적물을 매수인에게 물리적으로 이전한 때 이전된다.[52]

---

51 위험부담에 관한 사항이 계약상 명시되어 있지 않은 경우에는 계약을 위반한 당사자가 그 계약위반이나 채무불이행이 위험부담과 관련이 없다고 하더라도 물품인도의 지연이나 잘못된 물품의 배송 등에 따른 위험을 부담한다. 계약상 위험부담에 관한 사항이 없으면서 계약위반당사자도 없는 때에는 매도인이 일반 운송업자(common carrier)를 주선하여 물품을 운송 인도하는 경우 위험부담은 매도인이 인도의무를 완성했을 때(at the time that the seller completes its delivery obligations) 매도인으로부터 매수인에게 이전한다. UCC의 경우 Shipment Contract(선적계약)는 물품의 선적시, Destination Contract(목적지계약)는 물품의 도달시에 위험이 이전된다.

52 매도인이 목적물의 이행을 완료한 때를 매도인으로부터 매수인에게 위험부담이 이전되는 때로 볼 수도 있으나, 매도인의 인도의무 등이 인도조건에 따라 달라 다툼이 있을 수 있으므로 매도인의 매수인에 대한 목적물 소유권의 이전시기는 목적물의 인도조건과 별도로 계약상 명확히 할 필요가 있다. 미국의 UCC(Uniform Commercial Code)에 따르면 목적물의 소유권은 통상 선적계약(shipment contract)의 경우는 매도인이 목적물을 운송인에게 인도한 때, 목적지인도계약(destination contract)의 경우는 목적물이 목적지에서 인도된 때 각각 이전된다. 소유권을 표시하는 문서의 인도가 필요한 때는 문서의 인도시에 소유권이 이전이 되고, 문서의 인도가 필요 없는 때는 목적물이 특정된 경우에는 계약체결시에, 특정되지 않은 경우에는 특정시에 소유권이 이전된다. 다만, UCC가 적용되는 동산물품매매계약에서 계약당사자나 제3자가 갖는 권리의무나 구제수단에 관한 규정은 목적물의 소유권과 무관하게 적용되는 것이 원칙이다(UCC § 2-401).

[Example]

아래는 국제물품매매계약에서 목적물에 관한 위험부담(risk of loss)과 소유권(ownership; title)의 이전과 관련된 예문들이다. 실무상 계약에서 소유권의 이전 시기와 위험부담의 이전시기를 일치시키는 경우가 많으며, Incoterms상 개별 조건을 물품의 인도조건으로 하는 경우 위험부담의 이전시기도 Incoterms상 해당 조건에 따라 정하는 것이 일반적이다.

- **Title and Risk Transfer.** All Product shall be shipped by Seller and title and risk of loss shall pass to Purchaser CIF Delivery Point.
- **Title and Risk Transfer.** Title and risk of loss or damage to the Products shall transfer from Seller to Buyer at the time and delivery location specified in the relevant Order.
- Title and all risk of loss shall pass to Distributor when the Product leaves such warehouse or factory, and all freight, insurance and other transportation and importation costs shall be borne by Distributor.
- Title and all risks of loss or damage to the Products shall pass from the Seller to the Buyer when the Products pass the ship's rail at the loading port.
- Delivery of the Products shall be on the basis of FOB Incheon, Korea (Incoterms 2020). Accordingly, after delivery of the Products by Supplier to the relevant carrier, Distributor shall be responsible for, and the purchase prices do not include, any freight charges, insurance, customs, storage, taxes and other charges imposed or incurred on or in connection with the Products. After delivery of the Products to the relevant carrier, all of the risk of loss on the Products shall be borne by Distributor.
- The ownership on the Products shall be transferred to Distributor upon Distributor's full payment for the Products to Supplier.

4.4 목적물의 검수(inspection)

물품매매계약에서 매수인은 목적물을 인수하기 전에 검수를 통해 물품의 하자나 이상 유무를 확인해야 하므로 매수인의 입장에서는 물품의 검수(inspection)에 관한 조항을 둘 필요가 있다. 물품검수조항에서는 검수의 방법과 절차와 함께 검수 결과 물품에 결함이 있는 경우의 처리방법 등을 규정한다. 결함있는 물품의 처리와 관련해, 매수인은 결함있는 물품을 현지에서 수리하고 이에 대한 비용을 매도인이 지불하도록 하거나, 아니면 결함있는 물품을 반환하고 새로운 물품을 받도록 할 수 있으며, 물품의 반환시 그 반환에 따라 발생하는 비용부담에 관한 사항도 규정할 필요가 있다. 매도인의 물품인도의 지연이나 하자있는 물품의 제공 등 계약위반에 대해서는 손해배상이나 계약해지 등과 같은 계약위반에 따른 구제방법을 함께 규정할 수 있다. 특히, OEM(Original Equipment Manufacturing; 주문자상표부착방식 생산)계약과 ODM(Original Development(Design) Manufacturing; 제조자 개발(설계) 생산)계약 등 물품제조공급계약(manufacture and supply agreement)의 경우 발주자의 입장에서는 제조물에 대한 하자나 이상 유무를 사전에 점검하기 위해, 공급자의 공장 등에서 제조품이나 생산과정, 제조 관련 장부나 기록의 조사권한을 규정하는 것이 좋다.

[Example]

아래는 국제물품매매계약에서 매수인의 목적물 검수 관련 규정(inspection clause)의 기재례들이다. (Version 1)과 (Version 2)는 매수인의 물품에 대한 검수의 방법과 절차, 결함있는 물품의 처리방법 등을 규정하고 있다. (Version 3)는 OEM계약 등 물품제조공급계약(manufacture and supply agreement)에서 제조공급물품에 대한 하자나 이상 유무를 사전에 점검하기 위해 공급자의 시설 등에서 제조품이나 생산과정, 제조 관련 장부나 기록을 조사할 수 있는 발주자의 권한을 인정하고 있다.

(Version 1)

Inspection.

(a) All Product purchased shall be subject to inspection and test by Company and its agents, at Company's option: (i) at Supplier's premises when Product is ready for shipment, or (ii) upon receipt of Product by Company at the Delivery Point or such other location as provided for on the face of the Purchase Order.

(b) Company's agent(s)' inspection and testing of all Product at Supplier's premises shall be undertaken during normal business hours and upon reasonable written notice to Supplier, upon completion of Product but prior to shipment to the Delivery Point. If Company makes inspection or test at Supplier's premises, Supplier, without additional charge, shall provide all reasonable facilities and assistance for Company's inspectors, with such assistance and facilities to be equal to those given to other Supplier customers.

(c) All inspections shall be based upon inspection procedures provided in writing by Company or any other criteria mutually agreed to by Company and Supplier. Upon inspection, Company or its agent(s) shall determine whether based on such inspection test procedures Product is conforming. No inspection or test made prior to such decision shall relieve Supplier from responsibility for defect or other failure to meet the requirements of this Agreement. Supplier shall provide and maintain an inspection system, which is acceptable to Company. Records of all inspection work shall be kept complete and available to Company during the performance of this Agreement and mutually agreed to renewals and extensions thereof.

(d) In case any Product is defective in material or workmanship, or otherwise not in conformity with the Specification, and/or requirements of the Purchase Order, Company shall have the right to reject it, require its correction or conditionally accept it. Company shall have the right to return such conditionally accepted Product for credit within [sixty (60)] days after receipt in the event that Company determines that such Product is unsuitable for Company's purposes.

(e) Any Product, which has been rejected or required to be corrected due to manufacturing defects, shall be replaced or corrected by and at the expense of Supplier within reasonable time after written notice. If Supplier cannot, using commercially reasonable efforts, replace or correct the defective Product within the delivery schedule provided for in the Purchase Order, including the [ten (10)] day grace period, Company may, at its sole option, agree to renegotiate a new modified delivery schedule with Supplier. If Supplier fails to replace or correct any defective Product within the delivery schedule, or the modified delivery schedule as the case may be, Company may, in good faith and without unreasonable delay, contract or otherwise replace or correct such Product, and charge to Supplier the reasonable cost occasioned thereby, or may without further notice terminate this Agreement for default in accordance with the clause herein entitled "Termination" or may utilize the deficient Product and require an appropriate reduction in price.

(f) Notwithstanding anything to the contrary herein, Company may, at no charge or cost to Company, cancel all or part of its outstanding Purchase Orders.

(Version 2)

Inspection. The Products may be inspected and tested by Buyer for conformance with the Specifications. Inspection by Buyer shall not relieve Supplier of its obligation to deliver goods in conformance with the Specifications. All Products purchased by Buyer are subject to acceptance by Buyer. If any Product fails to conform to the Specifications or is found to be defective in materials or workmanship, Buyer, at its option, may reject such Product or require its prompt repair or replacement at Supplier's expense.

Cure of Defects. In the event any Product manufactured by Supplier does not conform to the relevant Specifications or otherwise is not in conformity with the requirements under this Agreement, Supplier shall have [thirty (30)] days from the date any non-complying Product is returned to Supplier's plant to cure the defect at Supplier's own expense. If the defect is not cured within [thirty (30)] days, Buyer shall have the option to immediately terminate this Agreement or the particular Order.

(Version 3)

- The Company shall have the right at all times to enter into the premises of the Supplier and inspect the Supplier and its premises where the Products are manufactured to ensure that (a) the Products are manufactured in full and strict compliance with the Product Specifications and (b) any and all representations and warranties as stipulated in Article XX are true and correct, and to witness the inspection of the Products performed by the Supplier prior to their delivery to the Company as stipulated in Article XX.
- Buyer shall have the right, from time to time during Supplier's normal business hours, to inspect, review and copy, or to cause its accountants or representatives to inspect, review and copy, Supplier's books and records which may be relevant to the determination of the price of the Products and such related materials as Buyer may reasonably request. Supplier shall make its personnel reasonably available during normal business hours to provide information to, and respond to inquiries from, Buyer or its accountants or representatives concerning the determination of the price of the Products

4.5 물품의 가격 및 대금지급(price and payment)

국제물품매매계약에서는 물품의 가격과 물품대금의 지급(price and payment)에 관한 사항을 규정한다. 물품가격의 경우 물품의 단위당 가격(unit price)과 통화(currency)를 비롯해 물품의 인도와 관련해 소요되는 비용을 물품대금에 포함할 것인지, 물품거래에 부과되는 세금을 누가 부담할 것인지, 물품의 공급물량이나 시장상황 등에 따른 물품가격을 조정할 것인지 또는 특히 국제물품거래에서 발생하는 환율의 변동에 따른 가격조정을 어떻게 할 것인지에 등에 관한 사항을 포함한다.[53] 물품대금의 지급(payment)과 관련해서는 신용장, 전신송금 등 대금지급의 조건, 절차와 방법 등을 정하고, 물품의 개별 구매주문에 따른 대금지급의 청구를 위해 발행되는 인보이스(invoice; 송장/청구서)에 관한 사항도 규정할 수 있다. 또한, 물품대

53 물품의 가격을 결정하는 기본적인 사항은 물품의 매매/공급계약서에서 정하고, 개별 발주에 따른 구체적인 물품의 수량이나 가격 등은 해당 발주서에서 명기한다.

금지급시 통화를 미국달러 등 다른 나라의 통화로 하는 경우 송금방법과 환율의 변동에 따라 대금지급의 조정에 관한 사항, 대금지급 과정에서 발생하는 세금부담에 관한 사항도 명시하는 것이 좋다. 한편, 물품대금의 지급시기와 관련해, 매수인이 물품의 인도를 받기 이전에 지급하는 선불조건 또는 물품의 인도 이후에 대금을 지급하는 후불조건이 있을 수 있다. 선불조건의 경우 매수인의 물품대금의 우선지급에 따른 위험을 줄이기 위해, 매수인은 대금지급과 물품인도 사이의 기간을 가능한 한 단축하고, 물품인도규정의 위반에 대한 위약금이나 지체배상금을 정하며, 은행에서 물품인도에 관한 보증을 받고, 매도인이 회사라면 모회사 및 임원으로부터 물품인도에 관해 보증을 받는 것이 좋다. 후불조건의 경우 매도인이 물품의 우선인도에 따른 위험이 있을 수 있으므로 매도인은 물품인도와 대금지급시기의 기간을 가급적 단축하고, 대금지급의 위반에 대한 위약금이나 지체배상금을 정하며, 은행에서 대금지급에 대해 보증을 받고, 매수인이 회사라면 모회사 및 임원으로부터 대금지급에 대해 보증을 받는 것이 좋다.

[Example]

아래는 국제물품매매계약에서 물품의 매수가격과 대금지급 조항(purchase price and payment clause) 관련 기재례들이다. (Version 1)은 일반적인 물품매수가격과 지급방법 등을 정한 예문으로, 별첨에 물품의 단위가격(unit price)을 표기하고, 국제거래에서 각국의 환율에 차이가 있고 변동성이 있으므로 미화 1달러당 환율을 명기하고, 주문물량에 따른 물품가격의 할인 등 가격변동에 관한 사항을 규정한다. 또한, 구체적 대금지급의 조건과 방법을 규정하고, 물품대금 지급의 청구를 위한 인보이스 관련 서류와 내용에 관한 사항을 정하고 있다. (Version 2)는 물품의 가격에 포함되는 항목을 명시하고 있으며, 인보이스에 관한 사항도 기술하고 있다. (Version 3)는 총판계약에서 물품공급자의 총판업자에 대한 공급물품가격을 정하고, 총판업자가 해당 물품에 대한 판매가를 그 공급물품가격의 범위에서 정하도록 하고, 대금지급시의 통화를 미국달러로 하고 전신송금에 의해 대금을 지급하도록 하고 있다. (Version 4)는 물품대금의 지급방법과 이와 관련한 당사자의 세금부담에 관한 사항을 규정한다.

(Version 1)

Price.

(a) The unit prices for Product are set forth in Exhibit [X]. All prices shall include associated transportation costs to Delivery Point using conference lines or better. If Product is to be delivered to a destination other than the Delivery Point, the Parties will negotiate an adjustment to the unit prices using transportation costs to Delivery Point as a base.

(b) The prices set forth on Exhibit [X] are based on an exchange rate of KRW [1,300] for USD 1 (the "Base Exchange Rate"). In the event that the exchange rate as published in the Wall Street Journal on the last business day of each calendar quarter (the "Change Date") shall deviate (higher or lower) from the Base Exchange Rate by KRW twenty-five (25) or more, the prices set forth on Exhibit [X] shall be adjusted higher or lower, as the case may be, by fifty percent (50%) of the amount of such deviation. Such adjustments shall be applicable to Purchase Orders submitted in the quarter subsequent to the Change Date.

(c) In the event Buyer orders more than 20 Containers of Product from Supplier during any month during the Term pursuant to Section XX, the prices set forth on Exhibit [X] shall be discounted seven and a half percent (7.5%), excluding shipping costs, for such excess number of Containers ordered. Such adjustments shall be credited or debited to the letters of credit established pursuant to Section XX.

Method and Terms of Payment.

The Parties agree that the method of payment described in Section XX shall be applicable to shipments of Product made from the date hereof through the date which is twelve (12) months after the date of the first shipment of Product, and the method of payment described in Section XX shall be applicable to all shipments of Product thereafter.

Invoices.

Invoices shall be submitted in duplicate and shall include the following information: Purchase Order number, product number, description of Product, sizes, quantities, unit prices, and extended totals in addition to any other information specified elsewhere herein. Bill of lading or express receipt shall accompany each invoice. Payment of invoice shall not constitute acceptance of Product and shall be subject to adjustment for errors, shortages, and defects in Product or other failure of Supplier to meet the requirements of the Purchase Order.

(Version 2)

PRICE AND PAYMENT TERMS

(a) For all quantities of Products manufactured by Supplier for Buyer hereunder, the price shall be (i) the cost to manufacture, as more fully described in Appendix [X], (ii) a margin of ten percent (10%) on the cost to manufacture, and (iii) any transportation and handling charges (including warehousing costs); provided, however, that such margin of ten percent (10%) shall be reduced to five percent (5%) for the Products sold to Buyer's Affiliates in accordance with Article XX.

(b) All invoices issued by the Parties for the Products shall be issued by the respective Party in Korean Won. Terms of payment shall be as set forth in Appendix [X].

(Version 3)

Purchase Price & Payment

(a) The price for the Products ("Purchase Price") shall be equal to Supplier's standard price for the Products less ten percent (10%) thereof. The Purchase Price may be adjusted on an annual basis at Supplier's sole discretion. Distributor shall determine the prices for which it resells the Products to its customers in the Territory under the principle of good faith taking into account the local customs duties, sales taxes and any other relevant taxes or fees.

(b) All payments to be made by Distributor to Supplier under this Agreement shall be made in U.S. Dollars. The Purchase Price shall be paid by wire transfer to an account designated by Supplier within thirty (30) days from Supplier's acceptance of the purchase order.

(Version 4)

Payment Method & Taxes

(a) Buyer shall pay Seller for the Products by irrevocable Letter of Credit ("L/C") within thirty (30) days from the date of delivery covering the Products which have been ordered as set forth in this Article XX. Buyer shall open an irrevocable L/C in a bank agreed upon by the Parties immediately after the receipt of Seller's written acknowledgement under Article XX in favor of Seller and payable upon the delivery of the ordered Products.

(b) All U.S. taxes arising out of or in connection with the manufacture and supply of the Products under this Agreement shall be borne by Seller. In the event that Seller is obligated to collect or withhold taxes in connection with its payments to Buyer under this Agreement, Seller shall pay Buyer the amount equal to the tax collected or withheld in respect to any payment due under this Agreement to insure that no such tax liability is transferred to Buyer.

4.6 목적물의 지식재산의 소유권(intellectual property ownership)에 관한 사항

국제거래 계약의 당사자 간 관계나 국제물품거래지역 등에 비추어 매매목적물에 관한 특허 등 지식재산권에 관한 사항이 문제될 수 있어 거래 목적물의 소유권과 특허권 등 라이선스에 관한 조항을 둔다. 특히, OEM(주문자상표부착방식 생산)계약과 ODM(제조자 개발(설계) 생산)계약 등 물품제조공급계약(manufacture and supply agreement)에서 목적물의 제조와 관련해 발생할 수 있는 지식재산권에 관한 문제를 고려해야 한다. 이와 관련해, 계약상 발주자 내지 매수인은 대체로 자신의 디자인, 상표, 제조방식, 기술정보 등 지식재산을 제조공급자가 사용할 수 있도록 한다. 제조공급자는 해당 계약의 목적범위 내에서 그 지식재산을 사용하고 이를 침해하지 않을 것을 약속하고, 발주자 내지 매수인의 지식재산을 비롯해 물품의 제조과정에서 사용한 기술 등이 제3자의 지식재산을 침해하지 않는다는 점 등을 진술하고 보증하며, 이를 위반한 경우 발주자 내지 매수인의 구제방법 등을 규정한다. 또한, 제조공급자가 물품의 제조와 관련해 새로운 개량기술 등을 생성할 경우 그 개량기술에 관한 지식재산권의 보유자에 관한 사항도 명확히 할 필요가 있다.

[Example 1]

아래는 물품제조공급계약(manufacture and supply agreement)에서 당사자 간 지식재산권에 관한 사항을 규정한 기재례들이다. 공급자의 물품의 생산과 공급을 위해 매수인이 자신의 특허, 디자인 등 지식재산을 계약상 필요한 범위에서 공급자가 사용할 수 있도록 하면서 그 지식재산의 소유권이 매수인에게 있다는 점을 명시한다.

- **License and Ownership.** Nothing in this Agreement will be interpreted as an assignment by Buyer to Supplier of any right, title, and interest in Product, marketing rights to Product, prototypes, design drawings, tooling/mold drawings and molds or in any of Buyer's patents, trademarks, trade names, inventions, copyrights, know-how and trade secrets relating to the design or manufacture of such Product, all of which is owned by Buyer. The use by Supplier of any of these proprietary rights is authorized only for the purposes set forth herein and, upon termination of this Agreement for any reason, such authorization will cease.
- Pursuant to the limitation stipulated in Section XX, Buyer may, at its sole discretion, grant to Supplier a non-exclusive and non-transferable license, without the right to sublicense, to use the Technology in the Territory to manufacture and sell the Products to Buyer. Supplier shall have no right whatsoever under this Agreement to market and sell the Products outside of the Territory except to sell the Products to Buyer.

[Example 2]

아래는 물품제조공급계약(manufacture and supply agreement)에서 공급자의 진술 및 보증(supplier's representations and warranties)에 관한 기재례들이다. 여기서 공급자는 일반적으로 매수인이 제공한 상표, 디자인 등 지식재산을 계약의 목적범위 내에서만 사용한다는 점, 제조된 물품에 결함이 없다는 점, 물품의 제조공급에 필요한 권리가 있다는 점, 다른 지식재산권의 침해가 없다는 점 등에 대한 진술과 보증을 한다.

- Supplier represents, warrants and covenants that (i) as of the Effective Date, there are no actions or proceedings alleging intellectual property infringement against Supplier that would adversely affect its ability to manufacture Product; (ii) Supplier has all necessary right and license to manufacture Product, other than use of the proprietary rights granted to Supplier by Buyer hereunder; and (iii) Supplier has the ability to, and will, manufacture Product to meet the Specification.
- Supplier warrants to Buyer that all Product delivered hereunder, including all components and raw materials incorporated therein, as well as Product corrected under this warranty, shall be free from defects in workmanship, materials and manufacture, shall be fit for their intended use, shall be of merchantable quality and shall comply with the Specification for such Product. Supplier further warrants that all Product delivered hereunder does not infringe on any intellectual property right of any other person.

4.7 준거법조항(governing law clause)

국제거래 계약의 분쟁해결과 관련한 준거법조항(governing law clause)에서 살펴본 바와 같이, 계약당사자들은 대부분 특정한 주나 국가의 법률을 준거법으로 선택하지만, 국제법규범을 준거법으로 선택할 수도 있다.[54] 예를 들어, 국제거래 계약의 각 당사자가 상대방 당사자 국가의 법률의 적용을 반대한다면 당사자들은 UNIDROIT Principles를 해당 계약의 적용 법규범으로 정할 수 있다. UNIDROIT Principles는 국제상사계약의 당사자들의 합의로 이를 적용하기로 하거나, 당사자 간 합의가 없더라도, 국제상사계약에서 발생하는 분쟁을 해결하기 위한 법적 기준으로서 각국의 법원이나 국제중재에서 중재인들이 원용할 수 있는 적정한 법원리로 인정

54 준거법조항에 관한 자세한 내용은 "Chapter 8. III. Jurisdiction Clause(재판관할조항)" 단원을 참고하기 바란다.

되고 있다. 한편, 국제 동산물품매매거래와 관련해 UNCITRAL(유엔 국제상거래법위원회)이 제정한 CISG(United Nations Convention on Contracts for the International Sale of Goods; 국제물품매매계약에 관한 유엔협약)가 국제물품거래계약의 준거법으로 적용될 수 있는지 문제되는데, 계약당사자가 모두 CISG의 가입국인 경우 개별국가의 법에 앞서 CISG가 직접 적용될 수 있다. 이때 CISG가 규율하지 않는 사항이 있다면 그때는 당사자가 합의한 준거법 또는 국제사법에 따라서 결정된 준거법에 따르게 된다. 다만, 계약당사자들은 당사자 중 어느 한 국가의 법이나 제3국가의 법을 준거법으로 선택하면서 CISG의 적용을 배제하는 경우 CISG는 적용되지 않는다. CISG의 체약국에 속한 당사자들이 CISG의 적용을 배제하지 않고 개별국가의 법률을 준거법으로 정하는 경우, CISG상 규정과 당사자가 정한 준거법상 계약법규가 상충되는 때 당사자 간 적용법규에 대한 다툼이 있을 수 있다. 실무상 국제물품거래의 당사자들은 일반적으로 자신들이 직접 선택한 특정 국가의 법률에 따르는 것을 선호하는데, 이 경우 CISG상 규정과 당사자들이 정한 준거법간 법규 적용의 혼란을 피하기 위해, 준거법조항에 CISG의 적용을 배제하기로 하는 규정을 둘 필요가 있다.

[Example]

아래는 국제물품매매계약에서 준거법조항의 기재례들이다. 첫째 및 둘째 예문은 당사자 간 계약의 준거법으로 CISG의 적용을 배제하고자 하는 경우인데, 이는 당사자들이 준거법으로 정한 특정한 주나 국가의 법률을 명시하면서 함께 언급된다. 셋째 예문은 국제법규범으로 UNIDROIT Principles를 준거법으로 할 것을 명시한 경우인데, 이는 분쟁해결규정인 중재조항과 함께 사용되어 중재시 분쟁을 해결하는 법규범으로서 기능한다.

- The Parties hereby disclaim the applicability of the Convention for the International Sale of Goods (United Nations Convention on Contracts for the International Sales of Goods (CISG)).
- The application of United Nations Convention on Contracts for the International Sale of Goods to this Agreement is hereby expressly excluded.
- This agreement is governed by the UNIDROIT Principles of International Commercial Contracts 2016.

Ⅴ. Agency Agreement(대리점계약)와 Distributorship Agreement(판매점계약)

1. 국제물품 판매거래 방식의 이해

수출업자가 물품을 해외에 판매하는 방식은 단발적으로 판매하는 전형적 매매계약 형태 이외에, 현지에 자회사나 지점 등을 설립해서 물품을 직접 판매하거나, 대리점 또는 판매점이나 총판 등과 거래관계를 통해 판매할 수도 있다. 해외 현지에서 직접 판매를 하는 경우 대리점이나 총판 등과의 거래에 따른 비용을 줄일 수는 있으나, 자회사나 지점 등의 설치 및 운영에 따른 비용이 들 수 있으며 직접 판매활동에 따른 비용과 함께 현지의 시장상황을 모르는 상태에서 고객을 개척하기가 어려울 수 있다.[55] 이에, 수출기업은 대체로 해외에서 물품거래를 하는 초기단계에서 현지에 지사를 설립하는 것보다는 현지의 정황과 시장, 거래 관습을 보다 잘 알고 있는 대리점이나 총판업체와 거래관계를 맺어 물품의 매출과 시장을 확장할 수 있는 방안을 실무적으로 많이 활용한다. 즉, 수출업자를 대신해 대상국가에서 물품을 판매할 수 있는 자와 사이에 Agency Agreement(대리점계약)를 체결하고 그 대리점에 물품을 공급하는 거래방식이나, 수출업자가 물품에 대한 해외 마케팅과 판매를 할 수 있는 대상국가의 수입상과 사이에 Distributorship Agreement(distributor agreement; distribution agreement; 판매점계약; 판매권계약; 유통계약)를 체결해 거래하는 방식이 주로 이용된다.

Agency Agreement(대리점계약)나 Distributorship Agreement(판매점계약)를 체결하여 수출업자는 대리점이나 판매점을 통해 대상국가에 지속적인 수요처를 확보하는 동시에 해당 국가에서의 대리점 또는 판매점의 판매망이나 영업망을 이용할 수 있

55 대리점이나 총판을 통한 물품판매방식은 주로 수출업자 내지 공급자가 대상지역에 대한 지식의 부족, 영업망의 부재 등으로 인해 물품을 직접 판매할 경우 겪게 될 비용과 위험을 줄이면서 판매자를 사실상 자신의 영업조직에 포섭하기 위한 목적으로 이루어질 수 있다. 이러한 물품판매방식은 직접 판매망의 설치에 따른 비용을 줄일 수 있으며, 대리점이나 총판이 이미 개척한 판로를 이용해 현지 시장의 상태, 고객의 기호, 판매 촉진방법 등에 정통한 대리점을 통해 판매할 수 있는 장점이 있으나, 공급자의 경우 대리점의 수수료나 마진으로 인해 이익이 적어질 수 있다. 이런 사정을 고려하면, 처음에는 총판이나 대리점을 통해 상품판매를 하고 시장 진출이 궤도에 오르고 현지에서 어느 정도 지명도가 생기면 직접 판매로 전환하는 것을 고려할 수 있다.

는 장점이 있다. 대리점이나 판매점의 입장에서는 독점계약(exclusive agreement)[56]을 체결하는 경우 계약 대상지역에서 당해 물품을 독점적으로 판매할 수 있으며, 수출기업의 상표 또는 상품이 해당 국가에서 널리 알려져 있다면 이러한 수출물품의 공급자의 명성도 판매점이나 대리점이 독점적으로 향유할 수 있다는 이점이 있다.[57] 한편, 물품의 공급자인 수출업자는 대리점이나 판매점 내지 총판을 자신의 일시적 현지 판매처로 사용하고 장기적으로 현지에서 직접 판매하기를 원하는 경우가 많다. 이 경우 수출업자는 장래 직접판매를 원활하게 진행하기 위해서 대리점 또는 판매점이 구축한 영업망을 이용할 필요가 있는데, 이를 위해 이들로 하여금 고객정보를 정기적으로 제공하게 하고, 계약이 종료된 후에는 모든 영업정보를 자신에게 이전하도록 하는 의무를 부과할 수 있다.

2. Agency Agreement와 Distributorship Agreement의 법적 성격과 구별점

법률적으로 보면, Agency Agreement(대리점계약)는 대리상(agent)이 본인(principal)인 공급자(supplier)와 물품구매자 간 거래를 매개하여 주는 역할을 하도록 하는 계약으로, 국제거래에서 수출업자는 본인(principal)이고, 대리점은 대리인(agent)이 된다. 대리점은 물품의 공급자인 본인으로부터 수수료(commission)를 받고 특정 지역(territory)에서 공급자인 본인과 구매자를 중개 내지 대리하여 판매계약을 체결하는 자로서 공급자에게 종속되어 독립적인 책임이나 위험을 부담하지 않는다. 대리점(agency)은 본인인 공급자를 대리하여 물품을 판매하고, 그 물품의 구입자에 대해서는 매도인의 입장에 서지 않는다.[58] 대리점 입장에서는 자신의 영업망과 영업능력을 이용해 고객과 계약을 체결함으로써 본인으로부터 수수료를 받고, 공급자의 입장에서는 판매점계약과 마찬가지로 대상국가(territory)에 대한 지식의 부족과 영업망의 부재로 인하여 발생할 수 있는 비용과 위험을 줄일 수 있다.[59]

56 독점판매점계약(exclusive distributorship agreement; exclusive distributor agreement; 독점판매권계약)은 일정한 상품을 특정한 지역에서 일정기간 동안 해당 판매점에 판매권을 부여하는 계약으로, “총판계약”이라고도 한다. “총판”은 일반적으로 독점판매점(exclusive distributor)을 의미한다.

57 판매점/총판의 독점적 판매권은 당해 국가에서 허용되는 “병행수입”에 의해 방해받을 수는 있다.

58 예를 들어, 보험대리점, 가전대리점 등이 있을 수 있다.

반면, 판매점계약(distributorship agreement)은 공급자(supplier)가 일정한 물품을 판매업자(distributor)에게 매도할 것을 약속하고, 판매업자는 특정 지역(territory)에서 그 상품을 자신의 고객에게 판매하기로 하는 계약이다. Distributorship Agreement(판매점계약)는 기본적으로 공급자가 매도인이 되고 판매점이 매수인이 되는 계속적 물품의 공급 내지 매매계약으로, 판매점이 고객에게 전매할 목적으로 자신의 명의와 비용으로 일정량의 물품을 공급자로부터 계속적으로 매수하고, 공급자는 판매점에게 물품을 공급하고 일정한 지역에서 물품을 판매 유통할 권한을 부여한다.[60] 판매점계약(distributorship agreement)의 경우 대리점계약(agency agreement)과 달리, 판매업자(distributor)는 독립적인 상인(independent merchant)으로 공급자로부터 보수를 지급받지 않으며, 자신의 위험과 비용으로 제품을 구입해 재판매하고 그에 따른 사업상의 위험을 부담한다. 즉, 판매점은 공급자로부터 물품을 직접 구매한 후 그 물품을 다시 제3자에게 판매하는 것으로, 고객에게 물품을 판매하지 못하면 이윤(margin)을 얻지 못할 뿐 아니라 제품의 재고를 떠안고 구매 제품에 대한 책임을 부담한다. 판매점계약은 단순히 장래의 물품판매에 대해 합의하는 것이 아니라, 일반적으로 공급자의 상품을 특정 지역에서 유통하기로 하는 당사자 간 장기적이고 지속적인 거래관계(long-term relationship)를 맺는다.[61] 이에, 판매점계약은 물품의 구매와 판매 내지 유통에 걸친 다양한 측면에서 검토되어야 하는데, 예를 들면, 특정 브랜드의 사용, 판매/유통업체 직원의 교육, 물품판매 후의 고객 지원, 대상지역 내 공급업체의 제품이나 브랜드 광고를 포함할 수 있다. 그리고, Distributorship Agreement(판매점계약)에서 판매점의 고객에 대한 판매가격을 공급자가 미리 정하거나 최저가격을 설정하거나 할인판매를 금지하는 등의 가격제한규정을 두는 경우도 있다.[62] 또한, 물품의 판매나 유통과 관련된 필수적인 문제 이외에도, 당사자들은 독점조항(exclusivity clause), 경쟁금지조항(non-competition clause) 등 당사자 간의 관계를 보다 상세하게 특징짓는 규정을 둘 수 있으며, 필요한 경우

---

59 대리점계약은 국내법상으로는 대리상이 본인을 위해 사무처리를 목적으로 하는 일종의 위임계약으로 민법과 상법의 위임에 관한 일반규정과 상법상 대리상에 관한 특별규정들(민법 제680조 - 제692조; 상법 제49조 - 제50조; 상법 제87조 - 제92조의3)이 적용될 수 있다.

60 국제총판계약에서 수출상은 통상 공급자(supplier)라 하고, 수입상은 판매자(distributor)라 한다.

61 판매점계약은 국제시장에서 상품의 진입과 유통을 촉진하고, 서로 다른 지역에 존재하는 공급자와 최종 소비자를 연결해 공급자의 상품이나 서비스를 소비자에게 이용할 수 있게 한다.

62 이는 공급자의 공정거래 관련 법규 위반이 문제될 여지가 있다. 우리나라의 경우 공급자가 독점규제 및 공정거래에 관한 법률상 시장지배적 사업자에 해당하는 경우 가격제한규정이 부당하게 가격을 결정, 유지 또는 변경하는 행위로 인정된다면 제재를 받을 수 있다.

관련 법규를 계약서에 특정해 언급하는 것이 요구될 수 있다.

따라서, 법률적인 면에서 기본적으로 판매점계약(distributorship agreement)의 경우 공급자와 판매업자의 관계(supplier-distributor relationship)가 성립되는 반면, 대리점계약(agency agreement)의 경우 본인과 대리인의 관계(principal-agent relationship)가 성립된다. 대리점(agency)과 판매점(distributor)은 모두 물품의 제조공급자를 위해 고객을 발굴하고 그에 따른 이익을 향유하게 되지만, 고객과의 거래에서 계약상 책임이 누구에게 있는지 또는 수익을 어떻게 창출하는지 등에 따라 구분될 수 있다. 판매점관계(distribution relationship)와 대리점관계(agency relationship) 간의 차이를 나타내기 위해, 대체로 판매점(distributor)의 독립성이 강조되는데, 상품의 운송, 포장 및 배송 등을 프함한 최종 소비자와 제조업체 내지 공급업체를 연결하는 거래는 판매점 자신이 독립된 상인으로서 스스로 위험을 부담한다. 판매점계약을 통해, 공급자와 판매자는 판매자가 운영하는 시장에서 공급자의 상품을 정착시키는 것을 목표로 협업을 시작하고, 그 상품의 거래와 관련된 역할, 책임, 위험의 분배를 바탕으로, 각 당사자는 일정 수준의 자율성을 유지하면서 그 상품 거래의 수익의 기회나 실패에 따른 책임을 분담한다. 판매점계약(distributorship agreement)상 공급자는 특정한 물품을 판매점에 공급할 의무를 부담하고, 동시에 판매점은 자신의 명의로 자신의 이익을 위해 그 물품을 구매해 특정 지역에서 고객에게 공급자의 물품이나 서비스를 유통하거나 분배할 권리를 가진다. 판매점(distributor)은 공급자로부터 구입한 물품을 자기의 명의와 계산으로 다시 판매하는 과정에서 발생하는 차익(margin)으로 수익을 얻는다. 대리점(agency)은 공급자인 본인의 대리인이기 때문에 대리상이 체결한 계약의 당사자는 대리점이 아니라 본인이며, 판매점의 경우 판매점은 공급자와 별도로 계약의 당사자 지위를 갖는다는 차이가 있다. 그 결과 Agency Agreement(대리점계약)에서 대리점이 체결한 계약에 대해 고객과 분쟁이 발생한 경우 물품의 공급자인 본인이 최종적인 책임을 부담하지만, Distributorship Agreement(판매점계약)의 경우 판매점이 고객과 체결한 계약에 대한 분쟁이 발생하면 판매점만 책임을 부담하고 공급자는 책임을 부담하지 않는다. 이러한 점에서 공급자의 입장에서 판매점계약 방식은 대리점거래에 비해 새로운 시장이나 지역으로 사업을 확장함에 보다 낮은 위험을 수반할 수 있다.

다만, 국제물품거래에서 대리점계약(agency agreement)과 판매점계약(distributorship agreement)은 수출업자의 물품을 어떠한 법률적 방식으로 판매하는지에 대한 차이가 있지만, 당사자 간 계약에서 물품의 판매 대상지역(territory)이나 대리점이나 판매점/총판의 판매의 독점권(exclusivity) 여부를 정하는 등 특정 지역에서 해당 물품의 판매와 관련된 거래를 정한다는 점에서는 기능적으로 상당한 유사성을 가지고 있다. 또한, 대리점계약과 판매점계약의 법적 성격의 차이와 달리, 실제 당사자 간 거래계약에서 그 법률적 성격을 특별히 따지지 않고 계약의 명칭을 혼용하거나 관련 준거법규나 당사자 간 합의에 따라 법률적 관계가 별도로 설정될 수 있다.[63] 즉, 국제물품 판매거래에서 대리점과 판매점은 그 용어가 혼용되어 쓰이거나 특약점이나 판매대리점으로도 불리고, 물품판매업자를 대리상이나 오퍼상이라고도 하며, 영어로도 "distributor," "agent," "dealer" 등 용어를 혼용해 써, "agency" 또는 "agent"라는 용어를 사용하더라도 법률적으로 볼 때 "distributor"의 성격을 갖거나, 그 반대의 경우도 있다.[64] 결국, Agency Agreement인지 Distributorship Agreement인지의 문제는 단순히 계약서 표제가 어떤 명칭으로 되어 있는지가 아니라 실제 당사자 간 거래행위나 계약내용이 어떻게 이루어지는지에 따라 다를 수 있다. 이에, 실무상 사용되는 용어만으로는 당사자 간 거래관계의 정확한 법률적 성격을 파악하기 어려울 수 있기 때문에 그 사용되는 용어 자체보다는 실제 개별 계약내용을 면밀히 파악하는 것이 중요하다. 아래는 Agency Agreement와 Distributorship Agreement를 구별할 때 기본적으로 비교되는 항목을 나타낸 목록표이다.

63 실제 거래에서 Agency Agreement(대리점계약)와 Distributorship Agreement(판매점/총판계약)가 혼용된 다양한 형태의 계약이 있으며, 계약의 법률적 취급에 있어서도 개별국가의 법률에 따라 다를 수 있다는 점을 유의할 필요가 있다. 예를 들어, 실제로 대리점(agency) 권한만 갖고 있는 회사가 우리나라 조달청에 일정 규모 이상의 물품을 납품할 때 조달청에서는 대리점(agency)으로 하여금 계약의 이행보증증권을 제출하도록 하고 있는데, 이 경우 거래의 책임을 대리점(agency)에게 지우는 것으로, 판매점/총판(distributor)에 준하는 책임을 대리점(agency)에 부과하는 것이라 할 수 있다. 한편, 프랜차이즈(franchise), 즉 가맹점이란 형태로 이루어지는 가맹점계약이 있는데, 이는 가맹점이 가맹본부에 가맹금을 지급하고, 가맹본부의 상표나 상호 등 영업표지를 사용하면서 가맹본부로부터 경영이나 영업활동의 지원을 받고 사업이익 단위당 일정 비율의 로열티(royalty)를 지급하는 방식의 계약이다(가맹사업거래의 공정화에 관한 법률 제2조). 대리점은 제3자와 본인의 계약체결을 주선하고 성사된 거래 건별로 수수료를 받지만, 가맹점은 자기의 계산으로 가맹본부의 상호를 사용하여 직접 제3자와 계약을 체결하고 가맹본부에게 가맹금을 지급한다는 점이 다르다. 우리나라의 경우 이러한 가맹점계약에 대해 가맹본부의 경제력 남용으로부터 가맹점사업자들을 보호하기 위해 가맹사업거래의 공정화에 관한 법률에 상당한 강행규정을 두고, 공정거래위원회의 표준가맹계약서도 제정되어 있다.

64 특약점이라는 말은 많은 경우 판매점/총판을 의미하고, 판매대리점은 경우에 따라 대리점 또는 판매점/총판의 의미로 쓰일 수 있다. 그러나, 어떤 경우에도 이름과 내용이 반드시 일치한다고 할 수 없으며, 그 계약의 실체에 따라 구별된다. 어떻든 문제는 용어가 아니라 내용이기 때문에 그 용어가 어떤 의미로 사용되었는지를 계약상 명백히 할 필요가 있다.

▌Agency Agreement와 Distributorship Agreement▐

No	쟁점	Agency Agreement	Distributorship Agreement
1	당사자의 지위	본인(principal)에 대한 대리인(agent)	공급자/매도인(supplier; seller)에 대한 매수인(purchaser)
2	물품판매업자의 수익	수수료(commission)	물품판매차익(margin)
3	거래상 법률책임	본인(principal)	판매점/총판(distributor)
4	최소구매주문(minimum purchase order)	대리 내지 위임 법률관계로 불가능	매매의 일종으로 가능할 수 있음
5	기타 공통사항	Exclusivity(독점권), Non-Competition(경쟁금지), Confidentiality(비밀유지), Inspection(물품검수), Intellectual Property(지식재산) 등에 관한 사항은 공통적으로 문제됨	

3. Agency Agreement와 Distributorship Agreement 관련 유의점 및 주요 기재례

대리점계약(agency agreement)이나 판매점계약(distributorship agreement)은 국제거래에서 가장 일반적인 계약 형태 중의 하나인데, 법적 관점에서 대리점계약은 공급자와 대리점 간의 대리관계를, 판매점계약은 공급자가 매도인이 되고 판매자가 매수인이 되는 물품매매관계를 가진다는 법률상 당사자의 지위의 차이로 인해, 물품공급에 대한 주문이나 대가지급 또는 고객에 대한 물품판매에 따른 법률적 책임부담 등에서 구별되는 특성을 가질 수 있다. 판매점과 대리점을 구분할 수 있는 주된 징표 중의 하나는 판매업자(distributor) 조직의 자율성(organizational autonomy)이다. 판매점은 자신의 명의와 비용으로 운영되는 반면, 대리점은 타인인 본인을 대신해 상품의 구매와 판매의 협상을 하거나, 본인의 명의나 본인(principal)을 위해서 거래를 협상하여 종결지을 수 있는 지속적인 권한을 가진 중개인(self-employed intermediary)으로서 역할을 한다. 판매점계약은 당사자 간 거래형태에 따라 다양한 법률관계가 상존할 수 있는 비정형 계약의 성격을 가진다. 국제적으로 대리점 내지 판매점계약을 규율하는 일반적인 법적 수단은 없으며, 대부분의 국가에서는 대리점이나 판매점 거래의 법적 정의나 거래계약에 필요한 사항 등에 관한 구체적인 법규를 두고 있는 경우는 드물다.[65] 다만, 대리점계약의 경우 본인과 대리점 간 대

65 미국의 경우 법률체계는 연방과 주(federal and states)의 두 단계로 구성되어 있으며, 미국연방헌법(US Constitution)에 의해 상호 작용한다. 일반적인 계약법은 국가 전체적으로 보편적일 수

CHAPTER 9

리에 관한 법률적 관계로 이해될 수 있어 대리점이 본인이 위임한 대리권한의 범위 내에서 물품판매행위를 한 경우 본인은 공급자로서 고객에 대해 그 물품판매행위에 따른 책임을 부담하게 되는데, 구체적으로는 대리관계를 규율하는 개별국가의 준거법이나 국제법규에 따를 수 있다.[66]

한편, 판매점계약에서 공급업체(supplier)와 판매업자(distributor) 간 거래는 기본적으로 공급업체가 물품을 판매업자에게 판매하고 판매업자는 그 물품을 재판매하는 구조(purchase-resale structure)를 갖는다. 즉, 판매점계약의 일반적인 구조는 당사자 간 기본합의서(framework agreement)를 맺고 그 규정된 조건에 따라 일정한 기간 동안 공급업체는 특정한 상품을 해당 시장에 판매하기 위해 판매점에 공급하고, 판매점은 이러한 공급업체의 상품을 구매해 그 시장에 판매하게 된다.[67] 이에, 판매점거래의 경우 당사자 간 계약규정뿐만 아니라 준거법상 물품매매 관련 적용법규나 CISG(국제물품매매계약에 관한 유엔협약), Incoterms(국제무역거래조건) 등 국제법규범도 검토할 필요가 있다. 그런데, 판매점 거래관계는 단순히 일회성 물품매매거래보다 판매업자가 물품을 재판매하기 위해 공급자로부터 그 물품을 구매하는 데 국한되지 않고 관련 시장에서 유통되는 물품이나 서비스의 상업적 교환을 수행하기 위해 공급자와 판매자 간에 비교적 장기적 협업(long-term collaboration)을 필

있지만, 계약의 특정 요소에 대한 구체적인 법원의 해석은 주마다 다를 수 있다. 특히, 판매점/총판계약(distribution contract)은 대부분의 경우 상사관행의 산물이기 때문에 주의 보통법(common law)이 이러한 종류의 협의의 특징적인 요소를 설명하는 데 필수적인 역할을 하고 있다. 또한, 상사계약과 관련된 일부 사항들은 모델법인 "UCC(Uniform Commercial Code; 통일상법전)"를 채용한 개별 주법에 의해 규율될 수 있기 때문에 많은 경우 관련 판례법의 분석을 통해 UCC조항이 판매점/총판계약(distribution contract)에 적용될 수 있는지 여부를 파악할 필요가 있다. 유럽연합(European Union)의 경우 판매유통관계를 특별히 규율하고 있지 않다. 다만, "Rome I Regulation(로마 I 규정)"에서 판매점/총판계약(distribution contract)에 적용되는 법률을 판단하기 위한 일정한 원칙을 규정하면서도 특정한 계약유형을 언급하고 있지는 않아(Article 4.1.(f) of the Rome I Regulation), 판매점/총판계약의 개별 유형은 개별 회원국의 법규에 따라 다를 수 있다.

66 국제거래의 관점에서, UNIDROIT는 "Convention on Agency in the International Sale of Goods"를 공표한 바 있다.－UNIDROIT, Guide To International Master Franchise Agreements (2nd ed., 2007): http://www.unidroit.org/instruments/franchising/guide/second-edition-2007.

67 판매점/총판의 기본합의서(framework agreement)는 당사자 간 관계에 기본적인 합의사항을 담고 있으며, 특정 물품과 관련해 공급자와 판매자 간 개별 구매거래의 기준이 된다. 판매점계약에서 공급자로부터 상품을 공급받은 판매업자는 자신의 명의와 책임하에 그 상품을 재판매하고, 그 상품의 재판매를 통해 얻는 모든 이익은 판매업자에게 귀속된다. 판매업자의 물품의 판촉 등 제반 활동은 판매업자 자신의 책임으로, 물품의 판매와 관련되는 비용이나 손실에 대한 책임은 공급자가 아니라 판매업자가 부담하게 된다.

요로 한다.

다만, 대리점계약이든 판매점계약이든 기본적으로 특정한 지역에 물품의 판매를 위해 비교적 장기적·지속적 당사자 간 물품거래관계가 요구되기 때문에 당사자들 상호간의 구체적 거래관계나 합의에 따라 계약내용은 다양할 수 있다. 또한, 대리점계약이든 판매점계약이든 계약 대상지역(territory)을 정하거나 물품판매의 독점권(exclusivity) 부여 등에 관한 사항 등 거래계약의 전체적인 구조나 조건에서는 대체로 유사한 형태로 이루어진다. 그리고, 실무상 대리점과 판매점은 그 용어가 혼용되어 쓰여 판매대리점이라는 표현을 사용하기도 해 이를 엄격히 용어만으로 구별하기 어려운 점이 있다. 이러한 점들에 비추어, 이하에서는 국제물품판매거래의 대표적 거래형태인 판매점계약(distributorship agreement)을 중심으로 주요 계약조건들을 파악하면서, 필요한 범위에서 대리점계약(agency agreement)의 이슈들을 함께 살펴본다. 구체적으로, (i) 물품의 판매에 대한 독점권(exclusivity)과 대상지역(territory), (ii) 공급자와 판매점 또는 대리점 간 물품거래, (iii) 판매점 또는 대리점의 판매활동 관련 계약조건, (iv) 판매점 또는 대리점의 수익, (v) 경쟁금지(non-competition)의 문제, (vi) 라이선스(license) 관련 문제, (vii) 계약기간, 당사자 간 관련 정보의 제공이나 비밀유지의무에 관한 사항 등 기타 유의사항 및 기재례들을 개별적으로 알아본다.

3.1 물품의 판매에 대한 독점권(exclusivity)과 대상지역(territory)

물품의 공급자는 대리점이나 판매점을 정할 때 물품판매에 대한 독점권을 부여할 것인지를 고려하게 된다. 독점판매점계약(exclusive distributorship agreement; 총판계약)의 경우 대체로 공급자는 정해진 지리적 영역 내에서 판매업자의 경쟁자를 통해 상품을 판매하지 않기로 하며, 판매업자는 공급자의 경쟁사 상품의 마케팅이나 유통을 하지 않을 것을 규정한다. 공급자의 대리점이나 판매점 지정(appointment)의 요건은 일반적으로 대상 국가의 계약법원리 등 법규의 규제를 받을 수 있다. 예를 들어, 판매되는 물품에 따라 판매업자에게 일정한 법적 자격요건이 필요할 수 있으며, 특정 지역의 법률이 상품의 수입절차나 현지에서의 판매유통에 있어 해당 지역 대표의 참여를 요구할 수 있다.[68] 또한, 대리점이나 판매점은 대상지역에서 독

68 예를 들어, 의약품은 수요와 공급의 독특한 특성 때문에 매우 특별한 제품으로 여겨져, 제조업자의 의약품 판매에 대해서는 소비자의 안전한 소비와 접근가능성을 위해 엄격히 규제될 수 있다. — Sanjaya Lall, "Appropriate Pharmaceutical Policies in Developing Countries," Managerial

점권을 갖고 영업의 기반을 확고히 하고자 할 수 있고, 공급자는 여러 대리점 내지 판매점을 통해 다양한 판매경로를 확보하고자 할 수 있다. 다만, 판매업자는 사업상 여러 공급업체와의 거래를 필요로 할 수 있고, 공급자는 대상지역에서 단일한 영업유통망과 거래를 통해 해당 물품의 고객들에 대한 관리체계를 단순화하고자 할 수도 있어, 공급자가 대리점이나 판매점에게 대상지역에서 독점판매권을 부여할지 여부는 당사자의 이해관계에 따라 다를 수 있다.

공급자는 대리점이나 판매점/총판에게 물품판매의 독점권(exclusivity)을 부여하는 경우 다른 판매업자를 통한 판로 확장이 어려워지므로 대리점이나 판매점/총판에게 그에 상응하는 의무를 부담하게 할 수 있다. 이때, 공급자는 대리점이나 판매점/총판이 공급자의 상품 판매에 전념할 수 있도록 경쟁사의 제품을 취급해서는 안 되며, 일정한 기간 동안 최소주문요건 내지 최소구매주문(minimum order requirement; minimum purchase order)을 요구할 수 있다.[69] 대리점이나 판매점/총판의 입장에서는 해당 상품에 대한 독점권이 있으면 관련 경쟁자가 없어지게 되어 유리할 수 있으나, 공급자로부터의 이러한 요구에 대한 부담이 있을 수 있다. 반면, 공급자가 한 지역 내에서 둘 이상의 판매업자와 거래할 수 있는 비독점계약(non-exclusive agreement)의 경우 공급자는 대상지역에서 여러 판매업자를 통해 상품을

---

and Decision Economics, Vol. 6, No. 4 (1985), pp. 226-233; Michael Kremer, "Pharmaceuticals and the Developing World," American Economic Association, The Journal of Economic Perspectives, Vol. 16, No. 4 (2002), pp. 67-90.

69 물품의 최소한 판매목표를 설정하는 것 자체가 불공정거래행위가 되는 것은 아니지만, 그 판매목표를 달성하지 못한 경우 판매업자에게 불합리한 불이익을 가할 수 있도록 한다면 불공정거래행위가 될 수 있다. 우리나라의 경우 판매점/총판에게 최소구매주문(minimum purchase order)을 부과하고 이를 위반하면 일정한 제재나 배상금을 지급하도록 할 경우 독점규제 및 공정거래에 관한 법률상 우월적 지위의 남용이나 불공정거래행위의 소지가 있을 수 있다. 이 경우 해당 거래행위의 효력이 부정될 수 있고, 행정적 또는 형사적 제재대상이 될 수도 있다는 점을 유의할 필요가 있다. 우리나라는 독점규제 및 공정거래에 관한 법률 제45조에서 공정한 거래행위를 저해할 우려가 있는 "불공정거래행위"를 규제하고 있는데, 판매점계약과 관련해, 공정거래위원회는 "계속적 재판매거래등에 있어서의 거래상 지위 남용행위 세부유형 지정고시"를 두고 있다. 이에 따르면, 상품의 계속적 재판매거래의 경우 공급업자가 판매업자에 대해 거래상 우월한 지위를 가지는 때 공급업자는 자기가 공급하는 상품과 관련하여 거래상대방의 거래에 관한 목표를 제시하고 이를 달성하지 못하였다는 이유만으로 판매업자와의 계약을 중도에 해지하는 행위, 제품의 공급을 중단하는 행위, 판매업자에게 지급할 의무가 있는 금액의 전부 또는 일부를 지급하지 아니하는 등의 불이익을 제공하는 행위 등을 거래상 지위 남용행위 내지 불공정거래행위로 보아 이를 강제할 수 없도록 하고 있다. 불공정거래행위를 한 자는 공정거래위원회로부터 시정명령을 받거나 과징금을 부과받을 수 있고, 불공정거래행위를 당한 상대방은 손해배상을 청구할 수 있다.

공급할 수 있지만, 판매업자 또한 공급업체의 경쟁사의 상품을 판매할 수 있다. 따라서, 당사자들은 자신의 이해관계를 고려해 대리점 내지 판매점/총판에게 물품판매의 독점권부여 여부를 결정할 수 있다. 다만, 공급자는 대리점이나 판매점/총판에게 독점권을 부여하더라도 공급업체의 독자적인 판로 등을 고려해 공급자의 직접 판매를 예외적으로 허용할 수 있다. 그리고, 시장에서 제3자의 진입을 막는 독점적 상사거래관계의 구축은 경쟁 및 공정거래분야를 규율하는 법규와 미묘한 문제를 야기할 수 있기 때문에 독점판매권을 부여하고자 하는 경우 그 독점판매권이 설정되는 국가의 공정거래법규 위반이 문제될 수 있으므로 관련 국가의 공정거래법규를 검토할 필요가 있다.

한편, 계약상 단순히 독점적이라는 의미를 가지는 "exclusive," "exclusivity" 등의 용어를 사용한다고 하더라도, 그 의미는 다양하게 해석될 수 있으며 독점권 부여의 구체적 내용 또한 정해지는 것이 아니기 때문에 당사자 간 독점권과 관련한 다툼의 여지가 있다.[70] 이에, 계약서상 용어의 단순한 기재 이외에, 계약서의 전체적 내용상 물품판매에 관한 독점권을 부여한다는 점을 명시할 필요가 있다. 예를 들면, 계약서상 대리점이나 판매점이 일정한 지역에서 "exclusive"하게 물품판매활동을 할 수 있다고 기재되어 있더라도,[71] 이러한 "exclusive"라는 용어만으로 해당

---

70 독점판매(exclusive distribution)와 관련해, 계약상 "sole and exclusive"라는 용어를 사용하는 경우도 있는데, "sole distribution"은 엄격히 말하면 독점판매와 비독점판매의 중간적 개념으로, 단독판매라 할 수 있다. 이는 대체로 공급자가 다른 판매업자와 협력할 수 없도록 하면서, 공급자 자신이 스스로 해당 지역에 상품을 판매할 수 있도록 하는 의미를 가질 수 있다. 공급자가 직접 상품을 판매할 수 있도록 하는 "sole distribution"은 관련 시장에 다른 판매업자가 없고 공급자가 직접 판매자의 역할을 할 수 있어 상품의 광고 및 홍보의 관점에서 판매를 촉진할 수 있지만, 판매업자의 입장에서는 자신의 판매목표를 정하는 데 일정한 위험이 있을 수 있다. 그리고, 공급자가 정한 품질이나 물량 등의 구체적 기준을 바탕으로 지정된 판매업자에게만 계약 상품 또는 서비스를 판매하기로 약속하기로 하는 "selective distribution"도 있다. 선택적 판매(selective distribution)의 경우 공급자가 지역마다 중간업자나 도매업자를 지정하는 판매방식으로, 공급자는 일정한 소매 판매점/총판과 우선적 관계를 설정할 수 있다. 이러한 선택적 판매방식(selective distribution scheme)은 공급업체가 고가상품의 특성인 희소성과 명성을 관리하고자 하거나 계약의 대상이 되는 상품이 기술적으로 복잡한 제품인 경우에 자주 사용되는데, 이때 판매업자의 특수한 기술적·전문적 역량이 요구되어 판매업자는 여러 기준에 따라 선정될 수 있다. 이러한 판매거래는 일반적으로 전문기술이나 고가 상품과 같이 판매업자의 높은 수준의 전문지식을 필요로 하는 상품의 판매유통에서 많이 이용된다.

71 공급자가 대리점이나 판매점을 지정할 때, "The Supplier hereby appoints the Distributor as the exclusive distributor of the products set forth in Appendix B ("Products"), for the customers in the territory of Japan ("Exclusive Territory")." 등과 같이 계약상 "exclusive"라는 용어를 사용해 독점판매권을 부여할 수 있다.

지역에서 당연히 공급업체가 직접적 판매활동을 할 수 없는지 또는 대리점이나 판매점이 경쟁품의 취급금지의무를 부담하는지에 관해서는 논란의 여지가 있다. 이에, 계약상 독점권의 부여에 따른 당사자들 사이의 구체적인 제한사항들을 명확히 해야 한다. 즉, 해당 지역에서 대리점이나 판매점의 입장에서는 공급자의 직접적 판매활동금지에 관한 사항을, 공급자의 입장에서는 대리점이나 판매점의 경쟁상품의 취급금지의무에 관한 사항을 계약서상 명시해 둘 필요가 있다.

그리고, 대리점계약(agency agreement)이나 판매점계약(distributorship agreement)이 비독점적(non-exclusive)이라면 그 판매의 대상지역(territory)을 특정하는 것이 큰 문제가 되지 않을 수 있다. 그런데, 판매지역이 광범위하거나 지역별로 또는 국가별로 특색이 있거나 다른 영업활동을 펼쳐야 할 필요가 있을 수 있고, 제3국에 위치한 대리점과 영역분쟁이 발생할 수 있으므로 판매업자에 대한 독점권 부여 여부를 떠나 판매의 지역적 범위를 설정해 그 판매활동의 범위를 제한하는 것이 일반적이다. 특히, 대리점이나 판매점에 독점권(exclusivity)을 부여하는 경우 공급자는 계약 대상지역 내에서 제3자를 통한 판매를 할 수 없을 뿐 아니라 직접 판매도 할 수 없게 될 수 있으므로 그 대상지역의 제한을 가하는 것이 중요한 쟁점이 된다.[72] 계약이 적용되는 대상지역(territory)은 일반적으로 국가를 단위로 정하지만, 미국과 같이 경제규모가 크고 넓은 국가는 나라 전체가 아니라 몇 개의 주를 묶어서 대상지역으로 정하거나, 동남아시아나 남아메리카의 경우에는 시장이 상대적으로 작고 국가들이 밀집되어 있기 때문에 여러 국가를 하나로 묶어서 대상지역을 정할 수 있다. 다만, 독점권의 대상지역을 한 국가의 특정 지역만으로 하는 경우 해당 국가에서 경쟁을 저해하는 행위가 되어 공정거래법상 문제가 발생할 수 있으므로 관련 국가의 공정거래법규를 확인할 필요가 있다. 독점대리점이나 총판의 입장에서는 대상지역의 범위는 영업을 위한 강력한 유인책이 될 수 있으므로 공급자의 경우 계약체결시에 관련 국가나 지역의 일부 지역에 대해서만 독점권을 부여하고 나머지 지역에 대해서는 성과에 따라 독점권을 부여하기로 하는 약정을 할 수도 있다. 공급자의 경우 대상지역에서 대리점이나 판매점에게 일단 독점판매권을 수여하면 계약기간 동안 다른 판매업자를 지정할 수 없을 뿐만 아니라 직접 판매도 제한될 수 있으므로 판매업자의 영업망의 적합성 등을 고려해 신중하게 독점권

72 기업의 규모가 크거나 판매물품의 종류가 다양한 경우 각 사업부문이나 전문분야에 따라 특화된 별도의 대리점을 둘 수 있는데, 예를 들어, 방위산업, 자동차산업, 기기부품산업 등 해당 산업별로 독점권을 부여할 수도 있다.

부여 여부를 정할 필요가 있다.[73] 한편, 상품의 판매가 온라인을 통해 이루어지는 때, 즉 판매업자가 자신의 웹사이트에서 상품을 판매하는 경우 판매업자에게 할당된 지역 밖에 위치한 소비자가 상품을 구입할 수 있어 대상지역 밖에서의 판매가 문제될 수 있다. 이에 대해, 공급자의 입장에서는 판매업자가 다른 판매업자나 공급자가 자체적으로 판매를 유보한 지역에서 관련 상품을 적극적으로 판매를 할 수 없도록 하는 조항을 둘 수 있다.

[Example 1]

아래는 대리점계약이나 판매점계약상 공급업체의 판매업체 지정(appointment)에 있어 판매의 독점권(exclusivity)이나 대상지역(territory)의 설정 관련 기재례들이다. 대리점이나 판매점에게 독점권을 부여할 경우 독점권(exclusivity)이라는 용어 이외에 독점에 따른 당사자 간의 구체적인 권리의무를 명시할 필요가 있다. (Sample 1)과 (Sample 2)는 공급자가 판매점에게 일정한 대상지역에서 독점권을 부여하는 판매점계약의 예문들로, 판매점의 대상지역 이외의 지역에서 판매행위를 금지하는 등 당사자 간 구체적인 권리의무를 명시하고 있다. (Sample 3)는 서비스 제공을 대리하는 계약으로, 대리점계약의 경우 대상지역에서 본인의 물품 판매뿐만 아니라 서비스의 제공을 대리할 수도 있는데, 서비스 제공을 위한 대리점은 서비스계약(services agreement)의 일종으로도 볼 수 있다. (Sample 4)는 공급자가 대상지역을 한정해 판매점에게 비독점적 판매권을 부여하면서, 판매점이 공급자의 대리점이 아니라는 점과 공급자의 승인없이 다른 대리점이나 딜러를 고용하거나 참여시킬 수 없도록 하고 있다.

(Sample 1)

Exculsive Distributorship and Territory
Subject to the conditions set forth in this Agreement, Company hereby appoints Distributor, as the sole and exclusive importer and distributor of the Products (defined below in Article XX) for the territory comprised of the Republic of Korea (hereinafter referred to as "Territory"). Company shall supply the Products only to Distributor within the Territory and shall not sell

73 독점판매권을 부여한 후 판매자의 실적이 기대에 훨씬 미치지 못함에도 공급자가 계약기간 중에 다른 판매자를 지정할 수 없게 된다면 어려움을 겪을 수 있다. 한편, 제3자가 제조공급사로부터 다른 지역에서 정상적으로 구매한 물품을 독점대리점이 있는 지역에서 판매를 하는 병행수입(parallel import)의 문제가 있을 수 있는데, 병행수입에 대해서는 수출자인 제조공급자도 통제할 수 없는 측면이 있으므로 공급자의 입장에서는 가능한 한 이러한 경우를 면책사유로 할 필요가 있다.

or supply the Products to any third party who, Company could reasonably anticipate, would likely resell the Products to the Territory. In this regard, Company shall make reasonable efforts to prevent the Products from being sold by any third party other than Distributor. Distributor shall purchase the Products only from Company. Distributor shall not sell, distribute or otherwise make available the Products outside of the Territory.

(Sample 2)

Subject to the terms and conditions set forth in this Agreement, Supplier hereby (a) appoints Distributor as the exclusive distributor during the Term for the Products in the Territory; and (b) grants Distributor during the Term the exclusive right in the Territory, in accordance with Supplier's standards and subject to Supplier's prior approval: (i) to open and operate, for its own account, XX Stores and Concept Shops; (ii) to grant third parties the right to open and operate XX Stores; and (iii) upon Supplier's approval, which may be revoked in Supplier's discretion, to enter into relationships with YY, including those who offer products for sale through direct television shopping networks.

(Sample 3)

Appointment

(a) The Company hereby appoints the Agent, and the Agent hereby accepts such appointment, as Company's exclusive investment promotion agent in the Territory with authority to represent the Company for the purpose of acting on behalf of the Company in the Company's efforts to attract the Customers.
(b) The Agent shall not conclude or sign any kind of agreements with any person or firm on behalf of the Company without the prior written consent of the Company.

(Sample 4)

APPOINTMENT

(a) Supplier, subject to the terms and conditions under this Agreement, hereby grants to Distributor a non-exclusive, non-transferable and non-sublicensable right to sell, market, distribute and service for certain spare parts of an engine listed in Schedule A, as it may be amended from time to time (the "Products"), within the Territory as defined in Schedule B (the "Territory"), and Distributor hereby accepts such appointment as Supplier's non-exclusive distributor.
(b) Distributor shall not represent itself in any way to be the agent of Supplier, nor incur any liability on behalf of Supplier.
(c) Distributor shall not sublicense any of its right granted under this Agreement and shall not hire or engage sub-dealers, agents, or other

secondary distribution channels without the prior written consent of Supplier. Distributor shall not sell, provide or promote any of the Products outside of the Territory directly or indirectly or sell or provide the Products to any party who is reasonably considered by Distributor as intending to sell the Products outside of the Territory.

(d) During the term of this Agreement and [twelve (12)] months after termination or expiration of this Agreement, Distributor shall not manufacture, sell, service or promote, directly or indirectly, any products, which can compete with any of the Products.

[Example 2]

아래는 대리점계약이나 판매점계약에서 대상지역(territory)의 범위를 정한 기재례들이다. 대상지역은 일반적으로 국가 단위로 정할 수 있으나, 해당 국가의 시장규모가 큰 경우에는 그 일부 지역만으로 하거나 여러 국가의 시장규모가 크지 않고 지역적으로 인접되어 있는 경우에는 이를 하나로 묶어 대상지역을 정할 수 있다.

(Sample 1)

Territory. The territory of the Agent under this Agreement shall be limited to Republic of Korea.

(Sample 2)

The Supplier allows the Distributor to sell the Supplier's products in the countries, regions, and territories listed in below. This list may be amended by mutual agreement of the parties in writing.

(i) United States and Canada
(ii) Middle and South America
(iii) Australia

(Sample 3)

Territory

(a) The Territory is comprised of the countries in which Representative have exclusive rights to sell and are listed below:
(i) North America: Canada, USA
(ii) Central America: Mexico, Costa Rica
(iii) South America: Brazil, Chile

(b) The Agency shall not promote the Products to other territory than above listed in (a), without the prior written consent of Supplier, nor shall the Agency sell the Contract Products to persons or businesses entities which may resell them outside the Territory. The parties may from time to time reconsider the Contract Products or the Territory.

3.2 공급업자와 판매업자 간 물품거래

대리점이나 판매점 거래의 대상물품은, 앞서 살펴본 국제물품매매 내지 제조공급계약과 마찬가지로, 그 사양이나 명세로 구체적으로 특정되어야 하며, 특정할 내용이 많거나 복잡한 경우 이를 확인하기 용이하도록 계약서의 별첨(schedule, attachment)으로 분리해 작성할 필요가 있다. 판매점계약(distributorship agreement)의 경우 공급자와 판매점 사이의 복잡한 관계를 구성하는 다양한 요소들을 규정할 수 있지만, 기본적으로는 물품의 공급자는 매도인의 지위를 가지고 판매점은 매수인의 지위를 가지기 때문에 공급자와 판매점 간 물품의 매매 내지 제조공급에 관한 법적 관계를 포함한다. 이에, 앞서 살펴본 국제 물품매매 내지 제조공급과 관련한 주요 계약조건들로, (i) 물품의 주문(order)과 인도(delivery), (ii) 물품과 관련된 비용(cost)이나 위험부담(risk of loss)의 이전, (iii) 소유권(title)의 이전, (iv) 물품대금의 지급조건 등에 관한 사항들이 그대로 적용될 수 있다. 이러한 물품거래의 조건은 당사자 간 합의가 기본적인 근거가 되지만, 그 계약내용이 불분명해 분쟁이 발생하는 때 판매점계약상 준거법에 따른 해석을 할 수 있으며, 필요한 경우 국제물품거래계약을 규율하는 국제법규범들이 당사자의 합의에 따라 직접적 또는 보충적으로 적용될 수 있다. 이와 관련해, 국제물품거래를 일괄적으로 규율하는 법규는 존재하지 않지만, UNCITRAL(유엔 국제상거래법위원회)이 기초한 CISG(국제물품매매계약에 관한 유엔협약), ICC(국제상업회의소)가 마련한 Incoterms, UNIDROIT가 제시한 UNIDROIT Principles(국제상사계약원칙) 등의 이해가 필요하다.[74] 예를 들어, 판매점계약에서 물품의 인도 등 조건과 관련해, Incoterms의 무역조건 중 널리 이용되는 FOB(Free On Board; 본선인도조건)를 선택한 경우 상품이 선박에 적재될 때까지 발생하는 모든 운송비용, 선박적재 및 세관수출작업 등에 대한 책임을 매도인인 공급자가 부담하며, 물품이 선적되는 순간부터 수입통관 등 비용은 매수인인 판매점이 부담한다. 매도인과 매수인 간 물품의 위험부담의 이전의 경우 Incoterms 상 개별 조건에 따라 인도시기가 특정되면 위험이전의 시기를 판단할 수 있다. 다만, 물품의 위험부담의 이전시기와 달리, 국제규범상 물품에 대한 소유권의 이전시기에 관해서는 명확한 규정을 두고 있지 않다.[75]

74 국제물품 매매 내지 제조공급 계약에서 문제되는 주요 계약조건들의 상세한 내용은 "Chapter 9. IV. 4. 국제 물품매매계약 또는 제조공급계약 관련 유의점 및 주요 기재례" 단원을 참고하기 바란다.

판매점계약에서 물품매매계약에서와 같이, 판매상의 물품의 주문(order)과 공급자의 주문의 승낙(acceptance)에 관한 주요 조건을 정하고, 그 조건에 따라 개별 주문이 이루어진다. 물품의 공급이나 인도의 일정 준수를 위해, 당사자들은 판매점계약에서, "Time is of the essence" 조항을 둘 수 있는데, 이는 계약상 의무를 정해진 시간 내에 이행을 하지 못하는 경우 이를 계약의 중대한 위반(material breach)으로 본다거나 또는 당사자들이 전체계약의 완료를 위해 특별히 중요한 계약상 주요 의무에 관해 계약상 정해진 시간을 반드시 준수할 것을 규정하는 것이다.[76] 주문절차 관련 규정에는, (i) 물품의 인도일(delivery date), 인도시간(delivery times), 최소인도기간(minimum delivery term)[77] 등에 대한 일반적 규칙의 설정, (ii) 공급업체와 판매업자 간 물품판매를 위한 물품판매계약의 청약(offer)의 성격을 갖는 주문(order)을 식별할 수 있는 요소, 계약성립의 요소 등이 고려된다. 주문서에는 개별 상품의 인도일정을 정하는데, 최소인도기간이 있는 경우 그 기간 내에서 인도가 이루어져야 한다. 당사자 간 기본판매점계약(framework distributorship agreement)이 있는 경우 물품의 개별적 판매를 위한 개별 주문은 기본판매점계약에 명시된 규정에 따른다.[78] 판매점이 주문한 상품의 주문취소(cancellation of orders)는 판매점계약에 규정된 조건에 따라 계약의 성립, 즉 청약과 승낙(offer and acceptance)의 원리에 따르는데, 이는 각국의 계약법체계에 따라 청약과 승낙에 관한 다른 법원리가 적용될 수 있다.[79] 판매점의 주문은 일반적으로 청약으로 간주되고, 청약에 관한 법

75 판매점계약의 협상과정에서 당사자들은 통상 물품의 가격, 수량, 품질, 보증, 물품대금의 할인이나 지급 등 주요 물품판매에 관한 사항에 집중하기 때문에 계약상 물품의 소유권 이전시기에 관한 사항을 명확히 하지 못하는 경우가 많다. 판매점계약에서 계약이 CISG, Incoterms, UNIDROIT Principles 등의 적용을 받는다고 규정하더라도, 계약당사자 간 물품 소유권의 이전시기나 방법 등의 문제는 계약상 별도로 명시할 필요가 있다. 다만, 당사자 간 소유권이전에 관한 합의가 없는 때에는 해당 계약의 개별국가의 준거법에 의해 규율될 수 있는데, 이 경우 물품의 인도나 재산권의 양도에 관한 법률이 나라마다 다를 수 있어 당사자 간 다툼의 여지가 있다.

76 "Time is of the Essence" 조항(clause)의 배경 등 상세한 내용은 저자 집필 『영미계약법 원리』(유원북스, 2021), 394페이지를 참고하기 바란다.

77 최소인도시간은 계약체결 이후 과도하게 짧은 시간 내 인도 요청을 하는 것을 막는 현실적 기능을 한다.

78 대리점계약(agency agreement)의 경우 본인인 공급자를 대신해 대리점이 물품을 판매하는 것이지만, 공급자의 대리점에 대한 물품의 공급을 위해서는 대리점의 물품의 주문이 있어야 하고, 공급된 물품의 하자를 검사하기 위한 검수과정이 필요하며, 하자있는 물품의 주문취소나 반품 등의 절차가 있고, 대리점의 판매목표(sales target)를 설정할 수 있다는 점에서 필요한 범위 내에서 판매점계약(distributorship agreement)상 공급자와 판매점 간 물품거래 관련 규정들과 같은 조항들을 둔다.

79 영미계약법 원리상 청약자는 원칙적으로 승낙(acceptance)을 수령할 때까지 청약(offer)을 철회

적 규율이 법규에 따라 상이할 수 있으므로 당사자들은 판매점계약에서 판매점이 주문을 변경하거나 취소할 수 있는 방법과 시간을 명확히 할 필요가 있다.

그리고, 판매점은 일반적으로 공급자로부터 한꺼번에 많은 물량을 구매하므로 물품 검수에 관한 사항과 물품에 하자가 있는 때 그 처리방법에 관한 규정을 둘 필요가 있다. 판매점은 하자있는 물품을 현지에서 수리하고 이에 대한 대금을 공급자가 지불하도록 하거나 아니면 하자 있는 물품을 반환하고 새로운 물품을 받도록 할 수 있다. 또한, 판매점계약은 일반적으로 판매기간 동안 공급업체로부터 판매점이 구매한 물품의 판매가격(sales price)에 관한 합의사항을 포함하는데, 판매점계약은 대부분 1년이 넘는 장기간의 계속적 공급계약이기 때문에 계약기간 동안 환율 또는 원자재 가격의 변동에 따른 물품대금의 조정의 문제가 중요할 수 있다. 이와 관련해, 계약상 대체로 통지절차 등을 통해 물품가격의 사후 변동에 대한 합의를 할 수 있도록 규정한다.

한편, 판매점계약에서 물품의 재판매가격(resale price)이나 판매목표(sales target)를 설정할 수 있다. 판매점은 원칙적으로 물품의 재판매가격을 자유롭게 정할 수 있지만, 공급자는 계약상 판매업자에게 적용될 재판매가격을 설정할 수 있다. 그런데, 공급자에 의한 판매업자의 재판매가격의 사전결정은 공급업체(supplier)가 소매업자인 판매업자(distributor)가 정해야 할 상품의 가격을 고정가격으로 제한하는 것으로, 준거법에 따라서는 가격담합의 합의(price fixing agreement)의 일종으로 보아 허용되지 않을 수 있으므로 관련 준거법상 공정거래법규 등을 확인할 필요가 있다.[80] 판매점계약에서 판매점의 일정기간 동안의 판매목표(sales target)를 정할 수

(revocation)할 수 있는데, 청약은 수령인에게 도달하면 효력이 발생하는데, 청약철회의 의사표시가 청약의 도달과 동시에 또는 이전에 피청약자에게 도달하면 청약은 철회될 수 있다. CISG의 경우도 청약은 수령인에 도달한 때에 효력을 발생하며, 청약철회의 의사표시가 청약과 동시에 또는 이전에 수령인에게 도달하는 경우 청약은 철회되는 것으로 본다. 다만, (i) 청약에서 정해진 승낙기간을 두거나 청약철회가 불가능하다는 것을 표시하는 경우, (ii) 수령인의 입장에서 청약을 철회불가능한 것으로 보는 것이 합리적이고 그에 따라 행위를 한 경우 등은 청약을 철회할 수 없다고 규정하고 있다(CISG Article 16).

80 독점규제 내지 공정거래 관련 법규에서는 판매업체가 상품의 가격 등 거래조건을 독립적으로 정하도록 하고 있으며, 그 가격을 고정하기 위한 업체간 합의는 대체로 가격담합(price fixing) 등 불공정거래행위로 본다. 미국의 Sherman Act는 "Every contract, combination in the form of trust or otherwise, or conspiracy, in restraint of trade or commerce among the several States, or with foreign nations, is declared to be illegal. Every person who shall make any contract or engage in any combination or conspiracy hereby declared to be illegal shall be deemed guilty of a felony ..."라고 하여(Section 1), 상거래를 부당하게 제한하는 합의를 금지해, 가격을 고정하는 합의(agreement to fix prices)를 일반적으로 불법적 행위로 보고 있다. 또

있는데, 통상 연간목표(annual target)를 설정할 수 있다. 다만, 판매점의 구매물량은 시기별 매출 상황에 따라 달라질 수 있으므로 계약서에서 최소구매물량(minimum purchase order) 정도만을 정하고 구체적 매수시기와 물량은 개별 발주서에 따르도록 할 수 있다. 그리고, 계약상 연간목표 등 판매목표를 달성하지 못한 경우 처리방법을 규정할 수 있는데, 이에는 (i) 계약해지, (ii) 판매점에게 독점판매권이 있는 경우 독점판매권의 철회, (iii) 판매 대상지역의 축소 등이 있을 수 있다.

그런데, 대리점계약(agency agreement)에서 대리점이 공급자인 본인을 위해 고객에게 판매할 계약상 최소판매물량(minimum sales obligation)을 정하거나 또는 판매점계약(distributorship agreement)에서 판매점이 공급자로부터 일정기간 동안 구매해야 하는 최소주문물량(minimum order obligation)에 관한 규정을 두는 경우 관련 준거법상 공정거래법규의 위반문제를 확인해 볼 필요가 있다. 특히, 최소판매물량 내지 최소주문물량을 준수하지 못할 경우 공급업체가 일방적으로 계약 자체를 해지하거나 또는 "TOP(Take Or Pay; 미인수물량 대금지급)"에 관한 규정을 두어 대리점이나 판매점이 구매하지 못한 물량에 대한 구매대금 상당액을 지급하도록 하는 경우, 준거법에 따라서는 이를 공급자의 거래상 우월적 지위남용이나 불공정거래행위로 보아 공정거래법규 등에서 규제할 수 있다. 이에, 공급자의 입장에서는 대리점이나 판매점이 최소판매나 최소구매물량을 준수하지 못할 경우 계약해지나 TOP 관련 규정을 두기보다는 단순히 대리점이나 판매점의 독점권(exclusivity) 상실이나 판매 대상지역의 축소 등이 보다 안전할 수 있다.[81]

그리고, 판매업자는 공급자로부터 공급받은 제품을 판매하는 과정에서 고객으로부터 그 제품과 관련된 보증(warranties)을 요구받을 수 있기 때문에 판매업자의 입장에서 제조자나 공급자의 제품에 관한 보증은 중요할 수 있다. 보증책임과 관

한, 연방거래위원회법(Federal Trade Commission Act; FTC Act)에서는 한 경쟁자가 다른 경쟁자에게 가격이나 시장배분(pricing or allocation of the market)과 같은 공모에 참여하도록 일방적으로 유인하는 담합의 유인(invitations to collude)을 불공정거래행위로 보고 이를 금지하고 있다(Section 5). 우리나라도 독점규제 및 공정거래에 관한 법률에서 사업자는 계약·협정·결의 또는 그 밖의 어떠한 방법으로도 다른 사업자와 공동으로 부당하게 경쟁을 제한하는 부당한 공동행위를 금지하면서, 그 부당한 공동행위의 유형으로 가격을 결정·유지 또는 변경하는 행위나 상품 또는 용역의 거래조건이나 그 대금 또는 대가의 지급조건을 정하는 행위 등에 관한 합의를 포함하고 있다(제40조).

81 공급자는 계약상 대리점이나 판매점에게 독점권을 주는 대신 월간 또는 연간 일정규모 이상의 구매를 지속해야 한다는 조건을 붙일 수 있는데, 이때 공급자는 대리점이나 판매점이 일정한 판매나 구매가 지속되지 않는 떠 독점권(exclusivity)을 상실한다고 규정할 수 있다.

련된 문제는 앞서 국제 물품매매계약 또는 제조공급계약의 단원에서 살펴본 물품의 인도, 위험부담의 이전, 소유권의 이전 등에 관한 조항들과 밀접하게 연관되어 있다. 예를 들어, 물품의 운송과정에서 발생한 결함이 어느 당사자의 책임으로 인해 발생한 것인지를 판단하려면 물품에 관한 위험부담이나 소유권의 이전과 관련해 보증책임의 소재를 규명할 필요가 있다. 미국의 경우 보증책임은 연방 및 주의 법규범에 의해 규율되며, 여기서 보증책임은 제품의 보증책임을 구체적으로 규율하거나 제품의 특별한 유형을 규제하기도 한다.[82] 보증책임의 유형은 다양할 수 있는데, 판매된 제품의 특성이나 품질 또는 구매자에게 제시된 샘플 등과 관련한 제조사의 약속이 있는 명시적 보증책임(express warranties)이 있으며, 제품의 기능 및 안전성에 관한 최소기준(minimum standards of functionality and product safety)은 소비자를 보호하기 위해 설계된 묵시적 보증책임(implied warranties)이 될 수 있다.[83] 불법행위법(tort law)은 또한 제조물책임(product liability)을 규율하는데, 소비자가 판매업자로부터 구입한 결함 있는 제품에 의해 피해를 입은 때 소비자는 일반적으로 제품의 제조자와 판매업자를 구분하지 않고, 모두를 상대로 소송 등 법적 조치를 취할 수 있다.[84]

---

82 미국 상사법상 제품의 보증책임은 루이지애나주(Louisiana)를 제외한 미국 전역에서 유효한 UCC(Uniform Commercial Code) Article 2 및 Magnuson-Moss Warranty Act(Magnuson Moss Warranty-Federal Trade Commission Improvements Act; Federal Product Warranties Law of 1975; 15 U.S.C. Ch. 50 (15 U.S. Code) §§2301-2312; 일명 Lemon Law; 소비재 제품에 대한 특별법) 등에 의해 규율된다.

83 명시적 보증책임과 묵시적 보증책임, 미국법상 소비재 제품의 보증자가 부담하는 연방최소보증기준(federal minimum standards for warranty) 등에 관한 자세한 내용은 저자 집필 『영미계약법 원리』(유원북스, 2021), 642-645페이지를 참고하기 바란다.

84 CISG(국제물품매매계약에 관한 유엔협약; 비엔나협약)는 제품의 결함이 나중에 발견되더라도, 위험이 구매자에게 이전될 당시에 존재하는 제품의 적합성에 관한 결함(conformity defect)에 대해서는 판매업자 또는 제조자가 책임을 부담하도록 규정하고 있다(Article 36: (1) The seller is liable in accordance with the contract and this Convention for any lack of conformity which exists at the time when the risk passes to the buyer, even though the lack of conformity becomes apparent only after that time. (2) The seller is also liable for any lack of conformity which occurs after the time indicated in the preceding paragraph and which is due to a breach of any of his obligations, including a breach of any guarantee that for a period of time the goods will remain fit for their ordinary purpose or for some particular purpose or will retain specified qualities or characteristics.). 다만, 당사자가 계약상 특정한 기간을 달리 명시하지 않는 한, 판매업자는 물품을 넘겨받고 2년 이내에 공급자에게 통지하지 않으면 공급자에게 물품의 결함을 주장할 수 있는 권리를 상실한다(Article 39: The buyer loses the right to rely on a lack of conformity of the goods if he does not give notice to the seller specifying the nature of the lack of conformity within a reasonable time after he

[Example 1]

아래는 판매점계약상 물품의 인도, 위험부담의 이전, 소유권의 이전 등 관련 예문들이다.

- All deliveries of Products sold by Supplier to Distributor pursuant to this Agreement shall be made F.O.B. port, and title to and risk of loss of Products shall pass from Supplier to Distributor, once Products are loaded on board.
- Distributor shall be responsible for arranging all transportation of Products, but if requested by Distributor, Supplier shall, at Distributor's expense, assist Distributor in making such arrangements.
- Distributor shall procure insurance for the transportation of the Products, and such insurance shall be of a kind and on terms current at the port of shipment. In the event that Supplier is requested to assist Distributor in arranging for transportation, Distributor shall reimburse Supplier for all costs applicable to the Products following their delivery to Distributor, including, without limitation, insurance, transportation, loading and unloading, handling and storage. Distributor shall pay all charges, including customs duty and sales tax, incurred with respect to the Products following their delivery to the carrier or forwarder.

[Example 2]

아래는 판매점의 공급자에 대한 물품의 주문절차(order procedure)에 관한 기재례들인데, 마지막 기재례는 주문의 취소(cancellation of orders)에 관한 예문이다.

- Each order for Products issued by Distributor to Supplier under this Agreement shall identify that it is an order and shall further set forth the delivery date or dates and the description and quantity of Products which are to be delivered on each of such dates. An order for Products shall not provide a delivery date less than (Number) days after the date that order is delivered to Supplier.
- The individual contracts for the sale of Products formed by Distributor's submission of orders to Supplier pursuant to the terms and conditions hereof shall automatically incorporate, to the extent applicable, the terms and conditions hereof, shall be subject only to those terms and conditions

has discovered it or ought to have discovered it. In any event, the buyer loses the right to rely on a lack of conformity of the goods if he does not give the seller notice thereof at the latest within a period of two years from the date on which the goods were actually handed over to the buyer, unless this time limit is inconsistent with a contractual period of guarantee.).

and shall not be subject to any conflicting or additional terms included in any documents exchanged in connection with therewith.

- All cancellation of orders by Distributor shall be in writing, or if not initially in writing, shall be confirmed in writing. If Distributor cancels an order, which has been accepted by Supplier, Distributor shall reimburse Supplier for any cost incident to such order incurred by Supplier prior to the time it was informed of the cancellation.

[Example 3]

아래는 판매점계약상 물품의 판매가격 또는 최소구매요건에 관한 기재례이다. (Sample 1)은 판매업자의 물품 판매가격(sales price)에 대해 공급자가 그 가격변경(price changes)을 할 수 있도록 하는 예문이다. (Sample 2)는 총판이 구매해야 할 월간 최소구매물량을 정하고 이를 준수하지 못하는 경우 공급자가 총판의 판매독점권(exclusivity)을 철회할 수 있도록 하는 등 판매점계약에서 물품의 최소구매요건(minimum purchase requirement)을 정하는 예문이다.

(Sample 1)

Supplier reserves the right, in its sole discretion, to change prices or discounts applicable to the Products. Supplier shall give written notice to Distributor of any price change at least (Number) days prior to the effective date thereof. The price in effect as of the date of Distributor's receipt of notice of such price change shall remain applicable to all orders received by Supplier prior to that effective date.

(Sample 2)

(a) Notwithstanding anything in this Agreement to the contrary, if the monthly "Minimum Purchase Requirement" specified in Article XX (Minimum Purchase Requirement) has been failed, even 1 month, to comply with by Distributor for continuous 6 months after the Effective date of the Agreement, ABC Company may immediately upon written notice revoke Distributor's exclusivity pursuant to written notice delivered by ABC Company to Distributor, upon which revocation ABC Company may, directly or indirectly, sell Products to any persons or entities within the Territory by itself or through any party or parties other than Distributor.

(b) The Distributor shall make its best efforts to purchase at least 10,000 dollars' worth of the Products from the Supplier per month.

(c) The Distributor shall purchase at least 10,000 dollars' worth of the Products from the Supplier per month.

[Example 4]

아래는 판매점계약에서 물품의 구매 및 판매와 관련된 보증책임조항(warranty clause)으로, (Sample 1)은 공급자의 판매업자에 대한 물품의 보증(warranty)을, (Sample 2)는 판매업자의 고객에 대한 물품의 보증을 각각 규정하고 있다.

(Sample 1)

(a) Supplier warrants to Distributor that the Products are free from defects in material and workmanship at the time of shipment of such Products, for a period of either (i) twelve (12) months from the date of delivery of such Products from Supplier to Distributor, or (ii) six (6) months from the date when such Products were resold by Distributor to the relevant customer, whichever period expires first.

(b) The warranty set forth in Section (a) above does not cover any Products (i) which have been modified without Supplier's approval, (ii) which have not been installed in strict conformity with Supplier's instructions, (iii) which have been subject to force majeure, electrical or other abuse, or (iv) which have been damaged by improper handling, storage or use by Distributor, Distributor's customers or any other third parties.

(c) Except as set forth in Section (a) above, Supplier makes no other warranties or representations as to the Products. All implied warranties, including, but not limited to, implied warranties of merchantability and fitness for a particular purpose are hereby excluded. In no event shall Supplier be liable for any indirect, incidental, consequential, or special damages, including lost profits sustained or incurred in connection with the Products or caused by the Products' defects, regardless of the form of action, whether in contract, tort, including negligence and strict liability, or otherwise, and whether or not such damages were foreseen or unforeseen. THE REMEDIES SET FORTH HEREIN ARE EXCLUSIVE, AND THE TOTAL AMOUNT OF LIABILITY OF SUPPLIER WITH RESPECT TO ANY WARRANTY, EXPRESSED OR IMPLIED, SHALL NOT EXCEED THE PRICE OF THE PRODUCTS UPON WHICH SUCH LIABILITY IS BASED.

(Sample 2)

Distributor shall provide its customers in the Territory with all necessary warranties, repair and maintenance services for the Products in a prompt and professional manner and shall be solely responsible for such warranties, repair and maintenance services. For any Products sold or distributed by Distributor, Distributor shall be fully responsible to the relevant customers for any defect in or malfunctioning of the Products and any product liability arising therefrom.

3.3 물품의 대외 판매활동 관련 당사자들의 역할과 의무

대리점이나 판매점 등 판매업자의 물품의 판매를 위한 조직적 활동과 관련한 판매업자와 공급자 사이의 역할과 의무에 관한 사항은 당사자들의 자율에 맡겨져 있다. 그런데, 대리점계약이나 판매점계약은 단순한 물품판매계약과 달리, 일반적으로 공급자와 판매업자 간 비교적 장기간의 거래관계를 맺고 고객에게 물품을 판매하는 활동을 하기 때문에 계약상 관련 물품의 판매를 위한 장기적이고 지속적인 거래관계(long-term relationship)를 구축하기 위한 조건이 요구된다.[85] 특히, 공급자의 협상력이 강하거나 공급자가 판매업자에게 독점권을 부여하는 때 공급자는 그에 상응해 판매업자의 판매활동에 대한 보다 많은 의무사항들을 요구할 수 있다. 이에, 물품의 대외 판매활동과 관련해, 공급자와 판매업자 간 대상지역(territory) 내에서 해당 물품의 판매활동을 촉진하기 위한 당사자들의 역할을 정하되, 공급자에게 일정한 감독권한을 부여하는 것이 일반적이다. 판매업자는 공급자로부터 물품을 공급받아 대상지역 내에서 소비자들에게 판매하는 소매업자의 역할을 하기 때문에 해당 물품판매의 적정한 판매를 위해 공급자가 합리적으로 설정한 기준을 준수하고, 물품판매에 대한 적정한 조직과 적합한 물품판매 후 서비스를 설정하고 유지할 필요가 있다. 계약상으로는 당사자 간 거래관계에 따라 다양한 조건들이 포함될 수 있으나, 대체로 공급자가 판매점에 제시하는 일반 지침에 따라 최대한 효율적인 방법으로 대상지역 전체에 걸쳐 상품의 판매를 촉진하고 공급업체의 이익과 이미지를 보호하도록 한다. 판매업자의 물품의 광고, 홍보나 마케팅 활동시 공급자의 마케팅 정책이나 지침과 부합하는지를 확인하는 방안을 마련하고, 판매업자는 대상지역 내에서 물품판촉활동을 위해 자체적으로 비용을 들일 수 있는데 이에 관한 당사자 간 비용처리문제도 명확히 해야 한다.[86]

---

85 다만, 대리점과 달리, 판매점은 자신의 명의로 스스로를 위해, 대상지역 내에서 상품을 판매하기로 약속하는 것이기 때문에, 판매점은 공급자를 대리하여 계약을 체결하거나 제3자와의 관계에서 공급자를 참여시킬 권한은 없다.

86 판매점계약(distributorship agreement)과 유사한 계약으로 가맹점계약(franchise agreement)이 있다. 가맹점계약은 가맹점/가맹점사업자(franchisee)가 가맹금을 가맹본부(franchisor)에 지급하고, 가맹본부의 상표나 상호 등 영업표지를 사용하면서 가맹본부로부터 경영이나 영업활동에 지원을 받고 사업이익 단위당 일정 비율의 로열티(royalty)를 지급하는 방식의 계약인데, 판매점계약과 달리, 일반적으로 가맹본부에게 가맹점에 대한 교육과 지원에 대한 강도높고 지속적인 의무가 부과된다. 이에, 가맹점계약에서는 가맹본부와 가맹점 사이의 물품구매 거래관계 못지않게, 상표의 라이선스, 가맹본부의 시스템, 교육이나 지속적인 지원과 같은 가맹본부의 가맹

구체적으로, 대리점계약이나 판매점계약에서 판매업자의 판매활동과 관련한 공급자에 대한 의무사항들로는 대체로, (i) 판매를 위한 적정한 서비스의 제공과 물품 저장시설(storage facilities)을 갖출 의무, (ii) 판매활동에 대한 보고의무,[87] (iii) 물품에 대한 카탈로그 발행, 우편마케팅, 인터넷광고 등 물품의 판매촉진의무, (iv) 판매업자로서 지출해야 하는 최소한의 마케팅비용 설정의무, (v) 고객의 잠재적 물품구매에 대비해 일정한 물품재고를 유지할 의무, (vi) 관련 시장상황이나 고객관련 정보의 제공의무 등이 있다.[88] 공급자의 경우 판매업자의 원활한 물품판매활동을 위한 지원이 요구되는데, 이에는 ① 물품판매 관련 직원에 대한 교육이나 훈련 등 지원의무, ② 광고, 홍보나 마케팅 등 판촉 관련 자료의 제공 등 판매전략의 지원의무, ③ 물품판매 후 고객에 대한 사후 서비스 제공의 지원의무 등이 있다.

[Example 1]

아래는 대리점계약이나 판매점계약에서 물품의 대외 판매활동 관련 판매업자의 역할과 의무 관련 기재례들이다. (Sample 1)은 대상지역(territory) 내에서 판매점이 물품판매를 위해 필요한 인적 조직과 물적 설비를 갖추고, 물품의 검사나 유지보수 기타 필요한 서비스를 제공하는 등의 판매점의 의무사항을 규정한 예문들이다. (Sample 2)는 판매점계약에서 판매점의 공급자에 대한 보고의무를 규정한 예문들이다. (Sample 3)는 대리점계약에서 대리점의 물품의 판촉의무나 공급자에 대한 보고의무 등 대리점의 의무사항에 관한 예문이다.

(Sample 1)

- Distributor shall, at its own expense, engage and maintain a sales, service and parts handling organization in the Territory, staffed with such experienced personnel as are necessary to enable Distributor to perform its obligations under this Agreement.

점에 대한 일정한 서비스의 제공 등이 중요하다.—UNIDROIT, Guide To International Master Franchise Agreements (2nd ed., 2007).

87 공급자는 판매업자의 판매실적을 확인하기 위해 판매업자에 대한 장부열람권을 가질 수 있다.

88 공급자가 판매업자와 계약을 체결하는 이유는 다양할 수 있으나, 공급자는 대상지역의 판매망의 구축을 위해, 특히 판매업자에게 물품판매의 독점권을 부여하는 때 관련 고객이나 시장상황에 관한 정보를 파악할 필요가 있으므로 판매업자로부터 대상지역에서 영업이나 고객에 관한 정보를 얻는 것이 중요하다. 이 경우 공급자는 판매업자에게 (i) 대상지역의 시장현황과 고객명단 등 고객 관련 정보를 정기적 또는 부정기적으로 제공하도록 하거나, (ii) 정기적으로 고객과 소통하거나 상담을 한 보고서를 제출하도록 할 수 있다. 또한, (iii) 공급자의 인력이 판매업자의 판촉활동에 계속적으로 관여하여 관련 정보를 파악하게 할 수 있다.

- Distributor shall, at its own expense, maintain facilities and personnel in the Territory that will enable it promptly and satisfactorily to perform, at a reasonable price, all inspection, maintenance and other necessary servicing of Products sold by Distributor.
- Distributor shall, at its own expense, at all times store and maintain its inventory of Products in accordance with current, applicable instructions issued by Supplier from time to time.
- Distributor shall, at its own expense, deliver one copy of Supplier's current, applicable operation and maintenance manual to each customer at the time of sale and, at that time, Distributor shall, at its expense, fully explain and demonstrate to the customer the proper method of operating and maintaining the Products.
- Distributor shall mail to Supplier, during the term of the distributorship created by this Agreement and any extension thereof, prompt written notice of the address of each location at which Products are stored, and the address of each facility established by Distributor to sell and service the Products. Supplier may, through its designated Distributor, inspect all such locations and facilities and the operations conducted therein at any time during normal business hours.

(Sample 2)

- Whenever requested by Supplier, or at least once every six months in any event, Distributor shall provide Supplier with a written report that includes the following: (i) Monthly volume and customer price of the Products sold in the Territory; (ii) Name of customers; (iii) Sales promotion activities for the Products in the Territory; (iv) Customer complaints and other claims including, without limitation, product liability claims; (v) Changes in local laws affecting the Products, their import or distribution; and (vi) Market conditions affecting sales of the Products.
- At Supplier's written request, Distributor shall promptly provide Supplier with reports within [5] business days from receipt of such request on sales levels, names of retailers, the listed retail Price details, current retailing practices, retail and general market conditions and any other matters reasonably requested by Supplier which are related to Distributor's distribution of Products in the Territory.
- Upon Supplier's reasonable request, Distributor shall advise Supplier in a timely manner of the laws and regulations regarding labeling and packaging which are applicable within the Territory to Products and their sale, and Supplier shall be responsible for labeling and packaging Products sold and shipped to Distributor in accordance with all relevant laws and regulations except for Distributor's labeling; provided, however, that Distributor shall liable for fines or other damages attributable to its failure to advise Supplier of such laws and regulations.

(Sample 3)

(a) The Agency shall take all steps necessary and shall use its best commercial efforts to further the promotion, marketing and sale of the Products and Services in the Territory. The Agency shall market the Product and Services to their commercial contacts. The Agency shall also prepare and submit to the Company a quarterly progress report describing the Representative's status with regards to prospective Customers.

(b) A reasonable annual advertising budget and a sufficient number of well-trained sales and service representatives shall be maintained by the Agency for the purpose of Section (a) above.

[Example 2]

아래는 판매점계약에서 공급업자의 판매업자에 대한 의무사항에 관한 기재례이다. 공급업자의 의무사항(supplier's obligations)으로는, 대체로 물품판매 관련 광고나 홍보, 판촉관련 자료의 제공 등 물품판매의 전략적 지원과 판매직원에 대한 교육이나 훈련 등 판매업자의 원활한 판매활동의 지원 등에 관한 의무가 있다.

(a) If reasonably requested by Distributor, Supplier shall provide Distributor for free of charge, except for the delivery cost which shall be borne by Distributor, with samples of advertising materials such as catalogues, brochures and other promotional material in English language, but only to the extent that they are materials regularly prepared by Supplier for its distributors. In the event Distributor requires any additional documentation or assistance from Supplier, the Parties shall engage in a mutual consultation and agree on the terms on which such additional documentation or assistance will be provided.

(b) Upon Distributor's request, Supplier shall provide training for Distributor's field support technicians and sales persons at the expense of Distributor. Other terms and conditions for the provision of such training shall be determined by the mutual consultation and agreement between the Parties.

3.4 판매업자의 수익 관련 사항

공급업자로부터 물품을 제공받는 판매업자의 수익은 대리점(agency)의 경우 물품판매에 따라 공급자로부터 지급받는 수수료(commission)로, 판매점(distributor)의 경우 공급자로부터 할인받아 매수한 물품가격과 고객에게 해당 물품을 판매한 가격 간의 물품판매차익(margin)으로 각각 발생한다. 판매점계약(distributorship agreement)

에서 판매점(distributor)의 수익인 물품판매차익(margin)은 판매점이 고객에 대한 해당 물품의 판매가격에서 일정 비율을 할인받아 공급자로부터 그 물품을 구매하거나 또는 해당 물품을 그 공급가격에서 일정한 범위의 물품판매차익(margin)을 붙여 고객에게 판매함으로써 발생한다. 이러한 판매점의 수익 관련 사항을 명확히 하기 위해, 계약상 공급자의 판매점에 대한 물품의 할인 공급가격을 정하고, 가능한 경우 고객에 대한 판매가격 등에 관한 사항을 규정할 수 있다.

대리점계약(agency agreement)에서는 공급자는 일반적으로 대리점이 판매한 물품의 대금에서 일정 비율의 수수료율을 곱해 산출된 금액을 대리점에 대한 수수료(commission)로 지급한다. 수수료 산정을 위한 물품판매금액과 관련해, 대체로 공급업자는 그 판매금액에서 일정한 비용을 제외하는 등 금액을 낮추려고 하는 데 반해, 대리점은 물품판매의 총액을 기준으로 판매금액을 산정하려고 하기 때문에 상호간 다툼의 여지가 있을 수 있다. 이에, 대리점계약(agency agreement)에서 물품판매금액의 기준을 명확히 해야 한다. 그리고, 대리점에 대한 수수료율은 당사자간 거래관계나 시장상황에 따라 달라질 수 있고 대리점의 독점권(exclusivity) 부여 여부에 따라서도 조정될 수 있으므로 해당 대리점의 독점권의 부여 여부, 판매대상지역, 계약존속기간, 수수료 정산기간 등 제반 사정을 참작해 결정할 필요가 있다. 그런데, 대리점(agency)의 활동은 공급자를 위한 고객에 대한 물품의 판매행위나 물품판매 관련 고객의 소개행위 등이라는 점에서 대리점의 입장에서 대리점계약의 유효기간의 보장은 중요하다. 대리점의 입장에서 공급자의 편의상 계약해지(termination for convenience)는 엄격하게 허용되어야 하며, 이를 허용하는 경우에도 계약기간 동안 대리점의 고객의 소개 등의 노력에 대한 대가를 지급받을 필요가 있다. 즉, 대리점의 경우 공급자를 위한 고객의 소개 내지 판매행위 이후 계약이 해지되는 때 계약기간 동안의 대리점의 기여도를 감안해, 계약상 계약종료 이후에도 수수료를 지급받을 수 있는 규정을 두는 것이 좋다. 반면, 공급자의 경우 계약종료 이후의 수수료의 지급을 원하지 않을 수 있으므로 계약종료 후의 수수료의 지급에 관한 사항을 계약에서 명확히 할 필요가 있다.

[Example 1]

아래는 판매점계약에서 판매점의 물품판매차익 내지 마진(margin)을 정한 예문들이다. 판매점의 마진(margin)은 물품에 대한 공급자의 공급가격과 판매점의 고객에 대한 판매가격의 차이에 따라 발생할 수 있으므로 물품의 공급가격에 관한 사항을 명확히 할 필요가 있다.

- The price for the Products ("Purchase Price") shall be equal to Supplier's standard price for the Products less ten percent (10%) thereof. The Purchase Price may be adjusted on an annual basis at Supplier's sole discretion. Distributor shall determine the prices for which it resells the Products to its customers in the Territory under the principle of good faith taking into account the local customs duties, sales taxes and any other relevant taxes or fees.
- Unless otherwise agreed to in writing by the parties, the price of all Products sold to Distributor shall be the most favorable price which shall mean the lowest price charged by Supplier or any of its Affiliates to any customer (including its Affiliates) at the time such Products are being ordered by Distributor from Supplier. For the purpose of this Section, the term "price" shall mean the price of Supplier, excluding freight costs to the destination of the Products, insurance costs on the Products and applicable duties, tariffs custom fees and taxes.

[Example 2]

아래는 대리점계약상 대리점에 대한 수수료(commission) 관련 기재례이다. 여기서 순매출가격(net selling price)의 일정한 비율에 상당하는 금액을 수수료로 하고, 수수료 산정의 기준이 되는 순매출가격의 개념을 명확히 하기 위한 정의규정을 두고, 대리점계약기간 동안의 대리점의 기여도를 고려해 계약종료 이후에도 공급자가 대리점에게 일정한 수수료를 지급하기로 하고 있다.

(a) The Company shall pay the Agent a sum equal to [ten] percent of the [Net Selling Price] earned or received by the Company in a calendar year as hereinafter defined.

(b) The term "Net Selling Price" is defined as the gross amount of invoices rendered to customers, less to deductions for trade or cash discounts, returns, refunds, taxes, and all other direct costs incurred by the Company necessary to the successful termination of the sale, as freight allowance, prosecution or defense of any claims or actions relating to the products or their sale.

(c) In the event of expiration or termination of this Agreement, the Agency shall continue to be entitled to payment of a commission, during a period of five (5) years from the date of termination, on all sales made by the Company to customers first introduced by the Agency. This commission shall be paid at the full rate set forth in paragraph XX above during the first two (2) years thereafter.

3.5 경쟁금지(non-competition)의 문제

공급자는 대리점이든 판매점이든 판매업자와의 물품거래과정에서 해당 물품의 가격정보와 제품사양에 대한 대부분의 정보를 노출하게 된다. 이때 판매업자가 공급자의 경쟁제품을 함께 취급하는 경우 당사자 간 비밀정보가 공개될 수 있고, 고객의 판단이 아닌 판매업자의 판단에 따라 공급자의 제품이 경쟁사의 제품보다 낮게 평가되어 소개되거나 판매될 수 있다. 이에, 대리점계약(agency agreement)이나 판매점계약(distributorship agreement)에서는 판매업자가 본인 내지 공급자의 경쟁업체의 물품을 판매하거나 대리하지 못하도록 하는 경쟁제품의 취급이나 판매의 금지 등에 관한 경쟁금지(non-competition) 관련 규정을 둔다. 경쟁금지조항(non-competition clause)은 당사자 쌍방 또는 일방이 일정한 지역이나 방법으로 상호 경쟁하는 것을 방지하기 위한 조항인데, 국제 물품판매관계에서는 일반적으로 공급자가 판매업자에게 거래관계를 지속하는 동안 다른 공급자의 경쟁제품을 판매하거나 취급하지 않을 것을 요구하게 된다. 또한, 당사자들은 경쟁금지의무가 계약기간 종료 이후에도 일정기간 동안 존속하게 할 필요성이 있을 수 있다. 물품판매의 계약기간 동안 경쟁금지의 의무를 부과하는 것은 대부분의 국가에서 널리 인정되고 있는데, 경쟁금지를 계약종료 이후 의무(post-termination undertaking)로 부과하는 것은 제한될 수 있다.[89] 특히, 독점판매계약(exclusive distribution agreement)의 경우

---

89 미국 법체계에서 경쟁금지의무(non-competition obligation)는 제한적 구속약정(restrictive covenant)으로 연방차원에서뿐만 아니라 개별 주의 차원에서도 모두 규제를 받는다. 연방법의 관점에서, 계약기간 동안의 경쟁금지의무조항(non-competition clause)은 (i) 해당 비즈니스와 밀접하게 연관되어 부수적(ancillary)으로 발생하는 것으로 합법적 이익(legitimate interest)이 있어야 가능하며, (ii) 목적과 범위에서 합리적(reasonable)이어야 하고, (iii) 경쟁의무의 기간은 제한적이어야 하는 등의 요건이 충족될 때 허용될 수 있다. 연방차원에서 경쟁금지의무조항의 정당성(legitimacy)을 검증하기 위한 일반적 기준은 "Sherman Act"에 규정되어 있는데, 경쟁금지계약(non-competition agreement)은 개별 주의 법규나 법원의 판례를 통해 보다 구체적으로 규율된다. 예를 들어, 뉴욕주에서는 경쟁금지조항(non-competition clause)의 정당성 평가와 관련해, (i) 관련 산업의 유형, (ii) 관련된 지리적 영역(geographical area), 제한하려는 행위의 특정(identification)과 기간(duration) 등을 고려한 합의의 합리성(reasonableness of the agreements), (iii) 공급자의 정당한 이익(legitimate interest)을 보호할 목적과 해당 제한의 필요성(necessity) 여부 등을 고려한다. 유럽의 공정거래법 내지 경쟁법은 EU(European Union) 내에서 유통되는 상품과 서비스 모두에 적용되고, 수직적인 제한(vertical restraints)에 영향을 미치는 일정한 관행을 금지한다. — Marco Mastracci, 『The International Distribution Agreement』(Universal Publishers, Inc. Irvine · Boca Raton, 2nd ed., 2020), at 246-248; 저자 집필 『영미계약법 원리』(유원북스, 2021), 608-610페이지를 참고하기 바란다.

CHAPTER 9

물품거래에 있어 다른 당사자와 거래를 제한할 수 있기 때문에 시장의 경쟁에 영향을 미칠 수 있다는 문제가 있다. 기업의 반경쟁적 행위를 방지함으로써 시장의 효율적 기능을 보장하기 위한 경쟁원리(competition rules)는 시장배분(market allocation), 입찰담합(bid rigging), 가격담합(price fixing), 독점(monopolies) 등을 포함한 광범위한 기업의 영업활동에 적용될 수 있으며, 국제적 차원에서 다양한 법규에 의해 규제될 수 있다.[90] 이에, 일반적으로 일정한 지역에서 시행되고 있는 독점금지나 경쟁원리(antitrust or competition rules)는 다른 지역에서 시행되는 법규와 다른 내용을 가질 수 있어, 해당 물품거래와 관련된 준거법을 검토할 필요가 있다.[91]

---

90 미국은 오늘날의 경쟁법체계의 원리를 개발한 국가로, EU의 경쟁법체계 등 각국의 경쟁법원리의 발전에 큰 영향을 미쳤다. 미국 법규상 독점금지법(antitrust law)의 시초는 "Sherman Antitrust Act of 1890"인데, 이 법은 주들 간 또는 외국과의 무역이나 경쟁을 제한하는 계약, 신탁이나 다른 형태의 공동행우 또는 모의(conspiracy) 등을 금지한다. 또한, "Federal Trade Commission Act of 1914"의 경우에도 모든 불공정한 경쟁행위와 상사거래에서 발생하거나 무역에 영향을 미치는 모든 불공정하거나 사기적인 관행을 불법적인 것으로 보는 일반적인 원칙을 규정한다. 미국에서는 연방법 외에도 각 주마다 연방 반독점법과는 다르게 해석되고 적용될 수 있는 반독점법이 있다. EU의 경우 "Treaty on the Functioning of the European Union (TFEU; 유럽연합의 기능에 관한 조약)"의 제101-109조에 유럽의 경쟁정책(European competition policy)의 필수적인 규제체계를 명시하고 있다. TFEU 제101조는 EU 내의 경쟁메커니즘을 방지, 제한 또는 왜곡하는 목적이나 효과를 가진 기업 간의 모든 합의와 기업관계자의 모든 결정이나 관행을 금지한다. EU법의 관점에서, 경쟁이 시장경제의 근본적인 메커니즘으로 간주되기 때문에 경쟁정책의 목적은 소비자의 이익을 증진하기 위해 시장 내의 효과적인 경쟁을 보호하고 발전시키는 것이다. – Marco Mastracci, 『The International Distribution Agreement』 (Universal Publishers, Inc. Irvine · Boca Raton, 2nd ed., 2020), at 250-253.

91 경쟁법이론의 바탕은 자유시장이론(free market theory)에서 찾을 수 있는데, 경쟁법은 기업의 개별행위나 다른 기업들과의 공동행위를 통해 자신들의 이익을 위해 자유시장의 기능에 장애를 발생하는 반경쟁적인 행위를 방지함으로써 경제적 자유를 보장하기 위한 것이다. 일반적으로, 여러 국가가 경쟁금지계약에 일정한 제한을 두는 이유는 공급자와 판매자의 시장에서 각각 갖게 되는 협상력(bargaining power)의 차이를 고려한 것으로 볼 수 있다. 경쟁원리(competition rules)에 따른 규제의 맥락을 분석하기 위해서는 특히 "수평적 합의(horizontal agreements)"와 "수직적 합의(vertical agreements)"의 개념을 이해할 필요가 있다. "수평적 합의(horizontal agreements)"는 경쟁기업들, 즉 같은 단계에서 동일한 시장에서 운영되는 기업들 간의 협력 형태를 구축하는 것을 목적으로 하는 합의를 말한다. 이러한 합의에는 통상 제품의 최종 가격이나 생산 및 판매유통과 관련된 사항이 포함된다. 이는 시장에 특히 상품의 품질의 잠재적인 저하와 가격상승 등의 부정적인 영향을 가져올 수 있다. 반면, "수직적 합의(vertical agreements)"는 생산 또는 판매유통과 연결된 서로 다른 단계에서 운영되는 기업들 간의 상업적 관계에 대한 규제와 관련이 있다. 이는 브랜드 내 또는 브랜드 간 경쟁을 제한할 수 있는 합의를 포함하는 독점금지규율(anti-monopoly discipline)과 관련해 중요성을 갖는다. 이러한 수평적 또는 수직적 합의를 규율하는 법규는 일반적으로 계약당사자들이 달성할 수 있는 이익의 관점 및 시장의 기능에 미치는 영향의 관점 모두에서 발생할 수 있는 효과를 고려해 관련 거래를 규제할 수 있

[Example]

아래는 판매점계약에서 판매업자의 경쟁금지조항(non-competition clause)의 기재례들인데, 여기서 판매업자는 대상지역에서 공급자와 경쟁관계에 있는 물품을 판매나 유통 또는 홍보 등을 할 수 없도록 하고 있다.

- Distributor agrees that it will not distribute or represent in the Territory any Products which compete with the Products during the term of this Agreement or any extensions thereof.
- **Non-Competition**
  (a) The Distributor shall not, directly or indirectly, through another party, purchase, import, export, sell, distribute, or otherwise deal in products competitive with the Contract Products in the Territory.
  (b) The Distributor and its employees shall not promote the Products of others which may be directly or indirectly compete with the Manufacturer in any way during the continuance of this Agreement and two (2) years after the termination of this Agreement without the written consent of the Manufacturer.

3.6 물품판매 관련 라이선스 사용 문제

대리점계약이나 판매점계약은 라이선스계약적 요소도 지니고 있는데, 대리점이나 판매점 등 판매업자는 물품의 판매과정에서 제조사나 공급자의 상표나 기술을 사용할 수 있다. 즉, 대리점이나 판매점이 공급받은 물품을 단순히 판매만 한다면 상표에 대한 별도의 라이선스는 필요 없지만, 판매과정에서 판매촉진을 위한 광고 등이 이루어지기 때문에 관련 홍보물이나 판촉물 등에 상표를 표시하거나 사용하게 된다. 이러한 상표의 사용를 위해서는 상표권자 등 라이선서(licensor; 라이선스제공자)로부터 그 사용에 관한 허락을 얻어야 하는데, 특히 상품이 가방, 의류, 화장품 등과 같이 관련 브랜드의 명성에 따라 판매량과 가격이 결정되는 제품이라면 상표의 사용은 더욱 중요할 수 있다. 그리고, 상품이 일단 판매되면 제품에 부착된 상표는 권리소진원칙(exhaustion doctrine)[92]에 따라 상표권이 인정되지 않을 수 있

다.－Marco Mastracci, 『The International Distribution Agreement』 (Universal Publishers, Inc. Irvine · Boca Raton, 2nd ed., 2020), at 85-90.

92 권리소진원칙(exhaustion doctrine)이란 권리자가 상품을 제조한 뒤 이를 정상적으로 시장에 유통시킨 경우 판매된 제품에 대한 특허권이나 상표권의 가치는 소진되어 특허권자나 상표권자가 더 이상 권리 주장을 할 수 없게 된다는 것이다. 예를 들어, 특허권자로부터 적법하게 특허

어 판매업자는 필요한 경우 공급자로부터 기술이전을 받아야 한다. 예를 들어, 판매업자가 공급자로부터 제공받은 물품을 조립하기 위해 일정한 기술이 필요하거나 물품을 구매한 고객에게 물품에 대한 수선서비스 등을 제공하기 위해 상당한 기술이 요구될 수 있다. 이 경우 판매업자는 공급자로부터 해당 기술의 사용허락이 필요하기 때문에 대리점계약이나 판매점계약을 체결할 때 물품의 제조사나 공급자로부터 물품판매와 관련된 기술이나 상표의 사용 등에 대한 라이선스가 필요한지를 검토해야 한다.[93]

이와 관련해, 판매업자의 입장에서는 공급업자의 상표가 부착된 물품을 구입해 자신의 영업망이나 조직을 이용해 판촉활동을 하게 되므로 계약상 물품의 판매조건이나 보증에 관한 사항을 확인해야 한다. 반면, 공급자의 입장에서는 판매업자가 판촉물 등에 대한 상표의 사용과 관련해 공급자의 사전 허락을 받도록 하고 그 허락을 받은 한도 내에서 판매업자가 이를 사용하는지를 확인할 필요가 있다. 특히, 독점대리점이나 총판계약에서는 상표 또는 기술의 사용범위를 확정할 필요가 있는데, 일반적으로 공급자는 판매업자에게 기술 등 특허권의 경우 그 기술이 요구되는 범위 내에서, 상표의 경우 판매촉진을 위해 판촉물, 광고, 간판 등의 사용이 필요한 범위 내에서 그 사용을 허락한다.[94] 이와 같은 판매업자의 공급자 상표나 기술 등 라이선스의 사용과 관련해서는, (i) 공급자로부터 판매업자에 대한 라이선스의 사용허락에 관한 사항, (ii) 라이선스가 부여되는 때 사용이 허락되는 라이선스의 대상 및 범위, (iii) 사용이 허락된 라이선스의 사용료나 제3자의 권리침해 등 라이선스계약과 관련해 발생할 수 있는 조건들을 명확히 할 필요가 있다.

판매업자의 공급자 라이선스의 사용에 대해 일반적으로 공급자가 판매업자에게 별도의 사용료를 청구하지는 않는데, 통상의 사용범위를 벗어난다면 그 사용료

권에 관한 제품을 양도받은 후 그 제품을 다시 양도하거나 사용하는 행위는 특허권의 침해를 구성하지 않는다. 이는 상거래 유통과정이나 전득자를 보호하고, 권리자를 이중으로 보호할 필요는 없다는 점에 근거한다.

93 독점대리점계약이나 총판계약의 경우 대리점이나 총판은 대상지역에서 공급자를 대신해 영업을 하는 것이므로 공급자의 하부판매조직으로 보일 수도 있어, 공급자는 대리점이나 총판 등 판매업자의 경영에도 간섭할 수 있다. 이와 관련해, 판매업자의 경영자나 판매책임자의 변경이 있는 때 공급자의 사전허가를 받도록 하거나 또는 공급자에게 사전통보를 하도록 하는 경우가 있는데, 이에 대해 계약 대상지역에서 공정거래법 위반의 소지가 있는지를 확인할 필요가 있다.

94 공급자는 물품판매활동의 일관성이나 향후 대상지역에서 직접 판매를 고려하는 경우 공급자의 판매전략에 따르도록 하거나 판매업자의 광고나 판촉물에 대하여 공급자로부터 사전 허락을 받도록 할 수 있다.

의 청구를 가능한 것으로 할 수 있다. 예를 들어, 가방에 사용되는 상표가 캐릭터로 되어 있고 판매업자가 당해 캐릭터상표를 사용해 인형 등 다른 물품을 제작 판매하고자 한다면 공급자는 별도의 사용료를 판매업자에게 청구할 수 있다. 그리고, 계약 대상지역에서 공급자로부터 판매업자에게 사용이 허락된 상표나 기술에 대한 권리를 제3자가 침해하는 경우 공급자와 판매업자 중 누가 이에 대한 법적 조치를 취하고 비용을 부담할 것인지가 문제될 수 있다. 판매업자가 대상지역에서 법적 조치를 하기가 용이하기 때문에 대체로 판매업자가 법적 조치를 취하고 그에 관한 비용을 공급자가 부담한다. 다만, 제3자가 판매업자를 상대로 해당 제품이 자신의 상표나 기술에 대한 권리를 침해하였다고 다투면서 그 제품의 판매중지 등을 청구하는 경우는 그 제품의 공급자는 판매업자에게 사용을 허락한 상표나 기술에 대해 공급자 자신이 정당한 권리자란 점을 보장할 의무가 있기 때문에 공급자가 제3자의 청구를 방어하고 비용을 부담하는 것이 일반적이다.

한편, 판매업자가 공급자에 대하여 판매할 물품에 대한 대금 이외에, 계약상 특정한 대상지역에서 독점적 판매권을 부여받은 것에 대한 대가로 라이선스료(license fee)를 지급하도록 하는 경우가 있다. 이러한 라이선스료는 총판계약(exclusive distributorship agreement)상 일반적으로 지급되는 대가는 아니지만, 대상 물품에 상당한 매력이 있거나 판매형태에 따라 필요할 수 있다. 예를 들어, 판매업자의 영업능력에 대한 신뢰가 없는 상태에서 계약을 장기간으로 하거나 계약 대상지역을 상당히 넓은 범위로 정하는 경우 공급자는 판매업자의 판매실적 부진에 따른 손해를 입을 수 있다. 이때 공급자가 판매업자로부터 일정한 라이선스료를 받는다면 공급자는 판매점계약으로 발생할 수 있는 손해에 대한 염려를 줄인 상태에서 계약을 체결할 수 있다. 이는 판매업자가 빠른 시일 내에 해당 물품에 대한 판매사업을 개시할 것을 압박하는 수단으로도 사용할 수 있다. 계약상 라이선스료(license fee)에 관한 규정을 두는 경우 공급자의 입장에서는, (i) 라이선스료는 물품대금 등 기타 판매업자가 공급자에게 지급해야 하는 대금과 무관하다는 점, (ii) 공급자의 채무불이행으로 인하여 계약이 해지되는 경우 이외에는 라이선스료를 반환하지 않는다는 점 등을 명시하는 것이 좋다.[95]

CHAPTER 9

95 계약상 라이선스료(license fee)를 "security(담보)," "guarantee(보증)" 등의 단어를 사용해 표현하는 경우 라이선스료가 판매업자의 채무불이행에 대한 담보나 보증 등으로 해석될 수 있으며, 이 경우 판매업자는 공급자에게 지급할 물품대금에서 라이선스료를 공제할 것을 주장할 수 있다. 이에, 공급자의 입장에서는 라이선스료를 나타내면서 "security," "guarantee" 등과 같은 용어들은 사용하지 않는 것이 좋다.

[Example]

아래는 판매점계약에서 공급자가 판매점에 공급한 물품에 사용되거나 내장된 기술, 디자인, 특허 등 지식재산(intellectual property)에 관한 사항을 명시하는 기재례이다. 여기서 공급자는 공급되는 물품상 지식재산권에 대한 배타적 권리를 가지고 그 지식재산권의 분쟁이 있는 경우 판매점이 이를 공급자에게 알리고 필요한 협조를 해야 하며, 공급자는 물품과 관련된 지식재산권에 대한 보증을 하지 않고 그 침해청구에 대해서도 책임을 부담하지 않는다는 점을 명시하고 있다.

INTELLECTUAL PROPERTY

(a) Distributor recognizes that any and all technologies, designs, patents, technical information and other proprietary rights used in or embodied in the Products (hereinafter referred to as "Proprietary Rights") shall remain the exclusive property of Supplier. Distributor shall not have or acquire any right, title or interest in the Proprietary Rights except for the distribution right granted under this Agreement.

(b) If Supplier's Proprietary Rights are disputed or infringed upon by a third party, Distributor shall promptly inform Supplier thereof and assist Supplier in taking the appropriate measures (which shall be the right of Supplier, not the obligation) necessary to protect Supplier's rights.

(c) Supplier does not provide any warranty on the Proprietary Rights and Supplier shall not be liable for any claim of infringement by any third party in relation to the Products.

3.7 기타 유의사항

대리점계약 내지 판매점계약상 당사자들은 단순한 일회성 공급자와 판매업자 간의 관계가 아니라 특정 시장에서 장기적 거래관계를 맺게 되기 때문에 당사자 간 거래의 지속성을 보장할 다양한 계약조건이 고려되어야 한다. 계약기간의 경우 당사자 간 지속적 거래관계라는 점을 고려하면서 판매업자의 판매실적, 판매능력 및 신뢰관계 등을 참작해 매년 또는 수년 단위로 정하고 이를 갱신하도록 하는 것이 일반적이다. 그런데, 공급자는 판매업자에 대한 정보가 부족하다면 계약기간을 1년 이하의 단기간으로 정하고 판매업자의 능력과 신뢰를 검증한 후 장기간으로 전환하는 것을 고려할 수 있으며, 필요에 따라 가급적 용이하게 계약을 해지하기를 원할 수 있다. 이에, 공급자는 계약상 일반적 해지사유 이외에 편의상 계약해지(termination for convenience)규정을 두거나 가능한 경우 판매업자의 거래규모 등에 비추어 최소구매물량 등을 규정해 계약의 해지 내지 독점권의 철회 등 변경사유로 할 수 있다. 반면, 판매업자의 경우 공급자의 상품을 판매해 이익을 올리기 위해 판매원을 확보하여 교육시키고, 홍보를 하는 등 투자를 하게 되는데, 투자비용을 회수하기 위해서는 일정기간 계약관계를 유지할 필요가 있으므로 가급적 계약기간을 장기로 하고 계약이 해지되는 경우에도 이로 인한 피해를 최소화하고자 한다. 이에, 판매업자의 입장에서는 공급자가 편의상 계약해지를 할 수 있는 경우에도 충분한 기간을 두어 해지통지를 하고, 그 해지에 따른 일정한 보상금액을 판매업자에게 지급하도록 할 필요가 있다. 특히, 계약의 종료시에 판매업자의 영업을 공급자에게 이전하도록 하는 경우 판매업자의 입장에서는 계약을 통해 자신이 상당한 영업망을 구축했다면 공급자로부터 그 영업의 이전에 대해 일정한 보상을 지급받을 필요가 있다. 한편, 대리점이나 판매점 거래에서 공급자와 판매업자 간에 물품을 공급하고 판매하는 과정에서 관련 상품의 내용이나 고객정보 등 다양한 비밀정보가 당사자 간에 서로 교환될 수 있어 이를 보호하기 위한 비밀유지조항(confidentiality clause)을 둘 필요가 있다.

Ⅵ. License Agreement(라이선스계약)

1. 라이선스계약(license agreement)의 이해

License Agreement(라이선스계약)는 특허권, 실용신안권, 상표권, 저작권, 디자인권 등 무형의 지식재산(intellectual property)에 관한 권리를 갖는 라이선서(licensor; 실시허락자/라이선스제공자)가 라이선시(licensee; 실시권자/라이선스사용자)에게 라이선스(license)를 사용할 수 있는 권리를 부여하고,[96] 라이선스사용자(licensee)가 이에 대한 대가(royalty)를 지급하는 계약이다. 라이선스계약(license agreement)은 일반적으로 타인이 먼저 개발한 지식재산을 허락을 받아 사용하는 계약으로, 새로운 제품이나 기술개발, 기존의 기술을 개선한 신기술, 신제조공정, 노하우, 상표, 로고, 마크 등 다양한 부분이 포함된다. 라이선스계약(license agreement)을 통해 라이선스사용자(licensee)는 라이선스의 최종 사용자로서 무형의 권리를 스스로 사용할 뿐

96 License(실시권/라이선스)는 특허 등 지식재산권을 업으로 실시할 수 있는 권리를 제3자에게 제공하는 것을 말한다.

이고 별도의 생산활동을 하지 않을 수 있지만, 그 권리를 사용해 제품을 생산하는 등 부가적 영업활동을 할 수 있다. 즉, 특정한 기술이나 특허권 등 라이선스의 사용자(licensee)는 자신이 그 라이선스를 사용해 직접 제품을 제조하여 판매하거나, 제3자에게 라이선스의 사용을 통해 제품을 제조 및 판매할 수 있는 권리를 부여해 제품을 생산하거나 판매하게 할 수 있다. 대학이나 연구기관 등 연구개발 중심의 조직에서는 기술의 개발과 특허등록 이후 이를 이용한 제품의 상용화나 제품화, 판로개척과 같은 문제가 있는데, 이를 해결하기 위해 신기술을 이용해 시장을 실제로 개척할 수 있는 기업들에게 기술을 이전하거나 실시하도록 함으로써 개발된 기술이 현실적으로 활용될 수 있도록 할 수 있다.[97] 예를 들어, 소프트웨어 판매계약과 같이 판매자가 최종사용자에게 라이선스를 사용할 수 있도록 하거나 대리점계약이나 판매점계약에서 판매업자가 판촉활동을 위하여 공급자의 상표와 판촉물에 부착하는 등 라이선스 자체를 사용하기 위한 경우도 있지만,[98] 특허권을 사용해 특정한 물품이나 의약품 등을 생산하거나 특정 디자인을 사용해 물품을 생산하고 판매하게 할 수 있다.

라이선스계약은 독립적 계약형식으로 작성될 수 있으나, 특허, 디자인, 상표 등 라이선스와 관련된 상품의 거래나 개발 등 다양한 목적을 위해 라이선스를 사용하는 때 그 다른 목적을 가진 계약에 포함되어 규정될 수 있다. 라이선스계약은 소프트웨어 라이선스계약, 기술도입계약, 특허실시계약 등 다양할 수 있는데, 라이선스계약을 통해 눈에 보이지 않는 무형의 권리를 사용한다는 점에 공통점이 있다. 이에, 라이선스계약에서는 해당 라이선스계약의 대상이 되는 무형의 라이선스를 명확히 특정하고 그 사용권리의 내용을 명확히 하는 것이 중요하다.

그런데, 국제거래에서 라이선스계약은 국가에 따라 다른 용어를 사용하거나 사용되는 용어의 의미나 권리관계가 다를 수 있으며, 속지주의에 따라 라이선스의 대상이 되는 권리는 그것을 인정하는 나라에서만 효력을 가지고, 라이선스의 보호범위나 대상도 국가별로 다를 수 있다. 예를 들어, 미국에서 상표권이 등록되었다

97 특히, 현대사회에서 빠르게 발전하는 기술과 신기술을 사용한 새로운 제품은 개발자가 직접 생산해 판매하는 것이 어려울 수 있고, 관련 시장이나 마케팅 또는 제품화에 대한 이해 능력이 부족할 수도 있고, 비즈니스를 더 잘할 수 있는 기업에게 그 기술을 사용하여 제품화하게 하고 라이선스를 부여하는 것이 더 효율적일 수 있다.

98 대리점계약이나 판매점계약에서도 판매업자에 의한 공급자의 물품 관련 상표나 기술에 관한 라이선스의 사용에 관한 사항을 계약조건에 포함할 수 있는데, 이에 관한 자세한 내용은 "Chaper 9. V. 3.6 물품판매 관련 라이선스 사용 문제" 단원을 참고하기 바란다.

고 하더라도, 한국 내에서 이미 다른 사람이 동일한 상표권을 먼저 등록한 경우 미국 내 상표권이 한국 내에서 인정되지 않을 수 있다.[99] 또한, 어떤 나라에서 "patent"라는 용어를 쓰더라도 우리나라의 "특허권"과 동일한 의미로 사용되지 않을 수 있으며, 그 보호의 범위도 다를 수 있다.[100]

그리고, 라이선스계약을 통해 라이선스제공자(licensor)는 대체로 라이선스사용자(licensee)로부터 라이선스 사용의 대가인 로열티(royalty)를 받는 것을 주된 목적으로 하고, 라이선스사용자는 이에 따라 사용할 수 있는 라이선스상 권리를 명확히 하길 원한다. 이에, 라이선스계약에서는 로열티의 산정방법이나 지급조건, 라이선스 사용의 범위 등을 명확히 해야 한다. 예를 들어, 일정한 디자인이나 캐릭터를 의류에 사용하기로 하는 라이선스계약을 체결하는 때 그 의류의 범위에 침구류가 포함되는지, 인형의 의류도 의류에 포함되는지 등 의류의 의미를 명확하게 규정하지 아니하면 분쟁의 소지가 있다. 또한, 라이선스제공자의 입장에서는 라이선스사용자가 그 사용권리를 남용해 라이선스의 가치를 훼손하는 것을 방지할 방법도 고려해야 한다. 예를 들어, 특허권으로 등록되지 않은 비밀의 기술에 대하여 라이선스계약을 체결하였는데, 라이선스사용자가 제3자에게 비밀의 기술을 유출하였다면 라이선스제공자는 그 기술의 기밀성이 훼손되어 손해를 볼 수 있으므로 라이선스계약에서 라이선스사용자가 해당 라이선스 관련 정보를 제3자에게 유출하지 않도록 하는 의무를 부과할 수 있다.

이러한 점들에 비추어, 국제거래상 라이선스계약에서는 사용되는 라이선스 관련 용어의 의미를 파악해 라이선스의 대상이 되는 권리를 특정하고,[101] 그 권리와 관련되는 국가에서 해당 권리의 보호범위나 효력 등에 관한 충분한 사전 조사와 확인을 하여야 하며, 라이선스에 관한 로열티의 산정방법 및 지급조건과 라이선스의 사용범위와 라이선스 침해시 처리방법 등을 검토할 필요가 있다.

---

99 미국에서 상표를 등록한 A사가 한국의 B사에 대해 그 상표에 대한 라이선스를 부여했다고 하더라도, 한국에서 C사가 똑 같은 상표를 이미 등록하고 있으면 B사가 그러한 라이선스를 받아도 의미가 없으며, B사가 그 상표를 사용하는 경우 오히려 C사와 분쟁에 휘말릴 수 있다.

100 우리나라의 경우 특허권 등 지식재산권의 경우 특허청이 발행하는 특허공보 등의 출판물을 통해 권리의 내용을 파악할 수 있으며, 외국의 경우에도 특허청에 상당하는 기관의 등록이나 출원 여부를 확인해 특정할 수 있다.

101 특허권 등 라이선스계약의 권리에 대해서는 계약서의 별지에 현물 사진을 첨부하거나 계약서와 별도로 내용을 확인하는 문서를 교환하여 특정할 수 있다.

2. 라이선스계약(license agreement)의 특징 및 유형

라이선스계약은 유형물에 대한 권리를 대상으로 하는 물품매매계약 등과 달리, 계약의 대상이 눈으로는 보기 힘든 무형의 권리를 대상으로 한다는 특징을 갖는다. 이에, 라이선스계약에서는 대상 권리나 그 권리의 사용방식 등을 파악하기 어려울 수 있으므로 대상이 되는 권리의 특징을 정확히 이해할 필요가 있다. 예를 들면, 상표권의 특징과 특허권의 특징이 다르고 적용되는 법규도 상이할 수 있기 때문에 특허법이나 상표법 등 대상 라이선스 관련 법원리를 개별적·추가적으로 파악해야 한다. 즉, 라이선스계약의 경우 라이선스계약의 공통적 요소뿐만 아니라 계약대상의 권리에 관한 별도의 검토가 필요하다. 라이선스계약의 대상은 특허권, 실용신안권, 상표권, 디자인권, 저작권 등 지식재산(intellectual property)을 주요 대상으로 한다. 특허권(patent right)은 산업상 이용할 수 있는 발명, 즉 자연법칙을 이용한 기술적 사상의 고도화된 창작 발명에 대해 인정되는 권리이며, 실용신안권(utility model right)은 특허권에 비해 간단한 발명에 대한 것으로 산업상 이용할 수 있는 물품의 형상이나 구조 등에 관한 고안에 대해 인정되는 권리이다. 상표권(trademark right)은 상품이나 서비스를 타인의 상품과 구별하기 위해 사용하는 상표나 브랜드에 관한 권리이며, 디자인권(design right)은 물품의 형상, 모양, 색채 등에 관한 권리를 인정하는 것이다. 저작권(copyright)은 문학작품, 논문, 연극, 음악, 영화, 컴퓨터 소프트웨어 등 창작물에 대한 권리로 저작물을 창작한 때부터 발생하며, 특허권, 실용신안권, 상표권, 디자인권 등과 달리, 등록과 같은 특별한 절차나 형식의 이행을 필요로 하지 않는다.[102] 한편, 타인이 상당한 투자와 노력을 들여 개발한

102 개별 지식재산권의 정의와 범위는 국가별로 다를 수 있으나, 대체로 그 원리는 유사하다. 우리나라의 경우 특허권은 어떠한 상품을 개발, 발명, 개선해 특허법에 의해 그 상품을 독점적으로 이용할 수 있는 권리로, 특허법상 특허권을 가지고 있는 자는 해당 상품에 대한 생산, 사용, 양도, 대여, 전시에 대해 독점권을 가지고 이를 행사할 수 있다. 특허권의 범위에 있어서 특허권은 특허 출원을 하기 전에 국내에 공지되었거나 등록된 상품이 아니며 국내외에 반포된 간행물에 기재된 것이 아니어야 한다(특허법 제29조 이하). 상표권이란 상품을 표시하는 방법으로 당사자가 생산, 제조, 가공된 상품을 다른 업체의 제품과 식별하기 위해 독립적으로 제작한 기호, 문자, 도형 등을 의미한다. 상표권은 상표법에 의거한 설정등록에 의해 발생하며 일정한 존속기간 동안 그 권리를 보유할 수 있다(상표법 제33조 이하). 저작권은 저작자의 사상 또는 감정을 표현한 창작물에 대해 독점적 또는 배타적 이용을 보장하는 권리로, 저작물에는 소설, 시, 강연, 논문, 연극, 음악, 영화, 건축물, 공예, 사진, 도형 등 다양한 것들이 포함된다. 저작권은 저작물을 창작한 때부터 발생하며, 등록과 같은 절차나 형식의 이행을 필요로 하지 않는다(저작권법 제10조). 한편, IT 관련 계약에서 프로그램 라이선스가 있을 수 있는데,

상표, 상호, 신용, 영업비밀 등의 지식재산권을 무단사용하는 것을 방지하기 위한 부정경쟁방지법규가 있는데, 타인의 저작물이나 상표 등을 무단 사용하는 경우 저작권법이나 상표법에 따른 제재를 받을 수 있을 뿐만 아니라 부정경쟁방지법규에 의한 책임도 부담할 수 있다.[103]

그런데, 라이선스계약(license agreement)의 대상이 되는 권리는 국가별로 인정요건이 다를 수 있으며, 등록 등의 특별한 절차가 요구되지 않을 수 있어 그 권리의 존재나 유효성이 확인되지 않아 의도치 않게 제3자의 권리를 침해할 수도 있다. 예를 들어, 국내 A사가 미국의 B사로부터 국내에서 특허등록을 하지 않은 어떤 기술의 라이선스를 받아 이를 이용해 국내에서 제품을 제조판매하려는 때 국내의 C사가 그 기술 내지 제품 관련 자신의 국내 특허권을 침해했다고 다툴 수 있다. 이와 관련해, 라이선스의 침해 관련 진술과 보증(representations and warranties)이 문제될 수 있는데, 라이선스사용자(licensee)의 입장에서 라이선스제공자(licensor)에게 라이선스의 대상이 되는 권리가 유효하며 제3자의 권리를 침해하지 않는다는 것을 보증받을 필요가 있는데, 라이선스제공자의 입장에서는 자신도 모르는 사이에 관련 라이선스에 대한 제3자의 권리가 있을 수 있어 그 보증을 명확히 하기 어려울 수 있다.

그리고, 라이선스의 사용에 대한 대가인 실시료 내지 로열티(royalty)의 산정방법이나 지급조건 등은 당사자 간 협상결과에 따라 다양할 수 있는데, 선금(down payment)으로 할 수도 있고, 정액의 일괄지급(lump sum payment) 또는 분할지급(installment payment)의 방식이 있을 수 있다. 또한, 라이선스계약에서는 권리의 사용량에 따라 사용료를 정하는 러닝로열티(running royalty; 경상실시료) 방식이 있는데,[104]

이는 프로그램을 제작한 제작사와 제작한 프로그램을 구매한 사용자 사이에 맺는 라이선스계약으로, 라이선스사용자는 제작사가 만든 프로그램을 사용할 수 있으며, 일반적으로 해당 프로그램이 업그레이드될 경우 최신 버전의 프로그램을 무료로 받을 수 있다. 프로그램 라이선스는 계정으로 관리하는 경우가 대부분이며, 라이선스계약에 따라 그 범위가 달라질 수 있다.

103 부정경쟁방지법규는 상품의 양이나 질을 거짓으로 표시하는 공서양속에 반하는 행위를 방지함으로써 건전한 거래질서의 유지를 통한 경쟁의 공정성을 확보하려는 목적을 가진다. 국가에 따라 부정경쟁방지에 관한 사항을 경쟁법이나 지식재산권법 등 여러 법률에 걸쳐 규율하는 경우도 있으나, 우리나라는 별도의 부정경쟁방지 및 영업비밀보호에 관한 법률을 제정해, 타인의 허락 없이 상표나 상호를 무단으로 사용하거나 영업비밀을 침해하는 행위를 규제하고 있다. 여기서 영업비밀이란 공공연히 알려져 있지 아니하고 독립된 경제적 가치를 가지는 것으로서, 비밀로 관리된 생산방법, 판매방법, 그 밖에 영업활동에 유용한 기술상 또는 경영상의 정보를 말한다(부정경쟁방지법 제2조 이하).

104 러닝로열티(running royalty)의 기준이 되는 권리의 사용량과 관련해, 라이선스사용자(licensee)

이 경우에도 라이선스제공자(licensor)는 처음부터 일정한 수익을 확보하기 위해, 라이선스사용자(licensee)의 라이선스 사용량에 관계없이 일정 금액의 로열티를 지급할 것을 요구하는 최저로열티(minimum royalty)를 설정할 수 있다. 라이선스사용자의 입장에서는 최저로열티를 지급하게 되는 경우 금액에 따라서는 상당한 부담이 될 수 있으므로 가능한 한 러닝로열티의 지급률은 낮게 책정할 필요가 있다. 그런데, 특허권 등 지식재산(intellectual property)은 창의적 활동에 대한 보상을 위하여 독점적 사용권을 수여하는 데 목적이 있지만, 라이선스제공자(licensor)가 독점권을 가진다는 우월적 지위를 남용해 시장을 왜곡할 가능성도 있다. 지식재산권은 새로운 기술혁신의 유인을 제공하면서도 관련 시장의 질서를 왜곡하지 않는 범위에서 정당하게 행사되어야 한다. 즉, 지식재산권이 갖는 독점적 지위를 남용해 관련 기술의 이용과 새로운 기술혁신을 부당하게 저해하거나 관련 시장의 경쟁을 과도하게 제한하는 등의 불공정거래행위에 대해서는 독점규제 및 공정거래법규에 따른 규제를 받을 수 있다.[105] 라이선스제공자와 라이선스사용자 간 거래상 지위의 차이로 인해 로열티(royalty)가 비정상적으로 높은 경우는 불공정거래행위가 특히 문제될 수 있다. 예를 들어, 라이선스제공자가 보유하고 있는 기술이 독점적이어서 라이선스사용자로서는 부당하게 과도한 로열티를 받아들일 수밖에 없다면 로열티의 결정에 있어 라이선스제공자의 우월적 지위 남용에 따른 불공정거래행위가 문제될 수 있다.

라이선스계약(license agreement)은 한 가지 형태의 계약이라기보다 그 대상이 되는 라이선스가 기술, 상표권, 저작권, 특허권 등 어떤 권리에 관한 것인지에 따라 다양한 유형이 있을 수 있다. 라이선스계약에는 라이선스의 사용권 내지 실시권의 독점적 부여 여부에 따라 독점적 사용권을 부여하는 Exclusive Licensing Agreement(독점 라이선스계약), 독점적 사용권을 부여하지 않는 Non-Exclusive Licensing Agreement(비독점 라이선스계약), 당사자 상호간의 지식재산을 교환해 실시하는 Cross-Licensing Agreement(교차 라이선스계약), 기술이나 특허를 제품단위

의 매상의 일정 비율로 하는 등 매상과 연동해 로열티를 정하는 경우가 많은데, 이때 기준이 되는 매상(sales)의 의미가 총매상(gross sales)인지 순매상(net sales)인지 등을 명확히 할 필요가 있다. 또한, 권리의 사용량이 라이선스사용자에 의해 정확히 산정되는지를 파악하기 위해, 라이선스제공자는 계약상 라이선스사용자의 장부검사권 등을 규정할 수 있다.

105 우리 공정거래위원회는 지식재산권을 남용하여 관련 기술의 이용과 새로운 기술 혁신을 부당하게 저해하는 행위를 규제하기 위해, "지식재산권의 부당한 행사에 대한 심사지침"을 제정하여 관련 불공정거래행위의 유형과 판단기준을 제시하고 있다.

와 묶어서 실시하는 Package Licensing Agreement(패키지 라이선스계약) 등이 있다.[106] 또한, 라이선스사용자가 그 부여받은 권한 범위 내에서 제3자에게 실시권(sub-license)을 부여하는 Sub-Licensing Agreement(서브 라이선스계약/재실시권계약)도 있다. 한편, 라이선스계약은 독립적 형태의 계약으로 체결되기도 하지만, 다른 계약에서 라이선스의 사용에 관한 사항이 포함되는 경우 그 계약내용의 일부 조항으로 규정될 수도 있다. 예를 들어, 판매점이나 가맹점은 영업을 위해 공급업체가 제공하는 상품에 포함된 상표나 가맹본부의 상호와 상표 등의 사용을 필요로 하므로 공급업체와 사이에 판매점계약(distributorship agreement)이나 프랜차이즈계약(franchise agreement)에서 라이선스조항을 두거나 또는 별도의 라이선스계약을 체결할 수 있다. 다만, 이러한 라이선스조항이나 라이선스계약의 내용은 라이선스의 사용권이 부여되는 대상 권리나 당사자 간의 거래관계에 따라 달라질 수 있다.

---

106 독점 라이선스계약(exclusive licensing agreement)은 특정된 지역(territory)에서 다른 당사자에게 동일한 내용의 라이선스를 부여하지 않기로 하는 계약이다. 우리나라에서는 특허의 전용실시권(exclusive license)이 인정되고 있는데, 이는 특허에 대해 독점적 사용권을 가지는 것으로, 전용실시권을 설정받은 전용실시권자는 그 설정행위로 정한 범위에서 특허발명을 업으로서 실시할 권리를 독점한다(특허법 제100조). 전용실시권은 특허권자가 다른 사람에게 특허를 독점적으로 사용할 수 있도록 부여하는 권리로서 다른 사람이 특허를 사용하지 못하고 전용실시권자만 독점적으로 사용할 수 있다. 전용실시권계약을 체결하면 그 계약서에 특허를 사용하는 기간과 지역을 정하고 그 범위 내에서 전용실시권자는 독점적 권리를 갖는다. 이때 특허권자가 전용실시권자의 동의를 얻지 않고 다른 사람에게 특허 사용을 허락할 수 없다. 상표법도 전용실시권과 같은 전용사용권을 규정하고 있는데, 상표권자는 그 상표권에 관하여 타인에게 전용사용권을 설정할 수 있다(상표법 제95조). 비독점 라이선스계약(non-exclusive licensing agreement)은 라이선스가 독점적이지 않아서 다수의 라이선스사용자(licensee)가 존재할 수 있고 그들간 경쟁이 발생할 수 있다. 우리나라는 특허를 사용할 수 있는 통상실시권(non-exclusive license)을 인정하는데, 이는 특허를 사용할 수는 있지만 독점적 사용권을 가지지 않기 때문에 특허권자로부터 특허사용을 허락받은 모든 사람들이 특허를 사용할 수 있다(특허법 제102조). 통상실시권 중 독점적 통상실시권(sole license)이 있는데, 이는 통상실시권을 독점적으로 부여하는 것으로, 전용실시권(exclusive license)의 경우 전용실시권자에게만 특허를 독점적으로 사용할 수 있는 권리를 부여하기 때문에 설정 내용에 따라 특허권자도 특허권을 사용할 수 없을 수 있으나, 독점적 통상실시권(sole license)은 통상실시권을 독점적으로 부여하기 때문에 특허권자는 여전히 특허권을 사용할 수 있다는 점에서 구별된다. 교차라이선스계약(cross-licensing agreement)은 계약당사자 간에 각자가 갖고 있는 기술 등 라이선스의 실시권을 상호 주고받는 형태의 계약이다. 패키지 라이선스계약(package licensing agreement)은 일정한 지식재산권에 대해 실시권을 부여하면서 다른 지식재산권들에 대해서도 사용허락을 하는 계약이다. 다만, 라이선스사용자에게 불필요한 지식재산을 함께 구입하도록 강제하는 것은 "끼워팔기(tie-in sales)"에 해당되어 불공정거래행위가 될 수 있다는 점을 유의해야 한다.

3. License Agreement(라이선스계약) 관련 유의점 및 주요 기재례

라이선스계약(license agreement)은 라이선스제공자(licensor)가 특정한 라이선스에 관한 권리나 기술을 공개나 교육하는 등 방법으로 라이선스사용자(licensee)에게 제공하며, 라이선스사용자는 제공받은 권리나 기술에 대한 대가로 실시료 내지 로열티(royalty)를 라이선스제공자에게 지급하는 것을 내용으로 한다. 이에, 라이선스계약은 계약의 대상인 라이선스의 독점성(exclusivity)을 포함해 라이선스의 사용 대상지역과 범위를 정하고, 라이선스를 사용해 제품이나 서비스를 제공하는 경우 그에 관한 구체적인 사항을 규정한다.[107] 라이선스사용자의 라이선스제공자에 대한 로열티(royalty)의 산정과 지급방법을 명확히 하고, 그 정확성을 확인하기 위해 라이선스사용자(licensee)의 장부에 대한 라이선스제공자(licensor)의 조사 및 회계감사 등에 관한 규정을 둘 수 있다. 또한, 라이선스사용자에게 라이선스제공자의 권리의 유효성을 보증하기 위해, 제3자 권리의 침해(infringement of third party rights)에 관한 조항[108] 및 제3자의 라이선스침해에 대한 대응조치에 관한 조항 등을 둘 필요가 있다. 라이선스사용자가 제공받을 기술이 특허기술로 독점실시권을 부여받거나 기타 특허등록이 필요한 경우는 계약상 반드시 특허등록에 관한 규정을 둘 필요가 있다.[109] 이와 관련해, 라이선스사용자의 경쟁제품의 취급금지 내지 라이선

107 라이선스계약상 라이선스제공자(licensor)가 라이선스사용자(licensee)에게 부여한 라이선스보다 더 유리한 조건으로 제3자에게 그 라이선스를 부여해서는 안 된다는 "Most Favored Licensee Clause(최혜대우 라이선시조항)"를 두기도 한다. 그리고, 라이선스사용자가 제공받은 기술의 공지성이나 특허의 유효성 등을 다툴 수 없도록 하는 "No-Challenge Clause(쟁의금지조항)"를 두기도 하는데, 이는 제공받은 기술에 대한 권리가 유효함을 전제로 계약을 체결한 자가 그 권리의 무효를 주장하는 것은 계약체결행위와 모순된다는 약속적 금반언의 원리(doctrine of promissory estoppel)를 반영한 것으로 볼 수 있다. 영미계약법상 약속적 금반언의 원리(doctrine of promissory estoppel)는 일방 당사자의 약속(promise)과 연관되어 상대방이 신뢰를 가지게 된 경우 그 신뢰를 보호하기 위해 그 약속에 반하는 주장은 금지된다는 원리이다. Promissory Estoppel(약속적 금반언)은 피약속자(promisee)가 정당하게 신뢰(justifiable reliance)를 할 만큼 약속자가 분명하고 확실한 약속을 하는 경우에 적용되는 원칙으로, 형평법상 금반언(equitable estoppel) 법리에 기초를 두고 있다. 영미계약법상 약속적 금반언의 원리(doctrine of promissory estoppel)에 관한 자세한 내용은 저자 집필 『영미계약법 원리』 (유원북스, 2021), 191-195페이지를 참고하기 바란다. 다만, 특허 등 지식재산권이 소멸된 후 또는 라이선스사용자의 귀책사유 없이 특허기술이나 관련 영업비밀이 공지의 사실이 된 후에도 라이선스사용자가 로열티를 내도록 하거나 그 기술 등을 사용하지 못하도록 하는 것은 라이선스제공자의 거래상 우월적 지위를 남용한 불공정거래행위로 볼 여지가 있다.

108 이는 지식재산권의 보호와 관련해, 물품의 제조과정에서 삽입된 기술이나 외관 등에서 제3자의 권리침해가 발생했을 경우 조치사항을 규정하는 것이다.

스제공자의 계약 대상지역(territory) 내에서 동일제품의 판매금지 등에 관한 사항을 명확히 하고, 라이선스계약(license agreement)의 효력이 미치는 대상지역과 계약기간을 정할 필요가 있다. 그리고, 라이선스사용자가 그 부여받은 라이선스를 제3자에게 재실시하는 서브라이선스(sublicense)에 관한 사항을 명확히 하고, 라이선스사용자가 제공받은 기술을 개량한 경우 개량기술 관련 권리의 귀속과 처리를 위한 개량기술의 처리에 관한 조항(improvement clause)을 둘 필요가 있다.[110] 라이선스계약은 또한 라이선스제공자의 재산적 가치 있는 무형의 정보를 공개하는 것이어서 라이선스사용자가 이를 제3자에게 무단 공개하는 경우 라이선스제공자에게 상당한 손해가 발생할 수 있어 비밀유지(confidentiality)에 관한 규정을 두고, 기밀유지 대상이 되는 정보와 자료에 관한 상세한 규정을 둔다.

한편, 라이선스사용자가 해당 지식재산권의 사용에 그치지 않고 이를 이용해 제품을 생산해 판매하는 경우에는 라이선스계약(license agreement)에서 그 제품의 제조 및 판매에 관한 사항도 규정하는 것이 일반적이다. 이 경우 라이선스제공자의 입장에서는 자신의 권리보장을 위해 해당 제품의 판매 관련 지역, 수량, 기간 등을 제한할 수 있는데, 그 제품의 판매지역에서 라이선스제공자가 자신의 기술로 해당 제품을 직접 판매할 수 있는지에 대한 검토도 필요하다. 라이선스제공자의 경우 기존에 갖추어진 제품라인업을 통해 제품을 직접 판매하는 것이 유리할 수 있지만, 라이선스사용자의 경우 불필요한 경쟁관계가 발생하게 되므로 피하는 것이 좋다. 라이선스사용자(licensee)가 라이선스상 권리를 이용해 대상지역에서 물품을 제조판매하는 경우 판매점계약(distributorship agreement)에서와 같은 공정거래 관련 이슈가 있을 수 있다.[111] 즉, 라이선스계약(license agreement)에서 라이선스제공자(licensor)가 (i) 라이선스사용자(licensee)의 제품의 판매가격 내지 재판매가격을 제한하거나, (ii) 관련 라이선스를 이용한 물품의 제조나 판매 목표량이나 금액

109 특허권의 독점실시를 하려는 경우 실시에 관한 독점기술도입계약 등 독점 라이선스계약(exclusive licensing agreement)을 체결하고 그 실시에 관한 등록을 필요로 한다. 우리나라의 경우 전용실시권은 특허권자가 자기의 특허권을 제3자에게 독점적·배타적으로 실시권을 부여한 것으로, 특허법상 전용실시권의 설정, 이전, 변경, 소멸 또는 처분의 제한은 등록하지 않으면 효력이 없도록 되어 있다(특허법 제100조 및 제101조).

110 라이선스사용자가 개량한 기술을 대가없이 라이선스제공자의 소유로 하거나 독점실시권을 수여하도록 하는 경우 불공정거래행위에 해당할 수 있다.

111 판매점계약에서 재판매가격의 설정 또는 최소구매물량의 설정과 관련된 불공정거래행위의 문제는 "Chapter 9. V. 3. Agency Agreement와 Distributorship Agreement 관련 유의점 및 주요 기재례" 단원을 참고하기 바란다.

또는 상한선을 설정하고 이를 달성하지 못하는 때 라이선스제공자가 일방적으로 계약을 해지할 수 있도록 하는 경우 라이선스제공자의 불공정거래행위가 문제될 수 있다.[112] (iii) 라이선스계약에서 라이선스가 부여된 권리를 이용해 계약제품을 생산하는 데 필요한 원재료, 부품, 생산설비 등을 라이선스제공자 또는 그가 지정하는 자로부터 구입하도록 의무를 부과하는 경우가 있는데, 이러한 의무부과 또한 불공정거래행위로 볼 가능성이 있다.[113] 그리고, (iv) 라이선스계약상 해당 기술을 대체할 수 있는 제3자의 기술을 사용하는 것을 금지하는 조항이 있을 수 있는데, 이 경우도 불공정거래행위가 문제될 수 있다.[114]

그리고, 라이선스사용자(licensee)가 라이선스계약(license agreement)상 지식재산권 등을 상업적으로 사용해 물품을 생산판매한 경우 라이선스제공자(licensor)는 소비자에 대해 제조물책임(product liability)을 부담할 수 있다. 이와 관련해, 라이선스계약상 라이선스의 사용과 관련한 당사자의 책임을 명확히 할 필요가 있는데, 라이선스제공자의 입장에서는 이러한 책임을 피하기 위해, 라이선스사용자가 생산판매한 제품 관련 제조물책임을 부담하도록 계약상 규정하거나 라이선스사용자로 하여금 관련 책임에 관한 보험가입 등을 요구할 수 있다. 그리고, 라이선스계약상 라이선스제공자의 특허 등 라이선스의 상업적 사용허락뿐만 아니라 필요에 따라 노하우(know-how)가 담긴 장치나 시설이 설치될 수 있는데, 이때 그 장치 및 시설의 설치나 정비보수 비용 등의 부담주체를 명백히 해야 한다. 또한, 라이선스제공자의 라이선스사용자에 대한 기술정보 등의 제공 및 기술지도, 라이선스사용자의 판매촉진의무, 계약종료시 라이선스사용자가 제공받은 기술을 이용하여 제조한 재고품의 판매중단과 처리에 관한 사항 등도 규정할 수 있다.

라이선스계약상 준거법은 계약자유의 원칙에 따라 당사자 간 합의로 자유롭게 정할 수 있는데, 이는 계약에서 발생하는 권리의무에 관한 사항에 대하여만 적용될 수 있을 뿐이고, 특허권 등 지식재산권의 경우는 그 권리가 인정되는 국가의 법

112 다만, 라이선스 관련 물품의 최소 제조나 판매목표량 또는 금액을 설정하였지만 이를 충족하지 못했다고 하여 별도의 불이익을 부과하지 않거나 단지 독점계약을 비독점계약으로 전환하는 경우는 일반적으로 불공정거래행위로 보기 힘들다.

113 다만, 계약제품의 품질이나 성능의 보증을 위해 불가피하게 원재료 등의 구매상대방을 제한하는 경우는 허용될 수 있다.

114 불공정거래행위로 보여질 위험을 줄이기 위하여, 라이선스제공자의 영업비밀이 경쟁사업자 등 제3자에게 공개되거나 누설되는 위험을 막기 위한 수단으로 경쟁기술의 사용을 금지하고, 그 제한의 정도도 라이선스제공자의 권리보장을 위한 최소한도 범위 내에서만 이루어지도록 할 필요가 있다.

률에 따르고 계약당사자가 임의로 적용법규를 정할 수 없다. 예를 들어, 한국회사와 미국회사 사이에 한국에 등록된 특허에 관한 라이선스계약을 체결하면서 뉴욕주법을 준거법으로 정한 경우 계약에 규정된 권리의무에 관한 사항은 준거법인 뉴욕주법이 적용되지만, 등록된 특허권의 유무효에 관한 사항은 특허등록이 된 국가인 한국법이 적용된다. 또한, 라이선스계약에서 분쟁해결과 관련해, 당사자들은 특정 국가의 관할법원을 정할 수 있는데, 특허권 등 지식재산권의 효력 등에 관한 사항은 그 권리가 등록된 국가가 전속관할을 갖고 있기 때문에 특허권의 유무효에 관한 소송은 등록된 국가의 법원에 소를 제기해야 한다.[115] 예를 들어, 한국에 등록된 특허에 대하여 라이선스계약을 체결하면서 홍콩법원을 관할법원으로 지정하였다고 하더라도, 계약상 권리와 의무에 관하여만 홍콩법원이 관할법원이 되고 특허권의 무효확인을 구하는 소송은 한국 특허법에 따른 법원에 제기하여야 한다.

이하에서는 라이선스계약(license agreement)의 주요 계약조건으로, (i) 라이선스의 정의, 독점권의 부여 등을 포함한 계약의 대상과 범위, (ii) 라이선스의 사용기간 및 대상지역의 문제, (iii) 라이선스 실시료의 산정 및 지급, (iv) Sublicense(재실시)의 문제, (v) 라이선스제공자의 라이선스사용자에 대한 보증책임 문제, (vi) 개량기술의 처리 문제, (vii) 당사자 간 비밀유지의무(confidentiality)나 라이선스 사용 관련 교육 등 기타 유의사항을 살펴본다.

3.1 라이선스계약의 대상 및 범위

라이선스계약(license agreement)에서는 우선 계약의 대상이 되는 권리를 특정하고, 그 권리에 관한 라이선스의 범위를 정할 필요가 있다. 라이선스사용자(licensee)가 제공받는 라이선스 또는 그 라이선스를 사용할 제품이나 서비스 등을 구체적으로 지정해야 한다. 당사자들은 계약협상을 시작할 때 정의조항에서 대상 기술이나 라이선스 등을 정의된 용어(defined term)로 명확히 해야 한다. 또한, 제공받을 기

115 우리 대법원은 대한민국 법원의 관할을 배제하고 외국의 법원을 관할법원으로 하는 전속적인 국제관할의 합의가 유효하기 위해서는 기본적으로 당해 사건이 대한민국 법원의 전속관할에 속하지 아니하고 지정된 외국법원이 그 외국법상 당해 사건에 대하여 관할권을 가져야 하며, 당해 사건이 외국 법원의 전속관할에 속하는지 여부와 관련하여 특허권은 등록국법에 의하여 발생하는 권리로서 법원은 다른 국가의 특허권 부여행위와 그 행위의 유효성에 대하여 판단할 수 없으므로 등록을 요하는 특허권의 성립에 관한 것이거나 유·무효 또는 취소 등을 구하는 소는 일반적으로 등록국 또는 등록이 청구된 국가 법원의 전속관할에 속하는 것으로 본다(대법원 2010. 8. 26. 선고 2010다28185 판결; 대법원 2011. 4. 28. 선고 2009다19093 판결).

술이 특허기술로 독점실시권을 부여하거나 기타 특허등록이 필요한 경우에는 반드시 특허등록에 관한 규정을 두어야 한다. 이와 관련해, 라이선스제공자(licensor)는 라이선스의 대상 지역 내에서 라이선스사용자(licensee)의 동일 또는 경합 제품의 취급이나 판매의 금지 등을 고려해야 한다. 또한, 해당 라이선스를 사용해 제품을 생산하는 때 라이선스의 사용이나 제품의 생산에 있어 당사자들이 관련 국가의 정부당국으로부터 인허가를 받거나 일정한 법규준수가 요구될 수 있으므로 이에 대한 당사자의 책임소재를 명확히 할 필요가 있다.

라이선스제공자는 라이선스사용자에게 대상 라이선스의 사용을 허락하면서 독점적 사용권을 부여할 것인지 결정해야 하는데, 대체로 라이선스사용자(licensee)의 입장에서는 독점적 사용권이 유리하고, 라이선스제공자(licensor)의 입장에서는 비독점적 사용권이 유리할 수 있다.[116] 독점적 사용권을 부여할 경우 라이선스제공자는 높은 실시료를 요구할 수 있어 라이선스사용자는 이에 관한 적절한 협상력이 요구된다. 그리고, 라이선스제공자가 라이선스사용자에게 독점 라이선스 사용권을 부여하는 경우 일반적으로 라이선스사용자에 대해 해당 라이선스를 사용한 제품과 유사한 경쟁제품(competitive products)을 취급하는 것을 금지하는 의무를 부과할 수 있다. 이 경우 경쟁제품 취급을 전면적으로 금지하는 것은 독점금지 내지 공정거래법 위반의 문제가 있을 수 있으므로 유의해야 하며, 경쟁제품의 범위가 불명확할 경우 다툼의 여지가 있으므로 이를 명확히 규정할 필요가 있다.

[Example]

(Sample 1)은 라이선스계약(license agreement)의 대상이 되는 기술이나 라이선스 등에 대한 정의된 용어(defined term)의 예문들로, 이를 통해 라이선스계약상 지식재산권에 대한 보호와 관련한 대상 지식재산권을 명확히 한다. (Sample 2)는 라이선스사용자가 대상 라이선스를 사용해 제품을 생산하는 때 정부의 인허가가 필요한 경우의 기재례이다. (Sample 3)는 라이선스사용자가 대상 라이선스를 사

116 등록에 의해 권리가 발생하는 특허권의 경우에는 일반적으로 독점사용권인 전용실시권을 설정할 때에도 등록을 해야만 효력이 발생한다(특허법 제101조). 또한, 제3자에 의해 특허권이 침해된 경우에 전용실시권자가 그 제3자에게 침해금지청구와 손해배상청구를 할 수 있다(특허법 제126조, 제128조). 권리의 발생에 등록을 필요로 하지 않는 저작권의 경우는 등록을 하지 않더라도 전용실시권을 설정할 수 있지만, 전용실시권자가 저작권을 침해하는 제3자에게 직접 침해금지청구나 손해배상청구를 할 수 없고 저작권자를 대위하여 침해정지청구권을 행사할 수 있다(대법원 2007. 1. 25. 선고 2005다11626 판결).

용해 유사한 경쟁제품(competitive products)을 취급하는 것을 금지하는 규정의 기재례이다. 라이선스제공자가 라이선스사용자에게 독점 라이선스를 부여하는 때 일반적으로 라이선스제공자는 라이선스사용자에게 이러한 경쟁제품(competitive products)의 취급을 금지하는 의무를 부과한다.

(Sample 1)

- "Intellectual Property (IP)" means all inventions (whether patentable or not), innovations, discoveries, know-how, copyrights, design rights, integrated circuit design rights, Confidential Information and other intellectual property rights.
- "Background IP" means intellectual property which is created prior to or independently of this Agreement.
- "Foreground IP" means intellectual property which results from or is generated pursuant to or for the purpose of this Agreement as the case may be."

(Sample 2)

With regard to any approval required from governmental authorities in the Territory in connection with the Licensed Products, [Licensee] shall file applications for approval with the competent governmental authorities in the Territory. Upon obtaining such approval, [Licensee] shall evidence to [Licensor] by furnishing a copy of such approval to [Licensor].

(Sample 3)

[Licensee] shall not manufacture, use, distribute, sell or otherwise deal with any products similar to or competitive in the Licensed Products without prior consent of [Licensor] in writing. In such case, [Licensor] shall not unreasonably withhold its consent.

3.2 라이선스의 사용기간 및 대상지역의 문제

라이선스계약(license agreement)상 라이선스의 사용허락기간은 당사자 간의 합의에 따라 자유롭게 정할 수 있는데, 일반적으로 라이선스제공자(licensor)의 경우 라이선스를 이용해 개발된 제품이 안정적으로 판매되도록 하기 위해서는 비교적 긴 계약기간이 필요할 수 있고, 라이선스사용자(licensee)의 경우 계약체결 이후 개발된 새로운 기술이 개발되었음에도 기존의 계약기간으로 인해 그 기술을 사용할 수 없는 상황을 피하고자 할 수 있다. 다만, 라이선스계약의 기간은 기술발전의 속도가 어느 때보다 빠른 오늘날 5년 이상의 장기로 기간을 정하는 경우 향후 새로운 다른 기술을 사용하는 데 장애가 있을 수 있다는 점을 고려해 적절한 계약기간을 정할 필요가 있다.[117] 이에, 계약을 장기간으로 하는 때에는 라이선스사용자의 경우 계약의 일정기간이 경과 후에는 필요시 또는 라이선스제공자에게 일정 금액을 지불하고 계약을 종결할 수 있도록 하는 것도 고려할 수 있다. 그리고, 라이선스의 사용허락기간의 개시시점은 통상 계약체결일이지만, 라이선스제공자(licensor)의 일정한 행위가 있어야 라이선스사용자(licensee)가 라이선스를 사용할 수 있는 경우에는 그 행위가 완료된 대로부터 할 수 있다. 예를 들어, 특허권을 실시하고자 하는 라이선스사용자는 라이선스제공자로부터 기술과 인력을 제공받아 특허권의 실시준비가 완료되어야 사업수행이 가능하다면 그 준비가 완료된 때를 사용허락기간의 개시시점으로 할 수 있다. 계약기간의 만료시 계약을 갱신할 것인지와 관련해, 계약이 만료된 때 당사자 간 별도 합의가 없는 한 계약이 종료되는 것으로 할 수 있으나, 안정적인 실시료를 지속적으로 받는 라이선스제공자의 입장에서는 계약의 자동갱신조항(evergreen clause)이 유리할 수 있다.[118]

한편, 라이선스계약(license agreement)은, Agency Agreement(대리점계약) 및 Distributorship Agreement(판매점계약)와 마찬가지로, 라이선스사용자에 대한 라이선스의 독점권 부여 여부를 떠나 라이선스를 사용한 제품의 판매나 영업활동의 지역적 범위를 설정함으로써 라이선스를 보호하는 것이 일반적이다. 특히, 라이선스제공자가 라이선스사용자에게 독점권(exclusivity)을 부여하는 경우 라이선스제공자는 계약 대상지역 내에서 제3자에 대한 해당 라이선스의 사용허락이 제한되기 때문에 대상지역의 제한을 가하는 것이 중요할 수 있다. 일반적으로 한 국가를 단위로 계약의 대상지역을 정할 수 있지만, 미국과 같이 경제규모가 크고 넓은 영토를

117 라이선스계약상 라이선스의 사용기간(license term)이나 로열티의 지급기간(royalty payment period)은 라이선스계약에서 계약기간(contract term)과 반드시 일치할 필요는 없으며, 그 사용기간이나 지급기간을 계약기간과 달리 정할 수 있다. 예를 들어, 당사자 간 합의에 따라, 라이선스계약의 계약기간이 10년이더라도, 로열티의 지급이 5년 동안 문제없이 잘 이루어진 경우 라이선스의 사용기간을 15년 또는 영구적으로 할 수 있다.

118 계약기간이 자동적으로 갱신되는 계약자동갱신조항(evergreen clause)의 경우 계약 갱신의 거부 내지 해지할 권리를 갖는 당사자, 당사자의 계약 갱신의 거부 내지 해지권을 행사하기 위한 통지 등 절차 및 시기에 관한 사항을 명시하고, 계약갱신시 새로이 실시료의 인상액이나 비율을 결정할 필요가 있다면 이에 관한 메커니즘을 분명히 해야 한다. 계약자동갱신조항(evergreen clause) 등 계약기간의 연장 내지 갱신과 관련한 자세한 내용은 "Chapter 5. X. 4. 계약의 연장(extension) 또는 갱신(renewal)" 단원을 참고하기 바란다.

가진 국가의 경우는 국가 전체가 아니라 몇 개의 주를 묶어서 계약지역을 정하거나 또는 동남아시아나 남아메리카와 같이 시장이 상대적으로 작고 국가들이 밀집되어 있는 경우는 여러 국가를 하나로 묶어서 대상지역을 설정하기도 한다.

[Example]

(Sample 1)은 라이선스계약(license agreement)의 계약기간에 관한 예문들이다. 계약기간은 당사자 간의 합의에 따라 자유롭게 정할 수 있다. 다만, 기술발전의 속도가 빠른 오늘날 장기간의 계약기간은 새로운 다른 기술의 사용에 대한 장애를 가져올 수 있다는 점을 감안해 적절한 계약기간을 정할 수 있는데, 아래 예문들은 3년의 계약기간을 설정하고 있다. 계약만료시 계약의 갱신과 관련해, 첫째 예문은 당사자 간 합의로 계약을 연장하거나 갱신할 수 있도록 하고 있으며, 둘째 예문은 계약자동갱신조항(evergreen clause)을 두어 당사자 중 일방이 만료일 60일 전에 계약을 종료한다는 의사를 상대방에게 통지하지 않는 한 1년의 추가 기간이 자동적으로 갱신되도록 하고 있다. (Sample 2)는 라이선스계약에서 라이선스를 부여하는 대상지역(territory) 관련 기재례이다. 라이선스계약에서도 독점권 부여 여부를 떠나 라이선스를 사용한 제품의 판매나 업무활동 지역을 제한해 라이선스를 보호하는 것이 일반적인데, 대상지역은 한 국가 전체나 일부 지역을 또는 여러 국가를 묶어 설정할 수 있다.

(Sample 1)

- The term of this Agreement shall be for a period of three (3) years commencing on the date of this Agreement. Unless sooner terminated pursuant to this Agreement, this Agreement herein can be extended or renewed by a mutual agreement between Licensor and Licensee prior to one (1) month of the expiring date.
- This Agreement shall become effective on the date of execution of this Agreement and, unless terminated earlier in accordance with this Agreement, shall remain in effect for a period of three (3) years. At the expiration of the above term, this Agreement shall be automatically renewed for an additional term of one (1) year unless either Party notifies the other Party in writing of its intention to terminate this Agreement at least sixty (60) days prior to the date of expiration. The above automatic renewal provision shall apply at the expiration of each renewed term.

(Sample 2)

- Unless changed or amended upon the mutual agreement of the parties

CHAPTER 9

hereto, the Territory under this Agreement shall be Korea, China, Chinese Taipei, Japan, Singapore, Indonesia, Thailand, Malaysia and Hong Kong.
- "Territory" means the territory of the United States of America.

3.3 라이선스 실시료의 산정 및 지급

라이선스계약(license agreement)에서 라이선스 실시료 내지 로열티(royalty)를 산정할 권한은 라이선스제공자(licensor)가 갖는 것이 일반적이다. 로열티(royalty) 관련 규정은 계약서 본문에 기재할 수 있으나, 그 내용이 복잡하거나 많을 경우 계약서의 별첨에서 "Payment Schedule(지급일정)" 등의 표제하에 기술할 수 있다. 국제라이선스계약에서는 실시료를 원화로 표시하는 경우 국가 간의 환율 차이로 인해 어느 시점의 환율을 적용할 것인지를 분명히 해야 한다. 로열티의 지급방식은 크게 정해진 금액을 지급하는 정액실시료(lump sum payment) 지급방식과 일정한 요율에 따른 경상실시료(running royalty; 러닝로열티) 지급방식이 있다. 정액실시료(lump sum payment)는 일정한 수수료를 한꺼번에 지급하는 것으로, 이에는 계약체결과 동시에 전액을 지급하는 방법과 일정기간에 걸쳐 분납을 하는 방법이 있다. 경상실시료(running royalty)는 라이선스 사용으로 인한 수익에 따라 수수료를 나누어 지급하는 것으로, 이에는 실시료를 판매액의 일정 비율로 정하는 종가실시료와 판매한 수량에 대한 제품 당 일정한 단가를 곱해 산정하는 종량실시료가 있다. 정액실시료(lump sum payment)의 경우 라이선스제공자의 입장에서 라이선스사용자의 매출 등 영업의 성과를 파악하기 위해 회계감사 등의 번거로운 작업이 필요없고, 라이선스사용자의 사업의 성공 여부와 상관없이 일정 실시료를 확보할 수 있다는 이점이 있는 반면, 라이선스사용자가 큰 수익을 얻어도 수익배분에 참가할 수 없다는 단점이 있다. 경상실시료(running royalty)의 경우 라이선스사용자의 입장에서 라이선스를 이용해 발생한 수익에 맞추어 실시료를 지급할 수 있으므로 실시료의 지급에 따른 자금부담이 덜한 이점이 있는 반면, 수익을 라이선스제공자에게 배분해 주어야 한다는 단점이 있다.

경상실시료(running royalty)의 경우 특히 로열티(royalty)를 산정하는 기준과 방법이 문제될 수 있다. 예를 들어, 실시료의 대상이 되는 라이선스 관련 상품의 매출은 총매출(gross sales), 순매출(net sales), 직접매출(direct sales) 등 다양할 수 있으며, 이에 따라 그 매출금액 또한 달라질 수 있다. 로열티(royalty) 관련 분쟁은 관련 라이선스에 따른 매출액의 개념을 당사자 간에 달리 이해해 발생하는 경우가 많기 때문에 로열티(royalty) 산정의 기준이 되는 "Net Sales(순매출액)," "Gross Sales(총매출액)" 등 매출액과 관련된 개념은 계약상 정의규정 등을 통해 가능한 한 상세히 명시할 필요가 있다.[119] 로열티 산출의 요율의 경우 전체적으로 일정 요율의 실시료를 정하는 방법, 매출액이 일정 수준이 되고 나서부터 일정한 요율의 실시료를 받는 방법, 순매출액(net sales)의 규모에 따라 단계를 달리하여 다른 요율을 적용하는 방법 등이 있다. 이에, 경상실시료의 경우 로열티(royalty) 산정을 위한 라이선스사용자의 매출액을 파악하기 위해, 라이선스제공자는 계약상 라이선스사용자로 하여금 매출 관련 회계장부 등을 열람할 수 있도록 하거나 보고하도록 하거나 지불되는 로열티(royalty)의 정확성을 검증하기 위한 일정한 감사(audit)를 할 수 있도록 하는 규정을 둘 수 있다. 그런데, 경상실시료(running royalty)를 지급하는 경우 라이선스제공자(licensor)의 협상력이 우세할 경우 계약상 라이선스사용자(licensee)가 라이선스 제품의 판매에 따른 수익의 발생과 무관하게 라이선스제공자에게 지급해야 하는 최소실시료(minimum royalty; guaranteed minimum royalty)를 규정하는 경우가 있다. 이러한 최소실시료는 라이선스제공자에게 일정한 실시료를 보장하고 라이선스의 계약기간 중 제3자에 의해 새로운 기술이 개발되어 라이선스사용자가 새로운 기술만을 사용하고, 사용허락을 받은 해당 라이선스 기술을 사용하지 않을 경우 라이선스제공자의 피해를 예방하는 기능을 한다. 반면, 라이선스사용자의 협상력이 우세할 경우 라이선스사용자는 라이선스제공자에게 지급해야 할 실시료의 한도를 정하는 최대실시료(maximum royalty; ceiling royalty)를 설정할 수도 있다. 한편, 라이선스계약상 로열티(royalty) 이외에 계약금과 유사한 라이선스료(license fee)에 관한 규정을 둘 수 있는데, 이는 관련 특허 등 해당 라이선스의 사용허락에 대한 대가적 의미를 가진다.[120] 라이선스료(license fee)는 계약체결 후 1회 지급하도록 하거나 매년 또는 계약기간이 경과할 때마다 정기적으로 지급하도록 할 수 있으며, 당사자 간 합의에 따라 계약이 종료된 때 이를 환불하거나 또는 환불하지 않는 것으로 할 수 있다.

CHAPTER 9

119 "Net Sales(순매출액)"의 정의를 할 때 기본 매출액에서 선적 운송비와 제세공과금 등의 실비를 공제한 금액으로 설정하는 것이 일반적이다.

120 로열티(royalty)와 라이선스료(license fee)는 모두 특정 제품, 서비스 또는 지식재산 등 라이선스사용에 대한 보상이라는 점에서 유사하지만, 로열티(royalty)가 라이선스사용에 기반해 지불하는 사용료의 개념이라면, 라이선스료(license fee)는 관련 지식재산을 라이선스해 준 대가로 지급하는 일회성 또는 정기적 수수료의 의미를 갖는다.

[Example]

(Sample 1)은 라이선스계약에서 로열티(royalty)의 산정 및 지급 관련 예문들로, 로열티 산정의 기준이 되는 매출의 개념을 명확히 할 필요가 있는데, 이와 관련해, (Sample 2)와 같은 로열티의 산정기준이 되는 순매출액(net sales)의 정의규정을 둘 수 있다. (Sample 3)는 라이선스사용자가 라이선스를 사용한 제품의 판매에 따른 수익과 무관하게 라이선스제공자에게 지급하는 최소실시료(minimum royalty; guaranteed minimum royalty)에 관한 기재례이다. (Sample 4)는 로열티 산정의 적정성을 검증하기 위해, 라이선스제공자가 라이선스사용자의 재무제표 등 회계장부를 열람하거나 제공받거나 또는 감사할 수 있도록 하는 규정이다. (Sample 5)는 라이선스제공자가 라이선스사용자로부터 로열티(royalty)와 별도로 라이선스료(license fee)를 받을 수 있도록 하는 예문이다.

(Sample 1)

- In consideration for the license granted herein, Licensee shall pay Licensor 20% of net sale profit each month. Each payment shall be made on 5th of the each following month. The account information is as follows: ...
- Licensee shall pay to Licensor 5% of the total net sales by Licensee of the Products.
- Licensee shall pay to Licensor 5% of the total turnover of Licensee upon annual net sales of Licensee amounts to or over USD100,000.

(Sample 2)

"Net Sales" means Licensee's gross sales volume resulting from bona fide, arm's length transactions at invoice price, less deductions for trade discounts, shipping charges, returns and allowances, and sales taxes (or any use, value-added or similar taxes) included therein, whether or not separately stated on the invoice. Such deductions shall not collectively exceed fifteen percent (15%) of Net Sales during any single Contract Year. Such Net Sales shall be determined without deducting any income taxes, franchise taxes, uncollectible accounts, anticipation or financial discounts. No costs incurred in the manufacture, sale, distribution, advertisement or exploitation of Licensed Products shall be deducted from gross sales. A sale shall be deemed to occur when product is shipped or invoiced by Licensee, whichever occurs earlier. Included in Net Sales shall be all transactions of Licensed Products distributed by Licensee or any of its affiliated, associated or subsidiary companies, even if such transactions are not invoiced. Such non-invoiced transactions shall be included in Net Sales at the usual selling prices of such Licensed Products.

(Sample 3)

Regardless of actual sales occurred by Licensee, the total amount of the royalty due and payable to the Licensor under Article XX (Calculation of Royalty) shall not be less than [USD Ten Thousand (10,000)] annually in the first two (2) years from the date of the effectiveness of the Contract.

(Sample 4)

- Licensee shall provide Licensor with a monthly statement recorded monthly revenue. Licensor and its authorized representatives shall have the right to enter Licensee's premises and inspect the statement.
- [Licensee] shall keep full and accurate books and records setting forth the gross sales, the net sales, and the amount of royalties payable to [Licensor] as provided for in Article XX with regard to the Licensed Products sold by [Licensee]. [Licensee] shall permit [Licensor], by an independent certified public accountant employed by [Licensor] and acceptable to [Licensee], to examine such books and records at any reasonable time, but not later than two (2) years following the royalty payment in question, for the purpose of verifying the reports, accountings, and royalty payments of [Licensee] hereunder at [Licensor]'s cost. [Licensee] shall not unreasonably refuse to accept the independent certified public accountant selected by [Licensor].

(Sample 5)

License shall pay to the Licensor license fee [USD 10,000] upon the date of this Agreement. This license fee is not to be considered part of royalties due this Agreement and is not refundable in any case.

3.4 Sublicense(재실시)의 문제

라이선스계약(license agreement)에서 라이선스사용자(licensee)는 필요에 따라 그 사용허락을 받은 라이선스를 제3자가 사용할 수 있도록 하는 Sublicense(재실시/서브라이선스)를 원할 수 있다. 이때 라이선스제공자(licensor)의 입장에서는 라이선스사용자의 제3자에 대한 Sublicense(재실시)를 금지하거나 또는 이를 허용하더라도 자신의 기술 등 라이선스의 제3자에 대한 유출을 막고 해당 지식재산권을 보호하기 위해 제한적으로 인정할 필요가 있다. Sublicense(재실시)를 제한하는 규정을 두는 경우 라이선스를 사용할 수 있는 주체나 당사자를 명시하고, 그 이외 제3자는 해당 라이선스를 사용할 수 없다거나 또는 라이선스제공자의 서면 동의가 있는 경우에 한해 그 사용이 허락된다는 등 제3자의 라이선스의 사용허락시 절차 등에 관한 사항을 명시한다. 또한, Sublicense(재실시)가 허용되는 경우 재실시(sublicense)를 부여받은 제3자의 행위로 인해 라이선스제공자의 지식재산권이 침해된 때 라이선스사용자가 이에 대한 모든 책임을 부담한다는 등의 라이선스제공자의 권리침해에 대한 구제방법에 관한 사항을 명확히 할 필요가 있다.

[Example]

아래는 라이선스계약상 Sublicense(재실시) 관련 예문들인데, 여기서 라이선스사용자의 재실시(sublicense)의 허용범위와 절차, 재실시에 따라 발생할 수 있는 라이선스제공자의 피해의 구제방법 등을 명확히 할 필요가 있다.

- The Company A hereby grants to the Company B non-exclusive, non-transferable, and royalty-free licenses, with the right to grant sublicenses to the Company B's Affiliates and Customers, under Licenor Patents to make, have made, use and sell products utilizing the technology claimed by or disclosed in Licensor Patents and Licensee hereby accepts such licenses.
- In consideration of the obligations and undertakings expressed in this Agreement and subject to the terms and conditions of this Agreement, Company A grants to Company B, and Company B accepts, an exclusive world-wide license (the "License"), with the right to grant sublicenses to Company B's affiliates, under Company A's rights in the Patent, to make, use and have made the Products, for their subsequent sale and distribution.
- XYZ (Licensee) has the right to grant and authorize sublicenses to third Parties in accordance with and subject to the terms of the license granted to XYZ (Licensee) under this Agreement; provided however, that any sublicense and the relevant sublicense agreement will be subject to ABC (Licensor)'s review and prior written approval, which approval shall not be unreasonably withheld or delayed. Despite the foregoing, in no event will ABC (Licensor) be obligated to consent to the sublicensing of this Agreement (a) to a Competitor or (b) if the economic terms of the sublicense, including with respect to ABC (Licensor)'s participation in upfront and milestone payments, are not satisfactory to ABC (Licensor). Even if, having first obtained ABC (Licensor)'s approval, XYZ (Licensee) sublicenses the license granted under this Agreement, XYZ (Licensee) will remain responsible to ABC (Licensor) for the performance of all its obligations under this Agreement and for any breach of the obligations to ABC (Licensor) under this Agreement whether the breach is caused by XYZ (Licensee) or any sublicensee.

3.5 라이선스제공자의 라이선스사용자에 대한 보증책임 문제

라이선스계약(license agreement)에서 일반적으로 라이선스사용자(licensee)의 라이선스 사용을 보장하기 위해 라이선스제공자(licensor)는 해당 라이선스의 대상이 되는 지식재산권의 존재와 품질에 관해 이상이 없다고 보증한다. 이에는 라이선스제공자가 대상 지식재산권 등 라이선스에 대한 권리를 가지고 있고, 그 권리가 일정한 품질을 갖추고 있으며, 제3자의 지식재산권을 침해하지 아니한다는 등의 내용을 포함한다. 또한, 라이선스사용자가 라이선스제공자의 특허 등 라이선스를 사용할 때 제3자에 의한 특허권침해소송 등 라이선스침해와 관련된 분쟁에 휘말리게 될 경우 그 처리방법 등도 정하는데, 제3자가 라이선스사용자를 상대로 해당 라이선스의 사용금지청구 또는 손해배상청구를 할 경우 누구의 비용으로 이를 방어할 것인지도 규정할 필요가 있다.[121] 라이선스에 대한 제3자 권리침해(infringement of third party rights)에 대한 보증의 경우 계약상 특허 등 지식재산권의 라이선스에 대한 상세한 설명을 한 후 보증조항에서 라이선스제공자가 이러한 지식재산권을 적법하게 보유한다는 점과 제3자의 특허권 등 지식재산권을 침해하지 않는다는 점 등을 규정한다.

[Example]

아래는 라이선스제공자의 라이선스사용자에 대한 보증책임(warranties) 관련 기재례들인데, 라이선스제공자는 라이선스에 대한 권리와 그 권리부여 관련 장애나 결함이 없다는 점과 결함이 있는 경우 그 치유에 관한 사항을 보증하고 있다.

(Version 1)

ABC (Licensor) hereby represents and warrants to XYZ (Licensee) and covenants that:

(a) ABC has the right to grant the licenses granted by it under this Agreement;

(b) There is no lien, security, mortgage, pre-granted license or other proprietary interest in any of the ABC Patents which may hinder,

121 라이선스제공자(licensor)의 비용으로 라이선스사용자(licensee)가 제3자의 청구에 대해 방어행위를 할 수 있도록 하지만, 당사자 간 합의에 따라 이를 달리 정할 수 있다. 이는 계약당사자 간 면책배상(indemnification)의 문제로, 이에 관한 자세한 내용은 “Chapter 5. VI. Indemnification Clause(면책배상조항)” 단원을 참고하기 바란다.

invalidate or cancel such licenses; and

(c) The ABC Patents as disclosed in Appendix B constitute the entirety of the patents and/or patent applications filed or owned by ABC as of the Effective Date in relation to the Products.

(Version 2)

Warranty

(a) ABC (Licensor) warrants that (a) the Software will be in conformity with the Documentation, and (b) the Software will be free from material defects in workmanship and materials. Such warranty shall extend for a period of twelve (12) months after completion of the Testing under Article 3 above ("Warranty Period").

(b) In the event of any defect or non-conformity in the Software found during the Warranty Period, ABC (Licensor) shall, at its expense and within ten (10) days from the date of XYZ (Licensee)'s notice of such defect, take appropriate actions to cure such defect or non-conformity to the satisfaction of XYZ (Licensee).

3.6 개량기술의 처리 문제

라이선스사용자(licensee)가 라이선스를 받은 기술을 개량한 경우 개량된 기술(improvements)에 대한 권리는 개발자인 라이선스사용자에게 귀속될 수 있다. 라이선스제공자(licensor)로서는 이러한 상황에서 자신의 지식재산권을 보존하기 위해, (i) 라이선스계약에서 라이선스사용자가 기술을 개량하는 것을 금지하거나, (ii) 기술의 개량을 허용하되 그에 대한 권리를 라이선스제공자에게 양도하도록 하거나, (iii) 개량된 기술에 대한 권리는 라이선스사용자가 갖되 라이선스제공자가 이에 대해 독점실시권(exclusive license; 전용실시권)을 갖도록 하는 등의 방안을 고려할 수 있다. 이 중에서 특히 개량된 기술을 라이선스제공자에게 양도하거나 독점실시권을 설정하도록 하는 행위를 "Grant-back(그랜트백)"이라 한다. Grant-back(그랜트백)은 라이선스사용자가 개량기술에 대한 사용권을 라이선스의 사용허락자인 라이선스제공자에게만 이전하는 배타적인 경우와 라이선스제공자 이외의 다른 사업자들에게도 이를 이전할 수 있는 비배타적인 경우가 있다. 그런데, Grant-back(그랜트백)은 라이선스사용자(licensee)가 자신의 비용과 노력을 들여 개발한 기술에 대한 권리를 라이선스제공자(licensor)가 일방적으로 취득하는 것으로, 라이선스사용자의 연구개발의 유인을 감소시키고 관련시장에서 경쟁을 제한할 수 있다. 또한,

라이선스사용자의 개량기술을 라이선스제공자가 대가없이 자신의 소유로 하거나 독점실시권을 부여하도록 하는 때 불공정거래행위에 해당할 소지가 있다. 다만, 라이선스사용자가 사용허락자인 라이선스제공자로부터 기술개발비, 예상수익 등을 포함한 충분한 대가를 받고서, 라이선스제공자와 공동권리자가 되거나 라이선스제공자에게 독점 또는 비독점 실시권을 설정하여 주는 것은 라이선스사용자의 권리를 일방적으로 박탈하는 것은 아니므로 불공정거래행위로 보기 어렵다. 이에, 계량기술에 대한 특허권의 경우 라이선스사용자와 라이선스제공자가 이를 상호 공유하거나, 라이선스사용자의 단독소유로 하면서 대가를 받고 라이선스제공자에게 독점 또는 비독점적 실시권을 허락하도록 하는 것이 불공정거래행위 관련 다툼의 소지를 줄일 수 있다.[122]

[Example]

아래는 라이선스계약과 관련해 발생한 모든 개량기술에 대해 라이선스제공자의 독점적 권리를 인정하는 기재례이다.

The Licensee hereby recognizes to the Licensor full and sole ownership of the Licensor in and to any such modification, improvement, adaptation, enhancement or translation and undertakes to confer, full and sole ownership in said modification, improvement, adaptation, enhancement or translation to the Licensor by executing an assignment of rights evidencing such transfer to the Licensor.

122 실무상 원래기술에 관한 라이선스의 사용허락자인 라이선스제공자(licensor)는 초기 협상의 우위를 점하기 위해 또는 회사 정책상 라이선스사용자의 개량기술에 대한 소유권을 포기하지 않는 경우가 많다. 다만, 라이선스사용자(licensee)의 계약기간 중에 기술의 가치를 향상시키는 계량 활동이 라이선스제공자에게도 유리할 수 있으므로 이를 장려하기 위해 개량 기술의 소유권을 라이선스사용자에게 부여하거나 라이선스제공자와 교차라이선싱(cross-licensing)을 하는 것을 고려할 수 있다. 우리나라 공정거래위원회의 "지식재산권의 부당한 행사에 대한 심사지침"에 따르면, 그랜트백(Grant-back)이 경쟁을 제한하는 것으로서 특허권의 정당한 권리범위를 벗어난 것인지 여부를 판단함에 있어서는, (i) 그랜트백이 배타적인지 비배타적인지 여부, (ii) 배타적인 경우 실시권자가 개량기술에 대한 사용권한을 보유하고 있는지 여부, (iii) 그랜트백의 범위가 실시허락된 특허기술과 상관없는 부분까지 포함하고 있는지 여부, (iv) 그랜트백의 존속기간, (v) 그랜트백에 대한 실시료가 무료인지 여부, (vi) 양 당사자의 시장지배력 여부 및 양 당사자가 경쟁사업자인지 여부, (vii) 그랜트백이 연구개발 유인에 미치는 효과 등을 고려하도록 하고 있다. 우리나라의 경우 이러한 심사지침에 비추어 그랜트백(Grant-back)이 불공정거래행위가 되는 때 공정거래위원회로부터 시정명령, 과태료 처분을 받을 수 있다.

3.7 기타 유의사항

라이선스계약(license agreement)은 라이선스제공자(licensor)가 라이선스사용자에게 라이선스의 사용을 허락하는 과정에서 그 라이선스의 지식재산권과 관련된 다양한 정보를 공개할 수 있으므로 라이선스사용자(licensee)의 비밀유지의무(confidentiality)가 중요하다. 다만, 라이선스계약으로 인해 당사자들은 서로 상대방의 영업 노하우나 라이선스를 사용한 물품제조 등 다양한 형태의 정보가 공유될 수 있기 때문에 라이선스사용자뿐만 아니라 라이선스제공자 또한 상대방의 비밀정보를 유지할 의무를 부담하도록 할 수 있다. 비밀유지의무(confidentiality)와 관련해 당사자 간 어떠한 정보를 비밀정보로 할 것인지, 비밀정보를 어떻게 관리할 것인지 등의 문제는 일반계약의 비밀유지조항(confidentiality clause)에 의할 수 있다. 다만, 라이선스계약의 경우 당사자의 비밀유지에 의무사항과 책임을 보다 구체적으로 기재하는 것이 좋다. 예를 들어, 라이선스사용자(licensee)는 라이선스계약에 따른 해당 라이선스의 사용에 있어 알게 된 라이선스제공자(licensor)의 업무상 또는 기술상 비밀을 제3자에게 알리거나 유출해서는 안 되며, 라이선스사용자나 그 직원에 의한 라이선스제공자의 비밀유출 등에 따른 배상책임을 부담한다는 점 등을 계약상 보다 구체적으로 기술하는 것이 좋다. 또한, 라이선스계약의 종료시 라이선스사용자가 라이선스제공자로부터 수령한 문서 등을 반환하거나 폐기하도록 하고, 계약종료 이후 분쟁발생에 대비해 비밀유지의무를 일정기간 존속시킬 수 있다. 한편, 기술이나 프로그램 등 전문적 사항에 대한 라이선스계약의 경우 특히 라이선스사용자의 라이선스의 적절하고 효율적인 사용을 위해, 라이선스제공자의 관련 지식재산권의 내용과 라이선스의 사용에 대한 교육 등 지원이 필요할 수 있다. 이 경우 당사자들은 관련 라이선스의 교육 등 지원의 방법이나 절차 및 비용부담 등에 관한 사항을 명시해야 한다.

[Example]

아래 (Sample 1)은 라이선스계약상 당사자 간 비밀유지조항(confidentiality clause)의 기재례이며, (Sample 2)는 기술 관련 라이선스에 있어 라이선스제공자의 라이선스사용자에 대한 교육 등 지원과 이에 관한 당사자의 비용부담 등에 관한 예문들이다.

(Sample 1)

Confidentiality

(a) "Confidential Information" shall mean all materials, know-how, software or other information including, but not limited to, proprietary information and materials regarding a Party's technology, products, business and any other information of a Party which is the type that is customarily considered to be confidential information by persons engaged in similar activities. Technical Information shall be deemed to be Confidential Information of Licensor.

(b) All Confidential Information disclosed by either Party under this Agreement shall be maintained in confidence by the receiving Party and shall not be used for any purpose other than explicitly granted under this Agreement. Each Party agrees that it shall provide Confidential Information received from the other Party only to its employees, consultants and advisors who need to know for the performance of this Agreement. The receiving Party shall be responsible for any breach of this Article by its employees, consultants and advisors.

(c) Notwithstanding the foregoing, the duty of confidentiality under this Article shall not apply in the event that it can be shown by written records that Confidential Information:

(i) becomes published or generally known to the public before or after the execution of this Agreement without any breach of this Agreement by any Party;

(ii) was known by the receiving Party prior to the date of disclosure to the receiving Party;

(iii) either before or after the date of disclosure is lawfully disclosed to the receiving Party by a third party who has no confidential obligation for such information;

(iv) is independently developed by or for the receiving Party without reference to or reliance upon the Confidential Information; or

(v) is required to be disclosed by the receiving Party in accordance with the applicable laws and orders from the government or court; provided that, in this case, the receiving Party shall provide prior written notice of such disclosure to the providing Party and takes reasonable and lawful actions to avoid and/or minimize the degree of such disclosure.

(d) Upon expiration or termination of this Agreement, (i) all rights granted to Licensee hereunder shall immediately cease and shall revert to Licensor, and Licensee shall immediately cease the Thai Services, including but not limited to the Games, Contents and Licensed Derivatives, and the use of the Licensed Marks, (ii) Licensee shall return to Licensor all copies of the Games, Contents and Licensed Derivatives, and (iii) each Party shall return to the other Party all copies of Confidential Information disclosed by such other Party.

(Sample 2)

- In accordance with a training schedule which shall be mutually agreed upon by the Parties ("Training Schedule"), ABC (Licensor) shall dispatch its qualified employees to the facilities of XYZ (Licensee) in Korea to train the employees of XYZ (Licensee) to use the Technology in relation to the Products, provided that such dispatched employees shall not be less than [2] employees per year and the period of training offered by such dispatched employees shall not be less than [20] man-days per year. The travel expenses, accommodation expenses, and other reasonable out-of-pocket expenses incurred by ABC (Licensor)'s employees shall be borne by XYZ (Licensee). ABC (Licensor) shall be responsible for the salaries of its dispatched employees, and neither ABC (Licensor) nor its dispatched employees shall charge any fees for providing such on-site technical training.
- Upon the request of XYZ (Licensee), ABC (Licensor) shall provide training to XYZ (Licensee)'s employees at any of ABC (Licensor)'s sites to study and acquire knowledge of the Technology. ABC (Licensor) shall provide such training free of charge. The travel expenses, accommodation expenses, and other reasonable out-of-pocket expenses incurred by XYZ (Licensee)'s employees shall be borne by XYZ (Licensee).
- During the term of this Agreement, XYZ (Licensee) shall be entitled to request advice, in writing or by telephone or e-mail, on inquiries, problems and tasks concerning the Technology. ABC (Licensor) shall respond to such requests as promptly as possible, and these responses shall be provided at no additional cost.

Ⅶ. IT 관련 계약

1. IT 관련 계약의 이해

현대사회에서 인터넷, 온라인 플랫폼 등 정보통신기술은 필수적인 소통수단일 뿐만 아니라 다양한 지식과 의견을 상호 교환하게 하고, 시간과 공간의 제약을 극복해 국제거래를 가능하게 하는 수단이기도 하다. 이러한 정보통신기술의 발전은 우리 일상의 삶을 엄청나게 변화시켜, 오늘날 사회의 다양한 거래관계를 정보통신기술과 분리해 논하기 어려울 정도로 중요한 분야가 되었으며, 개인이나 기업의 관계나 경제활동 등 모든 측면에 영향을 미치고 있다. 특히, IT(information technology; 정보기술) 관련 계약은 기업의 경제활동에 중요한 거래계약의 하나로 자리잡고 있다. IT 관련 계약의 경우도 앞서 살펴본 국제거래 계약의 일반적인 구조와 규정들을 포함하고 있지만, 그와 관련된 소프트웨어나 정보통신기술 등 계약대상이나 거래의 특성에 비추어 특유한 계약조건을 둘 수 있다. IT 관련 계약은 기술이나 서비스의 제공자(provider)가 자체설치 소프트웨어(on-premise software)나 소프트웨어의 배포유통(distribution)을 할 수 있으며, IT 관련 전문적 서비스(professional services)나 클라우드 서비스(cloud services) 등을 제공할 수 있고, 소프트웨어의 소유권을 이전하는 등의 다양한 형태로 나타날 수 있다.

특히, 오늘날 클라우드 서비스는 IT거래의 패러다임을 바꾸어 놓고 있는데, 클라우드는 IT자원을 필요한 만큼 빌려서 사용할 수 있는 서비스로, 기업은 자체적 데이터센터 대신 클라우드를 통해 필요한 서버, 인공지능 연산기 등 IT자원을 이용할 수 있게 되었다. 클라우드 서비스의 유형을 나누면 크게, SaaS(Software as a Service, 서비스형 소프트웨어), IaaS(Infrastructure as a Service, 서비스형 인프라), PaaS(Platform as a Service, 서비스형 플랫폼) 등 세 가지 개념으로 구분할 수 있다. IaaS는 인터넷을 통해 서버, 스토리지 등 인프라 자원을 빌려서 사용하는 서비스로, 아마존, 마이크로소프트, 구글과 같은 빅테크기업들(big-tech companies)이 유휴 서버 용량을 다른 기업에 판매하면서 시작되었다. SaaS는 클라우드 환경에서 운영되는 소프트웨어의 일종인 애플리케이션으로, 기업용 CRM, ERP, 협업툴 등 소프트웨어를 클라우드에 얹어 월 구독형으로 판매한다. PaaS는 소프트웨어 개발에 필요한 플랫폼을 제공하는 서비스로, 특정 클라우드업체에 대한 종속을 탈피하고 효율적으로 클라우드를 운용할 수 있다.[123]

---

123 2006년 당시 전자책, 전자상거래로 부상하고 있던 아마존은 수많은 고객이 온라인쇼핑에 한번에 유입되는 것을 감당하기 위해 서버용량을 많이 늘려놓은 상황에서, 유휴서버를 광케이블로 연결된 통신망을 통해 타기업에 되팔게 되었는데, 이게 바로 IaaS이다. 아마존 이외에도 구글, 마이크로소프트도 이러한 시장에 참가하게 되었고, 전 세계 IaaS시장을 이러한 아마존, 마이크로소프트, 구글 등 빅테크기업들이 차지하게 되었다. IaaS로 기업의 IT인프라가 재편되면서, 기존 소프트웨어 기업들도 2010년대 초반부터 클라우드시장에 진출하였다. IaaS로 클라우드가 대세가 되면서 언제 어디서나 접속가능한 클라우드에 자신의 소프트웨어를 얹기 시작했다. 굳이 수많은 인원을 파견보내고 관련 판촉을 할 필요없이 클라우드를 통해 고객사에 소프트웨어를 제공해 줄 수 있고, 고객사 입장에서도 사용한 만큼 비용을 지불하면 되니 소프트웨어 운용의 효율성이 높아졌다. 기업 소프트웨어 필수프로그램으로 여겨지는 SAP, 오라클 등의 ERP(전사적 자원관리), 세일즈포스 등의 CRM(고객관계관리) 등이 이 시기에 SaaS로 전환하기 시작했다. 다만, IaaS처럼 빅테크기업이 과점하는 형태가 아니라 각 SaaS 기업들이 고유

2. IT 관련 계약의 특징 및 유형

소프트웨어나 인터넷 등 특정한 정보통신기술과 관련된 서비스를 제공하는 계약을 IT 관련 계약으로 분류할 수 있는데, 이러한 계약들은 단일한 법적 성격을 가진 일정한 유형의 계약으로 정의하기보다는 그 거래의 특성에 따라 다른 주요 계약의 성격을 가질 수 있다. 예를 들어, 소프트웨어의 판매유통과 관련한 계약의 경우 판매점계약(distributorship agreement)과 유사한 성격을 가지게 된다. 또한, 프로그램이나 소프트웨어의 개발과 같은 IT서비스계약의 경우 그 개발결과물을 명확하게 하기 위한 작업명세서의 작성이 중요하고 개발된 결과물에 대한 검수 및 하자보수, 필요시 유지보수, 제3자 저작권이 포함된 경우 지식재산권 등의 처리에 관한 사항 등 서비스계약(service agreement)상 주요 조건과 크게 다르지 않다.

그런데, 관련 정보기술의 발전과 프로그램 등의 다양성으로 인해 IT 관련 계약은 또한 여러 유형의 거래로 분류할 수 있는데, 이는 대체로 (i) 온프레미스 소프트웨어 라이선스계약(on-premise software license agreement)과 판매유통 소프트웨어 라이선스계약(distribution software license agreement), (ii) 클라우드 서비스계약(cloud services agreement), (iii) IT전문서비스계약(professional services agreement), (iv) 소프트웨어 소유권 이전 계약(software ownership transfer agreement) 등으로 구분할 수 있으며, 이러한 유형의 계약들은 당사자들의 거래에 따라 혼합되어 사용될 수도 있다.

이러한 유형의 계약들을 구체적으로 살펴보면, (i) 온프레미스 소프트웨어 라이선스계약(on-premise software license agreement)은 소프트웨어 제공자(provider)가 고객에게 소프트웨어를 복사할 수 있는 권한을 부여하는 것으로, 이는 대체로 제

의 영역을 차지하게 되어, IaaS에서 빅테크기업에 대한 종속성이 높아지고, SaaS에서 다양한 기업들이 난립하면서 기업입장에서는 이들을 효과적으로 관리할 "툴"이 필요해졌다. 여기서 2010년대 중반부터 주목받기 시작한 개념이 PaaS인데, PaaS는 특정 IaaS에 종속되지 않게 하고, 클라우드를 더욱 빠르고 저비용으로 이용할 수 있게 하고, 자체 데이터센터와 클라우드를 연결시켜서 개발자 친화적인 환경을 만들 수 있고, 상황과 시간에 맞게 실시간으로 클라우드 저장공간을 조정해 기업 IT인프라 자원을 조직화(orchestration)해 적재적소에 배치할 수 있게 되었다. 이처럼 PaaS는 클라우드뿐만 아니라 자체 데이터센터와의 통합 역할도 할 수 있고, PaaS를 통해 IT인프라 자원이 신축적으로 운용되면 개발자는 기능을 업데이트할 때 잠시 클라우드 용량을 늘릴 수도 있고, 기존 서버에 장애가 되지 않는 선에서 이를 새로운 시스템에 이식해 적용할 수 있다. – 매일경제(2023. 8. 8.자, A27면), "年 20% 고성장…클라우드 전쟁 '버전3' 시작됐다," 나현준 기자.

공자가 소프트웨어의 배포나 저작권 등 지식재산권에 따른 권리의 행사를 허락하는 판매유통 소프트웨어 라이선스계약(distribution software license agreement)에 의해 이루어진다. 이는 고객이 소프트웨어를 자체 컴퓨터("on-premise")에 복사할 수 있는 권한을 갖는 최종사용자 라이선스계약(end-user license agreement)과 판매점(distributor)이 자신의 고객들에게 사본을 배포할 수 있는 권리를 갖는 판매유통계약(distribution agreement; 판매점계약)을 포함한다. 온프레미스 소프트웨어 라이선스(on-premise software license)는 로컬장치에 직접 설치해 실행하는 소프트웨어 라이선스로, 클라우드 기반 라이선스와 구별된다.[124] 소프트웨어 및 공급기업에 따라 다를 수 있지만, 온프레미스 소프트웨어 라이선스를 사용하려면 일반적으로 사용자가 자신의 컴퓨터나 기업의 사내 서버에 해당 소프트웨어를 설치하고 그 컴퓨터나 서버를 통해서만 소프트웨어에 액세스해 사용할 수 있다. 이 경우 프로그램을 설치하고 라이선스를 활성화하면 프로그램을 독립적으로 실행해 사용할 수 있으므로 인터넷의 연결이 필요하지 않다. 다만, 온프레미스 소프트웨어(on-premise software)라고 하더라도 항상 온프레미스 라이선스(on-premise license)를 사용하는 것은 아니며, 온라인에서 다운로드한 라이선스키와 함께 사용하는 소프트웨어를 사용할 수도 있다. 클라우드 기반의 서비스의 인기가 높아지면서 온프레미스 소프트웨어 라이선스(on-premise software license)의 비중은 점차 줄어들고 있다.[125]

(ii) 클라우드 서비스계약(cloud services agreement)은 서비스제공자가 고객에게 그의 컴퓨터와 소프트웨어에 대한 원격 액세스를 제공해, 고객은 컴퓨터나 소프트웨어를 보유하지 않고 액세스만 할 수 있는 클라우드 서비스를 제공하는 계약이

124 온프레미스 소프트웨어 라이선스(on-premise software license)와 SaaS(Software as a Service) 등 클라우드서비스(cloud service)의 근본적인 차이는 소프트웨어가 어디에 설치되고 어디에서 실행되는지인데, 이를 로컬장치나 서버에 설치해 실행한다면 온프레미스 라이선스이고, 인터넷으로 액세스하는 원격 서버에 설치해 실행한다면 클라우드 기반 서비스이다. 인터넷이나 클라우드 기반 정보통신 기술이 개발되기 이전에는 온프레미스 라이선스(on-premise license) 모델이 전부였는데, 이때는 컴퓨터 프로그램을 설치하려면 컴퓨터 가게에 가서 해당 컴퓨터의 소프트웨어와 라이선스가 들어 있는 CD를 구입해, 고객 자신의 컴퓨터에 해당 소프트웨어를 설치했는데, 이러한 라이선스를 온프레미스 소프트웨어 라이선스(on-premise software license)라 할 수 있다.

125 온프레미스 라이선스는 물리적으로 설치할 수 있는 장치로 제한되고, 한번 구매하면 영구적으로 소유자의 소유물이 되며, 소프트웨어는 소유자가 직접 유지 관리해야 하며, 소유자가 업데이트 서비스를 구매한 경우에만 소프트웨어를 업데이트할 수 있다. 반면, 클라우드 기반 서비스는 일반적으로 구독 모델을 통해 구매하며, 소프트웨어는 공급기업이 정기적으로 유지 관리하고 업데이트하며, 소프트웨어를 지원할 수 있고 인터넷 액세스가 가능한 모든 장치에서 다운로드나 활성화가 가능하다.

다. 클라우드 서비스(cloud services)의 경우 서비스제공자는 소프트웨어 또는 다른 기술을 호스팅하고 고객은 거의 항상 인터넷을 통해 원격으로 액세스한다. 즉, 클라우드 서비스(cloud services)는 서비스제공자가 자체적으로 소프트웨어를 보유하고, 고객에게는 그 소프트웨어의 사본을 제공하지 않으며, 제공자는 대신 고객에게 그의 기술에 액세스할 수 있도록 해, 기술을 사용할 수 있는 기회를 제공하는 라이선스라기보다는 구독권(subscription)을 부여하는 것으로 볼 수 있다.[126] 클라우드 서비스는 일반적으로 "IaaS(infrastructure-as-a-service; 서비스형 인프라)," "SaaS(software-as-a-service; 서비스형 소프트웨어)," "PaaS(platform-as-a-service; 서비스형 플랫폼)"의 세 가지 유형으로 분류된다. IaaS는 서비스제공자가 고객에게 컴퓨터 및 기타 하드웨어 인프라에 대한 원격 액세스를 제공하며, 고객은 소프트웨어 애플리케이션 및 플랫폼을 해당 인프라에 설치해 사용한다. SaaS에서 서비스제공자는 고객에게 소프트웨어 애플리케이션에 대한 원격 액세스를 제공하며, 응용 프로그램(application)은 워드 프로세싱이나 연락처 관리프로그램 등과 같은 최종 사용자를 위한 소프트웨어이다. PaaS에서 서비스제공자는 고객에게 소프트웨어 플랫폼에 대한 원격 액세스를 제공하는데, 플랫폼은 최종 사용자를 위한 것이 아니며, 플랫폼상에서 소프트웨어를 구축하는 개발자를 위한 것으로, 개발자들은 플랫폼상에서 소프트웨어 애플리케이션을 실행한다. 클라우드 기반 라이선스는 대체로 더 역동적이고 유연하며 비용 효율적일 수 있다. 기술의 고도화로 인터넷 속도가 크게 향상되어 더 짧은 시간에 훨씬 더 많은 데이터를 업로드할 수 있게 되었고, 사이버 보안 또한 상당한 발전을 이루어 과거보다는 더욱 안전하게 이루어지고 있다. 이에 따라, 많은 기업들이 클라우드 서비스로 온프레미스 소프트웨어 라이선스를 빠르게 대체하고 있다. 다만, 민감한 데이터를 저장하거나 처리하는 기업이나 복잡하거나 엄격한 데이터보안이나 정보보호법규 등이 적용되는 금융, 의료 등 분야의 기업들은 아직도 온프레미스 라이선스를 해야 할 필요성이 있다.[127]

CHAPTER 9

126 고객이 자체적으로 설치하여 실행(run on its premises)해 소프트웨어의 사본이 필요한 "on-premise software license agreement(온프레미스 소프트웨어 라이선스계약; 자체설치 소프트웨어 계약)"의 경우 저작권 라이선스(copyright license)가 필요한 반면, 클라우드 서비스계약(cloud services agreement)에는 소프트웨어에 대한 라이선스가 포함되지 않는다는 점에서 클라우드 서비스(cloud services)와 소프트웨어 라이선싱(software licensing)을 구별하기도 한다.

127 클라우드 서비스(cloud services)와 온프레미스 소프트웨어 라이선스(on-premise software license)를 비교해 보면, 온프레미스 소프트웨어 라이선스의 이점으로는, (a) 온프레미스 라이선스를 사용하면 고객이 소프트웨어에 입력하는 데이터가 로컬 장치나 서버에 보관되고 제3자에게 전송되지 않기 때문에 소프트웨어를 구매하는 고객은 소프트웨어 자체와 소프트웨어

그리고, (iii) IT 관련 서비스제공자가 고객에게 컨설팅, 소프트웨어 프로그래밍, 기술지원 등 기타 지원을 제공하는 IT전문서비스계약(professional services agreement)계약이 있다. 또한, (iv) 라이선스의 제공자가 라이선스의 소유권을 가지고 고객에게 소프트웨어를 복사하거나 다른 방법으로 이용할 수 있는 권한을 부여하는 라이선스계약과 달리, 서비스제공자가 소프트웨어 저작권의 소유권을 고객에게 이전하거나 또는 특허 등 지식재산권에 관한 소유권을 이전하는 소프트웨어 소유권이전계약(software ownership transfer agreement)이 있다. 이는 지식재산권의 부여를 수반하기 때문에 온프레미스 소프트웨어 라이선스계약(on-premise software license agreement)과 유사하나, 여기서 고객은 지식재산권에 대한 소유권을 얻는 반면, 라이선스계약에서는 라이선스제공자가 소유권을 보유하며 고객은 제한된 권리만을 갖게 된다. 한편, IT계약의 제공자(provider)는 고객에게 위와 같은 네 가지 유형의 계약들을 조합해 제공할 수 있다. 예를 들어, 제공자는 고객이 기술을 사용할 수 있도록 전문서비스(professional service)로서의 기술지원과 SaaS와 같은 클라우드 서비스(cloud service)를 함께 제공할 수 있다.

에 입력하는 데이터의 통제나 제어에 보다 효과적이고 보안성을 향상할 수 있다. (b) 데이터 보호 관련 규정의 준수와 관련해, 클라우드 서비스의 경우 서비스를 호스팅하는 원격서버가 다른 국가에 있는 경우 국가별로 데이터보호법규가 다를 수 있고 그 모든 적용법규를 만족하기 위해서는 훨씬 더 복잡한 절차를 거쳐야 하고 서비스 수행에 어려움이 있을 수 있다. (c) 온프레미스 라이선스의 경우 프로그램을 사용하는 데 외부 공급업체나 인터넷 연결에 의존하지 않고 애플리케이션이 모두 내부에 있기 때문에 인터넷연결이 없거나 불안정한 장소에서 데이터가 원격서버 사이를 오갈 필요가 없으면 처리가 더 빠를 수 있는 등 소프트웨어를 사용해야 하는 서비스이용자에게 편리하다. 그런데, 온프레미스 라이선스는 (a) 소프트웨어가 고객의 하드웨어와 호환이 되어야 하는데, 오늘날의 급속한 기술발전 속도로 관련 소프트웨어의 새로운 버전이 출시될 수 있고 이와 관련된 고객의 컴퓨터 등의 사양이 빨리 노후화되어 소프트웨어의 실행이나 지원에 문제가 생길 수 있다. (b) 고객의 모든 데이터가 자신의 장치나 서버에 저장되는 경우 그 저장장치는 로컬장치 내 공간으로 제한되는데, 클라우드 기반 서비스를 사용하면 훨씬 더 많은 저장 공간을 활용할 수 있다. (c) 설치한 소프트웨어를 오류가 없이 안정적이고 최신 상태로 유지하기 위해 고객은 그 소프트웨어의 지속적인 유지관리에 관한 많은 시간과 노력이 투자되어야 하며 그에 따른 책임도 부담하게 된다. (d) 비용측면에서도, 고객은 소프트웨어를 사용할 모든 장치에 충분한 라이선스를 구입해야 하며, 소프트웨어는 시간이 지남에 따라 업데이트 또는 변경되어야 하며 유지 보수에도 지속적인 비용이 발생할 수 있다. (e) 온프레미스 소프트웨어 라이선스는 USB 키와 같은 물리적 개체가 필요한 경우가 많으며, 물리적 개체는 분실되거나 교체 비용이 많이 들 수 있다.

3. IT 관련 계약의 유의점 및 주요 기재례

앞서 살펴본 바와 같이, IT 관련 계약은 일반적 계약의 성격을 가질 수 있어 일반 거래계약의 속성에 따른 계약조건을 검토할 수 있다. 즉, 대상이 되는 정보기술 권리의 특성에 따른 요소와 함께 그 거래의 속성에 따라 판매점계약(distributorship agreement), 라이선스계약(license agreement), 서비스계약(services agreement) 등의 다른 주요 계약유형들의 성격을 포함하고 있기 때문에 그 계약들의 주요 조건의 내용도 필요한 범위에서 종합적으로 검토할 필요가 있다. 예를 들면, 온프레미스 소프트웨어 라이선스계약은 라이선스계약의 속성을, 소프트웨어 배포유통과 관련된 계약은 일종의 판매점계약으로 성격을 가지고 있기 때문에 라이선스의 권한과 범위, 라이선스의 조건과 제한사항, 해당 기술 판매의 지역과 대상 등 라이선스계약과 판매점계약상 이슈들이 문제될 수 있다. 그리고, 클라우드 서비스계약이나 IT전문서비스계약은 서비스 작업명세서, 업무범위 등 서비스계약에 따른 주요 조건들을 참고할 필요가 있다.

여기서는 IT 관련 계약에서 유의해야 할 주요 계약조건으로, (i) 소프트웨어 또는 기술 관련 문서에 대한 라이선스 문제, (ii) 온프레미스 소프트웨어 라이선스계약(on-premise software license agreement)과 클라우드 서비스계약(cloud services agreement), (iii) IT전문서비스계약(professional services agreement)의 문제, (iv) 지식재산권의 양도 및 업무상저작물(work-for-hire)의 문제, (v) IT계약상 대금지급 관련 규정, (vi) IT계약 관련 사양서(specifications) 및 서비스수준계약(service level agreement)의 문제, (vii) IT 관련 계약상 보증(warranty) 문제, (viii) 비즈니스 연속성 조항(business continuity clause), 준거법상 고려사항, 소프트웨어 사용 및 수수료 감사 등에 관한 사항을 관련 주요 기재례들과 함께 살펴본다.

3.1 소프트웨어 또는 기술 관련 문서에 대한 라이선스 문제

IT계약에서 소프트웨어 라이선스(software license)를 부여하는 경우 이러한 라이선스는 저작권 라이선스(copyright license)의 일종으로, 라이선스의 범위에서 저작권 라이선스에 관한 세부정보를 포함하고 라이선스계약(license agreement)에서 살펴본 주요 계약조건을 고려할 수 있다. IT계약에서는 대체로 라이선스제공자(licensor)는 라이선스사용자(licensee)에게 독점적 라이선스를 허락하고 자신의 권리를 제3자에게 양도하거나 재실시(sublicense)를 허용하는데,[128] 재실시(sublicense)를 허용하는 경우 재실시를 받을 수 있는 사용자를 지정할 필요가 있다.[129] 그리고, 라이선스의 사용을 특정한 지리적 영역이나 산업영역에 제한할 수 있는데,[130] 계약상 라이선스의 대상지역을 제한하지 않는 경우에는 이를 명백히 하기 위해, "worldwide(전 세계적인)"라는 용어로 라이선스 지역에 제한이 없다는 점을 나타낼 수 있다. 한편, 라이선스의 철회가능성(revocability)과 관련해, 라이선스제공자가 라이선스를 철회할 수 없다고 하더라도 라이선스사용자의 대금의 미지급 등 계약위반의 경우에도 라이선스제공자가 라이선스를 철회할 수 없게 되는 경우를 방지하기 위해 라이선스제공자는 고객의 대금지급시까지 라이선스의 철회불가능성을 유보할 수 있도록 하는 계약조건을 삽입할 수 있다.[131] 예를 들면, "The license granted in this Section XX will become irrevocable upon Customer's payment of the License Fee." 등과 같은 문구를 계약서에 포함할 수 있다. 그리고, 라이선스제공자는 고객에게 부여되지 않는 저작권 라이선스가 있는 경우 이를 계약상 명확히 해야 한다. 예를 들어, 라이선스의 부여 범위가 소프트웨어의 복제 및 수정(reproduce and modify)에만 한정된 것이라면 고객이 소프트웨어의 판매나 공개적으로 실행하는 것이 허용되지 않는다는 점을 명시하기 위해, "Customer shall not: (a) distribute, publicly perform, or publicly display the Software ..."라는 문구를 계약에 포함할 필요가 있다. 특히, 라이선스제공자는, 라이선스사용자인 고객이

128 다만, 계약에 따라서는 라이선스제공자는 라이선스사용자에게 라이선스의 양도나 재실시가 허용되지 않도록 할 수 있다(non-transferable and non-sublicensable).

129 소프트웨어 라이선스에서 재실시(sublicense)와 판매유통/배포(distribution)는 구별되는 개념으로, 판매유통권/배포권(distribution right)은 그 권리를 가지는 당사자가 소프트웨어 등 라이선스의 복사본을 판매유통/배포할 수 있다는 권리를 말하며, 소프트웨어의 권한을 이전하거나 재실시(sublicense)할 권한이 있다는 것을 의미하지는 않는다. 소프트웨어의 제공자가 고객으로 하여금 자신의 권한을 공유하도록 하려면 재실시(sublicense)를 부여받을 수 있는 자를 별도로 지정할 필요가 있다.

130 산업영역의 제한의 경우 다음과 같은 문구를 둘 수 있다: "Distributor may distribute the Licensed Product within the Dental Office Equipment Market."

131 라이선스제공자가 라이선스를 철회할 수 없다고 하는 경우 고객이 라이선스대금을 지불하지 않는 때 제공자가 고객에게 손해배상을 청구하는 것이 제공자의 유일한 구제책일 수 있다. 다만, 계약의 내용에도 불구하고, 관련 적용 저작권법 등 준거법상 라이선스제공자가 라이선스를 철회/취소할 수 있도록 할 수 있다. 예를 들어, 미국 저작권법상 계약에도 불구하고, 프로그래머(programmer) 등 저작자(author)는 35년 후에 라이선스를 철회/취소할 수 있도록 한다. 또한, 고객이 정당한 사유없이 라이선스대금의 지급을 거부한 경우 법원은 관련 라이선스의 철회/취소불가능성(irrevocability)을 인정하지 않을 수 있다.

소스코드(source code)의 사용에 관한 별도 권한을 부여받지 않는 한 소프트웨어의 객체코드(object code)로부터 소스코드를 유도해 내려는 시도인 역설계(reverse engineering)를 금지한다는 점을 명확히 할 필요가 있다.

한편, IT계약에서 소프트웨어나 기술 내용을 적절하게 사용할 수 있도록 하는 기술 관련 문서(documentation)가 필요한데, 이는 최종사용자 매뉴얼(end-user manual)에서부터 IT전문가를 위한 하드웨어 및 소프트웨어에 대한 기술설명서(technical description)까지 다양하다. 이러한 문서는 계약에 따라 제공업체가 제공하는 소프트웨어 등 IT제품에 대한 설명이나 주석을 담은 저작물로, 소프트웨어처럼 저작권법에 따라 규율될 수 있다. 예를 들어, 기술설명서(technical description)는 해당 IT제품의 사양(specifications)과 함께 산출물(deliverable)의 기능을 할 수 있는데, 이는 계약에 따른 기술제품(technology products)과 별개의 저작물이 된다. 이에, 소프트웨어 등 IT제품의 고객이나 판매업자가 제품설명서를 복사하거나 배포하기 위해서는 이에 관한 별도의 저작권 라이선스(copyright license)를 부여받아야 한다. 다만, 소프트웨어 등 IT제품 등 라이선스된 제품(licensed product)의 정의규정에서 기술 관련 문서(documentation)를 포함해 라이선스가 부여되는 경우 기술 관련 문서에 대한 별도의 라이선스가 필요하지 않다. 그리고, 계약상 기술 관련 비공개 사항(nondisclosure)이 있는 경우 제공업체는 그 관련 설명서 등 문서를 비밀정보(confidential information)로 지정할 수 있다.

[Example 1]

아래는 소프트웨어 라이선스 권한의 부여와 그 범위의 제한에 관한 기재례들이다. (Sample 1)은 라이선스제공자는 일정한 제한하에 소프트웨어 라이선스의 복제, 수정, 배포 등의 권한을 고객에게 부여하고 있다. (Sample 2)는 라이선스제공의 대상지역(territory)을 설정하고, 라이선스제공자의 서면승인에 의해 재실시/서브라이선스(sublicense)를 할 수 있도록 하고 있다. (Sample 3)에서는 라이선스제공자가 일정기간 동안 고객에게 비독점적 라이선스(nonexclusive license)를 부여하고, 소프트웨어의 일정한 설치와 필요한 복제를 허용한다. (Sample 4)는 대상지역에 제한이 없다는 점을 명백히 하기 위해 라이선스를 "worldwide"하게 사용할 수 있다고 하고, 라이선스를 철회할 수 없다(irrevocable)는 점, 라이선스의 부여시에 필요한 모든 대금이 이미 지급되었다(fully paid)는 점, 로열티가 없는 라이선스(royalty-free license)[132]라는 점을 규정한다. (Sample 5)에서는 제공된 소프트웨어는 판매된 것이 아니라 사용권한이 부여된 것이라는 점을 나타내고, (a)항에서 계약상 부여되지 않는 라이선스를 고객이 사용할 수 없도록 부여되지 않은 라이선스를 나열하고, (b)항에서는 고객이 소스코드(source code)를 받은 경우 소프트웨어의 객체코드(object code)로부터 소스코드를 유도하지 않도록 역설계(reverse engineering)를 금지하며, (c)항에서는 SaaS(software-as-a-service)를 제공하거나 제3자에게 서비스를 제공하기 위해 소프트웨어를 사용하는 것을 금지하고 있다.

(Sample 1)

Provided Customer complies with the restrictions below in Section XX (*License Conditions and Restrictions*), Provider hereby grants Customer a license during the Term: (a) to reproduce and use up to ________ copies of the Software; (b) to modify the Software as described in Attachment 1 (*Modification Specifications*); and (c) to distribute the resulting derivative work (the "Derivative Work") to Customer's Network Partners.

(Sample 2)

Provider grants Distributor an exclusive license to distribute the Licensed Product during the Term in ________ (the "Territory"). The rights granted in the preceding sentence are nontransferable, except that Distributor may sublicense such rights to any sub-distributor approved in writing by Provider.

(Sample 3)

Provider grants Customer a nonexclusive license, for ________ years from the Effective Date: (a) to install the Software on computers of the types listed on Attachment ________ (*Platform Specifications*); and (b) to reproduce the Software as necessary to exercise Customer's rights in Subsection XX (a) above and to create a reasonable number of backup copies.

(Sample 4)

Provider hereby grants Customer a perpetual, irrevocable, worldwide, nonexclusive, nontransferable, non-sublicensable, fully paid, royalty-free license to reproduce, use, and modify the Licensed Software.

(Sample 5)

Copies of the Software created or transferred pursuant to this Agreement are licensed, not sold, and Customer receives no title to or ownership of any

132 "로열티가 없는 라이선스(royalty-free license)"는 고객이 복사본을 만들거나 라이선스 권한을 사용할 때마다 더 많은 사용료를 지불하지 않는다는 것을 의미하는 것으로, 이 경우에도 고객이 라이선스를 무료로 받는 것은 아니고, 계약상 고정대금을 지급(fixed payment)하거나 다른 계획에 따른 대금을 지급하도록 요구할 수 있다.

copy or of the Software itself. Furthermore, Customer receives no rights to the Software other than those specifically granted in this Section XX. Without limiting the generality of the foregoing, Customer shall not: (a) ________ [list copyright license rights not granted] the Software; (b) reverse engineer, decompile, disassemble, or otherwise attempt to derive source code or other trade secrets from the Software; or (c) use the Software to provide software-as-a-service, for any other service bureau or time-sharing purposes, or in any other way allow third parties to exploit the Software. Provider grants the license in Section XX (*License*) under copyright and also, solely to the extent necessary to exercise such rights, under patent and any other applicable intellectual property rights.

[Example 2]

아래는 IT제품의 기술 관련 문서에 대한 라이선스 부여에 관한 기재례들이다. 첫째 예문은 제공업체가 서비스 관련 최신 문서를 고객이 이용하고 필요한 복사를 할 수 있도록 하는 라이선스를 부여하고, 그 문서를 비밀정보로 취급하도록 하고 있다. 둘째 예문에서는 "License Product(라이선스 제품)"에 제품 관련 표준 사용자 매뉴얼(standard user manual)을 포함해 라이선스를 부여한다. 셋째 예문은 제공업체가 판매업자에게 해당 소프트웨어에 대한 문서의 배포나 복사에 관한 라이선스를 부여한다.

- By the start of each Subscription Term, Provider shall make a copy of the SaaS's then-current documentation available to Customer. Provider hereby grants Customer a license to reproduce such documentation as reasonably necessary to support internal use of the SaaS during the Term, with all other rights reserved to Provider. Such documentation is Provider's Confidential Information pursuant to Section XX (*Confidentiality*).
- The License Product includes the standard user manual for Provider's ConfusoTron software application. With each update and upgrade, Provider shall deliver the updated user manual (if any), and upon delivery, such manual will become part of the updated Licensed Product.
- Provider hereby grants Distributor a license during the Term (a) to reproduce the Documentation, (b) to distribute the Documentation to any end-customer receiving a license to the Software, and (c) to sublicense to such end-customers Distributor's right to reproduce the Documentation, provided no end-customer receives rights to reproduce the documentation more than reasonably necessary to support its internal use of the Software.

3.2 온프레미스 소프트웨어 라이선스계약(on-premise software license agreement)과 클라우드 서비스계약(cloud services agreement)

온프레미스 소프트웨어 라이선스계약(on-premise software license agreement)은 소프트웨어의 제공자가 고객에게 자신의 컴퓨터에 소프트웨어를 복사할 수 있는 권한을 부여하는 최종사용자 라이선스계약(end-user license agreement; EULA)의 경우와 소프트웨어 제공자가 판매점계약(distribution agreement)을 통해 판매점이 고객들에게 제공자의 소프트웨어 복사본을 배포하거나 유통할 수 있도록 하는 경우를 포함한다.

최종사용자 라이선스계약(EULA)은 라이선스계약의 일종으로 소프트웨어 등 IT 제공자 내지 라이선스의 제공자가 라이선스의 소유권을 가지고, 고객에게 소프트웨어를 복사하거나 내부 비즈니스 목적으로 소프트웨어를 실행하는 등 이용할 수 있는 권한을 부여하는 것이다. 최종사용자 라이선스계약(EULA)에서는 소프트웨어를 "use," "run," "install," "download," "copy," "reproduce" 등을 할 권리를 부여하는데, 이러한 권리를 나타내는 단어들은 통상적인 의미를 가지고 있지만, "use," "run," "copy," "reproduce" 등의 일반적인 의미로 이해할 때 많은 경우 그 의미가 겹칠 수 있다. 고객이 소프트웨어를 "reproduce"하도록 해 해당 소프트웨어를 복제할 수 있다고 하는 때 그 복사본의 숫자(the number of copies)를 정해 그 한계를 명확히 할 필요가 있다. 어떤 계약들은 "enterprise license(기업 라이선스)"를 요구하는데, 기업 라이선스(enterprise license)의 경우 고객은 필요한 만큼의 복사본을 만들 수 있는데, 소프트웨어 제공업체의 입장에서는 복사본의 남발을 막기 위해 기업 라이선스를 해당 기업고객 자체에만 제한하고, 그 기업의 자회사, 모회사 및 기타 계열사에서 사용을 금지하는 등 제한을 고려할 수 있다. 그리고, 계약서상 라이선스의 대상 권리를 명확히 하기 위해, 해당 소프트웨어를 "Software," "Licensed Product" 등 정의된 용어로 나타낼 필요가 있는데, 여기서는 일반적으로 소프트웨어의 명칭과 버전 번호를 지정하고 객체코드(object code)[133]를 언급하면 충분하지만, 소프트웨어에 여러 개의 모듈(modules)이나 라이브러리(libraries) 등이 있거나 포함된 항목에 대해 분쟁이 발생할 가능성이 있다면 필요한 요소를 더 나열해 해

133 Object Code(객체코드/목적코드)는 "machine-readable code"라고도 불리는데, 컴퓨터가 인식할 수 있도록 기계어 부호로 이루어진 코드로, 컴퓨터가 읽을 수 있는 소프트웨어 버전이라 할 수 있다.

당 소프트웨어를 특정할 수 있다. 최종사용자 라이선스(end-user license)에는 고객의 권리에 대한 조건과 제한이 포함되는데, 고객은 일반적으로 소프트웨어를 복제할 권리 등 특정한 권한만 부여받고 소프트웨어의 소유권은 제공자가 보유한다. 이에, 제공자는 고객에게 제공되는 소프트웨어의 개별 복사본이 판매된(sold) 것이 아니라, 라이선스가 부여된(licensed) 것이라는 점을 명기한다. 최종사용자 라이선스에는 또한 라이선스가 부여되지 않은 권한도 나열할 필요가 있다. 일반적인 최종사용자 라이선스에서 제공자는 고객의 재실시/서브라이선스(sublicense)를 금지하며, 소프트웨어에서 소스코드(source code)[134]를 도출하려는 역설계(reverse engineering) 등도 금지한다. 또한, 소프트웨어 제공업체는 고객이 시분할(time-sharing)이나 서비스 부서 권한(service bureau rights) 또는 소프트웨어를 제3자와 공유할 수 있는 기타 권한을 갖지 않음을 명확히 할 필요가 있다.

그리고, 소프트웨어 제공업체는 판매 소프트웨어 라이선스계약(distribution software license agreement)을 통해 판매점(distributor)에게 소프트웨어를 최종 소비자에게 판매할 수 있는 권한을 부여한다. 이는 판매점계약(distributorship agreement)의 일종으로, 판매점의 소프트웨어 배포권 내지 판매유통권은 독점적(exclusive)일 수도 있고 비독점적(nonexclusive)일 수도 있으며, 소프트웨어 제공자는 판매점의 소프트웨어 배포나 판매유통을 지리적으로 특정한 국가나 지역(territory)으로 한정하거나 산업분야별로도 제한할 스 있다.[135] 예를 들어, 계약상 "Provider hereby grants Distributor the right to distribute the Software for use in Semiconductor Fabrication (as defined in Section XX)."라고 해, 제공자가 판매점에게 반도체 제작에 사용할 소프트웨어를 배포할 수 있는 권한을 부여할 수 있다. 이러한 판매 소프트웨어 라이선스계약에서는 대체로 판매업자에 대해 소프트웨어에서 소스코드

134 Source Code(소스코드/원시코드)는 컴퓨터 프로그램을 사람(human programmer)이 읽을 수 있는 프로그래밍 언어로 기술한 텍스트파일로, 프로그래밍의 자료이자 설계도의 역할을 한다.

135 판매점계약(distributorship agreement)의 특징, 유의사항 및 기재례 등 자세한 사항은 "Chapter 9. V. Agency Agreement(대리점계약)와 Distributorship Agreement(판매점계약)" 단원을 참고하기 바란다. 한편, "VAR(value-added reseller; 부가가치 재판매업체) 라이선스"가 있는데, 이는 판매업자(distributor)가 소프트웨어를 판매업자 자신이 생산하는 부가가치제품(value-added product)의 구성 요소로만 제공할 수 있는 제한된 판매권한을 부여한다. 그리고, 판매 라이선스에 따라서는 판매업자가 하위판매업자(sub-distributor)에게 그 판매권한을 서브라이선스(sublicense)하도록 할 수 있는데, 판매 소프트웨어 라이선스계약(distribution software license agreement)에서 판매업자가 판매를 하든 하위판매업자가 판매를 하든, 소프트웨어 제공업체는 자신이 소프트웨어를 소유하고 판매업자의 경우 이를 판매하기 위한 특별한 권한만 부여된다는 등 라이선스의 판매와 관련된 조건과 제한사항을 명확히 해야 한다.

(source code)를 도출하려는 역설계(reverse engineering)나 제3자에게 서비스를 제공하기 위한 소프트웨어의 사용을 금지하고, 소프트웨어 라이선스를 최종소비자에게 판매할 때 사용할 표준 최종사용자 라이선스계약(EULA)을 첨부한다. 그리고, 판매업자(distributor)나 재판매업자(reseller)의 소프트웨어의 판매 독려나 촉진을 위해, 제공업자는 판매와 관련된 최소한의 통화나 회의의 수(minimum number of sales calls or conferences) 또는 마케팅에 소요되는 최소 자금(minimum funds spent on marketing) 등을 설정할 수 있다.[136]

한편, 클라우드 서비스계약(cloud services agreement)의 경우 고객은 소프트웨어나 기타 시스템에 접근해 사용할 수 있는 권한, 즉 구독권(subscription)을 갖는다. 대부분의 클라우드 서비스 구독(cloud services subscription)에는 클라우드 서비스 이용범위에 관한 조건(cloud services scope terms)이 포함된다. 클라우드 서비스 이용조건에는 클라우드 서비스 관련 시스템에 동시에 접근할 수 있는 최대 사용자 수를 제한하거나, 이용을 할 수 있는 지역을 일정한 곳으로 한정하거나, 소프트웨어나 시스템의 작동기능을 제한하거나 또는 클라우드 서비스와 관련된 제공자의 정책(provider's policies)을 준수하도록 요구할 수 있다.

온프레미스 소프트웨어 라이선스계약(on-premise software license agreement)에서, 고객은 제공업체에 의존해 온프레미스 소프트웨어를 유지하는데, 제공업체가 사업을 중단하는 경우 고객은 제공업체의 지원을 잃게 되어 심각한 결과를 초래할 수 있다. 이때 고객은 소스코드(source code) 등 특정 자료들(resources)을 제공자로부터 얻으면 피해를 줄일 수 있는데, 제공자가 그 자료들을 고객에게 제공하길 원하지 않는다면 제3자인 에스크로 에이전트(escrow agent)에게 이를 예치해 제공자의 사업이 중단되는 등 비상사태가 발생한 때 에스크로 에이전트가 그 예치자료들을 고객에게 제공하는 기술에스크로(technology escrow)에 관한 사항을 규정할 수 있다. 고객은 또한 제공업체가 심각하게 계약을 위반할 경우 에스크로 에이전트가 고객에게 그 자료들을 제공할 수 있도록 할 수 있다. 이와 관련해, IT계약상 에스크로조항(escrow clause)에서는, 일반적으로 ① 제공자가 에스크로 에이전트에게 맡길 소스코드(source code) 등 예치자료들(deposit materials)을 나열하고,[137] ② 예

136 판매점에게 최소 판매목표량을 설정하고 이를 달성하지 못할 때 제공자가 판매점계약의 해지권을 가지는 경우 공정거래 이슈가 발생할 수 있으므로 제공자의 입장에서는 판매점에 대한 독점권의 박탈이나 판매지역의 재설정 등을 고려할 수 있다.

137 고객은 예치자료들을 통해 제공업체가 에스크로 에이전트에게 올바른 소스코드(source code)와 관련자료를 제공했는지 확인할 필요가 있다.

치자료들의 사용에 관한 제공자의 고객에 대한 권한, ③ 예치자료들의 공개조건(release conditions)의 목록 등을 규정한다. 고객에게 자료를 공개하기 위한 공개조건(release condition)은 당사자들의 합의에 따라 달리 정할 수 있지만, 이에는 일반적으로 (i) 제공자가 소프트웨어의 유지관리, 업데이트 또는 지원의무를 위반한 경우, (ii) 제공자가 파산하거나 재정적인 문제가 되는 경우 등이 있다. 그리고, 고객과 제공자가 에스크로 에이전트와 별도로 체결하는 에스크로계약(escrow agreement)에는 관련 자료의 보관과 보호, 에이전트 수수료 등 당사자들과 에스크로 에이전트 사이의 관계 메커니즘을 다루는데, 에스크로 에이전트는 대부분 기술에스크로(technology escrow)를 전문적으로 하기 때문에 일반적 표준문구를 가진 에스크로 계약 양식을 가지고 있다.

[Example 1]

아래는 최종사용자 라이선스계약(end-user license agreement; EULA) 관련 기재례들이다. (Sample 1)은 최종사용자의 복제 및 사용(reproduction and use)에 관한 것들로, 첫째 예문은 소프트웨어의 복제와 관련해 복사본의 숫자를 정하고, 둘째 예문은 제공자가 고객에게 기업 라이선스(enterprise license)를 부여해, 고객이 필요한 만큼의 소프트웨어의 복사본을 만들 수 있으나, 그 기업의 자회사, 모회사 및 기타 계열사에서 사용을 금지하고 있다. (Sample 2)는 최종사용자 라이선스(end-user license)에서 최종사용자에 대한 조건 및 제한사항에 관한 예문으로, 제공자는 고객에게 소프트웨어의 개별 복사본이 판매된(sold) 것이 아니라 사용권한이 부여된(licensed) 것이라는 점을 명백히 하고, (a)항에서 최종사용자 라이선스에는 부여되지 않은 일정한 권한도 나열하고, (b)항에서 고객의 서브라이선싱(sublicensing)이 금지되고, (c)항에서 소프트웨어에서 소스코드(source code)를 도출하려는 역설계(reverse engineering) 등을 금지한다. (d)항에서는 제공자는 고객이 시분할(time-sharing)이나 서비스 부서 권한(service bureau rights) 또는 소프트웨어를 제3자와 공유할 수 있는 기타 권한을 갖지 않음을 명확히 하고, 고객은 "SaaS(software-as-a-service)" 등 클라우드 서비스를 제공하기 위해 소프트웨어를 사용할 수 없도록 하고 있다.

(Sample 1)

- Provider hereby grants Customer a nonexclusive license during the Term to reproduce and use ________ copies of the Licensed Product for Customer's internal business purposes, provided Customer complies with the restrictions in this Section XX.

- Provider hereby grants Customer a nonexclusive license during the Term to reproduce and use the Software as necessary for Customer's internal business purposes, provided Customer complies with the restrictions in Section XX (*Restrictions on Software Rights*). Such internal business purposes do not include use by any parent, subsidiary, or affiliate of Customer, or any other third party, and Customer shall not permit any such use.

(Sample 2)

Copies of the Software created or transferred pursuant to this Agreement are licensed, not sold, and Customer receives no title to or ownership of any copy or of the Software itself. Furthermore, Customer receives no rights to the Software other than those specifically granted in this Section XX. Without limiting the generality of the foregoing, Customer receives no right to and shall not: (a) modify, create derivative works from, distribute, publicly display, or publicly perform the Software; (b) sublicense or otherwise transfer any of the rights granted in this Section XX; (c) reverse engineer, decompile, disassemble, or otherwise attempt to derive source code or other trade secrets from the Software; or (d) use the Software for service bureau or time-sharing purposes or in any other way allow third parties to exploit the Software, including without limitation as software-as-a-service. Provider grants the license in Section XX (*License*) under copyright and also, solely to the extent necessary to exercise such rights, under patent and any other applicable intellectual property rights.

[Example 2]

아래는 판매 소프트웨어 라이선스계약(distribution software license agreement) 관련 기재례들이다. (Sample 1)에서와 같이, 라이선스제공자는 판매점의 소프트웨어의 판매권한을 일정한 대상지역(territory)으로 제한하거나, 판매유통권한을 독점적 또는 비독점적으로 부여할 수 있다. (Sample 2)는 판매 소프트웨어 라이선스계약상 라이선스 판매에 조건과 제한사항을 정한 규정으로, 제공자는 소프트웨어에서 소스코드(source code)를 도출하려는 역설계(reverse engineering)나 SaaS (software-as-a-service) 등과 같이 제3자에게 서비스를 제공하기 위한 소프트웨어의 사용을 금지하고, 최종사용자 라이선스계약(EULA)를 첨부한다. (Sample 3)는 온프레미스 소프트웨어(on-premise software)의 판매업자(distributor)와 클라우드 서비스의 재판매업체(reseller)에 대한 최소 판매유통의무(minimum obligation to distribute) 관련 기재례이다. 첫째 예문은 판매업자에게 "commercially reasonable efforts(상업적으로 합리적인 노력)"를 사용할 의무를 부과하며, 둘째 예

CHAPTER 9

문은 영업 및 마케팅을 위한 판매업자의 의무를 명확히 하기 위해, "Sales and Marketing Minimum Obligations"를 별첨한다.

(Sample 1)

Provided Distributor complies with Section XX (*Software Conditions and Clarifications*) below, Provider grants Distributor during the Term: (a) an exclusive license to distribute the Licensed Product within ________ (the "Territory"); and (b) a nonexclusive license to reproduce and use the Licensed Product within the Territory, solely as necessary to demonstrate the Software to potential customers of the Software and to provide technical support to customers of the Software.

(Sample 2)

This Agreement grants Distributor no title to or ownership of the Software, and Distributor receives no rights to the Software other than those specifically granted in this Section XX. Without limiting the generality of the foregoing, Distributor shall not: (a) reverse engineer, decompile, disassemble, or otherwise attempt to derive any of the Software's source code; (b) use the Software for service bureau or time-sharing purposes or in any other way allow third parties to exploit the Software (other than authorized licensed copies), including without limitation as software-as-a-service; (c) distribute copies of the Software to any sub-distributor that does not first execute a written contract with limits on Software rights no less restrictive than those in this Section XX; or (d) distribute copies of the Software to any customer or other third party that does not first execute a written end-user license agreement in the form attached to this Agreement as Attachment ________ (EULA). Distributor may license copies of the Software to its customers pursuant to the license above but shall not sell such copies, and neither Distributor nor its customers will receive title to or ownership of any copy or of the Software itself. Provider grants the license in this Section XX under copyright and also, solely to the extent necessary to exercise such rights, under patent and any other applicable intellectual property rights.

(Sample 3)

- Distributor shall exercise commercially reasonable efforts to market and sell the Software. Without limiting the generality of the foregoing, if Distributor fails to achieve gross revenues of $________ from Software distribution during any calendar year, Provider may terminate this Agreement by written notice to Distributor.
- Distributor shall exercise such efforts and expend such resources as are commonly used in the information technology industry for software of similar commercial potential at a similar stage in its lifecycle, taking into

consideration the cost of distribution, the Software's competitiveness compared to alternative products, the Software's profitability, and other relevant factors. Without limiting the generality of the foregoing, Distributor shall perform tasks and spend the funds required in Attachment XX (*Sales and Marketing Minimum Obligations*).

[Example 3]

아래는 클라우드 서비스계약(cloud services agreement) 관련 기재례들이다. (Sample 1)은 클라우드 서비스계약의 구독(subscription)에 관한 사항들로, 첫째 예문은 클라우드 서비스의 이용조건을 나타내는데 고객은 구독권을 통해 클라우드 시스템에 접근해 서비스의 이용조건에 따라 서비스를 이용할 수 있지만, 시스템상의 소프트웨어를 복제, 변경, 배포 등과 같은 저작권 라이선스 권한을 부여받지는 못한다. 둘째 예문은 클라우드 서비스 구독권의 이용범위에 관한 조건을 나타내는데, (a)항은 클라우드 서비스의 고객의 최대 동시 이용자 수를 제한하고, (b)항은 지리적 영역(territory)으로 사용을 제한하며, (c)항은 고객이 클라우드 서비스와 관련된 제공자의 정책을 준수하도록 요구한다. (Sample 2)는 클라우드 서비스 계약에서 자주 나타나는 제공자 친화적인 면책배상(provider-friendly indemnity) 관련 규정으로, 고객은 누가 사고를 유발했든 상관없이, 자신의 계정과 관련된 데이터 사고 클레임에 대해 배상을 해야 하므로 고객이 그 내용을 명확히 알 수 있도록 뚜렷하게 눈에 띄는 용어(conspicuous terms)나 대문자(capital letters)로 나타내야 하며, 관련 준거법상 이러한 면책배상이 인정될 수 있는지를 확인해 볼 필요가 있다.

(Sample 1)

- Customer may access and use the computer system described on Attachment ________ (the "System") from ________ until ________ (the "Subscription Period"). Provider retains all right, title, and interest in and to the System, including without limitation all computers, other hardware, and software incorporated into or used by the System. This Agreement does not grant Customer any right to reproduce, modify, distribute, or publicly display or perform the software included in the System or any other right to the System not specifically set forth herein.
- Customer shall not (a) use the System through more than ________ Concurrent Users, (b) permit access by any user whose primary place of business is outside ________ (the "Territory"), or (c) use the System in any way that violates Provider's policies posted at ________, as such policies may be updated from time to time. If Customer's use of the System exceeds ________ Transactions, Customer shall pay the increased fees on

Attachment ________ (*Overage Fees*). (A "Concurrent User" is one of a fixed number of individuals using the Software at any given moment. A "Transaction" is an individual ________.)

(Sample 2)

Customer shall defend and indemnify Provider and Provider's Indemnified Associates against any "Indemnified Claim," meaning any third party claim, suit, or proceeding arising out of, related to, or alleging a Data Incident (as defined below). INDEMNIFIED CLAIMS INCLUDE, WITHOUT LIMITATION, CLAIMS ARISING OUT OF, RELATED TO, OR ALLEGING PROVIDER'S NEGLIGENCE, as well as government enforcement actions. (A "Data Incident" is any (i) unauthorized disclosure of, access to, or use of Customer Data or (ii) violation of Privacy/Security Law through Customer's account. Data Incidents include, without limitation, such events caused by Customer, by Provider, by Customer's customers or other users, by hackers, and by any other third party. "Privacy/Security Law" means applicable law governing the protection or management of personal information, including without limitation the following statutes: ________.)

[Example 4]

아래는 온프레미스 소프트웨어 라이선스계약(on-premise software license agreement)에서 에스크로조항(escrow clause) 관련 기재례이다. "Deposit Materials"의 항목에서는 제공업체가 맡길 소스코드(source code)와 문서 등 예치자료들(deposit materials)을 열거하고, "Release Conditions" 항목에서는 제공업체의 중대한 계약위반(material breach) 또는 파산 등 심각한 재정적 문제가 있는 때 에스크로 에이전트가 예치자료들을 고객에게 공개할 수 있도록 하고 있다.

Within ________ days of the Effective Date, the parties shall execute a third party escrow agreement in the form attached hereto as Attachment ________ (the "Escrow Agreement") in conjunction with ________ (the "Escrow Agent").

- *Deposit Materials*. Within ________ business days of the Effective Date, Provider shall deposit with the Escrow Agent, pursuant to the procedures of the Escrow Agreement, the source code for the Software, as well as the Documentation and names and contact information for each author or other creator of the Software. Promptly after release of any update, upgrade, patch, bug fix, enhancement, new version, or other revision to the Software, Provider shall deposit updated source code, Documentation, names, contact information with the Escrow Agent. ("Deposit Materials" refers to material required above in this Subsection ________(a).)
- *Release Conditions*. "Release Conditions" means any of the following: (i)

Provider's material breach of Section ________ (*Maintenance*) if such breach remains uncured 30 or more days after Customer's written notice; (ii) Provider commences a voluntary case under Title 11 of the United States Code or the corresponding provisions of any successor or foreign law; (iii) anyone commences an involuntary case against Provider under Title 11 of the United States Code or the corresponding provisions of any successor or foreign law and either the case is not dismissed within 60 days or the court adjudicating the case issues an order for relief or a similar order approving the case; (iv) a court of competent jurisdiction appoints a custodian (as defined in Title 11 of the United States Code or the corresponding provisions of any successor or foreign law), or Provider makes an assignment of all or substantially all of its assets to a custodian (under the same definition), for Provider or all or substantially all its assets; (v) Provider fails generally to pay its debts as they become due (except to the extent that those debts are subject to a good-faith dispute as to liability or amount) or acknowledges in writing that it is unable to do so; or (iv) Provider makes a general assignment for the benefit of creditors.

3.3 IT전문서비스계약(professional services agreement)의 문제

IT 관련 계약 중 "전문서비스계약(professional services agreement)"은 IT 관련 서비스제공자가 서비스구매자에게 일정한 유형의 전문서비스를 제공하기 위한 계약으로, 서비스계약(service agreement)의 일종으로 볼 수 있다.[138] 이는 전문서비스를 제공한다는 서비스계약적 특성과 함께 이러한 서비스를 통해 제공된 기술의 일부 또는 전부를 개발이나 유지보수 또는 해당 기술에 대한 라이선스를 부여하거나 클라우드 서비스에 가입할 수 있도록 한다는 IT계약적 특성을 포함하고 있다. 전문서비스(professional services)의 내용은 계약서의 본문 또는 계약서에 별첨된 작업명세서(SOW; statement of work)에서 기술할 수 있다. 그런데, IT전문서비스계약(professional services agreement)에서 서비스에 관한 설명이 길거나 복잡한 경우, 다른 계약조건들과의 혼동을 피하고 작업상황에 따라 유연하게 작업명세서를 작성해 이행할 수 있도록, 일반적으로 해당 서비스 관련 설명이나 대금지급조건 등을 계약서의 본문이 아니라 계약서에 첨부된 작업명세서(SOW)에 기재한다. 이 경우 계약서의 본문에서 작업명세서의 양식이나 그 내용의 변경에 관한 절차 등을 규정하

138 서비스계약(service agreement)의 유형과 주요한 특징 및 유의점 등 상세한 내용은 "Chapter 9. XI. Service Agreement(서비스계약)" 단원을 참고하기 바란다.

고, 필요에 따라 작업명세서(SOW)를 업데이트해 작업을 진행할 수 있다.

전문서비스에 관한 설명은 "과업중심(task-driven)" 또는 "결과중심(outcome-driven)"으로 기술할 수 있다. "과업중심설명(task-driven description)"은 해당 서비스 활동의 목표를 정하기보다는 서비스제공자의 작업활동(service provider's activities)에 초점을 맞춘다. 예를 들면, "Provider shall make two of its employees available to advise Customer on the Project as reasonably requested."처럼, 서비스의 내용이 일정한 수의 직원을 고객에게 조언할 수 있도록 한다는 서비스제공자의 활동을 설명하는 것이다. 이 경우는 고객이 결과(outcome)에 만족하지 않을 수도 있지만, 서비스제공자가 서비스의 내용대로 과업을 수행한 때 서비스를 제공한 것으로 인정될 수 있다. 과업중심설명(task-driven description)은 고객에 대한 기술지원(tech support)과 같이, 서비스와 관련해 지원인력 등을 배치할 수 있지만 쉽게 그 결과를 정의하기는 힘든 작업을 필요로 하는 경우에 적합하다. "결과중심설명(outcome-driven description)"은 해당 목표를 달성하는 방법에 대한 세부정보 없이 제공자의 작업의 결과(service provider's work product)인 작업결과물(outcome)에 중점을 두는 것이다. 예를 들어, "Provider shall build the following ..."처럼, 서비스제공자의 작업수행의 방법 대신 작업의 결과를 달성할 것을 기술하고, 그 작업을 이행하지 못할 경우 서비스의 이행이 이루어지지 않은 것으로 본다. 결과중심설명(outcome-driven description)은 서비스제공자가 시스템을 구축하거나 실행하는 방법 등 서비스 결과물의 세부사항을 상세하고 명확하게 나타내는 별도의 작업명세서(SOW)가 요구되고, 서비스제공자는 작업명세서상 자신의 작업내용이나 범위를 정확히 확인하고 동의할 필요가 있다. 그런데, 결과중심설명(outcome-driven description)이라 하더라도, 작업명세서(SOW)가 작업수행방법을 특별히 지정하지 않는다면 서비스제공자는 새로운 효율성 있는 소스를 발견해 그의 이익을 증진할 수 있으므로 비용이 적게 드는 방법으로 전환할 가능성이 있다. 이에, 결과중심설명(outcome-driven description)이라 하더라도, 필요한 범위에서 서비스수행의 방법에 관한 세부사항을 기술하거나, 고객의 기존 공급업체의 관리나 협력 등에 관한 과업중심(task-driven)에 관한 사항을 포함할 수 있다.[139]

한편, 대부분의 IT전문서비스(professional services)는 고객의 관련 정보의 제공

139 다만, 결과물에 대한 복잡한 작업명세서(SOW)가 있는 경우 서비스를 통해 구축할 기술이나 결과물에 관한 사양(specification)에 초점을 맞추고, 이를 위한 구체적 실행방법에 관한 제한은 최소화하는 것이 효과적일 수 있다.

이나 협력 없이는 제공자가 제대로 된 서비스의 제공이나 관련 프로젝트의 완성이 힘들 수 있다. 이에, 서비스제공자의 입장에서는 마일스톤(milestone) 등 작업일정에 따라 고객이 일정한 협조(cooperation)를 할 의무를 부담하도록 하고, 고객의 협조가 이루어지지 않아 작업을 할 수 없는 경우 서비스의 지연이나 불이행에 대한 책임을 지지 않도록 할 필요가 있다.[140] 그리고, 서비스의 제공, 특히 기술을 개발하는 IT전문서비스제공자는 일반적으로 고객이 제시한 일정한 가정들(assumptions)을 바탕으로 작업을 한다. 이러한 가정들은 통상적으로 고객이 제공한 정보를 사용해 고객의 현재 기술을 파악해 이루어지는데, 제공자는 서비스작업을 시작한 후 프로젝트가 예상보다 많은 시간이 요구된다거나 잘못된 가정(wrong assumptions)으로 인해 완료할 수 없다는 사실을 알게 될 수 있다. 이에, 서비스제공자의 입장에서는 (i) 서비스가 고객이 전제한 가정들에 기반해 제공된다는 점과 (ii) 관련 가정들(assumptions)의 잘못으로 인해 서비스 작업을 수행할 수 없다면 제공자가 책임을 지지 않는다는 점을 계약서에 명시할 필요가 있다.

IT서비스제공자가 일정한 프로젝트를 수행하거나 맞춤형 소프트웨어(customized software), 보고서, 계획서 등 산출물을 생성해야 하는 경우 산출물(deliverable)에 관한 계약조건은 중요하다. "산출물(deliverable)"에 관한 정의는 일반적으로 사양서(specifications)를 통해 서술되는데, 이에는 해당 기술의 기능(technology function)과 함께 보고서, 계획서, 청사진(blueprint) 등과 같은 비기술적 산출물의 특성에 대한 설명을 포함한다. 대부분의 산출물 관련 조항은 또한 산출물의 인도(delivery), 수락(acceptance) 또는 거절(rejection)의 프로세스 등 산출물의 수락 및 거절 조건(acceptance and rejection terms)을 포함하는데, 여기서는 ① 고객이 산출물을 사양과 비교해 그 이상 유무를 점검할 수 있도록 하는 산출물의 수락절차(acceptance procedures)와 ② 점검결과 산출물이 제대로 생성되지 않은 때 고객이 이를 거절할 수 있고 제공자는 이를 수정하거나 고객이 지급한 대금을 환불하도록 하고, 필요한 경우 고객은 계약을 해지할 권한을 가지는 등 산출물에 대한 고객의 권리를 명시한다.[141] 이때 서비스제공자의 입장에서는 산출물이 서비스구매자, 즉 고객이

140 계약당사자 어느 쪽이든 프로젝트를 계속 진행시키지 못하면 어느 시점에서 계약의 중대한 위반(material breach)이 되어 피해당사자가 계약을 해지할 수 있도록 할 수 있다.

141 고객의 입장에서는 계약내용에 부합하지 않는 산출물(nonconforming deliverable)에 대해 환불을 받고 전체 프로젝트를 취소할 수 있는 권리를 보유하고 계약위반에 따른 소송을 제기할 권리를 필요로 하는 반면, 제공자의 입장에서는 고객에게 환불을 해 주는 경우 고객이 다른 별도의 구제방법을 추가로 행사하지 못하도록 하는 것이 좋다.

단순히 자신의 기대에 부합하지 않는다는 이유로 산출물을 거절하지 않도록 산출물의 점점사항을 명확히 하고, 고객이 산출물을 점검할 수 없거나 점검에 오랜 시간이 걸릴 우려가 있다면 고객이 일정한 기간 내에 산출물을 수락 또는 거절하지 않은 때 이를 수락한 것으로 보는 "간주수락(deemed acceptance)" 규정을 두는 것이 좋다. 한편, 고객의 입장에서는 고객이 산출물을 수락하면 산출물에 대한 소유권(ownership)을 이전받아 사용할 수 있도록 할 필요가 있다. 산출물의 소유권 이전은 일반적으로 고객의 산출물의 인수시점(upon acceptance of the deliverable) 또는 산출물에 대한 대금납부 시점(upon payment of the fees)에서 이루어진다. 계약에 따라 고객은 산출물의 소유권이 아니라 산출물 사용에 대한 라이선스를 받거나 또는 산출물이 클라우드 서비스 시스템의 일부가 되는 때 고객이 그에 관한 사용권한을 얻는 것으로 할 수 있다. 고객 맞춤형 소프트웨어(customized software)의 경우에는 고객에게 저작권에 따라 사용 가능한 모든 권리를 부여되어, 그 권리를 제한 없이, 영구적이고 취소불가능(perpetual and irrevocable)하게 사용할 수 있도록 한다.

[Example 1]

아래는 IT전문서비스계약상 작업명세서(SOW) 관련 기재례들이다. 첫째 예문은 과업중심(task-driven)의 설명이고, 셋째 예문은 결과중심(outcome-driven)의 설명이며, 둘째 예문은 위 두 가지 형태를 혼합한 것이다. 즉, 첫째 예문과 둘째 예문의 (a)항에서 서비스제공자는 서비스 관련 직원을 배치하는 것과 같은 과업중심 설명(task-driven description)을 하며, 셋째 예문과 둘째 예문의 (b)항에서 서비스제공자가 정해진 사양(specifications)에 따른 보고서나 소프트웨어 등 일정한 결과물을 약속하는 결과중심설명(outcome-driven description)을 한다.

- During business hours, Provider shall staff the help desk with no fewer than ________ [number] technicians.
- Provider shall: (a) assign ________ [number] consultants to assist Customer with system integration during each business day of the Term; and (b) produce a system integration report that conforms to the requirements of Attachment ________ (*Integration Report Specifications*) on or before ________.
- Provider shall write a software application that conforms to the specifications in Attachment ________ (*Technical Specifications*).

[Example 2]

아래는 IT전문서비스계약에서 수행하는 프로젝트의 작업일정에 관한 기재례이다. 간단한 서비스나 프로젝트일 경우 (Version 1)과 같이 그 프로젝트 완성일을 규정할 수 있으나, 서비스나 프로젝트가 복잡하거나 장기간일 경우 (Version 2)와 같이 마일스톤(milestones)에 따른 단계적 작업일정을 정한다.

(Version 1)

Provider shall complete the Professional Services on or before ________ [date].

(Version 2)

Provider shall complete the Professional Services by the following deadlines ("Milestones"):

1. Alpha Version functioning according to Specifications ("Operational"): ________ [date];
2. Beta Version Operational: ________ days after Alpha Version Operational;
3. Full System submitted for Acceptance Testing: ________ days after Beta Version Operational.

[Example 3]

아래는 서비스제공자의 서비스 작업에 대한 고객의 협조(cooperation)와 가정들(assumptions) 관련 기재례들이다. 첫째 예문은 고객의 일정한 협조의무와 가정들(assumptions)을 서비스 제공의 조건으로 해, 그 협조의무나 가정들의 문제로 인해 제공자의 서비스 작업의 지연이나 불이행이 있는 때 서비스제공자가 책임을 지지 않는 것으로 한다. 둘째 예문은 제공자의 서비스 작업이 마일스톤에 따른 단계적 마감일에 이루어지지 않는 때 고객은 계약의 해지 등 구제방법을 행사할 수 있으나, 고객의 협조의무의 위반이 있는 경우를 제외하고 있다.

- Customer shall reasonably cooperate with Provider's performance of the Professional Services, including without limitation by providing the following: ________. Customer recognizes and agrees that performance of Professional Services is contingent upon (a) Customer's cooperation and (b) the Assumptions in Section XX (*Customer Environment*). Provider is not liable or responsible for any delay or failure resulting from Customer's material failure to cooperate or the material failure of such Assumptions.
- If Provider fails to achieve more than ________ Milestones by their due dates, other than as a result of Customer's failure to cooperate, Customer may terminate this Agreement for cause, provided Customer exercises such

right within 30 days of the last such missed Milestone. This Section XX does not limit Customer's rights or remedies for breach of contract.

[Example 4]

아래는 IT전문서비스계약상 산출물(deliverable) 관련 기재례들이다. (Sample 1)은 산출물의 인도(delivery)와 수락(acceptance)에 관한 예문이다. (a)항에서는 사양에 따른 산출물의 점검과 그에 따른 산출물의 거절 또는 수락에 관한 사항을 규정하는데, (a) (ii)항에서는 "deemed acceptance(간주수락)" 조항을 두고 있다. (b)항은 산출물이 점검에서 불합격하면 제공자가 산출물을 수정하거나 고객이 지급한 대금을 환불할 수 있도록 하고, (c)항에서는 기본적으로 삼진아웃제를 규정해, 제공자가 세 번째 시도에서 사양에 부합하는 산출물을 제공하지 못하면 고객은 계약을 해제할 수 있다. (Sample 2)는 산출물이 고객 맞춤형 소프트웨어(customized software)인 경우 고객에게 저작권에 따른 사용가능한 영구적이고 취소할 수 없는 모든 권리를 부여하는 규정이다.

(Sample 1)

Provider shall deliver each [________] ("Deliverable") to Customer on the following timeframe:

(a) *Acceptance and Rejection*. Each Deliverable will be considered accepted ("Acceptance") (i) when Customer provides Provider written notice of acceptance or (ii) ________ days after delivery, if Customer has not first given Provider written notice of rejection. Customer may reject a Deliverable only if it materially deviates from its Specifications and only via written notice setting forth the nature of such deviation. Acceptance does not imply Customer's recognition or concession that a Deliverable complies with its Specifications or with the warranties or other requirements of this Agreement or is otherwise suitable.

(b) *Redelivery*. In case of rejection, Provider shall correct the deviation and redeliver the Deliverable within ________ days. Redelivery pursuant to the previous sentence will constitute another delivery, and the parties shall again follow the acceptance procedures in this Section XX.

(c) *Remedies*. Customer may terminate this Agreement for cause if Provider fails to provide a Deliverable that materially conforms to its Specifications as required above after the second delivery; provided Customer exercises such termination right without 30 days of the third or subsequent failure. The preceding sentence does not limit the definition of material breach of contract or limit any right or remedy for breach.

(Sample 2)

Effective on Acceptance of each Deliverable, Provider hereby grants Customer a nonexclusive, perpetual, irrevocable, worldwide, transferable, fully paid, royalty-free license: (a) to reproduce, modify, distribute, publicly perform, publicly display, and use the Deliverable; and (b) to sublicense any or all such rights to third parties.

3.4 지식재산권의 양도 및 업무상저작물(work-for-hire)의 문제

IT 관련 계약에는 해당 소프트웨어 등 IT저작물에 관한 지식재산권(intellectual property right)의 소유권 등 권리에 관한 규정을 두는데, 이를 통해 서비스제공자는 관련 설명서(documentation), 도식(schematics), 디자인, 로고, 발명품 등에 대한 지식재산권을 고객, 즉 서비스구매자에게 부여할 수 있다. 이와 관련해, 서비스구매자가 서비스제공자의 소프트웨어 등 산출물(deliverables)을 소유하는지 문제될 수 있다. 고객이 제공자가 생성한 기술에 대한 지식재산권을 소유하려고 한다면 해당 지식재산의 소유권 양도조항(assignment clause)을 둘 필요가 있다. 예를 들어, "Provider hereby assigns to Customer all its right, title, and interest in and to the Deliverables, including without limitation intellectual property rights."와 같은 규정을 두어, 제공자가 고객에게 산출물 등에 관한 지식재산권을 이전한다는 점을 명확히 할 필요가 있다. 서비스제공자는 자신이 생성한 소프트웨어와 관련해, 서비스구매자에게 그 소프트웨어의 저작권의 소유권은 부여하지만, 관련 특허권의 소유권은 제공하지 않는 등 지식재산권을 제한적으로 이전할 수 있는데, 이는 소프트웨어 산출물(software deliverables)과 관련된 전문서비스계약(professional services agreement)에서 자주 나타난다. 그리고, 서비스제공자는 자신의 툴키트(toolkit)나 독립적인 작업에서 생성된 소프트웨어 등 자산을 서비스구매자가 대외적으로 사용해 서비스제공자와 경쟁하지 않도록 하기 위해, 서비스구매자에게 이를 양도하지 않고 독립적 자산(independent assets)으로 보유하고, 서비스구매자가 그 독립적 자산을 산출물의 구성요소로 내부 목적으로만 사용하도록 할 수 있다. 이때 지식재산권의 양도조항에는, 로열티 없는 백업 라이선스(royalty-free backup license)를 포함할 수 있는데, 백업 라이선스(backup license)는 제한된 이전으로 인해 발생하는 문제를 해결하기 위한 것으로, 서비스구매자는 저작권은 가지지만 특허권은 가질 수 없다. 다만, 서비스제공자는 자신이 만든 작업제품과 관련된 특허 등 모든 권리

를 고객에게 부여하는 등 지식재산권을 광범위하게 이전할 수도 있다.[142]

한편, 서비스제공자가 업체의 직원으로 그 직원 자신의 직무범위 내에서 소프트웨어를 발명하는 경우 업체와 사이에 업무상저작물 관계가 발생해 업무상저작물(work-for-hire; work-made-for-hire)의 소유권이 문제될 수 있다. 이 경우 서비스제공자가 소프트웨어를 발명한다고 하더라도, 사용자인 업체가 소프트웨어가 생성된 때부터 소프트웨어의 소유권을 가진다.[143] 다만, 사용자의 입장에서는 업무상저작물 관련 분쟁의 여지를 없애기 위해, 서비스제공자인 고용인과 사이에 고용계약서(employment contract)에서 업무상저작물조항(work-for-hire clause; 직무발명조항)을 포함하거나, 고용계약서가 작성되지 않은 경우 별도의 지식재산권에 관한 소유권계약(intellectual property ownership contract)을 체결해 둘 필요가 있다.

[Example]

아래는 산출물(deliverables) 또는 업무결과물(work product) 관련 지식재산권의 소유권에 관한 기재례들이다. (Sample 1)은 IT전문서비스계약(professional services agreement)에서 서비스제공자는 수수료를 전액 지급받은 경우 자신이 생성한 소프트웨어의 저작권을 고객에게 양도하지만, 해당 계약과 독립적으로 개발된 독립자산(independent assets)에 대한 소유권을 이전하지는 않으며, 단지 고객에게 내부 비즈니스 목적으로 그 독립자산을 사용할 수 있는 광범위한 권리를 부여하고 있다. (Sample 2)는 IT전문서비스계약에서 서비스제공자의 업무결과물(work

142 이러한 조건은 고객업체와 그 직원 또는 개별계약자 간 계약에서 가장 자주 나타난다. 개별계약자는 회사가 아닌 개인 계약자로서, 고객업체에 인력으로 들어와 직원처럼 행위를 하는 자를 말한다.

143 우리나라 저작권법에 따르면, “업무상저작물”은 “법인·단체 그 밖의 사용자(‘법인 등’)의 기획 하에 법인 등의 업무에 종사하는 자가 업무상 작성하는 저작물”을 말하고, 법인 등의 명의로 공표되는 업무상저작물의 저작자는 계약 또는 근무규칙 등에 다른 정함이 없는 때에는 그 법인 등이 된다. 다만, 컴퓨터프로그램저작물의 경우 공표될 것을 요하지 아니한다고 규정하고 있다(저작권법 제2조 제31호; 제9조). 여기서 “법인 등의 기획”의 의미와 관련해, 판례는 법인 등이 일정한 의도에 기초하여 저작물의 작성을 구상하고 그 구체적인 제작을 업무에 종사하는 자에게 명하는 것을 말하며, 이는 명시적은 물론 묵시적으로도 이루어질 수 있는 것이기는 하지만, 묵시적인 기획이 있었다고 하기 위해서는 위 법 규정이 실제로 저작물을 창작한 자를 저작자로 하는 같은 법 제2조 제2호의 예외규정인 만큼 법인 등의 의사가 명시적으로 현출된 경우와 동일시할 수 있을 정도로 그 의사를 추단할 만한 사정이 있는 경우에 한정된다고 보고 있다(대법원 2021. 9. 9. 선고 2021다236111 판결; 대법원 2010. 1. 14. 선고 2007다61168 판결 등).

product) 관련 지식재산권의 소유권에 관한 예문으로, (a)항에서 서비스제공자가 계약기간 동안 생성된 모든 소프트웨어, 저작물 등 발명품들을 고객에게 보고하도록 하고, (b)항에서는 이러한 발명품들을 업무결과물(work product)로 보고, 이러한 업무결과물이 (i) 고객의 장비나 시설 또는 영업비밀을 사용하여 개발되거나, (ii) 제공자가 고객을 위해 노력한 결과이거나, (iii) 고객의 비즈니스나 연구개발과 관련이 있는 경우 고객의 재산이 되고 관련 법률에 따라 업무상저작물(work-for-hire)이 되는 것으로 한다.

(Sample 1)

Effective upon full payment pursuant to Section XX (*Fees*), and subject to Subsection XX (a) below (*Independent Assets*), Provider hereby assigns to Customer all Provider's ownership, right, title, and interest in and to any and all copyrights in Deliverables.

(a) *Independent Assets*. The assignment in the preceding sentence does not include any component of the Deliverables created before the Effective Date or otherwise independent of this Agreement (collectively, any "Independent Assets").
(b) *License*. To the extent that this Section XX does not provide Customer with full ownership, right, title, and interest in and to the Deliverables, including without limitation Independent Assets, Provider hereby grants Customer a perpetual, irrevocable, full paid, royalty-free, worldwide license to reproduce, create derivative works from, distribute, publicly display, publicly perform, and use the Deliverables, with the right to sublicense each and every such right; provided Customer may not: (i) reproduce or use Independent Assets other than as components of the Deliverables, (ii) sublicense any rights in Independent Assets to third parties other than in support of Customer's internal business operations. Provider grants the license in this Subsection XX under copyright and also, solely to the extent necessary to exercise such rights, under patent and any other applicable intellectual property rights.

(Sample 2)

(a) *Reporting of Inventions*. Provider shall promptly disclose to Customer all computer software programs, other works of authorship, formulas, processes, compositions of matter, databases, mask works, improvements, logos, symbols, designs, and inventions that Provider makes, conceives, reduces to practice, or creates, either alone or jointly with others, during the period of the Provider's engagement with Customer (collectively, "Inventions"), whether or not in the course of such engagement and whether or not such Inventions are patentable, copyrightable, protectable as trade secrets, or otherwise subject to intellectual property protection.

(b) *Customer Ownership*. An Invention will be considered "Work Product" and will be Customer's sole property if it fits any of the following three criteria: (1) it is developed using Customer's equipment, supplies, facilities, or trade secrets; (2) it results from Provider's work for Customer; or (3) it relates to Customer's business or its current or anticipated research and development. To the extent permissible under applicable law, Work Product will be considered work made for hire pursuant to the U.S. Copyright Act, 17 U.S.C. §§101et seq. and any foreign equivalent thereof.

3.5 IT계약상 대금지급 관련 규정

IT계약의 대금지급조항(payment clause)에서 고객(customer), 판매업자(distributor), 재판매업자(reseller) 등은 제공업체에게 수수료 등 대금을 지불할 것을 약속하는데, 대금결제구조는 고객이나 제공되는 상품 또는 서비스에 따라 다를 수 있다. IT전문서비스계약(professional services agreement)에서는 서비스의 작업시기에 따라 단계(milestone)별로 대금지급을 하는 경우가 많은데, 이는 작업명세서(SOW)에서 규정된 마일스톤에 따라 고객의 산출물의 수락(acceptance)과 함께 대금지급이 이루어진다. 서비스제공자는 소요된 시간과 자재(time and materials)를 기준으로 전문서비스에 대한 대금을 청구하는데, 이때 고객은 서비스에 대한 시간당 수수료(hourly fees)를 지불하고 장비 및 기타 자재에 대한 대금도 지급한다.[144] 다만, 시간과 자재에 따른 대금지급(time and materials payment)은 해당 서비스에 소요되는 시간이나 자재에 대한 당사자 간 견해 차이로 분쟁이 유발될 수 있으므로 분쟁을 방지하기 위해 서비스 수수료 제한조항(fee-limiting clause)을 둘 수 있다. 예를 들면, 계약상 "Fees will not exceed USD ________ for any given calendar month unless Customer agrees in advance." 등과 같은 서비스수수료의 한도를 규정할 수 있다.

한편, 판매업자나 재판매업자의 경우 대체로 자신들의 전형적인 대금지급구조를 가지고 있는데, 소프트웨어 판매점이나 클라우드 재판매업자는 일반적으로 최

144 IT전문서비스계약을 포함한 서비스계약(service agreement)의 대금지급구조에 대한 자세한 내용은 "Chapter 9. XI. 3.3 서비스 수수료 및 비용(fees and expenses)의 지급" 단원을 참고하기 바란다.

종사용자로부터 지급받은 대금의 일정 비율을 제공업체에게 지불한다. 온프레미스 소프트웨어 라이선스계약(on-premise software license agreement)에서는 수익배분(revenue share)의 구조에 따라 제공업체에 "로열티(royalty)"를 지급하며, 판매업자나 재판매업자는 소프트웨어의 복사본이나 사용 숫자에 따른 고정 수수료(fixed fee)를 지불하기도 한다. 로열티 등 수익분배에 관한 사항은 당사자 간 이해관계의 대립으로 분쟁이 발생할 가능성이 있기 때문에 그 내용은 계약서에 상세하게 기술할 필요가 있으며, 계약상 대금지급을 받는 당사자는 대금을 지급하는 당사자에게 정기적으로 해당 상품이나 서비스의 판매에 관한 사항을 보고하도록 할 필요가 있다. 또한, "총수익(gross revenues)" 또는 "순수익(net revenues)" 등을 기준으로 일정한 비율에 따라 산출된 수수료 내지 로열티를 지급하는 경우 당사자 간 그 기준의 개념에 대한 이해의 차이로 인한 다툼의 여지가 있으므로 이에 관한 정의규정을 둘 필요가 있으며, 특히 관련 세금이나 공제되는 비용 항목 등을 명확히 하고 그 산출방법을 명시해야 한다.[145] 예를 들면, "Net Revenues refers to all revenues received from third parties for rights to the Software, including revenues from Maintenance, minus: (a) sales tax, use tax, and value-added taxes; (b) return credits; and (c) salespeople's commissions."와 같은 순수익(net revenues)의 정의규정을 둔다.

그런데, 클라우드 서비스계약(cloud services agreement)에서 재판매업자를 포함한 판매업자가 제공업체에게 고객을 소개하는 경우에는 제공업체가 오히려 판매업자에게 수수료를 지급하도록 하는 구조가 있다. 이 경우 제공업자는 클라우드 서비스를 호스팅하고 최종 고객에게 요금을 청구하고, 제공업체는 판매업자의 소개 등 활동에 대한 대가로 수수료대금을 지급하게 된다. 판매업자는 그가 소개한 가입자 수, 즉 구독수 당(per subscription) 제공업자의 수입의 일부를 수수료로 지급할 것을 요구할 수 있다. 예를 들어, "[ ]% of gross revenues collected from referred Subscriptions" 등과 같은 문구를 통해, 판매업자는 소개한 고객이 제공업자에게 지급한 서비스대금의 일정한 몫을 요구할 수 있다. 그리고, IT계약에서는 대체로 판매세(sales tax)나 관련 부가세를 누가 부담하는지를 규정하는데, 대부분의 IT제공자는 그의 의무와는 상관없이, 고객이 지불해야 하는 판매세 조건을 계

145 수익의 일정 비율에 따라 수수료대금을 지급받는 제공자의 입장에서는 로열티의 최소한도가 없으면 판매점이 거의 무료로 제품을 팔 수 있기 때문에 최소로열티(minimum royalty) 규정을 둘 수 있다.

약서에 둔다. 또한, 대금지급조항에서는 통상적으로 그 납부기한(due dates)과 연체시 지연이자율(interest rates on late payment)을 규정하는데,[146] 이는 수수료분쟁을 방지하는 기능을 한다. 대부분의 IT계약에서, 인보이스(invoice)는 지급의무의 시작을 알리는 역할을 하는데, 신용카드청구서와 같이 고객이 매달 동일한 금액의 지급의무를 부담하는 경우는 인보이스가 고객에게 대금지급을 상기시키는 기능을 한다.

[Example 1]

아래는 IT계약상 고객의 수수료 등 대금지급 관련 기재례들이다. 대금지급구조는 관련 상품이나 서비스에 따라 다를 수 있는데, (Sample 1)은 온프레미스 소프트웨어 라이선스계약(on-premise software license agreement), (Sample 2)는 클라우드 서비스에 관한 것으로, 두 경우 모두 고객의 지속적인 권리에 관련된 정기적 대금지급을 요구한다. (Sample 3)는 IT전문서비스계약에서 마일스톤에 따른 대금지급을 요구하는 경우로, 이는 작업명세서에서 규정된 작업단계별로 고객이 산출물을 승인(acceptance)하고 이에 따라 관련 대금이 지급되며, (Sample 4)는 제공자의 소요된 시간 및 자재(time and materials)를 기준으로 전문서비스에 대한 대금을 청구할 수 있도록 하는데, 고객은 서비스에 대한 시간당 수수료(hourly fees)를 지불하고 장비 및 기타 자재에 대한 대금도 지급한다.

(Sample 1)

Customer shall pay Provider a fee of $________ (the "License Fee") by the 15th day of each calendar month for its rights to the Software during the following calendar month, granted in Section XX (License).

(Sample 2)

Customer shall pay Provider $________ (the "Subscription Fee") for each Subscription Period. No new Subscription Period will go into effect unless such payment is made 30 or more days before the scheduled start thereof.

(Sample 3)

Customer shall pay Provider the following amounts, each due 30 days after the following milestones (as defined in Part II, *Development Schedule*, of the Statement of Work):

- Milestone 1: $________.

146 대부분 국가에서 과도한 이자를 부과하게 하는 고리대금(usury)을 금지하고, 법이 허용하는 최대 이자율(maximum interest rate)을 정하기 때문에, 대금지연에 관한 연체이자율은 관련 준거법이 허용하는 한도 내에서 규정되어야 한다.

- Milestone 2: $________.
- Milestone 3: $________.
- Final Milestone: $________.

(Sample 4)

Customer shall pay for Professional Services on a time and materials basis, according to the rate schedule in Attachment XX (*Rates*).

[Example 2]

아래는 재판매업자(reseller)를 포함한 판매업자(distributor)의 대금지급 관련 기재례들이다. 판매업자는 온프레미스 소프트웨어 라이선스계약(on-premise software license agreement)에서 대체로 수익배분에 의한 로열티(royalty)를 지급하는데(Sample 1), 소프트웨어의 복사본이나 사용의 숫자에 따른 고정 수수료를 지불하기도 한다(Sample 2). (Sample 1)에서는 지급되는 대금의 산출의 기초가 되는 "gross revenues(총수익)"의 의미를 명확히 하기 위해, 송장이나 매출 관련 사항이 제공되지 않을 경우 "실제 수령한(actually received) 총수익(gross revenues)"이라는 점을 명시하고 있으며, 제공자의 판매업자로부터의 일정한 대금지급을 보장하기 위한 최소로열티(minimum royalty)에 관한 사항을 규정하고 있다. (Sample 3)는 제공업자의 재판매업체에 대금지급의무를 규정한 예문으로, 이는 제공업자가 클라우드 서비스를 호스팅하고 최종사용자인 고객에게 요금을 청구하지만, 재판매업자가 그 고객을 소개하거나 판매를 종결하는 재판매계약에 관한 것이다. 이는 구독수 당(per subscription) 고정요금의 지급을 요구한다.

(Sample 1)

Distributor shall pay Provider a royalty of ________ % of gross revenues actually received from End Customers; provided such royalty will not fall below $________ per copy of the Software distributed, regardless of the revenues collected by Distributor, including without limitation if Distributor collects no revenues. On the ________ business day of each calendar quarter, Distributor shall report all Software transactions for the preceding calendar quarter, including customer names, units provided, and amounts receivable and received, as well as such additional detail as Provider reasonably requests. Distributor shall pay all amounts due within ________ days of such report.

(Sample 2)

Reseller shall pay Provider $________ per calendar month for each Seat provided to End Customers, and Provider shall invoice Distributor monthly for all Seats activated during the prior calendar month.

(Sample 3)

Provider shall pay Reseller $________ for each Subscription referred by Reseller. On the ________ business day of each calendar quarter, Provider shall report all such referred Subscriptions for the preceding calendar quarter, including customer names and amounts receivable and received. Provider shall pay all amounts due within 30 days of such report.

[Example 3]

아래는 IT계약상 대금지급 관련 인보이스(invoice)와 이에 대한 이의절차에 관한 기재례들이다. (Sample 1)은 대금지급의 지연에 따른 연체이자(interest due on late payments)를 명시하는데 연체이자율은 법이 허용하는 연체이자율의 한도를 초과하지 않아야 한다. (Sample 2)는 고객이 대금지급에 대한 선의(*bona fide*)의 이의제기로 그 대금지급을 보류할 권한을 가지도록 하고 있으며, (Sample 3)에서는 고객의 이의제기기간 동안 고객의 대금지급 보류를 허용하는데, 이와 관련해 고객은 서면에 의한 이의제기가 요구되고, 다툼이 없는 수수료를 기한 내에 지불하도록 하고, 이의제기된 수수료가 적법한 것으로 판명되면 고객은 그 수수대금에 이자를 붙여 지불하도록 한다.

(Sample 1)

Provider shall submit itemized invoices to Customer, and payments will be due within 30 days of Provider's transmission of the invoice. For payments past due, Customer shall pay Provider interest at lesser of ________ % per month or the highest rate available under applicable law, due on the due date of the next invoice.

(Sample 2)

Payments not subject to *bona fide* dispute will be due within 45 days of Customer's receipt of the invoice.

(Sample 3)

During the first ________ days after a payment is due (the "Dispute Period"), Customer will not be considered in breach of this Agreement if it withholds the portion of such payment that is subject to a *bona fide* dispute; provided Customer: (a) gives Provider written notice setting forth in detail the reason for the dispute, on or before the payment due date; (b) meets and confers in good faith with Provider to resolve the dispute, starting promptly after such notice; (c) pays the undisputed portion of the payment on or before its due date; and (d) pays the disputed fees, if legitimate, promptly after resolution of the dispute. No dispute will alter Provider's rights to interest payments pursuant to Section XX (*Fees*) regarding payments actually due.

3.6 IT계약 관련 사양서(specifications) 및 서비스수준계약(SLA)의 문제

IT계약에서는 관련 소프트웨어나 컴퓨터시스템 등을 설명하기 위해, Specifications(specs; 사양서/설명서/시방서)를 작성하는 것이 일반적이다. 사양서(specifications)에서는 해당 계약상 소프트웨어나 기타 기술의 내용과 사용방법 등을 기술하며, 메모, 보고서 또는 설계도 등과 같은 다른 자산을 설명하기도 한다.[147] 사양서(specifications)는 온프레미스 라이선스(on-premise license), 판매점계약(distribution agreement), 클라우드 서비스계약 등 대부분의 소프트웨어 관련 계약에서 사용되며, 전문서비스계약서(professional services agreements)에서 서비스의 산출물(deliverables)을 설명하기 위해 쓰이기도 한다. 사양서(specifications)는 통상 "Attachment A, *Software Specifications*" 등과 같은 표제로, 계약서의 별첨(attachment)에 표기한다.

계약서상 사양서가 없거나 그 내용이 불명확한 경우 관련된 계약조항들 또한 문제가 생길 수 있다. 예를 들어, 고객이 예상한 대로 작동하지 않는 소프트웨어를 받은 경우에도 계약상 소프트웨어를 설명하는 사양이 없으면 제공자에게 계약위반 책임을 물을 수가 없게 된다. 다만, 계약서상 사양서(specifications)가 구체적으로 작성되어 있지 않은 경우에도, 분쟁시에 당사자들은 소프트웨어의 기능이나 이행이 수용가능한 것인지를 판단하기 위해 묵시적 사양(implied specs)을 주장할 수 있

147 Specifications(specs; 사양서)는 소프트웨어와 함께 제공된 설명서 또는 제공업체가 온라인에 게시하는 일련의 기술설명서(technical descriptions)와 같은 계약서에 직접 포함되어 있지 않은 외부 내용을 지칭하기도 한다. 사양서(specifications)는 다른 계약 조항들에 사용되는 정보를 제공하기도 한다. 예를 들면, (i) "Provider warrants that, during the first 12 months after the Effective Date, the Software will perform according to its specifications listed in Attachment A." 등과 같이 보증조항(warranty clause)에서 또는 (ii) "Provider shall design a software application that conforms to the specifications attached hereto as Attachment B." 등과 같이 개발 전문서비스 조항(development professional services clause)에서 나타난다. 그리고, 클라우드 서비스계약에서 사양서는 서비스수준계약(SLA; service level agreement)의 역할을 할 수 있다. 예를 들어, 클라우드 서비스 계약에서, "As used in this SLA, an "Error" is any failure of the System to perform materially as required in the Specifications." 등과 같은 계약조항을 둘 수 있다.

다. 이와 관련해, 해당 소프트웨어의 설명서, 판매브로셔나 온라인 등 마케팅 문서(marketing documents)에서 소프트웨어 설명(software descriptions) 등을 참조할 수 있다. 그러나, 이러한 묵시적 사양이 될 수 있는 자료가 있다고 하더라도, 그 내용이 명확하지 않을 수 있으며, 그 내용 중 어느 부분에서 당사자들이 합의를 한 것인지에 대한 의문이 생길 수 있다. 이에, 당사자들은 계약서상 Specifications(사양서)를 작성해 관련 내용을 명시할 필요가 있다. 해당 거래에 대한 책임을 지는 사람이 사양서(specifications)를 검토하고 작성해야 하는데, IT전문가가 아닌 사업가나 변호사가 그 거래에 대한 책임을 부담하는 경우에는 사양서상 내용이 원하는 소프트웨어나 시스템을 제대로 나타내는지를 명확히 확인하기 위해, 해당 기술 관련 직원이나 전문가와 함께 그 사양서를 검토해 정리할 필요가 있다.

사양서(specifications)의 내용은 대상 소프트웨어나 시스템 등 기술에 대한 비즈니스 목표를 나타내기 위해 필요한 범위 내에서 기술되어야 하는데, 통일된 구조는 없다. 다만, 사양서는 계약대상 기술을 설명하는 형태로 기재되며, 그 내용이 긴 경우 번호를 매긴 조항(numbered clauses)의 형태로 작성하는 것이 일반적이며, 이 경우 사양서는 번호가 매겨진 글머리 기호 목록이나 개요로 나타날 수 있다. 사양의 내용이 기술적인 것이더라도 그 내용의 표현(language)은 간명해야 하는데, 가급적 난해한 기술용어(technical jargon)의 사용은 자제하고, 사양서에 기술용어를 사용해야 할 경우는 그 개념정의를 해 둘 필요가 있다. 그런데, 거래에 따라서는 계약이 체결될 때까지도 사양서가 존재하지 않거나, 계약체결 이후 사양이 변경되는 경우가 있다.[148] 그러나, 계약당사자들은 계약을 체결할 때, 기술(technology)에 대한 어느 정도의 비전(vision), 즉 제공업체가 무엇을 만들어내야 하는지에 대한 아이디어를 가지고 있어야 하며, 이러한 비전을 개략적으로라도 설명하는 사양서(high-level specs)를 계약서에 포함하도록 하고, 보다 자세한 사양은 나중에 산출물(deliverable)로 제공되며 당사자가 이를 수락한 때 계약의 일부가 되도록 계약상 규정할 필요가 있다.

서비스수준계약(SLA; service level agreement)은 클라우드 서비스나 전문서비스의 수준을 정하는 일련의 조항들로, 그 명칭에도 불구하고, 이는 별도의 계약은 아니다. SLA(서비스수준계약)는 계약서의 본문에 기재될 수도 있으나, 일반적으로 관

148 기술개발이 필요한 계약의 경우 당사자들은 그에 관한 일정한 개발단계(discovery phase)가 끝날 때까지 어떤 기술일 것인지를 정확히 알지 못할 수 있고, 개발단계 기간 동안 제공업체는 고객의 니즈를 파악하는 데 시간이 걸릴 수 있다.

련 웹사이트에 게시되거나 또는 별도의 문서로 작성되어 참조(reference)로 체결되는 본계약서에 통합된다. SLA(서비스수준계약)는 일반적으로 가동시간(uptime), 수행속도(speed of performance), 오차율(error rates) 등과 같은 클라우드 서비스의 기준(standards for cloud services) 등에 관한 최소서비스수준(minimum service level)을 설정한다. SLA(서비스수준계약)는 또한 제공업체 직원이 오작동을 수리할 수 있는 기한을 정할 수 있으며, 서비스수준장애(service level failures)에 대한 보상(credits)이나 구제방법(remedies) 등을 규정한다. SLA(서비스수준계약)는 온프레미스 소프트웨어 라이선스계약(on-premise software license agreement)의 유지관리조항(maintenance clause)에도 나타날 수 있는데, 여기서는 일반적으로 소프트웨어 성능(performance)의 기준보다는 소프트웨어 장애(failures)를 처리하기 위한 일정을 다룬다. SLA(서비스수준계약)는 유지보수와 관련된 전문서비스계약(professional services agreement)에서도 같은 형태의 문제를 다룰 수 있다.[149]

IT계약에서는 고객에게 기능의 보증(warranties of function)과 SLA(서비스수준계약)를 모두 규정하는 것이 일반적이다. SLA(서비스수준계약)는 기능의 보증(warranties of function)과 같은 목적을 수행하기도 하지만, 양자는 서로 다른 용도와 목적이 있을 수 있다. 즉, 대체로 기능의 보증은 모든 소프트웨어 기능을 다루는 데 반해, SLA(서비스수준계약)는 일부 규정된 이슈만을 다룬다. SLA(서비스수준계약)는 제공자가 작성해 모든 고객들에게 제공하는 표준양식으로, 고객이 SLA(서비스수준계약)상 조건을 협상하는 경우는 드물며, 일정한 서비스수준에 도달하지 못한 경우 고객은 크레딧(credits; 보상)을 받을 수 있다. 반면, 기능의 보증(warranties of function)은 보증(warranties)의 일종으로, 당사자 간 협상의 쟁점이 될 수 있으며, 보증위반에 대해서는 단순히 크레딧(credits)을 제공하기보다는 손해배상, 계약해지 등 보다 엄격한 계약상 구제방법을 규정할 수 있다.

한편, IT계약상 유지보수조항(maintenance clause)에서 제공자의 기술(technology)에 대한 업데이트(updates)나 업그레이드(upgrades) 등을 포함한 수리서비스(repair

149 SLA(서비스수준계약)의 조건은 관련된 기술 및 서비스에 따라 달라질 수 있다. 제공자 친화적인 SLA(서비스수준계약)의 경우 클라우드 서비스의 제공업체는 개별 고객과 새로운 SLA 조건에 대해 일일이 협상할 수 없기 때문에 고객의 권리를 축소하지 않는 범위 내에서 일방적으로 그 조건의 수정권한을 가진다. 반면, 소규모거래에서는 고객이 통상적으로 고객 친화적인 조건을 요구할 수 있는데, 제공업체는 표준 서비스수준계약(standard SLA)에서 제공업체가 대상 서비스에 대한 성능을 고객에게 정기적으로 보고하도록 하거나 서비스 수준 장애에 대한 해결책을 명확히 하는 등 고객 친화적인 조건을 규정할 수 있다.

service)에 관한 사항을 규정한다. 고객은 대체로 유지보수비용만 지불하면 버그 수정(bug fixes) 및 기타 사소한 수정에서 완전히 새로운 상품에 이르기까지 새로운 버전의 소프트웨어를 구입할 수 있다. 제공업체는 일반적으로 표준유지보수계획(standard maintenance plans)을 두고 있기 때문에 계약상 유지보수의무를 일일이 나열하기보다는 그 표준유지보수계획을 참조로 인용할 수 있다. SLA(서비스수준계약)에는 유지보수에 관한 사항이 포함될 수 있으나, SLA(서비스수준계약)는 주로 소프트웨어를 실행하기 위해 제공자가 제공해야 하는 서비스의 기능이나 수준에 초점을 맞추는 반면, 유지보수조항(maintenance clause)은 고객과 협력해 도움을 제공하는 전문가의 노력에 관한 사항에 중점을 둔다는 점에서 구별된다. 유지보수조항과 달리, SLA(서비스수준계약)에서는 일반적으로 업데이트 및 업그레이드를 다루지 않으며, 장애에 대한 보상(credits)을 부여한다.

[Example 1]

아래는 IT계약에서 사양서(specifications) 관련 기재례들이다. (Sample 1)은 사양의 정의(specs definitions)에 관한 예문들인데, 이에는 소프트웨어 설명서, 계약서의 첨부파일이나 온라인상 설명 사이트 등을 인용할 수 있다. 제공자가 변경할 수 있는 온라인 자료나 문서가 사양에 포함된 경우 고객은 그 변경으로 인해 자신의 중요한 권리에 손실을 가져올 수 있는지를 검토할 필요가 있는데, 둘째 예문에서 고객은 "No revisions of Specifications will be incorporated into this Agreement if it materially reduces the Software's functionality, unless Customer consents in writing, which consent Customer shall not unreasonably delay."와 같은 문구를 추가해 자신의 권리를 보호할 수 있다. (Sample 2)는 기술사양서(technical specifications)의 형식에 관한 기재례인데, 사양서의 표준적 기재방식은 없으나, 계약상 필요한 범위 내에서 대상 기술을 개별적으로 번호를 매겨 간명하게 기술하는 것이 좋다. (Sample 3)는 장래 생성될 산출물(deliverables) 관련 사양서의 기재례인데, 이는 계약체결 당시에 관련 기술이 개발단계에 있어 생성될 산출물에 대한 사양을 정확히 알기 힘들거나 작성된 사양의 변경이 요구되는 경우에는 개략적인 사양서(high-level specs)를 계약서에 포함하도록 하고, 당사자가 향후 그 실제 산출물을 수락(acceptance)할 수 있도록 한다.

(Sample 1)

- The final deliverable's "Specifications" are (a) the Base Software's

CHAPTER 9

Documentation and (b) the requirements of Attachment XX (*Customization Specifications*).

• "Specifications" refers to the SaaS's functional specifications posted at https://________, as such specifications may change from time to time.

(Sample 2)

Attachment XX: Technical Specifications

The System will provide the functionality listed below.

Module A: ______________. [*Insert name of module. Insert each function below.*]

• Function #1: ____________.
• Function #2: ____________.

Module B: ______________. [*Insert name of module. Insert each function below.*]

• Function #1: ____________.
• Function #2: ____________.

(Sample 3)

Provider shall draft technical specifications for the Software on or before ________ [date], and such technical specifications shall be materially consistent with the requirements of Attachment A of this Agreement (*High-Level Specifications*). Upon acceptance of the proposed technical specifications pursuant to Section XX (*Acceptance of Deliverables*), they shall become the Software's "Technical Specifications," and Provider shall design the Software so that it materially complies with such Technical Specifications.

[Example 2]

아래는 SLA(서비스수준계약) 관련 기재례들이다. (Sample 1)은 클라우드 서비스계약상 제공자 친화적인 SLA(서비스수준계약)에 관한 것으로, 월 가동시간(monthly uptime), 트랜잭션 처리시간(transaction processing time), 오류대응(error response) 및 해결시간(remedy time)의 세 가지 서비스 수준을 정하고 있으며, 이러한 서비스수준에 도달하지 못한 경우 고객은 크레딧(credits)을 받을 수 있다. 클라우드 서비스는 시간이 지남에 따라 그 내용이 변경될 수 있어 제공업체는 서비스수준을 일방적으로 수정할 수 있는데, 다만 고객의 권리를 축소하는 서비스수준의 변경에 대해서는 고객이 이를 거절할 수 있도록 하고 있다. (Sample 2)는 고객에게 보다 친화적인 SLA(서비스수준계약)의 예문들로, 이는 비교적 소규모 거래에서 고객이 서비스제공업체에게 요구할 수 있다. 첫째 예문은 제공업체가 매달 성능을 추적하고 고객에게 보고하도록 하고, 둘째 예문은 제공업체가 서비스수준을 맞추기 위해 합리적 노력을 기울일 것을 요구하며, 셋째 예문은 모든 정지시간(downtime)이 월별 가동시간(monthly uptime) 계산에 반영되도록 보장한다.

(Sample 1)

This Service Level Agreement (this "SLA") is incorporated into the ________ agreement between Provider and Customer (the "Agreement"). Terms defined in the Agreement have the same meanings when used in this SLA. Further, as used in this SLA, calendar months and other timeframes are in the ________ time zone, and business days and business hours refer to the period from 8:00 a.m. to 6:00 p.m. on any day except Saturday, Sunday, or any federal legal holiday in the United States.

A. Monthly Uptime
B. Transaction Processing Times
C. Error Response and Remedy Times
D. Miscellaneous
....

Provider may revise this SLA by posting a new version at the SLA Website and providing written notice to Customer. However, during the then-current Term, Customer may reject any such revision that, on balance, materially reduces Customer's rights, provided Customer provides written notice of such rejection, disclosing the material reduction in detail, within 30 days of Provider's notice of the revision.

(Sample 2)

- Provider shall operate a system for measuring Monthly Uptime, Monthly Downtime, the speed of all Transactions, and each Trouble Ticket's Response and Remedy rates (each a "Service Level"). Within ________ business days of the end of each calendar month, Provider shall give Customer an accurate report of each Service Level during such month.
- Provider shall exercise reasonable efforts to achieve this SLA's target Service Levels (specifically, Service Level performance that does not lead to Credits).
- All Downtime is included in calculation of Monthly Uptime, no matter how brief.

[Example 3]

아래는 IT계약상 유지보수조항(maintenance clause) 관련 기재례이다. (Version 1)에서는 제공업체의 유지보수의무와 관련해 표준유지보수계획(standard maintenance plans)을 참조해 계약에 통합하고 있다. (Version 2)는 제공업체의 유지보수의무를 구체적으로 규정하는데, (a)항에서는 기술이 지속적으로 작동할 수 있도록 상업적으로 합리적인 노력(commercially reasonable efforts)을 요구하며, (b)항에서는 해당 소프트웨어의 업데이트 및 업그레이드를 할 것을 명시한다.

(Version 1)

Starting on delivery of the Software, Provider shall maintain the Software according to its ________ [Platinum, Gold, Tinfoil, etc.] Maintenance Plan, as further described on Provider's Website, and Customer shall pay such fees for the ________ Maintenance Plan as listed on Provider's Website at the start of each term of the Maintenance Plan.

(Version 2)

Starting on the Effective Date and continuing for each ________ period thereafter (each "Maintenance Term"), Provider shall: (a) exercise commercially reasonable efforts promptly to correct any failure of the Software to perform according to its Specifications, in response to any trouble ticket Customer submits through Provider's maintenance portals; and (b) provide Customer with updates and upgrades to the Software promptly after each becomes available to Provider's customers generally. Updates and upgrades provided pursuant to Maintenance will become part of the Software (and so subject to all this Agreement's terms governing the Software) upon installation. The Maintenance Term shall renew automatically at the end thereof unless Customer gives written notice of its intent not to renew ________ days before the renewal date. After the ________ [2nd, 3rd, 4th ...] renewal of the Maintenance Term, Provider may refuse further renewal by written notice ________ days before the next renewal date.

3.7 IT 관련 계약상 보증(warranty) 문제

IT 관련 계약에서 특히 유의해야 할 보증(warranty)으로, 온프레미스와 판매유통 소프트웨어 계약(on-premise and distribution software agreement)이나 클라우드 서비스계약(cloud services agreement)의 경우 제공자는 일반적으로 소프트웨어가 제대로 작동될 것을 보장하는 기능의 보증(warranty of function)을 한다. 이는 제공자가 계약상 관련 소프트웨어나 기술의 기능에 대한 보증책임을 규정하는 것인데, 소프트웨어의 사용자 매뉴얼 등 기술 관련 요건(technology requirements)을 정한 사양서(specifications) 또한 기능의 보증 역할을 할 수 있다. 또한, IT 관련 계약에서 기술 등 지식재산권의 보장이 요구되는 경우, 라이선스계약과 마찬가지로, 지식재산의 보증(intellectual property warranty)이 필요하다. 이는 제공자가 고객이 소프트웨어나 기술 등의 라이선스를 사용하는 과정에서 제3자에 의한 저작권, 특허권 등 지식재산권 침해의 주장으로 인한 피해가 없을 것을 보장한다. 제공자가 생성한 작업결과물(work product)이 다른 사람의 콘텐츠를 베낀 것이 아니고 원본성을 가진다는 독창성의 보증(warranty of originality)을 할 수 있으며, 이는 저작권보증(copyright warranty)의 일종으로 볼 수 있다. 그리고, IT계약에서 제공자나 고객 중 어느 쪽이든 상대방에게 데이터를 전송하는 때 데이터 제공자는 데이터의 수집, 처리 등에 있어 관련 법규를 준수하고 필요한 권한을 갖는다는 것을 보장하는 데이터 보증(data warranty)을 할 수 있는데, 이는 데이터 공유를 수반하는 클라우드 서비스 거래에서 가장 자주 나타난다.

한편, 계약상 보증위반 등 계약위반의 구제조항을 일정한 구제방법에 한정하는 배타적 규정을 둔다면 그 한정된 구제방법 이외에 다른 구제를 받을 수 없기 때문에 피해가 예상되는 당사자는 가능한 한 보증위반에 대한 구제방법을 배타적으로 규정하지 않는 것이 좋다. 예를 들어, 소프트웨어 판매계약에서 고객이 제공자로부터 제공받은 소프트웨어의 기능에 대한 보증을 받는다 하더라도, 그 기능의 이상으로 인한 피해를 보다 광범위하게 보장받기 위해, 고객의 입장에서는 "The remedies listed above in this Section are not exclusive of any others customer may have."와 같은 문구를 두어, 보증위반에 따른 구제방법의 배타성을 부인하는 문구를 포함할 필요가 있다. 그리고, IT계약에서 기능의 보증(warranty of functionality)은 SLA(service level agreement; 서비스수준계약)와 중복될 수 있는데, 기능의 보증이 SLA(서비스수준계약)상 구제책을 제한하지는 않는다는 점을 명확히 할 필요가 있다.

[Example 1]

아래는 IT 관련 계약에서 보증 관련 기재례들이다. 첫째 예문은 소프트웨어의 수령 이후 일정기간 동안 사양서(specifications)에 따라 작동할 것을 보증하고, 둘째 예문은 지식재산권의 보증(intellectual property warranty)으로, 제공자가 제공하는 소프트웨어에 대한 지식재산권을 보유하거나 유효한 라이선스를 가지고 있음을 보증한다. 셋째 예문은 소프트웨어를 판매하는 제공자가 소프트웨어와 그 판매에 사용되는 모든 미디어에 컴퓨터나 시스템의 사용을 방해하는 바이러스 등이 포함되어 있지 않음을 보증한다.

- Provider warrants that, during the ________ period following Acceptance, the Software will perform materially as described in its Specifications.
- Provider warrants that it is the owner of the Software and of each and every component thereof, or the recipient of a valid license thereto, and that it has and will maintain the full power and authority to grant the intellectual property rights to the Software in this Agreement (a) without the further consent of any third party and (b) without conditions or requirements not set forth in this Agreement.
- Provider warrants that the Software and any media used to distribute it contain no viruses or other computer instruments or technological means intended to disrupt, damage, or interfere with the use of computers or related systems.[150]

[Example 2]

아래는 IT계약에서 당사자 간 교환되는 데이터에 관한 보증(data warranties)의 기재례들이다. 첫째 예문은 고객이 관련 법규를 준수해 자신의 데이터를 수집한다는 점과 제공자가 고객 데이터에 접근하거나 처리하기 위해 필요한 권한이 있음을 보증한다. 둘째 예문은 서비스제공자가 개인정보 보호 관련 법률의 준수를 보증하는데, 클라우드 서비스계약 등 제공자가 고객 데이터에 대해 접근할 수 있는 계약들에 나타날 수 있다.

- Customer warrants that: (a) it has and will collect the Customer Data in compliance with all applicable laws, including without limitation laws on privacy, security, and disclosure of personal information; and (b) it has and will obtain such consents as are required by applicable law for Provider to access and process the Customer Data as authorized by this Agreement.
- Provider warrants that: (a) it employs and will employ industry standard or better protections to prevent unauthorized disclosure of or access to personally identifiable information Customer provides to the System; and (b) it will comply with those laws governing the privacy and security of such information and generally applicable to data processors in the jurisdictions in which Provider does business. (Such laws do not include, without limitation, any law to the extent that it is specific to Customer's industry.)

150 제공자의 입장에서 기술적으로 이를 전면적으로 보증하기 어려울 경우 "that it will analyze each Deliverable with industry standard antivirus software and will not knowingly deliver any Deliverable with a virus(업계 표준 바이러스 백신 소프트웨어를 사용하여 각 산출물을 분석하고 고의로 바이러스가 포함된 결과물을 제공하지 않을 것)"라는 등의 문구를 추가해 보증을 제한할 수 있다.

[Example 3]

아래는 IT계약에서 제공자의 보증위반(breach of warranty)의 구제방법과 관련한 기재례들이다. 첫째 예문은 소프트웨어 기능의 보증(warranty of function)을 위반한 경우 제공자는 그 소프트웨어의 결함을 수리하거나, 새로운 소프트웨어로 교체하거나 또는 환불할 수 있드록 한다. 둘째 예문은 소프트웨어의 지식재산권 보증(intellectual property warranty)을 위반한 경우, 제공자는 자신의 비용으로, 고객이 소프트웨어를 계속 사용할 수 있는 권리를 보장하고, 사양상 기능을 저하시키기 않으면서 권리침해(infringement)가 없도록 소프트웨어를 수정하거나 교체하거나, 지불된 라이선스료(license fee)를 환불하는 등의 조치를 취하도록 하고 있다.

- In case of breach of the warranty in Section XX (*Warranty of Function*), Provider shall: (a) repair the Software; (b) replace the Software with software of substantially similar functionality; or (c) if such attempts do not succeed after ________ days, refund all amounts paid by Customer for the Software, in which case Customer shall promptly cease all use of that Software.
- In case of breach of the warranty in Section XX (*IP Warranty*), Provider, at its own expense, shall promptly: (a) secure for Customer the right to continue using the Software; (b) replace or modify the Software to make it noninfringement, provided such modification or replacement does not materially degrade any functionality listed in the Specifications; or if such remedies are not commercially practical in Provider's reasonable opinion, (c) refund ________% of the licensee fee paid for the Software for every month remaining in its license term following the date after which Customer ceases operating the Software.

3.8 기타 유의사항 및 기재례

오늘날 대부분의 비즈니스는 인터넷이나 기술 관련 서비스를 이용하거나 연관이 되어 있어, 그 서비스가 중단될 경우 비즈니스의 연속성에 심각한 영향을 미칠 수 있어 이를 신속하게 복구해야 하는 재해복구(disaster recovery)가 중요하다. 이에, IT 관련 계약에서 서비스제공자가 자연재해(natural disaster), 전쟁 등 기타 재해(calamities)가 있는 때 신속하게 서비스를 복구하는 재해복구(disaster recovery) 등 기술 관련 서비스를 유지하고 계속 실행할 수 있도록 하는 요건을 명시하는 비즈니스 연속성 조항(business continuity clause)을 둔다. 대부분의 비즈니스 연속성 조항은 비즈니스의 연속에 관한 절차 등 계획(business continuity plan; BC Plan; BCP)

을 다루는데, 이는 시스템 장애를 방지(preventing system failures)하기 위한 절차와 장애발생 후의 복구인 재해복구(disaster recovery)를 위한 절차를 포함한다.[151] 제공자가 비즈니스 연속성 조항(business continuity clause)에 따라 절차를 수행하는데도 불구하고, 재해로 인해 시스템이 비활성화되거나 예상보다 오래 작동이 중단된다면 불가항력조항(force majeure clause)의 해당 여부가 문제된다.

한편, 준거법에 따라서는 법률상 특정한 기술의 수출을 제한할 수 있으므로, IT 계약에 적용되는 법규상 이러한 기술수출 제한규정이 있는지를 검토하고, 기술제공업체는 관련 규정의 준수를 위해 고객과 판매유통업체가 이러한 법률을 준수할 것을 약속하게끔 해야 한다.[152] 그리고, 제공업체는 고객에게 면책보상을 요구하기도 하는데, 고객의 수출 관련 법규 위반에 따른 소송에서 제공자를 면책배상하도록 할 수 있다.[153] 그리고, 미국은 연방법규상 연방기금(federal fund)으로 개발된 소프트웨어에 대해서는 민간기업이 제공하는 소프트웨어라 하더라도, 정부가 이에 대한 라이선스를 보유할 수 있다. 즉, 연방기금과 민간기금이 혼합되어 개발된 소프트웨어의 경우 정부는 "정부 목적 권한(government purpose rights)"을 가지고 그 소프트웨어의 복제품을 무제한 만들어 다른 기관에 배포할 수 있기 때문에 IT 관련 계약의 제공자는 정부 지원 프로젝트(government-funded project)에 신중하게 접근할 필요가 있다.[154] 정부의 연방기금의 지원 없이 개발된 전형적인 상업용 소프트

151 "비즈니스 연속성(business continuity; BC)"이라는 용어는 클라우드 서비스계약에서 자주 나오는데, "비즈니스 연속성 계획(business continuity plan; BC Plan; BCP)"에서는 중단된 시스템을 실행하기 위한 일련의 단계부터 데이터를 즉시 인계받을 수 있는 전체 백업 데이터센터까지의 모든 계획을 망라할 수 있다. 비즈니스 연속성 계획(BCP)에는 복구시간목표(recovery time objective; RTO)와 복구시점목표(recovery point objective; RPO)도 다룰 수 있는데, 복구시간목표(RTO)는 관련 시스템이 장애가 발생한 이후 백업하고 실행하기 위한 목표기한을 의미하며, 복구시점목표(RPO)는 시스템에 장애가 발생할 경우 손실되는 목표최소데이터(target minimum of data)를 의미하며, 이는 시스템에서 손실될 수 있는 데이터를 말한다.

152 고객이 기술 액세스 권한을 가진 그 자신의 고객이나 하위 라이선스 사용권자(sublicensee)를 가지고 있는 경우 다음과 같은 제한조항(restrictive clause)을 고려할 수 있다: "Customer shall require that all its sublicensees, customers, and other recipients of the Software or of access to the Software sign a written agreement promising to comply with all applicable U.S. laws and regulations related to export."

153 이와 관련해, 제공업체는 계약에서 다음과 같은 포괄조항(catchall clause)을 고려할 수 있다: "Customer shall not export or transmit the Software across any national boundary, or provide access to the Software, except in compliance with all applicable laws and regulations, including without limitation the export laws and regulations of the originating country."

154 Defense Federal Acquisition Regulation Supplement (DFARS) 227.7203-5 (Government

CHAPTER 9

웨어에 대해서는 정부의 이러한 광범위한 권한을 갖지 않도록 할 필요가 있다. 이 경우 IT제공업체는, 연방정부와 계약하여 연방정부에 소프트웨어를 배포할 수 있는 고객이나 판매업자와의 계약에서, 제공자의 소프트웨어가 통상의 라이선스조건에 따라 라이선스가 부여된 상업용 소프트웨어로 연방기금 없이 개발되어 정부 목적 권한(government purpose rights)이나 무제한적 권한(unlimited rights)의 적용을 받지 않는다는 점을 확인하는 등 연방정부의 권한을 제한하는 계약조건을 명시할 필요가 있다.[155]

그리고, IT 관련 계약상 당사자의 소프트웨어나 서비스의 사용이나 수수료의 적정성이나 계약준수 여부를 확인하기 위한 감사조항(audit clause)을 둘 수 있다. 이를 통해, 온프레미스 소프트웨어(on-premise software) 제공자는 고객이나 판매점의 기록 및 시스템을 검토해, 소프트웨어의 사용권을 초과하는 복사본, 승인된 범위를 벗어난 사용 또는 로열티 지불 없이 배포된 복사본의 증거를 파악할 수 있으며, 전문서비스(professional services)와 클라우드 서비스(cloud services)에서 고객은 제공자가 요금을 과다 청구하지 않았는지를 확인할 수 있다. 또한, IT계약에서 고객이 IT시스템이나 기술 등에 대해 제공업체에게 의존하게 되면 제공업체의 재정적 안정성에 대한 보장을 받는 것이 중요할 수 있다. 이와 관련해, 고객은 재정안정성에 대한 보고(reporting)나 보험(insurance)에 관한 조항을 두거나, 제공자의 기술, 특히 고객 데이터를 처리하는 컴퓨터의 보안에 대한 보증을 받을 필요가 있다.

[Example 1]

아래는 비즈니스 연속성 계획(business continuity plan; BC Plan; BCP) 관련 기재례들이다. 첫째 예문은 제공자가 시스템 장애의 방지와 장애발생 후 재해복구에 관한 비즈니스 연속성 계획을 수립하고 운영할 것을 요구한다. 둘째 예문은 비즈니스 연속성 계획을 계약서에 별첨하고, 제공자가 재해발생 상황에서 비즈니스 연

Rights); Federal Acquisition Regulation (FAR) 52.227-14 (*Rights in Data-General*) Alt. III (for civilian agencies); DFARS 252.227-7014 (for DoD(Department of Defense) agencies).

155 이러한 정부의 권한을 제한하는 조건들은 판매점계약을 포함한 온프레미스 소프트웨어 라이선스계약(on-premise software license agreement)과 함께 온프레미스 소프트웨어 산출물을 포함하는 전문서비스계약(professional services agreement) 등에 포함될 수 있다. 정부의 무제한적 라이선스로 인한 예측하지 못한 문제가 발생할 수 있다는 점을 고려할 때 IT 관련 계약상 당사자가 연방정부에서 자금을 지원하는 기술 개발 프로젝트에 종사하는 경우 정부계약(government contracts)과 관련된 지식재산권 문제를 다루는 변호사나 전문가로부터 데이터 관련 정부권한에 대한 조언을 받는 것이 좋다.

속성 시스템을 사용할 것이 요구되는데 제공자가 비즈니스의 연속성을 위한 절차를 수행하지 않았다면 비즈니스 연속성 계획을 위반한 것이 되며, 이때 불가항력(force majeure)에 따른 책임면제도 인정되지 않는다는 점을 나타낸다. 셋째 예문은 제공자가 재해나 불가항력을 포함한 기타 운영장애에도 불구하고 시스템을 계속 실행해야 하는데, 이는 특히 해당 시스템이 중요할 경우에 필요한 방법이다. 다만, 비정상적으로 심각한 재난인 때 제공자가 불가항력에 의한 보호를 받을 수 있도록, "Mega-Disaster(대재난)"의 경우는 예외를 인정한다.[156]

- Provider shall maintain and comply with a reasonable written plan (the "BC Plan") setting forth procedures for: (a) keeping the Service functioning during natural and man-made disasters and all other disruptions, including without limitation force majeure (as that term is used in Section XX, *Force Majeure*) (collectively, a "Disruption"); and (b) restoring Service functionality promptly after a Disruption. Provider shall include in the BC Plan procedures no less protective than industry standard, and Provider shall update the BC Plan as the industry standard changes.
- Provider shall comply with the Business Continuity Plan in Attachment XX (*BC Plan*). No failure of the System and no Provider obligation shall be excused pursuant to Section XX (*Force Majeure*) if the failure could have been avoided but for Provider's breach of this Section XX or of any of Provider's other obligations in this Agreement.
- The Service's performance requirements and Provider's obligations pursuant to the SLA shall apply at all times, including without limitation during natural disasters, wars, or other event of *force majeure* (as that term is used in Section XX, *Force Majeure*) (collectively, "Disasters"), except in case of a Disaster that ________ (a "Mega-Disaster").

[Example 2]

아래는 IT계약 관련 제한 법규나 정부당국이 가질 수 있는 권한에 관한 기재례이다. (Sample 1)은 IT계약이 이란, 북한, 쿠바, 수단, 시리아 등 미국정부가 위험국가로 지정한 금수국가들(embargoed countries)에게 기술수출을 금지하는 미국 수출법규(US export laws and regulations) 등을 준수할 것을 요구하는 규정이다. (Sample 2)는 IT계약에서, 미국 연방기금(federal fund)에 의해 개발된 소프트웨어로 정부의 무제한적 권한이 적용되는 것을 배제하기 위해, 정부의 제한된 권한(government restricted rights)을 인정하는 규정이다. 이는 미국 연방정부와 협력

156 "Mega-Disaster(대재난)"에는 "any disruption to public Internet access to all Provider's data centers(모든 공급자의 데이터 센터에 대한 공공 인터넷 액세스에 장애)" 등의 특정한 상황을 명기한다.

하거나 소프트웨어를 배포할 수 있는 고객 또는 판매유통업체와의 계약에서 주로 사용될 수 있으나, 제공업체는 고객이나 판매유통업자가 연방정부에게 소프트웨어를 제공할 권리가 없는 경우에도, 만일의 경우를 대비해 그들의 모든 소프트웨어계약에서 이러한 정부의 제한된 권한 조건들을 추가할 수 있다.

(Sample 1)

Customer shall not: (a) permit any third party to access or use the Software in violation of any U.S. law or regulation; or (b) export the Software or otherwise remove it from the United States except in compliance with all applicable U.S. laws and regulations. Without limiting the generality of the foregoing, Customer shall not permit any third party to access or use the Software in, or export the Software to, a country subject to a United States embargo (as of the Effective Date, the Crimea Region of Ukraine, Cuba, Iran, North Korea, Sudan, and Syria).

(Sample 2)

This Section ________ applies to all acquisitions of the Software by or for the United States federal government, including by any prime contractor or subcontractor (at any tier) under any contract, grant, cooperative agreement, or other activity with the federal government. The Software and related documentation were developed at private expense and are "Commercial Items," as that term is defined at 48 C.F.R. §2.101,[157] consisting of "Commercial Computer Software" and "Commercial Computer Software Documentation," as such terms are used in 48 C.F.R. §12.212 (for civilian agencies) and 48 C.F.R. §227.7202 (for Department of Defense agencies), as applicable. Consistent with and subject to 48 C.F.R. §12.212 and 48 C.F.R. §§ 227.7202-1 through 227.7702-4, as applicable, the Commercial Computer Software and Commercial Computer Software Documentation are being licensed to U.S. Government end users (a) only as Commercial Items and (b) with only such rights as are granted to all other end users pursuant to the terms herein. Any provisions of this Agreement inconsistent with federal procurement regulations or other federal law are not enforceable against the U.S. Government. Unpublished rights are reserved under the copyright laws of the United States. Customer shall not remove or deface any restricted rights notice or other legal notice appearing in the Software or on any packaging or other media associated with the Software. This Section ________ does not grant Customer any rights not specifically set forth in this Agreement, including without limitation any right to distribute the Software to the United States federal government.

157 "C.F.R."은 Code of Federal Regulations를 의미한다.

Ⅷ. Acquisition Agreement(인수계약)

1. 인수계약(acquisition agreement)의 이해

기업이 다른 기업이나 사업을 인수하려는 경우 사업이나 거래의 성격, 당사자의 관계뿐만 아니라 계약적 또는 법률적 문제를 함께 고려해 적합한 인수방법을 선택해야 한다. 기업이 기존의 다른 기업이나 사업을 인수하는 방법으로는 대체로 법규상 인수절차에 따라 이루어지는 합병(merger) 이외에, 대상기업의 자산인수(asset purchase) 또는 주식인수(stock purchase)가 있다. 이러한 인수거래의 유형에 따른 인수계약상의 특징은 아래 "2.1 인수계약(acquisition agreement)의 유형과 특징" 항목에서 자세히 알아본다. 인수계약(acquisition agreement)은 앞서 "Chapter 5. III. 인수 또는 금융 거래 관련 계약조항" 단원에서 살펴본 것처럼, 일반적으로 당사자들이 본계약(definitive agreement)을 바로 체결하는 것이 아니라, MOU(memorandum of understanding; 양해각서) 등을 먼저 체결하고, 매수인이 실사(due diligence)를 통해 인수 대상물을 파악하는 과정을 거쳐 계약을 진행하게 된다. 인수대상에 대한 실사 결과를 바탕으로 인수계약상 당사자들, 특히 매도인은 인수대상의 상태나 법률관계 등에 대한 진술과 보증(representations and warranties)을 하고, 인수대금 등을 포함한 주요 계약조건을 정하게 된다.[158] 그리고, 인수계약은 계약을 체결하고 거래를 완결짓는 클로징(closing; 거래완결)을 한다는 특징을 가지고 있다. 인수계약은 그 계약을 체결한 이후 인수대상의 소유권 이전 관련 자료가 인도되는 클로징일까지 공백기간(gap period)을 두는데, 이때 매도인은 인수대상의 매도에 필요한 정부승인, 이사회승인 등 절차를 거치고, 매수인은 인수에 필요한 내부승인이나 인수잔금 등을 마련한다. 인수계약의 클로징(closing)은 대체로 당사자들의 이와 같은 준비행위가 완결되는 것을 조건으로 하며, 이를 클로징의 선행조건(conditions precedent)이라 한다.[159]

158 인수계약은 대체로 매수인이 작성하는데, 실사(due diligence)를 통해 밝혀진 문제와 인수대상 주식이나 자산의 인수가격 등 거래조건을 정한다. 인수계약에는 인수대상 기업이나 자산의 인수와 관련해 필요한 당사자들의 진술 및 보증, 인수대금의 지급방법, 거래의 클로징에 관한 사항, 당사자의 인수 관련 구속약정(covenants), 인수거래의 이상이나 책임발생에 따른 배상에 관한 사항 등을 포함한다. 인수대상의 진술과 보증에서 공개할 정보가 많은 경우 계약서 별첨으로 공개목록(disclosure schedule) 등을 작성해 그 내용을 상세하게 기술한다.

159 클로징일은 일정한 기간 내에 인수를 완료하려는 당사자들의 의사나 거래의 성격에 따라 정

한편, 인수계약에서 인수대금(purchase price)의 일부분을 클로징 이후 특정 기간 동안 당사자 간 협상된 일정한 재무적 또는 비재무적 측정기준의 달성 여부에 따라 지급하도록 하는 언아웃(earnout; 차후정산)에 관한 규정을 두기도 하는데, 언아웃으로 표시되는 인수가격의 비율은 당사자 간 합의에 따라 다양할 수 있다.[160] 언아웃(earnout)은 모든 거래에 적합한 것은 아니며, 당사자 간의 인수가격 협상에서 극복해야 할 특정 장애물이 있을 때 주로 사용된다. 이는 인수대상 사업의 가치에 대한 매도인의 인식과 사업에 대한 과도한 지불 위험을 줄이려는 인수인의 욕구 사이의 간극을 메우는 기능을 할 수 있다.

클로징일에는 상대방에게 인도할 자료의 제공 등 클로징 조건(condition to closing)을 규정하는데, 클로징일에도 당사자의 진술과 보증(representations and warranties)이 정확하다는 점을 확인하는 브링다운 인증서(bring-down certificate) 등을 클로징 자료로 포함해, 계약 체결일(signing date)뿐만 아니라 클로징일(closing date)을 기준으로도 대상 자산이나 주식 또는 사업의 현재 상태에 관한 진술과 보증을 한다. 이러한 진술과 보증의 내용이 사실과 다르거나 부정확할 경우 인수인은 매도인을 상대로 계약위반에 따른 책임을 물을 수 있다. 계약과 관련해 발생하는 손해에 대해 책임을 지는 당사자는 손해배상책임을 부담하게 되는 당사자의 책임을 면하게 하는 면책배상(indemnification)에 관한 규정을 둔다.[161]

그리고, 계약의 클로징(closing)이 이루어져 인수인이 인수대상물의 소유권을 취득한 이후에도 당사자들, 특히 인수인은 상대방의 협조가 필요할 수 있다. 클로징 이후에 대상 기업의 기존의 영업활동으로 발생하는 세무적 또는 행정적 후속조치가 남아있는 경우 인수인은 매도인으로부터 이러한 후속조치를 수행하기 위한 협조를 받을 필요가 있다. 인수인은 인수대상 기업이 소송을 진행 중이라면 그 소송의 처리에 관해 매도인의 도움이 요구될 수 있으며, 인수기업의 기존 고객관리를 위해 그동안 고객관계를 맺어 왔던 매도인의 지원이 필요할 수 있고, 인수기업의 기존 상호를 사용하거나 새로운 상호를 등록할 때 매도인의 협조가 요구될 수 있

해질 수 있는데, 당사자들은 체크리스트를 활용해 클로징시에 교환되는 자료를 확인할 필요가 있다.

160 언아웃거래(earnout transaction)를 하는 경우 이에 대한 회계처리나 세무문제는 준거법에 따라 다를 수 있어 관련 적용법규의 검토를 필요로 한다.

161 인수계약의 당사자들은 클로징시 조건 또는 이행의무로 제공해야 하는 인도자료(deliveries), 당사자에게 손해배상청구권이 부여되는 계약위반(breach), 인수계약을 해지할 권리(walk-away right)가 부여될 수 있는 계약위반 등에 대한 이해가 필요하다.

다. 또한, 인수인이 매도인의 기업이나 사업을 인수하는 때 인수인의 입장에서는 경쟁금지합의(non-competition agreement) 등을 통해 인수대상 기업이나 사업의 안정적인 활동이 요구된다. 다만, 이러한 경쟁금지합의는 일반적으로 그 기간과 지리적 위치(time and geographical location)가 합리적(reasonable)이어야 강제할 수 있다.

2. 인수계약(acquisition agreement)의 유형과 특징 및 실사 문제

2.1 인수계약(acquisition agreement)의 유형과 특징

사업이나 기업 등의 인수거래는 대체로 합병(merger)[162] 등 법정결합(statutory combination), 자산매수계약(asset purchase agreement; APA), 주식매수계약(share/stock purchase agreement; SPA) 등을 통해 이루어진다.[163] 법정결합은 관련 법규상 정해진 요건과 절차에 따라 이루어지기 때문에 거래계약의 조건도 적용 법규상 필요사항을 확인하는 것이 중요하다. 이에, 인수계약과 관련해서는 주로 주식매수계

162 일반적으로 “merger”는 두 개 이상의 회사가 기업인수를 통해 결합해 하나의 회사가 존속회사로 남는 합병을 말하는 반면, “consolidation”은 기존 기업구조에서 벗어나 새로운 기업구조를 만들기 위해 두 개 이상의 회사가 결합해 새로운 단일회사를 설립하는 사업결합 내지 신설합병을 말한다. “merger”는 기업이 제품의 시장가치를 높이고 경쟁을 제거하는 데 도움이 되며, “consolidation”은 대체로 유사한 제품을 사용하는 동등한 규모의 회사 간에 이루어지는데 기업의 비즈니스 프로세스를 간소화하고 사업상 운영비용을 절감할 수 있는 이점이 있다.

163 사업인수의 방법으로 주식교환(share exchange)이 있을 수 있는데, 이는 주주들이 필요한 비율의 주식교환계획에 따라 주식을 교환하는 것으로, 주로 한 회사가 다른 회사를 자회사로 만들어 지주회사 내지 모자회사의 관계를 만들기 위해 활용된다. 우리나라는 주식의 포괄적 교환으로, 회사 간 주식교환계약을 통해 자회사가 되는 회사의 발행주식총수를 지주회사가 되는 회사로 전부 이전하고 자회사가 되는 회사의 주주들은 지주회사가 되는 회사가 발행하는 신주를 배정받아 지주회사로 전환하는 것을 인정한다(상법 제360조의2 - 제360조의14). 주식의 포괄적 교환에 의하여 다른 회사의 발행주식의 총수를 소유하는 회사를 완전모회사라 하고, 다른 회사를 완전자회사라고 한다. 주식교환의 방식은 A회사(완전자회사가 되는 회사)의 주주가 가진 주식을 B회사(완전모회사가 되는 회사)에 이전하고, B회사가 자사주나 주식교환을 위하여 발행하는 신주를 A회사의 주주에게 배정함으로써 B회사의 주주가 된다. 이때 B회사가 A회사를 100%로 자회사로 만들고 지주회사가 된다. 또한, 자회사의 주식이전계획에 의해 자회사가 되는 회사의 발행주식총수를 신설되는 지주회사로 이전하고 자회사가 되는 회사의 주주들은 신설되는 지주회사가 발행하는 신주를 배정받음으로써 지주회사를 설립하도록 하는 주식의 포괄적 이전도 인정된다(상법 제360조의15 - 제360조의23). 이러한 주식교환 및 주식이전을 위해서는 원칙적으로 주주총회의 특별결의(출석주주 의결권 2/3 이상 및 발행주식총수 1/3 이상)에 의한 승인이 필요하며, 주식의 포괄적 교환이나 이전에 반대하는 주주는 회사에 대하여 자신이 소유한 주식을 매수하도록 청구할 수 있다.

약과 자산매수계약을 유의할 필요가 있다.

당사자들은 거래가격을 비롯한 거래의 상황이나 복잡성 등 제반 사정을 종합적으로 고려해 인수거래의 방식을 결정하게 되는데, 자산매수계약(asset purchase agreement)의 경우 인수인이 매도인측의 개별 자산과 그에 따른 일정한 부채만을 인수하는 반면, 주식매수계약(stock purchase agreement)의 경우 인수인이 대상기업의 주식을 매수함으로써 대상기업의 자산과 부채를 모두 이전받게 된다.[164] 자산매수(asset purchase)는 매수인이 매도인의 자산 중 장비, 비품, 재고, 부동산, 계약, 라이선스 등 매수인이 원하는 특정한 자산(assets)의 소유명의를 이전받고, 이와 함께 이전되는 부채 등 책임(liabilities)도 협상할 수 있어 당사자 간 계약상 특별히 책임을 부담하기로 하지 않는 한 대상자산 이외의 책임을 부담할 필요가 없다.[165] 즉, 자산매수의 경우 기업 전체가 아닌 매수인이 필요한 특정 자산만을 인수함으로써 매도인 관련 소송, 잠재적 부채, 외상매출금 등 매도인과 연관되어 발생할 수 있는 문제나 위험에 대한 책임부담을 회피할 수 있다.[166] 그런데, 자산매수의 경우 특정 자산(specific assets)을 완전히 양도해야 하기 때문에 양도되는 개별 자산의 내용과 이전에 관한 사항을 일일이 확인해야 하고 별도의 서류작업 등 이전절차를 거쳐야 하기 때문에 일반적으로 주식매수나 합병 등에 비해 그 거래과정이 더 복잡하고 시간이 많이 걸릴 수 있다. 즉, 자산매수의 경우 이전할 대상자산과 관련 문서들은 계약서의 별첨 일람표(schedule)나 양도문서 등에 구체적으로 적시되어야 하며, 개별 대상자산이 별도의 등록이나 기록 등이 요구되어 절차상 번거로울 수 있다. 예를 들어, 부동산거래, 임대의 양도, 특허, 상표 및 기타 지식재산의 양도, 차량등록 등의 경우 관련된 자산의 판매나 양도에 관한 증서 등을 이전하거나 등록하는 절차가 필요하며, 특히 이전되는 자산이 다른 국가나 지역의 자산일 경우 그 관련 당국에 신고나 등록이 요구될 수 있다. 또한, 자산매수에서는 매수인이 취득하게 되는 자산과 연관된 당사자의 동의를 필요로 하는 반면, 합병이나 주식매수의 경우 그러한 동의가 필요한 경우는 드물다.[167]

164 법인이 아닌 사업체(sole proprietorship)나 조합(partnership) 등 사업체의 경우 사업체가 주식을 가지고 있지 않기 때문에 매수인의 주식인수는 가능하지 않으며, 그 업체나 조합의 회원의 지분(partnership or membership interests)을 매수할 수 있다.

165 매수인은 자신의 책임부담을 줄이기 위해 매도인이 소유한 자산 중 관심이 있는 자산만을 구매할 것을 제안할 수 있는데, 다만 매도인은 그 제안을 수락하거나 거절할 수 있으며, 모든 자산을 일괄 거래(package deal)할 것을 요구할 수도 있다.

166 다만, 매수인이 대량의 영업자산을 구매하는 경우에는 매도인측이 가지는 다양한 영업상의 책임문제로부터 완전히 자유로울 수는 없다.

주식인수(stock purchase)는, 자산인수(asset purchase)에 비해, 매수인이 자산과 부채를 포함한 업체 자체를 인수하기 때문에 개별 자산의 이전절차 없이 주식의 양도절차 등 간편한 절차를 통해 이루어질 수 있다. 기존 계약상 거래관계나 개별 자산에 대한 소유권을 매도인으로부터 매수인으로 변경할 필요가 없고, 개별 자산 관련 계약의 상대방에 대한 동의 없이도 매수인은 일반적으로 계약, 허가, 라이선스 등을 취득할 수 있어 자산거래보다 문서작업 등 절차가 덜 복잡할 수 있다. 예를 들어, 수천 대의 트럭과 트레일러를 보유한 트럭 운송회사는 그 개별 차량의 소유권을 이전하기보다는 주식거래를 통한 회사의 이전이 더 용이할 수 있다. 그런데, 주식인수시 매수인은 대상기업의 주식를 취득해 기업 자체를 매수하게 됨으로써 기업의 모든 자산과 함께 부채와 직원 등도 물려받아 거래시점에 알 수 없거나 예측할 수 없는 회사의 부채나 사업 관련 필수적인 정부 인허가 등에 하자가 있는 등 알려지지 않은 책임(undisclosed or unknown liabilities)을 부담할 위험이 있다.[168]

한편, 주식매수계약과 자산매수계약은 모두 인수계약(acquisition agreement)의 일종으로, 인수거래과정에서 매수인은 적절한 실사(due diligence)를 통해, 인수대상의 가치를 평가하고 해당 거래에 따른 잠재적 책임을 파악해 계약서에 반영할 필요가 있다. 실사는 자산인수의 경우 대상자산의 소유권, 특성이나 조건 등 개별 자산의 상태에, 주식인수의 경우 대상기업의 주식 소유권의 적정성과 함께 대상기업의 관련 자산이나 부채 등에 중점을 둔다. 자산매수보다 대상기업의 주식매수시에 매수인이 더 큰 위험을 부담할 수 있기 때문에 매수인의 실사수준은 대체로 자산매수보다는 주식매수에서 더 높을 수 있다. 인수대상 기업이나 자산과 관련해

---

167 예를 들어, 자산매수거래에서는 대상회사가 보유하고 매수인이 취득하는 계약과 관련해 그 계약의 상대방의 동의를 필요로 하는 반면, 주식매각이나 합병의 경우는 대체로 그러한 동의가 요구되지 않는다. 주식인수(stock purchase)의 경우도 회사내부나 법규상 승인, 관련 계약상 동의 등과 같은 일정한 승인이나 동의가 요구될 수 있지만 계약상으로는 대체로 지배력변동조항(change of control clause)이 포함되어 있지 않는 한 제3자의 동의가 불필요한 데 반해, 자산매수에서는 일반적으로 개별 자산의 매각을 위한 추가적인 더 많은 관련 동의나 승인이 필요할 수 있다. 예를 들어, 자산 관련 개별 계약에서 그 계약의 양도금지조항(anti-assignment clause)이 포함되어 있는 경우 자산매수시에 그 계약의 상대방 내지 제3자의 동의가 요구된다.

168 매수인은 이러한 위험으로부터 자신을 보호하기 위해서, 계약체결과 관련한 회사의 자산이나 부채를 비롯해 회사의 제반 거래관계 등을 정확하게 파악하여 발생할 수 있는 위험에 대한 예방조치를 계약에 반영할 필요가 있다. 이와 관련해, 매수인은 특정 기간 내에 발생하는 예상치 못한 책임(unforeseen liabilities)에 대해 책임지지 않도록 일정 기간 동안 면책배상합의(indemnity agreement)나 구매가격의 보류(holdback of the purchase price)를 고려할 필요가 있다.

상대방에게 공개되는 정보는 인수거래의 종결이나 인수대금 등의 결정에서 중요한 기능을 하는데, 이에는 대상기업이나 자산의 지식재산권이나 주요계약, 직원정보, 진술과 보증의 예외사항 등의 목록이 포함될 수 있다. 결국, 인수대상 기업이 운영하는 비즈니스나 당사자들의 특정한 기업구조 또는 거래당사자 간 경쟁구조 등에 따라 당사자들의 인수거래에 관한 이해관계가 다를 수 있으므로 당사자들은 다양한 법적 및 사업적 제반 사항을 고려해 자산매수이든 주식매수이든 상호 수용가능한 구조를 결정할 필요가 있다.[169]

2.2 인수계약과 실사(due diligence)의 문제

실사(due diligence)는 자산매수이든 주식매수이든 그 거래를 완료하기 이전에, 매수인이 거래에 영향을 미칠 수 있는 위험을 파악하고 인수대상의 가치를 평가하고 인수가격을 정하기 위해, 대상 기업이나 사업 또는 자산 등에 대한 관련 자료와 필요한 정보를 수집해 조사하고 검토하는 업무이다. 실사의 분야는 거래에 따라 다양할 수 있는데, 기능별로 대체로 사업부문실사(business due diligence), 재무실사(financial due diligence), 법률실사(legal due diligence) 등으로 분류할 수 있으며,[170] 이러한 실사는 종합적으로 또는 기능별로 실시될 수 있다. 특히, 법률실사에서는 소송 등 분쟁 관련 사항, 계약 등 주요 법률 관련 문서, 규제환경 및 관련 법률문제 등 주요 법률에 관한 이슈들을 검토한다. 매수인은 실사과정에서 해당 인수 기업이나 자산에 대한 전반적인 정보를 파악하게 되는데, 자산매수의 경우 대상자산 관련 계약에서 양도를 금지하는 조항(anti-assignment clause)이 있는지, 주식매수의 경우 대상기업의 계약에서 그 기업의 지배력 변동 관련 조항(change of control clause)이 있는지 여부를 확인할 필요가 있다. 실사과정을 통해 매수인은 인수대상

169 당사자들은 또한 인수거래의 방법에 따른 사업적·법률적 책임과 더불어 세무적 영향도 고려해야 한다. 일반적으로 자산거래의 경우 인수자산의 감가상각 등에 의해 구입대금을 비용화할 수 있다는 점에서 매수인에게 선호될 수 있고, 주식거래의 경우 개별 자산거래에 비해 양도소득세 등의 혜택이 있을 수 있다는 점에서 매도인의 이익에 부합하는 측면이 있다. 그러나, 자산매수 또는 주식매수의 세무문제는 당사자가 매도인인지 또는 매수인인지, 당사자가 개인인지 법인인지 등에 따라 관련 준거법상 적용법규나 과세당국의 정책이 다를 수 있어 해당 거래에서 세무상 유불리는 당사자들의 개별적·구체적 상황에 따라 관련 적용법규나 조세정책 등을 면밀히 검토해 판단할 필요가 있다.

170 사업부문실사(business due diligence)에서는 인수대상 관련 매출처, 경쟁력, 시장규모, 시장점유율, 시장진입장벽, 신사업계획, 관련 고객, 공급자 등 주요 거래처, 인건비 등 사업과 관련된 제반 사항을, 재무실사(financial due diligence)에서는 인수대상 관련 매출, 수익, 매출품목별 판매자료, 소요경비, 부채 여부 등 각종 재무리스크를 각각 조사하고 검토한다.

관련 위험을 확인해 인수가격에 반영하거나 진술 및 보증 등에 필요한 사항을 명시해 문제가 발생하는 경우 그에 따른 손해배상을 받을 수 있다. 특히, 실사의 결과 인수대상의 자산의 실재성, 영업전망, 우발채무의 발생위험, 향후 추가될 비용, 기타 경영진의 경영능력, 노사문제, 정부와 기업과의 관계 등 기업가치평가의 주요 고려사항을 파악할 수 있어 인수가격의 결정에 영향을 미친다. 한편, 인수거래 시장에서 기업가치의 평가는 주로 수익가치법(income approach)에 의하고, 시장가치법과 자산가치법을 보조자료로 활용한다.[171] 수익가치법에서 가장 보편적으로 사용하는 방법은 현금흐름할인법(discounted cash flow method)이다.[172]

인수거래시 매수인의 실사항목은 대상 사업이나 자산의 성격이나 거래구조에 따라 다를 수 있지만, 법률실사를 포함한 실사의 주요 항목들로는, (i) 인수대상의 조직이나 소유권 관련 사항, (ii) 인수대상의 재무정보 관련 사항, (iii) 인수대상 기업이나 사업의 고객정보 관련 사항, (iv) 인수대상과 관련된 계약사항, (v) 인수대상 관련 계류 중이거나 예상되는 소송 등 분쟁 관련 사항, (vi) 정부의 규제 및 신고 관련 사항, (vii) 인수대상 관련 특허, 상표 등 지식재산 관련 사항, (viii) 노무 관련 사항, (ix) 세금 관련 사항, (x) 인수대상 사업이나 자산 관련 규제법규에 따른 환경문제나 공정거래 관련 사항이 있다. 이를 구체적으로 살펴보면 아래와 같다.

① 인수대상 회사나 사업의 조직과 소유 관련 문서(corporate organization and ownership documents)를 확인한다. 주식매수나 사업양수도의 경우 인수대상

171 시장가치법(market approach)의 경우 대상기업의 시장가치를 동일한 업종에 속하고 규모가 비슷한 상장기업의 주가를 이용해 상대적인 가치를 산정하는 방법이다. 상대가치는 비교가능한 상장 유사기업이 존재하지 않거나 기업의 규모에 차이가 클 경우 또는 주당 영업이익과 순이익의 차이가 클 경우에는 그 실효성이 낮을 수 있으며, 유사회사 영업이익 추정의 실무적인 어려움으로 통상 과거실적을 사용하여 계산하는 한계점이 존재한다. 자산가치법(asset-based approach)의 경우 자산가치에 의한 평가는 재무제표상 기업이 보유하고 있는 총자산가액에서 총부채가액을 차감한 순자산가액으로 지분가치를 평가하는 방법으로, 기업의 가치는 재무제표상의 각 자산 부채항목을 어떤 기준에 의해, 어떻게 평가할 것인지에 따라 변동될 수 있으며, 기업의 미래 수익창출능력을 반영하지 못한다는 단점이 있다.

172 수익가치법(income approach)으로 현금흐름할인법(DCF; discounted cash flow)은 미래현금흐름(FCF; free cash flow)의 기대치를 해당 흐름이 갖고 있는 위험수준을 반영하는 자본비용으로 할인해 기업의 가치를 평가한다. 미래의 수익은 향후 기대되는 현금수입을 말하는 것으로, 미래수익창출능력은 향후 영업을 통해 기대되는 순현금흐름(net cash flow)이라 할 수 있으며, 미래의 순현금흐름을 일정한 할인율로 할인한 현재가치가 미래의 영업을 고려한 기업가치가 된다. 기업은 이윤극대화를 목표로 자본과 인력을 적절히 활용해 끊임없이 변화하고 성장하는 계속기업의 특성을 가지고 있으므로 기업의 가치는 현재 보유하고 있는 자산들의 미래의 수익창출능력의 평가액이라 할 수 있다.

회사나 사업의 운영과 관련한 주주총회나 이사회의 의사록, 감사보고서, 품의서 등 경영 관련 서류는 물론 사업계획 등 그 운영과 관련된 제반 자료를 검토한다. 자산매수나 주식매수에서 대상회사가 부동산 등 자산을 보유한 때 그 자산들의 물리적 상태, 소유권과 담보설정 현황 등에 관한 계약서나 자료 등도 검토한다. 예를 들어, 건물이 인수대상인 경우 건물의 하자나 문제점을 파악하기 위한 상태를 점검하고, 장비인 경우 그 장비의 성능테스트 등을 통해 물리적 기능성을 확인한다. 인수대상이 회사인 경우 회사의 담당자, 고객, 협력업체 등 이해관계자들을 통해 거래상 이슈나 클레임 유무 등 문제점을 확인한다. 인수대상 기업이나 자산에 설정된 담보와 관련해, 그 대상 목적물이 소재하는 국가의 관할당국(예를 들어, 미국의 경우 Secretary of State, Recorder of Deeds 등)에서 매도인의 재산에 대한 유치권, 근저당권 등 담보를 확인해, 대상 목적물에 담보가 설정된 경우 당사자 간 별도의 합의가 없는 한, 반드시 이를 해소할 필요가 있다.

② 매수인은 인수대상 기업의 재무제표, 감사자료 등 회계나 재무정보(financial information)를 확인한다. 이때 인수거래와 관련해 매수인이 떠맡게 될 책임(liabilities)과 관련해, 인수계약의 체결일과 클로징일에 걸쳐 인수대상 기업이나 자산의 부채와 책임(debts and liabilities)에 대한 검증된 정보를 정확히 파악한다. 매도인의 외상매출금(accounts receivable)이 매수인에게 양도되는 경우 외상매출금이 얼마나 오래된 것인지, 징수할 수 있는지, 분쟁이나 상계의 대상이 되는지 등을 확인한다. 또한, 매도인의 채무와 관련해 발생할 수 있는 피해를 예방하기 위해, 매수인은 매도인에게 클로징 이전에 매도인의 채권자목록상 모든 채권이 지불될 것을 요구하고, 클로징까지 매도인의 채무지급이 완료되지 않을 경우 매수인은 클로징 이후 매도인의 채권자에 대한 책임이 없음을 확인할 필요가 있다.

③ 인수대상 기업이나 사업의 고객정보(customer information)는 매수인이 인수 이후의 사업의 지속성과 관련한 중요한 사항이므로 그 정보를 입수해 정확하고 최신의 것인지를 검증할 필요가 있다. 여기서 매수인은 비즈니스가 일부 고객에게만 편중되어 있는지, 주요 고객들이 매도인과 연관되어 있는지, 사업의 인수 이후에도 주요 고객들이 매수인과 거래를 지속할 수 있는지 등을 파악한다. 인수대상 기업이나 사업의 거래업체가 있는 때 그 거래업체들과 관계가 양호한지, 거래업체들이 계속해서 매수인에게 동일한 조건으로

신용을 제공하거나 거래를 할 것인지 등을 확인해야 한다.

④ 인수대상 기업이나 자산에 관한 계약자료(documents related to contracts)를 파악해 계약이 유효한지, 계약의 양도에 상대방 당사자의 동의가 필요한지를 확인한다. 인수대상이 임대사업장인 경우 매수인은 사업장의 임대가 양도될 수 있는지, 임대인의 동의를 얻을 수 있는지, 임대계약 기간과 기간의 갱신 여부, 임대보증금의 양도나 처리에 관한 사항 등을 확인한다. 그리고, 사업이나 자산의 처분이나 운영과 관련된 계약, 고객이나 공급업체 등 연관업체와의 계약, 주요 직원과의 고용계약 등이 중요할 수 있다.

⑤ 매수인은 인수대상 관련 계류 중이거나 예상되는 소송(pending or threatened litigation) 등 분쟁 관련 사항을 확인할 필요가 있다. 이와 관련해, 매수인은 매도인의 변호사 등으로부터 계류 중인 소송이나 클레임 또는 우발책임을 확인하는 서신을 받고, 매도인이 인수대상의 잠재적 클레임을 커버하기 위한 적정한 보험을 유지하고 있는지 등도 파악한다. 또한, 매도인과 연관된 사법기관의 결정이나 행정기관의 제재 등이 있는 경우 그 후속조치나 처리에 관한 사항을 검토해 계약에 반영할 필요가 있다.

⑥ 인수대상 기업이나 사업 또는 자산의 운영을 위해, 정부의 규제 및 신고 관련 사항(governmental regulations and filings)을 검토한다. 인수대상과 관련해 정부당국으로부터 필요한 모든 승인이나 라이선스 등 적정한 허가를 받았는지와 이를 이전받을 수 있는지를 확인하고, 이전이 될 수 없다면 신규로 그러한 허가를 부여받을 수 있는지를 파악해야 한다.

⑦ 인수대상 기업이나 자산과 관련된 특허권, 저작권, 상표권, 노하우 등 지식재산(intellectual property)이 이전 대상이 될 경우 지식재산의 소유나 라이선스 유무와 그 이전 가능성을 파악할 필요가 있다. 이와 관련해, 관련 저작권, 상표권, 특허권 등 지식재산권의 권리침해나 기간만료 등으로 인해 그 취득 및 사용에 장애가 있는지를 확인할 필요가 있는데, 이와 관련해 지식재산권 관련 증서나 서류, 매도인측이 부여받거나 부여한 라이선스계약, 로열티 등 라이선스에 대한 대가의 지급에 관한 사항 등을 검토한다. 지식재산권의 침해나 위반 또는 그 침해나 위반의 가능성을 파악하기 위해, 지식재산과 연관된 당사자 간 서신 교환자료나 소송 등 분쟁 관련 자료 등도 검토할 필요가 있다.

⑧ 인수대상 기업이나 사업과 관련된 종업원이 있는 경우 그 종업원의 현황을

파악해 노무 관련 사항을 처리하는 문제(labor matters)는 인수대상의 운영과 사업의 영속성을 위해 중요하다. 이와 관련해, 취업규칙, 고용계약서, 단체협약 등 고용 관련 서류를 검토해 정규직 또는 비정규직 근로자의 현황, 임금 등 고용조건을 파악하며, 고용 관련 쟁의나 정부당국의 제재 등이 있는지 등도 확인할 필요가 있다.

⑨ 매수인은 인수대상 회사나 자산 관련 납세신고서(tax returns), 납세필증(tax clearance report) 등 세금 관련 서류를 검토해 인수대상 사업이나 회사의 세금신고나 납부 등이 적정하게 이루어졌는지를 확인할 필요가 있다. 여기서 감사자료나 세금신고서 등을 점검하여 세금 관련 의심스러운 부분이나 사기 또는 기타 부정한 행위로 제재나 벌금 등이 부과될 가능성이 있는지를 파악한다.

⑩ 이외에도, 매수인은 인수대상 회사나 자산과 관련된 보험 관련 자료, 대내외 감사보고서나 기타 조사 보고서 등을 검토해 인수대상 사업이나 자산에 지대설정(zoning)이나 비즈니스와 연관된 기타 규제사항을 파악할 필요가 있다. 인수대상 목적물이나 관련 업계의 특성에 따라 필요한 추가적인 검토가 요구되는데, 예를 들면, 인수대상 사업이나 자산이 화학물질이나 공장 등 시설과 관련이 되어 있는 경우 환경문제(environmental matters)와 관련된 필요한 인허가나 제재를 받았는지, 환경 관련 검사나 보고서, 계약서는 물론 관련 법규에 대한 세밀한 검증이 요구된다. 또한, 인수대상 회사가 소프트웨어나 네트워킹 등 정보통신 기술 관련 산업에 속하는 경우 필요한 기술 등에 대한 인허가나 라이선스 자료 등 현황을 파악해야 한다. 그리고, 인수대상 회사가 시장지배력이 있는 사업자이거나, 합병 등 기업결합이 있거나, 계열사 간 다수의 거래가 있거나 또는 산업의 특성상 독과점 내지 불공정 거래에 연루될 가능성이 있는 경우 독점 및 공정거래(monopoly and fair trade)와 연관될 수 있는 자료나 거래에 관한 검토가 요구된다.

3. 인수계약(acquisition agreement) 관련 유의점 및 주요 기재례

인수계약(acquisition agreement)은 계약체결 이후 대상 목적물을 실제 인수하기 위한 자금조달, 규제승인 등 당사자의 인수에 필요한 업무를 처리하기 위한 공백기간(gap period)을 거쳐 클로징을 통해 계약이 완결되기 때문에 매수인은 클로징까지 매수를 위한 자금을 마련하고, 대상 기업이나 자산 등의 실사를 시행하는 등 그 목적물이 구매에 적합한지를 확인하는 과정이 요구된다. 매도인은 대상 목적물에 대한 매수인의 실사나 요구사항에 대응해 적절한 답변과 편의를 제공하고 대상 목적물의 소유권이 명확히 이전될 수 있도록 준비한다. 매수인은 인수계약과 관련 제반 절차의 진행을 확인하기 위해 체크리스트 등을 작성해, 인수대상 목적물을 목록화하고, 거래의 클로징시 및 그 이후까지 필요한 점검사항을 항목화해 거래를 완료하는 것이 좋다.

한편, 주식매수계약과 자산매수계약은 인수대상의 차이로 인해 인수대상의 특정과 인수대금의 지급에 관한 사항에 차이점이 있을 수 있다. 주식매수계약(stock purchase agreement; SPA)의 경우 매수인이 개별 자산을 항목화해 별도로 이전할 필요는 없으며 대상기업의 주식을 인수해 기업 자체를 이전받도록 하고 그에 따른 매수대금을 책정하는 반면, 자산매수계약(asset purchase agreement; APA)의 경우 매수인은 매도인으로부터 특정한 자산을 이전받기 때문에 이전되는 자산 및 그에 따른 부채의 세부항목을 명확히 하고 그에 따른 매수대금을 정한다. 다만, 대량의 영업 내지 자산 매수(bulk transfer or asset purchase)의 경우 대상회사의 자산과 부채의 인수범위가 넓어 주식매수의 경우와 큰 차이가 나지 않을 수 있다.[173]

그런데, 주식매수계약과 자산매수계약은 모두 인수계약(acquisition agreement)의 일종으로 그 계약의 일반적 조건은 대체로 유사하다. 인수계약에서는 해당 거래의 성격이나 당사자 간의 관계에 따라 다를 수 있지만, 대체로 우선 인수대상을 특정하고 계약상 그 대상의 양도에 대한 제한규정이 있는지를 확인한다. 예를 들어, 임대계약의 경우 임대인의 동의나, 공동사업을 하는 경우 다른 공동사업자의 동의가 필요할 수 있다. 또한, 인수대상 기업과 관련한 계약에서 그 기업의 지배력의 변경이 있는 경우 상대방 당사자의 동의를 요구하거나 정부계약의 경우 계약을 양도할 수 없고 매수인과 새롭게 경개계약(novation)을 할 것을 요구할 수 있다. 인수거래를 하기 위해 정부당국의 승인(governmental authorization)이 필요할 수 있는데, 예를 들어, 인수대상 목적물에 부여된 라이선스나 기타 권한을 사용하거나 이전받기 위해 정부의 허가가 요구될 수 있다. 이때 인수대상 목적물의 이전신청 등으로 인해 정부로부터 해당 승인이 취소될 수 있으며, 청문회 등 기타 행정적 절차 등이

173 석유, 가스산업 등과 같이 대규모 사업의 구매거래가 있는 경우 관련 구매계약을 명명하면서 자산(asset)과 주식(stock)의 구매를 특별히 구별하지 않고, 구매목적물이 자산이든 주식이든 최종계약을 PSA(purchase and sale agreement)라고도 한다.

요구되어, 매수인은 추가적인 규제준수를 위한 비용을 부담할 수 있다. 또한, 인수대상 목적물과 관련해 매도인으로부터 매수인에게 이전되는 책임(liabilities)의 범위를 명확히 할 필요가 있다. 주식매수거래의 경우 인수대상 회사의 모든 자산과 부채를 떠맡게 될 수 있으나, 인수되는 자산과 부채를 한정하는 자산매수거래의 경우 알려져 있지 않거나 우발적인 부채(unknown or contingent liabilities)에 대한 책임을 제한하기 위해 대상목적물의 어떠한 부채를 계약적으로 부담할지를 분명히 해야 한다. 특히, 인수대상 목적물과 관련된 노사문제, 환경문제, 불법행위책임 등과 같은 우발상황(contingencies)에 대한 당사자 간 위험배분(risk allocation)의 문제를 다룰 필요가 있다.[174] 그리고, 일반적으로 인수거래의 매도인은 세후 수익(after-tax proceeds)이 가장 많이 발생하는 거래구조를 선호하는 반면, 매수인은 인수 후 세금(taxes after the acquisition)을 최소화하는 방법을 모색하기 때문에 인수거래로 인해 당사자에게 발생할 수 있는 세금 관련 문제는 거래구조를 결정하는 중요한 요인이 될 수 있다. 이러한 세금문제는 준거법상 관련 적용법규에 따라 다를 수 있으므로 거래계약의 준거법을 면밀히 검토할 필요가 있다.[175]

한편, 일반적으로 매도인이 다수의 잠재적 구매자를 상대로 입찰을 진행하지 않는 한, 매수인이 인수계약(acquisition agreement) 초안을 작성한다. 이때 매수인은 인수대상 목적물에 대해 다소 피상적인 정보만을 가지고 있을 수 있으므로 매도인에게 인수대상에 대한 주요 정보를 공개하도록 요구하거나 계약서 초안에 광범위한 매도인의 진술과 보증(representations and warranties)을 포함할 수 있는데, 이는 매수인이 인수대상의 매수에 따른 이익과 위험을 평가하고 매수가격을 책정하는 데 도움이 된다.

이하에서는 인수거래의 주요 계약조건으로, (i) 인수대상의 특정, (ii) 클로징

174 매수인은 통상 거래계약의 클로징 이전에 대상목적물의 비즈니스와 직접 또는 간접적으로 발견된 문제와 연관된 대부분의 위험을 매도인이 부담할 것을 요청할 수 있으며, 이러한 문제들은 인수가격의 책정에 중요한 이슈가 될 수 있다. 반면, 매도인의 입장에서는 알 수 없는 우발적 상황이 사업을 운영하는 데 내재되어 있으며, 그 상황이 발생할 때 사업주가 그 위험을 부담해야 한다고 반박할 수 있다.

175 예를 들어, 미국의 경우 인수대상 목적물이 C법인(corporation)인지 S법인(corporation) 또는 파트너십(partnership)으로 과세되는 기업인지에 따라 세금에 차이가 있을 수 있다. 또한, 국가나 지방정부에서 자산의 일정한 유형의 판매에 대해 판매세(sales tax)나 양도세(transfer tax) 등을 부과할 수 있다. 경우에 따라, 지배력의 변경(change of control)이 있는 주식의 매각(sale of stock)의 경우에도 관련 세금이 부과될 수 있으며, 다른 형태의 업체에 대한 지분이나 주식의 매각에 대해 인지세(stamp tax)가 부과될 수도 있다.

(closing)의 문제, (iii) 언아웃(earnout)의 문제를 포함한 인수대금(purchase price)의 지급(payment), (iv) 진술 및 보증(representations and warranties), (v) 당사자의 클로징 이전의 이행의무(pre-closing covenants)와 클로징 이후의 이행의무(post-closing covenants), (vi) 브링다운조항(bring-down clause)을 포함한 클로징의 선행조건(closing conditions), (vii) 면책배상(indemnification) 등과 관련된 유의사항과 주요 기재례들을 중심으로 살펴본다.

3.1 인수대상 특정의 문제

주식매수계약(stock purchase agreement; SPA)의 경우 인수대상은 대상회사의 주식(shares; stocks)인데, 주식의 종류나 내용이 다양할 수 있으므로 해당 주식에 대한 정의규정이 필요하다. 사모펀드(private equity firm)에 의한 주식인수 등과 같은 특정한 상황에서 매수인은 기존의 경영진이 회사의 지분을 보유하거나 인수하기를 원할 수도 있으나, 일반적으로 회사의 일부 지분만을 보유하기보다는 회사의 경영에 관여하기 위해 회사의 전부 또는 과반수의 현존 지분(outstanding shares)을 인수한다. 즉, 주식매수계약에서 주식은 일반적으로 회사가 발행해 현존하는 주식(issued and outstanding shares)을 말하며, 매수인이 회사 주식의 인수를 통해 회사의 소유권을 이전하기에 충분하고, 회사의 비즈니스와 자산을 통제할 수 있어야 한다. 주식과 관련해, 매수인이 주식의 구매가격(purchase price)을 정하고, 구매가격에 대한 클로징 이후 조정(post-closing adjustment)을 위한 규정을 둔다. 자산매수계약(asset purchase agreement; APA)의 경우에는 일반적으로 매수인이 대상회사 전체가 아닌 특정 자산과 부채만을 이전받기 때문에 알려져 있지 않거나 우발적인 부채(unknown or contingent liabilities)에 대한 책임을 제한하기 위해 대상 목적물의 어떠한 부채를 부담할지를 계약상 명백히 할 필요가 있다. 이에, 자산매수계약에서 이전의 대상이 되는 개별 자산이나 책임에 대한 세부항목은 계약서 또는 계약서의 별첨에서 구체적으로 나열한다.

한편, 계약당사자 간 사업을 이전하기 위한 사업양도계약(business transfer agreement(BTA); business sale agreement; business purchase agreement; 사업매도계약/사업매수계약)이 있다.[176] 이러한 사업양도계약(BTA)은 한 사업체에서 다른 사업체로 자

176 사업(business)의 의미는 개별국가의 세법 등 관련 법규에서 정의되어 다를 수 있다. 기업 구조조정(corporate restructuring)은 부실사업 등 구조조정이 필요한 사업의 매각을 위해, 사업양도계약(business transfer agreement)을 비롯해, 지분정리(equity organization), 합병(merger),

산과 부채를 포괄적으로 매각하고 이전하는 계약이다. 매수인의 입장에서 필요에 따라 개별 자산의 인수보다 관련 비즈니스를 전반적으로 이전받아 보다 많은 수익을 창출할 기회를 가질 수 있다. 매도인의 입장에서는 해당 비즈니스의 이전에 따른 양도소득세 등 세금부담이 자산매수보다 덜하다면 개별 자산의 매각보다 사업 자체의 양도를 통해 사업 전체를 매각하는 것을 선호할 수 있다. 사업의 이전으로 회사가 핵심영역에 역량을 집중할 수 있도록 운영의 시너지가 최적화된다면 사업양도계약(BTA)은 비즈니스 통합의 성과를 낼 수 있다. 사업양도계약의 경우도, 다른 인수계약과 마찬가지로, 계약체결 이후 클로징일(closing date)을 정해 양도의 모든 과정을 완료한다. 사업양도계약의 계약조건은 사업양도의 유형이나 조건에 따라 다를 수 있으나, 당사자의 진술과 보증, 이행의무사항, 조건사항, 계약종료, 손해배상액의 예정, 기타 일반조항 등 인수계약의 일반적 계약조건을 포함한다.[177] 다만, 양도되는 사업에는 매도인이 매각하고자 하는 자산(assets)뿐만 아니라 미지급계정(accounts payable), 납부해야 할 세금, 미지급 대출(outstanding loan) 등 이전될 부채(liabilities), 자본(equity), 계약, 고객목록, 리스(leases), 재고, 고용관계, 지식재산 등 모든 물리적·금융적·무형적 자산과 부채를 포함할 수 있다. 이에, 사업양도계약서에는 (i) 사업에 존재하는 모든 자산의 목록인 자산일람표(schedule of assets), (ii) 사업에 존재하는 부채의 목록을 표시하는 부채일람표(schedule of liabilities), (iii) 사업 관련 채권자들의 명세와 신용명세 등 채권자 세부정보를 담은 채권자명세(detail of creditors), (iv) 인수대상 사업 관련 모든 주요한 계약과 그에 따른 세부사항을 담은 계약목록(list of contracts), (v) 원활한 사업의 통합을 수행하기 위해 관련 직원의 목록과 현황에 관한 직원목록(list of employees) 등을 포함한다. 사업양도계약상 대가(consideration)는 개별 자산에 근거하기보다는 사업 전체를 평가해 일시금(lump-sum amount)으로 지급하는 것이 일반적이다.

[Example]

아래는 인수계약상 인수대상 관련 기재례들이다. (Sample 1)은 주식매수계약(SPA)에서 대상주식을, (Sample 2)는 자산매수계약(APA)에서 이전되는 자산 및

기업분할(split), 인수(acquisition) 등 다양한 방식으로 이루어질 수 있다.

177 사업양도계약은 나열된 각종 자산이나 계약 등 영업 관련 서류를 통해 실제 매각을 집행하는 포괄적인 계약(blanket agreement)으로, 계약 자체로 실제 사업이 즉시 양도되기는 어렵기 때문에, 계약체결 이후에 사후적으로 구속력있는 문서에 의해 실제 양도가 이루어질 수 있다.

부채를, (Sample 3)는 사업양도계약(BTA)에서 양도되는 사업을 각각 나타내는 예문들이다.

(Sample 1)

- Subject to the terms and conditions of this Agreement, and in reliance upon the representations, warranties, and covenants contained in this Agreement, at the Closing, Buyer shall purchase the Shares from Sellers, and Sellers shall sell and transfer the Shares to Buyer, free and clear of any Encumbrance. "Shares" means 5,000,000 common shares of the Seller listed on the Exchange (ISIN No: KR12345) and the expression "Share" means any one of such shares.
- Upon the terms and subject to the conditions hereof, at the closing referred to in Section XX hereof and taking place simultaneously with each other (the "Closing"), the Seller is selling, assigning, transferring and delivering to the Buyer, and the Buyer is accepting and purchasing from the Seller, free and clear of all Encumbrances, 1,000,000 Common Shares (the "Seller Shares") for an aggregate purchase price of KRW5,000,000,000 (the "Seller Purchase Price").

(Sample 2)

At the Closing, subject to the terms of this Agreement, Seller shall sell, assign, transfer, convey and deliver to Buyer, and Buyer shall purchase from Seller, free and clear of all liens, encumbrances, claims, charges, equities or imperfections of any nature, all contract rights, customer lists, leases, furniture, fixtures, equipment, trademarks, trade names, intellectual property, goodwill, materials, supplies, telephone numbers, business records, and other assets and properties owned or leased by Seller and used or useful in the Business and related operations, but excluding the following, if any: corporate stock records; any minute books or related corporate records; cash, accounts receivable and accounts payable; insurance policies; income tax refunds due; officer and shareholder loans due. The assets and properties to be transferred by Seller to Buyer shall include, without limitation:

(i) The furniture, fixtures and equipment listed in Exhibit A.
(ii) Assignment of the lease or leases held by Seller, as lease, regarding Seller's business location, a copy or copies of which is attached hereto as Exhibit B.
(iii) The contracts, leases, licenses and other agreements identified on Exhibit C attached hereto.
(iv) Such other of Seller's property and assets identified on Exhibit D attached hereto.
(v) Seller's inventory identified on Exhibit E attached hereto.

CHAPTER 9

(Sample 3)

- "Business" means all of the assets, liabilities and goodwill that comprise or are used in Seller's climate control business and its plant, including (i) Seller's automobile and commercial vehicle climate control business conducted under the "ABC" and other brand names, (ii) Seller's bus air-conditioning and train air-conditioning systems business, (iii) all businesses conducted under the "XYZ" brand name, and (iv) Seller's chiller and building air-conditioning systems business.
- (a) **Sale and Purchase of Assets.** On the terms and subject to the conditions set forth in this Agreement, on the Closing Date, Seller shall sell, convey, assign, transfer and deliver to Purchaser, and Purchaser shall purchase and acquire from Seller the Assets.
  (b) **Assumption of Liabilities.** Subject to the completion of the Closing, Purchaser shall assume the Assumed Liabilities with effect from the Effective Time. Purchaser shall not assume any other Liabilities of Seller, which shall remain the sole responsibility of Seller.

3.2 클로징(closing)의 문제

인수계약의 경우 특정한 일자에 시간과 장소를 정해 클로징(closing)을 실시하는데, 당사자들은 상호간 거래의 성격과 관계를 고려해 클로징의 구체적 내용을 정할 수 있다. 당사자 간에 일정한 조건이 충족될 때 클로징을 하기로 하는 경우 클로징이 특정된 "최종마감일(drop-dead date)"까지 이루어지지 않은 때 당사자 일방이 계약을 종료할 수 있도록 할 수 있다. 최종마감일(drop-dead date)은 계약당사자가 불합리한 기간까지 클로징 이전 이행의무(pre-closing covenants)에 의해 구속되는 것을 방지하기 위해 설정된다. 계약당사자들은 클로징시에 상대방에게 일정한 인도자료(deliveries)를 제공하기로 하는 이행의무를 부담하기 때문에 매도인이 주식매수거래에서 주식증서나 자산매수거래에서 자산 관련 소유권이전 관련 자료를 전달하지 못하거나 또는 매수인이 약정한 인수대금을 지급하지 못할 경우 상대방 당사자는 계약에 따른 구제방법을 행사할 수 있다. 계약에 따라서는 매도인이 법률의견서(legal opinion)나 필요한 동의서 또는 매수인이 요청한 일정 문서를 제공하지 못할 경우 매수인이 손해배상청구 등 구제방법을 행사하지 못하고 계약을 해지할 권리만을 갖도록 할 수 있다. 인수계약의 당사자들은 클로징 과정에서 계약서에 규정된 대로 서로의 이행의무와 필요한 조건들이 모두 적절하게 성취되었는지를 확인하고 인수대상 목적물의 소유권이전 자료의 제공과 인수대금의 지급을 완료한다.[178] 예를 들어, 주식매수를 통해 기업을 인수하는 경우 인수거래를 완료하기 위해서, 당사자들은 필요한 주주총회와 이사회의 승인 등을 거치고 요구되는 정부의 승인이나 관련 이해당사자의 동의를 얻어, 클로징시에 이러한 승인이나 동의 등에 관한 증빙을 상대방에게 제공해야 한다. 특히, 대상목적물을 인수하는 매수인의 입장에서는 인수대상 목적물의 결함이나 문제점을 정확히 파악하기 위해, 클로징시까지 매도인으로부터 인수와 관련된 필요한 진술과 보증 및 이행의무 등을 보장받고, 기업이나 사업을 인수하는 때 해당 기업의 정관, 내규, 증권, 회의록 등 내부자료를, 자산을 인수하는 때 인수대상 자산명세를 면밀히 검토할 필요가 있다.[179]

[Example]

아래는 인수계약의 클로징 관련 기재례들인데, 여기서는 클로징의 일정과 장소를 정하고 클로징시 인도자료(deliveries) 등을 구체적으로 기술을 한다. (Sample 1)은 주식매수계약(SPA), (Sample 2)는 자산매수계약(APA), (Sample 3)는 사업양도계약(BTA)의 클로징에 관한 예문들이다.

(Sample 1)

Subject to Article 10, the purchase and sale (the "Closing") provided for in this Agreement will take place at the offices of [Insert name of Buyer's attorneys] at [Insert address] commencing at 10:00 a.m. (local time) on ________ or at such other date and time as Buyer and Sellers' Representative may otherwise agree, provided that on or prior to that date all conditions set forth in Articles 8 and 9 have been satisfied or waived. If all conditions set forth in Articles 8 and 9 are not satisfied or waived by ________, subject to Article 10, the Closing will take place upon the earlier of (a) five (5) Business Days following notice given by Buyer stating that all conditions set forth in Articles 8 and 9 have been satisfied or waived (other than conditions to be satisfied on the Closing Date), and (b) the End Date. The Closing will be

178 클로징이 에스크로(escrow)를 통해 이루어지는 경우 에스크로계약(escrow agreement)을 체결하는데, 이에는 매도인측에 발생할 수 있는 클레임으로 인한 손해를 상계하기 위해, 매수인은 매도인에게 지급할 매수대금을 유보하는 규정을 둘 수 있다.

179 자산명세서에는 재고(inventory), 기계(machinery), 장비(equipment), 사무용 가구, 소모품, 영업권 등 이전되는 모든 품목이 명확히 식별되어 있어야 한다. 매수인이 부동산을 인수하는 경우 부동산의 소유권 이전 관련 서류를, 부동산에 담보나 임대차가 설정되어 있다면 매수인은 매도인으로부터 담보나 임대차 관련 서류를 각각 교부받고, 그 이전에 관한 필요한 동의나 승인이 이루어졌는지를 확인한다.

deemed to be effective as of the close of business on the Closing Date [the Business Day prior to the Closing Date] for tax and accounting purposes.

At the Closing:

(a) Sellers shall deliver to Buyer:
   (i) certificates representing the Shares, endorsed in blank (or accompanied by stock powers executed in blank) and otherwise in proper form for transfer;
   (ii) the Organizational Documents of each Acquired Company filed with any Governmental Body in connection with its organization, duly certified as of a recent date by the Secretary of State or other appropriate authority of the jurisdiction of its incorporation or organization, together with a certificate dated as of the Closing Date from the Secretary of each Acquired Company to the effect that no amendments to such Organizational Documents have been filed since the date referred to above;
   (iii) the Organizational Documents of each Acquired Company not filed with a Governmental Body in connection with its organization, certified as of the Closing Date by the Secretary of each Acquired Company;
   (iv) certificates dated as of a date not more than five (5) days prior to the Closing Date as to the good standing of each Acquired Company [and payment of applicable state Taxes], issued by the appropriate Governmental Body of the jurisdiction of the Acquired Company's organization and each jurisdiction in which the Acquired Company is licensed or qualified to do business as a foreign entity as specified in Part 3.1 of the Disclosure Letter;
   (v) releases in the form of Exhibit 2.4(a)(v) executed by Sellers;
   (vi) an employment agreement in the form of Exhibit 2.4(a)(vi), executed by ________ and the Company;
   (vii) an escrow agreement in the form of Exhibit 2.4(a)(vii), executed by Sellers (the "Escrow Agreement"); and
   (viii) the certificate referred to in Section 8.3.

(b) Buyer shall deliver to Sellers' Representative (or in the case of the Escrow Funds, to the Escrow Agent):
   (i) the Closing Payment;
   (ii) the Promissory Notes;
   (iii) the Escrow Funds;
   (iv) the Escrow Agreement, executed by Buyer and the Escrow Agent; and
   (v) the certificate referred to in Section 9.3.

(Sample 2)

1. Transfer of Assets

At the Closing, subject to the terms of this Agreement, Seller shall sell, assign, transfer, convey and deliver to Buyer, and Buyer shall purchase from Seller, free and clear of all liens, encumbrances, claims, charges, equities or imperfections of any nature, all contract rights, customer lists, leases, furniture, fixtures, equipment, trademarks, trade names, intellectual property, goodwill, materials, supplies, telephone numbers, business records, and other assets and properties owned or leased by Seller and used or useful in the Business and related operations, but excluding the following, if any: corporate stock records; any minute books or related corporate records; cash, accounts receivable and accounts payable; insurance policies; income tax refunds due; officer and shareholder loans due. The assets and properties to be transferred by Seller to Buyer shall include, without limitation:

A. The furniture, fixtures and equipment listed in Exhibit A.
B. Assignment of the lease or leases held by Seller, as lease, regarding Seller's business location, a copy or copies of which is attached hereto as Exhibit B.
C. The contracts, leases, licenses and other agreements identified on Exhibit C attached hereto.
D. Such other of Seller's property and assets identified on Exhibit D attached hereto.
E. Seller's inventory identified on Exhibit E attached hereto.

2. Transfer and Conveyance Documents

Seller agrees to deliver to Buyer at the Closing such certificates, bills of sale, documents of title and other instruments of conveyance and transfer, in form and content satisfactory to Buyer, as shall be effective to vest in Buyer good and marketable title in and to any property to be sold, assigned, transferred, conveyed and delivered hereunder in this Agreement.

3. No Assumption of Liabilites

Except as otherwise agreed expressly in writing, Buyer does not and shall not assume or agree to pay any of Seller's or, where applicable, any shareholder's, partner's, or member's, liabilities or obligations of any kind of nature. Seller and, where applicable, any shareholder, partner, or member, shall remain responsible and entirely liable for their respective debts and obligations.

4. Payment

Buyer shall pay Seller at the Closing the purchase price of USD ________ in certified funds as described below, in full payment for everything purchased from Buyer as described in this document. Buyer shall pay an additional amount at the Closing for Seller's inventory determined as follows: ________.

CHAPTER 9

5. Allocation of Purchase Price

The purchase price for the assets and properties referred to in Section 1 and for the covenant compete of Seller under Section 13, the assets shall be allocated as follows:

(i) Assets referred to in Section 1. A. USD ________________.
(ii) Lease referred to in Section 1. B. USD ________________.
(iii) Items referred to in Section 1. C. USD ________________.
(iv) Goodwill USD ________________.
(v) Items referred to in Section 1. D and E. USD ________________.
(vi) Covenant not to compete - Section 13. USD ________________.

This Agreement shall not be deemed or construed to be divisible by reason of allocating the purchase price with respect to separate categories of property. All of the terms, conditions and covenants in this Agreement shall be mutually interdependent.

(Sample 3)

1. The payment of amounts due, delivery of documents and completion of other items related to the transfer of the Business and the assets purchased by Buyer ("Closing") shall be held on ________ (Date) at ________ (Time) at ________ (Location), or on such other date, and at such other time and place, as mutually agreed upon by the parties in writing
2. At the Closing:
   (i) Seller shall execute and deliver to Buyer the instruments of conveyance and transfer called for in Section 2 hereof, and
   (ii) Buyer shall deliver to Seller USD ________ by certified or cashier's check.
3. In the event that the Closing hereunder shall not be consummated on the date and time specified in this Section for any reason other than some act, omission, or material breach by Buyer, this Agreement shall, at the sole option of Buyer, terminate. Any deposit previously paid by Buyer shall be promptly returned to Buyer and neither party hereto shall have any further obligation or liability to the other party hereto.

3.3 인수대금의 지급

대부분의 인수거래에서 매수가격(purchase price)은 기본적으로 인수대상 목적물의 상태나 재무적 가치에 기초해 결정된다. 정확한 인수대금의 산정과 그에 따른 당사자 간 분쟁가능성을 최소화하기 위해, 일반적으로 계약상 매수대금의 산정방법과 절차를 규정하는데, 계약체결시에 정한 인수대상의 매수가격이 실사 등을 통해 가격의 조정이 필요할 수 있으므로 클로징시에 매수가격의 조정 관련 규정을 둘 수 있다. 매수가격 조정메커니즘(purchase price adjustment mechanism; true-up)을 두는 경우 당사자들이 원래 정한 매수가격에서 클로징일에 대상목적물의 실제 재무상태를 정확하게 반영하도록 보장할 수 있다. 예를 들어, 주식매수계약에는 대체로 매수가격 조정메커니즘을 포함하는데, 이는 중간재무제표(interim balance sheet) 일로부터 클로징(closing)일 사이의 기간 동안 관련 주주의 지분변동이 있을 경우 매수대금을 조정하도록 할 수 있다. 또한, 인수대상 회사에 자회사가 있는 경우 클로징의 효력발생시에 연결 기준(consolidated basis)으로 회사와 그 자회사의 주주의 자기자본(shareholders' equity)을 사용해 매수대금을 증감할 수 있다. 다만, 매수가격조정(purchase price adjustment)의 지표는 거래구조와 대상사업의 성격에 따라 달라질 수 있는데, 인수대상 목적물의 과거, 현재 및 장래 예상되는 이행성과, 업계, 개발단계, 지식재산, 재무상태, 업계트렌드, 시장여건 등에 비추어 인수를 통해 달성할 수 있는 효율성이나 시너지 등이 종합적으로 고려될 수 있다.

매수대금의 지급형태는 매수인의 현금포지션, 당사자들의 세금영향 등 다양한 요인에 따라 현금, 부채, 주식 등에 의해 이루어질 수 있고, 인수대상 목적물의 향후 성과에 따른 우발적 요소(contingent component)도 고려될 수 있다. 예를 들어, 매수인이 충분한 현금을 가지고 있지 않거나 초기 현금지출을 줄이려고 하는 경우 매수인은 매수가격의 일부를 어음으로 지급하는 것을 요구할 수 있다. 또한, 매수가격에 영향을 줄 수 있는 우발적 요소는 클로징 이후 일정한 기간 동안에 걸친 인수대상의 수익(earnings) 또는 판매(sales) 등과 같은 다른 기준에 기초할 수 있다. 다만, 당사자 간 인수대상 목적물의 가치에 대해 상호 합의할 수 없는 경우 매수대금(purchase price)의 일부를 언아웃(earnout; 차후정산), 즉 인수대상의 인수 후 성과(post-acquisition performance)에 따라 결정된 금액으로 지급하도록 할 수 있다. 그리고, 매수인은 클로징 이후 매도인의 보증이나 계약위반에 따른 손해를 보전할 수 있는 면책배상청구(indemnification claim)를 확보하기 위해, 매수대금의 지급을 에스크로계정(escrow account)을 통해 함으로써 클로징 이후에도 일정한 기간 동안 매수대금의 일부를 유보하거나 필요한 가격조정(adjustment amount; true-up)을 하도록 할 수 있다.[180]

180 인수계약의 당사자들은 에스크로계약(escrow agreement)상 에스크로에이전트(escrow agent)를 통해 매수대금을 지불하는 규정을 둘 수 있는데, 이는 인수계약상 매수가격 조정금액(purchase price adjustment amount)의 지급과 매수인이 매도인에 대해 가질 수 있는 면책배

한편, 매수대금(purchase price)을 언아웃(earnout; 차후정산)으로 지급할 수 있는데, 이는 인수계약 체결시에 당사자들이 인수대상의 가치에 대해 상호 합의할 수 없는 때 매수대금의 일부를 인수 후 인수대상의 성과(post-acquisition performance)에 따라 결정하기로 하는 것이다. 언아웃(earnout)은 매수대금의 일부를 클로징 이후 특정 기간 동안 당사자 간 합의된 일정한 재무적 또는 비재무적 측정기준의 달성 여부에 따라 지급되도록 하는 것이다.[181] 이는 주로 인수한 사업이 클로징 이후 일정한 기간 동안에 걸친 판매수익 등 합의된 일정한 측정기준(measurement standards)을 충족할 때 매수대금을 정산하는 조건부 대금지급의 구조로, 기준을 충족한 정도에 따라 일정한 정산대금이 지급될 수 있도록 하거나 기준이 충족하지 못한 때 정산대금이 없는 것으로 할 수도 있다.

그런데, 언아웃은 인수가격조정의 문제와 구별되는데, 인수가격조정(purchase price adjustment)은 인수계약 체결일로부터 클로징일 사이에 인수대상 회사의 자산, 부채, 자본을 비롯한 재무상태 등의 변동을 반영해 인수가격을 증감하는 것인 반면, 언아웃(earnout)은 대체로 측정기준을 충족시키는 때 그 한도 내에서 매도인이 매수인으로부터 받는 인수대금의 추가적 대가의 정산으로 인수가격을 증가시킬 뿐이다. 언아웃(earnout)은 모든 거래에 적합한 것은 아니며, 당사자 간 인수가격 협상에서 극복해야 할 특정 장애물이 있을 때 주로 사용된다. 인수대상 사업과 관련해 매도인이 장래 사업결과에 대해 낙관적 평가를 하고, 매수인이 사업의 저조한 과거실적이나 향후 사업결과를 보수적으로 평가할 때 당사자 간 사업에 대한 평가격차(valuation gap)가 심해질 수 있다.[182] 언아웃(earnout)은 대상목적물의 가치

상청구(indemnification claim)를 용이하게 할 수 있도록 하는 기능을 한다. 이는 매도인의 계약위반 등에 따른 책임과 관련해, 매수인이 매도인을 상대로 소송을 하거나 매도인의 자산이나 지불능력 등에 의존하지 않고, 매수인의 손해를 보전할 수 있는 원천을 확보해 준다.

181 언아웃(earnout)은 조건부 지급권리(contingent payment right)라고도 하는데, 이는 인수대상 사업의 가치에 대한 매도인의 인식과 사업에 대한 과도한 지불 위험을 줄이려는 매수인의 욕구 사이의 간극을 메우는 기능을 한다. 다만, 인수한 사업이 매수인의 기존 사업에 완전히 통합되거나 또는 인수사업과 매수인의 기존 제품라인이 본질적으로 동일한 경우에는 인수한 비즈니스의 재무성과를 정확하게 측정하기가 어렵기 때문에 언아웃(earnout)을 정하기 힘들 수 있다.

182 평가격차(valuation gap)는 특히, 개발단계 기업(development-stage companies)으로 기업가들이 제한된 운영 이력에도 불구하고 자신들의 비즈니스의 가치에 대한 부풀려진 인식을 가지고 있거나, 시장에서 입증되지 않은 신제품 라인 또는 기술에 재정적으로 의존하는 회사이거나, 매도인이 과거 재무정보가 비즈니스의 가치의 정확한 측정치가 아니라는 인식을 가지고 있거나, 가치평가(valuation)의 차이가 심화될 수 있는 빠르게 성장하는 업계(fast-growing market sectors) 등의 경우에 주로 발생할 수 있다.

에 대한 매도인과 매수인의 관점의 간극을 메울 수 있지만, 언아웃을 결정하기 위해서는 인수가격 중 정산금액의 비율, 인수사업의 수익 결정방법, 정산금액의 산정과 지급의 방법, 정산금액 관련 세금문제, 언아웃 기간 동안 인수대상 사업의 운영주체와 운영방법 등 다양한 문제가 있을 수 있다.[183] 이러한 문제를 해결하는 것은 정해진 매수가격에 합의하는 것보다 더 어려울 수 있으며, 통상적으로 당사자 간 광범위한 협상을 필요로 한다.

언아웃에 관한 사항은 인수계약상 언아웃조항(earnout provision)으로 규정하거나 또는 별도의 언아웃계약(earnout agreement)을 체결할 수 있다. 언아웃의 계약조건과 관련해 유의할 주요 사항은 다음과 같다. 즉, (i) 언아웃의 측정기준과 관련해, 재무적 요소를 언아웃 측정의 주된 기준으로 하지만,[184] 의약품 등 특정상품의 개발에 관한 정부의 승인, 신상품의 출시, 클로징 이후의 중요 계약의 체결 등과 같은 비재무적 사항일지라도 매수인의 사업목적 등을 고려해 대상사업에 영향을 미치는 획기적 사건의 발생에 따른 언아웃의 성과나 측정의 기준을 정할 수 있으므로, 이에 관한 당사자 간 이해관계의 조정이 필요하며 그 합의된 사항을 계약서에 명확히 반영해야 한다. (ii) 언아웃의 지급과 관련해, 인수대상 사업의 성과가 정해진 기준치(threshold)를 넘는 경우 그 달성된 성과수준에 따라 등급기준 등을 정해 지급금액을 결정할 수 있으며, 언아웃을 그 기간의 종료시에 일회성 정산으

---

183 언아웃에 따른 인수거래의 회계처리나 세무문제는 관련 준거법에 따라 다양할 수 있어 거래당사자에게 상당한 영향을 미칠 수 있으므로 인수계약을 체결하는 데 필수적으로 검토되어야 한다.

184 이러한 기준으로는 수입(revenue), 총이익(gross profit; 매출원가를 뺀 수익(revenues less cost of goods sold)), 영업이익(operating profit; 매출원가와 영업비용을 뺀 수익(revenues less cost of goods sold and operating expenses)), EBIT(earnings before interest and taxes; 이자와 세금 전 수익), EBITDA(earnings before interest, taxes, depreciation, and amortization; 이자, 세금, 감가상각비/상각 전 수익), 순수입(net income), 판매된 물품갯수(number of units sold) 등의 측정요소들을 개별적 또는 복합적으로 고려할 수 있다. 매도인이 클로징 이후 비즈니스를 관리하지 않을 경우에는, 측정기준이 이익(profit)이라면 언아웃을 계산할 때 분쟁을 최소화하고 성과달성의 기준 조작을 방지하기 위해, 판매된 상품의 비용, 영업비용 등을 판단하기 위해 수익(revenues)에 적용되는 일련의 초과하지 않는 비율(not to exceed percentages)을 정할 수 있다. EBITDA나 그 변형된 수치를 사용하면 매도인은 클로징 이후 운전자본(post-closing working capital)과 연관된 증가된 이자비용을 반영하지 않은 이익측정(earnings measure)에 기초해 언아웃 지급(earnout payment)을 실현할 수 있다. 그런데, EBITDA는 인수된 비즈니스의 진정한 클로징 이후 재무적 성공(post-closing financial success)을 보여주는 좋은 지표로 간주될 수 있지만, 당사자들은 그 산정에 포함되거나 제외되어야 하는 다른 항목을 고려할 필요가 있다.

로 지급할 것인지 또는 일정 기간별로 정기적인 언아웃 지급을 할 것인지를 정해야 하고, 언아웃의 대가(consideration)는 대부분 현금지불이지만 현금이 아닌 매수인의 주식으로 하는 경우 주식의 평가와 관련해 주당 가격을 결정하는 날짜나 방법, 거래의 과세가능성, 지분이전에 따른 사업의 운영문제 등을 고려해야 한다. (iii) 언아웃은 인수대상 비즈니스를 매도인으로부터 매수인에게 이전함에 있어, 인수사업의 운영과 관련해 복잡한 문제를 야기할 수 있다. 인수사업의 운영 내지 통제(control)와 관련해, 일반적으로 매수인은 인수한 사업의 효율성을 높이기 위해 자신의 사업에 통합해 운영을 하려는 반면, 매도인은 정산금을 극대화하고 그 산정을 용이하게 하기 위해 해당 사업을 자신이 통제하길 원한다. 매수인이 대상사업을 운영할 경우 매도인의 입장에서는 그 사업을 별도 법인으로 운영하거나 또는 매수인이 언아웃을 극대화하는 방식으로 사업을 운영할 것을 계약조건으로 할 필요가 있다. 매도인이 대상사업을 계속 운영하는 경우 매수인은 자본지출, 직원채용이나 해고, 직원에 대한 지시나 인센티브 보상의 결정 등 해당 사업의 주요한 전략적·운영적 결정사항에 관여해 이를 통제할 필요가 있다. (iv) 언아웃의 기간은 당사자들의 합의에 따라 다양할 수 있는데, 통상적으로 해당 비즈니스의 지속적 수익능력이 입증될 수 있는 기간으로 할 필요가 있는데, 대체로 1년에서 3년 정도의 기간으로 한다. 다만, 언아웃은 특정한 사건의 발생에 따라 언아웃의 조기상환(acceleration) 등 조기종료(early termination)를 하도록 정할 수 있다.[185]

[Example 1]

아래는 주식매수계약에서 매수가격(purchase price)과 매수가격 조정금액(adjustment amount)의 결정 및 지급에 관한 기재례이다.

Purchase Price. The purchase price for the Shares (the "Purchase Price") is ________ dollars ($________), plus or minus the Adjustment Amount. At the Closing, Buyer shall deliver as payment on account of the Purchase Price: (a) ________ dollars ($________) (the "Closing Payment"), which will be allocated among Sellers as set forth on Schedule 2.2, and which shall be paid by wire

185 예를 들어, 매수인이 다른 회사의 인수나 구조조정 등을 하려는 때 언아웃이 방해가 된다고 판단한다면 언아웃기간의 만료 이전에 계약상 정해진 금액을 매도인에게 지급하고 언아웃을 조기에 종료할 수 있다. 이때 언아웃 금액은 특정 비율로 할인된 언아웃 종료 당시의 현재가치(then present value of the earnout)에 기초하거나 또는 외부의 전문가에 의해 가치평가를 받아 결정할 수 있다.

transfer to Sellers' Representative pursuant to written wire transfer instructions delivered to Buyer by Sellers' Representative at least three (3) Business Days prior to the Closing; (b) promissory notes executed by Buyer and payable to each Seller, in the principal amounts set forth on Schedule 2.2 (collectively, the "Promissory Notes"), in the form of Exhibit 2.2(b); and (c) ________ dollars ($________) paid by wire transfer to the Escrow Agent pursuant to the Escrow Agreement (the "Escrow Funds"). The Adjustment Amount shall be paid by Sellers or Buyer, as the case may be, in accordance with Section 2.5.

Adjustment Amount and Payment[186]

(a) The "Adjustment Amount" will be the difference, if any, between (i) the consolidated shareholders' equity of the Company and its Subsidiaries as of the Closing Date, as shown on the Closing Balance Sheet (the "Closing Date Shareholders' Equity"), and (ii) ________ dollars ($________) (the consolidated shareholders' equity of the Company and its Subsidiaries as shown on the Interim Balance Sheet) (the "Interim Shareholders' Equity"). If the Closing Date Shareholders' Equity is less than the Interim Shareholders' Equity, the Adjustment Amount shall be paid by Sellers to Buyer. If the Closing Date Shareholders' Equity is greater than the Interim Shareholders' Equity, subject to Section 11.7, the Adjustment Amount shall be paid by Buyer to Sellers.

(b) If the Adjustment Amount or, after giving effect to Section 11.7, any portion of the Adjustment Amount is to be paid by Buyer to Sellers, the Adjustment Amount or such portion thereof shall be paid by Buyer by wire transfer to Sellers' Representative pursuant to wire transfer instructions provided to Buyer by Sellers' Representative prior to the due date for the payment set forth in Section 2.5(c). If the Adjustment Amount is to be paid by Sellers to Buyer, the Adjustment Amount shall be paid by Sellers by wire transfer to Buyer pursuant to wire transfer instructions provided by Buyer to Sellers' Representative prior to the due date for the payment set forth in Section 2.5(c).

(c) All payments under this Section 2.5 shall be made together with interest at the rate set forth in the Promissory Notes, which interest will begin accruing on the Closing Date and end on the day before the payment is made. Within three (3) Business Days after the Closing Balance Sheet and Adjustment Amount become binding on the parties pursuant to Section 2.6, Sellers or Buyer, as the case may be, shall make the payment provided for in this Section 2.5.

186 언아웃(earnout)에 의한 매수대금의 지급이 이루어지는 경우 다음과 같은 문구를 포함할 수 있다: "The consideration for the Shares (the 'Purchase Price') is _______ dollars ($_______), plus or minus the Adjustment Amount plus the Earnout Amount, if any."

[Example 2]

아래는 언아웃계약(earnout agreement)에서 언아웃 지급의 방법과 절차에 관한 기재례이다. 당사자들은 거래의 성격이나 당사자 간 관계 등을 고려해 언아웃의 기준이나 기간 등 조건을 정할 수 있는데, 여기서는 언아웃을 인수사업의 1년 동안 정해진 기준치를 넘는 수입 등에 의해 조정된 EBITDA 비율을 기준으로 한다.

1. Definitions

"Adjusted EBITDA" means EBITDA, adjusted as described in the last sentence of this definition and by excluding the effects of any of the following to the extent otherwise included in consolidated earnings from operations: (a) gains, losses, or profits realized by the Acquired Companies from the sale of assets other than in the ordinary course of business and any "extraordinary items" of gain or loss (as determined in accordance with GAAP); ...

"EBITDA" means consolidated earnings from operation of the Company and its Subsidiaries, as determined in accordance with GAAP as consistently applied by the Company, before consolidated interest, taxes, depreciation, and amortization of the Company, in each case, as determined in accordance with GAAP as consistently applied by the Company.

2. Earnout Payment

Buyer shall pay to Seller an amount equal to (i) the Earnout Amount, multiplied by (ii) the Payment Rate, but only if the Earnout Amount is a positive number (the "Earnout Payment"). If the Earnout Amount is a negative number, no Earnout Payment shall be made. The Earnout Payment will be paid by Buyer within 30 days after the final determination of Earnout Amount. Notwithstanding any provision in this Agreement to the contrary, in no event will the Earnout Payment exceed $________.

3. Procedure

(a) Buyer shall maintain separate accounting books and records for the Acquired Companies during the Earnout Period. Promptly following the end of the Earnout Period, Buyer shall prepare (i) a consolidated income statement of the Company and its Subsidiaries for the Earnout Period, which shall be prepared in accordance with GAAP as consistently applied by the Company (the 'Income Statement"), and (ii) a computation of EBITDA and Adjusted EBITDA, showing separately each of the adjustments made to EBITDA to arrive at Adjustment EBITDA (the "Computation Notice"). Buyer shall deliver the Income Statement and the Computation Notice to Sellers' Representative within 45 days following the end of the Earnout Period.

(b) Upon execution of such access letters as may be reasonably required by Buyer, Sellers' Representative and its Representatives shall be given reasonable access during reasonable business hours to (and copies of) all Buyer's and its Representatives' books, records, and other documents, including work papers, worksheets, notes, and schedules used in preparation of the Income Statement and its computation of EBITDA and Adjusted EBITDA in the Computation Notice for the purpose of reviewing the Income Statement and the Computation Notice, in each case, other than work papers that Buyer considers proprietary, such as internal control documentation, engagement planning, time control and audit sign off, and quality control work papers.

(c) If, within 45 days following delivery of the Income Statement and the Computation Notice to Sellers' Representative, Sellers' Representative has not given Buyer notice of an objection as to any amounts set forth on the Income Statement or the computation of EBITDA or Adjusted EBITDA in the Computation Notice (which notice shall state in reasonable detail the basis of Sellers' Representative's objection) (the "Objection Notice"), the Adjusted EBITDA as computed by Buyer will be final, binding, and conclusive on the parties.

(d) If Sellers' Representative timely gives Buyer an Objection Notice, and if Sellers' Representative and Buyer fail to resolve the issues raised in the Objection Notice within 30 days after giving the Objection Notice, Sellers' Representative and Buyer shall submit the issues remaining in dispute for resolution to [name of individual] in the [location] office of [name of accounting firm] (or, if [name of individual or name of accounting firm] is providing accounting services to Buyer or is otherwise unable or unwilling to serve in such capacity, a recognized national or regional independent accounting firm mutually acceptable to Buyer and Sellers' Representative) (the "Independent Accountants").

(e) The parties shall negotiate in good faith in order to seek agreement on the procedures to be followed by the Independent Accountants, including procedures with regard to the presentation of evidence. If the parties are unable to agree upon procedures within 10 days of the submission to the Independent Accountants, the Independent Accountants shall establish such procedures giving due regard to the intention of the parties to resolve disputes as promptly, efficiently, and inexpensively as possible, which procedures may, but need not, be those proposed by either Buyer or Sellers' Representative. The Independent Accountants shall be directed to resolve only those issues in dispute and render a written report on their resolution of disputed issues with respect to the Income Statement and the Computation Notice as promptly as practicable but no later than 60 days after the date on which the Independent Accountants are engaged. The determination of Adjusted EBITDA by the Independent Accountants will be based solely on written submission of Buyer, on the one hand, and Sellers' Representative, on the other hand, and will not involve independent review. Any determination by the Independent Accountants will not be outside the range established by the amounts in (i) the Income Statement and the computation of EBITDA and Adjusted EBITDA in the Computation Notice proposed by Buyer, and (ii) Sellers' Representative's proposed adjustments thereto. Such determination will be final, binding, and conclusive on the parties.

(f) If the computation of Adjusted EBITDA is submitted to the Independent Accountants for resolution:
   (i) Sellers' Representative and Buyer shall execute any agreement required by the Independent Accountants to accept their engagement pursuant to this Paragraph 3;
   (ii) Sellers' Representative and Buyer shall promptly furnish or cause to be furnished to the Independent Accountants such work papers and other documents and information relating to the disputed issues as the Independent Accountants may request and are available to that party or its accountants or other Representatives, and shall be afforded the opportunity to present to the Independent Accountants, with a copy to the other party, any other written material relating to the disputed issues;
   (iii) the determination by the Independent Accountants, as set forth in a report to be delivered by the Independent Accountants to both Sellers' Representative and Buyer, will include all the changes in the Income Statement and the computation of EBITDA and Adjusted EBITDA in the Computation Notice required as a result of the determination made by the Independent Accountants; and
   (iv) Sellers and Buyer shall each bear one-half of the fees and costs of the Independent Accountants; provided, however, that the engagement agreement referred to in clause (i) above may require the parties to be bound jointly and severally to the Independent Accountants for those fees and costs, and in the event Sellers or Buyer pay to the Independent Accountants any amount in excess of one-half of the fees and costs of their engagement, the other party(ies) agree(s) to reimburse Sellers or Buyer, as applicable, upon demand to the extent required to equalize the payments made by Sellers and Buyer with respect to the fees and costs of the Independent Accountants.

3.4 인수계약상 진술 및 보증(representations and warranties)

인수거래에서 인수대상 목적물이 매도인으로부터 매수인에게 이전되기 때문에 매수인은 매도인으로부터 그 대상물에 대한 정확한 정보를 확인해 해당 거래에 문제가 없는지를 파악할 필요가 있으므로 당사자들, 특히 매도인의 진술과 보증은 계약상 중요하다. 매도인의 진술 및 보증(seller's representations and warranties)은 매수인이 인수하기로 한 대상 회사나 사업과 관련된 사실이나 정보를 확인할 수 있는 장치로, 매수인의 진술에 비해 보다 광범위하고 상세한 사항을 담는다. 특히, 매도인의 진술과 보증은 매수인이 인수거래를 종료하거나 해당 거래의 피해배상 청구의 기초가 될 수 있는데, 계약체결 이후 클로징 이전에 매수인이 인수대상 목적물에 대한 실사를 해 매도인의 진술사항이 진실하지 않다거나 클로징 이후라도 그 진술사항의 위반이 밝혀지는 경우 매수인은 이를 인수계약의 해제 또는 매도인에 대해 손해배상청구 등 구제방법을 행사할 수 있는 근거로 사용할 수 있다. 매도인의 진술사항은 대체로 매수인이 대상회사의 현재 상태를 평가하기 위한 과거 정보로, 해당 사항에 적용될 수 있는 소멸시효기간이나 매수인이 행위나 문제된 사항의 패턴을 식별할 수 있는 정도의 기간에 있었던 사항을 대상으로 한다. 인수계약에서 진술의 정확성은 계약체결일 현재 또는 클로징일 현재를 기준으로 판단할 수 있으나, 계약체결일 현재 및 클로징일 현재 모두에 진술의 정확성을 담보하는 것이 일반적이다. 또한, 진술과 보증은 당사자들 사이의 위험배분(risk allocation)의 기능을 할 수 있으므로 매도인이 관련 사항에 대한 정확한 정보를 제공하지 못하는 경우 매수인은 관련 진술을 통해 매도인이 인수대상 목적물에 대해 알려지지 않은 사항에 대한 더 많은 위험을 부담할 것을 요구할 수 있다.

앞서 살펴본 계약의 구성개념 및 계약의 핵심조항으로서 "진술 및 보증(representations and warranties)" 관련 단원에서의 내용은 인수계약에서도 당사자들의 진술과 보증 사항으로 할 수 있다.[187] 예를 들어, 매도인은 인수대상 회사가 적절하게 조직되고 그들의 개별 비즈니스를 운영할 권한을 가지고 있다는 점 등을 진술하고 보증할 필요가 있다. 여기서는 인수계약에서 당사자들이 특히 유의할 주요 진술과 보증사항에 대해 살펴본다. 매도인의 진술과 보증사항(seller's representations and warranties)으로 유의할 주요 사항은 다음과 같다. 즉, (i) 재무제표(financial statements)는 인수대상 기업이나 사업을 평가하기 위한 주요 도구로, 매도인은 매수인에게 재무제표를 제공하고 그 내용을 진술하고 보증할 것이 요구된다. 재무제표상

CHAPTER 9

187 영문계약의 구성개념으로 진술과 보증의 의미에 대해서는 "Chapter 2 영문계약상 계약구성개념(Contract Concepts)의 이해" 단원을, 영문계약의 핵심조항으로서 진술 및 보증 관련 조항에 대한 자세한 내용은 "Chapter 5. IV. Representations & Warranties Clause(진술 및 보증 조항)" 단원을 각각 참고하기 바란다.

최근 재무상태표(statement of financial position; balance sheet; 대차대조표)는 매수가격의 조정금액(adjustment amount)에 대한 기준을 제공할 수 있다. 또한, 인수대상 회사의 회계장부는 재무제표의 기초가 되므로 회계장부가 부정확하거나 불완전하다면 재무제표는 매수인에게 거의 가치가 없다. 이에, 매수인은 인수대상 회사의 장부기록의 품질과 관련된 진술을 요구함으로써 재무제표의 정확성을 담보할 수 있다.[188] (ii) 인수계약에서 매도인은 매수인에게 인수대상 회사나 사업의 우발적 채무(contingent liabilities)를 포함한 모든 채무에 관한 사항을 제공했음을 진술하고 보증한다. 매수인이 매도인으로부터 미공개 우발채무(undisclosed contingencies)에 대한 보다 광범위한 보호를 원한다면 "liability"의 용어 정의에 "contingent liabilities" 뿐만 아니라, "unmatured," "unaccured," "unliquidated," "unasserted," "conditional," "secondary," "potential," "disputed" 등 유사한 책임의 유형을 모두 포함하는 것이 좋다. 매수인은 또한 매도인의 면책배상의무(indemnity obligation)를 확대해 클로징일 이전에 존재하는 상황으로부터 클로징일 이후에 발생할 수 있는 다양한 유형의 책임에 대해서도 매도인이 매수인을 면책배상하도록 하는 것이 좋다.[189] (iii) 주식매수거래의 경우 매수인은 발행주식(outstanding shares)이 유효하게 발행되었는지를 파악하고, 회사의 옵션(options), 전환증권(convertible securities) 등이 있는 경우 그 증권을 확보할 수 있는 충분한 수권주식수(authorized shares)가 있는지 확인할 필요가 있다.[190] (iv) 매도인은 정부당국의 승인(governmental authoriza-

188 이러한 진술은 특히 인수대상 회사가 대기업의 자회사나 부서인 경우와 같이, 인수대상 회사에 대해 별도의 감사 재무제표(audited financial statement)가 작성되지 않은 경우에 중요할 수 있다.

189 매도인의 입장에서는 공개되는 책임의 유형을 제한해 그 진술의 범위를 좁히고, 밝혀지지 않은 책임(undisclosed liabilities)의 경우도 인수대상 회사나 사업에 중대한 부정적 영향이나 변경(material adverse effect; material adverse change)을 가져올 수 있는 경우로 한정해 진술과 보증을 하는 것이 좋다. 여기서 "material adverse change" 또는 "material adverse effect"는 인수거래에서 인수대상 회사의 비즈니스, 재무, 자산, 회사운영의 결과 등이 실사결과 등에 따라 확인된 상태에 중대한 부정적 변경이 없다는 의미를 갖는데, 중대한 부정적 변경의 범위에 따라 인수대상 목적물에 대한 당사자 간 위험을 배분하는 기능을 한다. 인수거래에서는 일반적으로 "material adverse change" 또는 "material adverse effect"에 대한 정의규정을 두고, 인수대상 목적물에 중대한 부정적 변화가 없다는 점(no material adverse change)을 매도인이 진술한다. "material adverse change" 또는 "material adverse effect"에 관한 자세한 내용은 "Chapter 2. IX. 3.2.3 Materiality Qualifier(중대성 한정어구)의 삽입" 단원을 참고하기 바란다.

190 "authorized shares"는 수권주식수로 회사가 발행할 수 있는 주식의 최대한도를 말하는데, 미국의 경우 회사정관(articles of incorporation), 우리나라의 경우도 정관이나 법인등기부 등본

tions)이나 법규준수(compliance with legal requirements)에 관한 사항을 진술하는데, 이는 매도인이 인수대상 목적물과 관련된 법규준수와 실제적 또는 잠재적 법위반 사항을 공개하고 법규위반으로 인해 인수거래에 영향이 없다는 점을 확인하는 것이다. 인수대상 회사나 사업의 정부당국의 면허나 인가와 관련된 진술사항은 정부의 규제에 의존하는 규제산업(regulated industries)에서 특히 중요하기 때문에 인수대상 기업이나 사업이 이러한 산업에 속하는 경우 정부당국의 면허나 인가 등이 유효한지 및 그 양도가능성을 확인해야 한다.

(v) 계약서는 일반적으로 인수대상 목적물의 주요 자산일 뿐만 아니라 관련 책임의 잠재적 원천이 될 수 있기 때문에 매도인은 인수대상 회사나 사업과 연관된 계약서의 전체 목록을 제공하는 것을 진술한다. 이는 매수인이 계약과 관련된 실제적·잠재적 계약위반 내지 채무불이행이나 관련 클레임 등을 파악할 수 있게 한다. (vi) 매도인은 인수대상 목적물과 관련된 계류 중이거나 잠재적인 소송 등 법적 절차(legal proceedings)에 관한 사항을 진술하는데, 이에는 소송(lawsuit)뿐만 아니라, 중재(arbitration), 조정(mediation), 행정조치(administrative action) 등이 포함될 수 있으며, 그 의미를 명확히 하기 위해 정의규정을 두는 것이 좋다. 이는 매도인이 인수거래를 완료하는 데 영향을 미칠 수 있으므로 그 내용의 공개가 요구되며, 매수인은 이를 평가해 관련 법적 문제점과 잠재적 피해의 규모를 판단할 수 있다. (vii) 인수대상 회사나 사업과 관련되어 소유하거나 사용되는 지식재산(intellectual property)이 있는 경우 그 내용과 유효성 및 이전가능성 등을 매도인의 진술사항으로 한다.[191] 매도인의 지식재산 관련 진술의 범위는 해당 인수대상 업체에 필요한 유형의 지식재산에 따라 다를 수 있다. 예를 들어, 특허와 영업비밀은 기술 중심의 제조회사의 핵심자산이 될 수 있는 반면, 상표와 저작권은 서비스회사에 중요할 수 있다.[192] 그리고, 인수거래에서 인수대상 업체가 가지고 있는 지식재산의 이전

을 통해 확인할 수 있다. "outstanding shares"는 회사가 발행한 주식에서 자기주식(treasury shares; 회사가 발행했다가 재취득한 주식)을 제외한 것으로, "유통주식" 또는 "사외주"라고도 한다.

191 특허권(patents), 상표권(trademarks), 저작권(copyrights), 영업비밀(trade secrets) 등 지식재산은 인수거래상 중요한 자산이 된다. 영업비밀은 경쟁사에 비해 영업비밀의 보유자에게 상업적인 이익을 제공하는 정보이므로 기술정보, 고객목록, 조리법 등 해당 회사에게 중요하고 가치가 있는 비밀사항도 포함될 수 있다. 해당 계약의 지식재산(intellectual property) 관련 진술에서, 인수대상 회사가 소유하거나 라이선스받은 특허권, 상표권, 저작권, 영업비밀 등 보호가 필요한 지식재산의 정의를 명확히 할 필요가 있다.

192 인수회사의 제품에 내장된 소프트웨어를 포함해 소프트웨어의 개발이나 배포에 관여하거나

등 처리에 관한 사항이 문제되는데, 이는 단순히 인수계약의 내용에 따라 해결되는 것이 아닐 수 있으므로 준거법상 지식재산권의 이전 등 처리에 관한 적용법규를 확인할 필요가 있다.[193]

(viii) 인수대상 회사나 사업의 규모나 비즈니스의 성격에 따라 정도의 차이는 있지만, 매수인은 매도인으로부터 관련 임직원들과 노동 관련 분쟁이나 법규준수 등 노동문제(labor matters)의 진술을 받을 필요가 있다. 이에는 인수대상의 고용관계를 규율하는 법규와 함께 고용계약(employment agreement), 단체협약(collective bargaining agreement), 취업규칙(handbook)에 대한 정보를 비롯해 직원복리후생제도(employee benefit plans),[194] 노동 관련 쟁송이나 제재 등에 관한 사항이 포함된다. 예를 들어, 인수대상 회사가 해외영업을 하는 경우 매수인의 입장에서는 매도인으로부터 해당 외국 관할구역의 노동법과 관행의 준수에 관한 진술을 포함할 필요가 있다. (ix) 국제적 인수거래의 경우 당사자들은 거래의 상대방이나 인수대상 기업이나 사업이 부패방지법(anticorruption law)이나 무역제재법(trade sanctions law)의 위반사항이 있는지를 확인하기 위한 진술이 요구된다. 특히, 인수대상 회사가 운영되거나 사업이 이루어지는 지역에서, 예컨대 미국의 FCPA(Foreign Corrupt Practices Act)를 포함해 관련 국가의 부패방지법규의 준수에 관한 매도인의 진술이 필요하다.[195] 매수인은 또한 매도인으로부터 매도인이나 인수대상 회사가 미국의 수출통제 및 무역제재법(US export control and trade sanctions laws)을 비롯해 관련 국가의 무역제재법을 준수하였다는 점을 확인하는 진술을 받을 필요가 있다.[196] (x)

또는 사용자정의 소프트웨어(custom software)가 인수된 회사의 비즈니스의 운영에 중요한 경우 매수인은 소프트웨어에만 초점을 맞춘 진술을 포함하는 것을 고려할 수 있다.

193 예를 들어, 국가별로 상표법, 특허법, 저작권법 등 지식재산권의 설정이나 처분에 관한 법규를 달리할 수 있다. 미국의 경우 영업비밀과 관련해, 대부분의 주들은 Uniform Trade Secrets Act(통일영업비밀법)을 채택하고 있으며, 영업비밀의 유용(misappropriation)에 대해서는 Economic Espionage Act of 1996(1996년의 경제스파이법)에 따라 연방범죄로 처벌될 수 있다(18 U.S.C. §§ 1831-39).

194 매수인은 직원복리후생제도를 통해 인수대상 회사의 임직원들이 이용하는 혜택의 종류와 수준을 파악해 매수인이 부담하게 되는 현존하거나 잠재하는 책임을 확인할 수 있다.

195 매도인이나 인수대상 회사가 외국정부나 정부 소유 기관과 거래하는 기업이거나 또는 정부관리나 정부관리와 밀접한 관련이 있거나 제휴관계에 있는 에이전트를 사용할 경우 미국의 FCPA 등 부패방지법규에 따른 책임에 특히 취약할 수 있다. 이와 관련해, 매수인은 실사과정에서 매도인이나 인수대상 회사의 비즈니스 관행, 윤리, 이해상충(conflicts of interest) 등 관련 사내정책과 직원들이 정기적으로 제출한 보고서, 설문지 등을 확인해, 매도인으로부터 이와 관련된 진술을 받을 필요가 있다.

196 미국의 EAA(Export Administration Act), EAR(Export Administration Regulations) 등은 상업

인수거래는 계약체결 이후 일정한 공백기간을 거쳐 클로징을 통해 계약을 완료하는 특징을 가지고 있기 때문에 클로징시까지 인수대상 목적물에 일정한 영향을 미칠 수 있는 사건이 있는지를 확인하기 위해, 매도인이 인수대상 목적물과 관련해 취해진 조치나 사건에 대한 정보를 진술하도록 할 수 있다.

(xi) 인수대상 회사나 사업과 연관된 규제나 제한이 있을 수 있는 경우 매수인의 위험부담을 확인하기 위해 매도인으로부터 그 규제나 제한에 관한 진술을 받을 필요가 있다.[197] 예를 들어, 인수대상 사업이나 자산이 환경문제(environmental matters)와 관련된 경우 매수인은 그 인수대상에 내재한 환경 관련 법규의 위반이나 준수에 관한 사항과 함께 매도인측으로부터 분사한 사업부문을 인수한 경우와 같이 매수인이 인수하지 않은 다른 사업부문의 환경문제로 인한 책임을 떠맡거나 배상책임을 부담하는 등 잠재적 책임을 부담하지 않는다는 점에 대한 매도인의 진술을 받을 필요가 있다. 이외에도, (xii) 매수인은 인수대상 목적물에 대한 실사(due diligence)의 결과를 기초로 매도인의 진술 및 보증사항을 구체화할 수 있다. 즉, 매수인은 인수대상 목적물에 대한 실사과정에서 밝혀진 사항 중 해당 인수대상 목적물의 하자나 인수거래에 장애를 가져올 수 있는 사항에 대해 가능한 한 매도인의 진술과 보증사항으로 기술해 해당 문제점을 확인하고, 이와 관련된 계약상 권리를 확보할 필요가 있다.

한편, 인수계약에서 매수인의 경우 인수대상 목적물에 대한 세세한 진술이나 보증을 필요로 하지 않고 인수대금을 적법하게 지급할 능력과 권한이 있는지가 중요하므로 일반적으로 매수인의 진술과 보증사항(buyer's representations and warranties)은 매도인의 진술과 보증사항에 비해 상대적으로 적고 간단하다. 매수인은 주로 매수인이 인수계약을 체결할 수 있는 적정한 조직을 가지고 있다는 점(organization and good standing), 구속력있는 계약을 체결할 권한이 있다는 점(enforceability and authority), 소송 등 법적 절차(proceedings) 관련 사항을 공개하고 그에 따른 문제가 없다는 점 등 계약체결을 합법적으로 할 수 있다는 계약의 기본적 진술과 보증과 함께 인수계약에 따라 매수대금(purchase price)을 제대로 지급할 수 있다는 점 등에 관해 진술과 보증을 한다. 다만, 매수인이 매수대금을 빌리거나 또는 현금으로

적 유형 및 무형의 상품과 기술데이터의 수출을 제한한다.

197 회사의 내부통제(internal control)는 공기업뿐만 아니라 사기업에서도 중요성이 점증하고 있으므로 인수대상 회사의 업무수행이나 조직구조에서 문제가 될 수 있는 법규위반이 없고 내부통제를 적정하게 수립해 운영하고 있다는 점을 확인하는 진술을 받을 수 있다.

일정한 시기에 지급하지 않고 주식이나 어음 등 다른 유형의 대금을 지급하는 경우 이에 관한 사항을 명확히 하기 위한 진술과 보증은 보다 상세할 수 있다. 즉, 주식인수에서 매수인이 인수대상 회사의 주식과 교환해 주식을 발행하는 경우는 매도인이 매수인과 주식거래에 의한 투자로 볼 수 있기 때문에 매도인은 매수인에게 매도인이 진술한 것과 유사한 매수인의 진술을 요구할 수 있다. 그리고, 매수인이 매수대금의 상당 금액을 어음이나 신용으로 지급하기로 하는 경우 매도인은 매수인에게 대출자(lender)의 지위를 가질 수 있으므로 매도인의 입장에서는 매수인으로부터 전체 거래규모나 관련 어음이나 신용의 규모에 따른 대금지급을 확실히 하기 위한 적절한 진술과 이행약속을 받을 필요가 있다. 이때 매도인은 매수인으로부터 매수인의 매출채권(accounts receivable), 재고자산(inventories) 등 재무제표의 정확성과 함께 지급능력에 영향을 미칠 수 있는 우발채무나 미공개부채(contingent or undisclosed liabilities)가 없다는 점, 매수인의 사업에 중대한 불리한 변경이 없다는 점(no material adverse change), 매수인의 자산에 대한 유치권과 저당권 등 담보(liens and encumbrances)로 인한 문제가 없다는 점 등에 관한 보다 상세한 진술과 보증을 받을 필요가 있다.[198]

[Example 1]

아래는 인수계약에서 매도인의 진술과 보증사항에 관한 기재례이다. 여기서 매도인이나 인수대상 회사의 조직과 사업의 운영, 기타 회사의 사업과 관련된 정보를 진술하는데, 매수인은 이를 통해 인수거래 관련 잠재적 책임을 확인해 그 책임을 줄이거나 피하는 것이 중요하다.

Representations and Warranties of Seller. Seller represents and warrants to Buyer as follows:

(a) The statements set forth in this Section III are true and correct as of the date of Closing.

(b) Seller owns and has good and marketable title to all of the Assets, and as of the Closing date, the Assets are free and clear of all liens, encumbrances, claims, rights of others, or defects in title of any kind whatsoever.

(c) Seller will not default on, breach, or violate any agreement, instrument, or arrangement to which Seller is a party by consummating the

198 매수인의 어음이 담보(collateral)되어야 하는 경우 매도인의 입장에서 그 담보와 관련된 추가적 진술이 필요할 수 있다.

transaction contemplated by this Agreement.

(d) Seller has the right, power, legal capacity, and authority to enter into and perform the obligations under this Agreement, and no approval of consent of any other person is necessary for Seller to enter or perform this Agreement.

(e) Seller has no knowledge of any pending litigation, judgment, lien, or proceeding relating to the Assets.

(f) Seller has not engaged the services of any broker for the sale of the Assets and no broker has brought about this sale.

(g) Seller has not assigned, licensed, or in any way granted permission for anyone to use the trade name "XYZ."

[Example 2]

아래는 인수계약에서 매도인의 주요 진술과 보증사항의 개별적·구체적 내용에 관한 기재례들이다. (Sample 1)은 주식매수계약에서 인수대상 회사의 수권주식수(authorized shares), 발행주식수(outstanding shares) 등을 비롯해 주식 관련 담보(encumbrances)가 없다는 등 회사의 자본금(capitalization of company)에 관한 정보와 주식이전에 있어 이상이 없다는 점을 진술한다. (Sample 2)는 인수대상 회사에 미공개 채무가 없다는 점(no undisclosed liabilities)을 진술하는 예문인데, 이는 인수대상 회사의 우발채무(contingent liabilities)를 포함한 모든 채무에 관한 정보를 매수인에게 제공했음을 진술한다. (Sample 3)는 인수대상 회사의 비즈니스, 재무, 자산, 회사운영의 결과 등에 중대한 부정적 변경이 없다는 점(no material adverse change)을 진술하는 예문이다. "Material Adverse Change(중대한 부정적 변경)"의 의미에 대해서는 별도의 정의규정을 둘 필요가 있다. (Sample 4)는 매도인의 인수대상 회사나 사업 관련 계약서들의 제공 등에 관한 진술사항으로, 제공되는 계약에 일정한 기준을 정할 수 있다. 계약은 인수대상 목적물의 주요 자산일 뿐 아니라 주요 채무의 잠재적 원천이기도 한다. (Sample 5)은 인수대상 회사의 종업원과 고용계약, 단체협약, 노동분쟁, 법규준수 등 노동문제(labor matters)를 파악하기 위한 진술로, 그 진술의 상세정도는 인수대상 회사의 비즈니스의 범위와 성격에 따라 다를 수 있다. (Sample 6)는 매도인의 인수대상 목적물의 환경문제(environmental matters) 관련 진술로, 이는 인수거래로 인해 매수인이 환경 관련 책임을 부담할 수 있는 때 중요하다. (Sample 7)은 인수대상 회사가 FCPA(Foreign Corrupt Practices Act) 등 부패방지법(anticorruption laws)과 수출통제나 무역제재 관련 법(export control and trade sanctions laws)을 준수한다는 점을 진술하는 것이다. 인수대상 회사가 정부나 정부와 관련된 밀접한 거래가 있을 경우 부패

방지법 관련 책임에 취약할 수 있으며, 인수대상 사업의 성격에 따라 관련 국가에서 일정한 수출통제나 무역지재가 있는지를 확인할 필요가 있다.

(Sample 1)

The authorized Equity Securities of the Company consist of ________ shares of common stock, par value $________ per share, of which ________ shares, constituting the Shares, are issued and outstanding, Sellers are the owners (of record and beneficially) of all of the Shares, free and clear of all Encumbrances, including any restriction on the right of any Seller to transfer the Shares to Buyer pursuant to this Agreement. The assignments, endorsements, stock powers, or other instruments of transfer to be delivered by each Seller to Buyer at the Closing will be sufficient to transfer such Seller's entire interest in the Shares (of record and beneficially) owned by such Seller. Upon transfer to Buyer of the certificates representing the Shares, Buyer will receive good title to the Shares, free and clear of all Encumbrances. Part 3.3(a) lists Sellers and the number of Shares held by each Seller.

(Sample 2)

Except as set forth in Part 3.10, no Acquired Company has any liability or obligation of any nature (whether known or unknown and whether absolute, accrued, contingent, or otherwise) other than liabilities or obligations to the extent shown on the Interim Balance Sheet and current liabilities incurred in the Ordinary Course of Business since the date of the Interim Balance Sheet.

(Sample 3)

Since the Balance Sheet Date, no Acquired Company has suffered any Material Adverse Change and no event has occurred, and no circumstance exists, that can reasonably be expected to result in a Material Adverse Change.

(Sample 4)

(a) Part XX (a) lists, and Seller has delivered to Buyer a copy of, each Applicable Contract: (i) involving the performance of services, delivery of goods or materials, or payments by one or more Acquired Companies of an amount or value in excess of $________; (ii) that was not entered into in the Ordinary Course of Business; (iii) for capital expenditures in excess of $________; …

(b) Except as set forth in Part XX (b): (i) each Applicable Contract listed in Part XX (a) is in full force and effect, and is valid and enforceable in accordance with its terms; …

CHAPTER 9

(Sample 5)

(a) Each Acquired Company has at all times complied with all Legal Requirements relating to employment practices, terms, and conditions of employment, equal employment opportunity, nondiscrimination, sexual harassment, immigration, wages, hours, benefits, collective bargaining and similar requirements, the payment of Social Security and similar Taxes, and occupational safety and health. No Acquired Company is liable for the payment of any Taxes, fines, penalties, or other amounts, however designated, for failure to comply with any of the foregoing Legal Requirements.
(b) Except as set forth in Part XX: (i) no Acquired Company is or has been a party to any collective bargaining agreement or other labor contract; …

(Sample 6)

Except as set forth in Part 3.19:
(a) Each Acquired Company has at all times complied with all Environmental Laws. …
(b) There are no pending or, to the Knowledge of Sellers, threatended claims or Encumbrances resulting from any Environmental, Health, and Safety Liability or arising under or pursuant to any Environmental Law, with respect to or affecting any of the Facilities or any other asset owned or used by any Acquired Company or in which it has or had an interest. …

(Sample 7)

No Acquired Company and no Representative of any Acquired Company in its capacity as such has violated the Foreign Corrupt Practices Act or the anticorruption laws of any jurisdiction where the Company does business. Each Acquired Company has at all times complied with all Legal Requirements relating to export control and trade sanctions or embargoes.

[Example 3]

아래는 인수계약에서 매수인의 진술과 보증에 관한 기재례이다. 매수인의 진술과 보증은 매도인에게 요구되는 인수대상 목적물에 대한 진술과 보증은 불필요하나, 매수인의 조직이나 계약의 이행과 관련된 강제가능성이나 권한, 소송 등 법적 절차에 관한 정보의 제공 등 매도인의 기본적 진술과 보증과는 큰 차이가 없다. 다만, 매수인이 매수대금을 빌리거나 현금으로 일정한 시기에 지급하지 않고 주식 등 다른 유형의 대금을 지급하는 경우 매도인은 그 대금지급을 확보하기 위해 매수인으로부터 추가적 진술과 보증을 받을 필요가 있다.

(a) The execution, delivery, and performance by Buyer of this Agreement and

Buyer's Closing Documents have been duly authorized by all necessary corporate action. This Agreement has been duly executed and delivered by Buyer and constitutes the legal, valid, and binding obligation of Buyer, enforceable against Buyer in accordance with its terms. Upon execution and delivery of Buyer's Closing Documents by Buyer, each of Buyer's Closing Documents will constitute the legal, valid, and binding obligation of Buyer, enforceable against Buyer in accordance with its terms. Buyer has the absolute and unrestricted right, power, and authority to execute and deliver this Agreement and Buyer's Closing Documents and to perform its obligations under this Agreement and Buyer's Closing Documents.

(b) Except as set forth in Part XX, neither the execution and delivery of this Agreement nor the consummation or performance of any Contemplated Transaction will directly or indirectly (with or without notice or lapse of time): (i) contravene, conflict with, or violate (A) any Organizational Document of Buyer, or (B) any resolution adopted by the board of directors or the shareholders of Buyer; (ii) Breach, or give any Person the right to declare a default or exercise any remedy or to obtain any additional rights under, or to accelerate the maturity or performance of, or payment under, or to cancel, terminate, or modify, any Contract to which Buyer is a party.

(c) Except as set forth in Part XX, Buyer is not required to give notice to or obtain Consent from any Person in connection with the execution and delivery of this Agreement or the consummation or performance of any Contemplated Transaction.

(d) There is no Proceeding pending against Buyer that challenges, or could have the effect of preventing, delaying, making illegal, imposing, limitations or conditions on, or otherwise interfering with, any Contemplated Transaction. To Buyer's Knowledge, no such Proceeding has been threatened.

3.5 인수거래 관련 당사자의 이행의무(covenants)

인수계약에서 당사자들은 클로징을 기준으로 일정한 행위를 하거나 하지 않는 것을 약속하는데, 클로징을 하기 위한 클로징 이전 당사자의 이행의무(pre-closing covenants)가 있으며, 클로징 이후에도 당사자, 특히 매도인은 인수대상 회사나 사업과 관련해 일정한 후속 조치를 해야 할 의무(post-closing covenants)가 있을 수 있다.

3.5.1 클로징 이전 당사자의 이행의무(pre-closing covenants)

인수계약에서 당사자들은 클로징 이전에 클로징을 하기 위한 일정한 계약상 이행의무(pre-closing covenants)가 요구된다. 클로징 이전 당사자들의 주요 이행의무는 다음과 같다. 즉, (i) 매수인은 클로징 이전에 인수대상 회사 등 목적물의 현황을 파악하기 위해, 인수대상에 접근해 조사(access and investigation)할 필요가 있는데, 매도인은 매수인의 이러한 접근조사에 협조해야 할 의무가 있다. 예를 들어, 매도인은 매수인이 인수대상 기업의 인력, 자산, 계약 및 기타 기록 등에 접근해 클로징일까지 대상기업에 대한 조사를 할 수 있도록 해야 한다. 이는 매수인이 매도인의 진술의 정확성을 확인하고, 매수인의 인수완료의무에 대한 계약상 조건의 충족 여부를 검증할 수 있는 기회를 제공한다. 매수인은 또한 인수대상 회사의 제품라인, 마케팅 전략, 관리기능 등을 포함해 적절한 클로징 이후의 계획을 수립하기 위해, 대상회사의 비즈니스 운영에 대해 자세히 알 필요가 있다. 계약체결에서 클로징까지 기간 동안 매도인 진술의 중대한 부정확성으로 인해 매도인이 관련 클로징 조건(closing condition)을 충족할 수 없는 경우 매수인은 계약을 해제하고 계약상 허용된 구제방법을 행사하거나 또는 그 부정확함에도 불구하고 인수를 완료하고 매도인의 진술의 부정확성을 근거로 면책배상(indemnification)이나 손해배상(damages)을 청구할 수 있도록 할 수 있다.[199] 다만, 매도인의 사정이나 인수대상 회사의 운영을 위해, 매수인의 이러한 접근 및 조사의 권한은 상황에 따라 합리적으로 제한될 수 있는데, 매도인은 매수인의 접근 및 조사가 계약체결일과 클로징일 사이 기간 동안 통상적인 업무(business in the ordinary course) 수행에 과도하게 제한을 가져오거나 장애가 발생하지 않을 것을 요구할 수 있다. (ii) 매수인은 일반적으로 인수대상 회사나 사업이 인수계약의 체결일에서처럼 클로징 시점에도 실질적으로 동일하게 운영될 것을 기대하기 때문에 매도인은 클로징일까지 통상적인 방법으로 인수대상 회사나 사업을 운영할 의무(operating covenants)를 부담한다. (iii) 특히, 인수대상 회사나 사업 관련 재무정보(financial information)는 매수인의 입장에서 인수거래를 결정하게 되는 중요한 요소이므로 매수인이 인수대상 회사의

199 다만, 매수인의 실사과정에서 인수대상 목적물에 대한 일정한 정보를 매수인에게 공개함에 따라 발생할 수 있는 피해를 줄이기 위해, 매도인은 매수인과 사이에 매수인의 인수대상 관련 정보의 접근이나 조사와 관련해 비밀유지계약(confidentiality agreement)을 체결할 수 있고, 해당 인수거래의 클로징이 일어나지 않는 경우 매도인은 매수인에게 매수인이 수행한 조사로 인해 발생하는 클레임, 손해, 비용 등과 관련해 매도인을 면책배상하도록 요구할 수 있다.

재무적 성과를 점검할 수 있도록 매도인은 매수인에게 클로징일 이전 기간 동안 정확한 재무정보를 제공할 의무를 부담한다. (iv) 매수인은 인수거래 과정에서 클로징 이전에 매도인이 경쟁업체 등 다른 매수인들과의 협상이나 거래를 해 매수인의 인수거래를 방해하는 것을 막기 위해, 매도인에게 매수인과 독점적 인수거래를 할 것을 요구할 수 있는데, 이는 통상 "no-shop" 조항(clause)이라 한다. "no-shop" 조항은 매수인에게 필요한 경우 매도인의 제3자와의 거래를 금지할 수 있도록 하는 금지명령(injunctive relief)을 얻을 수 있는 근거를 제공할 수 있다.[200]

한편, (v) 당사자들은 인수거래와 관련한 각종 서류의 작성, 신고, 통지 등 조치를 할 필요가 있으며, 상대방에게 필요한 이와 같은 조치에 대해서도 협조할 의무가 있다(filings and notifications; cooperation). 예를 들어, 매도인은 인수계약과 관련해 가능한 한 신속하게 필요한 모든 서류를 작성하고, 관련 정부당국이나 기관에 필요한 서류제출이나 통지 등을 해야 하고, 클로징을 위한 정부나 이해관계인들로부터 동의나 승인을 얻기 위해 매수인과 협력해야 한다. 매수인의 경우도 인수거래 자금의 조달을 위한 필요한 조치나 인수를 완료하기 위한 회사의 내부적 승인절차 또는 정부기관이나 관련 이해관계인들에 대한 신고나 통지 또는 승인이나 동의 등이 필요할 수 있다. 다만, 매수인의 이러한 이행의무는 일반적으로 기본적 진술과 보증이나 클로징 조건의 충족 등 제한적 범위에서 요구되기 때문에 매도인의 관련 이행의무와 비교해 부담이 적다. (vi) 인수계약에서 당사자의 클로징 관련 이행의무를 최선의 노력(best efforts)을 다해 수행할 것을 요구하는 조항을 둘 수 있다. 예를 들어, 계약상 "Each Seller shall use its best efforts to cause the conditions in Article XX to be satisfied."라는 규정을 둘 수 있다. 이러한 "Efforts 조항(efforts provision)"은 당사자가 관련 의무(covenant)를 이행하기 위해 필요한 노력의 수준을 나타내기 위해 사용된다. 이는 해당 이행의무가 당사자의 이행능력이나 통제 밖의 사건이나 제3자의 행위에 의존하는 경우와 같이 당사자가 그 이행의무를 수용하기 어렵거나 그의 능력만으로는 이행의무를 수행하기 부적절한 상황에서 주로 사용된다. 다만, Efforts 조항에 따른 당사자의 의무의 정도는 이를 해석하는 법원 등 분쟁해결기관에 따라 다를 수 있으므로 그 해석의 혼란을 피하기 위해, 계약상 관련 당사자의 어떠한 행위나 조치가 요구되는지 또는 요구되지 않는지를

200 매도인이 "no-shop" 조항을 위반한 경우 계약위반에 따른 손해배상책임을 부담하거나 금지명령에 따라 거래가 제한될 수 있기 때문에 매도인의 입장에서는 일정한 클로징 조건이 충족되는 등 제한된 경우에만 "no-shop" 조항을 인정할 필요가 있다.

명시할 필요가 있다.[201]

[Example]

아래는 인수계약 당사자들의 클로징 이전 이행의무(pre-closing covenants) 관련 기재례들이다. (Sample 1)은 매수인이 인수대상 기업에 대한 접근 및 조사(access and investigation)를 할 수 있도록 할 매도인의 의무를 규정한 것으로, 매수인은 이를 통해 매도인의 진술의 정확성을 확인하고 자신의 인수의무를 완료할 계약상 조건이 충족되었는지를 검증할 수 있다. (Sample 2)는 매도인의 인수대상 회사의 비즈니스 운영(operation of the business)에 관한 이행의무로, 이는 매도인이 인수대상 회사의 사업이 매수계약의 체결일에서처럼 클로징 시점에도 실질적으로 동일하게 운영하도록 할 것을 요구한다. (Sample 3)는 매도인의 매수인에 대한 재무정보(financial information)의 제공과 매수인의 필요한 정보요구시 이에 협조할 의무를 규정한 것으로, 이를 통해 매수인은 클로징 이전 기간 동안 인수대상 회사의 경영성과를 파악할 수 있다. (Sample 4)는 인수거래에서 매도인의 매수인과 독점거래(exclusive dealing) 관련 의무조항("no-shop" 조항)으로, 이는 계약의 체결과 클로징 사이의 기간 동안 제3자가 해당 인수거래를 방해하는 것을 막기 위해, 매도인이 경쟁적인 거래제안에 대한 정보를 매수인에게 제공하도록 한다. (Sample 5)는 매수인이 클로징 이후에 인수대상 회사를 운영할 수 있도록, 매도인의 필요한 서류의 작성이나 신고, 정부기관이나 이해관계인들의 동의나 승인을 얻을 의무와 클로징을 위한 매수인의 신고나 통지 등에 대해 매수인과 협력할 것을 요구하는 예문이다. (Sample 6)는 매수인의 최선의 노력의무(best efforts covenant)에 관한 예문으로, 매수인은 인수거래의 완료를 위해 정부기관이나 이해관계인들로부터 필요한 동의나 승인 등을 얻기 위해 최선을 노력을 다할 것을 요구한다.

(Sample 1)

Prior to the Closing Date, and upon reasonable notice from Buyer, Seller shall, and shall cause Acquired Company to, (a) afford Buyer and its Representatives and prospective lenders and their Representatives (collectively, "Buyer Group") full and free access, during regular business hours, to Acquired Company's personnel, assets, Contracts, and Records, (b) furnish Buyer Group with copies of all such Contracts and Records as Buyer may

CHAPTER 9

201 매수인의 최선의 노력의무(best efforts covenant)는, 매도인의 최선의 노력의무와 달리, 정부기관이나 이해관계인들이 관련 인수거래에 대한 승인이나 동의에 대한 조건을 부과할 때 발생할 수 있는 것이므로 그 이행의무의 정도는 매도인보다 더 제한적일 수 있다.

reasonably request, (c) furnish Buyer Group with such additional financial, operating, and other relevant data and information as Buyer may reasonably request, and (d) otherwise cooperate and assist, to the extent reasonably requested by Buyer, with Buyer's investigation of the business, condition (financial or otherwise), assets, results of operations, or prospects of Acquired Company. In addition, Buyer shall have the right to have the Real Property and tangible personal property of Acquired Company inspected by Buyer Group, at Buyer's sole cost and expense, including the performance of subsurface or other inclusive testing.

(Sample 2)

Prior to the Closing Date, Seller shall, and shall cause Acquired Company to:
(a) conduct the business of Acquired Company only in the Ordinary Course of Business;
(b) use its best efforts to preserve intact the current business organization of Acquired Company, keep available the services of the officers, employees, and agents of Acquired Company, and maintain its relations and goodwill with suppliers, customers, landlords, creditors, employees, agents, and others having business relationships with Acquired Company;
(c) make no material changes in management personnel of Acquired Company;
(d) keep in full force and effect, without amendment, all material rights relating to the business of Acquired Company;
(e) maintain all records of Acquired Company consistent with past practices; and
(f) take no action, or fail to take any reasonable action within its control, as a result of which any of the changes or events listed in Section XX would be likely to occur.

(Sample 3)

(a) Seller shall deliver to Buyer within ________ days after the end of each month a copy of Acquired Company's [describe the nature of the financial information required] for such month prepared in a manner and containing information consistent with Acquired Company's current practices.
(b) Seller shall, and shall cause Acquired Company, their Related Persons, and their respective Representatives to, cooperate with Buyer with respect to Buyer's arranging of financing of the Contemplated Transactions, as Buyer may reasonably request.

(Sample 4)

Until this Agreement shall have been terminated pursuant to Section 10.1, no Seller shall, and each Seller shall cause each Acquired Company and each of their respective Representatives not to, directly or indirectly, solicit, initiate, encourage, or entertain any inquiries or proposals from, discuss or negotiate with, provide any nonpublic information to, or consider the merits of any inquiries or proposals from any Person (other than Buyer) relating to any business combination transaction involving any Seller or Acquired Company, however structured, including the sale of the business or assets (other than in the Ordinary Course of Business) of any Acquired Company, or any Equity Security of any Acquired Company, or any merger, consolidation, or similar transaction or arrangement. Each Seller shall notify Buyer of any such inquiry or proposal within 24 hours of receipt thereof by any Seller, Acquired Company, or any of their respective Representatives.

(Sample 5)

As promptly as practicable after the date of this Agreement, and in any event within the applicable time period prescribed by Legal Requirements, each Seller shall, and shall cause each Acquired Company and each of their Related Persons to, make all filings and notifications required by Legal Requirements to be made by them in connection with the Contemplated Transactions (including all filings under the HSR Act). Each Seller shall, and shall cause each Acquired Company and each of their Related Persons to, cooperate with Buyer, its Related Persons, and their respective Representatives (a) with respect to all filings and notifications that Buyer or its Related Persons elect to make or shall be required by Legal Requirements to make in connection with the Contemplated Transactions, (b) …

(Sample 6)

Buyer shall use its best efforts to cause the conditions in Section XX to be satisfied; provided, however, that Buyer shall not be required to dispose of or make any change to its business, expend any material funds, or incur any other material obligation in order to comply with this Section YY.

3.5.2 클로징 이후 당사자의 이행의무(post-closing covenants)

인수거래에서 클로징 이후에도 당사자, 특히 매수인은 매도인으로부터 인수대상 기업이나 사업과 관련한 일정한 행위나 조치 등 협조가 필요할 수 있으며, 이에 따라 매도인은 클로징 이후의 이행의무(post-closing covenants)를 부담할 수 있다. 매수인이 주식이나 사업을 인수할 경우 일반적으로 매도인과 사이에 일정한 경쟁금지(noncompetition) 및 비밀유지(confidentiality)에 관한 계약을 체결해 매도인측이 인수계약의 클로징 이후 경쟁업체를 설립하거나 운영하는 것을 제한하고 인수거래 관련 비밀을 유지하도록 한다.[202] 이는 기본적으로 매수인이 인수하는 사업의 영업권(goodwill)을 확보하고, 매도인이 매각되는 비즈니스의 가치를 감소시키거나 손상시키는 행위를 하지 않을 것을 보장한다. 매도인의 비밀유지의무는 매도인이 인수대상 회사나 사업의 비밀정보를 사용하거나 공개하지 못하도록 해, 클로징 이후에 비밀정보에 대한 독점적 소유권과 통제할 권리를 가진 매수인을 보호하는 중요한 계약사항이다. 그리고, 매수인이 인수회사와 경쟁할 수 있는 매도인의 능력을 제한할 수 없다면 매수인이 사업인수에 따라 누릴 수 있는 비즈니스상 혜택은 크게 감소될 수 있기 때문에, 매수인의 입장에서는 매도인측의 경쟁금지의무의 대상을 넓혀 매도인에게 인수대상 회사의 주요 주주나 임직원의 경우도 경쟁금지계약(non-competition agreement)을 체결할 것을 요구할 수 있다.

그런데, 경쟁금지의무(noncompetition covenant)는 거래를 제한하는 합의(agreements in restraint of trade)로, 법원은 대체로 지리적 범위와 기간이 합리적(reasonable in geographic scope and duration)이어야 하고, 영업비밀(trade secrets)이나 영업권(goodwill)과 같은 중요한 비즈니스 이익(business interests)을 보호하기 위해 필요한 경우에 한해 그 의무를 강제하는 경향이 있다.[203] 다만, 계약당사자 간 경쟁금지의무의 강제가능성(enforceability)의 문제는 준거법에 따라 다를 수 있기 때문에 관련 거래에 적용되는 준거법을 확인해, 강제할 수 있는 방식으로 계약상 경쟁금지의무의 내용을 구성할 필요가 있다.[204] 결국, 매수인은 매도인으로부터 의미있고 강

202 인수계약상 클로징 이후 매도인의 이행의무는 인수계약상 이행의무조항(covenant clause)에 포함하거나 또는 클로징시에 제공되는 별도의 계약(separate agreement)으로 체결할 수 있다. 별도의 계약으로 체결하는 경우 그 계약의 체결과 전달은 클로징시 인도자료(closing deliverable) 내지 매도인 이외의 자가 관여되는 경우에는 클로징 조건(closing condition)이 될 수 있다.

203 *Wilson v. Electro Marine Sys., Inc.*, 915 F.2d 1110 (7th Cir. 1990).

204 경쟁금지의무의 강제성에 대한 제한은 국가마다 다를 수 있으므로 경쟁금지의무에 대해 어떤 법이 적용되는지를 파악하는 것은 중요하다. 많은 국가에서 경쟁금지의무에 관해 강력한 공공정책(public policies)을 가지고 있기 때문에 이 기준의 적용은 인수계약이나 다른 문서의 목적을 위해 계약상 법의 선택이 유지되는 경우에도, 법원은 경쟁금지의무의 강제를 부인하도록 선택된 국가나 주 이외의 법을 적용할 수 있다. – *Davis v. Ebsco Indus., Inc.*, 150 So.2d 460 (Fla. Dist. Ct. App. 1963) (Noncompetition covenant in the sale of a business, although valid under New York law, which was the law chosen in the agreement, was not enforced as to sales within Florida because of public policy.). 그리고, 경쟁금지의무의 대상과 기간은 당사자의 협상력과 어떠한 적용법률이 강제가능성이 더 높은지 등에 따라 달라질 수 있다. 매수인은 일반적으로 경쟁금지의무가 주주이면서 인수 이후 직원으로서 근무하게 될 사람들에 대해 클로징 이후 일정한 기간 또는 고용계약의 종료 이후 일정한 기간에 걸쳐 경쟁금지의무를 부담하도록 할 수 있다. 이러한 직원의 경쟁금지의무(noncompetition covenant)의 경우 일반적으로 인수대상 회사의 경영이나 정책에 영향을 미칠 수 있는 지위에 있지 않은 사람이나

제할 수 있는 경쟁금지의무를 확보하기 위해서는 그 의무를 폭넓게 인정하는 준거법과 그에 따른 해석을 유지할 수 있는 재판관할을 선택하는 것이 중요하다.

한편, 매수인이 인수대상 기업이나 사업과 연관되어 거래하는 고객 등 제3자와의 관계는 기존의 거래관계뿐만 아니라 클로징 이후에 취득하게 될 비즈니스의 원활한 지속 등 영업권 보장의 중요한 요소이다. 매수인은 인수대상 기업이나 사업을 둘러싼 고객과 기타 거래관계의 유지를 위해 매도인의 지원과 협조가 일정기간 동안 요구될 수 있으며, 이에 매도인의 클로징 이후의 이행의무로 고객 등 비즈니스 관계(business relationships)의 유지에 관한 규정을 둘 필요가 있다. 예를 들어, 매수인이 매도인의 자회사의 주식이나 사업을 인수하는 경우 매수인은 그 인수한 자회사에 필요한 비즈니스를 즉시 수행할 준비가 되어 있지 않을 수 있는데, 이때 일정기간 매도인으로부터 그 자회사에 대한 행정적·관리적 지원이 필요할 수 있다. 매수인은 또한 매도인이나 매도인의 다른 계열사들에 의해 인수대상 회사에 원재료나 필요물품 등을 제공하여 오는 경우에 그 계열사들과의 공급계약의 유지에 매도인의 협력이 요구된다. 그리고, 매수인은 인수대상 기업과 관련해 진행 중이나 발생할 수 있는 소송 등 법적 절차(proceedings)의 적절하고 원활한 수행을 위해, 대상기업이나 사업을 그동안 수행해 온 매도인측의 협조가 필요하다. 또한, 매수인은 클로징 이전에 발생한 대상회사 직원의 고용 관련 문제나 분쟁, 유보부채(retained liability)나 보증 또는 세금 관련 사항 등의 처리를 위해 매도인의 협조를 필요로 한다.

[Example]

아래는 매도인의 클로징 이후 이행의무(post-closing covenants) 관련 기재례들이다. (Sample 1)은 매수인을 보호하기 위해 매도인이 클로징 이후에도 인수거래 관련 비밀정보를 사용하거나 공개하지 못하도록 하는 비밀유지의무(confidentiality) 규정이다. (Sample 2)는 매도인의 인수대상 회사와 경쟁금지(noncompetition), 인수대상 회사의 직원이나 계약자 등을 유인해 그 회사와의 관계를 종료하도록 하

그 회사의 지분을 일정 비율 이하로 소유하는 사람 등에 대해서는 그 의무의 적용대상에서 제외한다. 한편, 경쟁금지의무의 강제가능성(enforceability)의 문제를 보완하기 위해, 매수인은 매도인이 경쟁금지의무와 함께 유인금지의무(nonsolicitation)나 폄하금지의무(nondisparagement)를 추가로 부담하게 할 수 있다. 매수인은 이를 통해 매도인이 인수대상 회사의 직원이나 계약자 등을 유인해 그 회사와의 관계를 종료하거나 방해하는 행위나 인수대상 회사를 폄하하는 행위로 인한 피해를 방지할 수 있다.

거나 방해하는 행위를 금지하는 유인금지(nonsolicitation)와 인수대상 회사를 폄하하는 행위를 금지하는 폄하금지(nondisparagement) 관련 규정이다. 매수인의 인수대상 회사의 영업권을 보장하기 위해, 매도인의 경쟁금지의무와 함께 유인금지의무나 폄하금지의무를 추가해 매도인이 인수대상 회사의 직원, 고객, 공급자 등을 유인하는 행위나 인수회사에 대해 폄하하는 행위를 금지함으로써 매수인의 인수거래로 인한 피해를 방지할 수 있다. 매도인의 경쟁금지의무의 강제가능성에 대한 다툼의 소지를 줄이기 위해, 그 금지의무의 기간이나 지역을 매수인의 인수거래에 따른 비즈니스상 이익을 보호하기 위해 합리적이고 필요한 범위에서 이루어졌다는 점을 명시하고 있다. (Sample 3)는 매도인이 클로징 이후 인수대상 회사에 계류 중이거나 발생할 수 있는 소송 등 법적 절차(proceedings)의 제기나 방어를 위해 매수인에게 협조할 의무를 규정하고 있다. (Sample 4)는 매도인이 클로징 이후 매수인이 인수대상 기업의 고객이나 기타 비즈니스 관계를 원활하게 유지할 수 있도록 매수인에게 협조하도록 하는 의무를 규정한다.

(Sample 1)

(a) As used in this Section XX, the term "Confidential Information" includes any of the following information held or used by or relating to any Acquired Company: (i) all information that is a Trade Secret; (ii) all information concerning product specifications, data, know-how, formulae, compositions, processes, designs, sketches, photographs, graphs, drawings, samples, inventions and ideas, past, current, and planned research and development, current and planned manufacturing or distribution methods and processes, computer hardware, Software and computer software, database technologies, systems, structures and architectures; ...

(b) Each Seller acknowledges the confidential and proprietary nature of the Confidential Information and agrees that such Seller shall, except to the extent required for a Seller who is employed by an Acquired Company to fulfill his or her duties in the course of such employment, from and after the Closing; (i) keep the Confidential Information confidential and deliver promptly to Buyer, or immediately destroy at Buyer's option, all embodiments and copies of the Confidential Information that are in such Seller's possession; (ii) not use the Confidential Information for any reason or purposes; and (iii) without limiting the foregoing, not disclose the Confidential Information to any Person, except with Buyer's Consent.

(c) Section XX(b) does not apply to that part of the Confidential Information that becomes generally available to the public other than as a result of a Breach of this Section XX by any Seller. Confidential Information shall not be deemed "generally available to the public" merely because it is included or incorporated in more general information that is publicly available or because it combines features which individually may be publicly available.

(d) If any Seller becomes compelled in any Proceeding to make any disclosure that is prohibited by this Section XX, such Seller shall, to the extent legally permissible, provide Buyer with prompt notice of such compulsion so that Buyer may seek an appropriate protective order or other appropriate remedy or waive compliance with the provisions of this Section XX. In the absence of a protective order or other remedy, such Seller may disclose that portion (and only that portion) of the Confidential Information that, based upon the opinion of such Seller's counsel, such Seller is legally compelled to disclose; provided, however, that such Seller shall use its best efforts to obtain written assurance that any Person to whom any Confidential Information is so disclosed shall accord confidential treatment to such Confidential Information.

(Sample 2)

(a) For a period of ________ years after the Closing Date:

(i) No Seller shall, directly or indirectly, engage, invest in, own, manage, operate, finance, control, advise, render services to, guarantee the obligations of, be employed by, be associated with, or in any manner be connected with any Person engaged in any business that any Acquired Company conducts as of the Closing Date [in any geographic area in which any Acquired Company conducts such business]; provided, however, that any Seller may acquire or otherwise own less than ________ % of the outstanding capital stock of a Person that is listed on any national securities exchange [or which is registered under Section 12(g) of the Exchange Act].

(ii) No Seller shall, directly or indirectly, (A) cause, induce, or attempt to cause or induce any employee, agent, or independent contractor of any Acquired Company to terminate such relationship; (B) in any way interfere with the relationship between any Acquired Company and any of its employees, agents, or independent contractors; or (C) hire, retain, employ, or otherwise engage or attempt to hire, retain, employ, or otherwise engage as an employee, independent contractor, or otherwise, any employee, agent, or independent contractor of any Acquired Company.

(iii) No Seller shall, directly or indirectly, (A) solicit, induce, or otherwise cause, or attempt to solicit, induce, or otherwise cause, any customer, supplier, licensor, licensee, or any prospective customer, supplier, licensor, or licensee that has been contacted or targeted for contact by any Acquired Company on or before the Closing Date, or any other person engaged in a business relationship with any Acquired Company, to (1) terminate, curtail, or otherwise modify its relationship with any Acquired Company or (2) engage in business with a competitor of any Acquired Company, or (B) interfere in any way with the relationship between any Acquired Company, and any of its customers, suppliers, licensors, licensees, or any such prospective customers, suppliers, licensors, or licensees, or any other Person engaged in a business relationship with any Acquired Company.

(b) No Seller shall make any disparaging statement, either orally or in writing, regarding Buyer, any Acquired Company, the business, products, or services thereof, or any of their respective shareholders, directors, officers, employees, or agents.

(c) Each Seller agrees that this Section XX, including the provisions relating to duration, geographical area, and scope, is reasonable and necessary to protect and preserve Buyer's and the Acquired Companies' legitimate business interests and the value of the Shares and the Acquired Companies, and to prevent an unfair advantage from being conferred on any Seller.

(Sample 3)

After the Closing, each Seller shall cooperate with Buyer and its counsel and make itself and its Representatives available to Buyer and the Acquired Companies in connection with the institution or defense of any Proceeding, whether existing, threatened, or anticipated, involving or relating to the Contemplated Transactions, Buyer, any Seller, or any Acquired Company, including providing testimony, Records, and other information.

(Sample 4)

After the Closing, each Seller shall cooperate with Buyer and the Acquired Companies in their efforts to continue and maintain for the benefit of Buyer and the Acquired Companies those business relationships of any Acquired Company and of such Seller relating to the business of the Acquired Company, including relationships with any customers, suppliers, licensors, licensees, lessors, employees, regulatory authorities, and others. Each Seller shall refer to Buyer and the Acquired Company all inquiries and communications received by such Seller relating to any Acquired Company after the Closing.

3.6 클로징 조건(closing conditions)의 문제

인수계약에서 당사자들은 클로징일까지 인수대상 목적물을 매도인으로부터 매수인에게 이전할 의무를 이행하기 위해 충족해야 할 선행조건(closing conditions;

conditions precedent to the parties' obligations to close)을 설정한다. 클로징의 선행조건이 충족되지 않는 경우 당사자들은 인수계약의 클로징을 거부하고 계약을 해제 내지 종결할 수 있다. 예를 들어, 주식매수계약에서 매도인이 해당 주식을 매수인에게 매각할 의무를 이행하기 위한 선행조건을 규정한 때 그 조건이 충족되지 못하였다면 매도인이나 매수인은 계약을 해제할 수 있다. 또한, 인수거래의 기초가 되는 매도인의 주요 진술사항의 경우 매수인의 입장에서는 그 진술사항이 부정확하다면 인수거래를 종결할 권리를 가질 필요가 있다. 예를 들어, 주식매수계약에서 발행주식수, 매도인의 소유 주식수 등 회사의 자본금 현황을 명시하는 매도인의 진술사항은 매도인의 회사의 지배권을 표창하는 주식의 현황에 관한 중요사항이므로 매도인 소유 주식으로 진술한 주식 중 일부가 실제 제3자가 보유한 주식이라는 점을 클로징 직전에 발견하게 된다면 매수인은 그 진술의 부정확성을 이유로 인수거래를 종결할 필요가 있다.

클로징 조건(closing condition)은 진술(representation)이나 이행의무(covenant)와 차이가 있는데, 당사자의 진술의 정확성과 의무의 이행은 클로징 조건이 될 수 있으나, 클로징 조건이 반드시 진술이나 이행의무에 기초할 필요는 없다. 매도인이 클로징 조건을 충족하지 못하는 경우 매수인은 인수를 완료하지 않을 권리를 가질 수 있지만, 매도인은 부실표시/허위진술(misrepresentation)이나 이행의무를 위반하지 않는 한 매수인에게 클로징 조건을 충족하지 못한 것에 대한 책임을 부담하지는 않는다.

클로징의 조건들로는 거래 당사자들의 필요에 따라 다양한 사항들이 있을 수 있으나, 계약상 당사자의 진술 및 보증(representations and warranties)과 클로징 이전의 이행의무(pre-closing covenants)를 규정하는 경우 이를 클로징의 선행조건(conditions precedent to the parties' obligation to close)으로 나열한다. 다만, 당사자들의 진술 및 보증과 클로징 관련 이행의무와 상관없이, 별도로 성취되어야 하는 일정한 조건들을 클로징 조건(closing conditions)에 포함할 수 있다. 한편, 클로징 조건들을 계약상 나열하는 방법도 다양할 수 있으나, 각 당사자가 인수거래를 완료할 조건들을 분류해, 클로징시 매수인의 이행의무의 선행조건(conditions precedent to the obligations of buyer)과 매도인의 이행의무의 선행조건(conditions precedent to the obligations of seller)으로 구분해 기술할 수 있다. 클로징 조건에 포함되는 사항들로는, 대체로 (i) 인수거래를 완료하기 위해 정부나 이해관계자들로부터 필요한 승인이나 동의를 얻을 것, (ii) 인수거래와 관련해 당사자들 상호간 필요한 자료나

CHAPTER 9

문서를 교환하거나 제공할 것, (iii) 매수인의 인수대상 기업이나 사업의 운영에 장애나 영향을 가져올 수 있는 클레임이나 소송 등 법적 절차가 없을 것,[205] (iv) 인수대상 기업이나 사업에 법규위반이나 이해충돌의 문제가 없을 것, (v) 매수인이 자체적으로 또는 융자 등을 통해 해당 인수거래를 완료할 수 있는 자금을 확보할 것, (vi) 인수대상에 부동산이 포함되어 있거나 그 사업의 특성에 비추어 환경 관련 문제로 인해 매수인의 인수에 지장을 가져올 수 있는 경우 그러한 환경문제가 없을 것[206] 등이 포함된다.

그리고, 인수계약에서는 브링다운조항(bring-down clause)을 두는 것이 일반적이다. "브링다운조항(bring-down clause)"은 인수계약상 매도인의 진술의 정확성을 판단하기 위해, 인수계약 체결일 당시의 매도인의 진술을 마치 클로징일에 이루어진 것처럼 가져오는 것(bring down)을 말한다.[207] 즉, 브링다운조항을 통해 매도인의 진술의 정확성이 인수계약 체결일(signing date) 당시뿐만 아니라 클로징일(closing date) 현재에도 인정될 것을 요구한다. 이는 인수계약의 체결일과 클로징일 사이에 인수대상 회사나 사업에 중대한 변경이 없도록 해 매수인을 보호하는 기능을 한다. 인수계약의 체결일과 클로징일 사이에 대상회사의 사업에 중대한 변경이 있다면 매수인은 인수거래의 클로징을 거부할 권리를 가지거나 또는 매도인에게 면책배상(indemnification)을 요구할 권리를 가져 보호를 받을 수 있다. 브링다운조항에서 클로징시에 매도인이 브링다운인증서(bring-down certificate)를 매수인에게 제공할 것을 규정할 수 있는데,[208] 이를 통해 매도인은 클로징일 현재(as of the closing date)의 자신의 진술의 정확성(accuracy of the representations)을 확인한다. 매도인이 클로징 이전에 그것에 대해 알고 있었는지 여부와 상관없이, 브링다운인

205 주식인수거래에서, 주식소유권(stock ownership)이나 매출액(sale proceeds)과 관련한 클레임이 있는 경우 매수인이 해당 주식의 소유권을 완전하게 인수받을 수 없거나 대상기업의 매출에 문제가 있어 주식가치가 왜곡될 수 있다.

206 환경문제가 발생하는 경우 해당 자산의 가치뿐만 아니라 대상기업의 전체 가치를 약화시켜 매수인에게 상당한 책임과 위험부담이 있을 수 있으므로 매수인은 인수대상 목적물의 환경 관련 소송 등 분쟁, 보고서, 기타 관련 정보의 제공을 클로징의 조건으로 할 수 있다.

207 "브링다운(bring down)"은 매도인 진술(representations)의 클로징일 현재 정확성(accuracy)을 판단하기 위해, 그 진술이 계약체결일로부터 클로징일까지 내려온다("brought down" to the closing date)는 의미를 갖는다.

208 매수인은 클로징시 자신의 의무를 이행하기 위한 클로징 조건으로, 매도인이 계약체결일 및 클로징일 현재 매도인 자신의 진술의 정확성과 클로징일 또는 그 이전에 이행되거나 준수되어야 할 모든 의무이행의 완료를 확인하는 브링다운인증서(bring-down certificate)를 매수인에게 제공하도록 할 필요가 있다.

증서에서 계약체결일과 클로징일 사이에 사실이 아닌 것으로 된 진술을 밝히지 않거나 부정확한 진술이 있는 경우 매수인은 그 브링다운인증서(bring-down certificate)의 부정확성을 근거로 인수거래의 클로징을 거부하거나 매도인을 상대로 면책배상(indemnification)을 청구할 수 있다.

[Example]

아래는 인수계약의 클로징 조건(closing conditions)에 대한 기재례들이다. 일반적으로 클로징시에 매도인의 인수대상 목적물의 적정한 이전 등과 같은 매수인의 이행의무를 위한 선행조건(conditions precedent to the obligations of buyer)이 매수인의 인수대금의 지급 등과 같은 매도인의 이행의무를 위한 선행조건(conditions precedent to the obligations of seller)에 비해 많고 다양하다.

(Sample 1)의 예문 1과 2는 매도인의 진술과 보증 등의 정확성 관련 클로징 조건이다. 이러한 정확성은 계약체결시 및 클로징시에 모두 필요하고, 그 정확성이 모든 면에서 인정되도록 할 수 있으나, 중대성 수식어구(materiality qualification)를 두어 매도인의 진술이 중대한 측면(material aspect)에서 정확하지 않을 경우 매수인이 클로징을 거부하도록 할 수 있다. (Sample 2)는 클로징 이전의 매도인의 의무이행(seller's performance) 준수를 언급한 규정으로, 매도인이 중대한 측면(material respect)에서 클로징 이전의 이행의무를 위반한 경우 매수인은 그에 따른 손해배상을 청구할 수 있고, 클로징을 거부할 수 있다. (Sample 3)는 브링다운인증서(bring-down certificate)에 관한 예문이다. 브링다운인증서는 매도인이 계약체결일 및 클로징일 현재 자신의 진술의 정확성과 클로징일 또는 그 이전에 이행되거나 준수되어야 할 모든 의무의 이행을 확인하는 인증서로, 매도인이 클로징일에 매수인에게 제공한다.

(Sample 4)는 인수거래의 완료를 위해, 매도인이 관련 이해관계인들로부터 동의(consents)를 얻고, 필요한 정부의 승인(governmental authorizations)을 받을 것을 요구한다. (Sample 5)는 매도인이 클로징시에 매수인에게 인도할 관련 문서들을 나열한 예문이다. 이러한 인도문서에는 클로징에 필요한 변호사의 의견서, 클로징과 함께 실행될 관련 계약서 사본, 매도인의 진술과 보증 사항의 정확성을 입증하는 서류, 매도인의 이행이나 준수사항 등을 증명하는 서면, 기타 매수인이 요구한 증서나 클로징 조건을 증명하는 서면 등이 있다. (Sample 6)는 인수계약 체결 이후 매수인에게 어떠한 이의 제기나 구제를 요구하는 등 인수거래에 일정한 영향을 미칠 수 있는 소송 등 법적 절차가 제기되지 않을 것(no proceedings)을

나타내는 예문이다.

(Sample 7)은 주식매수계약에서, 인수대상 회사의 주식 소유관계나 매수대금과 관련된 제3자의 클레임이 없다는 점에 관한 클로징 조건이다. (Sample 8)는 인수거래와 관련해, 매수인이 법구위반이나 이행충돌 등으로 인한 피해가 없을 것(no conflict)을 클로징 조건으로 하는 규정이다. (Sample 9)은 인수계약일 이후 클로징일까지 인수대상 회사가 중대한 부정적 변화가 생기는 것을 방지하기 위해, 인수대상 회사에 중대한 부정적 변경이 없다는 점(no material adverse change)을 클로징 조건으로 한다. (Sample 10)은 인수대상 목적물이 환경문제와 관련되는 경우 매도인의 매수인에 대한 환경보고서(environment report) 등의 제공을 클로징 조건으로 하는 규정이다. (Sample 11)은 매수인에게 요구되는 클로징 조건으로, 이는 매도인의 이행의무를 위한 선행조건이 된다. 여기에는 매수인이 해당 인수거래를 완료할 수 있는 자금을 확보하는 것(financing)을 비롯해 매수인의 이행의무(covenants)와 진술 및 보증(representations and warranties)이 계약체결일 현재 및 클로징일 현재 중요한 면에서 모두 정확할 것 등이 요구된다.

(Sample 1)

1. Buyer's obligations to purchase the Shares and to take the other actions required pursuant to this Agreement to be taken by Buyer at the Closing are subject to the satisfaction, at or prior to the Closing, of each of the following conditions (any of which may be waived in whole or in part by Buyer):
   (a) Subject to Section 8.1(b), each of Sellers' representations and warranties in this Agreement will have been accurate in all material respects as of the date of this Agreement and will be accurate in all material respects as of the Closing Date as if then made, without giving effect to any supplement to the Disclosure Letter.
   (b) Each of Sellers' representations and warranties in Section 3.2(a), 3.3, 3.4, 3.12, and 3.29, and each of the representations and warranties in this Agreement that contains an express materiality qualification, will have been accurate in all respects as of the date of this Agreement and will be accurate in all respects as of the Closing Date as if then made, without giving effect to any supplement to the Disclosure Letter.
2. The representations, warranties and covenants made by Seller herein to Buyer shall be true and correct in all material respects on and as of the Closing Date with the same effect as if such representations, warranties and covenants had been made on and as of date of the Closing, and Seller shall have performed and complied with all agreements, covenants and conditions on their part required to be performed and complied with on or prior to the Closing.

(Sample 2)

- The covenants and obligations that each Seller is required to perform or to comply with pursuant to this Agreement at or prior to the Closing will have been duly performed and complied with in all material respects.
- Seller shall have fully performed all covenants of Seller in this Agreement which must be performed by Seller on or before the Closing.

(Sample 3)

Buyer will have received a certificate executed by each Seller confirming (a) the accuracy of its representations and warranties as of the date of this Agreement and as of the Closing Date in accordance with Section 8.1 and (b) the performance of and compliance with its covenants and obligations to be performed or complied with at or prior to the Closing in accordance with Section 8.2.

(Sample 4)

- Each of the Consents identified in Exhibit 8.4 (the "Material Consents") will have been obtained in form and substance satisfactory to Buyer and will be in full force and effect. Copies of the Material Consents will have been delivered to Buyer.
- Buyer will have received such Governmental Authorizations as are necessary or which it considers desirable to allow Buyer to acquire and own the Shares and for the Acquired Companies and Buyer to own and operate the business of each Acquired Company from and after the Closing.

(Sample 5)

Each of the items to be delivered pursuant to Section 2.4(a) and each of the following documents will have been delivered (or tendered subject only to Closing) to Buyer:

(a) an opinion of ________, dated the Closing Date, in the form of Exhibit 8.6(a);
(b) estoppel certificates executed on behalf of ________ and dated as of a date not more than five days prior to the Closing Date, each in the form of Exhibit 8.6(b);
(c) an executed copy of each of the agreements listed on Exhibit 8.6(c); and
(d) such other documents as Buyer may reasonably request, each in form and substance satisfactory to Buyer, and, if necessary, executed by each Seller or the relevant Acquired Company, for the purpose of:
    (i) evidencing the accuracy of any of Sellers' representations and warranties;
    (ii) evidencing the performance by each Seller of, or the compliance by

each Seller with, any covenant or obligation required to be performed or complied with by such Seller;

(iii) evidencing the satisfaction of any condition referred to in this Article 9; or

(iv) otherwise facilitating the consummation or performance of any Contemplated Transaction.

(Sample 6)

Since the date of this Agreement, there will not have been commenced or threatened against Buyer, or against any Related Person of Buyer, any Proceeding (a) involving any challenge to, or seeking relief (monetary or otherwise) in connection with, any Contemplated Transaction or (b) that could have the effect of preventing, delaying, making illegal, imposing limitations or conditions on, or otherwise interfering with, any Contemplated Transaction.

(Sample 7)

There will not have been made or threatened by any Third Party any claim asserting that such Third Party (a) is the holder or the beneficial owner of any Equity Security of any Acquired Company or (b) is entitled to all or any portion of the Purchase Price.

(Sample 8)

Neither the consummation nor the performance of any Contemplated Transaction will, directly or indirectly (with or without notice or lapse of time), contravene, conflict with, or violate, or cause Buyer or any Related Person of Buyer to suffer any adverse consequence under, (a) any applicable Legal Requirement or Order or (b) any Legal Requirement or Order that has been published, introduced, or otherwise proposed by or before any Governmental Body.

(Sample 9)

Since the date of this Agreement, no Acquired Company will have suffered any Material Adverse Change and no event will have occurred, and no circumstance will exist, that could result in a Material Adverse Change.

(Sample 10)

Buyer will have received reports and other information, in form, scope, and substance satisfactory to Buyer, regarding environmental matters relating to the Facilities, which reports shall include, for each Facility, a report that conforms to the ASTM Standard Practice for Environmental Site Assessments: Phase I Environmental Site Assessment Process, E 1527-05.

(Sample 11)

- Buyer will have obtained, on terms and conditions satisfactory to it, the financing it deems necessary in order to close the Contemplated Transactions and to fund the working capital requirements of each Acquired Company.
- Each of Buyer's representations and warranties in this Agreement will have been accurate in all material respects as of the date of this Agreement and will be accurate in all material respects as of the Closing Date as if they made.
- The obligations of Seller shall be subject to the condition precedent that all warranties, representations, and covenants made by Buyer to Seller in this Agreement shall be true and correct in all material respects on and as of the Closing with the same effect as if such warranties, representations, and covenants had been made on and as of the date of the Closing, and Buyer shall have performed or complied with all agreements, covenants and conditions on its part required to be perfected or complied with on or prior to the Closing.

3.7 면책배상(indemnification) 관련 문제

인수거래의 매수인은 거래에 따른 위험부담을 줄이기 위해 인수계약상 매도인의 진술이나 필요한 특정한 사항에 대해 매도인이 매수인을 면책배상(indemnification)할 것을 요구한다.[209] 다만, 매도인은 더 이상 소유하지 않게 되는 인수대상 목적물에 대한 책임을 부담하지 않으려 하기 때문에 면책배상의 문제는 인수계약 당사자들 사이에 치열한 논쟁의 대상이 된다. 면책배상(indemnification)과 관련해서는, 면책배상청구의 시기를 비롯해 배상의 바스켓(basket)과 상한선(cap) 등 다양한

209 인수계약에서는 면책배상(indemnification)과 함께 계약위반에 따른 구제방법을 규정할 수 있다. 계약위반에 따라 피해를 입은 당사자는 손해배상을 비롯해, 계약취소(rescission), 특정이행(specific performance), 금지명령(injunctive relief), 정정(reformation) 등 형평법상 구제방법(equitable remedies)을 행사할 수 있다. 계약위반으로 인한 손해배상은 직접적이고 실제 발생한 손해에 대한 전보적 손해배상(compensatory damages)을 원칙으로 한다. 전보적 손해배상 이외의 손해에 대해서는 당사자 간 분쟁의 대상이 될 수 있으므로 매도인의 입장에서는 징벌적 손해배상(punitive damages), 부수적 또는 결과적 손해배상(incidental or consequential damages) 등에 대한 책임을 부담하지 않기 위해 이를 계약에서 명시적으로 배제하는 것이 좋다. 인수계약에서 계약법에 근거한 구제책 외에도, 매수인이 계약을 이행할 의도가 전혀 없이 계약을 체결하는 등 사기(fraud)에 근거한 클레임과 같은 불법행위 구제책(tort remedies)이 가능할 수 있으며, 진술위반과 관련된 소송에서 피해당사자는 사기, 증권법 위반, 기타 법령위반 등을 근거로 클레임을 제기할 수 있다.

이슈들에 대한 당사자 간 광범위한 협상이 요구된다. 면책배상규정(indemnification provision)은 인수거래의 유형이나 구조, 당사자 간 거래관계, 인수대상 기업이나 비즈니스의 특성 등과 관련된 당사자 간 책임이나 위험부담의 정도에 따라 다를 수 있다.[210]

인수계약상 면책배상의 사유는 다양할 수 있는데, 당사자의 진술(representations)이나 이행의무(covenants)의 위반으로 인해 거래를 클로징하지 못할 경우 피해당사자는 그 위반당사자에게 면책배상청구를 할 수 있다. 또한, 인수계약의 클로징 이후 클레임(post-closing claim)은 주로 계약상 진술이나 이행의무 위반과 관련이 있으나, 매수인은 그 위반에 따른 구제방법과 별도로 면책배상규정을 둘 수 있다. 예를 들면, 매도인은 인수대상 기업과 관련한 소송이 없다는 진술을 하면서, 그 예외로 일정한 소송문제를 공개할 수 있다. 이러한 진술의 예외사항이 진술의 위반이 되는 것은 아니지만, 매수인의 입장에서는 그 공개된 소송에서 발생할 수 있는 피해를 방지하기 위해 그 소송으로부터 발생할 수 있는 손실과 관련해 매도인으로부터 면책배상을 받을 필요가 있다. 매수인은 또한 인수대상 회사의 알려지지 않은 책임(unknown liabilities)으로 인한 피해를 볼 수도 있어 매도인에게 이에 따른 면책배상을 요구할 수 있으며, 이러한 면책배상은 계약상 당사자 간 위험배분(risk allocation)의 기능을 한다.[211]

210 특정한 비즈니스 리스크와 책임은 계약상 단순한 진술(representations)에 의해 적정하게 보상되지 않을 수 있으며, 면책배상책임의 규정에 의해 보상될 수 있는데, 일반적으로 매도인의 매수인에 대한 면책배상조항은 인수계약에서 당사자에게 큰 부담으로 작용할 수 있어 매도인의 이익과 매수인의 이익 사이에 상충될 수 있다.

211 보통법(common law)상 면책배상(indemnification)은 원고가 제3자에게 지급한 금액의 상환(reimbursement)을 피고에게 청구할 수 있는 원상회복적 소송원인(restitutionary cause of action; restitutional remedy)의 일종이었다. 예를 들어, 매도인의 소송 관련 진술에서 계류 중인 소송을 모두 공개한다고 하면서, 계류 중인 소송의 일부를 누락해 매수인에게 손해가 발생한 경우 매도인이 그 누락된 소송으로 인한 소송상 방어비용 등 손해에 따른 피해로부터 매수인을 면책하도록 하는 것이다. 다만, 오늘날 면책배상(indemnification)은 그 원인과 상관없이, 인수계약의 위반이나 다른 특정한 사건으로 인한 모든 손실과 비용에 대한 보상(compensation)을 의미하는 보다 폭넓은 개념으로 정의되고 있다(*Atari Corp. v. Ernst & Whinney*, 981 F.2d 1025 (9th Cir. 1992) (the term "indemnification" is not limited to repayment of amounts expended on third-party claims); *Edward E. Gillen Co. v. United States*, 825 F.2d 1155 (7th Cir. 1987)). 이에, 계약상 면책배상의 대상이 되는 손실(loss)의 의미를 광범위하게 정의해 제3자의 클레임(third-party claims)과 관련이 없는 손실을 포함할 수 있다. 그리고, 인수계약상 매도인의 진술이 진실한지 여부와 상관없이, 매도인은 인수대상 회사에서 발생할 수 있는 피해로부터 매수인을 보호하기 위해 면책배상을 제공할 수 있는데, 이는 당사자 간 계약상 위험을 분배하는 기능을 한다. 예를 들면, 인수대상 회사가 클로징일

인수계약에서 피면책배상자(indemnified person)는 대체로 인수대상 회사와 연관되어 손실을 입을 수 있거나 또는 소송에서 피고가 될 수 있는 매수인 자신 및 매수인에 속하는 임원, 주주 등을 포함해 사실상 매수인측과 연관된 모든 사람이 포함될 수 있다. 그리고, 인수대상 회사는 인수계약의 당사자는 아니지만, 그 인수회사가 매도인의 진술위반 등으로 피해를 입는 경우, 예를 들면, 매도인의 진술과 달리 인수회사의 미수금(receivables)에 결손이 생겨 매수인에게 손해가 발생할 수 있으므로, 매수인의 이러한 피해를 방지하기 위해 인수대상 회사를 면책배상을 받는 자에 추가할 수 있다.

면책배상의 범위와 관련해, 인수계약에서 일반적으로 클로징시에 매도인이 매수인에게 브링다운인증서(bring-down certificate)를 제공하도록 하는데, 이를 통해 매도인의 진술의 정확성이 인수계약 체결일(signing date) 당시뿐만 아니라 클로징일(closing date) 현재에도 인정된다는 점을 확인한다.[212] 즉, 매도인이 클로징 이전에 그것에 대해 알고 있었는지 여부와 상관없이, 브링다운인증서에서 계약체결일과 클로징일 사이에 사실이 아닌 것으로 된 진술을 밝히지 않거나 부정확한 진술이 있는 경우 매수인은 브링다운인증서(bring-down certificate)의 부정확성을 근거로 매도인을 상대로 면책배상(indemnification)을 청구하도록 인수계약에 규정할 수 있다.

그런데, 면책배상액에 대한 일정한 제한을 가할 수 있는데,[213] 일정한 배상문턱치(threshold)를 넘는 경우에만 면책배상자가 피면책배상자에게 손해를 배상하도록 할 수 있다. 면책배상에서 배상문턱치(threshold)의 설정은 당사자의 진술내용이 현실적으로 완전히 정확하기는 어려울 수 있다는 점을 감안해 일정한 배상문턱치에 이르지 않는 손해에 대해서는 배상책임을 묻지 않도록 하는 것이다. 다만, 계약상 당사자들은 면책배상이 인정되는 사유에 따라 배상문턱치를 달리 설정하거나 또는 일정한 종류의 면책배상에 대해서는 예외규정(carve-outs; exceptions)을 두어 배상

이전에 제조하거나 판매한 상품과 관련된 손해에 대해서는 매수인을 면책배상한다고 할 수 있다. 계약상 면책배상규정(indemnification clause)의 주요 쟁점 등 자세한 내용은 "Chapter 5. VI. Indemnification Clause(면책배상조항)" 단원을 참고하기 바란다.

212 이는 인수계약의 체결일과 클로징일 사이에 인수대상 회사의 비즈니스에 중대한 변경이 없도록 해 매수인을 보호하는 기능을 한다.

213 인수계약의 면책배상조항에서 면책배상의 내용으로 매도인이 매수인 및 매수인측 면책배상대상자에게 손실의 상환(reimbursement)뿐만 아니라 손해배상의 지급(payment)을 청구할 수 있는 것으로 규정할 수 있다. 이는 면책배상의 의미를 보통법상 원상회복적 의미로 좁게 해석해 손해배상의 지급 여부에 관한 당사자 간 다툼의 여지를 방지하는 데 도움이 된다.

문턱치와 관계없이 매도인으로 하여금 절대적 면책배상책임을 부담하게 할 수 있다. 이러한 배상문턱치에 대응해 일정한 한도 내에서만 면책배상을 인정하는 최대배상한도(maximum indemnification limit; cap)를 설정할 수 있다.

그리고, 인수계약상 인수대상 목적물과 관련한 제3자의 클레임(third-party claim), 즉 제3자가 매수인이나 인수대상 회사에게 소송 등 클레임을 제기하는 경우 매도인으로 하여금 매수인에게 면책배상을 하도록 규정할 수 있다.[214] 이때 클레임의 대응에 있어 매도인의 참여나 통제가 가능하도록 할지 여부는 당사자 간 합의에 따라 다를 수 있으나, 매도인은 면책배상자의 입장에서 자신이 부담할 수 있는 금전적 배상책임에 부정적 결과(adverse consequences)를 초래할 수 있는 위험이 있을 경우에는 매수인의 대응방안에 대한 통제권을 보유할 필요가 있다. 매도인의 면책배상의무의 이행을 담보하기 위해, 매수인은 자신의 인수대금채무와 매도인의 면책배상채무를 상계할 권리(setoff right)를 유보하고, 인수대금(purchase price)을 에스크로(escrow)에 일부 예치하거나, 어음(note), 클로징 이후 매수대금의 조정(post-closing purchase price adjustment), 언아웃(earnout) 등에 의해 지급하는 방안을 고려할 수 있다. 매도인의 경우 면책배상청구에 따른 불안정성을 제거하기 위해 그 청구에 기한(time limitations)을 둘 수 있는데, 이는 인수대상 기업의 실사의 정도, 관련 사업의 특성이나 종류, 인수대금의 결정방법, 당사자들의 협상력 등에 따라 달라질 수 있다. 그리고, 인수계약에서 당사자들의 특정한 진술(representations), 보증(warranties), 이행의무(covenants) 등에 대해 관련 당사자의 클로징 이후 책임(post-closing liability)의 근거를 제공하기 위해 존속조항(survival clause)을 두어 클로징 이후에도 존속조항상 권리에 대한 구제방법을 보존할 수 있다.

한편, 매수인의 매도인에 대한 면책배상은 매도인의 매수인에 대한 면책배상과

214 제3자 클레임과 관련해, 피면책배상자인 매수인이 과실이나 위법행위가 있거나 제조물책임(product liability) 등과 같은 엄격책임(strict liability)을 부담하는 때에는 매도인의 입장에서는 그 배상책임을 면제하도록 할 필요가 있다. 피면책배상자가 부담해야 할 책임을 면책배상자에게 이전하는 사항을 계약상 규정할 경우에는 분쟁을 예방하기 위해 관련 규정을 대문자 등으로 눈에 띄게 뚜렷하게(conspicuously) 표기할 필요가 있다(Restatement Second of Contracts § 195). 법원은 면책배상조항(indemnification provision)이 충분히 구체적이지 않다면 피면책배상자 자신의 과실이나 엄격책임 등에 따른 책임부담을 면책배상자에게 전가하는 것을 거부할 수 있다. – *Fina, Inc. v. ARCO*, 200 F.2d 300 (5th Cir. 2000): In *Fina*, the court concluded that the broad clause in an asset purchase agreement did not satisfy the clear and unequivocal test in respect of strict liability claims because there was no specific reference to claims based upon strict liability.

유사할 수 있지만, 매수인이 매도인에게 지급할 인수거래 대가(consideration)의 지급방법과 그에 따른 진술의 범위에 따라 달라질 수 있다. 매수인이 인수대금을 현금으로 일괄적으로 지급하는 경우 매수인의 진술사항은 대체로 얼마되지 않기 때문에 매수인이 클로징 이후의 면책배상(post-closing indemnification) 관련 책임을 부담할 위험이 거의 없다. 그런데, 매수인이 인수대금의 전부 또는 일부를 주식이나 약속어음 등으로 지급하는 경우 그 지급의 적정성이나 확실성에 의문이 있을 수 있으므로 매도인은 자신에게 유리한 더 광범위한 진술과 면책배상을 매수인에게 요구할 수 있다.

[Example]

아래는 인수계약상 면책배상(indemnification) 관련 규정의 기재례들이다. (Sample 1)은 인수계약상 매도인의 매수인에 대한 면책배상조항의 예문이다. 여기서 매도인이 매수인측 면책배상대상자(buyer indemnified persons)에게 "pay(지급)"이나 "reimburse(상환)"를 해야 한다고 함으로써, "indemnify(면책배상)"의 범위를 명확히 하고 있다. (a)의 (i)항과 (ii)항에서 해당 계약이나 공개서신(disclosure letter)과 그 부록에 명시된 진술, (iii)항에서 브링다운인증서(bring-down certificate)에서 언급된 진술, (iv)항에서 계약에 따라 제공된 인증서, 문서, 기타 서류에서 작성된 진술과 보증 등이 부정확한 경우 면책배상을 인정한다. (b)에서는 관련 사항의 금액이나 중요성 또는 클로징의 전후에 일어났는지와 상관없이, 이행의무위반에 대한 면책배상을 규정한다. (d)에서 매도인은 클로징일의 대차대조표에 반영되지 않은 광범위하게 정의된 세금에 대한 면책배상책임을 진다.

(Sample 2)는 면책배상금액에 배상문턱치(threshold) 등 일정한 제한을 설정하는 규정의 예문이다. 당사자가 면책배상의 대상이 되는 진술 등을 완전히 정확하게 하기 어렵다는 점에서 배상금이 배상문턱치까지 누적되지 않는 한 그보다 적은 금액에 대해서는 분쟁을 피하고 면책배상을 하지 않기로 하는 것이다. 다만, 배상문턱치에 따르지 않는 예외의 경우를 둘 수 있는데, (a)항의 마지막 문장에서는 "Sections 3.1, 3.2, 3.3, 3.11, 3.13, 3.19, 3.24, or 3.28"상 진술과 보증을 배상문턱치(threshold)에서 제외하고 있다. (Sample 3)는 면책배상 관련 클레임이 제기되는 경우 그 클레임에 엄격책임(strict liability) 등이 적용되는 법률이나 피면책배상자의 과실(negligence) 유무와는 상관없이, 피면책배상자가 면책배상자에게 면책배상에 따른 책임을 물을 수 있도록 하는 규정이다. 이는 피면책배상자가 가진 책임부담의 위험을 면책배상자에게 이전하는 조항으로 당사자 간의 분쟁을 예방하

CHAPTER 9

기 위해 대문자 등으로 눈에 띄게 뚜렷하게(conspicuously) 표기할 필요가 있다.

(Sample 4)는 매수인의 매도인에 대한 인수대금 지급채무와 매도인의 매수인에 대한 면책배상채무를 상계할 권리(setoff right)를 규정한 예문인데, 이는 매수인의 매도인에 대한 면책배상을 강제하고 그 의무의 이행을 확보하기 위한 것이다. 이와 관련해, 매수인은 또한 인수대금을 에스크로(escrow)에 일부 예치하거나, 어음, 클로징 이후 매수대금의 조정, 언아웃(earnout) 등에 의해 지급하는 방안을 고려할 수 있다. (Sample 5)는 면책배상 관련 통지기간의 제한(time limitations)에 관한 예문이다. 당사자들이 인수계약상 면책배상으로 인한 불확실성을 일정기간 이후에는 제거하길 원하는 때 진술위반 등에 대한 면책배상청구에 일정한 통지기간을 정할 수 있다. (Sample 6)는 매수인의 매도인에 대한 면책배상의 예문이다. 이는 매도인의 면책배상과 유사하지만, 매수인의 면책배상의 중요성은 매수인이 지급할 대가의 유형과 진술의 범위에 따라 달라질 수 있다. 현금거래에서 매수인의 진술사항은 일반적으로 매우 적으며, 클로징 이후의 면책배상책임의 위험이 거의 없다. 다만, 주식이나 약속어음이 매수대금의 일부나 전부로 제공되는 경우 매도인은 자신에게 유리한 더 광범위한 진술과 면책배상을 매수인에게 요구할 수 있다.

(Sample 1)

Sellers, jointly and severally, shall indemnify and hold harmless Buyer, the Acquired Companies, and their respective Representatives, shareholders, Subsidiaries, and Related Persons (collectively, the "Buyer Indemnified Persons") from, and shall pay to Buyer Indemnified Persons the amount of, or reimburse Buyer Indemnified Persons for, any Loss that Buyer Indemnified Persons or any of them may suffer, sustain, or become subject to, as a result of, in connection with, or relating to:

(a) any Breach of any representation or warranty made by Sellers in (i) this Agreement or the Disclosure Letter (without giving effect to any supplement to the Disclosure Letter), (ii) any supplement to the Disclosure Letter, (iii) the certificate delivered pursuant to Section 8.3 (without giving effect to the words "in all material respects" in Section 8.1(a)), or (iv) any other certificate, document, or other writing delivered by Sellers pursuant to this Agreement;

(b) any Breach of any covenant or obligation of any Seller in this Agreement or in any certificate, document, or other writing delivered by any Seller pursuant to this Agreement;

(c) any claim by any Person for brokerage or finder's fees or commissions or similar payments based upon any agreement or understanding made, or alleged to have been made, by any such Person with any Seller or any

Acquired Company (or any Person acting on their behalf) in connection with any Contemplated Transaction; or

(d) (i) any Taxes of any Acquired Company not reflected on the Closing Date Balance Sheet relating to periods on or prior to the Closing Date, and (ii) any liability of any Acquired Company for Taxes of any other Person, as a transferee or successor, by Contract or otherwise.

(Sample 2)

If the Closing occurs, Sellers shall have no liability with respect to claims under Section 11.2(a) until the aggregate of all Losses suffered by all Buyer Indemnified Persons with respect to such claims exceeds $________; provided, however, that if the aggregate of all such Losses exceeds $________, Sellers shall be liable for all such Losses. [If the Closing occurs, the aggregate liability of Sellers with respect to Losses for claims under Section 11.2(a) shall not exceed $________.] However, this Section 11.6(a) will not apply to any Breach of which a Seller has Knowledge at any time at or prior to the date on which such representation and warranty was made or to any Breach of any representation or warranty in Sections 3.1, 3.2, 3.3, 3.11, 3.13, 3.19, 3.24, or 3.28.

(Sample 3)

STRICT LIABILITY OR INDEMNITEE NEGLIGENCE.
THE PROVISIONS IN THIS ARTICLE XX SHALL BE ENFORCEABLE REGARDLESS OF WHETEHR THE LIABILITY IS BASED UPON PAST, PRESENT, OR FUTURE ACTS, CLAIMS, OR LEGAL REQUIREMENTS (INCLUDING ANY PAST, PRESENT, OR FUTURE ENVIRONMENTAL LAW, OCCUPATIONAL SAFETY AND HEALTH LAW, OR PRODUCTS LIABILITY, SECURITIES, OR OTHER LEGAL REQUIREMENT) AND REGARDLESS OF WHETHER ANY PERSON (INCLUDING THE PERSON FROM WHOM RELIEF IS SOUGHT) ALLEGES OR PROVES THE SOLE, CONCURRENT, CONTRIBUTORY, OR COMPARATIVE NEGLIGENCE OF THE PERSON SEEKING RELIEF, OR THE SOLE OR CONCURRENT STRICT LIABILITY IMPOSED UPON THE PERSON SEEKING RELIEF.

(Sample 4)

Upon notice to Sellers' Representative specifying in reasonable detail the basis therefor, Buyer may set off any amount to which it claims to be entitled from any Seller, including any amounts that may be owed under this Article XX or otherwise, against amounts otherwise payable under the Promissory Notes or any provision of this Agreement. The exercise of such right of setoff by Buyer in good faith, whether or not ultimately determined to be justified, will not constitute a default under this Agreement, the Promissory Notes, or any instrument securing any of the Promissory Notes, regardless of whether any

Seller disputes such setoff claim, or whether such setoff claim is for a contingent or an unliquidated amount. Neither the exercise of, nor the failure to exercise, such right of setoff or give notice of a claim under the Escrow Agreement will constitute an election of remedies or limit Buyer in any manner in the enforcement of any other remedies that may be available to it.

(Sample 5)

(a) If the Closing occurs, Sellers shall have liability under Section 11.2(a) with respect to any Breach of a representation or warranty (other than those in Sections 3.1, 3.2, 3.3, 3.11, 3.13, 3.19, 3.24, or 3.28, as to which a claim may be made at any time), only if on or before the date that is three years after the Closing Date, Buyer notifies Seller' Representative of a claim, specifying the factual basis of the claim in reasonable detail to the extent known by Buyer.
(b) If the Closing occurs, Buyer shall have liability under Section 11.4(a) with respect to any Breach of a representation or warranty (other than those in Sections 4.1, 4.2, and 4.5, as to which a claim may be made at any time), only if on or before the date that is three years after the Closing Date, Sellers notify Buyer of a claim specifying the factual basis of the claim in reasonable detail to the extent known by Sellers.

(Sample 6)

Buyer shall indemnify and hold harmless Sellers from, and shall pay to Sellers the amount of, or reimburse Sellers for, any Loss that Sellers or any of them may suffer, sustain, or become subject to, as a result of, in connection with, or relating to:
(a) any Breach of any representation or warranty made by Buyer in (i) this Agreement, (ii) the certificate delivered pursuant to Section 9.3, or (iii) in any other certificate, document, or other writing delivered by Buyer pursuant to this Agreement;
(b) any Breach of any covenant or obligation of Buyer in this Agreement or in any certificate, document, or other writing delivered by Buyer pursuant to this Agreement; or
(c) any claim by any Person for brokerage or finder's fees or commissions or similar payments based upon any agreement or understanding made, or alleged to have been made, by any such Person with Buyer (or any Person acting on its behalf) in connection with any Contemplated Transaction.

Ⅸ. Joint Venture Agreement(합작투자계약)

1. 합작투자계약(joint venture agreement)의 이해

해외투자를 하는 경우 금융자산에 대해 투자를 하거나 또는 현지 사업에 직접 투자를 하게 된다. 합작투자(joint venture)는 직접투자의 한 형태로 해외 현지 자본과 공동으로 합작회사를 설립해 경영하게 되는데, 이는 여러 파트너가 같은 사업을 동업의 형식으로 운영하는 것이다. 사업을 시작할 때 사업에 소요되는 자금, 인적 또는 물적 시설, 경영진 등의 역할 등 다양한 요소들을 고려할 필요가 있는데, 합작회사는 각 투자자들이 투자자금을 분담해 지분을 취득하고 그들간의 경제적인 활동을 수행하기 위해서 조직한 형태로 공동출자회사라 할 수 있다. 합작회사의 법적 정의는 국가에 따라 또는 미국의 경우 주마다 다를 수 있으나,[215] 일반적으로 합작회사는 개인이나 기업의 집단이 함께 특정한 목적을 위해 설립해 일정한 기간 동안 그 목적사업을 수행하며 존속하는 기업이다. 합작투자는 합작회사의 자금과 위험을 다수의 투자자들에게 분산할 수 있고, 특수한 기술, 영업의 노하우 등 독특한 무형의 자산을 보다 용이하게 조달할 수 있으며, 투자자들의 합의에 따라 원하는 대로 계약을 체결하여 법인을 설립할 수 있다는 이점이 있다. 그리고, 해외투자 시에 합작투자방식은 현지 사업에서 위험부담을 줄이고, 현지 기업과 상호보완적 기술이나 특허를 활용하고, 현지 정부에서 요구하는 투자나 무역장벽 등을 극복할 수 있는 이점이 있다. 합작투자는 신설법인을 설립하는 방식으로 이루어질 수도 있고, 기존 현지법인의 일부 소유권을 취득하는 방식으로 이루어질 수도 있다. 해외에서 합작투자방식은 현지 국가의 규제로 인해 단독투자방식을 이용할 수 없거나 필요로 하는 원료 및 자원을 현지 파트너가 생산하고 있어 원료 및 자원의 입수가

215 회사법상 기업의 유형은 다양할 수 있으나, 우리나라 상법상 회사의 종류는 합명회사(partnership company), 합자회사(limited partnership company), 주식회사(stock company), 유한회사(limited company), 유한책임회사(limited liability company) 등이 있다. 미국의 경우 다양한 회사가 있는데, 일반적으로 Sole Proprietorship(개인사업체), Incorporation(주식회사), Limited Liability Company(LLC; 유한책임회사) 등이 있다. 이외에, 정부가 소유하거나 운영하는 회사(government-owned company; state-run company), 주식공개(IPO; initial public offering)를 거친 상장회사(listed company), 모회사(parent company), 자회사(subsidiary company), 계열회사(affiliated company), 지주회사(holding company) 등 다양한 유형의 회사들로 분류할 수 있다.

현지 진출을 위한 전제조건이 되거나, 다각적인 제품을 취급하는 기업의 경우 현지 마케팅 노력이 요청되거나 또는 해외 사업운영에 필요한 자본 및 경영능력 부족을 해결하고자 하거나 또는 해외 사업경험이나 협상력이 부족한 때 선호된다.

Joint Venture Agreement(합작투자계약)는 이러한 합작회사를 설립 운영하기 위한 제반 사항을 정하는 계약으로, 합작회사의 투자자들 사이의 투자계약(investment agreement)의 일종이라 할 수 있다.[216] 합작투자계약(joint venture agreement)은 또한 회사의 투자자들 내지 주주 간에 이루어지는 계약으로 주주간계약(shareholders' agreement)과 유사한데, 엄격하게 보면 그 계약의 목적이나 성격상 차이가 있을 수 있다. 즉, 합작투자계약은 당사자 간 공동투자의 조건, 예를 들면, 자금조달의 전제조건(pre-conditions to funding)과 그 대가로 어떠한 약속이 주어지는지를 정하기 위한 것인 반면, 주주간계약은 주주들 간 의사결정의 약정(decision-making arrangements)과 해당 사업의 운영방식에 대한 주주의 통제권(controls)을 정하는 것을 주된 목적으로 한다. 합작투자계약은 특정 투자거래에만 관련이 되는 데 반해, 주주간계약은 주식의 발행과 회사의 의사결정 등과 같은 회사경영의 다양한 측면을 포함해 그 적용범위가 더 넓을 수 있다.[217] 합작투자계약에서 투자자가 회사의 주주가

216 투자계약(investment agreement)은 투자자와 투자회사 내지 투자회사의 주요 주주간계약으로, 투자자는 수익을 얻을 목적으로 자금을 제공하며, 회사는 사업에 대한 투자자의 재정적 투자를 보호한다. 기업이 새로운 자금을 받아들일 때는 회사와 투자자 모두 거래에 내재된 일정한 위험을 떠맡게 된다. 투자계약을 통해 양측이 상호 수용가능한 방식으로 이러한 위험을 식별하고 관리해 현재와 미래의 투자조건을 명확히 할 필요가 있다. 투자계약은 회사에 제공되는 자금의 유형에 따라 여러 형태로 나타날 수 있으며, 그 형태에 따라 다양한 조건이 있을 수 있다. 이에는 합작투자계약(joint venture agreement)을 비롯해 일반적 주식매수계약(stock purchase agreement)이 있으며. 투자자나 근로자들이 일정한 조건에 따라 주식매입선택권을 갖는 스톡옵션계약(stock option agreement), 회사에 자금을 대여하고 나중에 상환받거나 소유지분을 받을 수 있는 전환채무계약(convertible debt agreement) 등도 투자계약의 형태일 수 있다. 이러한 투자계약의 조건은 투자의 특정한 목적이나 구조, 투자자의 투자금액과 투자시기 이외에, 구체적인 계약조건은 투자되는 자금의 종류에 따라 광범위하고 다양할 수 있지만, 대체로 주식발행, 이자율이나 수익률의 지급 등 투자자의 수익률을 조정하는 방법과 투자의 상환의 시기와 방법 등이 포함될 수 있으며, 투자와 관련된 정보의 민감성에 비추어 비밀을 유지하는 비밀유지조항을 둔다. 미국에서 투자계약은 Securities Act of 1933에 의해 규율되는데, 미국의 SEC(Securities and Exchange Commission)에 따르면, 투자계약은 "Howey Test(하위 테스트)"에서 제시한 기준을 충족할 필요가 있다. 그리고, 투자계약상 투자자는 투자 대상기업으로부터 투자수익률(ROI; return on investment)을 예상하는데, 투자수익률(ROI)의 계산방법이나 수익의 지급시기 등에 관한 사항을 투자계약서에 포함한다. 투자수익률(ROI)은 일반적으로 관련 이익(benefit)을 비용(cost)으로 나누어 산정된다.

217 주주간계약에서 주주들은 회사의 공동소유자로서 대체로 회사의 경영상황에 관심을 가지고 회사 설립시에 자신들의 의견을 반영하려 한다. 이에, 주주간계약에는 회사의 지배구조나 회

되지 않고 회사에 투자를 하는 형태로 이루어지는 경우, 투자자는 일반적으로 회사에 대한 자금지원의 대가로 투자자를 위한 회사의 의무와 보증을 요구하며, 회사의 경영에는 참여하지 않는다. 반면, 주주간계약은 회사의 비즈니스와 관련해 주주들에 대한 지속적인 의무를 포함하며, 자금의 대출이나 자산의 취득 등 일정한 중요한 결정은 주주들의 동의를 필요로 할 수 있다. 다만, 양 계약의 이와 같은 목적이나 성격의 차이에도 불구하고, 계약서의 제목과는 상관없이, 당사자 간 필요에 따라 합작투자계약서에 공동투자의 조건으로 투자자들 상호간의 자금출자와 합작투자법인을 설립에 관한 사항뿐만 아니라 회사의 경영상 의사결정 방법, 당사자들의 지분이전의 제한 등을 포괄적으로 규정할 수 있다.

2. 합작투자계약(joint venture agreement)의 주요 고려사항

합작투자계약(joint venture agreement)은 투자자들 간 공동의 목적사업을 위해 회사를 설립하여 운영하기 위한 투자계약으로,[218] 계약서 작성시 고려할 주요사항은 다음과 같다.

① 회사설립 관련 기본적 사항의 결정: 합작투자계약은 합작회사의 상호, 본점

사의 의사결정에 있어 주주간 권한으로, (i) 이사 등 경영진의 임명권자, (ii) 신주발행의 시기, 방법, 대상 등 신주발행에 관한 사항, (iii) 주주의 주식 매각이나 양도의 방법, (iv) 회사가 주주에게 공개해야 하는 정보, (v) 주주들이 회사 운영 방식에 대한 발언권을 가질 수 있는 방법과 시기 등을 포함한다.

218 합작투자계약(joint venture agreement)을 비롯한 투자계약(investment agreement)은 당사자 간의 분쟁의 발생이나 한쪽 당사자가 투자계약에서 벗어나기를 원하는 경우를 포함한 다양한 위험과 각 당사자의 권리와 의무를 배분할 필요가 있다. 특히, 소수주주(minority shareholders)로 투자하는 경우 투자계약을 통해 투자자금이 예상되는 방식으로 사용되는지, 회사 전략에 대한 적절한 발언권과 투자수익을 얻는 방법 등에 대해 명확히 할 필요가 있다. 그리고, 투자대금의 지급조건을 규정하는데, 투자의 프로세스에 따라 단계별로 투자가 이루어지는 경우 투자시기에 따른 금액을 설정한 마일스톤에 따라 투자의 분할지급(tranche payments)이 이루어질 수 있다. 자금의 분할지급(tranches of funding)은 특정 조건을 충족하거나 특정 마일스톤의 충족과 연계되어 자금이 투자되는 것이다. 자금의 첫 번째 분할지급(the first tranche of funding) 이후 또는 회사가 다른 분할지급을 이용할 수 있게 되기 전에 발생해야 하는 사건(trigger events)이 있을 수 있다. 투자계약은 얼마나 많은 자금의 분할지급이 있을 것인지, 그 분할자금의 지급액, 분할자금지급이 조건이 있는지 등을 명시해야 한다. 자금의 추가 분할지급에 관한 일반적 조건은 관련 마일스톤이 달성되었고, 사업의 재무상태에 중대한 부정적 변화(material adverse change)가 없으며, 회사가 상환능력을 유지하고 있다는 것을 포함한다. 투자계약서에는 이러한 조건이 충족되지 않거나 특정 기한까지 충족되지 않을 경우의 결과도 명시한다.

소재지, 자본금, 출자비율, 주식의 종류, 신주인수권 등 주식 관련 제한사항, 주주총회, 이사 및 이사회, 대표권, 영업기간 등을 결정하고 이를 합작회사의 정관(articles of incorporation)이나 내규(by-laws) 등을 통해 작성하는 등 회사 설립에 관한 기본적인 사항을 규정한다.

② 합작회사의 경영권에 관한 합의: 합작투자계약에서 합작회사의 정관 등 회사규칙의 제정이나 개정, 증자, 중요 자산의 양수도, 주요 계약의 체결, 중요한 차입 및 보증, 기본적 경영방침의 수립 및 결정방법 등 합작회사의 경영권에 관한 합의를 할 수 있다. 여기서 합작회사의 경영권 내지 지배권을 배분하는 것이 문제된다.[219] 각 당사자가 균등하게 투자를 하는 경우 그 당사자들은 동등하게 발언권을 가질 수 있는데, 회사의 경영에 완전한 평등을 실현하기는 쉽지 않을 수 있으므로 회사의 경영에 각 당사자 간의 이해관계를 조화롭게 조정할 수 있는 방안을 마련할 필요가 있다. 합작투자계약의 당사자들이 대등한 지분으로 참여하는 합작투자에 있어서는 관계가 악화될 경우 악화된 관계의 해소가 중요하며, 일방 당사자가 불측의 손해를 입을 위험은 상대적으로 낮은 편이다. 그런데, 합작회사에 소수주주로 참여하는 당사자의 경우 자본다수결의 원칙에 따른 경영권 참여가 어려울 수 있으므로 합작회사의 정관 등에 주주간계약의 내용이 명확하게 반영될 수 있도록 할 필요가 있다. 즉, 지분의 과반수 이상을 가져 경영권을 갖는 당사자와 이익배분에만 관여하는 당사자를 정할 수 있으며, 경영권을 갖지 않는 당사자는 회사의 경영사항에 관해 감시할 수 있도록 회사의 운영에 견제와 균형을 어떻게 조정할지 등을 고려해야 한다.

③ 회사의 자금조달에 관한 합의: 합작회사의 초기 자금은 최초 불입한 자본금이지만, 이후 사업을 운영함에 따라 추가 자금이 필요하게 되는데, 그 자금의 조달방법에는 자본금을 증액하거나 합작회사의 주주에게 융자를 받거나 은행 등 금융기관에서 융자를 받을 수 있다. 이 경우에도 합작회사의 주주, 즉 당사자의 회사에 대한 지분 내지 부담비율을 유지하는 것이 중요하다. 자본금을 증가하는 경우 신규주식을 발행하게 되는데, 합작회사의 주주가 보유하는 주식의 비율에 따라 신주를 할당하지 않는 경우 주주의 회사 지배

219 당사자의 지분비율에 따라 회사의 경영지배권이 결정될 수 있는데, 지분은 일반적 자본투자 이외에 대부금이나 특허권, 상표권 등 라이선스 또는 노무의 제공 등에 의해서도 출자비율이 정해질 수 있다.

력에 영향을 받게 된다. 합작회사의 주주에게 융자를 받는 경우 주주의 융자금액은 주식의 비율에 따르지 않는 경우 주주 간의 이해관계에 영향이 있을 수 있으며, 금융기관으로부터 융자의 경우도 주주의 보증이 필요한 경우 소유 주식의 비율에 따른 보증을 하는 것이 요구될 수 있다.

④ 합작회사 주식의 양도제한: 합작투자계약의 당사자들 모두가 합작회사의 존속을 원하지 않는 경우 그 회사를 인수할 제3자가 없다면 준거법에 따라 회사를 해산 청산하는 등 소멸시킬 수 있다. 그런데, 합작회사의 일부 주주가 그 소유한 주식을 매각하는 경우 그 주주가 자유롭게 제3자에게 주식을 매각할 수 있다면 기존의 다른 주주가 원하지 않는 제3자가 그 주식을 매입해 합작투자계약의 당사자 간 관계나 회사의 지배구조 또는 운영에 문제가 발생할 수 있다. 이를 방지하기 위해 합작투자계약의 한 당사자가 그 지분이나 주식을 매각하는 경우 다른 당사자가 우선적으로 이를 매수할 수 있는 권리를 갖게 하는 등 당사자의 주식양도에 일정한 제한규정을 둘 필요가 있다. 이러한 주식의 양도제한에는 계약당사자의 매각 주식의 주가와 매각절차 등에 관한 사항이 포함된다.

3. 합작투자계약(joint venture agreement) 관련 유의점 및 주요 기재례

합작투자계약(joint venture agreement)에는 여러 투자자들의 이해관계를 반영하고 조정해 공동의 사업목적을 달성하기 위해 합작회사의 설립 및 운영에 관한 다양한 사항들이 포함된다. 합작회사의 설립은 일반적인 법인설립 절차와 큰 차이가 없으나, 합작투자계약에서는 합작법인의 자본금 규모와 공동투자자들 간 투자비율 및 투자방법 등을 비롯해 각 투자자들의 역할분담을 정한다. 또한, 합작투자계약에서 합작회사의 이사회 등 지배구조나 경영의 형태를 정하고, 지분양도제한, 경업금지의무, 당사자 간 의견대립으로 인한 교착상태 발생시 해결방법 등 합작투자시 발생할 수 있는 주요 사항들을 다룬다. 이에는 합작회사의 사업 내용 등 설립에 관한 사항, 주주총회, 이사, 이사회, 감사 등 회사의 조직과 의사결정 등 경영에 관한 사항, 회사의 증자나 차입 등 합작회사에 대한 공동사업자 간 자금조달에 관한 사항, 공동사업자의 지분이전의 제한에 관한 사항, 공동사업자들의 손실이나 이익의 분배 비율, 방법과 시기 등에 관한 사항, 공동사업자들 간 교착상태의 해결에 관한 사항, 합작회사의 사업종료시 잔여재산의 분배 등에 관한 사항, 공동사업자와 합작회사와의 영업상 비밀유지나 경쟁금지에 관한 사항 등이 있다. 다만, 주식의 발행과 회사의 의사결정 등에 관한 내용에 대해서는 합작투자계약과 별도로 주주간 계약을 체결하기도 하며, 합작회사의 지분과 경영권에 영향을 미칠 수 있는 공동투자자들 간 지분이나 주식의 이전이나 처분의 제한에 대해서는 별도의 인수계약(buyout agreement)을 체결하기도 한다. 여기서는 합작투자계약의 주요 계약조건으로, (i) 합작회사의 설립 관련 사항, (ii) 합작회사의 지배구조(corporate governance) 관련 사항, (iii) 공동투자자의 합작회사에 출자(contribution), (iv) 공동투자자의 지분양도의 제한, (v) 공동투자자 간 교착상태(deadlock)의 해결 문제, (vi) 경쟁금지의무나 비밀유지의무 등 기타 유의사항을 살펴본다.

3.1 합작회사의 설립 관련 사항

합작투자계약에서는 합작회사의 공동투자자들 간 회사의 설립을 위해 요구되는 사항을 정한다. 합작회사는 일반적으로 합작투자에 참가하는 당사자들의 회사에 대한 소유권과 기업의 경영을 분리해 위험을 분담할 수 있는 주식회사의 형태로 설립된다.[220] 회사의 설립 관련 사항들로는 회사의 명칭, 사업목적, 자본금, 주주들의 출자금과 지분율, 정관, 주식의 발행수나 액면가, 주권발행 여부 등이 있다. 이외에도, 주주총회, 이사, 이사회, 감사 등 회사의 조직과 경영, 회사의 증자나 차입 등 자금조달과 회계, 당사자의 주식양도의 제한, 당사자와 합작회사와의 영업상 경쟁금지 등 합작회사를 설립해 운영하기 위한 다양한 사항들을 합작투자계약서에 규정하는데, 합작회사의 운영과 관련된 회사의 지배구조나 출자에 관해서는 아래 별도의 항목에서 따로 자세히 알아본다.

220 합작회사는 주식회사(corporation; stock company)의 형태가 가장 일반적인데, 주식회사에서 주주가 출자한 자금은 주식회사의 자본이 되고, 자본은 주식을 단위로 각 주주에게 귀속한다. 주식회사는 개념상 소유와 경영이 분리되어 주주가 바뀌어도 회사의 운영은 경영진에 의해 이루어져 주식은 자유롭게 양도할 수 있는 것이 원칙이다. 그러나, 법률상 회사의 중요사항들에 대한 결정은 주주총회의 결의로 이루어지고, 경영진 또한 주주총회의 결의로 선임되고 해임되므로, 결국 주요 주주의 영향력을 벗어나기는 어려워 주주의 지분비율은 주식회사의 지배구조에 중요한 의미를 가질 수 있어 공동투자자들 간 주식양도에 대한 제한을 필요로 한다. 한편, 주식을 의미하는 영어단어로는 "stock," "equity," "share" 등이 있으며, 보통주는 "ordinary share," 우선주는 "preferred stock," 또는 "preference share," 의결권이 있는 주식은 "voting stock," 의결권이 없는 주식은 "non-voting stock"이라 한다. M&A(Merger and Acquisition)로 약칭되는 인수합병은 인수와 합병을 통칭하는 것으로, 인수는 회사의 영업과 자산의 취득 또는 주식취득을 통한 기업지배권을 확보하는 것을 의미하고, 합병은 영업과 재산의 총체적 결합을 통하여 복수기업의 법인격을 하나로 만드는 것을 말한다.

[Example]

아래는 합작투자계약상 합작회사의 설립 관련 규정의 기재례이다. 합작회사의 설립 관련 규정에는 회사의 명칭, 사업목적, 정관, 경영진 등에 관한 사항을 비롯해, 이사, 이사회, 주주총회, 집행임원 등 다양한 회사의 경영 관련 주요 사항이 있다.

ORGANIZATION

(a) Purpose of the Company - The purpose of the Company shall be to engage in the following business activities: the Business ...

(b) Articles - The Shareholders hereto agree that, on or prior to the Closing the Company's Articles shall be amended so that they comply with the terms of this Agreement, effective upon the Closing. To the extent that any provision of the Articles conflicts with, this Agreement covers any matter that is not covered in the Articles, the provisions of this Agreement with respect to such matter shall control and shall be binding upon each of the Shareholders hereto.

(c) Company Name - The name of the Company shall be ...

(d) Business Management - The Shareholders agree that, in principle, for the initial [three (3) years] from Closing [ABC] shall be responsible for the business management and operation of the Company in accordance with the terms of this Agreement.

3.2 합작회사의 지배구조(corporate governance) 관련 사항

기업의 지배구조(corporate governance)는 회사의 의사결정 시스템을 마련하는 것으로, 구체적으로는 회사의 대표이사, 이사회 등 경영진과 대주주를 포함한 주주의 역할과 주주총회 등과 관련된 내용을 정하는 것이다. 특히, 합작투자계약에서는 투자자들 간 회사에 대한 지분율에 따라 과반수 지분권자가 주주총회, 이사, 대표이사 등 주요 경영조직을 장악할 수 있으므로 회사의 지분구조는 회사의 경영에 상당한 영향을 미치게 된다. 합작회사의 지배구조와 관련된 주요 기관의 구조와 운영방법 등에 관해서는 회사의 지분율의 구조나 해당 기관들의 법적 책임 등 제반 사항을 고려해 합작투자계약 당사자 간 합의를 필요로 한다. 회사의 지분을 소유하고 있는 주주들로 이루어진 주식회사는 주주총회(shareholders' meeting)를 회사의 최고 의사결정기관으로 해 회사의 중요한 이슈들을 의결한다.

주주총회의 의결요건은 합작투자계약서에서 규정할 수 있는데, 의안의 중요도나 성격에 따라 통상의 결의요건에 따른 보통결의 사항과 별도의 특별한 의결요건을 필요로 하는 특별결의 사항으로 나눌 수 있다. 보통결의(ordinary resolution)와 특별결의(special resolution)의 대상은 해당 합작회사를 규율하는 국가의 준거법에 따르며, 당사자들은 필요에 따라 합작투자계약에서 그 결의대상을 추가하거나 변경할 수 있다. 다만, 계약규정에도 불구하고, 관련 준거법상 강행규정이 우선 적용될 수 있는지를 확인할 필요가 있다.[221] 주주총회의 주요 특별결의 사항으로는 대체로, 회사정관의 변경(amendment to the articles of incorporation), 회사 목적사항의 변경(change in the business purpose), 회사의 합병(merger; consolidation), 회사 수권자본의 증감(increase or reduction in the number of authorized share capital), 회사 납입자본의 감소(reduction in the paid-in capital), 회사의 해산, 청산 또는 조직변경(dissolution, liquidation, or reorganization) 등이 있다. 그리고, 소수주주(minority shareholder)의 보호를 위해 합작회사의 존속이나 운영에 심각한 영향을 미칠 수 있는 사안에 대해서는 합작투자계약의 모든 당사자의 만장일치로(unanimously) 또는 절대 다수에 의한 의결을 요건으로 할 수 있다. 한편, 주주총회는 총회결의의 효율성을 높이기 위해, 일반적으로 주주총회의 서면결의(written resolution of shareholders)를 인정하는데, 준거법에 서면결의에 관한 사항이 명확하지 않다면 서면결의 유효성에 관해 합작투자계약서에 명시할 필요가 있다.

합작투자계약에서는 또한 회사의 경영진인 이사회(board of directors)의 구조와 운영에 관한 사항을 정하는데, 회사의 이사(director)의 수와 선임, 해임 등 임면절차 등을 정하고, 이사회의 구성, 개최, 정족수(quorum), 의결(adoption of resolutions) 등에 관한 사항들을 규정한다. 이사들로 이루어진 의결기관인 이사회를 통해 회사의 주요 업무가 정해지고 집행되는데, 이사회의 의결은 일반적으로 재적이사 과반수의 출석과 출석이사 과반수의 찬성에 의하므로, 이사회의 결의와 관련해 합작투자계약상 어느 투자자가 이사회의 과반수 이사를 확보하는지가 중요할 수 있다. 이사회의 주요 결의사항으로는 대체로, 회사 사업활동(business activities)의 중요한 변경(material change), 사업의 인수나 투자(acquisition and investment), 회사의 일정한

221 예를 들어, 우리 상법상 주주총회에서 보통결의는 출석한 주주의 의결권의 과반수와 발행주식 총수의 4분의 1 이상의 수로 가능하고(제368조), 그 결의대상으로는 이사나 감사의 선임(제382조, 제409조), 재무제표의 승인(제449조, 제533조), 주식배당(제462조의2) 등이 있다. 그리고, 상법상 주식회사의 특별결의는 출석한 주주의 의결권의 3분의 2 이상의 수와 발행주식총수의 3분의 1 이상의 수로 결의할 수 있고(제434조), 그 결의대상은 정관변경(제434조), 영업의 전부 또는 중요한 일부의 양도(제374조), 자본의 감소(제438조), 회사의 해산(제518조), 합병계약서의 승인(제522조), 주식매수선택권의 부여(제340조의2, 제542조의3) 등이 있다.

사업이나 자산의 처분(disposition of any asset or of all or any part of the business), 회사발행 주식의 증가(increase in the issued share capital), 지분증권의 발행(issue of any equity securities), 회사의 공모나 상장(public offering or listing), 대표이사(representative director)의 선임 등이 있다.[222]

그리고, 회사의 대표이사는 합작법인의 경영자로서 주주총회 및 이사회 결의사항을 제외하고는 회사의 경영과 개별적 업무집행에 대해 의사결정을 하고 회사를 대표할 수 있는 권한을 가진 자로서, 합작투자계약에서 대표이사의 선임에 관한 사항을 명시할 필요가 있다. 또한, 합작투자계약에서 회사의 운영과 감사에 관한 사항을 명확히 하기 위해, 회사의 운영에 관여하는 주요 임원과 감사의 선임이나 해임에 관한 사항을 포함할 수 있는데, 여기에는 감사(auditor)나 감사위원회(audit committee) 관련 규정, 회사의 재무담당임원(CFO, chief financial officer)이나 운영담당임원(COO, chief operating officer) 등 회사의 주요 임원에 관한 규정을 둘 수 있다. 이와 같은 합작투자계약상 당사자들의 합작회사의 지배구조에 관한 합의사항을 합작회사에서 실제 실행할 수 있도록, 합작회사의 운영 관련 사규(operating policies), 예산(budget)의 설정에 관한 사항, 재무제표(financial statements)나 장부(books and records)의 보관 등 재무자료 관련 사항 등을 명시할 수 있다.

[Example]

아래는 합작투자계약상 합작회사의 지배구조(corporate governance) 관련 기재례들이다. (Sample 1)은 이사회(board of directors) 관련 조항의 예문으로, 이사의 선임, 해임, 임면절차, 이사회의 소집 및 회의절차, 의사정족수(quorum), 의결정족수(adoption of resolutions) 등에 관한 사항들을 규정한다. (Sample 2)는 주주총회(shareholders' meeting) 관련 조항의 예문으로, 정기 및 임시 주주총회의 소집과 운영에 관한 사항, 보통결의(ordinary resolution)와 특별결의(special resolution)의 요건 및 대상, 합작회사의 존속이나 운영에 심각한 영향을 미칠 수 있는 사항에 대해서는 주주들의 만장일치로 결의할 것 등을 규정하고 있다. (Sample 3)는 합작회사의 경영과 개별적 업무집행을 위해 회사의 대표이사와 주요 임원의 임면

222 우리 상법상 이사회의 결의사항으로는, 대표이사의 선임과 해임, 주주총회의 소집, 신주발행 등이 있다. 다만, 원칙적으로 이사회 결의사항이지만 회사의 정관에서 주주총회의 결의사항으로 할 수 있도록 하는 경우가 있는데, 이에 관한 사항으로는 대표이사의 선임(제389조), 신주발행사항의 결정(제416조), 준비금의 자본전입(제461조) 등이 있다.

과 권한에 관한 사항을 정한 예문이다. (Sample 4)는 합작회사의 지배구조에 관한 당사자들의 합의사항을 합작회사에서 실제 실행할 수 있도록, 합작회사의 재무제표를 비롯한 재무 관련 장부의 보관, 운영 관련 사규, 예산의 설정에 관한 사항 등을 규정한 예문이다.

(Sample 1)

BOARD OF DIRECTORS

(a) **Nomination of Directors.** The Board shall consist of [4] Directors appointed as follows: [2] Directors nominated by [ABC]; and [2] Directors nominated by [XYZ]. At all times each Shareholder shall be entitled to appoint such number of Directors to the Board as described in Section ... subject to the provision below.

(b) **Removal of Director.** Each Shareholder which has rights of nomination under this Section ... shall be entitled to (a) remove any Director nominated by it and nominate a successor to such removed Director; and (b) nominate any Person to fill a vacancy to the Board arising from the vacation of office by any of its nominee Directors; provided that the Shareholder removing any Director shall indemnify the Company for any losses arising from the Company's liability for compensation to the removed Director.

(c) **Procedure for Appointment.** Every nomination of a person for appointment as a Director and every removal of a nominee Director pursuant to this Section... shall be in writing and signed by the authorized representatives of the Shareholder making such nomination or effecting such removal, and shall be delivered to the other Shareholder.

(d) **Meetings.** Meetings of the Board shall take place at such times as may be designated by the Representative Director, but not less frequently than once every 3 months. Meetings of the Board of Directors may be called by the Representative Director, when any Director so requests; provided that, in the event that the Representative Director does not convene the meeting of the Board despite a Director's request therefor without justifiable cause, such Director requesting the convening of the meeting may convene the meeting.

(e) **Quorum.** A quorum at any meeting of the Board shall be [three (3) or more] Directors in person. If no quorum is present at a meeting of the Board within half an hour of the time appointed for such meeting, then such meeting shall be adjourned to the day ... If at such duly re-convened meeting, the quorum is again not satisfied, such re-convened meeting shall not be adjourned and shall be counted towards the number of meetings in determining Deadlock pursuant to Section ...

(f) **Adoption of Resolutions.** Any matter placed before the Board shall require affirmative vote of at least [three (3)] directors to be approved. In respect of each question arising at any meeting of the Board each Director shall have one (1) vote. For the avoidance of doubt, if casting or second votes are at any time permitted by the laws of Korea, if there is an equality of votes neither the Representative Director, nor any other Director nor the chairman of the meeting shall have a second or casting vote.

(Sample 2)

Shareholders' Meetings

(a) The Board shall decide the time and place for convening all Shareholders' Meetings except where Korean Law provides otherwise, and notice thereof shall be given as set forth in the Amended and Restated Articles of Incorporation.

(b) All ordinary resolutions of the General Meeting of Shareholders of the Company shall be adopted by 51% or more of the voting Shares present, which shall represent one-fourth or more of the total number of the voting Share issued and outstanding.

(c) All special resolutions of the General Meeting of Shareholders shall be adopted pursuant to the requirements under the Korean Commercial Code.

(d) Notwithstanding the above, so long as either Shareholder holds [20% or more] of the Common Shares issued and outstanding, none of the following actions shall be taken by the Company unless both Shareholders unanimously agree to such a resolution:
  - any amendment to the Articles of the Company;
  - any change in the business purpose of the Company;
  - any merger into, or consolidation or amalgamation of the Company with any other entity;
  - any increase or reduction in the number of authorized share capital or reduction in the paid-in capital of the Company; or
  - any dissolution, liquidation, or reorganization of the Company.

(e) No Shareholder shall cast its votes to overturn any resolution adopted or rejected by the Board with respect to any Reserved Matter under Section ...

(f) The Ordinary General Meeting of Shareholders shall be held within [three (3) months] after the end of each fiscal year.

(g) An Extraordinary General Meeting of Shareholders may be held at any time in compliance with resolutions of the Board and applicable requirements of Korean law.

(h) The Shareholders shall be required to vote in such manner as to ensure that the Company is acting in accordance with Korean legal requirements.

(i) The Representative Director shall preside at all General Meetings of Shareholders.

(j) A resolution in writing or by signed facsimile and approved in writing or by signed facsimile by the duly authorized signatories of all the shareholders of the Company shall be as valid and effective ...

(Sample 3)

OFFICERS

(a) The Company's Representative Director shall be elected by the General Meeting of Shareholders from among the Directors of the Company. [ABC] shall have the right to nominate the Representative Director ... The day-to-day affairs of the Company shall be managed by the Representative Director.

(b) The Parties shall discuss in good faith as to whether a standing Chief Financial Officer shall be appointed by the Company and which Shareholder shall appoint such Chief Financial Officer. If such standing Chief Financial Officer is appointed, all report made to the Representative Director shall be simultaneously delivered to the Chief Financial Officer and Chief Financial Officer shall be given an opportunity to present its opinion thereon to the Representative Director.

(c) The Company shall appoint an experienced qualified expatriate individual to the office of Chief Operating Officer, with prior consultation and consent of the Investors. The Chief Operating Officer shall be responsible for carrying out the duties set forth in Schedule ...

(d) The Company shall also have one Statutory Auditor who shall be nominated by [XYZ] and elected at the General Meeting of Shareholders ...

(e) Among the directors of the Company, only standing directors will be compensated, the details of which shall be determined by the Board within the maximum approved by ...; provided, however, that nonstanding directors of the Company will be reimbursed for such travel and other expenses as may reasonably be incurred by them in the performance of their duties to the Company.

(Sample 4)

CORPORATE AND OPERATING POLICIES

(a) The books and records of the Company shall be maintained in accordance with Korean Laws and Korean GAAP and shall fairly reflect the Company's financial position. Such records and supporting documents, including copies of its audited consolidated annual financial statements shall be available for inspection by the Shareholders or their respective designees at all reasonable times.

(b) Management of the Company shall prepare an annual budget of the Company for each fiscal year and present it to the Board no later than [30 days] before the start of such fiscal year.

(c) Salaries, bonuses and other emoluments of Directors, Statutory Auditors,

Officers and employees of the Company shall be reviewed annually by the Shareholders in consultation with the Directors of the Company.

3.3 공동투자자의 합작회사에 출자(contribution)

합작투자계약에서 합작회사의 사업을 공동으로 운영하기 위한 공동투자자들의 회사에 대한 출자를 비롯해 회계관리, 주주에 대한 배당, 회사의 영업권 등 재무적 관리에 관한 사항을 정한다. 공동사업의 출자에 관련해서는, 각 투자자가 출자할 자금이나 재산 및 그 출자시기에 관한 사항, 출자 대상이 노무 등과 같이 그 가치의 평가가 필요한 경우 그 평가가액과 지분에 관한 사항 등을 정한다. 그리고, 합작회사가 유상증자 등을 통해 자본을 조달할 때 합작회사의 기존 공동투자자들의 지분권을 보호하고 증자참여를 유도하기 위해, 대체로 회사성립 후 증자를 위하여 신주를 발행할 때 공동투자자들에게 우선적으로 주식을 배정받을 수 있는 권리인 Preemptive Right(신주인수권)가 인정된다.[223] 합작투자계약에 따라 주식을 보유하는 주주의 입장에서는 일반적인 경우 신주를 인수하는 금액은 주식의 시가보다 낮기 때문에 투자자는 신주인수권을 보유해 주가가 그 행사가격보다 높아지면 주식을 받아서 이에 대한 차익을 얻을 수 있다.[224] 다만, 신주인수권은 주주의 권리일 뿐 의무는 아니므로 신주인수권자인 공동투자자는 반드시 신주인수권을 행사하여 출자해야 하는 것은 아니다. 한편, 합작회사의 공동투자자들은 상호간의 신뢰를 바탕으로 합작회사에 일정한 지분을 소유하는 것이기 때문에 한 공동투자자의 지분의 처분은 다른 공동투자자들의 이익에 지대한 영향을 미칠 수 있다. 합작사업을 영위하는 중에 공동투자자의 일부는 그 사업의 지분을 팔고자 할 수 있는데, 이때 공동투자자들은 그들의 지분을 합작회사나 다른 공동투자자에게 매각하거나 또는

223 기존 주주에 대한 신주인수권(preemptive right)의 부여 여부는 준거법에 따라 다를 수 있으나, 회사에서 신주가 발행되면 기존 주주의 주주총회에서 가졌던 의결권 비율은 감소하고 주식의 수의 증가로 주가의 하락에 따른 경제적 손실도 입을 수 있기 때문에 일반적으로 기존 주주에 대한 신주인수권은 인정된다. 우리 상법의 경우 주주의 이익을 보호하기 위하여 주주의 신주인수권을 원칙적으로 인정하여, 주주는 정관에 다른 규정이 없으면 그가 가진 주식 수에 따라서 신주의 배정을 받을 권리가 있다. 신주인수권의 배정은 일반적으로 이사회의 결의로 이루어진다(상법 제416조). 다만, 신주인수권을 기존 주주에게만 인정하는 경우 신주발행에 관한 회사의 자금조달의 기동성과 효율성을 저해할 수 있으므로 회사의 정관 규정에 따라 주주 외의 제3자에게 신주인수권을 부여할 수 있다(상법 제418조).

224 예를 들면, 행사가격이 10,000원인 신주인수권을 가지고 있는 투자자가 해당 종목의 실제 주가가 15,000원일 때 신주인수권을 행사하였다면 주당 5,000원의 이익을 얻을 수 있다.

현재 공동투자자가 아닌 외부인들에게 자신의 지분을 매도할 수도 있어 합작투자 계약상 공동투자자들의 합작회사에 대한 지분의 양도제한 관련 규정은 중요하다. 즉, 합작사업에 대한 공동투자자들의 지배력을 유지하기 위해서, 사전에 공동투자자의 잠재적인 소유지분 이전에 관한 문제를 검토해 합작투자의 목적에 비추어 바람직하지 않은 지분의 이전을 차단할 수 있는 공정한 방법을 강구할 필요가 있다. 이러한 합작회사의 공동투자자들 간 지분 이전의 제한에 관한 사항은 아래 "3.4 공동투자자의 지분양도의 제한"의 단원에서 별도로 자세히 살펴본다.

[Example]

아래는 합작회사의 공동투자자들간 출자(contribution) 관련 기재례로, 첫째 예문은 공동투자자들의 합작회사에 대한 자금요건 등 출자에 관한 예문이고, 둘째 예문은 공동투자자들의 합작회사에 대한 신주인수권(preemptive right)을 규정한다.

- **Funding Requirements and Capital Contributions.**
  - (i) ABC will fund the amount of Loss incurred during fiscal year [ ] … If the amount of Loss incurred during fiscal year [ ] is less than [1 billion Won], ABC will further fund the amount of Losses incurred by the Company during subsequent fiscal years up to a total of [1 billion Won] in the same manner.
  - (ii) After the Closing, each Shareholder shall be obligated to cover the Loss of the Company by providing additional capital contribution to the Company as set forth in this Section …
  - (iii) Any other capital contributions called for by the Board, as approved by the Board, shall be made on a pro rata basis based on the percentage of outstanding Shares held by each Shareholder unless agreed otherwise by the Shareholders.
- **Preemptive Rights.** To the fullest extent permitted by Korean Law, each of the Shareholders shall have preemptive rights in proportion to the number of Shares held by each of them with respect to any new issuance of shares by the Company.

3.4 공동투자자의 지분양도의 제한

공동투자자가 공동의 목적사업을 위해 설립한 합작회사를 이탈해 버린다면 합작회사의 설립취지를 제대로 살릴 수 없기 때문에 합작투자계약에서 합작회사의 공동투자자들 간 소유지분(ownership interest)의 양도제한에 관한 사항은 중요하다.

합작회사의 당사자가 아닌 외부인이 합작회사의 소유지분을 취득하게 되면 합작회사의 운영에 문제가 생길 수 있다. 즉, 합작사업을 하는 공동투자자의 일부 지분이 자격이 없거나 공동투자자들의 마음에 들지 않는 제3자에게 매각된다면 기존 다른 공동투자자들은 그 사업의 운영에 지장을 초래할 수 있으며, 특히 그 지분을 인수한 제3자가 회사의 과반수 지분을 취득한다면 기존 공동투자자들의 회사 경영권 자체가 위협을 받을 수 있다.[225] 이에, 합작사업의 지속성을 보장하고 공동투자자들 간 합작회사에 대한 지분변동에 따라 발생할 수 있는 경영권의 문제나 관련 분쟁 가능성을 줄이기 위해, 합작투자계약에서 공동투자자들의 지분의 이전 등 처분에 관한 일정한 규칙을 정해 둘 필요가 있다. 이러한 합작회사의 공동투자자들 간 지분의 처분제한에 관한 사항은 별도의 인수계약(buyout agreement)을 통해 정할 수도 있다.[226] 인수계약(buyout agreement)은 합작회사의 지분소유자들로부터 외부인

225 다만, 합작회사의 공동투자자가 아닌 외부인에 의한 회사의 지분매수는 회사의 운영을 악화시키기만 하는 것은 아니며 회사에 이익이 될 수도 있는데, 특히 소수지분(minority interest)을 인수하는 소유자가 그럴 수 있다. 공동투자자들이 외부에 지분을 팔아 자금을 회수할 수 있는 기회를 가질 수 있으며, 지분을 매수하는 자의 능력에 따라서는 합작회사의 침체된 사업의 활성화에 도움이 될 수 있다.

226 기업은 시장에서 선제적 경쟁우위를 확보하기 위해 전략적 딜을 다양하게 추진할 수 있는데, 이는 기업간 전략적 제휴뿐 만아니라 합작법인(joint venture), 인수계약(buyout agreement; buy-sell agreement), 합병인수(M&A), 주식인수(stock purchase), 영업양수도(business transfer) 또는 자산인수(asset purchase) 등 다양한 유형의 거래로 나타날 수 있다. 이러한 거래유형들은 그 기본적 개념이나 법적 성격의 차이로 인해 관련 계약조건들에 차이가 있을 수 있으나, 당사자들이 필요로 하는 실제 거래의 목적이나 효용면에서는 상당부분 공통적인 요소나 중복적인 부분이 있을 수 있다. 그리고, 이러한 거래유형들이 관련 계약의 명칭에 따라 엄격히 구별되는 것은 아니며, 계약의 실제 조건은 당사자들이 추구하는 거래의 목적이나 속성에 따라 관련 거래유형에 따른 계약의 조건들을 필요한 범위에서 혼합해 사용할 수 있다. 한편, “buyout agreement(인수계약)”는 “business buyout agreement” 또는 “buy-sell agreement” 라고도 하는데, “buyout(바이아웃/인수; “buy-sell”이라고도 함)”은 기업의 지분을 인수하는 것으로 “acquisition(인수)”과 동일한 의미를 가지며, 바이아웃(buyout)은 매수인이 회사의 지분의 과반수 내지 상당부분을 인수해 경영권이 변경될 때 발생한다. 자금조달 및 바이아웃을 전문으로 하는 사모펀드는 단독 또는 다른 기업과 함께 참여해 바이아웃을 진행한다. 경영진 바이아웃(management buyout; MBO)은 경영진 주도로 기업의 주요주주가 기존 경영진으로 교체되는 것으로, 회사의 기존 경영진이 개인 소유주, 모회사 및 기타 주주들로부터 회사의 전부 또는 상당부분의 지분을 인수하는 것을 말한다. MBO(경영진 바이아웃)에서 경영진은 자기자본 및 차입금 등을 활용하거나 기업이 차입한 자금 등을 조합해 기존주주로부터 지분을 취득할 수 있다. 이는 경영진이 직원이 아닌 기업의 소유자가 됨으로써 더 큰 잠재적 보상을 기대할 수 있으며, 기업의 창업자나 소유주가 은퇴를 할 때나 비핵심 비즈니스의 일부를 매각, 즉 분사(divestiture)하려는 기업에게 선호되는 출구전략일 수 있다. 그리고, 차입매수(leveraged buyout; LBO)는 기업인수자가 인수대상 기업의 자산을 담보로 대출을 받아 경영

에 의한 회사 지분의 매수를 예방하기 위한 도구로 활용될 수 있는데, 합작회사의 공동투자자들 간에 투자자, 즉 지분소유자가 자신의 지분을 언제 팔 수 있는지, 누가 소유자의 지분을 살 수 있는지, 언제 회사나 공동투자자가 다른 공동투자자의 지분을 사야 하는지, 지분의 매수가격을 얼마로 할 것인지 등을 정할 수 있다. 그리고, 특정한 상황에서 지분을 매각하고자 하는 공동투자자에게 일정한 가격 등 조건에 따라 합작회사나 기존의 다른 공동투자자들로 하여금 그 지분을 매수하도록 강제할 권리를 부여하는 등 지분거래에 대한 일정한 통제권을 행사할 수 있도록 할 수 있으며, 공동투자자들 간 지분매수에 있어 대금지급의 조건이나 방법을 포함해 지분매수에 대한 메커니즘을 규정할 수 있다.

합작투자계약상 공동투자자들 간 지분의 인수나 양도 제한 사항은 합작투자계약(joint venture agreement)이나 주주간계약(shareholders' agreement)에 포함할 수 있는데, 별도의 인수계약(buyout agreement)을 체결할 수도 있다. 이러한 사항은 합작회사의 정관 등 내규상 회사의 지배구조 관련 규정에 필요한 범위 내에서 반영하는 것이 좋다. 이 경우 공동투자자들 간 계약상 지분인수나 양도제한 관련 조항을 떼내어 회사의 내규에 삽입할 수 있으며, 이때 대체로 회사 내규의 말미에 추가하는 것이 좋지만, 원하는 곳이면 어디든 삽입할 수 있으며 특별한 제한은 없고, 회사의 내규에 관련 계약의 존재를 언급할 수도 있다.[227] 다만, 합작투자계약, 주주간 계약 또는 인수계약상 주주간 지분의 이전을 제한하는 조항을 회사의 내규에 삽입하든 별도 계약을 체결하든 그 조항이 회사의 내규와 상충되지 않도록 해야 한다. 예를 들어, 회사 내규가 회사 주식의 양도를 완전히 금지하고 있지만, 공동투자자들의 계약상 합작회사의 지분소유자에게 제3자로의 주식의 매각을 허용한다면 회사 내규와 회사주주 간의 인수조항이 상충되어 계약당사자 간 분쟁이 발생할 수

권을 포함한 지분을 인수하는 것으로, 이는 인수자가 막대한 자기자본을 투입하지 않고서 기업을 인수할 수 있는 이점이 있다.

227 공동투자자들 간 지분의 인수나 양도 제한 조항을 회사 내규에 삽입할 때에는 그 조항의 체계를 기존 회사 내규의 넘버링 등 체계에 맞게 변경할 필요가 있다. 한편, 회사의 주주들 간 지분이전을 제한하는 인수계약(buyout agreement)에 관한 사항을 참조에 의해 회사의 내규에 추가해 효력을 발생시키기 위한 규정의 예문은 다음과 같다: The provisions of the agreement among the shareholders dated [*insert date of signing of your buy-sell agreement*], which regulates the transfer of ownership interests in the corporation and other related matters, is hereby incorporated by reference into these Bylaws and shall be binding on the corporation, its creditors, its shareholders and their assigns and successors, and other parties as provided in the agreement.

있다. 그리고, 회사 내규에 지분의 인수나 제한 조항을 직접 추가했든 아니면 별도 계약서를 참조에 의해 이를 통합했든 간에, 회사 내규를 변경할 경우는 적용 법규와 회사의 정관 등 내규에 따른 주주총회의 결의가 요구된다.

한편, 합작투자계약에 따라 공동사업을 시작할 때는 공동투자자들 중 누가 먼저 회사의 지분을 매각하고 떠날지 알 수 없기 때문에 계약상 공동투자자들이 사업체의 지분을 보유할 예상기간, 회사의 규모와 공개 여부 등 합작투자시 당사자들의 지분의 처분과 관련된 사항들을 명확히 할 필요가 있다. 합작회사의 사업운영에 불확실성을 줄이고 안정성을 확보하기 위해, 합작투자계약의 공동투자자 간 지분이전을 제한하는 방안으로는 대체로, (i) 주주의 지분이전 자체에 일정한 제한을 가하는 방법, (ii) Right of First Offer(우선매수제안권), Right of First Refusal(우선매수거절권) 등과 같이 주식양도시에 기존 주주들에게 우선적으로 주식을 매수할 기회를 부여하는 방법, (iii) Tag-along Right(공동매각권), Drag-along Right(동반매각권) 등과 같이 주주가 주식을 매각할 때 기존 다른 주주들도 함께 주식을 매각하도록 하는 권리를 부여하는 방법 등이 있다. 이하에서는 이와 같은 합작투자계약상 공동투자자 간의 지분이전의 제한방법에 관한 규정을 살펴본다.

3.4.1 주주의 지분이전 자체에 일정한 제한을 가하는 방법

회사의 주주들은 회사에 대한 투자자금의 회수를 위해 자신의 주식을 매각할 권리를 보호받을 필요가 있는데, 합작투자계약상 당사자들의 합작회사 소유지분의 양도를 완전히 금지하면 당사자들은 자신의 지분의 매각을 통해 자금을 회수할 기회를 빼앗기게 된다. 이에, 공동투자자 간 지분양도의 제한은 공동투자자 간 합작회사의 설립목적과 지분처분의 제한에 따른 불이익을 함께 고려해 규정할 필요가 있는데, 다음과 같은 방법들이 있다. 즉, ① 회사의 지분소유자가 제3자에게 지분을 매각하는 때 다른 공동소유자의 승인을 받도록 하는 "동의 없는 양도금지 조항(no-transfer-without-consent clause)"을 둘 수 있다. 또한, ② "적격매수인(qualified buyer)에게만 지분을 이전할 수 있도록 하는 조항(transfer-to-qualified-buyer-only clause)"을 둘 수 있는데, 이 경우 계약상 "적격매수인(qualified buyer)"의 의미를 정의해 둘 필요가 있다. 예를 들어, 계약상 잠재적 매수인이 특정한 라이선스를 보유하거나 특정 분야에서 일정한 기간의 경험을 보유할 것 등을 규정할 수 있다. 이러한 제한은 지분을 매각하지 않는 존속 소유자들을 전혀 자격이 없는 사람과 함께 회사를 경영해야 하는 위험으로부터 보호할 수 있다. 그리고, ③ "특정인에 대한 양도금지 조항(no-transfer-to-certain-person clause)"을 두기도 하는데, 이는 경쟁자나 과반수 이상의 지분을 소유하는 기존 소유자 또는 중요한 세무문제가 있거나 법률을 위반하는 매수인에게 매각을 금지하는 것이다.

[Example]

아래는 합작회사의 주주의 지분이전에 일정한 제한을 가하는 기재례들이다. 첫째 예문은 동의 없는 양도금지 조항(no-transfer-without-consent clause)으로, 합작회사의 공동투자자가 그 지분을 외부인에게 매각하기 위해서는 기존의 다른 공동투자자들의 사전 서면동의(prior written consent)를 얻도록 한다. 둘째 예문은 적격매수인에게만 지분을 이전할 수 있도록 하는 조항(transfer-to-qualified-buyer-only clause)으로, 일정한 적격매수인에게만 지분의 이전을 허용하는 규정인데, "적격매수인(qualified buyer)"에 관한 정의규정을 둘 필요가 있다. 셋째 예문은 특정인에 대한 양도금지 조항(no-transfer-to-certain-person clause)으로, 합작회사의 공동투자자 간의 지분비율에 상당한 변동이 생기거나 합작회사나 공동투자자들의 입장에서 문제가 있을 수 있는 특정인에 대한 지분의 매각을 금지할 수 있다.

- No Shareholder shall sell, transfer, or dispose of, directly or indirectly, any Shares without obtaining prior written consent of the other Shareholder.
- No owner shall sell, transfer, or in any way dispose of any of his or her ownership interest or any right or interest in the company except to a buyer or other proposed transferee who has [*insert qualifications, such as "five years' full-time experience in selling real estate"*].
- No owner shall sell, transfer, or in any way dispose of any of his or her ownership interest or any right or interest in the company to a buyer or other proposed transferee who is [*insert restricted class, such as "an existing owner who would, after such transfer, own 50% or more of the company"*].

3.4.2 Right of First Offer(우선매수제안권)과 Right of First Refusal(우선매수거절권)

(1) Right of First Offer(우선매수제안권)

Right of First Offer(right of first negotiation; 우선매수제안권/우선협상권)은 주식이나 자산의 소유자가 이를 매각하고자 할 때 우선매수제안권의 보유자가 그 주식이나 자산을 매수하거나 입찰할 수 있는 것을 말한다.[228] 합작투자계약에서 우선매수제안권(right of first offer)은 합작회사의 공동투자자, 즉 공동소유자가 자신이 보유한 주식을 제3자에게 매각하려 할 때 기존의 다른 공동소유자들에게 우선적으로 그 매수의 제안 내지 협상을 할 기회를 부여하는 것이다. 우선매수제안권(right of first offer)을 보유한 자가 매각하려는 주식의 매수를 원하지 않을 때 주식을 매각하려는 주주는 제3자에게 그 주식의 매각에 관한 협상을 할 수 있다.[229] 예를 들어, 합작회사의 지분소유자(A), 잠재적 매수자(B), 우선매수제안권을 보유한 다른 주주(C)가 있다고 가정하면, A가 자신이 소유한 합작회사의 지분을 B를 비롯한 다른 제3자에게 매각하려고 할 때 제3자에게 그 매각을 협상하거나 제안하기 이전에 먼저 C에게 일정기간을 정해 그 지분의 매수를 제안하거나 매수와 관련된 협상을 해야 한다. 이때 C가 그 매수협상 제안을 받아들이면 우선적으로 서로 협상을 할 수 있으며, C가 그 제안 내지 협상을 거절한 경우 그때서야 A는 B를 비롯한 다른 제3자와 그 주식의 매각에 관해 협상할 기회를 가질 수 있다.

(2) Right of First Refusal(우선매수거절권)

Right of First Refusal(우선매수거절권)은 다른 사람보다 먼저 상대방과 거래할 수 있는 선택권을 권리보유자에게 부여하는 계약상 권리로, 지분소유자가 자신의 권리를 제3자에게 이전하기 이전에 권리보유자는 우선적으로 해당 거래를 할 수 있다. 권리보유자가 해당 거래를 거부하는 때 지분소유자는 제3자로부터 다른 제안을 자유롭게 수용할 수 있다. 이는 영업양도나 부동산 임대차계약 또는 합작투자계약과 같은 사업상 파트너십 관련 계약 등에 주로 포함되는 조항이다. 권리보유자는 다른 사람들보다 먼저 자산에 대한 계약을 체결할 권리를 가지고 있기 때문에 옵션계약(option contract)과 유사하며, 권리보유자가 원하거나 필요로 하는 자

228 Right of First Offer(우선매수제안권)은 영업양도나 부동산 임대차계약 또는 합작투자계약과 같은 비즈니스 파트너십 관련 계약 등에 주로 포함되는 조항이다. 이는 재산이나 사업에 지장을 최소화하기 위한 것으로, 권리보유자는 일반적으로 투자자인 경우가 많다. 예를 들면, 임대차계약에서 임차인은 부동산 매각시 강제 이주를 피하기 위해 임대인으로부터 우선매수제안권(right of first offer)을 부여받길 원할 수 있고, 임대인은 신속한 매매를 하고 법률 및 중개수수료를 최소화하기 위해 이를 고려할 수 있다.

229 지분소유자인 매도인의 제3자에 대한 주식의 매각이 이루어지지 못한 때 그 지분소유자가 다시 그 주식을 매각한다면 지분소유자는 우선매수제안권자에게 새로운 제안(new offer)을 다시 해야 한다. 우선매수제안권(right of first offer)은 그들의 제안이 무엇이 될 것인지를 평가하기 때문에 양 당사자 모두 선의(good faith)로 행동해야 하며, 매도인은 모든 관련 정보를 실사과정의 일부로 우선매수제안권자에게 제공해야 한다.

산이나 주식에 대한 권리를 잃지 않도록 보장하는 기능을 한다. 해당 자산의 소유자의 입장에서는 우선매수거절권(right of first refusal)으로 인해 여러 구매자와 거래를 할 수 있는 기회가 제한될 수 있다. 우선매수거절권(right of first refusal)은, 우선매수제안권(right of first offer)과 달리, 권리보유자에게 매도인이 제3자와 사이에 이미 논의한 매매 제안으로 우선매수할 선택권을 부여하는 것이다.[230] 우선매수거절권(right of first refusal)은 그 대상이 되는 자산과 관련하여 자산소유자가 제3자와 매매 협상을 해 도출된 계약조건을 권리보유자에게 먼저 제시하도록 하고, 권리보유자가 그 매수를 거절한 경우에 한해 소유자는 제3자에게 그 자산을 매도할 수 있다. 자산소유자는 자산의 매각에 있어, Right of First Refusal(우선매수거절권)의 권리보유자가 있는 경우 제3자와 먼저 협상을 다음 그 협상제안에 따라 그 권리보유자에게 매수할 것인지를 제안해야 하는 데 반해, Right of First Offer(우선매수제안권)의 권리보유자가 있는 경우 제3자와 협상을 하기 전에 그 권리보유자와 먼저 매매협상을 해야 한다는 점에서 차이가 있다.

합작투자계약(joint venture agreement)에서 우선매수거절권조항(right-of-first-refusal clause)을 포함할 수 있는데, 이를 통해 합작회사의 공동투자자가 그 지분을 제3자에게 매각하기 이전에 다른 공동투자자 또는 합작회사는 제3자에게 제안된 가격 등 매각조건으로 지분을 매수할 권리를 가질 수 있다.[231] 이는 회사의 지분소유자가 자신의 지분을 외부에 매각하기 전에 회사나 기존 공동소유자가 우선매수할 기회를 갖도록 해, 해당 지분의 외부 이전을 중지할 수 있도록 하는 기능을 한다. 이는 일반적으로 공동소유자가 그 지분을 합작투자를 하지 않은 제3자에게 이전할 경우에만 적용할 수 있으나, 당사자 간 합의에 따라서는 내부의 다른 공동소유자에게 그 지분을 이전할 경우에도 적용할 수 있다. 합작회사의 기존 공동소유자가 새로운 지분매수자와 함께 사업을 할 수 없다고 판단한다면 회사나 기존 공동소유자는 개별적으로 지분을 매도하려는 공동소유자의 지분을 매수하기 위해 우선매수권을 행사할 수 있다.

230 자산소유자(A), 잠재적 매수자(B), 우선매수거절권(right of first refusal) 보유자(C)가 있다면, A가 자신이 소유한 주식이나 부동산 등 자산을 누군가에게 매각하고자 할 때 A는 일단 B와 계약협상을 하고, B와 사이에 그 자산을 1억원에 매각하기로 합의가 되면 그 합의에 따라 실제로 처분을 하기 전에 먼저 C에게 B와의 합의조건에 따라 그 자산을 매수할 것인지를 확인해야 한다. C가 그 매수를 거절한 때에 A는 비로소 B에게 이를 매각할 수 있으며, C가 이를 매수한다고 하면 A는 C에게 매각해야 한다.

231 회사가 그 공동소유자의 주식을 매수하면 회사가 그 매수한 주식들을 소각해 존속하는 나머지 주주들의 회사내 지분비율이 높아질 수 있다.

(3) Right of First Offer 또는 Right of First Refusal 관련 계약조항

우선매수제안권조항(right-of-first-offer clause)이나 우선매수거절권조항(right-of-first-refusal clause)에서는 우선매수제안권 또는 우선매수거절권의 행사기간을 정하고, 그 기간 내에 권리보유자가 권리를 행사하지 않는 경우 주식이나 자산의 매도인은 제3자와 해당 주식이나 자산의 매각협상이나 매각절차를 진행할 수 있는 등 권리보유자의 권리행사의 방법과 절차 및 효력을 규정한다. 합작투자계약에서 우선매수제안권조항(right-of-first-offer clause)의 경우 합작회사의 공동소유자가 자신이 보유한 주식을 제3자에게 양도하고자 할 때 제3자에게 주식매각에 대한 제안을 하기 이전에 먼저 기존 다른 공동소유자에게 해당 주식에 대한 가격과 양도조건을 포함한 양도제안의 통지(transfer notice)를 한다. 이때 기존 다른 공동소유자는 그 제안된 주식을 매수할 권리를 가지는데, 우선매수제안 통지를 받은 그 다른 공동소유자는 그 제안된 조건에 따라 일정한 기간 동안 해당 주식을 매수할 것을 선택할 수 있다. 기존 다른 공동소유자가 그 기간 내에 제안된 주식을 매수하기로 하지 않는 경우 주식매각을 제안한 공동소유자는 기존 다른 공동소유자에게 제안한 양도조건과 동일한 조건으로 제3자에게 해당 주식의 매각을 제안하고 매각하는 절차를 진행할 수 있도록 규정할 수 있다.[232]

우선매수거절권조항(right-of-first-refusal clause)의 경우 합작회사의 공동소유자가 제3자로부터 그 주식을 매입하겠다는 제안을 받았을 때 그에 따라 공동소유자가 자신의 지분을 매각하고자 한다면 회사나 기존 다른 공동소유자들에게 자신의 지분 양도의향을 나타내는 통지(tranfer notice; notice of intent to transfer)를 한다. 이러한 양도의향 통지서에는 그 매수를 제안한 구매자의 성명, 주소 등 구매자에 대한 정보를 포함해, 제안된 구매가격과 지불조건 등 구매자의 제안서 사본을 첨부한다. 이때 회사와 기존 다른 공동소유자들은 그 지분을 매수할 수 있는 선택권(option to buy the interest)을 갖게 되는데, 이는 제3자가 제시한 것과 동일한 가격과 지급조건으로 또는 인수계약에서 정해진 가격과 지급조건에 따라 지분을 인수할 수 있다.[233] 회사와 기존 다른 공동소유자가 그 지분의 매수를 모두 원하지 않을

232 우선매수제안권조항(right-of-first-offer clause)은 합작회사의 공동소유자가 자신이 보유한 주식을 제3자에게 양도하고자 할 때 제3자에게 주식매각에 대한 제안을 하기 이전에 먼저 기존 다른 공동소유자들에게 해당 주식의 매각에 대한 제안을 한다는 점 이외에 그 권리행사의 절차나 방법 또는 효력은 아래에서 언급하는 우선매수거절권조항(right-of-first-refusal clause)의 내용과 거의 동일하다.

233 양도지분소유자(transferring owner)가 다른 공동소유자로 하여금 그 지분을 매입하도록 하기

경우 양도지분소유자(transferring owner)는 그 지분을 제3자에게 자유롭게 매도할 수 있다. 다만, 양도지분소유자는 서면 통지서에 명시된 동일한 가격과 조건으로 일정한 기간 이내에 그 제3자에게 지분을 양도해야 하며, 그렇지 않으면 지분을 제3자에게 양도하기 전에 모든 과정을 다시 진행해야 한다. 예를 들어, 양도지분소유자가 그 지분에 대한 제3자의 매수가격을 낮추거나 또는 할부로 지급하면서 이자를 낮추거나 지급기간을 늘이는 등 다른 매각조건을 제3자에게 더 유리하게 변경하고자 하는 경우 양도지분소유자는 새로운 양도통지서를 회사나 기존 공동소유자에 제출해야 하는데, 이는 실질적으로 지분이전을 위한 과정을 새로운 조건에 따라 다시 시작하는 것이다. 한편, 회사나 기존 공동소유자가 양도지분 전체를 매입하기로 결정한다면 회사나 기존 공동소유자는 정해진 기간 내에 양도지분소유자로부터 그 지분을 매수해야 한다. 다만, 합작회사의 공동소유자들 간 합의에 따라서는 공동소유자들 간의 지분매각에도 우선매수거절권(right of first refusal)을 설정하거나[234] 또는 이를 설정하지 않고 공동소유자들 사이에서는 지분을 자유롭게 양도할 수 있도록 할 수도 있다.

위해, 허위로 외부인으로부터 부풀린 가격으로 매수제안을 하도록 유도할 수 있다는 문제가 있을 수 있다. 이에 대비해, 우선매수거절권조항(right-of-first-refusal clause)상 제안된 구매자가 서명한 소유지분 매입을 위한 서면제안을 양도지분소유자의 양도의향 통지서(notice of intent to transfer)에 첨부할 것을 요구할 수 있다. 또한, 제안된 구매자의 진정한 구매제안의 의사가 있다는 점을 입증하기 위해 양도지분소유자에게 그 제안과 관련된 일정한 계약금(down payment)이 있었다는 사실을 증명할 수 있는 자료를 함께 제출할 것을 요구할 수 있다. 한편, 이러한 문제를 해소하기 위해, 공동소유자들 간에 인수계약(buyout agreement)을 체결해 사전에 합의된 인수가격으로 회사나 기존 공동소유자가 그 지분을 정해진 가격조건으로 우선매수권을 행사할 수 있드록 할 수 있다. 이 경우 양도지분소유자가 제3자로부터 더 높은 가격으로 지분구매에 관한 제안을 받더라도, 회사나 기존 공동소유자가 그 지분을 매수하길 원하는 경우 양도지분소유자는 우선매수청구권상 정해진 합의가격에 따라 그 지분을 회사나 기존 공동소유자에게 매각해야 한다고 규정할 수 있다. 이는 기존 공동소유자에게 유리할 수 있으며, 양도지분을 실제 지분의 가치보다 낮은 가격으로 매각으로 하도록 할 수 있어 양도지분소유자에게 불리할 수 있다.

234 합작회사의 공동소유자들 간 지분변동으로 인해 그들 상호간에 발생할 수 있는 피해를 막기 위해, 공동소유자들 간에도 우선매수거절권을 인정할 수 있다. 예를 들어, 합작회사에 동일한 지분을 가진 소유자가 갑자기 과반지분의 소유자가 되는 상황을 피하기 위해, 외부인뿐만 아니라 현재 소유자에 대한 매각에도 우선매수거절권을 인정할 수 있다. 이 경우 회사의 어느 지분소유자가 그 지분을 현재 다른 지분소유자에게 매각하려는 제안을 할 때마다 모든 공동소유자에게 그 지분을 우선매수할 수 있는 기회가 주어지게 된다.

[Example 1]

아래는 우선매수제안권조항(right-of-first-offer clause) 관련 기재례로, 주주간 우선매수제안권이 허용되는 경우와 그 행사방법을 규정하고 있다.

(a) If either Shareholder shall desire to Transfer to a third party all (but not less than all) of the Shares held by such Person, then the other Shareholder shall have the right of first offer to purchase all (but not less than all) of the Shares proposed to be Transferred (the "Offered Shares") …

(b) Prior to any proposed Transfer of Offered Shares, the transferor Shareholder shall deliver to the other Shareholder a written irrevocable bona fide offer to sell the Offered Shares to the other Shareholder stating separately the price for such Shares and terms for such Transfer (a "Transfer Notice").

(c) The other Shareholder shall have a period of [30 days] after receipt of a Transfer Notice within which to elect to purchase such Offered Shares at the same price and on the same terms set forth in the Transfer Notice, … The last day of such [30-day] period is hereinafter referred to as the "Cut-Off Date."

(d) Any election to purchase the Offered Shares shall be in accordance with the terms of the Transfer Notice, and otherwise shall be unconditional.

(e) The consideration for such Offered Shares shall be paid in full in cash. The closing of each such purchase shall take place on [the 30th day] after Cut-Off Date (the "Scheduled Closing Date").

(f) If at the close of the transferor Shareholder's business on the Cut-Off Date the other Shareholder has not exercised its right to purchase all the Offered Shares, then the transferor Shareholder may sell the Offered Shares to any other Person not later than [the 90th day] after the Cut-Off Date.

(g) If the other Shareholder fails to complete the purchase of all of the Offered Shares in accordance with the terms of this Agreement and the applicable Transfer Notice, and such failure is not remedied within [7 days] of the Scheduled Closing Date, then the transferor Shareholder may sell all of the Offered Shares to any one or more other Persons not later than [the 90th day] after the Scheduled Closing Date.

(h) Any sale to a third party pursuant to … shall be on terms and conditions no more favorable to such party than … Transfer Notice received by the other Shareholder.

(i) If the Offered Shares are not sold to any other Persons within [the 90-day] period specified in Section… then the other Shareholder's rights shall be fully restored and reinstated as if such offer had never been made and the transferor Shareholder must again follow the procedures prior to the sale of any of its Shares in a Transfer ...

[Example 2]

아래는 우선매수거절권조항(right-of-first-refusal clause)의 기재례들이다. (Version 1), (Version 2) 및 (Version 3)는 우선매수거절권에 관한 일반적 예문이다. (Version 4)의 경우 우선매수거절권의 행사시 가격조건과 관련된 예문들로, Option A는 회사와 다른 공동소유자가 양도지분을 매수할 외부인이 제시한 금액과 동일할 것을 요구하고 있는데 반해, Option B는 회사의 공동소유자들 간에 사전에 합의한 가격에 따라 인수하도록 규정하고 있다. (Version 5)의 예문들 중 Option C는 회사의 공동소유자의 우선매수거절권을 회사의 공동소유자가 회사의 지분을 소유하지 않은 외부인에게 매각하려는 경우에만 허용하도록 한 규정이고, Option D는 외부인뿐만 아니라 공동소유자들 사이의 지분매각에도 모두 인정하도록 하는 규정이다.

(Version 1)

In case Related Party intends to transfer its shares in the Company to a third party, written notice shall be given to Investor at least [30 days] before the expected date of transfer including details of the transfer, such as identification of the third party, number of shares to be transferred, transfer price, etc., inquiring Investor's consent thereof. If Investor notifies Related Party of its intention to purchase, it shall be deemed that transfer agreement has been executed between Related Party and Investor according to the terms stated under paragraph XX.

(Version 2)

(a) No owner ("transferring owner") shall have the right to sell, transfer, or dispose of in any way any or all of his or her ownership interest, for consideration or otherwise, unless he or she delivers to the company written Notice of Intent to Transfer the interest stating the name and the address of the proposed transferee and the terms and conditions of the proposed transfer. Delivery of this notice shall be deemed an offer by the transferring owner to sell to the company and the continuing owners the interest proposed to be transferred. If the proposed transfer is a sale of the owner's interest, these terms shall include the price to be paid for the interest by the proposed transferee, shall be attached to the notice.
(b) The company and the nontransferring owners then have an option, but not an obligation (unless otherwise stated in this agreement), to purchase the interest proposed for transfer, and may do so within the time and according to the procedure in Section XX(a) of this agreement. If the

company and the nontransferring owners do not elect to purchase all of the interest stated in the notice, the transferring owner may then transfer his or her interest to the proposed transferee stated in the notice within [60 days] after the end of the nontransferring owners' purchase option, according to the procedure in Section XX(a) of this agreement.

(Version 3)

(a) If any of Shareholder (the "Selling Party") desires to transfer all or any portion of its shares in the Company, the Selling Party shall first offer all such shares by a notice to the other Shareholder (the "Offeree Party") specifying the proposed price and other terms and conditions of sale.
(b) The Offeree Party shall have an option during the period of [30 days] from the effective date of such notice (the "Acceptance Period") either to (i) accept such offer with regard to all of the offered shares or (ii) designate one or more Persons (the "Designee") to purchase all or any portion of the offered shares ...
(c) If the Offeree Party fails to exercise such option within the Acceptance Period, then the Selling Party shall be free to dispose of all of such offered shares within a period of [90 days] after the expiration of the Acceptance Period (the "Free Sale Period"); provided, however, that the Selling Party shall not sell such shares to any third party either (i) at a lower price than the price at which such shares were offered to the Offeree Party, or (ii) on other terms or conditions more favorable than those offered to the Offeree Party.
(d) If all of the offered shares are not transferred to third parties upon the terms established herein and within the Free Sale Period, then they shall automatically become subject once more to the terms of this Section ... as if they had never before been offered for sale.

(Version 4)

- **Option A**

If the proposed transfer is a sale of the owner's interest, the company and the nontransferring owners shall have the right to purchase the interest of the transferring owner only at the purchase price and payment terms stated in the Notice of Intent to Transfer submitted to the company by the transferring owner. The price and terms in this notice override the general Agreement Price selected in Section XX of this agreement and the agreement terms selected in Section YY. If the proposed transfer is a gift of the owner's interest, the company and nontransferring owners shall have the right to purchase the interest of the transferring owner at the Agreement Price selected in Section VI and according to the manner of payments and other terms of the purchase as established in Section YY of this agreement.

- **Option B**
  The company and nontransferring owners shall have the right to purchase the interest of the transferring owner at the Agreement Price selected in Section XX and according to the manner of payments and other terms of the purchase as established in Section YY of this agreement.

(Version 5)

- **Option C**
  The Right-of-First-Refusal clause in this agreement shall only apply to those potential transferees who are not current owners of any interests in the company.
- **Option D**
  The Right-of-First-Refusal clause in this agreement shall apply to all potential transferees, whether they are current owners of any interests in the company or not.

3.4.3 Tag-along Right(공동매각권)와 Drag-along Right(동반매각권)

합작투자과정에서 공동투자자들은 Tag-along Right(공동매각권/매도참여권) 또는 Drag-along Right(동반매각권)에 관한 사항을 합작투자계약서(joint venture agreement), 주주간계약(shareholders' agreement)이나 회사의 정관(articles)에 포함할 수 있다. Tag-along Right(공동매각권)는 합작투자계약에서 일부 공동투자자가 기존의 다른 공동투자자들이 아닌 외부인에게 주식을 매각하고자 할 때 기존의 다른 공동투자자들이 동일한 조건으로 자신의 주식을 매각할 것을 그 지분매각 투자자에게 요구할 수 있는 권리이다.[235] 공동대각권(tag-along right)은 대주주가 보유지분을 제3자에게 매각할 때 소수주주가 대주주에게 동일한 조건으로 자신의 지분을 매각할 것을 요구할 때 인정되는 경우가 많은데, 이때 대주주의 보유지분 매각의 조건이 유리하다면 소수주주에게 그 지분매각에 동참할 수 있도록 해 소수주주를 보호하는 기능을 한다.[236] 즉, 회사의 대주주가 지분을 매각할 경우 소수주주는 해당 매각거래에 참여해, 대주주에게 동일한 매각조건으로 자신의 주식을 매각할 것을 요구할 수 있다. 예를 들어, 회사의 70% 지분을 보유한 대주주와 30% 지분을 보유한 소수

235 "Tag-along"이란 남을 따라다니는 사람이라는 의미를 갖는다.

236 이는 벤처캐피탈(venture capital) 등 회사에 투자를 할 때 많이 사용되는데, 대주주가 경영권 프리미엄을 받고 지분을 매각하는 경우 벤처캐피탈 등 소수주주의 주식 가치에 미칠 수 있는 부정적 영향을 방지하고 소수주주도 대주주의 지분매각에 동참할 수 있는 기회를 가지도록 해 소수주주를 보호하는 기능을 한다.

주주가 있는 경우 소수주주에게 공동매각권(tag-along right)이 있다면 대주주가 자신의 지분을 제3자에게 매각할 때 소수주주는 공동매각권을 행사해 그 지분비율에 따라 자신의 지분을 동일한 조건으로 매각할 것을 요구할 수 있다. 합작회사의 경우 일부 공동소유자가 주식을 매각하고자 하는 때 다른 공동소유자는 앞서 살펴본 우선매수제안권(right of first offer)이나 우선매수거절권(right of first refusal)을 대신해, 그 매각되는 주식과 동일한 조건으로 매각에 참여해 자신의 지분을 처분할 수 있는 권리를 가짐으로써 자신의 권리를 보호하고 그 매각에 따른 손실을 예방할 수 있다.

Drag-along Right(동반매각권)는 합작투자계약에서 공동투자자 중 일부 공동투자자가 회사의 지분을 매각할 경우 그 지분을 매각하는 투자자가 다른 공동투자자에게 동일한 가격 등 매각조건으로 그 지분을 매각할 것을 강제할 수 있는 권리이다.[237] 동반매각권(drag-along right)은 대주주를 위해 인정되는 경우가 많은데, 대주주가 그 지분을 매각할 때 소수주주도 그 거래에 동참하게끔 하여, 소수주주는 본인의 의지와 상관없이 대주주에게 제시된 주식매각조건과 동일한 조건으로 그 보유지분을 매수자에게 매각해야 한다.[238] 이러한 점에서 동반매각권(drag-along right)은 소수주주가 대주주가 지분을 매각할 때 동일한 매각조건으로 자신의 지분을 매각할 것을 요구할 수 있는 공동매각권(tag-along right)과 구별된다. 동반매각권(drag-along right)은 기업에 대한 완전한 통제권을 가지려고 하는 기업의 인수자들에게 매력적일 수 있는데, 대주주가 인수인에게 회사를 매각할 때 소수주주들이 자신의 주식을 매각하는 것을 거부할 수 없도록 함으로써 그 회사의 인수인은 회사에 대한 소수주주의 주식까지 인수할 수 있게 된다.[239] 예를 들어, 합작회사의 80% 지분을 보유한 대주주와 20%의 지분을 보유한 소수주주가 있을 경우 대주주가 자신의 지분을 매각하고자 할 때 자신의 지분뿐만 아니라 소수주주의 지분을 포함한 전체 지분을 매각하는 것이 거래상 유리할 수 있다.[240] 다만, 동반매각권(drag-along

237 동반매각권(drag-along right)은 기존 주주가 일정한 가격과 조건으로 탈퇴할 경우 다른 주주를 강제로 탈퇴시킬 수 있는 권리를 부여하는 것으로, 자신의 주식을 매각할 때 다른 주주의 주식도 강제로 같이 매각할 수 있도록 하는 것이다.

238 대주주가 동반매각권(drag-along right)을 가진다면 대주주는 자신의 보유지분을 매각할 때 소수주주가 가진 지분도 강제로 끌고 와서 같이(drag-along) 매각할 수 있다.

239 동반매각시 주식의 제안가격(offer price)과 관련해, 소수주주들(minority shareholders)은 그 주식의 가치를 어느 정도 보장받기 위해, 적정한 회사 주식가치의 평가방법 등에 기초해 최저가격(minimum price) 등을 합작투자계약이나 주주간계약에 반영할 수 있다.

240 지분의 매수인 입장에서는 소수주주가 없는 전체 지분을 매수할 것을 원할 수 있고, 소수주주

right)은 대주주만을 위해 인정되는 것은 아니고, 회사가 투자를 받기 위해 투자자와 주주간계약을 통해 투자자에게 동반매각권을 부여하기도 하는데, 이는 특히 사모펀드(private equity fund)의 투자 출구전략 방안으로 많이 사용된다. 사모펀드가 기업을 인수합병하거나 자본시장에 진출해 투자를 할 경우 사모펀드는 비록 소수주주로 해당 회사에 지분투자를 하더라도 사모펀드가 가진 지분을 매각할 경우 대주주의 지분을 강제로 매각할 수 있는 동반매각권(drag-along right)을 요구할 수 있다.[241]

의 입장에서도 대주주가 지분을 매각할 때 같이 자신의 지분도 매각하게 되면 대주주의 지분 매각시에 받을 수 있는 경영권 프리미엄이 반영된 상대적으로 높은 가격에 소수주주의 지분을 팔 수 있어 무조건 불리한 것만도 아닐 수 있다.

241 사모펀드(private equity fund)는 투자자로부터 받은 투자자금으로, 주로 비상장회사를 투자하거나 인수해 그 회사의 가치를 높인 다음 일정한 기간 뒤에 그 지분을 더 높은 가격에 매각함으로써 그 차익을 투자자들에게 분배하는 것을 업으로 하는 기업이라 할 수 있다. 특히, 사모펀드가 전략적 투자자(strategic investors)와 함께 공동으로 대상회사를 인수하거나 또는 사모펀드가 대주주로부터 일부 지분을 매수하거나 대상회사에 소수지분을 투자하는 경우 사모펀드는 투자자금을 회수하려는 때 동반매각권(drag-along right)을 통해 대주주의 지분매각을 압박함으로써 투자금을 용이하게 회수할 수 있다. 즉, 소수지분을 투자한 사모펀드의 경우 대체로 일정한 기간(예를 들면, 3년에서 5년 등)까지 일정한 수익과 함께 투자금액을 회수하는 출구방안(exit plan)을 모색하게 되는데, 대주주와 사이에 투자 관련 합의과정에서 대상회사를 3년에서 5년 이내에 기업공개(initial public offering; IPO)할 것을 출구방안으로 하여 투자를 하는 경우가 많다. 이때 소수주주인 사모펀드는 자신이 보유한 대상회사의 주식뿐만 아니라 대주주가 보유한 대상회사 주식까지 같이 매각할 수 있는 권리를 가지는 것으로 합의할 수 있다. 이 경우 대주주의 입장에서는 대상회사의 기업공개에 실패할 경우 소수주주에 불과한 사모펀드의 투자금 회수나 수익보장을 위해, 자신의 지분을 강제로 매각당해 경영권을 잃을 수 있으므로 기업공개를 위해 최대한 노력하게끔 하는 기능을 할 수 있다. 이때 기업공개가 어려울 것으로 예상되면 대주주는 자신의 지분을 강제로 매각당하여 회사의 경영권을 잃는 것보다 사모펀드의 지분을 적절한 가격에 매수하는 것이 더 좋을 수 있다. 이에, 사모펀드가 동반매각권(drag-along right)을 행사하는 때 대주주는 이에 대응해 사모펀드의 지분을 사전에 합의된 가격에 매수할 수 있도록 하는 콜옵션(call option)을 가지는 것이 유리할 수 있다. 이에, 합작회사의 소수주주와 대주주가 각기 동반매각권(drag-along right)과 콜옵션(call option)을 갖는 것으로 할 수 있는데, 이를 “drag/call” 구조라고 한다.

한편, 동반매각권(drag-along right)은 사모펀드 등 투자자의 출구전략과 상관없이 합작투자계약이나 주주간계약상 중요한 확약사항의 위반시 제재의 일종으로 인정될 수도 있다. 예를 들어, 주주간계약에서 대주주가 대상회사를 다른 회사와 합병하려면 소수주주의 사전 서면 동의를 받아야 한다고 규정했다면 대주주가 이를 위반해 합병을 추진한 경우 소수주주는 주주간계약에 기초해 대주주를 상대로 손해배상청구 등 일정한 구제방법을 행사할 수 있다. 이때 소수주주에게 동반매각권(drag-along right)을 인정한다면 대주주의 입장에서는 동반매각권에 따른 경영권 상실의 위험을 피하기 위해, 주주간계약상 이행의무를 간접적으로 강제하는 기능을 할 수 있다.

[Example]

아래는 공동매각권(tag-along right)과 동반매각권(drag-along right) 관련 기재례들이다. (Sample 1)은 공동매각권(tag-along right)의 예문이고, (Sample 2)는 동반매각권(drag-along right)의 예문인데, 이에는 그 권리의 행사 방법과 절차 등을 규정한다.

(Sample 1)

Tag-Along Right.

In case Related Party intends to transfer its shares in the Company, Investor may choose to participate in the transfer according to identical terms with that of Related Party instead of executing the right of first refusal.

(a) If at any time either Shareholder ("Transferring Shareholder") proposes to Transfer all (but not less than all) of the Shares held by such Shareholder, then the other Shareholder (the "Tag-Along Shareholder") shall have, and the Transferring Shareholder shall procure that the Tag-Along Shareholder has, the opportunity to participate in such proposed Transfer with respect to all (but not less than all) of the Shares held by the Tag-Along Shareholder ...

(b) The Tag-Along Shareholder shall, prior to any such Transfer by the Transferring Shareholder, have the right but not the obligation to Transfer, at the same price and upon identical terms and conditions as the Transferring Shareholder, all (but not less than all) of the Shares held by the Tag-Along Shareholder.

(c) At the time of any such proposed Transfer, the Transferring Shareholder shall give a written notice to the Tag-Along Shareholder of such Tag-Along Shareholder's Tag-Along Rights (the "Tag-Along Notice"), which notice shall identify the proposed purchaser and state the proposed offering price and any other material terms and conditions of the proposed Transfer.

(d) Each Tag-Along Shareholder may elect to exercise its Tag-Along Rights by written notice (a "Tag-Along Acceptance Notice") to the Transferring Shareholder within [30 days] after receipt of the Tag-Along Notice. If a Tag-Along Shareholder does not issue a Tag-Along Acceptance Notice within the [30-day] period specified in this Section, then such Tag-along Shareholder shall be deemed to have declined to participate in such Transfer.

(e) Until the 30-day period in Section ... has lapsed, the Transferring Shareholder shall not Transfer any of its Shares.

(f) The closing of the sale and purchase of all (but not less than all) of the Shares for which a Tag-Along Shareholder accepts such offer shall be made simultaneously with the closing of the sale of Shares by the

Transferring Shareholder.

(g) The Tag-Along Shareholder shall not be required to make any representations and warranties to any Person in connection with any Transfer referred to in this Section ... except representations and warranties as to ownership and authority to sell good title and the absence of Liens with respect to the Shares to be transferred.

(Sample 2)

Drag-Along Right.

If Stockholders holding a majority of the outstanding shares of Company Common Stock (in such capacity, the "Dragging Parties") receive a bona fide offer from a Person other than a Stockholder or an Affiliate of a Stockholder (a "Third Party") to purchase (other than in an IPO) at least a majority of the shares of Company Common Stock (a "Third Party Offer") and such Third Party Offer is accepted by the Dragging Parties, then each of the other Stockholders hereby agrees that, if requested by the Dragging Parties, it will Transfer to such Third Party on substantially the same terms and conditions (including, without limitation, time of payment and form of consideration) as to be paid and given to the Dragging Parties, the number of shares equal to the number of shares owned by it multiplied by the percentage of the then outstanding shares to which the Third Party Offer is applicable.

3.5 공동투자자 간 교착상태(deadlock)의 해결 문제

합작투자계약의 당사자들은 합작회사의 공동소유자로서 회사의 경영상 주요 이슈들에 대해 상호 합의가 필요한데, 그 합의가 이루어지지 않는다면 이를 어떻게 해결할 것인지 문제된다.[242] 이와 관련해, 당사자들은 합작투자계약이나 주주간 계약에서 교착상태 해결조항(deadlock resolution clause)을 두어 합작회사의 주주 사이에 기업의 운영과 관련한 주요 이슈에 대한 합의가 이루어지지 않는 때 이를 해결하는 방안을 규정한다. Deadlock Resolution Clause(교착상태 해결조항)의 내용은 관련 거래의 사정이나 적용법규에 따라 다를 수 있지만, 대체로 기업의 경영에 대한 기본적인 주요사항을 정하고 그 주요사항이 기업의 이사회 등 운영조직에 의해 여러 차례 안건으로 제기되었음에도 결정되지 않는 때 교착상태(deadlock)가 발생한 것으로 보고, 이를 해결하는 방법이나 절차를 정한다. 여기서 어떠한 사항이 교

242 일반 투자계약에는 대체로 당사자 간에 해결할 수 없는 분쟁이 발생하거나 투자자가 투자를 중단하거나 주식을 양도하거나 또는 회사가 파산하는 경우 등에 대비해, 투자금의 상환, 기업의 공개(IPO)나 매각 등 투자자의 출구전략(exit strategy) 관련 규정을 둔다.

착상태를 발생하게 하는, 즉 합작회사의 공동소유자 간 합의를 요하는 사항인지에 관해 사전에 합작투자계약이나 주주간계약에 명시할 필요가 있다. 합작회사의 운영에 교착상태가 발생한 경우 합작투자계약의 당사자 간에 결정되지 않는 주요 사항에 대한 의견차이를 서면으로 작성하고, 각 당사자의 경영진들이 그 교착상태를 해결할 방법을 찾기 위한 협의를 하는 것이 일반적이며, 이때 당사자 간 협의를 원만하게 진행할 조정자를 선임할 수 있다. 당사자 간 교착상태의 원만한 해결에 실패하는 경우 합작회사를 해산하는 규정을 둘 수 있는데, 이는 성공적으로 운영되고 있는 기업을 단지 당사자 간 주요 사항에 대해 합의되지 않았다는 이유로 소멸시켜야 하는지 문제된다. 합작회사가 계속기업(going concern)으로서 비즈니스의 가치는 보존되어야 하고, 한쪽 당사자가 그 주주권을 포기하는 데 대한 정당한 보상을 하는 적절한 방안을 찾는 방안도 있어, 합작투자계약의 당사자 간 주요 쟁점 사항으로 논의될 필요가 있다. 당사자 간 교착상태가 원만하게 해결되지 않을 경우 다음과 같은 해소방안을 고려할 수 있다.

① Russian Roulette(러시안 룰렛) 방식: 각 당사자가 회사의 지분가치를 평가해 그 평가된 가격을 지급하기로 하는 통지를 상대방에게 하고, 그 통지를 받은 당사자는 그 제시된 가격에 그 주식을 매도 또는 매수할 옵션을 가진다.

② Texas Shoot-Out(텍사스 승부차기) 방식: 각 당사자가 상대방 주식의 매수가격을 명시한 봉인된 입찰서를 조정자(umpire)에게 보내고, 그 입찰서는 동시에 개봉해 가장 높은 가격으로 입찰한 당사자를 낙찰자로 보고, 그 낙찰자가 상대방의 지분을 매수하고 상대방은 자신의 지분을 낙찰자에게 매도하도록 한다.

③ Cooling-Off/Mediation(쿨링오프/조정) 방식: 교착상태에 빠진 당사자 간 합의점을 찾을 때까지 당사자 사이의 조정(mediation)을 할 수 있도록 하는 것인데, 조정이 이루어지지 않을 경우 조정인이 합리적 방안을 제시할 수 있는데, 그 제시로도 당사자 간 분쟁이 해결되지 않는 경우 합작회사를 해산(dissolution)한다.

④ Deterrence Approach(억제 접근법) 방식: 교착상태를 선언하고 개시한 당사자에게 징벌적 내용을 담는 경우로, 한쪽 당사자가 상대방 당사자에게 교착상태가 발생했다는 통지를 한 때 교착상태로 규정한다. 이때 제3의 전문가나 감사인(auditor)이 평가한 해당 주식의 공정시장가격(fair market value)을 결정하고, 교착상태를 통지한 당사자가 (i) 그 시장가격을 상회하는 가격(예

를 들면, 시장가격의 125% 등)에 상대방 당사자의 주식을 모두 매수하거나, (ii) 그 시장가격을 하회하는 가격(예를 들면, 시장가격의 75% 등)에 자신의 보유주식 전부를 상대방 당사자에게 매도하도록 하는 것이다.[243]

[Example]

아래는 합작투자계약상 공동투자자 간 교착상태 해결조항(deadlock resolution clause)의 기재례이다. 이는 어떠한 경우를 교착상태로 볼 것인지에 관한 정의규정을 포함하고, 당사자 간 교착상태가 원만하게 해결되지 않는 때 그 상황을 해소하기 위한 방법과 절차를 규정하는데, 각 당사자가 상대방 주식의 매수가격을 명시한 봉인된 입찰서를 독립 감사인(independent auditor)에게 보내 낙찰자를 결정하는 Texas Shoot-Out(텍사스 승부차기) 방식의 예문이다.

(a) "Deadlock" means a situation in which: a Reserved Matter has been proposed for resolution after [fiscal year 2023]; and the said matter is not agreed by the Shareholders or their nominee Directors, as applicable, by the date that is the earlier of (i) after [three (3) consecutive meetings], whether or not the quorum was satisfied for such meetings but subject to Section ..., or (ii) within [90 days] from the first meeting at which such matter was proposed.

(b) <u>Deadlock Resolution</u>

(i) In the event of a Deadlock, then either Shareholder may by written notice to the other Shareholder declare that the Company is in Deadlock. Upon such notice, such Deadlock may, within [thirty (30) days] after such Deadlock arises, be referred to the Shareholders for a period of mutual consultation not to exceed [sixty (60) days] or such longer period agreed upon by the Shareholders (the "Senior Management Dispute Resolution Period").

(ii) Each of the Shareholders shall, within [ten (10) days] of such request, prepare and circulate to a senior management representative of each of the Shareholders of executive vice president level or above ...

(iii) If such senior management representatives agree upon a resolution or disposition of the matter, the Shareholders shall jointly execute a statement setting forth the terms of such resolution ...

(iv) If a resolution or disposition is not agreed upon within the Senior Management Dispute Resolution Period, each Shareholder shall have the right to resolve the Deadlock through the following procedures by

243 이 경우는 당사자가 교착상태의 개시를 꺼릴 수 있기 때문에 교착상태 자체가 해결되기보다는 교착상태에서 기업이 운영될 수 있는 문제가 있다.

issuing a written notice to the other Shareholder of its election to do so (the "Deadlock Resolution Notice").

(v) The Shareholder that has issued the Deadlock Resolution Notice shall take best efforts to require the Independent Auditor to take on the role … If the Independent Auditor rejects such Shareholder's request, then such Shareholder shall immediately notify the other Shareholder of the same, and the Shareholders shall agree to a third Person to take on such role as soon as possible in good faith.

(vi) Within [30 days] from the receipt of the Deadlock Resolution Notice by the other Shareholder, each Shareholder shall submit to the Independent Auditor a concealed envelope (the "Envelope") containing a letter issued by the applicable Shareholder signed by the authorized representative of such Shareholder setting forth the price per Share that such Shareholder is offering to purchase the Shares held by the other Shareholder (the "Offer Price") …

3.6 기타 유의사항

합작투자계약에서는 옵션(option) 관련 계약조건을 두어 주주간 거래의 효율성 내지 투자의 유인방안으로 활용할 수 있다.[244] 콜옵션(call option)은 매수할 권리를 보유하는 것으로, 당사자 간에 정해진 기간 내에 약정한 가격으로 관련 주식을 옵션권을 가진 자가 매수할 수 있는 권리를 갖고, 상대방은 그 주식을 옵션권을 행사한 자에게 매도해야 할 의무를 갖는 것을 내용으로 한다. 주식의 가격이 상승하면 옵션을 행사함으로써 기존에 약정한 행사가격에 따라 주식을 매수함으로써 이익을 얻을 수 있다. 풋옵션(put option)은 매도할 수 있는 권리를 보유하는 것으로, 시장가격에 관계없이 주식의 경우 일정기간 특정 가격에 따라 옵션권자가 그 주식을

244 당사자가 사전에 일정한 기간 내에 특정한 권리행사가격 등 매수조건으로 대상자산을 매수하거나 매도할 수 있는 선택권을 옵션(option)이라 하는데, 주식시장이나 파생금융시장에서 대상자산을 매수할 수 있는 권리를 Call Option(콜옵션; 매입선택권), 매도할 수 있는 권리를 Put Option(풋옵션; 매각선택권)이라 한다. 콜옵션(call option)이든 풋옵션(put option)이든 옵션권자에게 옵션권 행사의 권리만 주어지고 옵션권을 행사해야 하는 의무는 없으므로 옵션계약의 조건에 따라 투자자에게 옵션권한을 부여해 주식매매나 투자를 유인하기 위한 방안으로 이용될 수 있다. 옵션으로 거래할 수 있는 자산의 종류에는 제한이 없으며, 파생금융상품으로 옵션 자체를 거래하기도 하는데, 옵션은 권리만 있고 의무가 없으므로 옵션 매수인은 해당 옵션 매도인에게 일정한 대가(premium)를 지불하고, 옵션 매도자는 옵션 매수자로부터 대가를 받았기 때문에 권리 행사에 반드시 응해야 할 의무를 부담한다. 영미계약법상 "Option(옵션)"의 의미에 대해서는 저자 집필 『영미계약법 원리』(유원북스, 2021), 129페이지를 참고하기 바란다.

상대방에게 매도할 수 있는 권리를 갖는다. 매입한 주식의 가격이 상승하면 굳이 그 옵션을 행사할 필요가 없지만, 그 주가가 떨어지는 경우 옵션권자는 그 옵션을 행사함으로써 원래 합의한 행사가격으로 그 주식을 상대방에게 매도할 수 있어 주식매도시 주가의 하락에 따른 손실을 보전할 수 있다. 합작투자계약에서 투자자가 콜옵션(call option)을 가진다면 주식의 현재 가격이 사전에 정한 주식의 매수 행사가격보다 높을 때 옵션권자는 옵션행사 조건에 따라 정해진 매수가격으로 주식을 매수함으로써 그 차액만큼 이익을 얻을 수 있고, 풋옵션(put option)을 가진다면 주식의 현재 가격이 사전에 주식의 매도 행사가격보다 낮을 때 옵션권자는 옵션행사 조건에 따라 정해진 매도가격으로 주식을 매도함으로써 그 차액만큼 손실을 방지할 수 있다. 합작투자계약에서 공동투자자들 간에 이러한 콜옵션(call option)이나 풋옵션(put option)을 이용해 공동투자자들 상호간 주식을 매입하거나 매각해 합작투자계약을 종결할 수 있다.

한편, 합작투자계약에서 당사자들은 합작회사의 사업이나 운영에 제약이 될 수 있는 공동투자자들의 경쟁사업을 금지하는 규정(non-competition clause)을 두는 것이 일반적이다. 합작투자계약의 당사자가 합작회사가 운영하는 사업과 이해관계가 상충되거나 경쟁관계에 있는 업무에 종사하는 경우 합작회사의 사업에 지장을 초래하거나 합작회사의 설립근거를 해칠 수 있고 합작계약의 다른 공동투자자들이 피해를 입을 수 있으므로 합작투자계약에서 공동투자자가 합작회사와 경쟁이 되는 사업을 하는 것을 금지한다.[245] 그리고, 합작투자계약의 공동투자자들 사이에 합작회사의 설립과 운영을 하는 과정에서 공동투자자들이 가지게 되는 내부정보나 특정 기술이나 노하우 등 재산적 가치가 있는 정보의 교환이 있게 되는데, 이러한 정보에 대한 기밀를 유지하기 위해 합작투자계약에서는 대체로 공동투자자들이 준수해야 할 비밀유지조항(confidentiality clause)을 둔다.

245 합작투자계약의 당사자 간 합작회사의 제품 관련 경쟁을 금지하는 다음과 같은 경쟁금지조항(non-competition clause)을 둘 수 있다: “Neither party hereto shall engage nor be interested, whether directly or indirectly, in the business of manufacturing, marketing and distributing the Products in [the United States] while this Agreement remains in effect.” 그리고, 회사가 투자자로부터 투자를 받는 일반 투자계약(investment agreement)에서도 투자자 보호를 위해, 투자회사에 일정한 구속약정(restrictive covenant)을 둘 수 있다. 예를 들어, 투자자의 입장에서는 투자회사의 경영진이 그 회사와 경쟁이 될 수 있는 사업이나 업무에 종사하지 않도록 하고, 투자가 이루어진 후 일정 기간 내에 핵심 인력이 사업을 떠나 경쟁사에 합류하지 않도록 할 필요가 있다. 이러한 구속약정은 투자자를 보호하고, 투자가 이루어진 이후 기업의 경영품질이나 가치의 손상을 방지하는 기능을 한다.

Ⅹ. Loan Agreement(대출계약)

1. 대출계약(loan agreement)의 이해

Loan Agreement(facility agreement; credit agreement; 대출계약)[246]는 대주(lender)와 차주(borrower) 사이에 대주가 차주에게 대출금(borrowed amount)을 제공하고 차주는 대출금에 일정한 이자율(interest rate)에 따라 산출된 이자를 상환일정(repayment schedule)에서 정한 상환기간(repayment period)에 변제하기로 하고, 차주의 대주에 대한 대출금의 상환을 보증하기 위한 담보(collateral)의 설정 등 관련 대출조건들을 정하는 계약이다. 대출거래는 개인 또는 금융기관을 비롯해 기업이나 정부기관 등 다양한 당사자와 복잡한 금융거래를 동반하는 등 여러 유형이 있을 수 있어 대출계약을 이해하기 위해서는 해당 거래의 구조와 조건들을 명확히 이해하는 것이 필수적이다.[247] 그런데, 대출계약은 대부분 은행, 신용조합 등과 같은 공적 금융기관과 대출거래가 이루어져 관련 국가의 금융당국의 규제에 따른 제한을 받으며 대출계약의 조건이나 양식 등은 정형화되어 있는 경우가 많다. 그리고, 준거법에 따라 금융규제나 소비자보호 관련 법규에서 대주의 고리대금 등의 약탈적인 대출로부터 합리적인 이자상환율로 차주나 소비자를 보호한다. 예를 들어, 미국의 경우 연방차원에서 약탈적 대주로부터 차주를 보호하기 위해, Truth In Lending Act, Real Estate Settlement Procedures Act, Homeowners Protection Act 등이 제정되어 있고, 많은 주들도 소비자 약탈 및 고리대금을 막는 법규를 두고 있다.

대출거래를 통해 대주(lender)와 차주(borrower)가 합의한 자금대출에 관한 조건에 따라 차주는 발생한 부채(debt)에 대해 주어진 기간 내에 그 부채원금과 함께

246 대출계약은 대체로 "Loan Agreement"라 하는데, 경우에 따라 "Facility Agreement," "Credit Agreement" 등으로도 부른다. 대출계약의 경우 일반적으로 은행이나 기타 금융기관이 대주로서 차주가 대출을 이용할 수 있도록 마련된 계약조건을 명시하고, 대출이 대주가 그의 고객 등 차주에게 제공되는 은행시설(banking facility)을 통해 이루어진다는 점에서 전문적·기술적 용어로, "Facility Agreement"라고 한다. 개별 대출계약상 정의규정에 따라 다를 수 있으나, 대체로 "Loan"은 현존하는 대출금액을, "Facility"는 대출하기로 하는 한도 금액이나 각종 대출계약의 거래 유형을 포괄하는 대출거래약정의 의미를 가진다.

247 대출계약은 대주나 차주의 거래목적에 따라 다양한 유형이 있을 수 있으며, 금융기관에 의한 정형화된 대출약정의 경우에도 상업은행, 저축은행, 보험회사, 투자은행 등 금융기관의 유형에 따라서 다를 수 있고, 해당 거래를 관할하는 준거법이나 금융감독당국의 정책에 따라 일정한 공시를 요구하거나 대출제한 등의 다른 규제가 있을 수 있다.

이자(interest)를 변제해야 하는 의무를 부담하고, 경우에 따라 차주는 대주를 위해 대출금에 대한 일정한 담보(collateral)[248]를 제공할 것이 요구된다. 대주는 대출계약의 체결 전에, 차주의 신용도, 현금흐름, 담보자산의 가치 등 차주의 상환능력을 판단할 수 있는 사실에 관한 진술 및 보증(representations and warranties) 등을 받고 이를 고려해 대출조건을 정한다. 이에, 대출계약은 대체로 계약상 요구되는 일반적 규정 이외에, 대출금액, 이자율, 대출금의 상환을 담보하기 위한 담보권 설정, 상환의 기한이나 방법, 상환지연에 따른 연체금 등에 관한 사항을 포함한다. 여기서는 각종 대출계약을 구체적으로 파악하기보다는 대출계약의 특징과 유형을 이해하고 일반적 대출계약의 기본적 조건과 개략적인 유의사항을 살펴본다.

2. 대출계약(loan agreement)의 특징 및 유형

대출계약(loan agreement)은 대출에 적용되는 조건과 당사자의 권리의무를 명시하지만, 대출유형은 산업별로 다양할 수 있으며 관련 국가의 법규나 기준을 충족하기 위해 서로 다른 요건이 필요할 수 있으므로 관련 준거법을 검토하는 것이 중요하다. 특히, 대출계약의 유형에 상관없이, 준거법상 당사자 간 합의된 이자율(interest rate)이 합법적이고 합리적인지를 확인해야 한다. 차주가 대출금을 변제하지 못할 경우 대주가 차주에게 상환청구권을 행사할 수 있는데, 이와 관련해 대출계약상 이자율과 대출의 세부정보를 파악할 필요가 있다.

Loan Agreement(facility agreement; 대출계약)는 관련 당사자나 대출거래의 조건이나 방식에 따라 여러 유형으로 분류할 수 있다.[249] 대출시에 이자율이 변동되는지 여부에 따라 고정금리(fixed interest rate) 대출과 변동금리(floating interest rate) 대출이 있다. 차주가 대출을 위해 담보를 제공하는지 여부에 따라 담보대출(secured loan)과 무담보대출(unsecured loan)로 분류할 수 있다. 담보대출(secured loan)은 차주가 대출금을 상환하지 않을 때 대주는 담보로 제공된 건물, 주택, 자동차 등 담보물(collateral)을 실행해 그 대출금의 상환을 받을 수 있는 장치를 마련하는 것인

248 담보(collateral)는 저당권(mortgage), 약속어음(promissory note), 개인보증(personal guarantee) 등 다양할 수 있으며, 관련 담보유형에 따른 별도 담보계약(collateral agreement)을 체결할 수 있다.

249 개인 간에 이루어지는 대출도 있으나, 금융기관 대출의 경우 차주가 신규사업을 하거나 사업상 새로운 장비의 구매를 위해 대출을 받는 사업대출, 차량을 구매하기 위한 자동차대출, 주택구매를 위한 주택담보대출 등 대출목적에 따라 다양하게 분류할 수 있다.

데, 개별 담보 유형에 따라 대주와 차주에 대한 서로 다른 의무와 보호가 주어질 수 있다. 대주는 일반적으로 담보없이 많은 돈을 빌려주기를 원하지 않기 때문에 어떤 형태로든 담보가 뒷받침되는 담보대출을 하는 경우가 많으며, 담보대출의 경우 일반적으로 낮은 금리대출과 장기의 상환기간을 대출조건으로 할 수 있다. 대부분의 금융기관은 차주가 대출금을 전액 상환할 때까지 차주에게 주식·채권 등 유가증권, 동산, 부동산, 개인보증(guarantee) 등 일정한 담보가치가 있는 자산을 제공할 것을 요구한다. 무담보대출(unsecured loan)은 신용카드구매, 개인신용대출 등과 같이, 차주의 신용을 근거로 대출을 하는 것으로 대출시 차주가 대주에게 담보물을 제공할 필요가 없는 경우이다. 무담보대출의 경우 대주는 차주의 재정상태 등 상환능력을 보다 철저하게 검증해 대출 여부를 결정할 필요가 있다.

한편, 대출거래는 폐쇄형(closed-end) 또는 개방형(open-end)으로도 나눌 수 있는데, 개방형 대출(open-ended loan)의 경우 신용카드 대출과 같이 신용한도의 범위 내에서 차주는 반복해서 자금을 대출받을 수 있다. 폐쇄형 대출(closed-ended loan)의 경우 주택담보대출(mortgage), 자동차대출 등과 같이 차주는 대출을 상환할 때까지 다시 대출할 수 없으며, 차주가 더 많은 자금을 원한다면 처음부터 별도의 대출을 신청해야 한다. 대출기간에 따라서는 크게, 일정한 기간에 걸쳐 할부로 상환되는 기간대출(term loan)과 언제든지 최대 금액까지 인출할 수 있고 인출된 금액에 대해 매월 이자가 지급되는 회전대출(revolving loan; overdraft; 당좌대월) 등이 있다. 대출금의 상환(repayment)은 정해진 일정에 따라 이루어지며, 차주가 대출금을 일정보다 조기에 상환(early repayment)하는 경우에는 일반적으로 위약금(penalty)을 부담하게 된다. 대출금의 상환방식과 관련해, 일시불 지급(lump-sum payment)은 차주가 대출금의 정해진 상환기일에 일시불로 대주에게 상환하고, 원리금 지급(principal and interest payment)은 차주가 원금과 이자 모두 합친 금액을 정기적으로 상환한다. 차주가 어떻게 대출금을 상환(repayment)하는지와 관련해, 요구불대출(demand loan)과 고정기간대출(fixed term loan)의 상환방식이 있다. 요구불대출(demand loan)은 주로 단기대출로 담보를 필요로 하지 않으며, 대주는 대출계약상 일정한 통지 등 요건을 통해 대주가 원할 때 언제든 차주에게 상환을 청구할 수 있다. 고정기간대출(fixed term loan)은 필요한 일정한 자금을 정해진 기간 동안 대출을 받는 것으로 대체로 담보가 제공되며, 차주가 채무불이행을 하는 경우 대주는 제공된 담보를 실행할 수 있다.

대출에 관여하는 당사자의 수나 관계에 따라 대주와 차주 양 당사자만 있는 기본적 대출거래인 쌍방대출(bilateral loan)과 은행이나 다른 금융기관 등 여러 대출기관이 대출에 관여하는 정교한 대출거래로 레버리지론(leveraged loan),[250] 신디케이트론(syndicated loan) 등 다양할 수 있다. 국제금융시장에서 많이 활용되는 신디케이트론(syndicated loan)은 둘 이상의 은행 등 금융기관이 차관단(syndication; 신디케이션)을 구성해 공통의 조건으로 차주에게 대규모 중장기 대출을 하는 일종의 집단대출이다.[251] 이는 전통적인 은행대출업무와 투자은행의 인수업무기능이 혼합된 융자형태로, 일반적으로 국제적 금융시장이나 대규모 자본조달이 필요한 자금시장에서 많이 활용되고 있다. 신디케이트론(syndicated loan)은 특히 프로젝트 파이낸싱(project financing; PF) 관련 사업과 밀접한 연관이 있는데, PF사업은 대규모의 자본이 필요한 사회간접자본(social overhead capital; SOC) 사업 등 특정 프로젝트를 수행하는 사업주가 자신의 신용도와는 별개로 그 프로젝트 자체에서 발생하는 현금흐름 등 그 프로젝트의 자산만을 담보로 하여 투자자를 모집하여 사업에 필요한 자금을 조달할 수 있게 한다.[252] 신디케이트론에서 자금을 출자하는 은행 등 여러

---

250 레버리지론(leveraged loan)은 신디케이트론(syndicated loan)의 한 종류로 시니어론(senior loan)으로도 불린다. 이는 높은 수준의 부채 또는 낮은 신용등급을 가진 차주에게 이루어지는 대출의 유형으로, 금융회사가 주로 신용등급이 BBB- 이하의 투자등급 미만인 기업에 담보를 받고 자금을 빌려주는 변동금리형 선순위 담보대출로, 차주의 채무불이행의 위험이 높아 일반적으로 차주는 대출기관에게 더 높은 이자율을 지불해야 한다. 한편, 금융기관이 유동성을 확보하기 위해 대출채권담보부증권(collateralized loan obligation)을 발행하기도 하는데, 이는 자산유동화증권(asset-backed securities; ABS)의 일종으로, 레버리지론(leveraged loan) 등을 포함해 은행의 대출채권을 묶어 풀(pool)을 만들어 자산유동화전문회사(special purpose company; SPC)에 매각하고, 자산유동화전문회사는 이러한 대출채권을 담보로 유동화증권을 발행한다.

251 신디케이트론(syndicated loan)은 금융수요자의 입장에서 보다 낮은 비용으로 대규모 금융조달이 가능하고, 주간사 은행과 협상을 통해 다양한 금융기관들과의 거래를 하나의 금융계약으로 대규모 자금을 효율적으로 조달할 수 있다. 금융기관의 입장에서는 대출에 참여하는 금융기관의 다변화로 인한 차주의 신용위험(credit risk) 내지 채무불이행위험(default risk) 등의 위험분산효과를 얻을 수 있으며, 대리은행의 대출 관련 전문성과 경험을 최대한 활용할 수 있고 관련서류작성 및 업무의 조화를 통해 종합적인 효과적 대출관리가 가능하고 상대적으로 높은 이자수익을 올릴 수 있다는 이점이 있다. -이미현, 고훈, "국제대출계약의 특징과 구조-신디케이티드론을 중심으로," BFL 제5호(2004. 5). 이는 대출금의 규모가 커서 단일 금융기관만으로 대출을 하기에는 자금부담이 너무 크거나 대출금의 상환과 관련해 부담해야 할 위험이 커 복수의 금융기관에게 분산하고자 할 경우에 거래은행이 중심이 되어 여러 개 은행의 협조로 공동융자하는 것으로, 보통 댐이나 발전소 건설 등 국제적인 대형투자사업의 자본조달 방식으로 주로 이용된다.

252 프로젝트 파이낸싱(project financing; PF) 관련 사업에서는 프로젝트와 사업주를 분리하여 프로젝트의 독립성을 확보하기 위해 특별법인을 설립하고 그 법인 명의로 사업을 한다.

금융기관을 차관단(syndication; 신디케이션)이라 한다.[253] 신디케이트론의 거래구조는 대출계약의 당사자인 대주가 하나가 아니라 복수의 대주들이 하나의 차관단을 구성하고, 차주와 차관단에 속한 개별 대주들 간 쌍방 대출의 집합체라는 점 이외에는 기본적으로는 다른 일반 대출계약과 유사하다. 이는 대주들이 위험의 분산과 관리라는 점을 활용하고자 공통의 조건 아래 차관단(syndication)을 구성하고 일정한 지분비율에 따라 그에 참여하였을 뿐 본질적으로는 여러 대주들의 개별적·독립적 대출을 하나의 계약에서 다루는 것이므로 각 대주는 계약당사자로서의 법적 지위를 가지게 된다. 해당 계약에서 달리 금지하고 있지 않는 한, 각 대주의 권리와 의무는 제3자에게 양도될 수 있으며, 이를 양수한 제3자는 기존 신디케이션의 구성원 지위를 취득하게 된다. 다만, 대출 관련 통화나 이자율 등 대출조건을 달리하는 경우 신디케이션에 트랜치(tranche; 분할차입/대출항목)라 불리는 수개의 소그룹을 둘 수 있으며, 각 그룹별 대리은행 이외에 복수의 그룹이 존재함으로 인해 발생할 수 있는 특수한 업무의 처리를 담당하는 채권단 대리은행(intercreditor agent)을 두기도 한다.

3. 대출계약(loan agreement) 관련 유의점 및 주요 기재례

Loan Agreement(대출계약)는 대출의 목적과 대출금액에 따라 이자율과 대출상환기간에 대한 기본적 세부사항을 규정하는 비교적 간단한 서신형식의 계약에서부

253 차관단(syndication)에는 주도적으로 차관단을 구성하는 주간사은행(arranger/arranging bank), 대주인 금융기관들을 대리하여 신디케이트론 관련 제반 행정 및 관리업무를 수행하는 대리은행(agent bank) 등이 있다. 주간사은행은 차주의 위임을 받아 다른 은행들과 교섭을 담당하고 차관단을 구성하고 차관조건을 결정하는 가교 역할을 하는 은행으로, 특히, 신디케이트론에 참여하는 은행들은 주간사은행의 지명도나 능력을 믿고 들어오는 경우가 많기 때문에 주간사은행 선정은 무엇보다 중요하다. 주간사은행은 차주의 요구와 시장 여건을 감안해 예상 참여은행들과 교섭하며 최종으로 금리, 수수료, 기간 등 최종 차관조건을 확정한다. 차주가 차관조건에 동의하면 주간사은행은 참여은행들과 차관단을 구성한 뒤 차관을 제공한다. 주간사은행의 경우 대출거래의 과정에서 부실표시/허위진술(misrepresentation), 과실(negligence) 또는 충실의무위반(breach of fiduciary duty) 등이 있는 경우 계약을 대표하는 역할에 따른 책임을 부담할 수 있는데, 이는 관련 준거법에 따라 책임의 범위가 달라질 수 있다. 대리은행은 차주와 대주 사이의 통로 역할을 하는 것으로, 차주와 대주 모두에게 계약상 의무를 부담하는데, 담당하는 역할에 따라 신디케이트론에 참여하는 대주들 사이 및 대주와 차주 사이의 연락, 지급, 서류작성 및 관리 등의 업무를 수행하는 관리업무대리은행(administrative agent), 차주가 제공하는 각종 담보권 관련 업무를 수행하는 담보관리은행(security agent) 등으로 구분할 수 있다.

터 담보대출계약과 같이 정교한 계약서류를 요구하는 경우까지 대출기관이나 대출거래의 유형에 따라 다양한 방식으로 작성될 수 있다.[254] 금융기관의 대출계약에는 일반적으로 대출이 올바른 목적을 위해 사용되도록 하기 위해 대출의 목적 내지 사용처에 관한 사항을 명시하도록 하는 등 일정한 형식과 내용의 템플릿에 따라 계약을 체결하고, 필요한 경우 대출계약을 공증받기도 한다. 대출계약의 경우도, 다른 일반 계약과 마찬가지로, 개별 대출거래의 조건(core provisions)과 함께 대주와 차주의 명칭과 주소 등을 기재해 당사자를 특정하고, 준거법, 재판관할 등을 비롯한 일반조항(general provisions)이 포함된다. 다만, 대출거래는 적용법규상 대출금 또는 이자 등이 불법적이거나 과도한 고리대금으로 간주되는 때 대출계약에 제약을 받을 수 있는 등 관련 준거법에 따라 상당한 규제가 있을 수 있는 거래분야라는 점을 유의할 필요가 있다.[255] 여기서는 대출거래의 본질적 속성에 따라 대출계약에 일반적으로 포함되는 기본적 계약조건들을 살펴본다.

3.1 대출금(loan amount)의 지급 관련 사항

대출계약에서는 차주(borrower)가 대주(lender)로부터 얼마의 자금을 빌리는지, 즉 대출금(loan amount)에 관한 사항을 규정한다. 대출계약(loan agreement)은 일반적으로, 인수계약(acquisition agreement)과 마찬가지로, 계약이 체결된 이후 일정한 기간 동안 당사자들에게 요구되는 이행의무 등을 완료한 이후 클로징(closing)을 함으로써 계약을 완결하는 절차를 거치게 된다. 대출금의 지급방법으로 분할지급(installments) 또는 일시지급(lump sum) 등이 있다. 그리고, 대주를 보호하기 위해 차주가 대주에게 부동산 등을 채무변제의 담보(collateral)로 제공하도록 할 수 있는

254 신디케이트론(syndicated loan)의 경우 복수의 대주들이 이자율, 대출기간, 만기 등 동일한 조건하에 단일의 대출계약을 주로 구성하지만, 경우에 따라서는 대출금별로 적용되는 이자율 등 조건의 적용을 달리할 수 있는데, 이때 각 대출금을 “트랜치(tranche; 분할차입/대출항목)”라는 용어를 사용해, “Tranche A,” “Tranche B” 등으로 분할대출 항목을 구분할 수 있다. 그리고, 대주별로 제공하는 통화나 신용공여의 형태가 상이한 경우도 있을 수 있다. 복잡하고 상이한 대출조건이 있거나 관련 당사자가 많아 단일한 계약서로 처리하는 것이 어려울 때는 당사자들 모두에게 공통적으로 적용되는 조건을 규정하는 공통조건계약서(common terms agreement)를 체결하고, 원화대출약정서, 외화대출약정서, 채권인수계약서 등과 같이 동일한 통화나 신용공여 형태별로 별개의 대주단을 구성해 각 대주단에게 특별히 적용되는 사항을 따로 약정할 수 있다.

255 국제금융에서 발생하는 외환거래의 문제와 관련해 준거법상 외국환거래규정을 검토하고, 각국의 조세체계가 상이함으로써 발생하는 세금문제와 관련해 적용 조세법규를 살펴볼 필요가 있다.

데, 대체로 대출금액을 고려해 그에 상응하는 정도의 자산 등에 대한 담보를 설정(secured loan)하고 차주가 대출금을 상환할 수 없는 때 담보를 실행하도록 한다. 다만, 당사자는 담보 없이 대출거래(unsecured loan)를 할 수 있는데, 이는 대출에 따른 대주의 위험을 증가시킬 수 있으므로 대주는 이자율을 높이거나 대출기간을 고정하지 않고 대주의 요구에 따라 차주가 대출금을 상환할 수 있도록 하는 등 대출계약의 다른 조건을 조정할 수 있다. 한편, 다수의 대주가 공동으로 대출을 하는 신디케이트론(syndicated loan)의 경우 어느 대주가 그 약정금을 대출해 주지 않으면 차주로서는 예상치 못한 자금압박에 직면할 수 있다. 이러한 대주의 자금대출의무의 불이행시 처리와 관련해, (i) 신디케이트론이 차주와 개별 금융기관 쌍방의 대출의 집합체에 불과하므로 차주가 개별 대주와 대출거래에 따른 위험을 부담하도록 하거나, (ii) 자금대출의무를 불이행한 대주를 제외한 나머지 대주들이 그 약정비율에 따라 그 불이행 대주의 대출의무를 인수하도록 하거나, (iii) 차주는 주로 주선은행 또는 대리은행의 신용도를 믿고 거래를 한다는 점에서 주선은행 또는 대리은행이 자금대출의무 불이행 대주의 대출의무를 인수하는 등의 방안을 고려할 수 있다. 차주의 입장에서는 이러한 방식 중 (ii) 또는 (iii)의 방식을 선호할 수 있지만, 대출계약상 실제 어떠한 방식으로 할 것인지는 차주와 차관단(syndication) 사이의 협상력에 따라 결정될 수 있다.

[Example]

아래는 대출계약상 대출금의 지급 관련 기재례들이다. 여기서는 대주가 차주에게 빌려주는 대출원금의 내용과 지급시기를 규정하는데, 대출원금의 지급은 대체로 클로징시에 이루어지며, 그 지급의 시기나 방법을 달리할 경우 이를 명확히 해야 한다.

- The Lender agrees to lend to the Borrower, and the Borrower agrees to borrow from the Lender, a loan in the principal amount of [USD 100,000,000.00] with 5% interest rate per annum (the "Loan") for 20 years, subject to the terms and conditions of this Agreement. The Lender, upon satisfaction of the conditions precedent as set out in Article XX herein, shall advance the Loan amount in three disbursements by wire transfer to a bank account of the Borrower designated by it. The first advance (the "Initial Advance") in the amount of [USD 40,000,000.00] shall be made no later than 35 days after the execution of this Agreement. The second advance in the amount of [USD 30,000,000.00] shall be made no later than

30 days after the date of the Initial Advance. The third and last advance in the amount of [USD 30,000,000.00] shall be made no later than 30 days after the date of the second advance.

- The Lender agrees to lend to the Borrower, and the Borrower agrees to borrow from the Lender, a loan (the "Loan") in the principal amount of [USD 1,000,000] (the "Principal Amount"), subject to the terms and conditions of this Agreement. The disbursement of the Loan shall be made on the Closing Date and shall be made by converting [USD 1,000,000] of the Accounts Payable to a promissory note (the "Promissory Note") in such form and substance as set forth in Exhibit A hereto, which shall be executed on or prior to the Closing.
- Subject to the terms and conditions set forth in this Loan Agreement, ABC agrees to make a term loan (the "Loan") to XYZ on the Closing Date in an amount not to exceed the aggregate sum of [USD 1,000,000.00]. The principal amount of the Loan and all unpaid interest accrued thereon shall be payable on [DD/MM/YYYY]. XYZ agrees to pay when due the principal amount of the Loan and all unpaid interest accrued thereon, in accordance with the terms of this Loan Agreement and the promissory note evidence the Loan. XYZ shall execute and deliver to ABC a promissory note ("Note"), substantially in the form of Exhibit A annexed hereto and made a part hereof, to evidence the Loan.

3.2 대출금의 이자(interest) 관련 사항

대출금에 대한 이자율(interest rate)은 대출의 종류, 차주의 신용도, 대출의 담보 설정 여부 등에 따라 달라질 수 있다. 대출계약상 대출금에 대한 이자율은 당사자 간 협상의 주된 사항의 하나로, 고정수수료 이자율(fixed fee interest rate) 또는 변동수수료 이자율(floating fee interest rate)이 있다. 고정수수료 이자율(fixed fee interest rate)은 양 당사자의 별도의 합의가 없는 한 계약기간 동안 조정되지 않는 고정적 이자율을 적용하는 것이다. 반면, 변동수수료 이자율(floating fee interest rate)은 변동금리 주택담보대출(adjustable-rate home mortgages) 등과 같이 이자율이 주기적으로 조정되며, 기준금리(benchmark rate)를 바탕으로 그에 추가된 이자율 가산금리(interest rate margin; 예를 들면, 기준금리+3%)에 기초해 이자율이 산정된다. 이자율은 연간 백분율(annual percentage rate)로 표시하고, 대출계약에 적용되는 준거법을 확인하는 것이 중요하다. 즉, 준거법에 따라 청구할 수 있는 이자금액이 제한될 수 있고, 이자율 한도를 초과하는 경우 법률상 강제할 수 없으며, 이자를 부과하지 않거나 너무 낮은 이자율을 부과하는 경우 세금문제가 발생할 수 있다. 한편, 신디케이트론의 이자율은 다양한 방식으로 결정될 수 있으나, 일반적으로는 일반 대출계약에서와 마찬가지로, 기준금리를 정하고 거기에 일정한 가산금리를 더하는 방식이 사용된다. 그동안 글로벌 금융시장에서 기준금리(benchmark rate)로는 런던 은행간 금리인 LIBOR(London Inter-Bank Offered Rate)가 가장 널리 사용되었는데, LIBOR의 산출은 2012년 호가 은행들의 담합사건을 계기로 신뢰를 잃은 이후 단계적으로 중단되어 2023년 7월부터 완전히 폐지되었다.[256]

[Example]

아래는 대출계약상 이자 관련 기재례인데, 이자의 발생시기, 그 지급 시기와 방법을 명시하고, 이자율(interest rate)은 연간 백분율(annual percentage rate)로 표기한다.

- The Loan shall bear interest from the date such Loan is made until such

256 런던 은행간 금리인 LIBOR(London Inter-Bank Offered Rate; 리보)는 사실상 국제 금융시장 기준금리(benchmark rate) 역할을 해왔지만, 2012년 호가 은행들의 담합사건을 계기로 신뢰를 잃은 이후, LIBOR의 산출이 단계적으로 중단되다 2023년 7월에 완전히 폐지되었다. LIBOR는 종래 영국 금융산업이 발달하며 영국 은행들의 신용도가 세계 최고수준을 자랑하던 당시 영국 은행간 자금 수요를 맞추기 위해 단기로 주고받는 금리조건을 정하게 됐는데 이때부터 글로벌 금융거래에서 기준금리로서 역할을 해 왔다. 런던 금융시장에 참가하는 주요 은행간 자금 거래 시 활용되는 호가 기반 산출 금리로 USD(미국달러화), GBP(영국파운드화), JPY(일본엔화), EUR(유럽유로화), CHF(스위스프랑화) 등 주요 통화로 산출되어 왔다. 그런데, 2012년에 바클레이즈(Barclays), 도이체방크(Deutsche Bank), UBS, RBS(Royal Bank of Scotland) 등 정보제공은행들이 개입된 금리조작 담합사건이 발생하면서 리보(LIBOR)의 신뢰도 하락을 초래하였다. 이를 계기로 LIBOR 산출 과정에 대한 근본적인 개혁을 위한 논의를 제안했으며 점차 다른 금리로 대체되기 시작했다. 영국의 금융감독청(FCA)과 리보금리 산출기관(IBA; ICE Benchmark Administration)은 미국 연방준비제도(Federal Reserve System; Fed) 등과 논의를 거쳐 리보금리의 산출을 단계적으로 중단하는 일정을 발표했는데, 이에 따라 2023년 7월부터 리보의 산출이 완전히 폐지되기에 이르렀다. 리보(LIBOR) 산출의 폐지에 따라 미국, 영국, EU, 일본, 스위스 등 주요국들은 리보를 대체하는 무위험지표금리(risk-free rate; RFR)로의 전환을 가속화하고 있다. 미국, 영국을 비롯한 주요 금융당국들 간에 리보를 대체해 시장에서 기준금리 역할을 할 대체 금리에 관한 논의가 이루어졌다. 뉴욕연방은행이 참여하는 채권 환매시장에서 기준금리 역할을 하게 될 대표적인 무위험지표금리(RFR)인 SOFR(Secured Overnight Financing Rate; 담보부 조달금리)가 대안으로 떠올랐는데, 다양한 종류의 기준금리(benchmark rate)가 사용되는 추세이다. 다만, 향후 어떠한 금리가 국제금융시장에서 시장의 움직임을 잘 반영할 수 있는 대표성과 보편성을 가진 주된 기준금리로 자리를 잡을 수 있는지는 각국 금융당국들과 시장 참여자들의 동향을 지켜볼 필요가 있다.

Loan is paid in full at an interest rate per annum equal to [7.5%].

- Interest shall accrue on the outstanding Principal Amount of the Loan at the rate of [6.0%] per annum (the "Interest Rate"), on the basis of actual days elapsed and a year of [360 days], and shall be payable annually in arrears on each anniversary of the Effective Date.
- Interest shall accrue on the outstanding Principal Amount of the Loan at the rate of [5.0%] per annum (the "Interest Rate"), on the basis of actual days elapsed and a year of [360 days], and shall be payable annually in arrears in accordance with the terms and conditions of Article XX. Interest on the outstanding Principal Amount shall accrue from [20 October 2023]. Interest payments will be due on the first day of each month for the immediately preceding month, the amount of which shall be calculated based on the weighted average amount of the outstanding Principal Amount for the immediately preceding month.

3.3 대출상환(repayment) 관련 규정

대출계약에는 차주의 대주에 대한 대출금의 상환일정(repayment schedule) 등 대출상환의 방법과 조건에 관한 대출금상환조항(repayment clause)을 둔다. 대출금의 상환조건(repayment terms)에는 대체로, (i) 가장 일반적 방법으로, 차주가 모든 원금과 이자가 지불될 때까지 대출금을 정기적으로 분할지불하는 할부지급(installment payments), (ii) 대출계약상 규정에 따라 대주가 차주에게 사전통지(advance notice)를 함으로써 언제든지 상환을 요구할 수 있는 요구불 상환(payment on demand), (iii) 모든 대출원금과 발생 이자를 만기일에 지급하도록 하는 대출기간 종료시 지급(payment at the end of the loan term) 등이 있다. 이를 구체적으로 살펴보면, 대출의 상환기간은 일반적으로 차주의 월별 지급을 결정하는 상각일정(amortization schedule)에 따라 정해지는데, 대출금 전액을 갚기 위해 필요한 지급 횟수로 나누는 방식으로 이루어지며, 그 이후 매달 결제할 때마다 이자가 추가된다. 즉, 당사자들이 필요한 상환금액을 결정하면 대주는 상각표(amortization table)를 사용해 지급의 횟수를 나누고 이자를 월지급액 등 정기 지급액으로 계산한다. 다만, 매월 지급액은 동일하지만, 상환일정 초반에 지급된 대부분의 지급액은 이자에 충당되고, 상환일정 후반에 지급된 대부분의 지급액은 원금에 충당되는 등 다양한 형태로 이루어질 수 있다. 그리고, 대출금 상환은 대체로 고정기간대출 내지 고정상환일정(fixed term loan; fixed repayment schedule)에 따라 이루어질 수 있으나, 차주의 신용이 좋지 않거나 소액 대출금에 담보를 필요로 하지 않을 때 등 경우에 따라서 대주는 차주에게 요구불대출(on-demand facility)을 할 수 있다. 고정기간대출(fixed term loan)은 대출계약이 체결될 때 정해진 대출금 상환일정에 따라 상환이 이루어지며, 대출기관은 차주가 대출상환을 하지 않는 등 채무불이행을 할 경우 대출금 관련 물품이나 부동산 등 담보물을 실행할 수 있다. 요구불대출(on-demand facility/loan)은 주로 단기대출에서 사용되는데, 대주가 대출계약에 명시된 요건에 따라 차주에게 상환통지를 함으로써 언제든 대출금의 상환을 요구할 수 있는데, 수표당좌대월한도(check overdraft facility)는 은행요구불대출(bank demand loan)의 한 예이다.

[Example]

아래는 대출금의 상환에 관한 기재례로, 차주의 대주에 대한 대출금의 상환일정과 같은 대출상환의 시기와 방법 및 조건을 규정한다.

- The Loan shall be repaid in consecutive monthly equal installments, commencing on the 3rd anniversary of the Initial Advance. The amortization schedule setting out the amount of principal and interest payable in each month is attached hereto as Exhibit A.
- (a) The Borrower shall repay to the Lender the outstanding Principal Amount (together with any accrued but unpaid interest) on the first anniversary of the Effective Date, subject to acceleration as set forth in Article XX.
  (b) All payments to be made by the Borrower to the Lender hereunder shall be made to the account and at the time specified by the Lender by wire transfer of immediately available funds. All such payments shall be made in USD. If a date on which any amount under this Agreement is due and payable is not a Business Day, the date for payment of such amount shall be deferred to the next succeeding Business Day.
  (c) All sums payable to the Lender hereunder shall be paid in full without set-off or counterclaim, and free and clear of and without any deduction or withholding on account of any present or future taxes, levies, imposts, duties or other charges whatsoever, except such deductions or withholdings as are required by applicable law, in which case such additional amounts shall be borne by the Borrower and the Lender shall receive the full amount which it would have received but for such deduction or withholding.

3.4 대출계약상 진술 및 보증(representations and warranties) 관련 규정

대출 여부를 결정함에 있어 대주들에게 가장 중요한 고려사항 중의 하나는 대출금이 장래 제대로 상환될 수 있는지 여부이다. 대출금의 안정적 상환가능성에 대한 판단을 위해 대주들은 차주의 기업현황 및 재무상태, 차주의 자회사에 관한 정보, 재무제표 및 주요 계약현황, 우발적 채무의 존재 여부, 소송관계 등과 같은 차주를 둘러싼 주요한 사실적 상황을 알고자 한다. 그리고, 그러한 판단을 위한 자료를 획득하고자 대출계약의 체결 이전에 실사(due diligence)[257]가 필요한데, 기본적으로 차주에 대한 법적 실사, 시장현황의 실사를 포함한 다양한 조사를 하게 된다. 그러나, 대주들이 아무리 차주의 현황을 파악하기 위한 실사를 한다고 하더라도, 이는 차주가 제공한 자료와 진술의 범위에 제한될 수밖에 없다. 이에, 대주들로서는 차주가 공개한 자료 등이 계약체결과 클로징의 시점에서 진실하고 정확한 것임을 차주로 하여금 확인하게 할 필요가 있으며, 이러한 목적으로 대주들은 진술 및 보증 조항(representations and warranties clause)을 대출계약서에 포함한다. 이는 진술 및 보증이 된 사항이 진실하지 아닌 것으로 밝혀지는 경우 진술 및 보증 조항의 위반을 이유로 대주는 차주에게 책임을 물을 수 있게 되어, 대주에게는 일종의 위험배분(risk allocation)의 의미를 가지게 된다. 그런데, 진술 및 보증 조항에 포함되어 있는 내용들은 대주의 대출결정에 판단의 기초가 된 것들이므로 그 내용에 어떠한 변경이 있게 되는 경우에는 대출결정시 세워 놓았던 기본적 전제(assumptions)가 달라지게 된다.[258]

진술과 보증(representations and warranties)은 거의 모든 거래계약에서 규정되지만, 대출계약(loan agreement; facility agreement)에서 진술과 보증은 물품매매계약(sale and purchase agreement) 등 일반 거래계약보다 더 강력한 의미를 가질 수 있다. 즉, 대출기관은 차주의 진술 및 보증의 위반이 있는 경우 채무불이행사유(event

257 실사(due diligence)의 경우 어느 범위에서 실사가 이루어질 것인지는 해당 대출거래의 목적에 따라 달라질 수 있다. 예를 들어, 특정사업부문의 인수를 위한 자금조달을 위해 이루어지는 대출의 경우 그 사업부문의 시장성에 대한 실사(market due diligence)가 중요할 수 있으며, 플랜트나 항만 등 건설자금의 용도로 대출을 하는 경우 해당 기술의 적정성에 대한 실사(technical due diligence)를 수행할 수도 있다.

258 대주의 입장에서는 차주에 의해 진술되고 보장되어진 사실에 대해 계속적인 재평가의 기회를 가질 필요가 있으며, 진술 및 보증 조항은 지속적으로 대주를 보호할 목적으로 대출의 전 기간에 걸쳐 이루어지는 것이 좋다.

of default)의 발생을 근거로 대출금의 조기상환(acceleration)을 청구할 수 있는 기능을 한다. 대출계약에서 진술과 보증은 일반적으로 차주가 법적으로 금융계약을 체결할 수 있는지와 차주의 사업의 성격에 초점을 두어 그 대상이 보다 광범위할 수 있다. 이러한 진술과 보증은 차주가 대주에게 지불해야 하는 금액 또는 대주가 대출을 약속한 기간 동안에만 적용된다.

국제 대출계약의 주요 진술 및 보증사항으로는, (i) 대부분의 다른 계약과 마찬가지로, 우선 당사자들, 특히 차주가 적법하게 설립되어 계약체결일 현재 유효하게 존속하고 있다는 점과 해당 거래를 위한 내부적인 결의를 거쳐 계약체결에 아무런 문제가 없다는 점이 있다. 이는 차주가 실체가 없는 업체이거나 계약체결에 필요한 이사회나 주주총회 등의 결의를 거치지 않았음이 사후에 밝혀져 계약의 유효성에 문제가 발생할 경우를 대비하기 위한 것이다. 그리고, (ii) 대주들의 입장에서 차주가 계약을 체결할 당시 중대한 분쟁에 휘말려 있거나 장차 분쟁이 발생할 우려가 있다면 장래 원리금의 상환에 지장을 초래할 수 있다. 이에, 그러한 법적 분쟁의 존재 여부 및 장래 발생가능성에 대한 진술 및 보증을 받을 필요가 있다. 법적 분쟁이 존재하는 경우에는 그 내용과 차주의 패소가능성 등을 검토한 후 그 존재에도 불구하고 원리금 상환에 지장이 없다고 판단할 경우 대출거래를 승인할 수 있다. (iii) 차주는 대주에게 제공한 자신의 재무제표, 부채현황, 자회사현황 등 모든 정보가 제공된 시점에서 모든 중요한 점에 있어 완전하고 정확하다는 점을 진술한다. 또한, (iv) 당사자들, 특히 차주의 법령과 계약의 준수에 관한 사항을 진술과 보증대상으로 한다. 차주가 법령에 위반하고 있는 사실이 존재하고, 그 위반의 정도가 중대하여 차주의 법적 지위 또는 대출거래의 전제가 되는 차주의 영업에 대한 당국의 허가가 취소 내지 철회될 위험이 존재한다면 대주는 대출을 실행할 수 없으므로 차주의 법령이나 계약의 준수에 관한 사항을 진술하고 보증한다.[259]

그런데, 진술 및 보증은 실사기능을 가지지만, 어떠한 실사도 차주가 제공한 자료의 범위 내에서 이루어질 수밖에 없다는 한계점이 있다. 이에, 대주들은 그 판단을 위해 차주가 제공해 준 정보가 모든 점에서 완전하고 정확하다고는 것을 계약상 확인받고자 한다. 반면, 차주의 입장에서는 대주에게 제공된 자료를 자신이 직접 작성하지 않거나 다른 자료를 참고해 작성할 수도 있으므로 그 정보의 완전성

259 차주는 영업과정에서 다양한 계약관계를 형성할 수 있는데, 차주의 대출계약 체결이 다른 계약의 위반이 될 가능성을 전적으로 배제할 수 없으며, 그 위반으로 차주가 법적 분쟁에 휘말리는 경우 대주도 예상하지 못한 분쟁에 휘말릴 수 있다.

과 정확성을 무조건 확인해 주기 어려울 수 있다. 이러한 점에서, 차주가 대주에게 제공한 정보가 중요한 점에서는 정확하지만 사소한 점에서는 그렇지 않을 수 있다는 점을 나타낼 수 있다. 즉, 차주의 입장에서는 "in material respect(중요한 점에서)," "material adverse change(material adverse effect; 중대한 불리한 변경/효과)" 등과 같은 "Materiality Qualifier(중대성 한정어구)"을 통해 진술의 초점을 중대한 사실(material facts)에 한정함으로써 진술과 보증의 범위에 제한을 가해 진술자의 위험을 줄일 필요가 있다.[260] 그리고, 차주의 입장에서는 분쟁발생이 없다는 등 진술과 보증사항을 언급할 때 실제 차주가 정확히 예측할 수 없는 상황에서 진술을 함으로써 부담할 수 있는 위험을 완화하기 위해 그 진술 및 보증에 대한 일정한 제한을 가할 필요가 있다. 즉, 차주는 "to the knowledge of the borrower(차주가 아는 한)," "to the best knowledge of the borrower(차주가 최대한 아는 바로는)" 등과 같은 "Knowledge Qualifier(인식 한정어구)"을 부가해 진술자의 인식(knowledge)의 정도를 한정해 책임을 제한할 수 있다.[261] 다만, 이러한 한정 수식어구는 차주의 소송, 환경 등 사업 관련 진술과 보증의 경우 인정될 수 있지만, 금융계약의 체결이나 주요 재무정보 등 차주의 대출상환능력과 관련된 진술과 보증의 경우 대주의 입장에서 받아들이기 어려울 수 있다.

[Example]

아래는 대출계약상 차주의 진술 및 보증 사항(borrower's representations and warranties)에 관한 주요 기재례인데, 차주는 회사의 설립, 계약체결의 권한, 법규준수 등 일반적 진술과 보증 사항 이외에도, 채무불이행이 없다거나 담보설정이나

260 "Materiality Qualifier(중대성 한정어구)"은 계약당사자들로 하여금 중요하지 아니한 사항에 대하여는 진술 및 보증의 효력을 배제할 수 있도록 한다. 진술 및 보증에 "중요성 한정어구(materiality qualifier)"를 부가할 것인지 여부는 해당 거래에서 그 진술 및 보증이 가지는 의미에 따라 달라질 수 있으며, 특히 대주가 해당 진술 및 보증의 기초를 이루는 사실관계를 독립적으로 확인할 수 있다면 중대성 한정어구(materiality qualifier)의 허용 여부를 보다 용이하게 결정할 수 있다.

261 "Knowledge Qualifier(인식 한정어구)"은 현재 알려진 사항에 대해서만 진술 및 보증이 미치는 것으로 제한하며, 그 사항이 나중에 진술이 아닌 것으로 밝혀지고 차주가 그 사항이 진실이 아님을 알지 못했을 경우 진술 및 보증의 위반으로 처리되지 않는다. 이는 해당 사항이 진실이 아닌 것으로 밝혀지더라도 차주가 그 진실이 아님을 사전에 알지 못한 이상 계약위반으로 되지 않기 때문에 차주에게 계약위반의 책임을 묻기 위해서는 차주가 그 진술이 사실이 아니라는 것을 인식했다는 점을 대주가 입증해야 한다.

대출순위 등 대출을 상환할 능력이 있다는 점에 대한 진술과 보증을 한다.

The Borrower represents and warrants to the Lender as of the Effective Date and the Closing Date as follows:

- Incorporation. The Borrower is a corporation duly organized and validly existing under the laws of its jurisdiction of organization.
- Power and Authority. The Borrower has full legal right, power and authority to carry on its present business, to own its properties and assets, to incur the indebtedness and other obligations provided for in this Agreement, to execute and deliver this Agreement, the Promissory Note and all other documents hereunder and to perform and observe the terms and conditions hereof and thereof.
- Authorization of Borrowing. The Borrower has taken all appropriate and necessary corporate and legal actions and obtained all appropriate and necessary consents, approvals or authorizations of any third party, including without limitation the Senior Creditors, to authorize the execution and delivery of this Agreement, the Promissory Note and all other documents hereunder and to authorize the performance and observance of the terms and conditions hereof and thereof.
- Binding Effect; Compliance with Law and Other Agreements. This Agreement constitutes the legal, valid and binding obligation of the Borrower enforceable in accordance with its terms. The execution, delivery and performance of this Agreement and the Promissory Note, the payment by the Borrower of all amounts due on the dates and in the currency provided for herein (i) will not violate or contravene any provision of law or regulation which is applicable to the Borrower; (ii) will not conflict with the articles of association or by-laws (or comparable constituent documents) of the Borrower; (iii) will not conflict with or result in the breach of any provision of, or in the imposition of any Encumbrance under, any agreement or instrument to which the Borrower is a party or by which it or any of its properties or assets is bound; and (iv) will not constitute a default or an event that, with the giving of notice or the passing of time, or both, would constitute a default under any such agreement or instrument.
- No Event of Default. Except as set forth in Schedule 6.5, the Borrower is not in default under any agreement or obligations applicable to it or its assets or revenues, the consequences of which default could materially and adversely affect its business or financial condition or its ability to perform its obligations under this Agreement and no Event of Default or prospective Event of Default has occurred.
- Compliance with Law. The Borrower is in full compliance with all applicable laws, regulations and orders.
- Ranking of Loan. This Agreement is the direct, unconditional and general

obligation of the Borrower. Subject to Section 2.4, the Borrower's obligations hereunder rank and will rank in priority of payment and in all other respects with all other unsecured and unsubordinated indebtedness of the Borrower except for those preferred by operation of law.

- Legal/Government Actions and Requirements. All registrations, recordings, reportings or filings required as a condition to the legality, validity or enforceability of this Agreement, the Loan, the Promissory Note or any other document to be executed and delivered pursuant to the terms of this Agreement have been made by the Borrower, or jointly by the Lender if necessary, [including without limitation, any required reporting to the designated foreign exchange bank for the Loan under this Agreement].
- Encumbrances. Except as set forth in Schedule 6.9, no Encumbrance exists over all or any part of the property, assets or revenues of the Borrower.
- Litigation. No litigation, administrative proceeding or arbitration is presently pending or threatened against the Borrower or its assets or revenues which, if adversely determined, could have a material effect on the ability of the Borrower to perform its obligations under this Agreement.

3.5 대출계약상 차주의 구속약정(covenants) 관련 규정

대출계약의 경우 대주가 차주의 대출 상환능력이나 채권보전의 방법 등을 검토하기 위해, 인수계약과 마찬가지로, 일반적으로 계약이 체결된 이후 이를 완료하기 위한 클로징 절차를 거친다. 이와 관련해, 클로징을 위한 클로징조건(closing conditions)을 두고, 차주에게 계약체결일 이후 클로징시까지 또는 클로징 이후에도 일정한 행위를 해야 할 의무를 부과하거나 또는 일정한 행위를 금지하는 구속약정(covenants; 이행의무)을 규정한다. 적극적 구속약정(affirmative covenants)은 당사자가 장래 일정한 행위를 하겠다는 약정으로, 대출계약에서 차주의 주요 적극적 구속약정으로, (i) 대주가 차주의 재무 관련 상태나 계약조건의 준수 여부를 확인하기 위해, 차주로 하여금 재무 관련 감사보고서나 자료 등을 제출하도록 하거나, (ii) 대주의 요구가 있는 때 차주가 대주의 차주에 대한 감사를 수용하거나 필요한 정보를 제공하도록 하는 등의 의무가 있다. 이는 대주가 차주의 재무적 정보 및 기타 필요한 정보를 통해 차주가 대출계약상 이행의무를 준수하고 있는지 여부를 확인할 수 있게 한다. 소극적 구속약정(negative covenants)의 경우 당사자가 일정한 행위를 하지 않겠다는 약정이다. 이는 구속약정에 의해 대주가 차주의 경영이나 행위에 간섭하는 정도는 금융계약의 성격, 여신위험의 정도 및 차주의 유형에 따라 다를 수 있지만, 일반적으로 대주들의 원리금 상환에 직접적인 지장을 초래하는 행위, 예를 들면, 추가적인 채무의 부담, 담보의 제공, 배당의 지급 등과 그 밖에 차주의 영업활동에 영향을 미쳐 결과적으로 차주의 상환능력에 파급력을 가지는 일체의 행위 등을 금지할 수 있다.[262]

한편, 대출과 관련한 차주의 대주에 대한 대출의 지속적 상환능력을 정확히 평가하기 위해 대주는 차주가 적정한 사업 계획과 운영을 통해 대출 원리금을 상환할 적정한 재무적 구조를 가지고 있는지를 확인하고, 이에 문제가 있는 경우 그에 상응한 적절한 대책을 마련할 필요가 있다. 이와 관련해, 차주의 대주에 대한 재무 관련 약정(financial covenants)은 중요할 수 있다. 차주의 주요 재무약정으로는, 차주의 (i) 부채상환비율과 부채비율의 일정수준의 유지, (ii) 수익과 비용의 일정비율의 유지,[263] (iii) 자본적 지출(capital expenditure)의 일정수준의 유지, (iv) 유형적 자기자본(tangible net worth)의 일정수준의 유지, (v) 유동자산에 대한 유동부채의 비율(current ratio; 유동비율)의 일정수준의 유지 등의 의무가 있다. 이러한 차주의 재무약정에 따른 비율이나 금액에 대한 제한을 충족하지 못한다면 이를 원리금의 상환에 지장을 초래하였거나 초래할 가능성이 있는 징표로 보아, 대주는 차주에 대해 관련 대책을 마련할 것을 요구하거나 채무불이행을 선언해 채무의 조기 상환을 실행할 수 있다.[264]

[Example]

아래는 대출계약상 당사자들의 구속약정(covenants; 이행의무) 관련 기재례들이다. (Sample 1)은 대출계약상 대주와 차주의 일반적인 적극적 및 소극적 구속약정(affirmative and negative covenants)의 예문들로, 차주의 미지급 금액에 대한 변제, 차주의 재무제표나 담보설정 등 관련 차주의 의무와 함께 당사자 간 비밀유지

262 여기에는 예를 들면, 차주가 체결한 중요한 계약의 변경, 자본상각, 합병이나 주요한 영업이나 재산의 양도, 타 회사의 지분취득 등 출자행위, 또는 대주의 사전 서면동의 없는 자본적 지출이나 일정한 금액 이상의 비용지출, 제3자에 대한 채무나 보증채무 등의 부담, 신용의 공여나 배상약정 기타 조건부 채무부담행위 등을 하지 않는 것이 포함될 수 있다.

263 기업의 수익금액과 관련해 일정기간 동안 영업활동을 통해 기업에게 실제로 발생한 현금의 흐름을 나타내는 회계적 개념으로, EBITDA(earnings before interest, taxes, depreciation, and amortization; 이자, 세금, 감각상각비/상각 전 수익)를 많이 사용한다.

264 차주의 입장에서는 재무약정(financial covenants)상 제한이 과도한 경우 차주의 자유로운 기업운영에 상당한 지장이 있을 수 있으므로 그 적정성 여부에 대한 검토를 필요로 하며, 대주와 대출거래 협상의 주요 쟁점이 될 수 있다.

의무, 상대방의 직원이나 공급업체의 유인금지 등을 규정한다. (Sample 2)는 대출계약상 대주의 이행의무를 완료하기 위한 클로징조건(conditions to closing)에 관한 예문으로, 차주의 진술과 보증이 클로징시에 정확하며, 차주가 계약상 모든 조건을 준수하고 의무를 수행하고, 대주가 합리적으로 만족할 만한 실사가 이루어지고, 대주가 차주로부터 해당 계약의 이행을 승인하는 이사회 의사록 등 대출거래를 적법하게 인증하는 서류를 제공받을 것을 요구한다.

(Sample 1)

The Lender and the Borrower shall comply with the following affirmative and negative covenants:

- Payment of Accounts Receivable and Accrued Interest. The Accounts Payable and any accrued but unpaid interest on the outstanding Principal Amount as of the Closing Date shall be paid by the Borrower to the Lender in a lump-sum payment on the Closing Date.
- Financial Statements. The Borrower shall produce its annual financial statements audited by an internationally recognized independent certified public accounting firm that is satisfactory to the Lender.
- Encumbrances. The Borrower shall not create, incur, assume or suffer to exist, directly or indirectly, any Encumbrance (other than those listed in Schedule XX) on any of its property, revenues or assets, whether now owned or hereafter acquired, or do anything that would result in the claim of other creditors.
- Confidentiality. Except as otherwise required by applicable laws, neither the Lender nor the Borrower shall disclose to any third party not subject to an appropriate confidentiality agreement the existence of this Agreement and other documents related hereto or any negotiations with respect hereto, without the express written consent of the other Party.
- Non-Solicitation. As long as the Lender and the Borrower maintain business as separate legal entities, each agrees with the other not to solicit each other's employees, consultants, vendors or service providers.

(Sample 2)

The obligation of the Lender to grant the Loan hereunder is subject to the fulfillment prior to or at the Closing of the following conditions, unless waived by the Lender:

- Borrower's Performance. All representations, warranties, covenants and agreements by the Borrower contained in this Agreement shall be true, accurate and complete as of the Closing; and the Borrower shall have performed and complied with all of the terms, provisions, covenants and ...
- Due Diligence. The Lender's due diligence shall have been completed to

the Lender's reasonable satisfaction.

- Required Documents. The Lender shall have received from the Borrower (i) a duly authenticated copy of the minutes of the Board of Directors' meeting of the Borrower at which resolutions authorizing the execution, and performance of this Agreement, and all other agreements and documents ...

3.6 대출금 중도상환시 수수료(prepayment fee/penalty)의 문제

대출조건에 따라 대출이 이루어진 때 그 대출금의 상환은 만기 또는 사전에 합의한 상환일정상 상환일에 행하여지게 된다. 그런데, 차주의 입장에서는 사업이 성공적으로 수행되어 가용현금이 많아지는 경우 굳이 만기까지 기다릴 필요없이 조기상환을 하는 것이 금리비용을 낮출 수 있으며, 대출계약 체결시에 비해 금융시장의 조건이 호전되어 보다 좋은 조건으로 자금을 조달할 수 있다면 그 자금으로 기존 대출금을 조기상환하는 것이 유리할 수 있다.[265] 이에, 대출계약상 대출거래를 보다 유연하게 하기 위해 차주의 대출금 중도상환(prepayment)을 허용할 수 있는데, 이때 중도상환 수수료(prepayment fee) 내지 위약금(penalty)이 문제된다. 차주의 입장에서는 가능하면 추가 수수료 없이, 중도상환(prepayment)을 할 수 있는 유연성을 확보하는 것이 좋다. 그러나, 대부분의 대출계약에서는 차주가 대출금을 조기에 상환하는 경우 중도상환 수수료 내지 위약금이 부과되는데, 이는 일정기간 동안 대출금에 따른 수익을 기대하는 대주를 보호하기 위해 인정된다. 즉, 차주의 대출금의 조기상환이 있는 경우 대주는 해당 대출거래를 하면서 예상하였던 수입의 흐름에 차질을 가져올 수 있다. 예를 들어, 차주가 5년 만기 대출금을 3년 후에 상환한다면 대주는 대출의 마지막 2년 동안 기대했던 이자를 받지 못하게 된다. 이에, 대주는 차주의 자발적인 조기상환을 허용하되, 그로 인해 발생할 수 있는 기회비용을 차주로부터 보상받고자 하는데, 이를 국제 금융거래에서 "Break Cost(파기비용)"라 한다.[266] 이러한 파기비용(break cost)은 일반적으로 대주가 조기상환을

265 경우에 따라 대주의 입장에서도 조기상환을 받는 것이 좋을 수 있다. 즉, 차주의 경영상태가 호전되어 많은 수익을 올리고 있더라도 그와 같은 상황이 장기적으로 지속되리라 예상할 수 없는 경우에는 조기상환 여부를 차주의 선택에만 맡길 것이 아니라 그 수익금의 전부 또는 일부를 조기상환에 충당시키는 것이 차주의 채무불이행위험을 미연에 방지하는 수단이 될 수 있다. 이러한 점에서, 대출계약에서 일정한 사유가 발생하는 때 강제적으로 조기상환하도록 할 수 있으나, 이때는 차주가 수수료 등 위약금을 부담하지 않을 수 있다.

266 "Break Cost(파기비용)"는 차주가 대출약정 기간이 끝나기 전에 고정금리 대출(fixed-rate

CHAPTER 9

받지 않았을 경우 얻었을 수입에서 그 조기상환금으로부터 얻을 수 있는 수입을 차감한 기회비용이 될 수 있는데, 대주가 조기상환금을 활용하는 방식은 다양할 수 있으므로 계약상 그에 관한 명시적 규정을 둘 필요가 있다.

[Example]

아래는 차주의 대출금 중도상환시 수수료 내지 위약금(prepayment fee/penalty) 관련 예문들로, 여기서 차주는 위약금 없이 대출금을 중도 상환하거나 또는 일정 기간이 경과한 후 통지 등 일정한 절차를 거쳐 위약금 없이 상환하도록 하고 있다.

- The Borrower may prepay any portion of the outstanding Principal Amount at any time, without penalty.
- The Borrower is entitled at any time on or after the date one year and one day after the date of the Initial Advance, upon at least 30 days' prior written notice to the Lender, to prepay all or part of the Loan without any penalty. Where any amount is so prepaid, the Borrower shall simultaneously pay to the Lender the amount of interest accrued thereon until the date such amount is prepaid.

3.7 채무불이행사유(EOD) 및 조기상환(acceleration) 등 대주의 구제방법 관련 규정

대출계약상 대출금의 상환이 되지 않거나 지체되는 경우 대출은 채무불이행(default)이 되며, 이때 대주는 차주에 대해 대출금의 조기상환(acceleration)을 비롯해 대주가 입은 손실을 보상받기 위한 손해배상 등을 청구할 수 있다. 채무불이행사유(event of default; EOD)는 차주가 채무불이행 상태로 되는 경우로 그 정의에 따라 다양한 사유가 포함될 수 있는데, 그 정의는 대출의 유형이나 계약당사자들의 관계에 따라 달라질 수 있다.[267] 즉, 차주가 정해진 시점에 대출 원금과 이자를 상환하지 못하는 상황을 비롯해 당사자들 사이에 합의한 다양한 사유를 대출계약서상 채무불이행이 되는 사유(EOD)로 규정할 수 있으며, 그 사유 발생시 대주의 구

---

loan)이나 담보대출(mortgage)을 상환하거나 해지할 때 발생하는 비용을 말하며, 이는 차주의 조기상환에 따른 대주의 손실을 보상하기 위한 것이다.

267 예를 들어, 요구불 지급(payment on demand)의 경우 대주가 통지 등 요구가 있음에도 차주가 대출금을 상환하지 않거나 특정 날짜에 일시금의 상환지급이 필요한 경우 차주가 그 특정 날짜에 지불할 대출금을 지급하지 않으면 채무불이행이 된다.

제방법도 함께 기술한다. 이에, 대주의 경우 가급적 차주의 채무불이행사유를 폭넓게 규정하고자 하는 반면, 차주는 그 범위를 가능한 한 줄이고자 하기 때문에 계약당사자 모두에게 중요성을 가진다. 특히, 채무불이행사유 중 대출금을 상환일에 실제 지급하지 못하는 것이 아니라 지급하지 못할 것으로 예상되는 잠재적 채무불이행(potential default)에 관한 사항은 당사자 간의 이해관계가 다를 수 있어 계약협상의 중요한 쟁점이 될 수 있다.

구체적 채무불이행사유(EOD)는 해당 거래의 특성에 따라 달라질 수 있지만, 대체로 그 사유의 성격에 따라서, (i) 대출원리금 지급의무 불이행과 관련된 사유, (ii) 진술 및 보증(representations and warranties)이나 구속약정(covenants)의 위반과 관련된 사유 등으로 나눌 수 있다. 그리고, 채무불이행사유의 발생 구조상으로는, ① 특정사실이 발생하면 바로 채무불이행사유에 해당하는 경우와 ② 특정사유가 발생하고 일정한 치유기간(cure period)이 경과하도록 그 치유가 되지 않을 경우 비로소 채무불이행사유가 되는 경우로 나눌 수 있다. 즉, 대출계약상 차주가 채무불이행사유에 속하는 사정이 발생하면 대주는 차주에게 대출금을 일정 유예기간 내에 변제하거나 또는 즉시 상환을 요구할 수 있다. 일반적으로 차주가 대출금을 상환시기에 변제하지 못하는 경우 그 상환을 할 수 있는 일정한 유예기간이 차주에게 부여되는 반면, 차주가 지급불능(insolvency)에 빠지는 경우에는 대주가 차주에게 즉시 상환청구를 요구할 수 있도록 한다.

대출계약에서 특히 당사자들 사이의 계약상 위험배분과 관련해, "Material Adverse Change(material adverse effect; 중대한 불리한 변경/영향)"라는 용어를 사용하는 경우 이는 주요한 계약조건이 될 수 있어 당사자 간 협상의 중요 대상이 된다. 즉, 대출계약상 특정한 사건이나 상황의 심각성(seriousness of an event or circumstance)으로 인해 그 사건이나 상황에 중대한 불리한 변경(material adverse change)이 있는 때 대주가 이를 채무불이행(default)으로 보고 일정한 조치를 하거나 차주에게 계약위반(breach of the contract)에 따른 시정을 하도록 요구할 수 있기 때문이다. Material Adverse Change(중대한 불리한 변경)에 관한 정의는 해당 대출계약에 따른 차주의 의무이행 능력에 일정한 영향을 미칠 수 있는 사정을 포함할 수 있는데, 차주의 입장에서는 그 내용에 일반적 진술과 보증 등에 관한 사항 등을 포함하기보다는 차주 자신의 대금지급의무 및 재무적 책임에 한정할 필요가 있다.

그리고, 대출계약상 유의해야 할 채무불이행사유 중의 하나로, "Cross-Default Clause(교차 채무불이행 조항)"가 있다. 교차 채무불이행 조항(cross-default clause)은 차주의 교차 채무불이행(cross default)을 인정하는 것으로, 차주가 하나의 대출계약에서 채무불이행이 있는 때 다른 대출계약에서도 채무불이행이 있는 것으로 보는 규정이다. 이는 해당 계약의 차주가 다른 유사한 거래나 계약에서 채무불이행이 있는 때 그 다른 계약상 채무불이행을 해당 계약의 채무불이행사유로 보아 해당 계약의 대주는 차주에게 계약상 구제방법을 행사할 수 있다. 즉, 차주가 체결한 대출계약들 중 하나의 대출계약상 대출원금이나 이자를 제때 지급하지 않는 등 채무불이행이 있는 때 차주의 다른 대출계약 중 교차 채무불이행 조항(cross-default clause)을 가진 대출계약이 있다면 그 대출계약의 경우도 채무불이행이 발생한 것으로 본다. 이는 차주가 어느 대출계약이든 채무불이행을 하는 때 차주의 자산에 대해 동등한 권리를 갖기를 원하는 대주의 이익을 보호하기 위한 것이다. 이에, 모든 대출기관이 대출계약에서 교차 채무불이행 조항을 두는 경우 부실한 차주는 하나의 대출계약의 채무불이행으로 인해 여러 다른 대출계약의 모든 대출에 채무불이행이 되는 도미노 효과가 발생할 위험이 있는 점을 유의해야 한다.

한편, 차주의 채무불이행시 대주의 구제방법과 관련해, 대주는 대출원리금을 차주로부터 상환받기 위해 관련 물적 담보를 실행하거나 보증인에게 차주를 대신해 대출금을 상환할 것을 요구할 수 있다. 또한, 대출계약에서는 대출금의 상환기일이 도래하였음에도 연체(late payment)나 미납(nonpayment) 등으로 그 상환금액을 변제하지 못하는 경우 연체이자(default interest) 등을 부과하도록 하는 연체이자 조항을 두는데, 연체이자율(default interest rate)은 연체로 인한 대주의 비용을 반영하기 때문에 대체로 일반 이자율보다 높다. 대출기관은 대출금을 제공하기 이전에 또는 필요한 통지요건 등을 통해 채무불이행사유(EOD)를 명확히 필요가 있다. 그리고, 대출계약에서 대주를 보호하기 위해, 일반적으로 채무불이행사유(EOD)가 발생한 경우 대주가 차주에게 변제기가 도래하지 않았더라도 대출원금(principal) 및 누적 이자(accumulated interest)를 포함한 대출금 전액을 즉시 상환할 것을 청구할 수 있는 조기상환조항(acceleration clause)을 둔다. 대주는 대출계약상 조기상환조항을 통해 차주의 채무불이행사유가 발생한 때 그 재량(discretionary authority)에 따라 차주의 채무에 대한 기한이익의 상실(acceleration)을 선언함으로써 모든 채무의 변제기를 도래시키고 원리금의 회수절차에 들어갈 수 있다.[268] 예를 들어, 할부대출

268 대출계약상 위법조항(illegality clause)을 둘 수 있는데, 이는 계약을 체결한 이후 법령상 대출이 위법하게 되는 경우의 문제를 다룬다. 예를 들면, 대출계약 체결일 이후에 법령상 대주가 대출한 금액을 유지하는 것이 위법으로 되는 경우 해당 계약은 해지되고, 차주는 즉시 또는

(installment loan)의 경우 차주가 할부 상환일에 할부금의 지급을 하지 못하는 채무불이행사유가 발생하는 경우 조기상환조항이 있다면 대주는 차주에게 이행기가 도래하지 않은 대출원금과 미지급이자 전액을 즉시 상환할 것을 청구할 수 있다.

[Example]

아래는 대출계약상 채무불이행사유 조항(event of default clause) 관련 기재례이다. 여기에는 채무불이행사유로 차주의 대출원리금의 미상환을 비롯해, 당사자들의 합의에 따라 다양한 사유를 정할 수 있는데, 대체로 차주의 진술과 보증 등에 중대한 오류가 있는 경우, 차주의 관련 사업의 양도나 운영에 심각한 장애가 있거나 중대한 분쟁이 발생하는 등 차주의 의무이행 능력에 심각한 악영향이 발생하는 경우, 관련 계약과 관련해 필요한 정부의 인허가가 취소되는 경우, 다른 기업과 합병 등 차주의 조직변경이 있는 경우, 차주가 다른 계약상 채무를 불이행하는 경우 등을 포함한다. 이러한 채무불이행사유 이외에, 일반적으로 지연이자(interest for arrears)의 발생이나 관련 담보의 실행 등 채무불이행사유 발생시 영향과 처리 방법도 함께 규정한다.

1. Each of the following events or occurrences shall constitute an Event of Default under this Agreement:
   (a) The Borrower fails to pay when due any sum payable under this Agreement, and/or the Promissory Note when due or otherwise in accordance with the provisions of this Agreement.
   (b) Any representation, warranty or statement made or deemed to be made by the Borrower in this Agreement or in any document executed hereunder proves to have been incorrect or misleading in any respect considered by the Lender to be material.
   (c) The Borrower fails duly and punctually to perform or observe any obligation or covenant made by it in this Agreement, the Promissory Note or any other document executed hereunder or thereunder, and as a result thereof, it might reasonably be considered by the Lender that the ability of the Borrower to promptly comply with its respective obligations under this Agreement is materially adversely affected thereby.
   (d) The Borrower fails to perform or observe any obligation or covenant contained in this Agreement other than as referred to in Paragraphs (a), (b) and (c) above and such failure is not remediable or, if

해당 법령 등에 의해 허용되는 기간 내에 관련 대주로부터 대출한 원리금액을 상환수수료 없이 기한 전 상환하여야 한다는 등의 규정을 둘 수 있다.

remediable, continues for a period of 30 days after receipt by the Borrower of notice of such failure from the Lender.

(e) The Borrower fails to discharge when due any other indebtedness or to honor any guarantee of any other indebtedness, or there occurs any event of default (however so described) under any other agreement pursuant to which any other indebtedness or guarantee of the Borrower created, secured or evidenced, if the effect of such failure or occurrence is to cause or permit such indebtedness or guarantee to become or to be declared due prior to its normal maturity.

(f) Any change occurs in the financial or other condition of the Borrower which may reasonably be considered by the Lender to materially adversely affect the ability of the Borrower to comply with all or any of their respective obligations under this Agreement.

(g) The Borrower becomes insolvent or commits or permits any act of bankruptcy, which term shall include (i) the filing of a petition in any bankruptcy, reorganization, winding-up or liquidation proceeding or other proceeding analogous in purpose or effect; (ii) the failure by the Borrower to have any such petition filed by another party discharged within 30 days; (iii) the application for or consent to the appointment of a receiver or trustee for the bankruptcy, reorganization, winding-up or liquidation of the Borrower or of a substantial portion of its properties or assets; (iv) the making by the Borrower of an assignment for the benefit of, or any composition or arrangement with, its creditors; (v) the admission in writing by the Borrower of its inability to pay its debts; (vi) the passing of a resolution by the Borrower approving any reorganization, winding-up or liquidation of the Borrower or of a substantial portion of its properties or assets; (vii) the entry of any court order or judgment confirming the bankruptcy or insolvency of the Borrower or approving any reorganization, winding-up or liquidation of the Borrower or of a substantial portion of its properties or assets; (viii) any creditor of the Borrower exercises a contractual right to assume the financial management of the Borrower; or (ix) the Borrower is unable to pay its debts, stops, suspends or threatens to stop or suspend payment of all or a material part of (or of a particular type of) its indebtedness, begins negotiations or takes any other step with a view to the deferral, rescheduling or other readjustment of all of (or all of a particular type of) its indebtedness (or of any part which it will or might otherwise be unable to pay when due).

(h) A writ of attachment or execution or similar process is issued against a substantial part of the assets of the Borrower which remains undismissed, unbonded or undischarged for a period of 30 days.

(i) Any event occurs which, under the law of any relevant jurisdiction, has an analogous or equivalent effect to any of the events mentioned in Paragraph (g) or (h).

(j) The Borrower ceases its operations or sells or otherwise disposes of all or a substantial part of its assets (whether by a single transaction or a number of related or unrelated transactions and whether or not at one time or over a period of time) without the prior written consent of the Lender; or the Borrower decides to cease its operations or to sell or otherwise dispose of all or a substantial part of its assets without the prior written consent of the Lender; or any governmental or other authority expropriates or nationalizes or threatens to expropriate or nationalize, all or a substantial part of the assets of the Borrower.

(k) This Agreement or any provision hereof ceases for any reason to be in full force and effect or is terminated or jeopardized or becomes invalid or unenforceable or if there is any dispute regarding the validity or enforceability of the same in each case in a manner which, in the opinion of the Lender, might materially and adversely affect the interests of the Lender hereunder, or if there is any purported termination or repudiation of the same.

(l) Any governmental authorization granted or required in connection with this Agreement is terminated or revoked or is modified in any manner unacceptable to the Lender.

(m) It becomes impossible or unlawful for the Borrower to perform or comply with any one or more of its respective obligations under this Agreement.

(n) The Borrower voluntarily or involuntarily merges or consolidates with any other entity without the prior written consent of the Lender (which consent shall not be unreasonably withheld).

2. If an Event of Default shall occur, the Lender may at the same or different times may declare the Principal Amount and accrued interest payable hereunder to be, whereupon they shall become, immediately due and payable without demand, notice or other legal formality of any kind, all of which are expressly waived by the Borrower. In addition thereto, the Borrower shall pay interest on such sum from and including the due date to and including the date of actual payment at the rate of [15%] per annum above the Interest Rate.

3. In addition to the actions permitted in Section XX hereof, the Lender may take any action, exercise any other right or pursue any other remedy conferred upon it by this Agreement, the Promissory Note and/or any applicable law or regulation or otherwise as a consequence of any Event of Default.

XI. Service Agreement(서비스계약)

1. 서비스계약(service agreement)의 이해

Service Agreement(서비스계약)는 다양한 경우에 여러 형식으로 이루어질 수 있어 일률적으로 정의하기는 힘들지만, 일반적으로 서비스제공자(service provider)의 서비스구매자(buyer)에 대한 서비스의 제공과 관련해 서비스제공자가 수행할 서비스의 내용과 그에 대한 서비스구매자의 대가를 정하고, 서비스제공과 관련된 자료나 산출물(deliverables)의 인도 및 소유권 등에 관한 당사자 간의 권리의무를 정하는 계약을 말한다. 서비스계약(service agreement)은 제한된 기간 동안 1회성 산출물 또는 장기간에 걸친 지속적인 파트너십(ongoing partnership)을 위해 체결될 수 있으며, 서비스의 성격이나 당사자 간의 관계 등에 비추어 개별적 서비스의 내용이나 요구사항이 다를 수 있다. 그런데, 정부에서 제공하는 공공서비스나 통신회사, 전력회사 등 공익기업(utility companies)이나 공공기관 또는 다수가 이용하는 소프트웨어 업체나 컨설팅 업체에서 제공하는 서비스거래의 경우, 대체로 고객별로 별도의 서비스계약을 작성하는 대신 대부분의 고객에게 서비스로 제공될 내용을 개략적으로 규정하는 정형적 표준서비스계약(standard service agreement)을 마련해 사용한다. 예를 들면, 케이블통신사와 고객이 서비스계약을 체결하는 경우 통신사가 개별 고객과 서비스조건을 협상하기보다는 특정 패키지에서 사용할 수 있는 통신설비 설치의 세부사항, 인터넷 및 모뎀 요구사항, 사용할 채널에 대한 세부내용, 수리나 수수료의 청구 등에 관한 구체적 조건이 포함된 표준서비스계약을 사용한다. 이러한 표준서비스계약은 서비스제공자가 고객과의 개별적 협상없이 필요한 서비스조건 등 계약내용이 정형적 기준에 따라 정해져 당사자 간 협상에 요구되는 시간과 비용을 절약할 수 있게 한다. 기업이 표준서비스계약을 사용하는 경우 기업의 자산을 보호하고, 분쟁을 예측하고 해결하는 방법을 마련하고, 서비스제공의 안정성을 도모할 수 있다. 다만, 서비스제공자가 일방적으로 작성한 표준서비스계약서의 경우 계약법상 원리에 의한 제한을 받을 수 있으며, 관련 준거법상 공정거래 법규나 정부당국의 규제를 받을 수 있다는 점을 유의해야 한다.[269]

269 약관 등 표준계약(standardized agreement)과 같이 계약당사자 간 구체적인 협상이 없이 당사자 일방에 의해 작성된 계약에서 상대방 당사자의 보호와 관련해, 그 계약내용이 모호할 경우

2. 서비스계약(service agreement)의 유형 및 특징

서비스계약(service agreement)에서 제공되는 서비스는 비숙련노동(unskilled labor)에서 수준높은 컨설팅(high-level consulting) 서비스에 이르기까지 거의 모든 종류의 무형의 용역이나 유형의 산출물(deliverables)일 수 있으며, 서비스제공자도 도급업자(contractors)나 프리랜서(freelancers) 등 다양할 수 있다. 다만, 제공되는 서비스의 내용에 따라 서비스제공자의 자격이 제한될 수 있으며 대상 서비스도 관련 법규상 특별한 제한이 있을 수 있다. 서비스계약은 제공되는 서비스의 내용이 중요한데, 서비스의 이행과 관련된 서비스의 사양(specification)을 정한다.[270] 이러한 서비스사양은 계약서 본문에서 언급하기에는 그 내용이 많거나 복잡할 수 있으므로 일반적으로 계약서의 별첨(schedule; exhibit)에서, "Specification(s)(사양서/설계서/시방서)" 등 적절한 표제를 붙여 상세하게 기술한다. 서비스사양(specification)은 서비스계약의 핵심적인 사항이므로 그 사양의 내용이 적정한지를 확인할 수 있는 권한있는 사람에 의해 검토되고 승인될 필요가 있다. 특히, IT(information technology; 정보기술) 관련 계약의 경우 서비스제공자의 서비스 수행의 내용과 관련해, 일반적으로 "SLA(service level agreement; service level standards; 서비스수준계약)"를 작성해 서비스의 이행일정을 별도로 규정한다. 여기에는 서비스 수행의 세부적인 내용과 일정, 서비스 수준장애(service level failures)에 대응하는 일정 및 방법, 서비스 수준장애에 대한 금전배상이나 계약종료 등 구제방법 등을 포함한다.[271]

그런데, 서비스계약상 서비스 제공과 관련해 당사자가 부담할 책임이나 면책사항 또는 그 책임의 제한에 관한 사항 등을 규정할 수 있는데, 이러한 책임 관련 사항을 담보하기 위해 당사자의 보험가입을 규정할 수 있다. 특히, 서비스계약의 당사자들은 서비스의 제공이나 수령과정에서 발생할 수 있는 상대방의 책임에 대한 배상을 보장할 수 있도록, 각 당사자는 상대방 당사자에게 관련 법규에 따른 산재

계약서 작성자에게 불리하게 해석한다는 작성자 불이익의 원칙(*contra proferentem*) 등 영미계약법상 원리와 함께 공정거래법 등 적용 법규상으로도 다양한 제한이 있을 수 있다. 약관 등 표준계약의 법률적 문제에 관한 자세한 내용은 저자 집필 『영미계약법 원리』 (유원북스, 2021), 638페이지 이하를 참고하기 바란다.

270 수행되는 서비스의 내용이 기술적으로 복잡할 때는 "기술사양(technical specification)"이라고도 한다.

271 IT 관련 계약의 경우도 IT제품만을 제공하지 않는 한 서비스계약의 일종으로 볼 수 있으나, 이는 계약의 속성상 다소 기술적이고 전문적인 계약조건 등을 필요로 하므로, "Chapter 9. VII. IT 관련 계약" 단원에서 별도로 살펴본다.

보상금보험(workers' compensation insurance)을 비롯해, 일반책임보험(general liability insurance), 전문책임보험(professional liability insurance), 재산보험(property insurance) 등 관련 보험에 가입하고 이를 증명할 것을 요구할 필요가 있다. 그리고, 서비스 제공자가 프로젝트 등 서비스를 다른 서비스업자에게 위임해 서비스업무를 수행할 수도 있는데, 계약상 이러한 서비스제공자의 다른 서비스업자에 대한 하도급(subcontract) 여부를 명확히 해야 하며, 하도급이 가능하다면 그 범위를 명시해야 한다.

한편, 서비스계약은 서비스를 제공하는 과정에서 당사자의 업무상 기밀 등 정보를 상호 교환할 수 있으므로 계약상 당사자의 비밀유지(confidentiality) 관련 규정을 둘 필요가 있다. 또한, 서비스제공자가 서비스구매자에게 서비스를 제공하는 과정에서 외부적으로 당사자들의 관계(relationship)가 불명확해질 수 있는 위험을 줄이기 위해, 서비스계약상 당사자들은 고용관계가 아니라 독립적 계약자(independent contractor)로서 서비스를 주고받는다는 점과 서비스의 제공자나 구매자는 프로젝트나 서비스의 제공과 관련해 계약상 지위에서 제한적 책임(limited liability)을 가진다는 점을 명확히 할 필요가 있다. 이외에, 서비스계약은 다른 거래계약과 마찬가지로, 앞서 일반 계약조항에서 살펴본 면책배상 등 당사자의 책임 관련 규정, 계약해지조항, 분쟁해결조항, 기타 일반조항 등을 포함한다. 여기서는 서비스계약의 특성상 요구되는 유의사항과 관련 주요 기재례들을 중심으로 살펴본다.

3. 서비스계약(service agreement) 관련 유의점 및 주요 기재례

당사자에 따라서 다양한 서비스거래를 할 수 있는데, 서비스계약은 대상 서비스를 특정하고, 서비스의 제공과 관련한 당사자들의 구체적 권리, 이행의무나 책임 등을 정하고, 서비스의 제공에 따른 대가의 지급에 관한 사항을 규정한다. 서비스계약에서는 서비스 제공의 시작일과 종료일, 제공되는 서비스의 내용, 서비스와 관련해 당사자가 부담하는 책임, 상대방이 의무를 이행하지 않을 경우 당사자가 이용할 수 있는 법적 구제방법, 서비스 완료 전에 서비스계약이 종료될 수 있는 사유 등을 명확히 한다. 특히, 서비스의 내용을 특정하는 작업명세서 내지 서비스설명서(SOW(statement of work); services description)는 서비스의 내용에 따라 다양할 수 있으나, 당사자들이 이해할 수 있는 용어를 사용해 명확히 표현할 필요가 있다.

3.1 작업명세서(SOW) 또는 서비스설명서(services description)

서비스계약은 서비스제공자의 서비스 제공에 중점이 있으므로 서비스제공자의 서비스업무의 범위와 책임이 중요하다.[272] 서비스의 범위(scope of services)와 관련해 서비스의 성격과 내용을 포함한 구체적인 서비스의 작업범위와 함께 관련 산출물(deliverables)이 있는 경우 그 산출물의 내역은 주로 "SOW(statement of work; 작업명세서/작업기술서; "services description(서비스설명서)"이라고도 함)" 등의 표제하에 계약서의 별첨(attachment)에 포함한다. 특히, 서비스계약에서 서비스에 관한 설명이 길거나 복잡한 경우 다른 계약조건들과의 혼동을 피하기 위해, 일반적으로 계약서의 본문에서보다는 계약서에 첨부된 작업명세서(SOW)에 서비스의 구체적 내용을 기재한다.[273] 작업명세서(SOW)를 사용하면, 기본계약서(master agreement) 자체를 수정하거나 그 계약조건을 재협상하지 않고, 해당 프로젝트에 향후 요구될 수 있는 사항을 동일한 기본계약서의 조건하에 작업명세서상 내용의 추가나 변경만으로 작업을 수행할 수 있게 한다. 여러 작업명세서(SOW)가 필요한 경우에는 기본계약서(master agreement)의 본문에서 작업명세서의 양식이나 그 내용의 변경에 관한 절차 등을 규정하고, 기본계약 체결 이후에 실행되는 개별 작업명세서는 그 작업상황에 따라 유연하게 작업명세서를 작성해 이행할 수 있다.[274] 다만, 작업명세

---

272 서비스계약의 일종으로, IT전문서비스계약(professional services agreement)도 있는데, 이는 서비스제공자가 고객 등 서비스구매자에게 IT 관련 기술의 개발이나 유지보수 또는 기술에 대한 라이선스를 부여하거나 클라우드 서비스에 가입하는 등의 전문적인 서비스를 제공하는 계약이다. IT전문서비스계약도 서비스계약상 유의사항이 그대로 적용되며, 서비스 대상이 IT 관련 사항이라는 특성에 따른 고려사항은 "Chapter 9. VII. 3.3 IT전문서비스계약(professional services agreement)의 문제" 단원에서 추가로 알아본다.

273 계약서 본문에서 다음과 같은 문구를 기재해, 서비스의 내용을 기술한 작업명세서(SOW)를 별첨한다는 점을 나타낼 수 있다: "The Buyer hereby engages the Service Provider to provide the services set forth in Appendix A attached hereto ("Services") in connection with the Products, and the Service Provider agrees to provide the Services to the Buyer." 또는 "Provider shall provide such services ("Services") as are required by any statement of work in the form attached hereto as Attachment A (Statement of Work Form), executed by each party (each a "Statement of Work" or "SOW"). Upon execution, a Statement of Work will become part of this Agreement." 그리고, 계약에 따른 다수의 작업으로 인해 작업명세서(SOW)가 여러 개일 경우 개별 작업명세서에 번호를 붙여 복수 작업명세서를 사용할 수 있는데, 이 경우 작업명세서 간의 혼동을 방지하기 위해 개별 작업명세서의 표제에 번호를 붙여 구별할 필요가 있다. 예를 들어, "STATEMENT OF WORK NUMBER [1] To Technology Services Agreement"와 같이 작업명세서의 제목을 기재할 수 있다.

274 당사자들은 또한 서비스 내용을 보다 용이하게 변경하기 위해, 변경지시서 양식(written

서 양식을 사용할 때, 관련 직원들이 적절한 검토 없이 새로운 작업이나 프로젝트에 동의할 수 있는 위험을 방지하기 위해, 작업명세서의 작성에 계약당사자측 책임자의 확인을 받도록 하는 등 일정한 통제절차를 기본계약서에 명시하는 것이 좋다. 예를 들어, "No proposed statement of work will become part of this Agreement or bind either party unless signed by each party's Project Manager." 등과 같이 프로젝트 매니저 등 적절한 관리자의 서명을 필요로 하는 조건을 기본계약서에 포함할 수 있다.

서비스의 제공자이든 구매자이든 서비스에 대한 예측가능성을 높이기 위해 작업명세서(SOW)는 정확하고 완전하며 충분히 상세하게 작성되어야 한다. 이때 당사자가 서비스 작업을 변경할 수 있는지 여부와 작업변경시 절차 등과 관련한 작업변경(change in the work)에 관한 사항도 규정하는 것이 좋다. 그리고, 작업명세서(SOW)에는 서비스의 제공과 관련한 계약당사자의 역할 및 의무나 책임을 포함할 수 있다. 서비스계약서 작성시 서비스구매자의 기대와 서비스제공자의 의무에 대한 이해를 일치시키는 것이 필요하므로, 대상 서비스의 내용뿐만 아니라 서비스와 관련된 당사자, 시기, 장소, 방법 등에 관한 사항도 명기할 필요가 있다. 작업명세서(SOW)의 내용은 서비스와 그 산출물(deliverables)에 관한 사실적인 설명으로, 구체적으로 (i) 서비스업무(services engagement)의 목적, (ii) 서비스의 수행에 요구되는 기술, 프로세스, 제품 등 내역, (iii) 산출물이 있는 경우 그 내용, 형식, 기능 등 요구사항 등을 기술한다.

그런데, 서비스 내용의 설명방식으로는 과업중심(task-driven)인 경우와 결과중심(outcome-driven)인 경우가 있다.[275] "과업중심설명(task-driven description)"은 해당 서비스 업무나 활동의 목표를 정하기보다는 서비스제공자의 작업활동(service provider's activities)에 초점을 맞춘다. 예를 들면, "Provider shall make two of its employees available to advise Customer on the Project as reasonably requested." 처럼, 서비스의 내용이 서비스제공자가 일정한 수의 직원으로 하여금 고객에게 조언할 수 있도록 한다는 등 서비스제공자의 업무나 활동 자체를 설명하는 것이다.

CHAPTER 9

change order form)을 마련해 그 양식에 따라 간편하게 작업명세의 내용을 변경하는 것을 고려할 수도 있다.

275 서비스계약의 일종인 IT전문서비스계약(professional services agreement)에서도 "과업중심(task-driven)" 또는 "결과중심(outcome-driven)" 등 작업명세서(SOW) 설명방식이 문제되는데, 이에 관한 자세한 사항은 "Chapter 9. VII. 3.3 IT전문서비스계약(professional services agreement)의 문제" 단원을 참고하기 바란다.

이 경우는 고객이 결과(outcome)에 만족하지 않을 수도 있지만, 서비스제공자가 서비스의 내용대로 과업을 수행한 때 서비스를 제공한 것으로 인정될 수 있다. 과업중심설명(task-driven description)은 고객에 대한 기술지원(tech support)과 같이, 서비스와 관련해 지원인력의 배치 등 일정한 지원이나 업무를 제공할 수 있지만 그에 따른 결과를 용이하게 정의하기는 힘든 작업을 수행하는 경우에 적합하다.

"결과중심설명(outcome-driven description)"은 해당 목표를 달성하는 방법에 대한 세부정보 없이 서비스제공자의 작업의 결과(service provider's work product)인 작업결과물(outcome)에 중점을 두는 것이다. 예를 들어, "Provider shall build the following ..."처럼, 서비스제공자의 작업수행의 방법 대신 작업의 결과를 달성할 것을 기술하고, 그 작업을 이행하지 못할 경우 서비스의 이행이 이루어지지 않은 것으로 본다. 결과중심설명(outcome-driven description)은 서비스제공자가 시스템을 구축하거나 실행하는 방법 등 서비스 결과물의 세부사항을 상세하고 명확하게 나타내는 별도의 작업명세서(SOW)가 요구되고, 서비스제공자는 작업명세서상 자신의 작업내용이나 범위를 정확히 확인하고 동의할 필요가 있다. 다만, 결과중심설명(outcome-driven description)이라 하더라도, 필요한 범위에서 서비스수행의 방법에 관한 세부사항을 기술하거나, 고객의 기존 공급업체의 관리나 협력 등에 관한 과업중심(task-driven)에 관한 사항을 포함할 수 있다.

한편, 서비스의 업무수행과 관련해, 비즈니스 컨설팅, 기술교육, 복잡한 소프트웨어의 실행 등 특정한 전문성이 요구되는 때 특히 서비스제공자가 회사인 경우 실제 누가 서비스를 수행하고 관리감독을 하는지는 서비스구매자가 서비스제공자를 선택하는 중요한 요소일 수 있다. 이에, 작업명세서(SOW)에 서비스 담당자의 기준이나 자격요건을 기재하거나 또는 주요 담당자(key personnel)의 인적사항을 명시하고, 주요 담당자의 필요한 역할(intended role)과 업무수행에 요구되는 시간(minimum time commitment)을 열거할 필요가 있다. 서비스 수행에 전념하는 인력(manpower)의 숫자 또한 중요한데, 특히 서비스업무의 완료에 시간의 준수가 필수적인 경우("time is of the essence")[276] 서비스구매자의 입장에서는 서비스제공자측의 최소한의 인력(manpower minimum)이 서비스 수행에 전념하도록 보장받을 필요가 있으므로, 작업설명서에 그 서비스 수행인력의 수를 명기할 필요가 있다. 또한, 서

276 계약상 서비스제공자가 서비스를 적시에 완료하는 것이 중요한 경우 "time is of the essence(시간은 필수적이다)"라는 등의 문구를 명시해 계약상 규정된 일자가 중요하다는 점을 나타낼 필요가 있다.

비스의 기간과 관련해, 서비스의 시작일(start date)과 서비스의 완료일(completion date)을 작업명세서에 명시해야 한다. 급여서비스, 청소서비스, 기술호스팅 서비스 등 지속적인 서비스(ongoing services)의 경우 서비스의 완료일과 서비스기간의 만료일이 대체로 일치한다. 그런데, 고객의 사무실 페인트작업, 고객의 세금신고서 제출, 고객의 전략적 제휴 파트너의 감사(audit) 등과 같이 최종 목표가 있는 프로젝트(project with an end-goal)의 경우 서비스구매자는 작업설명서에 서비스업무의 완료일 이후에 그 업무가 제대로 이루어졌는지를 확인하는 기간을 추가하는 것이 좋다.

서비스 관련 프로젝트를 수행하는 데 시간이 걸리는 경우 서비스구매자의 입장에서는 서비스제공자가 서비스의 종료일뿐만 아니라 서비스를 제공하는 기간 내내 적기에 서비스를 제공할 것이 요구될 수 있는데, 이때 서비스구매자는 "Milestone Schedule(마일스톤 스케줄)"을 사용할 수 있다. 마일스톤 스케줄(milestone schedule)은 특정한 프로젝트가 일정한 일자에 점진적으로 완료되어야 하는 단계적 완료일자들(milestone completion dates)의 설정이 필요한 경우에 사용된다. 마일스톤 스케줄(milestone schedule)이 설정된 경우 서비스제공자가 그 설정된 일정에 따른 마일스톤을 적시에 완료하지 못하는 것은 중대한 계약위반(material breach)이 될 수 있다. 이 경우 서비스제공자의 적시이행(timely performance)을 위해 지연이행(late performance)에 대한 재정적 부담을 지게 할 수 있다. 즉, 해당 마일스톤 완료일(milestone completion date) 이후 마일스톤이 완료되지 않은 상태로 유지되거나 서비스가 종료된 후에도 완료되지 않은 상태로 유지되는 경우 서비스제공자에게 지급할 수수료를 서비스의 지연일수로 일할 계산해 감액할 수 있다. 그리고, 서비스계약서를 작성할 때 서비스의 범위와 서비스를 수행하는 데 필요한 인력 등 리소스(resources)를 결정하고 서비스 업무수행(performance)의 대가와 기간(price and timeframe)을 설정하면서, 일정한 가정(assumptions)을 할 수 있다. 예를 들면, 서비스제공자가 5 영업일 이내에 고객의 사무실에 페인트칠을 수행한다고 가정할 수 있다.[277]

서비스계약상 서비스업무의 수행장소(location of services)도 중요할 수 있는데,

277 서비스업무의 수행에 관한 당사자들의 이해를 분명히 하거나, 특히 서비스제공자의 입장에서 그 제공하는 서비스업무의 범우를 명확히 하기 위해, 작업명세서에 서비스업무 수행에 관한 중요한 가정(material assumptions)을 기술하고, 가정이 잘못된 것으로 판명될 경우의 결과(consequences)도 포함할 수 었다.

서비스를 어디에서 수행할지를 명확히 규정하면 예상하지 못한 비용이나 분쟁 등을 예방할 수 있다. 특히, 서비스제공자의 시설이 아닌 다른 곳에서 서비스의 전체 또는 일부가 수행되는 경우 서비스를 수행할 장소를 구체적으로 기재해야 한다. 또한, 서비스제공자와 서비스구매자가 모두 참석하는 정기적 미팅(regularly scheduled meeting)은 서비스구매자의 입장에서는 서비스제공자의 업무의 진행상황을 파악하고, 서비스제공자의 입장에서는 서비스구매자의 업무에 대한 기대를 확인할 수 있는 기능을 한다. 특히, 지속적인 서비스(ongoing services) 또는 서비스를 완료하는데 비교적 오랜 시간이 걸리는 프로젝트(longer projects)의 경우 제공되는 서비스의 지속적인 점검과 업데이트를 위해 이러한 정기적 미팅은 중요하다.

[Example]

아래는 서비스계약상 작업명세서(SOW) 관련 기재례들이다. 여기서 서비스의 범위(scope of services; professional services & deliverables)의 항목에서는 서비스가 요구되는 기술이나 제품의 사양(specifications)에 관한 구체적인 사항을 기술한다. (Sample 1)은 서비스구매자측에 보다 유리하고, (Sample 2)는 서비스제공자측에 보다 유리한 예문이다. (Sample 3)는 기본계약서(master agreement)를 두고 개별 프로젝트별로 요구사항을 별도의 작업명세서(SOW)로 작성하는 경우의 예문이다.

(Sample 1)

SCOPE OF SERVICES: The Service Provider shall provide the following Services: ...
KEY PERSONNEL/MINIMUM MANPOWER REQUIREMENT: [Name] shall serve as the Projection Manager, and shall spend no less than 20 hours per week supervising Services. No less than [Number] employees shall be assigned to perform Services on a full-time basis (i.e., no less than 40 hours per week) until Services are complete.
LOCATION OF SERVICES: Services shall be performed at the Buyer's offices located at [Address].
TIMELINE: Services shall commence on [Date] and shall be completed no later than [Date] (the "Completion Date"). If Services are not completed by the Completion Date, and such failure is attributable to the Service Provider or any of its contractors, then the Fees payable hereunder shall be reduced by [Amount] Dollars per [day, week, month] for each [day, week, month] after the Completion Date it takes to complete Services.

Milestone	Completion Date

REGULARLY SCHEDULED MEETINGS: The parties shall meet [interval] to discuss the status of Services. [Name] shall attend each meeting on behalf of the Service Provider.
ACCEPTANCE CRITERIA: ...

(Sample 2)

SCOPE OF SERVICES: The Service Provider shall provide the following Services: ...
LOCATION OF SERVICES: Services shall be performed at the Buyer's offices located at [Address].
TIMELINE: Services shall commence on [Date] and the Service Provider shall use commercially reasonable efforts to complete Services by [Date] (the "Targeted Completion Date').

Milestone	Targeted Milestone Date

REGULARLY SCHEDULED MEETINGS: The parties shall meet [interval] to discuss the status of Services.
ASSUMPTIONS: The scope of Services, Fees and Targeted Completion Date are based on the following assumption ("Assumption"): [List Assumptions]. In the event an Assumption proves false, the Service Provider shall be entitled to adjust the scope of Services, Fees and Targeted Completion Date as needed. Notwithstanding the foregoing, the Service Provider shall have no liability for any delay in its performance of Services or any omissions in Services or any Deliverable caused by or resulting from a false Assumption.

(Sample 3)

Project Title: [ ]
This Statement of Work Number [ ] (this "SoW") is entered into pursuant to the Master Services Agreement (the "Agreement") by and between [ ] ("Provider") and [ ] ('Customer").
This SoW is incorporated into the Agreement. In case of a conflict with this SoW, the main body of the Agreement will govern. This SoW governs only the subject matter hereof and not any other subject matter covered by the Agreement. Capitalized terms not otherwise defined in this SoW will have the meanings given in the main body of the Agreement.

1. Professional Services & Deliverables. Provider shall provide the following services: ...
2. Customer Cooperation. Customer shall reasonably cooperate with Provider in the provision of services and shall provide the following assistance to Provider: ...
3. Payment. Customer shall pay Provider as follows: ...
4. Additional Provisions. In addition, the parties agree as follows: ...

3.2 서비스 산출물(deliverables)의 수락테스팅(acceptance testing) 관련 문제

서비스계약, 특히 산출물(deliverables)을 수반하는 서비스계약의 경우 서비스구매자의 입장에서는 산출물의 적정성을 확인하기 위해 관련 서비스대금을 지급하기 이전에 해당 서비스와 산출물을 검증하고 이를 승인 내지 수락(acceptance)하는 절차를 둘 필요가 있다.[278] 이에, 서비스구매자는 서비스계약에 산출물 관련 수락테스팅조항(acceptance testing provision)을 둘 필요가 있다. 그런데, 불명확한 수락테스팅조항이 있는 경우 서비스구매자가 합당한 이유 없이 또는 비합리적으로 산출물의 수락을 하지 않고 장기간 서비스대금의 지급을 보류할 수 있기 때문에 서비스제공자의 입장에서는 산출물의 수락테스팅조항(acceptance testing provision)이 서비스계약에 포함되는 경우 가능한 한 엄격하게 제한적으로 규정되도록 할 필요가 있다. 산출물 수락의 기준(criteria for acceptance)은 통상적으로 작업명세서(SOW) 내지 서비스설명서(services description) 등의 문서에서 언급되는데, 서비스제공자의 서비스와 산출물은 그 서비스 수행 관련 문서상의 기준을 따라야 하며, 이러한 문서의 기준에 따른 서비스의 수행이 이루어지지 못한 경우 서비스구매자는 서비스와 산출물의 수락을 거절할 수 있다.

수락테스팅조항(acceptance testing provision)을 두는 경우 수락(acceptance) 여

278 서비스계약에서 서비스구매자의 산출물 수락/승인조항(acceptance provision)은 사용자 정의 소프트웨어 개발계약(custom software development contracts), 사용자 정의 제조계약(custom manufacturing agreements), 산업설계계약(industrial design agreements) 등과 같이 계약상 서비스나 산출물이 복잡하거나 기술적으로 어렵거나 창의적 기능이 필요한 경우에 일반적으로 요구된다. 서비스제공자에 의해 제공된 서비스나 산출물에 대한 서비스구매자의 수락/승인(acceptance)의 절차는 서비스구매자가 대금을 지급하기 전에 서비스제공자가 수행한 작업이 제대로 이루어졌는지를 검사(inspect)하거나 점검(test)할 수 있는 과정으로, 그 구체적인 내용은 당사자 간 협상을 통해 이루어진다. 산출물 수락의 거절은 구체적인 결점이 확인되어야 하며, 이는 대체로 산출물이 계약상 사양(specification)에 부합하는지를 검증해 파악한다.

부에 대한 혼란을 방지하기 위해, 서비스제공자는 불수락(non-acceptance)의 절차(procedure)와 관련해 일정한 제한을 두는 것이 좋다. 이러한 제한으로는, (i) 서비스구매자가 서비스제공자에게 불수락의 통지를 할 수 있는 수락테스팅기간(acceptance testing period)을 설정하고, (ii) 서비스구매자의 불수락시 서면통지(written notification)를 요구하며, (iii) 불수락의 통지에는 불수락의 사유에 관한 상세한 설명을 포함하고, (iv) 불수락 통지의 전달방법 등을 정할 수 있다. 서비스제공자의 입장에서는 서비스구매자가 불수락의 통지를 적시에 제대로 하지 않을 경우 자동수락(automatic acceptance)이 되도록 할 필요가 있다.[279]

한편, 수락테스팅조항(acceptance testing provision)에는 일반적으로 서비스나 산출물(deliverables)의 결함을 치우할 수 있는 기간(cure period)을 포함한다. 다만, 서비스제공자에게 얼마나 많은 시간과 기회를 제공해야 하는지는 서비스의 성격에 따라 다를 수 있으며, 서비스구매자의 경우 서비스의 완료와 관련해 시간상 제약이 있다면 그 기간을 단축하는 것이 좋다. 치유기간(cure period)이 경과한 이후에도, 서비스제공자가 요구되는 서비스를 제공하지 못하거나 산출물을 인도하지 못하는 경우 서비스구매자의 입장에서는 계약을 해지(termination)하고 서비스제공자에게 지불한 대금을 환불(refund)받을 권리를 가질 필요가 있다. 다만, 서비스가 장기간에 걸쳐 수행되거나 다수의 산출물이 수반된다면 서비스제공자의 입장에서는 서비스구매자로부터 지급받은 모든 금액을 환불하기보다는 제대로 이행되지 않은 서비스와 산출물(non-compliant services and deliverables)과 관련해 지급된 금액에 한해 환불을 하도록 할 필요가 있다. 그리고, 수락테스팅기간(acceptance testing period)이 경과된 이후 서비스구매자가 서비스 또는 산출물의 결함을 발견할 경우 그 서비스나 산출물의 수락으로 인해 서비스제공자를 상대로 계약위반에 따른 책임을 물을 수 없게 되는 결과를 방지할 필요가 있다. 이에, 서비스구매자는 수락(acceptance)으로 인해 서비스와 관련된 자신의 구제방법 등 권리를 포기하는 것은 아니라는 점(no waiver of rights)을 계약상 명확히 해야 한다.

279 서비스구매자가 서비스의 수락테스팅기간 동안 불수락의 통지를 하지 않은 경우 이를 수락으로 간주하는 규정은 다음과 같다: The Buyer's failure to deliver a Notice of Non-Acceptance in accordance with this provision during the Acceptance Testing Period will be deemed "acceptance" by the Buyer.

[Example]

아래는 서비스제공자의 서비스나 산출물의 제공에 대한 서비스구매자의 수락테스팅조항(acceptance testing provision)의 기재례들이다. (Sample 1)은 서비스를 완료하거나 산출물을 인도한 때 서비스구매자가 수락테스팅기간 동안 그 서비스나 산출물이 작업명세서와 관련 문서를 준수했는지를 검사하고, 불수락의 통지를 하는 경우 추가 수락테스팅기간을 가질 수 있고, 그럼에도 준수사항이 지켜지지 않는 경우 계약을 해지하고 지불된 모든 금액을 환불받거나 또 다른 수락테스팅기간을 가질 수 있으며, 수락이 서비스제공자의 의무불이행의 결과로 발생한 서비스구매자의 권리나 구제방법에 영향을 미치지 않도록 하고 있다. (Sample 2)는 제품디자인 및 개발계약(product design and development agreement)상 수락테스팅조항의 예문인데, 계약대상 제품이 사양(specification)에 부합되는지를 확인하기 위해 수락테스팅기간을 정하고, 관련 수락 절차나 방법을 규정한다.

(Sample 1)

Upon completion of Services or delivery of a Deliverable, the Buyer shall have thirty (30) days (the "Acceptance Testing Period") in which to inspect the same to insure its compliance with the Statement of Work (including any Acceptance Criteria stated therein) and any documentation provided by the Service Provider ("Documentation"). If the Buyer delivers to the Service Provider within the Acceptance Testing Period, written notice of non-acceptance ("Notice of Non-Acceptance"), the Service Provider shall have thirty (30) days to correct any deficiencies. Thereafter, the Buyer shall have an additional Acceptance Testing Period. If during the second Acceptance Testing Period, the Buyer determines the Services or Deliverable(s) remain noncompliant, the Buyer shall have the right to either: (a) terminate this Agreement in writing, whereupon the Buyer shall be entitled to a refund of all amounts paid to the Service Provider hereunder; or (b) give the Service Provider another ten (10) business days to cure any deficiencies, whereupon the Buyer will be afforded another Acceptance Testing Period (including the right to terminate as stated above). Acceptance shall not affect any rights or remedies available to the Buyer, whether in law or equity, as a result of the Service Provider's failure to perform its obligations hereunder.

(Sample 2)

(a) By the thirtieth business day from the Effective Date hereof, Company will deliver to Buyer a working prototype of the "Boxing Buddy" automated sparring partner, consistent with the Specifications attached as Exhibit A.

(b) Buyer shall have ten days from the date of delivery to test and inspect the prototype and notify Company in writing whether or not it accepts the prototype.
(c) If Buyer accepts the prototype, Company shall immediately begin production as described under Company's Obligations.
(d) If Buyer rejects the prototype, Buyer shall explain its objections in writing, specifically noting in reasonable detail all aspects in which the prototype is inconsistent with the Specifications.
(e) Following receipt of Buyer's rejection of acceptance as described above, Company shall have twenty days to make the noted corrections or modifications and resubmit the prototype for Buyer's acceptance.
(f) In the event Buyer determines that previously noted deficiencies have not been corrected or that new deficiencies render the prototype non-compliant with the Specifications, Buyer and Company shall follow steps (d) and (e) above as second time.
(g) If Company is unable to deliver a prototype meeting the Specifications within the second twenty day cure period, Buyer may declare Company in breach of the Agreement and Company shall return all fees paid by Buyer within three business days.

3.3 서비스 수수료 및 비용(fees and expenses)의 지급

서비스 제공에 대한 대가의 지불과 관련해, 계약상 서비스구매자가 서비스 작업에 대한 대가로 서비스제공자에게 지급하기로 한 시간당 서비스요금(service rate per hour), 일시불 지급금액(one-time payment), 제품비용(product cost) 등을 고려해 정기적 금액이나 대금총액을 명확히 할 필요가 있다.[280] 서비스의 가격결정구조(pricing structure)와 그 대가의 지급일정(payment schedule)은 서비스계약서 본문에 규정할 수 있으나, 일반적으로 계약서 별첨의 작업명세서(SOW)에 명시해 서비스 계약 자체를 변경하지 않고 작업명세서의 추가나 변경을 통해 관련 개별 프로젝트를 보다 유연하게 진행한다.

서비스의 가격결정구조(pricing structure)는 대체로 네 가지 유형이 있다. 첫번째 유형은, "시간 및 재료 계약(time and materials contract; T&M Contract)"이 있는데, 이는 서비스제공자가 소요한 시간(time expended)과 지출한 비용(costs incurred)을 바탕으로 서비스의 가격(price of services)을 산정한다. "T&M Contract"의 경우 서

280 서비스 대금은 서비스 기간의 시작일이나 종료일에 한꺼번에 또는 나누어 지급하거나 또는 일간, 주간, 월간, 연간 단위로 기간을 구분해 정기적으로 서비스 대금을 지급할 수 있다.

비스제공자는 시간당 요율(a rate for its time; fees)을 설정하고, 해당 서비스의 수행에 소요된 시간에 요율을 곱해 산정된 금액을 서비스구매자에게 청구한다. 또한, 대금청구서(invoice)에는 장비대여, 교통비, 숙박비 등 서비스제공자가 서비스와 관련해 지출한 비용(out-of-pocket non-capital expenditures; expenses)이 포함된다. 두번째 유형으로 "고정수수료계약(Fixed Fee Contract)"이 있는데, 이는 서비스구매자가 서비스와 관련해 서비스제공자가 실제 소요한 시간이나 지출한 비용과 상관없이 사전에 정해놓은 고정수수료(predetermined flat fee)를 서비스제공자에게 지불하는 것이다.

세번째 유형은, 첫번째와 두번째 유형을 혼합한 형태로, "초과하지 않는 시간 및 재료 계약(time and materials, not to exceed contract; Not to Exceed Contract)"이 있는데, "Not to Exceed Contract"의 경우 서비스구매자는 서비스와 관련해 서비스제공자가 소요한 시간 및 재료(time and materials)를 바탕으로 서비스대금을 지급하지만, 서비스계약상 정해놓은 한도를 초과하지 않는 범위(not to exceed limit) 내에서만 대금지급의무를 가지며, 그 범위를 벗어나서 발생한 시간이나 비용에 대해서는 책임을 지지 않는다. "Fixed Fee Contract"와 "Not to Exceed Contract"는 서비스제공자가 예상보다 더 효율적으로 서비스를 완료할 수 있는 경우 어느 당사자가 혜택을 받는지에 차이가 있다. 즉, 서비스제공자가 사전에 예상한 것보다 적은 인력과 비용으로 서비스를 완료할 수 있는 때, Fixed Fee Contract는 이때에도 서비스제공자가 사전에 정해놓은 고정요금(predetermined flat fee)을 지급받을 수 있으므로 서비스제공자에게 유리한 반면, Not to Exceed Contract는 이때에는 서비스구매자가 소요된 시간과 발생한 비용만을 지불할 수 있기 때문에 서비스구매자에게 유리하다. 네번째 유형으로 "고정수수료 및 비용 계약(fixed fee plus expenses contract; FFE Contract)"이 있다. "FFE Contract"는 서비스구매자가 서비스제공자의 소요된 시간에 대해 사전에 정해놓은 정액수수료(predetermined flat fee)를 지불하면서, 서비스제공자에게 발생한 비용을 변상하는 것이다. 이는 서비스구매자에게 서비스에 대한 고정가격(fixed price)의 혜택을 주는 동시에 서비스제공자에게 모든 비용을 서비스구매자에게 전가할 수 있게 한다.

서비스의 가격결정구조(pricing structure)와 관련해, 서비스제공자는 서비스계약이 서비스구매자의 수수료 및 비용에 대한 의무를 명확히 반영하고 있는지를 확인할 필요가 있다. 이를 위해, 서비스제공자는 서비스 관련 수수료뿐만 아니라 관련 장비, 출장 등 경비의 필요성과 상세내역 등을 사전에 신중하게 파악해 서비스의 가격구조를 정하고 작업명세서(SOW)를 확정해야 한다. 반면, 서비스계약에서 서비스구매자의 주요 관심사는 예상치 못한 수수료 등 비용의 발생이기 때문에 자신이 상환할 수 있는 비용의 한도를 정하고(capping the amount of reimbursable expenses), 그 상환의무(reimbursement obligation)를 부담하는 비용항목, 예를 들면, 항공료, 호텔비 등과 같은 개별 항목을 서비스계약상 구체적으로 나열해 한정하는 것이 좋다. 서비스구매자는 또한 비용의 관리를 위해, 서비스제공자에게 최대 호텔요금(maximum hotel rates)과 같은 의무사항을 포함하거나 나열된 합리적인 가격의 공급업체(reasonably-priced vendors)의 사용을 요구하는 비용정책(expense policy)을 준수하도록 요구할 수 있다. 그리고, 서비스구매자는 서비스제공자로 하여금 서비스계약 전반에 걸쳐 발생하는 상환비용(reimbursable expense)에 대해 사전승인(pre-approval)을 받을 것을 고려할 수 있는데, 각 비용의 사전승인이 너무 번거롭다면 사전승인 권한을 일정한 금액 이상의 단일비용이나 총비용으로 제한할 수 있다. 이외에도, 서비스구매자는 서비스제공자의 비용이 합리적이고 필요한지 확인하기 위해, 지불기한이 도래하기 전에, 서비스제공자로 하여금 개별 비용을 증빙할 수 있도록 비용항목별 청구내역서(written, itemized invoice)를 제출하도록 할 수 있다.[281] 서비스구매자는 예상치 못한 수수료 등 비용을 억제하기 위해, 서비스제공자와 정기적 회의에 참석해, 예상되는 작업과 지출에 대해 정기적 논의를 하게 되면 관련 수수료 등 비용이 발생하기 전에 그 내용을 파악해 의견을 낼 수 있다.

한편, 서비스계약상 서비스대가의 지급일정(payment schedule)의 경우 단일선불지급(single upfront payment), 단일후불지급(single end payment), 월별·분기별 또는 연간 지급, 마일스톤에 연동된 증분지급(incremental payments tied to milestones; milestone payments) 등이 있다. 계약상 어떤 지급구조를 선택할 것인지는 당사자의 협상력이나 업계의 관행에 따라 결정될 수 있는데, 서비스구매자의 입장에서는 일반적으로 단일후불지급(single end payment), 마일스톤에 따른 단계적 지급(incremental milestone payments)이 유리하다. 다만, 이 경우에도 서비스구매자는 대금지급 기한 이전에 서비스제공자의 작업을 점검(inspection)하고 수락(acceptance)할 필요가 있기 때문에 서비스대금 지급의무(payment obligation)를 서비스 작업이나 산출물의 승인 내지 수락과 연관시킬 필요가 있다.[282] 반면, 서비스제공자의 입장에

281 서비스와 관련된 당사자들 사이의 세금부담과 관련해, 서비스구매자는 자신에게 제공되는 서비스나 산출물과 관련해 부과되는 세금에 대해서만 책임을 부담하고, 서비스제공자의 소득이나 고용 관련 세금을 제외한다는 점을 명확히 하는 것이 좋다.

서는 서비스구매자로부터 대금을 선불로 지급(upfront payments)받고, 서비스구매자의 대금지급의무를 서비스구매자의 서비스나 산출물에 대한 승인이나 수락 여부에 따르도록 하기보다는 계약상 정해진 날짜(fixed dates)나 마일스톤(milestone) 또는 서비스의 완료 및 산출물의 인도(delivery of deliverables)와 연관시키는 것이 유리하다.

그리고, 서비스제공자는 서비스구매자의 서비스대금의 체납(late payment)에 대해, 적용법률이 허용하는 한도 내에서, 일정한 금액이나 비율로 1회성 연체료(late fee)를 부과하거나, 지급되지 않은 대금에 대해 일정 비율로 지연이자(delay charge)를 부과할 수 있다. 서비스제공자는 또한 미결제 대금이 지급되기 전까지 서비스를 중단할 수 있으며, 서비스구매자가 그 대금을 지불할 의사가 없거나 더 이상 지불할 방법이 없다면 서비스계약을 해지할 수 있다. 다만, 서비스구매자의 입장에서는 서비스대금의 체납에 대해 서비스제공자가 연체료 등을 부과하기 이전에 일정한 통지요건이나 또는 통지와 함께 치유기간(cure period)을 둘 것을 요구할 수 있다.[283] 또한, 서비스구매자는 송장(invoice)에 이상이 있어 대금지급이 지연될 수 있으므로 서비스제공자의 송장에 이의(dispute)가 있어 대금지급을 보류하는 경우 지연지급 위약금(late payment penalty)이 부과되지 않는다는 점을 명확히 할 필요가 있다. 반면, 서비스제공자의 입장에서는 서비스구매자의 이의제기는 선의(good faith)로 사실에 근거해 이루어진 경우로 제한하고, 이의가 제기된 송장 중 다툼이 없는 부분(undisputed portion)에 대해서는 대금지급을 요구할 수 있도록 할 필요가 있다.

[Example]

아래는 서비스계약상 서비스 수수료나 비용 등 대금의 지급 관련 기재례들이다. (Sample 1)에서 서비스구매자는 서비스제공자의 송장을 수령한 날로부터 30일 이내에 수표에 의해 대금을 지급해야 하는 등 서비스구매자의 서비스대금의 지급 시기와 방법을 정하고 있다. (Sample 2)는 서비스대금의 지급에 있어 서비스제공자

282 서비스구매자는 서비스대금의 지급을 송장(invoice) 작성일이 아니라 송장의 수령일로부터 일정기간 이후에 할 수 있도록 할 필요가 있다.

283 서비스제공자가 위약금을 부과하기 이전에 서비스구매자에게 일정한 치유기간을 두는 경우 다음과 같은 문구를 고려할 수 있다: "before any penalty is imposed, the Service Provider shall provide written notification to the Buyer, and give the Buyer an additional [ten business days] to cure said default."

에게 보다 유리한 예문이다. 이는 서비스제공자의 송장을 수령한 날로부터 30일 이내에 수표 등에 의해 대금을 지급해야 하는 등 서비스구매자의 서비스대금의 지급 시기와 방법을 정하면서, 서비스대금이 적시에 지급되지 않는 경우 서비스제공자가 서비스구매자에게 지연이자를 부과하며, 서비스 제공의 중단이나 서비스계약의 해지 등을 할 수 있고, 서비스구매자가 서비스제공자의 대금 징수에 들인 비용을 지급해야 하고, 서비스구매자가 서비스제공자의 송장에 대해 일정한 기간 내에 이의를 제기하지 않은 때 이를 다툴 수 있는 권리를 포기하는 것으로 한다. (Sample 3)의 예문은 서비스구매자의 서비스제공자에 대한 서비스대금을 특정하고 그의 지급 용도와 방법을 정하고 있는데, 국제거래시 대금지급에 사용되는 통화와 그에 따른 환율 관련 사항을 명시하고 있다.

(Sample 1)

All amounts payable under this Agreement which are not being disputed by the Buyer shall be payable in full within thirty days of the Buyer's receipt of the Service Provider's itemized invoice, by company check or cashier's check, at the address set forth at the beginning of this Agreement.

(Sample 2)

All amounts payable under this Agreement shall be paid in full within thirty days of the date of the Service Provider's invoice, by company check or cashier's check, sent to the attention of the Collections Department at the Service Provider's address set forth at the beginning of this Agreement. If payment is not made in a timely manner, the Service Provider reserves the right to: (a) charge interest at the rate of 1.5% per month (18% per annum), or the highest rate allowed by applicable law, whichever is lower, calculated from the date such amounts were due; (b) suspend the performance of Services; (c) restrict Buyer's access to the Service Provider's facility; and/or (d) terminate this Agreement. The Buyer agrees to pay any costs of collection (including reasonable attorney fees) incurred by the Service Provider in collecting any amounts due hereunder. Notwithstanding anything in this Agreement to the contrary, if any invoice(s) or portion(s) of invoice(s) are past due and same are not disputed in writing by the Buyer within thirty days of the date of the invoice, the Buyer irrevocably waives its right to later dispute such invoice.

(Sample 3)

(a) In consideration for the Services provided by Service Provider pursuant to this Agreement, Buyer shall pay to Service Provider a monetary consideration in the amount of [USD 1,000,000] ("Consideration") in the manner set forth in Section (c) below.

(b) The Consideration is intended to include compensation for Service Provider's Services and the cost and expenditure required by Service Provider for performing its Services under this Agreement, as set forth in Schedule XX attached hereto.
(c) Payments set forth in this Agreement shall be made by [telegraphic transfer] to a bank account designated in writing by Service Provider or in any other manner mutually agreed between the Parties. All such payments shall be made in [USD] in accordance with the base exchange rate published by the [AAA Bank] on the date of payment.

3.4 지식재산권(intellectual property right) 관련 문제

서비스계약에서는 당사자의 지식재산을 사용해 서비스 업무를 보거나 서비스 작업의 결과 지식재산이 산출될 수 있기 때문에 지식재산권(intellectual property right)에 관한 사항은 중요하다.[284] 특히, 일정한 프로젝트의 수행에 관한 서비스계약의 경우 프로젝트를 수행하는 기간 중에 산출된 유형물이나 지식재산의 소유권(proprietary right)을 누가 가질 것인지 문제된다. 이와 관련해, 서비스작업 수행 중 생성된 "직무저작물(work for hire)"[285] 등 서비스의 수행이나 거래 과정에서 발생하는 지식재산권의 소유나 관리에 관한 사항을 이해할 필요가 있다.[286] 서비스계약상 지식재산과 관련된 이슈는 대체로, (i) 서비스구매자의 지식재산(buyer intellectual

284 서비스계약상 지식재산권 관련 조항의 표제는, "Proprietary Rights," "Intellectual Property," "Inventions, Copyrights and Patents," "Content and Marks," "Ownership of Deliverables" 등 다양하게 나타낼 수 있다.

285 "Work for Hire(work made for hire; 직무저작물)"라는 용어는 1976년 미국 저작권법(US Copyright Act of 1976)에서 유래되었는데, 이는 저작권의 소유에 관한 기본원리를 변경하는 것으로 볼 수 있다. 저작권법상 통상적으로 문학, 연극, 음악, 예술 등 특정한 지적 저작물을 포함한 "원작(original works of authorship)"을 창작한 사람이 저작권자(copyright owner)로, 저작자는 그 저작물을 만들 때 저작권을 자동적으로 소유하게 되는데, "Work for Hire(직무저작물)"의 경우 일반적으로 창작자가 아닌 그 창작물에 대해 비용을 지불한 사람이 그 저작자로 취급된다. 즉, 직무저작물(work for hire)은 고용인(employee)이 실제 그 작품을 창작했더라도, 고용주(employer)가 저작자로 간주되는데, 당사자들은 이에 관한 사항을 계약상 명확히 할 필요가 있다. 특허(patent)의 경우도 저작권과 유사한 문제가 발생할 수 있다.

286 이외에도, 서비스계약의 지식재산권과 관련해, (i) 영업비밀(trade secrets)이나 기타 비밀정보의 보호와 관련된 사항을 포함하는 비밀유지 및 소유권(confidentiality and ownership)에 관한 사항, (ii) 계약서상 라이선스 등 지식재산에 관한 당사자의 이해를 완전하고 정확하게 표현할 수 있는 적절한 용어를 사용하고 있는지에 관한 사항, (iii) 계약에 따라 발생하는 지식재산권을 보호하기 위한 관련 문서의 작성이나 관할당국에 등록 등 기타 적절한 조치를 취했는지에 관한 사항 등을 확인할 필요가 있다.

property), (ii) 서비스제공자의 지식재산(service provider intellectual property), (iii) 작업결과물(work product) 등의 범주로 나누어 살펴볼 수 있다. 서비스계약은 지식재산의 생성과 공유를 수반할 수 있어 위와 같은 범주에서 지식재산의 소유권자를 파악하고, 지식재산에 대한 라이선스를 부여하는 때 라이선스사용자의 권리와 제한사항을 확인할 필요가 있다.

서비스구매자의 지식재산(buyer intellectual property)에는, ① 서비스 개시 전에 서비스구매자가 보유하고 있는 지식재산, ② 서비스 제공 중에 서비스구매자가 생성하는 지식재산, ③ 서비스제공자 이외의 사람이나 기업으로부터 서비스 제공 중에 서비스구매자가 획득한 지식재산 등이 있다. 서비스구매자의 지식재산과 관련해, 서비스계약을 위해 서비스구매자가 자신의 지식재산을 서비스제공자에게 이전하는 것은 당사자 간 특별한 합의가 없는 한 적절하지 않으며, 대신 서비스제공자의 서비스 제공을 용이하게 하기 위해 서비스제공자에게 서비스구매자 자신의 지식재산에 대한 접근을 허락할 수 있다. 이 경우 서비스구매자는 서비스계약에서 자신의 지식재산에 대한 소유권(ownership)을 보유하고 있다는 점을 분명히 하고, 서비스제공자에게 "서비스 수행에 필요한 경우에만(only as needed to perform services)" 서비스구매자의 지식재산을 사용할 수 있도록 하는 제한된 라이선스(limited license)를 부여해야 한다. 이때 서비스제공자에게 제한된 라이선스가 허락되고 그 이외의 라이선스의 사용이 금지된다는 것을 나타내기 위해, "only," "solely," "for no other purpose" 등의 문구를 관련 계약규정에 사용해야 하며, 라이선스 부여의 설명에 제한내용을 구체적이고 명확하게 표현할 필요가 있다. 예를 들면, 서비스구매자는 서비스제공자에게 "to use, but not copy, Buyer Intellectual Property only as needed to provide Services"라는 조건하에 라이선스를 부여할 수 있다.

서비스제공자의 지식재산(service provider intellectual property)에는 서비스 개시 전에 서비스제공자가 보유하고 있는 지식재산이 있다.[287] 서비스제공자의 지식재산이 산출물(deliverables)에 포함되어 있다면 서비스구매자가 서비스를 이용하기 위해서는 서비스제공자의 지식재산에 접근하거나 이를 보유할 필요가 있다. 이때 계약상 서비스제공자는 자신이 그 지식재산의 소유권자라는 점과 서비스구매자에게

287 서비스제공자의 지식재산(service provider intellectual property)과 관련해, 서비스제공자가 서비스 수행 중 생성한 작업결과물(work product)의 지식재산권이 논의될 수 있는데, 이는 작업결과물 관련 "직무저작물(work for hire)"의 문제에서 자세히 살펴본다.

그 지식재산을 사용할 수 있는 제한된 라이선스를 부여한다는 점을 명확히 해 그 라이선스를 부여할 수 있다. 이 경우 서비스구매자에게 부여되는 서비스제공자의 지식재산의 사용에 관한 라이선스는 서비스계약의 목적범위 내에서 적절하게 제한되어야 한다. 이와 관련해, 서비스제공자는 어느 기간 동안 서비스제공자의 지식재산 중 어떠한 부분을 서비스구매자에게 사용의 허락 내지 공유를 허용할 것인지를 결정하고, 서비스구매자는 그 지식재산 중 어떤 것이 해당 서비스나 산출물의 사용을 위해 요구되는지 검토할 필요가 있다. 예를 들어, 서비스 기간 중에 서비스구매자가 서비스를 사용하기 위해 특정한 서비스제공자의 지식재산을 보유하거나 접근해야 한다면, 서비스계약의 관련 조항에서, "during the Term, to use Service Provider Intellectual Property solely as necessary to use Services for its internal business purposes" 등과 같은 문구를 삽입해, 서비스구매자가 계약기간 동안 내부비즈니스 목적으로 서비스를 사용할 경우에만 서비스제공자의 지식재산을 이용한다는 점을 명백히 할 필요가 있다.[288] 그런데, 서비스가 프로젝트성 업무인 경우 서비스계약이 만료된 후에도 서비스구매자가 서비스제공자의 지식재산을 계속 사용해야 할 경우 서비스제공자는 서비스구매자에게 로열티 없는 영구 라이선스(royalty-free,[289] perpetual license)를 부여할 수 있다. 예를 들어, 서비스구매자가 "Tax Look"이라는 소프트웨어 제품의 개발 프로젝트를 서비스제공자에게 맡겼는데, 서비스제공자가 그 제품의 개발과정에서 자신이 보유한 기존 소프트웨어 코드의 일부를 "Tax Look"에 포함시킨 경우 서비스구매자는 그 개발 프로젝트가 완료된 후, 즉 서비스계약이 만료된 후에도 "Tax Look"에 내장된 서비스제공자의 지식재산인 소프트웨어 코드를 사용할 필요가 있다. 이때 서비스구매자는 서비스제공

288 서비스구매자가 서비스 계약기간 동안 서비스제공자의 지식재산이 포함된 산출물에 대한 접근권한을 제3자에게 부여하길 원한다면, "during the Term, to sublicense to third parties the right to use Service Provider Intellectual Property as embedded in Deliverables" 등과 같은 문구를 통해, 그 제3자에 대한 서브라이선스(sublicense)의 권한을 확보할 필요가 있다. 또한, 서비스구매자가 산출물에 포함된 서비스제공자의 지식재산을 복사하거나 배포할 권한을 갖길 원하는 경우에는, "during the Term, to copy and distribute Service Provider Intellectual Property as embedded in Deliverables" 등과 같은 문구를 계약조항에 포함할 수 있다.

289 로열티 없는 라이선스(royalty-free license)는 서비스계약 종료 이후 서비스구매자의 서비스제공자의 지식재산(service provider intellectual property)의 사용에 대한 서비스제공자의 추가요금 청구를 방지하는 기능을 한다. 대체로 재판매계약(reseller agreement)이나 OEM (Original Equipment Manufacturing; 주문자상표부착방식 생산) 계약에서는 로열티를 부담하는 라이선스(royalty-bearing license)를 포함하지만, 서비스계약에서는 이를 포함하지 않고 로열티 없는 라이선스(royalty-free license)가 부여되는 것이 일반적이다.

자로부터 그 소프트웨어 코드의 사용에 대해 "royalty-free, perpetual license(로열티 없는 영구 라이선스)"를 요구할 수 있으며, 서비스제공자는 필요한 범위 내에서 그 라이선스를 부여할 수 있다.[290]

한편, 서비스제공자가 자신의 지식재산을 서비스구매자에게 복사나 배포할 수 있는 라이선스를 부여하는 때 서비스제공자의 입장에서는 서비스구매자가 그 지식재산을 사용해 서비스제공자의 비즈니스를 훼손하거나 경쟁하지 않는다는 점을 명확히 할 필요가 있다. 서비스제공자의 비즈니스를 보호하려면, 계약상 특정 라이선스 권한을 제외하거나 명시적 제한사항을 포함할 수 있다.[291] 예를 들어, 서비스제공자가 서비스구매자를 위해, 상업적으로 사용가능한 서비스제공자의 지식재산인 "File It"이라는 기록보존 소프트웨어를 내장한 맞춤형 재무계획 소프트웨어 프로그램인 산출물을 개발한 경우 서비스제공자는 서비스구매자의 내부 비즈니스 목적만을 위해 위 산출물에 내장된 "File It"을 사용할 수 있는 로열티 없는 영구 라이선스(royalty-free, perpetual license)를 서비스구매자에게 부여할 수 있다. 이때 서비스제공자가 서비스구매자에게 "File It"을 제3자에게 복사나 배포하거나 또는 이를 제3자의 이익을 위해서도 사용할 수 있는 라이선스를 부여하게 된다면 "File It"과 관련해 서비스제공자의 비즈니스와 경쟁할 수 있는 제3자에게도 배포될 수 있어 서비스제공자의 입장에서는 이러한 라이선스의 권한을 제외하거나 제한할 필요가 있다. 서비스제공자는 또한 서비스계약상 서비스구매자에게 부여하는 라이선스가 비독점적(non-exclusive)으로 제공된다는 점을 명확히 해 다른 고객에게도 그 라이선스를 사용할 수 있도록 하는 것이 좋다. 그런데, 서비스제공자의 지식재산에 제3

290 라이선스의 범위는 계약당사자의 합의에 따라 달라질 수 있다. 예를 들어, 서비스구매자의 내부 비즈니스 목적으로만 서비스제공자의 지식재산이 포함된 "Tax Look"의 사용을 제한하고자 한다면, "royalty-free, perpetual license to use Service Provider Intellectual Property as embedded in Deliverables" 등과 같은 문구로 충분할 수 있지만, 서비스구매자가 "Tax Look"을 일반 고객들에게 마케팅하고 판매하려고 한다면, "royalty-free, perpetual license to copy, distribute and sublicense the right to use Service Provider Intellectual Property as embedded in Deliverables" 등과 같은 문구를 통해, 서비스구매자가 산출물에 포함된 서비스제공자의 지식재산을 복사, 배포 및 서브라이선스 등을 할 수 있도록 하는 폭넓은 로열티 없는 영구적 라이선스(royalty-free, perpetual license)를 부여받을 필요가 있다.

291 이러한 계약상 제한사항과 관련해, 서비스제공자의 지식재산이 소프트웨어를 포함하는 경우 그 소프트웨어의 디컴파일링(decompiling), 역설계(reverse engineering), 분해(disassembling) 또는 기타 소스 코드 액세스에 대한 금지가 통상 포함된다. 그리고, 서비스제공자 자신의 지식재산뿐만 아니라 관련 비즈니스 산업이나 서비스제공자의 비즈니스 모델도 고려되어야 한다. 예를 들어, 서비스제공자는 자신의 지식재산을 특정 산업에서만 사용하도록 하거나 일정한 지역에만 한정해 배포하도록 서비스구매자의 라이선스를 제한할 수 있다.

자의 라이선스가 포함되어 있다면, 서비스구매자는 그 지식재산의 사용과 관련해 서비스제공자가 제3자와의 관련 라이선스에 대한 계약조건을 위반하지 않는다는 점을 명확히 해야 한다. 예를 들어, 서비스제공자가 A사로부터 A사의 연구보고서를 "내부사업 목적으로만" 사용할 수 있는 라이선스를 부여받았는데, 그 보고서를 서비스구매자에게 전달하고 이를 복사해 고객에게 배포할 수 있는 라이선스를 부여한다면 서비스제공자는 A사와의 계약을 위반하게 된다. 이 경우 서비스제공자는 그 계약위반에 따른 책임을 부담할 뿐만 아니라 서비스구매자도 의도한 대로 관련 서비스나 산출물을 사용할 수 없게 된다.

"작업결과물(work product)"은 서비스제공자나 그 하도급자가 서비스의 일부로서 창출한 지식재산으로, 서비스구매자가 자금을 지원하는 지식재산이다. 예를 들어, 서비스구매자가 업무의 효율성을 평가하는 보고서를 만들기 위해, 서비스계약을 통해 그 업무의 평가를 서비스제공자에게 맡겼다면, 서비스제공자는 서비스구매자의 업무를 분석평가하기 위해, 서비스구매자의 직원 파일, 직원 핸드북, 교육 및 운영 매뉴얼 등 서비스구매자의 지식재산에 접근해야 한다. 서비스제공자는 또한 이러한 분석평가를 위해, 자신의 지식재산인 효율성 분석 소프트웨어 등을 적용할 수 있으며, 이에 따라, 서비스제공자는 "작업결과물(work product)"인 보고서를 생성할 수 있다. 이 경우 누가 작업결과물(work product)에 대한 소유권을 가질 것인지 문제된다. 서비스구매자가 작업결과물(work product)을 소유하게 된다면 서비스제공자의 입장에서는 작업결과물을 재사용할 수 있는 권리를 잃을 수 있다. 즉, 서비스제공자의 입장에서는 비즈니스의 목적에 따라 동일한 작업결과물 또는 수정된 버전의 작업산출물을 다른 고객이나 사업에 제공할 필요가 있으므로 서비스구매자에게만 특유하게 적용될 수 있는 작업결과물에 대해서만 서비스구매자의 소유권을 인정하는 것이 적절하다. 이에, 서비스계약과 관련해 생성되는 작업결과물(work product)의 소유나 지식재산에 관한 사항을 계약상 명확히 해야 한다. 그리고, 서비스계약에서 산출물(deliverable)과 작업결과물(work product)은 이론적으로 구별될 수 있는 개념이지만, 그에 관한 소유나 지식재산에 관한 사항은 그 개념에 의해 달리 정해지는 것이 아니라 생성되는 산출물이나 작업결과물의 성격이나 당사자의 거래관계를 고려해 당사자 간 합의에 따라 정해질 수 있다. 따라서, 서비스계약에 따라 생성되는 산출물(deliverable)의 경우도 작업결과물(work product)과 마찬가지로, 그에 관한 소유나 지식재산이 문제될 수 있으므로 이를 계약상 명백히 할 필요가 있다.

Deliverable(산출물)과 Work Product(작업결과물)

"Deliverable(산출물)"과 "Work Product(작업결과물)"는 동일한 프로젝트의 다른 부분을 설명할 때 사용되는 용어로 개념적으로 구별될 수 있다. "Deliverable(산출물)"은 프로젝트의 목적을 달성하기 위해 고객에게 인도되는 프로젝트의 유형 또는 무형의 결과물(project output)인 데 반해, "Work Product(작업결과물)"는 프로젝트의 일부(part of a project)로 생성되는 유형 또는 무형의 결과물이다. 즉, Work Product(작업결과물)는 프로젝트와 관련해 만들어질 수 있는 최소 단위의 결과물이고, Deliverable(산출물)은 여러 가지의 작업결과물(work products)로 구성될 수 있으며 프로젝트의 결과물로서 고객에게 인도되는 것이다. Work Product(작업결과물)는 진행 중인 업무나 정보를 수집하거나 제시하는 수단으로만 사용될 수 있으며, 이를 적절하게 구조화하고 상세화하고 검토하기 전에는 고객에게 인도를 위한 최종 산출물이 되지 않을 수 있다.

작업결과물(work product)은 프로젝트의 개발기간 동안 만들어진 분석자료가 될 수 있고, 프로젝트가 진행되는 동안 정보소스로 사용할 수 있으며, 프로젝트가 승인될 때까지 기업이 제공할 수 없는 프로젝트에 대한 제안 유형 등을 생성할 수 있다. 예를 들어, 작업결과물(work product)에는 프로젝트와 관련된 프로토타입(prototypes; 원형), 프레젠테이션(presentations; 발표자료), 도표(diagrams), 보고서(reports), 제안(proposals), 안건(agendas), 분석정보 등이 포함될 수 있다.[292] 산출물(deliverable)은 서비스제공자가 서비스구매자에게 인도하기로 합의한 프로젝트 작업의 결과물이나 서비스로, 특정한 결과물(particular output)을 의미한다. 산출물(deliverable)을 생성하기 위해 일정한 작업결과물들(work products)을 사용할 수 있다. 예를 들어, 산출물(deliverable)로 생성된 문서에는 그 자체로 작업결과물(work product)이 될 수 있는 프로세스 다이어그램, 사용자 사례, 데이터 관련 프로토타입 등이 포함될 수 있다. 산출물(deliverable)은 프로젝트의 결과(results)나 결과물(output)을 나타내는데, 유형화된 경우가 많으며, 하나의 프로젝트에 여러 개의 산출물이 있을 수 있다. 산출물에는 비즈니스의 분석계획 또는 관리계획, 시스템의 요구사항 관련 사양(system requirements specification), 비즈니스 분석 커뮤니케이션 계획 등이 포함될 수 있다. 예를 들어, 기업은 마케팅 계획과 홍보 계

292 비즈니스 분석실무의 표준으로 여겨지는 "BABOK® Guide(Guide to the Business Analysis Body of Knowledge)"에 따르면, Work Product(작업결과물)는 프로젝트 등의 요구사항을 도출하거나 개발하기 위해 서비스제공자가 고객 등 이해관계자의 니즈와 요구를 파악하는 데 사용하는데, 이때 이루어지는 관련 사람들과의 인터뷰, 관찰, 프로토타입, 워크숍 관련 도표, 메모나 문서 등 자료나 데이터 또는 정보를 말한다. 이러한 Work Product(작업결과물)를 정리하고 구조화해 고객에게 제시하는 방식으로 Deliverable(산출물)을 만들 수도 있고, 그렇지 않을 수도 있다.

획을 산출하는 프로젝트를 수행하기 위해 마케팅 회사를 고용할 수 있으며, 이때 프로젝트의 산출물에 관한 일정한 기준을 정할 수 있으며, 마케팅 회사는 작업이 완료된 산출물을 고객에게 제공한다.

[Example]

아래는 산출물(deliverables)과 작업결과물(work products)에 관한 정의규정의 기재례인데, 서비스계약상 산출물과 작업결과물을 별도로 다룰 필요가 있다면 별도 정의규정을 둘 수 있다.

- **"Deliverables"** means the work product and other output of the Services required to be delivered by Contractor as part of the Services, as specified in the relevant section of the Contract.
- **"Work Products"** are defined as all materials, tangible or not, created in whatever medium pursuant to this Agreement, including without limitation publications, promotional or educational materials, reports, manuals, specifications, drawings and sketches, computer programs, software and databases, schematics, marks, logos, graphic designs, notes, matters and combinations thereof, and all forms of intellectual property.

한편, 서비스 계약에 따른 작업결과물 또는 산출물이 서비스구매자에게만 특유하게 적용되는 경우라면 "Work for Hire(직무저작물)" 조항을 두어 그 작업결과물이나 산출물에 대한 서비스구매자의 지식재산권을 확보할 필요가 있다. 예를 들어, 서비스구매자가 신제품 마케팅 캠페인 모델의 개발프로젝트를 서비스제공자에게 맡겼다면 서비스제공자가 생성한 산출물인 캠페인 모델은 특별하게 서비스구매자의 제품과 관련이 있기 때문에 서비스구매자가 산출물에 대한 지식재산을 소유하는 것이 적절할 수 있다. 그리고, 서비스구매자는 작업결과물이나 산출물이 서비스구매자에게 특유하게 적용될 수 없는 경우에도 "Work for Hire(직무저작물)" 조항을 두는 것이 좋다. 즉, 서비스구매자의 입장에서 작업결과물이나 산출물이 서비스구매자에게 특유하게 적용될 수 없는 경우에도, 서비스제공자가 작업결과물이나 산출물을 다른 회사에 제공하는 것을 제한한다면 서비스구매자의 비즈니스에 도움이 될 수 있다. 이러한 제한과 관련해, 서비스구매자는 서비스제공자가 "기간 한정 독점 라이선스(limited-time exclusive license)" 또는 "준독점 라이선스(semi-exclusive license)"를 갖도록 하는 방안을 고려할 수 있다.[293] 서비스가 서비스구매자에게 특유한 산출물과 특유하지 않은 산출물을 함께 생성하는 경우 특유한 산출물(unique deliverable)과 특유하지 않은 산출물(non-unique deliverable)을 구분해 각 범주와 관련된 소유권 및 라이선스 권한을 개별적으로 다루는 것이 좋다.

산출물(deliverable)이 그 자체로 별도의 가치를 가지고 있고 서비스구매자가 서비스 종료 이후에도 산출물을 보유해야 한다면 서비스구매자는 산출물에 관한 소유권을 가질 필요가 있다.[294] 다만, 이때에도 산출물에 포함되어 있거나 이와 관련된 작업결과물(work product)에 대한 지식재산권에 대해서는 당사자 간 합의에 따라 달리 정할 수 있다.[295] 예를 들어, 서비스제공자가 서비스구매자를 위해 맞춤형 해머를 설계하고 제조하기 위해 고용된 도구제조업체라고 한다면, 서비스구매자는 그 해머의 소유권을 보유하려 하고, 이를 판매하려 할 수 있다. 서비스제공자의 입장에서 서비스구매자를 위한 산출물(deliverable)인 해당 해머를 서비스구매자가 소유하는 것을 반대할 필요는 없지만, 그 해머의 산출과정에서 만들어진 작업결과물(work product)에 관해 특허권을 부여받을 수 있다면 더 많은 해머를 제조, 마케팅 및 판매할 권리를 가질 수 있다는 이점이 있으므로, 그 작업결과물의 지식재산에 대해서는 당사자 간 별도의 합의를 할 수 있다. 다만, 서비스구매자가 산출물 생성 비용을 지불하지 않고, 서비스가 종료될 때 해당 산출물이 서비스제공자에게

293 기간 한정 독점 라이선스(limited-time exclusive license)를 통해 서비스제공자가 작업결과물의 소유권을 보유하는 때 계약상 정해진 기간 동안 제3자에게 그 작업결과물에 관한 라이선스를 부여하지 않도록 할 수 있다. 준독점 라이선스(semi-exclusive license)의 경우 서비스제공자가 서비스구매자 업계의 경쟁업체나 특정한 대상지역 등 제한된 범주의 비즈니스나 사람에게 일정한 기간 동안 또는 영구적으로 작업결과물에 대한 라이선스를 부여하는 것을 금지하는 것이다. 이러한 거래관계는 표준적 서비스계약에서는 드물지만, 작업결과물이 서비스구매자에게 특유하게 적용될 수는 없지만 서비스구매자에게 사업상 경쟁우위를 제공할 수 있다면 서비스구매자의 입장에서 이를 고려할 수 있다.

294 이 경우 서비스구매자는 서비스제공자에게 그 생성된 산출물의 소유권 이전과 그 이전에 필요한 서류의 제공을 요구할 필요가 있다.

295 서비스제공자가 제3자에게 작업결과물(work product)에 대한 라이선스를 부여하거나 제3자의 이익을 위해 작업결과물을 사용해 추가 수입을 창출할 수 있다면 서비스제공자의 입장에서는 작업결과물에 대한 소유권을 보유할 필요가 있으며, 이를 서비스구매자에게 이전하지 않는 것이 좋다. 대신, 서비스제공자는 서비스구매자에게 작업결과물을 사용할 수 있는 비독점 라이선스(non-exclusive license)를 부여할 수 있다. 다만, 계약당사자들이 작업결과물(work product)에 대해 공동소유권(joint ownership)을 가지는 것을 고려할 수 있는데, 이때는 각 당사자가 작업결과물을 제3자에게 마케팅을 하거나 판매하려는 경우 상대방 당사자의 동의를 얻어야 하거나 실제 판매가 각 당사자별로 이루어지는 경우 서로 경쟁자가 될 수도 있어, 작업결과물의 공동소유는 대체로 권장되지 않는다.

반환되는 때 산출물의 소유권을 서비스구매자에게 이전하는 것은 적절하지 않다. 예를 들어, 서비스구매자에게 장비 모니터링 서비스를 제공하기 위해 고용된 서비스제공자가 서비스구매자의 장비에 부착할 여러 모니터링 장치를 서비스구매자에게 제공한 경우 서비스제공자는 서비스가 종료될 때 모니터링 장치를 반환받기를 원한다. 이 경우 서비스제공자는 이러한 산출물에 대한 소유권을 서비스구매자에게 이전해서는 안 되며, 서비스구매자에게 계약기간 동안 필요한 만큼만 모니터링 장치를 사용할 수 있도록 하는 제한된 라이선스(limited license)를 부여할 필요가 있다.

[Example]

아래는 서비스계약에서 당사자들 사이의 지식재산권(intellectual property right) 관련 기재례들이다. (Sample 1)은 서비스와 관련해 서비스제공자가 원래 소유하거나 관리하는 지식재산권은 서비스제공자가 그대로 보유하고, 서비스구매자는 서비스 제공에 의해 새롭게 생성된 지식재산에 대한 소유권을 가진다는 점을 규정하고 있다. (Sample 2)는 서비스계약의 당사자 간 산출물에 대한 소유권(ownership of deliverables)에 관한 사항을 정하는 예문이다. (a)항과 (b)항에서는 서비스구매자가 서비스계약에 따라 서비스제공자에 의해 생성된 모든 산출물의 소유권을 보유하는 것으로 하고, (c)항에서는 서비스계약 이전에 서비스제공자가 이미 보유하고 있던 지식재산권은 서비스제공자가 그대로 보유하도록 하면서 서비스구매자를 위해 생성된 산출물에 포함된 서비스제공자의 보유 지식재산권은 서비스구매자가 사용하도록 한다.

(Sample 3)는 서비스계약상 서비스제공자가 서비스구매자를 위해 생성한 작업결과물(work products)은 직무저작물(work for hire)이 되어 그에 관한 모든 지식재산권을 서비스구매자에게 이전해야 한다는 점을 명시한다. (Sample 4)는 해당 서비스계약 이전 또는 다른 계약에 따라 각 당사자가 개별적으로 보유한 지식재산권을 상호 인정하면서, 서비스구매자가 서비스제공자에게 서비스의 수행을 목적으로 제공된 서비스구매자의 지식재산을 사용할 라이선스를 부여하고, 서비스계약과 관련해 생성된 작업결과물은 직무저작물로 보아 서비스구매자에게 그 소유권을 인정한다. 반면, (Sample 5)는 해당 서비스계약 이전 또는 다른 계약에 따라 각 당사자가 개별적으로 보유한 지식재산권을 상호 인정하면서, 서비스구매자가 서비스제공자에게 서비스의 수행을 목적으로 제공된 서비스구매자의 지식재산을 사용할 라이선스를 부여할 뿐만 아니라, 서비스제공자가 서비스 계약기간 동안 자

신이 개발한 작업결과물에 대한 소유권 등 모든 권리를 가지면서 서비스구매자에게는 계약기간 동안 자신의 지식재산을 사용할 수 있는 일정한 비전속적 라이선스(non-exclusive license; 통상실시권)만을 부여하고 있어, 서비스제공자에게 보다 유리한 규정이다.

(Sample 1)

All copyrights, trademarks, service marks, know-how and other intellectual property rights owned or controlled by the Service Provider in relation to the Services will be and remain the sole and complete property of the Service Provider. The Company shall not at any time acquire or claim, or attempt to acquire, any right, title or interest of any nature whatsoever in any such intellectual property, provided, however, that copyright over the properties newly made or produced in the course of production of the Program shall vest in the Company.

(Sample 2)

(a) The Service Provider acknowledges and agrees that all discoveries, inventions, methods, concepts, know-how processes, products and other technical achievements ("Inventions") that are developed, accomplished, conceived, reduced to practice or contemplated by the Service Provider during the Term of the Agreement and which are in any way related to the Service Provider's work with, for, or on behalf of the Buyer shall be the Buyer's inventions, technical achievements, and absolute property and that all rights of any and every kind related thereto, including intellectual property rights, shall belong solely and completely to the Buyer.
(b) The Service Provider further agrees, upon the Effective Date of the Agreement, to have its employees sign the form of Intellectual Property Agreement attached as Exhibit B hereto, acknowledging the Buyer's ownership of such intellectual property and agreeing to sign any and all documents requested by the Buyer deemed necessary in its judgment to obtain, maintain, assign, transfer, and otherwise protect and perfect such rights.
(c) Notwithstanding any other provisions of this Agreement to the contrary, this Agreement does not obligate the Service Provider to assign or offer to assign to the Buyer any rights in any invention for which no equipment, supplies, facilities or trade secret information of the Buyer was used and which was developed entirely by the Service Provider prior to the Effective Date of the Agreement ("Retained Intellectual Property Rights"), whether or not incorporated into any inventions. The Service Provider agrees to let the Buyer use any Retained Intellectual Property Rights that are incorporated into any Inventions in the Buyer's business.

(Sample 3)

The Service Provider acknowledges and agrees that all Content, Marketing Materials, Video Footage and other content and material created hereunder for the Buyer ("Works") shall constitute "Work for Hire" and the Service Provider further acknowledges and agrees that the Works and all rights therein, including but not limited to copyrights or patentable inventions, belong solely to the Buyer. Should the Works or any part thereof not be considered a work made for hire under appliable law for any reason, the Service Provider hereby sells, assigns, and transfers to the Buyer and its successors and assigns, all right, title and interest in and to the copyright in the Works, including any registrations and copyright applications relating to the works and in and to all works based upon, derived from, or incorporating the Works throughout the world.

(Sample 4)

The Service Provider and the Buyer will continue to own all copyrights, patents, trademarks, service marks, trade secrets and other proprietary rights ("Intellectual Property") that such party owned immediately prior to this Agreement or that such party acquires or creates outside of the scope of this Agreement. The Buyer hereby grants to the Service Provider a license to use the Buyer's Intellectual Property provided to the Service Provider hereunder for the purpose of performing Services and for no other purpose. The results and proceeds of the Services hereunder including, without limitation, all Intellectual Property contained therein ("Work Product") shall be works-made-for-hire and the Buyer shall be deemed the sole owner.

(Sample 5)

The Service Provider and the Buyer will continue to own all copyrights, patents, trademarks, service marks, trade secrets and other proprietary rights ("Intellectual Property") that such party owned immediately prior to this Agreement or that such party acquires or creates outside of the scope of this Agreement. The Buyer hereby grants to the Service Provider a license to use the Buyer's Intellectual Property provided to the Service Provider hereunder for the purpose of performing Services and for no other purpose. The Service Provider will own all right, title and interest in and to all materials, tangible or intangible, developed by the Service Provider during the term of this Agreement including all Intellectual Property contained therein ("Work Product"). The Service Provider hereby grants to the Buyer a non-exclusive license, during the Term, to use Work Product and any of the Service Provider's Intellectual Property provided to the Buyer hereunder in order to use and enjoy Services in the ordinary course of the Buyer's internal business.

3.5 비침해보증(non-infringement warranty) 및 침해배상(infringement indemnity)의 문제

3.5.1 서비스 관련 비침해보증(non-infringement warranty)

서비스계약의 경우도, 일반 다른 계약상 진술 및 보증과 마찬가지로, 해당 계약의 체결이나 의무이행 등에 관한 당사자의 적법한 권한(authority), 법규준수(compliance with laws) 등과 같은 일반적인 진술과 보증에 관한 사항이 포함된다. 이외에도, 서비스계약의 경우 서비스제공자가 전문적 방법(professional manner)으로 서비스를 수행하는 자격있는 사람(qualified personnel)이라거나 작업명세서(SOW) 등 서비스 제공 관련 서류상 지침에 따른다는 등 서비스의 제공과 관련된 진술과 보증을 한다. 서비스제공자는 또한 서비스의 수행(performance of services)과 산출물의 품질(quality of deliverables)에 관한 일정한 보증을 한다.[296]

한편, 서비스제공자는 서비스의 제공을 위해 서비스구매자에게 문서, 소프트웨어, 하드웨어 등 기타 자료를 사용하거나 접근할 수 있도록 하는데, 이러한 자료들의 사용이나 접근이 타인의 저작권, 특허권, 상표권 등 지식재산권을 침해할 수 있다면 서비스구매자는 서비스제공자에게 비침해보증(non-infringement warranty)을 요구할 필요가 있다. 비침해보증은 서비스제공자가 서비스 수행시 제3자의 지식재산권의 침해가 있을 수 있는 침해자료(infringing materials)를 서비스구매자에게 제공하지 않는다는 것을 서비스구매자에게 약속하는 것이다. 서비스제공자가 모든 자료에 지식재산권의 침해가 없다는 일반적 비침해보증(non-infringement warranty)을 하려고 하지 않는다면 서비스구매자는 자신에게 가장 염려가 되는 관련 사항이나 자료에 관한 지식재산권에 관한 구체적 비침해보증(targeted non-infringement warranty)을 요구할 수 있다. 예를 들어, 서비스제공자가 서비스구매자를 위해 도구를 설계하는 경우 서비스구매자는 서비스제공자로부터 일반적 비침해보증을 받지 못한다면 그 설계 관련 특허권의 비침해보증을 받는 것이 좋다.[297]

296 서비스제공자의 입장에서는 보증으로 인해 자신의 법적·재정적 부담이 증가할 수 있기 때문에 가급적 적은 수의 보증을 하고, 보증을 강제할 수 있는 서비스구매자의 권리에 대한 시간 제한을 두고, 보증을 위반한 서비스나 산출물에 대한 교환, 환불, 서비스의 재이행 등 서비스구매자의 구제방법을 제한하는 것이 좋다.

297 서비스제공자가 서비스구매자의 로고 등 마케팅 자료를 설계하는 때 서비스제공자가 일반적 비침해보증을 하지 않는다면 서비스구매자는 저작권이나 상표권 침해에 대한 비침해보증이라도 받는 것이 좋다.

그런데, 서비스의 일부 또는 산출물에 내재되어 있는 구성요소에 서비스제공자가 타인으로부터 라이선스를 부여받은 제3자 지식재산(third party intellectual property)이 포함되는 경우 복잡한 이슈가 있을 수 있다. 서비스제공자가 제3자 지식재산을 보증하게 되면 타인이 제공한 지식재산의 적법성을 보장해야 하는 문제가 있으므로 서비스제공자의 입장에서는 자신이 생성한 부분에 대해서만 비침해보증(non-infringement warranty)을 하는 것이 좋다. 반면, 서비스구매자의 입장에서는 서비스제공자에게 제3자 지식재산에 대한 비침해보증을 하거나 또는 제3자로부터 직접 그 지식재산권을 획득할 것을 요구할 필요가 있다. 즉, 서비스구매자는 서비스제공자에게 서비스 제공과 연관된 모든 제3자 지식재산권을 식별할 것을 요구하고, 그 식별된 지식재산권과 관련해, 최소한 (i) 서비스제공자의 서비스구매자에 대한 제3자 지식재산의 제공이 서비스제공자의 그 제3자와의 계약조건을 위반하지 않는다는 점, (ii) 서비스제공자가 제3자 지식재산의 침해를 알고 있지 않다는 점(no knowledge of infringement) 등의 보증을 받을 필요가 있다.

그리고, 침해대비조항(infringement contingency provision)을 두는 경우가 있는데, 이는 서비스제공자가 침해자료를 제공하지 않는다는 점을 약속하지는 않지만, 그러한 제공이 있다면 서비스제공자는 "상업적으로 합리적 또는 최선의 노력(commercially reasonable or best efforts)"을 다해, ① 침해자료를 기능적으로 동등한 비침해자료로 대체하거나 또는 ② 서비스구매자가 계속 사용할 수 있도록 침해자료와 관련된 적절한 권리를 부여받도록 한다는 등의 보완적인 약속을 하는 것이다. 이 경우 서비스제공자의 침해자료의 제공에도 불구하고, 서비스제공자가 일정한 기간 내에 위와 같은 보완적 약속을 수행할 수 없는 경우가 아닌 한, 서비스제공자는 보증위반에 대한 책임을 부담하지 않으며, 서비스구매자는 서비스계약을 해지할 수 없다.[298] 이처럼 침해대비조항(infringement contingency provision)은 서비스제공자의 침해자료의 제공의 결과로 분쟁이 발생하는 때 서비스구매자의 법적 선택권을 제한할 수 있으므로, 서비스구매자의 입장에서는 제공되는 서비스에 부정적 영향이 없거나, 지식재산의 생성이 서비스의 핵심목적이 아니거나, 제공된 산출물이 사용할 수 없게 되더라도 서비스구매자가 책임을 지지 않는 경우에 한해 침해

298 침해대비조항(infringement contingency provision)은 서비스제공자가 서비스구매자에게 침해자료를 제공하였음에도 불구하고, 자신의 구제조치에 의해 서비스를 계속할 수 있거나 산출물을 제공할 수 있다면 서비스구매자가 보증위반을 이유로 바로 서비스계약을 해지하거나 서비스제공자에게 손해배상청구를 하는 것을 방지하는 기능을 한다.

대비조항을 허용할 수 있다. 다만, 이때에도 서비스구매자는 서비스제공자에게 그 침해자료 제공에 따른 피해를 예방하고 보증책임을 물을 수 있도록 비침해보증(non-infringement warranty) 관련 규정도 함께 두는 것이 좋다.[299]

서비스계약과 관련해 서비스구매자가 자신의 지식재산을 제공하는 경우에는 서비스제공자도 서비스구매자에게 비침해보증(non-infringement warranty)을 요구할 수 있다. 다만, 서비스제공자는 서비스구매자의 이익을 위한 서비스를 수행하기 위해 서비스구매자의 지식재산을 사용한다는 점에서 비침해보증 대신 서비스구매자의 서비스제공자에 대한 침해배상(infringement indemnity)만을 요구하기도 한다.

3.5.2 서비스 관련 침해배상(infringement indemnity)

서비스계약상 당사자의 면책배상의무(indemnification obligation)는,[300] 대체로 서비스와 연관된 지식재산권의 침해, 인적 또는 물적 피해, 당사자의 서비스계약 위반 등이 있는 때 발생할 수 있는데, 서비스의 특성과 거래상황을 고려해 당사자, 특히 서비스제공자가 부담하는 면책배상의 유형과 범위를 정하는 것이 중요하다. 서비스와 연관된 지식재산권의 침해가 특히 문제될 수 있는데, 서비스계약상 서비스제공자가 타인의 지식재산권을 침해하는 자료를 서비스구매자에게 제공한 때 서비스구매자는 서비스제공자에게 침해배상(infringement indemnity)을 청구할 필요가 있다. 예를 들어, 서비스구매자가 특정 주제의 기사를 서비스제공자에게 의뢰해 구매를 했는데, 그 기사의 저자라고 주장하는 제3자가 저작권 침해(infringement)를 이유로 서비스구매자를 상대로 소송을 제기했다면 서비스구매자가 위 소송과 관련해 부담하는 비용을 서비스제공자로부터 면책배상(indemnity)받을 필요가 있다. 이러한 서비스제공자의 서비스구매자에 대한 침해배상(infringement indemnity)은, 특히 (i) 지식재산의 생성이 서비스계약의 핵심목적인 경우, (ii) 서비스나 산출물이 서비스구매자의 비즈니스 운영에 중요한 경우, (iii) 서비스구매자가 다수의 제3자에게 산출물을 배포하는 경우, (iv) 서비스가 중단되거나 제공된 산출물이 사용할

299 이 경우 서비스구매자는 침해대비조항(infringement contingency provision)에 따라 서비스제공자가 침해자료의 제공을 시정하기 위해 상업적으로 합리적인 또는 최선의 노력(commercially reasonable or best efforts)을 사용하도록 하게 하면서도, 비침해보증조항(non-infringement warranty provision)에 따라 보증위반(breach of warranty)으로 인한 소송을 제기할 권리를 유지할 수 있다.

300 면책배상의무는 책임을 부담하기 위한 계약상 합의로, 책임을 야기한 면책배상자(indemnitor)가 피면책배상자(indemnitee)를 보호하기 위해 배상할 것을 약속하는 것이다.

수 없어 서비스구매자가 책임을 부담하게 되는 경우에 서비스구매자에게 중요하다. 예를 들어, 서비스구매자가 올해 유일한 출시제품으로 "Business Core"라는 소프트웨어를 설계하기 위해 서비스제공자에게 2만 달러를 지불하고, 고객과 계약을 체결해 위 소프트웨어의 배포, 유지보수, 지원 등의 명목으로 6만 달러를 지급받았다. 이때 제3자가 위 소프트웨어의 소스코드에 관련 저작권 침해를 이유로 서비스구매자에게 소송을 제기해, 그 결과 서비스구매자가 더 이상 소프트웨어의 배포, 유지보수나 지원업무를 수행하기 어렵게 되어 고객으로부터 계약위반에 따른 소송을 당하게 된 경우 서비스제공자가 서비스구매자에게 위 소스코드를 제공해 발생한 모든 손해에 대해 책임을 부담하지 않는다면 서비스구매자는 불측의 피해를 입게 된다.

그런데, 서비스계약상 지식재산의 제공자가 모든 지식재산에 대한 침해배상(infringement indemnity)을 제공하길 원하지 않는다면 지식재산의 수령인은 지식재산의 수령인과 가장 밀접하게 연관된 지식재산에 대한 특정 대상 침해배상(targeted infringement indemnity)을 고려해야 한다. 예를 들어, 서비스제공자가 모든 지식재산에 대한 침해배상을 하지 않는 경우 서비스구매자의 입장에서는 서비스제공자의 유일한 산출물이 사용자 지정도구(custom-made tool)라면 서비스제공자에게 특허침해배상(patent infringement indemnity)을, 서비스구매자의 지식재산이 원고(manuscript)로 제한된다면 서비스제공자에게 저작권 침해배상(copyright infringement indemnity)을 요구할 수 있다. 그리고, 서비스제공자이든 서비스구매자이든 상대방에게 지식재산을 제공할 경우 자신이 생성하거나 소유하는 지식재산에 침해배상(infringement indemnity)의 범위를 제한할 필요가 있으며, 제3자 지식재산(third party intellectual property)을 배상범위에 포함하는 것은 적절하지 않을 수 있다. 지식재산의 수령인이 서비스구매자이고, 서비스제공자가 자신이 제공하는 서비스에 포함되어 있는 제3자 지식재산의 라이선스를 서비스구매자에게 부여하길 원하지 않는다면, 서비스구매자는 서비스제공자에게, (i) 서비스구매자 자신이 직접 제3자로부터 해당 지식재산 관련 라이선스를 부여받을 수 있도록 하거나 또는 (ii) 서비스제공자의 제3자와의 지식재산 관련 계약을 서비스구매자에게 양도할 것을 요구할 수 있다.[301] 다만, (ii)의 경우 서비스구매자는 서비스제공자의 제3자와의 지식재산 관

301 지식재산 수령인의 이러한 요구가 제대로 받아들여지지 않는 경우 지식재산 수령인은 지식재산 제공자와의 서비스계약에, (i) 해당 지식재산의 침해(infringement) 관련 쟁송이 발생한 경우 지식재산 제공자는 지식재산 수령인의 이익을 위해 해당 지식재산과 관련해 지식재산 제

련 계약에서 해당 계약의 양도가능성과 침해배상(infringement indemnity) 관련 사항을 검토할 필요가 있다. 이는 서비스계약상 서비스제공자가 지식재산의 수령인이고 서비스구매자가 지식재산의 제공자인 경우에도 동일하게 적용될 수 있다.

[Example 1]

아래는 서비스계약상 서비스구매자를 위한 서비스제공자의 진술과 보증에 관한 기재례이다. (Version 1)은 서비스제공자의 계약체결권한, 법규준수, 서비스 수행 자격을 갖춘 인력보유 등 서비스계약상 요구되는 일반적 진술과 보증만을 기술하고 있으나, (Version 2)는 이러한 일반적 진술과 보증 이외에 서비스제공자가 제공하는 하드웨어, 소프트웨어, 데이터 또는 기타 어떠한 자료도 제3자의 저작권, 영업비밀, 상표권 등 이와 유사한 독점적 권리의 침해나 유용이 없다는 등의 비침해보증(non-infringement warranty)을 포함하고 있어 서비스구매자에게 보다 유리한 규정이다.

(Version 1)

The Service Provider represents and warrants to the Buyer that: (a) it has the right and authority to enter into this Agreement and perform its obligations hereunder; (b) it will perform Services in compliance with all applicable laws and regulations; and (c) it will use qualified personnel to perform Services.

(Version 2)

The Service Provider represents and warrants to the Buyer that: (a) it has the right and authority to enter into this Agreement and perform its obligations hereunder; (b) it will perform Services in compliance with all applicable laws and regulations; (c) it will perform Services in compliance with the Statement of Work and Documentation; (d) all Deliverables will function as described in the Statement of Work and Documentation; (e) it will use qualified personnel to perform Services in a professional and workmanlike manner consistent with the highest industry standards; and (f) no hardware, software, data, or other material provided by the Service Provider pursuant to this Agreement

공자가 가진 모든 침해 관련 권리를 지식재산 수령인이 행사할 수 있도록 하고, (ii) 지식재산 제공자가 지식재산 수령인에게 제3자 지식재산(third party intellectual property)을 지식재산 수령인에게 제공하는 것이 지식재산 제공자가 그 제3자와의 지식재산 관련 계약을 위반한다거나 또는 지식재산 제공자가 지식재산 수령인에게 제3자 지식재산을 제공하기 이전에 그 제3자 지식재산을 침해한 사실을 알고 있는 등 지식재산 제공자에게 관련 책임이 있는 경우 지식재산 제공자는 지식재산 수령인을 면책배상(indemnification)하도록 하는 규정을 포함할 필요가 있다.

constitutes an infringement or misappropriation of any third party's copyright, United States patent, trade secret, trademark, or similar proprietary rights.

[Example 2]

아래는 서비스계약 관련 지식재산권에 대해 당사자의 침해배상(infringement indemnity) 관련 기재례이다. (Version 1)은 서비스제공자가 제공한 하드웨어, 소프트웨어, 데이터 또는 기타 자료가 제3자의 저작권, 영업비밀, 상표권 등 이와 유사한 독점적 권리의 침해나 유용이 있다는 클레임과 관련한 서비스제공자의 서비스구매자에 대한 침해배상의무를 두고 있다. (Version 2)는 서비스계약의 각 당사자가 상대방에게 제공한 하드웨어, 소프트웨어, 데이터 또는 기타 자료가 제3자의 저작권, 영업비밀, 상표권 등 이와 유사한 독점권의 침해 또는 유용이 있다는 클레임으로부터 발생하는 손해에 대해 상대방을 면책배상하도록 하고, 그 침해나 유용의 범위를 면책배상자와 제3자 간의 서면계약의 위반에 의한 경우로 한정하고 있어, 서비스제공자의 서비스 제공과정에서 발생하는 지식재산권의 침해배상책임을 경감하고 있다.

(Version 1)

The Service Provider shall indemnify and hold harmless the Buyer (including reasonable attorney's fees) against any third party claim alleging that any hardware, software, data, or other material provided by the Service Provider pursuant to this Agreement constitutes an infringement or misappropriation of any third party's copyright, United States patent, trade secret, trademark, or similar proprietary rights.

(Version 2)

Each party shall indemnify and hold harmless the other party against any loss (including reasonable attorney's fees) arising from a third party claim alleging that any hardware, software, data, or other material provided by the other party pursuant to this Agreement constitutes an infringement or misappropriation of any third party's copyright, United States patent, trade secret, trademark, or similar proprietary rights. Notwithstanding the foregoing, if the infringing or misappropriated material is a third party product, then the indemnifying party's sole obligation shall be to indemnify and hold harmless the other party against any loss (including reasonable attorney's fees) arising from a third party claim alleging that the infringing or misappropriated material has been provided in violation of a written contract between the indemnifying party and such third party.

3.6 경쟁금지(noncompetition) 및 고용금지(no-hire) 또는 유인금지(non-solicitation)의 문제

서비스제공자가 서비스구매자의 경쟁업체와 거래를 하는 경우 서비스구매자에게 피해가 발생할 수 있어 서비스계약상 경쟁금지조항(noncompete/noncompetition clause)은 중요하다. 그런데, 경쟁금지의무(noncompetition covenant)는 당사자의 거래를 제한하는 것으로, 일반적으로 이를 요구하는 당사자의 영업비밀 등 중요한 사업상 이익을 보호할 필요가 있고 그 금지 지역과 기간이 합리적일 때 강제할 수 있으므로, 서비스계약의 경우도 적용되는 준거법을 확인해 강제할 수 있는 방식으로 경쟁금지의무의 내용을 구성할 필요가 있다. 그리고, 경쟁금지의무의 강제가능성(enforceability)의 문제를 보완하기 위해, 서비스계약상 경쟁금지의무와 함께 또는 별도로 고용금지(no-hire)나 유인금지(non-solicitation)에 관한 사항을 추가할 수 있다.

기업이 가진 인력이나 고객은 기업의 가장 큰 자산 중의 하나일 수 있는데, 서비스계약의 한쪽 당사자가 상대방 당사자의 직원이나 고객을 유인한다면 그 상대방 당사자에게 상당한 피해가 발생할 수 있으므로 이를 금지할 수 있다. 서비스구매자는 서비스제공자의 직원의 서비스와 관련해 서비스제공자에게 비용을 지불하는 것보다 그 직원에게 일자리를 제공하는 것이 낫다고 생각할 수 있으며, 서비스제공자도 서비스구매자의 우수한 직원이 서비스제공자에 합류할 것을 원할 수 있다. 이러한 상황에서 당사자의 중요 자산일 수 있는 직원을 빼앗기는 것을 방지하기 위해, 서비스계약에 고용금지조항(no-hire clause)을 두어, 각 당사자가 계약기간 동안 및 그 이후 일정기간(예를 들어, 6개월 내지 1년) 동안 상대방 당사자의 직원의 고용을 금지할 수 있다. 그런데, 당사자의 해당 서비스와 관련되지 않은 직원에 대해서, 특히 당사자가 회사로서 규모가 큰 경우 일부의 직원만이 해당 서비스에 종사함에도 불구하고, 상대방이 당사자의 모든 직원들을 고용할 수 없다는 포괄적 고용금지(blanket hiring ban)를 규정하는 것은 부당할 수 있으므로 계약당사자의 사업규모나 거래관계 등에 맞추어 고용금지기간(duration of the hiring prohibition) 등을 단축하거나 조정할 필요가 있다.[302]

CHAPTER 9

302 예를 들어, 서비스제공자가 3개 도시에서 50명의 직원이 근무하는 컨설팅회사이지만 시카고에 기반을 둔 서비스제공자의 컨설턴트 중 두 명만 서비스구매자를 위한 서비스를 수행하고 있다면, 서비스구매자에게 포괄적 고용금지(blanket hiring ban)를 규정하는 것은 불합리할

고용금지조항(no-hire clause)보다 완화된 규정으로, 유인금지조항(non-solicitation clause)이 있는데, 이는 당사자가 상대방의 직원에게 직접적인 채용유인을 자제하는 한 상대방의 직원을 고용할 수 있다는 규정이다. 이 경우 당사자는 상대방의 직원에게 직접 일자리 제의를 할 수는 없지만, 신문이나 온라인 구인광고나 기타 공개모집 구인공고(public solicitation)를 통해 일자리에 지원한 사람을 채용할 수는 있기 때문에 상대방의 직원을 채용한 것 자체만으로는 서비스계약위반이 되지 않는다. 다만, 이 경우도 당사자가 해당 직원의 채용을 목적으로 지원을 유인한 것이 입증된다면 그 직원을 잃은 계약업체는 그 직원을 고용한 당사자에 대해 계약위반에 따른 책임을 물을 수 있다. 그런데, 고용금지조항(no-hire clause)이나 유인금지조항(non-solicitation clause)은 근로자의 직업선택의 자유를 제한한다는 점에서 국가에 따라서는 이러한 조항의 강제가능성(enforceability)을 제한할 수 있기 때문에 관련 준거법을 확인할 필요가 있다.

[Example]

아래는 서비스계약상 경쟁금지, 고용금지 또는 유인금지 관련 규정의 기재례들이다. (Sample 1)은 경쟁금지조항(noncompetition clause)의 예문으로, 서비스 계약기간 동안 및 계약기간 종료 후 1년 이내에 서비스제공자는 한국 내에서 직접 또는 간접적으로 해당 제품과 관련한 사업이나 서비스에 참여할 수 없도록 하고, 서비스제공자가 다른 업체와 그 제품과 관련된 사업을 하고자 하는 경우 서비스구매자는 그에 관한 우선협상권(right of first negotiation)을 갖는다. (Sample 2)는 고용금지조항(no-hire clause)으로, 첫째 예문은 각 당사자가 자신의 계열사를 포함해, 계약기간 및 그 기간 이후 1년 동안, 상대방의 직원을 자신 또는 타인의 직원이나 컨설턴트 등으로 고용하거나 채용을 유인하지 않도록 하고, 둘째 예문은 당사자의 고용금지의 범위를 제한해 계약기간 및 그 기간 이후 6개월 동안으로 하고, 당사자가 서비스와 관련해 직접 접촉한 상대방의 직원의 고용에 한정하고 있다. (Sample 3)는 유인금지조항(non-solicitation clause)의 예문으로, 각 당사자는 자신의 계열사를 포함해, 계약기간 및 그 기간 이후 1년 동안, 자신이나 계열사 또는 타인의 직원, 컨설턴트 등으로 상대방의 직원을 채용할 것을 권유하거나 제안하는 것을 금지하지만, 상대방의 직원이 당사자의 공개모집 구인광고에 응해 채

수 있으며, 해당 서비스를 수행하는 두 명의 컨설턴트 내지 서비스제공자의 시카고 사무소 직원에 대해서만 고용금지를 규정하는 것이 적절하다.

용된 경우는 예외적으로 허용되는 것으로 한다.

(Sample 1)

During the Term and within one year after the expiration or termination thereof, Service Provider shall not, within the territory of Korea, engage, either directly or through another entity, in any business or service involving designing, marketing, production, and/or sale of the Product. If Service Provider desires to enter into any business arrangement with another entity in Korea in connection with any business related to the Product, Service Provider shall first inform Buyer of such desire, and give Buyer the right of first negotiation. If the Parties fail to reach an agreement within [sixty days] after the beginning of the negotiation, or Buyer expressly informs Service Provider in writing that it does not wish to enter into such an arrangement with Service Provider, Service Provider is free to enter into such an arrangement with another entity in Korea, provided, however, that the terms offered to such entity shall not be more favorable than those offered to Buyer.

(Sample 2)

- During the term of the Agreement, and for a period of one year thereafter, neither party nor its Affiliates will (a) employ, hire or engage as an employee, consultant or contractor any employee of the other party, (b) solicit any employee of the other party to become an employee, consultant or contractor to such party or any of its Affiliates, nor (c) recommend or suggest to any other person or entity that it so solicit, employ, hire or engage any such employee. "Affiliate" means any entity that controls, is controlled by or is under common control with a party.
- During the term of the Agreement, and for a period of six months thereafter, neither party nor its Affiliates will (a) employ, hire or engage as an employee, consultant or contractor any employee of the other party with whom such party has had direct contact relating to Services, (b) solicit any employee of the other party to become an employee, consultant or contractor to such party or any of its Affiliates, nor (c) recommend or suggest to any other person or entity that it so solicit, employ, hire or engage any such employee. "Affiliate" means any entity that controls, is controlled by or is under common control with a party.

(Sample 3)

During the term of the Agreement, and for a period of one year thereafter, neither party nor its Affiliates will (a) solicit any employee of the other party to become an employee, consultant or contractor to such party or any of its Affiliates, nor (b) recommend or suggest to any other person or entity that it so solicit, employ, hire or engage any such employee; provided, however,

> neither party shall be deemed to be in violation of this provision in the event an employee of one party is hired by the other party or its Affiliate as a result of such employee's response to an advertisement made to the general public by the hiring party. "Affiliate" means any entity that controls, is controlled by or is under common control with a party.

3.7 기타 주요 유의사항 및 기재례

서비스계약에서 서비스제공자는 필요에 따라 프로젝트 등 서비스를 직접 수행하지 않고 다른 업체에 하도급(subcontract)할 수 있는데, 서비스구매자가 해당 서비스제공자의 업무수행 능력이나 기술을 중시해 계약을 체결하였다면 이는 적절하지 않을 수 있다. 이에, 서비스계약상 서비스제공자가 하도급을 할 수 있는지 여부와 하도급이 가능한 경우 그 범위에 관한 사항을 명시할 필요가 있다. 또한, 서비스계약의 당사자는 서비스의 제공이나 수령과정에서 발생할 수 있는 상대방의 책임에 대한 배상을 보장받기 위해 상대방에게 일정한 보험(insurance)을 들 것을 요구할 수 있다. 이와 관련해, 당사자는 상대방에게 관련 법규상 요구될 수 있는 산재보상금보험(workers' compensation insurance)을 비롯해, 일반책임보험(general liability insurance), 전문책임보험(professional liability insurance), 재산보험(property insurance) 등 필요한 보험에 가입하고 이를 증명할 것을 계약상 규정할 수 있다. 예를 들어, 서비스가 서비스구매자의 시설에서 수행되는 때 서비스제공자가 서비스구매자의 인력이나 시설에 손해를 입힐 수 있고, 반대로 서비스의 특성에 따라서는 서비스제공자가 서비스구매자에게 서비스를 제공하는 과정에서 서비스구매자의 고객이나 제3자에 의해 소송을 당하거나 피해를 입을 수도 있다. 이에, 서비스계약의 당사자는 상대방에 의해 발생한 신체상해나 사망 또는 재산상 손해에 대한 상대방의 잠재적 책임을 보상받기 위해, 일반책임보험이나 산재보상금보험 등 필요한 보험을 가입하고 유지하도록 할 수 있다.

그리고, 프로젝트 등 서비스를 제공하는 과정에서 당사자들은 그 업무상 기밀 등 정보를 상호 교환할 수 있기 때문에 상대방의 비밀을 유지하기 위한 비밀유지조항(confidentiality clause)을 서비스계약에 포함하는데, 이는 서비스 관련 비밀정보라는 점을 제외하고는 일반 계약의 비밀유지규정과 유사하다. 또한, 서비스계약의 경우 서비스제공자가 서비스구매자를 위해 서비스를 수행하기 때문에 계약당사자간 관계(relationship)에 혼동이 생길 수 있어 이를 명확히 할 필요가 있다. 이에, 서비스계약에서는 특히 서비스제공자는 서비스구매자와 고용관계나 대리관계가 있는 것이 아니라 독립적 계약자(independent contractor)로서 서비스를 제공한다는 점과 당사자들은 서로 서비스계약에 따른 제한적 책임(limited liability)만을 부담한다는 점을 확인하는 규정을 둔다.

[Example]

아래는 서비스계약에 포함될 수 있는 기타 기재례들이다. (Sample 1)의 예문은 서비스제공자가 서비스구매자와 협의와 통지 등 절차를 거쳐 하도급자(subcontractor)에게 서비스를 위임할 수 있도록 하지만, 계약상 책임은 여전히 서비스제공자가 부담하는 것으로 한다. (Sample 2)는 서비스계약상 당사자들의 상해, 사망 및 재산상 손해에 대한 일반책임보험과 산재보상금보험 등 보험(insurance)의 가입과 범위에 관한 예문들로, 첫째는 서비스제공자의 서비스구매자를 위한 보험이고, 둘째는 서비스구매자의 서비스제공자를 위한 보험이다. (Sample 3)는 계약당사자들이 독립적 계약자(independent contractor)라는 점을 명시하는 규정으로, 이는 일반 계약에서도 사용되는데, 특히 서비스계약에서 당사자 간의 관계를 명확히 하는데 도움이 된다.

(Sample 1)

Subcontracting. Service Provider may subcontract all or any of its Services hereunder to any third parties designated by Service Provider ("Subcontractors"), provided that Service Provider shall consult with Buyer prior to such subcontracting and notify Buyer of any subcontractors. Service Provider shall remain fully responsible for the performance of such Subcontractors under this Agreement.

(Sample 2)

- The Service Provider agrees to keep in full force and effect during the term of this Agreement: (a) comprehensive general liability insurance in an amount not less than $1,000,000 per occurrence for bodily injury, death and property damage and (b) workers' compensation insurance in an amount not less than that required by applicable law. Upon the Buyer's request, the Service Provider shall provide evidence of its on-going compliance with this provision.
- The Buyer agrees to keep in full force and effect during the term of this Agreement: (a) comprehensive general liability insurance in an amount not less than $1,000,000 per occurrence for bodily injury, death and property damage and (b) workers' compensation insurance in an amount not less

than that required by applicable law. Upon the Service Provider's request, the Buyer shall provide evidence of its on-going compliance with this provision.

(Sample 3)

Independent Contractors. The relationship of the parties established by this Agreement is that of independent contractors, and nothing contained in this Agreement shall be construed to create a partnership, joint venture, or other agency relationship between the parties.

CHAPTER 10

국제거래 계약의 주요 용어 및 표현 정리

Ⅰ. 영문계약의 주요 용어

1. Acceleration Clause
2. Acquisition Agreement
3. Agency Agreement / Distributorship Agreement
4. Ambiguity
5. Amendment Clause
6. Arbitration
7. Bring-Down Clause
8. Change of Control Clause
9. Choice of Language Clause
10. CIF / FOB
11. Closing
12. Condition
13. Confidentiality Agreement
14. Contract Concepts
15. Covenant
16. Data Clause
17. Declaration
18. Definitions Clause
19. Discovery
20. Discretionary Authority
21. Drag-Along Right / Tag-Along Right
22. Due Diligence
23. Earn-Out Clause
24. Efforts Provision
25. Entire Agreement Clause
26. Enumeration / Tabulation
27. Event of Default(EOD)
28. Evergreen Clause
29. Exhibit / Schedule
30. Force Majeure Clause
31. Gap Period
32. Governing Law Clause
33. Indemnification
34. Independent Contractor Clause
35. Joint Venture Agreement
36. Jurisdiction Clause
37. Knowledge Qualifier
38. License Agreement
39. Limitation of Liability Clause
40. Liquidated Damages Clause
41. Loan Agreement
42. Master Agreement
43. Materiality Qualifier
44. Mediation
45. MOU(Memorandum of Understanding)
46. New York Convention
47. Non-Competition Clause
48. Non-Waiver Clause / Waiver Clause
49. Notice Clause
50. POA(Power of Attorney)
51. Preemptive Right
52. Recitals
53. Representation Clause
54. Right of First Offer(ROFO) / Right of First Refusal(ROFR)
55. Risk Allocation
56. Service Agreement
57. Severability Clause
58. Shareholders' Agreement
59. SOW(Statement of Work)
60. Specification / SLA(Service-Level Agreement)
61. Summary Judgment
62. Survival Clause
63. Termination Clause
64. Term of Contract
65. Term Sheet
66. Time is of the Essence Clause / Drop-Dead Date
67. Trade Secrets
68. Warranty Clause
69. Warranty Disclaimer Clause
70. Work for Hire

Ⅱ. 영문계약상 유의할 주요 표현 및 문구

개요

국제거래 계약에서 당사자 간 합의내용을 명확히 나타내기 위해서는 그 의미나 내용상 모호성(ambiguity)을 유발할 수 있는 표현이나 문구는 가능한 한 피해야 하며, 정확한 용어를 일관되게 사용하여 간결한 문장으로 계약을 구성할 필요가 있다. 여기서는 영문계약상 유의해야 할 주요 용어와 함께 계약서의 검토 및 작성 과정에서 유념할 표현이나 문구들을 정리하였다. 영문계약에 사용되는 용어들은 거래의 성격이나 계약의 유형에 따라 다양할 수 있으나, 계약의 검토를 위해 기본적으로 알아야 할 핵심용어 70개를 선별하였다. 이에는 주요 국제거래 계약으로, Accuisition Agreement, Agency Agreement, Distributorship Agreement, Confidentiality Agreement, Joint Venture Agreement, License Agreement, Loan Agreement, Service Agreement 등을 비롯해, Acceleration Clause, Amendment Clause, Bring-Down Clause, Change of Control Clause, Data Clause, Definitions Clause, Earn-Out Clause, Entire Agreement Clause, Force Majeure Clause, Governing Law Clause, Jurisdiction Clause, Limitation of Liability Clause, Liquidated Damages Clause, Non-Competition Clause, Representation Clause, Survival Clause, Termination Clause, Warranty Disclaimer Clause 등 영문계약에서 이해해야 할 핵심적 계약조항, Ambiguity, Arbitration, Closing, Condition, Contract Concepts, Covenant, Declaration, Discretionary Authority, Event of Default, Indemnification, Right of First Offer, Right of First Refusal, SOW, SLA 등 영문계약에서 자주 사용되거나 특별히 유의해야 할 용어들을 포함했다.

한편, 영문계약의 올바른 이해를 위해서는 계약에 사용되는 주요 용어 이외에도, 계약서의 검토과정에서 유념해야 할 계약문장의 용법이나 문구와 표현방법 등을 살펴본다. 계약내용의 모호성을 없애고 명확성을 높이기 위해, (i) 명사의 복수형이나 소유격 사용의 문제를 알아보고, (ii) “provided,” “provided (that),” “provided, however, that” 등 계약에서 단서조항(proviso)을 나타낼 때 표현과 그 용법, (iii) “…including, but not limited to (without limitation)…,” “exhaustive,” “exclusively” 등 계약에서 예시를 통해 관련 항목을 열거하기 위한 표현방법, (iv) “hereby,” “herein,” “hereof,” “hereafter,” “thereby,” “therein,” “thereof,” “thereafter” 등과 같이 “here+전치사” 또는 “there+전치사”로 쓰이는 복합어들의 의미와 사용시 유의사항을 파악한다. 또한, (v) 계약상 당사자가 여러 대안들 중 하나를 선택할 때 사용할 수 있는 올바른 표현방법과 (vi) “unless the context otherwise requires,” “unless otherwise agreed” 등과 같이 계약서상 일정한 내용에 대해 당사자 간 별도 합의가 있는 경우를 예외사항으로 나타낼 때 사용하는 계약문구를 살펴본다. 그리고, (vii) “negligence,” “gross negligence” 등 계약법상 위법행위의 정도를 나타낼 때 유의할 사항을 알아보고, (viii) “BATNA,” “bottom line” 등 계약체결을 위한 협상과정에서 필수적으로 이해해야 할 용어와 “*ex parte*,” “*mutatis mutandis*,” “arm’s length transaction,” “encumbrance,” “escrow,” “without prejudice” 등 영문계약에서 자주 사용되는 라틴어 표현과 기타 유의할 단어들도 함께 정리했다.

Ⅰ. 영문계약의 주요 용어

1. Acceleration Clause

A contract provision that provides, upon an event of default, all sums payable by the defaulting party will or can become immediately due. A clause that makes the entire remaining performance by a party due upon a breach of contract.

Acceleration Clause(조기상환조항/기한이익의 상실조항)는 계약상 채무불이행사유(event of default; EOD)가 있는 때 채무불이행당사자(defaulting party)가 지급해야 할 모든 대금의 변제기가 즉시 도래(immediately due)하도록 하는 규정이다. 계약위반에 따라 계약위반당사자의 잔여이행 전부의 기한이 도래하는 것으로, 일반적으로 채무불이행 또는 계약위반으로 인해 이행의무가 계약시 합의된 시점이 아닌 즉시 이행되도록 하는 계약조항이다. 이를 통해, 차주의 일정한 채무불이행사유가 발생한 때 대주는 차주에게 변제기가 도래하지 않은 대출원금(principal) 및 누적이자(accumulated interest)를 포함한 대출원리금 전액을 즉시 상환청구할 수 있는 재량권한(discretionary authority)을 가진다. 조기상환조항은 대주에게 변제기 이전에 대금지급을 청구할 재량권한이 부여되는 것으로, 차주의 채무불이행사유가 있을 때 기한이익의 상실이 자동적으로 선언되는 것은 아니다. 피해당사자의 채무불이행당사자에 대한 서면통지(written notice)를 기한이익 상실의 조건(condition to acceleration)으로 할 수 있다.

2. Acquisition Agreement

An acquisition agreement includes a description of the transactions, representations and warranties, conditions, covenants, termination clauses, and indemnification. There are two types of acquisition contracts. Entity purchase agreements are used when a purchaser obtains ownership by buying a majority of the company's stock. The acquiring company assumes control of the company, including obligations and debts of the company. With an asset purchase agreement, the purchaser buys all or some of the company's assets.

인수거래는 합병 등 법정결합(statutory combination), 자산매수계약(asset purchase agreement), 주식매수계약(share/stock purchase agreement) 등을 통해 이루어진다. 주식매수계약과 자산매수계약은 모두 인수계약(acquisition agreement)의 일종으로, 인수거래과정에서 매수인은 적절한 실사(due diligence)를 통해, 인수대상의 가치를 평가하고 해당 거래에 따른 잠재적 책임을 파악해 계약에 반영할 필요가 있다. 인수대상에 대한 실사 결과를 바탕으로 인수대상의 상태나 법률관계 등에 대한 진술과 보증(representations and warranties)을 하고, 인수대금 등을 포함한 주요 계약조건을 정한다. 인수계약은 계약을 체결하고 거래를 완결짓는 클로징(closing)을 한다는 특징이 있다. 계약상 클로징일 이전에 이루어져야 하는 이행의무(pre-closing covenants)와 클로징 이후에 해야 할 이행의무(post-closing covenants)를 구분해 필요한 이행의무를 기술하는데, 계약체결 이후 클로징일까지 대체로 당사자들은 인수대상의 인수에 필요한 정부승인과 이사회승인, 주주총회결의 등 내부 승인절차나 인수잔금 등을 마련한다. 인수계약에서 브링다운조항(bring-down clause)을 두어 매도인의 진술사항의 정확성이 인수계약 체결일(signing date)뿐만 아니라 클로징일(closing date)에도 인정되도록 한다. 주식인수나 영업양수도계약 등 인수계약에서 인수대금 중 일부를 클로징 이후 일정한 기간의 영업성과와 연동해 지급하는 언아웃조항(earnout provision)을 두는 경우 추후 정산대금의 정확한 산출과 검증에 대한 명확한 규정을 두어야 한다.

3. Agency Agreement / Distributorship Agreement

An agency agreement is a legal contract creating a fiduciary relationship whereby the first party ("the principal") agrees that the actions of a second party ("the agent") bind the principal to later agreements made by the agent as if the principal had himself personally made the later agreements. A distributorship agreement, also known as a distribution agreement, is a contract between a supplying company with products to sell and another company that markets and sells the products.

Agency Agreement(대리점계약)는 대리상(agent)이 본인(principal)인 공급자와 물품구매자 간 거래를 매개하여 주는 역할을 하도록 하는 계약으로, 대리점은 물품의 공급자인 본인으로부터 수수료(commission)를 받고 특정 지역에서 공급자인 본인과 구매자를 중개 내지 대리하여 고객과 판매계약을 체결하는 자로서 공급자에게 종속되어 독립적인 책임이나 위험을 부담하지 않는다. 반면, Distributorship Agreement(판매점계약)에서 판매업자(distributor)는 독립적 상인(independent merchant)으로 공급자로부터 보수를 지급받지 않으며, 공급자로부터 구입한 물품을 자기의 명의와 계산으로 재판매하는 과정에서 발생하는 차익(margin)으로 수익을 얻는다. 다만, 대리점계약이나 판매점계약은 거래의 기능적인 면에서 큰 차이가 없어 그 계약조건에서 유사한 경우가 많다. 즉, 두 계약 모두 기본적으로 일정한 기간 동안 공급업체로부터 특정한 물품을 정해진 조건에 따라 공급받아 일정한 지역에서 판매한다는 특징을 가지고 있어, 대리점과 판매점의 독점권(exclusivity)이나 물품판매의 대상지역(territory)을 명확히 할 필요가 있다. 한편, 실제 거래에서 딜러십(dealership)이나 특약대리점과 같은 다양한 형태의 계약이 있을 수 있으며, 그 법률적 취급에 있어서도 준거법에 따라 다를 수 있어 단순히 계약서의 명칭이나 계약상 사용되는 용어만으로 당사자 간 거래관계를 판단하기보다는 계약의 구체적 조건을 검토해 당사자 간 정확한 법률관계를 파악해야 한다. 또한, 구체적인 판매나 거래 형태에 따라 당사자의 특허 등 라이선스의 사용과 관련한 라이선스계약상 법률관계나 계약조건도 고려될 수 있다.

4. Ambiguity

Ambiguity is created when a word, phrase, or provision is capable of two or more reasonable but contradictory meanings. Contextual ambiguity arises when two or more provisions in a contract conflict with each other. Semantic ambiguity arises when a symbol or word is capable of two or more reasonable but contradictory meanings. Syntactic ambiguity arises when the relationship between words and phrases in a sentence gives rise to two or more reasonable but contradictory meanings.

계약은 그 내용이 명확하고 간결하며 정확하고(clear, concise, and precise), 모호성(ambiguity)이 없도록 작성되어야 당사자들의 의도에 따라 분명한 의미로 해석되고 강제될 수 있다. 계약내용의 명확성(clarity)을 높이고 모호성(ambiguity)을 없애는 것이 계약서 글쓰기의 핵심이다. 계약내용이 두 가지 이상의 합리적이지만

상충되는 의미를 가질 수 있는 "Ambiguity(모호성)"는 계약내용이 단지 불확실성을 가질 수 있는 "Vagueness(불명확성)"와 구별된다. 계약서 작성자는 Ambiguity(모호성)를 피하기 위해 노력해야 하는 반면, 일정한 정도의 Vagueness(불명확성)는 때로는 피할 수 없으며, 경우에 따라서는 필요할 수도 있다. 당사자들의 선호나 거래관계에 따라 계약상 세부사항을 일일이 언급할 필요가 없을 경우 계약조항을 Vagueness(불명확성)하게 표현할 수 있다. 그런데, Ambiguity(모호성)는 계약내용의 해석상 오류나 당사자 간 분쟁을 야기할 수 있기 때문에 이를 최대한 피해야 한다. 계약서상 아무리 완벽한 표현을 사용하더라도, 계약서가 전문적 체계를 갖추지 못하면 독자들이 그 내용에 의심을 가질 수 있다. 계약내용이 모호하다면 법원은 계약서상 표현으로 당사자의 의도를 판단할 수 없기 때문에 계약서상 조건들에 따라 계약을 강제할 수 없다. Ambiguity(모호성)는 계약을 해석할 때 의미론상(semantic), 구문론상(syntactic), 문맥상(contextual) 발생할 수 있다. 이는 계약관련 문서상 특정 단어, 문구나 문장, 단락, 조항 등이 서로 상충되어 일어날 수 있다. (i) 의미상 모호성(semantic ambiguity)은 계약상 기호, 부호, 심볼 또는 단어 등이 상충되는 의미를 가질 때, (ii) 구문적 모호성(syntactic ambiguity)은 한 문장 내에서 단어나 문구 간의 관계가 상충되는 해석을 낳을 때, (iii) 문맥상 모호성(contextual ambiguity)은 계약문서상 두 개 이상의 조항이 서로 상충될 때, 즉 둘 이상의 조항이 일관되지 않는 때 주로 발생한다.

5. Amendment Clause

An amendment clause is a contractual provision that establishes rules for changing an agreement's terms.

Amendment Clause(modification clause; 계약변경조항)는 계약내용의 변경을 어떤 방법으로 할 수 있는지 등 계약변경을 위한 규칙(rules for amending the contract)을 정하는 규정이다. 체결된 계약에 수정이 필요한 오류가 발견될 수 있고, 당사자들이 거래조건의 변경을 원할 수 있으며, 계약의 이행과정에서 해결해야 할 새로운 상황이 발생할 수도 있는데, 이때 계약에 새로운 조항으로 추가하거나 기존 계약내용을 수정할 수 있다. 계약의 변경(modification; amendment)은 본질적으로 양 당사자에 의해 체결된 원래 계약조건을 변경하는 새로운 계약(new contract)이

기 때문에 원래 계약만큼 많은 주의를 요한다. 계약의 변경내용이 제대로 작성되지 않으면 계약내용의 맥락적 모호성(contextual ambiguity)이 발생할 수 있고, 그 모호성은 원래 계약에도 악영향을 미칠 수 있으므로 변경계약 작성의 첫 단계는 원래 계약의 내용에 비추어 변경계약의 조건을 검토하는 것이다. 원래 계약내용에서 수정이 필요한 부분을 판단하고, 변경계약에서 쓰는 용어가 원래 계약상 사용되는 용어와 일치하는지를 확인하고, 원래 계약의 다른 조항이 특정 조항의 변경에 따라 영향을 받는지를 고려해야 하며, 원래 계약에서 계약변경의 방법 등을 특정하고 있으면 이를 충족해야 한다. 계약의 변경은 "Addendum(계약서 부록)" 또는 "Amendment(변경계약서)" 등의 제목을 붙여 그 변경내용을 원래 계약서에 첨부할 수 있는데, 이는 당사자들의 계약내용의 추가나 변경 등에 관한 합의사항을 규정하는 것이므로 당사자 모두가 그 문서에 서명할 필요가 있다. 원래 계약서에 여러 개의 변경계약서들이 있다면 그 변경계약서들은 일관된 구조와 형식에 따라 각각 작성되고 상호간의 관계를 명확히 해야 한다. 원래 계약서에 변경할 내용이 광범위하거나 실질적인 부분이 수정되는 때 계약서 전체를 전면적으로 변경해 재진술한 새로운 계약서를 작성할 수 있는데, "Amended and Restated Merger Agreement"와 같이 "Amended and Restated"라는 용어와 함께 원래 계약서의 제목을 병기하는 것이 일반적이다. 계약변경이 수차례에 걸쳐 이루어지는 때 개별 변경계약서의 식별을 위해 제목에 번호를 매기는 것이 좋다.

6. Arbitration

Arbitration is a procedure in which a dispute is submitted, by agreement of the parties, to one or more arbitrators who make a binding decision on the dispute. An arbitral award is a determination on the merits by an arbitration tribunal in an arbitration, and is analogous to a judgment in a court of law.

Arbitration(중재)은 당사자 간 합의로 분쟁을 법원의 재판에 의하지 않고 중재인의 판정에 의해 해결하는 사적인 심판(private adjudication)이다. 이는 계약당사자 간의 분쟁을 판사에 의한 재판절차가 아니라 중재인의 판정에 따라 강제적·종국적으로 분쟁을 해결하는 대체적 분쟁해결수단(ADR; alternative dispute resolution)이지만, 중재인의 판정에 당사자들이 구속된다는 점에서 조정인이 단지 당사자들 간 협상을 촉진하는 역할을 하는 조정(mediation)과 구별된다. 중재는 통상 재판절

차에 비해 덜 형식적이고, 증거규칙도 보다 자유로울 수 있지만, 중재판정에 대해서는 항소하지 못한다. 중재절차를 진행하기 위해서는 당사자 간 중재로 분쟁을 해결할 것을 합의하는 중재합의(arbitration agreement)가 필요한데, 이에는 중재기관, 중재지 등을 규정한다. 당사자들은 중재판정(arbitral award)에 대해 원칙적으로 불복하거나 법원에 소송을 제기할 수 없다. 국제거래에서는 준거법상 특정한 재판관할(jurisdiction)에 따라야 하는 경우가 아니라면 당사자 간 합의와 분쟁대상의 타협적 성격을 고려해 중재를 이용하는 경우가 많은데, 이는 중재절차의 기밀성(confidentiality)과 뉴욕협약(New York Convention; UN Convention on the Recognition and Enforcement of Foreign Arbitral Awards; 외국중재판정의 승인과 집행에 관한 유엔협약)의 적용을 받는 때 그 체약국들 사이에서 법원의 판결보다 중재판정을 더 용이하게 집행할 수 있다는 점에 기인한다고 볼 수 있다. 국제적 중재기관들로 국제상업회의소 국제중재법원(ICC International Court of Arbitration), 싱가포르국제중재센터(SIAC), 런던국제중재법원(LCIA), 미국중재협회(AAA), 홍콩국제중재센터(HKIAC) 등이 있으며, 우리나라 대한상사중재원(KCAB)의 중재심판도 그 활용도가 높아지고 있다. 소송당사자는 법원의 절차규정에 따라야 하는 반면, 중재에서는 당사자들이 자신의 중재절차규정을 수립하거나 또는 해당 중재기관이 제정한 중재규칙을 사용할 수 있어 통상 법원이 제정한 규정보다는 덜 엄격한 증거나 절차규칙을 사용한다.

7. Bring-Down Clause

A bring-down clause is a provision requiring the representations and warranties that were made at signing to be made again on the closing date (or at another specified date). If a representation and warranty includes a materiality qualifier, it typically must be true at closing in all respects.

Bring-Down Clause(브링다운조항)는 계약의 체결일(signing date) 내지 효력발생일(effective date)에 이루어진 진술(representation)이 클로징(closing) 때에도 여전히 진실할 것을 요구하는 규정이다. Bring Down(브링다운)은 인수계약에서 매도인의 진술의 정확성을 판단하기 위해, 인수계약 체결일 당시의 매도인의 진술을 마치 클로징일에 이루어진 것처럼 가져온다는 의미를 갖는다. 브링다운조항(bring-down clause)은 클로징을 필요로 하는 인수계약이나 대출계약 등에 포함된다. 이

는 인수대상 회사나 차주의 비즈니스에 중대한 변경으로 인해 발생할 수 있는 인수인이나 대주의 피해를 방지하기 위한 것으로, 계약체결일에 이루어진 매도인이나 차주의 진술이 클로징일에 정확하지 않은 경우 인수인이나 대주는 계약의 클로징을 거부하거나 매도인이나 차주에게 피해에 대한 면책배상을 요구할 권리를 가질 수 있다. 인수계약에서 매수인은 클로징 조건으로, 매도인이 클로징시에 계약일 및 클로징일 현재 매도인 자신의 진술의 정확성과 클로징일 또는 그 이전에 이행되거나 준수되어야 할 모든 의무의 이행을 확인하는 내용의 브링다운 인증서(bring-down certificate)를 매수인에게 제공하도록 할 수 있다.

8. Change of Control Clause

A change of control clause is a provision in an agreement giving a party certain rights (such as consent, payment or termination) in connection with a change in ownership or management of the other party to the agreement.

계약이 한쪽 당사자가 다른 회사에 매각되거나 합병되거나 새로운 소유자가 당사자의 주식 대부분을 매입하여 지배권을 갖게 되는 때 회사의 지배권 변경(change of control)으로 인해 회사의 기존 계약관계에 영향을 미칠 수 있다. 기업 지배권의 변경이 있는 경우 계약의 양도(assignment)와 같이 제3자에게 계약 자체나 계약상 권리를 이전하는 것과 같은 상황이 발생할 수 있어, 계약을 양도할 권리, 계약해지에 대한 권리 또는 새로운 업체와의 협력의무 등이 문제된다. 계약상대방의 경영권 내지 지배권의 변경(change of control)을 금지하고자 한다면 기업 지배권의 변경을 양도금지조항(anti-assignment clause)에서 양도로 간주하거나 또는 채무불이행(default)의 일종으로 볼 수 있다. 그런데, 계약의 한쪽 당사자가 다른 회사와 합병을 하는 경우 계약은 존속하는 기업에 이전될 수 있기 때문에 합병된 당사자에게 관련 계약을 존속기업(surviving entity)에게 양도하게 할 수 있고, 회사에 대한 지배권은 실제 복잡할 수 있고 준거법에 따라 달리 규제될 수 있다. 이에, 회사 지배권의 변경이 계약당사자에게 적합한지를 명확히 하기 위해, 합병을 비롯한 기업 지배권 변경과 관련된 사항은 계약상 별도로 명시할 필요가 있다. 기업분할(divestiture)이 있는 경우에도 회사는 계약을 분리된 업체에게 양도하거나 계약을 공유할 수 있는 권리를 부여할 수 있어, 지배권의 변경과 같이 당사자 간에 필요한 규정을 둘 수 있다. 당사자는 관련 계약을 그의 분리된 업체에 양도할 수 있으

CHAPTER 10

며, 이를 일정한 경우에 국한해 인정할 수 있다. 이때 계약당사자들은 양도에 따른 당사자의 책임을 명시해 분쟁을 예방할 필요가 있으며, 기업분할을 한 당사자의 상대방은 양도를 승인하는 대신 계약의 수행을 위해 분리된 업체가 일정한 기간 동안 계약관계를 유지하도록 하는 등 협력을 요구할 수 있다.

9. Choice of Language Clause

A choice of language clause states which version of the contract will be given precedence if a disagreement arises between translations. It can eliminate a lot of hassles when there is a conflict between the parties by specifically designating which version of the contract controls the situation.

Choice of Language Clause(언어선택조항)는 계약에 사용되는 언어(language)를 특정하고, 계약 관련 분쟁이나 계약에 사용된 언어들 간 불일치(discrepancy)가 있을 때 어떠한 언어에 따라 계약을 해석해야 하는지를 규정한다. 이는 계약당사자들이 서로 다른 언어를 사용할 때 중요한데, 동일한 계약내용이 여러 나라의 언어로 작성된 경우 어느 것이 원본인지를 명백히 한다. 계약서에 사용되는 언어는 당사자 간 합의로 정할 수 있는데, 언어를 달리하는 당사자 간 이루어지는 국제거래 계약은 일반적으로 영문본 계약서를 원본으로 우선하고, 다른 나라 언어로 작성된 계약은 단순한 번역본으로 본다. 그런데, 준거법이 하나 이상의 언어를 사용하고 있는 경우 계약을 규율하는 특정한 하나의 언어버전(language version)을 정할 필요가 있다. 언어선택조항에서 계약을 해석하고 분쟁을 해결하기 위한 법원, 중재기관 등 분쟁해결기관에서 사용될 언어나 계약의 이행과정에서 당사자 사이에 교환되는 문서나 커뮤니케이션에 관한 언어도 가급적 특정해 두는 것이 좋다.

10. CIF / FOB

Incoterms addresses the contracting parties' duties relating to the shipment and delivery of goods, including which party pays for the shipping costs, method of delivery, payment, and liability, as well as designating the point at which responsibility for the goods is transferred to another party. Pursuant to Incoterms, CIF stands for cost, insurance and freight, FOB stands for free on board.

국제물품거래는 국경을 넘어 이루어져 매매 목적물이 선박 또는 비행기로 선적되어 도착할 때까지 시간이 걸리기 때문에 물품의 운송과정에서 발생할 수 있는 운송료, 보험료, 위험부담 등이 문제된다. 이는 매도인과 매수인의 이해관계가 첨예하게 대립할 수 있어 이를 계약상 미리 정해 둘 필요가 있다. ICC(국제상업회의소)에서 제정한 Incoterms(국제무역거래조건)는 이러한 물품거래의 운송의 다양한 조건을 다루고 있다. 이는 계약의 효력, 계약위반의 효과, 소유권의 귀속 등을 규율하고 있지는 않으며, 당사자가 Incoterms상 물품 인도조건을 계약에 활용하려면 이를 계약서에 명시해야 한다. Incoterms 2020는 E조건, F조건, C조건, D조건으로 구분되어 총 11개의 인도조건이 있는데, FOB(Free On Board; 본선인도조건)와 CIF(Cost, Insurance and Freight; 운임, 보험료 포함 인도조건)가 국제거래에서 가장 많이 사용되는 조건이다. FOB는 매도인이 목적물을 선적하기까지의 비용과 위험을 부담하고, 매수인은 선박을 준비하고 선적 이후의 비용 및 위험을 부담한다. 이에, 매수인은 적하보험과 선박운송계약을 체결하고 수입통관을 할 의무를 부담하고, 물품에 대한 위험 또한 물품이 선적된 때에 매도인으로부터 매수인에게 이전된다.[1] CIF는 매도인이 매수인 소재 국가의 목적항까지의 운송계약을 체결하고 운임을 지불할 의무와 적하보험을 체결할 의무를 부담한다. 다만, CIF에서 물품에 대한 위험부담은 FOB와 마찬가지로, 목적물을 선적한 때에 매도인으로부터 매수인에게 이전된다. 매수인의 경우 CIF조건이 유리할 것 같지만, 보험료와 운임이 대금에 포함되어 대금이 비싸질 수 있어, 반드시 매수인에게 유리한 것은 아니다.

1 Incoterms상 무역조건과 미국 UCC(Uniform Commercial Code)상 동산물품거래조건은 유사한 용어를 사용하지만, 그 의미가 다를 수 있다는 점을 유의해야 한다. Incoterms에 따른 FOB조건은 선적지가 기준이 되고 매도인이 한국기업으로 “FOB Incheon”이라면 “FOB at the port of shipment(선적지인도)”를 나타낸다. 그런데, UCC상 물품인도조건은 Incoterms에서와 같이 그 인도조건에 따라 위험부담의 이전시기가 정해져 있는 것이 아니라, 그 인도조건에 부기된 장소가 매도인의 장소인지 매수인의 장소인지에 따라 달라질 수 있다. UCC상 FOB의 경우는 “FOB Connecticut”이라고 하면 “FOB at the port of shipment(선적지인도)조건”뿐만 아니라 “FOB destination(목적지인도)의 조건”으로도 해석될 수 있다. 이에, 미국을 근거지로 하는 기업과 거래할 때는 당사자 간 물품매매계약에서 통상적 인도조건인 Incoterms의 FOB조건인지, UCC상 FOB조건인지를 명확히 할 필요가 있다.

11. Closing

The closing is the final phase of a transaction, esp. the formal meeting where a transaction is finalized and ownership actually passes from the seller to the buyer. If the deal involves a sale of property, the seller will transfer ownership of property to the buyer in exchange for the buyer's payment of the purchase price.

자산매수나 주식매수 등 인수거래(acquisition transaction)나 자금을 조달하는 금융거래(financing transaction)의 경우 대체로 상당한 금전거래가 있고 다양하고 복잡한 여러 서류들을 마련해야 하는 등 계약체결 이후 거래관계를 완료하거나 확인하기 위한 절차인 클로징(closing)을 필요로 한다. 클로징 조항(closing provision)에서는 클로징을 위한 장소(place)와 일시(date and time)를 정하고 당사자 간 교환할 자료(closing deliveries) 등을 규정한다. 인수계약의 경우 클로징시에 매도인은 매도 목적물의 소유증서나 책임부담이 있다면 그에 관한 문서 등 매도자산 관련 서류를 매수인에게, 매수인은 그 자산에 대한 잔대금의 지급이나 이를 위한 약속어음 등 증서를 매도인에게 각각 제공한다. 이러한 클로징시 전달자료는 계약서에 가급적 상세히 기재함으로써 당사자 간 계약 관련 위험과 분쟁을 줄일 수 있다. 또한, 클로징일 이전에 필요한 동의, 정부승인 등 인수대상을 매도인으로부터 매수인에게 이전할 의무를 이행하기 위해 충족해야 할 선행조건들(closing conditions)을 설정한다. 단계적으로 클로징일(rolling closing date)을 두거나 또는 클로징의 일자나 기간이 필수적이지 않아 당사자들의 합의로 클로징을 연기할 수 있는 경우에는 클로징을 더 이상 미룰 수 없는 일자인 최종마감일(drop-dead date)을 계약서에 포함할 수 있다. 클로징 이후에 매도인의 경업금지의무나 대상 회사의 기존 소송의 처리나 영업활동으로 발생하는 법률적·행정적 후속조치가 남아있거나 기존 고객관리의 지원 등이 필요한 경우 매수인은 매도인측에 클로징일 이후의 이행의무(post-closing covenants)를 부과할 수 있다.

12. Condition

A condition is a requirement that must be met before a contractual obligation arises. Conditions concurrent are requirements that are to be performed by the parties simultaneously. A condition precedent is something that must happen before an obligation arises. A condition subsequent is something that terminates a contractual obligation if it occurs.

Condition(조건)은 당사자의 이행의무(covenant)나 재량권한(discretionary authority)의 행사 또는 사실의 선언(declaration)을 하기 이전에 존재해야 하는 사실의 상태(state of facts)를 말한다. 계약상 조건(condition)은 그 조건의 발생이나 미발생 또는 조건의 제한 정도에 따라 당사자 간 위험배분이 일어날 수 있다. 조건은 그 발생시기에 따라, 선행조건(condition precedent), 후행조건(condition subsequent), 동시이행조건(concurrent condition)으로, 그 내용에 따라 명시적 조건(express condition), 묵시적 조건(implied condition), 의제적 조건(constructive condition)으로 분류할 수 있다.[2] 명시적 조건은 "if," "on condition that," "where," "when," "as long as," "so long as," "provided that," "in the event that," "subject to" 또는 부정 종속접속사인 "unless" 등을 사용해 나타낼 수 있다. 한편, Condition(조건)은 계약상 일정한 사실의 발생 또는 불발생에 따라 당사자의 권리의무 또는 법률효과가 발생하거나 소멸되는 것으로, 계약당사자가 일정한 의무이행을 할 것을 약속하고 그 의무이행을 하지 않을 경우 책임을 부담하는 Covenant(구속약정/이행의무)와 구별된다. 조건(condition)이 이루어지지 않은 경우 당사자는 조건과 관련된 이행의무에서 벗어날 수 있는 반면, 의무(covenant)를 불이행한 경우 계약위반이 문제된다. 이에, 계약상 일정한 약속이나 제한 또는 조건을 두는 경우 그 내용이 계약의 구성개념상 조건인지 또는 이행의무인지를 파악할 필요가 있다.

13. Confidentiality Agreement

A confidentiality agreement or non-disclosure agreement is a legal contract or clause that is used to protect the owner's proprietary or sensitive information from disclosure by others. A confidentiality agreement restricts a contracting party from disclosing certain private information about another party, unless explicit exceptions apply.

CHAPTER 10

2 Implied Condition(묵시적 조건)은 계약상 명시적인 조건을 규정한 것은 아니지만 관련 정황이나 사정에 비추어 당사자의 의도(intention)로부터 추론되는(implied-in-fact) 암묵적 조건을 말한다. Constructive Condition(의제적 조건)은 법에 의해 추론되는 조건(implied-in-law)으로, 당사자 간 주관적 의도와 관계없이 법원의 객관적인 해석과정을 통해 판단된다.

Confidentiality Agreement(non-disclosure agreement(NDA); 비밀유지계약)는 거래나 계약과정에서 중요한 기업정보, 기술정보 또는 영업비밀 등을 보호하기 위해 두는 계약으로, 비밀유지조항(confidentiality clause)으로 관련 주된 계약에 포함될 수도 있다. 다만, 주된 계약에 속하는 계약조항이 아닌 별도의 비밀유지계약을 체결하는 경우 그 자체로 독립적 계약이기 때문에 일반 계약서에 필요한 내용과 형식이 요구된다. 비밀유지계약에서는 비밀정보(confidential information)의 개념과 그 예외사항 등 비밀정보의 범위를 정하는데, 개인정보(personal information)나 민감정보(sensitive information)의 경우 당사자 간 비밀유지계약과 상관없이 대부분 국가에서 이를 법률로 보호한다. 비밀정보의 유출로 인한 정보보유자의 손해를 방지하기 위해 정보수령자의 비밀유지의무의 방법과 수준을 정하는데, 내부적으로 정보에 접근할 수 있는 임직원 등의 범위를 정할 필요가 있다. 다만, 비밀유지의무의 예외로 사법기관의 강제수사나 법령상 정보 제출의무 등으로 비밀정보를 공개해야 하는 사정이 있는 때 비밀정보의 외부 공개가 인정될 수 있다. 비밀유지의무기간은 관련 거래나 계약의 성격 또는 당사자 간 협상결과에 따라 달라질 수 있으나, 관련 계약기간 동안 교환된 비밀정보가 당사자에게 미치는 영향이 큰 경우 관련 계약의 종료 이후에도 비밀유지의무를 일정기간 동안 유지하도록 할 수 있다. 또한, 비밀유지계약이 종료된 때 정보수령자는 제공받은 비밀정보의 사용을 즉시 중단해야 하며, 제공받은 모든 비밀정보를 반환하거나 폐기해야 하는 의무를 부담한다.

14. Contract Concepts

You must have the ability to find the contract concepts that best reflect the business deal and use those concepts as the basis of drafting the contract provisions. It is important to learn how to draft the contract concepts that reflect a specific business term properly.

Contract Concepts(계약의 구성개념)는 영문계약에서 문장을 구성하는 기초적 개념요소로 이들이 적절하게 조합되어 사용되는 때 당사자들의 거래관계를 효율적으로 정확하게 계약상 나타낼 수 있다. 계약의 구성개념(contract concepts)의 의미와 활용방법을 명확하게 이해함으로써, 명확하고 모호하지 않은 계약조항(clear and unambiguous contract provisions)을 작성할 수 있다. Contract Concepts(계약의 구성개념)의 정확한 이해를 위해서는 어떠한 계약의 개념요소가 비즈니스의 구체적인 조건을 적절하게 반영할 수 있는지 파악해야 한다. 계약의 구성개념은 일반적으로, (i) Representation(진술), (ii) Warranty(보증), (iii) Condition(조건), (iv) Covenant(이행의무), (v) Right(권리), (vi) Discretionary Authority(자유재량권), (vii) Declaration(사실에 대한 선언) 등 7가지 유형으로 분류할 수 있다.[3] 계약의 개념들을 계약에 적절하게 반영하기 위해서는 계약상 문장을 작성하기 전에 해당 거래관계에서 당사자들이 의도하는 바를 파악해야 한다. 그리고, 관련 거래의 관계나 상황을 계약서에 반영할 때 관련 거래정황상 당사자에게 어떤 법적 결과(legal consequences)를 가져오는 것이 가장 좋은지를 판단한 다음, 그러한 법적 결과를 만들기 위한 적합한 계약의 구성개념으로 계약문장을 표현(correct language)해야 하며, 그 표현이 계약서의 다른 조항들에서도 전체적 통일적으로 일관되게 사용되고 있는지를 확인할 필요가 있다.

15. Covenant

A covenant is a promise made one or more of the contracting parties giving rise to a duty in that party or parties to take action or to refrain from taking action. A covenantor makes a promise to a covenantee to perform an action (affirmative covenant) or to refrain from an action (negative covenant).

Covenant(구속약정/이행의무)는 계약의 한쪽 당사자가 상대방 당사자에게 특정한 행위를 하거나 하지 않을 것을 약속(promise to do or not to do something)하는 것으로, 계약이 성립된다면 약속을 한 당사자는 그 약속에 따라 이행을 할 의무(duty to perform; obligation)를 부담하게 된다. Covenant(구속약정/이행의무)를 한 당사자는 그 약속에 따른 이행의무가 발생하게 되는데, 계약상 이를 나타내기 위

3 Contract Concepts(계약의 구성개념)의 분류는 견해에 따라 다양할 수 있는데, 계약의 개념요소들을 보다 세분화해, Duty(의무)를 Negating Duty(의무의 부정), Negative Obligation(금지의무), Indirect Duty(간접적 의무) 등으로 각각 나누고, Right(권리)의 개념에 Right(권리) 이외에 Negating Right(권리의 부정)의 개념을 추가하고, Discretionary Authority(자유재량권)를 Privilege(특권), Negating Privilege(특권의 부정) 등으로 각각 나누고, Present Action(현재 행위/조치), Policy(정책), Condition(조건) 등으로 분류하기도 한다.

해서 해당 문장에서 관련 동사와 함께 조동사로 의무를 나타내는 "shall"이라는 용어를 사용한다. Covenant(구속약정/이행의무) 관련 규정에서 계약당사자는 자신이 통제할 수 없는 것을 약속하지 않도록 주의해야 한다. 계약상 각 당사자의 이행의무를 명시할 때 그 이행의무의 정도는 당사자 간 거래관계나 거래의 성격에 따라 상이할 수 있기 때문에 Covenant(구속약정/이행의무)에서 당사자 간 위험배분은 계약당사자들 사이의 이행의무의 정도(degree of obligation)와 관련되어 있다. 계약상 Covenant(구속약정/이행의무)의 구체적인 내용은 5W 2H(who, what, when, where, why, how, how much)를 통해 결정하고 적절한 수식어구를 사용해 그 의무의 정도를 나타낸다. Condition(조건)과 Covenant(구속약정/이행의무) 상호간에도 당사자 간 위험배분의 문제가 발생할 수 있다. 계약상 일정한 사건이나 사실을 Covenant(구속약정/이행의무)로 하는 경우 그 약속(covenant)을 한 당사자만이 위험을 부담하게 되는 반면, Condition(조건)으로 하는 경우 그 사건이나 사실이 발생하지 않는 경우 당사자들의 이행의무 자체가 면제될 수 있다. 피해당사자는 이행의무 위반자를 상대로 손해배상(damages)을 청구하거나, 적정한 경우 특정이행(specific performance)을 청구할 수 있다. 계약위반이 중대해 치유될 수 없는 전체 계약의 위반(material breach)이 되는 경우 피해당사자는 다른 구제방법과 함께 계약을 취소할 수 있다.

16. Data Clause

A data clause is a contractual provision that establishes rules governing the use of any data the controller shares with the vendor, having regard to the facts and circumstances of their business relationship and applicable law. Permitted use of data clauses are typically found in contracts that, by their nature, involve the collection, processing, use, and/or storage of data, including any schedules, addendums or policies relating to data protection that may supplement the relevant agreements.

거래관계에서 개인정보 등 데이터의 제공이나 처리를 필요로 하는 경우 계약상 데이터조항(data clause)을 둔다. 이는 당사자들이 컴퓨터나 시스템 등에 저장, 보관 또는 처리하는 개인정보 등 데이터의 보호에 관한 사항을 다루는데, 관련 데이터를 정의하고 개인정보보호나 보안 관련 법률을 준수하기 위해 당사자가 데이터로 수행할 수 있는 작업과 수행할 수 없는 작업을 규정한다. 데이터조항은 계약당사

자, 특히 서비스제공자의 개인정보보호 및 보안 관련 법률(privacy and security laws)의 준수를 주된 내용을 하기 때문에 계약조건으로 해당 법률의 세부사항을 대체로 기술한다. 데이터 관련 조건은 계약서의 본문에 포함할 수 있으나, 일반적으로 그 내용이 많고 복잡해 계약서에 별첨한다. 비밀유지조항(confidentiality clause)은 비밀정보의 제공과 정보수령자의 비밀정보의 보호와 유지의 약속에 중점을 두는 반면, 데이터조항(data clause)은 개인정보보호(privacy protection)와 데이터보안(data security)에 관한 사항들에 더 초점을 맞추고 있다. 국제거래에서 개인정보와 보안 관련 법규가 있는 경우 당사자의 데이터 관련 의무를 특정하기 용이한데, EU(유럽연합)는 GDPR(General Data Protection Regulation)이라는 포괄적 법규를 마련하고 있다. 개인정보 등 데이터 보안과 관련해, 미국은 GLBA(Gramm-Leach-Bliley Act), HIPAA(Health Insurance Portability and Accountability Act) 등과 같은 개별 산업분야를 규율하는 연방법이 있으며, CCPA(California Consumer Privacy Act)와 같이 주별로 별도의 법규를 두는 경우도 있다. 개인정보보호와 보안에 관한 법규는 대체로 고객의 데이터를 처리하는 서비스제공자에게 필요한 일정한 조건을 계약서에 포함할 것을 요구하거나, 관련 규제기관이 법규의 내용을 문자 그대로 계약서에 반영하지는 않더라도, 그 법규내용을 계약조건으로 포함할 것을 권고하는 경우가 많다. 데이터 보안조건은 고객의 데이터를 보호해야 하는 서비스제공자의 의무를 주로 다루는데, 개인정보보호 및 보안 관련 법률에서 요구되는 기술적·물리적 조치를 포함하고, 데이터 유출 등 사고시 대응방안 등을 규정한다.

17. Declaration

A declaration is a formal statement expressly stating that the facts referenced in the statement are true (e.g., representation; acknowledge). A declaration occurs when a person provides information that they know to be factual.

계약상 Declaration(사실에 대한 선언)은 당사자들이 계약기간 동안 그들의 행위를 규율하기로 합의한 사실의 진술(statement of fact)이나 정책(policy)을 나타낸다. 이는 계약당사자들이 서로 합의한 사실에 대한 진술 내지 선언을 한 것에 불과하기 때문에 원칙적으로 계약당사자는 이로 인한 계약상 권리나 구제방법을 가지지 않는다. Declaration(사실에 대한 선언)은 어느 계약당사자도 상대방으로 하여금

어떠한 행위를 할 것을 유인하기 위해 해당 사실을 진술하는 것이 아니므로 계약상 어떠한 권리나 손해배상 등 구제방법과 관련이 없다. 사실에 대한 진술의 일종인 정의규정(definitions)은 특정한 단어나 용어가 당해 계약상 어떠한 의미를 갖는지에 대해 당사자 간 합의된 사항을 단순히 기재한 것으로 그 자체로 실체적 효과를 갖지 않는다. 즉, 정의규정은 어느 당사자도 진술(representation)이나 보증(warranty) 또는 무엇을 할 것을 약속(covenant)하는 것이 아니므로 계약위반이라는 결과가 발생할 수 없다. 다만, 그 합의사항에 다른 내용이 추가되는 경우에 그 자체로도 법적인 실체적 효과를 발휘할 수 있다. 준거법조항(governing law clause)은 계약관계를 맺는 동안 당사자 간 준수하기로 하는 일정한 방침이나 정책을 진술(statement of policy)한다는 점에서는 실질적 효과를 가질 수 있으나, 정의조항과 마찬가지로, 그와 연관된 권리나 구제방법이 없기 때문에 그 자체로 계약위반의 문제는 발생하지는 않는다.

18. Definitions Clause

A definitions clause is a section or part of the contract listing all the defined terms used in the contract along with their respective definitions. A defined term is a word or phrase that is given a unique meaning in a contract. A contextual definition is a definition of a defined term that is inserted as part of a sentence where the defined term is first applied.

정의조항(definitions clause)은 계약서에서 사용되는 용어를 정의하는 규정이다. 계약서에는 거래상 기술적·전문적 용어나 표현을 사용할 수 있고, 관련 거래에서 사용되는 단어나 표현이 확장되거나 제한되어 그 사전적 의미와 다를 수 있으므로 계약서상 용어의 의미를 명확히 할 필요가 있다. 계약서상 사용되는 용어를 정의하고 정의된 용어를 일관되게 사용함으로써 계약내용의 혼동을 줄이고 명확성을 높일 수 있다. 정의조항에서는 계약상 특유한 의미를 가지는 단어나 문구의 의미를 정의된 용어(defined term)로 기재한다. 계약상 용어의 정의는 개념정의가 필요한 용어들을 모아서 독립된 정의조항(definitions clause)을 두는 것이 일반적이며, 관련 계약조항에서 해당 용어가 다른 내용들과 결합되어 그 조항에서 개념정의를 하는 것이 효율적인 경우 해당 조항의 문맥에 통합된 정의(integrated definition)를 할 수 있다. 통합된 정의는 해당 용어의 정의를 구성하는 표현이 있은 이후 곧바

로 정의된 용어를 둔다. 독립된 정의조항의 경우 정의된 용어를 위한 별도의 문장을 설정하거나 용어집을 만드는 반면, 통합된 정의는 계약조항의 필요한 곳에서 그 조항에 포함된 문장의 일부를 괄호 등을 사용해 정의된 용어를 만든다. 정의조항(definitions clause)은 당사자 간 합의사실에 대한 선언으로 계약상 Declaration (사실의 선언)의 성격을 갖기 때문에 그 자체로 실체적 효과가 있는 것은 아니다. 이에, 정의조항은 해당 용어의 정의를 나타내는 데 초점을 맞추어 가급적 협소하게 기술하고 실질적인 추가정보를 포함하지 않고 단순히 정의된 용어(defined term)를 설명해 주는 용도로만 사용해야 하며, 정의된 용어는 계약서 전체에 걸쳐 일관되게 사용되어야 한다.

19. Discovery

Discovery, in the law of common law jurisdictions, is a phase of pretrial procedure in a lawsuit in which each party, through the law of civil procedure, can obtain evidence from other parties by means of methods of discovery such as interrogatories, requests for production of documents, requests for admissions and depositions.

Discovery(증거개시제도/디스커버리)는 배심원에 의한 정식재판 이전의 절차(pretrial procedure)로 소송 당사자 일방이 상대방측 또는 제3자로부터 분쟁과 관련된 사실자료나 정보 등 증거를 확보하고 정식재판의 심리를 준비하거나 그 심리 이전에 분쟁을 해결할 수 있도록 하는 제도이다. 이는 소송과 관련된 내용을 사전에 수집하여 공평하고 타당한 판결을 내리기 위해 고안된 영미 소송법상 제도로, 영국의 형평법(equity)에서 발전되어 사실상 확립된 것은 미국 연방민사소송규칙(FRCP)이 제정되면서부터이다. 미국 연방민사소송규칙은 디스커버리의 대상으로 "소송의 청구 또는 방어 방법에 관련성(relevance) 있는" 모든 문제에 대하여, "당사자가 소유(possession), 점유(custody) 또는 관리(control)하고 있는 정보"라면 "소송에서의 상대방뿐만 아니라 절차에 참가하지 않은 제3자에게도" 증거개시를 요구할 수 있도록 하고 있다. 디스커버리의 대상은 특별히 예외사유에 해당되거나 보호명령(protective order)에 의해 제한되지 않는 한 대부분의 문서나 자료가 될 수 있다. 그 예외사유로는, "Attorney-Client Privilege(변호사-의뢰인 간 비밀유지특권)"[4]과

4 "Attorney-Client Privilege(변호사-의뢰인 간 비밀유지특권)"는 변호사와 의뢰인 간에 비밀리에

"Attorney Work Product Doctrine(변호사 업무산출물 이론)"[5] 등이 있는데, 이를 통해 의뢰인이 변호사로부터 비밀리에 법률자문을 받은 내용 또는 쟁송이나 자문과 관련해 준비한 변호사의 준비자료는 공개되지 않을 수 있다. 미국 연방민사소송규칙상 디스커버리의 방법으로, (i) Deposition(증인신문), (ii) Interrogatories(질문서), (iii) Request for Production of Documents and Things(문서제출요구), (iv) Physical and Mental Examination(신체 및 정신 감정), (v) Request for Admission(자백요구서) 등이 인정된다.

20. Discretionary Authority

Discretionary authority refers to the power given one or more of the contracting parties the freedom of choice to act or to refrain from acting.

Discretionary Authority(자유재량권)는 한쪽 당사자에게 일정한 행위를 하는 것을 허용(permission to act)하거나 또는 일정한 행위를 할 수 있는 선택권한(choice to act)을 부여하는 것이다. 이는 계약상 일정한 조건이 발생한 때 당사자가 특정한 행위를 할 권한이 있다거나 선택권이 있다는 등의 형태로 나타날 수 있다. Discretionary Authority(자유재량권)를 가진 당사자는 자신의 재량으로 그 권한을 행사할 수 있지만 반드시 이를 행사해야 하는 것은 아니기 때문에 당사자에게 부여된 일종의 특권(privilege)이라 할 수 있다. 자유재량권은 당사자에게 일정한 금지규정을 두고 그에 대한 예외(exception to prohibition)를 허락(permission)하는 형식으로 부여될 수 있다. 자유재량권(discretionary authority)은 그 권한을 가진 자의 상대방이 그 권한에 대응하는 의무를 부담하게 되는 것은 아니라는 점에서 Covenant(구속약정/이행의무)의 이면인 Right(권리)와 구별된다. Right(권리)의 경우, Discretionary Authority(자유재량권)와 달리, 그에 대응하는 상대방 당사자의 이행의무(covenant)를 필요로 한다. 이에, 당사자가 계약상 구제방법의 선택권

법률자문을 위해 이루어진 의사소통의 내용은 의뢰인의 동의가 없는 한 공개되지 않고 비밀로 한다는 원칙이다. – 미국 연방증거규칙(Federal Rules of Evidence) 501, 502.

5 "Attorney Work Product Doctrine(변호사 업무산출물 이론)"은 변호사가 법적 쟁송이나 자문에 대비하여 의뢰인을 위해 준비한 업무산출물(work product)에 대하여는 증언 또는 제출을 거부할 수 있는 특권이 부여된다는 이론이다. – 미국 연방민사소송규칙(Federal Rules of Civil Procedure) 26(b)(3).

(choice)을 가지길 원하는지 또는 상대방의 의무에 대한 권리(right)를 가지고자 하는지를 확인해 계약서 작성시 이를 명확히 할 필요가 있다. 자유재량권(discretionary authority)의 경우도 영문계약상 다른 계약의 구성개념들(contract concepts)처럼 위험을 배분하는 기능을 하는데, 자유재량권을 규정할 때 재량권자의 입장에서는 재량권을 넓게 인정할수록 위험부담이 적으며, 상대방의 입장에서는 재량권을 좁게 인정할수록 위험부담이 줄어든다. 자유재량권이 일정한 전제조건과 결부(condition to discretionary authority)되어 있는 경우 재량권자가 자신의 재량권한을 행사하려면 그 행사 전에 먼저 그 전제조건인 어떠한 사건이나 사실이 발생하거나 존재해야 하는데, 그 조건의 충족이 얼마나 어려운지에 따라 당사자의 위험부담이 달라질 수 있다.

21. Drag-Along Right / Tag-Along Right

A drag-along right is a provision in an agreement that enables a majority shareholder to force a minority shareholder to join in the sale of a company. The majority owner doing the dragging must give the minority shareholder the same price, terms, and conditions as any other seller. A tag-along right assures a minority shareholder in a company that if a majority shareholder negotiates to sell his or her shares to an outside third party, that minority equity holder will be allowed to join the transaction and also sell his or her shares on the same terms and conditions.

Drag-Along Right(동반매각권)나 Tag-Along Right(공동매각권)는 주주가 주식을 매각할 때 기존 다른 주주들도 함께 주식을 매각하도록 하는 권리를 부여하는 것으로, 합작투자계약의 공동투자자 간 지분이전을 제한해 합작회사의 사업운영에 불확실성을 줄이고 안정성을 확보하는 방법이다. 이는 합작투자자들 간 합작투자계약(joint venture agreement) 또는 주주간계약(shareholders' agreement) 그리고 회사의 정관(articles)에 포함할 수 있다. 공동매각권(tag-along right)은 합작투자계약에서 일부 공동투자자가 기존의 다른 공동투자자들이 아닌 외부인에게 주식을 매각하고자 할 때 기존의 다른 공동투자자들이 동일한 조건으로 자신의 주식을 매각할 것을 그 지분매각 투자자에게 요구할 수 있는 권리이다. 이는 대주주가 보유지분을 제3자에게 매각할 때 소수주주가 대주주에게 동일한 조건으로 자신의 지분을 매각할 것을 요구할 때 인정되는 경우가 많다. 동반매각권(drag-along right)

은 합작투자계약에서 공동투자자 중 일부 공동투자자가 회사의 지분을 매각할 경우 그 지분을 매각하는 투자자가 다른 공동투자자에게 동일한 가격 등 매각조건으로 그 지분을 매각할 것을 강제할 수 있는 권리이다. 이는 대주주를 위해 인정되는 경우가 많은데, 대주주가 그 지분을 매각할 때 자신에게 제시된 주식매각조건과 동일한 조건으로 소수주주도 그 보유지분을 매각하도록 하는 것이다. 다만, 동반매각권(drag-along right)은 대주주만을 위해 인정되는 것은 아니고, 회사가 투자를 받기 위해 투자자와 주주 간 계약을 통해 투자자에게 동반매각권을 부여하기도 하는데, 이는 특히 사모펀드(private equity fund)의 투자 출구전략 방안으로 많이 이용된다. 사모펀드가 기업을 인수합병하거나 자본시장에 진출해 투자를 할 경우 사모펀드는 비록 소수주주로 해당 회사에 지분투자를 하더라도 사모펀드가 가진 지분을 매각할 경우 대주주의 지분을 강제로 매각할 수 있는 동반매각권을 요구할 수 있다. 동반매각권(drag-along right)을 행사하는 때 대주주는 이에 대응해 사모펀드의 지분을 사전에 합의된 가격에 매수할 수 있도록 하는 콜옵션(call option)을 가지는 것이 유리할 수 있다. 이에, 합작회사의 소수주주와 대주주가 각기 동반매각권(drag-along right)과 콜옵션(call option)을 갖는 것으로 할 수 있는데, 이를 “drag/call” 구조라고 한다.

22. Due Diligence

Due diligence is a process of verification, investigation, or audit of a potential deal or investment opportunity to confirm all relevant facts and financial information and to verify anything else that was brought up during an acquisition transaction or investment process.

Due Diligence(실사)는 인수거래나 금융거래 등을 할 때 당사자가 거래에 영향을 미칠 수 있는 위험을 파악하고 거래가격을 정하기 위해 대상 기업이나 사업 또는 자산 등에 대한 관련 자료와 필요한 정보를 수집해 조사하고 검토하는 것을 말한다. 인수계약의 경우 거래과정에서 매수인은 적절한 실사를 통해, 인수대상의 가치를 평가하고 해당 거래에 따른 잠재적 책임을 파악해 이를 계약에 반영한다. 실사과정에서 인수대상 목적물의 실재성, 영업전망, 우발채무의 발생위험, 향후 추가될 비용, 기타 경영진의 경영능력, 노사문제, 정부와 기업과의 관계 등 인수대상 관련 위험을 확인해, 인수가격에 반영하고, 진술 및 보증 등 계약조항에서 관련

위험을 진술하고 그 처리방안 등을 명시함으로써 피해를 입은 당사자는 진술당사자로부터 손해를 배상받을 수 있다. 실사의 분야는 거래에 따라 다양할 수 있는데, 기능별로 사업부문실사(business due diligence), 재무실사(financial due diligence), 법률실사(legal due diligence) 등으로 분류할 수 있다. 법률실사의 경우 소송 등 분쟁 관련 사항, 계약 등 주요 법률 관련 문서, 규제환경 및 관련 법률문제 등 주요 법률에 관한 이슈들을 검토한다. 매수인은 실사과정에서 해당 인수 기업이나 자산에 대한 전반적인 정보를 파악하게 되는데, 자산매수의 경우 대상자산 관련 계약의 양도를 금지하는 조항(anti-assignment clause)이 있는지, 주식매수의 경우 대상기업의 계약에서 그 기업의 지배력 변동 관련 조항(change of control clause)이 있는지 여부를 확인할 필요가 있다.

23. Earn-Out Clause

An earn-out clause is a contractual provision pursuant to which a purchaser undertakes, in a share deal transaction, to pay an additional purchase price (being the earn-out) to the seller if the target achieves one or several agreed financial milestones over a specified period following the closing date. An earn-out is a contingent additional purchase price based on specified future financial performances of a target.

인수계약에서 언아웃(earnout; 차후정산)을 통해 인수대금을 지급하는 경우가 있다. Earn-Out Clause(언아웃조항)는 인수대금(purchase price)의 일부를 클로징 이후 특정 기간 동안 당사자 간 협상된 일정한 재무적 또는 비재무적 측정기준의 달성 여부에 따라 지급하도록 하는 규정으로, 매각되는 사업의 장래 영업활동(future performance of the business sold)을 기초로 당사자 간에 인수대금을 정산하는 금융거래이다. 이는 인수거래 시 대상업체나 목적물과 관련한 상업적 가치가 있는 핵심적인 제품, 기술, 의약품 등이 개발 중인 때 대상 업체나 목적물의 현재의 공정시장가치와 장래의 시장가치 사이의 간격을 메우는 기능을 한다. 인수거래에서 매수인은 대상 업체나 제품의 기대에 못 미치는 비즈니스 결과에 대해 계약체결시에 과다한 매수대금을 지불하지 않을 수 있으며, 매도인은 대상 업체나 제품의 가치가 높아지면 추가적인 보상을 받을 수 있는 기회를 가질 수 있다. 다만, 장래 대상물의 가치평가가 불명확하거나 유동적인 가치변동에 따라 당사자 간 의견이 불

일치하는 경우 분쟁발생 가능성이 있다는 문제가 있다. 언아웃조항(earnout clause)은 추후 정산대금의 정확한 산출과 검증에 관한 내용들이 주로 포함되는데, 그 주요 내용으로, (i) 언아웃 기간, (ii) 언아웃 기간 동안 누가 대상 사업의 수행이나 제품의 개발 등을 통제할 것인지, (iii) 언아웃의 지급금액 및 그 지급방법, (iv) 단계별 언아웃의 지급이 있는 경우 관련 마일스톤의 설정, (v) 매수인이 대상 사업 등을 매각할 경우 그 처리방법, (vi) 언아웃조건들의 준수를 확인하기 위한 당사자의 대상 업체의 운영이나 영업활동에 대한 모니터링에 관한 사항, (vii) 추후 정산대금의 정확한 산정을 위한 재무상태의 검증에 관한 사항 등이 있다.

24. Efforts Provision

An efforts provision uses the word efforts to say that the party in question must try hard to accomplish a particular goal. An efforts clause may address a party's obligations to complete a transaction or to perform a specific function, such as obtaining regulatory approval, consents, or financing required to consummate a deal.

Efforts Provision(노력조항)은 일반적으로 해당 이행의무(covenant)를 이행하기 위해 필요한 노력의 수준을 나타내기 위해 사용된다. 이는 계약상 당사자의 이행의무와 관련해, "Efforts"라는 용어를 사용해 "Best Efforts," "Reasonable Efforts," "Commercially Reasonable Efforts" 등의 수식어구를 쓰는 경우로, 해당 이행의무가 당사자의 이행능력이나 통제 밖의 사건이나 제3자의 행위에 의존하는 경우와 같이 당사자가 그 이행의무를 수용하기 어렵거나 그의 능력만으로는 이행의무를 수행하기 부적절한 상황에서 주로 사용한다. Efforts Provision(노력조항)은 당사자의 거래관계나 계약의 성격에 따라 그 의미가 다양할 수 있는데, 계약상 그에 관한 정의가 명시되어 있지 않은 경우 일반적으로 Best Efforts는 당사자가 그의 권한에서 자신의 의무를 이행하기 위해 본질적으로 요구되는 모든 노력을 다하는 것이며, Reasonable Efforts는 당사자가 합리적인 사람이라면 그 상황에서 적절한 노력을 하는 것이고, Commercially Reasonable Efforts는 당사자가 재정적으로 적절히 노력하는 것이다. Efforts Provision(노력조항)에 따른 당사자의 의무의 정도는 당사자의 입장이나 거래의 상황에 따라 다를 수 있을 뿐만 아니라 법원 등 분쟁해결기관에 따라서도 그 해석을 달리할 수 있어 혼란이 발생할 수 있다. 이러한

혼란을 방지하기 위해 정의규정(definitions)을 두어 계약상 당사자의 노력의 정도를 측정할 수 있는 일정한 금액이나 수치의 설정 등 구체적인 가이드라인을 설정할 필요가 있으며, 당사자가 계약조항별로 서로 다른 기준을 적용할 의도가 없는 한, 한가지 용어를 일관되게 사용해야 한다.

25. Entire Agreement Clause

An entire agreement clause, also called a merger clause or integration clause, is a contract provision stating that the written contract expresses the contracting parties' complete, exclusive, and final agreement, taking the place of all previous negotiations, communications, and agreements. The aim of the clause is to invoke the parol evidence rule, which would bar a party in a contract dispute from admitting any oral statement or writings made prior to signing the contract and any oral statements made when signing the contract.

Entire Agreement Clause(merger clause; integration clause; 완전합의조항/통합조항)는 당사자 간 서면계약이 전체적이고, 완전하고, 최종적인 합의라는 것을 나타내는 규정이다. 이는 영미계약법상 Parol Evidence Rule(구두증거배제의 원리)을 반영한 것으로, 구두증거배제의 원리는 계약당사자가 일단 서면계약을 체결하면 그 서면계약의 체결 이전까지 당사자 간에 있었던, 구두든 문서든, 다른 모든 논의, 협의, 합의 등 명목 여하를 불문하고 전부 그 서면계약에 반영되고 흡수 통합된 것으로 본다. 영문 국제거래 계약을 체결할 때 그 계약서에 기재된 내용들이 당사자 간 합의내용을 기록한 유일한 증거가 될 수 있다는 점에서 계약서에 가능한 한 당사자 간 합의된 모든 사항을 빠짐없이 기재한다. Entire Agreement Clause(완전합의조항)를 두게 되면 체결된 서면계약에는 당사자 간 그동안 계약체결을 위해 논의된 모든 협의사항들을 모두 통합하여 최종적으로 반영된 합의사항을 규정한 것으로 보아 그 내용과 다른 합의나 내용을 원칙적으로 주장할 수 없도록 할 수 있다. 다만, 계약상 완전합의조항(entire agreement clause)이 있다는 것만으로 해당 서면계약을 완전히 통합된 계약으로 보아 Parol Evidence Rule(구두증거배제의 원리)의 적용이 반드시 보장되는 것은 아니며, 재판관할 법원 등이 그 서면계약이 완전하고 배타적이며 최종적인 당사자들의 합의가 이루어진 것으로 인정한 때 완전합의조항(entire agreement clause)을 강제해 Parol Evidence Rule(구두증거배

제의 원리)을 적용할 수 있다. 완전합의조항에는 해당 서면계약이 당사자 간에 완전하고 배타적이며 최종적인 합의(complete, exclusive, and final agreement)라는 점과 그 서면계약 이전의 모든 협상과 합의(all prior negotiations and agreements)는 그 서면계약으로 통합되어(merged) 대체되었다(superseded)는 점을 명시하고, 해당 서면계약과 연관된 다른 계약들이 있고 이를 그 서면계약으로 대체해 통합하길 원하지 않는다면 그 다른 계약들을 예외사항으로 규정한다.

26. Enumeration / Tabulation

An enumeration is a complete, ordered listing of all the items in a collection as used in contract drafting. A tabulation is a formatting technique that sets off enumerated items from the surrounding text by placing it in a separate, indented block.

계약상 열거되는 다양한 항목들이 존재하는 때 그 항목들을 열거목록(enumeration)이나 표목록(tabulation)을 통해 나타내면 관련 내용을 보다 명확하게 알 수 있다. 제대로 정리되지 않은 계약서의 형식으로 인해 계약내용의 혼동을 가져올 수 있으므로, 계약내용을 읽기 쉽게 항목별로 계약조항을 나누고 개별 조항에 목차를 달아 구분해 계약서의 구성을 체계화한다. 다만, 계약사항을 과도하게 열거하거나 도표로 작성하는 것은 오히려 계약내용의 명확성과 가독성을 저해할 수 있다. Enumeration(열거목록)은 섹션(section)과 하위섹션(subsection) 등으로 구분해 번호를 매겨 계약조항을 구성하고, 일련의 항목을 문장으로 정리해 번호를 매겨 나열하는 것으로, "(1), (2), (3)" 또는 "(a), (b), (c)" 등과 같이 숫자나 문자를 괄호 안에 두거나, "1., 2., 3." 또는 "a., b., c." 등과 같이 각 숫자나 문자 뒤에 마침표를 두어 표기할 수 있다. 계약내용의 시각적 명료성을 높이기 위해 열거된 항목(enumerated items)을 표목록(tabulation)으로 작성할 수 있다. Tabulation(표목록)은 열거항목을 별도의 들여쓰기 블록에 배치하여 주변 텍스트에서 구분하는 서식으로 문장형식이나 목록형식으로 작성할 수 있는데, 해당 항목들이 긴 문구나 구절로 되어 있는 경우, 둘 이상의 문장이 밀접하게 관련되어 있는 경우, 여러 항목들 중 수식어가 일정한 항목에 적용되는지 또는 항목 전체에 적용되는지 불분명한 경우 등에 주로 사용한다.

27. Event of Default (EOD)

An event of default (EOD) is a pre-specified condition or threshold that, if met, allows the lender or creditor (as common in loan agreements or debt instruments) to demand immediate and full repayment of a debt or obligation. An event of default may include delinquent or non-payment of principal or interest due, a breach of a bond covenant, or insolvency, among others. A potential event of default is an event or occurrence that would become an event of default if not cured within a certain time or under certain conditions. There is no grace period for an immediate event of default.

Default(채무불이행)는 법률이나 계약상 당사자가 부담하는 채무를 지급기일에 변제하지 않은 것을 나타내는 용어로, 채무불이행상태에 있다(be in default)는 것은 연체금이 있다(be in arrears)는 것을 의미한다. 대출계약상 당사자 간 합의에 따라서는 당사자가 정해진 시점에 대출금을 실제 상환하지 못하는 경우뿐 아니라 지급하지 못할 것으로 예상되는 잠재적 채무불이행 상황도 채무불이행의 사유에 포함할 수 있는데, 이러한 채무불이행의 사유를 Event of Default(EOD)라 한다. 채무불이행사유는 당사자 간 협상결과에 따라 달라질 수 있으나, 일반적으로 잠재적 채무불이행사유(potential event of default)와 즉각적 채무불이행사유(immediate event of default)로 구분된다. 잠재적 채무불이행사유는 특정한 기간 이내 또는 특정한 조건에 따라 그 계약위반이 치유되지 않는 때 실제 채무불이행이 되는 사유로, 대체로 즉각적 채무불이행사유로 볼 정도로 심각하지 않은 경우이다. 당사자의 파산, 지급불능, 사망, 법률상 무능력 등과 같이 일정한 사건의 발생이 당사자의 이행에 상당한 지장을 초래하거나 피해당사자의 위험을 상당하게 증가시키는 때 피해당사자가 계약을 즉시 해지하고 구제방법을 행사할 수 있도록 하는데, 이를 즉각적 채무불이행사유라 한다. 어떠한 사유가 즉각적 채무불이행사유가 되는지는 해당 계약의 성격과 당사자 간 협상결과에 따라 다를 수 있다. 채무불이행사유(EOD)가 발생한 때 피해당사자는 계약해지와 함께 관련 담보권을 실행하고 미지급 대출원금의 상환을 청구하거나 또는 계약상 손해배상액의 예정, 특정이행이나 금지명령 등 구제방법을 행사할 수 있다.

28. Evergreen Clause

An evergreen clause provides that the term of an agreement will automatically renew for some period of time unless one party provides the other party with notice before the end of the current term that it does not wish to renew the term of the agreement.

Evergreen Clause(계약자동갱신조항)는 계약기간이 만료될 때까지 또는 그 만료 이전 일정기간까지 한쪽 당사자가 상대방에게 계약해지를 통지하지 않는 한 계약기간이 자동적으로 갱신되도록 하는 규정이다. 계약의 연장(extension) 또는 갱신(renewal)은 계약이 최초 기간을 초과하여 지속되는 것을 말한다. 엄격히 말하면, 계약의 연장(extension)은 기존 계약을 정해진 기간 동안 추가로 지속하는 것인 반면, 계약의 갱신(renewal)은 기존 계약을 대체하는 새로운 계약을 시작하는 것이라 할 수 있다. 그런데, 계약의 연장은 실무상 계약의 갱신으로 통상 언급되며, 법원은 전체 계약의 맥락에서 해당 용어가 어떻게 사용되었는지에 따라 그 의미를 해석한다. 계약상 원래 정한 계약기간만을 명시하고 그 계약기간 만료 이후 어떻게 할지 전혀 정하지 않을 수 있지만, 어느 당사자가 계약의 갱신을 원하는 경우 그 갱신의 취지를 만료일 전 일정기간 내에 상대방에게 통지를 함으로써 계약을 갱신하도록 할 수 있다. 그런데, 당사자 간 계약을 안정적으로 지속할 수 있도록 계약의 자동갱신조항(evergreen clause)을 둘 수 있다. 계약자동갱신조항의 경우 한쪽 당사자 또는 양 당사자 모두가 계약해지를 할 권한을 갖는지, 갱신된 계약의 기간이 기존 계약기간과 동일한지 또는 갱신된 계약의 조건이 기존 계약의 조건과 동일한지 등에 관한 사항을 명확히 할 필요가 있다. 또한, 수수료 등 대금의 지급이 수반되는 계약에서 계약자동갱신조항이 있는 경우 계약갱신시 대금의 인상이 필요하다면 그 대금의 인상액이나 비율을 결정하기 위한 계약상 메커니즘(contractual mechanism)을 분명히 해야 한다.

29. Exhibit / Schedule

An exhibit is an attachment to a contract that is usually a separate legal document directly related to the current transaction. In order to be considered part of the original document, exhibits must be "incorporated by reference," either individually in the text where the exhibit is mentioned, or in a blanket statement in the boilerplate entire agreement provision. A schedule is an attachment to a contract that provides detailed supplemental information but is not a separate legal document. A schedule may contain a list of items, description of services, milestones, prices, calculations, or similar information.

계약서상 언급된 사항이나 문서가 계약서의 본문 내에 포함하기보다 별도 문서로 정리하는 것이 관련 계약내용을 보다 명확히 나타낼 수 있는 경우 이를 계약서의 별첨 문서로 정리하는 것이 효율적이다. 이에, 계약서 본문의 개별 조항에서 언급된 내용이나 문서들은 대체로 계약서의 말미 이후에 첨부되는데, 이러한 별첨 문서를 나타낼 때 "Appendix," "Annex," "Attachment" 등의 다양한 용어로도 표기되지만, "Exhibit" 또는 "Schedule"의 용어를 주로 사용한다. Schedule이나 Exhibit는 상호 교환적으로 사용될 수 있으나, 일반적으로 계약서 본문에 포함될 부가적 정보사항은 Schedule로, 해당 거래와 연관된 별도의 독립적 문서이지만 해당 계약서의 일부로 처리하길 원하는 문서는 Exhibit로 각각 표기해 계약서에 첨부한다. Schedule로 언급되는 것으로는, (i) 물품의 가격표와 같이 빈번하게 변경될 수 있는 정보, (ii) 제품의 모델이나 재고번호 등 긴 물품목록과 같은 길고 기술적인 정보, (iii) 진행 중인 소송의 내역이나 계약서 목록과 같은 계약당사자 간 내부적 공개목록(disclosure schedule) 등이 있다. 특히, "Disclosure Schedule(공개목록)"은 계약서 본문에 관련 정보를 언급하기에 그 내용이 많은 경우 사용하는데, 계약당사자들의 진술과 보증(representations and warranties)에 포함할 수 있는 정보를 공개하기 위해 주로 이용된다. Exhibit에 언급되는 문서로는 해당 계약과 연관되어 서명되거나 또는 서명되지 않은 계약서, 계약서에 명시된 요구사항을 준수하기 위해 사용되는 양식 또는 현재 거래와 관련이 있지만 그 거래의 일부가 아닌 다른 문서일 수 있다. 이는 해당 계약과 관련한 정보를 포함해 다른 부수적 계약 등 관련 문서에 대한 정보를 명확히 해 분쟁을 예방하는 기능을 한다. 계약서에 Exhibit와 Schedule을 함께 포함하는 때 일반적으로 Schedule을 Exhibit 앞에 둔다.

30. Force Majeure Clause

A force majeure clause is a contract provision that excuses a contracting party's inability to perform certain obligations when nonperformance is due to circumstances beyond the party's control and are usually unforeseeable. A force majeure clause stipulates certain unforeseen events such as war, political upheavals, acts of God, or other events.

Force Majeure Clause(불가항력조항)는 화재, 홍수 등 자연재해나 전쟁, 소요사태 등 당사자의 합리적인 통제를 벗어난 사건들로 인해 당사자가 계약상 의무를 이행할 수 없게 된 때 이를 처리하기 위한 규정이다. “Force Majeure”는 라틴어로 “superior force(우월한 힘)”를 의미하는데, 불가항력조항(force majeure clause)은 지진, 폭우, 홍수, 가뭄 등 천재지변이나 전쟁, 내란 등 기타 계약당사자의 합리적인 통제권 밖에 있는 사유로 인해 부득이하게 계약을 불이행할 수밖에 없는 상황에서는 계약위반이 되지 않고 당사자의 면책을 인정하는 것이다. 불가항력조항상 계약당사자의 이행의무를 면제할 수 있는 불가항력사유에 따라 당사자 간 계약불이행으로 인한 위험을 배분하는 효과를 가져올 수 있는데, 불가항력사유의 범위가 좁을수록 계약불이행 당사자의 위험부담은 더 크게 된다. 불가항력조항에서는 불가항력의 사유와 불가항력 기간 동안 효력과 불가항력의 처리방법에 관한 사항을 명확히 해야 한다. 불가항력사유(force majeure events)는 불이행 당사자가 통제할 수 있는 능력의 범위를 벗어나는 경우로, 대체로 불가항력에 대한 일반적 정의를 하고, 그 정의와 관련한 구체적 예시들을 열거하는 형식으로 범위를 한정한다. 그리고, 불가항력의 상황에 처한 당사자의 통지의무를 부과하고, 불가항력사유가 존속하는 기간 동안 불가항력에 처해 계약을 불이행한 당사자의 이행기한이 연장된다. 불가항력사유가 종료된 때 그 사유종료의 통지시기와 불이행 당사자가 이행을 재개하는 시기 등에 관한 사항을 포함한다. 불가항력사유가 오랫동안 지속되는 경우 당사자의 거래에 악영향을 가져올 수 있으므로 당사자 간 거래조건에 대한 재협상이나 계약관계를 종료할 수 있도록 할 수 있다.

31. Gap Period

A gap period, in a legal context, refers to a specific time frame during which a particular legal provision or requirement is not in effect or is temporarily suspended. The discrepancy between signing and closing in mergers and acquisitions allows the parties to fulfill the closing conditions, complete technical processing, meet accounting requirements or obtain official approvals.

인수계약(acquisition agreement)의 경우 계약체결일(signing date) 이후 곧바로 계약을 실행하지 않고 클로징일(closing date)까지 일정한 사항이 충족되는 때에 한해 계약을 완료하게 되는데, 계약체결일과 클로징일 사이에 Gap Period(공백기간)가 발생한다. 이러한 공백기간(gap period) 동안 계약당사자가 특정한 조건을 충족시키거나 일정한 의무를 이행할 것을 약속하는 Covenant(구속약정/이행의무)를 하게 된다. Gap Period(공백기간) 동안 인수대상 목적물과 관련한 매도인의 행위를 일정하게 통제하거나 또는 매수인의 인수대금의 지급의무나 매도인의 인수대상 목적물의 이전에 관한 의무 등과 같이 클로징일에 당사자가 해야 할 이행의무나 조건을 완료하도록 한다. 인수계약에서 공백기간 동안 당사자의 주요 이행의무를 명시하는데, 매도인은 인수대상의 매도에 필요한 정부승인, 이사회승인, 주주총회결의 등 절차를 거치고, 매수인은 인수에 필요한 내부승인이나 인수 잔금 등을 마련할 것을 규정한다. 다만, 인수계약의 경우에도 공백기간(gap period)과 관련이 없는 Covenant(구속약정/이행의무)가 있을 수 있는데, 비밀유지조항(confidentiality provision) 등과 같은 Covenant(구속약정/이행의무)는 계약의 클로징 이전이나 이후 모두 적용될 수 있으며, 배상면책조항(indemnification provision)이나 경쟁금지조항(noncompetition provision) 등과 같이 클로징 이후에만 적용되는 이행의무(post-closing covenants)가 있다.

32. Governing Law Clause

Governing law clause, also known as a choice of law provision, is a contractual provision that determines which law shall apply in the event of a dispute. Governing law clause specifies which state or nation's law will be used to interpret the contract if a dispute arises.

Governing Law Clause(준거법조항)는 계약당사자 간 분쟁이 발생한 때 어떠한 국가의 법률이 해당 계약을 해석하고, 규율하고, 강제하는 데 사용되는지를 규정하는데, 이에 관한 당사자 간 합의가 없다면 계약 관련 소송 등이 제기되었을 때 재판을 하는 장소의 국제사법(conflict of laws)의 원칙에 따라 결정될 수 있다. 국제거래 계약의 효과는 적용법에 따라 달라질 수 있어, 계약조항을 해석하고 계약조항

CHAPTER 10

에 남아 있는 공백을 메우기 위해 사용될 규칙인 준거법을 정하는 것은 중요하다. 계약당사자가 서로 자국의 법률을 준거법으로 하기 어려운 때 합리적인 결론이 나올 수 있는 제3국의 법을 준거법으로 고려할 수 있다. 다만, 이 경우에도 외환관리법, 공정거래법, 증권거래법, 세법, 지식재산 관련법 등 일정한 사항에 대해서는 특정국가에서 그 나라의 법률을 강제적으로 적용할 수 있다. 대부분의 준거법조항에서는 특정한 주나 국가의 법률을 준거법으로 규정하지만, 각 당사자가 상대방 당사자 국가의 법률의 적용을 반대한다면 UNIDROIT Principles(국제상사계약원칙) 등 국제계약법 관련 모델원리를 계약의 해석기준으로 합의할 수 있다. 국제동산물품매매거래와 관련해 UNCITRAL(유엔 국제상거래법위원회)이 제정한 CISG(국제물품매매계약에 관한 유엔협약)가 국제 물품거래의 당사자 간 계약에 준거법으로 적용되는지 문제되는데, 계약당사자가 속한 국가가 모두 CISG의 체약국인 경우 개별국가의 법률에 앞서 CISG가 적용될 수 있으며, 계약당사자들은 합의로 CISG의 적용을 배제할 수 있다.

33. Indemnification

An indemnification is a contract provision or standalone agreement requiring the indemnitor to pay for certain losses or claims of the indemnitee and, in some instances, defend the indemnitee against certain actions brought by third parties.

Indemnification(면책배상)은 한쪽 당사자가 상대방 당사자에게 발생하는 손해를 배상하거나 경감하게 함으로써 상대방 당사자를 면책시킬 것을 약속하는 것이다. 이는 독립적 계약의 형태로 할 수도 있으나, 통상적으로 당사자 간 거래계약에 면책배상조항(indemnification clause)을 포함하는데, 계약의 한쪽 당사자가 상대방 당사자가 겪게 되는 손실이나 클레임에 대한 지급의무를 부담하거나 또는 제3자에 의해 제기된 특정한 쟁송으로부터 상대방 당사자를 방어할 의무를 떠맡음으로써 그 상대방의 손실의 위험을 이전받아 상대방을 보호하는 기능을 한다. 면책배상은 협상결과에 따라 다양할 수 있어 계약당사자 간 분쟁에 적용될 수도 있지만, 일반적으로 계약 외부의 제3자의 클레임으로부터 계약당사자를 재정적으로 보호하기 위해 인정된다. 계약의 만족스럽지 않은 이행에 대한 당사자 간 책임을 해결하기 위한 보증책임(warranty)과 달리, 면책배상(indemnification)은 전통적으로 배

상자와 직접적인 견련관계(privity)가 있는 것이 아니라 피배상자와 일반적으로 견련관계를 가지는 제3자로부터 발생하는 책임과 관련이 있다. 면책배상은 피배상자가 계약상 위험을 배상자에게 이전하는 기능을 하기 때문에 당사자들 간 거래협상에서 치열하게 다투어지는 문제 중의 하나이다. 배상자(indemnitor)는 자신 또는 제3자의 행위로 피배상자(indemnitee)에게 발생한 손실을 보전할 계약상 의무를 부담하게 되며, 계약당사자들은 자신들이 처한 상황이나 거래의 성격 등 계약상 필요에 따라 면책배상의 시기, 대상과 범위를 달리 할 수 있다. 한쪽 당사자만이 상대방 당사자에게 면책배상을 하는 경우도 있으나, 대부분의 상사계약에서는 계약당사자 상호간의 면책배상(mutual indemnifications)을 인정한다. 면책배상조항은 해당 계약의 준거법상 요건이나 당사자 간 거래관계와 위험배분을 비롯해 배상에스크로(indemnity escrow), 배상한도(indemnification cap), 배상문턱치(indemnity threshold), 배상바스켓조항(basket clause) 등과 같은 배상 관련 개념을 이해할 필요가 있다.

34. Independent Contractor Clause

An independent contractor clause is frequently used in services agreements to make it clear that the contractor is not intended to be an employee. Each Party acknowledges that it is acting in its own name and on its own behalf as an independent entity and is not to be considered as an agent of the other Party.

Independent Contractor Clause(disclaimer of agency clause; 독립계약자조항/대리관계부인조항)는 계약당사자들이 법적인 대리(agency) 내지 동업자(partnership) 관계를 갖지 않는다는 점을 확인하는 규정이다. 계약당사자들이 본인과 대리인(principal and agent) 또는 고용주와 고용인(employer and employee) 등의 관계가 아니라는 것을 나타낸다. 이는 당사자들이 의존적 관계(dependent relationship)에서 발생할 수 있는 법적 문제나 세무적 이슈 등을 피하고, 어느 당사자도 상대방 당사자를 위해 법적인 약속(legal commitments)을 할 수 없도록 하는 기능을 한다. 특히, 서비스계약의 경우 서비스제공자가 서비스구매자를 위해 서비스를 수행하기 때문에 계약당사자 간 법률적 관계에 혼동이 생길 수 있어 이를 명확히 할 필요가 있다. 서비스계약에서는 서비스제공자는 서비스구매자와 고용관계나 대리관

계가 있는 것이 아니라 독립적 계약자(independent contractor)로서 서비스를 제공한다는 점과 당사자들은 서로 서비스계약에 따른 제한적 책임만을 부담한다는 점을 밝히기 위해 독립계약자조항(independent contractor clause)을 포함한다.

35. Joint Venture Agreement

A joint venture agreement is a contract between two or more parties to pursue a shared business project. It allows the parties to set the ground rules and define each other's obligations to ensure that the business partners are protected in case of a joint venture dispute. A joint venture is a combination of two or more parties that seek the development of a single enterprise or project for profit, sharing the risks associated with its development.

Joint Venture Agreement(합작투자계약)는 투자자들 간 공동의 목적사업을 위해 회사를 설립하여 운영하기 위한 투자계약(investment agreement)의 일종이다. 합작투자계약은 회사의 투자자들 내지 주주 간에 이루어지는 계약으로 주주간계약(shareholders' agreement)과 유사한데, 합작투자계약은 특정 투자거래에만 관련이 되는 데 반해, 주주간계약은 주식의 발행과 회사의 의사결정 등과 같은 회사 경영의 다양한 측면을 포함해 그 적용범위가 더 넓을 수 있다. 합작투자계약(joint venture agreement)에는 여러 투자자들의 이해관계를 반영하고 조정해 공동의 사업목적을 달성하기 위해 합작회사의 설립 및 운영에 관한 다양한 사항들이 포함된다. 합작회사의 설립은 일반적인 법인설립 절차와 큰 차이가 없으나, 합작투자계약에서는 합작법인의 자본금 규모와 공동투자자들 간 투자비율 및 투자방법 등을 비롯해 각 투자자들의 역할분담을 정한다. 또한, 합작투자계약에서 합작회사의 주주총회, 이사회 등 지배구조나 경영의 형태를 정하고, 회사의 증자나 차입 등 합작회사에 대한 공동사업자 간 자금조달에 관한 사항, 지분양도제한, 공동사업자와 합작회사와의 영업상 비밀유지나 경쟁금지에 관한 사항, 당사자 간 의견대립으로 인한 교착상태 발생시 해결방법, 합작회사의 사업종료시 잔여재산의 분배 등 합작투자시 발생할 수 있는 주요 사항들을 다룬다. 다만, 주식의 발행과 회사의 의사결정 등에 관한 내용에 대해서는 합작투자계약과 별도로 주주간계약을 체결하기도 하며, 합작회사의 경영권에 영향을 미칠 수 있는 공동투자자들 간 지분처분의 제한에 대해서는 별도의 인수계약(buyout agreement)을 체결하기도 한다.

36. Jurisdiction Clause

A jurisdiction clause, also known as a choice of law or forum selection clause, is a contract provision that designates the court(s) where disputes will be decided. Forum non conveniens refers to a court's discretionary power to decline to exercise its jurisdiction where another court, or forum, may more conveniently hear a case.

당사자 간 계약에 관한 분쟁의 해결은 당사자의 협의에 의해 이루어질 수 있으나, 해결이 되지 않는 경우 강제적 방법으로 해결할 수밖에 없는데, 이와 관련해 계약 당사자가 어느 나라의 어떤 법원에서 해당 분쟁 관련 소송을 해야 하는지를 사전에 정해 두는 것이 Jurisdiction Clause(forum selection clause; 재판관할조항)이다. 특히, 계약의 해석과 관련해, 계약체결 당시 당사자 상호간 의도를 파악할 필요가 있는데, 법원은 계약이 사기나 당사자 상호간의 착오 등으로 당사자들의 진정한 의도를 제대로 반영할 수 없었다고 판단하는 경우 계약 자체를 변경하는 법규범적 해석(construction)을 할 수 있어, 계약 관련 분쟁시 어느 나라 법원의 판단을 받을 것인지는 중요하다. 재판관할에는 정해진 법원 외에는 재판을 할 수 없는 전속관할(exclusive jurisdiction)과 합의한 법원에 더해 법률에 의해 재판권이 인정되는 그 밖의 다른 법원에서도 재판을 할 수 있는 비전속관할(non-exclusive jurisdiction)이 있다. 재판에서 승소를 하더라도, 다른 국가에서 내려진 판결이 그 나라에서 자동적으로 강제집행을 할 수 있는 것은 아니기 때문에 재판관할을 정함에 있어 어느 나라의 법원에 재판을 받는 것이 적절한지뿐 아니라 법원의 판결 이후 다른 나라에서 집행이 용이한지도 같이 고려해야 한다. 재판관할과 관련된 보통법(common law)상 원리인 "doctrine of *forum non conveniens*(불편한 법정의 원리)"에 의하면 지정된 법원이 계약당사자나 계약상 이행과 어느 정도 연관성(connection to the parties or performance)이 요구되는데, 그러한 연관성이 전혀 없다면 법원은 재판관할을 거부할 수 있다. 이와 같은 재판관할과 관련된 분쟁을 예방하기 위해, 당사자들은 "doctrine of *forum non conveniens*"에 근거해 지정된 법원의 재판관할권에 대한 이의를 제기할 권리를 계약상 포기한다는 취지의 내용을 재판관할조항에 포함할 수 있다.

37. Knowledge Qualifier

A knowledge qualifier is language included in a representation and warranty, often in acquisition agreements, which limits the representation and warranty be true to the knowledge of the party giving the representation. A buyer prefers that the seller's representations and warranties are effective regardless of whether the seller had knowledge of a covered matter.

Knowledge Qualifier(인식 한정어구)은 진술과 보증을 하면서 관련 진술내용에 진술자의 인식 여부나 정도에 다양한 한정적 수식어구를 붙이는 것으로, 이는 진술 및 보증에 있어 당사자 간 위험을 배분한다. Knowledge Qualifier(인식 한정어구)을 통해 동일한 기초적인 사실이 진술자의 인식 여부나 정도에 따라 진술과 보증의 범위가 달라질 수 있다. 예를 들어, "To the Seller's knowledge, the Seller is not in violation of any Environmental Laws."과 같이, 매도인의 진술에 그의 "knowledge(인식)"에 의한 수식어구를 기재해, 매도인이 그 진술이 부정확하다는 것을 알고 있지 않다는 의미를 나타내는 효과를 갖는다. 이에, 진술자의 인식을 한정하는 어구(knowledge qualifier)가 많이 부가될수록 진술내용이 제한되어 진술자의 위험부담이 줄어들 수 있다. 반면, 이러한 한정어구가 부가되지 않을수록 진술자의 사실의 진술에 따른 위험부담을 증가시키고, 진술자의 상대방은 진술자의 부실표시/허위진술(misrepresentation)이나 보증책임위반(breach of warranty)에 따른 책임을 용이하게 물을 수 있다. 진술과 보증에서 Knowledge Qualifier(인식 한정어구)을 포함할지, 이를 포함하는 경우 그 인식의 정도를 어떻게 할지는 당사자들의 협상력에 따라 다를 수 있다. 그런데, 당사자의 진술이 "environmental contamination(환경오염)" 등과 같이 숨겨져 있을지도 모르는 문제에 관한 것이거나 또는 "threatened litigation(위협이 되는 소송)" 등과 같이 다른 사람의 통제하에 있는 사항에 관한 것이기 때문에 당사자가 그 진술이 정확한지를 판단할 입장에 있지 않다면 Knowledge Qualifier(인식 한정어구)을 사용해 가능한 한 진술을 제한할 필요가 있다. 그리고, "knowledge(인식)"의 의미를 명확히 하기 위해서는 정의규정을 두어, 해당 사항에 대해 누구의 인식이 필요하며, 인식 여부의 확인이 필요하다면 누가 이를 할 것인지 등을 기술할 수 있다.

38. License Agreement

A license agreement, also known as a licensing agreement, is a type of contract where one party (the licensor) grants another party (the licensee) the right to produce, use, sell, and/or display the licensor's protected material. A license agreement usually involves the licensed use of intellectual property such as trademarks, patents or designs, but also for tangible goods such as real estate or fixed assets.

License Agreement(라이선스계약)는 특허권, 상표권, 디자인권, 저작권 등 무형의 지식재산(intellectual property)에 관한 권리를 갖는 라이선스제공자(licensor; 실시허락자)가 라이선스사용자(licensee; 실시권자)에게 라이선스를 사용할 수 있는 권리를 부여하고, 라이선스사용자가 이에 대한 대가(royalty)를 지급하는 계약이다. 라이선스계약(license agreement)은 눈에 보이지 않는 무형의 권리를 사용한다는 특징이 있으며, 일반적으로 타인이 먼저 개발한 지식재산을 사용해 새로운 제품이나 기술개발에 이용될 수 있고, 소프트웨어 라이선스계약, 기술도입계약, 특허실시계약 등 여러 형태가 있다. 라이선스계약은 계약의 대상이 되는 라이선스를 특정하고 그 사용권리의 내용을 명확히 하는 것이 중요하다. 라이선스 사용의 대가인 로열티(royalty)는 선금(down payment), 정액의 일괄지급(lump sum payment), 분할지급(installment payment), 러닝로열티(running royalty) 등의 지급방식이 있으나, 당사자 간 협상결과에 따라 다양할 수 있다. 라이선스계약은 국가에 따라 다른 용어를 사용하거나 사용되는 용어의 의미나 권리관계가 다를 수 있으며, 속지주의에 따라 라이선스의 대상이 되는 권리는 그것을 인정하는 나라에서만 효력을 가지고, 라이선스의 보호범위나 대상도 국가별로 다를 수 있다. 라이선스계약은 라이선스 실시권의 독점성(exclusivity) 여부, 대상지역(territory)과 계약기간 내지 라이선스 사용기간을 명확히 하고, 라이선스사용자가 제공받은 기술을 개량한 경우 개량기술 관련 권리의 귀속과 처리를 위한 개량기술의 처리에 관한 조항(improvement clause)을 둔다.

39. Limitation of Liability Clause

A limitation of liability clause in a contract limits the amount of money or damages that one party can recover from another party for breaches or performance failures. A limitation of liability clause is an important contractual tool designed to manage overall risk by limiting a party's potential liability for damages.

Limitation of Liability Clause(책임제한조항)는 거래관계에 따라 당사자 간 합의로 특정한 책임발생시에 당사자의 책임을 일정한 한도로 제한하는 규정이다. 진술과 보증 등을 포함해 계약상 약속이나 책무를 이행하지 않은 당사자는 때로는 계약에 따라 자신이 얻게 되는 수수료 등 이익보다 훨씬 많은 잠재적 책임을 부담하게 될 수 있다. 이러한 당사자가 계약에 결부되어 있는 책임에 따른 위험부담을 관리하기 위해서는 자신이 부담할 수 있는 손해배상의 한도를 제한하는 책임제한조항(limitation of liability clause)이 필요한데, 이는 결국 당사자 간 위험배분(risk allocation)의 문제로 계약의 협상과정에서 주된 쟁점이 될 수 있다. 책임제한조항(limitation of liability clause)의 핵심은 발생할 수 있는 모든 책임에 대한 한도를 규정해, 당사자들이 계약을 체결할 때 책임에 노출될 수 있는 최대한도가 어느 정도인지를 알 수 있도록 하는 것이다. 이는 특히 계약상 문제가 발생한 때 당사자가 부담하는 잠재적 책임(potential liability)에 비해 그 지급받은 수수료 등 대가가 상대적으로 적은 상황에서 중요할 수 있다. 책임의 한도는 당사자의 책임이 발생한 시점에서 이용가능한 정보에 기초해 계산할 수 있는 합계금액으로 표시될 수 있다. 책임제한조항에서는 금전적 손해배상을 배제하고, 이를 대신해 다른 구제책을 규정할 수도 있다. 책임제한(limitation of liability)은 공공정책(public policy)에 반하는 경우 강제되지 않을 수 있으며, 당사자의 계약상 책임한도를 설정할 때 그 책임한도의 설정이 전체 계약상 당사자의 다른 권리의무에 어떠한 영향을 미칠 수 있는지 검토할 필요가 있다.

40. Liquidated Damages Clause

A liquidated damages clause is a contractual provision requiring a party in breach to pay a predetermined amount to the other party as compensation for the breaching party's failure to perform a specific task or comply with a particular duty or obligation. The amount of the liquidated damages is supposed to be the parties' best estimate at the time they sign the contract of the damages that would be caused by a breach. If a breach occurs and the liquidated damages clause is enforceable, the parties do not calculate the actual damages.

Liquidated Damages Clause(손해배상액의 예정조항)는 계약기간 중 일정한 사건이 발생하면 한쪽 당사자가 상대방 당사자에게 정해진 금액을 지급하도록 하는 규정인데, 이는 계약위반자의 피해당사자에 대한 전보적 손해배상금액(compensatory damages)을 손해배상액의 예정(liquidated damages)으로 사전에 정하는 것이다. 손해배상액의 예정금액은 당사자들이 계약체결 당시에 합리적으로 예상되는 손해배상의 범위 내에서 정할 수 있으며, 설사 그 예측이 잘못되었더라도 상관없다. 손해배상액의 예정조항은 일방 당사자의 불이행에 따른 손해배상이 있는 경우 손해액의 입증이 곤란한 경우를 감안해 편의상 약정된 것으로, 실제 손해액이 이보다 훨씬 크거나 추가적인 손해를 입증하더라도 그 배상이 불가능하다. 다만, 당사자들의 손해배상액의 예정조항을 일정한 경우에 한정하고자 하는 경우 다른 피해에 대해서는 추가적인 손해배상을 배제하지는 않는다는 점을 명확히 할 필요가 있다. 특정한 손해배상액의 예정조항(liquidated damages clause)이 강제될 수 있는지 여부는 법의 문제로, 보통법(common law)상 불합리하게 과도한 배상금액으로 당사자의 계약위반에 대한 징벌적 제재(penalty)는 강제할 수 없기 때문에 예정된 손해배상금은 계약위반에 대한 제재가 아니라 피해에 대한 보상(compensation for injuries)이어야 한다. 손해배상액의 예정조항에서는 (i) 당사자들이 계약을 체결할 때 계약위반으로 예상되는 손해를 산정하기 어려워 손해배상액의 예정을 설정한다는 점, (ii) 규정된 금액이 발생가능한 손실에 대한 합리적인 예상 추정금액(reasonable preliminary estimates)이라는 점, (iii) 설정된 손해배상액의 예정이 당사자에 대한 위약벌 내지 제재가 아니라 손해배상을 위한 것이라는 점 등을 명백히 할 필요가 있다.

41. Loan Agreement

A loan agreement is a formal contract outlining important counterparty information and responsibilities, as well as credit terms like the loan amount, the type of loan being extended, the repayment schedule, and the interest rate.

Loan Agreement(facility agreement; credit agreement; 대출계약)는 대주(lender)와

차주(borrower) 사이에 대주가 차주에게 대출금을 제공하고 차주는 대출금에 일정한 이자율(interest rate)에 따라 산출된 이자를 상환일정(repayment schedule)에서 정한 상환기간(repayment period)에 변제하기로 하고, 차주의 대주에 대한 대출금의 상환을 보증하기 위한 담보(collateral)의 설정 등 관련 대출조건들을 정하는 계약이다. 대출거래는 금융기관, 기업, 정부기관 등 다양한 당사자와 복잡한 금융거래를 동반하는 등 여러 유형이 있을 수 있는데, 대출계약의 기본적 거래구조와 조건들을 명확히 이해하는 것이 중요하다. 대주는 대출계약의 체결 전에, 차주의 신용도, 현금흐름, 담보자산의 가치 등 차주의 상환능력 등을 판단할 수 있는 사실에 관한 진술 및 보증(representations and warranties) 등을 받고 이를 고려해 대출조건을 정한다. 대출계약은 계약상 요구되는 일반적 규정 이외에, 대출금액, 이자율, 대출금의 상환을 담보하기 위한 담보권 설정, 상환의 기한이나 방법, 상환지연에 따른 연체금 등에 관한 사항을 포함한다. 그리고, 대출계약(loan agreement)은 대출에 적용되는 조건과 당사자의 권리의무를 명시하지만, 대출유형은 산업별로 다양할 수 있으며 관련 국가의 법규나 기준을 충족하기 위해 서로 다른 요건이 필요할 수 있으므로 관련 준거법을 검토하는 것이 중요하다. 특히, 대출계약의 유형에 상관없이, 준거법상 당사자 간 합의된 금리가 합법적이고 합리적인지를 확인해야 한다. 국제금융시장에서 많이 활용되는 신디케이트론(syndicated loan)은 둘 이상의 은행 등 금융기관이 차관단(syndication)을 구성해 공통의 조건으로 차주에게 대규모 중장기 대출을 하는 집단대출이다. 이는 전통적 은행대출업무와 투자은행의 인수업무기능이 혼합된 융자형태로, 일반적으로 국제적 금융시장이나 대규모 자본조달이 필요한 자금시장에서 많이 활용되고 있다. 신디케이트론(syndicated loan)은 특히 사회간접자본(SOC) 등 대규모 투자가 필요한 프로젝트 파이낸싱(PF) 관련 사업과 밀접한 연관이 있다.

42. Master Agreement

A master agreement, also known as a framework agreement, is a fundamental contract that establishes the terms and conditions of an ongoing business relationship between two parties. A master agreement serves as the foundation for any future interactions between the parties and outlines the obligations and responsibilities of each party.

Master Agreement(framework agreement; 주계약/기본계약)는 당사자 간 유사한 거래가 연속적·반복적으로 발생하는 때 그들 사이의 일반적 거래 계약조건을 규정한 계약으로, 관련 개별거래나 프로젝트를 수행하는 경우 작업명세서(SOW)나 구매주문서(purchase order) 등을 통해 추가조건을 별도로 명시한다. 하나의 주계약서(master agreement)에 부수하는 여러 개별계약이나 서류들이 있을 수 있어 주계약서를 비롯해 관련 문서들 상호간의 효력 순위를 명확히 하는 것이 중요하다. 주계약(master agreement)의 체결 이후 나중에 당사자 간에 서명된 문서나 특정한 거래의 작업명세서나 주문서의 조건이 기본계약(master agreement)과 상충되는 경우 계약법의 일반 해석원리상 작업명세서나 주문서의 내용이 기본계약보다 우선적으로 적용될 수 있다. 다만, 이러한 계약해석의 원칙은 구체적인 거래관계에 달리 이해되어 당사자 간 분쟁의 원인이 될 수 있으므로, 이를 방지하기 위해 계약 관련 문서들의 내용이 상충되는 경우 우선순위를 계약서에 명시할 필요가 있다. 서비스계약에서 여러 작업명세서(SOW)가 필요한 경우는 주계약서(master agreement)의 본문에서 작업명세서의 양식이나 그 내용의 변경에 관한 절차 등을 규정하고, 주계약 체결 이후에 실행되는 개별 작업은 그 작업상황에 따라 유연하게 작업명세서를 작성해 이행할 수 있다. 다만, 작업명세서 양식을 사용할 때, 관련 직원들이 적절한 검토 없이 새로운 작업이나 프로젝트에 동의할 수 있는 위험을 방지하기 위해, 작업명세서의 작성에 계약당사자측 책임자의 확인을 받도록 하는 등 일정한 통제절차를 주계약서에 명시할 수 있다.

43. Materiality Qualifier

A materiality qualifier is a word or phrase in the representations and warranties of an agreement that limits a representation or warranty to only material thresholds or events. A materiality qualifier reduces the risk of the representing party (e.g., material; material adverse change). A material adverse change clause, also known as a material adverse event clause, is a type of provision found in some merger and acquisition agreements which aims to give the buyer the right to walk away from a transaction during the period between signing and completion on the occurrence of certain events that have a significantly detrimental effect on the target company or business.

Materiality Qualifier(중대성 한정어구)은 진술 관련 사항의 모든 부분이 아니라 중

대한 사실(material facts)에 한정해 진술함으로써 진술자의 위험을 줄이는 기능을 한다. 진술 및 보증 규정에서 Materiality Qualifier(중대성 한정어구)을 두는 경우 관련 진술의 모든 내용이 아니라 중요한 부분에서 진실과 부합한다고 함으로써 진술자의 위험부담을 감소시킨다. 해당 사실의 중대성을 나타내기 위해서 관련 진술이나 보증내용에서 "material"이라는 용어를 형용사 형태로 사용할 수 있다. "material"의 의미는 추상적이어서 당사자의 관계나 거래의 성격에 따라 다른 의미로 해석될 수 있으므로 계약상 "material" 또는 "materially" 등의 단어를 사용하는 때 정의규정을 둘 수 있으며, 이때 누구의 관점에서 중대성(materiality)을 판단할지를 정하는 것이 중요하다. 중대성 한정어구의 일종으로 "Material Adverse Change(MAC)" 또는 "Material Adverse Effect(MAE)"라는 문구를 사용하기도 하는데, 이는 진술한 사실에 중대한 부정적 변경이나 영향이라는 의미로, 인수계약이나 대출계약 등의 진술과 보증 규정에서 진술된 사실이나 상태에 중대한 부정적 영향이나 변경이 있는 경우 진술자에게 일정한 의무나 책임을 부과하기 위해 주로 사용된다. 이 경우도 중대한 불리한 변경(material adverse change)의 개념을 명확히 하기 위해 정의규정을 둘 수 있는데, 어느 당사자의 입장에서 이를 판단할지 등 그 판단기준을 명확히 해야 한다. 다만, 국제적 또는 산업 전반에 걸친 전면적 경제적 또는 재정적 상황의 변화 등으로 인해 당사자에게 중대한 부정적인 변경이 발생한 때에는 중대한 불리한 변경(material adverse change)으로 보지 않는 예외를 둘 수 있다.

44. Mediation

Mediation is a constructive conversation between people in conflict facilitated by a neutral third person, the mediator. Mediation provides participants an opportunity to collaboratively design creative solutions to workplace conflict and repair professional relationships.

Mediation(조정)은 촉진된 협상(facilitated negotiation)이라 할 수 있는데, 분쟁당사자들이 중립적 제3자인 조정인(mediator)의 조력을 받아 스스로 분쟁을 해결하는 대체적 분쟁해결(ADR)의 일종이다. 법률에 따라 특정 유형의 사건에 대해 조정을 요구되는 강제조정의 경우를 제외하고, 조정을 할지 여부는 분쟁당사자들이 정할 수 있다. 조정인은 조정과정에서 당사자들이 순조롭게 협상을 진행해 그들

스스로 관련 문제의 해결방안을 마련할 수 있도록 돕는 역할을 해 당사자들이 그들의 감정을 관리하고 상호간 정보를 원활하게 교환하도록 지원한다. 조정인(mediator)은 당사자 간 분쟁해결의 결정권자가 아니라 분쟁의 해결의 조력자(facilitator)로서 당사자 간 분쟁타결의 합의를 이끌어내는 데 중점을 두는 반면, 중재인(arbitrator)은 분쟁해결의 결정권자(decision maker)로서 분쟁해결을 강제할 수 있는 중재판정을 내릴 수 있다. 조정의 방법에는 촉진적 조정(facilitative mediation)과 평가적 조정(evaluative mediation)이 있는데, 당사자 간 분쟁해결을 위한 논의를 돕고 화해를 촉진하는 조정이 기본적이며, 이 과정에서 조정인의 평가적 요소가 포함되는 등 변형적 접근방법이 활용되고 있다. 조정에 따른 국제화해합의와 관련해, "United Nations Convention on International Settlement Agreements Resulting from Mediation(조정에 따른 국제화해합의에 관한 유엔협약; Singapore Convention on Mediation(조정에 관한 싱가포르협약))"에서는 체약국 간에 국제조정에 의한 화해합의를 이행하거나 강제할 수 있도록 하는데, 체약국이 협약의 적용을 일정한 한도에서 유보할 수 있다. 조정에 관한 싱가포르협약은 국제거래에서 조정을 통한 화해합의(settlement agreement)의 이행과 강제에 관한 법적 체계의 확립에 기여하고 있다.

45. MOU (Memorandum of Understanding)

A memorandum of understanding (MOU) is a document describing the broad outlines of an agreement that two or more parties have reached. An MOU is often used either in cases where parties do not imply a legal commitment or in situations where the parties cannot create a legally enforceable agreement.

MOU(Memorandum of Understanding; 양해각서)는 당사자 간 정식으로 본계약이 체결되기 이전에 상대방의 의중을 확인하고 협의를 하는 차원에서 이용되는데, 이를 통해 당사자 간 법적 의무가 부과되는 구속력있는 계약을 체결하기에 앞서 상호간 정보나 자료를 교환하는 등 협의를 명확히 할 필요가 있을 때 주로 사용된다. 국제거래 계약의 경우 특히 당사자가 원격지에 있고 언어나 법률문화가 달라 어느 정도 시간이 소요될 수 있고, 계약조건의 합의사항이 다양할 수 있어 MOU(양해각서)를 먼저 체결하고 정식계약을 체결하는 경우가 많다. MOU는 당사자들이 특정 활동에 대해 법적인 구속성을 부인하면서도 상호간 의사의 합치를 확인하

고 협상의 틀을 마련해 유대를 강화하고 진지한 관계를 형성하고자 할 때 유용하다. 이는 또한 당사자 간에 특정한 활동이 진행 중임을 대중에 홍보하거나 확인함으로써 또 다른 협상에서 유리한 고지를 점하고자 할 경우에도 활용된다. MOU는 일반적으로 법적 구속력을 갖지 않는 것으로 보지만, 법적인 구속력을 갖게 할지는 당사자들의 의도에 따라 달라질 수 있으므로 MOU라 하더라도, 그 내용상 당사자 간 법적 구속력이 없다는 점을 명확히 나타낼 필요가 있다. 다만, MOU를 통한 당사자 간 해당 거래협상의 효율성을 높이기 위해, MOU와 관련해 당사자 간 교환되는 정보나 자료에 대한 비밀유지의무와 MOU 기간 동안 당사자 간 해당 사안과 관련한 배타적 상호 협상의무 등에 대해서는 법적 구속력을 인정할 필요가 있다.

46. New York Convention

The United Nations Convention on the Recognition and Enforcement of Foreign Arbitral Awards, also known as the New York Convention, is one of the key instruments in international arbitration. The Convention requires courts of contracting states to give effect to private agreements to arbitrate and to recognize and enforce arbitration awards made in other contracting states.

국제거래에서는 준거법상 특정한 재판관할(jurisdiction)에 따라야 하는 경우가 아니라면 당사자 간 합의와 분쟁대상의 타협적 성격을 고려해 중재(arbitration)를 이용하는 경우가 많다. New York Convention(뉴욕협약; UN Convention on the Recognition and Enforcement of Foreign Arbitral Awards; 외국중재판정의 승인 및 집행에 관한 유엔협약)은 국제중재판정의 승인과 집행에 관한 국제조약으로, 중재지 국가와 집행지 국가가 체약국인 경우 협약 제5조에 정한 한정된 사유를 제외하고는 다른 협약국 내에서 내려진 외국중재판정(foreign arbitral award)의 승인 및 집행을 보장하고 있다. 뉴욕협약(New York Convention)은 1958년 6월 10일 유엔 외교회의에서 채택되어 1959년 6월 7일 발효되었고, 유엔에 속하는 대부분의 국가들에 의해 채택되어 적용되고 있다. 이는 거래당사자들이 중재를 선택했을 때 협약체약국의 사법적 절차 없이 필요한 요건에 따라 결정된 중재판정(arbitration award)의 효력을 인정하고, 개별국가에서 내려진 중재판정을 인정하기 위해 설정된

조건보다 더 엄격한 조건을 요구하지는 않는다. 중재판정은 New York Convention(뉴욕협약)을 통해 법원의 판결보다 중재인의 판정을 더 용이하게 강제집행할 수 있다. 국제계약에서 당사자들이 통상적인 재판관할 대신에 중재를 선호하는 이유로 그 절차의 단순성이나 신속성을 들기도 하지만, 주로 중재절차의 기밀성(confidentiality)과 당사자들이 뉴욕협약(New York Convention)의 적용을 받는 경우 중재판정의 국제적 승인에 기인한다고 볼 수 있다.

47. Non-Competition Clause

A non-competition clause, also called a non-compete or a covenant not to compete, is a clause where one party promises not to engage in conduct that would increase competition for the other party for a specific period of time. This conduct can include divulging trade secrets or privileged information obtained while working under that employer or entering employment with the employer's direct business competitor.

Non-Competition Clause(경쟁금지조항)는 계약상 당사자 일방이나 양 당사자 모두 상대방 당사자의 비즈니스와 경쟁을 하지 못하도록 하는 제한적 구속약정(restrictive covenant)이다. 경쟁금지조항에는 상대방이 당사자의 고객에게 물품이나 서비스를 판매하거나 경쟁업체와 협업하는 것을 제한한다. 경쟁금지조항의 일종으로 상대방이 당사자의 직원을 빼내어 고용하는 것을 금지하는 직원빼가기금지조항(no-poaching clause)을 둘 수 있는데, 이는 상대방의 고용기회를 제한하게 된다. 다만, 이러한 경쟁금지(non-compete)와 직원빼가기금지(no-poaching)의 문제는 시장의 경쟁을 촉진하기 위한 독점규제나 공정거래 관련 법률 또는 근로자의 생계유지권을 보호하려는 노동법 등과 충돌될 수 있다. 준거법에 따라서는 이러한 경쟁금지 등에 관한 계약을 강제하지 않으며, 법규상 제재를 받을 수도 있다. 준거법에 따른 경쟁금지조항의 효력이나 내용이 문제되지 않으려면 경쟁금지조항은 합리적인 내용으로 작성될 필요가 있으며, 그 작성 이전에 해당 계약에 적용되는 준거법을 확인해 어떠한 경우에 준거법상 합리적인 경쟁금지가 될 수 있는지를 파악해야 한다. 경쟁금지조항의 강제성을 확보하기 위해, (i) 영업비밀이나 비밀정보 또는 고객관계를 보호할 적법한 비즈니스상 이유나 경쟁을 제한할 사유가 준거법(governing law)상 인정되는지, (ii) 경쟁이 제한되는 행위 등 경쟁이 제한되는 비

즈니스의 범위(scope of the business), (iii) 경쟁행위가 제한되는 지역의 범위(geographic area), (iv) 경쟁제한의 기간(duration of the restriction) 등에 관한 사항들을 확인해야 한다. 경쟁금지규정 위반의 경우 피해당사자의 손해를 측정하기 어려울 수 있으므로 손해배상액의 예정(liquidated damages)으로 그 위반에 따른 손해금액을 정해 두는 것이 일반적이다.

48. Non-Waiver Clause / Waiver Clause

A non-waiver clause is a stipulation included in contracts to make sure that neither party involved in the agreement waives their right to bring suit if the other breaches contract. A waiver clause is a contract provision stating the effect of a waiver and the process for waiving.

Non-Waiver Clause(권리불포기조항)는 당사자가 계약상 인정되는 일정한 권리를 포기하거나 상대방의 계약위반을 간과하였다고 하더라도, 이로 인해 그 당사자의 계약상 다른 권리까지 영향을 받지는 않으며 이를 포기한 것으로 보지 않는다는 규정이다. 이는 계약상 일정한 권리를 포기한 당사자가 의도치 않게 다른 권리까지 포기하는 것으로 해석되거나 또는 계약상 어떠한 의무이행이 면제되거나 간과된 것이 다른 이행의무나 조건에 영향을 미치는 것을 방지하는 기능을 한다. Non-Waiver Clause(권리불포기조항)는, 예를 들어, 계약상 채권자가 해당 분할상환금의 연체이자를 지급받을 권리를 포기했다고 하더라도, 계약상 인정되는 다른 분할상환금의 변제기의 상환이나 그 상환의 지연시 연체이자는 포기하지 않는다는 의미를 가진다. 대부분 국제거래 계약에서는 이러한 Non-Waiver Clause(권리불포기조항)를 포함하고 있다. 다만, 당사자들이 계약조건을 변경하지 않고, 그들의 이행과정 등을 통해 계약조건을 지속적으로 무시한다면 계약상 권리의 포기(waiver)로 인정될 수 있다. 한편, Waiver Clause(권리포기조항)는 당사자가 자신이 가지는 권리(right)나 재량권한(discretionary authority)을 자발적으로 포기하는 규정으로, 배심재판의 포기(jury trial waiver)나 집단소송의 포기(class action waiver) 등이 있다. 미국 연방헌법의 경우 일정한 민사분쟁에 대해 배심재판을 받을 권리를 보장하지만, 계약당사자들이 배심재판의 포기에 관한 조항을 계약서에 포함하는 경우가 많다. 그리고, 기업과 소비자 간 계약에서 기업의 표준계약양식에서 집단소송의 포기에 관한 규정을 두는 경우가 있는데, 이는 고객들이 집단소송의 대표자격으로 공

급업체를 상대로 소송을 할 권리를 포기하는 것이다. 이러한 배심재판의 포기(jury trial waiver)나 집단소송의 포기(class action waiver)는 법률상 인정될 수 있는 권리를 처분하는 것이기 때문에 계약서상 이를 눈에 띄게 뚜렷하게 표기해야 한다.

49. Notice Clause

A notice clause is a contractual provision that serves a basic but essential function by stipulating how and to whom notice must be given under a contract for it to be legally binding. Contracts will often specify notice periods for exercising rights under various provisions, including those for renewal, termination, default and assignment, and in all those cases notice must be given in accordance with the notice clause.

당사자들은 계약기간 동안 계약상 의무나 업무를 수행하는 과정에서 계약과 관련해 상호간 의사소통(communication)이 요구되며 이를 위해 상대방에 대한 통지를 필요로 한다. 당사자의 의사표시의 전달이 요구되는 경우는 다양하게 나타날 수 있는데, 계약의 종료규정에서 피해당사자는 계약위반자에게 계약위반사유를 통지하고 이를 치유할 수 있는 일정한 유예기간을 주거나 계약해지를 할 수 있으며, 계약기간의 갱신의 경우 당사자는 계약기간의 종료 이전 일정한 기간 내에 그 갱신의 의사를 상대방에게 통지해 계약을 갱신하거나 종료할 수 있다. 통지조항(notice clause)에서는 계약에 따라 통지를 적절하게 주고받는 방법에 대한 기본적 규칙을 정하는데, 계약상 필요한 사항에 대해 당사자 간 통지를 받을 주소, 전화번호, 이메일(E-mail) 등 연락처와 함께 국제배달(international deliveries)을 포함한 인편(personal delivery), 등기항공우편(registered airmail), 전보(telegram), 텔렉스(telex), 팩스(fax) 등 통지의 수단과 방법 및 절차, 효력발생시기 등에 관한 사항을 규정한다. 계약상 의무의 불이행, 계약의 해지, 면책배상청구 등 계약상 요구되는 의사표시를 위해 당사자 간 통지가 필요한 때 통지요건이 중요하며, 특히, 통지규정상 정해진 통지기간의 준수는 필수적일 수 있다. 통지의 효력발생시기는 당사자가 계약상 특별한 규정을 두지 않는 한, 해당 계약의 준거법에 따라 달라질 수 있으며, 적법한 통지가 이루어지지 않으면 계약해지 등 계약상 법률행위의 유효성이 다투어질 수 있다.

50. POA (Power of Attorney)

A power of attorney (POA) is a legal authorization that gives the agent or attorney-in-fact the authority to act on behalf of an individual referred to as the principal. The agent may be given broad or limited authority to make decisions about the principal's property, finances, or investments.

POA(power of attorney; 위임장)는 계약을 체결하는 등 어떤 법률행위를 수행할 권한을 위임하였음을 나타내는 문서로, 계약의 서명자가 해당 회사나 기관의 대표자가 아닌 경우 서명자의 계약체결의 대리권한을 위임하는 POA(위임장)를 확인하는 것이 중요하다. 계약상 당사자의 서명(signature)은 당사자 간 합의로 계약서가 작성되어 계약이 체결되었다는 점을 표시하는 행위이므로, 서명의 당사자는 계약 내용에 따라 권리의무를 부담하는 당사자와 일치하여야 한다. 회사의 대표자가 공식적으로 대표권한을 위임하지 않는 한 회사의 대표자만이 계약서에 회사를 대표해 서명을 할 권한을 가지며, 그러한 권한은 준거법과 해당 기업의 내부규정에 의해 결정된다. POA(위임장)에는 대리인에 대한 권한의 위임을 포괄적으로 하는 포괄위임장(general power of attorney)과 일정한 범위에서만 권한을 위임하는 한정위임장(limited/special power of attorney)이 있다. 수임자의 위임권한의 남용을 막고 위임범위를 명확하게 하고자 하는 경우 한정위임장이 보다 안전할 수 있다. 위임장에는 위임자가 수임자를 특정해 위임한다는 취지와 위임되는 사항을 명시해 위임자가 서명을 한다. 위임장의 신뢰성을 높이고자 한다면 공증(notarization) 등의 절차를 거칠 필요가 있다. 의임장(POA)상 대리권한의 범위나 내용이 명확하지 않은 경우 대리행위에 따른 분쟁이 발생할 수 있으며 이 경우 준거법에 따라 법률적 효과를 달리할 수 있다.

51. Preemptive Right

A preemptive right is a right of existing shareholders in a corporation to purchase newly issued stock before it is offered to others. The right is meant to protect current shareholders from dilution in value or control. Preemptive rights, if recognized, are usually set forth in the corporate charter.

Preemptive Right(신주인수권)는 주식회사의 기존 주주가 신규 발행 주식을 타인에게 제공하기 전에 매수할 수 있는 권리이다. 기존 주주에 대한 신주인수권(preemptive right)의 부여 여부는 준거법에 따라 다를 수 있으나, 회사에서 신주가 발행되면 기존 주주의 주주총회에서 가졌던 의결권 비율은 감소하고 주식의 수의 증가로 주가의 하락에 따른 경제적 손실도 입을 수 있기 때문에 일반적으로 기존 주주에 대한 신주인수권은 인정된다. 우리 상법의 경우 주주의 이익을 보호하기 위하여 주주의 신주인수권을 원칙적으로 인정하여, 주주는 정관에 다른 규정이 없으면 그가 가진 주식 수에 따라서 신주의 배정을 받을 권리가 있다. 신주인수권의 배정은 일반적으로 이사회의 결의로 이루어진다(상법 제416조). 다만, 신주인수권을 기존 주주에게만 인정하는 경우 신주발행에 관한 회사의 자금조달의 기동성과 효율성을 저해할 수 있으므로 회사의 정관 규정에 따라 주주 이외 제3자에게 신주인수권을 부여할 수 있다(상법 제418조). 합작회사가 유상증자 등을 통해 자본을 조달할 때 합작회사의 기존 공동투자자들의 지분권을 보호하고 증자참여를 유도하기 위해, 대체로 회사성립 후 증자를 위하여 신주를 발행할 때 공동투자자들에게 우선적으로 신주인수권(preemptive right)이 인정된다. 합작투자계약에 따라 주식을 보유하는 주주의 입장에서는 일반적인 경우 신주를 인수하는 금액은 주식의 시가보다 낮기 때문에 투자자는 신주인수권을 보유해 주가가 그 행사가격보다 높아지면 주식을 받아서 이에 대한 차익을 얻을 수 있다. 다만, 신주인수권은 주주의 권리일 뿐 의무는 아니므로 신주인수권자인 공동투자자는 반드시 신주인수권을 행사하여 출자해야 하는 것은 아니다.

52. Recitals

Contract recitals are statements that provide background information about the intent of a contract. They are located in the introductory part of a contract and immediately follow any preambles listed.

Recitals(witnesseth; whereas clause; background; 계약서 전문)는 계약서 서문(preamble) 다음에 나오는데, 계약과 관련된 당사자들의 거래관계 등 계약을 체결하게 된 경위나 배경 또는 계약의 목적을 설명한다. 이를 통해, 당사자들의 계약

의 의도를 명백히 하고 당사자들이 이해관계 있는 제3자에게 계약의 배경이나 목적을 알릴 수 있다. 계약 관련 분쟁의 발생시 법원 등 분쟁해결기관은 계약서 전문을 통해 계약을 체결하게 된 당사자들의 의도나 거래관계를 파악할 수 있다. 다만, 계약서 전문에서 계약의 목적을 기술하더라도 계약으로 달성하고자 하는 것보다 더 광범위한 내용을 포함해서는 안 되며, 계약의 상세한 내용이나 조건을 다루지 않아야 한다. 계약서 전문은 계약서에 포함된다는 점에서 계약의 일부이지만, 이는 당사자가 특별히 달리 정하지 않는 한 구속력 있는 계약내용의 일부는 아니기 때문에 당사자들이 명시적으로 이에 관해 강제성을 인정하지 않는 한 강제할 수 있는 계약내용이 되지 않는다. 이에, 계약상 진술 및 보증(representation and warranty), 이행의무(covenant), 조건(condition), 해지(termination) 등과 같은 계약의 실행 기능을 하는 실질적 계약규정(substantive provisions)은 계약에 따라 강제되어야 하므로 계약서 전문에 포함하지 않아야 하며, 계약서 본문에 규정되어야 한다. 계약서 전문을 기술할 대 일반적으로 각 문장은 "Whereas"로 시작하고, 개별 문장들은 세미콜론(semicolon)으로 끝나는 절을 가진 문장으로 기술하는 것이 일반적이다. 다만, 계약서 전문의 형식을 어떻게 할지에 대한 것보다 그 내용이 어떤지에 따라 법적 효과를 달리하기 때문에 전문의 표제나 형식은 크게 중요하지 않다.

53. Representation Clause

A representation clause is a contract provision that is a statement of fact (past or present, or both) made by a contracting party with the intent to induce another party to enter into the contract. A representation that is false is a misrepresentation.

Representation Clause(진술조항)는 당사자가 계약체결을 할 때 등 진술시점에서 과거에서 현재에 이르기까지 사실의 설명이나 진술(statement or account of facts)을 하는 규정이다. 사실의 진술은 말이나 행동에 의해 이루어질 수 있는데, 당사자의 사실의 부실표시나 허위진술(false statement of fact) 등 Misrepresentation(허위진술/부실표시)으로 인해 상대방이 계약을 체결하게끔 유인되는 때(inducing that party into the contract) 계약법상 문제가 발생한다. Misrepresentation(부실표시/허위진술)이 인정되는 경우 피해당사자는 계약의 취소나 손해배상의 청구를 할 수

있다. 국제거래 실무상 대부분의 영문계약서에서 진술과 보증을 특별히 구별하기보다는 대부분 "Representations and Warranties"라는 통합된 조항에서 함께 규정하는데, 이는 양 개념이 계약과 관련된 기초적인 사실관계와 연관되어 있기 때문이다. 그런데, Representation(진술)은 약속이 아니기 때문에 약속위반이 될 수 없으며 이를 제대로 하지 않은 때 Misrepresentation(부실표시/허위진술)이 되고, Warranty(보증)는 약속(promise)의 일종이기 때문에 그 위반은 Breach of Warranty(보증위반)가 된다.[6] 영문계약상 Representation Clause(진술조항)는 주로 해당 거래와 관련한 당사자의 능력이나 권한의 적합성과 관련이 있다. 당사자에게 요구되는 정확한 진술을 받기 위해서는 해당 진술이 실제 진실한지를 확인하기 위한 실사(due diligence)를 필요로 한다. 국제거래 계약의 진술사항에는 당사자 간 거래관계나 계약의 성격에 따라 다양한 내용이 포함될 수 있으나, 당사자의 해당 거래를 할 수 있는 권한이나 상태 또는 관련 법률의 준수, 인수계약의 경우 대상 목적물 관련 소송 등 분쟁, 계약 관련 상황 등 계약당사자가 자신에게 일반적으로 요구되는 기본적 진술사항(fundamental representations)을 제대로 제공하지 않는다면 관련 거래의 경고신호일 수 있다.

54. Right of First Offer (ROFO) / Right of First Refusal (ROFR)

A right of first offer (ROFO) provides the non-selling shareholders with the right to make an offer for the selling shareholder's shares before the selling shareholder can solicit for third party offers for its shares. A right of first refusal (ROFR) provides the non-selling shareholders with a right to either accept or refuse an offer from a selling shareholder after the selling shareholder has received a third party offer for its shares.

6 Representation(진술)과 Warranty(보증)는 보통법(common law)상 개념으로 계약조항에서 대체로 함께 사용되지만, 양 개념은 별개의 법적 개념으로, Representation(진술)은 특정 시점에 사실을 진술하는 것인 반면, Warranty(보증)는 특정한 사실이 진실임을 보장하는 것이다. 진술자의 허위진술/부실표시(misrepresentation)가 인정되기 위해서는 진술의 상대방이 그 진술에 대한 정당한 신뢰가 있어야 하는데, 이에 관한 입증이 어려운 경우 당사자는 여전히 보증위반(breach of warranty)에 따른 소송을 제기할 수 있다. 그런데, 보증책임위반을 이유로 한 청구는 사기적 허위진술을 이유로 한 청구보다 입증이 더 용이할 수 있다. 즉, 사기적 허위진술(fraudulent misrepresentation)이 인정되기 위해서 원고는 피고가 자신의 진술이 진실하지 않다는 것을 알면서 허위진술을 했다고 하는 피고의 "scienter(고의)"가 있다는 점뿐만 아니라 원고가 그 허위진술에 대한 정당한 신뢰(justifiable reliance)를 가졌다는 점 등을 입증해야 하는 어려움이 있으나, 보증책임위반(breach of warranty)의 경우 이러한 요건이 불필요하다.

Right of First Offer(ROFO; 우선매수제안권)나 Right of First Refusal(ROFR; 우선매수거절권)은 합작투자계약에서 합작회사의 사업운영에 불확실성을 줄이고 안정성을 확보하기 위해, 주식양도시에 기존 주주들에게 우선적으로 주식을 매수할 기회를 부여해 공동투자자 간 지분이전을 제한하는 방안으로 활용된다. Right of First Offer(우선매수제안권)는 합작회사의 공동투자자, 즉 공동소유자가 자신이 보유한 주식을 제3자에게 매각하려 할 때 기존의 다른 공동소유자들에게 우선적으로 그 매각의 제안 내지 협상을 할 기회를 부여하는 것이다. 우선매수제안권(right of first offer)을 보유한 자가 협상이 제안된 매각하려는 주식의 매수를 원하지 않을 때 주식을 매각하려는 주주는 제3자에게 그 주식의 매각에 관한 협상을 할 수 있다. Right of First Refusal(우선매수거절권)은 다른 사람보다 먼저 상대방과 거래할 수 있는 선택권을 권리보유자에게 부여하는 계약상 권리로, 지분소유자가 자신의 권리를 제3자에게 이전하기 이전에 권리보유자는 우선적으로 해당 거래를 할 수 있다. 권리보유자가 해당 거래를 거부하는 때 지분소유자는 제3자로부터 다른 제안을 자유롭게 수용할 수 있다. 권리보유자는 다른 사람들보다 먼저 자산에 대한 계약을 체결할 권리를 가지고 있기 때문에 옵션계약(option contract)과 유사하며, 권리보유자가 원하거나 필요로 하는 자산이나 주식에 대한 권리를 잃지 않도록 보장하는 기능을 한다. 자산소유자는 자산의 매각에 있어, Right of First Refusal(우선매수거절권)의 권리보유자가 있는 경우 제3자와 먼저 협상을 한 다음 그 협상제안에 따라 그 권리보유자에게 매수할 것인지를 제안해야 하는 데 반해, Right of First Offer(우선매수제안권)의 권리보유자가 있는 경우 제3자와 협상을 하기 전에 그 권리보유자와 먼저 매매협상을 해야 한다는 점에서 차이가 있다. 우선매수제안권조항(right-of-first-offer clause)이나 우선매수거절권조항(right-of-first-refusal clause)에서는 우선매수제안권 또는 우선매수거절권의 행사기간을 정하고, 그 기간 내에 권리보유자가 권리를 행사하지 않는 경우 주식이나 자산의 매도인은 제3자와 해당 주식이나 자산의 매각협상이나 매각절차를 진행할 수 있는 등 권리보유자의 권리행사의 방법과 절차 및 효력을 규정한다.

55. Risk Allocation

Risk allocation is the process of identifying risk and determining how and to what extent they should be shared. Contractual risk transfers are intended to assign responsibility (financial or otherwise) for associated risk exposures to one party or the other.

계약상 Risk Allocation(위험배분)은 거래되는 물품이나 서비스와 관련해 당사자 간 위험을 분배하는 것으로, 일반적으로 한쪽 당사자의 위험부담이 줄어들면 상대방 당사자의 위험부담이 늘어나게 된다. 이러한 상충되는 이해관계로 인해 계약조건의 협상시에 당사자 간 위험부담의 범위나 전가는 중요한 쟁점이 될 수 있다. 영문계약서에는 계약의 적용범위와 당사자들의 진술과 보증, 이행의무 등 당사자들이 수행하기로 합의한 내용을 서술하면서 당사자의 이행의무의 정도와 책임의 범위를 제한하거나 상대방에게 일정한 책임을 이전하는 등 당사자들 사이에 계약과 관련된 위험을 배분하게 된다. 계약상 위험배분(risk allocation)의 문제는 계약의 구성개념들(contract concepts)에 따라 또는 사용되는 단어나 문구에 따라 다양한 형태와 의미로 나타날 수 있다. 계약상 진술과 보증(representation and warranty)과 관련한 당사자의 위험부담의 정도는 진술내용이 얼마나 넓게 또는 좁게 기술되어 있는지에 따라 달라진다. 당사자들의 이행의무(covenant)의 경우 약속이 얼마나 절대적인지를 정하는 기능을 하며, 면책배상규정(indemnification) 또한 그 면책의 대상이나 범위의 설정에 따라 각 당사자의 위험부담의 정도가 달라질 수 있다. 조건(condition)은 그 조건의 발생이나 미발생 또는 조건의 제한 정도에 따라 어느 당사자가 어떠한 범위에서 위험을 부담할 것인지 정해질 수 있으며, 계약상 일정한 사건을 조건으로 할 것인지 또는 당사자의 이행의무의 일종으로 할 것인지에 따라 당사자 간 위험부담이 달라질 수 있다. 계약서의 검토나 작성과정에서 이와 같은 계약규정들을 제대로 이해하기 위해서는 계약서상 용어나 조건이 어떠한 의미를 가지고, 당사자가 가질 수 있는 권리의무나 위험에 어떠한 영향을 미치는지를 파악할 필요가 있다. 다만, 해당 계약에 적용되는 준거법에 따라 위험배분의 범위나 방식이 제한될 수 있다.

56. Service Agreement

A service agreement is a contract between a service provider and a client that outlines the exchange of services for compensation. A service agreement describes the terms of service, and should include a description of the work, the price for the service, assurances, and the contractor's and client's contact information.

Service Agreement(서비스계약)는 다양한 경우에 여러 형식으로 이루어질 수 있어 일률적으로 정의하기는 힘들지만, 일반적으로 서비스제공자(service provider)의 서비스구매자(buyer)에 대한 서비스의 제공과 관련해 서비스제공자가 수행할 서비스의 내용과 그에 대한 서비스구매자의 대가를 정하고, 서비스제공과 관련된 자료나 산출물(deliverables)의 인도 및 소유권 등에 관한 당사자 간의 권리의무를 정하는 계약이다. 서비스계약(service agreement)에서 제공되는 서비스는 비숙련노동에서 수준높은 컨설팅 서비스에 이르기까지 거의 모든 종류의 무형의 용역이나 유형의 산출물일 수 있으며, 서비스제공자도 도급업자나 프리랜서 등 다양할 수 있다. 다만, 제공되는 서비스의 내용에 따라 서비스제공자의 자격이 제한될 수 있으며 대상 서비스도 관련 법규상 특별한 제한이 있을 수 있다.[7] 서비스계약에서는 서비스제공의 시작일과 종료일, 제공되는 서비스의 내용, 서비스와 관련해 당사자가 부담하는 책임, 상대방이 의무를 이행하지 않을 경우 당사자가 이용할 수 있는 법적 구제방법, 서비스 완료 전에 서비스계약이 종료될 수 있는 사유 등을 명확히 한다. 서비스계약은 서비스제공에 중점이 있으므로 서비스제공자의 서비스업무의 범위와 책임이 중요한데, 일반적으로 계약서의 별첨으로 작업명세서(SOW)를 작성해 서비스의 구체적인 범위나 관련 프로젝트의 산출물을 명시한다. 특히, IT 관련 계약의 경우 서비스제공자의 서비스 수행의 내용과 관련해, 일반적으로 서비스수준계약(SLA)을 작성해 서비스의 이행일정을 별도로 규정한다. 산출물(deliverables)을 수반하는 서비스계약의 경우 서비스구매자의 입장에서는 산출물의 적정성을

7 서비스계약(service agreement)은 제한된 기간 동안 1회성 산출물 또는 장기간에 걸친 지속적인 파트너십(ongoing partnership)을 위해 체결될 수 있으며, 서비스의 성격이나 당사자의 관계 등에 비추어 개별적 서비스의 내용이나 요구사항이 다를 수 있다. 정부에서 제공하는 공공서비스나 통신회사, 전력회사 등 공익기업(utility companies)이나 공공기관 또는 다수가 이용하는 소프트웨어 업체나 컨설팅 업체에서 제공되는 서비스거래의 경우 대체로 고객별로 별도의 서비스계약을 작성하는 대신 대부분의 고객에게 서비스로 제공될 내용을 개략적으로 규정하는 정형적 표준서비스계약(standard service agreement)을 마련해 사용한다.

확인하기 위해 관련 서비스대금을 지급하기 이전에 해당 서비스와 산출물을 검증하고 이를 수락(acceptance)하는 절차를 둔다. 서비스 제공의 대가는 서비스제공자의 시간당 서비스요율, 일시불 지급금액, 제품비용 등을 고려해 가격결정구조와 지급일정을 정할 수 있다. 서비스계약에서는 당사자의 지식재산을 사용해 서비스 업무를 하기 때문에 지식재산권(intellectual property right)에 관한 사항은 중요한데, 일정한 프로젝트의 수행에 관한 서비스계약의 경우 프로젝트를 수행하는 기간 중에 산출된 유형물이나 지식재산의 소유권에 관한 사항을 명확히 할 필요가 있다.

57. Severability Clause

A severability clause in a contract states that its terms are independent of one another so that the rest of the contract will remain in force should a court declare one or more of its provisions void or unenforceable.

Severability Clause(분리조항)는 계약상 어떤 조항이 불법 등으로 무효가 되거나 강제할 수 없더라도, 나머지 조항은 유효한 계약조항으로 강제할 수 있도록 한다는 점을 명시하는 규정이다. 이는 계약 내의 일정한 사항이 무효가 되더라도 계약 전체의 실효를 방지하기 위해 나머지 내용은 강제할 수 있도록 해 계약의 유효성을 보장하는 기능을 한다. 분리조항(severability clause)은 강제할 수 없는 조건들(unenforceable terms)의 영향을 제한해 당사자들이 가능한 한 계약서면대로 계약을 실행할 의도가 있음을 확인하는 것이다. 분리조항은 계약서상 일부 조항의 무효에 따라 당사자가 합의한 다른 조항에 영향을 미치지 않는다는 점에서 당사자에게 유리할 수 있다. 다만, 일정한 사유로 특정 조항이 무효인 때, 계약의 나머지 내용도 강제할 수 없도록 할 필요성이 있는지를 고려해야 한다. 문제된 조항이 계약의 필수적 내용이라면 이를 어떻게 처리할 것인지 또는 문제된 조항을 대체하는 등의 노력을 필요로 하는지 등의 논란이 있을 수 있다. 이와 관련해, 문제된 조항이 계약의 필수적인 내용이라면 당사자들은 전체 계약을 자동적으로 강제할 수 없는 것으로 규정할 수 있는데, 이때는 그 문제된 조항이 계약상 필수적 내용이라는 점을 명확히 입증하기 쉽지 않다는 문제가 있다. 당사자들이 문제된 조항을 대체하거나 구제하길 원한다면 당사자들이 스스로 대체조항(replacement provision)을 협의하거나 또는 법원이 그 조항을 구제하거나 대체할 것을 규정할 수 있다. 법원

이 강제할 수 없는 조항(unenforceable provision)을 정정(reformation)할 수 있는 권한범위는 관련 법규나 판례에 의해 정해질 수 있다.

58. Shareholders' Agreement

A shareholders' agreement, also called a stockholders' agreement, is an arrangement among shareholders that describes how a company should be operated and outlines shareholders' rights and obligations. The agreement also includes information on the management of the company and privileges and protection of shareholders.

Shareholders' Agreement(주주간계약)는 회사의 투자자들이나 주주들 사이에 이루어지는 계약으로, 주주들의 권리의무나 자신들이 소유한 회사의 경영에 관한 합의사항을 정한 규정이다. 주주간계약(shareholders' agreement)에서는 회사의 발행주식의 총수와 개별 주주의 보유 지분의 구조와 그에 따른 권리의무, 주식양도에 대한 제한, 주주의 소유 지분비율을 유지하기 위해 현재의 주주가 주식을 구매할 수 있는 우선권, 소수주주 지위의 보장, 회사의 매각시 주주들 간 투자대금의 회수 등 주주들 상호간 권리의무나 회사경영에 관한 사항을 정하는 다양한 법적 장치를 정한다. 이는 합작회사를 설립 운영하기 위한 제반 사항을 정하는 합작투자계약(joint venture agreement)과 유사할 수 있으나, 그 계약의 목적이나 성격상 차이가 있을 수 있다. 합작투자계약은 당사자 간 공동투자를 위한 자금조달의 전제조건과 그 대가로 어떠한 약속이 주어지는지를 정하기 위한 것인 반면, 주주간계약은 주주들 간 의사결정의 약정과 해당 사업의 운영방식에 대한 주주의 통제권을 정하는 데 중점이 있다. 다만, 양 계약의 목적이나 성격의 차이에도 불구하고, 당사자 간 필요에 따라 합작투자계약 또는 주주간계약에서 공동투자의 조건으로 투자자들 상호간 자금출자와 합작투자법인 설립에 관한 사항뿐만 아니라 회사의 경영상 의사결정 방법, 공동매각권(tag-along right), 동반매각권(drag-along right) 등 당사자들의 지분이전의 제한사항 등을 포함할 수 있으며, 이는 회사의 정관 등 내규와 상충되지 않도록 해야 한다.

59. SOW (Statement of Work)

The Statement of Work (SOW) is the area in an agreement where the work to be performed is described. The SOW should contain any milestones, reports, deliverables, and end products that are expected to be provided by the performing party. The SOW should also contain a time line for all deliverables.

SOW(statement of work; services description; 작업명세서/서비스설명서)는 계약에서 수행될 작업을 설명하는 문서로, 계약당사자가 제공할 것으로 예상되는 서비스의 내용, 진행계획, 산출물 등을 포함한다. 당사자 간 유사한 거래가 연속적·반복적으로 발생하는 경우 Master Agreement(주계약)를 작성하고 개별 거래나 특정 프로젝트에 따른 추가 조건을 SOW(작업명세서)에 별도로 명시할 수 있다. 작업명세서(SOW)를 사용하면 주계약서(master agreement) 자체를 수정하거나 재협상하지 않고, 해당 프로젝트에 향후 요구될 수 있는 사항을 동일한 주계약서의 조건하에 작업명세서상 내용의 추가나 변경만으로 작업을 수행할 수 있게 된다. 서비스에 관한 설명이 길거나 복잡한 경우 다른 계약조건들과의 혼동을 피하고 작업상황에 따라 유연하게 작업명세서를 작성해 이행할 수 있도록, 일반적으로 해당 서비스 관련 설명이나 대금지급조건 등을 계약서의 본문이 아니라 계약서에 첨부된 작업명세서(SOW)에 기재한다. 작업명세서(SOW)는 서비스의 내용에 따라 다양할 수 있으나, 대체로 서비스의 목적, 서비스의 수행에 요구되는 기술, 프로세스, 제품 등 내역, 산출물이 있는 경우 그 내용, 형식, 기능 등을 기술한다. 그리고, 대상 서비스의 내용뿐만 아니라 서비스와 관련된 당사자, 시기, 장소, 방법 등에 관한 사항도 명기할 필요가 있다. 작업명세서(SOW)상 서비스에 관한 설명은 과업중심 또는 결과중심으로 기술할 수 있다. 과업중심설명(task-driven description)은 서비스 활동의 목표를 정하기보다는 고객에 대한 기술지원이나 인력배치 등 서비스제공자의 작업활동에 초점을 두는 반면, 결과중심설명(outcome-driven description)은 해당 목표를 달성하는 방법에 대한 세부정보 없이 서비스제공자가 시스템을 구축하거나 실행하는 방법 등 서비스 결과물의 세부사항을 상세하고 명확하게 나타내는 데 중점을 둔다. 다만, 결과중심설명이라 하더라도, 필요한 범위에서 서비스수행의 방법에 관한 세부사항을 기술하거나, 고객의 기존 공급업체의 관리나 협력 등에 관한 과업중심에 관한 사항을 포함할 수 있다.

60. Specification / SLA (Service-Level Agreement)

A specification is a detailed description of how something should be done, made, etc. A specification often refers to a set of documented requirements to be satisfied by a material, design, product, or service. A service-level agreement (SLA) defines the level of service expected by a customer from a supplier, laying out the metrics by which service is measured, as well as remedies or penalties should agreed-on service levels not be achieved. It is a critical component of any technology vendor contract.

Specification(s)(specs; 사양서/설명서/시방서)는 계약 목적물의 내용이나 사용방법 등에 대한 상세한 설명으로, 설계도 등과 같이 자산을 설명하거나 제품이나 서비스에 의해 충족되어야 하는 일련의 문서화된 요구사항을 말한다. 사양서(specifications)는 온프레미스 소프트웨어 라이선스(on-premise software license)나 클라우드 서비스계약 등 대부분의 소프트웨어 관련 계약에서 사용되며, 서비스계약에서 서비스의 산출물(deliverables)을 설명하기 위해 쓰이기도 한다. 사양서는 계약대상 기술을 설명하는 형태로 기재되며, 그 내용이 긴 경우 번호를 매긴 조항의 형태로 작성하는 것이 일반적이다. 계약상 사양서가 없거나 그 내용이 불명확한 경우 관련된 계약조항들도 문제가 생길 수 있는데, 사양서의 내용이 기술적·전문적일 경우 그 사양의 명확성에 대해 관련 직원이나 전문가의 검토가 요구된다. 한편, SLA(service-level agreement; 서비스수준계약)는 IT계약에서 그 서비스의 수준을 정하는 일련의 조항들로, 그 명칭에도 불구하고, 이는 별도의 계약은 아니다. SLA(서비스수준계약)는 IT계약에서 사양서의 기능을 할 수 있으며, 일반적으로 관련 웹사이트에 게시되거나 또는 별도의 문서로 작성되어 참조로 체결되는 주된 계약서에 통합된다. SLA(서비스수준계약)에는 대체로 가동시간(uptime), 수행속도(speed of performance), 오차율(error rates) 등과 같은 서비스의 기준 등에 관한 최소서비스수준을 설정한다. IT계약에서, SLA(서비스수준계약)는 주로 소프트웨어를 실행하기 위해 제공자가 지공해야 하는 서비스의 기능이나 수준에 초점을 맞추는 반면, 유지보수조항(maintenance clause)은 고객과 협력해 도움을 제공하는 전문가의 노력에 관한 사항에 중점을 둔다. 유지보수조항과 달리, SLA(서비스수준계약)에서는 일반적으로 업데이트 및 업그레이드를 다루지 않으며, 장애에 대한 보상(credits)을 부여한다.

61. Summary Judgment

A summary judgment is a judgment entered by a court for one party and against another party without a full trial. In civil cases, either party may make a pre-trial motion for summary judgment. Rule 56 of the Federal Rules of Civil Procedure governs summary judgment for federal courts. Under Rule 56, in order to succeed in a motion for summary judgment, a movant must show (1) that there is no genuine dispute as to any material fact, and (2) that the movant is entitled to judgment as a matter of law.

Summary Judgment(약식판결/사실심리생략판결)는 사실상의 쟁점이 없기 때문에 그 사안을 배심에 돌릴 필요가 없다는 주장을 하는 원고나 피고의 신청에 대해 법원이 내리는 배심원 평결 전의 판결이다. Summary Judgment(약식판결)는 미국 연방민사소송규칙(FRCP)[8]과 대부분의 주에서 정식재판 심리 이전 신청(pre-trial motion)으로 인정되고 있다. 민사소송상 1심 재판절차에 들어가기에 앞서, (i) 배심재판을 통해 다툴 수 있는 진정한 어떠한 사실상의 쟁점이 없는 경우(no genuine issues of material facts)로서, (ii) 다툼이 없는 사실(undisputed facts)에 대해 법을 적용한 결과로서 한쪽 당사자에게 승소의 판결을 내려 주어야 할 경우 당사자의 신청 등에 의해 사실심리 없이 법원이 내리는 판결이다. 이는 배심원의 심리가 불필요한 경우 배심원 평결 전(pre-verdict judgment)의 종국적 판결로, 소송 진행 중 주요한 쟁점들에 대한 판단을 내리는 Interlocutory Judgment/Decree(중간판결)와 구별된다. 당사자는 디스커버리(discovery) 등 절차를 통해 밝혀진 사실에 근거해 배심원의 심리를 필요로 하는 주요 사실에 관해 다툴 쟁점이 없는 경우 Summary Judgment(약식판결)의 신청을 구할 수 있다(motion for summary judgment).[9] 이는 배심원의 심리에 따른 시간과 비용을 절약하고 재판의 효율성을 기할 수 있는 제도적 장치로, 법원은 해당 소송상 청구의 결정을 뒷받침할 증거가 이미 충분하여 주요 사실에 대한 쟁점에 대해 다툼의 여지가 없다고 판단하는 때 Summary Judgment(약식판결)를 내릴 수 있으며, 이 경우 배심원의 심리 없이 소송이 종결된다. 다만, 법원은 일정한 사실에 관해서만 판결을 내릴 수 있는데(partial summary

8 FRCP Rule 56.

9 "Motion Procedure"은 일정한 예비적 또는 부수적 구제방법에 대한 요구로, 법원의 명령을 구하는 신청절차(application for an order of the court)를 말하는데, 신청인은 "moving party (movant)"라 한다.

judgment), 이 경우는 그 판결이 된 부분 이외의 나머지 부분에 대해서는 배심원의 심리(jury trial)가 이루어질 수 있다.

62. Survival Clause

A survival clause is a contract provision that extends the effectiveness of certain provisions, such as representations, warranties, and covenants, beyond the expiration or termination of the agreement or the closing of the transaction, but not beyond the legally prescribed statute of limitations period.

Survival Clause(존속조항)는 진술, 보증, 이행의무 등과 같은 계약상 특정한 조항에 대해 거래의 클로징(closing)이나 계약의 종료(termination) 이후에도 효력을 인정하는 규정이다. 존속조항(survival clause)에 의해 클로징 이후 일정한 기간 동안 발견된 부실표시/허위진술(misrepresentation)에 대해 진술자가 상대방에게 손해배상책임을 부담하도록 함으로써 당사자 간 위험을 배분할 수 있다. 존속조항을 두는 경우에도 진술의 성격이나 당사자 간 협상결과에 따라 존속기간을 달리할 수 있다. 당사자들은 또한 진술사항을 분류해 일부 진술에 대해서는 클로징이나 법률상 소멸시효 이후까지 그 효력을 존속하도록 하거나, 다른 진술에 대해서는 무제한적 존속기간을 두거나 또는 법률상 소멸시효에 따르도록 할 수 있다. 다만, 법률상 인정되는 소멸시효를 단축하거나 연장하는 당사자 간 합의는 준거법(governing law)에 의해 제한될 수 있다. 한편, 계약이 종료되더라도 계약상 모든 권리의무의 효력이 없어지는 것은 아니므로 계약의 종료 이후에도 효력이 유지될 필요가 있는 조항이 있다면 이를 Survival Clause(존속조항)에 포함한다. 계약서상 특정한 조항이 존속조항인지 여부에 대한 분쟁을 예방하기 위해, 단순히 존속해야 할 모든 조항들이 존속한다는 식의 포괄적인 서술(blanket statement)을 하기보다는 가능한 한 계약서상 해당 조항이나 내용을 일일이 열거하거나 또는 존속이 필요한 조항을 일일이 열거하면서 잠재적 존속의 필요성이 있는 일정한 계약조건이나 의무 등도 존속된다는 취지의 포괄적 표현(catch-all language)을 둘 수 있다. 일반적으로 보증책임(warranties), 면책배상의무(indemnification obligation), 비밀유지의무(confidentiality obligation), 경쟁금지의무(non-compete obligation), 준거법과 분쟁해결방법 등과 같은 조항들은 계약종료 이후에도 존속할 필요가 있다.

63. Termination Clause

A termination clause is a contract provision that defines the circumstances under which said agreement can be terminated. Termination can happen before the duties outlined in the agreement are fulfilled. A termination clause specifies rights to bring a contract to an end for specified reasons.

Termination Clause(계약해지조항)는 사기, 허위진술, 착오 등 계약의 성립이나 이행상 하자가 있거나 계약위반 또는 계약상 정해진 일정한 해지사유의 발생 등 특정한 상황에서 계약을 종료시킬 수 있는 규정이다. 계약해지사유는 일반적으로 특정한 사유에 의한 계약해지와 편의상 계약해지로 분류된다. 특정한 사유에 의한 계약해지(termination for cause)는 계약당사자 일방의 계약의 중대한 위반(material breach)이 있는 때 보통법(common law)상 통상적인 계약의 해지사유로 인정되며, 계약상 채무불이행사유(event of default)가 발생한 경우에도 피해당사자의 일반적 구제방법으로 계약해지가 인정된다. 또한, 신용악화 등 잠재적 채무불이행사유도 계약해지의 사유로 규정할 필요가 있는데, 이러한 경우로는 당사자의 파산, 해산, 청산, 부도, 지급불능, 압류, 가압류, 가처분 등이 있다. 특정한 사유나 원인이 없이, 당사자가 일정한 통지 등을 통해 편의적으로 계약을 해지할 수 있는 경우를 편의상 계약해지(termination for convenience)라 한다. 계약해지의 방법이나 절차는 계약서에 이를 명시해 당사자 간 불필요한 분쟁을 예방할 필요가 있다. 계약이 해지되면 일반적으로 당사자의 계약상 장래 이행의무는 소멸되지만, 계약이 해지되기 이전에 발생한 계약위반에 따른 당사자의 책임에는 영향을 미치지 않는다. 피해당사자는 계약위반자를 상대로 계약위반에 따른 손해배상 등 계약상 또는 법률상 구제방법을 행사할 수 있다. 실무상 당사자의 계약위반의 경우 대체로 피해당사자가 즉시 계약을 해지하기보다는 일정한 시정기간을 두고 그 위반이 치유되지 않는 때 계약을 해지할 수 있도록 한다. 계약종료시 비밀정보의 반환, 파기 등 당사자의 책임과 함께 계약종료 이후에도 계약상 효력을 존속시킬 필요가 있는 조항들은 존속조항(survival clause)에서 특정한다.

64. Term of Contract

In English law, the term of a contract is its duration: the amount of time that the contract will remain in force. This can be understood as the period between the contract effective date and the contract end date – both of which are typically outlined within a contract and will be agreed to by both parties.

계약상 "Term"은 계약기간을 나타내는데,[10] 대부분의 계약은 일정한 계약기간(contract duration)을 두고 계약상 권리의무를 발생시키는 것으로 하고 있으나, 계약에 따라서 계약기간의 규정이 반드시 필요한 것은 아닐 수 있다. 계약기간이 정해져 있으면 그 기간의 만료까지 당사자 간 계약관계를 유지할 수 있어 거래관계가 예측가능하고 계약의 종료시에 새로운 관계를 모색할 수 있는 기회를 가질 수 있다. 계약기간(term; duration)은 계약이 효력을 유지하는 기간으로, 그 기간이 만료되면 당사자 간 별도의 합의가 없는 한 계약은 자동으로 종료된다. 계약의 효력발생일(effective date)은 대체로 계약체결일(signing date)과 동일한데, 그 일자가 다를 경우 계약의 효력발생일을 계약서에 별도로 명기해야 한다. 계약기간의 만료(expiration)로 계약은 종료되는데, 계약기간 중에도 특정한 사유에 의한 계약해지(termination for cause)나 편의상 계약해지(termination for convenience) 등에 의해 계약이 조기종료(early termination)될 수 있다. 비밀유지의무, 경업금지의무 등과 같이 계약기간의 종료 이후에도 계약상 권리의무를 지속시키길 원하는 사항은 존속조항 등에서 그 존속기간을 별도로 명시할 필요가 있다. 당사자가 계약의 갱신(renewal)을 원하는 경우 그 갱신의 취지를 만료일 전 일정기간 내에 상대방에게 통지를 함으로써 계약을 갱신하도록 할 수 있다. 그런데, 계약기간이 만료될 때까지 또는 그 만료 이전 일정기간까지 한쪽 당사자가 상대방에게 계약해지를 통지하지 않는 한 계약기간이 자동적으로 갱신되도록 할 수 있는데, 이를 계약자동갱신조항(evergreen clause)이라 한다. 계약이 갱신되는 때 계약조건을 기존 계약과 동일한 조건으로 할 것인지, 아니면 당사자 간 협상된 새로운 조건으로 할 것인지를 명확히 해야 한다.

---

10 계약에 사용되는 단어 "Term"은 "defined term"과 같이 "용어," "terms and conditions"과 같이 "계약의 조건," "contract term"과 같이 "계약기간" 등 다양한 의미를 가질 수 있다. 계약기간을 나타내는 조항의 표제로는 "Term" 이외에, "Duration," "Period of Contract," "Period of Performance" 등을 사용하기도 한다.

65. Term Sheet

A term sheet is a bullet-point document outlining the material terms and conditions of a potential business agreement, establishing the basis for future negotiations between a seller and buyer. A term sheet can be defined as a non-binding agreement that sets out the basic conditions for making an investment.

Term Sheet(거래조건 명세서)는 계약의 주요 조건에 관한 당사자 간 쟁점사항 내지 합의사항을 나열한 문서이다.[11] 이는 일반적으로 정식 최종계약(definitive agreement)의 체결 이전에 계약의 주요 쟁점이 되는 사항들을 나열해 그 사항들에 대해 당사자 간에 일목요연하게 논의하기 위해 작성되는데, 국제거래의 협상과정에서 당사자 간 합의를 위해 교환되는 다양한 문서들 중의 하나이다. Term Sheet(거래조건 명세서)는 대부분의 경우 형식적 요소들을 무시하고 가능한 한 협상 대상이 되는 조건들을 항목으로 명시해 장래 계약서 작성에 활용할 수 있으나, Term Sheet 자체로 당사자 서명을 거쳐 바로 계약화하는 방법도 있을 수 있다. Term Sheet(거래조건 명세서)와 유사한 서식으로 Letter of Commitment(LOC; 확약서)가 있는데, 이는 당사자 간 일정한 내용의 합의를 할 의사가 있음을 표현하는 문서로, 계약의 일방 당사자가 편지형식으로 그동안 당사자 간 합의사항을 정리해 상대방에게 전달한다. Term Sheet나 Letter of Commitment는 당사자 간 장래 체결될 계약의 주요 조건을 상대방에게 전달하는 예비적 합의로, 특별한 사정이 없는 한 그대로 계약의 내용으로 편입되는 것이 일반적이다. 이들 문서의 작성시에는 확정되지 않았거나 애매한 사항은 가급적 배제하고, 가능한 한 합의된 사항은 모두 포함시키되, 정식계약의 체결 이전에 별도로 교환된 정보나 자료가 이들 문서와 모순되거나 충돌될 수 있는 사항이 있다면 완전합의조항(entire agreement clause)을 포함할 수 있다. Term Sheet나 Letter of Commitment는 일반적으로 MOU(양해각서)나 LOI(의향서)에 비해 당사자 간 계약에 관한 협의가 어느 정도 진전되고 합의의 형태로 구체화된 때 작성되기 때문에 그 문서의 법적 구속력이 있는 것으로 해석될 여지가 있으므로 그 법적 강제력을 원하지 않는 경우 법적 구속력이 없다는 점을 명확히 해야 한다.

11 당사자 간 주요 조건을 명시한 서식을 반드시 “Term Sheet”라고 할 필요는 없으며, “Mandate Letter,” “Engagement Letter” 등 다양한 표제로 작성할 수 있다.

66. Time is of the Essence Clause / Drop-Dead Date

In a legal context, "time is of the essence" is a statement that may be included in the language of the provisions of a contract to emphasize that the parties must complete their obligations on time. The phrase "time is of the essence" means that timing is material to the performance of the contract. The drop-dead date is the last possible date on which something must be completed and, in most circumstances, an extension is not possible.

"Time is of the Essence Clause"는 계약상 의무를 정해진 시간 내에 이행을 하지 못하는 경우 이를 계약의 중대한 위반(material breach)으로 본다거나 또는 당사자들이 전체 계약의 완료를 위해 특별히 중요한 계약상 의무에 관해 계약상 정해진 시간을 반드시 준수할 것을 요구하는 규정이다. 보통법(common law)상 상당이행의 법리(substantial peformance rule)에 따라 당사자의 상당한 이행의 제공이 있는 한 계약상 기재된 일자나 시간이 본질적이지 않은 것으로 해석될 수 있어, 부동산 매매계약이나 건설계약 등에서 계약당사자에게 이행기가 중요한 의미가 있는 때 당사자의 계약상 일자나 시간의 준수의무가 필수적이라는 점을 명시하는 것이다. 다만, 이러한 문구의 의미를 명확히 하기 위해, 계약서상 기한이 중요하다는 것과 당사자가 계약서에 기재된 기한이나 일자를 준수하지 못하는 때 계약이 취소나 해지되는 등 어떠한 결과가 초래되는지 명확히 할 필요가 있다. "Drop-Dead Date"는 거래가 최종적으로 마감되는 일자를 뜻하는데, 사업양도 등 인수거래에서 매수인이 인수계약서를 작성할 때 "Time is of the Essence(시간은 필수적이다)"의 의미를 더욱 명확히 나타내기 위해, 거래가 최종 마감일(drop-dead date)까지 종결되지 않는 경우 어느 당사자든 그 계약을 취소 내지 해지할 수 있다고 규정할 수 있다. 클로징이 반드시 특정한 날에 일어나야 하는 경우 Time is of the Essence Clause를 두고, 필요한 경우 단계적인 클로징일(rolling closing date)을 두거나 또는 당사자들의 합의로 클로징을 연기할 수 있는 경우 클로징을 더 이상 미룰 수 없는 일자인 Drop-Dead Date(최종마감일)를 계약서에 포함할 수 있는데, 최종 마감일(drop-dead date)에도 클로징을 하지 못하는 때 계약이 취소 내지 해지되는 것으로 한다.

67. Trade Secrets

Trade secrets are a type of intellectual property that includes formulas, practices, processes, designs, instruments, patterns, or compilations of information that have inherent economic value because they are not generally known or readily ascertainable by others, and which the owner takes reasonable measures to keep secret. Intellectual property law gives the owner of a trade secret the right to restrict others from disclosing it.

Trade Secrets(영업비밀)는 대체로 널리 알려져 있지 않거나 그것을 사용할 수 있는 사람들에 의해 쉽게 발견될 수 없으며, 비밀을 유지할 합리적 노력을 필요로 하는 가치있는 정보(valuable information)를 말한다. 영업비밀보호 관련 법률(trade secrets law)은 영업비밀의 부정한 사용(misappropriation), 즉 정보의 무단 수집이나 사용이 있는 때에만 적용되며, 정보제공자가 계약에 따라 자신의 정보를 제공하는 때에는 문제되지 않을 수 있다. 준거법상 영업비밀을 인정하는 경우 일반적으로 영업비밀의 누설, 부적절한 취득, 무단 사용이나 공개에 대한 구제방법을 허용한다. 영업비밀은 준거법상 관련 법규에 의해 보호받을 수 있으므로, 계약상 비밀유지조항을 두는 것은 이러한 영업비밀 이외의 정보의 유용을 방지하기 위한 것이라 할 수 있다. 비밀유지조항(confidentiality clause)에서 비밀정보(confidential information)의 개념에 당사자가 임의로 정한 비밀정보뿐만 아니라 당사자의 영업비밀도 포함할 수 있다. 다만, 계약상 비밀정보의 개념에 영업비밀(trade secrets)과 기타 비밀정보(non-trade secret-confidential information)를 포함하는 경우 비밀유지의무기간을 어떻게 정할 것인지 검토할 필요가 있다. 영업비밀과 기타 비밀정보를 구별하지 않고, 비밀유지의무기간을 명시하지 않을 수 있는데, 이때 대체로 법률상 비밀유지기간을 두고 있는 영업비밀과 달리 기타 비밀정보에 대해서는 비밀유지의무기간을 어떻게 볼 것인지 문제될 수 있다. 영업비밀과 기타 비밀정보를 구별하지 않고, 비밀유지의무기간을 명시할 수 있는데, 이 경우 계약상 정한 비밀유지의무기간이 준거법상 인정되는 영업비밀에도 적용되어 법률상 영업비밀에 대한 구제방법을 제한할 수 있는 문제가 있다. 준거법상 인정되는 영업비밀과 기타 비밀정보를 구별해 각각 별도의 정의규정을 둘 수 있는데, 이 경우 영업비밀에 대하여는 법률상 비밀유지의무기간에 따르고, 기타 비밀정보에 대하여는 당사자 간 거래상황에 따른 합리적인 기간을 명시할 수 있다. 다만, 이 경우는 당사자들의 어떠한 정보가 법률상 영업비밀이고 어떠한 정보가 기타 비밀정보인지에 관한 판

단에 어려움이 있을 수 있다.

68. Warranty Clause

A warranty clause is an assurance that the products or services being sold are free of defects and meet the description. It also explains how your product will function and what it will do. A warranty is a promise that certain facts are truly as they are represented to be. A warranty that is imposed by the law governing the contract, even though no explicit language in the contract provides for the warranty (e.g., an implied warranty of merchantability; implied warranty of fitness for a particular purpose).

Warranty Clause(보증조항)는 과거나 현재 또는 미래의 특정한 사실에 대한 당사자의 상대방에 대한 약속(promise)이나 사실의 확약(affirmation of fact)을 나타내는 계약규정으로,[12] 그 확약 내지 약속을 위반(breach)하는 경우 상대방에게 책임을 질 것을 보장한다. Warranty(보증)는 법률상 인정되는 묵시적 보증(implied warranty)도 있으나,[13] 명시적 보증(express warranty)이 계약서 작성과정에서 주로 문제된다. 미국의 UCC(통일상법전)에 따르면, 판매자가 구매자에게 상품과 관련된 사실의 확인이나 약속을 하고 그 확인이나 약속이 해당 거래의 기초가 되는 경우 해당 상품이 그 확인이나 약속에 부합해야 한다는 명시적 보증을 한 것으로 본다. Warranty(보증)의 개념은 보통법(common law)상 주로 물품매매계약과 관련해 발

12 장래의 사실에 대한 보증을 하는 경우는 당사자의 Covenant(이행의무)를 보증(warranty)의 형태로 표현한 것으로 볼 수 있다.

13 보증이 계약상 명시적으로 규정되어 있지 않더라도, 법에 의해 묵시적으로 인정될 수 있는 묵시적 보증(implied warranty)이 있는데, UCC에서는 물품의 매도인이 상인(merchant-seller)인 경우 판매된 특정 상품과 관련해 특별히 계약에서 보증을 제외하지 않는 한 "Implied Warranty of Merchantability(상품성에 관한 묵시적 보증)"를 인정한다. 또한, 구매자가 상품을 구매할 때 판매자가 구매자의 특정목적(particular purpose)을 알고 있고, 구매자가 적절한 상품을 선택할 때 판매자의 기술과 판단을 신뢰(reliance)하는 경우 "Implied Warranty of Fitness for Particular Purpose(특정목적에 관한 적합성의 묵시적 보증)"가 인정된다. 한편, 미국의 "Magnuson-Moss Warranty Act"는 소비재 제품의 공급자의 불공정 또는 왜곡된 방법에 의한 보증책임(warranty)의 배제나 제한에 따라 발생하는 문제를 해결하고 소비자를 보호하기 위해 제정된 연방법(federal law)으로, 보증자로 하여금 제품의 보증책임의 범위(warranty coverage)에 대한 상세한 정보를 제공할 것을 요구하고, 서면에 의한 보증(written warranties)과 관련한 소비자의 권리와 보증자의 의무를 보다 명확히 하고 있다.

전되었지만 현재 다른 다양한 유형의 계약에서도 사용되고 있다. 보증(warranty)은 매매계약의 대상인 재화나 용역이 계약의 사양(specifications)에 부합하지 않는 경우 매도인의 의무에 관한 사항과 매수인의 권리에 관한 사항을 정함으로써 계약당사자 사이의 위험을 분배하는 기능을 한다. 그런데, 보증조항(warranty clause)은 대체로 판매자에 의해 작성될 수 있는데, 이때 판매자의 재화나 용역이 계약사양에 부합하지 않는 경우 판매자의 책임을 제한해 위험을 한정하는 경향이 있다. 진술자의 보증위반(breach of warranty)이 있는 경우 피해당사자는 그 위반이 계약의 핵심적 요소(heart of the contract)가 되지 않는 한, 일반적으로 계약 자체를 취소할 권리를 갖는다기보다는 계약위반에 따른 손해배상(damages)을 청구할 수 있다. 이러한 손해배상의 청구는 피해당사자가 그 보증이 거짓임을 알았는지 여부와 관계가 없는데, 이런 점에서 면책배상(indemnity)을 하는 것과 같은 역할을 한다. 명시적 보증(express warranty)을 작성할 때 보증문구(warranty statement)는 당사자가 보증책임을 부담한다면 가능한 한 이를 좁게 명시하고, 보증책임의 상대방이 된다면 가능한 한 이를 넓게 명시하는 것이 좋다.

69. Warranty Disclaimer Clause

A warranty disclaimer clause is a contract provision that limits or repudiates a promisor's liability for breaching its express warranty or implied warranty. A disclaimer of warranties often stresses that a product is supplied "as is."

Warranty Disclaimer Clause(보증책임의 부인 조항)는 명시적 또는 묵시적 보증책임을 제외하거나 변경하는 규정이다. 계약상 보증조항(warranty clause)에는 보증의 내용과 함께 보증책임의 부인(warranty disclaimer)을 포함하는 경우가 많다. 관련 준거법상 보증책임의 부인조항을 설정하기 위한 특정한 요건을 강제하거나 또는 그 부인의 대상과 범위에 대한 제한을 부과할 수도 있다. 계약서상 명시적 보증책임(express warranty)이 언급된 경우 그러한 보증책임의 전부나 일부를 부인하는 것은 어렵다. 보증책임의 부인(warranty disclaimer)은 물품의 상품성의 묵시적 보증(implied warranty of merchantability)이나 특정목적에 관한 적합성의 묵시적 보증(implied warranty of fitness for a particular purpose) 등과 같은 묵시적 보증을 부인한다. 상품성의 묵시적 보증책임을 부인하기 위해서, 매도인은 그 보증책임의 부인이 물품의 상품성(merchantability)에 관한 것이라는 점을 명시해야 한다.

그런데, 상품의 특정목적에 관한 적합성의 묵시적 보증의 경우는 해당 상품이 특정목적에 적합하다(fitness for a particular purpose)는 표현을 반드시 사용할 필요는 없다. 보증책임의 부인 조항(warranty disclaimer clause)은 피해당사자가 자신의 실질적 권리를 포기하거나 권리구제를 부인하는 것이므로 계약서상 명확한 표현을 사용해 다른 조항에 비해 눈에 잘 띄도록 뚜렷하게(conspicuously) 나타낼 필요가 있다. 매도인은 또한 "as is(현상태로)," "with all faults(매수인의 책임으로)" 등과 같이 매수인이라면 이해할 수 있을 표현을 사용해서도 보증책임을 부인할 수 있다. 한편, 계약상 이행의무, 진술과 보증, 보증책임의 부인, 책임의 제한, 면책배상 등에 관한 사항들은 서로 연관되어 상호작용을 할 수 있기 때문에 계약에서 위 사항들 중 일부가 당사자의 권리나 의무를 확장하는 식으로 규정되더라도 다른 사항이 동일한 취지에서 일관되게 규정되지 않는다면 그 당사자의 권리나 의무가 모호해지거나 오히려 축소될 수도 있다. 매도인의 핵심적 이행보증을 보증책임의 부인에 의해 제거하는 것을 방지하도록 예외사항 등을 설정해 핵심 이행보증을 준수하도록 하고, 매도인의 면책조항이 과도하거나 명백히 불합리하다면 이를 삭제할 필요가 있다.

70. Work for Hire

A work for hire, or work made for hire, refers to works whose ownership belongs to a third party rather than the creator. Under general copyright principles, a copyright becomes the property of the author who created the work. However, work for hire is an exception to this principle, and can be established through contract before a particular work is created.

Work for Hire(work made for hire; 직무저작물/업무상저작물)은 저작물의 소유권이 창작자가 아닌 제3자에게 귀속되는 저작물로, 일반적 저작권 원리상 저작권은 저작물을 창작한 저작자의 재산이 되는데, 이에 대한 예외로 특정 저작물이 창작되기 전에 계약을 통해 성립되는 것이다. 이 용어는 1976년 미국 저작권법(US Copyright Act of 1976)에서 유래되었는데, 저작권의 소유에 관한 기본원리를 변경하는 것이다. 저작권법상 통상적으로 문학, 연극, 음악, 예술 등 특정한 지적 저작물을 포함한 원작(original works of authorship)을 창작한 사람이 저작권자(copyright owner)로, 저작자는 그 저작물을 만들 때 저작권을 자동적으로 소유하게 되는데,

Work for Hire(직무저작물)은 일반적으로 창작자가 아닌 그 창작물에 대해 비용을 지불한 사람이 그 저작자로 취급된다. 즉, 직무저작물(work for hire)은 고용인(employee)이 실제 그 작품을 창작했더라도, 고용주(employer)가 저작자로 간주되는데, 당사자들은 이에 관한 사항을 계약상 명시할 필요가 있다. 특허의 경우도 저작권과 유사한 문제가 발생할 수 있다. 특히, 일정한 프로젝트를 수행하는 서비스계약의 경우 프로젝트를 수행하는 기간 중에 산출된 유형물이나 지식재산의 소유권을 누가 가질 것인지 문제된다. 이와 관련해, 서비스 작업 수행 중 생성된 직무저작물(work for hire) 등 서비스의 수행이나 거래 과정에서 발생하는 지식재산권의 소유나 관리에 관한 사항을 계약상 명확히 해야 한다.

Ⅱ. 영문계약상 유의할 주요 표현 및 문구

1. 복수형과 소유격의 사용 문제

계약서상 명사나 소유격의 복수형을 쓰는 경우 그 대상이 복수이어야 하는지에 관해 모호성이 발생할 수 있기 때문에 복수의 주체나 대상이 아닌 한, 계약서에는 단수 명사나 단수 소유격을 사용할 필요가 있다. 예를 들면, "To the Sellers' knowledge, the Target is not in material default under any contract."라고 하는 경우 모든 매도인들이 알아야 하는지, 아니면 각각의 매도인이 아는 것도 포함하는지 모호할 수 있으므로, 각각의 매도인이 아는 경우라면 "To each Seller's knowledge, the Target is not in material default under any contract."라고 기재할 필요가 있다. 한편, 명사의 소유를 나타낼 때 "of"를 사용하는 대신 간단한 소유격 형태를 사용하면 문장을 더 간결하게 만들 수 있다. 예를 들면, "the obligation of the Lender"라고 하기보다는 "the Lender's obligation"라고, "the Confidential Information of the other party"라고 하기보다는 "the other party's Confidential Information"라고 각각 쓰면 문장을 더 간결하게 만들 수 있다.

2. 단서조항(proviso)의 문제

영문계약상 단서조항(proviso)은 앞서 나온 계약내용에 조건(condition)이나 예외(exception)를 설정하거나, 그 계약내용의 범위를 제한(limitation)하거나 추가적인 요건(additional requirement)을 부가하거나 또는 관련 당사자의 이행의무(covenant)를 나타낼 때 주로 사용한다. 단서조항을 나타낼 때는 일반적으로 "provided," "provided (that)," "provided, however, that" 등의 문구로 시작해 쉼표나 세미콜론에 의해 앞의 구절과 분리해 서술하는데,[14] 하나의 단서 바로 뒤에 나오는 또 다른 단서의 경우에는 "provided, further," "provided further, however, that" 등의 표현을 사용한다.[15] 그리고, 단서내용의 강조를 위해, "provided (that)" 또는 "provided, however, that"에 밑줄을 긋거나 이탤릭체로 표기하기도 한다. 다만, 이와 같은 단서조항의 다양한 표현들을 사용하는 경우 해당 단서조항의 의미에 혼동이 생기거나 관련 계약내용의 문맥을 통해 그 의미를 파악해야 하는 문제가 있다. 이에, 계약서 작성시 단서조항을 많이 사용하면 내용상 혼란이 있을 수 있으므로, 단서조항을 사용하는 대신, 가능한 한 단서조항을 쓰는 용도를 정확하게 파악할 수 있다면 그에 상응하는 직접적인 표현을 사용하는 것이 좋다. 예를 들어, (i) 조건(condition)를 나타내는 경우 "it is a condition that" 또는 "if"구절을 사용해 표현하고, (ii) 이행의무(covenant)를 나타내는 경우 의무의 조동사 "shall"을 사용하며, (iii) 앞서 나온 계약내용의 범위를 제한(limitation)하는 경우 "is limited by" 등 제한을 표현하는 문구를 기재하고, (iv) 앞서 나온 계약내용의 예외(exception)를 설정하고자 하는 경우 "except that," "but," "however" 등의 용어를 쓸 수 있으며, (v) 앞서 나온 계약내용에 추가적인 요건(additional requirement)을 나타내는 경우 새로운 문장이나 하위섹션 또는 "furthermore," "and," "also" 등과 같은 연결사를 사용해 추가적 내용을 나타낼 수 있다.

---

14 "provided"는 "제공되다" 또는 "공급되다" 등의 일반적인 의미 이외에, 영문계약상으로는 "규정되다"의 의미를 가지는데, "규정되다/정해지다/명시되다" 등의 표현은 "...provided (for) in [the law/contract]" 등으로 나타낸다. 그리고, "provided (that)" 또는 "provided, however, that" 등의 provided 구절은 앞서 나온 본문에 대한 예외나 그 내용을 한정하는 조건을 나타내는 단서조항(proviso)으로 "다만, ...을 제외한다/면제한다" 또는 "다만, ...을 조건으로 한다" 등의 의미를 가진다.

15 계약서상 단서조항(proviso)의 한 형태로, "except as provided in...(...에 규정된 경우를 제외하고)"의 표현을 사용하는 경우가 있는데, 이는 "the provision is subject to a given section(해당 조항이 주어진 조문에 따른다)"이라는 의미를 달리 표현해, "except as provided in that section(그 조문에 규정된 경우를 제외하고)"라고 표현하는 것으로 볼 수 있다. "except as provided in" 이하의 내용은 다른 조항의 예외라는 점을 나타내거나, 다른 조항을 추가 보완하는 의미로도 해석될 수 있다.

[Example 1]

아래는 단서조항을 "provided, however, that"의 문구를 사용해 표현한 기재례들이다.

- Lingco shall reimburse the Consultant all reasonable expenses the Consultant incurs in performing services under this agreement; provided, however, that the Consultant shall obtain Lingco's written consent before incurring any such expense in excess of USD 500.
- The Seller shall indemnify and hold the Buyer harmless from any liability for infringement of patent, trademark, design, copyright or any other intellectual property rights by the Products; provided, however, that the Buyer shall be liable for any such infringement if the Buyer knew or should have known of the possibility of such infringement.

[Example 2]

계약의 단서조항에서 전달하고자 하는 다양한 의미의 범주를 명확히 하기 위해, 단서조항을 일반적으로 나타내는 "provided that," "provided, however, that" 등의 문구를 사용하는 대신, 그 의미를 보다 명확하게 전달할 수 있는 문구를 사용할 수 있다. 이와 관련해, (Version 1)의 예문들은 "provided that," "provided, however, that" 등의 일반적 문구를 사용한 경우이며, (Version 2)의 예문들은 단서조항을 "provided that" 등의 일반적 문구를 사용하는 대신 단서조항의 의미나 용도를 파악해 그에 상응하는 문구를 사용한 경우이다.

(Version 1)

- Distributor may reject any Product that fails to meet acceptance specifications, provided that the rejected Product is returned freight prepaid before the tenth day after the day on which Supplier receives Distributor's written notice of rejection.
- Supplier may change prices for the Product; provided, however, that no price change will affect purchase orders submitted by Distributor and accepted by Supplier prior to a price change.

(Version 2)

- Distributor may reject any Product that fails to meet acceptance specifications on the condition that the rejected Product is returned freight prepaid before the tenth day after the day on which Supplier receives Distributor's written notice of rejection.
- Supplier may change prices for the Product, except that no price change will affect purchase orders submitted by Distributor and accepted by

Supplier prior to a price change.

3. 계약상 열거 항목의 예시 표현

계약서상 특정한 내용과 관련된 항목들을 열거할 때는 예시되는 항목들을 포함한다는 의미에서 "including" 또는 "includes"라는 용어를 많이 사용하는데,[16] "including" 다음에 "without limitation" 또는 "but not limited to"를, "includes" 다음에 "without limitation" 또는 "but is not limited to" 등의 문구를 추가해 표현하는 것이 일반적이다.[17] "...including, but not limited to (without limitation)..."의 의미는 "... 등," "...을 포함하되 그에 국한되지는 않는다," "...을 포함하지만, 거기에 한정되지 않는다" 등으로 해석된다. 즉, 계약서상 구체적 예시를 개별적으로 열거하는 경우에 그 열거된 것에 한정되지 않는다는 의미로, "including, but not limited to" 또는 "including, without limitation" 등 문구 뒤에 나오는 예시사항들이 전부가 아니라는 것을 강조하기 위해 사용된다.[18]

한편, 해당 계약상 열거된 항목들이 전부이며 빠진 것이 없다는 것을 나타낼 때는 "exhaustive," "exhaustively", "exclusively" 등의 용어를 사용하는데, 예를 들면, "Supplier shall deliver all deliverables as <u>exhaustively listed</u> in the Statement of Work."의 경우 작업명세서(Statement of Work)에 열거된 모든 산출물을 인도해야 한다는 의미를 갖는다.[19] 그리고, 계약상 "without limiting the generality of the foregoing(앞서 말한 것의 일반성을 제한하지 않고)"라는 문구를 사용하는 경우가 있는데, 이는 앞선 내용이 광범위한 일반적인 원칙을 언급하는데, 구체적이고 세세한 예시가 뒤따른다고 하더라도, 그 예시로 인해 일반원칙이 제한

---

16 계약서상 "including" 또는 "includes"는 특정한 사항과 관련된 것들을 열거하면서 사용되는 경우 해당 사항에 제한되는 의미일 수 있으며, 특정한 개념을 나타내면서 이를 쓰면, 예를 들어, 자동차를 정의하면서 자동차의 개념을 확장하여 트럭 등도 포함된다는 식으로 기재하는 경우 그 개념을 확장하는 것으로 이해될 수 있다. 그리고, 일정한 내용을 열거하면서 그 실례를 들기 위해 "includes"를 쓸 수 있다.

17 이의 변형된 형태로, "including without limiting the generality of the foregoing," "including without implication of limitation" 등의 더 긴 문구를 사용하기도 한다.

18 열거된 예시내용만을 포함한다는 의미를 나타낼 때는 "It only includes A, B and C"와 같이 "only" 등 제한적 부사를 추가해야 한다.

19 "exhaustive list"는 해당 사항의 전체 목록을 말하고, "non-exhaustive list"는 해당 사항의 예시목록을 뜻한다.

을 받지는 않는다는 의미를 가진다. 여기서, "the foregoing(앞서 말한 것)"이 구체적으로 앞의 어떤 것을 가리키는지 명확하지 않을 수 있기 때문에, "without limiting the generality of the preceding sentence [section]"와 같이, 앞서 언급한 사항을 보다 구체적으로 명시하는 것이 좋다.

[Example]

아래는 계약상 열거 항목의 기재례들이다. (Sample 1)은 "including, without limitation"을 사용한 예문들이다. (Sample 2)에서 "without limiting the generality"는 앞서 언급한 내용의 일반적인 원칙을 제한하지 않는다는 의미의 문구로, 아래 기재례들과 같이, 그 앞선 문장을 종료하고, 다른 새로운 문장을 시작할 때 쓸 수 있다. "without limiting the generality of the foregoing (the preceding sentence)"은 앞서 언급한 내용이 일반적 원칙인데, 구체적이고 좁은 예시가 뒤따른다고 하더라도, 그 예시로 인해 일반적 원칙이 제한되지는 않는다는 의미이다.

(Sample 1)

- "Information" means all data and information, <u>including, without limitation,</u> data and information of a technical, business or financial nature which has been documented on any tangible media, <u>including, without limitation,</u> writings, drawings, sound recordings, computer programs, pictorial representations and graphs.
- Neither Party shall be liable hereunder for any special, incidental or consequential damages, <u>including, without limitation</u>, loss of profits or prospective profit by the Buyer or Seller, whether arising out of or alleged to have arisen out of breach of this Agreement, negligence or otherwise.
- Provider will deliver the Software, <u>including without limitation</u> all Dingo applications."

(Sample 2)

Distributor shall exercise reasonable efforts to market and sell the Software. <u>Without limiting the generality of the foregoing</u>, if Distributor fails to achieve gross revenues of USD 300,000 from Software distribution during any calendar year, Provider may revoke the license granted in this Section XX.[20]

20 여기서 "Without limiting the generality of the foregoing"의 의미는 총판(distributor)이 매출액을 달성했다고 해서 반드시 "reasonable efforts(합리적 노력)"의 의무를 따랐다는 것을 의미하는 것은 아니라는 점을 나타낸다.

4. "here-" 또는 "there-" 관련 단어들

계약서상 "hereby," "herein," "hereof,"[21] "hereto,"[22] "hereunder,"[23] "hereinafter,"[24] "heretofore" 또는 "hereafter"[25] 등과 같이, "here+전치사"의 복합어를 사용하는 경우가 있는데, 이는 난해한 법률용어(legalese)의 특징이기도 하다. 계약서에 사용되는 "here+전치사"에서 "here"은 "this"를 대체한 것으로 "this Agreement" 또는 "this Article" 등의 의미를 갖는다. 특히, "hereby"는 "We hereby acknowledge the receipt of your Purchase Order dated 10 June 2023" 등과 같이, "이에/여기에"라는 의미로 계약서상 강조되는 내용을 나타낼 때 일반적으로 사용되는데, 관련 문장 중의 동사 앞에 와서 주어와 동사를 강조해 주는 역할을 한다.[26] "herein"은 문맥에 따라 "in this Agreement," "in this Article/Section," "in this paragraph," "in this sentence" 등의 다양한 의미를 가질 수 있다. 예를 들면, "in consideration of the promises and mutual covenants herein contained, the parties hereto hereby agree as follows."의 경우 "이 계약에서"의 의미로 "herein"이 사용되었다. 다만, 이러한 "here+전치사"의 복합어는 관련 문맥에 따라 그 의

21 "hereof"는 계약서상, "If a dispute is not resolved within thirty days of the giving of notice under Clause 17 hereof, either party may commence an arbitration in respect of such dispute which shall take place in accordance with the Rules of Conciliation and Arbitration of the International Chamber of Commerce."와 같이, "of this Agreement"를 대신해, "이 계약서의"라는 의미로 사용된다.

22 "hereto"는 "to this Agreement"를 대신하는 것으로, "이 계약에/이 계약에 따른" 등의 의미를 갖는다.

23 "hereunder"은 "under this Agreement"를 대신해, "이 계약상"이라는 의미를 가지는 것으로, 예를 들어, "the conditions under this Agreement"라는 표현 대신에, "the conditions hereunder"이라고 할 수 있다.

24 "hereinafter"은, 계약서상 "이하에서 …라 칭한다/이하에서 …라고 한다"라는 의미로 사용되는데, 계약내용의 반복에 따른 번거로움을 피하기 위해, "hereinafter referred to as…," "hereinafter called…" 등의 형태로 정의조항에 주로 사용된다. 예를 들면, "XXX Company, hereinafter referred to as the "Seller" and YYY Company, hereinafter referred to as the "Buyer"와 같이 사용되어, 여기서는 이하에서 "XXX Company"를 "Seller"라 하고, "YYY Company"를 "Buyer"라고 칭한다는 것을 나타낸다.

25 "heretofore" 또는 "hereafter"은 시점을 나타내는 표현으로, "heretofore"은 "on or before the date of this Agreement"를 대신해 "이 계약 시점 이전에"라는 의미를 가지며, "hereafter"은 "on or after the date of this Agreement"를 나타내어 "이 계약 시점 이후에"로 해석될 수 있다.

26 "hereby"의 또 다른 예로는, "The Seller hereby confirms that…," "The parties hereto hereby agree that…" 등이 있는데, 여기서 "hereby"는 해당 계약내용을 강조하기 위해 사용된다.

미를 달리할 수 있는 법률용어로 계약상 모호성이 생길 수 있기 때문에 가급적 그 사용을 자제하고,[27] 대신 해당 내용의 구체적 의미를 나타내는 직접적인 문구로 기재하는 것이 좋다.

한편, "there + 전치사"의 경우도 "here + 전치사"와 마찬가지로, "thereby," "therein," "thereof," "thereafter," "thereunder," "therefor" 등으로 계약서상 사용되고 있다. 여기서 "there"은 "this," "that," "it" 등의 단어를 대신하는 것으로, "저것/그것" 등을 의미하며, 그 이전에 적어도 한 번은 언급된 것을 가리킨다. 예를 들어, "If the Buyer fails to perform <u>any other agreement with the Seller</u> or any provisions <u>thereof</u>, the Seller may forthwith terminate this Agreement."의 문장에서, "thereof"는 앞서 언급한 "any other agreement with the Seller(매도인과 다른 계약)"을 가리키는 것으로, 체결되는 해당 계약 이외의 다른 계약을 나타낸다.[28] 또한, "there + 전치사"는 "the first supplemental indenture dated 10 December 2023 between Lingco and Big Bancorp and any amendments <u>thereto</u>"와 같이, 동일한 단어나 문구의 반복적 사용으로 그 표현이 어색하거나 장황해지는 것을 피하기 위해서 사용되기도 한다. 그런데, "there + 전치사" 또한 "here + 전치사"와 같은 유사한 문제가 있기 때문에 관련 문구의 구체적 의미를 파악해 계약서상 가능한 한 "there + 전치사"라는 용어 대신 그 용어가 가리키는 표현을 구체적으로 풀어쓸 때 그 내용의 명확성을 높일 수 있다. 예를 들어, 앞서 언급한 예문에서, "thereto"의 용어는 "any amendments <u>to it</u>"라는 문구로 풀어 쓸 수 있다.

5. 계약상 여러 대안들 중 하나를 선택할 때 쓰는 표현

계약상 두 가지 대안들(alternatives) 중 더 빠른 것이나 더 늦은 것(the earlier or

---

27 다만, "hereby"라는 용어는 해당 계약의 내용을 강조하거나 계약이행/수행의 표현(language of performance)을 위해 사용하는 것이 필요할 수 있다.

28 또 다른 예로, "Any undertakings subsequent to or modifications to this Agreement shall be made in writing, and be signed by duly authorized representatives of each of the parties, and shall specifically state that it is such an amendment or modification of <u>this Agreement</u> and shall be fully incorporated <u>therein</u>."이라는 문장에서, "therein"은 앞서 언급한 "this Agreement"를 가리킨다. 그리고, "The first payment is due on <u>October 1</u> and installments will be due on the first day of each month <u>thereafter</u> for 35 consecutive months."라는 문장에서, "thereafter"의 의미는 "10월 1일 이후(after October 1)"의 각 달(each month)을 가리킨다.

later) 또는 더 많은 것이나 더 적은 것(the greater or lesser)을, 3개 이상의 대안들이 관련된 경우에는 그 대안들 중 가장 빠른 것이나 가장 최근 것(the earliest or latest) 또는 가장 많거나 가장 적은 것(the greatest or least)을 선택하거나 언급할 때가 있다. 이때 특히 선택할 대안들 사이에 "and," "or" 등 어떠한 접속사를 사용해야 할지 문제될 수 있는데, 아래 예문들과 같이 그 문맥에 따라 적절한 접속사를 사용하는 것이 중요하다.

[Example]

아래 예문들은 모두 두 가지 대안 중 후자(the later)를 언급하고 있다. 그런데, (Version 1)은 접속사 "and"를 사용해 둘 중 후자(the later)를 나타낸다. (Version 2)는 "and" 대신 "or"를 사용해 (Version 1)을 고쳐쓴 것인데, 이 경우는 "whichever is later"라는 문구를 통해 후자를 표시하는데, 이는 비교되는 대상 항목 중의 하나를 선택할 수 있는 근거를 문장의 끝에 두기 때문에, "whichever is"의 문구형식은 해당 항목에 대한 설명이 비교적 간결할 때 사용하기 좋다.

(Version 1)

Lingco shall retain any records of the Business transferred to Lingco under this agreement until the later of (i) expiration of the applicable tax statute of limitations, including any extensions, and (ii) the fifth anniversary of the Closing Date.

(Version 2)

Lingco shall retain any records of the Business transferred to Lingco under this agreement until (i) expiration of the applicable tax statute of limitations, including any extensions, or (ii) the fifth anniversary of the Closing Date, whichever is later.

6. 당사자 간 별도 합의를 예외사항으로 하기 위한 계약문구

계약서상 일정한 내용에 대해 당사자 간 별도 합의가 있는 경우를 예외사항으로 하는 등 해당 계약내용이 당사자들의 합의에 의해 다른 결과를 가져올 수 있다는 점을 나타내기 위해, "unless" 또는 "except"로 시작하는 문구를 사용할 수 있다. 예를 들어, "unless the context otherwise requires(문맥상 달리 요구하지 않는 한),"[29] "unless otherwise specified in the Contract(계약서에 달리 명시되지 않는 한),"[30] "unless otherwise agreed(다른 합의가 없는 한)," "except as the context otherwise requires(문맥에 따라 달리 요구되는 경우를 제외하고)" 등과 같은 표현들이 사용된다.[31] 또한, "unless stated otherwise(달리 명시되지 않는 한)," "unless the parties agree otherwise(당사자들이 달리 합의하지 않는 한)," "unless otherwise mutually agreed in writing(서면으로 상호 합의하지 않는 한)," "unless a contrary intention appears(반대의 의도가 나타나지 않는 한)," "except as otherwise specified in the Contract(계약서에 달리 명시된 경우를 제외하고)," "except as otherwise expressly provided in the Agreement(이 계약에 특별한 규정이 있는 경우를 제외하고는)," "except as otherwise expressly set out in this Agreement(이 계약에 달리 명시된 경우를 제외하고),"[32] "except if both parties agree in writing(양 당사자가 서면으로 합의하는 경우를 제외하고)" 등 다양한 형태로 표현할 수 있다. 이는 계약서상 언급된 기존 내용이 양 당사자 간에 다른 별도의 합의가 있다면 그 기존 내용의 적용을 배제할 수 있다는 의미이다.

그런데, 계약자유의 원칙(principle of freedom of contract)에 따라 일반적으로 당사자들이 계약서상 이러한 문구들을 언급하는지 여부와 상관없이, 당사자들은 계약서상 어떠한 내용도 이를 변경이나 삭제하는 데 합의할 수 있기 때문에 이러한 표현들은 불필요할 수 있다. 또한, 이러한 문구들은 해당 조항이 향후 문제가 되는 경우 당사자들의 다른 특별한 의도나 합의 등이 있었는지에 관해 다툼이 있을 수 있으므로 그 조항이 당사자 간의 다른 합의로 다른 결론이 나올 수 있는 경우를 구체적으로 특정할 수 있다면 그 특정된 사항을 명확히 규정하는 것이 문맥상의 혼란을 줄일 수 있다. 다만, 당사자들이 계약체결 이후 나중에 그 내용을 달리 합

29 예를 들면, "Unless the context otherwise requires, references to the "Company" will be deemed to refer to the Company and its Subsidiaries." 그리고, "unless the context otherwise requires"의 "requires"와 "otherwise"의 순서를 바꾸어, "unless the context requires otherwise"라고도 할 수 있다.

30 예를 들면, "All taxes, duties, charges or fees incurred by the Buyer's country shall be borne by the Buyer unless otherwise specified in the Contract."라고 할 수 있다.

31 여기서 "otherwise"는 "별도/달리 합의가 있는 경우를 제외하고"라는 의미에서의 "별도/달리"라는 뜻을 나타낸다.

32 예를 들면, "Except as otherwise expressly set out in this Agreement, the Company makes no other representations or warranties, whether express or implied, including, without limitation, any implied warranties of merchantability or fitness for a particular purpose."라고 할 수 있다.

의할 수 있다는 점을 계약서상 상기시켜 관련 조항에 대한 협상을 보다 용이하게 할 필요가 있다면 이러한 문구들은 나름 의미가 있을 수 있다.

7. 당사자의 위법행위의 정도를 나타내는 표현

계약법상 위법행위의 정도(degrees of misconduct)를 표현하는 방법과 관련해, "negligence"라는 용어는 일반적으로 "과실"이란 의미로 해석된다. 그런데, "gross negligence"의 경우 "중과실"이라고 대체로 해석되지만, 계약상 과실이나 위법행위 정도의 분류는 나라마다 다를 수 있다. 즉, 계약상 당사자의 과실이나 위법행위의 정도는 준거법(governing law)에 따라 다를 수 있기 때문에 해당 계약상 당사자의 위법행위의 정도를 나타낼 때 관련 준거법의 개념이나 표현이 별도로 존재하는 경우 그 개념이나 표현을 사용하는 것이 좋다. 예를 들면, 해당 계약 관련 준거법이 "gross negligence" 등의 개념을 인정하지 않는다면 그 준거법상 위법행위의 정도를 나타낼 수 있는 개념을 사용해야 하며, "gross negligence"라는 표현을 굳이 계약서에 쓸 필요는 없다.[33]

8. 기타 유의 표현 및 문구

① Abovementioned, aforementioned, aforesaid: 이 단어들은 "앞서 언급한" 또는 "전술한"의 뜻으로, 계약서상 앞에 언급된 내용을 지칭할 때 사용한다.[34]

② Arm's length transaction: 독립적 거래 당사자 간 거래를 의미하는 것으로, 주로 투자기업과 피투자기업, 또는 모회사와 자회사/계열사 간 계약관계가 독립적임을 나타낸다. 이는 거래의 양 당사자가 모두 자신의 이익을 위해

33 "negligence"보다 심각한 위법행위를 표현하는 용어로는, "gross negligence" 이외에도, "recklessness," "reckless," "recklessly" 등의 용어를 쓸 수 있다. 계약상 당사자의 의도성을 나타낼 때는 "willful" 또는 "willfully" 이외에, "intentional" 또는 "intentionally"라는 용어를 쓸 수 있다.

34 예를 들면, "To sign, execute and carry out any and all other formalities related to and all documents which may be required in connection with <u>the aforementioned matters</u>."라고 해, "the aforementioned matters(전술한 사항)"라는 표현을 쓸 수 있다. 이와 유사한 표현으로, "(as) set forth in...," "(as) specified in..." 등이 있는데, 이는 "...에서 명시된/언급된 바와 같이"라는 의미를 갖는다.

행동하며 상대방의 압력에 영향을 받지 않는 것으로, 구매자와 판매자 사이에 담합(collusion)이 없음을 보장하며, 공정성(fairness)을 위해 양 당사자는 거래와 관련된 정보에 동등하게 접근할 수 있다.

③ Articles of incorporation: 법인의 정관으로, 법인의 명칭, 주소 등 기본적 정보와 함께 회사의 설립과 운영에 관한 사항을 규정하는데, 주식의 수량과 유형 등 자본금, 이사회, 주주총회 등 회사의 지배구조 등을 포함한다. 회사가 법인으로 인정되기 위해서는 관련 회사법에 따른 요건을 충족해 회사를 설립해야 하는데, 설립단계에서 정관의 작성과 제출은 중요하다.

④ As the case may be: 이는 "경우에 따라서는"의 의미로, 두 가지 이상의 항목들이 각기 다른 문장에서 동시에 일어나는 것이 아니고, 대체적 관계에 있을 때 사용한다. 이는 관련 주제가 계약체결시에 어떠한 대체적 경로에 의해 발생할지 확실하지 않을 경우 그 대체적 시나리오를 표현하기 위해 사용할 수 있다.[35] 이는 또한 관련 문장의 어떠한 것을 선택하든, 그 선택은 이어지는 문장의 내용에 따른다는 것을 분명히 하는 기능을 할 수 있는데, "as applicable"과 "whichever applies"로 대신할 수 있는 "어느 쪽이든 해당되는 것"의 의미를 가질 수 있다.

⑤ BATNA(Best Alternative To a Negotiated Agreement): 이는 Roger Fisher와 William Ury 교수에 의해 창안된 개념으로, 당사자가 협상을 통해 합의에 이르지 못할 경우 선택할 수 있는 여러 대안들 중 당사자에게 가장 선호되는 것, 즉 최선의 대안을 의미한다. 협상자가 최선의 대안(BATNA)을 보유하고 있다면 협상에서 분명한 목표를 설정할 수 있어 협상력(bargaining power)을 강화시킬 수 있다. 최선의 대안(BATNA)을 파악하기 위해서 당사자는 현재 협상이 실패할 경우 실제 사용할 수 있는 모든 대안들(alternatives)의 목록을 작성하고 이를 비교 검토해 그중에서 자신에게 가장 유리한 것을 선택하는 과정이 필요하다. 당사자는 해당 협상 사안을 평가(valuation of case)해 자신이 받아들일 수 있는 최악의 거래(the worst deal), 즉 "Bottom Line(최종 양보점)"을 설정할 필요가 있는데, BATNA(최선의 대안)를 아는 경우

35 예를 들어, "Able shall transfer the Shares to Baker or Charlie no later than 31 March 2020. No later than five days after that transfer, Baker or Charlie, as the case may be, shall enter into a noncompetition agreement with Dreamco in the form of exhibit A."라는 문장에서, "as the case may be"는 "Baker" 또는 "Charlie" 중 어느 당사자가 비경쟁계약을 체결할지 확실하지 않은 상태에서 대체적 경우를 나타낸다.

Bottom Line(최종 양보점)을 용이하게 파악할 수 있다.

⑥ Basis: 계약상 "basis"라는 단어를 사용할 때 부사적 구조로 되어 표현이 장황할 수 있는데 이는 간단히 줄여 쓸 수 있다. 예를 들어, "on a daily basis"는 "daily"로, "on a weekly basis"는 "weekly"로, "on a regular basis"는 "regularly"로, "on a pro-rata basis"는 "pro rata" 등으로 간단히 쓸 수 있다.

⑦ Because: 계약은 그 내용의 배경이나 원인을 설명하기보다는 계약에 따라 당사자가 어떻게 행위할 것인지를 주로 규율하기 때문에 원인을 나타내는 "because"라는 단어를 계약서상 사용할 상황이 별로 없다는 점을 유의해야 한다. 계약서상 "because"를 사용하게 되는 경우 그 필요성과 관련 인과관계를 구체적으로 기재할 필요가 있는지를 검토해야 한다.

⑧ Bottom Line: "Bottom Line(최종 양보점)"은 "Reservation Value(유보가치)"라고도 하는데, 당사자가 협상된 합의(negotiated agreement)를 받아들일 수 있는 최소한의 유리한 점, 즉 협상에서 당사자들이 인정할 수 있는 최소의 수용 수준(minimum acceptable level)이다. 당사자들은 협상 사안의 평가를 통해 최종 양보점(bottom line)을 파악함으로써 협상구간(settlement zone)을 결정할 수 있다. 이때 각 당사자의 협상에 대한 최선의 대안(BATNA)은 그 당사자의 최종 양보점(bottom line)에 영향을 미친다. 당사자 간 합의는 각 당사자가 해당 사안에 부여하는 가치보다 자신에게 더 낫다고 믿는 특정한 합의점이 없을 때에는 성립하지 않는다.

⑨ Deem: 이는 실제 현실이 아닌 것을 계약상 현실(contractual reality)로 법적 의제(legal fiction)를 하기 위해 사용하는 것으로, 어떤 사항이 사실이 아니더라도 계약상 목적이나 필요에 의해 이를 사실이라고 간주하는 것을 말한다.[36] 다만, "deem"은 난해한 법률 용어로 여겨질 수 있어, "deem" 대신 "consider," "regard" 등의 평이한 단어를 사용할 수 있다.

⑩ *De facto / De jure*: "de facto"는 "사실상의" 뜻으로, 법적으로 공인된 사항이 아니더라도 실제 존재하는 것을 가리키며, "*de facto* control(사실상의 지

36 예를 들면, "Any orders accepted by the Supplier that cannot be fulfilled because of a decree, statute, or regulation will be deemed to have been rejected when submitted to Supplier for acceptance or rejection."이라는 문장에서, 공급자가 주문을 이행할 수 없게 하는 법령이나 규정이 있는 경우 공급자가 주문을 원래 승낙하였음에도 주문이 거절된 것으로 법률상 의제한다.

배)," "*de facto* director(사실상의 이사)," "*de facto* marriage(사실혼)" 등과 같이 사용한다. "de jure"는 "법률상의" 뜻으로, 법에 의해 인정된다는 의미로 "de facto"와 대비되는 개념이며, 실제와는 상관없이 법률상 인정되는 것을 나타내는데, "*de jure* corporation(법률상의 회사)"과 같이 사용할 수 있다.

⑪ Encumbrance: 이는 증권이나 부동산 등 대상재산에 부착되어 구속력을 가지는 저당권(mortgage), 유치권(lien), 지역권(easement), 미납세금(unpaid taxes), 구속약정(restrictive covenant) 등과 같은 부담이나 장애를 의미해, 대상재산의 사용이나 양도에 제한을 가져온다. 인수계약 등에서 일반적으로 인수대상 자산에 이러한 부담이나 장애가 없다는 점을 진술하고 보증한다.

⑫ Escrow: 에스크로(escrow)는 매매나 인수거래 등에서 매도인과 매수인 사이에 신뢰할 수 있는 중립적인 제3자가 금전, 서류 또는 재산을 위탁받아 보유하고, 일정한 사건이나 조건이 발생하거나 충족된 때 지정된 당사자에게 물품이나 대금 등을 인도하는 것으로, 거래의 안전성을 확보하기 위해 이용된다.

⑬ For the avoidance of doubt: 계약상 "for the avoidance of doubt"라는 문구는 "의심을 피하기 위해"라는 의미로, 계약서에 기재된 내용이 불분명할 수 있을 때 이를 명확한 표현으로 풀어쓰기에 앞서 이 문구를 사용한다. "for the sake of clarity(명확성을 위해)"라는 문구도 "for the avoidance of doubt"와 같은 목적으로 사용된다. 그런데, 이 문구의 경우 해당 조항에 대한 당사자들 간의 신뢰가 부족하다는 점을 나타내는 것이라고 볼 수도 있으며, 계약내용 자체가 불분명할 때는 "for the avoidance of doubt"라는 문구를 삽입하는 것만으로는 문제가 해결되지 않을 수 있다.[37] 이에, 계약내용이 불분명할 수 있는 경우 "for the avoidance of doubt" 또는 "for the sake of clarity"라는 문구를 사용해 같은 내용을 다른 표현으로 다시 언급하기보다는 가능한 한 해당 내용 자체를 명확한 표현을 사용해 수정하는 것이 보다 효율적이고 간명할 수 있다.[38]

---

37 다만, 계약상 복잡한 수학적 공식(mathematical formula)이 포함되어 있는 경우 그 공식의 계산방식에 대한 예시를 언급하는 것이 바람직할 수 있는데, 이 경우 "for the avoidance of doubt" 또는 "for the sake of clarity"라는 문구를 사용할 수도 있으나, "for example"이라는 문구를 사용하는 것이 더 명확하게 작성자의 의도를 전달할 수 있다.

38 예를 들어, "For the avoidance of doubt, the parties hereto acknowledge and agree that the

⑭ *Ex parte*: 이는 “일방 당사자로부터(from one party)”라는 의미를 가지는 라틴어 표현으로, 사법절차상 일방 당사자의 이익을 위해 상대방 당사자에 대한 통지나 답변 등 이의제기 절차를 기다리지 않고 결정하는 일시적 금지명령이나 가압류신청 등에서 사용되는데, 이러한 당사자 일방의 신청을 “*ex parte* motion”이라 한다.

⑮ Legalese: 이는 “witnesseth,” “whereas” 등과 같은 난해한 법률용어를 말하는데, 계약서의 가독성을 높이기 위해 가능한 한 보다 알기 쉬운 평이한 영어(plain English)를 사용하고, 난해한 법률용어의 사용은 가급적 자제하는 것이 좋다. 영문계약서에는 오랜 역사를 거치면서 라틴어나 프랑스어 등 종래 전통적으로 사용하던 고어(archaic words)나 통상적으로 사용되지 않는 외래어(foreign words)를 관행적으로 그대로 사용하는 경우가 있으나, 오늘날 그 사용이 적절하지 않을 수 있다. 계약서상 문장이나 표현은 당사자의 의도를 간결하게 명기해야 하므로 일반인들이 통상 사용하지 않는 용어는 가능한 한 그 사용을 자제하는 것이 바람직하다.

⑯ *Mutatis Mutandis*: 이는 라틴어 법률용어로 “필요한 부분만 약간 수정하여” 또는 “준용하여”라는 의미이다. 계약상 “Each Guarantor hereby makes to the Lender, as if they were in this agreement, *mutatis mutandis*, each of the statements of fact made by the Borrower in the Loan Agreement.”와 같이, “mutatis mutandis”라는 용어가 사용되는 경우가 있는데, 이는 그 의미를 일반인들에게 보다 쉽고 명확하게 전달하기 위해, “together with any necessary conforming changes”와 같은 평이한 문구로 바꾸어 쓸 수 있다.

⑰ Notwithstanding: 영문계약상 “notwithstanding”이라는 용어를 쓰는 경우가 많은데, “notwithstanding”은 기본적으로 “그럼에도 불구하고/비록(in spite of; despite)”의 의미를 갖는다. 계약상 “notwithstanding”은 “앞서 언급한 내용에도 불구하고”라는 의미를 표현할 때 주로 사용되는데, 해당 문장의 맨 앞에서 “notwithstanding above,” “notwithstanding anything to the contrary,” “notwithstanding the Article XX,” “notwithstanding the foregoing,”

provisions contained in this Section XX represent the sole obligation of the Company...”라고 하기보다는 해당 내용을 직접 수정해 “Section XX describes the entire obligation of the Company...”라고 표현하는 것이 더 효율적이고 명확할 수 있다.

"notwithstanding anything to the contrary in this Agreement," "notwithstanding anything to the contrary in Section X" 등과 같은 형태로 그 앞 문장의 예외나 반대되는 경우를 일반적으로 언급한다.[39] 이 문구를 쓰는 경우에도, "notwithstanding termination for cause as described in Section XX..." 처럼, 연관된 조항을 특정할 수 있는 경우 그 조항을 구체적으로 참조해, 그 조항에도 불구하고, 이 문구 이하의 내용이 우선한다는 취지의 표현을 할 필요가 있다.

⑱ Respective: "respective"는 "둘 이상의 사람이나 사물이 각각 개별적으로 관련하여"라는 의미를 갖는다. 이는 한 그룹의 구성요소를 다른 그룹의 하나 이상의 구성요소와 짝 짓기(pairing)를 할 때 개별적으로 고려된다는 것을 나타낸다.[40] "respectively"는 두 가지 이상의 항목을 동시에 그 관계를 연관지어 같은 문장에 나타낼 때 사용하는데, "둘 이상의 각각에 관해 그 언급된 순서대로"라는 의미를 가진다.[41] 그리고, "If A, B, and C occur, then D, E, and F are true, respectively."[42]라고 할 경우, 동시에, A는 D와, B는 E와, C는 F와 각각 연관이 있다는 의미를 갖는다.

⑲ Shrinkwrap agreement: "Shrinkwrap agreement(shrinkwrap license; 수축포장계약)"는 투명 플라스틱 랩으로 감싸진 제품 박스의 외부에 인쇄된 계약으로, 그 박스를 개봉하면 고객이 계약을 승낙한다는 계약조건을 붙이는 것이다. 이는 컴퓨터나 소프트웨어 등 상품이 들어 있는 상자 겉면에 라이선스 조건이 인쇄되어 있어 "box top license"라고도 한다. 상품의 포장을 통해 보거나 포장을 개봉하여 볼 수 있는 표준계약조건에 보증면책에 관한 내용

---

39 "notwithstanding" 이하의 문구가 계약상 다른 조항에 우선한다는 의미를 가지는데, 이는 계약서의 다른 조항들에 의해 "notwithstanding" 이하의 문구가 변경되는 것을 방지하는 기능을 한다. 그런데, 이러한 문구를 자주 쓰게 되면 관련 조항들 상호간의 적용 우선순위에 혼동을 일으키는 문맥적 모호성(contextual ambiguity)을 야기할 수 있으며, 그 문구의 의미가 모호해지는 의미적 모호성(semantic ambiguity)을 유발할 수 있으므로, 이러한 문구는 사용해야 할 특별한 필요성이 있는 경우에만 예외적으로 쓰는 것이 좋다.

40 예를 들어, "Eligible Party" means a party other than Lingco, Dreamco, or any of their respective Affiliates." 등의 형태로 사용할 수 있다.

41 예를 들어, "The first and second prizes went to Marie and Frank, respectively."와 같이, 문장에서 앞의 목록의 각 항목이 뒤에 오는 동일한 수의 항목을 포함하는 목록의 상대 항목과 짝을 이룬다는 것을 나타낸다. 해당 문장 앞의 목록의 개별 항목과 "respectively"와 연관된 목록의 개별 항목의 열거는 "or"보다는 "and"를 사용한다.

42 A, B 및 C가 발생하면, D, E 및 F가 각각(respectively) 적용된다.

이 있는 때 그 면책의 효력이 문제될 수 있다. 이에 대해, 매수인이 상품을 받았다고 하더라도 그 상품의 인수로 계약이 종결되는 것이 아니고, 그 계약조건을 읽은 이후에 상품에 문제가 있는 경우 그 상품을 재포장해 매도인에게 반환할 수 있다고 본다. 이와 유사한 거래계약 형태로, 인터넷상 프로그램의 설치나 사용 관련 표준계약을 사용하는 "Clickwrap," "Browsewrap" 등이 있는데, 당사자의 계약 동의 여부가 문제될 수 있다. 클릭랩(clickwrap)과 브라우즈랩(browsewrap)의 경우 당사자의 계약에 대한 서명이 없더라도 당사자가 관련 프로그램을 이용하기 위해 표준계약을 클릭하거나 온라인 등록과정에서 계약조건에 "I agree" 버튼 등을 클릭하게 한다면 당사자는 관련 계약에 동의한 것으로 볼 수 있다.

⑳ Statute of limitations: "Statute of limitations(SOL; 소멸시효)"는 당사자가 해당 사건에 대해 법규상 권리청구가 가능한 것으로 인정되는 기간이다. 소멸시효(SOL)가 경과된 때에는 더 이상 관련 청구를 할 수 없거나, 청구가 제기되더라도 그 청구에 대한 소멸시효의 경과를 항변사유(defense)로 다투어 청구를 기각할 수 있다.

㉑ Subject to: 계약서상 "subject to..."의 문구를 사용하는 경우가 있는데, 이는 "...을 따른다/조건으로 한다"는 의미를 가지며, "subject to" 뒤에 나오는 내용이 그 앞에 나오는 내용보다 상위 개념으로 해석된다. 이때 해당 조항에서 "subject to" 이하에서 언급하는 조건(condition)의 내용을 구체적으로 명시할 필요가 있다.[43] 다만, 다양한 계약조항들이 "subject to" 이하에서 조건으로 언급되는 경우 그러한 조건이 되는 경우를 일일이 열거하기보다는 해당 의무나 권리 등을 기술하면서 계약상 조건을 포괄할 수 있는 "subject to the terms of this agreement(이 계약의 조건에 따라)" 등의 문구를 삽입해 간결하게 표현할 수 있다.[44]

㉒ To the extent: 계약내용을 일정한 범위로 제한하기 위해, "to the extent (that)...(...의 범위 내에서)"라는 문구를 사용할 수 있는데, 이와 유사한 표현

43 예를 들면, "Subject to the provision of Article XX(Assignment), this Agreement may be assigned or transferred to the third party."와 같이 "subject to" 이하에 구체적 조항을 기술한다.

44 예를 들어, "The Seller shall sell the Products to the Buyer subject to the terms and conditions hereunder." 등과 같이 "subject to" 이하의 문구를 "해당 계약의 조건을 따른다"고 할 수 있다.

으로, "so long as," "in so far as," "as long as," "as far as," "for so long as" 등이 있다.[45] 이 문구는 예외 내지 단서조항으로서 성격을 가져, 해당 조항이 적용되는 범위나 정도가 어떤 변수에 따라 달라질 수 있는 때 그 범위를 제한하는 기능을 한다. 일반적으로 계약내용의 범위에 제한이 없다면 "without limitation of/on…"[46] 또는 "…including, but not limited to (without limitation)…" 등의 표현을, 그 범위에 제한이 있다면 "to the extent (that)…"의 표현을 각각 사용한다.[47]

㉓ With prejudice/Without prejudice: 영문계약상 "with prejudice" 또는 "without prejudice"라는 용어를 사용하는 경우가 있는데,[48] "with prejudice"라는 문구는 기각된 청구(claims being dismissed), 즉 최종적으로 관련 청구를 처분해 그 청구에 대한 향후 법적 조치를 금지하고 더 이상 이의제기를 할 수 없다(unobjectionable)는 의미를 가진다. 예를 들어, "with prejudice to…"라는 문구는 "…을 포함하여"라는 뜻으로, "with prejudice to all of any other claims"라고 하면 "다른 모든 청구를 포함하여"라는 의미이다. 반면, "without prejudice"는 당사자의 법적 권리에 영향을 미치지 않는 방식으로 관련 청구를 처분하는 것으로, 이는 "권리관계에 불이익을 주는 일이 없이" 또는 "실체적 효과 없이"라는 의미를 가진다. 예를 들어, "without prejudice to…"라는 문구는 "… 포함/침해하지 않고" 또는 "… 영향을 미

---

45 예를 들어, "Engineer has authority to act on behalf of Owner to the extent provided herein."과 같이 "to the extent"라는 문구를 사용해 계약의 내용을 일정한 범위나 한도로 제한할 수 있다.

46 "without limitation of/on…"은 "…의 제한없이"라는 뜻으로 그 뒤에 나오는 어떤 상황에도 제한을 받지 않는다는 의미를 나타낸다. 예를 들어, "The obligations imposed on the parties pursuant to this Article shall not apply to information (which is Confidential Information) which, prior to disclosure hereunder, was already in the recipient party's possession, as evidenced by its written records predating receipt thereof from the disclosing party, without limitation on disclosure to others."라고 할 수 있다.

47 "to the extent (that)"의 문구는 예외적인 사항을 나타낼 수 있기 때문에 "except"와 함께 쓰여 "except to the extent (that)"의 형태로 사용할 수 있다. "to the extent (that)"의 문구는 또한 일정한 조건을 만족하는 때 해당 조항이 전면적으로 적용된다는 의미를 가질 수 있는데, 이때는 "to the extent (that)" 대신 "if"절을 사용할 수 있다.

48 "with prejudice" 또는 "without prejudice"라는 용어는 소송의 맥락에서 통상 사용되는데, 소송상 해당 청구의 처분이 있는 경우 그와 관련된 또 다른 청구가 가능한지와 관련해, 또 다른 청구가 불가능하면 "with prejudice," 또 다른 청구가 가능하다면 "without prejudice"라는 표현을 사용한다. 여기서 "prejudice"는 "손상, 악영향, 불이익을 끼치다" 또는 "침해하다"라는 의미를 가진다.

치지 않고"라는 뜻으로, "without prejudice to all of any other claims"라고 하면 "다른 모든 청구에 영향을 미치지 않고"라는 의미를, "without prejudice to any right herein specified as to the delivery"라고 하면 "이 계약에 명시된 인도에 대한 어떠한 권리도 침해하지 않고"라는 의미를 각각 가진다.[49]

49 예를 들어, "Without prejudice to any rights or remedies, either Party reserves the right to terminate the Agreement by giving 30 days prior written notice to the other Party."라고 계약상 규정할 수 있다.

APPENDICES 부록

APPENDIX 1: DUE DILIGENCE CHECKLIST (SAMPLE)

APPENDIX 2: CONVENTION ON THE RECOGNITION AND ENFORCEMENT OF FOREIGN ARBITRAL AWARDS (THE 1958 NEW YORK CONVENTION)

APPENDIX 3: UNIDROIT PRINCIPLES OF INTERNATIONAL COMMERCIAL CONTRACTS 2016

APPENDIX 1

DUE DILIGENCE CHECKLIST (SAMPLE)

Please note that any documents and information requested below should be provided with respect to ABC Co., Ltd. (the "Company") and each of its subsidiaries, and that all references herein tc the Company includes ABC Co., Ltd. and each of its subsidiaries.

Unless otherwise request, documents should be provided for the period from 20 January 2020 to the present. If particular parts of the request are inapplicable or difficult to comply with absent substantial effort, please let us know so that appropriate modifications can be made. The Company's response to this request list should be continually updated to reflect new developments.

1. Corporate Organization and Ownership Documents:

1.1 A list of all branches, affiliates, subsidiaries and other entities in which the Company holds or has held an interest in the last two years, indicating the place of incorporation in the case of overseas subsidiaries and organization of each such subsidiary. To the extent any subsidiary is not wholly owned, the list should indicate the percentage ownership of the Company and provide the names and percentage ownership interests of each other shareholder of such subsidiary.

1.2 The Company's Articles of Incorporation, as amended since the Company's formation.

1.3 The bylaws or other internal regulations of the Company (if applicable), as currently in effect.

1.4 A list of all persons authorized to act on behalf of the Company upon a delegation of powers and powers of attorney.

1.5 Minutes of all meetings (and consent resolutions, if any) of (i) the Board of Directors, (ii) any committees of the Board of Directors (together with any reports to the Board of Directors, including financial projections, referred to therein), and (iii) shareholders of the Company since the Company's formation.

1.6 A certified copy of the company register of the Company or other similar corporate documents of the overseas subsidiaries.

A schedule of each jurisdiction in which an overseas subsidiary of the Company conducts business and evidence of qualification of each such subsidiary as a foreign corporation where such qualification is required.

1.7 The most current organizational chart detailing sharing ownership of and by the Company and its subsidiaries.

1.8 All quarterly and annual reports and any other communications with shareholders of the Company, including but not limited to proxy statements.

1.9 A schedule setting forth the precise number and kind of shares of the Company's capital stock held by the Company's shareholders, including a description of how such shares are held.

1.10 The stock books of the Company or shareholder register of the Company and a form or forms of the Company's capital stock certificates. A schedule showing authorizations for, and dates of issuance of, all outstanding securities of the Company.

1.11 A schedule of the holders of the Company's stock options, including the number of options held by each holder and description of terms of options.

1.12 All contracts relating to securities of the Company, including employee stock ownership, stock option and stock bonus plans, forms of stock option agreements and agreements pursuant to which the Company has agreed to issue, register, convert or exchange securities under the Korean Commercial Code, the Securities Exchange Act of Korea or any other regulations thereunder, or the U.S. Securities Act of 1933, as amended.

1.13 All agreements relating to the ownership of, or voting rights pertaining to, the capital stock of the Company, including, all shareholders' agreements and agreements under which any person has registration or preemptive rights for shares of the Company's common stock.

1.14 All agreements relating to any liens or encumbrances on shares of the Company's capital stock.

1.15 All agreements, memoranda, registration statements, prospectuses or offering circulars concerning sales or attempted sales of the Company's securities (whether by the Company or by a shareholder of the Company). Include documents relating to fully redeemed securities, if any.

1.16 All written proposals and memoranda concerning any oral proposals for the acquisition of the Company's securities.

1.17 All agreements, memoranda, and any other documents pertaining to any bankruptcy or reorganization proceedings with which the Company has been involved.

1.18 A schedule of the names of (i) current executive officers, directors and other senior managers above boojang level ("Key Employees") of the Company and their compensation, perquisites and other material benefits for each of the past three years, and (ii) any executive officers, directors and other Key Employees who have recently resigned or been terminated for the past five years.

1.19 All loan, shareholder and repurchase agreements made for the benefit of any officer, director, nominee for director, shareholder or employee of the Company.

Any written or oral agreements entered into by the Company with any director, shareholders, their affiliates or employees of the Company or its subsidiaries.

1.20 A schedule of all payments made by the Company to Korean or foreign governments or officials of Korean or foreign governments in any of the past five years.

1.21 A description of any outstanding securities convertible or exchangeable to the shares of the Company and agreement to issue such securities.

1.22 Any agreement, contract, commitment or other arrangement that may affect the Company's ability to issue new shares, bonds or other securities.

2. Financial Information:

2.1 Annual and quarterly consolidated financial statements of the Company for the past five years and for any interim period since the end of the most recent fiscal year.

2.2 Annual and quarterly financial statements for the past five years for any subsidiary of the Company which was, at any point during such period, subject to the reporting requirements of the Securities Exchange Act of Korea, as amended, or the U.S. Securities Exchange Act of 1934, as amended.

2.3 Copies of all periodic budgets or projections (including current budgets and projections) in existence covering any future periods and any other periods since the end of the most recent fiscal year.

2.4 All budgets and projections covering each of the last two fiscal years.

3. Governmental Regulations and Filings:

3.1 All filings, compliance reports, deficiency notices, the applications and correspondence with, all documents relating to investigations or reviews conducted by, and all approvals, authorities, determinations, rulings and orders of:

U.S. Governmental Agencies

(a) Department of Justice;

(b) Department of Commerce;

(c) Securities and Exchange Commission;

(d) Federal Trade Commission;

(e) Internal Revenue Service ("IRS");

(f) Federal and State environmental agencies;

(g) All state and local authorities with which the Company has filed for approval to transact or conduct business; and

(h) Any other U.S. Federal, state or local regulatory agency to which the Company is subject.

Korean Governmental Agencies

(a) Copies of all documents filed with the Financial Supervisory Commission and the Korea Securities Dealers Automated Quotations ("KOSDAQ") for the past five years;

(b) All permits, licenses, registrations, qualifications or authorizations received from the Ministry of Science and ICT, the Korea Communications Commission, the Fair Trade Commission and any other regulatory agency to which the Company is subject;

(c) All documents relating to any prior, pending or threatened audit, investigation or inspection of the Company or its respective officers or directors involving the operation of the Company;

(d) All documents relating to alleged violations of law or regulations involving the operation of the Company or its respective officers or directors.

3.2 All permits to issue securities, including copies of the applications for all permits whether or not a permit was issued with respect to such an application.

3.3 All private placement or sales memoranda prepared and used by or for the Company.

3.4 All governmental permits, licenses and other regulatory documents regarding or evidencing:

(a) Numbering;

(b) Numbering portability;

(c) Interconnection (including information as to whether there are any unsettled amounts relating to interconnection agreements with other telecommunications service providers);

(d) Facility sharing;

(e) Carrier pre-selection;
(f) Separate accounting;
(g) Access arrangement; or
(h) Carrier service agreements.

3.5 Copies of the standard terms and conditions of the Company's services.

3.6 Documents relating to allocation and assignment of radio frequency and radio station licenses (if applicable).

3.7 Documents evidencing that the conditions to XXX license have been complied with (e.g., the MSIT's approval of any changes in the business plan from the time of application for the business; the MSIT's notice to pay annual contribution; documents evidencing that the Company has paid its annual contribution).

3.8 All other material governmental permits, licenses, permissions, approvals and other regulatory documents (together with material correspondence in connection thereto) of the Company.

3.9 All listing applications filed by the Company with any Korean, U.S. or any other national securities exchange, KOSDAQ or the National Association of Securities Dealers Automated Quotations ("NASDAQ"), and copies of all listing agreements with any Korean, U.S. or any other national securities exchange, KOSDAQ or NASDAQ.

3.10 List and brief description (including any related financial exposures) of any threatened or pending litigation, claims, investigations, permit disputes or other regulatory proceedings in connection with any national, federal, state or foreign regulatory considerations.

4. Financing:

4.1 A schedule of the outstanding debt of the Company and its subsidiaries on a consolidated basis, as of a recent date (including capitalized leases).

4.2 A list of any off-balance sheet liabilities not appearing in the Company's most recent financial statements (including the notes thereto).

4.3 All documents and agreements evidencing borrowings or available borrowings by the Company, whether secured or unsecured, including loan and credit agreements, letters of credit, promissory notes, indentures and any other evidence of long-term and short-term indebtedness; mortgages, pledges and other evidences of liens securing such obligations; and any corporate and personal guarantees of any of the above.

4.4 All documents and agreements evidencing other material financing arrangements involving the Company in excess of KRW 100 million, including sale and lease-back arrangements, revenue bonds, financing lease, vendor financing, asset backed securities transactions, installment purchases and bank letters or agreements confirming lines of credit.

4.5 Description of any event that has occurred that constitutes, or would constitute with notice or the passage of time, a default or event of default by the Company under any of the agreements or instruments listed above.

4.6 Correspondence with lenders, including all compliance reports submitted by the Company or by any of its independent public accountants.

4.7 Debenture Holders Registry and Debenture Ledger.

5. Documents Related to Mergers, Acquisitions or Dispositions:

5.1 All significant documents relating to any previously or currently proposed acquisitions or dispositions by the Company during the past five years.

5.2 All agreements or plans for mergers, consolidations, reorganizations, or acquisitions or dispositions of assets involving the Company, or any agreements in principle relating to any of the foregoing during the past five years.

6. Documents Related to Real or Personal Property:

6.1 A schedule of the Company's major assets in excess of KRW 100 million, together with copies of all available reports and other valuation data concerning such assets; and copies of all documents evidencing title to such assets, including all material deeds.

6.2 Copies of land registries, land ledgers, building registries, building ledgers and vehicles registries.

6.3 A schedule of the deeds and copies thereof for all land, buildings (deungkipil-jeung) and vehicles (deungrok-jeung), mortgages, and all leases, easements, rights of way, and similar or related rights or agreements concerning all real property owned, occupied or used by the Company.

All purchase or construction contracts and documents relating to real property owned, occupied or used by the Company, including construction permits or building permits, certificates of occupancy, certificates of zoning and city planning and other permits and licenses required for the construction and/or use of the real property.

6.4 All agreements encumbering real or personal property, including mortgages, deeds of trust and security agreements and a schedule of any such encumbrance such as a preliminary attachment, attachment, court injunctive order of non-disposition, non-modification or removal, pledge, mortgage (jodangkwon, jaedan-jodangkwon, yangdodambo), beneficial transfer in trust, or possession in lien.

6.5 All significant leases of real property and all leases of any substantial amount of personal property to which the Company is a party, either as lessor or lessee (together with amount of annual rental payments and expiration date).

6.6 Forms of all material rental, warranty and service agreements to which the Company is a party.

6.7 All insurance policies for material properties owned or leased by the Company (including summary of pending claims and recoveries).

6.8 All warehouse agreements to which the Company is a party.

6.9 Descriptions of any computer hardware or software used by the Company.

6.10 Breakdown of inventory into raw material, work in process and finished goods, and a description of the valuation method for inventory.

6.11 Documents related to any actual or threatened condemnation proceeding.

6.12 Certificate of zoning and city planning regulations on each land plot owned or used by the Company.

6.13 Information on whether the Company is using its real properties in compliance with registered purpose of site or building premises.

6.14 Any documents or reports issued by a real property appraiser or surveyor.

6.15 Details of any substantial expenditure which is or will be required in relation to the real property of the Company, whether arising under any obligation to comply with the requirements of any statutory or regulatory authority or pursuant to the terms under which such properties are held, occupied or arising under any other legal obligation.

7. Documents Related to Insurance or Bonds:

7.1 A schedule of all insurance coverage of the Company, its employees, or its assets (including intellectual property rights), together with copies of all such policies.

7.2 Status of the pledges over the insurance policies of the Company.

7.3 Summary of pending claims and recoveries.

7.4 All contracts with surety bonding companies, including guarantees by any third parties, to which the Company is a party.

8. Documents Related to Tax:

8.1 Korean national and local tax returns and U.S. Federal, state and local tax returns (in each case, together with exhibits and schedules thereto) filed by the Company for the past five years.

8.2 Copies of any Korean National Tax Service ("NTS") determination letters since the Company's formation.

8.3 Copies of all correspondence (e.g., applications for private letter rulings and opinions of counsel) regarding the tax treatment of any transaction to which the Company is a party.

8.4 A schedule describing any ongoing tax disputes together with copies of revenue agents' reports, correspondence, etc., with respect to pending Korean national or local tax proceedings or U.S. Federal, state or local tax proceedings, in each case with regard to open years or items relating to the Company.

8.5 All documents, including internal memoranda by Company tax advisers or accountants raising material tax issues.

9. Labor and Employee Compensation Matters:

9.1 The total number of officers, salaried and non-salaried employees (permanent, temporary, daily and contract basis) for each of the Company and each of its subsidiaries, and an organizational chart and schedule containing the following information regarding each such officer, salaried and non-salaried employee:

(a) name, age, gender, place of work, starting date and length of service;

(b) job description and classification (indicating type of work performed, location, assignments, geographic and product responsibilities and the like);

(c) corporate rank and pay levels;

(d) compensation (including any provisions regarding bonuses, death benefits, pensions, disability and medical insurance, other fringe benefits and any written or oral commitments relating to future compensation) and accrued severance.

9.2 All collective bargaining agreements, side letters and other agreements with any labor organization or union binding upon the Company or to which the Company is a party, including, without limitation, the following documents/ documentation:

(a) Status and data on labor disputes for the last five years (documents

regarding collective action); and
(a) Minutes of collective bargaining negotiations.

9.3 The following documents/documentation regarding the Company's labor management council:
(a) Labor management council bylaws and documents regarding the reports thereof;
(b) Minutes of the labor management council since the Company's formation;
(c) Documents regarding composition of members of the labor management council (documents regarding appointment of the members thereof); and
(d) Documents regarding establishment of the grievance handling committee and its process for handling complaints.

9.4 All employment contracts, consulting agreements, service supply agreements, documents regarding the status of dispatched employees to the Company, confidentiality agreements and non-competition agreements (including a written description for any oral contract or agreement).

9.5 The annual salary, allowance and/or other compensation for each officer and employee since the Company's formation, and all documents regarding:
(a) The Company method for calculating the average and ordinary wage;
(b) Company regulations on severance pay;
(c) Company regulations on various allowances; and
(d) Any other wage bargaining agreement, wage regulation or wage leader.

9.6 All documents representing any bonus, retirement, deferred compensation, profit sharing, bonus, incentive compensation, pension, non-qualified employee benefit and other employee benefit plans or agreements of the Company within the past five years (whether these plans were terminated or are still in full force and effect, including the status of funding for all defined benefit plans, if any).

9.7 All documents relating to any plan or arrangement pursuant to which any executive officer of the Company would receive special payments or benefits in the event of such executive officer's resignation, retirement or other employment termination or in the event of a change in the control of the Company or a change in such executive officer's responsibilities.

9.8 All documents relating to the indemnification by the Company of an officer or a director or a former officer or director.

9.9 All documents relating to pending or concluded unfair labor practice charges, complaints to and related proceedings of the regional or central labor relations committee, and union representation petitions or demands for recognition.

9.10 All documents relating to pending or concluded grievances, arbitration proceedings and outstanding arbitration awards.

9.11 All employee manuals, work rules, handbooks and other personnel policies, including a written description of any oral policy, relating to the following:

(a) Regulations concerning employment, personnel administration, wages, warning or progressive discipline procedures, and other regulations applicable to all employees;

(b) Regulations regarding officers and those equivalent in position to officers, including D&O insurance policies;

(c) Regulations regarding non-regular employees and other irregular employees such as sales agents;

(d) Documents showing the process of promulgation of employee regulations and amendment thereof;

(e) Incentive-related information and data;

(f) Documents regarding national pension, unemployment insurance, medical insurance, industrial accident compensation insurance and employee welfare fund;

(g) Documentation regarding the premiums of the above insurance programs and receipts thereof (annual/semi-annual/quarterly/monthly);

(h) Status of subscribing for employee-related insurance, such as hospitalization insurance, employee severance insurance, etc., receipts of payment of the premium, general terms and conditions of the insurance policy, etc.;

(i) Disability policy;

(j) Sick leave, maternity leave and other authorized leaves of absence;

(k) Vacation entitlements and other fringe benefits;

(l) Documentation regarding the Company's working hours and shift system, policy on overtime, and policy regarding compensation for unused annual and monthly leaves;

(m) Termination procedures and policies;

(n) Documents regarding early settlement of severance pay (interim severance payment);

(o) Documents regarding transfer of severance pay;

(p) Projected amount of severance pay at present;

(q) Documents regarding severance reserves and severance insurance;

(r) Regulation on Early Retirement Program; and

(s) Post-retirement benefits.

9.12 All employee application and hiring procedures, pre- and post-physical examination requirements and procedures, psychological testing procedures, drug or alcohol testing or rehabilitation programs or procedures, sexual harassment prohibitory policies, written job qualifications for hire and performance of all positions, existing records on applicant flow, promotions, terminations and training assignments, and retirement policies.

9.13 All documents relating to any program of the Company to ensure compliance with the Special Quotas for contributors to the country and handicapped and compliance with Equal Treatment of Female regulations, including:

(a) The number of employees in each category of contributors, handicapped and female employees;

(b) For the past twelve (12) months, the total number of absences among such employees, whether due to illness or other causes;

(c) Status and data on employment of each person of national merit and his or her children;

(d) Status and data on employment of the handicapped and his or her children;

(e) Any employment/labor related litigation or petitions to labor authorities or to the courts.

9.14 All pending or concluded union or internal employee complaints, grievances and arbitration matters relating to equal employment opportunity or discrimination.

9.15 All documents relating to all pending or concluded charges, complaints, court or administrative proceedings, and outstanding judgments or orders relating to equal employment opportunity.

9.16 All documents relating to all pending or concluded charges, complaints, court or administrative proceedings, and outstanding judgments or orders relating to wage and hour matters.

9.17 All documents relating to:

Korean Regulations and Programs

(a) Documents regarding the status of industrial accident(s) and compensation in connection thereto since the Company's formation;

(b) Documents regarding the appointment of safety and health management staff and the performance of their duties;

(c) Documents regarding the agent or delegation for safety and health management;

(d) Documents regarding the establishment of an Industrial Safety & Health Committee, its members and its activities;

(e) Documents regarding the performance of industrial safety and health education;

(f) Results of working environment evaluations; and

(g) Documents regarding the status of the performance of employee physical checkups and the results thereof.

9.18 Any additional programs or plans relating to occupational safety and health; hearing conservation programs or plans; noise abatement plans; medical surveillance programs; employee monitoring programs for toxic exposure; medical removal programs or plans; hazard communication programs or plans; safety and health training programs; trade secret policies; accident and fatality reports and logs; or occupational injury and illness logs.

9.19 All pending or concluded Korean national and local, and U.S. Federal, state and local, safety and health department:

(a) Compliance reviews;

(b) Investigations;

(c) Citations;

(d) Penalties;

(e) Litigation;

(f) Enforcement orders;

(g) Variances; and

(h) Petitions for variances or modification of abatements.

9.20 Any insurance or health and/or safety reviews or inspections of general conditions or individual incidents relating to the Company.

9.21 All documents relating to any safety or health related union or employee grievances or complaints.

9.22 All documents relating to any safety and health related pending or concluded litigation.

9.23 All past and present worker compensation policies, procedures and claims and pending or concluded proceedings, and access to underlying files where appropriate.

9.24 All analysis and computer print-outs containing statistics on worker compensation costs, claims and payments.

9.25 Employee benefit plans for the Company, including:

Korean Plans and Reports

(a) System of loans for housing;

(b) Assistance for tuition;

(c) Regulations regarding employee dormitories and the status thereof;

(d) Maintenance allowances for vehicles;
(e) Education assistance system;
(f) Other documents regarding the Company's welfare facilities.

9.26 A list of all former employees of the Company who have voluntarily left the Company in the last twelve (12) months (indicating their job title, work place and service at the time of leaving).

9.27 A list of all former employees of the Company who have left the Company at the Company's request in the last twelve (12) months (indicating their job title, work place and service at the time of leaving and the reason for terminating their employment, and severance paid, if any).

9.28 Documents regarding layoffs due to business management decisions.

9.29 Description of disciplinary sanctions.

10. Other Material Agreements:

10.1 All material joint venture, partnership, technical assistance, research and development and other similar agreements to which the Company is a party.

10.2 All material royalty and licensing agreements, and conditional sales contracts to which the Company is a party.

10.3 All franchise agreements to which the Company is a party.

10.4 A schedule of all confidentiality agreements, patents, patent applications, trademarks, service marks, trade names, brands and copyrights which relate to the operations of the Company, whether or not held by the Company, and any applications and agreements pertaining thereto.

10.5 All contracts with any basic service providers including XYZ, Inc., and other lease line business providers.

10.6 All agreements of the Company with any government, government agency or regulatory body.

10.7 A schedule of the top 10 suppliers of the Company, together with copies of any agreements relating to any such supplier, as well as a schedule of all material supply or requirements contracts.

10.8 A schedule of the top 10 customers of the Company, together with copies of any agreements relating to any such customer, as well as a schedule of all material sales contracts, including all standard customer contracts duly approved by the Ministry of Science and ICT of Korea.

10.9 All material marketing, advertising, sales, sales representative, agency, franchise and distribution agreements to which the Company is a party, and a list of all independent sales persons or distributors with whom the Company conducts business.

10.10 All contracts or agreements with or pertaining to the Company to which any director, nominee for director, officer or owner of more than five percent (5%) of the stock of the Company is a party; and all other documents relating to any transaction between the Company and such persons, including all documents pertaining to any receivables from or payables to any such persons.

10.11 Any agreements requiring the consent of a third party (or granting any third party a right to terminate, accelerate or otherwise amend the terms of an existing agreement) in case of transfer of the Company's business, change of control, reorganization, restructuring, etc.

10.12 All other material contracts and agreements (written or oral) involving the Company not otherwise covered by this Checklist, including, but not limited to, agency or commission agreements, land purchase agreements, common carrier agreements, building or construction agreements, and agreements with suppliers or customers (whether currently in force or under negotiation).

10.13 A list of any agreements covered by this Checklist with respect to which any amendments thereto or any side agreements with respect thereto are under negotiation, and copies of any such prospective amendments or side agreements.

10.14 Copies of any prospective amendments currently under negotiation which would have been covered by this Checklist if it had been finalized and executed as at the date hereof.

10.15 Any non-competition agreements or other agreements limiting the ability of a party thereto to engage in any line of business ever entered into by the Company or any of the management - personnel, directors, officers or other key employees of the Business.

10.16 Any non-disclosure agreements to which the Company is a party.

10.17 Any purchase agreements or commitments that require the Company to make any future capital expenditure or commitment for property or equipment.

10.18 Any other material or long-term agreements (written or oral and whether currently in force or under negotiation).

10.19 A list and description of any breaches of any of the agreements referred to above, giving the circumstances leading to the breach and the manner in which the situation was resolved.

11. Pending or Threatened Litigation:

11.1 A schedule of all significant suits, actions, litigation, arbitration or administrative proceedings or other governmental (domestic or foreign) investigations or inquiries, pending or threatened, affecting the business or operations of the Company or its officers, directors or significant shareholders.

11.2 All filings with any type of adjudicative body concerning a pending or threatened material action, and all consent decrees, judgments, other decrees or orders, settlement agreements and other agreements to which the Company or any of its officers, directors, nominees for director, key employees or controlling shareholders is a party or is bound, which require or prohibit any future activities.

11.3 All reports, notices or correspondence concerning any violation or infringement of government regulations by the Company, including, but not limited to, the following areas: fair competition and anti-trust; securities regulation; U.S. Racketeer Influenced and Corrupt Organizations Act; the Exon-Florio Amendment to the Defense Production Act; Office of Foreign Assets Control and Bureau of Export Administration regulations; International Traffic in Arms Regulations; the Helms-Burton Act; the Iran Libya Sanctions Act; and the USA PATRIOT Act (including Title III thereof, the International Money Laundering Abatement and Anti-Terrorist Financing Act of 2001), and copies of any other material correspondence with Korean national or local, or U.S. Federal or State regulatory agencies.

11.4 Copies of judgments, orders, rulings or awards against or relating to the Company that impose any sort of obligation, or grant any sort of right (including all correspondence relating thereto).

11.5 Memorandum of counsel with respect to pending or threatened litigation.

11.6 A list of all accounts of the Company which currently are past due for more than 30 days and a list of each account where the amount outstanding is in excess of KRW 100 million.

12. Auditors' and Others' Reports and Correspondence:

12.1 All letters from the Company to the Company's independent public accountants regarding those representations requested by such independent public accountants in connection with an audit of the Company.

12.2 All letters from the Company to the Company's attorneys requesting such attorneys to send a letter to the Company's independent public accountants summarizing the Company's pending or threatened litigation.

12.3 All letters from the Company's attorneys to the Company's independent public accountants.

12.4 All letters from the Company's legal advisers to the Company's independent public accountants and/or auditors with respect to any litigation related to the Company for the last seven years.

12.5 All management replies to any queries raised by the Company's auditors and/or independent public accountants over the last three years.

12.6 All reports from the Company's auditors to the Company, including work papers, and the Company's responses to such reports.

12.7 Recent analyses of the Company or its industries prepared by brokerage houses, investment advisers, investment bankers, engineers, management consultants, accountants or others, including marketing studies, credit reports and other types of reports, financial or otherwise.

13. Intellectual Property:

13.1 A schedule of all material confidentiality agreements, patents, copyrights, trademarks, service marks, trade names (whether registered or unregistered) and other intellectual property (domestic or foreign) held or used (by means of a licensing agreement, concession or otherwise) by the Company (noting any jurisdictions of registration, registration numbers, registration expiration dates and whether the registrations are renewable).

13.2 All agreements pursuant to which the Company has granted or has been granted a license with respect to technology or any intellectual property right, indicating the names of parties, date of expiration, rights granted and any pertinent restrictions of all such agreements.

13.3 Description of all pending or anticipated applications for, or pending or threatened proceedings regarding the withdrawal of, any material licenses or concessions or other special rights, privileges or franchises by the Company, or any companies in which the Company is an investor.

13.4 Any applications, permits, licenses, royalty arrangements or other agreements pertaining to any of the matters listed in items 13.1, 13.2 and 13.3 above (including, without limitation, amounts payable by or to the Company).

13.5 Any correspondence with any Korean or foreign governmental agencies or regulatory authorities pertaining to any of the matters listed in items 13.1, 13.2 and 13.3 above.

13.6 Description of (i) any known or suspected unauthorized uses of the intellectual property of the Company, (ii) any existing or threatened challenges to the use of intellectual property by the Company and (iii) any steps taken by the Company to preserve the confidentiality of its proprietary business information.

13.7 All legal opinions received by the Company with respect to its patents or other intellectual property rights owned or used by the Company (together with all patent searches and opinion letters regarding non-infringement and patentability).

13.8 Trade Secrets

(a) List and the detailed description of all trade secrets owned by the Company

(b) List and copies of all agreements entered into with the Company relating to technology inducement and know-how, etc.

(c) List and copies of all confidentiality-related internal regulations

(d) List and copies of all confidentiality, employment, and a letter of undertaking relating to trade secrets

(e) Information on whether there is a likelihood of trade secret infringement or violation of confidentiality agreement by any experienced employee scouted from other companies

(f) Information on whether the Company has received any cease and desist letter from third parties relating to trade secret infringement

13.9 Research & Development (R&D)

(a) Description of the R&D's structure and management system, and the achievements thereof

(b) List and copies of all commission agreements entered into with the outside R&D institutes

(c) List and copies of all regulations relating to work-made-for-hire (including a device, design, trademark and copyright)

(d) List and description of all work-made-for-hire, which were reported to the Company as such, but not yet, filed for registration (including a device, design, trademark and copyright)

13.10 Agreements with those persons and entities who create or any create, work with or have access to, the Company's intellectual property (including employees and independent contractors) evidencing assignment to the Company of rights in intellectual property and confidentiality of trade secrets.

13.11 All technology, know-how and research and development agreements of the Company.

13.12 Documents evidencing assignments of intellectual property to or from the Company, including grants or releases of security interests, and the record of such assignments or release.

13.13 Files or documents relating to any claim or potential claim the Company is infringing the intellectual property rights of another.

14. Environmental Documents:

14.1 History of usage and use purpose of all real property owned, leased or otherwise made available for use by the Company.

14.2 Organizational chart of the Company's environmental/safety/health management department or equivalent thereof.

14.3 Details of environmental/safety/health department personnel such as their names, numbers, titles, and job description for each department member.

14.4 Internal regulations or policies relating to environmental/safety/health issues.

14.5 All permits or reports relating to relevant regulation by any governmental entity, such as (1) certificates of installation permits of air, water and noise and vibration discharging facilities, (2) certificates of installation reports of soil contaminating facilities, (3) certificates of business relating to toxic chemicals, (4) certificate of report of producer of business and/or hazardous waste, (5) certificate of installation of a dangerous facility according to the Firefighting Law of Korea, (6) certificate of the installation of a manufacturing and storage facility of high pressured gas, and (7) certificate of installation of a radioactive generator.

14.6 Details of any and all certifications such as ISO and/or Environmentally Friendly Business designation.

14.7 Agreements or commitments with governmental entities or other persons relating to clean-up obligations or other environmental liabilities involving or affecting the Company.

14.8 Environmental reports and assessments and written estimates of future expenditures for environmental programs, whether prepared internally or by third parties, relating to any real property owned, leased or otherwise made available for use by the Company at any time.

14.9 Past or pending citations, administrative proceedings, claims, consent agreements, judgments, etc. regarding environmental liability.

14.10 Complaints (both formally filed and informal) from neighborhood.

14.11 History of leakage or spill accidents of oils and/or chemicals and emergency/ action against leakage or spill accidents of oils and/or chemicals.

14.12 Certificate of report of appointment of an environmental/safety/health manager.

14.13 Monitoring records of past and current emissions of air pollutants and noise/ vibration, and effluent of wastewater (within recent three years, if possible). Contracts with the licensed monitoring companies and the copies of the licensee of the company if the monitoring company prepares the records on the basis of a contract.

14.14 Records regarding amount of discharge and disposal of hazardous wastes and general wastes. Description of wastes which are self-disposed and the method of disposal. Certificate of installation of any waste self-treatment facility such as an incinerator, if any has been installed.

14.15 Management diary of air pollution preventive facility and wastewater treatment facility (sample record for 1 day/month for the most recent 6 months).

14.16 Any contract giving rise to potential environmental/safety/health effects, such as a contract for transportation, storage and treatment of toxic chemicals and/or hazardous and general waste, and the copies of certificates of the license of the contractors.

14.17 Description of past and current wastewater handling practices and wastewater treatment systems or facilities, and contracts with contractors who transport, store, treat or dispose of wastewater, together with copies of the certificates of the licenses of each such contractor.

14.18 Description of sanitary water and storm water, method of collection and any certificate of approval and/or report relating to sanitary water treatment and disposal.

14.19 Certificate of development report of underground water and the inspection results of the underground water quality.

14.20 Records of the results of soil contamination investigations.

14.21 Information regarding the historical or the current presence of an underground or aboveground storage facility.

14.22 Details of chemicals used relating to the Company: (1) chemical name, (2) quantity of chemical purchased, used, consumed, stored and disposed, (3) storage method and any and all information relating to the chemicals.

14.23 All Materials Safety Data Sheets and warning labels.

14.24 Information regarding the historical or current presence of PCBs and asbestos.

14.25 Certificate of confirmation for submitting the protective plan of hazard/danger to the relevant authorities such as the Korean Industrial Safety Corporation according to the Industrial Safety and Health Law.

14.26 Records of measurement of levels/concentration of hazardous factors/chemicals at work places.

14.27 Details of any evidence the Company has that any electro-magnetic fields that are or may be emitted as a result of any of its activities are or may be harmful to the environment, flora or fauna and/or human health.

14.28 Details of any claims or communications alleging that the Company has caused or is causing harm of any kind, arising directly or indirectly from emission of electro-magnetic fields.

14.29 Health examination records of the employees.

14.30 Information regarding personal protective equipment.

14.31 Records of industrial disaster and occupational disease or illness.

14.32 List and the certificates of installation permits for the machinery and/or equipment that should be investigated under the Industrial Safety and Health Law.

15. Information Technology:

15.1 Details of any hardware, software and networking arrangements used by the Company which are material to its business and the licensing status thereof, if applicable.

15.2 Details of any computer hardware and software shared by the Company with any other entity, and details and copies of any agreements (whether formal or informal) relating to such sharing arrangements, where the sharing of such hardware or software is material to the Company's business.

16. Monopoly and Fair Trade:

16.1 Matters related to any Market-Dominating Position.

Please advise whether or not the Company is designated as a market-dominating entrepreneur as prescribed in the Monopoly Regulation and Fair Trade Law (the "FTL").

Please provide us the following information if the Company is so designated as above:

(1) Status of price fluctuations of the involved commodities or services for the

past five (5) years, and the reasons for such price fluctuations thereof.

(2) Change in the rate of selling and general administrative expenses to sales for the past five (5) years, and relevant materials under which the said rate may be compared with that of other companies engaged in the same business field.

(3) Expenditure level of advertising, confidentiality and entertainment expenses for the past five (5) years, and relevant materials under which the said level may be compared with that of other companies engaged in the same business field.

(4) Status of change in the quantity of production, sales and inventory of the commodities, and the reason therefor if there are any considerable changes.

(5) Status of change in the purchasing quantity of raw materials (including parts and supplementary materials) which are required for the production of the concerned commodities.

(6) Current status of scouting of skilled technical manpower from other companies.

(7) Current status of loans of business funds to other companies and collection of such funds therefrom.

(8) Any case of the suspension of business in the course of transaction with other companies, or of any considerable reduction of quantity in the relevant transaction, and the reason therefor.

(9) Any agreement executed with a distribution company.

(10) The procedures that any competitor of the said entrepreneur should take for newly joining the market, and all matters related thereto.

(11) Details of purchasing by the said entrepreneur of the rights which are necessary for the continuous performance of its business activities, such as the license right, patent right and trademark right of domestic and overseas corporations.

16.2 Matters related to any Business Combination.

(1) Materials evidencing the current status of acquiring or owning shares of another corporation (including the time of acquiring such shares or the equity thereof).

(2) Materials evidencing the current status of officers who concurrently hold a position as an officer of another corporation.

(3) Materials related to mergers with other corporations for the past five (5) years.

(4) Materials related to the taking-over or leasing of the whole or a

substantial part of the business or undertaking the management of another corporation, or taking over of the whole or a substantial part of the fixed assets used for the business of another corporation, for the past five (5) years.

(5) Details of the top three (3) major commodity (service) items, which are described in the Korean Standard Industrial Classification (8 items).

(6) Sales of such items.

(7) Total domestic demand (including export) and supply (including import) of such items.

(8) Major domestic importers of such items and the import amount thereof.

(9) Major domestic companies in need of such items and the purchasing amount thereof.

(10) Sales of major competitors (top five (5) companies), and their respective market share thereof.

(11) Matters related to whether or not there are any obstacles in penetrating into the domestic market, and any restrictions on the import, HSK number and applicable customs tariff of the commodity (service).

16.3 Matters related to any Undue Collaborative Activities.

(1) Details of holding meetings and the contents discussed therein, if there are related trade associations (association, union, council, etc.).

(2) Details of informal meetings in the same business field and the matters discussed therein.

(3) Trends of price fluctuations in the same business field for the past five (5) years - including price fluctuations of other companies engaged in the same business field.

(4) Contents and materials to be discussed with other companies engaged in the same business field for normalization of transactions and the restriction of excessive competition.

16.4 Matters related to any Unfair Trade Practices.

(1) Any case of the rejection of a transaction requested by the customer, for the past five (5) years, and the reason thereof.

(2) Any case of the disconnection of a transaction with a customer who has been contracted, or the considerable reduction of turnover for the past five (5) years, and the reason thereof.

(3) Details of the transaction, in case the conditions of the transaction are not same as those for the same commodity (service), and the reasons thereof.

(4) Methods for determining the sales price of the commodity for the past five (5) years, and the specific method implementation.

(5) Details of the participation in bidding for the past five (5) years.
(6) Details of the subsidy, support of equipment, support money for sales promotions, and rebates that have been provided to the customer.
(7) Materials related to gifts or premiums provided to consumers.
(8) In case there was any discount sales activity, any material and details thereof.
(9) In case there was any sale of the commodity combined with more than two (2) commodity items, any material and details thereof.
(10) In case there was any sale of the commodity to officers and employees of the Company, any material and details thereof.
(11) The substance thereof, in cases where customers are transacting with its affiliated company.
(12) Materials containing contents with respect to the encouragement and promotion of sales, from among the official documents provided to the customer.
(13) Status of security (collateral) provided by the customer.
(14) Materials related to whether or not transactions are permitted for customers with other companies in the same business field.
(15) Status of scouting of manpower from customers or other companies.
(16) Contents of the advertisement for the commodity (through mass media, including the press and broadcasting) for the past 5 years.
(17) Materials related to the changes in the description of the commodity.

16.5 Matters related to any International Agreements.

(1) Details of the execution of agreements with foreign companies, and the agreements thereof.

17. Intra-Company or Group Arrangements:

17.1 All agreements made between the Company and its officers, directors or shareholders, their immediate families, any entity controlled by an officer, director or shareholder or in which an officer, director or shareholder has a financial interest or an entity which is controlled by the Company or under common control.

17.2 A schedule of transactions between the Company and its affiliates.

17.3 All agreements among shareholders of the Company relating to the business, assets or securities of the Company.

17.4 List of all products and services which are provided from the Company, to any affiliate, together with a description of the terms on which the products or services are provided, including the method of charging (if any), and all documentation relating thereto.

17.5 List of all products and services which are provided to the Company, from any affiliate, together with a description of the terms on which the products or services are provided, including the method of charging (if any), and all documentation relating thereto.

17.6 List of all head office or similar services which are shared by the Company, with any third party entity (or any affiliate), together with a description of the terms on which the services are provided, including the method of charging (if any), and all documentation relating thereto.

17.7 Description of (i) any special supports of the Company by its affiliated companies (e.g., discriminatory refusal of entering into a transaction with a non-affiliated entity), or (ii) unjust collaborative acts (so-called "cartel" such as price fixing, market-split arrangement) between the Company and its affiliated companies, which may be subject to the Monopoly Regulation and Fair Trade Law.

17.8 List and terms of all cross-guarantees between the Company and its affiliates.

18. Miscellaneous:

18.1 Details of any reorganization and restructuring of the Company within the last three years.

18.2 A list of primary or potential primary competitors of the Company in its respective fields of activity.

18.3 A list of the Company's top 20 customers, and, if available, a current and historic breakdown by revenue per customer.

18.4 All significant recent management, marketing, sales or similar reports or memoranda concerning broad aspects of the business, operations or products of the Company.

18.5 Recent analyses (being those prepared within the last year) of the Company prepared by legal counsel, investment bankers, financial analysts, management consultants, accountants or others, including marketing studies, real property valuations, credit reports and other types of reports, financial or otherwise, and papers relating to the most recent presentations, if any, to securities analysts or rating agencies.

18.6 A schedule of all memberships held by or on behalf of the Company in any trade, merchants', marketing or other professional or industry-related organization or association.

18.7 All press releases, articles and brochures issued by the Company or others concerning the Company or any of its products or services or any material events involving the foregoing.

18.8 A copy (whether in writing or videotaped) of all speeches delivered or interviews given by any officer or director of the Company during the last year.

18.9 A schedule of the primary national and regional competitors of the Company.

18.10 A schedule listing each officer, director or shareholder with greater than a five percent (5%) equity and/or voting interest in the Company who is a direct or indirect affiliate with any member firm of the Korea Financial Investment Association ("KOFIA") or the National Association of Securities Dealers ("NASD"). In the case of each such KOFIA or NASD affiliate, describe the nature of the affiliation and whether or not such affiliate is participating in the proposed offering.

18.11 Organizational chart reflecting all domestic and international divisions, branches and subsidiaries of the Company.

18.12 Any other documents or information which, in your judgment, are significant with respect to any portion of the business of the Company or which should be considered and reviewed in order to adequately disclose the Company's business and financial condition to prospective investors.

APPENDIX 2

CONVENTION ON THE RECOGNITION AND ENFORCEMENT OF FOREIGN ARBITRAL AWARDS (THE 1958 NEW YORK CONVENTION)

In force as from 7 June 1959

ARTICLE I

1. This Convention shall apply to the recognition and enforcement of arbitral awards made in the territory of a State other than the State where the recognition and enforcement of such awards are sought, and arising out of differences between persons, whether physical or legal. It shall also apply to arbitral awards not considered as domestic awards in the State where their recognition and enforcement are sought.
2. The term "arbitral awards" shall include not only awards made by arbitrators appointed for each case but also those made by permanent arbitral bodies to which the parties have submitted.
3. When signing, ratifying or acceding to this Convention, or notifying extension under article X hereof, any State may on the basis of reciprocity declare that it will apply the Convention to the recognition and enforcement of awards made only in the territory of another Contracting State. It may also declare that it will apply the Convention only to differences arising out of legal relationships, whether contractual or not, which are considered as commercial under the national law of the State making such declaration.

ARTICLE II

1. Each Contracting State shall recognize an agreement in writing under which the parties undertake to submit to arbitration all or any differences which have arisen or which may arise between them in respect of a defined legal relationship, whether contractual or not, concerning a subject matter capable of settlement by arbitration.
2. The term "agreement in writing" shall include an arbitral clause in a contract or an arbitration agreement, signed by the parties or contained in an exchange of letters or telegrams.

3. The court of a Contracting State, when seized of an action in a matter in respect of which the parties have made an agreement within the meaning of this article, shall, at the request of one of the parties, refer the parties to arbitration, unless it finds that the said agreement is null and void, inoperative or incapable of being performed.

ARTICLE III

Each Contracting State shall recognize arbitral awards as binding and enforce them in accordance with the rules of procedure of the territory where the award is relied upon, under the conditions laid down in the following articles. There shall not be imposed substantially more onerous conditions or higher fees or charges on the recognition or enforcement of arbitral awards to which this Convention applies than are imposed on the recognition or enforcement of domestic arbitral awards.

ARTICLE IV

1. To obtain the recognition and enforcement mentioned in the preceding article, the party applying for recognition and enforcement shall, at the time of the application, supply:
   (a) The duly authenticated original award or a duly certified copy thereof;
   (b) The original agreement referred to in article II or a duly certified copy thereof.
2. If the said award or agreement is not made in an official language of the country in which the award is relied upon, the party applying for recognition and enforcement of the award shall produce a translation of these documents into such language. The translation shall be certified by an official or sworn translator or by a diplomatic or consular agent.

ARTICLE V

1. Recognition and enforcement of the award may be refused, at the request of the party against whom it is invoked, only if that party furnishes to the competent authority where the recognition and enforcement is sought, proof that:
   (a) The parties to the agreement referred to in article II were, under the law applicable to them, under some incapacity, or the said agreement is not valid under the law to which the parties have subjected it or, failing any indication thereon, under the law of the country where the award was made; or
   (b) The party against whom the award is invoked was not given proper notice of the appointment of the arbitrator or of the arbitration proceedings or was otherwise unable to present his case; or
   (c) The award deals with a difference not contemplated by or not falling within

the terms of the submission to arbitration, or it contains decisions on matters beyond the scope of the submission to arbitration, provided that, if the decisions on matters submitted to arbitration can be separated from those not so submitted, that part of the award which contains decisions on matters submitted to arbitration may be recognized and enforced; or

(d) The composition of the arbitral authority or the arbitral procedure was not in accordance with the agreement of the parties, or, failing such agreement, was not in accordance with the law of the country where the arbitration took place; or

(e) The award has not yet become binding on the parties, or has been set aside or suspended by a competent authority of the country in which, or under the law of which, that award was made.

2. Recognition and enforcement of an arbitral award may also be refused if the competent authority in the country where recognition and enforcement is sought finds that:

(a) The subject matter of the difference is not capable of settlement by arbitration under the law of that country; or

(b) The recognition or enforcement of the award would be contrary to the public policy of that country.

ARTICLE VI

If an application for the setting aside or suspension of the award has been made to a competent authority referred to in article V(1)(e), the authority before which the award is sought to be relied upon may, if it considers it proper, adjourn the decision on the enforcement of the award and may also, on the application of the party claiming enforcement of the award, order the other party to give suitable security.

ARTICLE VII

1. The provisions of the present Convention shall not affect the validity of multilateral or bilateral agreements concerning the recognition and enforcement of arbitral awards entered into by the Contracting States nor deprive any interested party of any right he may have to avail himself of an arbitral award in the manner and to the extent allowed by the law or the treaties of the country where such award is sought to be relied upon.

2. The Geneva Protocol on Arbitration Clauses of 1923 and the Geneva Convention on the Execution of Foreign Arbitral Awards of 1927 shall cease to have effect between Contracting States on their becoming bound and to the extent that they become bound, by this Convention.

ARTICLE VIII

1. This Convention shall be open until 31 December 1958 for signature on behalf of any Member of the United Nations and also on behalf of any other State which is or hereafter becomes a member of any specialized agency of the United Nations, or which is or hereafter becomes a party to the Statute of the International Court of Justice, or any other State to which an invitation has been addressed by the General Assembly of the United Nations.
2. This Convention shall be ratified and the instrument of ratification shall be deposited with the Secretary-General of the United Nations.

ARTICLE IX

1. This Convention shall be open for accession to all States referred to in article VIII.
2. Accession shall be effected by the deposit of an instrument of accession with the Secretary-General of the United Nations.

ARTICLE X

1. Any State may, at the time of signature, ratification or accession, declare that this Convention shall extend to all or any of the territories for the international relations of which it is responsible. Such a declaration shall take effect when the Convention enters into force for the State concerned.
2. At any time thereafter any such extension shall be made by notification addressed to the Secretary-General of the United Nations and shall take effect as from the ninetieth day after the day of receipt by the Secretary-General of the United Nations of this notification, or as from the date of entry into force of the Convention for the State concerned, whichever is the later.
3. With respect to those territories to which this Convention is not extended at the time of signature, ratification or accession, each State concerned shall consider the possibility of taking the necessary steps in order to extend the application of this Convention to such territories, subject, where necessary for constitutional reasons, to the consent of the Governments of such territories.

ARTICLE XI

In the case of a federal or non-unitary State, the following provisions shall apply:

(a) With respect to those articles of this Convention that come within the legislative jurisdiction of the federal authority, the obligations of the federal Government shall to this extent be the same as those of Contracting States which are not federal States;

(b) With respect to those articles of this Convention that come within the legislative jurisdiction of constituent states or provinces which are not, under the constitutional system of the federation, bound to take legislative action, the federal Government shall bring such articles with a favourable recommendation to the notice of the appropriate authorities of constituent states or provinces at the earliest possible moment;

(c) A federal State Party to this Convention shall, at the request of any other Contracting State transmitted through the Secretary-General of the United Nations, supply a statement of the law and practice of the federation and its constituent units in regard to any particular provision of this Convention, showing the extent to which effect has been given to that provision by legislative or other action.

ARTICLE XII

1. This Convention shall come into force on the ninetieth day following the date of deposit of the third instrument of ratification or accession.
2. For each State ratifying or acceding to this Convention after the deposit of the third instrument of ratification or accession, this Convention shall enter into force on the ninetieth day after deposit by such State of its instrument of ratification or accession.

ARTICLE XIII

1. Any Contracting State may denounce this Convention by a written notification to the Secretary-General of the United Nations. Denunciation shall take effect one year after the date of receipt of the notification by the Secretary-General.
2. Any State which has made a declaration or notification under article X may, at any time thereafter, by notification to the Secretary-General of the United Nations, declare that this Convention shall cease to extend to the territory concerned one year after the date of the receipt of the notification by the Secretary-General.
3. This Convention shall continue to be applicable to arbitral awards in respect of which recognition or enforcement proceedings have been instituted before the denunciation takes effect.

ARTICLE XIV

A Contracting State shall not be entitled to avail itself of the present Convention against other Contracting States except to the extent that it is itself bound to apply the Convention.

ARTICLE XV

The Secretary-General of the United Nations shall notify the States contemplated in article VIII of the following:

(a) Signatures and ratifications in accordance with article VIII;

(b) Accessions in accordance with article IX;

(c) Declarations and notifications under articles I, X and XI;

(d) The date upon which this Convention enters into force in accordance with article XII;

(e) Denunciations and notifications in accordance with article XIII.

ARTICLE XVI

1. This Convention, of which the Chinese, English, French, Russian and Spanish texts shall be equally authentic, shall be deposited in the archives of the United Nations.
2. The Secretary-General of the United Nations shall transmit a certified copy of this Convention to the States contemplated in article VIII.

Reservation made by the Republic of Korea

By virtue of Paragraph 3 of Article I of the present Convention, the Govermment of the Republic of Korea declares that it will apply the Convention to the recognition and enforcement of arbitral awards made only in the territory of another Contracting State. It further declares that it will apply the Convention only to the differences arising out of legal relationships, whether contractual or not, which are considered as commercial under its national law.

APPENDIX 3

UNIDROIT PRINCIPLES OF INTERNATIONAL COMMERCIAL CONTRACTS 2016

PREAMBLE

(Purpose of the Principles)

These Principles set forth general rules for international commercial contracts.

They shall be applied when the parties have agreed that their contract be governed by them.(*)

They may be applied when the parties have agreed that their contract be governed by general principles of law, the *lex mercatoria* or the like.

They may be applied when the parties have not chosen any law to govern their contract.

They may be used to interpret or supplement international uniform law instruments.

They may be used to interpret or supplement domestic law.

They may serve as a model for national and international legislators.

CHAPTER 1 — GENERAL PROVISIONS

ARTICLE 1.1

(Freedom of contract)

The parties are free to enter into a contract and to determine its content.

ARTICLE 1.2

(No form required)

Nothing in these Principles requires a contract, statement or any other act to be made in or evidenced by a particular form. It may be proved by any means, including witnesses.

(*) Parties wishing to provide that their agreement be governed by the Principles might use one of the *Model Clauses for the use of the UNIDROIT Principles of International Commercial Contracts* (see http://www.unidroit.org/instruments/commercial-contracts/upicc-model-clauses).

ARTICLE 1.3

(Binding character of contract)

A contract validly entered into is binding upon the parties. It can only be modified or terminated in accordance with its terms or by agreement or as otherwise provided in these Principles.

ARTICLE 1.4

(Mandatory rules)

Nothing in these Principles shall restrict the application of mandatory rules, whether of national, international or supranational origin, which are applicable in accordance with the relevant rules of private international law.

ARTICLE 1.5

(Exclusion or modification by the parties)

The parties may exclude the application of these Principles or derogate from or vary the effect of any of their provisions, except as otherwise provided in the Principles.

ARTICLE 1.6

(Interpretation and supplementation of the Principles)

(1) In the interpretation of these Principles, regard is to be had to their international character and to their purposes including the need to promote uniformity in their application.

(2) Issues within the scope of these Principles but not expressly settled by them are as far as possible to be settled in accordance with their underlying general principles.

ARTICLE 1.7

(Good faith and fair dealing)

(1) Each party must act in accordance with good faith and fair dealing in international trade.

(2) The parties may not exclude or limit this duty.

ARTICLE 1.8

(Inconsistent behaviour)

A party cannot act inconsistently with an understanding it has caused the other party to have and upon which that other party reasonably has acted in reliance to its detriment.

ARTICLE 1.9
(Usages and practices)

(1) The parties are bound by any usage to which they have agreed and by any practices which they have established between themselves.

(2) The parties are bound by a usage that is widely known to and regularly observed in international trade by parties in the particular trade concerned except where the application of such a usage would be unreasonable.

ARTICLE 1.10
(Notice)

(1) Where notice is required it may be given by any means appropriate to the circumstances.

(2) A notice is effective when it reaches the person to whom it is given.

(3) For the purpose of paragraph (2) a notice "reaches" a person when given to that person orally or delivered at that person's place of business or mailing address.

(4) For the purpose of this Article "notice" includes a declaration, demand, request or any other communication of intention.

ARTICLE 1.11
(Definitions)

In these Principles

- "court" includes an arbitral tribunal;
- where a party has more than one place of business the relevant "place of business" is that which has the closest relationship to the contract and its performance, having regard to the circumstances known to or contemplated by the parties at any time before or at the conclusion of the contract;
- "long-term contract" refers to a contract which is to be performed over a period of time and which normally involves, to a varying degree, complexity of the transaction and an ongoing relationship between the parties;
- "obligor" refers to the party who is to perform an obligation and "obligee" refers to the party who is entitled to performance of that obligation;
- "writing" means any mode of communication that preserves a record of the information contained therein and is capable of being reproduced in tangible form.

ARTICLE 1.12
(Computation of time set by parties)

(1) Official holidays or non-business days occurring during a period set by parties for an act to be performed are included in calculating the period.

(2) However, if the last day of the period is an official holiday or a non-business day at the place of business of the party to perform the act, the period is

extended until the first business day which follows, unless the circumstances indicate otherwise.

(3) The relevant time zone is that of the place of business of the party setting the time, unless the circumstances indicate otherwise.

CHAPTER 2 — FORMATION AND AUTHORITY OF AGENTS

SECTION 1: FORMATION

ARTICLE 2.1.1
(Manner of formation)

A contract may be concluded either by the acceptance of an offer or by conduct of the parties that is sufficient to show agreement.

ARTICLE 2.1.2
(Definition of offer)

A proposal for concluding a contract constitutes an offer if it is sufficiently definite and indicates the intention of the offeror to be bound in case of acceptance.

ARTICLE 2.1.3
(Withdrawal of offer)

(1) An offer becomes effective when it reaches the offeree.

(2) An offer, even if it is irrevocable, may be withdrawn if the withdrawal reaches the offeree before or at the same time as the offer.

ARTICLE 2.1.4
(Revocation of offer)

(1) Until a contract is concluded an offer may be revoked if the revocation reaches the offeree before it has dispatched an acceptance.

(2) However, an offer cannot be revoked

(a) if it indicates, whether by stating a fixed time for acceptance or otherwise, that it is irrevocable; or

(b) if it was reasonable for the offeree to rely on the offer as being irrevocable and the offeree has acted in reliance on the offer.

ARTICLE 2.1.5
(Rejection of offer)

An offer is terminated when a rejection reaches the offeror.

ARTICLE 2.1.6

(Mode of acceptance)

(1) A statement made by or other conduct of the offeree indicating assent to an offer is an acceptance. Silence or inactivity does not in itself amount to acceptance.

(2) An acceptance of an offer becomes effective when the indication of assent reaches the offeror.

(3) However, if, by virtue of the offer or as a result of practices which the parties have established between themselves or of usage, the offeree may indicate assent by performing an act without notice to the offeror, the acceptance is effective when the act is performed.

ARTICLE 2.1.7

(Time of acceptance)

An offer must be accepted within the time the offeror has fixed or, if no time is fixed, within a reasonable time having regard to the circumstances, including the rapidity of the means of communication employed by the offeror. An oral offer must be accepted immediately unless the circumstances indicate otherwise.

ARTICLE 2.1.8

(Acceptance within a fixed period of time)

A period of acceptance fixed by the offeror begins to run from the time that the offer is dispatched. A time indicated in the offer is deemed to be the time of dispatch unless the circumstances indicate otherwise.

ARTICLE 2.1.9

(Late acceptance. Delay in transmission)

(1) A late acceptance is nevertheless effective as an acceptance if without undue delay the offeror so informs the offeree or gives notice to that effect.

(2) If a communication containing a late acceptance shows that it has been sent in such circumstances that if its transmission had been normal it would have reached the offeror in due time, the late acceptance is effective as an acceptance unless, without undue delay, the offeror informs the offeree that it considers the offer as having lapsed.

ARTICLE 2.1.10

(Withdrawal of acceptance)

An acceptance may be withdrawn if the withdrawal reaches the offeror before or at the same time as the acceptance would have become effective.

ARTICLE 2.1.11

(Modified acceptance)

(1) A reply to an offer which purports to be an acceptance but contains additions, limitations or other modifications is a rejection of the offer and constitutes a counter-offer.

(2) However, a reply to an offer which purports to be an acceptance but contains additional or different terms which do not materially alter the terms of the offer constitutes an acceptance, unless the offeror, without undue delay, objects to the discrepancy. If the offeror does not object, the terms of the contract are the terms of the offer with the modifications contained in the acceptance.

ARTICLE 2.1.12

(Writings in confirmation)

If a writing which is sent within a reasonable time after the conclusion of the contract and which purports to be a confirmation of the contract contains additional or different terms, such terms become part of the contract, unless they materially alter the contract or the recipient, without undue delay, objects to the discrepancy.

ARTICLE 2.1.13

(Conclusion of contract dependent on agreement on specific matters or in a particular form)

Where in the course of negotiations one of the parties insists that the contract is not concluded until there is agreement on specific matters or in a particular form, no contract is concluded before agreement is reached on those matters or in that form.

ARTICLE 2.1.14

(Contract with terms deliberately left open)

(1) If the parties intend to conclude a contract, the fact that they intentionally leave a term to be agreed upon in further negotiations or to be determined by one of the parties or by a third person does not prevent a contract from coming into existence.

(2) The existence of the contract is not affected by the fact that subsequently

(a) the parties reach no agreement on the term;

(b) the party who is to determine the term does not do so; or

(c) the third person does not determine the term,

provided that there is an alternative means of rendering the term definite that is reasonable in the circumstances, having regard to the intention of the parties.

ARTICLE 2.1.15
(Negotiations in bad faith)

(1) A party is free to negotiate and is not liable for failure to reach an agreement.

(2) However, a party who negotiates or breaks off negotiations in bad faith is liable for the losses caused to the other party.

(3) It is bad faith, in particular, for a party to enter into or continue negotiations when intending not to reach an agreement with the other party.

ARTICLE 2.1.16
(Duty of confidentiality)

Where information is given as confidential by one party in the course of negotiations, the other party is under a duty not to disclose that information or to use it improperly for its own purposes, whether or not a contract is subsequently concluded. Where appropriate, the remedy for breach of that duty may include compensation based on the benefit received by the other party.

ARTICLE 2.1.17
(Merger clauses)

A contract in writing which contains a clause indicating that the writing completely embodies the terms on which the parties have agreed cannot be contradicted or supplemented by evidence of prior statements or agreements. However, such statements or agreements may be used to interpret the writing.

ARTICLE 2.1.18
(Modification in a particular form)

A contract in writing which contains a clause requiring any modification or termination by agreement to be in a particular form may not be otherwise modified or terminated. However, a party may be precluded by its conduct from asserting such a clause to the extent that the other party has reasonably acted in reliance on that conduct.

ARTICLE 2.1.19
(Contracting under standard terms)

(1) Where one party or both parties use standard terms in concluding a contract, the general rules on formation apply, subject to Articles 2.1.20 - 2.1.22.

(2) Standard terms are provisions which are prepared in advance for general and repeated use by one party and which are actually used without negotiation with the other party.

ARTICLE 2.1.20

(Surprising terms)

(1) No term contained in standard terms which is of such a character that the other party could not reasonably have expected it, is effective unless it has been expressly accepted by that party.

(2) In determining whether a term is of such a character regard shall be had to its content, language and presentation.

ARTICLE 2.1.21

(Conflict between standard terms and non-standard terms)

In case of conflict between a standard term and a term which is not a standard term the latter prevails.

ARTICLE 2.1.22

(Battle of forms)

Where both parties use standard terms and reach agreement except on those terms, a contract is concluded on the basis of the agreed terms and of any standard terms which are common in substance unless one party clearly indicates in advance, or later and without undue delay informs the other party, that it does not intend to be bound by such a contract.

SECTION 2: AUTHORITY OF AGENTS

ARTICLE 2.2.1

(Scope of the Section)

(1) This Section governs the authority of a person ("the agent") to affect the legal relations of another person ("the principal") by or with respect to a contract with a third party, whether the agent acts in its own name or in that of the principal.

(2) It governs only the relations between the principal or the agent on the one hand, and the third party on the other.

(3) It does not govern an agent's authority conferred by law or the authority of an agent appointed by a public or judicial authority.

ARTICLE 2.2.2

(Establishment and scope of the authority of the agent)

(1) The principal's grant of authority to an agent may be express or implied.

(2) The agent has authority to perform all acts necessary in the circumstances to achieve the purposes for which the authority was granted.

ARTICLE 2.2.3

(Agency disclosed)

(1) Where an agent acts within the scope of its authority and the third party knew or ought to have known that the agent was acting as an agent, the acts of the agent shall directly affect the legal relations between the principal and the third party and no legal relation is created between the agent and the third party.

(2) However, the acts of the agent shall affect only the relations between the agent and the third party, where the agent with the consent of the principal undertakes to become the party to the contract.

ARTICLE 2.2.4

(Agency undisclosed)

(1) Where an agent acts within the scope of its authority and the third party neither knew nor ought to have known that the agent was acting as an agent, the acts of the agent shall affect only the relations between the agent and the third party.

(2) However, where such an agent, when contracting with the third party on behalf of a business, represents itself to be the owner of that business, the third party, upon discovery of the real owner of the business, may exercise also against the latter the rights it has against the agent.

ARTICLE 2.2.5

(Agent acting without or exceeding its authority)

(1) Where an agent acts without authority or exceeds its authority, its acts do not affect the legal relations between the principal and the third party.

(2) However, where the principal causes the third party reasonably to believe that the agent has authority to act on behalf of the principal and that the agent is acting within the scope of that authority, the principal may not invoke against the third party the lack of authority of the agent.

ARTICLE 2.2.6

(Liability of agent acting without or exceeding its authority)

(1) An agent that acts without authority or exceeds its authority is, failing ratification by the principal, liable for damages that will place the third party in the same position as if the agent had acted with authority and not exceeded its authority.

(2) However, the agent is not liable if the third party knew or ought to have known that the agent had no authority or was exceeding its authority.

ARTICLE 2.2.7

(Conflict of interests)

(1) If a contract concluded by an agent involves the agent in a conflict of

interests with the principal of which the third party knew or ought to have known, the principal may avoid the contract. The right to avoid is subject to Articles 3.2.9 and 3.2.11 to 3.2.15.

(2) However, the principal may not avoid the contract

(a) if the principal had consented to, or knew or ought to have known of, the agent's involvement in the conflict of interests; or

(b) if the agent had disclosed the conflict of interests to the principal and the latter had not objected within a reasonable time.

ARTICLE 2.2.8

(Sub-agency)

An agent has implied authority to appoint a sub-agent to perform acts which it is not reasonable to expect the agent to perform itself. The rules of this Section apply to the sub-agency.

ARTICLE 2.2.9

(Ratification)

(1) An act by an agent that acts without authority or exceeds its authority may be ratified by the principal. On ratification the act produces the same effects as if it had initially been carried out with authority.

(2) The third party may by notice to the principal specify a reasonable period of time for ratification. If the principal does not ratify within that period of time it can no longer do so.

(3) If, at the time of the agent's act, the third party neither knew nor ought to have known of the lack of authority, it may, at any time before ratification, by notice to the principal indicate its refusal to become bound by a ratification.

ARTICLE 2.2.10

(Termination of authority)

(1) Termination of authority is not effective in relation to the third party unless the third party knew or ought to have known of it.

(2) Notwithstanding the termination of its authority, an agent remains authorised to perform the acts that are necessary to prevent harm to the principal's interests.

CHAPTER 3 — VALIDITY

SECTION 1: GENERAL PROVISIONS

ARTICLE 3.1.1

(Matters not covered)

This Chapter does not deal with lack of capacity.

ARTICLE 3.1.2
(Validity of mere agreement)

A contract is concluded, modified or terminated by the mere agreement of the parties, without any further requirement.

ARTICLE 3.1.3
(Initial impossibility)

(1) The mere fact that at the time of the conclusion of the contract the performance of the obligation assumed was impossible does not affect the validity of the contract.

(2) The mere fact that at the time of the conclusion of the contract a party was not entitled to dispose of the assets to which the contract relates does not affect the validity of the contract.

ARTICLE 3.1.4
(Mandatory character of the provisions)

The provisions on fraud, threat, gross disparity and illegality contained in this Chapter are mandatory.

SECTION 2: GROUNDS FOR AVOIDANCE

ARTICLE 3.2.1
(Definition of mistake)

Mistake is an erroneous assumption relating to facts or to law existing when the contract was concluded.

ARTICLE 3.2.2
(Relevant mistake)

(1) A party may only avoid the contract for mistake if, when the contract was concluded, the mistake was of such importance that a reasonable person in the same situation as the party in error would only have concluded the contract on materially different terms or would not have concluded it at all if the true state of affairs had been known, and

(a) the other party made the same mistake, or caused the mistake, or knew or ought to have known of the mistake and it was contrary to reasonable commercial standards of fair dealing to leave the mistaken party in error; or

(b) the other party had not at the time of avoidance reasonably acted in reliance on the contract.

(2) However, a party may not avoid the contract if

(a) it was grossly negligent in committing the mistake; or

(b) the mistake relates to a matter in regard to which the risk of mistake was assumed or, having regard to the circumstances, should be borne by the mistaken party.

ARTICLE 3.2.3
(Error in expression or transmission)

An error occurring in the expression or transmission of a declaration is considered to be a mistake of the person from whom the declaration emanated.

ARTICLE 3.2.4
(Remedies for non-performance)

A party is not entitled to avoid the contract on the ground of mistake if the circumstances on which that party relies afford, or could have afforded, a remedy for non-performance.

ARTICLE 3.2.5
(Fraud)

A party may avoid the contract when it has been led to conclude the contract by the other party's fraudulent representation, including language or practices, or fraudulent non-disclosure of circumstances which, according to reasonable commercial standards of fair dealing, the latter party should have disclosed.

ARTICLE 3.2.6
(Threat)

A party may avoid the contract when it has been led to conclude the contract by the other party's unjustified threat which, having regard to the circumstances, is so imminent and serious as to leave the first party no reasonable alternative. In particular, a threat is unjustified if the act or omission with which a party has been threatened is wrongful in itself, or it is wrongful to use it as a means to obtain the conclusion of the contract.

ARTICLE 3.2.7
(Gross disparity)

(1) A party may avoid the contract or an individual term of it if, at the time of the conclusion of the contract, the contract or term unjustifiably gave the other party an excessive advantage. Regard is to be had, among other factors, to

(a) the fact that the other party has taken unfair advantage of the first party's dependence, economic distress or urgent needs, or of its improvidence, ignorance, inexperience or lack of bargaining skill, and

(b) the nature and purpose of the contract.

(2) Upon the request of the party entitled to avoidance, a court may adapt the

contract or term in order to make it accord with reasonable commercial standards of fair dealing.

(3) A court may also adapt the contract or term upon the request of the party receiving notice of avoidance, provided that that party informs the other party of its request promptly after receiving such notice and before the other party has reasonably acted in reliance on it. Article 3.2.10(2) applies accordingly.

ARTICLE 3.2.8

(Third persons)

(1) Where fraud, threat, gross disparity or a party's mistake is imputable to, or is known or ought to be known by, a third person for whose acts the other party is responsible, the contract may be avoided under the same conditions as if the behaviour or knowledge had been that of the party itself.

(2) Where fraud, threat or gross disparity is imputable to a third person for whose acts the other party is not responsible, the contract may be avoided if that party knew or ought to have known of the fraud, threat or disparity, or has not at the time of avoidance reasonably acted in reliance on the contract.

ARTICLE 3.2.9

(Confirmation)

If the party entitled to avoid the contract expressly or impliedly confirms the contract after the period of time for giving notice of avoidance has begun to run, avoidance of the contract is excluded.

ARTICLE 3.2.10

(Loss of right to avoid)

(1) If a party is entitled to avoid the contract for mistake but the other party declares itself willing to perform or performs the contract as it was understood by the party entitled to avoidance, the contract is considered to have been concluded as the latter party understood it. The other party must make such a declaration or render such performance promptly after having been informed of the manner in which the party entitled to avoidance had understood the contract and before that party has reasonably acted in reliance on a notice of avoidance.

(2) After such a declaration or performance the right to avoidance is lost and any earlier notice of avoidance is ineffective.

ARTICLE 3.2.11

(Notice of avoidance)

The right of a party to avoid the contract is exercised by notice to the other party.

ARTICLE 3.2.12

(Time limits)

(1) Notice of avoidance shall be given within a reasonable time, having regard to the circumstances, after the avoiding party knew or could not have been unaware of the relevant facts or became capable of acting freely.

(2) Where an individual term of the contract may be avoided by a party under Article 3.2.7, the period of time for giving notice of avoidance begins to run when that term is asserted by the other party.

ARTICLE 3.2.13

(Partial avoidance)

Where a ground of avoidance affects only individual terms of the contract, the effect of avoidance is limited to those terms unless, having regard to the circumstances, it is unreasonable to uphold the remaining contract.

ARTICLE 3.2.14

(Retroactive effect of avoidance)

Avoidance takes effect retroactively.

ARTICLE 3.2.15

(Restitution)

(1) On avoidance either party may claim restitution of whatever it has supplied under the contract, or the part of it avoided, provided that the party concurrently makes restitution of whatever it has received under the contract, or the part of it avoided.

(2) If restitution in kind is not possible or appropriate, an allowance has to be made in money whenever reasonable.

(3) The recipient of the performance does not have to make an allowance in money if the impossibility to make restitution in kind is attributable to the other party.

(4) Compensation may be claimed for expenses reasonably required to preserve or maintain the performance received.

ARTICLE 3.2.16

(Damages)

Irrespective of whether or not the contract has been avoided, the party who knew or ought to have known of the ground for avoidance is liable for damages so as to put the other party in the same position in which it would have been if it had not concluded the contract.

ARTICLE 3.2.17
(Unilateral declarations)

The provisions of this Chapter apply with appropriate adaptations to any communication of intention addressed by one party to the other.

SECTION 3: ILLEGALITY

ARTICLE 3.3.1
(Contracts infringing mandatory rules)

(1) Where a contract infringes a mandatory rule, whether of national, international or supranational origin, applicable under Article 1.4 of these Principles, the effects of that infringement upon the contract are the effects, if any, expressly prescribed by that mandatory rule.

(2) Where the mandatory rule does not expressly prescribe the effects of an infringement upon a contract, the parties have the right to exercise such remedies under the contract as in the circumstances are reasonable.

(3) In determining what is reasonable regard is to be had in particular to:

(a) the purpose of the rule which has been infringed;

(b) the category of persons for whose protection the rule exists;

(c) any sanction that may be imposed under the rule infringed;

(d) the seriousness of the infringement;

(e) whether one or both parties knew or ought to have known of the infringement;

(f) whether the performance of the contract necessitates the infringement; and

(g) the parties' reasonable expectations.

ARTICLE 3.3.2
(Restitution)

(1) Where there has been performance under a contract infringing a mandatory rule under Article 3.3.1, restitution may be granted where this would be reasonable in the circumstances.

(2) In determining what is reasonable, regard is to be had, with the appropriate adaptations, to the criteria referred to in Article 3.3.1(3).

(3) If restitution is granted, the rules set out in Article 3.2.15 apply with appropriate adaptations.

CHAPTER 4 — INTERPRETATION

ARTICLE 4.1

(Intention of the parties)

(1) A contract shall be interpreted according to the common intention of the parties.

(2) If such an intention cannot be established, the contract shall be interpreted according to the meaning that reasonable persons of the same kind as the parties would give to it in the same circumstances.

ARTICLE 4.2

(Interpretation of statements and other conduct)

(1) The statements and other conduct of a party shall be interpreted according to that party's intention if the other party knew or could not have been unaware of that intention.

(2) If the preceding paragraph is not applicable, such statements and other conduct shall be interpreted according to the meaning that a reasonable person of the same kind as the other party would give to it in the same circumstances.

ARTICLE 4.3

(Relevant circumstances)

In applying Articles 4.1 and 4.2, regard shall be had to all the circumstances, including

(a) preliminary negotiations between the parties;

(b) practices which the parties have established between themselves;

(c) the conduct of the parties subsequent to the conclusion of the contract;

(d) the nature and purpose of the contract;

(e) the meaning commonly given to terms and expressions in the trade concerned;

(f) usages.

ARTICLE 4.4

(Reference to contract or statement as a whole)

Terms and expressions shall be interpreted in the light of the whole contract or statement in which they appear.

ARTICLE 4.5

(All terms to be given effect)

Contract terms shall be interpreted so as to give effect to all the terms rather than to deprive some of them of effect.

ARTICLE 4.6
(Contra proferentem rule)

If contract terms supplied by one party are unclear, an interpretation against that party is preferred.

ARTICLE 4.7
(Linguistic discrepancies)

Where a contract is drawn up in two or more language versions which are equally authoritative there is, in case of discrepancy between the versions, a preference for the interpretation according to a version in which the contract was originally drawn up.

ARTICLE 4.8
(Supplying an omitted term)

(1) Where the parties to a contract have not agreed with respect to a term which is important for a determination of their rights and duties, a term which is appropriate in the circumstances shall be supplied.

(2) In determining what is an appropriate term regard shall be had, among other factors, to

(a) the intention of the parties;
(b) the nature and purpose of the contract;
(c) good faith and fair dealing;
(d) reasonableness.

CHAPTER 5 — CONTENT AND THIRD PARTY RIGHTS

SECTION 1: CONTENT

ARTICLE 5.1.1
(Express and implied obligations)

The contractual obligations of the parties may be express or implied.

ARTICLE 5.1.2
(Implied obligations)

Implied obligations stem from

(a) the nature and purpose of the contract;
(b) practices established between the parties and usages;
(c) good faith and fair dealing;
(d) reasonableness.

ARTICLE 5.1.3
(Co-operation between the parties)

Each party shall cooperate with the other party when such co-operation may reasonably be expected for the performance of that party's obligations.

ARTICLE 5.1.4
(Duty to achieve a specific result.
Duty of best efforts)

(1) To the extent that an obligation of a party involves a duty to achieve a specific result, that party is bound to achieve that result.

(2) To the extent that an obligation of a party involves a duty of best efforts in the performance of an activity, that party is bound to make such efforts as would be made by a reasonable person of the same kind in the same circumstances.

ARTICLE 5.1.5
(Determination of kind of duty involved)

In determining the extent to which an obligation of a party involves a duty of best efforts in the performance of an activity or a duty to achieve a specific result, regard shall be had, among other factors, to

(a) the way in which the obligation is expressed in the contract;
(b) the contractual price and other terms of the contract;
(c) the degree of risk normally involved in achieving the expected result;
(d) the ability of the other party to influence the performance of the obligation.

ARTICLE 5.1.6
(Determination of quality of performance)

Where the quality of performance is neither fixed by, nor determinable from, the contract a party is bound to render a performance of a quality that is reasonable and not less than average in the circumstances.

ARTICLE 5.1.7
(Price determination)

(1) Where a contract does not fix or make provision for determining the price, the parties are considered, in the absence of any indication to the contrary, to have made reference to the price generally charged at the time of the conclusion of the contract for such performance in comparable circumstances in the trade concerned or, if no such price is available, to a reasonable price.

(2) Where the price is to be determined by one party and that determination is manifestly unreasonable, a reasonable price shall be substituted notwithstanding any contract term to the contrary.

(3) Where the price is to be fixed by one party or a third person, and that party or third person does not do so, the price shall be a reasonable price.

(4) Where the price is to be fixed by reference to factors which do not exist or have ceased to exist or to be accessible, the nearest equivalent factor shall be treated as a substitute.

ARTICLE 5.1.8

(Termination of a contract for an indefinite period)

A contract for an indefinite period may be terminated by either party by giving notice a reasonable time in advance. As to the effects of termination in general, and as to restitution, the provisions in Articles 7.3.5 and 7.3.7 apply.

ARTICLE 5.1.9

(Release by agreement)

(1) An obligee may release its right by agreement with the obligor.

(2) An offer to release a right gratuitously shall be deemed accepted if the obligor does not reject the offer without delay after having become aware of it.

SECTION 2: THIRD PARTY RIGHTS

ARTICLE 5.2.1

(Contracts in favour of third parties)

(1) The parties (the "promisor" and the "promisee") may confer by express or implied agreement a right on a third party (the "beneficiary").

(2) The existence and content of the beneficiary's right against the promisor are determined by the agreement of the parties and are subject to any conditions or other limitations under the agreement.

ARTICLE 5.2.2

(Third party identifiable)

The beneficiary must be identifiable with adequate certainty by the contract but need not be in existence at the time the contract is made.

ARTICLE 5.2.3

(Exclusion and limitation clauses)

The conferment of rights in the beneficiary includes the right to invoke a clause in the contract which excludes or limits the liability of the beneficiary.

ARTICLE 5.2.4

(Defences)

The promisor may assert against the beneficiary all defences which the promisor could assert against the promisee.

ARTICLE 5.2.5
(Revocation)

The parties may modify or revoke the rights conferred by the contract on the beneficiary until the beneficiary has accepted them or reasonably acted in reliance on them.

ARTICLE 5.2.6
(Renunciation)

The beneficiary may renounce a right conferred on it.

SECTION 3: CONDITIONS

ARTICLE 5.3.1
(Types of condition)

A contract or a contractual obligation may be made conditional upon the occurrence of a future uncertain event, so that the contract or the contractual obligation only takes effect if the event occurs (suspensive condition) or comes to an end if the event occurs (resolutive condition).

ARTICLE 5.3.2
(Effect of conditions)

Unless the parties otherwise agree:

(a) the relevant contract or contractual obligation takes effect upon fulfilment of a suspensive condition;

(b) the relevant contract or contractual obligation comes to an end upon fulfilment of a resolutive condition.

ARTICLE 5.3.3
(Interference with conditions)

(1) If fulfilment of a condition is prevented by a party, contrary to the duty of good faith and fair dealing or the duty of co-operation, that party may not rely on the non-fulfilment of the condition.

(2) If fulfilment of a condition is brought about by a party, contrary to the duty of good faith and fair dealing or the duty of co-operation, that party may not rely on the fulfilment of the condition.

ARTICLE 5.3.4
(Duty to preserve rights)

Pending fulfilment of a condition, a party may not, contrary to the duty to act in accordance with good faith and fair dealing, act so as to prejudice the other party's rights in case of fulfilment of the condition.

ARTICLE 5.3.5

(Restitution in case of fulfilment of a resolutive condition)

(1) On fulfilment of a resolutive condition, the rules on restitution set out in Articles 7.3.6 and 7.3.7 apply with appropriate adaptations.

(2) If the parties have agreed that the resolutive condition is to operate retroactively, the rules on restitution set out in Article 3.2.15 apply with appropriate adaptations.

CHAPTER 6 — PERFORMANCE

SECTION 1: PERFORMANCE IN GENERAL

ARTICLE 6.1.1

(Time of performance)

A party must perform its obligations:

(a) if a time is fixed by or determinable from the contract, at that time;

(b) if a period of time is fixed by or determinable from the contract, at any time within that period unless circumstances indicate that the other party is to choose a time;

(c) in any other case, within a reasonable time after the conclusion of the contract.

ARTICLE 6.1.2

(Performance at one time or in instalments)

In cases under Article 6.1.1(b) or (c), a party must perform its obligations at one time if that performance can be rendered at one time and the circumstances do not indicate otherwise.

ARTICLE 6.1.3

(Partial performance)

(1) The obligee may reject an offer to perform in part at the time performance is due, whether or not such offer is coupled with an assurance as to the balance of the performance, unless the obligee has no legitimate interest in so doing.

(2) Additional expenses caused to the obligee by partial performance are to be borne by the obligor without prejudice to any other remedy.

ARTICLE 6.1.4
(Order of performance)

(1) To the extent that the performances of the parties can be rendered simultaneously, the parties are bound to render them simultaneously unless the circumstances indicate otherwise.

(2) To the extent that the performance of only one party requires a period of time, that party is bound to render its performance first, unless the circumstances indicate otherwise.

ARTICLE 6.1.5
(Earlier performance)

(1) The obligee may reject an earlier performance unless it has no legitimate interest in so doing.

(2) Acceptance by a party of an earlier performance does not affect the time for the performance of its own obligations if that time has been fixed irrespective of the performance of the other party's obligations.

(3) Additional expenses caused to the obligee by earlier performance are to be borne by the obligor, without prejudice to any other remedy.

ARTICLE 6.1.6
(Place of performance)

(1) If the place of performance is neither fixed by, nor determinable from, the contract, a party is to perform:

(a) a monetary obligation, at the obligee's place of business;

(b) any other obligation, at its own place of business.

(2) A party must bear any increase in the expenses incidental to performance which is caused by a change in its place of business subsequent to the conclusion of the contract.

ARTICLE 6.1.7
(Payment by cheque or other instrument)

(1) Payment may be made in any form used in the ordinary course of business at the place for payment.

(2) However, an obligee who accepts, either by virtue of paragraph (1) or voluntarily, a cheque, any other order to pay or a promise to pay, is presumed to do so only on condition that it will be honoured.

ARTICLE 6.1.8
(Payment by funds transfer)

(1) Unless the obligee has indicated a particular account, payment may be made

by a transfer to any of the financial institutions in which the obligee has made it known that it has an account.

(2) In case of payment by a transfer the obligation of the obligor is discharged when the transfer to the obligee's financial institution becomes effective.

ARTICLE 6.1.9
(Currency of payment)

(1) If a monetary obligation is expressed in a currency other than that of the place for payment, it may be paid by the obligor in the currency of the place for payment unless

(a) that currency is not freely convertible; or

(b) the parties have agreed that payment should be made only in the currency in which the monetary obligation is expressed.

(2) If it is impossible for the obligor to make payment in the currency in which the monetary obligation is expressed, the obligee may require payment in the currency of the place for payment, even in the case referred to in paragraph (1)(b).

(3) Payment in the currency of the place for payment is to be made according to the applicable rate of exchange prevailing there when payment is due.

(4) However, if the obligor has not paid at the time when payment is due, the obligee may require payment according to the applicable rate of exchange prevailing either when payment is due or at the time of actual payment.

ARTICLE 6.1.10
(Currency not expressed)

Where a monetary obligation is not expressed in a particular currency, payment must be made in the currency of the place where payment is to be made.

ARTICLE 6.1.11
(Costs of performance)

Each party shall bear the costs of performance of its obligations.

ARTICLE 6.1.12
(Imputation of payments)

(1) An obligor owing several monetary obligations to the same obligee may specify at the time of payment the debt to which it intends the payment to be applied. However, the payment discharges first any expenses, then interest due and finally the principal.

(2) If the obligor makes no such specification, the obligee may, within a reasonable time after payment, declare to the obligor the obligation to which it imputes the payment, provided that the obligation is due and undisputed.

(3) In the absence of imputation under paragraphs (1) or (2), payment is imputed to that obligation which satisfies one of the following criteria in the order indicated:

(a) an obligation which is due or which is the first to fall due;

(b) the obligation for which the obligee has least security;

(c) the obligation which is the most burdensome for the obligor;

(d) the obligation which has arisen first.

If none of the preceding criteria applies, payment is imputed to all the obligations proportionally.

ARTICLE 6.1.13

(Imputation of non-monetary obligations)

Article 6.1.12 applies with appropriate adaptations to the imputation of performance of non-monetary obligations.

ARTICLE 6.1.14

(Application for public permission)

Where the law of a State requires a public permission affecting the validity of the contract or its performance and neither that law nor the circumstances indicate otherwise

(a) if only one party has its place of business in that State, that party shall take the measures necessary to obtain the permission;

(b) in any other case the party whose performance requires permission shall take the necessary measures.

ARTICLE 6.1.15

(Procedure in applying for permission)

(1) The party required to take the measures necessary to obtain the permission shall do so without undue delay and shall bear any expenses incurred.

(2) That party shall whenever appropriate give the other party notice of the grant or refusal of such permission without undue delay.

ARTICLE 6.1.16

(Permission neither granted nor refused)

(1) If, notwithstanding the fact that the party responsible has taken all measures required, permission is neither granted nor refused within an agreed period or, where no period has been agreed, within a reasonable time from the conclusion of the contract, either party is entitled to terminate the contract.

(2) Where the permission affects some terms only, paragraph (1) does not apply if, having regard to the circumstances, it is reasonable to uphold the remaining

contract even if the permission is refused.

ARTICLE 6.1.17
(Permission refused)

(1) The refusal of a permission affecting the validity of the contract renders the contract void. If the refusal affects the validity of some terms only, only such terms are void if, having regard to the circumstances, it is reasonable to uphold the remaining contract.

(2) Where the refusal of a permission renders the performance of the contract impossible in whole or in part, the rules on non-performance apply.

SECTION 2: HARDSHIP

ARTICLE 6.2.1
(Contract to be observed)

Where the performance of a contract becomes more onerous for one of the parties, that party is nevertheless bound to perform its obligations subject to the following provisions on hardship.

ARTICLE 6.2.2
(Definition of hardship)

There is hardship where the occurrence of events fundamentally alters the equilibrium of the contract either because the cost of a party's performance has increased or because the value of the performance a party receives has diminished, and

(a) the events occur or become known to the disadvantaged party after the conclusion of the contract;

(b) the events could not reasonably have been taken into account by the disadvantaged party at the time of the conclusion of the contract;

(c) the events are beyond the control of the disadvantaged party; and

(d) the risk of the events was not assumed by the disadvantaged party.

ARTICLE 6.2.3
(Effects of hardship)

(1) In case of hardship the disadvantaged party is entitled to request renegotiations. The request shall be made without undue delay and shall indicate the grounds on which it is based.

(2) The request for renegotiation does not in itself entitle the disadvantaged party to withhold performance.

(3) Upon failure to reach agreement within a reasonable time either party may resort to the court.

(4) If the court finds hardship it may, if reasonable,

(a) terminate the contract at a date and on terms to be fixed, or

(b) adapt the contract with a view to restoring its equilibrium.

CHAPTER 7 — NON-PERFORMANCE

SECTION 1: NON-PERFORMANCE IN GENERAL

ARTICLE 7.1.1

(Non-performance defined)

Non-performance is failure by a party to perform any of its obligations under the contract, including defective performance or late performance.

ARTICLE 7.1.2

(Interference by the other party)

A party may not rely on the non-performance of the other party to the extent that such non-performance was caused by the first party's act or omission or by another event for which the first party bears the risk.

ARTICLE 7.1.3

(Withholding performance)

(1) Where the parties are to perform simultaneously, either party may withhold performance until the other party tenders its performance.

(2) Where the parties are to perform consecutively, the party that is to perform later may withhold its performance until the first party has performed.

ARTICLE 7.1.4

(Cure by non-performing party)

(1) The non-performing party may, at its own expense, cure any non-performance, provided that

(a) without undue delay, it gives notice indicating the proposed manner and timing of the cure;

(b) cure is appropriate in the circumstances;

(c) the aggrieved party has no legitimate interest in refusing cure; and

(d) cure is effected promptly.

(2) The right to cure is not precluded by notice of termination.

(3) Upon effective notice of cure, rights of the aggrieved party that are inconsistent with the non-performing party's performance are suspended until the time for cure has expired.

(4) The aggrieved party may withhold performance pending cure.

(5) Notwithstanding cure, the aggrieved party retains the right to claim damages

for delay as well as for any harm caused or not prevented by the cure.

ARTICLE 7.1.5
(Additional period for performance)

(1) In a case of non-performance the aggrieved party may by notice to the other party allow an additional period of time for performance.

(2) During the additional period the aggrieved party may withhold performance of its own reciprocal obligations and may claim damages but may not resort to any other remedy. If it receives notice from the other party that the latter will not perform within that period, or if upon expiry of that period due performance has not been made, the aggrieved party may resort to any of the remedies that may be available under this Chapter.

(3) Where in a case of delay in performance which is not fundamental the aggrieved party has given notice allowing an additional period of time of reasonable length, it may terminate the contract at the end of that period. If the additional period allowed is not of reasonable length it shall be extended to a reasonable length. The aggrieved party may in its notice provide that if the other party fails to perform within the period allowed by the notice the contract shall automatically terminate.

(4) Paragraph (3) does not apply where the obligation which has not been performed is only a minor part of the contractual obligation of the non-performing party.

ARTICLE 7.1.6
(Exemption clauses)

A clause which limits or excludes one party's liability for non-performance or which permits one party to render performance substantially different from what the other party reasonably expected may not be invoked if it would be grossly unfair to do so, having regard to the purpose of the contract.

ARTICLE 7.1.7
(Force majeure)

(1) Non-performance by a party is excused if that party proves that the non-performance was due to an impediment beyond its control and that it could not reasonably be expected to have taken the impediment into account at the time of the conclusion of the contract or to have avoided or overcome it or its consequences.

(2) When the impediment is only temporary, the excuse shall have effect for such period as is reasonable having regard to the effect of the impediment on the performance of the contract.

(3) The party who fails to perform must give notice to the other party of the

impediment and its effect on its ability to perform. If the notice is not received by the other party within a reasonable time after the party who fails to perform knew or ought to have known of the impediment, it is liable for damages resulting from such non-receipt.

(4) Nothing in this Article prevents a party from exercising a right to terminate the contract or to withhold performance or request interest on money due.

SECTION 2: RIGHT TO PERFORMANCE

ARTICLE 7.2.1

(Performance of monetary obligation)

Where a party who is obliged to pay money does not do so, the other party may require payment.

ARTICLE 7.2.2

(Performance of non-monetary obligation)

Where a party who owes an obligation other than one to pay money does not perform, the other party may require performance, unless

(a) performance is impossible in law or in fact;

(b) performance or, where relevant, enforcement is unreasonably burdensome or expensive;

(c) the party entitled to performance may reasonably obtain performance from another source;

(d) performance is of an exclusively personal character; or

(e) the party entitled to performance does not require performance within a reasonable time after it has, or ought to have, become aware of the non-performance.

ARTICLE 7.2.3

(Repair and replacement of defective performance)

The right to performance includes in appropriate cases the right to require repair, replacement, or other cure of defective performance. The provisions of Articles 7.2.1 and 7.2.2 apply accordingly.

ARTICLE 7.2.4

(Judicial penalty)

(1) Where the court orders a party to perform, it may also direct that this party pay a penalty if it does not comply with the order.

(2) The penalty shall be paid to the aggrieved party unless mandatory provisions of the law of the forum provide otherwise. Payment of the penalty to the aggrieved party does not exclude any claim for damages.

ARTICLE 7.2.5

(Change of remedy)

(1) An aggrieved party who has required performance of a non-monetary obligation and who has not received performance within a period fixed or otherwise within a reasonable period of time may invoke any other remedy.

(2) Where the decision of a court for performance of a non-monetary obligation cannot be enforced, the aggrieved party may invoke any other remedy.

SECTION 3: TERMINATION

ARTICLE 7.3.1

(Right to terminate the contract)

(1) A party may terminate the contract where the failure of the other party to perform an obligation under the contract amounts to a fundamental non-performance.

(2) In determining whether a failure to perform an obligation amounts to a fundamental non-performance regard shall be had, in particular, to whether

(a) the non-performance substantially deprives the aggrieved party of what it was entitled to expect under the contract unless the other party did not foresee and could not reasonably have foreseen such result;

(b) strict compliance with the obligation which has not been performed is of essence under the contract;

(c) the non-performance is intentional or reckless;

(d) the non-performance gives the aggrieved party reason to believe that it cannot rely on the other party's future performance;

(e) the non-performing party will suffer disproportionate loss as a result of the preparation or performance if the contract is terminated.

(2) In the case of delay the aggrieved party may also terminate the contract if the other party fails to perform before the time allowed it under Article 7.1.5 has expired.

ARTICLE 7.3.2

(Notice of termination)

(1) The right of a party to terminate the contract is exercised by notice to the other party.

(2) If performance has been offered late or otherwise does not conform to the contract the aggrieved party will lose its right to terminate the contract unless it gives notice to the other party within a reasonable time after it has or ought to have become aware of the offer or of the non-conforming performance.

ARTICLE 7.3.3

(Anticipatory non-performance)

Where prior to the date for performance by one of the parties it is clear that there will be a fundamental non-performance by that party, the other party may terminate the contract.

ARTICLE 7.3.4

(Adequate assurance of due performance)

A party who reasonably believes that there will be a fundamental non-performance by the other party may demand adequate assurance of due performance and may meanwhile withhold its own performance. Where this assurance is not provided within a reasonable time the party demanding it may terminate the contract.

ARTICLE 7.3.5

(Effects of termination in general)

(1) Termination of the contract releases both parties from their obligation to effect and to receive future performance.

(2) Termination does not preclude a claim for damages for non-performance.

(3) Termination does not affect any provision in the contract for the settlement of disputes or any other term of the contract which is to operate even after termination.

ARTICLE 7.3.6

(Restitution with respect to contracts to be performed at one time)

(1) On termination of a contract to be performed at one time either party may claim restitution of whatever it has supplied under the contract, provided that such party concurrently makes restitution of whatever it has received under the contract.

(2) If restitution in kind is not possible or appropriate, an allowance has to be made in money whenever reasonable.

(3) The recipient of the performance does not have to make an allowance in money if the impossibility to make restitution in kind is attributable to the other party.

(4) Compensation may be claimed for expenses reasonably required to preserve or maintain the performance received.

ARTICLE 7.3.7

(Restitution with respect to long-term contracts)

(1) On termination of a long-term contract restitution can only be claimed for the period after termination has taken effect, provided the contract is divisible.

(2) As far as restitution has to be made, the provisions of Article 7.3.6 apply.

SECTION 4: DAMAGES

ARTICLE 7.4.1

(Right to damages)

Any non-performance gives the aggrieved party a right to damages either exclusively or in conjunction with any other remedies except where the non-performance is excused under these Principles.

ARTICLE 7.4.2

(Full compensation)

(1) The aggrieved party is entitled to full compensation for harm sustained as a result of the non-performance. Such harm includes both any loss which it suffered and any gain of which it was deprived, taking into account any gain to the aggrieved party resulting from its avoidance of cost or harm.

(2) Such harm may be non-pecuniary and includes, for instance, physical suffering or emotional distress.

ARTICLE 7.4.3

(Certainty of harm)

(1) Compensation is due only for harm, including future harm, that is established with a reasonable degree of certainty.

(2) Compensation may be due for the loss of a chance in proportion to the probability of its occurrence.

(3) Where the amount of damages cannot be established with a sufficient degree of certainty, the assessment is at the discretion of the court.

ARTICLE 7.4.4

(Foreseeability of harm)

The non-performing party is liable only for harm which it foresaw or could reasonably have foreseen at the time of the conclusion of the contract as being likely to result from its non-performance.

ARTICLE 7.4.5

(Proof of harm in case of replacement transaction)

Where the aggrieved party has terminated the contract and has made a replacement transaction within a reasonable time and in a reasonable manner it may recover the difference between the contract price and the price of the replacement transaction as well as damages for any further harm.

ARTICLE 7.4.6
(Proof of harm by current price)

(1) Where the aggrieved party has terminated the contract and has not made a replacement transaction but there is a current price for the performance contracted for, it may recover the difference between the contract price and the price current at the time the contract is terminated as well as damages for any further harm.

(2) Current price is the price generally charged for goods delivered or services rendered in comparable circumstances at the place where the contract should have been performed or, if there is no current price at that place, the current price at such other place that appears reasonable to take as a reference.

ARTICLE 7.4.7
(Harm due in part to aggrieved party)

Where the harm is due in part to an act or omission of the aggrieved party or to another event for which that party bears the risk, the amount of damages shall be reduced to the extent that these factors have contributed to the harm, having regard to the conduct of each of the parties.

ARTICLE 7.4.8
(Mitigation of harm)

(1) The non-performing party is not liable for harm suffered by the aggrieved party to the extent that the harm could have been reduced by the latter party's taking reasonable steps.

(2) The aggrieved party is entitled to recover any expenses reasonably incurred in attempting to reduce the harm.

ARTICLE 7.4.9
(Interest for failure to pay money)

(1) If a party does not pay a sum of money when it falls due the aggrieved party is entitled to interest upon that sum from the time when payment is due to the time of payment whether or not the non-payment is excused.

(2) The rate of interest shall be the average bank short-term lending rate to prime borrowers prevailing for the currency of payment at the place for payment, or where no such rate exists at that place, then the same rate in the State of the currency of payment. In the absence of such a rate at either place the rate of interest shall be the appropriate rate fixed by the law of the State of the currency of payment.

(3) The aggrieved party is entitled to additional damages if the non-payment caused it a greater harm.

ARTICLE 7.4.10

(Interest on damages)

Unless otherwise agreed, interest on damages for non-performance of non-monetary obligations accrues as from the time of non-performance.

ARTICLE 7.4.11

(Manner of monetary redress)

(1) Damages are to be paid in a lump sum. However, they may be payable in instalments where the nature of the harm makes this appropriate.

(2) Damages to be paid in instalments may be indexed.

ARTICLE 7.4.12

(Currency in which to assess damages)

Damages are to be assessed either in the currency in which the monetary obligation was expressed or in the currency in which the harm was suffered, whichever is more appropriate.

ARTICLE 7.4.13

(Agreed payment for non-performance)

(1) Where the contract provides that a party who does not perform is to pay a specified sum to the aggrieved party for such non-performance, the aggrieved party is entitled to that sum irrespective of its actual harm.

(2) However, notwithstanding any agreement to the contrary the specified sum may be reduced to a reasonable amount where it is grossly excessive in relation to the harm resulting from the non-performance and to the other circumstances.

CHAPTER 8 — SET-OFF

ARTICLE 8.1

(Conditions of set-off)

(1) Where two parties owe each other money or other performances of the same kind, either of them ("the first party") may set off its obligation against that of its obligee ("the other party") if at the time of set-off,

(a) the first party is entitled to perform its obligation;

(b) the other party's obligation is ascertained as to its existence and amount and performance is due.

(2) If the obligations of both parties arise from the same contract, the first party may also set off its obligation against an obligation of the other party which is not ascertained as to its existence or to its amount.

ARTICLE 8.2
(Foreign currency set-off)

Where the obligations are to pay money in different currencies, the right of set-off may be exercised, provided that both currencies are freely convertible and the parties have not agreed that the first party shall pay only in a specified currency.

ARTICLE 8.3
(Set-off by notice)

The right of set-off is exercised by notice to the other party.

ARTICLE 8.4
(Content of notice)

(1) The notice must specify the obligations to which it relates.

(2) If the notice does not specify the obligation against which set-off is exercised, the other party may, within a reasonable time, declare to the first party the obligation to which set-off relates. If no such declaration is made, the set-off will relate to all the obligations proportionally.

ARTICLE 8.5
(Effect of set-off)

(1) Set-off discharges the obligations.

(2) If obligations differ in amount, set-off discharges the obligations up to the amount of the lesser obligation.

(3) Set-off takes effect as from the time of notice.

CHAPTER 9 — ASSIGNMENT OF RIGHTS, TRANSFER OF OBLIGATIONS, ASSIGNMENT OF CONTRACTS

SECTION 1: ASSIGNMENT OF RIGHTS

ARTICLE 9.1.1
(Definitions)

"Assignment of a right" means the transfer by agreement from one person (the "assignor") to another person (the "assignee"), including transfer by way of security, of the assignor's right to payment of a monetary sum or other performance from a third person ("the obligor").

ARTICLE 9.1.2
(Exclusions)

This Section does not apply to transfers made under the special rules governing the transfers:

(a) of instruments such as negotiable instruments, documents of title or financial instruments, or

(b) of rights in the course of transferring a business.

ARTICLE 9.1.3
(Assignability of non-monetary rights)

A right to non-monetary performance may be assigned only if the assignment does not render the obligation significantly more burdensome.

ARTICLE 9.1.4
(Partial assignment)

(1) A right to the payment of a monetary sum may be assigned partially.

(2) A right to other performance may be assigned partially only if it is divisible, and the assignment does not render the obligation significantly more burdensome.

ARTICLE 9.1.5
(Future rights)

A future right is deemed to be transferred at the time of the agreement, provided the right, when it comes into existence, can be identified as the right to which the assignment relates.

ARTICLE 9.1.6
(Rights assigned without individual specification)

A number of rights may be assigned without individual specification, provided such rights can be identified as rights to which the assignment relates at the time of the assignment or when they come into existence.

ARTICLE 9.1.7
(Agreement between assignor and assignee sufficient)

(1) A right is assigned by mere agreement between the assignor and the assignee, without notice to the obligor.

(2) The consent of the obligor is not required unless the obligation in the circumstances is of an essentially personal character.

ARTICLE 9.1.8
(Obligor's additional costs)

The obligor has a right to be compensated by the assignor or the assignee for any additional costs caused by the assignment.

ARTICLE 9.1.9
(Non-assignment clauses)

(1) The assignment of a right to the payment of a monetary sum is effective notwithstanding an agreement between the assignor and the obligor limiting or prohibiting such an assignment. However, the assignor may be liable to the obligor for breach of contract.

(2) The assignment of a right to other performance is ineffective if it is contrary to an agreement between the assignor and the obligor limiting or prohibiting the assignment. Nevertheless, the assignment is effective if the assignee, at the time of the assignment, neither knew nor ought to have known of the agreement. The assignor may then be liable to the obligor for breach of contract.

ARTICLE 9.1.10
(Notice to the obligor)

(1) Until the obligor receives a notice of the assignment from either the assignor or the assignee, it is discharged by paying the assignor.

(2) After the obligor receives such a notice, it is discharged only by paying the assignee.

ARTICLE 9.1.11
(Successive assignments)

If the same right has been assigned by the same assignor to two or more successive assignees, the obligor is discharged by paying according to the order in which the notices were received.

ARTICLE 9.1.12
(Adequate proof of assignment)

(1) If notice of the assignment is given by the assignee, the obligor may request the assignee to provide within a reasonable time adequate proof that the assignment has been made.

(2) Until adequate proof is provided, the obligor may withhold payment.

(3) Unless adequate proof is provided, notice is not effective.

(4) Adequate proof includes, but is not limited to, any writing emanating from the assignor and indicating that the assignment has taken place.

ARTICLE 9.1.13
(Defences and rights of set-off)

(1) The obligor may assert against the assignee all defences that the obligor could assert against the assignor.

(2) The obligor may exercise against the assignee any right of set-off available

to the obligor against the assignor up to the time notice of assignment was received.

ARTICLE 9.1.14
(Rights related to the right assigned)

The assignment of a right transfers to the assignee:

(a) all the assignor's rights to payment or other performance under the contract in respect of the right assigned, and

(b) all rights securing performance of the right assigned.

ARTICLE 9.1.15
(Undertakings of the assignor)

The assignor undertakes towards the assignee, except as otherwise disclosed to the assignee, that:

(a) the assigned right exists at the time of the assignment, unless the right is a future right;

(b) the assignor is entitled to assign the right;

(c) the right has not been previously assigned to another assignee, and it is free from any right or claim from a third party;

(d) the obligor does not have any defences;

(e) neither the obligor nor the assignor has given notice of set-off concerning the assigned right and will not give any such notice;

(f) the assignor will reimburse the assignee for any payment received from the obligor before notice of the assignment was given.

SECTION 2: TRANSFER OF OBLIGATIONS

ARTICLE 9.2.1
(Modes of transfer)

An obligation to pay money or render other performance may be transferred from one person (the "original obligor") to another person (the "new obligor") either

(a) by an agreement between the original obligor and the new obligor subject to Article 9.2.3, or

(b) by an agreement between the obligee and the new obligor, by which the new obligor assumes the obligation.

ARTICLE 9.2.2
(Exclusion)

This Section does not apply to transfers of obligations made under the special rules governing transfers of obligations in the course of transferring a business.

ARTICLE 9.2.3

(Requirement of obligee's consent to transfer)

The transfer of an obligation by an agreement between the original obligor and the new obligor requires the consent of the obligee.

ARTICLE 9.2.4

(Advance consent of obligee)

(1) The obligee may give its consent in advance.

(2) If the obligee has given its consent in advance, the transfer of the obligation becomes effective when a notice of the transfer is given to the obligee or when the obligee acknowledges it.

ARTICLE 9.2.5

(Discharge of original obligor)

(1) The obligee may discharge the original obligor.

(2) The obligee may also retain the original obligor as an obligor in case the new obligor does not perform properly.

(3) Otherwise the original obligor and the new obligor are jointly and severally liable.

ARTICLE 9.2.6

(Third party performance)

(1) Without the obligee's consent, the obligor may contract with another person that this person will perform the obligation in place of the obligor, unless the obligation in the circumstances has an essentially personal character.

(2) The obligee retains its claim against the obligor.

ARTICLE 9.2.7

(Defences and rights of set-off)

(1) The new obligor may assert against the obligee all defences which the original obligor could assert against the obligee.

(2) The new obligor may not exercise against the obligee any right of set-off available to the original obligor against the obligee.

ARTICLE 9.2.8

(Rights related to the obligation transferred)

(1) The obligee may assert against the new obligor all its rights to payment or other performance under the contract in respect of the obligation transferred.

(2) If the original obligor is discharged under Article 9.2.5(1), a security granted by any person other than the new obligor for the performance of the obligation is

discharged, unless that other person agrees that it should continue to be available to the obligee.

(3) Discharge of the original obligor also extends to any security of the original obligor given to the obligee for the performance of the obligation, unless the security is over an asset which is transferred as part of a transaction between the original obligor and the new obligor.

SECTION 3: ASSIGNMENT OF CONTRACTS

ARTICLE 9.3.1

(Definitions)

"Assignment of a contract" means the transfer by agreement from one person (the "assignor") to another person (the "assignee") of the assignor's rights and obligations arising out of a contract with another person (the "other party").

ARTICLE 9.3.2

(Exclusion)

This Section does not apply to the assignment of contracts made under the special rules governing transfers of contracts in the course of transferring a business.

ARTICLE 9.3.3

(Requirement of consent of the other party)

The assignment of a contract requires the consent of the other party.

ARTICLE 9.3.4

(Advance consent of the other party)

(1) The other party may give its consent in advance.

(2) If the other party has given its consent in advance, the assignment of the contract becomes effective when a notice of the assignment is given to the other party or when the other party acknowledges it.

ARTICLE 9.3.5

(Discharge of the assignor)

(1) The other party may discharge the assignor.

(2) The other party may also retain the assignor as an obligor in case the assignee does not perform properly.

(3) Otherwise the assignor and the assignee are jointly and severally liable.

ARTICLE 9.3.6

(Defences and rights of set-off)

(1) To the extent that the assignment of a contract involves an assignment of

rights, Article 9.1.13 applies accordingly.

(2) To the extent that the assignment of a contract involves a transfer of obligations, Article 9.2.7 applies accordingly.

ARTICLE 9.3.7
(Rights transferred with the contract)

(1) To the extent that the assignment of a contract involves an assignment of rights, Article 9.1.14 applies accordingly.

(2) To the extent that the assignment of a contract involves a transfer of obligations, Article 9.2.8 applies accordingly.

CHAPTER 10 — LIMITATION PERIODS

ARTICLE 10.1
(Scope of the Chapter)

(1) The exercise of rights governed by the Principles is barred by the expiration of a period of time, referred to as "limitation period", according to the rules of this Chapter.

(2) This Chapter does not govern the time within which one party is required under the Principles, as a condition for the acquisition or exercise of its right, to give notice to the other party or to perform any act other than the institution of legal proceedings.

ARTICLE 10.2
(Limitation periods)

(1) The general limitation period is three years beginning on the day after the day the obligee knows or ought to know the facts as a result of which the obligee's right can be exercised.

(2) In any event, the maximum limitation period is ten years beginning on the day after the day the right can be exercised.

ARTICLE 10.3
(Modification of limitation periods by the parties)

(1) The parties may modify the limitation periods.

(2) However they may not

(a) shorten the general limitation period to less than one year;

(b) shorten the maximum limitation period to less than four years;

(c) extend the maximum limitation period to more than fifteen years.

ARTICLE 10.4
(New limitation period by acknowledgement)

(1) Where the obligor before the expiration of the general limitation period acknowledges the right of the obligee, a new general limitation period begins on the day after the day of the acknowledgement.

(2) The maximum limitation period does not begin to run again, but may be exceeded by the beginning of a new general limitation period under Article 10.2(1).

ARTICLE 10.5
(Suspension by judicial proceedings)

(1) The running of the limitation period is suspended

(a) when the obligee performs any act, by commencing judicial proceedings or in judicial proceedings already instituted, that is recognised by the law of the court as asserting the obligee's right against the obligor;

(b) in the case of the obligor's insolvency when the obligee has asserted its rights in the insolvency proceedings; or

(c) in the case of proceedings for dissolution of the entity which is the obligor when the obligee has asserted its rights in the dissolution proceedings.

(2) Suspension lasts until a final decision has been issued or until the proceedings have been otherwise terminated.

ARTICLE 10.6
(Suspension by arbitral proceedings)

(1) The running of the limitation period is suspended when the obligee performs any act, by commencing arbitral proceedings or in arbitral proceedings already instituted, that is recognised by the law of the arbitral tribunal as asserting the obligee's right against the obligor. In the absence of regulations for arbitral proceedings or provisions determining the exact date of the commencement of arbitral proceedings, the proceedings are deemed to commence on the date on which a request that the right in dispute should be adjudicated reaches the obligor.

(2) Suspension lasts until a binding decision has been issued or until the proceedings have been otherwise terminated.

ARTICLE 10.7
(Alternative dispute resolution)

The provisions of Articles 10.5 and 10.6 apply with appropriate modifications to other proceedings whereby the parties request a third person to assist them in their attempt to reach an amicable settlement of their dispute.

ARTICLE 10.8
(Suspension in case of force majeure, death or incapacity)

(1) Where the obligee has been prevented by an impediment that is beyond its control and that it could neither avoid nor overcome, from causing a limitation period to cease to run under the preceding Articles, the general limitation period is suspended so as not to expire before one year after the relevant impediment has ceased to exist.

(2) Where the impediment consists of the incapacity or death of the obligee or obligor, suspension ceases when a representative for the incapacitated or deceased party or its estate has been appointed or a successor has inherited the respective party's position. The additional one-year period under paragraph (1) applies accordingly.

ARTICLE 10.9
(Effects of expiration of limitation period)

(1) The expiration of the limitation period does not extinguish the right.

(2) For the expiration of the limitation period to have effect, the obligor must assert it as a defence.

(3) A right may still be relied on as a defence even though the expiration of the limitation period for that right has been asserted.

ARTICLE 10.10
(Right of set-off)

The obligee may exercise the right of set-off until the obligor has asserted the expiration of the limitation period.

ARTICLE 10.11
(Restitution)

Where there has been performance in order to discharge an obligation, there is no right of restitution merely because the limitation period has expired.

CHAPTER 11 — PLURALITY OF OBLIGORS AND OF OBLIGEES

SECTION 1: PLURALITY OF OBLIGORS

ARTICLE 11.1.1
(Definitions)

When several obligors are bound by the same obligation towards an obligee:

(a) the obligations are joint and several when each obligor is bound for the whole obligation;

(b) the obligations are separate when each obligor is bound only for its share.

ARTICLE 11.1.2
(Presumption of joint and several obligations)

When several obligors are bound by the same obligation towards an obligee, they are presumed to be jointly and severally bound, unless the circumstances indicate otherwise.

ARTICLE 11.1.3
(Obligee's rights against joint and several obligors)

When obligors are jointly and severally bound, the obligee may require performance from any one of them, until full performance has been received.

ARTICLE 11.1.4
(Availability of defences and rights of set-off)

A joint and several obligor against whom a claim is made by the obligee may assert all the defences and rights of set-off that are personal to it or that are common to all the co-obligors, but may not assert defences or rights of set-off that are personal to one or several of the other co-obligors.

ARTICLE 11.1.5
(Effect of performance or set-off)

Performance or set-off by a joint and several obligor or set-off by the obligee against one joint and several obligor discharges the other obligors in relation to the obligee to the extent of the performance or set-off.

ARTICLE 11.1.6
(Effect of release or settlement)

(1) Release of one joint and several obligor, or settlement with one joint and several obligor, discharges all the other obligors for the share of the released or settling obligor, unless the circumstances indicate otherwise.

(2) When the other obligors are discharged for the share of the released obligor, they no longer have a contributory claim against the released obligor under Article 11.1.10.

ARTICLE 11.1.7
(Effect of expiration or suspension of limitation period)

(1) Expiration of the limitation period of the obligee's rights against one joint and several obligor does not affect:

(a) the obligations to the obligee of the other joint and several obligors; or

(b) the rights of recourse between the joint and several obligors under Article 11.1.10.

(2) If the obligee initiates proceedings under Articles 10.5, 10.6 or 10.7 against one joint and several obligor, the running of the limitation period is also suspended against the other joint and several obligors.

ARTICLE 11.1.8
(Effect of judgment)

(1) A decision by a court as to the liability to the obligee of one joint and several obligor does not affect:

(a) the obligations to the obligee of the other joint and several obligors; or

(b) the rights of recourse between the joint and several obligors under Article 11.1.10.

(2) However, the other joint and several obligors may rely on such a decision, except if it was based on grounds personal to the obligor concerned. In such a case, the rights of recourse between the joint and several obligors under Article 11.1.10 are affected accordingly.

ARTICLE 11.1.9
(Apportionment among joint and several obligors)

As among themselves, joint and several obligors are bound in equal shares, unless the circumstances indicate otherwise.

ARTICLE 11.1.10
(Extent of contributory claim)

A joint and several obligor who has performed more than its share may claim the excess from any of the other obligors to the extent of each obligor's unperformed share.

ARTICLE 11.1.11
(Rights of the obligee)

(1) A joint and several obligor to whom Article 11.1.10 applies may also exercise the rights of the obligee, including all rights securing their performance, to recover the excess from all or any of the other obligors to the extent of each obligor's unperformed share.

(2) An obligee who has not received full performance retains its rights against the co-obligors to the extent of the unperformed part, with precedence over co-obligors exercising contributory claims.

ARTICLE 11.1.12
(Defences in contributory claims)

A joint and several obligor against whom a claim is made by the co-obligor who has performed the obligation:

(a) may raise any common defences and rights of set-off that were available to be asserted by the co-obligor against the obligee;

(b) may assert defences which are personal to itself;

(c) may not assert defences and rights of set-off which are personal to one or several of the other co-obligors.

ARTICLE 11.1.13

(Inability to recover)

If a joint and several obligor who has performed more than that obligor's share is unable, despite all reasonable efforts, to recover contribution from another joint and several obligor, the share of the others, including the one who has performed, is increased proportionally.

SECTION 2: PLURALITY OF OBLIGEES

ARTICLE 11.2.1

(Definitions)

When several obligees can claim performance of the same obligation from an obligor:

(a) the claims are separate when each obligee can only claim its share;

(b) the claims are joint and several when each obligee can claim the whole performance;

(c) the claims are joint when all obligees have to claim performance together.

ARTICLE 11.2.2

(Effects of joint and several claims)

Full performance of an obligation in favour of one of the joint and several obligees discharges the obligor towards the other obligees.

ARTICLE 11.2.3

(Availability of defences against joint and several obligees)

(1) The obligor may assert against any of the joint and several obligees all the defences and rights of set-off that are personal to its relationship to that obligee or that it can assert against all the co-obligees, but may not assert defences and rights of set-off that are personal to its relationship to one or several of the other co-obligees.

(2) The provisions of Articles 11.1.5, 11.1.6, 11.1.7 and 11.1.8 apply, with appropriate adaptations, to joint and several claims.

ARTICLE 11.2.4

(Allocation between joint and several obligees)

(1) As among themselves, joint and several obligees are entitled to equal shares, unless the circumstances indicate otherwise.

(2) An obligee who has received more than its share must transfer the excess to the other obligees to the extent of their respective shares.

References 주요 참고문헌[1]

Adams, Cynthia M. and Peter K. Cramer, 『A Practical Guide to Drafting Contracts: From Concept to Closure』 (Wolters Kluwer, 2nd ed., 2020)

Adams, Kenneth A., "It's Time to Get Rid of the 'Successors and Assigns' Provision," The Advocate (June/July 2013)

Adams, Kenneth A., 『A Manual of Style for Contract Drafting』 (American Bar Association, 4th ed., 2017)

Apostille Convention (Hague Convention Abolishing the Requirement of Legalisation for Foreign Public Documents)

Austen, Ian, "The Comma That Costs 1 Million Dollars (Canadian)," N.Y. Times (Oct. 26, 2006)

Baird, Douglas G., Robert H. Gertner, and Randal C. Picker, 『Game Theory and the Law』 (Harvard University Press, 2nd ed., 1998)

Black's Law Dictionary (8th ed., 2004; 11th ed., 2019)

Born, Gary B., 『International Commercial Arbitration』 (Kluwer Law International, 2009)

Brown, Jennifer Gerarda and Ian Ayres, "Economic Rationales for Mediation," 80 Va. L. Rev. 323, 335 (1994)

CCPA (California Consumer Privacy Act)

Convention on the Recognition and Enforcement of Foreign Arbitral Awards (New York Convention, 10 June 1958)

Convention on the Settlement of Investment Disputes between States and Nationals of Other States

Craig, William Laurence, "Uses and Abuses of Appeal from Awards," 4 Arb. Int'l 174, 178 (1988)

Defend Trade Secrets Act (DTSA) of 2016

Defense Federal Acquisition Regulation Supplement (DFARS) / Federal Acquisition Regulation (FAR)

1 참고한 자료가 방대하고 내용도 복잡하여 책의 본문에서 모든 사항에 관련 주석을 달지 않고 필요한 한도 내에서 주석을 달았다. 수년간 영미계약법과 영문계약서 작성 관련 강의를 해오면서 나름 정리한 자료는 별도로 하고, 본문에 개별 주석을 달지 않은 자료를 포함해 참고한 주요 문헌목록이다.

Digital Millennium Copyright Act (DMCA)

Dodd, Esq., K. Anita, 『Contracts 101: Learn to Review and Negotiate Services Agreements』 (Contracts 101 Seminars, Inc., 2009)

Drahozal, Christopher R., "Business Courts and the Future of Arbitration," 10 Cardozo J. Conflict Resol. 491, 492 (2009)

Electronic Discovery Reference Model (EDRM)

Electronic Signatures in Global and National Commerce Act (E-Sign, 15 U.S.C.A. §§ 7001-7031)

Espenschied, Lenné Eidson, 『Contract Drafting: Powerful Prose in Transactional Practice』 (American Bar Association, 3rd ed., 2019)

Federal Arbitration Act (FAA)

Federal Rules of Civil Procedure (FRCP)

Federal Rules of Evidence

Fisher, Roger, William Ury, and Bruce Patton, 『Getting to Yes: Negotiating Agreement Without Giving In』 (Penguin Books, 2nd ed., 1991)

Franck, Susan D., "The Nature and Enforcement of Investor Rights under Investment Treaties: Do Investment Treaties Have a Bright Future," 12 U.C. Davis J. Int'l L. & Pol'y 47 (2005)

Garner, Bryan A., 『A Dictionary of Modern Legal Usage』 (Oxford University Press, 2nd ed., 2001)

Garner, Bryan A., 『The Redbook: A Manual on Legal Style』 (West Academic Publishing, 3rd ed., 2013)

Garner, Bryan A., 15 Green Bag 2d 17, 18 (Autumn 2011)

GDPR (General Data Protection Regulation)

Goldberg, Stephen B., Frank E. A. Sander, Nancy H. Rogers, and Sarah Rudolph Cole, 『Dispute Resolution: Negotiation, Mediation, and Other Processes』 (Wolters Kluwer, 6th ed., 2012)

Hague Service Convention (Convention on the Service Abroad of Judicial and Extrajudicial Documents in Civil or Commercial Matters)

IBA Guidelines for Drafting International Arbitration Clauses

IBA Rules on the Taking of Evidence in International Arbitration

Incoterms 2020

Inter-American Convention on International Commercial Arbitration (Panama Convention)

Karrass, Chester, 『The Negotiating Game』 (Harper Business, rev. ed., 1994)

Korobkin, Russell, 『Negotiation Theory and Strategy』 (Aspen Publishing, 3rd ed., 2014)

Kovach, Kimberlee K., 『Mediation: Principles and Practice』 (West Academic Publishing, 3rd ed., 2004)

Kremer, Michael, "Pharmaceuticals and the Developing World," American Economic Association, The Journal of Economic Perspectives, Vol. 16, No. 4 (2002)

Labor Management Relations Act (LMRA)

Lall, Sanjaya, "Appropriate Pharmaceutical Policies in Developing Countries," Managerial and Decision Economics, Vol. 6, No. 4 (1985)

Lamm, Carolyn B., "International Arbitration in a Globalized World," Disp. Resol. Mag., Winter 2014

Lax, David A. and James K. Sebenius, 『The Manager as Negotiator: Bargaining for Cooperation and Competitive Gain』 (Free Press, 1986)

Lowenfeld, Andreas F., 『International Litigation and Arbitration』 (Thomson/West, 3rd ed., 2006)

Magnuson Moss Warranty-Federal Trade Commission Improvements Act (15 U.S.C. Ch. 50 §§ 2301-2312)

Mastracci, Marco, 『The International Distribution Agreement』 (Universal Publishers, Inc. Irvine · Boca Raton, 2nd ed., 2020)

Mellinkoff, David, 『The Language of the Law』 (Little, Brown & Co., 1983)

Mergers and Acquisitions Committee, 『Model Stock Purchase Agreement with Commentary』 (American Bar Association, 2nd ed., 2010)

Merryman, John Henry and Rogelio Pérez-Perdomo, 『The Civil Law Tradition』 (Stanford University Press, 4th ed., 2018)

Misrepresentation Act 1967

Mnookin, Robert H., Scott R. Peppet, and Andrew S. Tulumello, 『Beyond Winning: Negotiating to Create Value in Deals and Disputes』 (Belknap Press, 2000)

Moses, Margaret L., 『The Principles and Practice of International Commercial Arbitration』 (Cambridge University Press, 3rd ed., 2017)

NAFTA (North American Free Trade Agreement)

New York Civil Practice Law and Rules (NYCPLR)

Plain Writing Act of 2010 (Pub. L. No. 111-274)

Principles of European Contract Law (PECL)

Rau, Alan Scott, Edward F. Sherman, and Scott R. Peppet, 『Processes of Dispute Resolution: The Role of Lawyers』 (Foundation Press, 4th ed., 2006)

Restatement Second of Conflict of Laws

Restatement Second of Contracts

Riskin, Leonard L., James E. Westbrook, Chris Guthrie, Timothy J. Heinsz, Richard C. Reuben, and Jennifer K. Robbennolt, 『Dispute Resolution and Lawyers』 (West, 3rd ed., 2005)

Shaw, Malcolm N., 『International Law』 (Cambridge University Press, 5th ed., 2003)

Shell, G. Richard, 『Bargaining for Advantage: Negotiation Strategies for Reasonable People』 (Penguin Books, 2nd ed., 2006)

Sherman Act

Stark, Tina L., 『Drafting Contracts: How and Why Lawyers Do What They Do』 (Wolters Kluwer Law & Business, 2nd ed., 2014)

Stipanowich, Thomas J. and J. Ryan Lamare, "Living with ADR: Evolving Perceptions and Use of Mediation, Arbitration and Conflict Management in Fortune 1,000 Corporations," HARV. NEGOT. L. REV.

The Chicago Manual of Style (The University of Chicago, 17th ed., 2017)

Tollen, David W., 『The Tech Contracts Handbook』 (American Bar Association, 3rd ed., 2021)

UNCITRAL Arbitration Rules

UNCITRAL Model Law on International Commercial Arbitration

UNIDROIT, Convention on Agency in the International Sale of Goods

UNIDROIT, Guide To International Master Franchise Agreements (2nd ed., 2007)

UNIDROIT Principles of International Commercial Contracts (2016)

Uniform Arbitration Act (UAA) / Revised Uniform Arbitration Act (RUAA)

Uniform Commercial Code (UCC)

Uniform Electronic Transactions Act (UETA)

Uniform Foreign Money Judgments Recognition Act (UFMJRA)

Uniform Mediation Act

Uniform Trade Secrets Act

United Nations Convention on Contracts for the International Sale of Goods (CISG)

United Nations Convention on International Settlement Agreements Resulting from Mediation (Singapore Convention on Mediation)

Verdesca, Joseph and Paul Ferrillo, "M&A Representations and Warranties Insurance: Tips for Buyers and Sellers," Harvard Law School Forum on Corporate Governance and Financial Regulation (May 1, 2013)

Ware, Stephen J., 『Principles of Alternative Dispute Resolution (Concise Hornbook)』

(West Academic Publishing, 2016)
Webster's Third New International Dictionary (Merriam-Webster 1971)
Weingart, Laurie R., et al., "Tactical Behavior and Negotiation Outcomes," 1 Intl. J. of Conflict Mgt. 7, 9-10 (1990)
Wydick, Richard C., 『Plain English for Lawyers』 (Carolina Academic Press, 5th ed., 2005)
Yeazell, Stephen C. and Joanna C. Schwartz, 『Civil Procedure』 (Wolters Kluwer, 10th ed., 2019)

김갑유 · 임수현 · 김홍중 · 김준우 · 조승우 외, 『중재실무강의』 (박영사, 개정판, 2016)
김차동, "금지(유지)청구권에 관한 비교법적 고찰 - 대한민국과 미국을 중심으로," 법학논총 제26집 제4호 (한양대학교 법학연구소, 2009)
대한상공회의소, 『Incoterms 2020_인코텀즈 2020』 (대한상공회의소, 2019)
독점규제 및 공정거래에 관한 법률
디자인보호법
매일경제(2023. 8. 8.자, A27면), "年 20% 고성장...클라우드 전쟁 '버전3' 시작됐다," 나현준 기자.
민법
민사소송법
민사집행법
박노형, 『협상교과서』 (랜덤하우스, 2007)
부정경쟁방지 및 영업비밀보호에 관한 법률
상법
상표법
이미현 · 고훈, "국제대출계약의 특징과 구조 - 신디케이티드론을 중심으로," BFL 제5호 (2004. 5)
저작권법
조대환, 『영미계약법 원리』 (유원북스, 2021)
중재법
특허법
한국원자력협력재단, 『국제 영문계약 매뉴얼』 (넥서스, 2023)

Case Index 판례 색인

Subject Index 사항 색인

A

E

F

G

T

U

V

W

[저자 이력]
현, 대한민국 변호사
현, 미국 뉴욕주 변호사
현, 법무법인 공유 변호사
현, 대한상사중재원 국내 · 국제 중재인
현, SIMC(Singapore International Mediation Centre) 조정인
대한민국 변리사/세무사
인하우스카운슬포럼(IHCF) 회장
IBA(International Bar Association) 한국자문위원
SCOR 법무/컴플라이언스/리스크 총괄 전무
메트라이프코리아 법무총괄/준법감시인/상무
메트라이프인터내셔널 아시아지역본부 준법업무총괄책임자
법무법인 태평양 변호사(Finance Group/IT & Energy Group)
법무법인 김신유 변호사(현, 법무법인 화우: 송무/기업법무 그룹)
서울지방법원 조정위원
제36회 사법시험 합격/제26기 사법연수원 수료
Georgetown University Law Center 졸업
고려대학교 법과대학원(상법) 졸업
고려대학교 법대 졸업
영진고등학교 졸업

저서: 영미계약법 원리(Contract Law: Its History and Principles at Common Law)
법률신문사/한국경제/각종 매거진 등 법률/문화 칼럼 다수 기고
계약협상 및 영문계약실무 다수 강의
사내변호사/개인정보보호/금융 관련 실무 다수 강의

국제거래 계약의 이해와 기술
– 영어로 계약서 쓰기(Contract Drafting in English)

발행일 2024년 8월 2일

저 자 조 대 환
발행인 이 구 만
발행처 유원북스

04091 서울특별시 마포구 토정로 222, 416호
(신수동, 한국출판콘텐츠센터)
Tel (02)593-1800 Fax (02)6455-1809
등록 2011. 9. 6. 제25100-2012-3호
www.uwonbooks.com uwbooks@daum.net

정 가 98,000원 ISBN 979-11-6288-199-6 93360